SAGGI

KAI BIRD
MARTIN J. SHERWIN

OPPENHEIMER

Trionfo e caduta dell'inventore
della bomba atomica

Traduzione di
EMANUELE E ALFONSO
VINASSA DE REGNY

Prima edizione: settembre 2007
Nuova edizione: giugno 2023

Per essere informato sulle novità del Gruppo editoriale Mauri Spagnol visita:
www.illibraio.it

Traduzione dall'inglese di
Emanuele e Alfonso Vinassa de Regny

Titolo originale dell'opera:
American Prometheus

© 2005 by Kai Bird and Martin J. Sherwin
All rights reserved including the right of reproduction in whole or in part in any form
This translation published by arrangement with Alfred A. Knopf, an imprint of
The Knopf Doubleday Group, a division of Penguin Random House, LLC

ISBN 978-88-11-00968-9

© 2007, 2023, Garzanti s.r.l., Milano
Gruppo ditoriale Mauri Spagnol

Printed in Italy

www.garzanti.it

*A Susan Goldmark e Susan Sherwin
e in ricordo di
Angus Cameron e Jean Mayer*

I moderni Prometei hanno di nuovo lasciato
l'Olimpo e portato all'uomo i veri fulmini di Zeus.
«Scientific Monthly», settembre 1945

[...] Prometeo donò il fuoco agli uomini [...]
di nascosto a Zeus. Quando lo venne a sapere,
Zeus ordinò a Efesto di inchiodare il corpo di
Prometeo sul Caucaso, che è un monte della Scizia.
Per molti anni Prometeo rimase inchiodato al monte
e ogni giorno un'aquila volava a divorargli
i lobi del fegato, che ricrescevano durante la notte.
Apollodoro di Atene, *Biblioteca*, libro 1, 7.45*

---

* Apollodoro, *I miti greci*, a cura di Paolo Scarpi, trad. di Maria Grazia Ciani, Fondazione Lorenzo Valla-Mondadori, Milano 1996.

Prefazione

La vita di Robert Oppenheimer, la sua carriera, la sua reputazione, persino il senso del suo valore, finirono improvvisamente fuori controllo quattro giorni prima del Natale del 1953. «Non riesco a credere a quello che mi sta succedendo», esclamò mentre guardava fuori dal finestrino della macchina che lo conduceva alla casa del suo avvocato a Georgetown, un sobborgo di Washington. Lì, nel corso di qualche ora, avrebbe dovuto affrontare una drammatica questione. Doveva forse dimettersi dal suo ruolo di consigliere governativo? O doveva respingere le accuse contenute nella lettera che Lewis Strauss, presidente della Commissione per l'energia atomica (AEC*), gli aveva improvvisamente consegnato quel pomeriggio? La lettera lo informava che una nuova revisione dei suoi precedenti, e dei suoi suggerimenti sulle decisioni politiche, aveva avuto come risultato che egli venisse dichiarato un pericolo per la sicurezza e che contro di lui fossero avanzate trentaquattro accuse, che andavano da quella ridicola – «è stato riferito che nel 1940 era registrato come uno dei sostenitori degli Amici del popolo cinese» a quella politica – «nell'autunno del 1949, e anche in seguito, si è opposto allo sviluppo della bomba all'idrogeno».

Per strana coincidenza, a partire dai bombardamenti atomici di Hiroshima e Nagasaki, Oppenheimer aveva lasciato crescere in sé la vaga premonizione che qualcosa di oscuro e infausto lo aspettasse. Alcuni anni prima, alla fine degli anni Quaranta, proprio nel momento in cui nella società americana aveva raggiunto lo status di vera icona, sia come lo scienziato più rispettato e ammirato, sia come il consigliere politico più noto della sua generazione (era stato persino immortalato sulle copertine delle riviste «Time» e «Life»), Oppenheimer aveva letto il breve racconto di Henry James *La bestia nella giungla*. Quella storia di ossessione e di tormentato egocentrismo, in cui il protagonista è perseguitato dalla premonizione che lo attenda «qualcosa di raro e di strano, prodigioso forse e terribile, qualcosa che lo avrebbe colpito

---

* Acronimo di *Atomic Energy Commission*. [*n.d.t.*]

[...] presto o tardi» lo aveva fortemente impressionato. Qualunque cosa fosse, sapeva che sarebbe stato sopraffatto.

Mentre nell'America del dopoguerra cresceva la marea dell'anticomunismo, Oppenheimer si era accorto che la «bestia nella giungla» lo seguiva sempre più da vicino. Le sue apparizioni davanti ai comitati investigativi del Congresso a caccia dei Rossi, le intercettazioni telefoniche dell'FBI* a casa e in ufficio, le storielle triviali sul suo passato politico e sulle sue prese di posizione passate alla stampa, lo facevano sentire come un uomo braccato. Le sue attività di sinistra negli anni Trenta a Berkeley, combinate con la sua resistenza nel dopoguerra ai piani dell'Aeronautica militare che prevedevano massicci bombardamenti strategici con armi nucleari, piani che lui definiva da genocidio, avevano indispettito molti dei potenti a Washington, tra i quali il direttore dell'FBI Edgar Hoover e Lewis Strauss.

Quella sera a Georgetown, nella casa di Herbert e Anne Marks, analizzò le sue opzioni. Herbert era non solo il suo avvocato, ma uno dei suoi più cari amici. E la moglie di Herbert, Anne Wilson Marks, era stata in passato la sua segretaria a Los Alamos. Quella sera Anne aveva notato che lui appariva «in uno stato mentale quasi disperato». Tuttavia Oppenheimer, dopo molte discussioni, e forse tanto convinto quanto rassegnato, concluse che, per quanto le carte potessero essere truccate, non poteva lasciare quelle accuse prive di risposta. Quindi, con l'assistenza di Herbert, abbozzò una lettera indirizzata al «Caro Lewis». Nella lettera Oppenheimer rilevava che Strauss lo aveva incoraggiato a dimettersi. «Mi hai suggerito come alternativa desiderabile che io richieda la conclusione del mio contratto come consulente della Commissione [per l'energia atomica], evitando così un'esplicita presa in considerazione delle accuse [...].» Oppenheimer affermò di avere attentamente considerato questa opportunità ma, «viste le circostanze», continuò, «un'azione di questo genere significherebbe che accetto e concordo con la visione che mi vuole non adatto a servire questo governo, che ho servito per dodici anni. Non posso farlo. Se fossi così immeritevole, difficilmente avrei potuto servire il nostro paese come ho cercato di fare, essere stato il direttore del nostro Istituto a Princeton, o aver parlato, come in più di un'occasione mi sono trovato a fare, in nome della nostra scienza e del nostro paese».

Alla fine della serata Robert era esausto e abbattuto. Dopo aver be-

---

* Acronimo di *Federal Bureau of Investigation*, Ufficio federale d'investigazione. [*n.d.t.*]

vuto parecchio, salì al piano di sopra nella stanza degli ospiti. Alcuni minuti dopo Anne, Herbert e Kitty, la moglie di Robert che lo aveva accompagnato a Washington, sentirono un «terribile schianto». Correndo di sopra trovarono la stanza da letto vuota e la porta del bagno chiusa. «Non riuscivo ad aprirla», raccontava Anne, «e non riuscivo a ottenere risposte da Robert.»
Era svenuto sul pavimento del bagno, e il suo corpo privo di sensi bloccava la porta. Spingendo, a poco a poco riuscirono ad aprirla, spostando di lato il corpo afflosciato di Robert. Quando riprese i sensi «farfugliava», ricordava Anne. Disse di aver preso alcuni dei sonniferi di Kitty. Il medico consultato telefonicamente disse «non lasciate che si addormenti: vengo subito», e così per quasi un'ora, fino all'arrivo del dottore, lo fecero camminare avanti e indietro facendogli sorseggiare del caffè.

La «bestia» di Robert era balzata sulla preda; la dura prova che avrebbe posto fine alla sua carriera pubblica e che, per ironia della sorte, avrebbe aumentato la sua reputazione e garantito la sua eredità, era cominciata.

La strada che Robert percorse da New York a Los Alamos, dall'oscurità alla celebrità, lo portò a partecipare – nella scienza, nella giustizia sociale, nella guerra e nella guerra fredda – alle grandi sfide e ai grandi trionfi del XX secolo. Il suo viaggio fu guidato dalla sua straordinaria intelligenza, dai suoi genitori, dai suoi insegnanti alla Ethical Culture School e dalle sue esperienze giovanili. Professionalmente, la sua carriera iniziò negli anni Venti in Germania, dove apprese la fisica quantistica, una nuova scienza che amava e che contribuì a diffondere. Negli anni Trenta, all'Università della California a Berkeley, mentre costruiva il più importante centro di fisica quantistica degli Stati Uniti, spinto dalle conseguenze della grande depressione, e dall'ascesa del fascismo in Europa, lavorò attivamente con tanti amici, molti dei quali comunisti o compagni di strada, lottando per la giustizia economica e l'uguaglianza razziale. Quelli furono alcuni degli anni migliori della sua vita. Il fatto che un decennio dopo siano stati usati per zittire la sua voce, ci ricorda ancora una volta quanto sia delicato l'equilibrio dei principi democratici che professiamo e con quanta cura questi principi vadano salvaguardati.

L'agonia e l'umiliazione che Oppenheimer affrontò nel 1954 non erano rare nell'era del maccartismo, ma come imputato non aveva uguali. Oppenheimer era il Prometeo americano, «il padre della bomba atomica», che aveva guidato gli sforzi per strappare alla natura il potere del Sole e offrirlo al suo paese in tempo di guerra. In seguito, aveva parlato con saggezza dei pericoli e con speranza dei potenziali benefici; poi, vicino alla disperazione, fortemente critico sulle proposte di guerra nucleare che venivano fatte dall'Esercito e promosse dagli strateghi accademici, aveva affermato: «Cosa dobbiamo fare di una civiltà che ha sempre considerato l'etica come un aspetto essenziale della vita umana [ma] che non è stata in grado di parlare della prospettiva di uccidere quasi ogni uomo se non in termini prudenziali o di teoria dei giochi?».

Alla fine degli anni Quaranta, mentre i rapporti tra Stati Uniti e Unione Sovietica si deterioravano, il persistente desiderio di Oppenheimer di sollevare importanti questioni relative alle armi nucleari creava parecchi problemi ai dirigenti della sicurezza nazionale a Washington. Nel 1952, il ritorno dei repubblicani alla Casa Bianca portò molti fautori della massiccia risposta nucleare, come Lewis Strauss, in posizioni di potere a Washington. Strauss e i suoi alleati erano determinati a zittire l'uomo che temevano fosse in grado di mettere in discussione in maniera credibile le loro politiche.

Nel 1954, per attaccare le sue posizioni politiche e le sue convinzioni professionali, o meglio la sua vita e i suoi valori, gli avversari di Oppenheimer utilizzarono molti aspetti del suo carattere: le sue ambizioni e le sue insicurezze, la sua genialità e la sua ingenuità, la sua determinazione e il suo timore, il suo stoicismo e il suo sconcerto. Molto è rivelato nelle quasi mille pagine fittamente stampate di *Sulla questione di J. Robert Oppenheimer*,* la trascrizione delle audizioni di fronte alla Commissione per la sicurezza dell'AEC, anche se quelle trascrizioni rivelano quanto poco i suoi antagonisti siano riusciti a scalfire l'armatura emozionale che quell'uomo tanto complesso aveva da subito costruito attorno a sé. *Robert Oppenheimer, il padre della bomba atomica* esplora l'enigmatica personalità celata dietro quell'armatura, mentre segue Robert dalla sua infanzia nell'Upper West Side di New York, all'inizio del XX secolo, fino alla sua morte nel 1967. È una biografia profondamente personale, documentata e scritta con la convinzione che il comportamento pubblico di una persona e le sue decisioni politiche (e nel caso di Oppenheimer forse anche la sua scienza) sono guidate dalle esperienze private fatte nel corso della vita.

---

* Il titolo originale è *In the Matter of J. Robert Oppenheimer*. [*n.d.t.*]

Risultato di venticinque anni di lavoro, *Robert Oppenheimer, il padre della bomba atomica* è basato su migliaia di documenti tratti da archivi e da raccolte personali, sia nazionali che esteri. Si basa sulla raccolta di scritti di Oppenheimer conservati presso la Biblioteca del Congresso, e su migliaia di pagine di documenti dell'FBI raccolti in più di un quarto di secolo di sorveglianza. Ben poche persone pubbliche sono state sottoposte a un controllo simile. I lettori «sentiranno» le sue parole registrate dagli apparecchi dell'FBI e poi trascritte. Però, dato che i documenti scritti raccontano solo una parte della verità della vita di un uomo, abbiamo intervistato quasi cento tra amici, parenti e colleghi di Oppenheimer. Molte delle persone intervistate negli anni Settanta e Ottanta non sono più in vita, ma le storie che hanno raccontato tratteggiano il ritratto sfumato di un uomo straordinario che ci ha introdotto nell'era nucleare e che ha lottato senza successo, come noi continuiamo a lottare, nel tentativo di trovare un modo per eliminare la minaccia di una guerra nucleare.

La storia di Oppenheimer ci ricorda anche che l'identità del popolo americano resta intimamente connessa con la cultura del nucleare. E.L. Doctorow ha osservato: «Abbiamo avuto la bomba per la testa a partire dal 1945; prima è stata la nostra arma, poi la nostra diplomazia e adesso è la nostra economia. Come potremmo supporre che qualcosa di così mostruosamente potente non faccia parte, dopo quarant'anni, della nostra identità? Il grande Golem che abbiamo costruito contro i nostri nemici è la nostra cultura. La nostra cultura della bomba, la sua logica, il suo destino, la sua visione».[1] Oppenheimer tentò coraggiosamente di allontanarci da quella cultura della bomba, cercando di contenere la minaccia nucleare che aveva contribuito a liberare. Il suo sforzo più impressionante fu un piano per il controllo internazionale dell'energia atomica, conosciuto come il rapporto Acheson-Lilienthal (anche se in effetti fu pensato e ampiamente redatto da Oppenheimer), che resta un notevole modello di razionalità nell'era nucleare. Tuttavia le politiche della guerra fredda, negli Stati Uniti e all'estero, fecero fallire il progetto e l'America, insieme a un numero crescente di altri paesi, abbracciò la bomba per il mezzo secolo successivo. Con la fine della guerra fredda il pericolo dell'annientamento nucleare sembrò superato, ma, per un'altra ironia del destino, la minaccia di una guerra nucleare e del terrorismo nucleare è probabilmente più imminente nel XXI secolo di quanto non lo sia mai stata prima.

Dopo l'11 settembre vale la pena di ricordare che all'alba dell'era nucleare il padre della bomba atomica ci avvertì che era un'arma per il terrore indiscriminato, che avrebbe immediatamente reso l'America più vulnerabile ad attacchi arbitrari. Quando, nel 1946, in un'udienza a porte chiuse del Senato, gli fu chiesto se pensava «che tre o quattro persone potessero introdurre di nascosto a New York parti di una bomba [atomica] e far saltare in aria l'intera città», egli rispose in modo significativo: «Certo, è possibile, e potrebbero distruggere New York». E a un senatore che, sorpreso, subito dopo gli domandò: «Ma che strumento si potrebbe usare per individuare una bomba atomica nascosta da qualche parte in città?» Oppenheimer rispose: «Un cacciavite [per aprire tutte le borse e tutte le valigie, dappertutto]». L'unica difesa dal terrorismo nucleare era l'eliminazione delle armi nucleari.

Gli avvertimenti di Oppenheimer furono ignorati, e alla fine fu zittito. Come Prometeo, il dio greco ribelle che rubò il fuoco a Zeus e lo diede all'umanità, Oppenheimer rese disponibile il fuoco atomico. Ma poi, quando provò a controllarlo, quando cercò di avvertire dei suoi terribili pericoli, i potenti, come Zeus, si sollevarono con rabbia per punirlo. Come ha scritto Ward Evans, l'unico membro dissenziente della Commissione di indagine sulla sicurezza dell'AEC, negare a Oppenheimer il suo nullaosta alla sicurezza fu «una grande macchia sulla bandiera del nostro paese».

OPPENHEIMER

Prologo

Maledizione, perché mi capita di amare questo paese.
Robert Oppenheimer

Princeton, New Jersey, 25 febbraio 1967. Nonostante il tempo minaccioso e il grande freddo che avvolgeva il Nord-est, seicento persone – premi Nobel, uomini politici, scienziati, poeti, romanzieri, compositori, amici e colleghi di tutti i periodi della sua esistenza – si riunirono per ricordare la vita di J. Robert Oppenheimer e piangere la sua morte. Alcuni l'avevano conosciuto come il loro gentile maestro, e lo chiamavano affettuosamente «Oppie». Altri lo conoscevano come un grande fisico, come l'uomo che nel 1945 era diventato il «padre» della bomba atomica, un eroe nazionale e il modello dello scienziato come servitore pubblico. Tutti ricordavano con grande amarezza come, appena nove anni più tardi, la nuova amministrazione repubblicana del presidente Dwight D. Eisenhower l'avesse dichiarato un pericolo per la sicurezza, facendo di Oppenheimer la più importante vittima della crociata anticomunista negli Stati Uniti. E tutti erano presi dalla tristezza nel ricordare un brillante uomo la cui straordinaria esistenza era stata segnata tanto dal trionfo quanto dalla tragedia.

Tra i Nobel presenti[1] vi erano fisici di fama mondiale come Isidor I. Rabi, Eugene Wigner, Julian Schwinger, Tsung Dao Lee ed Edwin McMillan. La figlia di Albert Einstein, Margot, era lì per onorare l'uomo che era stato direttore di suo padre all'Institute for Advanced Study di Princeton. C'era anche Robert Serber – uno studente di Oppenheimer negli anni Trenta a Berkeley, e poi fedele amico e veterano a Los Alamos – così come il grande fisico della Cornell University Hans Bethe, il premio Nobel che aveva rivelato come funzionava il Sole. Irva Denham Green, un vicino di casa nella tranquilla isola caraibica di St. John, dove Oppenheimer si era costruito una villetta nei pressi della spiaggia che gli era servita da rifugio dopo la sua umiliazione pubblica del 1954, sedeva gomito a gomito con i potenti notabili della politica estera americana: l'avvocato e consigliere presidenziale John J. McCloy;

il direttore militare del Progetto Manhattan, generale Leslie R. Groves; il sottosegretario alla Marina militare Paul Nitze; lo storico e premio Pulitzer Arthur Schlesinger jr.; il senatore del New Jersey Clifford Case. A rappresentare la Casa Bianca, il presidente Lyndon B. Johnson aveva mandato il suo consigliere scientifico Donald F. Hornig, un veterano di Los Alamos che era stato con Oppenheimer al «Trinity», il test del 16 luglio 1945 della prima bomba atomica. Inframmezzati agli scienziati e ai potenti di Washington vi erano personaggi della letteratura e della cultura: il poeta Stephen Spender, il romanziere John O'Hara, il compositore Nicholas Nabokov e George Balanchine, direttore del New York City Ballet.

La vedova di Robert, Katherine «Kitty» Puening Oppenheimer, sedeva con Alexander Hall dell'Università di Princeton in prima fila, e per questo molti ricordano la cerimonia come un funerale tranquillo e dolce-amaro. Accanto a lei sedeva la figlia, Toni, di ventidue anni, e il figlio Peter, di venticinque. Il fratello più giovane di Robert, Frank Oppenheimer, la cui carriera di fisico era stata distrutta durante l'uragano del maccartismo, era seduto vicino a Peter.

Brani dei *Requiem Canticles* di Igor Stravinskij, una composizione che Robert Oppenheimer aveva ascoltato per la prima volta nella sua totalità, e molto apprezzato, l'autunno precedente, riempirono l'auditorio. Quindi Hans Bethe – che aveva frequentato Oppenheimer per tre decenni – recitò il primo dei tre elogi. «Fece molto di più di qualsiasi altro uomo»,[2] disse Bethe, «per far diventare grande la fisica americana [...]. Era un leader [...]. Ma non era autoritario, non ordinava mai quello che si doveva fare. Faceva emergere quello che di meglio c'era in ciascuno di noi, come un buon padrone di casa fa con i suoi ospiti.» A Los Alamos, dove aveva diretto migliaia di uomini in una ipotetica gara con la Germania per la costruzione della bomba atomica, Oppenheimer aveva trasformato un antico altopiano in un laboratorio, e trasformato gruppi diversi di scienziati in una squadra efficiente. Bethe e altri veterani di Los Alamos sapevano che senza Oppenheimer il primordiale «aggeggio» che avevano costruito nel Nuovo Messico non sarebbe mai stato finito in tempo per essere usato in guerra.

Henry DeWolf Smyth, un fisico e collega a Princeton, tenne il secondo elogio. Nel 1954 Smyth era stato l'unico dei cinque membri della Commissione per l'energia atomica (AEC) che aveva votato a favore della restituzione a Oppenheimer del nullaosta alla sicurezza. Avendo partecipato alle odiose «audizioni sulla sicurezza» che Oppenheimer aveva dovuto sopportare, Smyth aveva capito perfettamente la farsa che era stata organizzata: «Un errore come questo³ non avrebbe mai avuto motivo di esistere; una macchia come questa non sarà mai cancellata dalla nostra storia [...]. Rimpiangiamo che il suo grande impegno per questo paese sia stato ripagato in modo così abbietto [...]».

Alla fine toccò a George Kennan, vecchio diplomatico e ambasciatore, il padre del concetto di «contenimento» nella politica postbellica americana contro l'Unione Sovietica, e per un lungo periodo amico e collega di Oppenheimer all'Institute for Advanced Study. Nessuno più di Oppenheimer aveva stimolato l'attenzione di Kennan sui rischi enormi dell'era nucleare. Nessuno meglio di lui aveva difeso il suo lavoro e gli aveva offerto un rifugio all'Istituto quando a Washington il dissenso di Kennan nei confronti delle politiche militariste americane della guerra fredda l'aveva trasformato in un uomo qualunque.

«Su nessuno», disse Kennan, «si sono mai posati con maggior crudeltà i dilemmi che sono nati con la recente conquista da parte degli esseri umani di una potenza al di là del naturale e al di là di tutte le dimensioni della loro forza morale. Nessuno può vedere più chiaramente i pericoli che potranno incombere sugli esseri umani a causa di questa crescente disparità. Questa preoccupazione non dovrà allentare la nostra fede nel valore della ricerca della verità in tutte le sue forme, scientifiche e umane. Ma non ci sarà nessuno che con minor passione desidererà di essere utile nel preannunciare le catastrofi alle quali lo sviluppo delle armi di distruzione di massa minacciano di portarci. Lui aveva in mente tutto questo nell'interesse del genere umano; ma lui era un vero americano, ed è proprio attraverso la comunità nazionale alla quale apparteneva che vedeva la grande possibilità di realizzare queste aspirazioni.»

«Nei giorni bui dei primi anni Cinquanta, quando nubi oscure che arrivavano da molte direzioni si ammassarono sopra di lui, e quando a causa della sua posizione si trovò al centro delle controversie, io cercai di attirare la sua attenzione sul fatto che sarebbe stato ben accolto in centinaia di centri accademici esteri, e gli chiesi perché non aveva pensato di andare a stabilirsi lontano da questo paese. La sua risposta, data con le lacrime agli occhi fu: "Maledizione, perché mi capita di amare questo paese".»*⁴

---

* Kennan rimase molto colpito dall'enfasi nella reazione di Oppenheimer. Nel 2003, in occasione della festa per il suo centesimo compleanno, Kennan raccontò di nuovo la storia, ma questa volta le lacrime erano nei *suoi* occhi. [*n.d.a.*]

Robert Oppenheimer è stato un enigma,[5] un fisico teorico che mostrò qualità carismatiche da grande leader, un esteta che coltivava ambiguità. Nei decenni che seguirono alla sua morte, la sua vita fu ammantata di controversie, miti e misteri. Per gli scienziati, come Hideki Yukawa, il primo giapponese premio Nobel per la fisica, Oppenheimer era «il simbolo della tragedia del moderno scienziato nucleare».[6] Per i liberali divenne il più importante martire della caccia alle streghe durante il maccartismo, il risultato ottenuto da una destra priva di scrupoli. Per i suoi nemici politici era vicino ai comunisti e un bugiardo accertato.

In realtà era un uomo eccezionale, pieno di talento e di complessità, insieme brillante e ingenuo, appassionato difensore della giustizia sociale e instancabile consigliere governativo, anche se l'impegno a fermare la sfrenata corsa agli armamenti nucleari gli creò potenti nemici nella burocrazia. Come disse il suo amico Rabi, oltre a essere «davvero saggio, era anche davvero ingenuo».[7]

Il fisico Freeman Dyson vedeva in Robert Oppenheimer profonde e commoventi contraddizioni. Aveva dedicato la sua vita alla scienza e al pensiero razionale. Però, osservava Dyson, la decisione di Oppenheimer di partecipare alla creazione di un'arma adatta al genocidio era «un patto faustiano, se davvero lo era [...]. E naturalmente a quel patto era ancora legato [...]».[8] Come Faust, Oppenheimer tentò di rinegoziare il patto, e fu punito per averci provato. Aveva sostenuto lo sforzo per liberare la potenza dell'atomo, ma quando tentò di avvisare i suoi concittadini dei pericoli connessi, per contrastare la dipendenza dell'America dalle armi nucleari, il governo dubitò della sua lealtà e lo mise sotto processo. I suoi amici paragonarono la sua pubblica umiliazione a quella a cui nel 1633 era stato sottoposto un altro scienziato, Galileo Galilei, da parte di una Chiesa ancora medievale; altri vedevano nell'evento lo sgradevole spettro dell'antisemitismo, e ricordavano il calvario del capitano Alfred Dreyfus nella Francia del 1890.

Ma nessuno dei due paragoni ci aiuta a capire l'uomo Robert Oppenheimer, il suo talento di scienziato e il ruolo davvero unico che ricoprì come architetto dell'era nucleare.

Questa è la storia della sua vita.

PRIMA PARTE

Robert Oppenheimer da giovane.

1. «Accoglieva ogni nuova idea come bellissima»

Ero un bambino mellifluo, tremendamente bravo.
Robert Oppenheimer

Nel primo decennio del XX secolo la scienza diede l'avvio a una seconda rivoluzione americana. Un paese che ancora viaggiava a dorso di cavallo fu completamente trasformato dal motore a combustione interna, dagli aeroplani con equipaggio e da un gran numero di altre invenzioni. Queste innovazioni tecnologiche cambiarono rapidamente la vita quotidiana degli uomini e delle donne americani. Nello stesso momento, un esoterico gruppo di scienziati stava avviando una rivoluzione ancora più fondamentale. In tutto il mondo i fisici teorici stavano infatti iniziando ad alterare il modo in cui si spiegavano lo spazio e il tempo. La radioattività era stata scoperta nel 1896 dal fisico francese Henri Becquerel. Max Planck, Marie Curie, Pierre Curie e altri scienziati fornirono ulteriori intuizioni sulla natura dell'atomo. Poi, nel 1905, Albert Einstein pubblicò la sua teoria della relatività speciale (o ristretta). All'improvviso l'universo sembrava cambiato.

In tutto il mondo gli scienziati sarebbero stati presto celebrati come nuovi eroi che promettevano la rinascita della razionalità, della prosperità e della meritocrazia sociale. In America i movimenti riformatori mettevano in discussione il vecchio ordine. Il presidente Theodore Roosevelt stava usando l'importante pulpito della Casa Bianca per sostenere che il buon governo, alleandosi con la scienza e con la tecnologia, poteva dar forma a una nuova e illuminata era progressista.

In questo mondo di promesse, il 22 aprile 1904 nasceva J. Robert Oppenheimer. Veniva da una famiglia di immigrati tedeschi di prima e seconda generazione, che si sforzavano di essere americani. Etnicamente e culturalmente ebrei, gli Oppenheimer di New York non frequentavano alcuna sinagoga. Senza rifiutare il loro ebraismo, scelsero di modellare la loro identità sulla base di un'interpretazione completamente americana del giudaismo – la Ethical Culture Society – che celebrava il razionalismo e un umanesimo secolare di tipo progressista.

Era un approccio innovativo ai dilemmi che in America ogni immigrato si trovava ad affrontare, eppure per Robert Oppenheimer significò il rafforzamento di un'ambivalenza della sua identità ebraica che durò per tutta la vita.

Come suggerito dal nome, la «cultura etica» non era una religione, ma un modo di vivere che promuoveva la giustizia sociale invece dell'esaltazione del sé. Non è per caso che il bambino che sarebbe diventato il padre dell'era atomica sia cresciuto in una cultura che dava valore alla ricerca indipendente, alla sperimentazione empirica e al pensiero libero; in breve, ai valori della scienza. Eppure l'aspetto ironico della dura odissea di Robert Oppenheimer sta nel fatto che una vita dedicata a giustizia sociale, razionalità e scienza sia poi diventata una metafora della morte di massa sotto una nuvola a forma di fungo.

Il padre di Robert, Julius Oppenheimer, nacque il 12 maggio 1871 nella città tedesca di Hanau, a est di Francoforte. Il padre di Julius, Benjamin Pinhas Oppenheimer, era un contadino privo di istruzione e mercante di grano che, come disse in seguito Robert, era cresciuto in una casupola di «un villaggio tedesco quasi medievale».[1] Julius aveva due fratelli e tre sorelle. Nel 1870 due cugini acquisiti di Benjamin emigrarono a New York. Nel corso di pochi anni i due giovani, Sigmund e Solomon Rothfeld, si unirono a un altro parente, J.H. Stern, per avviare una piccola azienda che importava fodere per giacche da uomo. L'azienda ottenne ottimi risultati nella fornitura del nuovo fiorente mercato dei vestiti preconfezionati. Verso la fine degli anni Ottanta, i Rothfeld fecero sapere a Benjamin Oppenheimer che nell'azienda c'era spazio anche per i suoi figli.

Julius arrivò a New York nella primavera del 1888, parecchi anni dopo il fratello maggiore Emil. Alto, scheletrico e maldestro, venne assegnato al magazzino dell'azienda, con il compito di mettere in ordine i rotoli di stoffa. Malgrado non avesse portato alla società nessuna risorsa finanziaria, e non sapesse una sola parola di inglese, era determinato a rifarsi. Aveva occhio per i colori e, col tempo, acquisì una notevole reputazione come uno degli esperti in tessuti meglio informati della città. Emil e Julius sfuggirono alla recessione del 1893 e, alla svolta del secolo, Julius era già socio a tutti gli effetti della Rothfeld, Stern & Company. Si vestiva di conseguenza, indossando sempre una camicia bianca a collo alto, una cravatta tradizionale e un'elegante giacca scura. I suoi modi erano immacolati quanto il suo vestiario. A detta di tutti, Julius era un giovane estremamente amabile. Nel 1903 la sua futura moglie gli scrisse: «Hai un modo di fare[2] che ispira la massima confidenza, e per le migliori ragioni». Arrivato ai trent'anni parlava un inglese molto raffinato e, anche se totalmente da autodidatta, aveva letto in abbondanza la storia americana ed europea. Appassionato d'arte, nei fine settimana trascorreva il suo tempo libero visitando le numerose gallerie di New York.

Potrebbe darsi che in una di queste occasioni fosse stato presentato a una giovane pittrice, Ella Friedman, una bruna «straordinariamente bella»[3] dai tratti finemente cesellati, con «espressivi occhi grigio-blu e lunghe ciglia nere» e una figura snella, ma con la mano destra congenitamente deforme. Per nascondere questa deformità, Ella portava sempre maniche lunghe e un paio di guanti di camoscio. Il guanto che le copriva la mano destra[4] conteneva una primitiva protesi, con una molla attaccata a un pollice artificiale. Julius si innamorò di lei. I Friedman, ebrei di origine bavarese, si erano stabiliti a Baltimora negli anni Quaranta. Ella era nata nel 1869. Un amico di famiglia la descrisse come «una donna gentile, delicata, magra, alta, con gli occhi azzurri, estremamente sensibile ed educata; si preoccupava sempre di cosa avrebbe reso felici o messo a loro agio gli altri».[5] Quando era ventenne, trascorse un anno a Parigi, studiando i primi pittori impressionisti. Ritornata in America, insegnò arte al Barnard College.[6] Quando conobbe Julius era una pittrice abbastanza affermata, tanto da avere dei propri studenti e uno studio privato in un appartamento all'ultimo piano di un palazzo di New York.

All'epoca tutto questo era abbastanza inusuale per una donna, ma Ella era dotata di una forte personalità. Di primo acchito, il suo comportamento formale ed elegante poteva sembrare di una freddezza altezzosa. La sua grinta e la sua disciplina in studio e in casa sembravano eccessive in una donna tanto dotata di benessere materiale. Julius l'adorava e lei ricambiava il suo amore. Pochi giorni prima del matrimonio, Ella scrisse al fidanzato: «Desidero davvero riuscire ad apprezzare la vita nel suo senso migliore e più pieno; ma tu mi aiuterai a prendermi cura di te? Il prendersi cura di qualcuno che si ama davvero, ha una dolcezza indescrivibile di cui nemmeno una vita intera può privarmi. Buona notte, mio amato».[7]

Il 23 marzo 1903 Julius ed Ella si sposarono, e andarono ad abitare in una casa con timpani in pietra al 250 West della 94th Street. Un anno dopo, nel bel mezzo della più fredda primavera mai registrata, e dopo una gravidanza difficile, la trentaquattrenne Ella diede alla luce un figlio maschio. Julius aveva già deciso di chiamare Robert il suo primogenito, ma all'ultimo momento, seguendo una tradizione di famiglia, decise di aggiungere una lettera iniziale «J» davanti a «Robert». In effetti sul certificato di nascita del bambino si legge «Julius Robert Oppenheimer»,[8] la prova che Julius aveva deciso di dare al figlio il proprio nome. La cosa non sarebbe degna di nota se non fosse che chiamare un bambino con il nome di un qualsiasi parente *ancora in vita* è contrario alla tradizione degli ebrei europei. In ogni caso il bambino sarebbe sempre stato chiamato Robert e, curiosamente, egli affermò più volte che la prima iniziale del suo nome non significava nulla. Sembrerebbe dunque che in casa Oppenheimer le tradizioni ebraiche non avessero alcun ruolo.

Un po' di tempo dopo la nascita di Robert, Julius trasferì la sua famiglia in un ampio appartamento all'undicesimo piano del 155 di Riverside Drive, con vista sul fiume Hudson dal lato ovest della 88th Street.[9] L'appartamento, che occupava l'intero piano, era elegantemente arredato con mobili europei. Nel corso degli anni gli Oppenheimer acquistarono una notevole collezione di dipinti postimpressionisti e fauvisti francesi, scelti da Ella.[10] Quando Robert era ormai un ragazzo, la collezione comprendeva un quadro del periodo blu di Picasso del 1905 intitolato *Madre e figlio*, un'acquaforte di Rembrandt e quadri di Edouard Vuillard, André Derain e Pierre-Auguste Renoir. Tre quadri di Vincent Van Gogh, *Campo recintato con sole nascente* (Saint-Rémy, 1889), *Primi passi (da Millet)* (Saint-Rémy, 1890) e *Ritratto di Adeline Ravoux* (Auvers-sur-Oise, 1890), dominavano il salotto dalle pareti rivestite con carta da parati dorata. In seguito acquistarono un disegno di Paul Cézanne e un quadro di Maurice de Vlaminck. A completare la raffinata collezione c'era una piccola testa dello scultore francese Charles Despiau.*

Ella era esigente in tutte le attività casalinghe. «Eccellenza e decisione» era un ritornello costante nelle orecchie del giovane Robert. Tre donne di servizio che vivevano nella casa si occupavano di mantenere immacolato l'appartamento. Robert ebbe una bambinaia cattolica irlandese di nome Nellie Connolly, e in seguito una governante francese che gli insegnò un po' della sua lingua. Invece in casa il tedesco non veniva parlato. «Mia madre non lo parlava bene», ricordava Robert, «e mio padre non credeva che parlarlo avesse senso.»[11] Robert avrebbe imparato il tedesco a scuola.

---

* Gli Oppenheimer spesero una piccola fortuna per queste opere d'arte. Per esempio, nel 1926 Julius pagò 12.900 dollari per *Primi passi (da Millet)* di Van Gogh. [*n.d.a.*]

Nei fine settimana la famiglia partiva per delle gite in campagna con una Packard guidata da un autista in uniforme grigia. Quando Robert aveva undici o dodici anni, Julius comprò una grande casa per l'estate a Bay Shore, a Long Island, dove Robert imparò ad andare in barca a vela. Al molo sotto casa Julius aveva ormeggiato uno yacht di tredici metri, battezzato *Lorelei*, una lussuosa imbarcazione equipaggiata con ogni comfort. Frank, il fratello di Robert, in seguito avrebbe ricordato con affetto che «in quella baia tutto era bello, erano tre ettari [...] un grande giardino con molti e molti fiori».[12] Come avrebbe in seguito osservato un amico di famiglia, «i genitori di Robert lo amavano svisceratamente [...] aveva tutto quello che desiderava; si potrebbe dire che sia stato cresciuto nel lusso».[13] Malgrado ciò, nessuno dei suoi amici d'infanzia lo considerava viziato. «Era estremamente generoso con il denaro e con le cose materiali», ricordava Harold Cherniss. «Non era in alcun modo un bambino viziato.»

Nel 1914, quando in Europa scoppiò la prima guerra mondiale, Julius Oppenheimer era ormai un ricco uomo d'affari. Il suo patrimonio raggiungeva sicuramente svariate centinaia di migliaia di dollari, l'equivalente di un odierno patrimonio multimilionario. A detta di tutti, il matrimonio degli Oppenheimer era una amorosa associazione. Ma gli amici di Robert erano sempre sorpresi dalle due personalità contrastanti. Francis Fergusson, uno degli amici più intimi di Robert, ricordava che «lui [Julius] era un allegro ebreo tedesco, estremamente amabile. Ero sorpreso che la madre di Robert l'avesse sposato, perché sembrava una persona così calorosa e pronta alla risata. Ma lei era molto innamorata di lui e se ne occupava molto bene. Erano molto teneri l'uno con l'altro, ed era proprio un ottimo matrimonio».[14]

Julius era estroverso e amava parlare. Amava l'arte e la musica, e pensava che la sinfonia *Eroica* di Beethoven fosse «uno dei capolavori più grandi». L'antropologo George Boas, un amico di famiglia, avrebbe in seguito ricordato che Julius «aveva tutta la sensibilità di entrambi i suoi figli».[15] Boas lo considerava «uno degli uomini più gentili che avessi mai conosciuto». Ma a volte, con imbarazzo dei figli, Julius si metteva a cantare a tavola durante la cena. Gli piacevano anche i bei litigi. Al contrario, Ella sedeva in silenzio e non si univa mai alle chiacchiere.[16] «Lei [Ella] era una persona davvero delicata», osservò lo scrittore Paul Horgan, un altro amico di Robert, «[...] emotivamente molto attenuata, a tavola o in altre occasioni presiedeva sempre con grande grazia e delicatezza, ma era una persona afflitta.»[17]

Quattro anni dopo la nascita di Robert, Ella ebbe un altro figlio,

Lewis Frank Oppenheimer, ma il bambino morì presto, vittima della stenosi del piloro, un'ostruzione congenita dell'apertura tra lo stomaco e l'intestino tenue.[18] Da quel momento, nel suo dolore, Ella sembrò fisicamente sempre più fragile. Dato che il piccolo Robert fu a sua volta spesso malato, Ella divenne eccessivamente protettiva. Per paura delle infezioni, teneva Robert lontano dagli altri bambini. Non gli era permesso comprare cibo dai banchetti per le strade e, invece di portarlo nel negozio del parrucchiere per fargli tagliare i capelli, Ella faceva venire il barbiere a casa.

Di natura introspettiva e per niente atletico, Robert passò l'infanzia nella confortevole solitudine del nido materno a Riverside Drive. La relazione tra madre e figlio fu sempre intensa. Ella lo incoraggiò a dipingere,[19] soprattutto paesaggi, ma quando si iscrisse al college Robert abbandonò la pittura. Robert adorava sua madre, per quanto Ella potesse essere silenziosamente esigente. Un amico di famiglia ricordava che «era una donna che non permetteva che a tavola si parlasse di qualcosa di spiacevole».

Robert si accorse in fretta che sua madre disapprovava le persone del mondo degli affari e del commercio legate al marito. La maggior parte degli amici di Julius erano ovviamente ebrei di prima generazione, ed Ella chiarì subito a suo figlio che lei con quelli non si trovava a suo agio per i loro «modi invadenti». Più della maggior parte dei ragazzi, Robert crebbe sentendosi diviso tra gli stretti valori morali di sua madre e il comportamento socievole di suo padre. A volte si sentiva imbarazzato dalla spontaneità di suo padre, ma al tempo stesso si sentiva colpevole per l'imbarazzo che provava. Un amico d'infanzia ricordava che «l'evidente e a volte chiassoso orgoglio che Julius provava per lui dava molto fastidio a Robert».[20] Da adulto, Robert regalò al suo amico e insegnante Herbert Smith una bellissima incisione di una scena del *Coriolano* di Shakespeare, in cui il protagonista si sta liberando dalla stretta della mano di sua madre per poi spingerla a terra. Smith era sicuro che Robert gli stava mandando un messaggio, riconoscendo quanto era stato difficile per lui separarsi dalla madre.

Quando aveva solo cinque o sei anni, Ella insistette perché prendesse lezioni di piano. Robert si esercitava obbedientemente ogni giorno, ma odiando la cosa per tutto il tempo. Circa un anno dopo si ammalò e sua madre al solito temette il peggio, addirittura un caso di paralisi infantile. Mentre lo curava, continuava a chiedergli come si sentisse, finché un giorno lui non alzò lo sguardo dal letto e mormorò «proprio come mi sento quando devo andare a lezione di piano».[21] Ella cedette e le lezioni terminarono.

Nel 1909, quando Robert aveva solo cinque anni, Julius lo portò nel primo di quattro viaggi transatlantici a visitare il nonno Benjamin in Germania. Rifecero il viaggio due anni dopo. Il nonno aveva ormai settantacinque anni, ma lasciò un'impressione indelebile sul nipote. «Era evidente», ricordava Robert, «che per lui una delle grandi gioie della vita era leggere, anche se era a malapena andato a scuola.»[22] Un giorno, mentre guardava Robert giocare con le costruzioni di legno, Benjamin decise di regalargli un'enciclopedia di architettura. Gli diede anche una collezione «del tutto convenzionale» di rocce, costituita da una scatola che conteneva circa due dozzine di esemplari di minerali etichettati in tedesco. «Da quel momento», ricordò poi Robert, «in maniera completamente bambinesca diventai un ardente collezionista di minerali.» Tornato a New York, convinse il padre a portarlo a caccia di rocce nelle Palisades. Presto l'appartamento di Riverside Drive fu pieno dei campioni di roccia raccolti da Robert, ognuno etichettato ordinatamente con il suo nome scientifico. Julius incoraggiò questo solitario passatempo regalandogli libri sull'argomento. Molto tempo dopo Robert raccontò che non aveva alcun interesse per l'origine geologica delle sue rocce ma era affascinato dalla struttura dei cristalli e dalla luce polarizzata.[23]

Tra i sette e i dodici anni Robert ebbe tre passioni solitarie che lo impegnarono completamente: i minerali, lo scrivere e leggere poesie e le costruzioni.[24] In seguito avrebbe ricordato che occupava il proprio tempo con queste attività «non perché fossero qualcosa in cui avevo compagni o perché avessero una qualsiasi relazione con la scuola, ma solo per il gusto di farlo». Arrivato ai dodici anni, usava la macchina per scrivere di famiglia per corrispondere con alcuni ben noti geologi locali, discutendo delle formazioni di roccia che aveva studiato al Central Park. Non sapendo della sua giovane età, uno di quei corrispondenti segnalò Robert per l'iscrizione al Club mineralogico di New York, e poco tempo dopo arrivò una lettera che lo invitava a fare una conferenza davanti ai soci. Impaurito dall'idea di dover parlare di fronte a un pubblico di adulti, Robert pregò suo padre di spiegare loro che avevano invitato un dodicenne. Assai divertito, Julius incoraggiò invece il figlio ad accettare l'onore. La sera stabilita, Robert si presentò al club con i suoi genitori che lo introdussero orgogliosamente come «J. Robert Oppenheimer». Sorpreso, il pubblico di geologi e collezionisti amatoriali di rocce scoppiò a ridere quando lui si avvicinò al podio; si dovette cercare una cassa di legno su cui Robert potesse stare in piedi, così che il pubblico non vedesse solo la sua ispida massa di capelli spuntare da dietro il leggio. Malgrado fosse timido e impacciato, Robert lesse l'intervento che aveva preparato e ricevette un caloroso applauso.

Julius non esitava a incoraggiare il figlio in queste attività da adulto. Lui ed Ella sapevano di avere a che fare con un «genio». Babette Oppenheimer, la cugina di Robert, ricordava che «lo adoravano, si preoccupavano per lui e lo proteggevano. Gli veniva data ogni opportunità di svilupparsi secondo le sue proprie inclinazioni e alla sua propria velocità».[25] Un giorno Julius regalò a Robert un microscopio professionale, che divenne presto il suo giocattolo preferito. In seguito Robert avrebbe affermato: «Penso che mio padre fosse uno degli uomini più tolleranti e umani. La sua idea del cosa fare per gli altri era lasciare che scoprissero da soli cosa volevano fare». Per Robert non c'erano dubbi su quello che voleva fare: fin da piccolo viveva nel mondo dei libri e della scienza. «Era un sognatore», affermò Babette Oppenheimer, «non era interessato alla vita rissosa dei ragazzi della sua età [...] veniva spesso schernito e ridicolizzato per il suo non essere come gli altri.» Mentre cresceva, sua madre a volte si preoccupava addirittura per il «limitato interesse» del figlio verso i giochi e nei confronti dei suoi coetanei. «So che continuava a cercare di rendermi più simile agli altri ragazzi, ma senza successo», ammise lui stesso.

Nel 1912, quando Robert aveva otto anni, Ella ebbe un altro figlio, Frank Friedman Oppenheimer, e di conseguenza la sua attenzione si rivolse verso di lui. A un certo punto la madre di Ella si trasferì nell'appartamento di Riverside e visse con la famiglia fino alla sua morte, avvenuta quando Frank era appena adolescente.[26] Gli otto anni che separavano i ragazzi lasciavano poco spazio alle rivalità tra fratelli. In seguito Robert pensava di essere stato non solo un fratello maggiore ma forse addirittura «anche un padre per lui, a causa della differenza di età». L'infanzia di Frank fu piena di attenzioni quanto quella di Robert, se non di più. «Se ci entusiasmavamo per qualcosa», ricordava Frank, «i nostri genitori ci incoraggiavano sempre.»[27] Al liceo, quando Frank mostrò interesse per la lettura di Chaucer, Julius uscì immediatamente e gli comprò un'edizione del 1721 degli scritti del poeta. Quando Frank espresse il desiderio di suonare il flauto, i suoi genitori convocarono uno dei più grandi flautisti americani, George Barère, perché gli desse lezioni private. Entrambi i ragazzi furono viziati eccessivamente ma, in quanto primogenito, solo Robert acquisì una certa presunzione. «Ripagai la fiducia che i miei genitori avevano avuto in me sviluppando un fastidioso ego», confessò in seguito Robert, «che, sono sicuro, deve aver offeso sia i bambini che gli adulti che avevano la sfortuna di entrare in contatto con me.»[28]

Nel settembre 1911, poco dopo il ritorno dalla seconda visita in Germania al nonno Benjamin, Robert fu iscritto a un'eccezionale scuola privata. Anni prima Julius era diventato membro attivo della Ethical Culture Society. Lui ed Ella erano stati sposati dal dottor Felix Adler,[29] il fondatore e direttore della Società, e, a partire dal 1907, Julius svolse per la Società il ruolo di amministratore fiduciario. Era fuori discussione che i suoi due figli avrebbero ricevuto l'educazione primaria e secondaria nella Ethical Culture School a Central Park West. Il motto della scuola era: «Azione, non dottrina».[30] Fondata nel 1876, la Ethical Culture Society inculcava nei suoi membri un impegno per l'azione sociale e l'umanitarismo: «L'uomo deve assumersi la responsabilità di orientare la sua vita e il suo destino».[31] Nonostante fosse una conseguenza del giudaismo riformista americano, la cultura etica era una «non religione» perfettamente appropriata per gli ebrei tedeschi di classe medio-alta, molti dei quali, come gli Oppenheimer, erano intenzionati ad assimilarsi nella società americana. Felix Adler e il suo circolo di talentuosi insegnanti promuovevano questo processo e avrebbero avuto una forte influenza, sia dal punto di vista emotivo sia da quello intellettuale, nella formazione della psiche di Robert Oppenheimer.

Figlio del rabbino Samuel Adler, Felix Adler era emigrato a New York dalla Germania con la sua famiglia nel 1857, quando aveva solo sei anni.[32] Suo padre, uno dei capi del movimento giudaico-riformista in Germania, era diventato capo del tempio Emanu-El, la più grande congregazione giudaico-riformista in America. Felix avrebbe potuto facilmente succedere al padre, ma da giovane tornò in Germania per i suoi studi universitari, e lì fu esposto a nuove radicali nozioni sull'universalità di Dio e sulle responsabilità dell'uomo verso la società. Lesse Charles Darwin, Karl Marx e una serie di filosofi tedeschi, tra i quali Felix Wellhausen, che rifiutavano la tradizionale fede nella *Torà* come di divina ispirazione. Nel 1873 Adler tornò al tempio Emanu-El del padre, e tenne un sermone su quello che definì il «giudaismo del futuro». Per sopravvivere nell'era moderna, affermava il giovane Adler, il giudaismo doveva rinunciare al suo «ristretto spirito di esclusione». Invece di definire sé stessi in base alla propria identità biblica di «popolo eletto», gli ebrei avrebbero dovuto distinguersi per il loro impegno nel sociale e le loro azioni nell'interesse delle classi lavoratrici.

In tre anni Adler portò quattrocento membri della congregazione del tempio Emanu-El fuori dalla avviata comunità ebraica. Con l'appoggio finanziario di Joseph Seligman e di altri ricchi uomini d'affari ebrei di origini tedesche, fondò un nuovo movimento che chiamò «Ethical Culture». Le riunioni, nelle quali Adler dava lezioni, si tenevano la domenica mattina; veniva suonata musica all'organo, ma non vi erano né preghiere né altre attività religiose. A partire dal 1910, quando Robert aveva sei anni, la Società si riuniva in una bella casa per incontri al 2 West della 64th Street. Julius Oppenheimer partecipò alle cerimonie di inaugurazione del nuovo edificio nel 1910. L'auditorium comprendeva pannelli in quercia lavorati a mano, grandi vetrate istoriate e un organo Wicks nella balconata. Famosi oratori come W.E.B. DuBois e Booker T. Washington,* assieme a molti altri studiosi progressisti, tennero conferenze nell'elegante auditorium.

La «Ethical Culture» era una setta giudaico-riformista.[33] Ma i semi di questo particolare movimento erano stati chiaramente piantati da sforzi di élite per riformare e integrare gli ebrei di classe alta nella società della Germania del XIX secolo. Tuttavia le concezioni radicali di identità ebraica di Adler si intersecavano con idee molto diffuse anche tra i ricchi uomini d'affari ebrei a New York, proprio perché questi si trovavano alle prese con la crescente marea di antisemitismo nella società americana del XIX secolo. La discriminazione istituzionale organizzata contro gli ebrei era un fenomeno relativamente recente. A partire dalla rivoluzione americana, quando teisti come Thomas Jefferson avevano insistito sulla necessità di una radicale separazione delle organizzazioni religiose dallo stato, gli ebrei americani avevano sperimentato un senso di tolleranza. Ma dopo il crollo del mercato azionario nel 1873, l'atmosfera a New York cominciò a cambiare. Poi, nell'estate del 1877, la comunità ebraica fu scandalizzata quando Joseph Seligman, il più ricco e importante ebreo di origini tedesche di New York, fu rudemente buttato fuori, proprio perché ebreo, dal Grand Union Hotel a Saratoga, nello stato di New York. Nel corso degli anni successivi, le porte di altre istituzioni di élite – non solo alberghi ma anche club e scuole primarie private – si chiusero improvvisamente davanti a possibili membri ebrei.

---

* William E.B. DuBois (1868-1963) e Booker T. Washington (1856-1915) furono tra i primi intellettuali neri (Washington era addirittura nato schiavo) a impegnarsi per l'uguaglianza razziale, utilizzando come strumento soprattutto l'insegnamento. [*n.d.t.*]

Perciò, alla fine degli anni Settanta del XIX secolo la Ethical Culture Society di Adler forniva alla società ebraica di New York uno strumento adatto ad affrontare la crescente bigotteria. Filosoficamente, la cultura etica era teista e repubblicana quanto i principi rivoluzionari dei padri fondatori protestanti. Se la rivoluzione del 1776 aveva portato con sé l'emancipazione degli ebrei americani, un'appropriata risposta all'innato bigottismo cristiano li avrebbe fatti diventare più americani e più repubblicani degli americani stessi. Questi ebrei avrebbero fatto un ulteriore passo verso l'assimilazione, ma lo avrebbero fatto, per così dire, come ebrei teisti. Nella visione di Adler la nozione degli ebrei come nazione era un anacronismo. Presto iniziò a creare le strutture istituzionali che avrebbero reso possibile per i suoi aderenti condurre la propria vita come «ebrei emancipati».[34]

Adler insisteva sul fatto che l'unica risposta all'antisemitismo era la diffusione globale della cultura intellettuale. È interessante che Adler criticasse il sionismo come una ritirata nel particolarismo ebraico: «Il sionismo non è che un esempio attuale della tendenza alla segregazione».[35] Secondo Adler, per gli ebrei il futuro era in America e non in Palestina: «Fisso risolutamente il mio sguardo sul luccichio del fresco mattino che risplende sui Monti Allegheny e sulle Montagne Rocciose, e non sul bagliore serale, per quanto teneramente stupendo, che medita e si sofferma sulle colline di Gerusalemme».

Per mutare in realtà la sua *Weltanschauung*, nel 1880 Adler fondò una scuola gratuita per i figli e le figlie dei lavoratori che chiamò appunto «Scuola del lavoratore». In aggiunta alle usuali materie come inglese, aritmetica e storia, Adler insistette perché gli studenti ricevessero nozioni di arte, drammaturgia e ballo, e fossero avviati anche all'apprendimento di diverse abilità tecniche, che potevano diventare utili in una società che attraversava una rapida industrializzazione. Riteneva che ogni bambino avesse qualche talento particolare. Quelli che non avevano attitudini per la matematica potevano possedere straordinarie «doti artistiche per costruire qualcosa con le loro mani».[36] Per Adler questa intuizione era il «seme etico, e ciò che si deve fare è coltivare questi diversi talenti». L'obbiettivo era un «mondo migliore» e quindi il compito della scuola era quello di «formare riformatori». In breve tempo la scuola divenne una vetrina del movimento progressista per la riforma educativa, e Adler stesso fu influenzato dall'educatore e filosofo John Dewey e dalla sua scuola del pragmatismo americano.

Anche se non era un socialista, Adler era spiritualmente toccato dalla descrizione che Marx aveva fatto nel *Capitale* delle dure condizioni della classe lavoratrice industriale. «Devo adattare me stesso», scrisse, «alle questioni poste dal socialismo.»[37] Arrivò a credere che le classi lavoratrici meritavano «una giusta remunerazione, un impiego costante e la dignità sociale». In seguito scrisse che il movimento dei lavoratori «è un movimento etico a cui mi associo con l'anima e con il cuore». I leader dei lavoratori ricambiarono questi sentimenti; Samuel Gompers, capo della nuova Federazione americana del lavoro era un membro della Ethical Culture Society di New York.

Per ironia della sorte, nel 1890 la scuola aveva così tanti studenti che Adler fu costretto a sovvenzionare il bilancio della Società tramite l'ammissione di studenti che pagavano una retta. In un momento in cui molte scuole private di élite chiudevano le porte ai loro figli, moltissimi ricchi uomini d'affari ebrei chiedevano di iscrivere i propri figli alla Scuola del lavoratore. Nel 1895 Adler aveva aggiunto un liceo e ribattezzato la sua scuola «Ethical Culture School». (Qualche decennio dopo la scuola divenne la «Fieldston School».) Quando, nel 1911, Robert Oppenheimer fu iscritto alla scuola, solo il dieci per cento circa degli studenti proveniva da ambienti vicini alla classe lavoratrice. La scuola tuttavia manteneva il suo punto di vista liberale e socialmente responsabile. Ai figli e alle figlie dei relativamente prosperi sostenitori della Ethical Culture Society veniva insegnato che erano preparati per riformare il mondo, che erano l'avanguardia di un moderno vangelo etico. Sotto questo aspetto Robert era un ottimo studente.

Inutile dire che le sensibilità politiche del Robert adulto possono facilmente essere ricondotte all'educazione progressista che ricevette nella straordinaria scuola di Felix Adler. Nel corso della sua infanzia e della sua formazione fu circondato da uomini e donne che si consideravano come i potenziali catalizzatori di un mondo migliore. Negli anni tra l'inizio del XX secolo e la fine della prima guerra mondiale, i membri della Società furono i fautori del cambiamento nell'ambito di questioni politicamente importanti quali le relazioni razziali, i diritti dei lavoratori, le libertà civili e l'ambientalismo. Nel 1909, per esempio, membri importanti della Società quali il dottor Henry Moskowitz, John Lovejoy Elliott, Anna Garlin Spencer e William Salter contribuirono a fondare l'Associazione nazionale per l'emancipazione delle persone di colore (NAACP*). Il dottor Moskowitz svolse un ruolo importante anche negli scioperi degli operai delle fabbriche di confezioni tra il 1910 e il 1915. Altri membri aiutarono a fondare l'Ufficio nazionale per le

---

* Acronimo di *National Association for the Advancement of Colored People*. [*n.d.t.*]

libertà civili, precursore dell'Unione americana per le libertà civili (ACLU*). Anche se non riconoscevano la nozione di lotta di classe, i membri della Società erano radicali pragmatici, impegnati a svolgere un ruolo attivo nella spinta al cambiamento sociale. Erano convinti che un mondo migliore richiedesse duro lavoro, perseveranza e organizzazione politica. Nel 1921, l'anno in cui Robert terminò i corsi superiori alla Ethical Culture School, Adler esortò i suoi studenti a sviluppare la loro «immaginazione etica»[38] per vedere «le cose non come sono ma come potrebbero essere».**

Robert era perfettamente cosciente dell'influenza di Adler non solo su sé stesso ma anche su suo padre, e si permetteva di prenderlo in giro per questo. A diciassette anni scrisse una poesia per il cinquantesimo compleanno del padre che includeva i versi «e dopo esser giunto in America /inghiottì il dottor Adler come se fosse la moralità in compresse».[39]

Come molti americani di origini tedesche, il dottor Adler fu profondamente intristito e in conflitto con sé stesso quando l'America fu trascinata nella prima guerra mondiale. Diversamente da un altro membro prominente della Società, Oswald Garrison Villard, direttore della rivista «The Nation», Adler non era un pacifista. Quando un sottomarino tedesco affondò la nave passeggeri americana *Lusitania*, si schierò a favore della decisione di armare le navi mercantili degli Stati Uniti. Se da un lato era contrario all'entrata dell'America nel conflitto, quando nell'aprile 1917 l'amministrazione Wilson dichiarò guerra alla Germania, Adler esortò la sua congregazione a garantire «completa fedeltà»[40] all'America. Nello stesso tempo dichiarò che non poteva etichettare la Germania come unica parte in torto. Critico della monarchia tedesca, alla fine della guerra accolse positivamente la caduta del dominio imperiale e il collasso dell'Impero austroungarico. Ma da convinto anticolonialista criticò apertamente anche l'ipocrisia della pace dei vincitori, che sembrava rafforzare soltanto gli imperi francese e britannico. Naturalmente i suoi critici lo accusarono di sentimenti filogermanici. In quanto amministratore fiduciario della

---

* Acronimo di *American Civil Liberties Union*. [*n.d.t.*]
** Decenni dopo Daisy Newman, una compagna di scuola di Robert, ricordava: «Quando il suo idealismo lo mise in difficoltà, pensai che era il logico risultato della nostra superba preparazione etica. Un fedele pupillo di Felix Adler e John Lovejoy Elliott sarebbe stato obbligato ad agire secondo la propria coscienza, per quanto dissennata potesse essere la scelta». [Lettera della Newman ad Alice K. Smith, 17 febbraio 1977, Corrispondenza Smith, Collezione Sherwin.][*n.d.a.*]

Società, e uomo che ammirava profondamente il dottor Adler, Julius Oppenheimer si sentiva in conflitto sulla guerra europea e sulla sua identità di tedesco-americano. Non ci sono segni di come il giovane Robert si sentisse nei confronti del conflitto. A scuola, il suo professore in studi etici era John Lovejoy Elliott, un feroce avversario dell'entrata in guerra dell'America.

Nato nel 1868 in una famiglia di abolizionisti e liberi pensatori dell'Illinois, Elliott divenne una figura molto amata nel movimento umanista progressista di New York. Alto e dai modi affettuosi, Elliot fu il pragmatista che mise in pratica i principi della «cultura etica» di Adler. Nel quartiere povero di Chelsea, a New York, costruì una delle case di accoglienza migliori della nazione, la Hudson Guild. Elliott, amministratore fiduciario a vita della ACLU, politicamente e personalmente non aveva alcun timore. Quando a Vienna nel 1938 due capi austriaci della Ethical Culture Society furono arrestati dalla Gestapo di Hitler, Elliott, settantenne, si recò a Berlino e passò svariati mesi a negoziare con la Gestapo il loro rilascio. Dopo aver pagato una tangente, riuscì a far fuggire i due uomini dalla Germania nazista. Alla sua morte, nel 1942, Roger Baldwin della ACLU lo ricordò come «uno spiritoso santo [...] un uomo che amava talmente le persone da far sì che nessuna sua azione per aiutarli fosse troppo piccola».[41]

Fu questo «spiritoso santo» che i fratelli Oppenheimer frequentarono nel corso degli anni durante i loro dialoghi settimanali alle lezioni di etica. Molti anni dopo, quando i due erano ormai giovani uomini, Elliott scrisse al loro padre: «Non sapevo quanto sarei riuscito ad avvicinarmi ai tuoi ragazzi. Come te sono contento e grato per loro».[42] Elliott insegnava etica in seminari di stile socratico in cui gli studenti discutevano specifiche questioni sociali e politiche. L'«Educazione ai problemi della vita» era un corso obbligatorio per tutti gli studenti della scuola. Spesso Elliott poneva ai suoi studenti un dilemma personale, per esempio chiedendo loro cosa avrebbero scelto tra un lavoro come insegnante e un lavoro meglio pagato alla fabbrica di gomma da masticare Wrigley. Negli anni che Robert passò a scuola, alcuni degli argomenti dibattuti vigorosamente includevano «il problema dei negri»,[43] «l'etica della guerra e della pace», «la disuguaglianza economica» e la comprensione «delle relazioni tra i sessi».[44] Nell'ultimo anno Robert fu impegnato in una prolungata discussione sul ruolo dello «Stato». Il curriculum prevedeva un «breve catechismo di etica politica» che comprendeva «l'etica della lealtà e del tradimento».[45] Era una straordinaria educazione in relazioni sociali e affari del mondo, un'educazione che mise profonde radici nella psiche di Robert e che avrebbe prodotto un abbondante raccolto nei decenni a venire.

«Ero un bambino mellifluo, tremendamente bravo», ricordava Robert.[46] «La mia vita da bambino non mi aveva preparato al fatto che il mondo è pieno di cose crudeli e amare.» La sua protetta vita casalinga non gli aveva offerto «nessun modo normale e salutare per essere bastardo». Ma aveva creato una durezza interiore, addirittura uno stoicismo fisico che lo stesso Robert forse non avrebbe riconosciuto. Ansioso di farlo uscire di casa e di farlo stare con ragazzi della sua età, quando aveva quattordici anni Julius decise di mandarlo a un campeggio estivo. Per la maggior parte degli altri ragazzi presenti, Camp Koenig era un paradiso montano di divertimento e cameratismo. Per Robert fu una dura prova. Tutto di lui lo rendeva un bersaglio per le crudeltà che i giovani adolescenti si deliziano a infliggere a chi è timido, sensibile o comunque diverso. Gli altri ragazzi cominciarono presto a chiamarlo «Caruccio» e a prenderlo in giro senza pietà. Ma Robert si rifiutò di contrattaccare. Evitando l'atletica, percorreva i sentieri raccogliendo rocce. Si fece un amico, il quale ricordò in seguito che quell'estate Robert era ossessionato dai romanzi di George Eliot. Il principale lavoro della scrittrice, *Middlemarch*, lo interessava molto, forse perché esplorava così a fondo un argomento che gli sembrava assai misterioso: la vita della mente interiore in relazione al farsi e disfarsi delle relazioni umane.

Poi però Robert commise l'errore di scrivere ai suoi genitori che era contento di essere al campo perché gli altri ragazzi gli stavano insegnando i fatti della vita. Questo provocò una veloce visita degli Oppenheimer, in seguito alla quale il direttore del campeggio proibì ai ragazzi di raccontare storielle oscene. Inevitabilmente Robert fu accusato di aver parlato, e così una notte fu preso e portato alla ghiacciaia del campeggio, denudato e preso a pugni. Come ultima umiliazione i ragazzi gli versarono vernice verde su chiappe e genitali. Robert fu poi chiuso nudo nella ghiacciaia per tutta la notte. In seguito, parlando dell'incidente, il suo unico amico disse che era stato «torturato».[47] Robert soffrì questa volgare degradazione in stoico silenzio; non lasciò il campeggio né si lamentò. «Non so come fece Robert a tener duro nelle settimane successive», disse l'amico. «Pochi ragazzi l'avrebbero fatto, o sarebbero riusciti a farlo, ma Robert ce la fece. Per lui deve essere stato un vero inferno.» Come i suoi amici spesso scoprivano, la parvenza apparentemente fragile e delicata di Robert nascondeva una forte personalità stoica fatta di orgoglio testardo e determinazione. Caratteristiche che sarebbero poi riapparse segnando il corso di tutta la sua vita.

Tornato a scuola, la personalità intellettuale di Robert fu nutrita dall'attenzione degli insegnanti, che erano stati tutti selezionati con grande cura dal dottor Adler come modelli del movimento per l'educazione progressista. Quando l'insegnante di matematica di Robert, Matilda Auerbach, si accorse che era annoiato e irrequieto lo mandò in biblioteca a fare delle ricerche a sua scelta, e in seguito lo invitò a spiegare ai suoi colleghi studenti quello che aveva scoperto. Alberta Newton, l'insegnante di greco e latino, ricordava che insegnare a lui era delizioso: «Accoglieva ogni nuova idea come bellissima».[48] Leggeva Platone e Omero in greco, Cesare, Virgilio e Orazio in latino.

Robert ebbe sempre risultati eccellenti. Già alle elementari compiva esperimenti di laboratorio, e arrivato ai dieci anni studiava fisica e chimica. Era così ansioso di studiare le scienze che il curatore del Museo americano di storia naturale acconsentì a fargli da tutor. Visto che aveva saltato parecchi anni di scuola, tutti lo consideravano precoce, a volte fin troppo. A nove anni fu udito mentre diceva a una cugina più grande: «Fammi una domanda in latino e io ti risponderò in greco».[49]

A volte i coetanei di Robert lo consideravano distante. «Stavamo insieme un sacco di tempo», ricordò un amico d'infanzia, «eppure non eravamo mai vicini. In genere era del tutto preso da qualsiasi cosa stesse facendo o pensando.»[50] Un altro compagno di classe lo ricordò seduto tristemente in classe «proprio come se non gli stessero offrendo abbastanza da bere o da mangiare». Alcuni coetanei lo trovavano «assai goffo […] non sapeva come andare d'accordo con gli altri ragazzi».[51] Robert stesso era dolorosamente consapevole del costo di sapere così tanto di più dei suoi compagni. Una volta disse a un amico: «Non c'è divertimento nel girare le pagine di un libro e dire "sì, sì, certo, questo lo so"».[52] Nell'ultimo anno, Jeanette Mirsky conobbe Robert abbastanza bene da ritenerlo «un amico speciale».[53] Non lo considerò mai timido nel senso corrente del termine, solo distante. Pensava che Robert avesse un po' di «orgoglio arrogante», di quel genere che porta con sé i semi della propria distruzione. Tutto nella personalità di Robert – dal brusco modo di camminare a scatti fino a certe piccolezze come la preparazione del condimento per l'insalata – mostrava, secondo lei, «un gran bisogno di dichiarare la sua superiorità».

Per tutti gli anni del liceo il professore più vicino a Robert fu Herbert Winslow Smith, che era entrato nel Dipartimento di inglese nel

1917, dopo aver ottenuto il diploma ad Harvard. Uomo di notevole intelletto, Smith era sulla buona strada per ottenere il dottorato quando ricevette l'incarico di insegnante. Fu così conquistato dalla sua iniziale esperienza alla Ethical Culture School che decise di non fare ritorno a Cambridge. Smith avrebbe passato la sua intera carriera in quella scuola, diventandone alla fine anche preside. Con un fisico atletico e un ampio torace, era un insegnante caloroso e gentile che in qualche modo riusciva sempre a scoprire che cosa incuriosiva di più ogni studente e a collegare quella cosa all'argomento che stava spiegando. Dopo le sue lezioni era inevitabile trovare studenti che si attardavano nei pressi della sua cattedra e cercavano di strappare un altro po' di conversazione all'insegnante. Anche se la prima passione di Robert era chiaramente la scienza, Smith alimentò i suoi interessi letterari; pensava che Robert avesse già «una magnifica prosa».[54] Una volta, dopo che Robert scrisse un divertente saggio sull'ossigeno, Smith suggerì: «Credo che la tua vocazione sia quella di diventare uno scrittore di scienza». Smith sarebbe diventato amico e consigliere di Robert. Era «molto, molto gentile con i suoi studenti», ricordava Francis Fergusson, «e si prese cura di Robert, di me e di molti altri [...] aiutandoci ad affrontare i problemi e consigliandoci su che cosa fare dopo».[55]

Un altro importante passo avanti per Robert ci fu quando, ancora giovane studente, frequentò il corso di fisica di Augustus Klock. «Era meraviglioso», ricordò Robert.[56] «Dopo il primo anno, fui così preso dall'eccitazione che mi organizzai per passare l'estate lavorando con lui alla preparazione delle attrezzature per l'anno seguente, quando avrei studiato chimica. Dobbiamo aver passato insieme cinque giorni alla settimana; di tanto in tanto, come ricompensa, mi portava addirittura in gita alla ricerca di minerali.» Cominciò a fare esperimenti sulla conduzione con elettroliti. «Amavo profondamente la chimica [...]. Se la si confronta con la fisica, comincia nel cuore delle cose e presto ci fornisce la connessione tra quello che si vede e un insieme di idee molto ampio, che potrebbe esistere anche in fisica ma che sarebbe molto più difficile da raggiungere.» Robert si sarebbe sempre sentito in debito con Klock per averlo avviato sulla strada della scienza. «Amava la natura sobbalzante e contingente del modo in cui si scopre davvero qualcosa, e amava l'entusiasmo che riusciva a suscitare nei giovani.»

Anche cinquant'anni dopo, i ricordi di Jane Didisheim a proposito di Robert erano estremamente vividi. «Arrossiva molto facilmente», ricordò. Sembrava «molto fragile, con le guance molto rosa, molto timido, ma ovviamente molto brillante. Tutti riconobbero molto in fretta che era diverso e superiore a tutti gli altri. Per quel che riguarda gli studi era bravo in tutto. [...]»⁵⁷

L'atmosfera protetta della Ethical Culture School era l'ideale per un adolescente particolarmente goffo ma dalla cultura enciclopedica. Permise a Robert di brillare quando e dove desiderava, e lo protesse da quelle sfide sociali che non era ancora preparato ad affrontare. Inoltre, quel bozzolo di sicurezza che gli fu offerto dalla scuola potrebbe aiutare a spiegare la sua prolungata adolescenza. Invece che strapparlo improvvisamente dalla sua immaturità, gli fu permesso di restare un bambino e di uscirne gradualmente. A sedici o diciassette anni aveva un solo vero amico, Francis Fergusson, un ragazzo del Nuovo Messico che fu suo compagno di classe nell'ultimo anno. Quando conobbe Fergusson, nell'autunno del 1919, Robert procedeva speditamente. «Se la prendeva comoda cercando di trovare qualcosa che lo tenesse occupato»,⁵⁸ ricordava Fergusson. Oltre ai corsi di storia, letteratura inglese, matematica e fisica, Robert si iscrisse a greco, latino, francese e tedesco. «E continuava a prendere il massimo dei voti.»⁵⁹ Si sarebbe diplomato come il migliore della sua classe.

Oltre alle camminate e alla collezione di rocce, la principale attività fisica di Robert era la navigazione. A detta di tutti era un audace ed esperto marinaio che spingeva al massimo la sua barca. Da ragazzo aveva affinato le sue abilità su svariate piccole barche, ma quando compì sedici anni Julius gli comprò uno sloop di otto metri. Lo battezzò *Trimethy*, nome derivato dal biossido di trimetilene, un composto chimico. Amava navigare nelle tempeste estive, facendo correre la barca contro le onde attraverso la piccola baia di Fire Island e fuori nell'Atlantico. Con suo fratello minore Frank accovacciato sul fondo, Robert restava con la barra del timone tra le gambe, gridando gioiosamente nel vento mentre riportava la barca nella Great South Bay di Long Island. I suoi genitori non riuscivano a conciliare questo comportamento così impetuoso con il Robert timido e introverso che conoscevano. Inevitabilmente Ella si ritrovava affacciata alla finestra della loro casa di Bay Shore mentre cercava tracce del *Trimethy* all'orizzonte. Più di una volta Julius fu costretto a riportare in porto il *Trimethy* trainandolo con una lancia a motore e sgridando Robert per i rischi che faceva correre alla sua vita e a quella degli altri. «Roberty, Roberty [...]»,⁶⁰ diceva scuotendo la testa. Robert tuttavia continuava imperterrito: in effetti non mancò mai di mostrare assoluta confidenza nel suo controllo del vento e del mare. Conosceva davvero i li-

miti della sua abilità e non vedeva motivo per privarsi di quella che era chiaramente un'esperienza emotivamente liberatoria. Anche se non proprio da pazzo, il suo comportamento nei mari in tempesta colpiva alcuni amici come un esempio dell'arroganza profondamente radicata in Robert, o forse come una non sorprendente estensione della sua elasticità interna. Aveva un irresistibile bisogno di sfidare il pericolo.
Fergusson non avrebbe mai dimenticato la prima volta che andò in barca con Robert. I due amici avevano appena compiuto diciassette anni. «Era un giorno ventoso di primavera, molto freddo, e il vento creava piccole onde in tutta la baia», raccontò Fergusson, «e c'era aria di pioggia. Ero un po' impaurito perché non sapevo se poteva farcela o meno. Ma ce la fece, era già un marinaio assai esperto. Sua madre guardava dalla finestra più alta, e probabilmente aveva palpitazioni di ogni genere. Ma lui l'aveva convinta a lasciarci andare. Lei si preoccupava, ma sopportava. Ovviamente tra vento e onde ci inzuppammo, e io rimasi davvero impressionato.»[61]

Robert terminò gli studi alla Ethical Culture School nella primavera del 1921, e in quell'estate Julius ed Ella portarono i loro figli in Germania.[62] Per alcune settimane Robert se ne andò da solo alla ricerca di rocce in alcune delle vecchie miniere nei pressi di Joachimsthal, a nord-est di Berlino. (Per ironia della sorte, solo due decenni dopo da quel sito i tedeschi avrebbero estratto uranio per il loro progetto della bomba atomica.) Dopo aver vissuto in tenda in condizioni precarie, tornò con una valigia piena di esemplari di roccia e con quello che si rivelò essere un caso quasi fatale di dissenteria. Fu portato a casa su una barella ma non si riprese, e quell'autunno fu costretto a letto tanto a lungo da dover rimandare la sua iscrizione ad Harvard. I suoi genitori lo costrinsero a restare a casa per riprendersi dalla dissenteria e da un successivo caso di colite. La colite lo avrebbe poi tormentato per il resto della vita, aggravata dalla testarda predilezione per i cibi piccanti. Non era un bravo paziente. Passò un lungo inverno rinchiuso nell'appartamento di New York, e a volte si comportò maleducatamente chiudendosi nella sua stanza e rifiutando le cure della madre.
Nella primavera del 1922 Julius decise che il ragazzo stava abbastanza bene da poter uscire di casa. Per questo scopo chiese a Herbert Smith di portare Robert con sé quell'estate in un viaggio nel Sud-Ovest. L'estate precedente il professore della Ethical Culture School aveva fatto un viaggio simile con un altro studente, e Julius pensava che un'avventura nell'Ovest avrebbe aiutato suo figlio a crescere. Smith ac-

cettò. Tuttavia rimase sorpreso quando, poco prima della partenza, Robert si rivolse a lui in privato con una strana proposta: avrebbe accettato di farlo viaggiare sotto il nome di «Smith» come suo fratello minore? Smith rifiutò immediatamente la proposta, ma non poté fare a meno di pensare che una parte di Robert non fosse a suo agio con il fatto di poter essere identificato come ebreo. Francis Fergusson, il compagno di classe di Robert, in seguito ipotizzò che il suo amico probabilmente si sentiva imbarazzato per «le sue origini ebraiche, la sua ricchezza, la sua conoscenza dell'Est, e che la sua decisione di andare nel Nuovo Messico servì in parte per sfuggire a tutto questo».[63] Anche un'altra compagna di classe, Jeanette Mirsky, pensava che Robert provasse disagio per il suo ebraismo. «Capitava a tutti noi», raccontò la Mirsky.[64] Eppure solo alcuni anni dopo, ad Harvard, Robert sembrava molto più rilassato sulla questione del suo retaggio ebraico quando disse a un amico di origini scozzesi-irlandesi: «Be', nessuno di noi due è arrivato qui con il *Mayflower*».

Partendo da sud, Robert e Smith attraversarono gradualmente gli altopiani del Nuovo Messico. Ad Albuquerque furono ospiti di Fergusson e della sua famiglia. Robert apprezzò la loro compagnia, e la visita rafforzò un'amicizia che sarebbe durata tutta la vita. Fergusson presentò a Robert un altro ragazzo di Albuquerque della loro età, Paul Horgan, un giovane altrettanto precoce che in seguito ebbe una carriera di successo come scrittore. Come Fergusson, anche Horgan era destinato ad andare ad Harvard. Horgan piacque a Robert, il quale, come confidò in seguito a suo fratello Frank, fu fortemente attratto dalla bellezza di Rosemary, la sorella di Horgan, bruna e con gli occhi azzurri.[65]

Quando arrivarono a Cambridge, e continuarono a frequentarsi, Horgan scherzò sul loro essere «questa grande triade di persone dalla cultura enciclopedica».[66] Ma il Nuovo Messico aveva fatto emergere in Robert nuovi atteggiamenti e interessi. Ad Albuquerque le prime impressioni di Horgan su Robert erano particolarmente vivide: «[…] combinava uno spirito incredibile con gaiezza e buonumore […] aveva un'adorabile abilità sociale che gli permetteva di entrare con forza in qualsiasi luogo nel momento giusto».

Da Albuquerque, Smith portò Robert – e i suoi due amici Paul e Francis – a quaranta chilometri a nord-ovest di Santa Fe, in un ranch per turisti chiamato Los Pinos e gestito dalla ventottenne Katherine Chaves Page. Questa affascinante seppur imperiosa giovane donna sarebbe diventata un'amica per la vita. Ma all'inizio ci fu un'infatuazione, e Robert fu intensamente attratto da Katherine, che all'epoca era sposata da poco. ⁶⁷ L'anno precedente era stata gravemente malata e, su quello che sembrava essere il suo letto di morte, aveva sposato Winthrop Page, un inglese che aveva l'età di suo padre. Ma poi non era morta. Page, un uomo d'affari di Chicago, passava raramente il suo tempo nella zona dei Pecos.

I Chaves erano una famiglia di *hidalgos* aristocratici con forti radici nel Sud-Ovest spagnolo. Il padre di Katherine, don Amado Chaves, aveva costruito lo stupendo ranch nei pressi del villaggio di Cowles, con una maestosa vista del fiume Pecos rivolta a nord verso la catena montuosa del Sangre de Cristo, che aveva le cime sempre coperte di neve. Katherine era la «principessa regnante»⁶⁸ di questo reame e, con gran piacere, Robert si ritrovò a essere il suo cortigiano «preferito». Secondo Fergusson lei divenne «una sua buona amica [...] lui le portava fiori in ogni momento, e la lusingava fino all'impossibile tutte le volte che la incontrava».⁶⁹

Quell'estate Katherine insegnò a Robert ad andare a cavallo, e presto gli fece esplorare l'intatta natura selvaggia circostante in cavalcate che a volte duravano cinque o sei giorni. Smith era sorpreso dalla resistenza del ragazzo e dalla sua coraggiosa capacità di ripresa a dorso di cavallo. Malgrado la sua perdurante cattiva salute e la fragile apparenza, Robert apprezzava chiaramente le sfide fisiche dell'andare a cavallo tanto quanto aveva apprezzato il navigare sulla sua barca ai limiti del naufragio. Un giorno, mentre stavano cavalcando di ritorno dal Colorado, Robert disse che voleva percorrere un sentiero coperto di neve attraversando il più alto passo delle montagne. Smith era certo che il sentiero avrebbe potuto facilmente esporli alla morte per congelamento, ma Robert non voleva sentire ragioni. Smith propose di lanciare una moneta per decidere il da farsi. «Grazie a Dio vinsi io», ricordò Smith. «Non so come ne saremmo usciti se non avessi vinto.»⁷⁰ Considerava che tale e tanta stoltezza da parte di Robert fosse quasi una tendenza al suicidio. In tutti i suoi rapporti con Robert, Smith sentiva che si trattava di un ragazzo che non avrebbe permesso alla paura della morte «di impedirgli di fare qualcosa che desiderava ardentemente».

Smith conosceva Robert da quando aveva quattordici anni, e il ragazzo era sempre stato fisicamente delicato e in qualche misura emotivamente vulnerabile. Ma adesso, vedendolo tranquillamente muoversi in condizioni spartane tra le aspre montagne, Smith cominciò a chiedersi se la persistente colite di Robert non potesse essere di origine psicosomatica. Si accorse che questi episodi accadevano inevitabilmente quando Robert sentiva qualcuno fare dei commenti «denigratori» sugli ebrei. Smith pensava che avesse sviluppato l'abitudine di «nascondere i fatti intollerabili sotto il tappeto». Era un meccanismo psicologico, pensava Smith, «che quando era portato all'estremo lo metteva nei guai».

Smith era anche aggiornato circa le ultime teorie freudiane sullo sviluppo dei bambini e, dalle rilassate conversazioni con Robert attorno al fuoco in campeggio, concluse che il ragazzo aveva delle pronunciate problematiche edipiche. «Non sentii mai da parte di Robert una critica verso la madre», ricordò Smith, «mentre invece era certamente assai critico nei confronti del padre.»[71]

Evidentemente, da adulto, Robert amava suo padre, si rimetteva a lui e, fino alla morte del genitore, fece in effetti di tutto per venirgli incontro, per presentarlo agli amici e, più in generale, per fargli spazio nella sua vita. Ma Smith sentiva che Robert, in quanto ragazzo particolarmente timido e sensibile, era profondamente mortificato dall'affabilità a volte maldestra del padre. Una sera attorno al fuoco Robert raccontò a Smith dell'incidente della ghiacciaia a Camp Koenig – che ovviamente era stato causato dalla reazione eccessiva del padre alla sua lettera sui discorsi sul sesso al campeggio.[72] Da adolescente era stato sempre più imbarazzato dall'attività del padre nella compravendita di abiti, che lui ovviamente vedeva come un mestiere tipicamente da ebrei. In seguito Smith ricordò che, durante quel viaggio all'Ovest del 1922, mentre facevano i bagagli si era rivolto a Robert chiedendogli se poteva piegare una giacca e poi metterla in valigia. «Mi guardò con occhi sorpresi», ricordò Smith, «e disse "Ma certo, il figlio di un sarto sa come si fa, non crede?"»[73]

Tralasciando queste uscite, Smith pensò che nel tempo che passarono insieme al ranch di Los Pinos Robert maturò emotivamente acquisendo fiducia in sé stesso. Sapeva che buona parte del merito di questa maturazione spettava a Katherine Page, la cui amicizia era estremamente importante per Robert. Il fatto che Katherine e i suoi aristocratici amici *hidalgos* accettassero tra loro questo insicuro ragazzo ebreo di New York rappresentò in qualche modo uno spartiacque nella vita interiore di Robert. Ovviamente sapeva di essere accettato nel comprensivo grembo della comunità della Ethical Culture Society di New York. Ma qui c'era l'accettazione, fuori dal suo mondo, da parte di persone che gli piacevano. «Per la prima volta nella sua vita», pensava Smith, «[... Robert] si trovò a essere amato, ammirato e curato.»[74]

Era una sensazione che Robert aveva cara, e negli anni a seguire avrebbe imparato a coltivare le abilità sociali necessarie per richiamare a richiesta questo tipo di ammirazione.

Un giorno lui, Katherine e alcuni altri amici di Los Pinos uscirono con i cavalli da soma e, partendo dal villaggio di Frijoles, a ovest del Rio Grande, cavalcarono verso sud e si arrampicarono sull'Altopiano del Pajarito (uccellino) che sale fino a oltre tremila metri di altezza. Attraversarono la Valle Grande, un canyon all'interno della Caldera Jemez, che è un cratere vulcanico a forma di ciotola largo quasi venti chilometri. Poi, dirigendosi verso nord-est, cavalcarono per sei chilometri e raggiunsero un altro canyon il cui nome spagnolo, Los Alamos, deriva dagli alberi di cotone posti ai lati di un torrente che scorre attraverso la vallata. A quell'epoca l'unica abitazione nel raggio di molti chilometri era una spartana scuola per ragazzi, la Los Alamos Ranch School.

Il fisico Emilio Segrè avrebbe in seguito scritto che Los Alamos era una «terra stupenda e selvaggia».[75] Ampie distese di prati interrompevano fitte foreste di pini e ginepri. La scuola era situata su un altopiano lungo tre chilometri, delimitato a nord e a sud da canyon scoscesi.[76] Quando nel 1922 Robert la visitò per la prima volta, i ragazzi iscritti erano circa venticinque, la maggior parte dei quali erano figli di produttori di automobili di Detroit diventati benestanti da poco. Vestivano pantaloni corti tutto l'anno e dormivano in verande non riscaldate. Ogni ragazzo doveva prendersi cura di un cavallo, e i viaggi con lo zaino sulle vicine Jemez Mountains erano frequenti. Robert ammirò lo scenario – in netto contrasto con il suo ambiente della Ethical Culture School – e negli anni a seguire avrebbe ripetutamente trovato modo di tornare su questo desolato altopiano.

Quell'estate Robert tornò innamorato dell'aspra bellezza del deserto e delle montagne del Nuovo Messico. Alcuni mesi dopo, quando seppe che Smith stava preparando un altro viaggio alla «terra di Hopi», Robert gli scrisse: «Ovviamente sono pazzamente geloso. Ti vedo cavalcare giù dalle montagne verso il deserto all'ora in cui le tempeste e i tramonti decorano il cielo; ti vedo ai Pecos [...] sulla Grass Mountain mentre splende la luna».[77]

2. «La sua separata prigione»

L'idea che viaggiassi lungo un chiaro sentiero sarebbe sbagliata.
Robert Oppenheimer

Nel settembre del 1922 Robert Oppenheimer si iscrisse ad Harvard. Anche se l'università gli aveva assegnato una borsa di studio, lui la rifiutò «perché potevo cavarmela bene anche senza quei soldi».[1] Al posto della borsa di studio l'università gli donò un volume contenente i primi scritti di Galileo. Gli venne assegnata una stanza singola nella Standish Hall, un dormitorio per matricole affacciato sul fiume Charles. A diciannove anni Robert era un giovane insolitamente bello. Ogni caratteristica del suo corpo era estrema. La sua sottile pelle pallida era tesa sugli alti zigomi. I suoi occhi erano di un azzurro chiarissimo, mentre le sue sopracciglia erano di un nero lucente.[2] Portava i ruvidi e ricciuti capelli neri lunghi in alto ma corti sui lati, tanto che sembrava persino più alto della sua allampanata statura che era pari a circa 1,85. Pesava così poco – mai più di 58 chili e mezzo – da dare un'impressione di fragilità. Il suo dritto naso greco, le labbra sottili e le grosse orecchie quasi a punta, accentuavano un'immagine di esagerata delicatezza. Si esprimeva con frasi grammaticalmente corrette, con quel genere di educazione europea che la madre gli aveva insegnato. Ma, mentre parlava, le sue mani lunghe e sottili facevano sembrare i suoi gesti in qualche modo contorti. Il suo aspetto era ipnotico, ma leggermente strambo.

Nei tre anni che seguirono, il suo comportamento a Cambridge non attenuò l'impressione che la sua apparenza suscitava: quella di un giovane studioso socialmente goffo e immaturo. Se il Nuovo Messico aveva sicuramente condotto all'apertura la personalità di Robert, Cambridge la riportò alla precedente introversione. Ad Harvard il suo intelletto crebbe, ma il suo sviluppo sociale annaspava, o almeno così sembrava a quelli che lo frequentavano. Harvard era un bazar intellettuale pieno di delizie per la mente. Ma a Robert non offriva né l'attenta guida né la fedele educazione della sua esperienza che aveva avuto presso la Ethical Culture School. Era da solo, e così si ritirò nella sicurezza assicuratagli dal suo potente intelletto. Sembrava incapace di non ostentare le sue eccentricità. La sua dieta consisteva di solito in poco più che cioccolata, birra e carciofi. Il pranzo spesso era solo un *black and tan,* un toast con burro di arachidi ricoperto con crema di cioccolato. La maggior parte dei suoi compagni di classe lo considerava diffidente. Fortunatamente quell'anno sia Francis Fergusson sia Paul Horgan erano ad Harvard, e quindi aveva almeno due amici. Ma se ne fece ben pochi di nuovi. Uno fu Jeffries Wyman, un giovane dell'alta borghesia di Boston che stava iniziando gli studi per la laurea in biologia. «Per lui [Robert] adattarsi socialmente era molto difficile», ricordava Wyman, «e credo che spesso fosse molto infelice. Immagino che si sentisse solo e incapace di inserirsi [...]. Eravamo buoni amici, e aveva anche alcuni altri amici, ma c'era qualcosa che gli mancava [...] perché i nostri contatti erano in larga parte, forse dovrei dire interamente, di tipo culturale.»[3]

Introverso e intellettuale, Robert leggeva già autori dall'animo oscuro quali Čechov e Katherine Mansfield. Il suo personaggio preferito era l'Amleto di Shakespeare. Alcuni anni dopo, Horgan ricordava che «da giovane Robert aveva attacchi di malinconia e crisi depressive davvero profonde. A volte sembrava emotivamente incapace di comunicare per uno o due giorni di seguito. Successe una o due volte mentre stavo con lui, ed ero davvero angosciato; non avevo idea di quale fosse la causa».[4]

A volte il talento intellettuale di Robert andava oltre la mera ostentazione. Wyman ricordava un caldo giorno di primavera in cui Oppenheimer entrò nella sua stanza e disse: «Che caldo insopportabile.[5] Ho passato tutto il pomeriggio steso sul letto a leggere *La teoria dinamica dei gas* di Jeans. Cos'altro si può fare con un tempo del genere?». (Quarant'anni dopo, Oppenheimer possedeva ancora una copia, incrostata di sale e con i segni del tempo, di *Elettricità e magnetismo* proprio di James Hopwood Jeans.)

Nella primavera del primo anno di università Robert strinse una nuova amicizia con Frederick Bernheim, uno studente che si era diplomato alla Ethical Culture School un anno dopo di lui. Condividevano l'interesse per la scienza e, visto che Fergusson stava per trasferirsi in Inghilterra grazie a una borsa di studio Rhodes, Robert consacrò presto Bernheim come il suo nuovo migliore amico. A differenza della maggior parte degli studenti universitari – che tendono ad avere molte conoscenze e poche profonde amicizie – le amicizie di Robert erano poche ma intense.

Nel settembre 1923, all'inizio del secondo anno di università, lui e Bernheim decisero di dividere due stanze adiacenti in una vecchia casa al 60 di Mount Auburn Street, vicino agli uffici dell'«Harvard Crimson». Robert decorò la sua stanza con un tappeto orientale, dipinti a olio e acqueforti che si portò da casa, e insistette per preparare il tè con un samovar russo alimentato a carbone. Più che disturbato, Bernheim era divertito dalle eccentricità dell'amico: «Da un certo punto di vista come vicino non era una persona confortevole, perché dava sempre l'impressione di pensare profondamente alle cose. Quando vivevamo nella stessa casa, passava serate intere chiuso nella sua stanza cercando di fare qualcosa con la costante di Planck o qualcosa del genere. Avevo questa immagine di lui che all'improvviso diventava un grande fisico, mentre io cercavo solo di concludere Harvard».

Bernheim pensava che Robert fosse un po' ipocondriaco. «Andava a dormire ogni notte con una coperta elettrica, che una volta cominciò a emanare fumo».[6] Robert si svegliò e corse in bagno con la coperta in fiamme. Poi tornò a dormire, senza accorgersi che la coperta stava ancora bruciando. Bernheim ricordò di averla dovuta spegnere prima che desse fuoco a tutta la casa. Vivere con Robert era sempre «un po' stressante», osservò Bernheim, «perché dovevi più o meno adattarti al suo livello e ai suoi umori: lui era la personalità dominante». Per difficile che fosse, Bernheim visse con Robert negli altri due anni che passarono ad Harvard, e gli riconobbe il merito di aver ispirato la sua successiva carriera nella ricerca medica.

Soltanto un altro studente di Harvard passava con regolarità dalle loro parti in Mount Auburn Street. Un giorno William Clouser Boyd aveva incontrato Robert a lezione di chimica, e l'aveva immediatamente apprezzato. «Avevamo molti interessi in comune oltre alla scienza», ricordò Boyd.[7] Entrambi cercavano di scrivere poesie, a volte in francese, e brevi racconti che imitavano Čechov. Robert lo chiamava sempre «Clowser», storpiando deliberatamente il suo secondo nome. Nel fine settimana spesso «Clowser» si univa a Robert e Fred Bernheim per occasionali gite a Cape Ann, a un'ora di automobile a nord-est di Boston. Robert ancora non sapeva guidare, e quindi i ragazzi andavano con la jeep Willys Overland di Bernheim, e passavano la notte in una locanda a Folly Cove, fuori Gloucester, dove il cibo era particolarmente buono. Boyd avrebbe finito l'università tre anni dopo e, come Robert, lavorò duramente per farlo. Ma se ovviamente Robert passava molte ore a studiare nella sua stanza, Boyd ricorda che «stava molto attento a non farsi scoprire mentre lo faceva».[8] Pensava che intellettualmente Robert fosse molto più dotato di lui. «Aveva una mente davvero veloce. Per esempio, quando qualcuno proponeva un problema, lui dava due o tre risposte sbagliate, seguite da quella giusta, prima ancora che io fossi riuscito a pensare a una risposta qualsiasi.»

L'unica cosa che Boyd e Oppenheimer non avevano in comune era la musica. «Amavo molto la musica», ricordava Boyd, «ma una volta all'anno lui veniva all'Opera, in genere con me e Bernheim, e se ne andava dopo il primo atto. Non riusciva a sopportare oltre.» Anche Herbert Smith aveva notato questa peculiarità, e una volta aveva detto a Robert: «Sei l'unico fisico che io abbia mai conosciuto che non apprezza la musica».[9]

Inizialmente Robert non era sicuro del percorso accademico da seguire. Frequentò una serie di corsi non collegati, tra cui filosofia, letteratura francese, letteratura inglese, introduzione al calcolo, storia e tre corsi di chimica-fisica (analisi qualitativa, analisi dei gas e chimica organica). Prese brevemente in considerazione l'architettura ma, visto che al liceo aveva amato il greco, cullò poi l'idea di diventare un classicista o addirittura un poeta o un pittore. «L'idea che viaggiassi lungo un chiaro sentiero», ricordò, «sarebbe sbagliata.»[10] Ma nel giro di qualche mese decise che la sua prima passione, la chimica, era la più importante. Determinato a laurearsi in tre anni, si iscrisse al maggior numero di corsi consentito, sei. Ogni semestre riuscì a frequentare come uditore altri due o tre corsi. Praticamente privo di vita sociale, studiava a lungo, anche se si sforzava di nasconderlo perché per lui, in un certo modo, era importante che la sua brillantezza apparisse spontanea. Lesse tutte le tremila pagine del classico testo di Gibbon *Storia della decadenza e caduta dell'impero romano*. Lesse anche molta letteratura francese e iniziò a scrivere poesie, alcune delle quali apparvero su «Il cane da caccia», un giornale studentesco. «Quando sono ispirato», scrisse a Herbert Smith, «butto giù versi. Come giustamente tu hai notato, non sono né pensati né adatti per essere letti da nessun altro, e spostare i loro eccessi morbosi sugli altri sarebbe un crimine. Ma li conserverò per un po' in un cassetto e, se li vuoi vedere, te li spedirò.»[11] Nel 1922 fu pubblicata *La terra desolata* di Thomas S. Eliot, e quando Robert la lesse si identificò subito nel diffuso esistenzialismo del poeta. I suoi versi erano già pervasi da temi di tristezza e solitudine. All'inizio della sua permanenza ad Harvard aveva scritto queste righe:

L'alba investe la nostra sostanza con il desiderio
e le lente luci tradiscono noi e la nostra malinconia:
quando il celestiale color zafferano
e sbiadito e diventato privo di colore
e il sole
divenuto sterile, e il fuoco crescente
ci risveglia
ci troviamo ancora
ognuno nella sua separata prigione
pronto, disperato
per la negoziazione
con altri uomini. [12]

Nei primi anni Venti la cultura politica ad Harvard era decisamente conservatrice. Poco dopo l'arrivo di Robert, l'università aveva imposto una quota per limitare il numero di studenti ebrei. (Nel 1922 il numero di studenti ebrei era arrivato al ventuno per cento.) Nel 1924 l'«Harvard Crimson» riportò in prima pagina che Charles W. Eliot, già rettore dell'università, aveva definito pubblicamente una «sfortuna» il fatto che un numero crescente di persone «di razza ebraica» si sposasse con cristiani. Pochi di questi matrimoni, aveva affermato, avevano buon esito e, visto che i biologi avevano stabilito che gli ebrei erano «prepotenti», i figli di questi matrimoni «sembreranno solo ebrei».[13] Se da un lato Harvard accettava alcuni neri, il rettore A. Lawrence Lowell rifiutava fermamente di permettere loro di risiedere nei dormitori per matricole insieme ai bianchi.

Oppenheimer non era ignaro di questi problemi. In effetti agli inizi dell'autunno del 1922 si unì al Club degli studenti liberali, fondato tre anni prima come luogo per consentire agli studenti di discutere di politica e di attualità. Nei primi anni il Club attrasse un gran numero di studenti e organizzò incontri con personaggi importanti quali il giornalista liberale Lincoln Steffens, Samuel Gompers della Federazione americana per il lavoro e il pacifista A.J. Muste. Nel marzo 1923 il Club prese apertamente posizione contro le discriminazioni politiche nell'ammissione all'università.[14] Anche se il Club aveva la reputazione di assumere posizioni radicali, Robert non ne fu colpito e scrisse a Smith della «pomposità asinina del Club degli studenti liberali».¹⁵ In questa sua prima introduzione alla politica organizzata si sentiva «davvero un pesce fuor d'acqua». Ciononostante, mentre pranzava nei locali del Club al 66 di Winthrop Street, gli fu presentato un membro anziano, John Edsall, che lo convinse subito ad aiutarlo a preparare un nuovo giornale studentesco. Basandosi sulle sue conoscenze di greco, convinse Edsall a chiamare il giornale «Il tafano»; in prima pagina c'era una citazione in greco che descriveva Socrate come il tafano degli ateniesi. Il primo numero de «Il tafano» uscì nel dicembre 1922, e Robert era indicato nella testata come direttore associato. Ricordò di aver scritto alcuni articoli non firmati, ma «Il tafano» non divenne mai una istituzione permanente del campus e se ne conoscono solo quattro numeri. Tuttavia l'amicizia di Robert con Edsall continuò.

Alla fine del suo primo anno ad Harvard, Robert decise che aveva commesso un errore nello scegliere chimica come materia principale. «Non riesco a ricordare in che modo mi accorsi che quello che mi piaceva nella chimica era molto vicino alla fisica», disse Oppenheimer. «È ovvio che, leggendo qualcosa di chimica-fisica, se incontravi questioni di termodinamica o di meccanica statistica, ti veniva voglia di scoprire qualcosa di più al riguardo [...] era un quadro assai particolare; non avevo mai seguito un corso elementare di fisica.»¹⁶ Quella primavera, anche se si era impegnato a seguire chimica come materia principale, chiese al dipartimento di fisica che gli fosse riconosciuto il titolo che gli avrebbe permesso di seguire i corsi di fisica di livello avanzato. Per dimostrare di sapere qualcosa di fisica, presentò una lista di quindici libri che affermava di aver letto. Anni dopo seppe che, quando il consiglio di facoltà si era riunito per prendere in considerazione la sua richiesta, un professore, George Washington Pierce, aveva commentato: «Ovviamente, se [Oppenheimer] afferma di aver letto questi libri è un bugiardo, ma si meriterebbe un diploma per il solo fatto di conoscerne i titoli».¹⁷

Il suo tutor principale in fisica fu Percy Bridgman (1882-1961), che in seguito vinse il premio Nobel. «Bridgman era un ottimo insegnante», ricordò Oppenheimer, «perché non si accontentava mai del fatto che le cose fossero come erano, e le analizzava sempre più a fondo.»¹⁸ Bridgman affermò in seguito che Oppenheimer «era uno studente molto intelligente. Ne sapeva abbastanza per fare domande». Ma quando Bridgman gli assegnò un esperimento di laboratorio che richiedeva la preparazione di una lega di rame e nickel in un forno che avrebbe dovuto costruirsi, Oppenheimer «non sapeva distinguere un'estremità del saldatore dall'altra». Oppenheimer era così maldestro con il galvanometro del laboratorio, che le delicate sospensioni dello strumento dovevano essere sostituite ogni volta che lo usava. Tuttavia Robert si mostrò perseverante, e Bridgman giudicò i suoi risultati abbastanza soddisfacenti da pubblicarli in una rivista scientifica. Robert era sia precoce che, a volte, sfacciato in modo irritante. Un pomeriggio Bridgman lo invitò a casa sua per il tè. Nel corso della serata il professore mostrò al suo studente una fotografia di un tempio a Segesta, in Sicilia, costruito, disse, attorno al 400 a.C. Oppenheimer fu lesto nel non concordare: «Dai capitelli delle colonne[19] direi che è stato costruito circa cinquant'anni prima».[19]

Quando, nell'ottobre 1923, il famoso fisico danese Niels Bohr tenne due lezioni ad Harvard, Robert le seguì entrambe.[20] L'anno precedente Bohr aveva vinto il premio Nobel «per le sue ricerche sulla struttura degli atomi e sulle radiazioni emanate da essi». In seguito Oppenheimer avrebbe affermato che «sarebbe difficile esagerare quanto veneravo Bohr».[21] Già in questa occasione, la prima volta che lo vedeva, fu profondamente colpito. In seguito il professor Bridgman notò che «l'impressione che come persona [Bohr] faceva a chiunque lo incontrasse, era quella di un uomo davvero piacevole. Raramente ho incontrato persone con una tale unicità di obbiettivi e così apparentemente prive di astuzia [...] adesso è idolatrato come un Dio della scienza in quasi tutta Europa».

L'approccio di Oppenheimer all'apprendimento della fisica era eclettico, addirittura disordinato. Si concentrava sui problemi più interessanti e astratti del settore, tralasciando i fondamenti noiosi. Anni dopo confessò di sentirsi insicuro riguardo alle carenze della sua conoscenza. «Ancora oggi», disse a un intervistatore nel 1963, «vado in panico quando penso a un anello di fumo o alle vibrazioni elastiche. Lì non c'è niente, solo un po' di pelle a coprire un buco. Allo stesso modo la mia formazione matematica era, anche per quei giorni, davvero primitiva [...]. Ho seguito un corso di [J.E.] Littlewood sulla teoria dei numeri, be', non era male, ma non è esattamente così che si impara la matematica necessaria per far ricerca fisica professionale.»[22]

Quando Alfred North Whitehead arrivò all'università, solo Robert e un altro studente ebbero il coraggio di iscriversi al corso del filosofo e matematico. Affrontarono meticolosamente i tre volumi dei *Principia Mathematica*, scritti da Whitehead e Bertrand Russel. «Fu davvero eccitante», ricordò Oppenheimer, «leggere i *Principia* con

Whitehead, che se li era dimenticati e così era sia insegnante che studente.»²³ Malgrado questa esperienza, Oppenheimer si considerò sempre deficitario in matematica. «Non riuscii mai a imparare molto. Probabilmente imparai un sacco di cose con un metodo a cui non si dà mai molto credito, il semplice stare con gli altri [...]. Avrei dovuto imparare più matematica, credo che mi sarebbe piaciuto, ma il mio non curarmene faceva parte della mia impazienza.»

Ma anche se c'erano delle carenze nella sua preparazione, poté confessare all'amico Paul Horgan che Harvard gli aveva fatto bene. Nell'autunno del 1923 Robert scrisse a Horgan una lettera satirica in cui parlava di sé in terza persona: «[Oppenheimer] è ormai diventato un uomo, e non hai idea di quanto Harvard lo abbia cambiato. Temo che studiare così duramente non faccia bene alla sua anima. Dice le cose più *terribili*. Solo la notte scorsa litigavo con lui e gli ho detto: "Ma tu credi in Dio, o no?" E lui ha risposto: "Credo nella seconda legge della termodinamica, nel principio di Hamilton, in Bertrand Russel e persino in Siegfried [*sic*] Freud"».²⁴

Horgan trovava Robert avvincente e affascinante. Horgan stesso era un giovane brillante, e nel corso della sua lunga vita avrebbe scritto diciassette romanzi e venti libri di storia, vincendo due volte il premio Pulitzer. Ma considerò sempre Oppenheimer come una rara e inestimabile persona dalla cultura enciclopedica. «I Leonardo e gli Oppenheimer sono rari», scrisse Horgan nel 1988, «ma il loro meraviglioso amore e la loro meravigliosa proiezione della comprensione, sia come conoscitori privati che come storici esploratori, almeno ci offrono un ideale da considerare e con il quale misurarci.»²⁵

Durante gli anni passati ad Harvard, Robert mantenne una frequente corrispondenza con Herbert Smith, il suo professore alla Ethical Culture School che gli aveva fatto da guida durante il viaggio nel Nuovo Messico. Nell'inverno del 1923 cercò di descrivere con elaborata ironia la sua vita ad Harvard: «Generosamente mi chiedi cosa faccio», scrisse a Smith. «Oltre alle attività descritte nella disgustosa nota della settimana scorsa, lavoro e scrivo innumerevoli tesi, note, poesie, storie e spazzatura; vado alla bib[lioteca] di matematica e leggo, e alla bib[lioteca] di filosofia dove divido il mio tempo tra Minherr [Bertrand] Russel e la contemplazione di una stupenda e amabile fanciulla che sta scrivendo una tesi su Spinoza; bella ironia, non trovi? Produco cattivi odori in tre diversi laboratori, ascolto [il professor Louis] Allard spettegolare su Racine, servo il tè e parlo in maniera erudita ad alcune anime sperdute, parto nel weekend per distillare energia di bassa qualità in risate e spossatezza, leggo in greco, faccio passi falsi, cerco lettere sulla mia scrivania e mi auguro di essere morto. Voilà.»[26]

Umorismo nero a parte, Robert soffriva ancora di periodici attacchi di depressione.[27] Alcuni di questi episodi erano causati dalle visite a Cambridge della sua famiglia. Fergusson ricorda di essere uscito a cena con Robert e alcuni suoi parenti – non i genitori – e di aver visto l'amico diventare visibilmente sempre più verde nello sforzo di essere cortese. Subito dopo Robert trascinò con sé Fergusson, camminando per qualche chilometro e parlando per tutto il tempo con la sua voce calma e regolare di un qualche problema di fisica. Camminare era la sua unica terapia. Fred Bernheim ricorda una sera d'inverno in cui camminarono fino alle tre di notte. In una di queste fredde passeggiate invernali qualcuno sfidò i ragazzi a buttarsi nel fiume. Robert e almeno uno dei suoi amici si spogliarono e si buttarono nell'acqua gelida.

Guardando indietro, tutti gli amici notarono che, in quegli anni, sembrava lottare con demoni interiori. «Il mio sentire riguardo a me stesso», disse in seguito Oppenheimer a proposito di quel periodo della sua vita, «era sempre di un'estrema insoddisfazione. Ero molto poco sensibile nei confronti degli esseri umani e molto poco umile di fronte alle realtà del mondo.»[28]

Sicuramente, dietro ad alcuni dei problemi di Robert c'erano dei desideri sessuali insoddisfatti. A vent'anni, ovviamente, non era il solo. Ben pochi dei suoi amici avevano una vita sociale in cui fossero incluse le donne. E nessuno di loro ricorda che Robert sia mai uscito con una ragazza. Wyman ricordò che lui e Robert erano «troppo innamorati» della vita intellettuale «per pensare alle ragazze [...] avevamo tutti una serie di relazioni amorose [con le idee] [...] ma forse ci mancavano proprio quelle relazioni amorose più mondane che rendono la vita più facile».[29] Robert provava sicuramente un guazzabuglio di desideri sensuali come mostrano alcune poesie decisamente erotiche che scrisse in quel periodo:

Stasera lei veste una mantella in pelle di foca
brillanti diamanti neri dove l'acqua avvolge le sue cosce
e bagliori nocivi cospirano a sorprendere
una pulsazione che condona l'ansia con lo stupro.[30]

Nell'inverno del 1923-24 scrisse quella che definì «la mia prima poesia d'amore» per onorare «quella stupenda e amabile ragazza che sta scrivendo una tesi su Spinoza». Nella biblioteca contempla da lontano questa donna misteriosa, ma, a quanto sembra, non le rivolge mai la parola.

No, so che ci sono altri che hanno letto Spinoza,
persino io;
altri che hanno incrociato le loro bianche braccia
tra le pagine color terra d'ombra;
altri troppo puri per gettare lo sguardo, anche per un secondo,
oltre il sacro sfintere della loro erudizione.
Ma che cos'è per me tutto questo?
Devi venire, dico, e devi vedere i gabbiani,
dorati nel tardo sole;
devi venire e parlarmi e devi dirmi perché
in questo stesso mondo, piccoli bianchi sbuffi di nuvole
come bambagia, se vuoi, o come candido tessuto,
l'ho già sentito prima –
piccoli bianchi sbuffi di nuvole dovrebbero fluttuare in silenzio
nel cielo pulito,
e dovresti sedere, pallida, in un vestito nero che potrebbe abbellire
la severa ascetica coscienza di Benedetto,
e leggere Spinoza, e lasciare che il vento spinga le nuvole,
e lasciare che io mi anneghi in un'estasi di penuria...

Be', se dimentico,
dimenticherò Spinoza e la tua costanza,
dimenticherò tutto, finché resteranno dentro me
solo una debole mezza speranza, un mezzo rimpianto
e le innumerevoli distese del mare?[31]

Incapace di avviare una relazione, rimase in disparte sperando, come dice la poesia, che la giovane facesse la prima mossa: «Devi venire e parlarmi [...]». Sente «una debole mezza speranza, un mezzo rimpianto». Un simile miscuglio di forti emozioni, ovviamente, non è inusuale per un giovane che sta crescendo. Ma Robert aveva bisogno che gli si dicesse che non era solo.

Ancora e ancora, quando era angosciato, Robert chiedeva aiuto al suo vecchio insegnante. Verso la fine dell'inverno del 1924, nel mezzo della grande «angoscia» di una crisi emozionale, scrisse a Smith. La lettera è andata perduta ma è rimasta la risposta di Robert alla lettera di rassicurazione di Smith. «Quel che mi ha calmato di più, credo», scrisse a Smith, «è che hai percepito nella mia angoscia una certa somiglianza con quella di cui tu avevi sofferto; non avevo mai pensato che la situazione di qualcuno, che adesso mi sembrava così impeccabile e invidiabile, potesse in qualche modo essere comparabile con la mia [...]. In linea teorica mi sembra davvero un peccato che ci siano così tante persone buone che non conoscerò e così tante gioie di cui resterò privo. Ma tu hai ragione. Almeno per me il desiderio non è necessità, è insolenza.»[32]

Dopo che Robert ebbe finito il suo primo anno ad Harvard, suo padre gli trovò per l'estate un lavoro in un laboratorio del New Jersey. Ma si annoiava. «Il lavoro e le persone sono borghesi, pigri e morti», scrisse a Francis Fergusson che era tornato all'amabile Los Pinos. «C'è poco da fare e niente da cercare di risolvere [...] come ti invidio! [...] Francis, mi soffochi con angoscia e disperazione; l'unica cosa che posso fare è ammettere nella mia gerarchia di immutabilità fisico-chimiche il chauceriano "Amour vincit omnia".»[33] Gli amici di Robert erano abituati a questo florido linguaggio. «Di qualsiasi cosa si occupi», osservò in seguito Francis, «la porta all'esasperazione.» Anche Paul Horgan ricordava la «barocca tendenza a esagerare» di Robert. Ma è anche vero che abbandonò il lavoro al laboratorio e trascorse il mese di agosto a Bay Shore, passando la maggior parte del tempo in barca con Horgan, che aveva accettato di stare con lui durante le vacanze.

Nel giugno 1925, dopo soli tre anni di studio, Robert si laureò con lode ottenendo il diploma di primo livello in chimica. Entrò nell'elenco dei migliori e fu uno dei trenta studenti selezionati per l'ammissione alla Phi Beta Kappa.[34] Quell'anno, scherzosamente, scrisse a Herbert Smith: «Anche nelle ultime fasi dell'afasia senile non dirò che l'istruzione, in senso accademico, fosse per me seconda quando ero al college. Avanzo a fatica tra circa cinque o dieci grandi libri scientifici a settimana, e fingo di fare ricerca. Anche se, alla fine, mi dovrò accontentare di fare sperimentazione sui dentifrici; ma, finché non succede, non ne voglio sapere».[35]

Testare dentifrici era un futuro improbabile per uno studente di Harvard che in quell'anno aveva seguito corsi come «Chimica dei colloidi», «Storia d'Inghilterra dal 1688 a oggi», «Introduzione alla teoria delle funzioni potenziali e all'equazione di Laplace», «Teoria analitica del calore e problemi delle vibrazioni anelastiche» e «Teoria matematica dell'elettricità e magnetismo». A distanza di decenni avrebbe guardato agli anni prima della laurea confessando: «Anche se mi piaceva lavorare, misi davvero troppa carne al fuoco, ma riuscii a farla franca; presi il massimo dei voti in una serie di corsi in cui non lo meritavo».[36] Pensava di aver acquisito una «rapidissima, superficiale e ansiosa familiarità con alcune parti della fisica, con tremende lacune e spesso con una tremenda mancanza di pratica e disciplina».

Saltando le cerimonie ufficiali, Robert e due amici, William C. Boyd e Frederick Bernheim, celebrarono privatamente la laurea in dormitorio con dell'alcool del laboratorio. «Io e Boyd ci ubriacammo alla grande», ricordava Bernheim, «Robert, credo, bevve un solo bicchiere e poi si ritirò.»[37] In seguito, quel fine settimana Robert portò Boyd a Bay Shore, nella casa di vacanza, e navigò con il suo adorato *Trimethy* fino a Fire Island. «Ci spogliammo», ricordava Boyd, «e camminammo avanti e indietro sulla spiaggia bruciandoci al sole.» Robert sarebbe potuto restare ad Harvard – gli era stata offerta una borsa di studio – ma aveva già ambizioni più alte. Si era laureato in chimica, ma ad attirarlo era la fisica, e sapeva che nel mondo della fisica Cambridge, in Inghilterra, era «più vicina al centro».[38] Sperando che l'eminente fisico inglese Ernest Rutherford, celebrato come l'uomo che per primo nel 1911 aveva proposto il modello dell'atomo nucleare, lo prendesse sotto la sua ala, Robert persuase il suo professore di fisica Percy Bridgman a scrivergli una lettera di presentazione. Nella lettera Bridgman scrisse candidamente che Oppenheimer aveva «un potere di assimilazione davvero prodigioso» ma che «la sua debolezza è sul lato sperimentale. La sua mente è di tipo analitico più che fisico, e non si trova a suo agio tra le manipolazioni di laboratorio [...]. Mi sembra in qualche modo una scommessa pensare che Oppenheimer riuscirà a dare dei contributi davvero importanti, ma se riuscirà a fare qualcosa di buono sono convinto che si tratterà di un successo davvero insolito».

Bridgman concluse con dei commenti – non inusuali per il tempo e il luogo – sulle origine ebraiche di Oppenheimer: «Come si deduce dal nome, Oppenheimer è ebreo, ma totalmente privo delle usuali caratteristiche della razza. È un ragazzo alto, ben piantato, dai modi simpaticamente diffidenti, e penso che a questo riguardo non dovrebbe esserci nessun tipo di esitazione nel considerare la sua richiesta».[39]

Sperando che la raccomandazione di Bridgman gli avrebbe garantito l'ammissione al laboratorio di Rutherford, Robert passò il mese di agosto nell'adorato Nuovo Messico. Significativamente, portò con sé i genitori, ai quali presentò i suoi pochi ettari di paradiso. Gli Oppenheimer passarono un po' di tempo al Bishop's Lodge, nei dintorni di Santa Fe, e poi viaggiarono verso nord fino al ranch di Los Pinos di Katherine Page. «I genitori apprezzano molto il luogo», Robert scrisse con ovvio orgoglio a Herbert Smith, «e stanno iniziando a cavalcare un po'. Curiosamente, apprezzano anche la frivola atmosfera del luogo.»

Insieme a Paul Horgan, che era tornato da Harvard per l'estate, e al fratello Frank, che adesso aveva tredici anni, fece lunghe cavalcate tra le montagne. Horgan ricorda che avevano affittato dei cavalli a Santa Fe e che avevano cavalcato con Robert sul sentiero del Lago Peak, attraverso la catena del Sangre de Cristo e giù fino al villaggio di Cowles: «Arrivammo sul ciglio in cima alla montagna nel mezzo di una tremenda tempesta [...] una immensa, gigantesca pioggia battente. Sedemmo sotto i cavalli per pranzo e mangiammo arance, eravamo inzuppati [...]. Stavo guardando Robert e all'improvviso mi accorsi che aveva i capelli ritti in testa per l'elettricità statica. Meraviglioso».[40] Quando finalmente quella sera dopo il tramonto arrivarono a Los Pinos, le finestre di Katy Page erano illuminate. «Fu una vista davvero gradita», disse Horgan. «Ci ricevette, e per parecchi giorni ci trovammo davvero bene. Da quel momento in poi lei si riferì sempre a noi come ai suoi schiavi. "Ecco che arrivano i miei schiavi", diceva.»

Mentre la signora Oppenheimer sedeva all'ombra nella veranda che circondava il ranch di Los Pinos, la Page e i suoi «schiavi» uscivano per tutto il giorno cavalcando sulle montagne circostanti. In una di queste spedizioni sulle pendici orientali del Santa Fe Baldy, Robert trovò un piccolo lago non segnato sulle mappe al quale diede il nome di Lago Katherine.

Probabilmente fu nel corso di una di queste lunghe cavalcate che fumò per la prima volta tabacco. La Page aveva insegnato ai ragazzi a cavalcare leggeri, portandosi dietro lo stretto indispensabile. Una notte, in cammino, Robert si ritrovò senza cibo e qualcuno gli offrì una pipa per calmare i morsi della fame. Da quel momento la pipa e le sigarette divennero ben presto una dipendenza che durò tutta la vita.[41]

Tornato a New York, Robert aprì la posta per scoprire che Ernest Rutherford lo aveva rifiutato. «Rutherford non mi voleva», ricordò Oppenheimer. «Non aveva una grande opinione di Bridgman, e le mie credenziali erano molto particolari.»[42] Tuttavia Rutherford passò la richiesta di Robert a J.J. Thomson, il celebrato predecessore di Rutherford come direttore del Laboratorio Cavendish. A sessantanove anni Thomson, che aveva vinto il premio Nobel per la fisica nel 1906 per aver individuato l'elettrone, come fisico non era ormai più nel fiore degli anni. Nel 1919 aveva abbandonato le sue responsabilità amministrative e nel 1925 si recava ormai solo sporadicamente in laboratorio; occasionalmente faceva da tutor a qualche studente. Robert fu comunque molto sollevato quando scoprì che Thomson aveva accettato di supervisionare i suoi studi. Aveva scelto come sua vocazione la fisica ed era convinto che il futuro della fisica, e il suo, risiedessero in Europa.

3. «È un brutto momento»

> *Non mi sento bene e ho paura di venire a trovarti*
> *per timore che possa succedere qualcosa di melodrammatico.*
> Robert Oppenheimer, 23 gennaio 1926

Per Robert, Harvard era stata un'esperienza allo stesso tempo positiva e negativa. Era cresciuto intellettualmente, ma le esperienze sociali erano state tali da lasciare la sua emotività rigida e tesa. La monotonia quotidiana della vita strutturata dello studente gli aveva fornito uno scudo protettivo; ancora una volta, in classe, aveva brillato. Adesso lo scudo era sparito e lui stava per affrontare una serie di crisi esistenziali quasi disastrose, che sarebbero cominciate quell'autunno e si sarebbero protratte fino alla primavera del 1926.

A metà settembre 1925 salì su una nave diretta in Inghilterra.[1] Lui e Francis Fergusson avevano deciso di incontrarsi a Swanage, un piccolo villaggio del Dorset, nel Sud-Ovest inglese. Fergusson aveva passato l'intera estate viaggiando attraverso l'Europa con la madre, e ora era desideroso di avere una compagnia maschile. Per dieci giorni camminarono lungo le scogliere sulla costa, confidandosi reciprocamente gli ultimi accadimenti. Anche se non si erano visti per due anni, si erano tenuti in contatto per posta ed erano rimasti vicini.

«Quando lo incontrai alla stazione», scrisse in seguito Fergusson, «sembrava avere più fiducia in sé stesso, sembrava più forte e più aitante [...] era molto meno imbarazzato di fronte a mia madre. Questo, ma lo scoprii in seguito, solo perché era quasi riuscito a innamorarsi di un'attraente pagana nel Nuovo Messico.»[2] Eppure, si accorse Fergusson, a ventun anni Robert era ancora «completamente confuso riguardo alla vita sessuale».[3] Fergusson, da parte sua, gli rivelò «tutte le cose che mi avevano procurato piacere e che avevo dovuto tenere per me». Tuttavia, guardando indietro, Fergusson pensò di aver esagerato. «Fui abbastanza crudele e stupido», scrisse, «da discutere nei dettagli [queste cose] con Robert, completando infine quello che Jean [un amico] avrebbe poi chiamato uno stupro mentale di prima classe.»[4]

All'epoca, Fergusson aveva passato due anni interi con una borsa di studio Rhodes a Oxford. Francis era sempre stato più maturo di Robert, che si trovò sorpreso dall'agio e dalla raffinatezza sociale dell'amico. Tanto per cominciare, da quasi tre anni Francis aveva una ragazza, una giovane che Robert aveva conosciuto alla Ethical Culture School: Frances Keeley. Robert era stato anche impressionato dal fatto che Fergusson si fosse dimostrato tanto sicuro di sé da abbandonare il corso di biologia per la sua prima passione, letteratura e poesia. Si muoveva in circoli sociali d'élite, e veniva ospitato da famiglie inglesi di alta classe nelle loro residenze di campagna. Robert si trovò a invidiare la fiorente raffinatezza dell'amico. Si separarono, uno diretto a Oxford e l'altro a Cambridge, ma con la promessa di rivedersi durante le vacanze natalizie.

L'arrivo di Robert al Laboratorio Cavendish di Cambridge coincise con un momento di forte eccitazione nel mondo della fisica. Nei primi anni Venti alcuni fisici europei – tra cui Niels Bohr e Werner Heisenberg – stavano creando una teoria che chiamavano fisica quantistica (o meccanica quantistica). In breve, la fisica quantistica è lo studio delle leggi che si applicano all'andamento di fenomeni su scala molto piccola, quella di atomi e molecole. La teoria dei quanti avrebbe presto rimpiazzato la fisica classica nella descrizione di fenomeni subatomici come l'orbita di un elettrone attorno al nucleo di un atomo di idrogeno.[5]

Ma se questo per i fisici in Europa era un «momento caldo», Oppenheimer e molti altri fisici americani ne erano del tutto ignari. «Ero ancora uno studente nel senso negativo del termine», ricordava Oppenheimer.[6] «Non seppi nulla della meccanica quantistica fino a che non andai in Europa. Non seppi nulla dello spin dell'elettrone fino a che non andai in Europa. Non credo che nella primavera del 1925 in America se ne sapesse nulla; comunque io non ne sapevo nulla.»

A Cambridge Robert si stabilì in un modesto appartamento, che in seguito definì un «miserabile buco». Mangiava sempre al college e trascorreva le giornate in un angolo del laboratorio di J.J. Thomson, situato nel seminterrato, cercando di preparare sottili lamine di berillio da usare nello studio degli elettroni. Era un processo laborioso che richiedeva l'evaporazione del berillio sul collodio; in seguito il collodio doveva essere accuratamente rimosso. Maldestro e goffo in questo lavoro meticoloso, Robert si trovò presto a cercare di evitare il laboratorio: passava il tempo seguendo seminari e leggendo riviste di fisica. Ma se il suo lavoro in laboratorio era «quasi una finzione», gli fornì comunque l'occasione di incontrare fisici come Rutherford, Chadwick e C.F. Powell. «Incontrai [Patrick M.S.] Blackett, che mi piacque molto», ricordò decenni dopo Oppenheimer.[7] Patrick Blackett – che avrebbe vinto il premio Nobel per la fisica nel 1948 – divenne ben presto uno dei tutor di Robert. Inglese alto ed elegante, dalle schiette idee socialiste, Blackett si era laureato in fisica a Cambridge solo tre anni prima.

Nel novembre 1925 Robert scrisse a Fergusson che «il posto è davvero ricco, ed è pieno di deliziosi tesori; e anche se sono del tutto incapace di sfruttarli, almeno ho la possibilità di vedere molte persone, alcune delle quali ottime.[8] Ci sono sicuramente dei buoni fisici qui, i giovani, intendo […] sono stato portato a ogni genere di incontro: alta matematica al Trinity, un incontro segreto di pacifisti, un club sionista e molti club scientifici assai deboli. Ma qui non ho incontrato nessuno di utile che non si occupi di scienza […]». Poi lasciò perdere le bravate e confessò: «è un brutto momento. Il lavoro di laboratorio è di una noia terribile, e sono così incapace di farlo che è impossibile pensare che stia davvero imparando qualcosa […] le lezioni sono pessime».

Le difficoltà in laboratorio erano aggravate dal suo stato emotivo in netto peggioramento. Un giorno Robert si ritrovò a fissare una lavagna vuota, con un pezzo di gesso in mano, borbottando continuamente «il punto è, il punto è […] il punto è».[9] Jeffries Wyman, il suo amico di Harvard che quell'anno era anche lui a Cambridge, notò segni di angoscia. Una volta, entrando nella sua stanza, Wyman trovò Robert disteso sul pavimento che mugugnava e si girava da una parte all'altra. In un'altra versione dell'incidente, Wyman raccontò che Oppenheimer gli aveva detto «di sentirsi così depresso a Cambridge, così infelice, che a volte si stendeva sul pavimento e si rigirava da una parte all'altra: fu lui a raccontarmelo».[10] In un'altra occasione, Rutherford vide Oppenheimer che cadeva svenuto, ripiegandosi sul pavimento del laboratorio.[11]

Né gli fu di nessun conforto il fatto che alcuni degli amici più stretti si avvicinassero a una prima vita familiare.[12] Il suo compagno di stanza ad Harvard, Fred Bernheim, era anche lui a Cambridge e aveva incontrato la donna che sarebbe presto diventata sua moglie. Robert sapeva che la sua amicizia con Bernheim stava, prevedibilmente, spegnendosi. «Ci sono delle terribili complicazioni con Fred», spiegò Oppenheimer a Fergusson, «e c'è stata una terribile serata, due settimane fa, alla luce della luna. Da allora non l'ho più visto e arrossisco quando penso a lui. E mi aspetto una confessione alla Dostoevskij da parte sua.»[13] Robert chiedeva molto agli amici, e a volte le sue richieste erano semplicemente eccessive. «In un certo qual modo», ricordò Bernheim, «[quella rottura] fu un sollievo [...]. La sua intensità e la sua energia mi facevano sempre sentire un po' a disagio.»[14] Bernheim si sentiva svuotato in presenza di Robert. Testardamente Robert tentò di rianimare l'amicizia, ma alla fine Bernheim gli disse che si sarebbe sposato e che «non si poteva ristabilire quello che avevamo avuto ad Harvard». Robert non fu offeso, ma rimase piuttosto perplesso per il fatto che qualcuno che aveva conosciuto così bene potesse decidere di uscire dalla sua orbita. In maniera analoga rimase sorpreso quando scoprì il precoce matrimonio di Jane Didisheim, un'altra compagna di classe alla Ethical Culture School. Robert era sempre stato affezionato a Jane e sembrò preso alla sprovvista dal fatto che una donna della sua età potesse essere già sposata (con un francese) e con dei figli.[15]

A fine autunno, quando ci fu l'interruzione delle lezioni, Fergusson concluse che Robert aveva una «depressione di prima categoria».[16] Anche i suoi genitori avevano avuto sentore del fatto che loro figlio fosse in crisi. Secondo Fergusson, la depressione di Robert «fu ulteriormente accresciuta e resa più specifica dalla lotta che portava avanti contro sua madre». Ma Ella e Julius insistettero, e partirono in fretta verso l'altra sponda dell'Atlantico per stare con il loro figlio inquieto. «Desiderava che lei ci fosse», scrisse Fergusson nel suo diario, «ma si sentiva in dovere di scoraggiarne l'arrivo [...] così, quando salì sul treno per Southampton dove doveva incontrarla, era sul punto di esplodere in una sorta di selvaggia ribellione.»

Fergusson fu testimone soltanto di alcuni degli straordinari eventi che si susseguirono quell'inverno. Ma sicuramente molti dei dettagli che Fergusson registrò potevano arrivare solo da Robert, ed è assai probabile – anzi è praticamente certo – che nel raccontare le sue esperienze Robert abbia permesso alla sua vivida immaginazione di colorare quelle storie personali. Il *Racconto delle avventure di Robert Oppenheimer in Europa* scritto da Fergusson è datato semplicemente «febbraio 26», e il contesto suggerisce che sia stato scritto proprio nel febbraio del 1926. In ogni caso Fergusson non rivelò le confidenze dell'amico che molti anni dopo la morte di Robert.

Secondo il racconto di Fergusson, sul treno accadde un episodio che indicava che Robert stava perdendo il controllo emotivo. «Si ritrovò su un vagone di terza classe con un uomo e una donna che stavano facendo l'amore [baciandosi e palpandosi, immaginiamo], e anche se provò a leggere un testo di termodinamica non riusciva a concentrarsi. Quando l'uomo se ne andò [Robert] baciò la donna. Lei non sembrò eccessivamente sorpresa [...]. Ma lui fu subito preso dal rimorso, cadde in ginocchio a gambe larghe e poi piangendo chiese perdono.»[17] Subito dopo Robert raccolse frettolosamente i bagagli e lasciò lo scompartimento. «Le sue riflessioni furono così amare che, lasciando la stazione, quando Robert vide la donna sotto di lui mentre scendevamo le scale, fu spinto a farle cadere la valigia sopra la testa. Fortunatamente mancò il bersaglio.» Ipotizzando che Fergusson abbia riportato accuratamente la storia che gli fu raccontata, appare chiaro che Robert era in preda alla fantasia. Voleva baciare la donna. La baciò? Non la baciò? Quel che accadde nello scompartimento non è certo. Ma quel che dovrebbe essere successo mentre lasciavano la stazione sicuramente non accadde, anche se Robert aveva bisogno di dire a Fergusson che era successo. Aveva dei problemi, stava perdendo il controllo di sé, e il suo racconto fantastico era una chiara espressione di angoscia.

In questo stato agitato Robert si recò al porto dove doveva accogliere i suoi genitori. La prima persona che vide sulla passerella non fu la madre o il padre, ma Inez Pollak, una compagna di classe alla Ethical Culture School. Robert aveva scritto a Inez mentre lei frequentava il Vassar College, e l'aveva incontrata a New York durante le vacanze. In un'intervista di decenni dopo, Fergusson disse che pensava che Ella «avesse fatto in modo che venisse con loro [in Inghilterra] una giovane che lui [Robert] aveva visto spesso a New York, e che cercasse di unirli; ma la cosa non funzionò».[18]

Nel suo «diario» Fergusson scrive che, vedendo Inez sulla passerella, il primo impulso di Robert era stato quello di girarsi e scappare. «Sarebbe stato difficile», scrisse Fergusson, «dire chi fosse più terrorizzato, Inez o Robert.» Da parte sua, sembra che Inez vedesse in Robert una fuga dalla sua vita a New York, dove la madre le era diventata insopportabile. Ella aveva accettato di accompagnarla in Inghilterra pensando che Inez avrebbe potuto aiutare a sollevare Robert dalla sua depressione. Ma, allo stesso tempo, almeno secondo Fergusson, Ella considerava Inez «assolutamente indegna» di suo figlio e, non appena vide che Robert mostrava interesse per la ragazza, lo prese da parte e gli disse quanto era «fastidioso» che Inez fosse venuta con loro.

Ciononostante Inez accompagnò gli Oppenheimer a Cambridge.

Robert si tenne occupato con la fisica, ma nei pomeriggi cominciò ad accompagnare Inez in lunghe passeggiate per la città. Secondo Fergusson, Robert la corteggiò senza entusiasmo. «Lui fece un'imitazione buona e altamente retorica dell'essere innamorato di lei. Lei rispose allo stesso modo.»[19] Per un breve periodo la coppia fu almeno informalmente fidanzata. Poi una sera andarono nella stanza di Inez e si infilarono insieme a letto. «Eccoli giacere, infreddoliti e troppo impauriti per fare alcunché. E Inez cominciò a piangere. Poi anche Robert cominciò a piangere.»[20] Dopo un po' qualcuno bussò alla porta, e poi sentirono la voce della signora Oppenheimer che diceva: «Fammi entrare Inez, perché non mi fai entrare? Lo so che Robert è lì». Alla fine Ella se ne andò stizzita, e Robert emerse dal letto, infelice e completamente umiliato.

La Pollak partì quasi immediatamente per l'Italia, portando con sé una copia di *I demoni* di Dostoevskij, un regalo di Robert. Naturalmente il collasso della loro relazione non fece che aggravare la malinconia di Robert. Poco prima che le lezioni fossero interrotte per le vacanze di Natale, scrisse a Herbert Smith una lettera triste e pensosa. Scusandosi per il prolungato silenzio, spiegò «sono stato impegnato nel ben più difficile compito di prepararmi per una carriera [...] e non ho scritto semplicemente perché mi sono mancate la confortevole convinzione e la sicurezza che sono necessarie per scrivere una lettera sufficientemente splendida».[21] Riferendosi a Francis, scrisse: «È cambiato di molto. *Exempli gratia*, è felice [...] conosce tutti a Oxford, prende il tè con Lady Ottoline Morrel, l'alta sacerdotessa della società civilizzata che è la patronessa di [T.S.] Eliot e Berty [Bertrand Russell] [...]».

La condizione emotiva di Robert, con grande preoccupazione degli amici e della famiglia, continuava a peggiorare. Sembrava stranamente insicuro di sé e testardamente scontroso. Tra le varie lamentele inserì la problematica relazione con il suo principale tutor, Patrick Blackett.[22] Blackett gli piaceva, e Robert cercava intensamente la sua approvazione; ma Blackett, in quanto concreto fisico sperimentale, lo tormentava spingendolo a lavorare di più in laboratorio, qualcosa a cui Robert non era portato. Blackett probabilmente non dava importanza alla cosa, ma nello stato agitato di Robert la relazione divenne fonte di intensa ansia.

Alla fine dell'autunno del 1925 Robert fece una cosa così stupida da sembrare calcolata per dimostrare che la sua difficoltà emotiva lo stava sopraffacendo. Consumato da sentimenti di inadeguatezza e da intensa gelosia, «avvelenò» una mela con agenti chimici presi in laboratorio e poi la lasciò sulla scrivania di Blackett. In seguito, Jeffries Wyman disse «che fosse o meno una mela immaginaria, o una mela reale, o qualsiasi cosa fosse, era un atto di gelosia».[23] Per fortuna Blackett non mangiò la mela; ma, non si sa come, i responsabili dell'università furono informati dell'incidente. Come Robert stesso confessò due mesi dopo a Fergusson, «aveva quasi avvelenato l'amministratore capo. Sembrava incredibile ma è questo ciò che disse. E aveva davvero usato del cianuro o qualcosa del genere. Fortunatamente il tutor se ne accorse. Ovviamente avrebbe poi avuto parecchi problemi a Cambridge».[24] Se il supposto «veleno» fosse stato potenzialmente letale, quello che Robert aveva commesso poteva essere considerato un tentato omicidio. Ma sembra improbabile, visto quello che accadde in seguito. Più probabilmente Robert aveva iniettato nella mela qualcosa che al massimo avrebbe fatto vomitare Blackett; ma era comunque una faccenda seria, e c'erano gli estremi per un'espulsione.

Visto che i genitori di Robert erano ancora a Cambridge, le autorità accademiche li informarono immediatamente dell'accaduto. Julius Oppenheimer fece affannose pressioni sull'università perché non fosse sporta denuncia, e ci riuscì. Dopo lunghi negoziati fu anche deciso che Robert sarebbe stato messo in «libertà vigilata» ma avrebbe dovuto recarsi a regolari incontri presso un importante psichiatra di Harley Street, a Londra. Secondo Herbert Smith, il suo vecchio mentore alla Ethical Culture School, a Robert «fu consentito di restare a Cambridge ancora per un po' a condizione che incontrasse regolarmente uno psichiatra».[25]

Robert si recò disciplinatamente a Londra per le sedute, ma la sua non fu una buona esperienza. Uno psicanalista freudiano gli diagnosticò una *dementia praecox*, una definizione ormai arcaica per i sintomi associati con la schizofrenia. Concluse poi che Robert era un caso senza speranza e che «ulteriori sedute di analisi gli farebbero più male che bene».[26]

Un giorno Fergusson incontrò Oppenheimer proprio poco dopo la conclusione di una seduta con lo psichiatra. «In quel momento sembrava pazzo [...]. Lo vidi fermo all'angolo, mentre mi aspettava, con il cappello per traverso sulla testa e un'aria assolutamente bizzarra [...]. Era lì fermo e sembrava stesse per correre via o per fare qualcosa di drammatico.»[27] I due vecchi amici si mossero a un passo più che veloce, con Robert che camminava alla sua peculiare maniera con i piedi fortemente inclinati verso l'esterno. «Gli chiesi come era andata. Disse che il tipo era troppo stupido per seguire i suoi ragionamenti, e che lui ne sapeva di più dei suoi guai di quanto non ne sapesse quel medico, il che probabilmente era vero.» All'epoca Fergusson ancora non sapeva dell'incidente della «mela avvelenata» e quindi non sapeva che cosa avesse causato le visite dallo psichiatra. E anche se si accorgeva che Robert era in stato di forte agitazione, aveva fiducia nel fatto che l'amico avesse «la capacità di riprendersi, di capire quale fosse il suo problema e di affrontarlo».

La crisi, tuttavia, non era passata. Nel corso della pausa natalizia Robert si trovò a camminare sulla costa britannica vicino al villaggio di Cancale, dove era andato in vacanza con i genitori. Era un giorno d'inverno piovoso e deprimente, e anni dopo Oppenheimer disse di essersi vividamente reso conto di una cosa: «Ero quasi sul punto di buttarmi in mare. Era una tendenza cronica».[28]

Poco dopo l'inizio del 1926 Fergusson si accordò con Oppenheimer per incontrarlo a Parigi, dove i genitori di Robert lo avevano portato per il resto delle sei settimane di interruzione invernale dei corsi. Durante una delle loro lunghe passeggiate per le strade parigine, Robert si confidò finalmente con l'amico, spiegando che cosa aveva causato le sue visite dallo psichiatra londinese. A quel punto Robert pensava che le autorità universitarie avrebbero potuto impedirgli di tornare. «La mia reazione fu di sgomento», ricordava Fergusson, «ma poi, quando ne parlò, pensai che in qualche modo fosse andato oltre, e che avesse problemi con suo padre.»[29] Robert riconobbe che i suoi genitori erano davvero preoccupati e che stavano cercando di aiutarlo, ma che «non ci stavano riuscendo».

Robert dormiva pochissimo e, secondo Fergusson, «cominciò a diventare davvero strano».[30] Un giorno chiuse sua madre nella stanza dell'albergo e scappò via. Ella era furiosa, e dopo questo incidente insistette affinché vedesse uno psicanalista francese. Dopo numerose sedute l'analista annunciò che Robert soffriva di una «*crise morale*» associata a frustrazione sessuale. Prescrisse «*une femme*» e «un corso di afrodisiaci». Anni dopo Fergusson disse che in quel periodo «[Robert] era completamente sperduto per quel che riguardava la sua vita sessuale».

Presto la crisi emotiva di Robert ebbe un'altra svolta violenta. Seduto nella stanza del suo albergo parigino con Robert, Fergusson si accorse che l'amico si trovava «in uno dei suoi stati d'animo ambigui». Forse in un tentativo di allontanarlo dalla depressione, Fergusson gli mostrò alcune poesie scritte dalla sua fidanzata, Frances Keeley, e poi annunciò che le aveva chiesto di sposarlo e che lei aveva accettato. Robert fu sorpreso dalla notizia e scattò. «Mi chinai per raccogliere un libro», ricordò Fergusson, «e lui mi saltò addosso da dietro con la cinghia di un baule e me la avvolse attorno al collo. Per un attimo fui spaventato. Dobbiamo aver fatto rumore. Poi riuscii a divincolarmi e lui cadde a terra piangendo.»[31]

Probabilmente Robert fu provocato dalla semplice gelosia per la storia d'amore dell'amico. Aveva già perso un amico, Fred Bernehim, per causa di una donna e forse in quel momento il pensiero di perderne un altro per le stesse ragioni era veramente troppo per lui. Lo stesso Fergusson notò «le profonde occhiate che Robert continuava teatralmente a lanciarle [a Frances Keeley]. Quanto gli era facile fare la parte dell'amante violento; quanto ho imparato a capire dall'esperienza!».[32]

Malgrado l'incidente del tentato soffocamento, Fergusson restò vicino all'amico. In effetti avrebbe potuto addirittura sentirsi in colpa, visto che era già stato avvertito in una lettera da parte nientemeno che di Herbert Smith, che conosceva fin troppo bene la vulnerabilità di Robert: «Credo, tra l'altro, che la tua capacità di mostrargli [a Robert] le cose dovrebbe essere esercitata con grande tatto più che con regale profusione. I tuoi risultati di questi due anni, e la tua adattabilità sociale, potrebbero portarlo alla disperazione. *E invece che attaccarti alla gola – come ricordo eri pronto a fare con George comesichiama [...] quando in modo più o meno simile eri in soggezione verso di lui* (corsivo aggiunto) – temo che si limiterebbe a pensare che non valga la pena di vivere la sua vita».[33] La lettera di Smith induce a chiedersi se Fergusson, aspirante scrittore, non abbia mescolato assieme sia l'esperienza fatta con «George» sia il comportamento di Oppenheimer. Ma sembra che Robert si sia scusato in un modo che rende credibile la versione di Fergusson.

Fergusson capiva che l'amico stava attraversando un momento «di nevrosi» ma pensava anche che avrebbe visto Robert uscirne. «Sapeva che sapevo che era uno spasmo momentaneo [...] credo che sarei stato più preoccupato se non mi fossi accorto di quanto rapidamente stava cambiando [...] gli volevo molto bene.»[34] I due uomini sarebbero rimasti amici per tutta la vita. Tuttavia, per alcuni mesi dopo l'attacco, Fergusson considerò prudente stare in guardia. Lasciò l'albergo ed esitò quando Robert insistette che lo andasse a trovare a Cambridge in primavera. Senza dubbio Robert era perplesso quanto Francis per il proprio comportamento. Alcune settimane dopo l'incidente scrisse all'amico: «Non dovrei scrivere una lettera ma fare un pellegrinaggio a Oxford, con il cilicio, dopo un lungo digiuno, con neve e preghiere. Ma conserverò il mio rimorso e la mia gratitudine, e la vergogna che provo per la mia inadeguatezza nei tuoi confronti, fino a che non potrò fare qualcosa di decisamente più utile per te. Non capisco né la tua tolleranza né la tua carità, ma devi sapere che non le dimenticherò mai».*[35] Attraverso tutto questo scompiglio, Robert era in qualche modo diventato lo psicanalista di sé stesso, cercando di affrontare consciamente la sua fragilità emotiva. In una lettera a Fergusson del 23 gennaio 1926 ipotizzò che il suo stato mentale avesse qualcosa a che fare con «*l'orrendo desiderio dell'eccellenza* [...] è questo desiderio, combinato con la mia incapacità a saldare assieme due fili di rame, che ora sta riuscendo a farmi impazzire».[36] Confessava poi che «non mi sento bene e ho paura di venire a trovarti per timore che possa succedere qualcosa di melodrammatico». Lasciando da parte le sue esitazioni, alla fine Fergusson accettò di fargli visita a Cambridge all'inizio della primavera. «Mi fece stare nella stanza a fianco alla sua, e ricordo di aver pensato che era meglio che non comparisse di notte, così misi una sedia contro la porta. Ma non successe nulla.»[37] A quel punto Robert sembrava essere in via di miglioramento. Quando Fergusson toccò brevemente l'argomento «disse che non c'era da preoccuparsi, che gli era passata». In effetti Robert era andato ancora da un altro psicanalista a Cambridge, il terzo nel giro di quattro mesi. A quel punto Robert aveva letto molti libri sulla psicanalisi e, secondo il suo amico John Edsall, «la prendeva molto sul serio». Inoltre pensava che il suo nuovo analista – un certo dottor M. – fosse «un uomo più saggio e sensibile» di entrambi i medici che aveva frequentato a Londra e a Parigi.

Sembra che Robert abbia continuato a vedere questo analista per tutta la primavera del 1926. Ma col tempo la loro relazione si interruppe. Un giorno, in giugno, Robert passò dalla camera di John Edsall e gli disse che «[il dottor] M. ha deciso che non c'è motivo di andare avanti con l'analisi».[38]

In seguito Herbert Smith incontrò uno dei suoi amici psichiatri a New York che conosceva il caso e che affermò che Robert «aveva fatto passare allo psichiatra di Cambridge un vero dramma [...]. Il problema è che lo psichiatra deve essere più capace della persona che sta analizzando. Ma non ne avevano trovato nessuno».[39]

A metà marzo 1926 Robert lasciò Cambridge per una breve vacanza. Tre amici, Jeffries Wyman, Frederick Bernheim e John Edsall lo

---

* E in effetti non dimenticò. Decenni dopo Oppenheimer avviò la nomina di Fergusson all'Institute for Advanced Study di Princeton. [*n.d.a.*]

avevano convinto ad accompagnarli in Corsica. Per dieci giorni percorsero in bicicletta l'isola in lungo e in largo, dormendo in piccole locande nei villaggi o accampati all'aperto. Le scoscese montagne dell'isola e gli alti pianori con rade foreste potrebbero aver ricordato a Robert l'aspra bellezza del Nuovo Messico.[40] «Lo scenario era magnifico», ricordò Bernheim, «la comunicazione verbale con i nativi disastrosa e ogni notte le pulci ci mordevano a sangue.»[41] Ogni tanto gli umori cupi di Robert lo sopraffacevano, e a volte diceva di sentirsi depresso. Negli ultimi mesi aveva letto molta letteratura francese e russa, e mentre camminavano tra le montagne si divertiva a litigare con Edsall sui meriti relativi di Tolstoj e Dostoevskij. Una sera, dopo essere stati infradiciati da un'improvvisa tempesta, i ragazzi cercarono rifugio in una vicina locanda. Dopo aver steso i vestiti bagnati vicino a un fuoco, e mentre si rannicchiavano sotto le coperte, Edsall insistette: «Tolstoj è lo scrittore che mi piace di più». «No, no, Dostoevskij è superiore», affermò Oppenheimer. «Parla dell'anima e del tormento dell'uomo.»

In seguito, quando la conversazione volse sui loro rispettivi futuri, Robert affermò: «Il tipo di persona che ammirerei di più sarebbe quella che diventa estremamente brava a fare una serie di cose, ma che resta con il viso rigato di lacrime».[42] Anche se Robert sembrava appesantito da pensieri esistenziali così intensi, i suoi compagni avevano la forte impressione che mentre camminavano per l'isola si stesse alleggerendo. Apprezzando chiaramente lo scenario drammatico, il buon cibo e i buoni vini francesi, scrisse al fratello Frank: «È un posto fantastico, con ogni pregio, dal vino ai ghiacciai, dalle aragoste alle golette».[43]

In Corsica, secondo Wyman, Robert stava «attraversando una grande crisi emotiva». E poi accadde qualcosa di strano. «Un giorno», ricordò Wyman decenni dopo, «quando avevamo quasi finito il nostro soggiorno in Corsica, eravamo in una piccola locanda e noi tre – Edsall, Oppenheimer e io – stavamo cenando assieme.»[44] Il cameriere si avvicinò a Oppenheimer e gli disse quando partiva la prossima nave per la Francia. Sorpresi, Edsall e Wyman gli chiesero perché tornava prima di quanto stabilito. «Non posso parlarne», rispose Robert, «ma devo andare.» Più tardi quella sera, dopo che avevano bevuto altro vino, cedette e disse: «Be', forse vi posso dire perché devo andarmene. Ho fatto una cosa terribile. Ho messo una mela avvelenata sulla scrivania di Blackett, devo tornare e vedere cosa è successo». Edsall e Wyman rimasero sorpresi. «Non ho mai saputo», ricordò Wyman, «se fosse una cosa vera o inventata.»[45] Robert non commentò oltre, ma disse che gli era stata diagnosticata la *dementia praecox*. Ignari del fatto che l'incidente della «mela avvelenata» era accaduto nell'autunno precedente, Wyman ed Edsall immaginarono che Robert, in un attacco di «gelosia», avesse fatto quell'offesa a Blackett in primavera, prima del viaggio in Corsica. Chiaramente qualcosa era successo ma, come disse Edsall in seguito, «lui [Robert] ne parlò con uno strano senso della realtà che fece pensare sia a me che a Jeffries che doveva trattarsi di qualche sua allucinazione».[46]

Nel corso dei decenni la verità sulla storia della mela avvelenata è stata oscurata da resoconti diversi. Tuttavia, nella sua intervista del 1979 a Martin Sherwin, Fergusson disse chiaramente che l'incidente era successo nel tardo autunno del 1925 e non nella primavera del 1926: «Tutto questo accadde nel suo [di Robert] primo semestre a Cambridge, poco prima che lo incontrassi a Londra quando stava andando dallo psichiatra».[47] Quando Sherwin gli chiese se credesse davvero alla storia della mela avvelenata, Fergusson rispose: «Sì, ci credo. Ci credo. Suo padre dovette poi accordarsi con le autorità di Cambridge sul tentativo di omicidio di Robert». Nel 1976, parlando con Alice Kimball Smith, Fergusson fece riferimento «a quella volta che [Robert] cercò di avvelenare uno dei suoi [...]. Me lo raccontò all'epoca, o poco dopo, a Parigi. Ho sempre pensato che probabilmente fosse vero. Ma non ne sono certo. A quell'epoca stava facendo una serie di cose davvero strane». Fergusson apparve alla Smith una fonte senz'altro attendibile. Come annotò dopo averlo intervistato, «non finge di ricordare niente che non ricordi».

La prolungata adolescenza di Robert stava finalmente giungendo a una conclusione. Nel corso del breve soggiorno in Corsica accadde qualcosa che fu una sorta di risveglio. Qualunque cosa fosse, Oppenheimer si assicurò che restasse un mistero ben protetto. Forse fu una breve storia d'amore, anche se è più probabile che non lo sia stata. Anni dopo avrebbe risposto così a una domanda dello scrittore Nuel Pharr Davis: «Lo psichiatra fu un preludio a quello che iniziò per me in Corsica. Mi chiede se le racconterò tutta la storia o se dovrà scavare per cercarla. Ma pochi la conoscono e non ne parleranno. Scavare non servirà. Quel che le serve sapere è che non fu una semplice storia d'amore, non fu per niente una storia d'amore: fu amore».[48] L'incontro aveva un qualche genere di significato mistico e trascendentale per Oppenheimer: «Da quel momento la geografia era l'unica separazione che riconoscevo, ma per me non era una vera separazione». Si trattava, disse a Davis, «di un grande evento nella mia vita, di una

grande cosa destinata a restare, adesso ancora di più, ancora di più adesso che mi guardo indietro mentre la mia vita volge al termine».
Che cosa accadde quindi in Corsica?[49] Probabilmente niente. Oppenheimer rispose deliberatamente alla domanda di Davis sulla Corsica con un enigma che avrebbe sicuramente frustrato i suoi biografi. Lo chiamò timidamente un «amore» e non una «semplice» storia d'amore. Ovviamente per lui la distinzione era fondamentale. In compagnia degli amici non poteva aver avuto occasioni per una vera storia. Ma lesse un libro che sembra essersi rivelato un'epifania.

Era il ciclo di romanzi di Marcel Proust *Alla ricerca del tempo perduto*, un testo mistico ed esistenziale che parlò all'anima inquieta di Oppenheimer.[50] Leggerlo la sera alla luce di una torcia elettrica durante il viaggio in Corsica, disse in seguito all'amico di Berkeley Haakon Chevalier, fu una delle più grandi esperienze della sua vita. Lo fece uscire dalla depressione. Il lavoro di Proust è un classico romanzo di introspezione, e lasciò in Oppenheimer una profonda e duratura impressione. Più di un decennio dopo aver letto Proust, Oppenheimer sorprese Chevalier citando a memoria un passaggio del primo volume che affronta il tema della crudeltà:

Forse non avrebbe considerato il male uno stato così raro, così straordinario, così alienante, nel quale era così riposante emigrare, se fosse stata capace di discernere in sé stessa, come in chiunque, quell'indifferenza alle sofferenze che una persona causa, un'indifferenza che, a prescindere da come la si possa chiamare, è una terribile e permanente forma di crudeltà.

Senza dubbio, in Corsica, il giovane Robert memorizzò queste parole perché vide con precisione in sé un'indifferenza alle sofferenze che causava negli altri. Era una dolorosa intuizione. Si può solo speculare sulla vita interiore di una persona, ma forse vedere stampata sulla carta un'espressione dei propri pensieri oscuri e oppressi dalla colpa in qualche modo alleggerì il fardello psicologico di Robert. Doveva essere di conforto sapere che non era solo, che questo era parte della condizione umana. Non c'era più bisogno di disprezzarsi; poteva amare. E forse era anche rassicurante, soprattutto per un intellettuale, che Robert potesse dirsi che era stato un libro – e non uno psichiatra – ad averlo aiutato a uscire dal buco nero della depressione.

Oppenheimer tornò a Cambridge con un atteggiamento più leggero e comprensivo verso la vita. «Mi sentivo più gentile e più tollerante», ricordava. «Adesso potevo rapportarmi con gli altri.»[51] Nel giugno 1926 decise di terminare le sedute con lo psichiatra di Cambridge. In quella primavera a migliorare il suo umore c'era stato anche il trasferimento dal «miserabile buco», che a Cambridge aveva occupato fino a quel momento, ai «meno miserabili» quartieri vicino al fiume Cam, a metà strada verso Grantchester, un pittoresco villaggio a poco più di un chilometro a sud di Cambridge.

Visto che disprezzava il lavoro di laboratorio, ed era chiaramente inetto come fisico sperimentale, si dedicò saggiamente alle astrazioni della fisica teorica. Anche durante il suo lungo inverno di depressione era riuscito a leggere quanto bastava per accorgersi che l'intero settore era in fermento. Un giorno, durante un seminario al Laboratorio Cavendish, Robert vide James Chadwick, lo scopritore del neutrone, mostrare una copia della «Physical Review» con un nuovo articolo di Robert A. Millikan e scherzare: «Un altro coccodè: ma ci sarà mai un uovo?».[52]

All'inizio del 1926, dopo aver letto un articolo del giovane fisico tedesco Werner Heisenberg, capì che stava emergendo una visione totalmente nuova del modo in cui si comportano gli elettroni. Più o meno nello stesso momento, un fisico austriaco, Erwin Schrödinger, pubblicò una nuova radicale teoria sulla struttura dell'atomo. Schrödinger suggeriva che gli elettroni si comportavano più o meno come un'onda che si avvolge attorno al nucleo dell'atomo. Come Heisenberg, preparò un ritratto matematico del suo atomo fluido e lo chiamò meccanica ondulatoria. Dopo aver letto entrambi gli articoli, Oppenheimer sospettò che ci fosse una connessione tra la meccanica ondulatoria di Schrödinger e la meccanica delle matrici di Heisenberg. Erano, in effetti, due versioni della stessa teoria. Era un uovo, e non un altro semplice coccodè.

La meccanica quantistica divenne un argomento importante al Kapica Club, un gruppo informale di discussione sulla fisica, così chiamato in onore del suo fondatore, Pëtr Kapica, un giovane fisico russo. «Anche se in maniera rudimentale», ricordò Oppenheimer, «cominciai a interessarmi davvero a quelle cose.»[53] In primavera incontrò anche un altro giovane fisico, Paul Dirac, che a Cambridge avrebbe ottenuto il dottorato nel maggio di quell'anno. Dirac a quell'epoca aveva già svolto un importante lavoro nella meccanica quantistica. Robert commentò con un'affermazione abbastanza attenuata che il lavoro di Dirac «non era compreso facilmente [e che lui] non si preoccupava di essere compreso. Pensavo che fosse assolutamente grandioso».[54] Peraltro la sua prima impressione su Dirac potrebbe non essere stata altrettanto favorevole. Robert disse a Jeffries Wyman che «non pensava che lui [Dirac] valesse più di tanto».[55] Dirac stesso era un giovane estremamente eccentrico, famoso per la risolutezza nella sua devozione alla scienza. Un giorno, alcuni anni dopo, quando Oppenheimer offrì all'amico numerosi libri, Dirac rifiutò educatamente il regalo dicendo che «leggere libri interferisce con il pensiero».[56]

Più o meno nello stesso periodo Oppenheimer incontrò il grande fisico danese Niels Bohr, le cui lezioni aveva già seguito ad Harvard. Bohr era un modello in perfetto accordo con la sensibilità di Robert. Di diciannove anni più anziano, Bohr – come Robert – era nato in una famiglia dell'alta borghesia, circondato da libri, musica e saperi. Il padre di Bohr era professore di fisiologia mentre la madre proveniva da una famiglia di banchieri ebrei. Bohr ottenne il dottorato in fisica all'Università di Copenhagen nel 1911. Due anni dopo fu artefice dell'importante passo avanti teorico della prima meccanica quantistica, postulando i «salti quantici» nel momento orbitale di un elettrone attorno al nucleo di un atomo. Nel 1922 vinse il premio Nobel per il suo modello teorico della struttura dell'atomo.

Alto e atletico, con un animo caldo e gentile e dotato di un beffardo senso dell'umorismo, Bohr era universalmente ammirato. Parlava sempre con un sussurro che quasi si cancellava da solo. «Raramente nella vita», scrisse Albert Einstein a Bohr nella primavera del 1920, «un essere umano mi ha causato una tale gioia con la sua semplice presenza come hai fatto tu.»[57] Einstein era stato stregato dal modo che aveva Bohr di «pronunciare le sue opinioni come una persona che va perpetuamente a tentoni e mai come una persona [che crede sé stessa] in possesso della verità assoluta». Oppenheimer arrivò a definire Bohr come «il suo Dio».[58]

«A quel punto mi dimenticai del berillio e delle pellicole e decisi di imparare il mestiere del fisico teorico. Ormai ero completamente conscio del fatto che era un momento particolare, che grandi cose stavano per succedere.»[59] Quella primavera, con la salute mentale in fase di recupero, Oppenheimer lavorò costantemente a quello che sarebbe diventato il suo primo importante articolo di fisica teorica, uno studio del problema della «collisione» o dello «spettro continuo». Fu un duro lavoro. Un giorno entrò nell'ufficio di Ernest Rutherford e vide Bohr seduto su una sedia. Rutherford si alzò da dietro la scrivania e presentò a Bohr il suo studente. Il rinomato fisico danese chiese quindi gentilmente: «Come va?».[60] Robert rispose schiettamente:

«Sono in difficoltà». Bohr allora gli chiese: «Ma sono difficoltà matematiche o fisiche?». Quando Robert rispose: «Non lo so», Bohr disse: «Questo è male».

Bohr ricordò vividamente l'incontro: Oppenheimer gli era sembrato davvero giovane e, dopo che aveva lasciato la stanza, Rutherford si era voltato verso Bohr e aveva commentato che aveva grandi aspettative per quel giovane.[61]

Anni dopo Robert rifletté che la domanda di Bohr – «Sono problemi matematici o fisici?» era un'ottima domanda.[62] «Pensai che gettava una luce davvero utile su quanto mi ero lasciato coinvolgere dalle questioni formali, senza fare un passo indietro per vedere quanto queste fossero collegate al lato fisico del problema.» In seguito si accorse che alcuni fisici si basavano esclusivamente sul linguaggio matematico per descrivere la realtà della natura; ogni descrizione verbale è «solo una concessione all'intelligibilità; è solo pedagogica. Penso che questo sia altamente vero nel caso di [Paul] Dirac; credo che la sua invenzione non sia mai inizialmente verbale, ma inizialmente algebrica». Per contrasto, si accorse che un fisico come Bohr «vedeva la matematica come Dirac vedeva le parole, ossia, un modo per rendersi intelligibile dagli altri [...]. Quindi c'è uno spettro molto ampio. [A Cambridge] stavo semplicemente imparando, ma ancora non avevo imparato molto». Per temperamento e talento Robert era davvero un fisico verbale nello stile di Bohr.

Più tardi, in quella primavera Cambridge organizzò una visita di una settimana all'Università di Leida per gli studenti americani di fisica. Oppenheimer partecipò alla visita e conobbe molti fisici tedeschi. «Fu stupendo», ricordò, «e compresi che alcuni dei problemi di quell'inverno erano stati ingigantiti dalle abitudini inglesi.»[63] Al ritorno a Cambridge conobbe un altro fisico tedesco, Max Born, direttore dell'Istituto di fisica teorica all'Università di Gottinga. Born fu intrigato da Oppenheimer, in parte perché il ventiduenne americano era alle prese con alcuni degli stessi problemi teorici sollevati nei recenti articoli di Heisenberg e Schrödinger. «Fin dall'inizio», disse Born, «Oppenheimer mi sembrò un uomo molto dotato.»[64] Alla fine di quella primavera Oppenheimer avrebbe accettato l'invito di Born ad andare a studiare a Gottinga.

Quello di Cambridge era stato un anno disastroso per Robert. Aveva scampato di poco l'espulsione per l'incidente della «mela avvelenata». Per la prima volta nella sua vita si era trovato incapace di eccellere intellettualmente. I suoi amici più vicini erano stati testimoni di più di un episodio di instabilità emotiva. Ma aveva superato un inverno di depressione e adesso era pronto a esplorare un campo interamente nuovo di sforzi intellettuali. «Quando arrivai a Cambridge», disse Robert, «dovevo affrontare il problema di considerare una domanda di cui nessuno conosceva la risposta, ma non ero disposto ad affrontarla. Quando lasciai Cambridge, non sapevo bene come affrontarla, ma sapevo che quello era il mio compito; fu questo il cambiamento che avvenne in quell'anno.»

In seguito Robert disse che «avevo ancora molti dubbi su di me, da tutti i punti di vista, ma era chiaro che avrei fatto fisica teorica se vi fossi riuscito [...]. Mi sentivo completamente sollevato dalla responsabilità di tornare in un laboratorio. Non ero stato bravo; non avevo fatto del bene a nessuno, e non mi ero affatto divertito; ma ora c'era qualcosa che mi sentivo spinto a provare».[65]

4. «Il lavoro è duro ma, grazie a Dio, quasi piacevole»

> *Credo che Gottinga ti piacerebbe [...]. La scienza è molto meglio che a Cambridge, e nel complesso probabilmente la migliore che si possa trovare [...]. Il lavoro è duro ma, grazie a Dio, quasi piacevole.*
>
> Robert Oppenheimer a Francis Ferguson, 14 novembre 1926

Verso la fine dell'estate del 1926, Robert – che era di umore migliore ma anche molto più maturo di un anno prima – percorse in treno la Sassonia meridionale fino a Gottinga, una piccola città medievale con numerose chiese e un palazzo municipale risalenti al XIV secolo. All'angolo tra Barfüsser Strasse e Jüden Strasse (Strada dei piedi nudi e Strada degli ebrei) poteva mangiare *wienerschnitzel* nella Junkers' Hall, costruita quattrocento anni prima, sedendo sotto una incisione in acciaio che raffigurava Otto von Bismarck, circondato da lastre di vetro colorato. Case pittoresche, in parte rivestite di legno, erano sparse per le strette e ventose strade della città. La principale attrazione di Gottinga, città accoccolata sulle rive del fiume Leine, era l'Università Georgia Augusta, fondata negli anni Trenta del XVIII secolo da un principe tedesco. Per tradizione, chi si laureava in quell'università doveva poi sguazzare in una fontana situata davanti all'antico municipio e baciare la «Ragazza Oca», la donzella in bronzo al centro della fontana.

Se Cambridge poteva vantare la fama di più grande centro europeo per la fisica sperimentale, Gottinga era senza dubbio il centro di eccellenza della fisica teorica. All'epoca i fisici tedeschi avevano una così bassa opinione dei loro colleghi americani che le copie della «Physical Review», la rivista mensile della American Physical Society, restavano esposte senza essere lette per più di un anno prima che il bibliotecario dell'università si decidesse a rimetterle negli scaffali.[1]

Oppenheimer ebbe la fortuna di arrivare poco prima che una straordinaria rivoluzione nella fisica teorica raggiungesse il suo apice: la scoperta dei quanti (fotoni) da parte di Max Planck; la grande conquista di Einstein, la teoria della relatività speciale; la descrizione dell'atomo di idrogeno fatta da Niels Bohr; la formulazione della meccanica delle matrici di Werner Heisenberg; la teoria della meccanica ondulatoria di Erwin Schrödinger.[2] Questo periodo fortemente innovativo aveva preso l'avvio con l'articolo di Bohr del 1926 su probabilità e causalità, ed era giunto a compimento nel 1927 con il principio di indeterminazione di Heisenberg e con la formulazione di Bohr della teoria della complementarità. Quando Robert lasciò Gottinga, le fondamenta della fisica postnewtoniana erano ormai state gettate.

In quanto presidente del dipartimento di fisica, il professor Max Born sostenne il lavoro di Werner Heisenberg, Eugene Wigner, Wolfgang Pauli ed Enrico Fermi. Fu Born, nel 1924, a coniare l'espressione «meccanica quantistica», e fu sempre lui a suggerire che il risultato di ogni interazione nel mondo dei quanti era determinata dal caso. Nel 1954 avrebbe vinto il premio Nobel per la fisica. Pacifista ed ebreo, Born era considerato dai suoi studenti un insegnante particolarmente sensibile e paziente. Era il mentore ideale per un giovane studente dal temperamento delicato qual era Robert.[3]

In quell'anno accademico Oppenheimer si sarebbe trovato in compagnia di uno straordinario gruppo di scienziati. James Franck, un fisico sperimentale che era tra i docenti di Robert, aveva vinto il premio Nobel proprio l'anno prima. Il chimico tedesco Otto Hahn, pochi anni dopo, avrebbe contribuito alla scoperta della fissione nucleare. Un altro fisico tedesco, Ernst Pascual Jordan, stava collaborando con Born ed Heisenberg alla formulazione di una versione della meccanica delle matrici per la teoria dei quanti. Il giovane fisico inglese Paul Dirac, che Oppenheimer aveva incontrato a Cambridge, all'epoca stava lavorando a una prima teoria dei campi quantistici, e nel 1933 avrebbe diviso il premio Nobel con Erwin Schrödinger. Il matematico John von Neumann, nato in Ungheria, avrebbe in seguito lavorato con Oppenheimer al Progetto Manhattan. George Eugene Uhlenbeck, un olandese nato in Indonesia, verso la fine del 1925 definì assieme a Samuel Abraham Goudsmit il concetto di spin dell'elettrone. Robert attirò presto la loro attenzione. Aveva incontrato Uhlenbeck la primavera precedente nel corso della sua visita di una settimana all'Università di Leida. «Andammo subito molto d'accordo», ricordò Uhlenbeck. Robert era così profondamente immerso nella fisica che a Uhlenbeck sembrò quasi «che fossero vecchi amici».[4]

Robert affittò una stanza in una villa privata di proprietà di un medico di Gottinga che aveva perso la possibilità di esercitare la sua professione per negligenza colposa. Una volta assai benestante, la famiglia Cario aveva ora una spaziosa villa in granito, con un giardino recintato di parecchi ettari vicino al centro di Gottinga, ma non aveva soldi. Con la fortuna della famiglia consumata dall'inflazione tedesca del dopoguerra, furono obbligati ad affittare parecchie stanze della loro casa. Robert, che parlava bene il tedesco, comprese velocemente la debilitante atmosfera politica della Repubblica di Weimar. In seguito ricordò che i Cario «avevano la tipica amarezza su cui gettò le basi il movimento nazista».[5] In quell'autunno scrisse al fratello che tutti sembravano preoccupati di «cercare di fare della Germania un paese sano e di successo sul piano pratico. La nevrosi è guardata con disapprovazione, e allo stesso modo sono guardati anche gli ebrei, i prussiani e i francesi».

Fuori dai cancelli dell'università, Robert poteva vedere che per la maggior parte dei tedeschi erano tempi duri. «Anche se questa società [dell'università] era estremamente ricca, disponibile e di grande aiuto per me, era circondata dallo stato d'animo davvero infelice dei tedeschi».[6] Trovava che molti tedeschi erano «rancorosi, cupi [...] arrabbiati e dotati di tutti quegli ingredienti che in seguito avrebbero prodotto un gigantesco disastro. E questo lo sentivo chiaramente». Un suo amico tedesco, un membro della ricca famiglia degli editori Ullstein, possedeva un'automobile, e assieme a Robert faceva lunghi giri in macchina per le campagne. Ma Oppenheimer fu colpito dal fatto che l'amico «parcheggiasse sempre l'automobile in una stalla fuori Gottinga, perché pensava che fosse pericoloso farsi vedere alla guida».

La vita per gli ospiti americani – e in particolare per Robert – era ben diversa. Innanzitutto i soldi non gli mancavano mai. A ventidue anni vestiva con aria indifferente giacche spiegazzate con tessuto a spina di pesce nella più raffinata lana inglese. I suoi compagni notarono che, a differenza di loro, Oppenheimer teneva i suoi oggetti in costose e luccicanti valigie in pelle di cinghiale. E quando si dirigevano al pub dell'Orso Nero, che risaliva al XV secolo, per bere *frisches Bier*, o andavano a prendere il caffè alla caffetteria Cran & Kaon Lanz, era spesso Robert a pagare il conto. Si era trasformato; adesso era sicuro di sé, eccitato e concentrato. Per lui i beni materiali non erano importanti, ma l'ammirazione degli altri era qualcosa che cercava ogni giorno. A questo proposito usava il suo spirito, la sua erudizione e i suoi accessori raffinati per attrarre quelle persone che voleva avere nella sua orbita di ammiratori. «Chiaramente», disse Uhlenbeck, «era, per così dire, un'attrazione per tutti gli studenti più giovani [...] era davvero una sorta di oracolo. Sapeva molto. Era molto difficile da capire, ma molto veloce.»[7] Uhlenbeck considerava notevole il fatto che un uomo così giovane avesse già «un intero gruppo di ammiratori» che lo seguiva.

Diversamente che a Cambridge, Oppenheimer a Gottinga sentiva un piacevole spirito di cameratismo con i suoi colleghi studenti. «Ero parte di una piccola comunità di persone che avevano alcuni interessi e gusti in comune, e molti interessi comuni in fisica.»[8] Ad Harvard e a Cambridge le ricerche intellettuali di Robert erano state solitarie incursioni nei libri; a Gottinga, per la prima volta, si accorse che poteva imparare dagli altri: «Qualcosa che per me – più che per la maggior parte delle persone – è importante, iniziò ad accadere; in altre parole, cominciai ad avere delle conversazioni. Gradualmente, immagino, mi diedero il significato della fisica e, forse ancora più gradualmente, il gusto per la fisica, qualcosa che probabilmente non avrei avuto se fossi rimasto chiuso in una stanza».

Insieme a lui nella villa della famiglia Cario abitava Karl T. Compton, un trentanovenne professore di fisica all'Università di Princeton. Compton, futuro rettore del Massachusetts Institute of Tecnology (MIT), era intimidito dalla straordinaria versatilità di Oppenheimer. Riusciva a reggere il passo con lui quando l'argomento era la scienza, ma si trovava perduto quando Robert cominciava a parlare di letteratura, filosofia o politica. Senza dubbio riferendosi a Compton, Robert scrisse al fratello che la maggior parte degli altri ospiti americani a Gottinga erano «professori a Princeton, in California o in qualche altro posto, sposati, rispettabili. La maggior parte è brava in fisica ma totalmente incolta e priva di vizi. Invidiano ai tedeschi la loro destrezza intellettuale e l'organizzazione, e vogliono che la fisica vada in America».[9]

In breve, a Gottinga Robert prosperò. Pieno di entusiasmo, quell'autunno scrisse a Francis Fergusson: «Credo che Gottinga ti piacerebbe. Come Cambridge, è praticamente quasi solo scientifica e il genere di filosofi che si incontrano qui sono per la maggior parte interessati a paradossi e trucchi epistemologici. La scienza è molto meglio che a Cambridge, e nel complesso probabilmente la migliore che si possa trovare. Qui lavorano davvero duramente, e combinano una disonestà metafisica fantasticamente incrollabile con le abitudini rampanti di un produttore di carta da parati. Il risultato è che il lavoro che viene svolto qui ha una quasi demoniaca (?) mancanza di plausibilità ma è di grande successo [...]. Il lavoro è duro ma, grazie a Dio, quasi piacevole».[10]

Per la maggior parte del tempo aveva un certo equilibrio emotivo. Ma ogni tanto aveva brevi ricadute. Un giorno Paul Dirac lo vide svenire e cadere in terra proprio come gli era accaduto l'anno prima nel laboratorio di Rutherford.[11] «Non stavo ancora del tutto bene», ricordò Oppenheimer decenni dopo, «ed ebbi svariati attacchi nel corso dell'anno, ma divennero molto più rari e interferirono sempre meno con il mio lavoro.»[12] Un altro studente di fisica, Thorfin Hogness, e sua moglie Phoebe, alloggiarono anche loro per un anno nella villa dei Cario e trovarono a volte piuttosto strano il comportamento di Oppenheimer. Phoebe lo vide spesso disteso sul letto a far niente. Ma poi questi periodi di ibernazione erano invariabilmente seguiti da episodi di chiacchiere ininterrotte. Phoebe lo trovò «altamente nevrotico».[13] Alcuni ricordavano anche di aver notato che Robert ogni tanto cercava di superare attacchi di balbuzie.[14]

Gradualmente, con il ritorno della fiducia in sé stesso, Oppenheimer scoprì che la sua reputazione lo precedeva. Una delle sue ultime attività prima di lasciare Cambridge era stata la presentazione alla Cambridge Philosophical Society di due articoli intitolati rispettivamente *Sulla teoria quantistica delle bande di vibrazione-rotazione* e *Sulla teoria quantistica del problema dei due corpi*. Il primo articolo trattava dei livelli dell'energia molecolare, mentre il secondo indagava le transizioni a stati continui negli atomi di idrogeno. Entrambi gli articoli rappresentavano piccoli ma importanti avanzamenti nella teoria dei quanti e, arrivato a Gottinga, Oppenheimer fu felice di scoprire che la Cambridge Philosophical Society li aveva pubblicati.

Robert, soddisfatto del riconoscimento che le sue pubblicazioni gli avevano procurato, durante i seminari si lanciava con entusiasmo nelle discussioni, ma con un atteggiamento che dava spesso fastidio ai suoi colleghi studenti. «Era un uomo di grande talento», scrisse seguito il professor Max Born, «ed era cosciente della sua superiorità in una maniera così imbarazzante che a volte creava problemi.»[15] Durante i seminari di Born sulla meccanica quantistica, Robert interrompeva regolarmente chiunque stesse parlando – compreso lo stesso Born – e, avvicinandosi alla lavagna con il gesso in mano, dichiarava nel suo tedesco dall'accento americano «questo si può fare molto meglio nel seguente modo [...]». Anche se gli altri studenti si lamentavano per queste interruzioni, Robert era ignaro dei corretti e blandi tentativi del professore di cambiare il suo comportamento. Tuttavia un giorno Maria Göppert – futuro premio Nobel – presentò a Born una petizione, scritta su una lunga pergamena e firmata da lei e dalla maggior parte degli altri studenti che partecipavano ai seminari, in cui si dichiarava che se il «bambino prodigio» non veniva tenuto a freno, i suoi colleghi avrebbero boicottato le lezioni. Non volendo affrontare subito Oppenheimer, Born decise di lasciare il documento sulla scrivania, dove Robert non poteva che vederlo la prima volta che fosse tornato per discutere della tesi. «Per essere ancora più sicuro», scrisse in seguito Born, «feci in modo di essere chiamato fuori dalla stanza per alcuni minuti. Il piano funzionò. Quando tornai lo trovai assai pallido e meno loquace del solito.» Fu così che cessarono le sue interruzioni.

Ma certamente non era stato ancora domato. Robert poteva sorprendere addirittura i professori con il suo livido candore. Born era un brillante fisico teorico ma, visto che a volte commetteva piccoli errori nei suoi lunghi calcoli, chiedeva spesso a qualcuno dei suoi studenti di controllarli. Una volta, ricordò Born, diede una serie di calcoli da controllare a Oppenheimer. Dopo alcuni giorni Robert tornò e disse: «Non sono riuscito a trovare nessun errore, ha davvero fatto tutto da solo?».[16] Tutti gli studenti di Born sapevano della sua propensione per gli errori di calcolo ma, come scrisse in seguito Born: «Oppenheimer era l'unico abbastanza franco e brusco da dirlo senza scherzare. Non fui offeso; a dire il vero questo aumentò la mia stima per la sua notevole personalità».

Presto Born cominciò a collaborare con Oppenheimer, che scrisse poi a uno dei suoi professori di fisica ad Harvard, Edwin Kemble, un vero e proprio riassunto del loro lavoro: «Quasi tutti i teorici sembrano lavorare alla meccanica quantistica. Il professor Born sta pubblicando un articolo sul teorema adiabatico ed Heisenberg sulle *"Schwankungen"* [fluttuazioni]. Forse l'idea più importante è una di quelle di [Wolfgang] Pauli, che suggerisce che le usuali funzioni ψ [psi] di Schrödinger siano solo dei casi speciali, e solo in casi speciali – come nello spettroscopico – forniscano le informazioni fisiche che vogliamo [...] per un po' di tempo ho lavorato sulla teoria quantistica dei fenomeni aperiodici [...]. Un altro problema su cui sto lavorando assieme al professor Born è la legge di deflessione, per esempio di una particella α da parte di un nucleo. Ancora non abbiamo fatto molti progressi, ma credo che presto potremmo scoprire delle novità. Sicuramente, una volta completata, la teoria non sarà così semplice come quella basata sulla dinamica corpuscolare».[17] Il professor Kemble fu impressionato; dopo meno di tre mesi a Gottinga il suo vecchio studente sembrava preso dall'eccitazione di svelare i misteri della meccanica quantistica.

Nel febbraio 1927 Robert si sentiva così fiducioso della sua padronanza sulla nuova meccanica quantistica da scrivere al suo professore di fisica ad Harvard, Percy Bridgman, per spiegarne i punti più raffinati:

Nella teoria quantistica classica un elettrone che si trovi in una delle due regioni a basso potenziale, separate da una regione ad alto potenziale, non può passare dall'una all'altra senza ricevere sufficiente energia per superare l'«impedimento». Sulla base della nuova teoria, che però non è ancora provata, l'elettrone può passare parte del suo tempo in una regione e parte nell'altra [...]. Tuttavia la nuova meccanica su un punto suggerisce un cambiamento: gli elettroni, che sono «liberi» nel senso definito sopra, non sono «liberi» nel senso che sono portatori di energia termica equipartita. Per concordare con la legge di Wiedemann-Franz occorre adottare il suggerimento, dovuto credo al professor Bohr, che quando un elettrone salta da un atomo all'altro i due atomi possono scambiarsi quantità di moto. Con i migliori saluti,

il vostro
J.R. Oppenheimer[18]

Senza dubbio Bridgman fu colpito dalla competenza nella nuova teoria da parte del suo ex studente. Ma la mancanza di tatto di Robert rendeva gli altri diffidenti. Poteva essere simpatico e rispettoso in un determinato momento, e subito dopo interrompere maleducatamente qualcuno. A tavola era estremamente educato e formale. Ma sembrava anche incapace di tollerare le banalità. «Il problema è che Oppie è così veloce intellettualmente», si lamentò Edward U. Condon, suo collega studente, «da mettere gli altri in svantaggio. E poi, maledizione, ha sempre ragione, oppure ne ha sempre abbastanza.»[19]

Condon, che nel 1926 aveva ottenuto il dottorato a Berkeley, ora manteneva con fatica la moglie e il figlio neonato grazie a una piccola borsa di studio di postdottorato. Gli dava fastidio che Oppenheimer spendesse con disinvoltura denaro in cibo e vestiti raffinati, e che sembrasse totalmente ignaro delle responsabilità familiari dell'amico. Un giorno Robert invitò Ed e Emilie Condon a fare una passeggiata, ma Emilie risposte che doveva restare con il bambino. I Condon furono sorpresi quando Robert rispose: «Va bene, ti lasciamo ai tuoi compiti da contadina».[20] Eppure, malgrado gli occasionali commenti taglienti, Robert mostrava spesso un profondo senso dell'umorismo. Vedendo la figlia di due anni di Karl Compton che fingeva di leggere un piccolo libretto rosso – che tra l'altro trattava del controllo delle nascite – Robert guardò la signora Compton, visibilmente incinta, e scherzò: «Troppo tardi!».[21]

Paul Dirac arrivò a Gottinga per il semestre invernale del 1927. Anche lui affittò una stanza nella villa dei Cario. Robert gradiva ogni contatto con Dirac. «Il momento più eccitante della mia vita», affermò una volta Oppenheimer, «fu quando Dirac arrivò e mi mostrò le bozze del suo articolo sulla teoria quantistica della radiazione.»[22] Tuttavia il giovane fisico inglese era perplesso per la notevole versatilità intellettuale dell'amico. «Mi dicono che oltre a occuparti di fisica scrivi poesie», disse Dirac a Oppenheimer. «Come puoi fare entrambe le cose? In fisica cerchiamo di parlare alle persone in modo che capiscano qualcosa che prima nessuno sapeva. Nel caso della poesia è esattamente il contrario.»[23] Robert, lusingato, si limitò a sorridere. Sapeva che per Dirac la vita era la fisica e nient'altro; i suoi interessi erano invece stravagantemente eclettici.[24]

Amava sempre la letteratura francese, e a Gottinga trovò il tempo per leggere il testo drammatico di Paul Claudel *La giovane Violaine*, le raccolte di brevi storie di F. Scott Fitzgerald *La cosa sensibile* e *Sogni d'inverno*, l'opera teatrale di Čechov *Ivanov* e i lavori di Johann Friedrich Hölderlin e Stefan Zweig.[25] Quando scoprì che due suoi amici leggevano regolarmente Dante in italiano, Robert per un mese scomparve dai caffè di Gottinga e poi ritornò con una conoscenza dell'italiano sufficiente per leggere Dante ad alta voce. Dirac non era impressionato e borbottava: «Perché sprechi tempo per questa spazzatura? Credo che dedichi troppo tempo alla musica e a quella tua collezione di quadri». Ma Robert si trovava a suo agio in mondi che superavano la comprensione di Dirac, ed era semplicemente divertito dagli inviti dell'amico, fatti durante le loro lunghe passeggiate per Gottinga, ad abbandonare la ricerca dell'irrazionale.

Gottinga non fu solo fisica e poesia. Robert fu anche attratto da Charlotte Riefenstahl, studentessa tedesca di fisica e una delle più belle donne del campus. Si erano incontrati in una gita di un giorno che gli studenti avevano fatto ad Amburgo. La Riefenstahl era sul marciapiedi della stazione e, mentre osservava i bagagli ammassati per terra, i suoi occhi furono attirati dall'unica borsa che non era fatta né di cartone né di cuoio marrone consumato.

«Che bella», disse al professor Franck indicando la borsa in lucida pelle di cinghiale. «Di chi è?»

«Di chi vuoi che sia, se non di Oppenheimer?» rispose Franck scrollando le spalle.

Sul treno di ritorno verso Gottinga, la Riefenstahl chiese a qualcuno di indicarle Oppenheimer e, quando si sedette vicino a lui, scoprì che Robert stava leggendo un romanzo di André Gide, lo scrittore francese contemporaneo che nelle sue opere si interrogava sulla responsabilità morale dell'individuo negli affari del mondo. Con grande sorpresa, Robert scoprì che quella bella ragazza aveva letto Gide, e che era in grado di discuterne con competenza gli scritti. All'arrivo a Gottinga, Charlotte accennò a quanto le piacesse la sua borsa in pelle di cinghiale. Robert accettò il complimento, ma sembrò perplesso che qualcuno potesse preoccuparsi di ammirare il suo bagaglio.

Quando in seguito la Riefenstahl raccontò la conversazione a un altro studente, questi pronosticò che Robert avrebbe presto cercato di regalarle la borsa. Tra le sue tante eccentricità, tutti sapevano che Robert si sentiva obbligato a donare qualsiasi oggetto in suo possesso che fosse stato ammirato. Robert era conquistato da Charlotte e la corteggiò più che poté, ma nella sua maniera rigida ed eccessivamente educata.

Così fece anche uno dei compagni di classe di Robert, Friedrich Georg Houtermans, un giovane fisico che si era fatto un nome con un articolo sulla produzione di energia nelle stelle. Come Oppenheimer, «Fritz» – «Fizzl» per alcuni amici – era arrivato a Gottinga con i soldi di famiglia. Era figlio di un banchiere olandese, e sua madre era tedesca e mezza ebrea, un fatto che gli Houtermans avevano paura a far sapere. Sdegnoso nei confronti dell'autorità e armato di uno spirito caustico, Houtermans si divertiva a dire ai suoi gentili amici: «Quando i vostri antenati vivevano ancora sugli alberi i miei stavano già firmando assegni!».[26] Da adolescente, a Vienna, era stato espulso dal ginnasio per aver letto in pubblico, un primo maggio, *Il Manifesto del partito comunista*. Lui e Oppenheimer erano virtualmente coetanei e avrebbero entrambi ricevuto il dottorato nel 1927. Avevano in comune una passione per la letteratura, e per Charlotte. Per volere del fato, in seguito sia Oppenheimer sia Houtermans avrebbero lavorato allo sviluppo della bomba atomica, ma Houtermans lo avrebbe fatto in Germania.[27]

I fisici avevano migliorato la teoria quantistica per quasi un quarto di secolo quando, all'improvviso, negli anni tra il 1925 e il 1927, una serie di importanti passi in avanti rese possibile la costruzione di una coerente ma radicale teoria della meccanica quantistica. A quell'epoca le nuove scoperte avvenivano così velocemente che era difficile tenersi aggiornati con gli articoli. «In quel periodo le grandi idee arrivavano così velocemente», ricordò Edward Condon, «che uno poteva avere un'impressione totalmente sbagliata del normale tasso dei progressi in fisica teorica. In quell'anno per la maggior parte del tempo si ebbe un'indigestione intellettuale, e la cosa era scoraggiante.»[28] Nella corsa altamente competitiva alla pubblicazione di nuove scoperte, a Gottinga venivano pubblicati più articoli che a Copenhagen, al Cavendish o in qualsiasi altra parte del mondo. Lo stesso Oppenheimer a Gottinga pubblicò sette articoli, una produzione fenomenale per un dottorando di ventitré anni. Wolfgang Pauli cominciò a riferirsi alla meccanica quantistica come alla *Knabenphysik* – la fisica dei ragazzi – perché gli autori della maggior parte degli articoli erano molto giovani. Nel 1926 Heisenberg e Dirac avevano solo ventiquattro anni, Pauli ventisei e Jordan ventitré.

La nuova fisica era però oggetto di forti controversie. Quando Max Born inviò ad Albert Einstein una copia dell'articolo del 1925 di Heisenberg sulla meccanica delle matrici, una descrizione intensamente matematica del fenomeno dei quanti, spiegò al grand'uomo – quasi per difendere l'articolo – che «può apparire altamente mistico ma è sicuramente corretto e profondo». Ma quell'autunno, dopo aver letto l'articolo, Einstein scrisse a Paul Ehrenfest che «Heisenberg ha deposto un grande uovo quantico. A Gottinga gli credono (io no)».[29] Per ironia della storia, l'autore della teoria della relatività avrebbe sempre giudicato la *Knabenphysik* incompleta, se non profondamente difettosa. Le obiezioni di Einstein non poterono che aumentare quando, nel 1927, Heisenberg pubblicò il suo articolo sul ruolo centrale dell'*indeterminazione* nel mondo dei quanti. Quello che l'articolo intendeva sottolineare era l'impossibilità di determinare in un istante qualsiasi sia l'esatta posizione di un'entità, sia la sua esatta quantità di moto: «Non possiamo conoscere, come questione di principio, il presente in tutti i suoi dettagli». Born concordava, e sosteneva che il risultato di ogni esperimento quantistico dipendeva dal caso. Nel 1927 Einstein scrisse a Born: «Una voce interiore mi dice che questo non è il vero Giacobbe. La teoria significa molto, ma non ci avvicina ai segreti del Vecchio. Sia come sia, sono convinto che Lui non gioca a dadi».[30]

Ovviamente la fisica quantistica era la scienza dei giovani. A loro volta i giovani fisici consideravano il testardo rifiuto di Einstein ad abbracciare la nuova fisica come un segno che il suo tempo era passato. Alcuni anni dopo Oppenheimer avrebbe incontrato Einstein a

Princeton. Ma non fu per nulla impressionato, e scrisse al fratello con spavalda irriverenza che «Einstein è ormai completamente andato».[31] Ma nei tardi anni Venti i ragazzi di Gottinga (e quelli della Copenhagen di Bohr) speravano ancora di arruolare Einstein nella loro visione quantistica.

I primi articoli scritti da Oppenheimer a Gottinga dimostravano che la teoria dei quanti rendeva possibile misurare le frequenze e le intensità dello spettro delle bande molecolari. Era ossessionato da quello che chiamava «il miracolo» della meccanica quantistica, proprio perché la nuova teoria spiegava gran parte dei fenomeni osservabili in «maniera armoniosa, consistente e comprensibile».[32] Arrivati al febbraio 1927, Born era così colpito dal lavoro di Oppenheimer sull'applicazione della teoria quantistica alle transizioni nello spettro continuo, che si trovò a scrivere a S.W. Stratton, il presidente del MIT: «Qui abbiamo numerosi americani [...]. Uno di loro è assai eccellente, il signor Oppenheimer».[33] Per brillantezza, i compagni di Robert lo consideravano alla stregua di Dirac e Jordan: «Qui tra i teorici ci sono tre geni», affermò un giovane studente americano, «ciascuno, almeno per me, meno comprensibile degli altri».[34]

Robert prese l'abitudine di lavorare tutta la notte e di dormire per buona parte del giorno.[35] Il tempo umido di Gottinga e i palazzi poco riscaldati danneggiarono profondamente la sua delicata costituzione. Andava in giro con una tosse cronica che i suoi amici attribuivano o ai suoi frequenti raffreddori o al suo fumare una sigaretta dopo l'altra.[36] Ma per altri aspetti la vita a Gottinga era piacevolmente bucolica. Come osservò in seguito Hans Bethe a proposito di questa età dell'oro della fisica teorica, «[...] la vita nei centri dello sviluppo della teoria quantistica, Copenhagen e Gottinga, era idilliaca e tranquilla, malgrado l'enorme quantità di lavoro che vi si svolgeva».[37]

Oppenheimer scovava immancabilmente i giovani che avevano reputazioni in crescita; gli altri non potevano fare a meno di sentirsi ignorati. «Lui [Oppenheimer] e Born divennero amici intimi», disse anni dopo Edward Condon assai stizzosamente, «e si vedevano spesso, così spesso che poi Born vide ben poco gli altri studenti di fisica teorica che erano venuti lì per lavorare con lui.»

Quell'anno Heisenberg passò per Gottinga, e Oppenheimer fece in modo di incontrare il più brillante giovane fisico tedesco. Di soli tre anni più vecchio di Oppenheimer, Heisenberg era attraente, eloquente e tenace nelle discussioni con i colleghi. Entrambi gli uomini erano dotati di intelligenze originali, e ne erano consapevoli. Figlio di un professore di greco, Heisenberg aveva studiato con Wolfgang Pauli all'Università di Monaco, e in seguito aveva fatto ricerche di postdottorato con Bohr e Born. Come Oppenheimer, per arrivare alla radice di un problema Heisenberg usava l'intuizione. Era un giovane stranamente carismatico, il cui scoppiettante intelletto richiedeva attenzione. A detta di tutti, Oppenheimer ammirava Heisenberg e rispettava il suo lavoro. Non poteva sapere che nel futuro sarebbero diventati ombrosi rivali. Un giorno Oppenheimer si sarebbe trovato a riflettere sulla fedeltà di Heisenberg alla Germania in guerra, e a chiedersi se l'uomo fosse capace di costruire una bomba atomica per Adolf Hitler. Ma nel 1927 il suo giudizio si basava soltanto sulle scoperte di Heisenberg in meccanica quantistica.

Quella primavera, spronato da un commento di Heisenberg, Robert si interessò all'uso della nuova teoria dei quanti per spiegare, come diceva lui, «perché le molecole sono molecole». In poco tempo trovò una soluzione semplice al problema. Quando mostrò al professor Born i suoi appunti, il più anziano fu sorpreso e assai soddisfatto. Decisero quindi di scrivere insieme un articolo, e Robert promise che, mentre sarebbe andato a Parigi per Pasqua, avrebbe trasformato i suoi appunti in una prima bozza. Ma Born rimase «disgustato» quando ricevette da Parigi un testo molto essenziale di appena quattro o cinque pagine. «Pensavo che andasse bene», ricordò Oppenheimer. «Era molto leggero, e mi sembrava che contenesse tutto il necessario.» Alla fine Born allungò l'articolo fino a trenta pagine, imbottendolo, secondo Robert, con teoremi ovvi o non necessari. «Non mi piaceva, ma ovviamente non potevo lamentarmi per questo con un autore più anziano.» Per Oppenheimer la nuova idea centrale era tutto, il contesto e l'allestimento accademico erano cianfrusaglie che disturbavano il suo acuto senso estetico.

Sulla teoria quantistica delle molecole fu pubblicato nel corso di quell'anno. Questo articolo, scritto a quattro mani, che conteneva «l'approssimazione di Born-Oppenheimer» – che in realtà era solo «l'approssimazione di Oppenheimer» –, è ancora oggi considerato un significativo passo in avanti nell'uso della meccanica quantistica per comprendere il comportamento delle molecole. Oppenheimer aveva capito che gli elettroni, più leggeri, viaggiano a una velocità maggiore dei nuclei, più pesanti. Integrando i movimenti di più alta frequenza degli elettroni, lui e Born furono in grado di calcolare i fenomeni «realmente di meccanica ondulatoria» delle vibrazioni nucleari. Più di sette decenni dopo, l'articolo avrebbe posto le basi per alcuni sviluppi nella fisica delle alte energie.

In seguito, sempre in primavera, Robert presentò la sua tesi di dottorato, al centro della quale c'era un complicato calcolo dell'effetto fotoelettrico dei raggi X sull'idrogeno. Born suggerì che la tesi venisse approvata «con distinzione». L'unico difetto che segnalò era che l'articolo risultava «di difficile lettura». Tuttavia in seguito Born affermò che Oppenheimer aveva scritto «un articolo complicato, ma lo aveva scritto molto bene». Anni dopo Hans Bethe, un altro premio Nobel, osservò che «nel 1926 Oppenheimer aveva dovuto sviluppare da sé tutti i metodi, inclusa la normalizzazione delle funzioni d'onda nel continuo. Ovviamente in seguito i suoi calcoli furono migliorati, ma aveva ricavato con esattezza il coefficiente di assorbimento al livello K e la dipendenza delle frequenze nelle sue vicinanze».[38] Bethe concluse: «Ancora oggi è un calcolo complicato, che non si trova nella maggior parte dei libri di testo sulla meccanica quantistica». Un anno dopo, in un settore vicino, Oppenheimer pubblicò il primo articolo che descriveva il fenomeno del *tunneling* della meccanica quantistica, ovvero del fatto che le particelle sono realmente capaci di «passare attraverso» una barriera. Entrambi gli articoli costituivano dei risultati formidabili.

L'11 maggio 1927 Robert si sedette per sottoporsi all'esame orale, e uscì alcune ore dopo con voti eccellenti. In seguito uno dei suoi esaminatori, il fisico James Franck, disse a un collega «ne sono uscito appena in tempo, stava per cominciare a fare *a me* delle domande». All'ultimo momento le autorità universitarie scoprirono con indignazione che Oppenheimer non si era iscritto formalmente come studente e minacciarono di non assegnargli il titolo. Alla fine però ricevette il dottorato grazie all'intercessione di Born, che mentì dicendo al ministro prussiano dell'Istruzione che «circostanze economiche rendono impossibile per Herr Oppenheimer di restare a Gottinga dopo l'interruzione per le vacanze estive».

Quel giugno il professor Edwin Kemble si trovò a visitare Gottinga e scrisse a un collega: «Oppenheimer sta diventando addirittura più brillante di quanto non pensassimo quando era da noi ad Harvard. Sta producendo lavori nuovi con notevole rapidità ed è capace di tenere il passo con ogni membro della galassia dei giovani matematici e fisici locali». Curiosamente, il professore aggiunse: «Sfortunatamente Born mi ha detto che ha le stesse difficoltà che aveva ad Harvard nell'esprimersi chiaramente per iscritto». Oppenheimer era da tempo diventato uno scrittore estremamente espressivo. Ma era anche vero che i suoi articoli di fisica erano normalmente tanto brevi da risultare superficiali. Kemble trovava che il controllo della lingua di Robert era davvero notevole, ma che quando parlava di fisica e quando parlava di un qualsiasi altro argomento generale era come se parlassero «due persone diverse».

A Born si spezzò il cuore quando vide Oppenheimer partire. «È giusto che tu te ne vada, ma io non posso farlo», gli disse, «mi hai lasciato troppi compiti a casa.» Il regalo di addio di Robert per il suo mentore fu un'edizione di valore del classico testo di Lagrange *Meccanica analitica*. Dopo alcuni decenni, molto tempo dopo che era stato costretto a scappare dalla Germania, Born scrisse a Oppenheimer: «Questo [libro] è sopravvissuto a tutti gli sconvolgimenti: rivoluzione, guerra, emigrazione e ritorno, e sono felice che sia ancora nella mia biblioteca perché rappresenta molto bene la tua attitudine verso la scienza, il vederla come una parte del generale sviluppo intellettuale nel corso della storia dell'uomo». A quel tempo Oppenheimer superava di gran lunga Born dal punto di vista della notorietà, anche se non nei risultati scientifici.

Gottinga fu lo scenario del primo vero trionfo di Oppenheimer come giovane che diventava uomo. Diventare uno scienziato, avrebbe commentato in seguito Oppenheimer, «è come scalare una montagna attraverso una galleria: non sai se stai uscendo al di sopra della valle, o addirittura se stai davvero uscendo». Era particolarmente vero per un giovane scienziato che si trovava sul vertice della rivoluzione dei quanti. Anche se era più un testimone che un partecipante a questo sconvolgimento, dimostrò comunque di avere l'intelletto naturale e le motivazioni necessarie per fare della fisica il lavoro della sua vita. In nove brevi mesi aveva combinato il reale successo accademico con un rinnovamento della sua personalità e del suo proprio senso del valore. Le profonde inadeguatezze emotive, che solo un anno prima avevano minacciato la sua stessa sopravvivenza, erano state superate da seri risultati, e dalla confidenza che fuoriusciva da quei risultati. Ora il mondo l'avrebbe chiamato.

5. «Sono Oppenheimer»

> *Dio sa che non sono la persona più semplice
> che ci sia ma, paragonato a Oppenheimer,
> sono una persona molto, molto semplice.*
> I.I. Rabi

Verso la fine dell'anno trascorso a Gottinga Robert mostrava chiarissimi segni di nostalgia. Nei suoi casuali commenti sulla Germania sembrava un americano sciovinista. In Germania non c'era niente che si potesse paragonare ai paesaggi desertici del Nuovo Messico. «Oppenheimer è davvero esagerato», si lamentò uno studente olandese.[1] «Secondo lui anche i fiori americani sono più profumati dei nostri.» La sera prima della partenza organizzò una festa nel suo appartamento e, tra molti altri, la splendida bruna Charlotte Riefenstahl venne a dirgli addio. Robert decise di regalarle la borsa in pelle di cinghiale che lei aveva ammirato quando si erano incontrati per la prima volta. Charlotte la conservò per i successivi trent'anni e la chiamò «L'Oppenheimer».

Dopo una breve sosta a Leida con Paul Dirac, a metà luglio 1927 Robert partì da Liverpool per New York. Era bello essere di nuovo a casa. Non solo era sopravvissuto, ma aveva anche trionfato, tornando con un diploma di dottorato ottenuto faticosamente. I fisici teorici americani seppero ben presto che Oppenheimer aveva conoscenze di prima mano sugli ultimi risultati europei in meccanica quantistica. Appena due anni dopo essersi laureato ad Harvard, Robert era una stella nascente in quel settore.

In precedenza, in quella primavera era stato incoraggiato ad accettare una borsa di studio postdottorato della Rockefeller Foundation, che veniva concessa dal Consiglio nazionale per le ricerche a giovani scienziati promettenti. L'aveva accettata e aveva deciso di passare il semestre autunnale ad Harvard prima di trasferirsi a Pasadena, in California, dove gli era stato offerto un posto come insegnante al California Institute of Technology (Caltech), un centro di ricerca scientifica tra i più importanti degli Stati Uniti. Quindi, anche mentre apriva i bagagli nella casa di Riverside Drive, Robert sapeva che il suo futuro immediato era programmato. Nel frattempo aveva sei settimane per ricongiungersi con il fratello quindicenne Frank, e per stare con i genitori. Con suo grande dispiacere, l'inverno precedente Julius ed Ella avevano deciso di vendere la casa di Bay Shore. Ma visto che la sua barca, il *Trimethy*, si trovava ancora per poco vicino alla casa, come aveva fatto tante altre volte in passato Robert vi fece salire Frank per veleggiare arditamente assieme lungo la costa di Long Island. In agosto i fratelli raggiunsero i genitori per una breve vacanza a Nantucket. «Io e mio fratello», ricordava Frank, «passavamo la maggior parte del tempo dipingendo a olio su tela le dune e le colline erbose.»[2] Frank adorava suo fratello. A differenza di Robert, era dotato di grande abilità manuale e amava armeggiare con le cose, smontando motori elettrici e orologi, e rimontandoli poi con precisione. Alla Ethical Culture School ora anche lui era attratto dalla fisica. Quando Robert era partito per Harvard aveva regalato il suo microscopio a Frank, e un giorno lui lo aveva usato per osservare il suo sperma. «Non avendo mai sentito parlare di sperma», disse Frank, «fu davvero una scoperta meravigliosa.»[3]

Alla fine dell'estate Robert fu felice di scoprire che Charlotte Riefenstahl aveva accettato un posto come insegnante al Vassar College. In settembre, quando la nave su cui era salita arrivò al porto di New York, lui era sul molo per accoglierla. Insieme a lei viaggiavano due altri trionfanti studenti di Gottinga: Samuel Goudsmit e George Uhlenbeck, con la moglie di Uhlenbeck, Else. Oppenheimer li conosceva entrambi come fisici affermati. Insieme, Goudsmit e Uhlenbeck avevano scoperto nel 1925 l'esistenza dello spin dell'elettrone. Robert non badò a spese per fare loro da ospite a New York.

«Ricevemmo tutti il vero trattamento Oppenheimer», ricordò Goudsmit, «ma in realtà era a beneficio di Charlotte. Ci venne a prendere con una grande limousine con autista e ci portò in un albergo del Greenwich Village che aveva scelto per noi.»[4] Nel corso delle successive settimane accompagnò Charlotte in giro per New York, portandola in tutti i suoi vecchi covi, dalle più grandi gallerie d'arte ai ristoranti più cari che riusciva a trovare. Charlotte protestò: «Ma il Ritz è davvero l'unico albergo che conosci?».[5] Come indicazione di quanto fossero serie le sue intenzioni, presentò Charlotte ai suoi genitori nello spazioso appartamento di Riverside Drive. Ma anche se Charlotte ammirava Robert, ed era lusingata dalle sue attenzioni, sentiva che non era emotivamente disponibile.[6] Evadeva tutti i suoi tentativi di farlo parlare del suo passato. Trovò la casa degli Oppenheimer soffocante e troppo protettiva, e la coppia cominciò ad allontanarsi. Il posto di insegnante al Vassar la teneva lontana da New York, e la borsa di studio di Oppenheimer richiedeva la sua presenza ad Harvard. Alla fine Charlotte tornò in Germania. Nel 1931 sposò il compagno di corso di Robert a Gottinga, Fritz Houtermans.

Quell'autunno, tornato ad Harvard, Robert rinnovò la sua amicizia con William Boyd, che era anche lui a Cambridge per finire il suo dottorato in biochimica. Robert si confidò parlandogli dell'anno difficile trascorso a Cambridge. Boyd non fu sorpreso: aveva sempre considerato Robert un giovane emotivamente rigido, che poteva però gestire i suoi problemi. La poesia era ancora una passione di Robert e quando mostrò a Boyd una poesia che aveva scritto, l'amico lo incoraggiò a proporla alla rivista letteraria degli studenti di Harvard, «Il cane da caccia». La poesia apparve nel numero del giugno 1928:

Attraversamento

Era sera quando arrivammo al fiume
con una luna bassa sul deserto
che avevamo perso tra le montagne, dimenticata,
con il freddo e il sudore
e le catene montuose che bloccavano il cielo.
E quando la trovammo di nuovo,
nelle asciutte colline vicino al fiume,
mezza appassita, avevamo
i caldi venti contro di noi.

C'erano due palme vicino all'attracco;
le iucche erano in fiore; c'era una luce sulla riva lontana, e tamerici.
Aspettammo a lungo, in silenzio.
Poi udimmo i remi scricchiolare
e in seguito, ricordo,
il barcaiolo ci chiamò.
Non guardammo indietro verso le montagne.[7]

J.R. Oppenheimer

Il Nuovo Messico chiamava Robert. Sentiva una disperata mancanza di quella «luna bassa sul deserto» e di quelle semplici sensazioni fisiche – «il freddo e il sudore» – che lo avevano fatto sentire così vivo nel corso delle due estati passate all'Ovest. Non era possibile lavorare alla fisica d'avanguardia nel Nuovo Messico, ma aveva deciso di accettare il posto al Caltech di Pasadena perché era abbastanza vicino al deserto che amava. Allo stesso tempo voleva anche essere libero da Harvard e da quella «separata prigione» che lo aveva rinchiuso così a lungo.[8] Gran parte della guarigione dalla crisi dell'anno precedente era dovuta alla consapevolezza di aver bisogno di un nuovo inizio. La Corsica, Proust e Gottinga gli avevano dato quel nuovo inizio; adesso restare ad Harvard gli sarebbe sembrato un vero passo indietro. Così, poco dopo il Natale del 1927, Robert fece le valigie e si trasferì a Pasadena.

La California era adatta a lui. Dopo solo pochi mesi scrisse a Frank: «Ho difficoltà a trovare il tempo per lavorare perché Pasadena è un luogo gradevole, e ci sono centinaia di persone piacevoli che suggeriscono continuamente delle belle cose da fare. Sto cercando di decidere se accettare un posto da professore all'Università della California l'anno prossimo, o se andarmene all'estero».[9]

Malgrado gli impegni di insegnante al Caltech, e le distrazioni di Pasadena, nel 1928 Oppenheimer pubblicò sei articoli, tutti su vari aspetti della teoria dei quanti. La sua produttività è ancora più notevole se si pensa che quella stessa primavera il suo medico aveva affermato che la tosse persistente poteva essere un sintomo di tubercolosi. Dopo aver partecipato in giugno a un seminario di fisica teorica ad Ann Arbor, nel Michigan, Robert si diresse verso la secca aria di montagna del Nuovo Messico. In precedenza, in quella primavera aveva scritto al fratello Frank, che allora aveva quasi sedici anni, suggerendogli che durante l'estate avrebbero potuto «gironzolare per due settimane nel deserto».

Robert aveva cominciato a esprimere un interesse quasi paterno quando cercava di aiutare il fratello più giovane a navigare nelle dure secche dell'adolescenza, un viaggio difficile, come lui sapeva fin troppo bene. Quel marzo, rispondendo alla confessione di Frank di essere stato distratto dagli studi da una persona dell'altro sesso, Robert gli aveva scritto una lettera piena di consigli che sfioravano una timida analisi. Sosteneva che il compito della ragazza era «farti sprecare il tempo con lei; il tuo compito è starle alla larga». Basandosi senza dubbio sulla sua movimentata esperienza, Robert commentò che gli appuntamenti erano «importanti solo per le persone che hanno tempo da perdere. Per me e per te non lo sono». Il messaggio conclusivo era: «Non interessarti alle ragazze, non fare l'amore con le ragazze, a meno che tu non sia costretto. NON FARLO COME UN DOVERE. Cerca di scoprire, osservandoti, cosa desideri davvero. Se è qualcosa che approvi, cerca di ottenerlo, se è qualcosa che disapprovi, cerca di dimenticarlo».[10] Robert ammise di essere dogmatico, ma disse a Frank che sperava che le sue parole sarebbero state di una qualche utilità «come il frutto e il risultato delle mie fatiche erotiche. Sei molto giovane, ma molto più maturo di quanto non fossi io».

Robert aveva ragione; il giovane Frank era molto più maturo di quanto il fratello non fosse stato alla stessa età. Avevano gli stessi freddi occhi azzurri e la stessa zazzera di capelli neri cespugliosi. Nato allampanato come tutti gli Oppenheimer, avrebbe presto raggiunto l'altezza di 1,90 pesando solo 61 chili. Per molti versi era dotato intellettualmente quanto il fratello, ma sembrava non avere l'intensa energia nervosa di Robert ad appesantirlo. Se a volte Robert poteva sembrare maniaco nelle sue ossessioni, Frank era una presenza calmante e sempre congeniale. Da adolescente Frank aveva conosciuto il fratello a distanza, soprattutto attraverso le lettere, ma anche nel corso delle vacanze in cui erano andati assieme in barca. Fu durante questo viaggio nel Nuovo Messico – senza i genitori – che Frank stabilì un legame da adulto con il fratello.

Quando i due fratelli arrivarono a Los Pinos, alloggiarono nel ranch di Katherine Page e, malgrado la tosse persistente, Robert insistette per fare una serie di lunghe spedizioni a cavallo per le colline circostanti. Si arrangiavano con burro di arachidi, carciofi in scatola, salsicce viennesi, *Kirschwasser* e whisky. Mentre cavalcavano, Frank ascoltava Robert parlare con eccitazione di fisica e letteratura.[11] Di notte il fratello maggiore tirava fuori una copia consumata di Baudelaire e leggeva ad alta voce alla luce del fuoco. In quell'estate del 1928 Robert stava anche leggendo il romanzo *La stanza enorme*, che E.E. Cummings aveva pubblicato nel 1922 e in cui raccontava i quattro mesi passati in un campo di prigionia in Francia durante la guerra.* Gli piaceva l'idea di cummings che un uomo, privato di tutti i suoi averi, potesse comunque trovare una personale libertà anche nel più spartano dei luoghi. Dopo il 1954 la storia avrebbe acquisito per lui un nuovo significato.

Frank Oppenheimer notò che le passioni del fratello erano sempre imprevedibili. Robert sembrava dividere il mondo in persone che meritavano il suo tempo e persone che non lo meritavano. «Per il primo gruppo», disse Frank, «era bellissimo [...]. Robert voleva che tutto e

---

* Edward E. Cummings, *La stanza enorme*, Fazi, Roma 1998. [*n.d.t.*]

tutti fossero speciali, e i suoi entusiasmi erano evidenti e facevano sentire speciali quelle persone [...]. Una volta che aveva accettato qualcuno come meritevole di attenzione o di amicizia, gli avrebbe sempre scritto o telefonato, fatto piccoli favori e regali. Non riusciva a essere noioso. Poteva entusiasmarsi addirittura per una marca di sigarette, arrivando persino a considerarle qualcosa di speciale. I suoi tramonti erano sempre i migliori.» Frank osservò che suo fratello poteva apprezzare ogni genere di persona – che fosse o meno famosa – ma nell'apprezzarla trovava anche un modo per trasformare quella persona in eroe: «Chiunque lo colpisse per il suo giudizio, talento, abilità, cortesia o devozione, diventava, magari solo per poco, un eroe, un eroe per lui e per i suoi amici».[12]

In quel luglio, un giorno Katherine Page portò i fratelli Oppenheimer a fare una cavalcata di un paio di chilometri sulle montagne sopra Los Pinos. Dopo aver attraversato un passo a 3000 metri di altezza, arrivarono su un pascolo appollaiato sulla Grass Mountain e coperto da grandi trifogli e da fiori alpini blu e viola. Imponenti alberi di pino di varie specie delimitavano una magnifica vista delle montagne del Sangre de Cristo e del fiume Pecos. Nel pascolo, a un'altitudine di 3000 metri, c'era una rustica capanna costruita con tronchi d'albero, mattoni essiccati al sole e malta. Su uno dei muri della capanna spiccava un camino di argilla e una stretta scala in legno conduceva alle due piccole camere del piano superiore. La cucina aveva un lavandino e una stufa a legna, ma non c'era acqua corrente e l'unico bagno si trovava in una stanzetta ventosa costruita all'estremità di una veranda coperta.[13]

«Ti piace?» chiese Katherine a Robert.

Quando Robert annuì lei spiegò che la casetta, i sessanta ettari di pascolo e il ruscello potevano essere presi in affitto.

«*Hot dog!*» esclamò Robert.[14]

«No, *perro caliente!*» scherzò Katherine traducendo l'esclamazione di Robert in spagnolo.

In seguito, in quell'inverno Robert e Frank convinsero loro padre ad affittare per quattro anni la casetta e il pascolo, e lo chiamarono Perro Caliente. Continuarono a prendere in affitto Perro Caliente sino al 1947, quando Oppenheimer lo comprò per 10.000 dollari. Il piccolo ranch sarebbe diventato l'oasi privata di Robert negli anni che seguirono.

Dopo due settimane nel Nuovo Messico, all'inizio dell'autunno del 1928, i due fratelli raggiunsero i genitori nel lussuoso Broadmoor Hotel a Colorado Springs. Sia Frank che Robert presero alcune rudimentali lezioni di guida e poi comprarono una Chrysler spider a sei cilindri usata. Il loro progetto era di guidare fino a Pasadena. «Ci capitò una serie di disavventure», affermò Frank minimizzando, «ma alla fine arrivammo.»[15] Fuori da Cortez, in Colorado, mentre Frank guidava, la macchina sbandò sulla ghiaia e atterrò capovolta in un canale di scolo. Il parabrezza era in frantumi e la copertura in tela dell'automobile era rovinata. Robert si fratturò il braccio destro e due ossa del polso.[16] Dopo essersi fatti rimorchiare fino a Cortez, riuscirono a far ripartire la spider, ma già la sera successiva Frank riuscì a far andare l'auto contro uno sperone roccioso. Incapaci di muoversi, passarono la notte sdraiati nel deserto «bevendo da una bottiglia di liquore […] e succhiando alcuni limoni che avevamo con noi».[17]

Quando finalmente arrivarono a Pasadena, Robert si diresse subito al laboratorio Bridge del Caltech. Con il braccio destro sorretto da una fascia di color rosso acceso, entrò, arruffato e non rasato, e annunciò: «Sono Oppenheimer».[18]

«Ah, lei è Oppenheimer?» rispose un professore di fisica, Charles Christian Lauritsen, che pensò che «sembrava più un vagabondo che un professore del college». «Allora mi può aiutare. Perché ottengo dei risultati sbagliati da questo generatore di tensione a cascata multipla?»

Oppenheimer era tornato a Pasadena solo per raccogliere le sue cose e per prepararsi a tornare in Europa. Precedentemente, nella primavera del 1928, aveva ricevuto dieci offerte di lavoro da università americane, tra cui Harvard, e due dall'estero. Erano tutte posizioni interessanti e con stipendi elevati. Robert decise di accettare un doppio incarico nei dipartimenti di fisica dell'Università della California, a Berkeley e al Caltech. L'idea era quella di insegnare per un semestre in ognuno dei due posti. Scelse Berkeley perché lì il programma di fisica non aveva ancora alcuna componente teorica. Da quel punto di vista Berkeley era «un deserto», e proprio per quello pensava «che sarebbe stato bello provare ad avviare qualcosa».[19]

Tuttavia non aveva intenzione di «avviare qualcosa» immediatamente. Infatti, più o meno nello stesso periodo, Robert aveva chiesto, e subito ricevuto, una borsa di studio che gli permetteva di tornare in Europa per un altro anno. Sentiva di avere ancora bisogno, in particolare in matematica, della stagionatura che sarebbe potuta venir fuori da un altro anno di studi di postdottorato. Voleva studiare sotto il controllo di Paul Ehrenfest, un fisico molto ammirato dell'Università di Leida in Olanda. Mentre si imbarcava per Leida, il suo progetto, dopo il semestre con Ehrenfest, prevedeva lo spostamento a Copenhagen, dove sperava di riuscire a conoscere Niels Bohr.

Purtroppo Ehrenfest non si sentiva molto bene ed era distratto, soffriva di uno dei suoi ricorrenti attacchi di depressione.[20] «Non credo che gli interessassi molto all'epoca», ricordava Oppenheimer. «Ho ricordi di silenzio e tristezza.» Guardando all'indietro, Oppenheimer pensava di aver sprecato il suo semestre a Leida, e per colpa sua. Ehrenfest insisteva su semplicità e chiarezza, tratti che Robert non aveva ancora fatto propri. «Probabilmente ero ancora affascinato da formalismo e complessità», disse, «e quindi buona parte di quello che mi interessava o mi impegnava non era di suo gusto. E in alcune delle cose che erano di suo gusto io non sapevo apprezzare quanto sarebbe stato importante esprimerle chiaramente e con ordine.» Ehrenfest pensava che Robert fosse troppo veloce nel rispondere alle domande, e a volte nascosti dietro la sua velocità c'erano degli errori.

In realtà Ehrenfest si trovava a lavorare con un giovane che era emotivamente pesante. «Adesso Oppenheimer è con te», scrisse Max Born al collega di Leida.[21] «Mi farebbe piacere sapere cosa pensi di lui. Spero che il tuo giudizio non sarà influenzato dal fatto che con nessun altro ho mai sofferto tanto quanto ho sofferto con lui. Senza dubbio è molto dotato, ma è completamente privo di disciplina mentale. All'esterno è molto modesto, ma dentro di sé è davvero arrogante.» La risposta di Ehrenfest è andata perduta, ma la successiva lettera di Born è indicativa: «Le tue informazioni su Oppenheimer sono state per me molto importanti. So che è un uomo raffinato, educato, ma non puoi farci niente se alle volte ti dà sui nervi».

Solo sei settimane dopo il suo arrivo, Oppenheimer stupì i suoi colleghi tenendo una lezione in olandese, un'altra lingua che aveva imparato da solo.[22] I suoi amici olandesi furono così colpiti da quella spiritata elocuzione che cominciarono a chiamarlo «Opje», un'affettuosa contrazione del suo cognome, un soprannome che gli sarebbe rimasto per tutta la vita.[23] La destrezza con la nuova lingua poteva essere stata aiutata da una donna. Secondo il fisico Abraham Pais, Oppenheimer ebbe una relazione con una giovane olandese di nome Suus (Susanna).

La relazione olandese deve però essere stata breve, perché ben presto Robert decise di lasciare Leida. Anche se aveva intenzione di andare a Copenhagen, Ehrenfest lo convinse che sarebbe stato meglio per lui studiare in Svizzera con Wolfgang Pauli. Ehrenfest scrisse a Pauli: «Per sviluppare il suo grande talento scientifico, Oppenheimer in questo momento ha bisogno di essere amorevolmente sculacciato finché non sarà in forma! Ha davvero bisogno di questo trattamento [...] visto che è una persona davvero amabile».[24] Di solito Ehrenfest mandava i suoi studenti da Bohr. Ma in questo caso Ehrenfest era sicuro, ricordò Oppenheimer, «che Bohr con la sua larghezza e vaghezza non era la medicina di cui avevo bisogno; che avevo invece bisogno di un fisico calcolatore professionista, e che Pauli mi avrebbe fatto bene. Credo abbia usato l'espressione *herausprügeln* [buttare via] [...]. Era chiaro che mi mandava là perché mi mettessero a posto».[25]

Robert inoltre pensava che l'aria di montagna della Svizzera avrebbe potuto fargli bene. Aveva ignorato gli assillanti ammonimenti di Ehrenfest sui mali del fumo, ma adesso la sua tosse persistente gli suggeriva che forse il suo era ancora un caso prolungato di tubercolosi.[26] Quando gli amici preoccupati lo spingevano a riposarsi, Oppenheimer stringeva le spalle e diceva che più che occuparsi della tosse «preferiva vivere finché era vivo».[27]

Sulla strada per Zurigo si fermò a Lipsia, e ascoltò una lezione di Werner Heisenberg sul ferromagnetismo. Ovviamente Robert aveva già incontrato il futuro capo del programma tedesco per la bomba atomica l'anno precedente a Gottinga, e anche se non ne era nata una grande amicizia avevano sviluppato un mutuo e meritato rispetto. All'arrivo a Zurigo, Wolfgang Pauli gli parlò del lavoro che aveva fatto con Heisenberg. In quel momento Robert era molto interessato da quello che chiamava «il problema dell'elettrone e la teoria relativistica». Quella primavera aveva quasi collaborato a un articolo con Pauli ed Heisenberg. «All'inizio [noi] pensavamo di doverlo pubblicare insieme; successivamente Pauli pensò di pubblicarlo insieme a me, poi sembrò più opportuno inserire un riferimento al mio articolo nella loro pubblicazione e lasciare che [il mio articolo] venisse pubblicato separatamente. Ma Pauli mi disse "hai fatto davvero un casino terribile sullo spettro continuo e hai il dovere di ripulirlo; inoltre, se lo pulisci farai un piacere agli astronomi"; ed è così che mi sono trovato coinvolto nell'argomento.»[28] L'articolo di Robert fu pubblicato l'anno seguente con il titolo *Note sulla teoria dell'interazione tra campo e materia*.

Oppenheimer si affezionò molto a Pauli. «Era un fisico così bravo», scherzò Robert, «che bastava che entrasse in laboratorio perché le apparecchiature si rompessero o esplodessero.»[29] Di soli quattro anni più vecchio di Oppenheimer, il precoce Pauli si era fatto una reputazione nel 1920, l'anno prima di ottenere il dottorato all'Università di Monaco, quando pubblicò un articolo di duecento pagine sulla teoria della relatività sia speciale che generale. Lo stesso Einstein lodò il saggio per la sua chiarezza espositiva. Dopo aver studiato sotto la guida di

Max Born e Niels Bohr, Pauli insegnò prima ad Amburgo e poi, nel 1928, all'Istituto federale svizzero di tecnologia a Zurigo. All'epoca aveva già pubblicato quello che divenne noto come il «principio di esclusione di Pauli», che spiegava perché ogni «orbitale» atomico può essere occupato solo da due elettroni per volta.

Pauli era un giovane combattivo e con un umorismo tagliente; come Oppenheimer, ci metteva poco a saltare in piedi e a far domande aggressive a un insegnante se percepiva il minimo difetto in un'argomentazione. Denigrava spesso gli altri fisici accusandoli di non riuscire «nemmeno ad avere torto». E una volta disse di un altro studente che era «così giovane e già così sconosciuto».[30]

Pauli apprezzava la capacità di Oppenheimer di individuare il cuore di un problema, ma si ritrovò frustrato dalla disattenzione di Robert verso i dettagli. «Le sue idee erano sempre molto interessanti», affermò Pauli, «ma i suoi calcoli erano sempre sbagliati.»[31] Un giorno, dopo aver sentito Robert tenere una lezione, e averlo sentito fermarsi e mormorare «ehm-ehm» mentre cercava le parole, Pauli iniziò a chiamarlo «l'uomo ehm-ehm».[32] Eppure Pauli era affascinato da questo giovane e complicato americano. «La sua forza», scrisse ben presto Pauli a Ehrenfest, «è che ha molte idee, e buone, e che ha molta immaginazione. La sua debolezza sta nel fatto che si accontenta troppo velocemente di affermazioni dalle basi malferme, che non risponde alle sue stesse domande, spesso interessanti, per mancanza di perseveranza e completezza [...]. Sfortunatamente ha un aspetto davvero negativo: si confronta con me con una fiducia assai incondizionata nell'autorità e considera tutto quello che dico come la verità finale e definitiva [...]. Non so come fargli perdere questo vizio.»[33]

Quella primavera un altro studente, Isidor I. Rabi, passò molto tempo con Robert. Incontratisi a Lipsia, avevano viaggiato insieme verso Zurigo. «Andavamo molto d'accordo», ricordò Rabi.[34] «Restammo amici fino alla sua morte. Apprezzavo in lui quelle cose che gli altri non amavano.» Di sei anni più vecchio di Oppenheimer, Rabi, come Robert, aveva passato l'infanzia a New York. Ma la sua era una New York diversa dalla vita dorata di Riverside Drive. La famiglia di Rabi viveva in un appartamento di due stanze nel Lower East Side. Suo padre svolgeva un lavoro manuale e la famiglia era povera. Diversamente da Oppenheimer, Rabi crebbe senza ambiguità relative alla sua identità. I Rabi erano ebrei ortodossi, e Dio era parte della loro vita quotidiana. «Anche nelle conversazioni casuali», ricordò Rabi, «Dio entrava, più che in ogni paragrafo, in ogni frase.»[35] Crescendo, abbandonò la pratica religiosa che, come disse scherzando, «era la chiesa nei confronti della quale ho fallito». Ma Rabi si sentiva a suo agio come ebreo. Anche in Germania, in quegli anni di antisemitismo sempre più aspro, Rabi insisteva nel presentarsi come ebreo austriaco – «*Ich bin ein Aus-Jude*»* – proprio perché sapeva che gli ebrei austriaci erano per stereotipo quelli meno benvoluti. Al contrario, Oppenheimer non pubblicizzava mai la sua identità ebraica. Decenni dopo Rabi pensò di sapere il perché: «Oppenheimer era ebreo, ma avrebbe voluto non esserlo e cercava di fingere di non esserlo. La tradizione ebraica, anche se non la conosci nel dettaglio, è così forte che si rinuncia a essa a proprio rischio e pericolo. [Questo] non vuol dire che è necessario essere ortodossi, o praticare la religione; ma, se quando ci sei nato dentro le volti le spalle, ti metti nei guai. Povero Robert, un esperto di sanscrito e letteratura francese [... e qui la voce di Rabi si perse in silenziosi pensieri]».

In seguito Rabi ipotizzò che Robert «non era mai riuscito ad avere una personalità integra. A volte succede a molte persone, ma succede soprattutto, forse per la loro situazione, agli ebrei brillanti. Con enormi capacità in ogni ambito è difficile scegliere. Voleva tutto. Mi ricordava molto un mio amico d'infanzia, che è avvocato, e del quale qualcuno ha detto "Gli piacerebbe essere presidente tanto dei Cavalieri di Colombo** quanto dei B'nai B'rith".*** Dio sa che non sono la persona più semplice che ci sia, ma paragonato a Oppenheimer sono una persona molto, molto semplice».[36]

Rabi voleva bene a Robert, ma era anche in grado di dichiarare in modo stravagante a un amico: «Oppenheimer? Un ricco marmocchio viziato di New York».[37] Rabi credeva di conoscere il tipo. «Era un ebreo che proveniva dalla Germania orientale, e a loro capitava che iniziassero a dare più valore alla cultura tedesca che alla propria. È facile capire perché, con quegli immigrati ebrei polacchi e le loro forme assai crude di adorazione.» La cosa interessante, secondo Rabi, era che la maggior parte degli ebrei tedeschi altamente assimilati, alla fine, malgrado tutto, non riuscivano ad arrivare alla rinuncia della loro identità. Per loro le porte erano aperte, ma molti si rifiutavano di attra-

---

* «Sono un ebreo straniero [austriaco].» [*n.d.t.*]
** Organizzazione cattolica di assistenza (soprattutto alle famiglie) fondata negli USA nel 1881. [*n.d.t.*]
*** La più antica e più grande organizzazione ebraica di mutuo soccorso («Figli dell'alleanza»), creata negli USA nel 1843. [*n.d.t.*]

versarle. «Credo che da qualche parte nella Bibbia», disse Rabi, «ci sia scritto che Dio si lamenta delle persone così ostinate.» Agli occhi di Rabi, Oppenheimer era preda di un conflitto simile, ma la differenza poteva risiedere nel fatto che era inconsciamente ostinato. «Non so se pensasse di sé stesso che era ebreo», ricordò Rabi molti anni dopo. «Credo che avesse delle fantasie sul non essere ebreo. Ricordo che una volta gli dissi quanto trovavo la religione cristiana misteriosa, una strana combinazione di sangue e mitezza. Mi disse che era questo che lo attraeva.»

Rabi non disse mai a Oppenheimer cosa pensava della sua ambivalenza: «Non credevo che valesse la pena dirgli quelle cose [...] è un qualcosa che viene da dentro, e non si può cambiare un uomo».[38] Semplicemente Rabi era convinto di sapere chi era Oppenheimer più di quanto egli stesso non riuscisse a sapere. «Qualsiasi cosa si voglia dire di Oppenheimer, sicuramente non era un WASP.*»

Nonostante le loro differenze, tra Rabi e Oppenheimer si stabilì un forte legame. «Non fummo mai in classe insieme», disse in seguito Rabi, «ma non ho mai incontrato qualcuno più intelligente di lui.»[39] Eppure, la brillantezza di Rabi non fu mai messa in discussione. Nel corso di pochi anni i suoi esperimenti con un fascio molecolare in un laboratorio della Columbia University avrebbero portato a importanti risultati in un'ampia gamma di settori sia della fisica sia della chimica. Come Oppenheimer, non aveva l'abilità necessaria a un fisico sperimentale; sapendo di esser goffo, lasciava spesso che fossero gli altri a maneggiare gli strumenti. Ma aveva un'inquietante abilità nel progettare esperimenti che producevano risultati. E forse questo si poteva spiegare con il fatto che, durante il suo periodo di lavoro a Zurigo, a differenza della maggior parte dei fisici sperimentali Rabi aveva acquisito delle forti basi teoriche. «Rabi era un grande sperimentatore», ricordò Wendell Furry, uno studente di Oppenheimer, «e come teorico non era certo una schiappa.»[40] Nel rarefatto mondo della fisica, Rabi sarebbe stato considerato un profondo pensatore e Oppenheimer un grande sintetizzatore. Insieme erano formidabili.

La loro amicizia andava oltre la fisica. Rabi condivideva l'interesse di Oppenheimer per filosofia, religione e arte. «Provavamo una certa affinità reciproca», disse Rabi.[41] Era quel raro genere di amicizia, forgiata in giovinezza, che sopravvive anche alle lunghe separazioni. «Si

---

* Acronimo di *white anglo-saxon protestant*, espressione – talvolta spregiativa – con cui si indica un membro della borghesia protestante di origine anglosassone. [*n.d.t.*]

ricominciava», ricordò Rabi, «proprio da dove ci eravamo lasciati.» Robert dava particolare valore al candore di Rabi. «Non ero infastidito dai suoi modi», ricordò Rabi. «Non lo adulavo mai, ero sempre onesto con lui.» Trovò sempre Oppenheimer «stimolante, molto stimolante». Negli anni, e soprattutto nei momenti in cui la maggior parte delle persone si sentiva intimidita da Oppenheimer, Rabi era forse l'unico uomo che poteva, nella sua maniera diretta, fargli notare che si comportava da stupido. Poco prima di morire, Rabi confessò: «Oppenheimer significava molto per me. Mi manca».

A Zurigo, Rabi sapeva che l'amico stava lavorando duramente al difficile compito di calcolare l'opacità della superficie delle stelle rispetto alla loro radiazione interna, ma Robert nascondeva i suoi sforzi dietro una calcolata «aria di semplice indifferenza».[42] In effetti, tra amici, evitava di parlare di fisica e si animava solo quando il discorso verteva sull'America. Quando il giovane fisico svizzero Felix Bloch passò dall'appartamento di Robert a Zurigo, gli accadde di ammirare la stupenda coperta navajo che Robert aveva messo sul divano. Questo bastò a Robert per iniziare un lungo ed eccitato discorso sui meriti dell'America. «Non ci si poteva sbagliare sull'intensità dell'affetto che Robert provava per il suo paese», commentò Bloch. «Il suo attaccamento era più che visibile.» Robert poteva anche parlare lungamente di letteratura, «soprattutto dei classici indiani e degli scrittori occidentali più esoterici». Pauli scherzò con Rabi affermando che Oppenheimer «sembrava trattare la fisica come un secondo lavoro e la psicanalisi come una vocazione».

Agli amici, Robert appariva fragile fisicamente e robusto mentalmente. Fumava incessantemente e si mangiava nervosamente le unghie. «Il tempo passato con Pauli», ricordò in seguito, «sembrava semplicemente bello ed era davvero bello. Ma mi capitò di ammalarmi gravemente e dovetti andarmene per un po'. Mi dissero di non occuparmi di fisica in quel periodo.»[43] Dopo un riposo di sei settimane, il suo caso apparentemente lieve di tubercolosi era in remissione. Oppenheimer tornò a Zurigo e riprese il suo ritmo frenetico.

Nel giugno 1929, quando Robert lasciò Zurigo per tornare in America, si era creato una reputazione internazionale per il suo lavoro in fisica teorica.[44] Tra il 1926 e il 1929 aveva pubblicato sedici articoli, una produzione sorprendente per qualsiasi scienziato. Se era stato un po' troppo giovane per partecipare all'iniziale fioritura della fisica quantistica nel 1925-1926, sotto la supervisione di Wolfgang Pauli aveva chiaramente cavalcato la seconda ondata. Fu il primo fisico che studiò a fondo la natura delle funzioni d'onda continue. Il suo contributo più originale, secondo il fisico Robert Serber, fu la teoria dell'emissione di campo, un approccio che gli permise di studiare l'emissione di elettroni da parte dei metalli indotta da una tensione molto forte. In quei primi anni fu anche in grado di ottenere importanti passi avanti nel calcolo del coefficiente di assorbimento dei raggi X e della dispersione elastica e anelastica degli elettroni.

Ma, in pratica, cosa significava questo per l'umanità? Per quanto – oggi come ieri – stranamente non intelligibile per il normale cittadino, la fisica quantistica spiega tuttavia il nostro mondo fisico. Come una volta ha osservato il fisico Richard Feynman: «Dal punto di vista del senso comune [la meccanica quantistica] descrive la natura in maniera assurda. Ma si accorda pienamente con gli esperimenti. Quindi spero che potrete accettare la natura così come essa è: assurda».[45] La meccanica quantistica sembra studiare ciò che non esiste e tuttavia dimostra di essere vera. Funziona. Nei decenni successivi, la fisica quantistica avrebbe aperto le porte a una miriade di invenzioni pratiche per quella che adesso si usa definire l'era digitale, tra cui i moderni personal computer, l'energia nucleare, l'ingegneria genetica e la tecnologia laser (da cui otteniamo prodotti di largo consumo quali i lettori cd e i lettori di codici a barre comunemente usati nei supermercati). Se il giovane Oppenheimer amava la meccanica quantistica per la pura bellezza delle sue astrazioni, si trattava tuttavia di una teoria che avrebbe presto dato origine a una rivoluzione sul come gli esseri umani si rapportano con il mondo.

6. «Oppie»

Credo che il mondo in cui vivremo nei prossimi trent'anni sarà un luogo assai agitato e tormentato, ma non credo che ci sarà un compromesso possibile tra farne o non farne parte.

Robert Oppenheimer, 10 agosto 1931

Il tempo passato da Robert a Zurigo era stato produttivo e stimolante ma, come sempre accadeva quando si avvicinava l'estate, anelava all'euforia e alla rinvigorente calma che Perro Caliente gli procurava. Adesso nella sua vita c'era un ritmo: intenso lavoro intellettuale, a volte quasi al punto dello sfinimento, seguito da uno o più mesi di rinnovamento nel Nuovo Messico a dorso di cavallo sulle montagne del Sangre de Cristo.

Nella primavera del 1929 Robert scrisse al fratello Frank chiedendogli di portare con lui in giugno i genitori a Ovest. Suggerì inoltre al sedicenne Frank che, dopo aver sistemato Julius ed Ella in una confortevole casetta a Santa Fe, si recasse con qualche amico fino al ranch sopra Los Pinos per «aprire la casa, trovare dei cavalli, imparare a cucinare, rendere il ranch il più abitabile possibile, e visitare il luogo».[1] Avrebbe raggiunto Frank a metà luglio.

Frank non ebbe bisogno di ulteriori esortazioni, e a giugno arrivò a Los Pinos con due amici della Ethical Culture School, Ian Martin e Roger Lewis. Lewis sarebbe diventato un visitatore regolare a Perro Caliente.[2] Frank trovò un catalogo con le offerte della Sears, Roebuck* e ordinò tutto per posta: letti, mobili, cucina, pentole e padelle, lenzuola e coperte. «Furono spese folli», ricordò Frank.[3] «Quell'estate le cose arrivarono poco prima che arrivasse mio fratello. Il vecchio signor Windsor portò tutto con un cavallo e un carro fino a Perro Caliente.» Robert arrivò con due galloni di whisky distillato alla macchia, una gran-

---

* La Sears, Roebuck & Co. era la più importante azienda nel settore delle vendite per corrispondenza. [*n.d.t.*]

de quantità di burro di arachidi e un sacco di cioccolata e di salsicce viennesi. Si accordò con Katherine Page per avere in prestito un cavallo da sella chiamato Crisis. Crisis, nome meritato, era un grande stallone semicastrato che nessuno tranne Robert riusciva a cavalcare.

Nelle successive tre settimane lui e i tre ragazzi trascorsero le giornate camminando e cavalcando per le montagne. Dopo un giorno particolarmente estenuante in sella al suo cavallo, Robert scrisse in tono malinconico a un amico: «I miei due grandi amori sono la fisica e il Nuovo Messico. Peccato che non possano essere combinati».[4] Di notte Robert sedeva alla luce di una lanterna Coleman, leggendo i suoi libri di fisica e preparando le lezioni. In un'escursione durata otto interi giorni cavalcarono fino in Colorado, e poi tornarono, coprendo una distanza di più di trecento chilometri.[5] Quando non mangiavano solo burro di arachidi, Robert fece scoprire agli altri il *nasi goreng*, un piatto di origine indonesiana estremamente speziato che Else Uhlenbeck gli aveva insegnato a cucinare in Olanda. Anche se erano gli anni del proibizionismo, Robert aveva sempre parecchio whisky a disposizione. «Ci ubriacavamo un po' quando eravamo in alto [sulle montagne], e ci comportavamo tutti in maniera un po' strana […]. Qualsiasi cosa mio fratello facesse era in qualche modo speciale. Se andava nei boschi per pisciare, tornava con un fiore. Non per nascondere il fatto che aveva pisciato, ma solo per farne un evento, credo.»[6] Se raccoglieva fragole selvatiche, Robert le serviva con del Cointreau.

I fratelli Oppenheimer passarono molte ore insieme a cavallo, parlando senza sosta. «Mi sembra che durante quell'estate abbiamo cavalcato per quasi duemila chilometri», ricordava Frank Oppenheimer.[7] «Iniziavamo molto presto al mattino, sellavamo i cavalli, a volte anche un cavallo da soma, e cominciavamo a cavalcare. Di solito c'era qualche posto nuovo dove volevamo andare, ma spesso non c'erano sentieri; però conoscevamo piuttosto bene le montagne, i Pecos superiori, la superficie dell'intera catena montuosa […]. C'erano fiori stupendi dovunque. Il luogo era davvero splendido.»

Durante una memorabile cavalcata nella Valle Grande furono attaccati da tafani accecanti, che pungono come le vespe. «Scappammo con i cavalli al galoppo per tutta la lunghezza della valle, quasi tre chilometri, superandoci continuamente gli uni con gli altri, passandoci la fiaschetta per festeggiare e rallentando quanto bastava per fare una sorsata.»[8]

Robert riempiva il fratello di regali – un raffinato orologio alla fine di quell'estate e due anni dopo una Packard spider di seconda mano –

ma passava anche del tempo a fare da tutore a Frank su amore, musica, arte, fisica – e sulla sua propria filosofia di vita: «Il motivo per cui una cattiva filosofia porta a un simile inferno è che ciò che pensi, desideri, consideri prezioso e favorisci nei momenti di preparazione, determina quello che fai in caso di bisogno, e ci vuole un errore per fare da padre a un peccato».[9] I momenti passati insieme a Perro Caliente furono una parte importante dell'educazione di Frank. Quando, più avanti in quell'estate, Frank scrisse al fratello una lettera in cui gli descriveva l'incontro con un asinello, Robert rispose: «I tuoi racconti sull'asinello sono molto divertenti, così divertenti che mi sono permesso di mostrarli a un paio di amici».[10] Robert passò quindi a commentare la prosa di Frank: «Quello che hai detto, per esempio, sulle notti di Truchas e Ojo Caliente [nel Nuovo Messico] era molto più chiaro e convincente, e alla fine comunicava più emozioni dei tuoi enfatici scritti sugli eterogenei tramonti del passato».

A metà agosto Robert fece i bagagli di malavoglia e andò in macchina fino a Berkeley, dove si stabilì in una stanza male arredata del Faculty Club. Frank rimase nel Nuovo Messico fino agli inizi di settembre, quando Robert gli scrisse che già gli mancavano «i tempi felici di Perro Caliente». Tuttavia era impegnato a preparare le sue lezioni e a conoscere i colleghi. «Il college per i non laureati», scrisse a Frank, «non sembra una gran cosa. Ma forse potrei suggerirti di venire qui l'anno prossimo, perché è un bel posto e le persone sono piacevoli. Credo che terrò la mia stanza al Faculty Club [...]. Domani ho promesso di cucinare il *nasi goreng* su un fuoco da campo [...].»[11] Ma ben presto i nuovi amici di Robert a Berkeley avrebbero preso a chiamare il suo piatto esotico «nasty gory»* e a cercare di evitarlo il più possibile.

L'Università della California a Berkeley aveva assunto Oppenheimer per introdurre alla nuova fisica gli studenti già laureati. Non era venuto in mente a nessuno, e nemmeno a Robert, che si sarebbe potuto insegnarla anche ai non laureati. Nel suo primo corso, un corso per laureati sulla meccanica quantistica, Robert partì in quarta e cercò di spiegare il principio di indeterminazione di Heisenberg, l'equazione di Schrödinger, la sintesi di Dirac, la teoria dei campi e le più recenti idee di Pauli sull'elettrodinamica quantistica. «Apprezzavo la meccanica quantistica non relativistica, e comprendevo assai bene di che cosa trattava», ricordò in seguito.[12] Cominciò con la dualità onda-

---

* «Cattivo insanguinato.» [*n.d.t.*]

particella, cioè con la nozione che le entità quantistiche possono comportarsi sia come particelle che come onde, a seconda delle circostanze dell'esperimento. «Rendevo il paradosso il più esplicito e inevitabile possibile.» Inizialmente le sue lezioni erano largamente incomprensibili per la maggior parte degli studenti. Quando gli veniva detto che andava troppo veloce, con riluttanza cercava di rallentare il passo, e presto si lamentò con il direttore del dipartimento: «Sto andando così lento che non arriverò da nessuna parte».[13]

Tuttavia in classe Oppenheimer faceva sempre un ottimo lavoro, anche se durante i suoi primi due anni di insegnamento le sue presentazioni suonavano più come una liturgia che come una lezione di fisica. Tendeva a borbottare con una voce dolce, quasi impossibile da sentire, che diventava ancora più bassa quando cercava di sottolineare con enfasi qualche punto. Inoltre agli inizi balbettava parecchio. Anche se parlava senza appunti, abbelliva invariabilmente le sue lezioni con citazioni di famosi scienziati, e occasionalmente di qualche poeta. «Ero un insegnante davvero difficile», ricordò Oppenheimer.[14] Il suo amico Linus Pauling, all'epoca assistente di chimica teorica al Caltech, nel 1928 gli diede questo curioso consiglio: «Se vuoi tenere un seminario o una lezione, decidi di cosa vuoi parlare e poi trova qualche piacevole argomento che possa essere collegato al tema, ma che non ne sia troppo lontano; poi di tanto in tanto interrompi la lezione per dire qualcosa su quell'argomento». Anni dopo, Oppenheimer commentò: «Potete capire quanto dovevano essere brutte le mie lezioni».

Giocava con le parole inventando complicate battute. Non c'erano frasi lasciate a metà nei discorsi di Robert. Aveva la straordinaria abilità di parlare con frasi complete, in un inglese grammaticalmente corretto, senza appunti, con occasionali pause, come tra un paragrafo e un altro, per balbettare con il suo stranamente cadenzato mormorio che suonava come «ehm [...] ehm [...] ehm». L'inesorabile tiritera della sua voce era interrotta solo dalle boccate della sua sigaretta. Di tanto in tanto si girava verso la lavagna per scrivere un'equazione. «Ci aspettavamo sempre», ricordava James Brady, uno dei suoi primi studenti di dottorato, «che scrivesse con quella [la sigaretta] sulla lavagna e fumasse il gesso, ma non credo che lo abbia mai fatto.»[15] Un giorno, mentre gli studenti uscivano alla fine della lezione, Robert vide un amico del Caltech, il professor Richard Tolman, seduto in fondo all'aula. Quando chiese a Tolman cosa pensasse della lezione lui rispose: «Be', Robert, era molto bella, ma non ho capito niente».[16]

Alla fine Robert si trasformò in un abile e carismatico insegnante, ma nel corso dei suoi primi anni a Berkeley sembrava ignorare i principi base della comunicazione. «Il comportamento alla lavagna di Robert era imperdonabile», disse Leo Nedelsky, un altro dei suoi primi studenti di dottorato.[17] Una volta, rispondendo a una domanda su una delle equazioni scritte sulla lavagna, Oppenheimer rispose: «No, non quella, quella sotto». Ma quando gli studenti, perplessi, gli dissero che non c'era nessuna equazione più in basso, Robert rispose: «No, non in basso, sotto: ci ho scritto sopra».

Glenn Seaborg, che sarebbe in seguito diventato presidente della Commissione per l'energia atomica degli Stati Uniti, si lamentò della «tendenza [di Oppenheimer] a rispondere alle domande prima che queste fossero state completamente formulate».[18] Interrompeva frequentemente gli ospiti con commenti del tipo «Suvvia! Questo lo sappiamo tutti, andiamo avanti». Rifiutava di sopportare gli idioti – o persino i fisici normali – e non esitava mai a imporre agli altri i suoi standard eccessivamente alti. In quei primi anni a Berkeley alcuni pensavano che «terrorizzasse» i suoi studenti con il sarcasmo. «Riusciva [...] a essere davvero crudele nel commentare», ricordò un collega.[19] Ma maturando come insegnante, diventò più tollerante verso gli studenti. «Era sempre molto gentile e premuroso verso tutti quelli che erano sotto di lui», ricordò Harold Cherniss. «Ma non lo era per nulla verso le persone che potevano essere considerate intellettualmente suoi pari. E questo, ovviamente, irritava le persone, le faceva molto arrabbiare e gli creava dei nemici.»

Wendell Furry, che studiò a Berkeley tra il 1932 e il 1934, si lamentò del fatto che Oppenheimer si esprimeva «in maniera oscura e molto velocemente, con lampi di intuizione che non riuscivamo a seguire».[20] Ma anche così, ricordò Furry, «lodava tutti i nostri sforzi, anche quando non eravamo poi così bravi». Un giorno in classe, dopo una lezione particolarmente difficile, Oppenheimer scherzò: «Posso rendere tutto più chiaro, ma non posso renderlo più facile».

Per difficile che fosse, o forse proprio perché era così difficile, la maggior parte dei suoi studenti seguiva i suoi corsi più di una volta; in effetti una studentessa, una giovane russa ricordata solo come signorina Kacharova, seguì il corso tre volte e quando cercò di iscriversi ancora Oppenheimer non glielo consentì. «Lei cominciò uno sciopero della fame», ricordava Robert Serber, «e così si inserì a forza.»[21] Per quelli che si distinguevano, Oppenheimer trovava numerosi modi di ricompensare il loro duro lavoro. «Si imparava da lui attraverso la conversazione e il contatto personale», disse Leo Nedelsky. «Quando gli rivolgevi una domanda lui passava ore – magari fino a mezzanotte – esplorando con te ogni possibile punto di vista.» Invitava un buon numero dei suoi studenti dottorandi a collaborare con lui agli articoli, e si assicurava che venissero indicati come coautori. «Per un famoso scienziato è facile avere un sacco di studenti che fanno per lui il lavoro sporco», disse un collega.[22] «Ma Opje aiuta le persone a risolvere i loro problemi e poi riconosce il loro merito.» Incoraggiava i suoi studenti a chiamarlo «Opje», il soprannome olandese che si era guadagnato a Leida. Robert stesso cominciò a firmare «Opje» le sue lettere. Poi, a poco a poco, i suoi studenti di Berkeley anglicizzarono «Opje» in «Oppie».

Col tempo, Oppenheimer sviluppò uno stile davvero unico di insegnamento aperto, in cui incoraggiava tutti i suoi studenti a interagire gli uni con gli altri. Invece di avere un orario di ricevimento e di incontrare ogni studente individualmente, richiedeva ai suoi otto-dieci studenti dottorandi e a una mezza dozzina di compagni postdottorato di incontrarsi insieme nel suo ufficio nella stanza 219 della LeConte Hall. Ogni studente aveva una piccola scrivania e una sedia dove sedeva e osservava, mentre Oppenheimer camminava per la stanza. Oppie invece non aveva una scrivania, ma solo un tavolo in mezzo alla stanza coperto da alte pile di carte. Una lavagna piena di formule dominava il muro. Poco prima dell'ora stabilita, questi giovani ragazzi (e la ragazza russa) si sparpagliavano nella stanza, e aspettavano Oppie seduti a caso sul bordo di un tavolo oppure appoggiandosi al muro. Quando arrivava, si concentrava sul particolare problema di ricerca di ogni studente e sollecitava commenti da parte di tutti gli altri. «Oppenheimer si interessava a tutto», ricordò Serber.[23] «Veniva introdotto un argomento dopo l'altro, e tutti questi argomenti andavano a fondersi assieme. In un pomeriggio poteva capitare di discutere di elettrodinamica, raggi cosmici e fisica nucleare.» Concentrandosi sui problemi non risolti della fisica, Oppenheimer dava ai suoi studenti la straordinaria sensazione di essere in piedi sui confini dell'ignoto.

Ben presto fu chiaro che Oppie era diventato il «pifferaio di Hamelin» della fisica teorica. In tutto il paese si sparse la voce che, se volevi entrare in quel settore, l'unico posto per farlo era Berkeley. «Non cominciai perché volevo creare una scuola», disse in seguito Oppenheimer, «non iniziai per cercare studenti. In realtà cominciai come propagatore della teoria che amavo, sulla quale continuavo a imparare di più, che non era completamente definita, ma era molto ricca.»[24] Nel 1934 tre dei cinque studenti a cui fu assegnata la borsa di studio per la fisica del Consiglio nazionale per le ricerche scelsero di studiare con

Oppenheimer.[25] Però, se venivano per Oppenheimer, venivano anche per un fisico sperimentale di nome Ernest Orlando Lawrence. Lawrence era tutto quello che Oppenheimer non era. Originario del Dakota del sud, formato nelle Università del Dakota del sud, Minnesota, Chicago e Yale, Lawrence era un giovane estremamente fiducioso nel suo talento. Di origini norvegesi e luterane, aveva un classico e sereno comportamento americano. Quando studiava al college, Lawrence si era pagato le tasse scolastiche vendendo pentole e padelle di alluminio agli agricoltori suoi vicini. Era un tipo estroverso e usava la naturale attitudine da venditore per promuovere la sua carriera accademica. Alcuni amici lo consideravano una sorta di arrampicatore sociale, ma, a differenza di Robert, non aveva neanche una briciola di rabbia esistenziale o di introspezione. Nei primi anni Trenta, Lawrence era il più prestigioso fisico sperimentale della sua generazione. Quando, nell'autunno del 1929, Oppenheimer arrivò a Berkeley, Lawrence, allora ventottenne, alloggiava in una stanza del Faculty Club. I due fisici allora in erba divennero ben presto buoni amici. Si parlavano quasi ogni giorno e la sera socializzavano assieme. Nei fine settimana andavano occasionalmente a cavallo. Robert ovviamente cavalcava con una sella da cowboy, mentre Ernest insisteva nel prendere le distanze dal suo ambiente originario, quello della fattoria, ostentando eleganti calzoni da equitazione e una sella inglese. Robert ammirava il nuovo amico per la sua «incredibile vitalità e amore per la vita».[26] Si trattava di un uomo, e Robert ne era testimone, che poteva «lavorare tutto il giorno, correre a giocare a tennis e poi lavorare ancora per metà della notte». Ma Robert vedeva anche che gli interessi di Ernest erano «soprattutto attivi [e] strumentali» mentre i suoi erano «l'esatto opposto».

Anche dopo che Lawrence si sposò, Oppie era spesso suo ospite a cena, e invariabilmente portava orchidee per la moglie di Ernest, Molly.[27] Quando Molly diede alla luce il loro secondo figlio, Ernest insistette che lo chiamassero Robert. Molly acconsentì, ma nel corso degli anni arrivò a considerare Oppenheimer in qualche modo un uomo falso, uno le cui pose elaborate tradivano una certa superficialità di carattere. Nei primi anni di matrimonio non si intromise tra i due amici, ma in seguito, quando le circostanze cambiarono, Molly avrebbe spinto il marito a vedere Oppie in una luce diversa.

Lawrence costruiva macchine, e nella raccolta di fondi aveva l'abilità necessaria per realizzare le sue ambizioni. Nei mesi precedenti l'incontro con Oppenheimer aveva concepito la possibilità di costruire una macchina capace di far penetrare particelle nel nucleo dell'atomo, fino a quel momento impenetrabile, il che, come affermava scherzando, sarebbe stato «come infilare una mosca in una cattedrale». Il nucleo non era solo minuscolo ed elusivo, ma era anche protetto da una sorta di guscio chiamato barriera di Coulomb. I fisici stimavano che per penetrarlo sarebbe stato necessario un flusso di ioni di idrogeno accelerati fino a un'energia di circa un milione di volt. Nel 1929 generare livelli così elevati di energia sembrava impossibile, ma Lawrence riuscì a trovare un modo per superare questa impossibilità. Suggerì che si poteva costruire una macchina in grado di usare delle differenze di potenziale di 25.000 volt, relativamente basse, per accelerare i protoni avanti e indietro in un campo elettrico alternato. Combinando dei tubi a vuoto e un elettromagnete, gli ioni avrebbero potuto essere accelerati da una combinazione di campi elettrici e magnetici fino a velocità sempre più grandi lungo un cammino a spirale. Non era sicuro di quanto potente avrebbe dovuto essere l'acceleratore per riuscire a penetrare nel nucleo di un atomo, ma era convinto che con un magnete e una camera circolare abbastanza grandi si poteva superare il limite del milione di volt.

Agli inizi del 1931 Lawrence aveva costruito il suo primo rozzo acceleratore, una macchina con una piccola camera a vuoto di 12 centimetri, all'interno della quale accelerò protoni fino a 80.000 volt.[28] Un anno dopo aveva una macchina di 28 centimetri che produceva protoni da un milione di volt. Adesso Lawrence sognava di costruire acceleratori ancora più grandi, macchine pesanti svariate centinaia di tonnellate che sarebbero costate decine di migliaia di dollari. Coniò un nuovo nome per la sua invenzione, «ciclotrone», e persuase il rettore dell'Università della California, Robert Gordon Sproul, ad affidargli un vecchio edificio in legno adiacente la LeConte Hall, l'edificio di fisica situato al confine superiore dello stupendo campus dell'università, che Lawrence battezzò Radiation Laboratory di Berkeley. Ben presto in tutto il mondo i fisici teorici si accorsero che quello che Lawrence aveva creato nel suo «Rad Lab» avrebbe permesso loro di esplorare le parti più intime dell'atomo. Nel 1939 a Lawrence fu assegnato il premio Nobel per la fisica.

L'inesorabile spinta di Lawrence verso ciclotroni sempre più grandi e potenti rappresentava la tendenza verso quel genere di «grande scienza» che si suole associare alla nascita dell'America delle grandi aziende agli inizi del XX secolo. Nel 1890 nel paese esistevano solo quattro laboratori industriali; quarant'anni dopo ne esistevano quasi mille. Nella maggior parte di questi laboratori, a dominare era la cultura della tecnologia, non della scienza. Nel corso degli anni i fisici teorici come Oppenheimer, devoti alla pura, «piccola» scienza, si sarebbero ritrovati alienati dalla cultura di questi grandi laboratori, che erano spesso dedicati alla «scienza militare». Già negli anni Trenta, tuttavia, alcuni giovani fisici non sopportavano quell'atmosfera. Robert Wilson, studente sia di Oppenheimer che di Lawrence, decise di lasciare Berkeley per Princeton dopo aver concluso che la scienza associata a queste grandi macchine era «un'attività che rappresentava il peggio della ricerca di gruppo».[29]

Costruire ciclotroni con magneti da ottanta tonnellate richiedeva enormi somme di denaro.[30] Ma Lawrence era esperto nel procurarsi sostegno finanziario da vari consiglieri di amministrazione di Berkeley, quali l'imprenditore petrolifero Edwin Pauley, il banchiere William H. Crocker e John Francis Neylan, un mediatore nazionale di energia, che era anche il primo consigliere di William Randolph Hearst. Nel 1932 il rettore Sproul diede il suo appoggio a Lawrence perché entrasse a far parte dell'elitario Bohemian Club di San Francisco, una confraternita dei più influenti uomini d'affari e politici della California. I membri del Bohemian Club non avrebbero mai pensato di dare il benvenuto a Robert Oppenheimer: era ebreo e troppo di un altro mondo. Ma Lawrence, il ragazzo che proveniva da una fattoria del Midwest, si infilò senza sforzo in questa elitaria associazione. (In seguito Neylan fece entrare Lawrence nell'ancor più esclusivo Pacific Union Club.) Gradualmente, mentre otteneva ripetutamente denaro da questi potenti uomini, Lawrence si trovò a condividere anche le loro idee politiche conservatrici e contrarie al New Deal.

Oppenheimer, al contrario, nei confronti del ruolo che il denaro aveva nelle sue ricerche aveva la tendenza a lasciar correre. Quando uno dei suoi studenti di dottorato gli scrisse chiedendo aiuto per la raccolta di fondi per un particolare progetto, Oppie rispose eccentricamente che una simile ricerca «come il matrimonio e la poesia, dovrebbe essere scoraggiata e avvenire soltanto malgrado questo scoraggiamento».[31]

Il 14 febbraio 1930 Oppenheimer finì di scrivere il fondamentale articolo *Sulla teoria degli elettroni e protoni*. Basandosi sull'equazione di Paul Dirac sull'elettrone, Oppenheimer ipotizzò che doveva esserci una controparte a carica positiva dell'elettrone, e che questa misteriosa controparte avrebbe dovuto avere la stessa massa dell'elettrone. Non poteva, come ipotizzato da Dirac, essere un protone. Invece Oppenheimer predisse l'esistenza di un «antielettrone», il «positrone». Per ironia della sorte Dirac non aveva collegato questa implicazione alla sua equazione, e riconobbe volentieri a Oppenheimer il merito per questa intuizione, che lo portò presto a proporre che forse esisteva «un nuovo tipo di particella, sconosciuta nella fisica sperimentale, con la stessa massa ma con carica opposta a quella dell'elettrone». Quello che stava proponendo in maniera un po' incerta era l'esistenza dell'antimateria. Dirac suggerì di chiamare questa elusiva particella «antielettrone».

Agli inizi lo stesso Dirac non era del tutto a suo agio con quell'ipotesi. Wolfgang Pauli, e persino Niels Bohr, la rifiutarono con enfasi. «Pauli pensava che fosse un'assurdità», disse in seguito Oppenheimer. «Bohr non solo pensava che fosse una sciocchezza, ma era del tutto incredulo.»[32] Ci volle uno come Oppenheimer per spingere Dirac a predire l'esistenza dell'antimateria. Questo era il meglio della propensione di Oppenheimer per i pensieri originali. Nel 1932 il fisico sperimentale Carl Anderson ottenne la prova dell'esistenza del positrone, la controparte di antimateria a carica positiva dell'elettrone. La scoperta di Anderson arrivò due anni dopo che i calcoli di Oppenheimer ne avevano suggerito l'esistenza a livello teorico.[33] Un anno dopo Dirac vinse il premio Nobel.

In tutto il mondo i fisici stavano gareggiando per risolvere lo stesso insieme di problemi, e la competizione per arrivare primi era feroce. In questa corsa Oppenheimer si dimostrò un produttivo dilettante. Lavorando con un ristretto numero di studenti, riusciva comunque a saltare da un problema critico a un altro in tempo utile per pubblicare una breve lettera su un particolare argomento uno o due mesi prima degli altri. «Era stupefacente», ricordò un collega di Berkeley, «che in genere Oppenheimer e il suo gruppo scoprissero qualcosa su tutti questi problemi più o meno nello stesso momento dei concorrenti.»[34] Il risultato poteva non essere elegante o particolarmente accurato in tutti i dettagli, e altri sarebbero poi arrivati a ripulire il suo lavoro. Ma Oppenheimer coglieva inevitabilmente l'essenza delle cose. «Oppie era estremamente bravo a capire la fisica e a fare i calcoli sul retro di una busta, individuando tutti i fattori essenziali [...]. Mentre il finire o il fare un lavoro elegante, come avrebbe fatto Dirac, non era nello stile di Oppie.» Lavorava «in maniera veloce e sporca, proprio nel modo tipicamente americano di costruire una macchina».

Nel 1932 Ralph Fowler, uno degli insegnanti di Oppie a Cambridge, visitò Berkeley ed ebbe l'occasione di osservare il suo vecchio studente. Alla sera Oppie convinse Fowler a giocare per ore e ore alla sua versione particolarmente complicata del gioco delle pulci. Alcuni mesi dopo, in un momento in cui Harvard stava cercando di strappare Oppenheimer a Berkeley, Fowler scrisse che «il suo lavoro può essere pieno di errori per mancanza di attenzione, ma è un lavoro della più grande originalità, e lui ha un'influenza estremamente stimolante nella scuola teorica, come ho avuto la grande opportunità di scoprire lo scorso autunno».[35] Robert Serber concordò: «La sua fisica era ottima, ma la sua matematica pessima».[36]

Robert non aveva la pazienza per soffermarsi a lungo su un solo problema.[37] Come risultato era lui che spesso apriva le porte attraverso cui altri sarebbero passati per arrivare a importanti scoperte. Nel 1930 scrisse quello che sarebbe diventato un articolo molto conosciuto sulla natura infinita delle linee spettrali, usando la teoria diretta. Una divisione della linea nello spettro dell'idrogeno suggeriva una piccola differenza nei livelli di energia dei due possibili stati dell'atomo di idrogeno. Dirac aveva sostenuto che questi due stati dell'idrogeno avrebbero dovuto avere esattamente la stessa energia. Nel suo articolo Oppenheimer si trovava in disaccordo con questa ipotesi, ma i suoi risultati erano inconcludenti. Tuttavia anni dopo Willis E. Lamb jr., un fisico sperimentale che era stato uno degli studenti dottorandi di Oppenheimer, risolse il problema. Il cosiddetto «spostamento di Lamb» attribuì correttamente la differenza tra i due livelli di energia al processo di interazione tra particelle cariche e campi elettromagnetici. Lamb vinse il premio Nobel nel 1955, proprio per la sua precisa misurazione di quello spostamento, un passo chiave nello sviluppo dell'elettrodinamica quantistica.

In quegli anni Oppenheimer scrisse articoli importanti, addirittura articoli chiave su raggi cosmici, raggi gamma, elettrodinamica e sciami di elettroni-positroni. Nel campo della fisica nucleare lui e Melba Phillips calcolarono la produzione di protoni nelle reazioni tra deutroni. La Phillips, una ragazza delle campagne dell'Indiana nata nel 1907, era stata la prima studentessa dottoranda di Oppenheimer. I loro calcoli sulla produzione dei protoni divennero ampiamente conosciuti come il «processo Oppenheimer-Phillips». «Era un uomo pieno di idee», ricordò la Phillips. «Non fece mai della grande fisica, ma guardate quante brillanti idee ha tirato fuori insieme ai suoi studenti.»[38]

Oggi i fisici sono concordi nell'affermare che il lavoro più sorprendente e originale di Oppenheimer fu svolto verso la fine degli anni Trenta sulle stelle di neutroni, un fenomeno che gli astronomi non sarebbero stati in grado di osservare prima del 1967. Il suo interesse per l'astrofisica fu inizialmente dovuto alla sua amicizia con Richard Tolman, che lo presentò agli astronomi che lavoravano all'Osservatorio di

Mount Wilson, a Pasadena.[39] Nel 1938 Oppenheimer scrisse un articolo insieme a Robert Serber intitolato *La stabilità dei nuclei stellari di neutroni*, che esplorava alcune proprietà delle stelle di altissima densità chiamate «nane bianche».[40] Alcuni mesi dopo collaborò con un altro studente, George Volkoff, alla stesura di un articolo intitolato *Sui nuclei compatti di neutroni*. Ricavando faticosamente i loro dati da regoli calcolatori, Oppenheimer e Volkoff suggerirono che ci fosse un limite superiore – oggi conosciuto come «limite Oppenheimer-Volkoff» – alla massa delle stelle di neutroni. Oltre questo limite le stelle sarebbero divenute instabili.

Nove mesi più tardi, l'1 settembre 1939, Oppenheimer e un collaboratore – ancora un altro studente, Hartland Snyder – pubblicarono un articolo intitolato *Sulla contrazione gravitazionale continua*. Storicamente, com'è ovvio, quella data è più conosciuta per l'invasione della Polonia da parte di Hitler e l'inizio della seconda guerra mondiale. Ma nel suo modo silenzioso, anche questa pubblicazione fu un evento di grande importanza. Il fisico e storico della scienza Jeremy Bernstein lo ha definito «uno dei grandi articoli della fisica del XX secolo», ma all'epoca suscitò poco interesse.[41] Solo decenni dopo i fisici avrebbero capito che nel 1939 Oppenheimer e Snyder avevano aperto la porta alla fisica del XXI secolo.

Iniziarono l'articolo chiedendosi cosa sarebbe successo a una stella di notevole massa che avesse iniziato a spegnersi a causa dell'esaurimento del suo combustibile. I loro calcoli suggerivano che una stella con un nucleo al di sopra di una certa massa – oggi valutata pari a due o tre volte la massa del Sole – invece di collassare in una nana bianca continuerebbe a contrarsi indefinitamente sotto l'attrazione della sua stessa gravità. Basandosi sulla teoria della relatività generale di Einstein, sostennero che una stella di quel tipo sarebbe rimasta schiacciata da tale «singolarità», e che nemmeno le onde luminose sarebbero state in grado di sfuggire alla sua attrazione gravitazionale, che tutto avrebbe racchiuso. Vista da lontano, una stella di questo tipo letteralmente scomparirebbe, escludendosi da tutto il resto dell'universo. «Solo il suo campo gravitazionale persisterebbe», scrissero Snyder e Oppenheimer. Ovvero, anche se loro non utilizzarono questo termine, diventerebbe un «buco nero». Era una nozione intrigante ma stravagante e l'articolo fu ignorato assieme ai suoi calcoli, a lungo considerati una pura curiosità matematica.

Solo a partire dai primi anni Settanta, quando la tecnologia dell'osservazione astronomica ha raggiunto la teoria, molti di questi buchi neri sono stati individuati dagli astronomi. A quell'epoca i calcolatori e le innovazioni tecniche dei radiotelescopi posero la teoria dei buchi neri al centro dell'astrofisica. «Visto a posteriori, il lavoro di Oppenheimer e Snyder è sostanzialmente completo, ed è un'accurata descrizione matematica del collasso di un buco nero», ha osservato Kip Thorne, un fisico teorico del Caltech.[42] «Per le persone di quel periodo era difficile comprendere l'articolo, perché le cose scoperte con i calcoli matematici risultavano molto diverse da qualsiasi immagine mentale del modo in cui le cose si dovrebbero comportare nell'universo.»

Tuttavia, come al solito, Oppenheimer non si preoccupò di cercare il tempo necessario per scoprire qualcosa di abbastanza elegante per formulare una teoria del fenomeno, lasciando che questo risultato arrivasse parecchi decenni dopo.[43] E la domanda resta: perché? La sua personalità e il suo temperamento sembrerebbero gli elementi critici. Robert vedeva immediatamente i difetti di ogni idea quasi nello stesso momento in cui la concepiva. Laddove alcuni fisici – viene subito in mente Edward Teller – promuovevano coraggiosamente e ottimisticamente tutte le loro nuove idee a prescindere dai difetti, le rigorose facoltà critiche di Oppenheimer lo rendevano profondamente scettico. «Oppie era sempre pessimista su qualsiasi idea», ricordò Serber.[44] Rivolta verso sé stesso, la sua genialità gli negava la caparbia convinzione che è a volte necessaria per perseguire e sviluppare intuizioni teoriche originali. Il suo scetticismo lo portava invece invariabilmente verso un nuovo problema.* Dopo aver fatto il salto creativo iniziale, in questo caso nella teoria dei buchi neri, Oppenheimer si spostò velocemente verso un altro argomento, la teoria dei mesoni.[45]

Anni dopo, gli amici e i colleghi di Robert nel mondo della fisica, che in genere concordavano sul fatto che lui fosse brillante, si sarebbero chiesti perché non vinse mai il premio Nobel. «La conoscenza della fisica di Robert era profonda», ricordò Leo Nedelsky.[46] «Forse solo Pauli sapeva più fisica di Robert, e più profondamente.» Eppure vincere un Nobel, come molto altro nella vita, è una questione di impegno, strategia, abilità, tempismo e, ovviamente, fortuna. Robert si era dedicato alla fisica di avanguardia, ad affrontare i problemi che lo interessavano; e ne aveva certamente la capacità. Ma non aveva la giusta

---

* Più di due decenni dopo, un altro fisico, John Wheeler, cercò di parlare con Oppenheimer del suo vecchio lavoro sulle stelle di neutroni esaurite. Ma in quel momento egli non mostrò alcun interesse per quello che stava rapidamente diventando l'argomento più «caldo» della fisica. [n.d.a.]

strategia e il suo tempismo non funzionava. Infine, il premio Nobel è un riconoscimento dato a scienziati che ottengono qualcosa di specifico. Per contrasto, il genio di Oppenheimer risiedeva proprio nella sua abilità di sintetizzare l'intero campo di studio. «Oppenheimer era una persona piena d'immaginazione», ricordava Edwin Uehling, uno studente postdottorato che fu suo allievo negli anni 1934-36.[47] «La sua conoscenza della fisica era davvero completa. Non sono sicuro che si potrebbe dire che non fece lavori di qualità degna del premio Nobel; semplicemente non arrivò al genere di risultati che il comitato del premio Nobel considera interessanti.»

«Il lavoro va bene», scrisse Oppenheimer a Frank nell'autunno del 1932.[48] «Non nei risultati, ma nel processo [...] abbiamo avuto un seminario sul nucleare, in aggiunta a quelli usuali, e abbiamo cercato di mettere un po' di ordine nel grande caos [...].» Anche se Oppenheimer era un teorico che sapeva di essere incompetente in laboratorio, stava tuttavia vicino a fisici sperimentali come Lawrence. Diversamente da molti fisici teorici europei, apprezzava il potenziale beneficio che poteva trarre dalla stretta collaborazione con le persone che erano coinvolte nella sperimentazione della validità della nuova fisica.[49] Già al liceo i suoi professori avevano notato la sua abilità nello spiegare cose tecniche nel linguaggio di tutti i giorni. Come teorico che capiva quello che gli sperimentatori stavano facendo in laboratorio, aveva la rara qualità di essere in grado di sintetizzare una grande massa di informazioni provenienti da campi di ricerca assai diversi. Un brillante sintetizzatore era esattamente il genere di persona necessaria per costruire una scuola di fisica tra le migliori del mondo. Alcuni fisici hanno suggerito che Oppenheimer possedesse la conoscenza e le risorse necessarie a pubblicare una «bibbia» completa della fisica quantistica. Nel 1935 aveva sicuramente a disposizione il materiale per un libro di quel genere. Le sue lezioni di base che spiegavano la meccanica quantistica erano così popolari nel campus che la sua segretaria, Rebecca Young, aveva fatto mimeografare i suoi appunti e li vendeva agli studenti. Il ricavato veniva usato come piccola cassa del dipartimento di fisica. «Se Oppenheimer fosse andato un passo più avanti, e avesse raccolto le sue lezioni e i suoi articoli», sosteneva un collega, «il suo lavoro sarebbe stato uno dei migliori libri di testo mai scritti sulla fisica quantistica.»[50]

Robert aveva poco tempo per le distrazioni. «Ho bisogno della fisica più che degli amici», confessò a Frank nell'autunno del 1929.[51] Una volta alla settimana riusciva ad andare a cavallo per le colline che dominavano la baia di San Francisco. «E di tanto in tanto», scrisse a Frank, «tiro fuori la Chrysler e spavento a morte i miei amici facendo le curve a cento all'ora. L'automobile arriva a centoventi senza il minimo tremolio. Sono e sarò sempre un pessimo automobilista.» Un giorno, mentre gareggiava avventatamente con il treno che passa per la costa vicino a Los Angeles, ebbe un incidente con l'automobile: ne uscì illeso, ma per un momento pensò che il suo passeggero, una giovane di nome Natalie Raymond, fosse morta. In realtà la Raymond era solo svenuta. Quando Julius seppe dell'incidente le regalò un disegno di Cézanne e un piccolo dipinto di Vlaminck.[52]

Quando conobbe Oppenheimer a una festa a Pasadena, la Raymond era una bella donna di quasi trent'anni. «Natalie era una temeraria, un'avventuriera, come un po' lo era Robert», scrisse un amico comune.[53] «Questo potrebbe essere stato ciò che c'era in comune nella loro natura. Robert crebbe (ma lo fece davvero?), Natalie un po' meno.» Robert la chiamava Nat, e si videro abbastanza spesso nei primi anni Trenta. Frank Oppenheimer la descrisse come «una vera signora» e lo stesso Robert, dopo averla incontrata a una festa di Capodanno, scrisse a Frank: «Nat ha imparato a vestirsi. Veste abiti lunghi e graziosi in oro, blu e nero, con lunghi e delicati orecchini. Le piacciono le orchidee, e ha addirittura un cappello. Sulle vicissitudini e angosce della fortuna che hanno portato questo cambiamento in lei non c'è bisogno che io dica nulla». Dopo aver passato una sera con lei al Radio City Music Hall ascoltando «il più fantastico» concerto di Bach, scrisse a Frank: «Gli ultimi giorni sono stati impregnati di Nat; delle sue lagne sempre nuove e sempre commoventi». Lei passò addirittura parte dell'estate del 1934 con Robert e altri a Perro Caliente. Ma la relazione finì quando lei si trasferì a New York per lavorare come redattrice free-lance per diverse case editrici.

Ma Nat non era la sola donna nella vita di Oppenheimer. Nella primavera del 1928 a una festa a Pasadena aveva conosciuto Helen Campbell. Anche se si era già fidanzata con un insegnante di ginnastica di Berkeley, Samuel K. Allison, Helen si ritrovò profondamente attratta da Oppenheimer. Lui la portò fuori a cena e fecero lunghe passeggiate insieme. Nel 1929, quando Oppenheimer tornò a Berkeley, ripresero la loro amicizia. Helen ormai era una donna sposata e osservava con un certo divertimento «giovani mogli attratte da Robert, stregate dalla sua conversazione, dai suoi regali, fiori ecc.».[54] Si accorse che lui «aveva occhio per le donne e che le sue attenzioni verso di lei non dovevano essere prese troppo sul serio». Pensava che «gli piaceva parlare con donne leggermente scontente, e sembrava particolarmente sensibile per il lesbismo». Aveva molto carisma.

«Tutti vogliono essere piacevoli per le donne», scrisse Robert al fratello nel 1929, «e questo desiderio non è del tutto una manifestazione di vanità, anche se in realtà lo è largamente. Ma una persona non può mirare a essere piacevole per le donne più di quanto possa mirare ad avere gusto, o bellezza di espressione, o felicità; perché queste cose non sono obbiettivi specifici che uno può imparare a raggiungere; sono descrizioni dell'adeguatezza della vita di una persona. Cercare di essere felici è cercare di costruire una macchina con nessun'altra caratteristica se non quella di funzionare senza far rumore.»[55]

Quando Frank gli scrisse per lamentarsi dei suoi problemi con le «jeunes filles newyorkaises»,[56] Robert rispose: «Devo dire che hai sbagliato a lasciare che quelle creature ti preoccupassero [...] non dovresti associarti a esse, a meno che non sia per te un piacere genuino; e dovresti avvicinarti solo alle ragazze che non solo ti hanno portato piacere, ma che hanno tratto piacere da te, e che ti mettono a tuo agio. Spetta sempre alla ragazza far andare avanti una conversazione; se non accetta questo obbligo niente di quello che tu puoi fare renderà piacevoli i negoziati». Ovviamente le relazioni con l'altro sesso erano ancora una questione di non facili trattative per Robert, figurarsi poi per il fratello diciassettenne.

Per la maggior parte degli amici, Robert era un esasperante groviglio di contraddizioni. Nel 1929 Harold F. Cherniss stava frequentando il dottorato nel Dipartimento di greco classico di Berkeley quando incontrò per la prima volta Oppenheimer. Cherniss aveva appena sposato un'amica d'infanzia di Robert, Ruth Meyer, che era stata anche sua compagna alla Ethical Culture School. Cherniss fu immediatamente conquistato da Oppenheimer. «Il suo semplice aspetto fisico, la sua voce e i suoi modi facevano sì che le persone si innamorassero di lui, uomini, donne, quasi tutti.»[57] Ma ammise che «più a lungo lo frequentai, più intimamente lo conobbi, meno seppi di lui». Cherniss, un attento osservatore delle persone, sentì una rottura in Robert. Pensava che fosse un uomo «molto acuto intellettualmente». Le persone lo consideravano complicato semplicemente perché era interessato da così tante cose, e sapeva così tanto. Ma a livello emotivo «voleva essere una persona semplice, semplice nel senso buono». Robert «desiderava molto avere amici», disse Cherniss. Eppure, malgrado il suo tremendo fascino personale, «non sapeva bene come farsi degli amici».

7. «I ragazzi ehm ehm»

*Ma dimmi, che cosa c'entra la politica
con la verità, la bontà e la bellezza?*
Robert Oppenheimer

Nella primavera del 1930 Julius ed Ella Oppenheimer andarono a trovare il figlio a Pasadena. Il crollo della borsa dell'autunno precedente aveva fatto precipitare il paese in una profonda depressione economica, ma fortunatamente Julius aveva deciso di ritirarsi già nel 1928, vendendo la sua quota della Rothfeld, Stern & Company.[1] Aveva venduto anche l'appartamento di Riverside Drive e la casa estiva di Bay Shore, trasferendosi con Ella in un appartamento più piccolo nella Park Avenue. Le fortune della famiglia Oppenheimer erano salve. Quando arrivarono, Robert presentò immediatamente i suoi genitori ai suoi amici più cari, Richard e Ruth Tolman. Gli anziani Oppenheimer parteciparono a quella che Julius definì una cena «deliziosa», e svariate volte presero il tè insieme ai Tolman; in seguito Ruth li portò a Los Angeles per ascoltare un concerto di Čajkovskij. Notando che «la Chrysler ricostruita [di Robert] emetteva ogni genere di gemiti», Julius decise di comprargliene una nuova, malgrado le «violente proteste» del figlio.[2] «Adesso tuo fratello ce l'ha», scrisse in seguito Julius a Frank, «e ne è felicissimo; ha ridotto la sua velocità di circa il cinquanta per cento rispetto a prima, quindi speriamo che non ci saranno altri incidenti.» Robert chiamò la sua nuova auto *Gamaliele*, nome ebraico di una serie di importanti rabbini dei tempi biblici. Da adolescente aveva cercato di nascondere il suo retaggio ebraico; era un segno della sua confidenza e della maturità recentemente acquisite che ora si sentisse a suo agio nel renderlo pubblico.

In quel periodo Frank gli scrisse lamentandosi che il fratello che aveva conosciuto era «scomparso completamente». Robert aveva risposto protestando che questo non era vero. Tuttavia Robert si accorse che, nel corso della sua permanenza di due anni in Europa, Frank – di otto anni più giovane – doveva essere cresciuto. «Ai fini del riconoscimento ti dovrebbe bastar sapere che sono alto 1,90, ho i capelli neri, gli occhi azzurri e al momento un labbro spaccato. E che rispondo al nome di Robert.»

Proseguì poi cercando di rispondere a una domanda posta dal fratellino: «Quanto è saggio reagire a uno stato d'animo?»[3] La risposta di Robert fa pensare che il suo interesse per i problemi psicologici fosse ancora intenso: «[...] la mia netta convinzione è che si dovrebbero usare gli stati d'animo senza farsi deviare da essi; quindi ognuno dovrebbe cercare di usare i periodi felici per fare le cose che desidera e che richiedono gaiezza, gli umori più sobri per il lavoro che è necessario fare, e gli umori cattivi per trasformare la propria vita in un inferno».

Oppenheimer includeva gli studenti nella propria vita sociale molto più degli altri docenti. «Facevamo tutto insieme», disse Edwin Uehling.[4] La domenica mattina Oppenheimer passava spesso dall'appartamento degli Uehling per fare colazione e ascoltare le trasmissioni della New York Symphony. Ogni lunedì sera Oppenheimer e Lawrence tenevano un colloquio sulla fisica aperto a tutti gli studenti dottorandi di Berkeley e Stanford. Lo avevano chiamato il «Club giornalistico del lunedì sera», forse perché al centro della discussione c'era in genere un articolo da poco pubblicato su «Nature» o su «Physical Review».

Per un breve periodo, Robert uscì con la sua studentessa di dottorato Melba Phillips, e una sera guidò con lei fino a Grizzly Peak, sulle colline di Berkeley da dove, sullo sfondo, si poteva avere una bella vista della baia di San Francisco. Dopo aver avvolto una coperta attorno alla Phillips, Oppenheimer annunciò: «Torno tra poco, vado a fare una passeggiata».[5] Tornò dopo poco, si avvicinò brevemente al finestrino della macchina e disse: «Melba, credo che camminerò fino a casa; guida tu la macchina». Melba, però, si era addormentata e non lo sentì. Quando si svegliò attese pazientemente che Oppie tornasse, ma, alla fine, dopo che erano passate due ore senza che di lui ci fosse traccia, fece segno a un poliziotto di passaggio e disse: «Il mio accompagnatore se n'è andato qualche ora fa a fare una passeggiata, ma non è più tornato». Temendo il peggio, la polizia setacciò i cespugli alla ricerca del corpo di Oppenheimer. Alla fine la Phillips guidò fino a casa con la macchina di Oppie mentre gli agenti si recarono nella sua stanza al Faculty Club, e tirarono giù dal letto un assonnato Robert. Scusandosi, spiegò alla polizia che si era completamente dimenticato della signorina Phillips: «Sono tremendamente incostante, sapete, ho semplicemente camminato e camminato, e poi sono arrivato a casa e sono andato a dormire. Mi dispiace tanto». Un giornalista che seguiva le operazioni della polizia seppe della storia e il giorno dopo sul «San Francisco Chronicle» apparve un breve articolo in prima pagina intitolato: *Professore distratto parcheggia la ragazza e torna a casa*. Fu la prima apparizione di Oppenheimer sulla stampa. In tutto il mondo i giornali riportarono la vicenda. A Frank Oppenheimer capitò di leggerla in Inghilterra su un giornale di Cambridge. Naturalmente sia Oppie che Melba erano imbarazzati e, forse per difendersi, lui aveva spiegato agli amici di aver avvisato Melba che sarebbe tornato a casa a piedi, ma che lei doveva essersi addormentata e quindi non l'aveva sentito.

Nel 1934 Oppenheimer si trasferì in un appartamento al pianterreno di una piccola casa al 2665 di Shasta Road, appollaiata su una delle ripide strade a tornanti tra le colline di Berkeley.[6] Invitava spesso gli studenti per una semplice cena di «uova *à la Oppie*» invariabilmente corrette con spezie messicane e innaffiate da vino rosso. In certe occasioni sottoponeva gli ospiti al suo potente martini, shakerato con elaborate cerimonie e versato in bicchieri gelati. A volte immergeva il bordo dei bicchieri per il martini in succo di limetta e miele. Inverno o estate che fosse, teneva sempre le finestre completamente spalancate, il che faceva sì che in inverno i suoi ospiti si affollassero attorno al grande caminetto che dominava il salotto decorato da pannelli scuri e tappeti indiani provenienti dal Nuovo Messico. Il padre gli aveva dato una piccola litografia di Picasso, che lui aveva appeso al muro. Se le persone sembravano stufe della fisica, la conversazione poteva dirigersi su arte o letteratura, o magari lui suggeriva un film. La piccola casa in legno di sequoia aveva una bella vista di San Francisco e del Golden Gate. Oppie definiva la baia «il più bel porto del mondo».[7] Dalla strada superiore la casa era praticamente invisibile, nascosta quasi del tutto da un boschetto di pini, eucalipti e acacie. Disse a suo fratello Frank che di solito dormiva nella veranda «sotto lo Yaqui e le stelle, e immagino di essere sulla veranda a *Perro Caliente*».

In quegli anni la divisa professionale di Oppie era sempre una giacca grigia, una camicia di cotone blu e scarpe nere dalla punta arrotondata, consumate ma ben curate. Ma lontano dall'università usciva dall'uniforme accademica e indossava una camicia blu da lavoro e blu jeans scoloriti, sorretti da una larga cintura in cuoio con una fibbia messicana in argento. Le sue lunghe dita ossute erano ormai macchiate dal giallo della nicotina.[8]

Consciamente o meno, alcuni degli studenti di Oppie cominciarono a imitare le sue stranezze ed eccentricità. Vennero chiamati «i ragazzi ehm ehm» perché imitavano il suo mormorio. Quasi tutti questi giovani fisici in erba cominciarono a fumare una Chesterfield dopo l'altra, le sigarette preferite da Oppie, e, come lui, facevano scattare i loro accendini ogni volta che qualcuno tirava fuori una sigaretta. «Copiavano i suoi gesti, i suoi manierismi e le sue intonazioni», ricordò Robert Serber.[9] Isidor Rabi osservò: «[Oppenheimer] è come un ragno che ha teso tutto attorno a sé una ragnatela di comunicazione. Una volta ero a Berkeley e dissi a un paio di suoi studenti "Vedo che anche voi indossate i costumi da genio". Il giorno seguente Oppenheimer sapeva che lo avevo detto».[10] Era una sorta di culto o un fascino misterioso che alcuni trovavano irritante. «Non potevamo apprezzare Čajkovskij», raccontò Edwin Uehling, «perché a Oppenheimer non era mai piaciuto.»[11]

I suoi studenti si ricordavano costantemente che, a differenza dalla maggior parte dei fisici, leggeva libri ben lontani dal suo campo. «Leggeva molta poesia francese», ricordava Harold Cherniss.[12] «Leggeva quasi tutto [romanzi e poesie] quello che usciva.» Cherniss lo vide leggere i poeti classici greci, ma anche romanzieri contemporanei come Ernest Hemingway. Di Hemingway gli era piaciuto in particolare *Il Sole sorge ancora*.

Anche durante la grande depressione le condizioni economiche di Robert erano decisamente buone. Innanzitutto dall'ottobre 1931, quando fu nominato professore associato, riceveva uno stipendio annuale di tremila dollari, e suo padre continuava a fornirgli fondi aggiuntivi. Anche se Julius non aveva ricavato dalla vendita della società abbastanza denaro per creare la fondazione indipendente che gli sarebbe piaciuto avviare, ne aveva a sufficienza per un fondo fiduciario «così che Robert non debba mai abbandonare le sue ricerche».[13]

Come suo padre, Robert era istintivamente generoso e non esitava mai a condividere con gli studenti il suo raffinato gusto per cibo e vino. A Berkeley, dopo aver tenuto nel tardo pomeriggio un seminario, invitava spesso gli studenti a unirsi a lui per una cena al Jack's Restaurant, uno dei ristoranti più gradevoli di San Francisco.[14] Prima del 1933 il proibizionismo era ancora in vigore, ma Oppenheimer, disse un vecchio amico, «conosceva i migliori ristoranti e tutti gli spacci clandestini di alcolici di San Francisco». In quegli anni, per andare a San Francisco da Berkeley bisognava ancora prendere il traghetto e spesso (dopo il 1933), mentre lo aspettavano, Oppie e i suoi studenti si facevano una veloce bevuta in uno dei bar che a quell'epoca erano allineati sulla banchina. Una volta arrivati da Jack's, al 615 di Sacramento Street, Oppie sceglieva i vini e guidava i suoi studenti nella scelta del menu. Pagava sempre lui.[15] «Il mondo del mangiar bene, dei vini di qualità e della bella vita era lontano dall'esperienza di molti di noi», disse uno dei suoi studenti. «Oppenheimer ci presentò un tipo di vita che a noi era poco familiare [...]. Ma acquisimmo qualcosa dei suoi gusti.»[16] Circa una volta alla settimana Oppie passava dalla casa di Leo Nedelsky dove molti dei suoi studenti, tra cui J. Franklin Carlson e Melba Phillips, avevano la stanza in affitto. Quasi ogni sera alle dieci venivano serviti il tè e una torta, e tutti sedevano insieme giocando al gioco delle pulci e discutendo delle cose più disparate. La maggior parte delle persone andava a dormire prima di mezzanotte, ma certe volte la conversazione proseguiva fino alle due o alle tre del mattino.[17]

Verso la fine del semestre primaverile del 1932, una sera Oppie annunciò che Frank Carlson – che soffriva di occasionali attacchi di depressione – aveva bisogno di aiuto per finire la sua tesi. «Frank ha concluso il suo lavoro», disse Oppenheimer, «ma adesso bisogna scriverlo.»[18] Tutti gli studenti risposero con entusiasmo e riuscirono a formare quella che sembrava una sorta di piccola fabbrica: «Frank [Carlson] scriveva», ricordò la Phillips, «Leo [Nedelsky] limava [...]. Io correggevo e scrivevo tutte le equazioni nella tesi». In giugno la tesi di Carlson fu accettata, e poi gli fu affidato il ruolo di ricercatore associato di Oppenheimer nell'anno accademico 1932-33.

Ogni primavera, dopo che in aprile terminava il semestre di Berkeley, gli studenti di Oppie lo seguivano al Caltech di Pasadena, seicento chilometri più a sud, dove insegnava per il trimestre successivo.[19] Non avevano problemi a chiudere i contratti di affitto dei loro appartamenti a Berkeley e a trasferirsi in villette con giardino a Pasadena per venticinque dollari al mese. Inoltre, in estate, alcuni di loro frequentavano per alcune settimane anche i seminari estivi di fisica che lui teneva ad Ann Arbor, all'Università del Michigan.

Nell'estate del 1931 l'ex professore di Oppie a Zurigo, Wolfgang Pauli, partecipò ai seminari di Ann Arbor. In un'occasione Pauli continuò a interrompere la presentazione di Oppie fino a che un altro eminente fisico, H.A. Kramers, gridò: «Stai zitto Pauli, e lasciaci sentire quello che ha da dire Oppenheimer. Poi dopo ci potrai spiegare cosa c'è di sbagliato».[20] Questo genere di commenti taglienti non faceva che aumentare la brillante aura di libertà che circondava Robert.

Nell'estate del 1931 Ella Oppenheimer si ammalò gravemente e le venne diagnosticata la leucemia.[21] Il 6 ottobre 1931 Julius mandò un telegramma a Robert: «Mamma è gravemente ammalata; non c'è speranza che viva [...]».[22] Robert tornò immediatamente a casa e sedette vigile al capezzale della madre, che trovò «terribilmente depressa, quasi senza speranza». Scrisse a Ernest Lawrence: «Sono riuscito a parlare un po' con lei; è stanca e molto triste, ma senza disperazione; è incredibilmente dolce». Dieci giorni dopo raccontava che la fine si stava avvicinando: «È in coma, adesso, e la morte è davvero vicina. Non possiamo fare a meno di sentirci in parte grati del fatto che non abbia dovuto soffrire di più [...]. L'ultima cosa che mi ha detto è stata: "Sì, la California"».

Qualche giorno dopo Herbert Smith si recò a casa Oppenheimer per confortare il suo ex studente. Dopo molte ore di conversazione svogliata, Robert alzò lo sguardo e disse: «Sono l'uomo più solo del mondo».[23] Ella morì il 17 ottobre 1931, a sessantadue anni; Robert ne aveva ventisette. Quando un amico di famiglia cercò di consolarlo dicendo «Sai Robert, tua madre ti amava molto», egli rispose mormorando dolcemente: «Sì, lo so. Ma forse mi amava troppo».

Julius, colpito dal dolore, continuò a vivere a New York ma cominciò presto ad andare a trovare regolarmente il figlio in California. Padre e figlio si avvicinarono ancora di più. In effetti gli studenti e i colleghi di Robert furono assai colpiti dalla maniera in cui lui fece posto al padre nella sua vita. Nell'inverno del 1932 padre e figlio divisero una villetta a Pasadena dove in quel semestre Robert stava insegnando. Robert pranzava ogni giorno con il padre, e una sera alla settimana lo portava a cena presso un elitario club che si riuniva al Caltech; per definire quelle cene, in cui un oratore designato teneva una conferenza, poi seguita da vivaci discussioni, Robert usava la parola tedesca *Stammtisch* (un tavolo riservato a clienti regolari). Julius era estremamente felice di essere incluso in quegli eventi e scrisse a Frank: «Sono molto divertenti [...]. Sto incontrando molti degli amici di Robert, ma credo di non aver interferito con le sue attività. È sempre occupato e ha parlato brevemente con Einstein un paio di volte».[24] Due volte alla settimana Julius giocava a bridge con Ruth Uehling, e divennero buoni amici. «Nessuno poteva far sentire una donna più importante di come faceva lui», ricordò in seguito Ruth, «era terribilmente orgoglioso di suo figlio [...]. Non riusciva a capire come aveva prodotto Robert.»[25] Julius parlava anche con passione del mondo dell'arte e nell'estate del 1936, quando Ruth era andata a trovarlo a New York, le mostrò orgogliosamente la sua collezione di quadri. «Con il sole che brillava», ricordò lei, «mi fece sedere per tutto il giorno davanti a un bellissimo Van Gogh, per farmi vedere come la luce lo cambiava.»

Tra gli altri amici, Robert presentò suo padre ad Arthur W. Ryder, professore di sanscrito a Berkeley. Ryder era un repubblicano fedele a Hoover e un iconoclasta dalla lingua tagliente. Era «affascinato» da Oppenheimer e Robert, da parte sua, lo considerava la quintessenza dell'intellettuale. Suo padre era d'accordo: «È una persona stupefacente», disse Julius, «una notevole combinazione di austerità, attraverso la quale fa capolino il più gentile genere di animo».[26] In seguito Robert ascrisse a Ryder il merito di avergli donato un rinnovato «senso per il ruolo dell'etica». Era uno studioso, disse, che «sentiva, pensava e parlava come uno stoico». Considerava Ryder una di quelle rare persone che «hanno un tragico senso della vita nel loro attribuire alle azioni umane il ruolo decisivo nella differenza tra salvezza e dannazione. Ryder sapeva che un uomo poteva commettere un errore irrimediabile e che, alla luce di questo fatto, tutto il resto passava in secondo piano».

Robert si sentì attratto sia da Ryder che dall'antica lingua che era la sua vocazione. In breve tempo Ryder iniziò a dare a Robert lezioni private di sanscrito ogni giovedì sera. «Sto imparando il sanscrito», Robert scrisse a Frank, «mi piace molto, e apprezzo nuovamente la dolce lussuria del farsi insegnare.» Se la maggior parte dei suoi amici considerava questa nuova ossessione un po' stramba, Harold Cherniss – che aveva presentato Oppie a Ryder – pensava che la cosa avesse senso. «Gli piacevano le cose difficili», disse Cherniss. «E visto che quasi tutto per lui era facile, le cose che attiravano davvero la sua attenzione erano essenzialmente quelle più difficili.»[27] Inoltre Oppie «aveva un gusto spiccato per il mistico e il criptico».

Con la sua predisposizione per le lingue, non ci volle molto prima che Robert iniziasse a leggere la *Bhagavadgītā*. «È molto facile e davvero meravigliosa», scrisse a Frank.[28] Disse agli amici che questo antico testo indù – *La canzone del Signore* – era «la più bella canzone filosofica esistente in qualsiasi lingua conosciuta». Ryder gli donò una copia del libro con copertina rosa che andò a finire nella biblioteca più vicina alla sua scrivania. Oppie prese l'abitudine di regalare copie della *Gītā* agli amici.

Robert era così preso dallo studio del sanscrito che, nell'autunno del 1933, quando il padre gli regalò un'altra Chrysler, la chiamò *Garuda*, il nome del gigantesco Dio volante che nella mitologia indù trasporta Visnu nei cieli.[29] La *Gītā* – il cuore del poema epico sanscrito *Mahabharata* – è narrata in forma di dialogo tra il Dio incarnato Krishna e un eroe umano, il principe Arjuna. Poco prima di portare le sue truppe in un combattimento mortale, Arjuna tenta di rifiutarsi di iniziare una guerra contro i suoi amici e parenti. Ma Krishna gli risponde che deve compiere il suo destino di guerriero, combattendo e uccidendo, e Arjuna obbedisce.*

Fin dalla crisi emotiva del 1926 Robert aveva cercato di raggiungere un qualche equilibrio interno. I suoi principi guida erano sempre stati la disciplina e il lavoro, ma adesso li innalzò con evidente autoconsapevolezza, facendoli diventare i tratti di una filosofia della vita. Nella primavera del 1932 Robert scrisse una lunga lettera al fratello spiegando il perché. Sosteneva che la disciplina «fa bene all'anima, è più fondamentale di qualsiasi altra base che venga suggerita per la sua bontà. Credo che attraverso la disciplina, anche se non solo con essa, possiamo raggiungere la serenità, e una piccola ma preziosa parte di libertà dagli incidenti dell'incarnazione [...] e quel distacco necessario a preservare il mondo a cui si rinuncia. Credo che attraverso la disciplina, anche nelle circostanze più avverse, impariamo a preservare ciò che è essenziale alla nostra felicità e ad abbandonare con facilità quello che altrimenti ci sarebbe sembrato indispensabile». E solo attraverso la disciplina è possibile «vedere il mondo senza la rozza distorsione provocata dal desiderio personale e, vedendolo così, accettare con più facilità le nostre privazioni e l'orrore del mondo terreno».

Come molti intellettuali occidentali affascinati dalle filosofie orientali, lo scienziato Oppenheimer trovava conforto nel loro misticismo.[30] Sapeva, inoltre, di non essere solo; sapeva che alcuni dei poeti che più ammirava, come W.B. Yeats e T.S. Eliot, si erano a loro volta immersi nel *Mahabharata*. «Quindi», concludeva nella lettera al ventiduenne Frank, «credo che tutte le cose che evocano la disciplina: lo studio e i nostri obblighi verso gli uomini e la confederazione, la guer-

---

* Ovviamente Oppenheimer era assai colpito da questo antico poema epico esistenziale. Ma quando il suo vecchio amico dei tempi di Zurigo, Isidor Rabi, di passaggio a Berkeley, scoprì che Oppie stava studiando il sanscrito – come raccontò a Martin Sherwin che lo intervistava (12 marzo 1982) – si chiese: «Ma perché non il *Talmud*?». [*n.d.a.*]

ra, le privazioni personali, e anche il bisogno di sussistenza, devono essere accolte con profonda gratitudine; perché solo attraverso di esse possiamo raggiungere il distacco minimo; e solo così possiamo conoscere la pace.»[31]

Quasi trentenne, Oppenheimer sembrava già alla ricerca di un prematuro distacco; in altre parole, desiderava di essere impegnato con il mondo fisico come scienziato ma allo stesso tempo di esserne distaccato. Non stava cercando una fuga verso una realtà puramente spirituale. Non cercava una religione. Ciò a cui anelava era la tranquillità dell'animo. La *Gītā* sembrava fornire proprio la giusta filosofia per un intellettuale in forte sintonia con i problemi degli uomini e i piaceri dei sensi. Uno dei suoi testi preferiti in sanscrito era il *Meghaduta*, una poesia che tratta la geografia dell'amore, dai grembi delle donne nude fino alle elevate montagne dell'Himalaya.[32] «Leggo il *Meghaduta* con Ryder», scrisse a Frank, «con gusto, un certo agio e grande fascinazione [...]». Eppure un'altra delle sue parti preferite della *Gītā*, il *Satakatrayam*, contiene questi versi fatalistici:

Sgomina i nemici con le armi [...]
Acquisisci il dominio delle scienze
e delle arti [...]
Potrai fare tutto questo, ma la forza del karma
da sola, impedisce ciò che non è destino
e obbliga a ciò che deve essere.[33]

A differenza dell'*Upanishad*, la *Gītā* celebra una vita di azione e impegno con il mondo. Sotto questo aspetto era compatibile con la formazione di Oppenheimer alla Ethical Culture School; ma c'erano anche importanti differenze. Le nozioni della *Gītā* su karma, destino e dovere terreno si scontravano con l'umanitarismo della Ethical Culture Society. Il dottor Adler aveva denigrato l'insegnamento di una qualsiasi inesorabile «legge della storia» perché la cultura etica sottolineava invece il ruolo della volontà umana individuale. Non c'era niente di fatalistico nel lavoro sociale di John Lovejoy Elliot nei ghetti di immigrati della bassa Manhattan. Quindi, forse l'attrazione che Oppenheimer provava per il fatalismo della *Gītā* era almeno in parte stimolata da una ribellione tardiva contro ciò che gli era stato insegnato da giovane. Isidor Rabi la pensava così. La moglie di Rabi, Helen Newmark, era stata compagna di classe di Robert alla Ethical Culture School, e in seguito Rabi ricordò: «Dalle conversazioni che ho avuto con lui ho l'impressione che il suo rispetto per la scuola non fosse dovuto all'affetto. Una dose eccessiva di cultura etica può spesso inasprire l'intellettuale in erba, che preferirebbe un più profondo approccio alle relazioni umane e al ruolo dell'uomo nell'universo».[34]

Rabi ipotizzò che l'eredità della cultura etica del giovane Oppenheimer poteva essere diventata un fardello che lo bloccava. È impossibile conoscere fino in fondo le conseguenze delle proprie azioni, e a volte persino le buone intenzioni portano a risultati orrendi. Robert era decisamente in sintonia con l'etica, eppure era dotato di molta ambizione e di un'intelligenza ampia e curiosa. Come molti intellettuali a contatto con la complessità della vita, forse a volte si sentiva paralizzato sino all'inazione. In seguito Oppenheimer rifletté proprio su questo dilemma: «Potrei, come capita a tutti, dover prendere una decisione e agire, o potrei pensare ai miei motivi e alle mie peculiarità, alle mie virtù e alle mie mancanze, e cercare di decidere perché lo sto facendo e chi sono. Entrambe le questioni hanno un ruolo nella nostra vita, ma ovviamente una supera l'altra».[35] Alla Ethical Culture School, anche Felix Adler si era sottoposto a una «costante analisi di sé e all'autovalutazione, applicando gli stessi alti standard e gli stessi obbiettivi che usava per gli altri». Ma avvicinandosi ai trent'anni, Oppenheimer cominciava a risentire di questa implacabile introspezione. Come suggerito dallo storico James Hijiya, la *Gītā* fornisce una risposta a questo dilemma psicologico: celebra il lavoro, il dovere e la disciplina, e non ti preoccupare delle conseguenze. Oppenheimer era molto attento alle conseguenze delle sue azioni ma, come Arjuna, era anche costretto a fare il proprio dovere. Quindi il dovere (e l'ambizione) gli facevano superare i suoi dubbi, anche se il dubbio rimaneva, nella forma di una coscienza della fallibilità umana sempre presente.

Nel giugno 1934 Oppenheimer tornò al corso estivo di fisica dell'Università del Michigan e tenne una lezione sulla sua più recente critica all'equazione di Dirac.[36] La lezione impressionò a tal punto Robert Serber, all'epoca studente di postdottorato, che decise immediatamente di spostarsi con la sua borsa di studio di ricerca da Princeton a Berkeley. Una o due settimane dopo che Serber si era trasferito a Berkeley, Oppie lo invitò ad andare al cinema, a vedere *Notturno tragico*, un thriller con Robert Montgomery come protagonista. Fu l'inizio di un'amicizia che sarebbe durata tutta la vita.

Figlio di un avvocato di Philadelphia ben inserito politicamente, Serber crebbe in una cultura decisamente di sinistra. Suo padre era russo, ed entrambi i suoi genitori erano ebrei. Quando Serber aveva dodici anni, sua madre morì. Dopo non molto tempo suo padre si risposò: la sua nuova moglie era Frances Leof, pittrice di murales e creatrice di vasi che in seguito, secondo documenti dell'FBI, si iscrisse al Partito comunista. Robert Serber si inserì velocemente nell'estesa famiglia Leof, che gravitava attorno alla casa dello zio della sua matrigna, un carismatico medico di Philadelphia, Morris V. Leof, e di sua moglie Jenny. Casa Leof era organizzata come salotto politico e artistico; tra i frequentatori regolari si contavano il drammaturgo Clifford Odets, il giornalista di sinistra I.F. Stone, e la poetessa Jean Roisman, che in seguito sposò l'avvocato liberale di sinistra Leonard Boudin. Il giovane Robert Serber fu presto conquistato dalle grazie di Charlotte Leof, la più giovane delle due figlie di Morris e Jenny. Nel 1933 lui e Charlotte si sposarono con rito civile poco dopo che lei si era laureata all'Università della Pennsylvania. Charlotte aveva ereditato dal padre le idee politiche radicali, e per tutti gli anni Trenta fu una fervente attivista in molte battaglie della sinistra.[37] Con questi legami familiari, non sorprende che l'orientamento politico di Serber fosse decisamente a sinistra, anche se anni dopo l'FBI concluse che «non ci sono prove definitive che Robert Serber sia stato iscritto al Partito comunista».[38]

A Berkeley, Serber studiò fisica teorica con Oppenheimer e nel corso di pochi anni pubblicò una dozzina di articoli, di cui sette firmati insieme al suo mentore. Gli articoli affrontavano temi quali le particelle dei raggi cosmici, la disintegrazione dei protoni ad alta energia, i fotoeffetti nucleari ad alti livelli di energia e i nuclei stellari compatti. Oppie disse a Lawrence che Serber era «uno dei pochi teorici di alto livello con cui aveva lavorato».[39]

Erano anche amici intimi. Nell'estate del 1935 Oppie invitò i Serber ad andarlo a trovare nel Nuovo Messico. Ma Serber era completamente impreparato per il tipo di vita a Perro Caliente. Quando arrivarono, dopo aver guidato per ore e ore su una strada non asfaltata, i Serber trovarono lì anche Frank Oppenheimer, Melba Phillips ed Ed McMillan. Oppie li accolse con disinvoltura e suggerì, essendo la casetta già piena, che prendessero due cavalli e cavalcassero per centoventi chilometri verso nord, fino a Taos. Questo significava una cavalcata di tre giorni attraverso il passo Jicoria, a quattromila metri di altezza. Serber non era mai andato a cavallo! Seguendo le istruzioni di Oppie, i Serber prepararono i cavalli, portando con sé solo un cambio di calze e di biancheria intima, uno spazzolino da denti, una scatola di cracker al cioccolato, una pinta di whisky e un sacco di avena per i cavalli. Tre

giorni dopo, con i muscoli doloranti e la pelle delle gambe irritata da
così tante ore in sella, i Serber arrivarono a Taos. Dopo una notte alla
locanda del Ranchos de Taos, tornarono indietro per incontrare Oppenheimer. Durante il tragitto Charlotte cadde due volte da cavallo e
arrivò con la giacca sporca di sangue.

La vita a Perro Caliente era dura. A quasi tremila metri di altitudine, l'aria sottile lasciava molti visitatori senza fiato. «Nei primi giorni
che eravamo lì», scrisse in seguito Serber, «qualsiasi attività fisica ci toglieva il respiro.»[40] Cinque anni dopo che i fratelli Oppenheimer avevano affittato per la prima volta il ranch, la casetta era ancora male arredata, con semplici sedie di legno, un divano davanti al camino e un
tappeto navajo sul pavimento. Frank aveva collegato un tubo a una
sorgente che si trovava al di sopra della casetta, e quindi adesso c'era
anche l'acqua corrente. Ma tutto finiva lì. Serber si accorse presto che
per Oppie il ranch era semplicemente un posto in cui riposare dopo le
lunghe ed estenuanti cavalcate nella natura selvaggia. Serber ricordò
che una volta, durante una cavalcata notturna con il suo ospite, nel bel
mezzo di una tempesta arrivarono a un bivio. Oppie disse: «Da quella
parte ci sono undici chilometri per arrivare a casa, da questa parte ci si
mette solo un po' di più ma il percorso è molto più bello!».

Malgrado le difficoltà, tra il 1935 e il 1941 i Serber passarono una
parte di ogni estate a Perro Caliente. Oppenheimer riceveva molti altri visitatori. Un giorno incontrò il fisico tedesco Hans Bethe che stava facendo delle escursioni nella regione e lo convinse a passare dal
ranch. Altri fisici, tra cui Ernest Lawrence, George Placzek, Walter
Elsasser e Victor Weisskopf passarono un po' di giorni da quelle parti. Tutti i visitatori erano sorpresi da quanto l'apparentemente fragile
amico gradisse chiaramente quelle spartane condizioni di vita.

A volte le spedizioni di Robert sfioravano il disastro. Una volta lui e
tre amici – George ed Else Uhlenbeck e Roger Lewis – si accamparono per la notte sul Lago Katherine, sotto il lato orientale di un picco
chiamato Santa Fe Baldy. A causa dell'altitudine, Robert e gli altri
due uomini mostrarono improvvisamente sintomi di malessere. Superarono il gelo della notte nei sacchi a pelo e si svegliarono il mattino
dopo per scoprire che due dei cavalli erano scappati. Tuttavia Robert
riuscì a convincere gli altri a scalare il North Trunchas Peak, il picco
più alto – 4298 metri – della catena del Sangre de Cristo. Scalarono la
cima nel bel mezzo di una tempesta e dovettero poi camminare fradici fino a Los Pinos, dove Katherine Page servì loro dei forti alcolici. Il
mattino dopo i due cavalli che erano fuggiti riapparvero ed Else rise

alla vista di Oppenheimer che in pigiama rosa li inseguiva per farli rientrare nel recinto.⁴¹

Fino al 1934 Oppenheimer mostrò poco interesse per gli eventi dell'epoca e per la politica. Più che ignorante era indifferente, e sicuramente non era politicamente attivo. Ma in seguito – in un momento in cui desiderava sottolineare la sua ingenuità politica – nutrì il mito di essere ignaro della politica e degli affari pratici: affermava di non possedere né una radio né un telefono, e di non leggere mai né giornali né riviste. E gli piaceva raccontare di aver sentito parlare per la prima volta del crollo della borsa del 29 ottobre 1929 solo mesi dopo l'evento. Affermava di non aver mai votato fino alle elezioni presidenziali del 1936. «A molti dei miei amici», testimoniò nel 1954, «la mia indifferenza per le vicende contemporanee sembrava strana, e spesso mi rimproveravano perché ero troppo intellettuale. Provavo interesse per l'uomo e per le sue esperienze; ero profondamente interessato dalla mia scienza; ma non conoscevo le relazioni tra l'uomo e la società.»⁴²
Anni dopo, Robert Serber commentò che questo autoritratto di Oppenheimer come «persona fuori dal mondo, ritirata e antiestetica, che non sapeva cosa stava succedendo, era esattamente il contrario di quello che lui era davvero».⁴³

A Berkeley Oppenheimer si circondava di amici e colleghi che avevano un intenso interesse nelle questioni politiche e sociali. A partire dall'autunno del 1931 la sua padrona di casa al 2665 di Shasta Road era Mary Ellen Washburn, una donna alta, autorevole, che vestiva lunghi e colorati vestiti batik e amava socializzare. Suo marito, John Washburn, era un brillante commercialista che avrebbe potuto insegnare economia all'università. Da tempo la loro casa era un polo sociale per gli intellettuali di Berkeley e, come la stessa Mary Ellen, molti di loro avevano forti simpatie per la sinistra. In seguito l'FBI avrebbe concluso che Mary Ellen era «un membro attivo del Partito comunista nella Contea di Alameda».⁴⁴

Un giovane professore di letteratura francese di nome Haakon Chevalier frequentava le feste dei Washburn sin dagli anni Venti.⁴⁵ I Serber venivano a quelle feste, così come una giovane e bella studentessa di medicina di nome Jean Tatlock. Era naturale che anche Oppie, lo scapolo che viveva al piano di sotto, arrivasse da loro in occasione di questi incontri sociali. Era sempre simpatico e di solito stregava tutti. Ma una sera, mentre lui discuteva in profondità di una particolare poesia, gli ospiti sentirono John Washburn, piuttosto ubriaco, mormorare «dopo le tragedie greche non si era mai sentita un'assoluta pomposità come quella di Robert Oppenheimer».[46]

«Non eravamo certo apertamente politici», ricordò Melba Phillips. [47] Oppie un giorno disse a Leo Nedelsky: «Al massimo conosco tre persone che si interessano di politica. Ma dimmi, che cosa c'entra la politica con la verità, la bontà e la bellezza?».[48] Ma dopo il gennaio 1933, quando Adolf Hitler andò al potere in Germania, la politica cominciò a intromettersi nella vita di Oppenheimer. Dall'aprile di quell'anno i professori tedeschi ebrei venivano sommariamente cacciati dai loro posti di lavoro. Un anno dopo, nella primavera del 1934, Oppenheimer ricevette una lettera circolare che chiedeva fondi per aiutare i fisici tedeschi che cercavano di emigrare dalla Germania nazista. Decise immediatamente di dedicare a questo scopo il tre per cento del suo stipendio (circa 100 dollari all'anno) per due anni.[49] Per ironia della sorte, uno dei profughi che potrebbe essere stato assistito da quel fondo era l'ex professore di Robert a Gottinga, il dottor James Franck. Quando Hitler salì al potere, Franck, che si era guadagnato due medaglie al valore durante la prima guerra mondiale, era stato uno dei pochi fisici ebrei a cui era stato concesso di conservare il posto di lavoro. Ma un anno dopo fu costretto all'esilio perché si era rifiutato di licenziare degli altri fisici ebrei. Nel 1935 insegnava fisica alla Johns Hopkins University di Baltimora. In maniera analoga, Max Born fu costretto a lasciare Gottinga nel 1933, e andò a insegnare in Inghilterra.[50]

Le notizie dalla Germania erano assai tristi. Ma nel 1934 sarebbe stato difficile per chiunque ignorare l'attività politica che si svolgeva proprio accanto a Berkeley. Quasi cinque anni di depressione avevano impoverito milioni di semplici cittadini. All'inizio di quell'anno, la lotta dei lavoratori divenne violenta. Alla fine di gennaio, tremila raccoglitori di insalata nella Imperial Valley entrarono in sciopero. Schierandosi dalla parte dei proprietari, la polizia arrestò centinaia di lavoratori. Lo sciopero fu presto spezzato e le paghe scesero da 20 a 15 centesimi all'ora. Poi, il 9 maggio 1934, più di 12.000 scaricatori di porto iniziarono dei picchetti lungo tutta la costa ovest. Arrivati a fine giugno, lo sciopero portuale aveva virtualmente strangolato le economie degli stati di California, Oregon e Washington. All'inizio di luglio le autorità cercarono di riaprire il porto di San Francisco; la polizia lanciò gas lacrimogeni contro migliaia di scaricatori e ne seguì una sommossa. Dopo quattro giorni di schermaglie, numerosi poliziotti spararono contro la folla; tre uomini furono feriti e due morirono. Il 5 luglio 1934 divenne noto come «il giovedì del sangue». Quello stesso giorno il governatore repubblicano ordinò alla guardia nazionale della California di riprendere il controllo delle strade.

Undici giorni dopo, il 16 luglio, i sindacati di San Francisco proclamarono uno sciopero generale. Per quattro giorni la città fu paralizzata. Alla fine intervennero dei mediatori federali e il 30 luglio il più grande sciopero della storia della West Coast giunse al termine. Gli scaricatori tornarono al lavoro senza aver ottenuto quasi nulla delle loro richieste salariali, ma era chiaro a tutti che i sindacati avevano ottenuto un'importante vittoria politica. Lo sciopero aveva raccolto la simpatia popolare per la difficile situazione degli scaricatori, e aveva notevolmente rafforzato il movimento. Il 28 agosto 1934, come segno che l'atmosfera politica si era sensibilmente spostata a sinistra, lo scrittore radicale Upton Sinclair sorprese la classe dirigente californiana ottenendo il ruolo di candidato a governatore per il Partito democratico. Anche se Sinclair non riuscì a vincere le elezioni – in parte a causa delle intense calunnie contro di lui e della campagna di paura messa in atto dai repubblicani – la politica della California non sarebbe più stata la stessa.[51]

Simili drammatici avvenimenti non potevano non essere notati da Oppenheimer e dai suoi studenti. La stessa Berkeley era divisa tra i critici e i sostenitori dello sciopero. Quando, il 9 maggio 1934, gli scaricatori cominciarono le agitazioni, un membro conservatore della Facoltà di fisica, Leonard Loeb, assoldò i giocatori della squadra di football dell'università perché agissero da disturbatori dello sciopero. Significativamente Oppenheimer invitò in seguito alcuni dei suoi studenti, tra cui Melba Phillips e Bob Serber, ad andare con lui a una manifestazione degli scaricatori in un grande auditorium di San Francisco. «Eravamo in alto, seduti in balconata», ricordò Serber, «e alla fine fummo tutti contagiati dall'entusiasmo degli scioperanti e gridammo con loro "Sciopero! Sciopero! Sciopero!"»[52] In seguito, Oppenheimer andò nell'appartamento di un'amica, Estelle Caen, dove gli fu presentato Harry Bridges, il carismatico leader del sindacato degli scaricatori.

Nell'autunno del 1935 Frank Oppenheimer tornò da due anni di studi al Laboratorio Cavendish di Cambridge, in Inghilterra, e accettò una borsa di studio per pagarsi le tasse scolastiche necessarie per completare la sua tesi di dottorato al Caltech. Charles Lauritsen, un vecchio amico di Robert, accettò di assistere Frank durante il suo lavoro per la tesi. Frank si immerse subito nelle ricerche sulla spettroscopia dei raggi beta, un argomento che aveva già studiato al Cavendish. «Era molto bello essere uno studente dottorando che sapeva cosa voleva fare», ricordò Frank.[53]

Robert divideva ancora il suo tempo tra Berkeley e il Caltech, passando ogni tarda primavera a Pasadena, dove viveva con i suoi buoni amici Richard e Ruth Tolman. I Tolman si erano costruiti una casa bianca in stile spagnolo vicino al campus, e nel retro c'erano un rigoglioso giardino e una casetta per gli ospiti, con una camera che Robert occupava sempre quando era in città. Robert aveva incontrato i Tolman nella primavera del 1929, e quell'estate la coppia aveva visitato il ranch di Oppenheimer nel Nuovo Messico. Robert avrebbe in seguito descritto la loro amicizia come «molto stretta». Ammirava «la saggezza e gli ampi interessi, estesi in fisica ed estesi in generale» di Tolman. Ma ammirava anche «l'estremamente intelligente, e assai adorabile sposa» di Tolman.[54] All'epoca Ruth era una psicologa clinica che stava completando la sua preparazione dopo la laurea. Per Oppenheimer, i Tolman erano «una dolce isola nell'orrore della California del sud».[55] La sera i Tolman organizzavano spesso delle cene a cui prendevano parte sia Frank sia altri amici di Oppenheimer, tra i quali Linus Pauling, Charlie Lauritsen, Robert e Charlotte Serber ed Edwin e Ruth Uehling. Spesso Ruth e Frank suonavano il flauto.

Nel 1936 Oppenheimer fece forti pressioni perché Serber fosse nominato dal dipartimento di fisica suo assistente di ricerca. Solo con molta riluttanza il segretario del dipartimento, Raymond Birge, accettò di concedere a Serber uno stipendio di 1200 dollari all'anno. Nei due anni successivi Oppie cercò ripetutamente di far ottenere a Serber una posizione stabile come professore incaricato. Ma Birge rifiutò testardamente, scrivendo a un altro collega che «un ebreo nel dipartimento è già abbastanza».[56]

All'epoca Oppenheimer non sapeva di questo commento, ma la sensazione non gli era estranea. Negli anni Venti e Trenta l'antisemitismo era in crescita nella buona società americana. Molte università avevano seguito l'esempio dato da Harvard nei primi anni Venti, e imposto quote restrittive sul numero degli studenti ebrei. In importanti città come New York, Washington e San Francisco gli studi legali e i club elitari applicavano la segregazione in base sia alla razza che alla religione. Da questo punto di vista in California la classe dirigente non era diversa da quella della East Coast. Eppure, se a differenza del suo amico Ernest Lawrence Oppenheimer non poteva aspirare a diventare parte dell'alta borghesia californiana, era comunque felice del posto in cui si trovava. «Avevo deciso dove volevo che fosse il mio letto», ricordò. Ed era un letto in cui era «contento» di stare.

In effetti negli anni Trenta non tornò nemmeno una volta in Europa, né lasciò mai la California, fatta eccezione per le estati passate nel Nuovo Messico e per i viaggi al seminario estivo di Ann Arbor. Quando Harvard gli propose il doppio dello stipendio se si fosse trasferito a est, lui rifiutò l'offerta. Nel 1934 l'Institute for Advanced Study di Princeton, da poco fondato, cercò per due volte di allontanarlo da Berkeley, ma Oppenheimer era deciso: «Non sarei di nessuna utilità in un posto come quello [...]», scrisse al fratello, «Ho rifiutato quelle seduzioni, considero migliori i miei attuali incarichi, in cui per me è un po' meno difficile credere nella mia utilità, e in cui il buon vino della California mi consola dalle difficoltà della fisica e dai pochi poteri della mente umana».[57] Pensava di «non essere cresciuto, ma di essere cresciuto almeno un pochino». Il suo lavoro teorico fioriva, in parte perché le lezioni non lo occupavano che per cinque ore alla settimana e gli lasciavano «un sacco di tempo per la fisica e per molte altre cose [...]».

E poi incontrò la donna che gli avrebbe cambiato la vita.

SECONDA PARTE

Robert Oppenheimer alla lavagna.

8. «Nel 1936 i miei interessi cominciarono a cambiare»

*Jean fu il grande amore di Robert.
La amava più di ogni altra cosa. Era devoto a lei.*

Robert Serber

Quando, nella primavera del 1936, Robert la conobbe, Jean Tatlock aveva solo ventidue anni. Furono presentati a una festa organizzata dalla padrona di casa di Oppie, Mary Ellen Washburn, nella casa di Shasta Road. Jean stava finendo il primo anno di medicina alla Stanford University, che all'epoca si trovava a San Francisco. Quell'autunno, ricordò Oppenheimer, «cominciai a corteggiarla e ci avvicinammo l'uno all'altra».[1]

Jean era una bella donna, con spessi capelli scuri e ricci, occhi blu nocciola, grandi ciglia nere e labbra naturalmente rosse; alcuni pensavano che sembrasse «un'antica principessa irlandese».[2] Alta circa 1,80, non pesava più di 57 chili.[3] Aveva un solo piccolo difetto fisico, una palpebra «dormiente», in parte chiusa come conseguenza di un incidente avuto da bambina.[4] Ma anche questo difetto appena percepibile si aggiungeva al suo fascino. La sua bellezza catturava Robert, così come la sua timida malinconia. «Jean era molto riservata riguardo alla sua disperazione», scrisse in seguito una sua amica, Edith A. Jenkins.[5]

Robert sapeva che era figlia del professor John S.P. Tatlock, un eminente studioso di Chaucer e uno dei pochi membri della facoltà, esterni al dipartimento di fisica, che lui conosceva. A pranzo al Faculty Club, Tatlock era spesso sorpreso dalla conoscenza della letteratura inglese mostrata da quel giovane professore di fisica.[6] Dal canto suo Oppenheimer, quando conobbe Jean, capì subito che lei aveva assorbito la sensibilità letteraria del padre. Jean amava i versi cupi e tormentati di Gerard Manley Hopkins. Amava anche le poesie di John Donne, una passione che trasmise a Robert, il quale, anni dopo, nell'assegnare il nome in codice «Trinity» al primo test della bomba atomica, si ispirò al sonetto di Donne «Sfascia il mio cuore, Dio in tre persone![...]».[7]

Jean possedeva una spider che guidava spesso con la capote aperta, cantando nella sua raffinata voce da contralto parole tratte da *La dodice-*

sima notte.[8] Spirito libero, donna con una mente affamata di poesia, era sempre l'unica persona che, in una stanza, a prescindere dalle circostanze, si rivelava indimenticabile tra tutte le altre. Una compagna di classe al Vassar College la ricordò come «la ragazza più promettente che io abbia mai conosciuto, l'unica tra tutte quelle che vedevo intorno a me al liceo che sembrasse avere il dono della grandezza».[9] Jean era nata ad Ann Arbor, nel Michigan, il 21 febbraio 1914. Lei e suo fratello maggiore Hugh crebbero a Cambridge, nel Massachusetts, e poi a Berkeley. Suo padre aveva passato la maggior parte della sua carriera ad Harvard, ma, dopo essere andato in pensione, iniziò a insegnare a Berkeley. Quando Jean aveva dieci anni cominciò a passare le estati in un ranch per turisti nel Colorado. Un'amica d'infanzia e compagna di liceo, Priscilla Robertson, in seguito avrebbe scritto in una «lettera» indirizzata a Jean dopo la sua morte: «Hai avuto una madre saggia che ti ha trattato con dolcezza e non ha mai cercato di fermarti, eppure ti ha tenuto lontana dai pericoli del tuo genere di adolescenza appassionata».

Prima che si iscrivesse nel 1931 al Vassar College, i suoi genitori le avevano lasciato un anno libero perché potesse viaggiare in Europa. Fu ospitata in Svizzera da un'amica della madre che era una devota seguace di Carl Jung. Questa amica di famiglia introdusse Jean nella comunità molto unita degli psicanalisti raccolti attorno a colui che era stato prima amico e poi rivale di Freud. La scuola di Jung – con la sua enfasi sull'idea di psiche umana collettiva – era assai attraente per la giovane Tatlock. Quando arrivò il momento di lasciare la Svizzera, aveva sviluppato un serio interesse per la psicologia.

Al Vassar College studiò letteratura inglese e scrisse per la rivista letteraria del college. Da bambina, essendo figlia di uno studioso, aveva passato buona parte dell'infanzia ascoltando i genitori leggere a voce alta i lavori di Shakespeare e Chaucer. Da adolescente aveva trascorso due intere settimane a Stratford-on-Avon, assistendo ogni sera a un'opera di Shakespeare. Sia il suo intelletto sia la sua stupefacente bellezza intimidivano le sue compagne; Jean sembrava sempre più matura della sua età, «aveva per natura ed esperienza una profondità che la maggior parte delle ragazze non acquistano che dopo la laurea».[10]

Ma era anche quella che sarebbe poi stata chiamata, con ironia, «un'antifascista prematura» – un'oppositrice fin da subito di Mussolini e Hitler. Quando un professore, sperando che avrebbe potuto servire come antidoto riequilibrante per la sua spassionata ammirazione per il comunismo russo, le regalò *Artisti in uniforme* di Max Eastman, Jean confidò a un'amica: «Non potrei continuare a vivere se non credessi che in Russia tutto è migliore».[11]

Passò il 1933-34 all'Università della California, a Berkeley, seguendo corsi di preparazione alla medicina, prima di diplomarsi al Vassar nel giugno 1935. In seguito un amico le scrisse: «È stata questa coscienza sociale, unita al tuo precedente contatto con Jung, che ti ha fatto desiderare di diventare un medico [...]».[12] Mentre era a Berkeley, riuscì anche a trovare il tempo per fare la giornalista e scrivere per il «Western Worker», l'organo del Partito comunista sulla West Coast. Iscrittasi al partito, Jean, che pagava regolarmente le sue quote, partecipava a due riunioni del partito a settimana. Un anno prima di incontrare Robert, scrisse a Priscilla Robertson: «Se sono qualcosa, credo di essere una vera rossa». La sua rabbia e la sua passione erano facilmente attizzate dalle storie di ingiustizia sociale e di disuguaglianza in cui si imbatteva. Il suo lavoro per il «Western Worker» rafforzava la sua indignazione, come quando seguiva casi quali il processo a tre bambini arrestati per aver venduto copie del «Western Worker» per le strade di San Francisco, o il processo a venticinque lavoratori di una fabbrica di legname, accusati di aver dato l'avvio a una rivolta a Eureka, in California.

Eppure, come molti comunisti americani, Jean non era molto brava come ideologa. «Mi sembra impossibile essere un'ardente comunista», scrisse alla Robertson, «perché richiederebbe di respirare, parlare e agire di conseguenza, giorno e notte.»[13] Inoltre, aspirava a diventare una psicanalista freudiana, e all'epoca il Partito comunista insisteva sul fatto che Freud e Marx erano inconciliabili. Questo scisma intellettuale non sembrava sconcertare la Tatlock, ma probabilmente aveva molto a che fare con il suo ardore intermittente per il partito. (Da adolescente si era ribellata contro i dogmi religiosi che le erano stati insegnati dalla Chiesa episcopale; raccontò a un'amica che ogni giorno si strofinava la fronte per ripulire il punto in cui aveva ricevuto il segno del battesimo. Odiava ogni tipo di «sciocchezza» religiosa.) A differenza di molti suoi compagni di partito, Jean aveva ancora «una sensibilità per la santità e un senso dell'anima dell'individuo», anche se si mostrava esasperata con quei suoi amici che condividevano l'interesse per la psicologia ma rifuggivano dall'azione politica: «[...] il loro interesse per la psicanalisi li porta allo scetticismo verso qualsiasi altra forma positiva di azione sociale».[14] Per lei, la teoria psicologica era come una sorta di chirurgia raffinata, «un metodo terapeutico per disordini specifici».

Nel complesso Jean Tatlock era una donna complicata che avrebbe sicuramente attirato l'interesse di un giovane fisico con un acuto senso per la psicologia. Secondo un amico di entrambi lei era «degna di Robert in tutti i sensi. Avevano molto in comune».[15]

Quando, in autunno, Jean e Oppie cominciarono a uscire insieme, divenne subito chiaro a tutti che si trattava di una relazione profonda. «Eravamo tutti un po' invidiosi», scrisse in seguito una delle amiche più care di Jean, Edith Arnstein Jenkins.[16] «Da parte mia lo ammiravo [Oppenheimer] a distanza. La sua precocità e brillantezza erano già leggendarie, camminava in quel modo sobbalzante, con i piedi verso l'esterno, un Pan ebreo con occhi azzurri e selvaggi capelli alla Einstein. E quando lo conoscemmo agli incontri per il sostegno ai repubblicani spagnoli sapevamo quanto quegli occhi potessero incrociarsi con i nostri, sapevamo che avrebbe ascoltato come pochi altri, scandendo la sua attenzione con dei "sì, sì, sì!", e che, mentre era sprofondato nei suoi pensieri, avrebbe continuato a camminare, cosicché tutti gli apostoli della fisica che lo circondavano avrebbero camminato allo stesso modo sobbalzante, scandendo il loro ascoltare con "sì! sì! sì!".»

Jean Tatlock era perfettamente cosciente delle eccentricità di Oppenheimer. Forse perché lei stessa sentiva così profondamente la vita, riusciva a identificarsi con un uomo le cui passioni erano così particolari. «Devi ricordarti», disse a un amico, «che già teneva lezioni per un pubblico preparato quando aveva sette anni, che non ha mai avuto un'infanzia, e che quindi è diverso da tutti noi.»[17] Al pari di Oppenheimer, era decisamente introspettiva. Come abbiamo osservato, aveva già deciso di diventare psicanalista e psichiatra.

Prima di incontrare la Tatlock, gli studenti di Oppenheimer sapevano che lui aveva frequentato molte donne. «Ce n'erano almeno mezza dozzina», ricordò Bob Serber.[18] Ma con la Tatlock era una cosa diversa. Oppie la teneva per sé e raramente portava anche lei quando si incontrava con la sua cerchia di amici del dipartimento di fisica. I suoi amici li vedevano insieme solo alle saltuarie feste organizzate da Mary Ellen Washburn. Serber ricordò la Tatlock come «molto bella e sempre a posto in qualsiasi situazione sociale». Per quanto riguarda la politica, riconobbe che lei era «decisamente di sinistra, più di noi». E anche se ovviamente era «una ragazza molto intelligente», Serber si era accorto che aveva un lato oscuro. «Non so se fosse un caso maniaco-depressivo o altro, ma aveva delle terribili crisi di depressione.» E quando Jean era giù di morale, lo era anche Oppie. «Restava depresso per giorni», disse Serber, «perché aveva problemi con Jean.»

Tuttavia la relazione sopravvisse a questi episodi per più di tre anni.

«Jean fu il grande amore di Robert», avrebbe detto in seguito un amico. «La amava più di ogni altra cosa. Era devoto a lei.»[19] Forse è stato quindi naturale che l'attivismo e la coscienza sociale di Jean risvegliassero in Robert il senso di responsabilità sociale che era stato discusso così spesso alla Ethical Culture School. Presto divenne attivo in numerose cause del Fronte popolare.

«Verso la fine del 1936», avrebbe spiegato Oppenheimer alle persone che lo interrogarono nel 1954, «i miei interessi cominciarono a cambiare [...]. Avevo provato una furia continua e bruciante per il modo in cui gli ebrei erano trattati in Germania. Avevo dei parenti lì [una zia e molti cugini], e in seguito avrei dato una mano a liberarli e a portarli in questo paese. Vedevo quello che la grande depressione faceva ai miei studenti. Spesso non riuscivano a trovare un lavoro o trovavano lavori completamente inadatti. Attraverso di loro cominciai a capire quanto profondamente gli eventi politici ed economici possono influenzare le vite degli uomini. Iniziai a sentire il bisogno di partecipare maggiormente alla vita della comunità.»[20]

Per un certo periodo si interessò in particolare alle pessime condizioni dei lavoratori agricoli migranti. Avram Yedidia, un funzionario che abitava vicino a uno degli studenti di Oppenheimer, quando conobbe il fisico di Berkeley nel 1937-38 si occupava della gestione dei sussidi di disoccupazione dello stato della California. «Mostrò un profondo interesse per la difficile situazione dei disoccupati», ricordò Yedidia, «e ci sommerse di domande sul lavoro dei migranti che si trasferivano nelle nostre zone arrivando dalle regioni desertiche dell'Oklahoma e dell'Arkansas [...]. All'epoca la nostra percezione – che credo fosse condivisa da Oppenheimer – era che il nostro lavoro fosse vitale, o come si direbbe oggi "rilevante", mentre il suo era esoterico e distante.»[21]

La depressione aveva portato molti americani a riconsiderare le loro vedute politiche. Questo era vero in California più che da qualsiasi altra parte del paese. Nel 1930 in California tre votanti su quattro erano repubblicani; otto anni dopo i democratici erano il doppio dei repubblicani. Nel 1934 lo scrittore radicale Upton Sinclair arrivò vicino a vincere la carica di governatore con la sua piattaforma radicale «Fine della povertà in California». Quell'anno, in un editoriale del «The Nation», si leggeva: «Se mai ci dovesse essere una rivoluzione, questa sarebbe in California. In nessun altro luogo la battaglia tra lavoro e capitale è stata così diffusa e aspra, e così tante sono state le vittime. In nessun altro luogo c'è stata una così evidente negazione delle libertà personali garantite dalla carta dei diritti [...]».[22] Nel 1938 un altro riformatore, Culbert L. Olson, democratico, fu eletto governatore con l'appoggio aperto del Partito comunista. La campagna di Olson aveva avuto come slogan «Fronte unito contro il fascismo».

Anche se in California la sinistra nel suo complesso era in quel momento la corrente principale, il Partito comunista della California era ancora una piccola minoranza, anche nei vari campus dell'Università della California. Nella Contea di Alameda, dove si trovava Berkeley, il partito aveva tra i cinquecento e i seicento iscritti, inclusi cento scaricatori di porto che lavoravano nei cantieri navali di Oakland. In genere i comunisti della California erano considerati una voce moderata all'interno del partito nel suo complesso. Il Partito comunista della California, che nel 1936 aveva solo 2500 membri, crebbe fino a raggiungerne più di 6000 nel 1938. A livello nazionale il Partito comunista aveva circa 75.000 membri nel 1938, ma molti dei nuovi iscritti restarono per meno di un anno. In totale, nel corso degli anni Trenta circa 250.000 americani si affiliarono al Partito comunista almeno per un breve periodo.

Per molti democratici del New Deal non c'era nessun pregiudizio nei confronti di quelli che erano legati al Partito comunista americano e alle sue numerose attività culturali ed educative. Anzi, in certi ambienti il Fronte popolare godeva di un certo prestigio. Molti intellettuali che non si erano mai iscritti al partito erano tuttavia disposti a partecipare a incontri con scrittori sostenuti dal partito o a lavorare come volontari per far lezione ai lavoratori nei «Centri educativi del popolo». Quindi non era particolarmente strano che un giovane accademico di Berkeley come Oppenheimer potesse in quel modo assaporare un po' della vita intellettuale e politica della California nella grande depressione. «Mi piaceva quel senso di nuovo cameratismo», testimoniò in seguito, «e all'epoca sentivo che stavo entrando a far parte della vita del mio tempo e del mio paese.»[23]

Fu la Tatlock ad «aprire la porta» a Robert verso il mondo della politica.[24] Gli amici di lei divennero gli amici di lui. Tra questi vi erano membri del Partito comunista come Kenneth May (studente laureato a Berkeley), John Pitman (giornalista del «People's World»), Aubrey Grossman (avvocato), Rudy Lambert ed Edith Arnstein. Una delle migliori amiche di Jean era Hannah Peters, una dottoressa nata in Germania, che aveva incontrato alla Scuola di medicina di Stanford. La dottoressa Peters, che presto divenne il medico di Oppenheimer, era sposata con Bernard Peters (che in precedenza si chiamava Pietrowski), un altro rifugiato fuggito dalla Germania nazista.

Nato a Posen nel 1910, Bernard aveva studiato ingegneria elettrica a

Monaco fino a che nel 1933 Hitler prese il potere. Anche se in seguito negò di essere stato un membro del Partito comunista, partecipò a molte manifestazioni comuniste, e in un'occasione fu anche presente a una manifestazione antinazista in cui due persone rimasero ferite. Presto fu arrestato e imprigionato a Dachau, uno dei primi campi di concentramento nazisti. Dopo tre terribili mesi, fu trasferito in una prigione a Monaco e poi, senza spiegazioni, rilasciato.[25] (In un'altra versione dell'accaduto, Peters sarebbe riuscito a fuggire dalla prigione.) Passò quindi molti mesi viaggiando di notte in bicicletta per la Germania meridionale, e poi attraverso le Alpi fino in Italia, dove raggiunse la sua ragazza, Hannah Lilien, nata a Berlino ventidue anni prima, che si era trasferita a Padova per studiare medicina. Nell'aprile 1934 la coppia emigrò negli Stati Uniti. Si sposarono a New York il 20 novembre 1934 e, dopo che Hannah ottenne la laurea in medicina nel 1937 alla Long Island Medical School di New York, si trasferirono nella zona della baia di San Francisco. Durante un periodo di lavoro alla Scuola di medicina della Stanford University, Hannah lavorò su progetti di ricerca con il dottor Thomas Addis, amico e mentore di Jean Tatlock. Quando Oppenheimer conobbe i Peters tramite Jean, Bernard lavorava come scaricatore di porto.

Nel 1934 Bernard Peters aveva descritto in un resoconto di tremila parole gli orrori di cui era stato testimone a Dachau. Forniva orrendi dettagli sulle torture e le esecuzioni sommarie dei singoli prigionieri. Un prigioniero, raccontava, «morì tra le mie braccia alcune ore dopo essere stato picchiato. Dalla sua schiena era stata strappata la pelle, i muscoli pendevano fuori in brandelli».[26] Senza dubbio, quando arrivò sulla West Coast, Peters condivise il suo vivido resoconto delle atrocità naziste con i suoi amici. Sia che avesse letto il rapporto di Peters su Dachau, o che lo avesse semplicemente sentito raccontare, Oppenheimer deve essere rimasto profondamente scosso da quei racconti. Nella straordinaria vita di Peters c'era una componente di autenticità e di temporalità. Philip Morrison, un altro degli studenti dottorandi di Oppenheimer, pensò sempre che Peters fosse «leggermente diverso dalla maggior parte di noi, più maturo, segnato da una serietà e da una intensità speciali [...] la sua esperienza superava di gran lunga la nostra [...] aveva visto e sperimentato la barbarica oscurità che copriva la Germania nazista, e aveva lavorato tra gli scaricatori nella baia di San Francisco».[27]

Quando Peters mostrò interesse per la fisica, Oppie lo incoraggiò a seguire a Berkeley un corso sull'argomento.[28] Si dimostrò uno studente dotato e, malgrado non avesse un titolo di studio, Robert riuscì a farlo iscrivere al corso di laurea in fisica di Berkeley. Peters divenne presto lo studente designato da Oppenheimer a prendere appunti per il suo corso sulla meccanica quantistica e scrisse la sua tesi sotto la supervisione di Oppie. Non sorprende che Oppie e Jean Tatlock frequentassero spesso Hannah e Bernard Peters. Anche se la coppia insisteva sul fatto di non essersi mai iscritta al Partito comunista, le loro visioni politiche erano chiaramente di sinistra. Nel 1940 Hannah aveva uno studio medico privato in un quartiere molto povero nel centro di Oakland, e questa esperienza «rafforzò una convinzione che era andata crescendo per alcuni anni, ossia che un'adeguata assistenza medica può essere fornita solo da un esteso programma di assicurazione sanitaria con sostegno federale».[29] Hannah inoltre insisteva nell'integrazione razziale nella sua professione e accettava pazienti neri in un'epoca in cui ben pochi altri dottori bianchi lo facevano.[30] Entrambe le posizioni la segnalavano come radicale, e l'FBI concluse che era membro del Partito comunista.

Tutti questi nuovi amici attrassero Oppenheimer nel loro mondo di attivismo politico. D'altro canto sarebbe però sbagliato ipotizzare che la Tatlock e il suo circolo di amicizie siano i soli responsabili del suo risveglio politico. Intorno al 1935 suo padre prestò a Robert una copia di *Il comunismo sovietico: una nuova civiltà?*, una rosea descrizione dello stato sovietico scritta dai famosi storici e socialisti britannici Sidney e Beatrice Webb. Lui fu favorevolmente colpito da quello che nel libro si diceva a proposito dell'esperimento sovietico.[31]

Si racconta che nell'estate del 1936 Oppenheimer abbia portato con sé i tre volumi dell'edizione tedesca del *Capitale* durante un viaggio di tre giorni in treno fino a New York. A quanto raccontano i suoi amici, arrivato a New York aveva letto da cima a fondo tutti e tre i volumi. In realtà il suo primo confronto con Marx era avvenuto parecchi anni prima, probabilmente nella primavera del 1932. L'amico Harold Cherniss ricordò che quella primavera a Ithaca, nello stato di New York, aveva ricevuto una visita di Oppie e che lui aveva sostenuto di aver letto *Il Capitale*. Cherniss si era limitato a ridere; non considerava Oppie una persona politicamente attiva ma sapeva che l'amico leggeva molto: «Immagino che da qualche parte qualcuno gli avrà detto "Non lo conosci? Non l'hai mai letto?". E così lui si sarà procurato quel maledetto libro e se lo sarà letto!».[32]

Anche se dovevano ancora essere presentati, Haakon Chevalier conosceva Oppenheimer di fama, ma non per il suo lavoro in fisica. Nel luglio 1937 Chevalier annotò nel suo diario un commento, fatto da un amico comune, secondo il quale Oppenheimer aveva acquistato e letto le opere complete di Lenin. Chevalier, colpito, commentò che questo faceva di

Oppenheimer uno che «ha letto più della maggior parte dei membri del partito».[33] Anche se Chevalier si considerava un marxista relativamente sofisticato, non si era mai tuffato nelle pagine del *Capitale*.

Nato nel 1901 a Lakewood, nel New Jersey, Haakon Chevalier avrebbe potuto essere facilmente scambiato per un espatriato.[34] Suo padre era francese e sua madre era nata in Norvegia. «Hoke», come lo chiamavano gli amici, aveva passato una parte dell'infanzia a Parigi e a Oslo, e di conseguenza parlava fluentemente sia il francese sia il norvegese. Ma i suoi genitori lo riportarono in America nel 1913, e lui finì il liceo in California, a Santa Barbara. Studiò sia a Stanford che a Berkeley, ma interruppe l'università nel 1920 per passare undici mesi lavorando come marinaio a bordo di una nave mercantile che faceva rotta tra San Francisco e Città del Capo. Dopo questa avventura Chevalier tornò a Berkeley, e nel 1929 ricevette il dottorato in lingue romanze, per poi specializzarsi in letteratura francese.

Alto 1,98, con occhi azzurri e capelli castani ondulati, da giovane Hoke aveva un aspetto affascinante e sicuro di sé. Nel 1922 sposò Ruth Walsworth Bosley, dalla quale divorziò per abbandono del tetto coniugale nel 1930; un anno dopo sposò Barbara Ethel Lansburgh, ventiquattrenne, una delle sue studentesse a Berkeley. La Lansburgh, bionda dagli occhi verdi, veniva da una famiglia ricca e possedeva una sorprendente casa al mare in legno di sequoia sulla Stinson Beach, a una trentina di chilometri a nord di San Francisco. «Era un professore davvero carismatico», ricordò la loro figlia Suzanne Chevalier-Skolnikoff, «e questo la attirò a lui.»[35]

Nel 1932 Chevalier pubblicò il suo primo libro, una biografia di Anatole France. Quello stesso anno cominciò a scrivere recensioni di libri e saggi per le riviste «New Republic» e «The Nation», entrambe orientate a sinistra. A metà degli anni Trenta era diventato un'istituzione nel campus di Berkeley, insegnava francese e apriva la sua stupenda casa in legno di sequoia di Chabot Road, a Oakland, a un eclettico assortimento di studenti, artisti, attivisti politici e scrittori di passaggio come Edmund Wilson, Lillian Hellman e Lincoln Steffens. Chevalier, che spesso faceva tardi per queste feste, arrivava così spesso in ritardo alle lezioni della mattina che il dipartimento finì per proibirgli di far lezione in quelle ore.[36]

Intellettuale ambizioso, Chevalier era anche attivo politicamente. Si era iscritto al Sindacato americano per le libertà civili (ACLU), all'Unione degli insegnanti, all'Associazione interprofessionale e all'Unione dei consumatori. Divenne amico e sostenitore di Caroline Decker, leader del California Cannery and Agricultural Workers, un sindacato radicale che rappresentava i lavoratori agricoli messicani e americani. Nella primavera del 1935 il campus di Berkeley si mobilitò per protestare contro l'espulsione di uno studente che aveva irritato le autorità dell'università rendendo pubbliche le sue affiliazioni comuniste. L'incontro, tenuto per protestare contro l'espulsione, fu contrastato dall'intervento della squadra di football, istigata dall'allenatore. Secondo un resoconto, solo un membro della facoltà – Haakon Chevalier – «diede rifugio e sostegno morale agli studenti inseguiti e terrorizzati».[37]

Nel 1933 Chevalier era stato in Francia, dove era riuscito a incontrare personalità letterarie di sinistra quali André Gide, André Malraux ed Henri Barbusse. Tornò in California convinto di essere destinato «a testimoniare la transizione da una società basata sulla ricerca del profitto e lo sfruttamento dell'uomo da parte dell'uomo, a una società basata sulla produzione per l'uso e sulla cooperazione umana».[38]

Nel 1934 aveva tradotto l'acclamato romanzo di André Malraux sulla rivolta cinese del 1927, *La condizione umana*, e anche *Il tempo del disprezzo*, entrambi romanzi ispirati da quella che Chevalier considerava «la nuova visione dell'uomo».[39]

Come per tanti simpatizzanti di sinistra, lo scoppio della guerra civile spagnola fu un punto di svolta anche per Chevalier. Nel luglio 1936 fazioni di destra dell'Esercito spagnolo si sollevarono contro il governo di sinistra democraticamente eletto a Madrid. Guidati dal generale Francisco Franco, i ribelli fascisti si aspettavano di rovesciare la repubblica in poche settimane. Ma la resistenza popolare fu tenace e ne seguì una brutale guerra civile. Gli Stati Uniti e le democrazie europee, che sospettavano un'influenza comunista nel governo spagnolo, incoraggiate dalla Chiesa cattolica, dichiararono un embargo sulle armi per entrambe le parti. Questo diede un notevole vantaggio ai fascisti, che ricevettero numerosi aiuti dalla Germania di Hitler e dall'Italia di Mussolini. Solo l'Unione Sovietica aiutò l'assediato governo repubblicano. In aggiunta, volontari da tutto il mondo, soprattutto comunisti ma anche semplici simpatizzanti di sinistra, si unirono in brigate internazionali per difendere la repubblica. Negli anni 1936-39 la difesa della Repubblica spagnola fu la *cause célèbre* in tutti i circoli liberali. In quegli anni, circa 2800 americani entrarono come volontari nella Abraham Lincoln Brigade, organizzata dai comunisti per combattere i fascisti.[40]

Nella primavera del 1937 Chevalier accompagnò Malraux in un viaggio attraverso la California. Ferito di recente nella guerra civile spagnola, Malraux stava promuovendo i suoi romanzi e cercando fondi a favore dell'Ufficio medico spagnolo, un'associazione che forniva aiuto medico ai repubblicani. Per Chevalier, Malraux personificava l'intellettuale serio che è anche politicamente impegnato. Tutto fa pensare che nel 1937 Chevalier fosse legato al Partito comunista. La sua biografia di Robert scritta nel 1965 (*Oppenheimer. Storia di un'amicizia**) è molto esplicita nel descrivere la sua attività politica negli anni Trenta. Ma anche allora, pur scrivendo undici anni dopo che il culmine del maccartismo era passato, giudicò che era prudente mantenersi sul vago relativamente alla questione dell'iscrizione al partito. La fine degli anni Trenta, scrisse, era «un'epoca di innocenza […] eravamo animati da una candida fiducia nell'efficienza della ragione e della persuasione, nel funzionamento dei processi democratici e nel trionfo finale della giustizia». Persone con vedute simili a queste, come Oppenheimer, scrisse, credevano che all'estero la Repubblica spagnola avrebbe spazzato via i venti dell'Europa fascista, e che negli Stati Uniti le riforme del New Deal stavano preparando la strada per un nuovo patto sociale basato su uguaglianza di razza e di classe. Molti intellettuali avevano queste speranze, e alcuni di loro si iscrissero anche al Partito comunista.

Quando Oppenheimer lo incontrò, Chevalier era un intellettuale marxista impegnato, probabilmente membro del partito e, sembra verosimile, un rispettato consigliere informale per i dirigenti del partito a San Francisco. Per parecchi anni aveva visto Oppenheimer da lontano, notandolo al Faculty Club o da qualche altra parte nel campus. Tuttavia aveva saputo, attraverso le voci che circolavano a Berkeley, che questo brillante giovane fisico ora era «ansioso di fare qualcosa di più che *leggere* dei problemi che affliggevano il mondo. Voleva *fare* qualcosa».[41]

Chevalier e Oppenheimer finalmente si incontrarono alla prima riunione dell'Unione degli insegnanti, creata da poco. Chevalier in seguito datò questo primo incontro come avvenuto nell'autunno del 1937. Ma, se davvero si incontrarono a quella prima riunione, come entrambi dissero in seguito, allora questo accadde due anni prima, nell'autunno del 1935. Fu allora che la Sezione 349 dell'Unione degli insegnanti, collegata alla Federazione americana del lavoro (AFL**), cominciò ad ammettere i professori universitari. «Un gruppo di persone della facoltà[42] ne parlò», testimoniò in seguito Oppenheimer, «e si incontrò; pranzammo insieme al Faculty Club o da qualche altra parte e decidemmo di farlo.» Oppenheimer fu eletto segretario. Chevalier in se-

---

* In Italia è stata pubblicata da Comunità (Milano 1965) con il titolo *Cominciò ad Hiroshima*. [*n.d.t.*]
** Acronimo di *American Federation of Labor*. [*n.d.t.*]

guito ricoprì il ruolo di presidente locale. Nel corso di pochi mesi la Sezione 349 aveva circa cento membri, quaranta dei quali erano professori o assistenti dell'università.

Né Oppenheimer né Chevalier furono in grado di ricordare le esatte circostanze del loro primo incontro, ma solo che si piacquero immediatamente. Chevalier ricordò una «sensazione allucinatoria [...] come se lo avessi sempre conosciuto».[43] Si sentì sia stupito dall'intelligenza di Oppenheimer che stregato dalla sua «naturalezza e semplicità». Quello stesso giorno, secondo Chevalier, decisero di creare un gruppo regolare di discussione da sei a dieci persone che si incontrassero ogni una o due settimane per discutere di politica. Questi gruppi si incontrarono regolarmente dall'autunno del 1937 fino al tardo autunno del 1942. In quegli anni Chevalier considerò Oppenheimer come «il mio amico più intimo e più sincero». Inizialmente l'amicizia crebbe sulla base di impegni politici condivisi. Ma, come spiegò in seguito Chevalier, «la nostra intimità, anche all'inizio, non era assolutamente soltanto ideologica; era piena di sfumature personali, di calore, curiosità, reciprocità, di dare e avere intellettuale, e si sviluppò presto in affetto». Chevalier imparò presto a chiamare l'amico con il nomignolo Oppie, e dal canto suo Oppenheimer si trovò spesso ad andare a cena a casa Chevalier. Di tanto in tanto andavano insieme al cinema o a un concerto. «Per lui bere era una funzione sociale che richiedeva un certo rituale», scrisse Chevalier nel suo libro di ricordi. Oppie preparava i «migliori martini del mondo», invariabilmente bevuti con il suo personalissimo brindisi: «Alla confusione dei nostri nemici!». Era assai chiaro, pensava Chevalier, chi fossero i nostri nemici.

Per Jean Tatlock a essere importanti erano le cause, non il partito o la sua ideologia. «Mi raccontò delle sue iscrizioni al Partito comunista», testimoniò in seguito Oppenheimer. «Era uno di quei rapporti che iniziano e finiscono continuamente, e non sembrava fornirle mai quello che stava cercando. Non credo che i suoi interessi fossero davvero politici. Era una persona dalla profonda sensibilità religiosa. Amava questo paese, le sue persone e la sua vita.» Giunti all'autunno del 1936, la causa che più la catturava era la difficile situazione della Spagna repubblicana.

Fu la natura appassionata della Tatlock a spingere Oppenheimer a passare dalla teoria all'azione. Un giorno lui commentò che, poiché era sicuramente uno che stava con i più deboli, si sarebbe dovuto accontentare di restare ai margini di queste lotte politiche. «Ma per grazia di Dio», replicò Jean, «non accontentarti di niente.»[44] Presto lei e Oppenheimer cominciarono a organizzare raccolte di fondi per una serie di gruppi di aiuto agli spagnoli. Nell'inverno del 1937-38 Jean presentò Robert al dottor Thomas Addis, il presidente dell'Associazione per l'assistenza ai rifugiati spagnoli. Distinto professore di medicina alla Stanford University, il dottor Addis aveva incoraggiato la Tatlock nei suoi studi di medicina all'università; era sia un amico che un mentore. Era anche un amico di Haakon Chevalier, Linus Pauling (il collega al Caltech di Oppie), Louise Bransten e di molte altre persone nel giro di conoscenze di Oppie a Berkeley. Lo stesso Addis divenne presto un «buon amico» di Oppenheimer.[45]

Tom Addis era uno scozzese estremamente colto. Nato nel 1881, era cresciuto in una famiglia fortemente calvinista di Edimburgo. (Anche da giovane medico[46] continuava a portare in tasca una piccola Bibbia.) Ottenne la laurea in medicina dall'Università di Edimburgo nel 1905 e compì ricerche di post dottorato a Berlino e Heidelberg, grazie a una borsa di studio Carnegie. Fu il primo ricercatore a dimostrare che il normale plasma sanguigno poteva essere usato per curare l'emofilia. Nel 1911 divenne capo del laboratorio clinico alla Facoltà di medicina della Stanford University a San Francisco. A Stanford cominciò una lunga e brillante carriera come dottore-scienziato, diventando un pioniere nella cura delle malattie renali. Scrisse due libri sulla nefrite e più di 130 articoli scientifici, diventando il più grande esperto americano di tale patologia. Nel 1944 fu nominato membro della prestigiosa National Academy of Sciences.[47]

Anche mentre si costruiva una reputazione come dottore-scienziato, Addis fu sempre politicamente attivo.[48] Quando nel 1914 in Europa scoppiò la guerra, Addis violò le leggi della neutralità degli Stati Uniti raccogliendo fondi per lo sforzo bellico dell'Inghilterra. Incriminato nel 1915, fu formalmente perdonato dal presidente Woodrow Wilson nel 1917. L'anno seguente Addis divenne cittadino americano. Malgrado provenisse da un ambiente privilegiato – suo zio, sir Charles Addis, era stato direttore della Banca d'Inghilterra – aveva una profonda avversione per il denaro. In California divenne un famoso fautore dei diritti civili per neri, ebrei e membri dei sindacati, firmando numerose petizioni e prestando il suo nome a un sacco di organizzazioni civiche. Era amico di Harry Bridges, il leader radicale del sindacato degli scaricatori di porto.[49]

Nel 1935 Addis partecipò a una delle conferenze del Congresso internazionale di fisiologia che si tenne a Leningrado, e tornò da questa visita in Unione Sovietica con entusiastici racconti dei progressi dello stato socialista nel settore della salute pubblica.[50] Era particolarmente colpito dal fatto che i medici sovietici avessero sperimentato trapianti di reni da cadaveri umani già nel 1933. In seguito esercitò diverse pressioni per realizzare l'assicurazione sanitaria nazionale, il che finì per spingere la American Medical Association a espellerlo. Ma i suoi colleghi di Stanford consideravano la sua ammirazione per il sistema sovietico «un atto di fede», una passione accettabile da parte di un rispettato scienziato.[51] Pauling lo considerava «un grande uomo, di genere raro – una combinazione di scienziato e clinico [...]».[52] Altri lo chiamavano genio. «Non era uno di quelli che posseggono un interiore bisogno di non rischiare, di apparire sicuro e razionale», ricordò il dottor Horace Gray, un collega. «Era un esploratore, un liberale dalla mente aperta, un non conformista senza essere ribelle.»

Alla fine degli anni Trenta l'FBI riportava che Addis era uno dei principali reclutatori di colletti bianchi del Partito comunista. Oppenheimer stesso in seguito pensò che Addis era o un comunista o «uno molto vicino a loro».[53] «Ingiustizia od oppressione nella strada accanto», scrisse un collega medico a Stanford, «o in città, o in Sudafrica o in Europa o a Giava, o in qualsiasi luogo abitato dagli uomini, era per Tom Addis un affronto personale, e il suo cognome, grazie al suo posto all'inizio dell'alfabeto, era sempre bene in vista nelle liste dei sostenitori di moltissime organizzazioni che lottavano per la democrazia e contro il fascismo.»[54]

Per una dozzina d'anni Addis era stato in maniera intermittente presidente o vicepresidente del Comitato americano per gli aiuti alla Spagna, e ricopriva questo ruolo quando avvicinò Oppenheimer per la prima volta per chiedergli un contributo finanziario. Nel 1940 Addis sosteneva che il suo comitato aveva avuto «un ruolo importante»[55] nel salvare molte migliaia di rifugiati, tra cui molti ebrei europei, dai campi di concentramento in Francia. Già simpatizzante della causa per la Repubblica spagnola, Oppenheimer si trovò stregato e profondamente colpito dalla sofisticata combinazione di impegno pratico e rigore intellettuale di Addis. Il dottor Addis era un intellettuale proprio come lui, un uomo dai vasti interessi e la cui conoscenza di poesia, musica, economia e scienza «facevano parte del suo lavoro [...]. Non c'erano divisioni tra tutte quelle cose».[56]

Un giorno Oppenheimer ricevette una telefonata da Addis, che lo invitava nel suo laboratorio di Stanford. Si incontrarono in privato e Addis gli disse: «stai dando tutto questo denaro[57] [per la causa della Repubblica spagnola] attraverso queste organizzazioni di soccorso. Se vuoi farlo nel modo giusto, fallo passare per i canali comunisti [...] allora sarà davvero un aiuto». Da quel momento Oppenheimer diede denaro in contanti regolarmente e direttamente al dottor Addis, di solito nel suo laboratorio o a casa. «Aveva detto chiaramente», disse in seguito Oppenheimer, «che quel denaro [...] sarebbe andato direttamente alla lotta.» Tuttavia dopo un po' Addis suggerì che sarebbe stato meglio dare quel regolare contributo a Isaac «Pop» Folkoff, un membro veterano del Partito comunista di San Francisco. Oppenheimer donava in contanti perché pensava che avrebbe potuto non essere del tutto legale contribuire in denaro per spese in equipaggiamento militare, invece che per aiuti medici. La sua donazione annua per le spese di soccorso alla Spagna che passava attraverso il Partito comunista era di circa 1000 dollari, una somma notevole negli anni Trenta.[58] Ma dopo la vittoria fascista nel 1939, Addis e poi Folkoff chiesero denaro per altre cause, come quelle per sostenere gli sforzi del partito nell'organizzare i lavoratori agricoli emigrati in California. L'ultimo contributo versato da Robert sembra risalire all'aprile 1942.[59]

Folkoff, ex lavoratore nel settore tessile, ormai quasi ottantenne, aveva una mano paralizzata. Quando incontrò Oppenheimer era a capo del comitato finanziario del partito nell'area della baia di San Francisco. «Era un rispettato anziano di sinistra»,[60] ricordò Steve Nelson, già commissario politico nella Brigata Abraham Lincoln, che divenne poi presidente del partito a San Francisco nel 1940. «Non voglio denigrarlo, ma da lavoratore si agitò, e si interessò alla filosofia. Divenne particolarmente ferrato nella filosofia marxista. Quindi aveva un certo prestigio, dignità e affidabilità. Si incontrava con i professionisti all'interno del movimento e raccoglieva denaro da loro.» Nelson confermò che Folkoff riceveva denaro da entrambi i fratelli Oppenheimer.

Quando nel 1954 a Oppenheimer fu chiesto di queste donazioni al Partito comunista, spiegò: «Dubito di aver mai pensato che quei contributi potessero essere indirizzati a obbiettivi diversi da quelli che avevo in mente, o che simili possibilità avessero scopi maligni. Allora non consideravo i comunisti come pericolosi, e molti dei loro obbiettivi dichiarati mi sembravano auspicabili».[61]

Il Partito comunista era spesso in prima linea in cause progressiste quali la lotta alla discriminazione, migliori condizioni di lavoro per gli agricoltori emigrati e la lotta contro il fascismo nella guerra civile spagnola, e Oppenheimer divenne gradualmente attivo in molte di queste cause. All'inizio del 1938 si abbonò al «People's World», il nuovo giornale del partito nella West Coast. Leggeva regolarmente il giornale interessandosi, come spiegò in seguito, soprattutto alla sua «formulazione delle questioni».[62] Verso la fine del gennaio 1938 il suo nome arrivò sul giornale quando questo riportò che Oppenheimer, Haakon Chevalier e molti altri professori di Berkeley avevano raccolto 1500 dollari per comprare un'ambulanza da spedire nella Repubblica spagnola.[63]

Quella primavera Robert e altri 197 accademici della West Coast firmarono una petizione che chiedeva al presidente Roosevelt di eliminare l'embargo alle armi che gravava sulla Repubblica spagnola.[64] In seguito, in quello stesso anno, si iscrisse al locale consiglio dell'Unione dei consumatori. Nel gennaio 1939 Robert fu nominato nel comitato esecutivo della sezione californiana dell'Unione americana per le libertà civili (ACLU). Nel 1940 era indicato tra i sostenitori degli Amici del popolo cinese, e divenne anche membro del Comitato esecutivo nazionale del Comitato americano per la democrazia e la libertà intellettuale, un gruppo che informava sulle difficili condizioni degli intellettuali tedeschi. Se si eccettua l'ACLU, tutte queste organizzazioni furono etichettate nel 1942 e nel 1944 come «organizzazioni del fronte comunista» dal Comitato per le attività antiamericane (HUAC*).

Oppenheimer era particolarmente attivo nella Sezione 349 dell'Unione degli insegnanti di East Bay. «Era un momento di grande tensione nella facoltà», ricordò Chevalier.[65] «I pochi tra noi che erano più o meno di sinistra, erano ben consci del fatto che gli anziani li guardassero con sospetto.» Nelle riunioni del Consiglio di facoltà i conservatori «vincevano sempre». La maggior parte degli accademici di Berkeley si rifiutava di avere a che fare con il sindacato. Tra le eccezioni c'erano il professore di psicologia di Jean Tatlock, Edward Tolman, il fratello di Richard Tolman, l'amico di Oppenheimer al Caltech. Nei successivi quattro anni Robert lavorò duramente per aumentare i membri del sindacato. Secondo Chevalier raramente mancava a un incontro e si poteva contare su di lui per i compiti più umili. Chevalier ricordò che una volta era rimasto alzato insieme a lui fino alle due del mattino scrivendo indirizzi sulle buste per una spedizione alle molte centinaia di membri del sindacato. Era un lavoro noioso per una causa poco popolare. Una sera Oppenheimer apparve come oratore all'auditorium della Oakland High School. L'evento era stato largamente pubblicizzato, e l'Unione degli insegnanti si aspettava che centinaia di professori delle scuole pubbliche arrivassero per sentire Oppenheimer esporre le promesse del sindacato. Invece arrivarono meno di dodici persone. Malgrado ciò egli si alzò e fece il suo discorso a favore del sindacato con la sua caratteristica voce talmente sottile da essere difficile da ascoltare.[66]

---

* Acronimo di *House of Un-American Activities Committee* [*n.d.t.*]

Alcuni pensavano che le scelte politiche di Oppenheimer fossero sempre guidate da motivazioni personali. «In un modo o nell'altro era noto a tutti che lui si sentiva in colpa per il suo talento, per la sua agiatezza ereditata, per la distanza che lo separava dagli altri», osservò Edith Arnstein, un'amica della Tatlock e membro del partito.[67] Anche nei primi anni Trenta, quando non era ancora attivo politicamente, era sempre stato al corrente di quello che accadeva in Germania. Solo un anno dopo la presa al potere di Hitler nel 1933, Oppenheimer già contribuiva con somme considerevoli per aiutare fisici ebrei tedeschi a scappare dalla Germania nazista. Erano uomini che conosceva e ammirava. Allo stesso modo parlava spesso con angoscia della difficile situazione dei suoi parenti in Germania. Nell'autunno del 1937 la zia di Robert, Hedwig Oppenheimer Stern (sorella minore di Julius) e suo figlio Alfred Stern con la sua famiglia, arrivarono a New York come rifugiati dalla Germania nazista. Robert li aveva appoggiati legalmente e aveva pagato per loro le spese, e presto li convinse a stabilirsi a Berkeley. La generosità di Robert verso gli Stern non era passeggera. Li considerò sempre come parte della famiglia; decenni dopo, quando Hedwig Stern morì, suo figlio scrisse a Oppenheimer, «fin quando ha potuto pensare e sentire, era tutta per te».[68]

Quell'autunno a Robert fu presentato un altro rifugiato europeo, il dottor Siegfried Bernfeld, rispettato discepolo viennese di Sigmund Freud. Scappando dal contagio nazista, Bernfeld si era inizialmente recato a Londra dove un altro freudiano, il dottor Ernest Jones, gli consigliò «vai a Ovest, non fermarti qui». Nel settembre 1937 Bernfeld si era stabilito a San Francisco, una città che, lui sapeva, aveva un solo analista praticante. Anche sua moglie Suzanne era una psicanalista. Suo padre era stato un importante impresario di una galleria d'arte che aveva aiutato a introdurre artisti come Cézanne e Picasso al pubblico tedesco. Quando arrivarono a San Francisco, i Bernfeld furono costretti a vendere uno degli ultimi dipinti della loro un tempo ricchissima collezione d'arte per pagarsi le spese per vivere. Insegnante eloquente e idealista appassionato, il dottor Bernfeld era uno di quel piccolo gruppo di analisti freudiani che cercavano di integrare la psicanalisi con il marxismo.[69] Da giovane, in Austria Bernfeld era diventato attivo politicamente, prima come sionista e in seguito come socialista. Alto e scarno, portava un caratteristico cappello di feltro a calotta piatta. Oppenheimer fu profondamente colpito da quel cappello, e ben presto cominciò a portare anche lui un cappello a calotta piatta come quello di Bernfeld.

Solo qualche settimana dopo essere arrivato a San Francisco, il dottor Bernfeld organizzò un ampio incontro con i principali intellettuali della città per discutere regolarmente di psicanalisi. Oltre a Oppenheimer, Bernfeld invitò come membri regolari di questo gruppo di studio interdisciplinare il dottor Edward Tolman, il dottor Ernest Hilgard, i dottori Donald e Jean Macfarlane (amici di Frank Oppenheimer), Erik Erikson (uno psicanalista tedesco che era stato allievo di Anna Freud), il pediatra Ernst Wolff (che sarebbe diventato capo di Jean Tatlock alla Clinica pediatrica del Mount Zion Hospital), il dottor Stephen Pepper, professore di filosofia a Berkeley, e il famoso antropologo Robert Lowie. Si incontravano in case private, bevevano buon vino, fumavano sigarette e parlavano di questioni psicoanalitiche quali la «paura della castrazione» e la «psicologia della guerra».[70]

Oppenheimer ovviamente aveva ricordi dolorosi dei suoi incontri giovanili con gli psichiatri. Ma senza dubbio questo faceva parte di ciò che lo attraeva verso quell'argomento. Deve essere stato particolarmente interessato dal lavoro di Erikson sul problema della «formazione dell'identità» nei giovani adulti. Un'adolescenza prolungata, sosteneva Erikson, accompagnata da «cronici disturbi maligni», era a volte un'indicazione del fatto che l'individuo aveva problemi nel liberarsi di frammenti della sua personalità che riteneva non desiderabili. Cercando la «completezza», ma al tempo stesso temendo una minacciosa perdita di identità, alcuni giovani adulti sperimentano un senso di rabbia tale che li porta ad attaccare gli altri con arbitrari atti di distruzione. Il comportamento e i problemi di Oppenheimer nel 1925-26 si adattavano in maniera significativa a questa tesi. Si era gettato nella fisica teorica, scolpendo per sé stesso una robusta identità. Ma le cicatrici restavano. Come ha osservato il fisico e storico della scienza Gerald Holton, «alcuni danni psicologici[71] tuttavia restavano, non ultima una vulnerabilità che attraversava la sua personalità come una faglia geologica, pronta a essere rivelata dal successivo terremoto».

A volte Bernfeld avrebbe affrontato alcuni casi di terapia individuale. Come il suo maestro Freud, teneva lezioni senza appunti, fumando una sigaretta dopo l'altra. «Bernfeld era uno degli oratori più eloquenti che io abbia mai ascoltato», ricordò un altro psicanalista, il dottor Nathan Adler. «Sedevo in punta di sedia ascoltando non solo quello che diceva ma anche il modo in cui parlava. Era un'esperienza estetica.»[72] Oppenheimer, l'unico fisico del gruppo, fu ricordato come qualcuno che era «intensamente interessato» alla psicanalisi. In ogni caso la curiosità di Robert per la psicologia era complementare al suo interesse per la fisica. Si ricordi la lamentela di Wolfang Pauli a Isidor Rabi a Zurigo sul fatto che Oppenheimer «sembrava trattare la fisica come un'avocazione e la psicanalisi come una vocazione».[73] Le cose metafisiche avevano ancora la priorità.[74] E così tra il 1938 e il 1941 trovò il tempo di seguire il seminario di Bernfeld, un gruppo di studio che nel 1942 contribuì alla formazione dell'Istituto e della Società psicoanalitica di San Francisco.

L'esplorazione della psicologia da parte di Oppenheimer era incoraggiata dall'intensa, spesso imprevedibile, relazione con Jean Tatlock, che, dopo tutto, si stava preparando per diventare una psichiatra. Anche se non faceva parte del gruppo di Bernfeld che si riuniva ogni mese, Jean conosceva alcuni di quei partecipanti, e in seguito si sottopose ad analisi proprio con il dottor Bernfeld durante il suo internato come psichiatra. Lunatica e introspettiva, la Tatlock condivideva l'ossessione di Robert per l'inconscio. Inoltre, aveva senso che l'Oppenheimer attivista politico scegliesse di studiare psicanalisi sotto la tutela di un analista freudiano marxista come il dottor Bernfeld.

Alcuni dei più vecchi amici di Oppenheimer trovavano sgradevole il suo improvviso attivismo politico, in particolare Ernest Lawrence che poteva facilmente simpatizzare con le sofferenze dei parenti perseguitati dell'amico, ma che a un livello più personale pensava che quello che accadeva in Europa non dovesse interessare gli americani. Egli disse separatamente sia a Oppie sia a suo fratello Frank: «Sei un fisico troppo bravo per poterti immischiare nelle cause politiche».[75] Queste cose, aveva detto, era meglio lasciarle agli esperti. Un giorno Lawrence entrò nel Rad Lab e vide che Oppie aveva scritto sulla lavagna: «Da Brode, cocktail party di beneficienza per i Lealisti spagnoli. Si invitano tutti quelli del laboratorio». Schiumante di rabbia, Lawrence fissò il messaggio e poi lo cancellò. Per lui l'attività politica di Oppie era un fastidio.

9. «[Frank] lo ritagliò e poi lo spedì»

> *Entrambi [Chevalier e Oppenheimer]*
> *lo eravamo e non lo eravamo [membri del partito].*
> *In qualunque modo si voglia guardare la questione.*
> Haakon Chevalier

Il 20 settembre 1937 Julius Oppenheimer morì a sessantasei anni per un attacco cardiaco. Robert sapeva che suo padre non era più un uomo forte, ma la sua morte improvvisa fu per lui una sorpresa. Nei quasi sei anni passati dalla morte di Ella nel 1931, Julius aveva stretto rapporti forti e teneri con i suoi figli. Li andava a trovare di frequente, e spesso gli amici di Robert diventavano anche i suoi.

Dopo otto anni di depressione economica, la fortuna di Julius era in parte diminuita, ma al momento della morte il suo patrimonio, che sarà diviso a metà tra Robert e Frank, ammontava alla somma ancora assai rilevante di 392.602 dollari.[1] Il reddito annuale proveniente da questa eredità dava a ciascuno dei fratelli circa 10.000 dollari, che si univano al loro stipendio. Ma, quasi a sottolineare una certa ambivalenza riguardo alla sua fortuna, Robert scrisse immediatamente un testamento in cui lasciava la sua intera eredità all'Università della California, perché fosse usata per borse di studio postlaurea.[2]

I fratelli Oppenheimer erano sempre stati estremamente legati. Robert aveva intrecciato relazioni particolarmente intense con molte persone, ma nessuna era né profonda né duratura quanto il legame che aveva stretto con suo fratello. La loro corrispondenza negli anni Trenta rifletteva un'intensità emotiva inusuale per dei fratelli, ancor di più inusuale per due fratelli con otto anni di differenza di età. Le lettere di Robert spesso sembravano più quelle di un padre che di un fratello maggiore. A volte scriveva con una condiscendenza tale da far arrabbiare Frank, che quindi cercava chiaramente di emularlo. Frank tollerava pazientemente qualsiasi cosa il suo deciso fratello dicesse o facesse, e solo molti anni più tardi ammise che «l'arroganza giovanile accompagnò mio fratello un po' più a lungo del dovuto».[3]

Erano simili eppure diversi. Frank Oppenheimer piaceva a tutti. Era un Oppie senza spigoli, dotato di molta della brillantezza degli Oppenheimer ma senza la corrispondente abrasività. «Frank è una persona dolce e amabile», osservò la dottoressa Leona Marshall Libby, amica di entrambi i fratelli.[4] Lo definiva una «funzione delta», un'espressione matematica usata dai fisici in cui delta è definito come zero, a eccezione di uno specifico punto del tempo o dello spazio in cui il suo valore diventa infinito. Quando lo si invitava a fare qualcosa, Frank possedeva sempre una riserva inesauribile di buona volontà e allegria. Anni dopo, lo stesso Robert disse del fratello: «È una persona assai migliore di me».[5]

In un'occasione Robert aveva cercato di convincere Frank a non scegliere la fisica come mestiere. Quando Frank aveva solo tredici anni, e stava chiaramente cercando di seguire le orme del fratello, Robert scrisse: «Non credo che ti piacerebbe molto leggere la relatività prima di aver studiato un po' di geometria, di meccanica e di elettrodinamica. Ma se vuoi provare, il libro migliore da cui partire è quello di Eddington [...]. E adesso un ultimo consiglio: per tua propria soddisfazione, cerca di capire davvero, completamente e onestamente, le poche cose che ti interessano di più; perché è solo quando hai imparato a fare questo, quando ti accorgi quanto sia difficile ma soddisfacente, che puoi apprezzare fino in fondo cose più spettacolari quali la relatività e la biologia meccanicistica. Se pensi che mi sbagli, per favore non esitare a dirmelo. Ti sto solo parlando sulla base della mia propria e limitata esperienza».[6]

Quando arrivò alla Johns Hopkins University di Baltimora, Frank era determinato a dimostrare di essere fatto della stessa pasta del fratello. Come Robert, Frank era una persona dalla cultura enciclopedica; amava la musica e, diversamente dal fratello, era in grado di suonare uno strumento, il flauto, estremamente bene. Alla Johns Hopkins suonava regolarmente in un quartetto.[7] Ma il suo obbiettivo era la fisica. Durante il suo secondo anno, Frank incontrò Robert a New Orleans dove entrambi parteciparono all'incontro annuale dell'American Physical Society. In seguito Robert scrisse a Ernest Lawrence: «Abbiamo fatto una piacevole vacanza insieme, che credo abbia fissato definitivamente la vocazione di Frank per la fisica».[8] Dopo aver frequentato un gran numero di fisici, tutti pieni di entusiasmo per il loro lavoro, Robert osservò che «è impossibile non apprezzarli e rispettarli, e non provare una grande attrazione per il loro lavoro». Nel secondo giorno di conferenze, Robert portò Frank a un incontro dedicato a biochimica e psicologia che, se da un lato «era estremamente chiassoso e molto divertente», allo stesso tempo «scoraggiava un'eccessiva fiducia in entrambe le scienze».

Ma poi, solo alcuni mesi dopo, Robert consigliò a Frank di non dedicarsi alla fisica prima di aver esaminato altre alternative. Pensava che l'appetito intellettuale di Frank avrebbe potuto essere stuzzicato dal lavoro nelle scienze biologiche. Se da un lato dichiarava che «so per certo che la fisica ha una bellezza che nessun'altra scienza può eguagliare, ha rigore, austerità e profondità», dall'altro spinse Frank a seguire un corso avanzato in fisiologia: «La genetica comporta sicuramente una tecnica rigorosa, e una teoria costruttiva e complicata [...]. Hai la mia completa benedizione [...]. Impara pure la fisica, tutta quella che c'è, così da comprenderla, da poterla usare, contemplare e, se lo vorrai, anche insegnare; ma non progettare ancora di "farla": di adottare la ricerca fisica come vocazione. Per prendere questa decisione dovresti conoscere maggiormente le altre scienze, e sapere molta più fisica».[9]

Frank ignorò questa parte dei consigli del fratello. Dopo aver ottenuto in soli tre anni la laurea in fisica, passò gli anni dal 1933 al 1935 studiando al Laboratorio Cavendish in Inghilterra con alcuni degli stessi fisici che erano stati insegnanti di Robert; incontrò anche alcuni amici di Robert quali Paul Dirac e Max Born. Tuttavia, arrivati a quel punto, Robert era più che riconciliato con la scelta del fratello: «Sai quanto sono stato felice», scrisse a Frank nel 1933, «per la tua decisione di andare a Cambridge [...]».[10] Ma adesso desiderava vedere il fratello. «Raramente c'è stato un tempo», scrisse a Frank all'inizio del 1934, «in cui tu mi sia tanto mancato quanto mi sei mancato in questi ultimi giorni [...]. Immagino che Cambridge ti stia facendo bene, e che la fisica ti sia ormai davvero entrata dentro, la fisica e le ovvie eccellenze della vita che questa porta con sé. Immagino che tu stia lavorando duramente, facendoti le ossa in laboratorio, imparando da vicino la matematica, e trovando infine in questo, e nella naturale austerità della vita di Cambridge, un campo adeguato per il tuo persistente bisogno di ordine e disciplina.»[11] Se nel ruolo di fratello maggiore a volte Robert sembrava condiscendente, le sue lettere a Frank rendono chiaro che lui era tanto dipendente da questo stretto legame fraterno quanto lo era Frank.

Diversamente da Robert, Frank eccelleva nella fisica sperimentale; gli piaceva sporcarsi le mani in laboratorio. Gli piaceva cercare di riparare le macchine, e una volta costruì per suo fratello un fonografo su misura.¹² Come osservò Robert, Frank aveva un modo di «ridurre una situazione specifica e assai complessa alla sua centrale e irriducibile *Fragestellung* [formulazione di una domanda]».¹³ Dopo aver studiato due anni in Inghilterra e numerosi mesi in Italia – dove scoprì e cominciò a disprezzare il fascismo di Mussolini – Frank fece domanda presso numerose università per completare il suo dottorato in fisica sperimentale. Era indeciso se andare al Caltech, ma Robert «fece qualcosa» e improvvisamente il Caltech gli offrì una borsa di studio per merito, e la decisione fu presa.¹⁴

Nel laboratorio lavorò con il vecchio amico di Robert Charlie Lauritsen, facendo esperimenti con lo spettrografo a raggi beta.¹⁵ Mentre Robert aveva completato¹⁶ in soli due anni il suo dottorato, Frank ne spese comodamente quattro per guadagnarsi il suo. In parte questo era dovuto semplicemente al fatto che il lavoro sperimentale richiede più tempo di quello teorico. Ma era anche dovuto al fatto che Frank, per temperamento e inclinazione, era portato a riempire la sua vita non con la sola fisica. Amava la musica, e come flautista era talmente abile che suo fratello e molti suoi amici pensavano che sarebbe potuto diventare un musicista professionista. Facendo tesoro delle sensibilità artistiche della madre, amava dipingere e leggeva molta poesia. Gli amici, in contrasto con il modo di fare assiduamente europeo e corretto di Robert, trovavano che Frank fosse assai trascurato nel vestire e «bohémien» nel modo di fare.

Durante il suo primo anno al Caltech, Frank conobbe Jacquenette «Jackie» Quann, una ragazza ventiquattrenne franco-canadese che studiava economia a Berkeley. Si incontrarono proprio a Berkeley nella primavera del 1936, quando Robert portò il fratello a trovare un'amica, Wenonah Nedelsky, e capitò che Jackie fosse lì a fare la baby-sitter. Per pagarsi le tasse dell'università lavorava come cameriera e baby-sitter. Semplice e diretta, si comportava come una persona con i piedi per terra e rifiutava seccamente la pretenziosità. «Jackie era orgogliosa di far parte della classe lavoratrice», disse Bob Serber, «e non sapeva che farsene degli intellettuali».¹⁷ La sua ambizione era lavorare nel sociale. Aveva un taglio di capelli semplice da paggetto e non si preoccupava mai di usare il rossetto o altri trucchi. Non era il genere di donna che Robert Oppenheimer avrebbe scelto per suo fratello. Ma più avanti in quella primavera, Robert, Frank, Jackie e Wenonah (da poco separata dal marito Leo) uscirono insieme due o tre volte. In giugno Frank invitò Jackie ad andare quell'estate a Perro

Caliente. Arrivarono in un pickup Ford nuovo di zecca, costato 750 dollari, un regalo di Robert.[18]

Quando, più avanti nel corso dell'estate, Frank informò Robert che era intenzionato a sposare Jackie, Robert cercò di convincerlo a non farlo. Jackie e Robert non andavano d'accordo. Lei ricordò che «diceva sempre cose del tipo, "Ovvio, sei molto più grande di Frank" – ma in realtà avevo solo otto mesi più di lui – e diceva anche che Frank non era pronto».

Tuttavia questa volta Frank ignorò il consiglio del fratello e sposò Jackie il 15 settembre 1936. «Fu un atto di emancipazione e ribellione da parte sua», scrisse Robert, «contro la sua dipendenza da me.»[19] Robert continuò a denigrare Jackie riferendosi a lei come «la cameriera che mio fratello ha sposato». Ma contemporaneamente continuò a «organizzare le cose» per suo fratello e la moglie. «Noi tre passavamo molto tempo insieme a Pasadena, Berkeley e Perro Caliente», ricordò Frank, «e tra me e mio fratello c'era una continua condivisione di idee, imprese e amici.»[20]

Jackie era sempre stata un'agitatrice politica. «Poteva farti impazzire con le sue tirate politiche», ricordò un parente.[21] A Berkeley, prima di laurearsi, si era iscritta alla Lega dei giovani comunisti, e in seguito a Los Angeles lavorò per un anno nel giornale del Partito comunista.[22] Frank era a suo agio rispetto alle sue idee politiche. «A partire dal liceo», ricordò, «ero stato vicino a posizioni che si potrebbero dire di sinistra. Ricordo che una volta andai con alcuni amici alla Carnegie Hall per sentire un concerto che si teneva senza il direttore d'orchestra. Era una sorta di movimento "abbasso i padroni".»

Come Robert, Frank era un prodotto della Ethical Culture School, dove aveva imparato a discutere di questioni etiche e morali. Nel 1928, a sedici anni, aveva lavorato, insieme ad alcuni compagni di scuola, per la campagna presidenziale di Al Smith. Alla Johns Hopkins molti dei suoi compagni erano nella sinistra del Partito democratico. Ma all'epoca Frank non apprezzava le discussioni politiche prolisse. «Ero solito dire alle persone», ricordò, «che a meno che non intendessi farmi coinvolgere nella cosa, non mi andava di parlarne.»[23] Ricordò di essere rimasto «sgomento» nel 1935 per quello che aveva sentito a un incontro del Partito comunista a Cambridge, in Inghilterra. «Mi sembrava vuoto», ricordò Frank. Tuttavia, durante una visita in Germania, comprese velocemente la minaccia del fascismo: «L'intera società sembrava corrotta». I parenti di suo padre gli avevano raccontato «alcune delle cose terribili» che stavano accadendo nella

Germania di Hitler e lui era portato ad appoggiare ogni gruppo determinato a «fare qualcosa al riguardo».

Quell'autunno, quando ritornò in California, fu profondamente scosso dalle deplorevoli condizioni dei locali lavoratori agricoli e dei neri.[24] La grande depressione stava avendo pesanti effetti su milioni di persone. Un altro studente laureato in fisica al Caltech, William «Willie» Fowler, soleva dire che il motivo per cui era diventato un fisico era quello di non doversi preoccupare delle persone, e che adesso era deluso perché la grande depressione lo costringeva invece a fare proprio quello. Frank si sentiva allo stesso modo. Cominciò a leggere la storia dei lavoratori, e alla fine lesse molto Marx, Engels e Lenin.

Un giorno, agli inizi del 1937, Jackie e Frank videro un tagliando di iscrizione nel giornale comunista locale, il «People's World». «Lo ritagliai e poi lo spedii», ricordò Frank. «Eravamo davvero assai aperti al riguardo, completamente aperti al riguardo.»[25] Ma ci vollero alcuni mesi prima che dal partito qualcuno rispondesse. Come a molti professionisti, a Frank fu chiesto di iscriversi al partito con uno pseudonimo, ed egli scelse il nome Frank Folsom. «Quando mi iscrissi al Partito comunista», testimoniò in seguito, «per qualche ragione che all'epoca non compresi, e che tutt'ora non ho compreso, mi chiesero il mio vero nome e un altro nome da scrivergli accanto. Mi sembrava ridicolo. Non ho mai usato altro nome che il mio, ma, allo stesso tempo, visto che mi sembrava una cosa così ridicola, scrissi il nome di una prigione californiana [Folsom].» Nel 1937 il suo «numero nel libro» del Partito comunista era 56385. Un giorno lasciò distrattamente la sua tessera verde di iscrizione al partito nella tasca di una giacca che stava mandando in lavanderia. La giacca tornò con la tessera accuratamente conservata in una busta.

Nel 1935 non era affatto inusuale per degli americani preoccupati dalle ingiustizie economiche – tra cui molti liberali del New Deal – identificarsi con il movimento comunista. Molti lavoratori, ma anche scrittori, giornalisti e insegnanti, appoggiavano gli aspetti più radicali del New Deal di Franklin Roosevelt. E anche se la maggior parte degli intellettuali non si iscrisse mai al Partito comunista, i loro cuori battevano per un movimento populista che prometteva un mondo più giusto inserito in una cultura di egalitarismo.

L'attaccamento di Frank al comunismo aveva profonde radici americane. Come spiegò in seguito: «Gli intellettuali che furono spinti verso sinistra[26] dall'orrore, dalle ingiustizie e dalle paure degli anni Trenta si identificarono, più o meno profondamente, con la storia delle proteste in America [...] con John Brown, Susan B. Anthony, Clarence Darrow, Jack London,* ma anche con movimenti quali gli abolizionisti, il primo AFL e l'IWW**».

Inizialmente il partito assegnò Frank e Jackie a quella che era chiamata una «unità di strada» a Pasadena; la maggior parte dei loro compagni erano residenti del vicinato, e molti di essi erano neri, poveri e disoccupati. Gli iscritti a quella cellula del partito oscillavano tra i dieci e addirittura i trenta membri. Tenevano regolari incontri aperti a cui partecipavano sia comunisti che membri di varie organizzazioni legate al New Deal come l'Alleanza dei lavoratori, un'organizzazione che assisteva i disoccupati. Si parlava molto e si agiva poco, e la cosa frustrava Frank. «Cercammo di ottenere l'integrazione nella piscina della città», raccontò.[27] «Permettevano ai neri di entrare solo il mercoledì, al pomeriggio e alla sera, e poi svuotavano la piscina il giovedì mattina.» Ma malgrado i loro sforzi la segregazione nella piscina continuò.

Poco tempo dopo Frank accettò di cercare di organizzare una sezione del partito al Caltech. Jackie restò per un po' nell'unità di strada ma alla fine anche lei si unì al gruppo del Caltech. Lei e Frank reclutarono circa dieci membri, tra cui gli studenti dottorandi Frank K. Malina, Sidney Weinbaum e Hsue-Shen Tsien. Diversamente dall'unità di strada di Pasadena, il gruppo del Caltech «era essenzialmente un gruppo segreto».[28] Frank era l'unico membro che dichiarava apertamente la sua affiliazione politica. La maggior parte degli altri, spiegò, «aveva paura di perdere il posto di lavoro».

Frank capì che la sua associazione con il partito offendeva alcune persone. «Mi ricordo di un amico di mio padre, un vecchio signore, che diceva che non avrebbe mai mandato suo figlio a un college in cui insegnavo io.»[29] Il fisico di Stanford Felix Bloch una volta tentò di persuaderlo ad abbandonare il partito, ma Frank non volle ascoltar-

---

* Si tratta di quattro famosi personaggi che si adoperarono in vario modo per l'uguaglianza razziale e tra i sessi e per il sostegno della classi povere. John Brown (1800-1859) fu un deciso avversario della schiavitù e tentò addirittura di creare una repubblica abolizionista armata; fu condannato a morte e impiccato. Susan B. Anthony (1820-1906), insegnante, si adoperò per l'uguaglianza tra i sessi e per il suffragio femminile; nel 1900 convinse l'Università di Rochester ad ammettere ai corsi le donne. Clarence Darrow (1857-1938), celebre avvocato, difese lavoratori e neri; nel 1925, in un processo divenuto famoso, difese John T. Scopes, un docente accusato di aver insegnato l'evoluzionismo. Jack London (1876-1916), famoso scrittore, tratteggiò, visti dal basso, i conflitti sociali caratteristici del movimento operaio e socialista americano. [n.d.t.]
** Acronimo di Industrial Workers of the World, uno dei più antichi sindacati internazionali. [n.d.t.]

lo.³⁰ Tuttavia molti dei suoi amici, da una parte o dall'altra, si preoccupavano poco della questione. L'appartenenza al partito era solo un aspetto della sua vita. In quel periodo al Caltech, Frank si dedicava infatti soprattutto ai suoi studi sulla spettroscopia dei raggi beta. Come suo fratello, era all'inizio di una promettente carriera. Ma le sue posizioni politiche – se non proprio la sua iscrizione al partito – erano sia un libro aperto sia un'attività extracurricolare. Un giorno Ernest Lawrence incontrò Frank, a cui voleva molto bene, e gli chiese perché sprecava così tanto tempo per le «cause».³¹ Questo atteggiamento lasciava perplesso Lawrence, che vedeva sé stesso come un uomo di scienza al di sopra della politica, anche se passava gran parte del suo tempo a ingraziarsi gli uomini d'affari e i finanzieri che facevano parte del Consiglio di amministrazione dell'Università della California. A suo modo, Lawrence era un «animale politico» molto più di Frank; ma offriva la sua fedeltà a «cause» diverse.

Tutti i martedì Frank e Jackie mettevano regolarmente la loro casa a disposizione per gli incontri serali del Partito comunista. Secondo un informatore «riservato e affidabile» dell'FBI, Frank continuò a ospitare questi incontri più o meno fino al giugno 1941. Robert partecipò ad almeno uno degli incontri, e in seguito sostenne che era l'unica volta che aveva partecipato a un «vero» incontro del Partito comunista. L'argomento in discussione era la crescente preoccupazione per la segregazione razziale nella piscina municipale di Pasadena. In seguito Robert testimoniò che quell'incontro «gli aveva fatto un'impressione abbastanza patetica».³²

Come suo fratello, Frank era attivo nell'Unione degli insegnanti di East Bay, nell'Unione dei consumatori e nell'appoggio ai lavoratori agricoli emigrati in California. Una sera tenne un concerto di flauto in un auditorium a Pasadena, con Ruth Tolman che lo accompagnava al pianoforte; l'incasso dell'evento fu devoluto alla Repubblica spagnola. «Dedicavamo un sacco di tempo a incontri, a incontri politici»,³³ disse in seguito Frank. «Molti erano gli argomenti in discussione.» Un collega di Stanford disse all'FBI che «parlava spesso delle questioni legate all'oppressione economica, per cui provava fastidio».³⁴ Un altro informatore sostenne che Frank «mostrava in continuazione una grande ammirazione per l'Unione Sovietica e le sue politiche sia interne che esterne». In certe occasioni Frank poteva essere sgradevole. Attaccò una collega – che successivamente riferì la conversazione all'FBI – come una «disperata borghese non in sintonia con il proletariato».

In seguito Robert fece luce sulla militanza comunista del fratello.

Anche se era iscritto al partito, Frank fece un sacco di altre cose: «Era appassionatamente devoto alla musica. Aveva molti amici assolutamente non comunisti [...]. Passava le estati nella sua fattoria. Durante quegli anni», concluse Robert, «non avrebbe potuto essere un duro lavoratore comunista».[35]

Poco dopo che Frank si era iscritto al partito, andò in macchina a Berkeley, dove passò la serata con il fratello per raccontargli la novità. «Rimasi turbato dalla cosa»,[36] Robert testimoniò nel 1954, senza però spiegare il perché era rimasto sorpreso che Frank avesse fatto quel passo. Ovviamente, l'iscrizione al partito non era priva di rischi. Ma nel 1937 per i liberali di Berkeley rappresentava solo una piccola macchia. «Non era considerato un grande crimine, forse insensatamente», testimoniò Robert, «essere membro del Partito comunista, e nemmeno una questione di disonore o di vergogna.» Tuttavia era chiaro che l'amministrazione dell'Università della California era ostile a chiunque fosse affiliato al Partito comunista, e Frank stava tentando di costruirsi una carriera accademica. Per di più, a differenza di Robert, non aveva ancora un incarico. Se Robert era rimasto turbato dalla decisione di Frank, probabilmente pensava che il suo giovane fratello fosse stato testardamente insensato nell'assumere un simile impegno, oppure fosse stato troppo influenzato dalla moglie radicale. Nonostante il suo risveglio politico, come questione di principio Robert non sentì alcun desiderio di iscriversi al Partito comunista. Invece Frank sentì evidentemente il bisogno emotivo di sottoscrivere un impegno formale. I due fratelli condividevano probabilmente istinti politici comuni, ma Frank si stava dimostrando molto più impetuoso. Idolatrava ancora Robert, ma dopo il suo matrimonio e la nuova visione politica, stava cercando di definire la sua persona e di allontanarla dall'ombra di Robert.

Nel 1943 un collega di Frank durante i suoi due anni alla Stanford University disse a un agente dell'FBI che «a suo parere Frank Oppenheimer aveva seguito i suggerimenti e gli ordini del fratello, J. Robert Oppenheimer, su tutto quello che riguardava il comportamento politico e le affiliazioni».[37] Questa fonte anonima sbagliava del tutto: Frank si iscrisse per sua scelta al partito, in contrasto con i consigli del fratello. Tuttavia l'informatore su una cosa aveva ragione: aveva assicurato l'FBI che pensava che entrambi gli Oppenheimer fossero «essenzialmente leali verso il loro paese [...]». Agli occhi dei loro amici (e anche a quelli dell'FBI), i fratelli Oppenheimer erano straordinariamente vicini. Quello che faceva Frank si rifletteva sempre su Robert. E, nei continui tentativi di sistemare le cose del fratello, Robert non smise mai di proteggere Frank con la luminosità della sua fama.

Se paragonato al suo sincero fratello, Robert rimane un enigma. Tutti i loro amici sapevano dove puntavano le sue simpatie politiche, ma l'esatta natura delle sue relazioni con il Partito comunista rimane a tutt'oggi incerta e vaga. A un certo punto descrisse il suo amico Haakon Chevalier come «un chiacchierone rosa. Aveva ampi collegamenti con tutti i tipi di organizzazioni del Fronte popolare; era interessato agli scrittori di sinistra [...] esprimeva sempre liberamente le sue opinioni». Questa descrizione potrebbe essere facilmente applicata allo stesso Oppenheimer.

Senza alcun dubbio, Robert era circondato da parenti, amici e colleghi che, in un momento o un altro, erano stati membri del Partito comunista. Come sostenitore da sinistra del New Deal, diede somme considerevoli a cause sostenute dal partito. Ma insistette sempre sul fatto che non aveva mai avuto la tessera. Invece, disse, le sue associazioni con il partito furono «molto brevi e molto intense».[38] Si riferiva al periodo della guerra civile spagnola, ma anche dopo continuò a partecipare a incontri in cui vari membri che contribuivano finanziariamente al partito discutevano sugli eventi correnti. Questi incontri, stimolati dal partito, erano specificamente mirati al coinvolgimento di intellettuali indipendenti, come Oppenheimer, e a rendere meno netti i confini dell'identità del Partito comunista. Ma il fatto di non aver mai avuto un'iscrizione formale aveva lasciato a Oppenheimer la possibilità di decidere da solo il modo in cui voleva definire la sua relazione con il partito. Per un breve periodo, probabilmente considerava sé stesso come un compagno non iscritto. Non ci sono dubbi che negli anni successivi minimizzò l'estensione della sua associazione con il partito. Del tutto schiettamente, ogni tentativo di definire Robert Oppenheimer come un membro del partito è un esercizio futile, come ha imparato l'FBI con sua grande frustrazione per molti anni.

In effetti, la sua associazione con i comunisti era una conseguenza naturale delle sue simpatie sociali e della sua posizione nella vita. Verso la fine degli anni Trenta, come professore all'Università della California, Oppenheimer viveva in un ambiente politicamente vivace. Frequentando i diversi circoli, a molti dei suoi amici che erano membri formali del partito lasciò inevitabilmente l'impressione che anche lui fosse uno dei loro. Robert, dopo tutto, voleva essere apprezzato, e sicuramente credeva negli obbiettivi di giustizia sociale che il partito sosteneva e per i quali si impegnava. I suoi amici pensavano che era quello che loro stessi volevano. Non deve quindi sorprendere che alcuni membri del partito pensassero che fosse un compagno. Naturalmente, quando l'FBI usò le microspie per controllare le conversazioni delle persone che parlavano di Oppenheimer, occasionalmente intercettò dei membri del partito che in piena buona fede ne parlavano come uno dei loro. E ancora, in un'altra intercettazione dell'FBI sono registrati dei membri del partito che si lamentano dell'indifferenza e dell'inaffidabilità di Oppenheimer. Cosa ancora più importante, non c'è alcuna evidenza che si sia sottomesso alla disciplina del partito. Nonostante la sua intensa adesione personale a gran parte – se non alla maggior parte – del programma del partito, quando era in disaccordo non cambiò mai le sue opinioni per adeguarsi alla linea del partito. Significativamente, non si fece scrupolo di sottolineare la natura totalitaria del regime sovietico. Ammirava apertamente Franklin Roosevelt e difendeva il New Deal. E anche se era membro di diverse organizzazioni del Fronte popolare guidate dal Partito comunista, era anche un fedele sostenitore delle libertà civili e un membro importante dell'Unione americana per le libertà civili. In breve, era il classico compagno di strada progressista del New Deal che del Partito comunista ammirava l'opposizione al fascismo in Europa e il sostegno ai diritti dei lavoratori nel paese. Non è quindi né sorprendente né significativo che abbia lavorato con membri del partito a sostegno di questi obbiettivi.

Tutta questa ambiguità è accentuata dal fatto che, durante gli anni del Fronte popolare – la vera struttura organizzativa del Partito comunista soprattutto in California – le sue attività portavano a confondere la distinzione tra l'affiliato casuale e il membro effettivo. Come Jessica Mitford ha scritto nelle irriverenti memorie delle sue esperienze nel ramo del partito a San Francisco: «In quei giorni [...] il partito era una strana miscela di apertura e segretezza».[39] Il suono cospiratore della parola «cellula», che prevedeva da tre a cinque membri, era stato sostituito da «sezione» o «club», «una terminologia ritenuta più adatta alla tradizione politica americana». Centinaia di persone potevano appartenere a questi «club», nei quali gli affari del partito venivano condotti in maniera abbastanza aperta e informale; chiunque era benvenuto, e le persone, compresi spesso gli informatori dell'FBI, partecipavano agli incontri settimanali in sale prese in affitto, ma molte volte senza pagarle perché le quote versate al partito non sempre erano aggiornate. Del resto la Mitford racconta che lei e suo marito «furono inizialmente assegnati al Southside Club, una delle poche sezioni "chiuse" o segrete, riservata a funzionari governativi, medici, avvocati e altre persone il cui lavoro avrebbe potuto essere messo in pericolo da un'aperta affiliazione al partito».

Verso la fine degli anni Trenta, molti intellettuali simpatizzanti di sinistra, favorevoli ai sindacati e antifascisti, non si iscrissero mai al Partito comunista. E ancora, molti di quelli che si iscrissero al partito scelsero di tener nascosta la loro affiliazione, anche se, come Oppenheimer, erano politicamente attivi nelle varie cause sostenute dal partito. I membri segreti del partito erano così numerosi che Earl Browder, il capo del Partito comunista, nel giugno 1936 si lamentò perché troppe figure importanti della società americana nascondevano la loro iscrizione al partito. «Come possiamo dissipare la paura del rosso tra i Rossi?» si chiedeva. «Alcuni di questi compagni nascondono come un segreto vergognoso le loro opinioni e la loro affiliazione al partito; supplicano istericamente il partito affinché stia il più possibile lontano dal loro lavoro.»[40]

Anni più tardi, Haakon Chevalier insisteva sul fatto che Oppenheimer era uno di quei membri segreti del partito. Ma quando gli fu chiesto di precisare quale fosse la sezione a cui supponeva appartenesse Robert, Chevalier descrisse un'innocua assemblea di amici, più simile al «gruppo di discussione» che aveva citato nelle sue memorie del 1965 che a quel tipo di «sezione chiusa» ufficiale descritta dalla Mitford. «Io e lui abbiamo iniziato così», disse Chevalier a Martin Sherwin riferendosi a Oppenheimer. «Era una sezione chiusa e non ufficiale. Non c'è documentazione di quella sezione [...]. Nessuno ne sapeva niente, salvo una persona. Non so chi fosse, ma [era] un personaggio di alto livello del partito a San Francisco.»[41] Questo gruppo «non ufficiale», noto soltanto a «una persona», inizialmente era costituito da sei o sette membri, anche se a un certo punto alle discussioni partecipava una dozzina di persone. «Discutevamo cose che accadevano localmente o nello stato o nel paese o nel mondo», ricordava Chevalier.

È questa la versione di Chevalier della vicenda che si ritrova nei dossier dell'FBI. Nel marzo 1941 l'FBI aprì per la prima volta un dossier su Oppenheimer. Il suo nome aveva attirato del tutto casualmente l'attenzione dell'FBI nel dicembre precedente. Per circa un anno[42] l'FBI aveva intercettato le conversazioni tra William Schneiderman, il segretario del Partito comunista dello stato di California, e Isaac «Pops» Folkoff, il tesoriere del partito. Le intercettazioni non erano state autorizzate né da una Corte né dal ministro della Giustizia ed erano quindi illegali. Ma nel dicembre 1940, quando uno degli agenti dell'FBI a San Francisco ascoltò Folkoff che segnalava un appuntamento alle 15.00 nella casa di Chevalier per un incontro dei «pezzi grossi»,[43] fu deciso che un agente si recasse sul posto per prender nota dei numeri delle targhe. Una delle automobili parcheggiate nei pressi della casa di Chevalier era la Chrysler spider di Oppenheimer. Nella primavera del 1941 l'FBI identificò Oppenheimer come un professore «che altre fonti segnalano come un simpatizzante comunista». L'FBI notava che partecipava al Comitato esecutivo dell'Unione americana per le libertà civili, che lo stesso FBI aveva definito come un «gruppo di facciata del Partito comunista». Inevitabilmente, venne aperto un dossier investigativo su Oppenheimer, che col tempo divenne un vero e proprio archivio delle dimensioni di circa 7000 pagine. In quello stesso mese il nome di Oppenheimer venne inserito nell'elenco delle «persone che in caso di emergenza nazionale[44] devono essere sottoposte a custodia preventiva perché sotto indagine».

Un altro documento dell'FBI,[45] citando dei documenti investigativi di «T-2, un'altra agenzia governativa», sosteneva che Oppenheimer era un membro di una «sezione professionale» del Partito comunista. Uno di questi documenti «T-2» trovati nell'archivio dell'FBI su Oppenheimer comprende un estratto di due pagine di un lungo e non identificato rapporto che elenca i membri di varie sezioni del Partito comunista. I nomi e gli indirizzi di queste persone sono suddivisi tra la «Sezione di Longshoreman», la «Sezione di Seaman» e la «Sezione professionale». Nella «Sezione professionale» sono elencati nove membri: Helen Pell, dottor Thomas Addis, J. Robert Oppenheimer, Haakon Chevalier, Alexander Kaun, Aubrey Grossman, Herbert Resner, George R. Andersen e I. Richard Gladstein. Ovviamente Oppenheimer conosceva alcuni di questi individui (Pell, Addis, Chevalier e Kaun), ed è altrettanto ovvio che alcuni di loro fossero effettivamente membri del partito. Ma risulta impossibile valutare la credibilità di questo documento non identificato.

Secondo Chevalier, che ha parlato a lungo e in dettaglio con Martin Sherwin, ognuno dei membri di questa presunta «sezione chiusa» pagava il suo contributo al partito, eccetto Oppenheimer. «Oppenheimer pagava separatamente», ragionava Chevalier, «probabilmente perché pagava molto più del dovuto». Ma, come Robert ha sempre affermato, lui sosteneva finanziariamente le cause, e non pagava mai i contributi. «Però tutti noi pagavamo a un membro del partito, che era anche un membro noto, un membro aperto [del partito]», continuava Chevalier. «Non sono del tutto sicuro, ma penso si trattasse di Philip Morrison.» D'altra parte, sempre secondo Chevalier, il gruppo non prendeva «ordini» dal partito e funzionava semplicemente come un club di accademici che si incontravano per confrontare le loro idee sulle vicende internazionali e sulla politica interna. Naturalmente Morrison ha riconosciuto di essersi iscritto nel 1938 alla Lega dei giovani comunisti e al partito nel 1939 o nel 1940.[46] Sennonché quando gli è stato chiesto un parere sulla ricostruzione di Chevalier, ha decisamente negato di essere stato nella stessa sezione di Oppenheimer.[47] Essendo studente, ha sottolineato, non avrebbe mai potuto essere assegnato a una sezione costituita da professori della facoltà.

Quando nel 1982 Sherwin gli chiese «Che cosa l'ha convinto a diventare membro del Partito comunista soltanto per opporsi a un gruppo di persone che erano già di sinistra?»[48] Chevalier replicò: «Non lo so. Noi pagavamo il contributo».[49] Quando Sherwin fece ulteriori pressioni su di lui e gli chiese: «Riceveva qualche ordine dal partito?» Chevalier disse: «No. In un certo senso noi non lo eravamo [membri regolari del partito». A quel tempo, spiegò, per uomini come lui e Oppenheimer era possibile pensare a sé stessi come a intellettuali impegnati politicamente, che tuttavia non erano soggetti alla disciplina di partito. I membri di questo gruppo contribuivano finanziariamente alle cause sostenute dal partito; facevano discorsi negli eventi sponsorizzati dal partito; e scrivevano articoli e pamphlet che sarebbero stati pubblicati dal partito. E ancora, spiegò Chevalier, «*Entrambi lo eravamo e non lo eravamo. In qualunque modo si voglia guardare la questione*». Sollecitato ancora una volta a chiarire questa ambiguità, Chevalier disse: «Era un tipo di esistenza oscura. Esisteva, ma non era identificata, e questo aveva una certa influenza perché noi avevamo i nostri punti di vista su alcune delle cose che accadevano, punti di vista che trasmettevamo al centro, e venivamo anche consultati su alcune questioni [...]. Sembra che le medesime cose accadessero in molte altre parti degli Stati Uniti, sezioni chiuse per professionisti o per persone che non volevano essere identificate in alcun modo».

La natura ambigua della relazione di Oppenheimer con il Partito comunista, così come è stata descritta da Chevalier, è sostenuta da Steve Nelson, un leader carismatico del partito a San Francisco e un amico di Oppenheimer negli anni 1940-43. Nelson socializzava con Oppenheimer, ma sfruttava anche il suo lavoro per realizzare un legame del partito con la comunità universitaria. «Avevo incontri sociali con questo gruppo», spiegò Nelson in un'intervista del 1981, «che includeva alcuni membri del partito e alcune persone non iscritte, e in cui si discuteva liberamente quello che accadeva attorno a noi [...]. Questo gruppo discuteva anche questioni di politica estera. La sensazione di noi tutti, compresa quindi anche la sensazione di Oppenheimer, era che sarebbe stata una tragedia se gli Stati Uniti, l'Inghilterra e la Francia non avessero stretto una qualche alleanza contro l'Italia; sarebbe stato tragico. Ora non ricordo se sia stato Chevalier o Bob [Oppenheimer] o qualche altro partecipante a esprimersi in questo modo. Ma questo era il senso dell'incontro.»

Nelson rafforza l'ambigua descrizione di Chevalier dell'appartenenza di Oppenheimer al partito. «Non so come potrei provare o negare questo punto», disse Nelson. «Per questo posso pensare a lui solo come a uno stretto simpatizzante. So che questo è vero, perché abbiamo avuto moltissime discussioni sulle politiche della sinistra [...]. Ma questo non significa che lui fosse un membro del partito. Penso che fosse un amico stretto di parecchi iscritti al partito nel campus.»

Anche Nelson lasciò il Partito comunista nel 1957. Nel 1981 pubblicò un memoriale nel quale discute brevemente la sua relazione con Oppenheimer. Quando mostrò il manoscritto a uno dei suoi compagni in California, ancora membro del partito, questo vecchio comunista pensò che era stato «troppo accomodante» su Oppenheimer. Nelson avrebbe dovuto attaccare Oppenheimer per aver negato la sua iscrizione al partito. «La mia personale stima per Oppenheimer», osservò Nelson, «era dovuta alla sua simpatia per la sinistra. Il problema non è se uno abbia o meno la tessera del partito. Lui partecipava alle cause della sinistra, e questo è stato sufficiente per farlo fuori politicamente [...].»[50]

Tutti i membri di questa supposta sezione chiusa del partito sono morti. Ma uno di loro ha lasciato un memoriale non pubblicato. Gordon Griffiths (1915-2001) si era iscritto al Partito comunista a Berkeley nel giugno 1936, proprio poco prima di trasferirsi a Oxford. Fino al suo ritorno, nell'estate del 1939, Griffiths rinnovò tranquillamente la sua iscrizione al partito. Ma poiché sua moglie Mary ne era rimasta delusa, Griffiths chiese un incarico di basso profilo. Alla fine gli fu assegnato l'incarico di «avviare legami con i gruppi delle facoltà dell'Università della California».[51] Griffiths assunse l'incarico nell'autunno del 1940 e lo lasciò nella primavera del 1942. Nel suo memoriale, scrive che tra le diverse centinaia dei membri delle facoltà di Berkeley, solo tre persone erano membri di questo «gruppo comunista della facoltà»: Arthur Brodeur (un'autorità sulle saghe islandesi e su Beowulf nel Dipartimento di inglese), Haakon Chevalier e Robert Oppenheimer.

Griffiths riconosce che Oppenheimer ha sempre negato di esser stato membro del partito. I difensori di Oppenheimer, sottolinea Griffiths, hanno sempre sostenuto che lui era solo un compagno di strada, affermando che era politicamente ingenuo. «Una gran quantità di energia è stata utilizzata da liberali di buone intenzioni che pensavano che questo fosse l'unico modo per difendere il suo caso. Forse a quell'epoca – al massimo del periodo del maccartismo – era davvero così [...]. Ma ora è arrivato il momento di guardare le cose per il verso giusto, e di porre la questione come avrebbe dovuto essere posta: non se sia stato o meno iscritto al Partito comunista, ma se questa iscrizione avrebbe, di per sé, potuto costituire un impedimento al suo servizio in una posizione di responsabilità.»

Il memoriale di Griffiths aggiunge pochi dettagli alla descrizione di quella che Chevalier aveva chiamato «sezione chiusa». Comprensibilmente, Griffiths è chiaramente convinto che il semplice fatto che Oppenheimer prendesse parte a questi incontri lo qualifica come un comunista. Scrive che il gruppo si incontrava regolarmente, due volte al mese, sia in casa di Chevalier sia in casa di Oppenheimer. Griffiths normalmente portava con sé e distribuiva le ultime pubblicazioni del partito, e raccoglieva i versamenti di Brodeur e Chevalier, *ma non quello di Oppenheimer*. «Ero arrivato a capire che Oppenheimer, in quanto persona di notevole ricchezza, dava il suo contributo attraverso qualche canale particolare. Nessuno aveva con sé la tessera del partito. Se il pagamento dei contributi era l'unica prova dell'iscrizione, non posso affermare che Oppenheimer fosse iscritto, ma posso dire, senza alcuna riserva, che tutti e tre questi uomini consideravano sé stessi come dei comunisti.»

Il gruppo della facoltà, ricorda Griffiths, in realtà non ha fatto molto di diverso da quello «che potrebbe esser stato fatto da un gruppo di liberali o di democratici». Si incoraggiavano a vicenda nel dedicare le loro energie a buone cause, come l'Unione degli insegnanti e l'assistenza ai rifugiati della guerra civile spagnola. «Non ci fu mai nessuna discussione sugli eccitanti sviluppi della fisica teorica, segreti o meno, e nemmeno alcuna ipotesi di passare informazioni ai russi. In breve, nella nostra attività non c'era nulla di sovversivo o di sedizioso [...]. Gli incontri erano dedicati soprattutto alla discussione degli eventi sulla scena mondiale o nazionale, e alla loro interpretazione. In queste discussioni Oppenheimer era sempre quello che dava la spiegazione più completa e più profonda, alla luce della sua conoscenza della teoria marxista. Descrivere il suo attaccamento alla causa della sinistra come risultato della sua ingenuità politica, come molti hanno fatto, è semplicemente assurdo, e serve solo a diminuire la statura intellettuale di un uomo che vedeva le implicazioni di quello che accadeva nel mondo della politica molto più profondamente degli altri.»

Kenneth O. May, il funzionario del Partito comunista di Berkeley che aveva assegnato Griffiths a quel gruppo, in seguito disse all'FBI che Chevalier e altri professori di Berkeley partecipavano a questi incontri, ma che lui «non considerava le persone che partecipavano a quelle riunioni come un gruppo del Partito comunista».[52]

Un tempo studente dottorando nel Dipartimento di matematica di Berkeley, Ken May era poi diventato un amico degli Oppenheimer.[53] May era entrato nel Partito comunista nel 1936, e aveva visitato la Russia per cinque settimane nel 1937, e poi ancora per due settimane nel 1939. Era ritornato conquistato dal modello politico ed economico sovietico. Nel 1940, durante le elezioni locali a Berkeley, May fece un discorso di fronte al Consiglio direttivo delle scuole per difendere il diritto dei candidati locali del Partito comunista a organizzare un incontro all'interno di una scuola pubblica. Quando il discorso venne citato dalla stampa locale, suo padre, un professore conservatore di scienze politiche a Berkeley, lo diseredò pubblicamente e l'università gli tolse l'incarico di assistente. L'anno successivo, ancora studente dottorando nel Dipartimento di matematica, May fece campagna elettorale come comunista per cercare di conquistare un seggio nel Consiglio cittadino di Berkeley. La sua affiliazione al Partito comunista non era quindi segreta quando incontrò Oppenheimer per la prima volta. May era un amico di Jean Tatlock, e probabilmente i due uomini si conobbero a un incontro dell'Unione degli insegnanti in qualche momento del 1939.

Molti anni più tardi, dopo che aveva lasciato il partito, May disse all'FBI che era andato a casa degli Oppenheimer in parecchie occasioni per parlare di politica, e ricordava di aver sempre considerato quegli incontri come «riunioni informali [...] che si tenevano al solo scopo di discutere questioni teoriche relative al socialismo». Aggiunse anche che non considerava Oppenheimer né un membro del partito né uno che si adeguasse «alla disciplina del partito». Oppenheimer era un intellettuale indipendente e, spiegò May all'FBI, «il Partito comunista tendeva a diffidare degli intellettuali nella gestione degli affari interni del partito, ma, allo stesso tempo, il partito era ansioso di attirare il pensiero delle persone di quel calibro lungo le sue linee e di guadagnare così il prestigio e il sostegno che loro potevano fornire al partito e ai suoi obbiettivi. Per questa ragione, May si teneva in contatto con il soggetto [Oppenheimer] e con altri professionisti; voleva discutere con loro del comunismo e anche distribuire le pubblicazioni del partito».

Oppenheimer, spiegò ancora May agli agenti dell'FBI, era un tipo d'uomo molto propenso «a condividere con il Partito comunista scopi e obbiettivi in qualsiasi momento particolare, se aveva deciso di testa sua che lo meritavano. Tuttavia, non poteva tollerare gli obiettivi sui quali non concordava».[54] May osservò che «il soggetto era apertamente associato con chiunque gli piacesse, comunista o no».

L'FBI non riuscì mai a risolvere la questione se Robert sia stato o no un membro del Partito comunista, il che significa che ci sono scarsi riscontri che lo fosse davvero. Gran parte delle evidenze presenti negli archivi dell'FBI su questa questione sono circostanziali e contraddittorie. Sono pochi gli informatori dell'FBI che affermano che Oppenheimer era un comunista, mentre la maggior parte di essi delinea semplicemente il ritratto di un compagno di strada. E alcuni negano con enfasi che sia mai stato un membro del partito. L'FBI ha solo i suoi sospetti, e le ipotesi degli altri. Soltanto Oppenheimer poteva sapere la verità, e ha sempre sostenuto di non essere mai stato un membro del Partito comunista.

10. «Con sempre maggior certezza»

> *Fu una settimana veramente decisiva nella sua vita, mi disse così [...]. Quel fine settimana diede l'avvio all'allontanamento di Oppenheimer dal Partito comunista.*
>
> Victor Weisskopf

Il 24 agosto 1939 l'Unione Sovietica sbalordì il mondo annunciando che il giorno prima aveva sottoscritto un patto di non aggressione con la Germania nazista. Una settimana più tardi cominciò la seconda guerra mondiale, quando la Germania e l'Unione Sovietica invasero simultaneamente la Polonia. Commentando questo sorprendente evento, Oppenheimer scrisse al suo amico fisico Willie Fowler: «So che Charlie [Lauritsen] considererà con mestizia quello che ti dico a proposito del patto tra nazisti e sovietici, ma io non ho scommesso su nessun aspetto di quel patto, eccetto forse sul fatto che i tedeschi sono già in Polonia. E questo puzza».[1]

In quei giorni, all'interno dei circoli intellettuali della sinistra, nessun argomento fu dibattuto più intensamente di quel patto di non aggressione tra nazisti e sovietici dell'agosto 1939.[2] Molti comunisti americani diedero le dimissioni dal partito. Come Chevalier sottolineò con un evidente tentativo di minimizzarlo, il patto sovietico-tedesco «confuse e turbò molte persone». Ma Chevalier mantenne la sua lealtà verso il partito, e difese il patto come una necessaria decisione strategica. Nell'agosto 1939, assieme ad altre quattrocento persone, firmò una lettera aperta, pubblicata nel numero del settembre 1939 dalla rivista «Soviet Russia Today», che attaccava «l'enorme ipocrisia che fa dell'URSS e degli stati totalitari entità essenzialmente simili».[3] Il nome di Oppenheimer non appare tra i firmatari. Secondo Chevalier, fu proprio nell'autunno del 1939 «che Opje dimostrò di essere un grandioso ed efficiente analista di sé stesso [...]. Opje aveva un modo semplice e chiaro di presentare fatti e argomenti che servivano a mitigare dubbi e convinzioni».[4] Chevalier sosteneva che all'epoca in cui i comunisti erano diventati all'improvviso estremamente impopolari anche tra gli intellettuali della California, Oppenheimer cercava di spiegare con pazienza che il patto tra nazisti e sovietici non era un'alleanza ma piuttosto un accordo deciso per necessità e giustificato dalle eccessive concessioni fatte a Hitler dai governi occidentali a Monaco.[5] Chevalier era profondamente preoccupato dall'ondata di isteria bellica che sembrava trasformare «vecchi liberali in reazionari e pacifisti in guerrafondai».[6] Una sera, dopo mezzanotte, mentre era sulla strada di casa dopo aver partecipato a un incontro della Lega degli scrittori americani, bussò alla porta di casa Oppenheimer. Robert era ancora alzato perché stava lavorando al testo di una conferenza di fisica. Dopo che Robert gli ebbe offerto da bere, Hoke spiegò che aveva bisogno del suo aiuto per rivedere il testo di un pamphlet contro la guerra, sponsorizzato dalla Lega degli scrittori. Come sempre premuroso verso gli amici, Robert si sedette e lesse il manoscritto. Quando l'ebbe finito, si alzò e disse: «Non va bene». Poi invitò Hoke a sedersi alla sua macchina per scrivere e cominciò a dettare una stesura del tutto diversa. Un'ora più tardi Hoke se ne andò con «un testo completamente nuovo».

Robert non era membro della Lega degli scrittori americani, per cui il suo testo per il pamphlet era semplicemente un favore fatto al suo amico.[7] Nella nuova stesura il testo del pamphlet costituiva un'appassionata argomentazione per mantenere l'America al di fuori dalla guerra in Europa. Probabilmente, in maniera analoga, Robert aveva contribuito a scrivere o a rivedere due altri pamphlet, rispettivamente nel febbraio e nell'aprile 1940. Entrambi erano intitolati *Rapporto ai nostri colleghi*, ed erano firmati «Comitato delle facoltà dei college; Partito comunista della California». Lo scopo era quello di spiegare le possibili conseguenze della guerra in Europa. Più di un migliaio di copie erano state spedite a singole persone in varie università della West Coast.

Secondo Chevalier, Oppenheimer non solo collaborò alla stesura dei rapporti, ma contribuì anche finanziariamente alla stampa e alla distribuzione. Non deve quindi sorprendere che il loro ritrovamento – unito alle affermazioni di Chevalier – li abbia inseriti nel dibattito sulla questione se Robert fosse o non fosse iscritto al Partito comunista.*[8] Gordon Griffiths ha confermato le affermazioni di Chevalier sul coinvolgimento di Oppenheimer nella realizzazione di questi pam-

---

* Phil Morrison ricordava di aver aiutato Oppenheimer a spedire un pamphlet che aveva scritto e in cui analizzava l'attacco sovietico alla Finlandia nell'autunno del 1939. Ma quel pamphlet non è stato trovato. [*n.d.a.*]

phlet. «Vennero stampati su carta di buona qualità, senza dubbio pagata da Oppie. Lui non era l'unico autore, ma aveva dato un contributo speciale [...]. Liberi da inutili tecnicismi, questi scritti erano stilisticamente eleganti e intellettualmente convincenti.»[9]

Lo scoppio della guerra in Europa,[10] il pamphlet datato 20 febbraio 1940, affermava che quell'evento «ha cambiato profondamente il corso del nostro sviluppo politico. Negli ultimi mesi al New Deal sono accadute cose strane. L'abbiamo visto attaccare, e *con sempre maggior certezza*, l'abbiamo visto anche abbandonare. C'è un crescente scoraggiamento dei liberali verso il movimento per un Fronte democratico, e il tormentone sui rossi è cresciuto fino a diventare uno sport nazionale. La reazione si è mobilitata».

Chevalier, in un'intervista, ha insistito sul fatto che qui il linguaggio è tipicamente di Oppenheimer. «Si riconosce facilmente il suo stile. Ha dei particolari piccoli manierismi, con l'uso di determinate parole. "Con sempre maggior certezza". Questa è tipicamente sua. È difficile trovare nel linguaggio ordinario l'uso di "certezza" in un contesto simile.»[11] Le affermazioni di Chevalier sono troppo tenui per identificare con sicurezza Oppenheimer come *l'autore* del pamphlet, ma possono suggerire che Robert abbia davvero contribuito alla sua realizzazione. Anche se «con sempre maggior certezza» si adatta allo stile di Oppenheimer, molte altre cose del pamphlet non si adattano per nulla al suo stile.

Ma questi «rapporti» cosa proponevano? Più che qualsiasi altra cosa, proponevano una difesa del New Deal e dei suoi programmi sociali nel paese.

Il Partito comunista viene attaccato per il suo sostegno alla politica sovietica. Ma anche un'eliminazione totale del partito in questo paese non può modificare quella politica: può solo far tacere alcune delle voci, alcune delle voci più nitide, che si oppongono a una guerra tra gli Stati Uniti e la Russia. Quello che questo attacco può direttamente fare, quello che intende fare, è ostacolare le forze democratiche, distruggere i sindacati in generale, e i sindacati delle CIO* in particolare, per rendere possibile il taglio dei sussidi e costringere all'abbandono di un grande programma di pace, sicurezza e lavoro che è la base del movimento per un Fronte democratico.

---

* Acronimo di *Congress of Industrial Organizations*, l'organizzazione che riuniva i sindacati industriali americani. [*n.d.t.*]

Il 6 aprile 1940 il Comitato delle facoltà dei college del Partito comunista della California pubblicò un altro *Rapporto ai nostri colleghi*. Come il primo pamphlet, anche questo rapporto non citava gli autori. Ma ancora una volta Chevalier ha sostenuto che Oppenheimer faceva parte del gruppo degli autori rimasti anonimi.

La prova più elementare di una buona società è la sua capacità di mantenere in vita i suoi membri. Deve far sì che sia loro possibile sostentarsi e deve proteggere le loro persone da una morte violenta. Oggi la disoccupazione e la guerra costituisce [*sic*] una minaccia molto seria al benessere e alla sicurezza dei membri della nostra società, tanto che molti si stanno chiedendo se questa società è davvero in grado di soddisfare i suoi obblighi più essenziali. I comunisti chiedono una società migliore di questa; chiedono per tutti gli uomini le opportunità, la disciplina e la libertà che in passato hanno caratterizzato le culture più elevate. Ma sappiamo che oggi, con la conoscenza e il potere di cui disponiamo, nessuna cultura che ignori i bisogni elementari, nessuna cultura basata sulla negazione delle opportunità o sull'indifferenza verso i bisogni umani può essere onesta o utile.[12]

Come in quello di febbraio, anche in questo rapporto c'erano al centro gli argomenti locali. Veniva esaminata la situazione difficile dei milioni di disoccupati nel paese, ed era attaccata la decisione dei democratici, in California e nell'intero paese, di tagliare gli stanziamenti per l'assistenza sociale. «I tagli dei sussidi e il contemporaneo aumento degli stanziamenti per gli armamenti sono collegati non solo da considerazioni aritmetiche. L'abbandono da parte di Roosevelt del programma per le riforme sociali, l'attacco al movimento dei lavoratori, che prima invece era sostenuto, e la preparazione alla guerra, sono sviluppi collegati e paralleli.» Dal 1933 al 1939, osservava il pamphlet, l'amministrazione Roosevelt «ha seguito una politica di riforme sociali». Ma dall'agosto 1939 «non è mai stata proposta una qualsiasi misura che avesse scopi di riforma [...] e le misure prese in passato non sono nemmeno state difese dagli attacchi dei reazionari». Mentre una volta l'amministrazione Roosevelt aveva espresso il suo «disgusto» per le buffonate sollevate da Martin Dies, il primo direttore del Comitato per il controllo delle attività antiamericane, ora stava «coccolando» questi reazionari. Mentre in passato aveva difeso le organizzazioni dei lavoratori, le libertà civili e i disoccupati, ora stava attaccando leader di spicco dei lavoratori come John L. Lewis, e riversando denaro negli armamenti.

Lo stesso Roosevelt, un uomo che secondo gli autori del pamphlet in passato era «qualcosa di simile a un progressista», era diventato ora un «reazionario» e anche un «guerrafondaio».[13] Questa trasformazione era stata provocata dalla guerra in Europa. «È opinione comune, ed è molto probabile, che quando la guerra sarà finita l'Europa sarà diventata socialista e l'Impero britannico sarà scomparso. Noi riteniamo che Roosevelt si stia assumendo la responsabilità di conservare in Europa il vecchio ordine e che per riuscirci potrà usare in caso di necessità la ricchezza e le vite di questo paese.»

Se Oppenheimer ha avuto a che fare con questo secondo pamphlet, il suo stile razionale l'aveva abbandonato.[14] È possibile che pensasse davvero che Roosevelt era un «guerrafondaio»? L'unico riferimento al presidente nella corrispondenza di Oppenheimer durante questo periodo suggerisce che fosse deluso da FDR,* ma sicuramente non pronto ad attaccarlo.** Se Oppenheimer ha avuto qualcosa a che fare con la stesura di questi pamphlet, le sue parole rivelano soprattutto una preoccupazione del possibile impatto sulle politiche all'interno del paese di un mondo che si trovava sull'orlo di un profondo baratro.

Verso la fine degli anni Trenta Oppenheimer era un professore di ruolo con un'immagine pubblica abbastanza di spicco. Faceva conferenze su argomenti politici e firmava petizioni pubbliche. Ogni tanto il suo nome appariva sui quotidiani locali. In quel periodo San Francisco era una città fortemente divisa; erano stati soprattutto gli scioperi dei lavoratori portuali a indurire gli estremismi politici, sia a destra sia a sinistra. E quando cominciò l'eccessiva reazione dei conservatori, Oppenheimer iniziò a preoccuparsi per gli effetti, o per i potenziali effetti, che le sue attività politiche potevano avere sulla sua reputazione in università. In effetti nella primavera del 1941 aveva confidato al suo collega del Caltech Willie Fowler: «Potrei restare senza lavoro [...] perché l'Università della California la settimana prossima inizierà a in-

---

* Acronimo di Franklin Delano Roosevelt. [*n.d.t.*]
** Più di un anno dopo la pubblicazione del pamphlet dell'aprile 1940, lui scrisse ai suoi vecchi amici Ed e Ruth Uehling: «Difficilmente la mia visione può, im Kleinem [in dettaglio], diventare più cupa, sia su quanto sta accadendo localmente e nel paese, o nel mondo. Penso che ci stiamo avvicinando alla guerra, perché la fazione Roosevelt vincerà su quella di Lindbergh. Non penso assolutamente che ci avvicineremo in qualche modo ai nazisti. Piuttosto penso che la fazione di Hearst-Lindbergh farà fuori l'amministrazione "umanitaria". Non vedo nulla di buono per molto tempo; e l'unica cosa piacevole da queste parti è la forza e la tenacia e la crescita politica delle organizzazioni dei lavoratori». [*n.d.a.*]

dagare sul radicalismo, e il guaio è che i membri del comitato non sono dei gentlemen e non mi apprezzano».[15]

«L'Università della California era un bersaglio ovvio», osservò Martin D. Kamen, già laureato. «E Oppenheimer era davvero importante perché parlava molto ed era attivo. In alcuni casi un po' si preoccupava per quello che stava accadendo, e forse non desiderava essere coinvolto e magari avrebbe preferito restarsene tranquillo. Ma poi accadeva qualcosa che lo provocava [...] e lui si attivava. Per questo non era coerente.»[16]

In contrasto con le affermazioni di Chevalier sulle simpatie di Oppenheimer verso i comunisti nel 1940, altri amici avevano osservato che Oppie si mostrava deluso nei confronti dell'Unione Sovietica. Nel 1938 i giornali americani riferivano regolarmente dell'ondata di terrore politico orchestrata da Stalin contro migliaia di supposti traditori all'interno del Partito comunista sovietico. «Ho letto delle purghe staliniane, anche se non in dettaglio», scrisse Robert nel 1954, «e non sono riuscito a trovare una giustificazione di quei processi che non condannasse il sistema sovietico.» Mentre il suo amico Chevalier il 28 aprile 1938 sottoscriveva prontamente sul «Daily Worker» una dichiarazione che elogiava i verdetti dei processi di Mosca contro i «traditori» trotzkisti e buchariniani, Oppenheimer non difese mai le tragiche purghe di Stalin.[17]

Nell'estate del 1938 due fisici che avevano trascorso parecchi mesi in Unione Sovietica – George Placzek e Victor Weisskopf – andarono a trovare Oppenheimer nella sua fattoria nel Nuovo Messico. Per tutta la settimana ebbero parecchie lunghe conversazioni su quello che stava accadendo in quel paese. «La Russia non è quello che tu pensi che sia», dissero a un Oppenheimer inizialmente «scettico». Parlarono del caso di Alex Weissberg, un ingegnere austriaco comunista che era stato improvvisamente arrestato soltanto per aver frequentato Placzek e Weisskopf. «È stata un'esperienza davvero spaventosa», disse Weisskopf. «Abbiamo chiamato i nostri amici, e loro hanno detto che non ci conoscevano».[18] Weisskopf disse al suo amico: «è molto peggio di quanto tu possa immaginare. È una giungla».[19] Oppie fece domande indagatorie che dimostrano quanto fosse turbato da quei racconti.

Sedici anni più tardi, nel 1954, Oppenheimer spiegò a quelli che l'interrogavano: «Quello che mi raccontarono mi apparve così forte, non di parte, e così vero che mi fece una grande impressione; e presentava la Russia, anche se vista dalla loro limitata esperienza, come un paese di purghe e di terrore, con una politica assurdamente pessima e con un popolo che soffriva da tempo».[20]

Tuttavia non sembra ci siano motivi per cui le notizie degli abusi di Stalin avrebbero dovuto modificare i suoi principi, o fargli rinunciare alla sua simpatia per la sinistra americana. Era chiaro, come ricordava Weisskopf, che Oppie «credeva ancora a grandi differenze all'interno del comunismo».[21] Oppie si fidava di Weisskopf. «Aveva con me un legame profondo», ricordò in seguito, «che trovavo davvero toccante.»[22] Robert sapeva che Weisskopf, un socialdemocratico austriaco, non stava raccontando quelle cose per semplice antipatia verso la sinistra. «Eravamo tutti molto convinti – da entrambi i lati – che il socialismo fosse lo sviluppo desiderabile.»

Tuttavia Weisskopf pensava che quella fosse la prima volta che Oppenheimer era davvero scosso. «So che quelle conversazioni ebbero veramente una profonda influenza su Robert», disse. «Quella fu una settimana veramente decisiva nella sua vita, mi disse così [...]. Quel fine settimana diede l'avvio all'allontanamento di Oppenheimer dal Partito comunista.»[23] Weisskopf insistette che Oppie «vedeva molto chiaramente il pericolo di Hitler [...] e nel 1939 Oppenheimer era già molto distante dal gruppo comunista».

Poco dopo aver ascoltato i racconti di Weisskopf e Placzek, Oppenheimer espresse le sue preoccupazioni a Edith Arnstein, una vecchia amica di Jean Tatlock: «Opje disse che era venuto da me perché sapeva che non avevo modificato le mie opinioni politiche, e aveva bisogno di parlare».[24] Spiegò che aveva saputo da Weisskopf dell'arresto di vari fisici sovietici. Disse che era riluttante a credere a quel racconto, ma che non poteva nemmeno ignorarlo. «Era depresso e agitato», scrisse in seguito la Arnstein, «e me ne rendo conto adesso che so a cosa stava pensando; ma allora ero sprezzante per quella che consideravo una semplice ingenuità da parte sua».

Quell'autunno alcuni amici si accorsero che non era più così loquace sulle sue visioni politiche, anche se in privato sfidava gli amici più stretti in accese discussioni. «Opje è sempre gentile e le invia i suoi saluti», scrisse Felix Bloch a I.I. Rabi nel novembre 1938.[25] «Onestamente non penso che lei riuscirà a convincerlo, ma almeno non si lamenti troppo pesantemente della Russia ogni volta che c'è in vista qualche novità.»

Qualunque fosse il livello dei suoi legami con i membri del Partito comunista, Oppenheimer era sempre stato entusiasta di Franklin Roosevelt e del New Deal. I suoi amici lo vedevano come un ardente sostenitore di Roosevelt. Ernest Lawrence ricordava di aver subito forti pressioni dai suoi amici nei giorni appena precedenti le elezioni presidenziali del 1940. Oppie non riusciva a credere che quel suo vecchio amico fosse ancora indeciso. Una sera fece una difesa così appassionata della campagna per il terzo mandato di Roosevelt che alla fine Lawrence promise che avrebbe votato ancora una volta per FDR.[26]

Le opinioni politiche di Oppenheimer continuarono a modificarsi, soprattutto come reazione alle notizie disastrose sulla guerra. Tra la fine della primavera e l'inizio dell'estate del 1940, Oppie era rimasto fortemente turbato dal collasso della Francia. Quell'estate, Hans Bethe lo incontrò a una conferenza dell'American Physical Society a Seattle. Bethe aveva vaghe conoscenze sulle opinioni politiche di Oppenheimer, per cui una sera rimase sorpreso quando il suo amico fece un «bellissimo ed eloquente discorso» sul come la caduta di Parigi in mano ai nazisti fosse una grave minaccia per tutta la civiltà occidentale.[27] «Dobbiamo difendere i valori dell'Occidente dai nazisti», Bethe ricordava queste parole di Oppenheimer. «E a causa del patto Molotov-von Ribbentrop non dobbiamo più avere rapporti con i comunisti.» Qualche anno dopo Bethe disse al fisico e storico Jeremy Bernstein: «Aveva simpatia per l'estrema sinistra, soprattutto, credo, su basi umanitarie. Il patto Hitler-Stalin aveva portato alla confusione molte persone che avevano simpatie per i comunisti, mettendole completamente da parte sulla questione della guerra contro la Germania, almeno fino a che i nazisti non invasero la Russia nel 1941. Ma Oppenheimer era rimasto molto impressionato dalla caduta della Francia [un anno prima dell'invasione della Russia], un evento che aveva modificato tutto quello che aveva in mente».[28]

Domenica 22 giugno 1941 gli Chevalier stavano tornando in macchina da un picnic che avevano fatto sulla spiaggia assieme agli Oppenheimer, quando udirono alla radio che i nazisti avevano invaso l'Unione Sovietica. Quella sera tutti restarono alzati fino a tarda notte per ascoltare i bollettini con le ultime notizie, cercando di dare un senso a quello che era accaduto. Chevalier si ricorda di Oppie che diceva che Hitler aveva commesso un errore grossolano. Rivolgendosi contro l'Unione Sovietica, argomentava Oppenheimer, Hitler aveva «distrutto in un colpo solo la pericolosa fantasia, così prevalente nei circoli liberali e politici, che il fascismo e il comunismo fossero solo due differenti versioni della medesima filosofia totalitaria». Dappertutto i comunisti sarebbero stati ora accolti con grande simpatia come alleati delle democrazie occidentali. Ma entrambi pensavano che questa evoluzione fosse arrivata troppo in ritardo.

Il 7 dicembre 1941, dopo l'attacco giapponese a Pearl Harbour, il paese si trovò improvvisamente in guerra. «Il nostro piccolo gruppo a Berkeley», ricordò Chevalier, «fu inevitabilmente costretto a riflettere sul cambiamento del clima nel paese.»[29] Chevalier riferì che il gruppo «continuava a incontrarsi, ma senza regolarità», e anche Oppenheimer raramente partecipava a causa dei suoi molti impegni di lavoro. «Quando ci incontravamo», scrisse Chevalier, «il nostro scopo era soprattutto quello di discutere i progressi della guerra e gli eventi sul fronte di casa.»

Chevalier ha sempre insistito sul fatto che Oppenheimer, l'uomo che considerava il suo amico più intimo, aveva condiviso la sua visione politica di sinistra almeno fino al momento in cui aveva lasciato Berkeley nella primavera del 1943: «Condividevamo la visione ideale di una società socialista [...] non c'è mai stato un tentennamento, nessun indebolimento della sua posizione. Era solido come una roccia».[30] Ma Chevalier era perfettamente conscio del fatto che Oppenheimer non era un ideologo. «In lui non c'era indifferenza, nessun settarismo, nessuna inevitabile infrazione della linea.»

La descrizione di Oppenheimer fatta da Chevalier presenta essenzialmente un intellettuale di sinistra non sottomesso alla disciplina di partito. Ma col passare degli anni, tornando a scrivere sulla sua amicizia con Oppie, Chevalier tentò di suggerire qualcosa d'altro. Nel 1948 scrisse l'abbozzo di un romanzo in cui il protagonista, un brillante fisico che lavora alla costruzione di una bomba atomica, è anche il leader di fatto di una «cellula segreta» del Partito comunista. Nel 1950 Chevalier mise da parte il manoscritto incompleto poiché non era riuscito a trovare un editore. Ma nel 1954, dopo le audizioni di Oppenheimer sulla sicurezza, riprese in mano il romanzo, e nel 1959 la G.P. Putnam's Sons lo pubblicò con l'impegnativo titolo *L'uomo che volle essere Dio*.

Nel romanzo un certo Sebastian Bloch, il protagonista che impersona Oppenheimer, decide di unirsi al Partito comunista ma, con sua grande sorpresa, il leader locale del partito rifiuta formalmente la sua iscrizione. «Sebastian avrebbe voluto[31] partecipare regolarmente alle riunioni, ma comunque agisce sempre come un membro effettivo, e gli altri membri lo considerano tale; però non vuole versare contributi, vuole fare un accordo finanziario personale con il partito, ma al di fuori della cellula.» Più avanti nel romanzo, Chevalier descrive gli incontri settimanali di questa cellula segreta del partito come «seminari informali del tipo di quelli che si tengono costantemente su tutti i generi di argomento tra professori e studenti nei campus». I membri discutono di «idee e teorie», di eventi correnti, dell'«attività di questo o quel membro dell'Unione degli insegnanti» e del «sostegno che occorre dare a una campagna delle unioni sindacali, a uno sciopero, a un individuo o a un gruppo sotto pressione su questioni relative alle libertà civili». In risposta all'invasione della Finlandia da parte dell'Unione Sovietica nel novembre 1939, Chevalier racconta che l'alter ego di Oppenheimer propone che la cellula del partito pubblichi dei saggi che spieghino la situazione internazionale «in un linguaggio accettabile da menti colte e critiche». Il protagonista che impersona Oppenheimer paga i costi di stampa e di spedizione, e contribuisce in larga misura alla scrittura dei testi. «Erano suoi figli», scrive il narratore.[32] «Un buon numero di questi testi, intitolati *Rapporto alle facoltà,* apparve nei mesi successivi.»

Questo romanzo a tesi sottilmente ambiguo non ebbe grande successo, e Chevalier non gradì le scarse recensioni. Il recensore del settimanale «Time», per esempio, pensava che «lo sfondo del romanzo suggerisce l'idea di un ex credente che inciampa in un idolo caduto».[33] Ma Chevalier non poteva abbandonare l'argomento. Nell'estate del 1964 scrisse a Oppenheimer per comunicargli che aveva quasi finito di scrivere un testo con i ricordi della loro amicizia. E spiegava: «Nel mio romanzo ho tentato di raccontare l'essenza della storia. Ma in America ai lettori non è piaciuta la mescolanza tra verità e finzione, e questo mi ha fatto capire che per descrivere i miei ricordi devo raccontare la storia vera [...] e una parte importante della storia riguarda l'associazione tua e mia alla medesima cellula del Partito comunista dal 1938 al 1942. Voglio trattare questo argomento in una prospettiva corretta, raccontando i fatti come li ricordo. Poiché questa è una delle cose della tua vita della quale, a mio parere, ti vergogni, ma poiché il tuo impegno – che, tra le altre cose, è dimostrato dai testi dei vari *Rapporti ai nostri colleghi,* che oggi costituiscono una lettura impressionante – era profondo e genuino, penso che sarebbe una grave omissione non dargli l'importanza dovuta». Chevalier poi chiedeva se Oppenheimer aveva qualche obiezione da fare a una narrazione di quella storia.

Due settimane più tardi Oppenheimer gli rispose con una lettera concisa.

La tua lettera chiede se avrei qualche obiezione da fare. Certo che ne ho. Trovo sorprendente quello che dici di te stesso. Per altro verso, quello che dici di me non è assolutamente vero. Non sono mai stato iscritto al Partito comunista, e quindi non sono nemmeno stato membro di una cellula del partito. Naturalmente, questo io l'ho sempre saputo. E penso che lo sapessi anche tu. L'ho sempre detto ufficialmente molte e molte volte. L'ho detto pubblicamente in risposta a quello che Crouch aveva affermato nel 1950. L'ho detto anche nelle audizioni dell'AEC dieci anni fa.

Come sempre,
Robert Oppenheimer[34]

Chevalier concluse ragionevolmente che la negazione di Oppenheimer aveva anche lo scopo di metterlo in guardia su una possibile querela per diffamazione se avesse scritto che Oppenheimer era stato iscritto al Partito comunista. Così l'anno dopo pubblicò *Oppenheimer. Storia di un'amicizia*, che non conteneva affermazioni esplicite. Per esempio, nel libro la presunta «cellula segreta» del Partito comunista è descritta semplicemente come un «gruppo di discussione».[35]

Chevalier disse a Oppenheimer che era stato tentato di scrivere quel libro perché «la storia, per quanto modesta, richiede la verità a suo sostegno». Ma in questo caso, la «verità» si trova nella percezione di ciascun uomo. Tutti i membri del «gruppo di discussione» di Berkeley erano anche membri del Partito comunista? Apparentemente sì, secondo Chevalier, mentre Oppenheimer insisteva sul fatto che lui, almeno lui, non lo era. Aveva trovato motivazioni specifiche attraverso il Partito comunista: la Repubblica spagnola, i lavoratori agricoli, i diritti civili e la difesa dei consumatori. Aveva partecipato a incontri, offerto i suoi suggerimenti e anche aiutato gli intellettuali del partito a scrivere documenti con prese di posizione. Ma non aveva mai avuto la tessera del partito, non versava alcun contributo, era completamente libero dalla disciplina del partito. Forse i suoi amici avevano avuto buone ragioni per pensare che fosse un compagno, ma per lui era vero il contrario.

John Earl Haynes e Harvey Klehr – due studiosi di storia del comunismo americano – hanno scritto che «essere un comunista significava far parte di un rigido mondo mentale, completamente chiuso alle influenze esterne [...]».[36] E questo sicuramente non si adattava a Robert Oppenheimer in nessun modo. Lui aveva letto Marx, ma aveva letto anche la *Bhagavadgītā*, Ernest Hemingway e Sigmund Freud e, in quegli anni, la lettura di Freud garantiva l'espulsione dal partito. Per dirla in breve, Oppenheimer non aveva mai sottoscritto quel particolare contratto sociale che era previsto per i membri del partito.[37]

Probabilmente negli anni Trenta Robert era più legato al partito di quanto in seguito ammettesse, o magari ricordasse, ma sicuramente non era così vicino come credeva il suo amico Haakon. Ma questo non è né sorprendente né fuorviante. Le cosiddette «cellule segrete» del partito – il tipo di presunta associazione di cui avrebbe fatto parte anche Oppenheimer – erano organizzazioni senza ruoli formali o regole stabilite, e con scarsa, o addirittura nulla, irreggimentazione, come Chevalier ha spiegato a Martin Sherwin. Per ovvie ragioni organizzative, il Partito comunista aveva scelto di vedere questi individui associati nelle «cellule segrete» come persone che si erano sostanzialmente impegnate solo sul piano personale. D'altra parte, ogni membro «impegnato» poteva definire i limiti del suo impegno, e quell'impegno poteva cambiare nel tempo, anche in periodi molto brevi, come capitò, per esempio, a Jean Tatlock.

Chevalier sembrava essere sempre impegnato con il partito, e in quei giorni in cui lui e Robert erano amici stretti, non deve sorprendere che considerasse Robert altrettanto impegnato. Forse per un po' lo è stato, ma non possiamo, né vogliamo, sapere l'entità di quell'impegno. Ma quello che possiamo dire con sicurezza è che il periodo di grande impegno di Robert è stato breve e non è stato l'ultimo.

La questione di fondo è che Robert ha sempre voluto essere, ed era, libero di pensare per conto suo e di fare le sue proprie scelte politiche. Per essere compresi, gli impegni devono essere valutati in prospettiva, e l'incapacità di farlo è stata la caratteristica più dannosa del periodo del maccartismo. Il fatto politico più rilevante per Robert Oppenheimer fu che negli anni Trenta era impegnato a lavorare per la giustizia sociale ed economica in America, e che per raggiungere questo risultato aveva scelto di schierarsi a sinistra.

11. «Sto per sposarmi con una tua amica, Steve»

La sua velocità agevolò Robert [...].
Robert Serber

Alla fine del 1939 la relazione di Oppenheimer con Jean Tatlock, spesso tempestosa, si era spezzata definitivamente. Robert l'amava e avrebbe desiderato sposarla nonostante i suoi problemi. «Siamo stati almeno due volte così vicini al matrimonio da considerarci già indissolubilmente vincolati», ricordava in seguito.[1] Ma spesso lui riusciva a provocare il peggio di Jean. La annoiava con la sua vecchia abitudine di ricoprire gli amici di regali e Jean non voleva essere riverita in quel modo. «Per favore Robert, basta con i fiori», gli disse un giorno.[2] Ma, inevitabilmente, quando qualche giorno dopo andò a prenderla in casa di un'amica, arrivò con il solito mazzo di gardenie. Quando la sua amica le diede i fiori, Jean li buttò per terra e disse: «Digli di andarsene, digli che non ci sono». Bob Serber sosteneva che Jean attraversava fasi in cui «scompariva per settimane, talvolta per mesi, e poi scherniva spietatamente Robert. Lei lo derideva per tutto quello che avevano fatto assieme, e per tutto quello che stavano facendo. Sembrava determinata a ferirlo, probabilmente perché sapeva quanto Robert l'amasse».[3]

In ultimo, fu la Tatlock a provocare la rottura finale. Jean probabilmente era stata coinvolta quanto lo stesso Oppenheimer nella relazione, ma, confusa e oltremodo angosciata, rifiutò la sua ultima offerta di matrimonio. I successivi tre anni li passò studiando medicina. Negli anni Trenta non erano molte le donne che diventavano medici. La sua decisione di intraprendere la carriera di psichiatra sorprese alcuni dei suoi amici, che l'attribuirono a una caratteristica tipica di una donna spesso spavalda e impetuosa, ma poi capirono che quella scelta aveva un senso. Dalla politica al suo interesse per la psicologia, la Tatlock era stata sempre motivata dal desiderio di aiutare il prossimo in modo pratico, concreto. Diventare psichiatra si adattava al suo temperamento e alla sua intelligenza, e nel giugno

1941 conseguì la laurea in medicina presso la Stanford University. Tra il 1941 e il 1942 fece l'internato presso l'Ospedale psichiatrico St. Elizabeth di Washington e l'anno successivo divenne medico di ruolo al Mount Zion Hospital di San Francisco.

Ancora sotto le conseguenze di quella rottura, Robert cominciò a vedersi con un gran numero di «giovani ragazze molto attraenti».[4] Tra le altre, ebbe una relazione con Ann Hoffman, la cognata di Haakon Chevalier, e con Estelle Caen, la sorella del giornalista del «San Francisco Chronicle» Herbert Caen. Bob Serber ricordava una mezza dozzina di ragazze, tra le quali Sandra Dyer-Bennet, un'immigrata inglese.[5] Ruppe molti cuori, però, tutte le volte che la Tatlock gli telefonava in stato di depressione, si precipitava a trovarla e cercava di sollevarla parlandole a lungo. Restarono amici molto stretti, e amanti occasionali.

Poi, nell'agosto 1939, andò a una festa in giardino organizzata da Charles Lauritsen, e nel corso della serata fu presentato a Kitty Harrison, una donna sposata di ventinove anni. A Bob Serber capitò di essere testimone dell'incontro, e si accorse che Kitty era rimasta immediatamente affascinata da quell'uomo. «Mi innamorai di Robert proprio quel giorno», scrisse in seguito Kitty, «ma cercai di nasconderlo.»[6] Poco tempo dopo Robert sorprese i suoi amici arrivando non invitato a una festa a San Francisco con Kitty Harrison tra le braccia, che quella sera portava sul vestito un mazzetto di fiammanti orchidee. Tutti rimasero piuttosto a disagio perché chi ospitava la festa era Estelle Caen, l'ultima amante di Oppie. Chevalier definì quell'intrusione «un'occasione sicuramente poco felice». Alcuni amici di Oppie – molti dei quali apprezzavano la Tatlock e speravano in una riconciliazione – ignorarono la nuova signora, all'apparenza piuttosto civettuola e provocante. Qualche anno più tardi, Robert ricordava che «tra i nostri amici c'era molta preoccupazione [...]», ma quando divenne chiaro che Kitty non era un'attrazione passeggera, gli amici si rassegnarono. «Ma sì, che facciano pure», disse un'amica. «Può sembrare scandaloso, ma almeno Kitty l'ha umanizzato.»

Katherine «Kitty» Puening Harrison, era una brunetta piccola, attraente come la Tatlock ma con un temperamento completamente diverso. Le orchidee che indossava la sera in cui aveva incontrato gli amici di Oppie non erano casuali: coltivava quei fiori sgargianti nel suo appartamento e li indossava per farsi ammirare. Nessuno sarebbe mai riuscito a trovare nella vivace Kitty un segno di cattivo umore. Anche se nella sua vita aveva ricevuto duri colpi, era sempre riuscita a fronteggiarli con rapide decisioni per distanziarsene. Se la Tatlock poteva apparire come una principessa irlandese, la Puening pretendeva talvolta di essere una principessa reale, ma solo di nobile discendenza tedesca. «Da parte di madre, Kitty era imparentata con tutte le famiglie regnanti in Europa», ricordava Robert Serber.[7] «Quand'era ragazza, di solito trascorreva le sue estati ospite di suo zio, il re del Belgio.» Era nata l'8 agosto 1910 a Recklinghausen, in Germania, nella zona settentrionale della Renania-Westfalia,[8] ed era arrivata in America solo due anni più tardi, quando i suoi genitori, Franz Puening, di trentadue anni, e Kaethe Vissering Puening, di trent'anni, emigrarono a Pittsburgh, in Pennsylvania. Franz Puening, esperto ingegnere metallurgico, aveva trovato un buon posto di lavoro in un'acciaieria.

Figlia unica, Kitty ebbe un'infanzia privilegiata e crebbe ad Aspinwall, elegante sobborgo di Pittsburgh. In seguito raccontò ai suoi amici che suo padre era «principe di un piccolo stato in Westfalia» e che sua madre era parente della regina Vittoria.[9] Suo nonno, Bodewin Vissering, era il gestore dei terreni di proprietà della famiglia reale di Hannover, e un membro eletto nel consiglio della città di Hannover. Gli antenati della nonna Johanna Blonay, sin dal lontano XI secolo, erano stati crociati e vassalli dei Savoia, una delle più antiche dinastie europee. I Blonay erano stati amministratori e consiglieri di corte di alcuni ducati dei Savoia, in Italia, Svizzera e Francia, e avevano vissuto in un magnifico castello a sud del lago di Ginevra.[10]

Kaethe Vissering era bella e imponente.[11] Per un breve periodo era stata legata a un cugino, Wilhelm Keitel, che divenne poi il famoso capo di stato maggiore delle forze armate tedesche, processato a Norimberga nel 1946 e impiccato come criminale di guerra. Mentre la madre di Kitty era sempre intenzionata, finché era bambina, a portarla con sé in Europa a visitare i suoi parenti «principeschi», suo padre le fece promettere che non avrebbe mai parlato dei suoi antenati di sangue blu. Tuttavia, quando ormai era una giovane donna, occasionalmente Kitty faceva sapere che discendeva da una nobile casata. Amici di famiglia ricordavano che lei riceveva lettere dai parenti tedeschi indirizzate a «Sua Altezza Katherine».[12]

In quanto immigrati tedeschi, qualche volta durante la prima guerra mondiale i Puening passarono dei momenti difficili a Pittsburgh. Essendo straniero, e proveniente da un paese nemico, Franz Puening fu posto sotto sorveglianza dalle autorità locali, e anche la giovane Kitty passò dei brutti momenti con i bambini dei vicini. La prima lingua di Kitty non era l'inglese, e anche da adulta riusciva a parlare un ottimo tedesco, di alta qualità. Quando era ormai adolescente scoprì che sua madre era «autoritaria»: non andavano più d'accordo. Lei era una ragazza coraggiosa ed esuberante che attribuiva scarsa importanza alle convenzioni sociali. «Alla scuola superiore era scatenata come un diavolo», ricordava Pat Sherr, un'amica che l'avrebbe conosciuta in seguito.[13]

Kitty iniziò quella che sarebbe diventata una carriera universitaria a scacchiera. Si iscrisse all'Università di Pittsburgh ma, dopo un anno, l'abbandonò per andare in Germania e in Francia. Nei due anni successivi studiò all'Università di Monaco, alla Sorbona e all'Università di Grenoble. Tuttavia passava gran parte del suo tempo nei caffè di Parigi, chiacchierando con i musicisti. «Dedicavo poco tempo agli obblighi scolastici», ricordava Kitty.[14] Il giorno dopo il Natale del 1932 decise impulsivamente di sposare uno di quei giovani, Frank Ramseyer, un musicista nato a Boston. Dopo alcuni mesi di matrimonio, Kitty per caso trovò il diario (scritto al contrario) del marito e scoprì che era un tossicomane e un omosessuale.[15] Tornata in America, si iscrisse all'Università del Wisconsin e cominciò a studiare biologia. Il 20 dicembre 1933 una corte del Wisconsin dichiarò l'annullamento del matrimonio.

Dieci giorni dopo Kitty fu invitata da un'amica di Pittsburgh alla festa di Capodanno. L'amica, Selma Baker, disse che aveva incontrato un comunista, e chiese a Kitty se avrebbe avuto piacere di conoscere quel giovane. «Il mio consenso si basava sul fatto che nessuna di noi aveva mai incontrato un vero comunista», ricordò Kitty, «e che sarebbe stato quindi interessante incontrarne uno.»[16] Quella sera incontrò Joe Dallet, il ventiseienne fratello di un ricco uomo d'affari di Long Island. «Joe aveva tre anni più di me», ricordava Kitty. «Mi innamorai di lui in quella festa e non cessai mai di amarlo.» Meno di sei settimane dopo, lasciò il Wisconsin per sposare Dallet e per poi trasferirsi a Youngstown, nell'Ohio.

«Lui era un figlio di puttana di bell'aspetto», ricordava un amico. «Soltanto un bel ragazzo.»[17] Giovane, alto ed emaciato, con una zazzera di capelli neri e ricci, Dallet sembrava capace di fare quasi tutto. Nato nel 1907, parlava un fluente francese, suonava con facilità musica classica al pianoforte e conosceva il materialismo dialettico. Entrambi i suoi genitori erano americani di prima generazione, discendenti da ebrei tedeschi, e quando Joe era adolescente suo padre aveva fatto una discreta fortuna nel commercio della seta. Anche se lui e le sue sorelle frequentavano il tempio della piccola borghesia ebraica di Woodmere, a Long Island, quando compì i tredici anni Joe rifiutò di ricevere il *bar mitzvà*. Per un certo periodo frequentò una scuola privata, prima di iscriversi al Darmouth College nell'autunno del 1923. Già da allora era politicamente un radicale e proseguì su questa strada fino a raggiungere, in modo battagliero, quelli che definiva gli «ideali proletari». I suoi compagni di classe al Dartmouth lo consideravano un eccentrico, «un disadattato totale nel college».[18] Dopo molte assenze da quasi tutti i corsi, verso la metà del secondo anno abbandonò il college per andare a lavorare in una compagnia di assicurazioni di New York. Nonostante avesse successo, disgustato, un giorno abbandonò il lavoro e iniziò davvero una nuova vita come manovale. Potrebbe darsi che questa trasformazione sia stata provocata dall'esecuzione, avvenuta nell'agosto 1927, dei due anarchici italiani Nicola Sacco e Bartolomeo Vanzetti. «È difficile raccontare che cosa ha rappresentato per me», scrisse Dallet alla sorella, «il fatto che una coppia di "paesani" sia stata messa a morte sulla sedia elettrica nello stato del Massachusetts il 22 agosto 1927.»[19]

Deciso a «ribaltare l'evidenza della sua precedente vita protetta», Dallet andò a lavorare prima come operatore sociale e poi come scaricatore di porto e minatore.[20] Dopo essersi iscritto nel 1929 al Partito comunista, scrisse alla sua preoccupata famiglia: «Certamente ora potete rendervi conto che sto facendo quello in cui credo, quello che voglio fare, per farlo meglio e per essere più contento nel farlo [...] potete rendervi conto che sono davvero felice». Trascorse alcuni mesi a Chicago dove, dopo aver parlato davanti a migliaia di persone, fu individuato dalla polizia della città come il più noto «agitatore rosso».

Nel 1932 Dallet[21] era un organizzatore sindacale a Youngstown, in Ohio, dove lavorò in prima linea nella tumultuosa campagna della CIO per portare i lavoratori delle acciaierie nel gruppo delle organizzazioni sindacali. Dimostrò notevole coraggio fisico negli scontri spesso violenti con i duri delle aziende dell'acciaio. In parecchie occasioni, la polizia locale lo metteva in prigione per impedirgli di parlare alle assemblee dei lavoratori. A un certo punto divenne il più importante tra gli esponenti del Partito comunista. A Kitty, nonostante fosse sua moglie, dopo che aveva dimostrato il suo impegno vendendo il «Daily Worker» nelle strade e distribuendo volantini tra i lavoratori dell'acciaio, fu consentito soltanto di iscriversi alla Lega dei giovani comunisti. «Quando distribuivo i volantini del Partito comunista davanti agli ingressi delle fabbriche», ricordava Kitty, «indossavo sempre le scarpe da tennis per poter scappare in fretta quando arrivava la polizia.»

Il loro contributo al partito era di dieci centesimi alla settimana. La coppia viveva in una fatiscente pensione a cinque dollari al mese e, per ironia del destino, riusciva a sopravvivere grazie a un sussidio governativo di 12 dollari e 50 centesimi che ricevevano ogni due mesi. Per un certo periodo, al piano inferiore della pensione alloggiarono altri due sostenitori del partito, John Gates e Arvo Kusta Halberg, che in seguito cambiò il suo nome in Gus Hall e divenne anche presidente del Partito comunista negli Stati Uniti. «L'edificio aveva una cucina», raccontò in seguito Kitty, «ma mancavano i fornelli ed era impossibile cucinare. Mangiavamo due volte al giorno, quasi sempre in una modestissima trattoria.»[22] Durante l'estate del 1935 lavorò per il partito come «agente letterario», il che significava che si adoperava per incoraggiare gli iscritti a comprare e leggere i classici del marxismo.

Kitty continuò il suo lavoro fino al 1936, quando disse a Joe che non ce la faceva più a vivere in quelle condizioni. Tutta la vita di Joe era il partito e, anche se Kitty non aveva abbandonato la sua fede politica, cominciarono le discussioni. Secondo un amico comune, Steve Nelson, Joe «era un po' dogmatico nella sua riluttanza ad accettare una lealtà verso il partito che non fosse così intensa come la sua».[23] Agli occhi di Joe, Kitty agiva semplicemente come una giovane «intellettuale della classe media che non poteva capire appieno il modo di pensare della classe lavoratrice». Kitty provava fastidio per quell'atteggiamento. Dopo aver vissuto per due anni e mezzo in una povertà estrema, annunciò che si dovevano separare. «La povertà diventava per me sempre più deprimente», ricordava.[24] Alla fine, nel giugno 1936 se ne andò a Londra, dove suo padre aveva avuto l'incarico di costruire una fornace industriale. Per un certo periodo non seppe nulla di Dallet, fino al giorno in cui scoprì che sua madre aveva intercettato le lettere che lui le scriveva. Ansiosa di avviare una riconciliazione, fu felice di scoprire che il marito stava per arrivare in Europa.

Agli inizi del 1937 Dallet aveva deciso di partire volontario per combattere nella guerra civile spagnola in una brigata organizzata dai comunisti a difesa della repubblica e contro i fascisti. Assieme al suo vecchio compagno Steve Nelson, nel marzo 1937 salì a bordo del transatlantico *Queen Mary*. Joe, chiaramente ancora innamorato, disse a Nelson che sperava che tra lui e Kitty le cose si sarebbero rimesse rapidamente a posto.

Quando la nave arrivò a Cherbourg, in Francia, Kitty era sul molo ad aspettarli. Assieme a Joe, Kitty trascorse una settimana a Parigi, con Nelson che quasi sempre li accompagnava. «Ero come la ruota di scorta»,[25] ricordava Nelson. «Kitty mi colpì come una giovane donna attraente, non molto alta, magra, bionda [sic], un tipo molto amichevole.» Si era portata da Londra denaro sufficiente, e quindi tutti e tre alloggiavano in un albergo decente e mangiavano in buoni ristoranti francesi. Nelson ricordava di aver mangiato strani formaggi francesi e sorseggiato vino, mentre a pranzo ascoltava il progetto di Kitty per realizzare il suo desiderio di accompagnare Joe in Spagna sui campi di battaglia. C'era però il problema che il Partito comunista aveva deciso che in Spagna le mogli non potevano unirsi ai loro mariti. Durante quei pranzi «Joe sollevava pesanti questioni», ricordava Nelson. «Usava sostenere che "questa è pura burocrazia; lei può fare un sacco di cose, per esempio può guidare un'ambulanza". Kitty era decisa ad andare.» Ma tutti i loro sforzi per aggirare le regole furono vani; alla fine di quella settimana, quando assieme a Nelson partì per la Spagna, Dallet fu costretto a lasciare Kitty. Durante l'ultima giornata passata assieme, Kitty portò Dallet e Nelson a comprare calde magliette di flanella, guanti e calze di lana. Poi se ne tornò a Londra in attesa di un'opportunità per unirsi al marito. Si scrivevano spesso, e Kitty prese l'abitudine di spedirgli una sua istantanea una volta alla settimana.

Durante il loro viaggio verso la Spagna, Dallet e Nelson vennero arrestati dalle autorità francesi; in aprile, dopo un breve processo, vennero condannati a venti giorni di prigione e furono poi rilasciati. Quando finalmente Dallet arrivò in Spagna alla fine di aprile, scrisse a Kitty: «Ti adoro e non vedo l'ora di arrivare ad A. [Albacete] per ricevere la tua lettera».[26] In luglio le scriveva ancora in tono ottimistico, con brillanti accenni alla sua esperienza: «È un paese estremamente interessante, con una guerra estremamente interessante, ed è il lavoro più estremamente interessante tra tutti i lavori estremamente interessanti che ho fatto in passato, per riuscire a dare ai fascisti una vera sanguinosa sconfitta».

Kitty aveva molta simpatia per l'amico di suo marito, e prese la decisione di scrivere alla moglie di Nelson – una donna che non aveva ancora incontrato – per raccontarle della settimana passata assieme a Parigi. «Sono stati pochi giorni ma molto gradevoli», scrisse.[27] «Non immaginavo che fossero così bravi nella preparazione in anticipo di un viaggio così difficile, ma per loro era un divertimento.» Raccontava che avevano partecipato a una grande manifestazione di almeno trentamila persone per protestare contro la posizione di stretta neutralità assunta dall'Occidente nella guerra di Spagna. «La parte più emozionante per noi, che durante la manifestazione non riuscivamo a capire i discorsi, erano i viaggi in metropolitana. Centinaia di giovani attivisti comunisti bloccavano la metropolitana finché non vi erano saliti, cantando l'*Internazionale* e gridando slogan antifascisti. Tutti si univano a noi e quando siamo arrivati a Grenelle (la fermata dove c'era la manifestazione) sembrava quasi che fosse l'intera Parigi a cantare l'*Internazionale*. Posso essere un tipo emotivo (anche se su questo ho qualche dubbio), ma mi ha fatto sentire come se all'improvviso fossi diventata tre volte più grande di quello che sono; ha riempito di lacrime i miei occhi e mi ha fatto desiderare di lanciare un grande urlo.» Kitty firmò la lettera «Amichevolmente tua, Kitty Dallet».

In Spagna Joe Dallet fu immediatamente assegnato come «commissario politico» al Battaglione McKenzie-Papineau, una grande unità canadese di 1500 uomini che in seguito accolse molti volontari americani della Brigata Abraham Lincoln. Quell'estate lui e i suoi uomini cominciarono il loro addestramento al combattimento. «Accidenti, che sensazione di potenza si prova quando ci si trova dietro un pesante fucile automatico!» scrisse a Kitty.[28] «Tu sai quanto apprezzavo i film di gangster solo per il suono dei fucili mitragliatori. Così puoi immaginare il mio piacere di essere finalmente arrivato ad averne uno a disposizione.»

Ma la guerra non andava bene per i sostenitori della causa repubblicana. Dallet e i suoi uomini furono superati come numero e come armamenti dai fascisti spagnoli, che erano stati riforniti di aerei e artiglieria dalla Germania e dall'Italia. Poi, come presto Dallet scoprì, la sinistra spagnola fu ulteriormente indebolita da una feroce politica settaria, talvolta mortale. In una lettera a Kitty datata 12 maggio 1937, Dallet sinistramente scrisse che i suoi superiori comunisti spagnoli avevano promesso di «ripulire» le truppe dall'eventuale presenza di anarchici. In autunno Dallet doveva sovrintendere ai «processi» ai disertori; secondo alcuni, un piccolo numero di questi uomini potrebbe essere stato ucciso. Lo stesso Dallet divenne estremamente impopolare presso le sue truppe. Questo sentimento, secondo un amico di Dallet, divenne «quasi odio».[29] Alcuni lo consideravano uno zelota ideologico. Secondo un rapporto del Comintern datato 9 ottobre 1937, «Gran parte degli uomini dichiara apertamente la propria insoddisfazione nei confronti di Joe, e c'è anche qualche richiesta di rimozione [...]».[30]

Quattro giorni dopo si trovò per la prima volta in un combattimento, alla guida del suo battaglione in un'offensiva contro la cittadina di Fuentes de Ebro occupata dai fascisti. Qualche giorno prima, un vecchio amico l'aveva trovato di notte mentre sedeva da solo in una capanna alla debole luce di una lampada a cherosene. Dallet gli confidò che si sentiva isolato e che sapeva di essere estremamente impopolare. Disse che era determinato a dimostrare agli altri che lui non faceva parte degli ufficiali politici che se ne stavano «al sicuro dietro le linee»; voleva dimostrare il suo coraggio diventando il primo uomo in prima linea. Ma anche quando l'amico gli disse che si trattava di un modo folle di guidare l'intero battaglione, Dallet fu irremovibile.

Il giorno della battaglia, Dallet mantenne la sua parola. Fu il primo uomo a uscire dalle trincee e, dopo aver percorso soli pochi metri verso le linee fasciste, venne colpito all'inguine dal fuoco delle mitragliatrici. Il comandante dei mitraglieri del suo battaglione in seguito riferì: «L'attacco iniziò alle 13.40. Joe Dallet, commissario del battaglione, uscì con la Prima compagnia dal lato a sinistra, dove il fuoco era più intenso. Era al comando dell'avanzata quando cadde, colpito mortalmente. Si comportò eroicamente fino alla fine, rifiutandosi di permettere agli infermieri di avvicinarlo nella sua pericolosa posizione».[31] Nonostante i forti dolori cercò di strisciare verso le trincee, ma una seconda scarica di mitragliatrici lo uccise. Aveva compiuto da poco trent'anni.

Steve Nelson – che era stato anche lui ferito in agosto – seppe della morte di Dallet poco dopo, mentre era in visita a Parigi. Poco prima della sua morte, Dallet aveva scritto a Kitty dicendole che Nelson sarebbe andato a Parigi, e lei aveva deciso di partire da Londra per andare a incontrarlo. Poi aveva anche progettato di andare da Parigi in Spagna. Sapendo che avrebbe dovuto darle la tragica notizia, Nelson fece in modo di incontrarla nell'atrio del suo albergo. «Rimase annichilita», ricordò Nelson.[32] «Crollò letteralmente e si aggrappò a me. In un certo senso divenni un sostituto di Joe. Si aggrappava a me e gridava, e io non riuscivo a mantenere la calma.» Quando Kitty disperatamente gridava «Che cosa posso fare ora?» impulsivamente Nelson la invitò a tornare a New York con lui e sua moglie Margaret. Kitty accettò, ma solo dopo che Nelson riuscì a convincerla a non andare in Spagna, dove voleva recarsi come volontaria per lavorare in un ospedale.

Kitty tornava in America come la ventisettenne vedova di un eroe comunista della guerra. Il Partito comunista americano garantiva che il suo sacrificio sarebbe stato ricordato. Earl Browder, il capo del partito, scrisse che Dallet si era unito a coloro che «avevano completamente dedicato sé stessi al compito di fermare il fascismo».[33] Dallet, uno dei pochi veri comunisti di formazione universitaria iscritti al partito, era diventato un martire della classe lavoratrice. Con il permesso di Kitty, nel 1938 il partito pubblicò *Lettere dalla Spagna*, una raccolta delle lettere di Joe alla moglie.

Kitty trascorse un paio di mesi[34] ospite dei Nelson nel loro piccolo appartamento di New York, e in città incontrò molti dei vecchi amici di Joe, tutti membri del partito. In seguito fu proprio Kitty a dire agli investigatori governativi che a un certo punto della sua vita aveva fatto conoscenza con molti ben noti funzionari del Partito comunista, come Earl Browder, John Gates, Gus Hall, John Steuben e John Williamson. Ma disse anche che aveva smesso di essere membro del partito dopo aver lasciato Youngstown nel giugno 1936, e anche cessato di versare i contributi al partito. «Sembrava in uno stato davvero ansioso», ricordava Margaret Nelson. «Avevo l'impressione che si trovasse in grande tensione emotiva.»[35] Altri amici hanno testimoniato che per lungo tempo Kitty rimase profondamente colpita dalla morte di Dallet.

Poi, agli inizi del 1938, andò a trovare un'amica a Philadelphia; decise di fermarsi e si iscrisse all'Università della Pennsylvania per il semestre primaverile. Studiò chimica, matematica e biologia, e alla fine sembrava pronta per ricevere il diploma. Ma in quella primavera, o in estate, incontrò un medico nato in Inghilterra, Richard Stewart Harrison, che lei aveva già conosciuto quando era giovane. Harrison, un uomo alto, di bell'aspetto e con penetranti occhi blu, aveva esercitato la professione di medico in Inghilterra, e ora stava finendo un internato per ottenere la laurea negli Stati Uniti. Un po' più anziano e senza posizioni politiche, Harrison sembrava la persona adatta a offrire a Kitty quella cosa che lei cercava disperatamente: la stabilità. Con un'altra delle sue impulsive decisioni, Kitty sposò Harrison il 23 novembre 1938. Questo matrimonio, lei disse in seguito, «sin dall'inizio fu stranamente un insuccesso». Disse a un'amica che era «un matrimonio impossibile» e che lei «era pronta a lasciarlo molto prima di quanto pensasse».[36] Harrison partì ben presto per Pasadena, dove aveva fissato la sua residenza. Kitty rimase a Philadelphia, e nel giugno 1939 ottenne il diploma con lode in botanica. Due settimane più tardi decise di seguire Harrison in California e di mantenere la simulazione di un matrimonio stabile perché, disse, «era convinta che un divorzio avrebbe potuto rovinare un giovane medico in carriera».

A ventinove anni, Kitty sembrava pronta a prendersi carico della sua vita.[37] Anche se apparentemente chiusa nel vicolo cieco del matrimonio, era determinata ora ad avviare la propria carriera. Il suo interesse principale era la botanica, e quell'estate ottenne una borsa di studio come ricercatrice per avviare gli studi di dottorato all'UCLA, il campus di Los Angeles dell'Università della California. La sua ambizione era di ottenere il dottorato e, magari, anche una cattedra in discipline botaniche.

Nell'agosto 1939, assieme ad Harrison, partecipò a una festa in giardino a Pasadena dove incontrò Oppenheimer. Quell'autunno Kitty iniziò i suoi studi di dottorato all'UCLA, ma non riusciva a dimenticare quel giovane uomo, alto e con scintillanti occhi blu. Nei mesi successivi si incontrarono qualche altra volta, poi cominciarono a frequentarsi regolarmente e anche se Kitty era ancora sposata non fecero alcuno sforzo per nascondere il legame. Venivano spesso visti viaggiare sulla Chrysler coupé di Robert. «Passava spesso [vicino al mio ufficio] con quell'attraente giovane ragazza», ricordava il dottor Louis Hempelman, un medico che insegnava a Berkeley.[38] «Era molto attraente. Era minuta, sottile come un'asta, proprio come lui. Si scambiavano un profondo bacio e poi ciascuno se ne andava per la sua strada. Robert portava sempre il suo cappello a calotta piatta.»

Nella primavera del 1940 Oppenheimer invitò – abbastanza audacemente – Richard Harrison e Kitty a passare in estate un po' del loro tempo a Perro Caliente. All'ultimo momento, disse in seguito il dottor Harrison all'FBI, lui decise che non poteva andare, ma incoraggiò Kitty ad andare lo stesso. Mentre questo accadeva, Bob e Charlotte Serber erano stati invitati da Oppie ad andare al ranch nello stesso periodo, e quando arrivarono a Berkeley da Urbana, nell'Illinois – dove Serber stava insegnando – Oppie spiegò loro che aveva invitato gli Harrison, ma che Richard non poteva venire. «Kitty verrà da sola», disse. «Potreste prenderla con voi. Lascio decidere a voi. Ma se lo fate, la cosa potrebbe avere serie conseguenze.» Kitty arrivò eccitata con i Serber e si fermò due mesi nel ranch.

Appena un giorno o due dopo il suo arrivo, Kitty e Robert – lei insisteva sempre per chiamarlo Robert – andarono a cavallo fino al ranch di Katherine Page a Los Pinos.[39] Lì passarono la notte e poi, sempre a cavallo, ritornarono a Perro Caliente la mattina successiva. Qualche ora più tardi arrivò anche la Page – la donna di cui il giovane Oppenheimer era rimasto infatuato nell'estate del 1922 – che maliziosamente consegnò a Kitty la sua camicia da notte che, spiegò, era stata trovata sotto il guanciale di Robert a Los Pinos.

Alla fine dell'estate Oppenheimer telefonò al dottor Harrison per dirgli che sua moglie era incinta. I due uomini decisero concordemente che l'unica cosa da fare era che Harrison divorziasse da Kitty, in modo che Oppenheimer potesse sposarla. Era una decisione molto civile. Harrison disse all'FBI che «lui e gli Oppenheimer erano ancora in buoni rapporti e che aveva capito che avevano una visione moderna per quel che riguardava il sesso».[40]

Anche se nell'estate del 1940 Bob Serber era stato testimone di quell'affare passionale,[41] in ottobre rimase sorpreso quando Oppie gli disse che stava per sposarsi. Quando ascoltò la notizia, non era sicuro se la futura sposa sarebbe stata Jean o Kitty. Poteva essere l'una o l'altra. Oppenheimer aveva portato via la moglie di un altro uomo e alcuni dei suoi amici erano davvero scandalizzati. Oppie non era un donnaiolo, ma era quel tipo di uomo fortemente attratto dalle donne che erano attratte da lui. Kitty era stata irresistibile.

In quell'autunno del 1940, a Berkeley una sera capitò a Robert di condividere un podio con Steve Nelson per una raccolta di fondi a favore dei rifugiati dalla guerra civile spagnola. Da poco arrivato a San Francisco, Nelson non sapeva nulla di Oppenheimer. Nel discorso di apertura, Oppenheimer disse che la vittoria dei fascisti in Spagna aveva portato inevitabilmente allo scoppio della guerra in Europa. Poi disse che quelli come Nelson che avevano combattuto in Spagna avevano lottato per ritardarne lo scoppio.

Alla fine, Oppenheimer si avvicinò a Nelson e con un largo sorriso disse: «Sto per sposarmi con una tua amica, Steve». Ma Nelson non riusciva a capire chi poteva essere. Allora Robert spiegò: «Sto per sposare Kitty».

«Kitty Dallet!» esclamò Nelson.[42] Aveva perduto tutti i contatti con lei da quando aveva abitato con lui e Margaret a New York. «C'è qui anche lei, seduta in sala», disse Oppenheimer, e le fece cenno di avvicinarsi. I due vecchi amici si abbracciarono e furono felici di essere assieme. Subito dopo i Nelson andarono dagli Oppenheimer a pranzo. In quell'autunno Kitty andò a Reno, in Nevada, per restarci le sei settimane necessarie per ottenere il divorzio, e l'1 novembre 1940 le fu consegnato il decreto di scioglimento del matrimonio. Più tardi in quello stesso giorno sposò Robert a Virginia City, sempre in Nevada. Un custode del tribunale e un impiegato locale firmarono come testimoni il certificato di matrimonio. Quando i nuovi sposi tornarono a Berkeley, Kitty indossava un vestito pré-maman.[43]

Alla fine di novembre Margaret Nelson telefonò a Kitty per dirle che aveva appena avuto un figlio maschio e che l'avevano chiamato

Josie in onore di Joe Dallet.[44] Kitty invitò immediatamente i Nelson ad andarli a trovare; li avrebbero alloggiati nella stanza per gli ospiti della loro nuova casa.[45] Nel corso dei due anni successivi i Nelson alloggiarono nella casa degli Oppenheimer in numerose occasioni, anche se gradualmente le visite divennero meno frequenti. Negli anni seguenti i loro figli avrebbero giocato assieme. «Ogni tanto vedevo anche Robert a Berkeley», scrisse Nelson nelle sue memorie, «perché ero responsabile dei contatti con le persone dell'università, che coinvolgevo nella gestione di gruppi e nell'organizzazione di discussioni.» Ebbero anche incontri faccia a faccia. Una registrazione dell'FBI segnala, per esempio, che Oppenheimer si incontrò con Nelson domenica 5 ottobre 1941, a quanto pare per consegnargli un assegno da cento dollari, una donazione destinata agli agricoltori in sciopero.[46] Ma le relazioni andavano ben al di là delle questioni politiche. Quando nel settembre 1942 Josie Nelson compì due anni, Oppenheimer sorprese la sua mamma salendo i gradini d'ingresso con in mano un regalo per il bambino. Margaret rimase «sbalordita» e colpita da questo tipico atto di gentilezza. «Assieme a tutto il suo talento», pensò, «ci devono anche essere delle qualità umane molto forti.»[47]

Anche se incinta, Kitty continuò i suoi studi di biologia e confermò ai suoi amici che voleva fare una carriera professionale come botanica. «Kitty era molto contenta per il fatto che era riuscita a tornare a scuola», disse Maggie Nelson. «Era molto presa da quell'attività.» Ma nonostante il loro comune interesse per la scienza, come temperamento Kitty e Robert erano ai due poli opposti. «Lui era gentile, dolce», ricordava un' amica che li conosceva entrambi. «Lei invece era aspra, risoluta, aggressiva. Ma è proprio questo che realizza un buon matrimonio: i temperamenti opposti.»[48]

Molti dei parenti di Robert si allontanarono da Kitty. Jackie Oppenheimer con franchezza pensava sempre che lei fosse «una puttana» e provava fastidio per il modo in cui Kitty allontanava Robert dai suoi amici. Qualche decennio dopo diede sfogo alla sua animosità: «Si rifiutava di condividere Robert con chiunque», ricordava Jackie. «Kitty era intrigante. Qualsiasi cosa volesse, riusciva sempre a ottenerla [...]. Era bugiarda. Tutte le sue convinzioni politiche erano false, tutte le sue idee erano plagi. Onestamente, era una delle poche persone davvero malvagie che ho conosciuto nella mia vita.»[49]

Kitty aveva certamente una lingua pungente, e contrastava con facilità alcuni degli amici di Robert, ma alcuni la consideravano «davvero intelligente». Chevalier considerava la sua intelligenza più intuitiva che astuta o profonda. E, come ricordava il loro amico Bob Serber, «Tutti dicevano che Kitty era una comunista». Ma era anche vero che lei ebbe un'influenza stabilizzatrice sulla vita di Robert. «Il suo compito», disse Serber, «era di far avanzare la carriera di Robert, che sarebbe stata irresistibile, controllandola da allora in poi con la sua influenza.»

Poco dopo le loro frettolose nozze, Oppie e Kitty affittarono una grande casa al 10 di Kenilworth Court, a nord del campus. Dopo aver venduto la vecchia Chrysler coupé, si presentò alla sposa con una nuova Cadillac, che chiamarono scherzosamente *Mirino*.[50] Kitty convinse il marito a vestirsi in un modo più adatto alla sua condizione sociale. Così, per la prima volta in vita sua, Robert iniziò a indossare giacche di tweed e vestiti più costosi. Ma continuò a portare il suo cappello marrone a calotta piatta. «Un eccesso di formalità mi sopraffà», confessò in seguito a proposito della vita matrimoniale.[51] In questo periodo Kitty era una cuoca eccellente, e quindi spesso i coniugi Oppenheimer si dedicavano all'intrattenimento, invitando amici intimi come i Serber, gli Chevalier e altri colleghi di Berkeley. Il loro armadietto dei liquori era sempre ben rifornito. Un pomeriggio Maggie Nelson ricordava una conversazione in cui Kitty aveva confessato che «le loro spese per i liquori erano molto più alte di quelle per il cibo».[52]

Verso gli inizi del 1941, una sera John Edsall, un amico di Robert sin dai tempi di Harvard e Cambridge, arrivò per cenare. Ora professore di chimica, Edsall non aveva più incontrato Robert da circa un decennio. Rimase colpito dal cambiamento. Il giovane introspettivo che aveva conosciuto a Cambridge e in Corsica era ora una figura con una personalità dominante. «Ovviamente mi resi conto che ormai era una persona forte», ricordò Edsall, «che era riuscito ad allontanare le crisi interiori che aveva attraversato negli anni precedenti, e che aveva raggiunto un elevato livello di fermezza nei confronti delle crisi. Percepivo in lui un senso di confidenza e di autorità, anche se per certi aspetti era ancora teso e non del tutto tranquillo [...]. Riusciva a vedere intuitivamente cose che la maggior parte delle persone è in grado di seguire solo molto lentamente e con esitazione, ammesso che ci riescano. Questo accadeva non solo per la fisica, ma per tutte le altre questioni.»[53]

A quel tempo Robert stava per diventare un genitore. Il figlio nacque il 12 maggio 1941, a Pasadena, dove Robert si trovava per il suo regolare impegno didattico di primavera al Caltech. Il bambino venne battezzato Peter ma Robert lo soprannominò maliziosamente «Pronto». Kitty disse scherzosamente ad alcuni dei suoi amici che il piccolo, che pesava tre chili e mezzo, era nato prematuro.[54] Per Kitty era stata una gravidanza difficile, e in quella primavera lo stesso Oppenheimer aveva sofferto per un caso di mononucleosi infettiva. In giugno, tuttavia, erano ritornati abbastanza in forma, e invitarono gli Chevalier ad andarli a trovare. Arrivarono verso metà giugno e passarono una settimana assieme ai loro vecchi amici. Haakon era da poco diventato amico dell'artista surrealista Salvador Dalí e passò alcuni giorni seduto nel giardino di Oppie lavorando alla traduzione del libro autobiografico di Dalí, *La vita segreta di Salvador Dalí*.

Poche settimane dopo, Oppie e Kitty decisero di chiedere un grande favore agli Chevalier. Kitty aveva un gran bisogno di riposo, spiegò Robert. Gli Chevalier erano disponibili a prendersi in carico Peter, che aveva due mesi, e la sua bambinaia tedesca, mentre lui e Kitty se ne andavano per un mese a Perro Caliente? Per Haakon quella richiesta era una conferma della sua profonda convinzione che Oppie era il suo più stretto e intimo amico. «Profondamente compiaciuti»,[55] gli Chevalier accettarono immediatamente e presero in custodia Peter non per un mese ma per ben due mesi interi, fino a che Kitty e Robert non ritornarono per il semestre autunnale. Questa soluzione piuttosto insolita, tuttavia, forse provocò delle conseguenze a lungo termine tanto per la mamma quanto per il bambino. Kitty non mostrava un corretto legame con Peter. Anche un anno dopo, alcuni amici si accorsero che era sempre Robert che andava a prenderlo nella sua camera e lo mostrava agli ospiti con ovvio orgoglio e piacere. «Kitty sembrava del tutto disinteressata», disse un vecchio amico.[56]

Appena arrivato a Perro Caliente, Robert sembrava già rinvigorito.[57] Nella prima settimana lui e Kitty trovarono l'energia per inchiodare nuovi elementi di copertura sul tetto della casetta. Poi si dedicarono a lunghe cavalcate sulle montagne. Un giorno Kitty mostrò il suo coraggio facendo andare il suo cavallo al piccolo galoppo su un prato mentre lei stava in piedi sulla sella. Robert fu molto contento quando, verso fine luglio, incontrò il suo vecchio amico Hans Bethe, il fisico della Cornell University che aveva conosciuto per la prima volta a Gottinga, e lo convinse ad andare a trovarli al ranch. Sfortunatamente, poco dopo Robert fu travolto dal cavallo che stava cercando di far uscire dal recinto per farlo montare da Bethe, e fu costretto ad andare a farsi una radiografia all'ospedale di Santa Fe. Sotto molti punti di vista fu comunque una visita memorabile.

Dopo il ritorno,[58] gli Oppenheimer si ripresero il piccolo Peter e traslocarono in una nuova casa che avevano acquistato all'1 di Eagle Hill, sulle colline che dominavano Berkeley. Agli inizi di quell'estate Robert aveva visitato una sola volta e rapidamente quella casa, ma aveva immediatamente deciso di acquistarla e concordato di pagare il prezzo richiesto di 22.500 dollari più altri 5300 per due altri lotti di terreno. Villa in stile spagnolo a un solo piano, con pareti bianche e tetto di tegole rosse, la loro nuova casa si trovava su una collinetta circondata su tre lati da un canyon scosceso coperto da alberi.[59] C'era una fantastica vista del tramonto sul Golden Gate. La grande sala di soggiorno aveva un pavimento di legno rosso, un soffitto a travi alto quattro metri e finestre sui tre lati. L'immagine di un feroce leone era stata incisa sul massiccio caminetto di pietra. Biblioteche che dal pavimento arrivavano al soffitto coprivano le due estremità della sala. Le porte a vetri davano su un gradevole giardino incorniciato da alberi di quercia. La casa era dotata di una cucina ben equipaggiata e di un appartamento separato per gli ospiti, sopra al garage. Era già parzialmente ammobiliata, e Barbara Chevalier aiutò Kitty a sistemare parte delle decorazioni interne. Tutti la giudicavano una struttura attraente e ben progettata. Oppenheimer la considerò la sua casa per quasi dieci anni.

12. «Stavamo spingendo il New Deal a sinistra»

Credo di aver fatto abbastanza per la causa spagnola, e ora nel mondo ci sono altre crisi, e molto più pressanti.
Robert Oppenheimer

Domenica 29 gennaio 1939, Luis W. Alvarez – un promettente giovane fisico che lavorava a stretto contatto con Ernest Lawrence – era seduto sulla poltrona di un parrucchiere e leggeva il «San Francisco Chronicle». All'improvviso lesse una notizia di agenzia che riferiva che due chimici tedeschi, Otto Hahn e Fritz Strassmann, erano riusciti a dimostrare con successo che il nucleo dell'uranio poteva essere diviso in due o più parti. Avevano ottenuto questo risultato bombardando con neutroni l'uranio, uno degli elementi chimici più pesanti. Sorpreso da questa notizia, Alvarez «fermò il parrucchiere a metà del taglio e corse per tutta la strada fino al Radiation Laboratory per diffondere la novità».[1] Quando riferì la notizia a Oppenheimer, la sua risposta fu: «È impossibile». Poi Oppenheimer si avvicinò alla lavagna e cominciò a dimostrare matematicamente che la fissione non si poteva ottenere: qualcuno doveva aver commesso un errore.

Ma il giorno seguente Alvarez ripeté l'esperimento con successo nel suo laboratorio. «Invitai Robert a venire a osservare gli impulsi, davvero piccoli, delle particelle alfa sul nostro oscilloscopio, ma anche gli alti e aguzzi impulsi della fissione, venticinque volte più grandi. In meno di un quarto d'ora non solo si convinse che la reazione era autentica ma ragionò anche sul fatto che nel processo potevano essere creati dei neutroni in soprannumero che si sarebbero potuti usare per spezzare altri atomi di uranio, e quindi per produrre energia o fabbricare bombe. Era sorprendente osservare la velocità con cui lavorava la sua mente [...].»

Qualche giorno dopo, scrivendo al suo collega al Caltech Willie Fowler, Oppie osservava: «La faccenda dell'U è incredibile.[2] La prima volta l'abbiamo letta sui giornali, abbiamo telegrafato per ulteriori informazioni e abbiamo avuto un gran numero di rapporti fino a che [...] Molti punti non sono ancora chiari: dove sono le particelle beta ad alta energia e a vita breve che ci aspettavamo? [...] In quanti modi diversi può dividersi l'U: a caso, come si può supporre, o in modi definiti? [...] Mi sembra una cosa eccitante, non nel senso limitato dei positroni e dei mesotroni, ma in modo semplice e pratico». Si trattava di una scoperta significativa, e a stento riusciva a contenere la sua eccitazione. Nello stesso momento ne vedeva però anche le pericolose implicazioni. «Penso che in realtà non sia del tutto improbabile che un cubo di deuteruro di uranio (occorre avere a disposizione qualcosa che rallenti i neutroni senza catturarli) di dieci centimetri di lato riesca facilmente ad andarsene all'inferno», scrisse al suo vecchio amico George Uhlenbeck.[3]

Per pura coincidenza, la stessa settimana il ventunenne Joseph Weinberg, un dottorando, si diresse verso la Stanza 219 della LeConte Hall e bussò alla porta. Vanitoso e supponente, verso la metà di quell'anno Weinberg era stato convinto a fare i bagagli dal suo professore di fisica all'Università del Wisconsin, Gregory Breit, che gli aveva detto che Berkeley era uno dei pochi posti al mondo dove «può essere accettata una persona pazza come te». Che si affidasse a Oppenheimer, aveva detto Breit, ignorando le proteste di Weinberg che sosteneva che quelli scritti da Oppenheimer sulla «Physical Review» erano gli unici articoli che non riusciva a capire.

«C'era un fracasso tremendo dietro la porta», ricordava Weinberg, «così bussai molto forte e un momento dopo qualcuno uscì facendo uscire anche un grande sbuffo di fumo e molto rumore; ma poi la porta venne richiusa e quel qualcuno restò fuori.»

«Cosa diavolo cerca?» chiese l'uomo a Weinberg.

«Sto cercando il professor J. Robert Oppenheimer», disse il giovane Weinberg.

«Eccolo. L'ha trovato», replicò Oppenheimer.

Dietro la porta Weinberg poteva ascoltare persone in preda all'eccitazione che parlavano e discutevano ad alta voce. «Che sta facendo qui?» chiese Oppenheimer.

Weinberg spiegò che era appena arrivato dal Wisconsin.

«E chi le ha detto di venire qui?»

«Ho lavorato con il professor Gregory Breit», replicò Weinberg.

«Questa è una bugia», disse bruscamente Oppenheimer, «è la sua prima bugia.»

«Scusi?»

«Lei è qui», spiegò Oppenheimer. «Lei lavora lontano da Breit, lei lavora distaccato da Breit.»
«Questa potrebbe essere una definizione più accurata», concesse Weinberg.
«Molto bene», disse Oppenheimer, «congratulazioni! Venga ed entri a far parte di questa gabbia di matti.»
Oppenheimer presentò Weinberg a Ernest Lawrence, Linus Pauling e a parecchi dei suoi studenti di dottorato: Hartland Snyder, Philip Morrison e Sydney M. Dancoff. Weinberg rimase sbalordito dall'incontro con questi luminari della fisica. «Ovunque c'erano grandi nomi, e la cosa mi sembrava impossibile», ricordò in seguito.[4] Poco dopo Weinberg andò a mangiare con Morrison e Dancoff, e mentre erano seduti a tavola al ristorante dell'Unione degli studenti, l'Heartland, si misero a discutere sul significato di un telegramma arrivato da Niels Bohr sulla scoperta della fissione. Qualcuno prese un tovagliolo e cominciò a fare lo schizzo di una bomba basata sul concetto di reazione a catena. «Sulla base dei dati disponibili», disse Weinberg, «progettammo una bomba.» Phil Morrison fece alcuni calcoli preliminari e arrivò alla conclusione che non poteva funzionare, che la reazione a catena si sarebbe arrestata prima dell'esplosione. «Dovete capire», ricordò Weinberg, «che in quel momento non sapevamo che l'uranio avrebbe potuto essere purificato e isolato in concentrazioni molto maggiori che potevano ovviamente portare alla fissione.» Morrison ricordava che in quella settimana era entrato nell'ufficio di Oppie e sulla lavagna aveva visto «un disegno – un disegno davvero brutto – di una bomba».[5]

Il giorno successivo Oppenheimer si incontrò con Weinberg per definire il suo corso di studi. «Lei spera di riuscire a diventare un fisico», lo stuzzicò Oppie, «ma che cosa ha fatto?» Frustrato, Weinberg rispose: «Intende dire in passato?». Oppenheimer si chinò all'indietro e brontolò sorridendo. In realtà non si aspettava che un nuovo studente di dottorato potesse portare qualcosa di originale. Ma Weinberg affermò che aveva lavorato su un problema teorico e, quando cominciò a spiegarlo, Oppenheimer lo interruppe per chiedergli: «Ha per caso messo per iscritto queste cose?». Weinberg non l'aveva fatto, ma subito promise che il mattino seguente la relazione sarebbe stata pronta. «Mi guardò», ricordava Weinberg, «e poi disse freddamente "Vanno bene le 8.30?".» Preso in trappola dalla sua stessa impudenza, Weinberg passò il resto della giornata e tutta la notte a scrivere il testo. Gli fu restituito un giorno dopo dallo stesso

Oppenheimer con una parola impronunciabile scarabocchiata sulla prima pagina: «Snoessigenheellollig».
«Io lo guardavo», ricordava Weinberg, «e lui mi disse "Ma lei sa cosa significa?".» Weinberg sapeva che si trattava di una parola dello slang olandese, ma riuscì a decifrarla solo quanto bastava per capire che si trattava di un commento favorevole. Oppie sogghignò e spiegò che, tradotto approssimativamente, significava «perfetto».
«Ma perché in olandese?» chiese Weinberg.
«Questo non glielo posso dire: non dirglielo è una sfida», rispose Oppie. Poi si alzò e lasciò la stanza, chiudendo la porta dietro di sé. Un istante dopo, tuttavia, la porta si riaprì all'improvviso; Oppenheimer infilò la testa nella stanza e disse: «Davvero non volevo dirglielo, ma forse ora sono in debito con lei perché il suo scritto mi ha ricordato [Paul] Ehrenfest».
Weinberg era sbalordito. Sapeva abbastanza della fama di Ehrenfest per capire cosa stava dicendo Oppie. «Fu l'unico complimento che mi abbia sempre soddisfatto [...]. Lui amava Ehrenfest, [che] aveva la capacità di rendere le cose molto chiare, brillanti e pregnanti nei termini più semplici.»[6] In quella stessa settimana, Oppenheimer lusingò Weinberg costringendolo a utilizzare quella relazione come argomento per un seminario in sostituzione dell'argomento scelto in precedenza. Poi però, forse per compensarlo delle lusinghe, gli disse in tono canzonatorio che quello che aveva presentato era «una cosa da bambini». Ci doveva essere, disse, «un modo più maturo per risolvere questo tipo di problema» e suggerì a Weinberg di riprendere nuovamente l'argomento. Weinberg acconsentì e passò i tre mesi successivi lavorando per realizzare calcoli elaborati. Alla fine fu costretto ad ammettere che non riusciva a trovare più traccia delle relazioni empiriche che aveva previsto sulla base dei suoi molto semplici argomenti iniziali. «Ora ha imparato la lezione», gli disse Oppenheimer. «Qualche volta il metodo elaborato, il metodo appreso, il metodo più maturo non è così buono come il metodo semplice e ingenuamente puerile.»
Weinberg era un discepolo devoto di Bohr anche prima del suo arrivo a Berkeley. Come molti fisici, era rimasto attratto da quella disciplina soprattutto perché prometteva di aprire la porta a intuizioni filosofiche fondamentali. «Ero interessato alla possibilità di interferire con le leggi della natura», disse Weinberg. Poi, dopo un periodo in cui aveva pensato di abbandonare la fisica, tornò sui suoi passi perché un amico gli aveva suggerito di leggere il classico lavoro di Niels Bohr

Teoria dell'atomo e conoscenza umana.* «Lessi Bohr e mi riconciliai con la fisica», ricordò Weinberg. «Mi riconvertì davvero.» Nelle mani di Bohr la teoria dei quanti era diventata una gioiosa celebrazione della vita. Il giorno che Weinberg era arrivato a Berkeley, gli era capitato di accennare a Phil Morrison che il libro di Bohr era uno dei pochi volumi che aveva pensato che valesse la pena portarsi sempre dietro. Phil scoppiò a ridere perché a Berkeley, tra quelli che facevano parte del ristretto gruppo di Oppenheimer, il piccolo libro di Bohr era considerato *la Bibbia*. Weinberg comprese con felicità che a Berkeley «Bohr era Dio, e Oppie il suo profeta».[7]

Quando uno studente era in difficoltà, e non riusciva a finire un articolo, non era insolito che Oppie decidesse di assumersi l'incarico di terminarlo. Una sera del 1939 invitò Joe Weinberg e Hartland Snyder nella sua casa di Shasta Road. I due giovani dottorandi avevano collaborato alla stesura di un articolo ma non erano riusciti a scrivere delle conclusioni soddisfacenti. «Lui ci offrì il solito, obbligatorio, bicchiere di whisky», ricordò Weinberg, «e mise della musica che mi tenne occupato. Hartland gironzolò per la stanza guardando i libri, mentre Oppie si sedette alla macchina per scrivere. Dopo mezz'ora aveva finito di scrivere l'ultimo paragrafo, un bellissimo paragrafo.»[8] L'articolo, intitolato *Stati stazionari dei campi scalari e vettoriali*, fu pubblicato sulla «Physical Review» nel 1940.

Le lezioni di Oppenheimer erano invariabilmente accompagnate da un gran numero di formule scritte sulla lavagna. Ma, come molti fisici teorici, non aveva rispetto per le semplici formule. Weinberg, che Oppenheimer aveva cominciato a considerare come uno dei suoi studenti più brillanti, osservava che le formule matematiche erano come gli appigli temporanei per gli scalatori. Ogni appiglio segnalava più o meno la posizione dell'appiglio successivo. «Una registrazione degli appigli», disse Weinberg, «è la registrazione di una particolare arrampicata. Però ti dice ben poco dell'andamento della roccia.» Per Weinberg e altri, «seguire un corso di Oppie era come assistere cinque o dieci volte in un'ora allo scatto di lampi brillanti, ma così brevi che te li potevi perdere. Se facevi scomparire le formule dalla lavagna, potevi davvero non averli visti. Molto spesso questi lampi erano intuizioni filosofiche fondamentali che ponevano la fisica in un contesto umano».

---

* Niels Bohr, *Teoria dell'atomo e conoscenza umana*, Boringhieri, Torino 1961. [*n.d.t.*]

Oppenheimer pensava che nessuno poteva aspettarsi di imparare la meccanica quantistica soltanto dai libri: lo sforzo verbale inerente al processo di spiegazione poteva, secondo lui, aprire le porte alla comprensione. Non ripeteva mai due volte la stessa lezione. «Conosceva perfettamente», ricordava Weinberg, «gli studenti della sua classe.»[9] Poteva guardare le facce di quelli che l'ascoltavano e decidere all'improvviso di cambiare completamente approccio perché aveva capito le specifiche difficoltà che esistevano per loro nell'argomento trattato. Dopo che aveva fatto un'intera lezione su un problema voleva sapere da almeno uno studente cosa ne avesse ricavato. Alla fine della lezione uno degli studenti andava da lui e chiedeva il permesso di affrontare il problema, e Oppenheimer rispondeva: «Ma certo, è proprio per questo che ho fatto il seminario».

Oppenheimer non faceva esami finali,[10] ma concludeva i corsi assegnando molti lavori a casa. Durante ogni ora in aula presentava una lezione non socratica, «consegnata ad alta velocità», ricordò Ed Geurjoy, dottorando dal 1938 al 1942. Agli studenti era consentito di interrompere Oppenheimer con le loro domande. «Generalmente rispondeva con molta pazienza», disse Geurjoy, «a meno che la domanda non fosse manifestamente stupida, e in tal caso la sua risposta era piuttosto caustica.»

Oppenheimer era brusco con alcuni studenti, ma trattava con gentilezza quelli che apparivano vulnerabili. Un giorno che Weinberg era nell'ufficio di Oppenheimer, aveva cominciato a rovistare tra le carte ammucchiate sul tavolo a cavalletti al centro della stanza. Dopo aver preso un articolo, cominciò a leggere il primo paragrafo senza badare allo sguardo irritato di Oppie. «Questa è un'eccellente proposta», esclamò Weinberg, «sono certo che mi piacerà molto lavorarci su.» Con sua sorpresa, Oppenheimer replicò seccamente: «Posalo. Rimettilo al posto dove l'hai trovato». Quando Weinberg chiese dove aveva sbagliato, Oppenheimer disse: «Era una cosa che non dovevi trovare».

Poche settimane più tardi Weinberg venne a sapere che un altro studente che stava cercando un argomento per la sua tesi aveva cominciato a lavorare sulla proposta che aveva letto quel giorno. «[Lo studente] era una persona dignitosa, davvero geniale», ricordò Weinberg.[11] «Ma, a differenza di quei pochi di noi che apprezzavano quei generi di sfida che Oppie ci lanciava come lampi, era spesso sconcertato, perplesso e a disagio. Nessuno aveva il coraggio di dirgli "Guarda, non è una cosa che fa per te".» Weinberg ora aveva capito che Oppie aveva destinato quell'argomento proprio per la tesi di quello studente. Si trattava di un problema relativamente facile, «ma era perfetto per lui», disse Weinberg, «e servì a dargli il dottorato. Sarebbe stato molto difficile per lui ottenerlo da Oppie, se l'avesse trattato allo stesso modo in cui trattava me o Phil Morrison o Sid Dancoff». Invece, confermò Weinberg qualche anno più tardi, Oppie aveva assistito quello studente come un padre che insegna a camminare a un bambino. «Fece in modo che scoprisse per caso quella proposta o, per dirla a suo modo, perché la scegliesse ed esprimesse il suo interesse, perché trovasse la sua strada [...]. Lui aveva bisogno di un trattamento speciale, e per Dio, Oppie glielo stava proprio dando. Mostrava un grande amore, simpatia e comprensione umana.» Lo studente in questione, ricordava Weinberg, fece poi dell'ottimo lavoro in fisica applicata.

Weinberg divenne rapidamente un membro devoto della piccola cerchia di Oppenheimer. «Sapeva che lo adoravo», disse Weinberg, «come del resto tutti gli altri.» Philip Morrison, Giovanni Rossi Lomanitz, David Bohm e Max Friedman erano alcuni degli altri studenti di dottorato che in quegli anni consideravano Oppenheimer come il loro mentore e il loro modello di comportamento. Erano giovani uomini non comuni che, stando a Morrison, erano orgogliosi di essere «intellettuali insicuri ma intrepidi».[12] Tutti quanti stavano studiando fisica teorica. E tutti quanti erano attivi in questa o quella causa del Fronte popolare. Alcuni, come Philip Morrison e David Bohm, avevano ammesso di essersi iscritti al Partito comunista, altri erano semplicemente vicini. Joe Weinberg fu probabilmente membro del partito per almeno un breve periodo.[13]

Morrison, nato nel 1915 a Pittsburgh, era cresciuto non troppo lontano dalla casa in cui Kitty Oppenheimer aveva trascorso l'infanzia.[14] Dopo aver frequentato la scuola pubblica, aveva ottenuto il diploma in fisica alla Carnegie-Mellon University nel 1936. In quell'autunno era andato poi a Berkeley per studiare fisica teorica con Oppenheimer. Colpito dalla poliomielite, era arrivato al campus con un sostegno a una gamba. Quando era bambino la malattia l'aveva costretto a passare molto del suo tempo a letto, e aveva imparato a leggere a una velocità di cinque pagine al minuto. Dopo essersi laureato, Morrison impressionava tutti con la sua ampia gamma di conoscenze su quasi tutto, dalla storia militare alla fisica. Nel 1936 si era iscritto al Partito comunista, ma pensava che non fosse opportuno far emergere le sue simpatie per la politica della sinistra, e neppure render pubblica la sua iscrizione al partito. Dale Corson, suo collega d'ufficio a

Berkeley verso la fine degli anni Trenta, non sapeva che Morrison era comunista.

«A quell'epoca eravamo tutti chiusi nei confronti del comunismo», ricordava Bohm.[15] In effetti, fino al 1940-41 Bohm non aveva molta simpatia per il Partito comunista. Ma poi, dopo il crollo della Francia, si rese conto che solo i comunisti erano in grado di resistere ai nazisti. Ciononostante, molti europei sembravano preferire i nazisti ai russi. «E mi resi conto», disse Bohm, «che c'era una tendenza simile anche in America. Io pensavo che i nazisti fossero una minaccia totale per la civiltà [...]. Mi sembrava che i russi fossero gli unici che potevano davvero sconfiggerli. E fu allora che cominciai ad ascoltare con maggior simpatia quello che dicevano.»

Verso la fine dell'autunno del 1942 i giornali erano pieni di notizie sulla battaglia di Stalingrado; quell'inverno, per un certo periodo sembrò che la conclusione dell'intera guerra dipendesse dai sacrifici che stava facendo il popolo russo. «Nessuno poteva sentire quello che sentivamo noi», ricordò. «Anche quando vedevamo la mistificazione di quello che stava accadendo in Unione Sovietica, o i tentativi di manipolazione, spostavamo i nostri occhi da un'altra parte.»[16]

Nel novembre 1942, proprio quando i russi avviarono l'offensiva per respingere i nazisti da Stalingrado, Bohm cominciò a partecipare agli incontri regolari che si tenevano nella sede di Berkeley del Partito comunista. In genere erano mediamente presenti quindici persone. Dopo un po' Bohm cominciò a considerare «interminabili» quegli incontri, e decise che le diverse proposte che prevedevano di «sollevare le cose nel campus» non portavano a molto. «Avevo la sensazione che fossero davvero inefficaci.»[17] A poco a poco Bohm smise di frequentare le riunioni, ma rimase un appassionato ed entusiasta intellettuale marxista, che leggeva i testi del marxismo assieme ai suoi più stretti amici di quel periodo: Weinberg, Lomanitz e Bernard Peters.

Phil Morrison ricordava che le riunioni della sezione del partito alla quale apparteneva erano frequentate da «molte persone che non erano comuniste: sarebbe stato molto difficile dire quali partecipanti erano veri comunisti».[18] Gli incontri erano spesso simili alle discussioni informali nei college. Si discuteva, ricordava Morrison, «di tutto quello che c'era al mondo». Essendo un dottorando con pochi soldi, Morrison aveva sottoscritto un contributo al partito di soli venticinque centesimi al mese. Era rimasto iscritto al partito anche durante il patto tra nazisti e sovietici ma, come molti dei suoi compagni americani, uscì dal partito poco dopo Pearl Harbor. Allora insegnava all'Università dell'Illinois, e la sua piccola sezione del partito decise semplicemente che la loro priorità doveva essere quella di sostenere gli sforzi bellici e di non perdere tempo per «discutere di politica».

David Hawkins arrivò a Berkeley nel 1936 per studiare filosofia. Quasi subito si legò a numerosi studenti di Oppenheimer, compresi Phil Morrison, David Bohm e Joe Weinberg. Un giorno Hawkins incontrò Oppenheimer a una riunione dell'Unione degli insegnanti; si stavano discutendo le difficoltà degli assistenti sottopagati, e Hawkins ricordava di essere rimasto colpito dall'eloquenza e dal comportamento solidale di Oppenheimer: «Era davvero persuasivo, molto convincente, elegante nel linguaggio e capace di ascoltare quello che dicevano gli altri per poi incorporarlo in quello che lui intendeva dire. Ebbi l'impressione che fosse un buon politico nel senso che, se parecchie persone parlavano, lui riusciva a riassumere quello che avevano detto e, sulla base di questo riassunto, loro potevano individuare gli aspetti su cui concordavano con gli altri. Un grande talento».[19]

Hawkins aveva incontrato Frank Oppenheimer a Stanford e, come Frank, si era iscritto al Partito comunista verso la fine del 1937. Come i fratelli Oppenheimer e molti altri accademici, era rimasto colpito dall'attivismo contro i lavoratori che era molto diffuso nelle aziende agricole e nelle fabbriche della California. Nonostante questo, le sue attività politiche erano piuttosto saltuarie, e incontrò un funzionario a tempo pieno del partito come Steve Nelson solo in qualche momento del 1940. Come molti altri accademici, Hawkins pensava che fosse necessario tener nascosta la propria affiliazione al partito. «Eravamo davvero reticenti», disse, «perché temevamo di perdere il nostro lavoro. Si poteva stare a sinistra, ci si poteva impegnare in alcune di queste attività, ma non si poteva dire: "Io sono iscritto al Partito comunista".»[20] Hawkins non pensava nemmeno alla rivoluzione. «In una società tecnologica come la nostra», disse in seguito, «è difficile immaginare di poter mettere le barricate per strada [...]. Noi eravamo coscienti di essere la componente di sinistra del New Deal e stavamo spingendo il New Deal a sinistra: questo era il nostro impegno.»[21] Si trattava di un'accurata descrizione degli obbiettivi politici di Robert Oppenheimer, ma anche dei suoi.

Dal 1941 Hawkins fu attivo nella politica locale del campus come membro più giovane della facoltà nel Dipartimento di filosofia. Partecipava agli stessi gruppi di studio frequentati da Weinberg, Morrison e altri in case private attorno a Berkeley. «Eravamo tutti molto interessati al materialismo dialettico e alla teoria dello storicismo», ricordava

Hawkins. «Ero molto impressionato da Phil, e ben presto diventammo grandi amici.»
Alcuni di questi incontri si tenevano nella casa di Oppenheimer. Quando parecchi anni più tardi gli fu chiesto se pensava che Oppenheimer fosse stato iscritto al partito, Hawkins rispose: «Non l'ho mai saputo. Tuttavia, non mi sembra che la cosa abbia molta importanza. In un certo senso, non è davvero una questione fondamentale, però manifestava apertamente di condividere molte scelte della sinistra».[22]

Martin D. Kamen era un altro dei seguaci di Oppie.[23] Chimico per formazione, aveva scritto la sua tesi di dottorato a Chicago su un problema di fisica nucleare. Pochi anni dopo, assieme a un altro chimico, Sam Ruben, avrebbe scoperto l'isotopo radioattivo carbonio-14 usando il ciclotrone di Lawrence. Agli inizi del 1937 aveva seguito un'amica a Berkeley, dove Ernest Lawrence l'aveva assunto a mille dollari l'anno per lavorare al Rad Lab. «Era come essere alla Mecca», ricordava Kamen di Berkeley.[24] Ben presto Oppenheimer si accorse che Kamen era un bravo musicista – suonava il violino con Frank Oppenheimer – e gli piaceva parlare di letteratura e musica. «Penso che mi abbia preso in simpatia», disse Kamen, «perché potevo parlare con lui di cose diverse dalla fisica.» Dal 1937 allo scoppio della guerra trascorsero molto tempo assieme.

Come tutti quelli che erano entrati nella cerchia di Oppenheimer, Kamen ammirava il carismatico fisico. «Lo guardavamo tutti con grande affetto come se fosse una specie di matto», disse Kamen. «Era davvero brillante, ma talvolta superficiale. Aveva l'approccio del dilettante.»[25] Kamen pensava che le eccentricità di Oppie fossero qualche volta vere e proprie recite calcolate. Ricordava di essere andato con lui alla festa di Capodanno nella casa di Estelle Caen. Durante la corsa in macchina, Oppie disse che sapeva che Estelle viveva in una certa strada, ma che aveva dimenticato il numero dell'abitazione. Ricordava soltanto che era un multiplo di sette. «Così andammo avanti e indietro per quella strada», ricordava Kamen, «e alla fine trovò il numero 3528, senza dubbio un multiplo di sette. Ripensandoci ora, qualche volta mi domando se non stesse cercando di prendere un po' in giro la gente [...]. Aveva questa irresistibile tentazione solo per prendere in giro le persone.»[26]

Kamen non era un attivista di sinistra, e sicuramente non era mai stato comunista. Ma si unì a Oppenheimer nel circuito delle riunioni di Berkeley, occupandosi di varie iniziative per la raccolta di fondi a favore del Comitato congiunto per i rifugiati antifascisti e per il sostegno alla guerra dei russi. Oppenheimer lo coinvolse anche in uno sfortunato tentativo di organizzare un sindacato nel Radiation Laboratory. Tutto iniziò con la lotta per la creazione di un'unità sindacale all'interno dell'impianto della Shell Development Company, nei pressi di Emoryville. La Shell aveva un gran numero di impiegati, di ingegneri e di chimici con laurea in scienze, e molti l'avevano ottenuta a Berkeley. La Federazione degli architetti, degli ingegneri, dei chimici e dei tecnici (FAECT*), un sindacato sostenuto dal Congresso delle organizzazioni industriali (CIO), lanciò una campagna per creare una sezione sindacale nell'impianto. Come risposta, i dirigenti della Shell incoraggiarono invece i loro impiegati a unirsi in un sindacato aziendale interno. A un certo punto, un chimico della Shell di nome David Adelson si appellò a Oppenheimer perché prestasse il suo prestigio a favore della campagna organizzativa della FAECT. Adelson apparteneva a una sezione di professionisti del Partito comunista della Contea di Alameda (California), e pensava che Oppenheimer fosse solidale con loro. Era nel giusto. Una sera Oppenheimer tenne una conversazione, organizzata dall'unione, nella casa di un suo ex dottorando, Herve Voge, allora impiegato alla Shell. C'erano più di quindici persone ad ascoltarlo con rispetto parlare sulla possibilità che l'America entrasse in guerra e, ricordò Voge, «mentre lui parlava, tutti lo ascoltavano in silenzio».[27]

Nell'autunno del 1941 Oppenheimer accettò di ospitare un incontro organizzativo nella sua casa di Eagle Hill e, assieme a molti altri, invitò Martin Kamen a partecipare. «Non ero molto contento della cosa», ricordò Kamen, «ma dissi "D'accordo, verrò".» Kamen era molto preoccupato dalla possibilità che fossero reclutati impiegati del Radiation Laboratory – dove ormai si lavorava soprattutto per l'esercito americano e si era costretti a sottoscrivere un impegno di sicurezza – in un sindacato controverso come la FAECT. Ma partecipò all'incontro e ascoltò il convincente discorso di Oppenheimer a favore del sindacato. Erano presenti quindici persone, tra cui lo psicologo Ernest Hilgard, amico di Oppenheimer, Joel Hildebrand del Dipartimento di chimica di Berkeley e un giovane ingegnere chimico inglese, George C. Eltenton, impiegato alla Shell Development Company.[28] «Eravamo tutti seduti in cir-

---

* Acronimo di *Federation of Architects, Engineers, Chemists and Technicians*, un'organizzazione sindacale che riuniva impiegati e professionisti. [*n.d.t.*]

colo nel soggiorno di Oppenheimer», ricordò Kamen. «Tutti dicevano: "Sì, è grande, è meraviglioso".» Quando toccò a Kamen parlare, egli disse: «Un momento. Qualcuno ha chiesto spiegazioni su questo a [Ernest] Lawrence? Noi lavoriamo al Radiation Laboratory ma non abbiamo indipendenza su questa questione. Su questo, dobbiamo avere il permesso di Lawrence».

Oppenheimer non si era soffermato su questa considerazione e Kamen pensava che fosse rimasto scosso dalla sua interruzione. Dopo un paio d'ore la riunione si chiuse senza il sostegno unanime che Oppenheimer si attendeva. Un paio di giorni dopo incontrò Kamen e disse: «Perdinci, non ho capito. Forse ho fatto la cosa sbagliata». E poi spiegò: «Sono andato a trovare Lawrence, e lui ha fatto saltare una guarnizione». Lawrence – le cui convinzioni politiche diventavano sempre più conservatrici con il passare degli anni – era preoccupato per il fatto che un sindacato sostenuto dai comunisti tentasse di organizzare le persone del suo laboratorio. Quando aveva chiesto di sapere chi c'era dietro, Oppenheimer aveva insistito: «Non posso dirti chi sono. Devono venire qui a dirtelo loro stessi». Lawrence era furioso, non solo perché si opponeva con forza al fatto che i suoi fisici e chimici si unissero in un sindacato, ma perché la cosa dimostrava ancora una volta che il suo vecchio amico stava perdendo il suo tempo prezioso nella politica di sinistra. Lawrence aveva ripetutamente rimproverato Oppenheimer per le sue «erranti attività di sinistra»,[29] ma ancora una volta Oppie sosteneva con la sua usuale eloquenza che gli scienziati hanno la responsabilità di aiutare i «diseredati» della società.

Non deve sorprendere che Lawrence fosse irritato. In quell'autunno aveva tentato, ma senza successo, di inserire Oppenheimer nel progetto della bomba. «Se si decidesse a smettere di fare queste cose senza senso», si era lamentato con Kamen, «lo faremo partecipare al progetto, ma in queste condizioni è impossibile convincere l'Esercito ad accettarlo.»[30]

Oppenheimer uscì dal sindacato nell'autunno del 1941, ma l'idea di organizzare gli scienziati del Rad Lab non fu abbandonata. Poco più di un anno dopo, agli inizi del 1943, Rossi Lomanitz, Irving David Fox, David Bohm, Bernard Peters e Max Friedman, tutti studenti di Oppenheimer, si unirono in un sindacato (FAECT, Sezione 25). Le usuali motivazioni per costituire un sodalizio di quel genere erano del tutto assenti. Lomanitz, per esempio, al Rad Lab guadagnava centocinquanta dollari al mese, più del doppio del suo stipendio precedente. Nessuno si lamentava per le condizioni di lavoro; in laboratorio tutti erano desiderosi di lavorare più che potevano. «Sembrava che stessimo per fare una cosa drammatica», ricordava Lomanitz.[31] «Ma era una cosa per giovani [...]. Era una cosa ridicola voler formare un sindacato.»

Friedman fu persuaso da Lomanitz e Weinberg ad assumere l'incarico di organizzatore all'interno del Radiation Laboratory. «Era solo un incarico, e io non feci nulla», ricordava.[32] Ma pensava che, in linea di principio, costituire un sindacato fosse una buona idea. «Un po' eravamo preoccupati per l'uso che sarebbe stato fatto della bomba atomica. E un po' pensavamo che gli scienziati non dovevano farlo [lavorare al progetto della bomba] senza poter intervenire su come sarebbe poi stato utilizzato il loro impegno.»

Il sindacato attirò rapidamente l'attenzione dei funzionari del servizio segreto dell'Esercito che tenevano sotto sorveglianza il Radiation Laboratory, e nell'agosto 1943 al ministero della Guerra fu reso noto che all'interno del Radiation Laboratory parecchie persone erano «attivisti comunisti». Veniva menzionato il nome di Joe Weinberg. Il rapporto allegato del servizio segreto affermava che la Sezione 25 della FAECT era «un'organizzazione nota per essere dominata e controllata da membri del Partito comunista o da suoi simpatizzanti».[33] Il ministro della Guerra Henry L. Stimson intervenne con una nota per il presidente: «A meno che la cosa non venga immediatamente fermata, penso che la situazione sia davvero allarmante». Poco dopo l'amministrazione Roosevelt chiese formalmente alla CIO di bloccare l'organizzazione della sezione all'interno del laboratorio di Berkeley.

Nel 1943, tuttavia, Oppenheimer aveva da tempo voltato le spalle all'organizzazione sindacale. L'aveva fatto non perché avesse cambiato le sue convinzioni politiche, ma perché aveva cominciato a capire che se non seguiva i consigli di Lawrence non avrebbe potuto partecipare a un progetto che anche lui considerava necessario per battere la Germania nazista. Nell'autunno del 1941, durante le loro discussioni sulle sue attività nelle organizzazioni sindacali, Lawrence gli aveva detto che James B. Conant, il rettore della Harvard University, l'aveva rimproverato perché aveva discusso i calcoli sulla fissione con Oppenheimer, che in quel momento non partecipava ufficialmente al progetto della bomba.

In realtà Oppenheimer aveva iniziato a collaborare con Lawrence sin dagli inizi del 1941, quando Lawrence aveva cominciato a usare il suo ciclotrone per sviluppare un processo elettromagnetico che consentisse la separazione dell'isotopo 235 dell'uranio (U-235), l'isotopo necessario per realizzare un'esplosione nucleare. Oppenheimer e molti altri scienziati in tutto il paese erano al corrente del fatto che nell'ottobre 1939 il presidente Roosevelt aveva autorizzato la creazione di un Comitato per l'uranio che aveva il compito di coordinare le ricerche sulla fissione. Ma nel giugno 1941 molti fisici cominciarono a temere che la comunità scientifica tedesca potesse essere molto più avanti nelle ricerche sulla fissione. Quell'autunno Lawrence, preoccupato per la mancanza di progressi nel progetto effettivo della bomba, scrisse a Compton e insistette perché Oppenheimer fosse invitato all'incontro segreto fissato per il 21 ottobre 1941 presso il laboratorio della General Electric a Schenectady, nello stato di New York. «Oppenheimer ha nuove idee importanti», scrisse Lawrence.[34] Sapendo che il nome di Oppenheimer era ampiamente associato alla politica radicale, Lawrence scrisse a Compton una nota aggiuntiva per rassicurarlo: «Sono in grande confidenza con Oppenheimer».

Oppie partecipò all'incontro del 21 ottobre a Schenectady, e i suoi calcoli sulla quantità di U-235 necessario per realizzare un'arma efficace costituirono una parte essenziale del rapporto finale sulla riunione inviato a Washington. Un centinaio di chilogrammi, aveva calcolato, sarebbero stati sufficienti per produrre una reazione a catena esplosiva. L'incontro, al quale avevano partecipato Conant, Compton, Lawrence e pochi altri, ebbe un profondo effetto su Oppenheimer. Scoraggiato dalle notizie sulla guerra – in quel momento i nazisti avanzavano verso Mosca – Oppenheimer era ansioso di contribuire alla preparazione dell'America all'arrivo dell'evento bellico. Invidiava quelli tra i suoi colleghi che se ne erano andati per lavorare al radar: «ma non si trattava ancora del mio primo collegamento con l'abbozzo dell'impresa per utilizzare l'energia atomica», testimoniò in seguito, «che comunque cominciai a vedere solo quando vi entrai direttamente».[35]

Un mese dopo Oppenheimer scrisse un appunto a Lawrence assicurandolo che le sue attività sindacali erano terminate: «[...] da ora in poi non ci saranno ulteriori difficoltà [con il sindacato] [...]. Non ho parlato con tutte le persone coinvolte, ma tutte quelle con cui ho parlato sono d'accordo con noi; quindi puoi dimenticarlo».[36]

Tuttavia anche se Oppenheimer aveva cessato le sue attività sindacali,[37] in quello stesso autunno non poté evitare di prendere una forte posizione pubblica su una questione di libertà civili. In tutto il paese un politico di New York, il senatore F.R. Coudert jr., stava usando la sua posizione di copresidente del Comitato legislativo congiunto per il controllo del Sistema educativo pubblico per orchestrare una caccia alle streghe, altamente pubblicizzata, contro presunti sovversivi nelle università pubbliche di New York. Nel settembre 1941 il solo City College aveva licenziato ventotto membri del suo staff, alcuni dei quali erano iscritti alla sezione di New York dell'Unione degli insegnanti, lo stesso sindacato a cui apparteneva Oppenheimer a Berkeley. Il Comitato americano per la democrazia e la libertà intellettuale (ACDIF*), di cui lo stesso Oppenheimer era membro, pubblicò una dichiarazione che condannava i licenziamenti. Per risposta, il senatore Coudert accusò l'ACDIF di avere legami con i comunisti, e un editoriale del «New York Times» offrì un sostegno al suo attacco.

In questo groviglio politico Oppenheimer si inserì con una protesta che espresse con forza. La sua lettera del 13 ottobre 1941 era cortese nei toni, spiritosa e ironica, ma, di fatto, particolarmente sarcastica. Oppenheimer ricordava al senatore che il *Bill of Rights*** garantiva non solo il diritto ad avere qualsiasi fede, anche se radicale, ma anche quello di esprimerla con parole o per iscritto, anche in «forma anonima». Scrisse che le attività «degli insegnanti che sono comunisti o simpatizzanti comunisti sono costituite essenzialmente da incontri ed esposizioni dei loro punti di vista che poi rendono pubblici (spesso in forma anonima): si impegnano, quindi, in pratiche specificamente protette dal *Bill of Rights*».[38] Con una nota di sfida, osservava concludendo, che «questo fa parte delle sue stesse affermazioni: nient'altro che un ipocrita equivoco, un'esca colorata di rosso per ingannare gli altri, e mi porta a pensare che le storie di lusinghe mescolate a intimidazione e arroganza da parte del comitato di cui lei è presidente, siano in realtà vere».

Alla fine degli anni Trenta Robert Oppenheimer si trovò a essere in una posizione preminente e questo era proprio quello che lui desiderava. «Qualunque cosa accadesse», disse Kamen, «dovevi andare da Oppenheimer e chiedergli di che cosa si trattava e che cosa ne pensava, e poi andare via con una spiegazione. Lui era ufficialmente quello che forniva tutte le spiegazioni.»[39] Poi, sin dall'inizio del 1941, Oppenheimer ebbe buone ragioni per pensare che stava per essere

---

* Acronimo di *American Committee for Democracy and Intellectual Freedom*. [*n.d.t.*]
** Legge americana del 1791(«*Dichiarazione dei diritti*») che riprende il nome dell'analoga legge inglese del 1689. Contiene i primi dieci emendamenti della Costituzione degli Stati Uniti riguardanti i diritti dei cittadini, dei singoli stati e del Governo federale.[*n.d.t.*]

"estratto dal mucchio". «All'improvviso accadde di tutto», disse Kamen, «ma nessuno parlava di lui. Lui era estraneo a tutto quello che stava accadendo. C'era qualcosa di grande che stava per arrivare, eppure lui non sapeva cosa fosse. Stava diventando quindi sempre più frustrato, e Lawrence era molto preoccupato perché era convinto che Oppenheimer, dopo tutto, avrebbe potuto scoprire che cosa stava accadendo, per cui non aveva senso tenerlo fuori dalla faccenda per motivi di sicurezza. Era meglio coinvolgerlo. Io prevedevo che prima o poi lo avrebbero fatto: dissero che era più semplice controllarlo se stava dentro al progetto piuttosto che fuori.»

La sera di sabato 6 dicembre 1941, Oppenheimer presenziava a una raccolta di fondi per i veterani della guerra civile spagnola. In seguito testimoniò che il giorno successivo, dopo aver saputo dell'improvviso attacco giapponese a Pearl Harbor, pensò di aver fatto abbastanza per la causa spagnola, «e ora nel mondo ci sono altre crisi, e molto più pressanti».[40]

13. «Il coordinatore della rottura rapida»

> *Ora riesco a scorgere a prima vista la grande energia intellettuale di Oppenheimer, che era l'indiscusso leader del nostro gruppo [...]. Quell'esperienza intellettuale è per me indimenticabile.*
>
> Hans Bethe

I contributi regolari e spesso brillanti di Oppenheimer agli incontri sul «problema dell'uranio» a cui era invitato a partecipare erano impressionanti. Divenne rapidamente indispensabile. A prescindere dalle sue convinzioni politiche, era la recluta perfetta per questo gruppo scientifico. La sua comprensione delle questioni era profonda, le sue abilità interpersonali si erano ora affinate, e il suo entusiasmo per i problemi di cui si discuteva era contagioso. In una decina d'anni circa, grazie al suo lavoro e alla sua vita sociale, da impacciato scienziato prodigio Oppenheimer si era trasformato in sofisticato e carismatico leader intellettuale. Non ci volle molto tempo perché quelli che lavoravano con lui si convincessero che, se i problemi associati alla costruzione della bomba atomica dovevano essere risolti rapidamente, Oppie poteva avere un ruolo importante in quel processo.

Come molti altri fisici in tutto il paese Oppenheimer aveva capito già nel febbraio 1939 che la bomba atomica era una possibilità reale. Ma destare l'interesse del governo sulla questione richiedeva tempo. Un mese prima che in Europa scoppiasse la guerra (1 settembre 1939), Leo Szilard aveva persuaso Albert Einstein a firmare con il suo nome una lettera (scritta da Szilard) indirizzata al presidente Franklin Roosevelt. La lettera segnalava al presidente «che si possono costruire bombe estremamente potenti di tipo nuovo».[1] Sottolineava che «una sola bomba di questo tipo, trasportata da un'imbarcazione e fatta esplodere in un porto, potrebbe benissimo distruggere l'intero porto e una parte del territorio circostante». Ipotizzava anche che i tedeschi potessero essere già al lavoro su una bomba di questo tipo: «Mi risulta che la Germania ha effettivamente bloccato la vendita di uranio da parte delle miniere cecoslovacche di cui si è impadronita [...]».

Dopo aver ricevuto la lettera di Einstein, il presidente creò un apposito «Comitato per l'uranio»[2] diretto dal fisico Lyman C. Briggs. Poi, per quasi due anni, accadde ben poco. Ma dall'altra parte dell'Oceano Atlantico, due fisici tedeschi che si erano rifugiati in Inghilterra, Otto Frisch e Rudolph Peierls, riuscirono a convincere il governo britannico, già in guerra, che il progetto di una bomba atomica era una questione di reale urgenza. Nella primavera del 1941 un gruppo supersegreto inglese, chiamato in codice Comitato MAUD,* produsse un rapporto su *L'uso dell'uranio per la bomba*. Il rapporto suggeriva che una bomba costruita con plutonio o uranio poteva essere abbastanza piccola per essere trasportata con gli aerei esistenti, e che una bomba di questo tipo avrebbe potuto essere costruita in un paio d'anni. Più o meno nello stesso momento, nel giugno 1941, l'amministrazione Roosevelt creò un Ufficio per la ricerca scientifica e lo sviluppo (OSRD**) che aveva il compito di organizzare la ricerca scientifica a scopi militari. L'OSRD era presieduto da Vannevar Bush, ingegnere e professore al MIT, allora presidente della Carnegie Institution a Washington. Agli inizi Bush aveva detto al presidente Roosevelt che la possibilità di costruire una bomba atomica era «davvero remota», ma Bush cambiò idea dopo aver letto il rapporto del Comitato MAUD. Per quanto la questione fosse ancora «molto complicata», come scrisse a Roosevelt il 16 luglio 1941, «una cosa è certa: se potrà essere realizzata un'esplosione di questo tipo, sarà migliaia di volte più potente di quella prodotta dagli esplosivi esistenti, e il suo impiego potrebbe essere determinante».

All'improvviso le cose cominciarono a muoversi. Il memorandum che aveva ricevuto in luglio da Bush convinse Roosevelt a sostituire il Comitato per l'uranio di Briggs con un gruppo più importante che avrebbe riferito direttamente alla Casa Bianca. Questo gruppo, che aveva come nome in codice Comitato S-1,*** includeva Bush, James

---

* Questo nome era presente in un telegramma in codice inviato da Niels Bohr (ancora a Copenhagen occupata dai tedeschi) a Otto Frisch (che era a Londra) e fu subito usato per individuare il comitato. Si scoprì poi che era il nome della bambinaia dei figli di Bohr. [*n.d.t.*]
** Acronimo di *Office of Scientific Research and Development*. [*n.d.t.*]
*** Sigla (S-1, S-2,...) usata per indicare genericamente i gruppi di consulenti di istituzioni o di consulenti personali. [*n.d.t.*]

Conant di Harvard, il ministro della Guerra Henry Stimson, il Capo di Stato maggiore George C. Marshall e il vicepresidente Henry Wallace. Queste persone pensavano di essere in gara con i tedeschi, una gara che avrebbe potuto determinare rapidamente la conclusione della guerra. Conant ebbe l'incarico di presiedere l'S-1, e assieme a Bush cominciò a utilizzare enormi risorse governative per reclutare in tutto il paese scienziati per lavorare al progetto della bomba.

Nel gennaio 1942 Robert era eccitato dall'apprendere che poteva essere inserito nella ricerca sui neutroni veloci a Berkeley, un lavoro che considerava decisivo per il progetto. Oppenheimer «sarà una risorsa fondamentale in ogni modo», aveva detto Lawrence a Conant.[3] «Unisce intuizioni penetranti sugli aspetti teorici dell'intero programma con un solido senso comune, che talvolta in certe direzioni può apparire carente [...].» Così in maggio Oppenheimer fu nominato ufficialmente direttore delle ricerche sui neutroni veloci dell'S-1 con il curioso titolo di «Coordinatore della rottura rapida». Quasi immediatamente cominciò a organizzare un seminario estivo supersegreto di fisici teorici di alto livello, il cui compito era quello di delineare gli elementi essenziali del progetto per la bomba atomica. Hans Bethe era il primo della lista degli invitati. Trentanovenne, il tedesco Bethe aveva lasciato l'Europa nel 1935 ed era andato alla Cornell University, dove era diventato professore di fisica nel 1937. Oppenheimer era così preoccupato di assicurarsi la partecipazione di Bethe che chiese a un anziano fisico teorico di Harvard, John H. Van Vleck, di aiutarlo a convincerlo. Disse a Van Vleck che «il punto essenziale è suscitare l'interesse di Bethe, trasmettergli l'importanza del lavoro che dobbiamo fare».[4] A quell'epoca Bethe stava lavorando alle applicazioni militari del radar, un progetto che considerava di importanza pratica di gran lunga maggiore rispetto a qualunque altra cosa associata alla fisica nucleare. Ma fu comunque convinto a trascorrere l'estate a Berkeley. Poi toccò a Edward Teller, un fisico ungherese che allora insegnava alla George Washington University, a Washington. Gli altri scienziati reclutati furono Felix Bloch, l'amico svizzero di Oppenheimer della Stanford University, ed Emil Konopinski dell'Università dell'Indiana. Oppenheimer invitò anche Robert Serber e altri suoi ex studenti. Definì questo eccezionale gruppo di fisici i suoi «luminari».

Poco dopo la sua nomina a Coordinatore della rottura rapida, Oppenheimer chiese a Serber di fargli da assistente; così, agli inizi del maggio 1942, lui e Charlotte si sistemarono in una stanza sopra il garage di Oppie nella sua casa di Eagle Hill. Considerava Serber uno dei suoi amici più stretti. Sin dal 1938, quando Serber era andato all'Università dell'Illinois a Urbana, si scrivevano lettere quasi ogni domenica.* Nei mesi immediatamente successivi Serber divenne l'ombra di Oppie, il suo segretario e assistente: «Stavamo assieme quasi tutto il tempo», ricordava Serber.[5] «Lui aveva due persone con cui parlare: Kitty e me.»

Il seminario estivo del 1942 si tenne nell'area nord-ovest dell'attico al quarto piano di LeConte Hall, sopra l'ufficio di Oppenheimer, che era al secondo piano. Le due stanze scelte per il seminario avevano porte a vetri che si aprivano verso l'esterno su una balconata, e così, per motivi di sicurezza, fu sistemata una spessa rete metallica tutt'attorno alla balconata. Oppenheimer era l'unico ad avere la chiave delle stanze. Un giorno Joe Weinberg sedeva nell'ufficio dell'attico con Oppenheimer e parecchi altri fisici, quando vi fu una pausa nelle conversazioni. Oppie disse: «Perbacco, guarda».[6] E indicò il fascio di luce solare che attraversava la porta a vetri e gettava un'ombra sulle carte appoggiate al tavolo, delineando chiaramente la rete metallica. «Fu come se per un momento», disse Weinberg, «fossimo tutti circondati dall'ombra della rete.» Era misterioso e strano al tempo stesso, pensò Weinberg: eravamo intrappolati in una gabbia simbolica.

Quando la settimana si conclude, i «luminari» di Oppie cominciarono ad apprezzare il suo talento di coordinatore e di stimolatore. «Come presidente», scrisse in seguito Edward Teller, «Oppenheimer aveva modi raffinati, sicuri e informali. Non riesco a capire come abbia acquisito questa facilità nel trattare le persone. Quelli che lo conoscevano bene erano davvero sorpresi.»[7] Bethe concordava: «La sua capacità di affrontare i problemi era immediata; spesso riusciva a capire un intero problema dopo averne ascoltato una sola frase. Per inciso, una delle difficoltà che incontrava nelle relazioni con gli altri era che si aspettava che anche le altre persone avessero la sua medesima capacità».

Avviarono le loro ricerche studiando una precedente esplosione provocata dall'uomo: quella di una nave carica di munizioni avvenuta nel 1917 ad Halifax, nella Nuova Scozia. In questo tragico incidente circa 5000 tonnellate di TNT avevano spazzato via 6,5 chilometri quadrati della cittadina di Halifax e ucciso 4000 persone. Rapidamente valutarono che ogni arma a fissione avrebbe potuto facilmente

---

* Quando in seguito Serber ebbe difficoltà a conservare il suo nullaosta per la sicurezza, ritenne prudente distruggere questa corrispondenza. [n.d.a.]

esplodere con una potenza pari a due o tre volte quella dell'esplosione di Halifax.

Quindi Oppenheimer concentrò l'attenzione dei suoi colleghi sullo sviluppo del progetto di base di un ordigno a fissione che potesse avere dimensioni abbastanza ridotte per essere militarmente utilizzabile. Stabilirono subito che una reazione a catena avrebbe probabilmente potuto essere ottenuta con un nucleo di uranio posto all'interno di una sfera metallica di soli venti centimetri di diametro. Altre caratteristiche del progetto richiedevano calcoli estremamente precisi. «Eravamo sempre alla ricerca di nuovi trucchi per cercare di fare i calcoli», ricordò Bethe, «ma poi dovevamo eliminarne la maggior parte proprio sulla scorta dei calcoli. Ora riesco a scorgere a prima vista la grande energia intellettuale di Oppenheimer, che era l'indiscusso leader del nostro gruppo [...]. Quell'esperienza intellettuale è per me indimenticabile.»[8]

Mentre Oppenheimer concludeva rapidamente[9] che non c'erano importanti lacune teoriche da riempire nella progettazione di un'apparecchiatura a neutroni veloci, i calcoli del seminario sulla quantità di materiale fissile realmente necessario erano inevitabilmente vaghi. Semplicemente non erano disponibili dati sperimentali validi, ma in base a quello che sapevano, potevano ipotizzare che la quantità di materiale fissile necessaria per una bomba fosse all'incirca il doppio della quantità stimata, che era stata indicata al presidente Roosevelt solo quattro mesi prima. Questa differenza implicava che il materiale fissile non poteva essere preparato in piccole quantità in semplici laboratori, ma doveva essere prodotto in un grande impianto industriale. La bomba sarebbe stata molto costosa.

A volte Robert temeva di non essere in grado di risolvere i tanti imprevedibili problemi che incontrava. Era così preoccupato dal timore di essere già in una corsa ormai persa contro i tedeschi, che bloccava con impazienza qualunque sforzo di ricerca che sembrasse richiedere troppo tempo. Quando qualche scienziato proponeva un laborioso schema per misurare la diffusione dei neutroni veloci, Oppenheimer sosteneva che «sarebbe meglio per noi poter avere una valutazione rapida e qualitativa della diffusione [...]. Il metodo di Landenburg [è] così noioso e incerto che potremmo aver perso la guerra prima che ci possa fornire una risposta».[10]

In luglio la sua attenzione venne temporaneamente distratta quando Edward Teller informò i colleghi che era riuscito a completare dei calcoli sulla fattibilità della bomba a idrogeno, la «superbomba».

Quell'estate Teller era arrivato a Berkeley convinto che la bomba a fissione fosse una cosa certa. Ma, seccato dalle discussioni su una semplice bomba a fissione, si era infervorato nei calcoli su un altro problema, che gli era stato suggerito da Enrico Fermi durante un pranzo nell'anno precedente. Fermi aveva osservato che un'arma a fissione avrebbe potuto essere usata per innescare una data quantità di deuterio – l'isotopo pesante dell'idrogeno – riuscendo così a produrre un'esplosione *a fusione* molto più potente, la superbomba. In luglio Teller sbalordì il gruppo di Oppenheimer con calcoli che suggerivano che appena dodici chilogrammi di idrogeno pesante liquido, innescati da una bomba a fissione, avrebbero potuto portare a un'esplosione equivalente a quella di un milione di tonnellate di TNT. Teller suggerì che grandezze di quelle dimensioni accrescevano la possibilità che anche una bomba a fissione potesse inavvertitamente innescare un'esplosione nell'atmosfera terrestre, il settantotto per cento della quale è costituito da azoto. «Non ci ho creduto sin dal primo momento», disse in seguito Bethe.[11] Ma Oppenheimer pensò che la cosa fosse sensata e salì su un treno diretto a est per riferire personalmente a Compton sia della superbomba sia dei calcoli apocalittici di Teller. Stanò Compton dalla sua villetta estiva su un lago nel nord del Michigan.

«Non ho mai dimenticato quella mattina», scrisse in seguito Compton in tono altamente drammatico. «Andai in macchina a prendere Oppenheimer alla stazione e lo portai sulla spiaggia del piccolo lago tranquillo. Poi ascoltai il suo racconto [...]. C'era davvero la possibilità che una bomba atomica potesse innescare l'esplosione dell'azoto nell'atmosfera o dell'idrogeno nell'oceano? Forse era meglio accettare di essere schiavi dei nazisti che rischiare di chiudere il sipario sul genere umano.»[12]

In quell'occasione[13] Bethe fece rapidamente ulteriori calcoli che convinsero sia Oppenheimer sia Teller che era praticamente *prossima a zero* la probabilità di incendiare l'atmosfera. Oppenheimer trascorse il resto dell'estate scrivendo il rapporto riassuntivo dei risultati del gruppo. Verso la fine di agosto 1942 Conant lesse il rapporto e scribacchiò delle note per conto suo che intitolò *Stato della bomba*. Secondo Oppenheimer e i suoi colleghi, un'arma atomica sarebbe esplosa con «un'energia 150 volte superiore a quella dei calcoli precedenti», ma avrebbe richiesto una massa critica di materiale fissile sei volte maggiore delle stime fatte fino ad allora.[14] La bomba atomica era realmente fattibile, ma richiedeva l'impegno di ingenti risorse tecniche, scientifiche e industriali.

Prima che il seminario estivo si concludesse, una sera Oppenheimer invitò i Teller a cena nella sua casa di Eagle Hill. Teller ricordava nitidamente Oppenheimer che, assolutamente convinto, diceva: «Solo una bomba atomica può scacciare Hitler dall'Europa».[15]

Nel settembre 1942 il nome di Oppenheimer era stato suggerito all'interno della burocrazia come il più ovvio candidato alla direzione del laboratorio segreto per gli armamenti che si sarebbe occupato dello sviluppo della bomba atomica. Bush e Conant sicuramente pensavano che Oppenheimer fosse l'uomo giusto per quel compito; tutto quello che era stato fatto durante l'estate aveva rafforzato la loro fiducia. Ma c'era un problema: l'Esercito continuava a rifiutarsi di rilasciargli il nullaosta alla sicurezza.

Lo stesso Oppenheimer era ben conscio del fatto che uno dei problemi era rappresentato dai suoi molti amici comunisti. «Ho troncato tutti i collegamenti con i comunisti», disse a Compton in una conversazione telefonica, «perché se non lo facevo il governo avrebbe incontrato difficoltà nel coinvolgermi. Non voglio che qualcosa possa interferire con la mia utilità per il paese».[16] Tuttavia, nell'agosto 1942, Compton venne informato che il ministero della Guerra aveva «deciso pollice verso nei confronti di O.».[17] I dossier sulla sicurezza contenevano numerosi rapporti sui suoi legami presumibilmente «discutibili» e «comunisti». Agli inizi del 1942 lo stesso Oppenheimer aveva compilato un questionario sulla sicurezza elencando le numerose organizzazioni a cui si era legato, comprese alcune che erano considerate dall'FBI come gruppi facenti parte del fronte comunista.

Nonostante tutto questo, Conant e Bush cominciarono a spingere il ministero della Guerra perché approvasse la concessione dei nullaosta per Oppenheimer e per altri scienziati con precedenti di sinistra. In settembre si incontrarono al Bohemian Grove. In questo bellissimo ambiente, in mezzo a grandi alberi di sequoia, Oppenheimer partecipava al primo incontro del supersegreto Comitato S-1.[18] Agli inizi di ottobre, Bush disse ad Harvey Bundy, il segretario particolare del ministro della Guerra Stimson, che anche se pensava che Oppenheimer fosse «decisamente di sinistra in quanto a idee politiche», aveva comunque dato «un contributo sostanziale» al progetto ed era necessario ora fargli avere il nullaosta perché partecipasse all'ulteriore lavoro.[19]

In quel periodo Bush e Conant avevano fatto anche dei passi per inserire dei militari nel progetto. Bush sottopose la questione al generale Brehon B. Somervell, l'ufficiale più alto in grado nel servizio di logistica dell'Esercito. Somervell, già al corrente del progetto S-1, informò

Bush che aveva già scelto un uomo per sovrintendere all'S-1 e per sostenerne l'urgenza. Il 17 settembre 1942 Somervell aveva incontrato un quarantasettenne ufficiale di carriera dell'Esercito, il colonnello Leslie R. Groves, in un corridoio laterale di un'aula delle udienze del Congresso. Groves era stato l'uomo chiave del Corpo tecnico dell'esercito nella costruzione del Pentagono, da poco completato e ora si aspettava di essere assegnato a una zona di guerra. Ma Somervell gli disse di dimenticarselo perché sarebbe rimasto a Washington.

«Ma io non voglio restare a Washington», disse Groves.

«Se lei farà bene quel lavoro», replicò Somervell, «ci farà vincere la guerra.»

«Oh, quella cosa [...]»,[20] disse Groves che conosceva il lavoro dell'S-1. Ma non ne era impressionato. Già allora distribuiva più denaro ai progetti di costruzione dell'Esercito che al previsto budget di cento milioni di dollari dell'S-1. Ma Somervell aveva preso la sua decisione e Groves fu costretto ad accettare il suo destino, che includeva anche la promozione a generale.

Leslie Groves era abituato a far eseguire ad altri i suoi ordini, un talento che condivideva con Oppenheimer. Per altri versi i due uomini erano invece all'opposto. Alto circa 1,80, e pesante più di 100 chili, Groves era un uomo duro. Burbero e schietto, non aveva tempo per le sottigliezze della diplomazia. «Certo», osservò una volta Oppenheimer, «Groves è un bastardo, ma è un uomo franco!»[21] Per temperamento ed educazione, era un tipo autoritario. Politicamente era un conservatore, e a malapena nascondeva il suo disprezzo per il New Deal.

Figlio di un cappellano militare presbiteriano, Groves aveva studiato ingegneria all'Università di Washington a Seattle e poi al Massachusetts Institute of Technology. In seguito si era diplomato a West Point, quarto nella sua classe. Gli uomini che avevano lavorato sotto di lui ammiravano, anche se con riluttanza, la sua abilità nel far funzionare le cose. «Il generale Groves è il più grande SOB* con cui abbia mai lavorato», scrisse il colonnello Kenneth D. Nichols, il suo aiutante per tutto il periodo bellico.[22] «Pretende molto. È molto critico. Comanda sempre, non elogia mai. È graffiante e sarcastico. Trascura tutti i normali canali organizzativi. È estremamente intelligente. Ha l'istinto necessario a prendere decisioni difficili in tempi brevi. È l'uo-

---

* Acronimo di *Son of (a) bitch*, figlio di puttana. [*n.d.t.*]

mo più egoista che abbia mai conosciuto [...]. Ho odiato i suoi istinti e così hanno fatto tutti gli altri, ma ciascuno di noi ha il suo proprio modo di comportarsi.»

Il 18 settembre 1942 a Groves fu formalmente affidato il progetto della bomba, ufficialmente indicato come Manhattan Engineer District, ma molto spesso definito semplicemente Progetto Manhattan. In quello stesso giorno riuscì ad acquistare 1200 tonnellate di minerale di uranio. Il giorno successivo ordinò l'acquisto di un sito a Oak Ridge, nel Tennessee, dove sarebbe stato trattato l'uranio. In seguito, in quello stesso mese iniziò un viaggio attraverso il paese per visitare tutti i laboratori coinvolti nel lavoro sperimentale sulla separazione degli isotopi dell'uranio. L'8 ottobre 1942 incontrò Oppenheimer a un pranzo a Berkeley offerto dal rettore dell'università. Poco dopo Robert Serber vide Groves che entrava nell'ufficio di Oppenheimer accompagnato dal colonnello Nichols. Groves si tolse la giacca della divisa e la diede a Nichols dicendo: «Prenda la giacca, cerchi un posto dove lavarla a secco e me la riporti».[23] Serber rimase allibito vedendo trattare un colonnello come un semplice fattorino: «Ma quello era il modo di Groves».

Oppenheimer aveva capito che Groves controllava gli ingressi al Progetto Manhattan, e per questo decise di spostare su di lui tutto il suo fascino e la sua genialità. Fu una prestazione irresistibile, e Groves fu molto colpito dalle «ambizioni esagerate»[24] di Oppie, una caratteristica che pensava potesse farne un partner affidabile e forse anche malleabile. Rimase anche colpito dal suggerimento di Robert che il nuovo laboratorio avrebbe dovuto essere collocato in una qualche zona rurale isolata, anziché in una grande città, un'indicazione che si adattava perfettamente con le preoccupazioni di Groves per la sicurezza. Ma più che tutto il resto, semplicemente apprezzava l'uomo. «Era un genio», Groves disse in seguito a un giornalista. «Un vero genio. Anche se Lawrence è molto brillante, non è un genio, soltanto un bravo e grande lavoratore. Perché Oppenheimer conosce quasi tutto. Riesce a parlarti di tutte le cose che stai facendo. Be', non proprio di tutto. Però sono certo che ci sono ben poche cose che non conosce. Sicuramente non sa nulla di quel che riguarda lo sport.»

Oppenheimer era il primo scienziato che Groves incontrò nel suo giro che già aveva capito che, per costruire una bomba atomica, era necessario trovare soluzioni pratiche a un'ampia varietà di problemi interdisciplinari. Oppenheimer sottolineava che i diversi gruppi che lavoravano sui neutroni veloci a Princeton, Chicago e Berkeley spesso duplicavano gli uni il lavoro degli altri. Questi scienziati dovevano collaborare in un'unica sede. Questo colpiva l'ingegnere che c'era in Groves, che si trovava in perfetto accordo quando Oppenheimer sottolineava la necessità di un laboratorio centrale dedicato a questo scopo, in cui, come testimoniò in seguito, «si potevano finalmente affrontare problemi di chimica, di metallurgia, di ingegneria e di approvvigionamento, che non erano ancora stati presi in considerazione».[25]

Una settimana dopo il loro primo incontro,[26] Oppenheimer volò a Chicago e poi con Groves salì sul Twentieth Century Limited, un lussuoso treno passeggeri diretto a New York, sul quale ripresero le loro discussioni. Da quel momento Groves pensò sempre a Oppenheimer come al candidato più adatto per la direzione del laboratorio centrale proposto. Aveva individuato tre possibili risvolti negativi alla scelta di Oppenheimer. Per prima cosa il fisico non aveva ricevuto il premio Nobel, e Groves pensava che questo fatto potesse rendere difficile per lui la direzione delle attività di tanti altri colleghi che avevano invece vinto quel prestigioso premio. Come seconda cosa, non aveva esperienze amministrative. E, terzo, «[i suoi precedenti politici] comprendevano molte cose che proprio non ci piacevano».[27]

«Non era ovvio che Oppenheimer sarebbe stato il direttore»,[28] notava Hans Bethe. «Innanzitutto non aveva alcuna esperienza nella direzione di un ampio gruppo di persone.» Nessuno di quelli a cui Groves aveva sottoposto la sua idea, aveva mostrato entusiasmo per la nomina di Oppenheimer. «Non avevo sostegno, solo opposizione», scrisse in seguito Groves, «da tutti quelli che a quel tempo erano leader scientifici.»[29] In primo luogo, Oppenheimer era un teorico, e a quel punto costruire una bomba atomica richiedeva il talento di uno sperimentale o di un ingegnere. Per quanto ammirasse Oppie, Ernest Lawrence, assieme a molti altri, era sorpreso che Groves volesse scegliere proprio lui.[30] Un altro grande amico e ammiratore, I.I. Rabi, pensava semplicemente che fosse una scelta sbagliata: «Era un amico davvero poco pratico.[31] Portava scarpe scorticate e un buffo cappello e, cosa più importante, non sapeva nulla delle apparecchiature». Uno scienziato di Berkeley osservò: «Non potrebbe nemmeno gestire un chiosco che vende hamburger».[32]

Quando Groves propose il nome di Oppenheimer al Comitato per la politica militare ci fu, ancora una volta, una forte opposizione. «Dopo molte discussioni chiesi a ciascun membro di fare il nome di una persona che avrebbe potuto costituire una scelta migliore. In poche settimane divenne chiaro che non si era trovata una persona più adatta.» Alla fine di ottobre il posto era di Oppenheimer. Rabi, che non apprezzava Groves, dopo la guerra osservò controvoglia che quella scelta «fu un vero colpo di genio da parte del generale Groves, che in genere non era considerato un genio [...]. Rimasi sbalordito».[33]

Immediatamente dopo la sua nomina, Oppenheimer cominciò a spiegare la sua nuova missione ad alcune figure chiave della comunità scientifica. Il 19 ottobre 1942 scrisse a Bethe: «È arrivato il momento di scriverti per spiegarti alcune delle mie manovre e azioni. Questa volta andrò a Est per delineare la nostra direzione futura. È necessario che ci sia un ordine davvero grande, ma non posso dire tutto quello che sarà fatto. Stiamo per realizzare un laboratorio per le applicazioni militari, probabilmente in una località remota: sarà pronto per l'uso in pochi mesi, almeno spero. I problemi più importanti si avranno nel prendere ragionevoli precauzioni sulla segretezza, cercando tuttavia di rendere la situazione operativa flessibile e abbastanza attraente per poter realizzare il lavoro».[34]

Nell'autunno del 1942, a Berkeley non era ormai più un segreto che Oppenheimer e i suoi studenti stavano lavorando alla fattibilità di una nuova e potente arma in qualche modo collegata con l'atomo. Qualche volta aveva parlato del suo lavoro, anche in incontri casuali. John McTernan, un avvocato del Consiglio nazionale delle relazioni sul lavoro, e amico di Jean Tatlock, lo aveva incontrato una sera a un ricevimento. Ricordava perfettamente la vicenda: «Parlava molto velocemente, cercando di spiegare il suo lavoro su questo meccanismo esplosivo. Io non capivo una parola di quello che stava dicendo [...]. E poi, la volta successiva disse che non era più libero di parlare di quella cosa».[35] Quasi tutti quelli con amici nel dipartimento di fisica avevano ascoltato opinioni su quel lavoro. David Bohm pensava che «molti qui attorno sanno quello che sta succedendo a Berkeley [...]. Non ci vorrà molto perché i pezzi si uniscano».[36]

Una giovane studentessa dottoranda nel Dipartimento di psicologia, Betty Goldstein, arrivò al campus fresca di studi nell'autunno del 1942 e divenne amica di molti degli studenti dottorandi di Oppenheimer. La futura Betty Friedan cominciò a vedersi con David Bohm, che stava scrivendo la sua tesi di dottorato sotto la supervisione di Oppie. Bohm – che qualche decennio dopo divenne un fisico e filosofo della scienza famoso in tutto il mondo – si innamorò di Betty e la presentò ai suoi amici, Rossi Lomanitz, Joe Weinberg e Max Friedman. Nei fine settimana si ritrovavano tutti assieme, e ogni tanto si incontravano in quelli che la Friedan definì come «vari gruppi di studio radicali».[37]

«Tutti stavano lavorando a qualche misterioso progetto del quale non potevano parlare», ricordava la Friedan, «perché aveva qualcosa a che fare con la guerra.»[38] Alla fine del 1942, quando Oppenheimer cominciò a reclutare alcuni dei suoi studenti, divenne chiaro a tutti che stava per essere costruita un'arma davvero grande. «Molti di noi pensavano», disse Lomanitz, «"Dio mio, ma che situazione si sarebbe creata [nel mondo] con una bomba come questa; tutto poteva finire con la distruzione del pianeta". Alcuni di noi segnalarono la cosa a Oppenheimer e la sua risposta essenzialmente fu: "Ma che accadrebbe se i nazisti l'usassero per primi?".»[39]

Anche Steve Nelson – il cui compito era quello di fare da collegamento tra il Partito comunista e la comunità universitaria di Berkeley – aveva ascoltato le voci sulla nuova arma. Alcune di queste voci erano state addirittura pubblicate quando i giornali locali avevano citato un membro del Congresso che elogiava le ricerche sugli armamenti condotte a Berkeley. Rossi Lomanitz udì Nelson che diceva in un discorso in pubblico: «Ho ascoltato alcuni di questi membri del Congresso che parlavano a proposito di alcune grandi armi che stanno per essere sviluppate qui. Ma voglio sottolinearlo, le guerre di popolo non si vincono con le grandi armi».[40] E poi Nelson passò a sostenere che la guerra si sarebbe potuta vincere se in Europa si fosse aperto un secondo fronte. I sovietici erano assediati dai quattro quinti delle armate tedesche e avevano un disperato bisogno di sostegno. «È giunto il momento che il popolo americano faccia questo sacrificio: è questo l'unico modo in cui la guerra può essere vinta.»

Lomanitz incontrò Nelson in molte riunioni pubbliche del Partito comunista e, disse, «avevo un grande rispetto per lui».[41] Considerava Nelson come un eroe della Repubblica spagnola, un veterano dell'organizzazione dei lavoratori e un critico coraggioso della segregazione razziale. Da parte sua Lomanitz, per quanto ben disposto verso molti aspetti del partito, non ne divenne mai un membro ufficiale. «Partecipavo a parecchie riunioni del Partito comunista», disse, «perché a quel tempo gli incontri erano molto più aperti. Non c'era una grande distinzione [...]. Oggi non saprei dire chi era un membro ufficiale o chi poteva esserlo. Non c'era proprio nulla che avesse a che fare con la cospirazione.»

Nelle sue memorie, Nelson ha descritto le sue relazioni con studenti di Oppenheimer quali Lomanitz, Weinberg e altri: «Avevo la responsabilità di lavorare con le persone dell'università, cercando di far coordinare da loro gruppi e discussioni. Un buon numero degli studenti dottorandi di Oppenheimer nel settore della fisica erano molto attivi. I nostri contatti erano più nei loro termini che nei nostri. Loro vivevano in un'atmosfera intellettuale e culturale più rarefatta, anche se erano amichevoli e per nulla pretenziosi».[42]

Agli inizi della primavera del 1943 l'FBI installò una microspia nella casa di Nelson.[43] Nelle prime ore del mattino del 30 marzo 1943 gli agenti dell'FBI intercettarono un uomo, che riuscirono a identificare solo come «Joe», che parlava del suo lavoro al Radiation Laboratory. Joe era arrivato alla casa di Nelson all'1.30 ed era ovviamente ansioso di parlare con lui. I due uomini parlarono a bassa voce. Nelson cominciò dicendo che stava aspettando un «compagno che era assolutamente fidato». Joe insistette che quell'uomo era proprio lui. Poi Joe spiegò che «alcune parti del progetto sarebbero state spostate in qualche zona remota del paese, lontana centinaia di chilometri», dove avrebbero potuto essere condotte esplosioni sperimentali segrete.

La conversazione passò poi a discutere «del professore». Nelson commentò che «ora è davvero preoccupato e potremmo farlo sentire a disagio».

Joe concordò dicendo che il professore (le trascrizioni chiariscono che la persona a cui si riferisce è Oppenheimer) mi ha «buttato fuori dal progetto perché era preoccupato per due cose. La prima cosa è che la mia presenza in quel posto avrebbe attirato troppa attenzione [...]. Ma questa è una scusa. L'altra cosa è che aveva paura che facessi propaganda [...] una strana cosa per fargli paura. Ma un po' è cambiato».

Nelson: «Lo so».

Joe: «Difficilmente potresti renderti conto del cambiamento che c'è stato».

Nelson poi spiegò che «di solito era abbastanza intimo con quella persona, non solo per i legami di partito, ma anche per relazioni personali». La moglie di Oppenheimer, disse, era stata sposata con uno dei suoi [di Nelson] migliori amici, che era morto in Spagna. Nelson disse che aveva sempre cercato di mantenere Oppenheimer «politicamente aggiornato, ma che non era così stabile come la gente poteva pensare [...]. Come sai, probabilmente colpisce la gente perché è brillante nel suo campo, e su questo non ho dubbi. Ma per altro verso un paio di volte ho dovuto ammettere che era fuori strada: quando tentò di insegnare Marx, tu sai, e poi quando tentò di insegnare Lenin a qualche altro. Sai cosa intendo dire. Non è certo un marxista».

Joe: «Sì, è interessante. Lui invece prova fastidio per il fatto che io non ho deviazioni».

A questo punto Nelson e Joe si misero a ridere.

Nelson osservò poi che Oppenheimer «ora vuol essere sulla strada giusta, ma credo che ormai si è allontanato un po' troppo, qualunque sia stato il legame che ha avuto con noi [...]. Ora si interessa a una sola cosa al mondo, si interessa al progetto e quel progetto lo sta allontanando dai suoi amici».

Chiaramente, Nelson era seccato dall'atteggiamento del suo vecchio amico. Sapeva che Oppenheimer non era interessato al denaro – «No», interloquì Joe, «lui è molto ricco» – ma capiva che ormai era l'ambizione a guidare le azioni di Oppenheimer. «Senza dubbio [lui] vuole farsi un nome.»

Joe non era d'accordo: «No Steve, questo non gli serve. È già ben noto in tutto il mondo».

Nelson: «Bene, ora te lo posso dire; con mia grande tristezza, sua moglie lo sta spingendo nella direzione sbagliata».

Joe: «È qualcosa che tutti sospettavamo [...]».

Avendo stabilito che Oppenheimer non avrebbe più fornito ulteriori informazioni sul progetto, Nelson ora si interessò di Joe e tentò di persuaderlo a rivelare informazioni sul progetto che potevano essere utili ai sovietici.

La trascrizione di ventisette pagine dell'FBI – basata su una microspia illegale – riporta poi un Joe cauto, perfino ansioso, che discute i dettagli del progetto che potrebbero essere utili all'alleato dell'America in tempo di guerra. Parlando sempre in un sussurro, Nelson chiese quanto presto quell'arma avrebbe potuto essere disponibile. L'opinione di Joe era che occorreva almeno un anno per produrre la separazione di una quantità sufficiente di quel materiale per fare una prova. «Naturalmente Oppie», disse spontaneamente Joe, «pensa che sarà necessario almeno un anno e mezzo.» «Allora», disse Nelson, «è lontana anche la questione di come procurarsi il materiale. Io non so da dove possa arrivare, ma penso che arrivi ogni giorno.» A questo punto, un addetto dell'FBI o del controspionaggio dell'Esercito, analizzando la trascrizione scrisse: «Detto in questo modo, sembra che Oppenheimer stava molto attento nel rifiutare queste informazioni a Steve».

Se le trascrizioni dimostrano che Joe passava informazioni a Nelson, dimostrano anche che Oppenheimer era ben conscio della necessità della sicurezza, e infatti Nelson conclude che era diventato non cooperativo e molto cauto.*

Una trascrizione dell'FBI della conversazione tra Nelson e quel «Joe» non ancora identificato, fu immediatamente consegnata al tenente colonnello Boris T. Pash del servizio segreto G-2** dell'Eserci-

---

* I pochi documenti a noi noti provenienti dagli archivi sovietici suggeriscono che gli ufficiali della NKVD sapevano che Oppenheimer stava lavorando all'«Enormoz», il loro nome in codice per il Progetto Manhattan. Pensavano a lui come a un possibile compagno di strada disponibile, ma anche come a un membro segreto del Partito comunista americano ed erano particolarmente frustrati dal fatto che apparisse così inavvicinabile.
Tuttavia l'idea che Oppenheimer potesse essere stato reclutato come spia è semplicemente inverosimile. Non c'è nessuna evidenza credibile di un suo legame con lo spionaggio. Due documenti dell'era sovietica riportano il nome di Oppenheimer. Il 2 ottobre 1944 un memorandum scritto a Mosca dal vicecapo della NKVD, Vselovod Merkulov, e indirizzato al suo capo, Lavrentij Berija, sembra chiamare in causa Oppenheimer come fonte di informazioni relative allo «stato dei lavori sul problema dell'uranio e del suo sviluppo all'estero». Merkulov afferma: «Nel 1942 uno dei principali esponenti del lavoro scientifico sull'uranio negli USA, il professor Oppenheimer, membro occulto dell'apparato del compagno Browder, ci ha informato sull'avvio dei lavori. Su richiesta del compagno Kheifets [...] ci ha fornito aiuto per accedere a parecchie fonti affidabili, compreso un parente del compagno Browder». Ma non c'è alcuna prova a sostegno di queste affermazioni, e nessuna prova che Grigory Kheifets, l'agente della NKVD di stanza a San Francisco, abbia mai incontrato Oppenheimer. Tuttavia, a un esame più approfondito, diventa subito chiaro che Merkulov aveva fatto queste affermazioni solo per esaltare le credenziali del suo agente a San Francisco e salvare la vita di Kheifets. Nell'estate del 1944 Kheifets era stato infatti improvvisamente «richiamato a Mosca per inattività». Di fronte all'accusa di fare il doppio gioco, Kheifets capì che la sua vita era in pericolo. Sfruttando l'affermazione che aveva utilizzato Oppenheimer come fonte di informazioni sul progetto americano della bomba, Kheifets salvò la sua posizione e la sua vita.
Per di più, un altro documento dell'era sovietica contraddice direttamente il memorandum di Merkulov dell'ottobre 1944. Appunti raccolti negli archivi sovietici da un ex agente del KGB, Alexander Vassiliev, riportano che nel febbraio 1944 Merkulov aveva ricevuto un messaggio che descriveva Oppenheimer. «In base ai dati di cui disponiamo, [Oppenheimer] è stato affiancato dai "vicini" (il Servizio segreto militare sovietico, GRU) sin dal giugno 1942. Nel caso che Oppenheimer sia stato reclutato da loro, è necessario che sia trasferito a noi. Se il reclutamento non è avvenuto, dobbiamo ricevere dai "vicini" tutto il materiale relativo [a Oppenheimer] e avviare un avvicinamento attraverso i canali di cui disponiamo [...] il fratello, "Ray" [Frank Oppenheimer], anche lui professore all'Università della California e membro dell'organizzazione collegata, ma politicamente più vicino a noi [di Robert Oppenheimer].»
Questo documento dimostra che agli inizi del 1944 Robert Oppenheimer non era stato reclutato dalla NKVD per servire come fonte, agente o spia che dir si voglia. E, naturalmente, nel 1944 Oppenheimer viveva a Los Alamos dietro il filo spinato ed era ben difficile che potesse essere reclutato mentre Groves e il controspionaggio dell'Esercito americano lo sorvegliavano ventiquattrore su ventiquattro. [*n.d.a.*]
** Uno dei Gruppi per la sicurezza del ministero della Guerra americano. [*n.d.t.*]

to a San Francisco. Pash, capo del controspionaggio per il IX Corpo dell'Esercito sulla West Coast, rimase allibito. Aveva impegnato gran parte della sua carriera nella caccia ai comunisti. Nato a San Francisco, da giovane aveva accompagnato il padre, un vescovo ortodosso russo, a Mosca durante la prima guerra mondiale. Quando i bolscevichi avevano preso il potere, Pash si era unito ai controrivoluzionari bianchi e aveva combattuto nella guerra civile del 1918-20. Poi era tornato in America dopo aver sposato un'aristocratica russa. Durante gli anni Venti e Trenta, mentre lavorava come allenatore di football in una scuola superiore, Pash trascorreva le sue estati come ufficiale della riserva nel servizio di spionaggio dell'Esercito americano. Dopo che gli Stati Uniti iniziarono a combattere nella seconda guerra mondiale, partecipò all'internamento dei giapponesi-americani della West Coast e poi fu nominato comandante in capo del controspionaggio nel Progetto Manhattan. Pash aveva ben poca pazienza per la burocrazia e considerava sé stesso come un uomo d'azione. Mentre i suoi ammiratori lo descrivevano come «abile e astuto»,[44] altri lo consideravano un «russo pazzo». Pash vedeva l'Unione Sovietica come il nemico mortale dell'America, e non come un temporaneo alleato durante la guerra.

Pash giunse rapidamente alla conclusione che la trascrizione della conversazione Nelson-«Joe» non solo era una prova di spionaggio, ma anche la conferma che i suoi sospetti su Oppenheimer erano più che fondati.[45] Il giorno successivo volò a Washington, dove riferì della trascrizione al generale Groves. Poiché la microspia inserita nella casa di Nelson era illegale, le autorità non potevano sollevare accuse né contro Nelson né contro il misterioso «Joe», ma potevano usare quelle informazioni per ricostruire appieno le attività e i contatti di Nelson all'interno del Radiation Laboratory. Il tenente colonnello Pash fu immediatamente autorizzato a indagare su chi fosse l'obbiettivo dello spionaggio all'interno del laboratorio.

In seguito Pash testimoniò che lui e i suoi colleghi «sapevano» che «Joe» aveva fornito a Steve Nelson informazioni tecniche e «programmi» relativi al progetto della bomba. All'inizio le indagini di Pash si soffermarono su Lomanitz semplicemente perché Pash aveva saputo che Lomanitz era iscritto al Partito comunista. Lomanitz venne costantemente pedinato e un giorno del giugno 1943 fu visto mentre si trovava con parecchi amici appena fuori del Sather Gate di Berkeley. Si erano messi in posa, con le braccia disposte sulle spalle gli uni degli altri, davanti a un fotografo che era solito immortalare gli studenti del campus. Dopo che la fotografia fu scattata, e che Lomanitz e i suoi amici si erano allontanati, un agente del governo si fece consegnare dal fotografo il negativo. Gli amici di Lomanitz vennero immediatamente identificati come Joe Weinberg, David Bohm e Max Friedman, tutti studenti di Oppie. Da quel momento in poi tutti quei giovani uomini furono classificati come sovversivi.

Il tenente colonnello Pash testimoniò che i suoi investigatori «avevano per prima cosa stabilito che questi quattro uomini che ho citato si trovavano spesso assieme». Senza divulgare «tecniche investigative o procedure operative», Pash spiegò «che c'era un uomo non identificato e che c'era quella fotografia. Come risultato delle nostre ricerche abbiamo stabilito, e ne siamo certi, che "Joe" è Joseph Weinberg».[46] Affermò anche di avere «informazioni sufficienti» per stabilire che sia Weinberg che Bohm erano membri del Partito comunista.

Pash era convinto di essersi imbattuto in un raffinato gruppo di abili agenti sovietici, e pensava che fosse necessario usare qualsiasi mezzo per bloccare i sospetti. Nel luglio 1943 l'ufficio dell'FBI di San Francisco riferì che Pash voleva rapire Lomanitz, Weinberg, Bohm e Friedman, caricarli su un'imbarcazione, portarli al largo e interrogarli «alla maniera russa». L'FBI osservava che nessuna informazione ottenuta in questo modo avrebbe potuto essere utilizzata di fronte a una corte, «ma evidentemente Pash non pensava che qualcuno potesse essere ancora utilizzabile dopo l'interrogatorio». Però questo era troppo anche per l'FBI: «Furono fatte pressioni per scoraggiare questa particolare linea d'azione».[47]

Tuttavia Pash non smise mai di sorvegliare Steve Nelson. L'FBI aveva collocato una microspia nell'ufficio di Nelson ancora prima di piazzarne una nella sua casa, e le conversazioni che erano state intercettate suggerivano che aveva raccolto metodicamente informazioni sul Radiation Laboratory di Berkeley da giovani fisici che lui sapeva essere ben disposti verso gli sforzi bellici dei sovietici. Già agli inizi dell'ottobre 1942, la microspia dell'FBI aveva intercettato una conversazione tra Nelson e Lloyd Lehmann, un organizzatore della Lega dei giovani comunisti che lavorava al Rad Lab: «Lehmann segnalò a Nelson che era in corso lo sviluppo di un'arma molto importante e che essa sarebbe stata pronta alla fine dei lavori. Nelson chiese poi a Lehmann se Opp. [Oppenheimer] sapeva che lui era un "YCLer"* e aggiunse che Opp. era troppo "nervoso". Nelson riferì inoltre che un

---

* Membro della Lega dei giovani comunisti. [*n.d.t.*]

tempo Opp. era stato attivo nel partito, ma che poi era rimasto inattivo, e infine disse che il motivo per cui il governo aveva lasciato in pace Opp. era la sua abilità in campo scientifico».[48] Dopo aver osservato che Oppenheimer aveva lavorato al «Comitato degli insegnanti» – un riferimento all'Unione degli insegnanti – e al Comitato per gli aiuti alla Spagna, Nelson commentò ironicamente che «non può nascondere il suo passato».

Nella primavera del 1943, proprio quando David Bohm stava cercando di concludere la sua tesi di dottorato sulle collisioni tra protoni e deutoni, gli fu improvvisamente comunicato che un lavoro di quel tipo doveva essere secretato. Poiché non aveva il necessario nullaosta alla sicurezza, i suoi calcoli sulla diffusione vennero sequestrati e fu anche informato che non poteva scrivere delle sue ricerche. Chiese allora aiuto a Oppenheimer, che scrisse una lettera in cui certificava che quel suo studente aveva tutte le qualifiche necessarie per la tesi. Su questa base, nel giugno 1943 Bohm ottenne il suo dottorato in fisica a Berkeley. Anche se Oppenheimer aveva personalmente richiesto il trasferimento di Bohm a Los Alamos, gli addetti alla sicurezza dell'Esercito rifiutarono decisamente di dargli il nullaosta. Per di più, a un incredulo Oppenheimer fu detto che, siccome Bohm aveva ancora dei parenti in Germania, non poteva essere ammesso a fare lavori speciali. Questa però era una bugia: in realtà a Bohm fu impedito di andare a Los Alamos a causa della sua amicizia con Weinberg. Passò gli anni della guerra lavorando al Radiation Laboratory, dove studiò il comportamento del plasma.[49]

Anche se gli fu impedito di lavorare al Progetto Manhattan, Bohm riuscì a continuare il suo lavoro di fisico. Lomanitz e parecchi altri non furono altrettanto fortunati. Poco dopo che Ernest Lawrence l'aveva chiamato a fare da tramite tra il Rad Lab e l'impianto di Oak Ridge del Progetto Manhattan, Lomanitz ricevette la chiamata alle armi dall'Esercito. Sia Lawrence che Oppenheimer cercarono di intercedere per lui, ma senza risultato. Lomanitz passò i restanti anni di guerra in varie basi dell'Esercito negli Stati Uniti.

Anche Max Friedman fu convocato e allontanato dal suo lavoro al Radiation Laboratory.[50] Per un certo periodo insegnò fisica all'Università dello Wyoming e in seguito, durante la guerra, Phil Morrison gli affidò un lavoro al Met Lab di Chicago. Ma dopo sei mesi gli addetti alla sicurezza lo vennero a sapere e il lavoro gli fu tolto. Dopo la guerra, quando il suo nome venne a galla nel corso delle indagini dello

HUAC sullo spionaggio atomico, l'unico incarico che riuscì a ottenere fu all'Università di Portorico. Come Lomanitz, Friedman era stato coinvolto nell'organizzazione sindacale all'interno del Rad Lab per la Sezione 25 della FAECT. Gli addetti al servizio segreto dell'Esercito assimilarono queste attività con delle tendenze sovversive e arrivarono rapidamente alla conclusione che dovevano sbarazzarsi sia di Lomanitz che di Friedman.[51]

Lo stesso accadde per Weinberg, che fu sottoposto a stretta sorveglianza;[52] quando non emerse nessun'altra prova di una sua connessione con lo spionaggio, fu arruolato e spedito in una base dell'Esercito in Alaska.

Poco prima di andare a Los Alamos, Oppenheimer telefonò a Steve Nelson e chiese al suo amico di incontrarsi in un ristorante locale. Si videro a pranzo in una trattoria sulla strada principale di Berkeley. «Era eccitato ai limiti del nervosismo»,[53] scrisse in seguito Nelson. Dopo una grande tazza di caffè, Robert gli disse: «Volevo solo dirti arrivederci [...] e spero di poterti rivedere quando la guerra sarà finita». Poi spiegò che non poteva dirgli quello che stava per fare, ma che si trattava di qualcosa che aveva a che fare con lo sforzo bellico. Nelson gli chiese soltanto se Kitty sarebbe andata con lui, e poi i due amici chiacchierarono sulle notizie della guerra. Quando stavano per salutarsi, Robert commentò che era un vero peccato che i repubblicani spagnoli non fossero riusciti a resistere un po' più a lungo «in modo che avremmo potuto seppellire Franco e Hitler nella stessa tomba». In seguito, scrivendo nelle sue memorie, Nelson notò che quella era l'ultima volta in cui aveva incontrato Oppenheimer, «perché i legami di Robert con il partito erano sempre stati molto tenui, sempre».

14. «L'affare Chevalier»

> *Ho parlato con Chevalier e Chevalier*
> *ha parlato con Oppenheimer, ma Oppenheimer*
> *ha detto che non vuole averci nulla a che fare.*
> George Eltenton

La vita di un uomo può essere cambiata anche da un piccolo evento, e per Robert Oppenheimer un incidente di questo tipo accadde nell'inverno del 1942-43 nella cucina della sua casa a Eagle Hill. Si trattò semplicemente di una breve conversazione con un amico. Ma per quello che si racconta, e per come Oppie decise di gestirlo, quell'evento ebbe un'influenza così grande sul resto della sua vita che si è tentati di metterlo a confronto con le tragedie greche o con Shakespeare. Divenne noto come «l'affare Chevalier», e col passar del tempo assunse alcune delle caratteristiche di *Rashomon*, il famoso film del 1951 di Akira Kurosawa in cui la descrizione di un evento varia secondo il punto di vista di ciascun partecipante.

Sapendo che avrebbero ben presto lasciato Berkeley, gli Oppenheimer invitarono nella loro casa gli Chevalier per una tranquilla cena d'addio. Consideravano Haakon e Barbara tra i loro amici più stretti e volevano condividere con loro un addio speciale. Quando gli Chevalier arrivarono, Oppie andò in cucina per preparare il vassoio dei martini. Hoke lo seguì, e gli riferì di una recente conversazione che aveva avuto con il loro comune conoscente George C. Eltenton, un fisico nato in Inghilterra ed educato a Cambridge che ora lavorava alla Shell Oil Company.

Quello che esattamente disse ciascuno dei due si è perso per la strada, né esistono annotazioni dirette sulla conversazione. In quel momento, niente fa pensare che sia stata considerata come una conversazione molto importante, anche se è evidente che l'argomento era una proposta oltraggiosa. Eltenton, riferì Chevalier, lo aveva sollecitato a chiedere al suo amico Oppenheimer di passare informazioni sul suo lavoro scientifico a un diplomatico del Consolato sovietico di San Francisco, che Eltenton conosceva.

Secondo tutti i resoconti – di Chevalier, di Oppenheimer e di Eltenton – Oppie, seccato, disse a Hoke che stava parlando di «alto tradimento» e che lui non voleva aver nulla a che fare con l'idea di Eltenton. Era indifferente alle argomentazioni di Eltenton, assai diffuse nei circoli di sinistra a Berkeley, che i sovietici alleati degli americani stavano combattendo per sopravvivere, mentre i reazionari a Washington stavano sabotando gli aiuti che i sovietici avevano il diritto di ricevere.

Chevalier ha sempre insistito che lui voleva semplicemente mettere in guardia Oppie sulla proposta di Eltenton piuttosto che agire come un suo canale. In ogni caso, questa è l'interpretazione che Oppenheimer diede su quello che l'amico gli aveva detto. Vista in questo modo – come la fine di qualcosa che era già sepolto – gli permetteva di metterla da parte come una delle tante manifestazioni della nervosa preoccupazione di Hoke per la sopravvivenza dei sovietici. Doveva forse informare immediatamente le autorità? La sua vita sarebbe stata molto diversa se l'avesse fatto. Ma, a quell'epoca, non poteva farlo senza coinvolgere il suo grande amico, che considerava, nel peggiore dei casi, un idealista superentusiasta.

Preparati i martini, chiusa la conversazione, i due amici raggiunsero le loro mogli.

Nelle sue memorie – *Oppenheimer. Storia di un'amicizia* – Chevalier racconta che lui e Oppenheimer parlarono solo brevemente della proposta di Eltenton. Afferma che non cercava di sollecitare informazioni da Oppie, ma voleva soltanto riferire al suo amico che Eltenton aveva proposto un sistema per condividere informazioni con gli scienziati sovietici. Considerava importante che Oppie lo sapesse. «Era visibilmente disturbato», scrisse Chevalier.[1] «Ci siamo scambiati un'osservazione o due, e questo è tutto.» Poi tornarono in soggiorno con i loro martini per unirsi alle mogli. Chevalier ricordava che Kitty aveva appena comprato un'edizione francese, risalente agli inizi del XIX secolo, di un libro di micologia con figure di orchidee – i suoi fiori preferiti – disegnate a mano e colorate. Mentre bevevano dai loro bicchieri, le due coppie sfogliarono attentamente il bellissimo libro prima di sedersi a tavola. Da allora in poi, disse Chevalier, «l'intera vicenda si allontanò dalla mia mente».

Nel 1954, durante le sue audizioni sulla sicurezza, Oppenheimer testimoniò che Chevalier lo aveva seguito in cucina e aveva detto qualcosa del tipo: «Ho visto recentemente George Eltenton».[2] Aveva poi aggiunto che Eltenton disponeva di «un modo per passare informazioni tecniche agli scienziati sovietici». Oppenheimer poi continuò: «Mi sembra di aver detto [a Chevalier]: "Ma questo è alto tradimento", anche se non ne sono sicuro. Comunque ho detto qualcosa del tipo: "Ma questa è una cosa terribile". Chevalier disse o espresse un accordo completo. Questa fu la fine di tutto. Fu una conversazione davvero breve».

Dopo la morte di Robert, Kitty riferì un'altra versione della storia. Mentre era andata a trovare a Londra Verna Hobson (l'antica segretaria di Oppie e amica di Kitty), le aveva detto che «il piccolo Chevalier era entrato in casa per vedere se c'era qualcun altro». Lei aveva fatto in modo che i due uomini non restassero assieme da soli, e alla fine, quando Chevalier aveva capito che non poteva parlare da solo con Robert, aveva riferito della conversazione con Eltenton in sua presenza. Kitty disse che non riuscì a trattenersi dallo sbottare: «Ma questo sarebbe alto tradimento!».[3] Secondo questa versione, Oppenheimer sarebbe stato così determinato a tener fuori Kitty dalla faccenda che avrebbe fatto sue quelle parole, sostenendo sempre che lui e Chevalier erano soli in cucina quando avevano parlato di Eltenton. D'altra parte Chevalier ha invece sempre insistito che Kitty non era mai entrata in cucina mentre lui e Robert discutevano della proposta di Eltenton, e la ricostruzione dell'incidente fatta da Barbara Chevalier non includeva Kitty.

Qualche decennio più tardi, Barbara, allora amareggiata ex moglie, scrisse infatti un «diario» che propone una prospettiva in qualche modo diversa. «Naturalmente io non ero in cucina quando Haakon parlò con Oppie, ma sapevo cosa stava per dirgli. Sapevo anche che Haakon aveva il cento per cento di probabilità a favore di conoscere quello che Oppie stava facendo e di poterlo riferire a Eltenton. Io credevo, e anche Haakon credeva, che Oppie fosse favorevole alla cooperazione con i russi. Lo sapevo perché prima avevamo avuto una grande lite su questo».[4]

Quando Barbara scrisse queste cose – circa quarant'anni dopo – aveva una scarsa opinione del suo ex marito. Lo considerava un pazzo, «un uomo con orizzonti limitati, idee fisse e abitudini immutabili». Poco dopo che era stato avvicinato da Eltenton, Haakon le aveva detto: «I russi vogliono sapere». Per come ricordava le cose, aveva tentato di persuadere il marito a non sollevare la questione con Oppenheimer. «Non si rese mai conto della ridicola assurdità della situazione», scrisse nel 1983 in un ricordo non pubblicato, «quell'innocente insegnante di letteratura francese moderna, che voleva far sapere ai russi quello che Oppie stava per fare.»

Oppenheimer conosceva Eltenton solo perché entrambi avevano partecipato agli incontri per l'organizzazione del sindacato per conto della Federazione degli architetti, ingegneri, chimici e tecnici (FAECT).[5] Eltenton aveva partecipato a uno di questi incontri del sindacato nella casa di Oppenheimer. Dopo che si erano parlati, lui aveva visto Eltenton in altre quattro o cinque occasioni.

Eltenton, un uomo magro con caratteristiche da nordico,[6] e sua moglie Dorothea (Dolly), erano inglesi. Per quanto Dolly fosse prima cugina dell'aristocratico britannico sir Hartley Shawcross, gli Eltenton in politica erano decisamente di sinistra. Verso la metà degli anni Trenta, avevano osservato di prima mano l'esperimento sovietico a Leningrado, dove George lavorava per conto di un'azienda britannica.

Chevalier aveva incontrato Dolly Eltenton[7] per la prima volta nel 1938, quando lei andò nell'ufficio di San Francisco della Lega degli scrittori americani per lavorare nella segreteria come volontaria. Dolly, le cui idee politiche erano, se possibile, ancora più radicali di quelle del marito, lavorò anche come segretaria all'Istituto russo-americano di San Francisco, che era filosovietico. Trasferitasi a Berkeley, la coppia naturalmente si inserì nel circuito sociale della sinistra. Chevalier li incontrò in molte delle stesse manifestazioni per la raccolta di fondi a cui partecipava anche Oppenheimer.

Per questo, quando Eltenton gli telefonò per dirgli che aveva bisogno di parlare con lui, un paio di giorni dopo Chevalier andò in macchina nella sua casa di Berkeley, al 986 di Cragmont Avenue. Eltenton parlò seriamente della guerra e della sua ancora incerta conclusione. I sovietici, sottolineò, stavano sostenendo il peso dell'assalto nazista – quattro quinti della Wehrmacht stavano combattendo sul fronte orientale – e molto dipendeva da come gli americani avrebbero realmente aiutato i loro alleati russi con le armi e con le nuove tecnologie. Era davvero importante che ci fosse una stretta collaborazione tra gli scienziati sovietici e americani.

Eltenton disse che era stato avvicinato da Peter Ivanov, che pensava fosse uno dei segretari del Consolato generale sovietico di San Francisco. (In realtà, Ivanov era un agente dello spionaggio russo.)

Ivanov aveva osservato che «più volte il governo sovietico aveva sostenuto che non c'era quella cooperazione scientifica e tecnica che si sarebbe aspettato». Poi aveva chiesto a Eltenton se sapeva qualcosa di quello che si stava facendo «sulla Collina», riferendosi al laboratorio di Berkeley.

Nel 1946 l'FBI interrogò Eltenton sull'incidente Chevalier, e lui ricostruì la sua conversazione con Ivanov in questo modo: «Gli dissi [a Ivanov] che personalmente sapevo davvero poco di quello che si stava facendo; poi lui mi chiese se per caso conoscevo il professor E.O. Lawrence, il dottor J.R. Oppenheimer e un'altra persona di cui ora non ricordo il nome».[8] (In seguito Eltenton pensava che il terzo scienziato nominato da Ivanov fosse Luis Alvarez.) Eltenton rispose che conosceva solo Oppenheimer, ma non abbastanza per discutere con lui della questione. Ivanov fece ulteriore pressione, chiedendogli se conosceva qualcuno che poteva avvicinare Oppenheimer. «Dopo aver pensato alla questione, dissi che la sola conoscenza comune che mi veniva in mente era Haakon Chevalier. Mi chiese allora se potevo discutere la questione con lui [Chevalier]. Dopo essermi assicurato che il signor Ivanov era perfettamente convinto che non c'erano canali ufficiali attraverso i quali potevano essere ottenute queste informazioni, ed essermi convinto che la situazione era così critica che potevo onestamente avvicinare Chevalier in piena coscienza, decisi che avrei provato a contattarlo.»

Secondo Eltenton, lui e Chevalier erano d'accordo che Oppenheimer sarebbe stato avvicinato «con grande riluttanza». Eltenton assicurò Chevalier che se Oppenheimer disponeva di informazioni utili, Ivanov le avrebbe «trasmesse con sicurezza». Dal punto di vista di Eltenton, i due uomini avevano capito perfettamente che cosa stavano preparando. «Il signor Ivanov aveva sollevato la questione del compenso, ma non venne stabilita nessuna cifra perché non volevo accettare un pagamento per quello che stavo facendo.»

Qualche giorno dopo – Eltenton disse all'FBI nel 1946 – Chevalier lo informò che aveva visto Oppenheimer, ma che «non c'era alcuna speranza di ottenere un dato qualsiasi perché il dottor Oppenheimer non approvava la cosa». Ivanov in seguito andò a casa di Eltenton e venne a sapere che Oppenheimer non avrebbe collaborato. Era la fine del caso, anche se, molto tempo dopo, una volta Ivanov aveva chiesto a Eltenton se aveva qualche informazione su un nuovo medicinale chiamato penicillina. Eltenton non aveva idea di che cosa fosse, anche se in seguito richiamò l'attenzione di Ivanov su un articolo apparso sulla rivista «Nature» che parlava di quel medicinale.

L'accuratezza del resoconto di Eltenton sulla vicenda è confermata da un'altra intervista dell'FBI. Nello stesso momento in cui gli agenti dell'FBI stavano interrogando Eltenton, un altro gruppo aveva convocato Chevalier e gli aveva posto domande simili. Mentre i due interrogatori procedevano, i due gruppi di agenti coordinavano le loro domande per via telefonica, controllando la ricostruzione dell'uno con quella dell'altro, e verificando possibili incongruenze. Alla fine, nelle affermazioni dei due c'erano solo piccole discrepanze. Nel pieno della sua ricostruzione, Chevalier disse che non aveva menzionato a Oppenheimer il nome di Eltenton (per quanto nelle sue memorie affermi di averlo fatto). E a chi lo interrogava non disse nemmeno che Eltenton aveva fatto anche riferimento a Lawrence e ad Alvarez: «Voglio confermare che, per quanto riguarda la mia presente conoscenza e ricostruzione, a parte Oppenheimer, non ho avvicinato nessuno per chiedere informazioni relative al lavoro del Radiation Laboratory. Posso aver menzionato casualmente l'opportunità di ottenere queste informazioni da varie altre persone. Sono però certo di non aver fatto nessun'altra proposta specifica su questo argomento». Oppenheimer, disse, ha «chiuso il mio approccio senza discuterlo».

In altre parole, i due uomini avevano confessato che avevano parlato della possibilità di trasmettere informazioni scientifiche ai sovietici, ma entrambi avevano confermato che Oppenheimer aveva immediatamente respinto l'idea.

Nel corso degli anni gli storici hanno ipotizzato che Eltenton fosse un agente sovietico che durante la guerra aveva lavorato come reclutatore. Nel 1947, quando i dettagli del suo interrogatorio furono fatti trapelare da fonti dell'FBI, lui se ne andò in Inghilterra e per tutto il resto della sua vita si rifiutò di parlare della vicenda.[9] Ma Eltenton *era* una spia dei sovietici? Sicuramente nessuno può mettere in dubbio che abbia proposto di passare ai sovietici informazioni scientifiche sui progetti bellici. Ma un'indagine sul suo comportamento nel 1942-43 suggerisce che sia stato più un incauto idealista che un serio agente sovietico.

Per nove anni – dal 1938 al 1947 – Eltenton andava in macchina ogni giorno a lavorare alla Shell con un collega che abitava vicino a lui, Herve Voge. Voge, un chimico-fisico che in passato era stato dottorando di Oppenheimer, era anche lui impiegato all'impianto della Shell a Emoryville, una località a quasi tredici chilometri da Berkeley. Dal 1943 altri quattro uomini andavano in macchina con loro: Hugh Harvey, un inglese le cui idee politiche erano piuttosto di centro; Lee Thurston Carlton, le cui idee politiche erano di sinistra; Harold Luck e Daniel Luten. Avevano battezzato la loro macchina «club della corsa sull'aringa rossa» perché Luten citava sempre le aringhe rosse nelle loro vivaci discussioni. Voge ricordava vividamente le conversazioni del «club della corsa»: «Me le ricordo molto bene. Tutti sapevano che c'erano cose importanti che stavano per venire fuori dal Radiation Laboratory di Berkeley; era ovvio. La gente veniva qui, ed erano assai frequenti le conversazioni a bassa voce [...]».

Un giorno, mentre stavano andando al lavoro, Eltenton cominciò a parlare di quello che stava accadendo in guerra e disse: «Voglio che siano i russi a vincere questa guerra, e non certo i nazisti; e mi piacerebbe fare tutto il possibile per aiutarli».[10] Voge sosteneva che poi Eltenton disse: «Cercherò di parlare con Chevalier o con Oppenheimer e gli dirò che sarei molto felice di trasmettere qualsiasi informazione che loro ritengano utile per i russi».

Voge pensava che le idee politiche di Eltenton, che si trascinavano sempre uguali, erano al massimo ingenue e immature; al peggio, era «il gonzo del consolato russo».[11] Eltenton aveva apertamente parlato dei suoi amici al Consolato sovietico di San Francisco, e si era vantato di poter trasmettere in Russia queste informazioni proprio attraverso i suoi contatti al consolato. (In effetti gli agenti dell'FBI nel 1942 osservarono in parecchie occasioni i suoi incontri con Ivanov.) Eltenton tirò fuori l'argomento parecchie volte, ricordava Voge: «Continuava a dire: "Lo sapete anche voi che stiamo combattendo dalla stessa parte dei russi, perché dunque non possiamo aiutarli?"». Quando qualcuno degli amici sull'auto gli chiedeva «ma non si tratta di cose che devono passare solo per i canali ufficiali?» Eltenton rispondeva: «Certo, farò quello che posso».

Tuttavia, qualche settimana più tardi disse a Voge e agli altri: «Ho parlato con Chevalier e lui ha parlato con Oppenheimer, ma Oppenheimer ha detto che non vuole aver nulla a che fare con questa storia». Eltenton sembrava deluso, ma Voge era più che certo che il suo piccolo piano era giunto al tramonto.

Questa storia, che Voge ha riferito a Martin Sherwin nel 1983, è confermata da quello che lui aveva detto all'FBI verso la fine degli anni Quaranta. Dopo la guerra, Voge quasi perse il suo posto di lavoro a causa della sua amicizia con Eltenton; quando l'FBI disse che avrebbe potuto eliminare i sospetti dal suo nome se avesse accettato di fare l'informatore, Voge si rifiutò. Ma l'FBI lo persuase a sottoscrivere una dichiarazione su Eltenton, in cui egli afferma: «George e Dolly Eltenton erano sicuramente dei personaggi sospetti. Avevano vissuto in Unione Sovietica ed erano senz'altro favorevoli a quel regime. George ha fatto apertamente dei tentativi per aiutare i russi durante la seconda guerra mondiale». Descrivendo le sue conversazioni con Eltenton nel «club della corsa sull'aringa rossa», Voge scrisse: «Non siamo mai riusciti a convincere George dei mali del comunismo, ma lui non è riuscito a convertire alle sue idee nessuno di noi».

Alcuni anni più tardi, quando nel 1954 il nome di Eltenton emerse nel corso delle audizioni di Oppenheimer, Voge pensò che su Eltenton il governo avesse sbagliato tutto: «Se fosse stato davvero una spia, non avrebbe mai parlato così apertamente con tutti. Avrebbe cercato di essere una persona molto diversa».[12]

TERZA PARTE

Robert Oppenheimer e Groves al sito di Trinity.

15. «Era diventato un vero patriota»

Quando ero con lui ero una persona più grande [...]. Divenni molto più che un tipo alla Oppenheimer, e per questo lo idolatrai.

Robert Wilson

Robert stava iniziando una nuova vita. Come direttore di un laboratorio dedicato agli armamenti, doveva coordinare le attività di tutti gli impianti – molto diversi e lontani tra loro – che partecipavano al Progetto Manhattan, ma anche trasformare rapidamente quelle attività in un'arma atomica utilizzabile. Doveva sfruttare abilità che ancora non possedeva, risolvere problemi che non si era mai posto prima, sviluppare modalità di lavoro completamente diverse dal suo precedente stile di vita, e adattarsi anche ad abitudini e modi di comportamento (come il rispetto della sicurezza) emotivamente imbarazzanti e lontani dalla sua esperienza. Non è certo un'esagerazione ipotizzare che a trentanove anni, affinché questo potesse accadere, Robert Oppenheimer doveva arrivare a una nuova organizzazione di una parte significativa della sua personalità, se non addirittura del suo intelletto, e doveva anche riuscire a far tutto questo in un tempo molto breve. Ogni aspetto del suo nuovo lavoro rientrava in un programma che richiedeva grande impegno. Anche se sembrava che ben poche cose – in particolare la trasformazione di Oppenheimer – potessero rientrare in quell'impossibile impegno, il fatto di esserci riuscito è una misura della sua dedizione e della sua forza di volontà.

Robert aveva spesso scherzato sul legame tra la sua passione per la fisica e la sua forte attrazione per il paesaggio desertico del Nuovo Messico. Ora aveva l'opportunità di realizzare quel legame. Il 16 novembre 1942, assieme a Edwin McMillan, un altro fisico di Berkeley, accompagnò un ufficiale dell'Esercito, il maggiore John H. Dudley, a Jemez Springs, in un profondo canyon a circa sessanta chilometri a nord-ovest di Santa Fe. Dopo aver ispezionato dozzine di potenziali siti nel Sud-Ovest americano, Dudley scelse finalmente Jemez Springs come il posto adatto per il nuovo laboratorio per gli armamenti. Oppenheimer lo ricordava per le sue passeggiate a cavallo come «un posto piacevole e soddisfacente da tutti i punti di vista».[1]

Ma quando i tre uomini arrivarono a Jemez Springs, lui e McMillan cominciarono a far osservare a Dudley che il tratto sinuoso che si trovava alla fine del canyon era troppo stretto e limitato per la città che avevano pensato di costruire.

Oppenheimer sottolineò anche che da lì non si poteva osservare lo scenario delle magnifiche montagne, e che il canyon troppo ripido avrebbe reso quasi impossibile recintare il sito. «Stavamo discutendo su questo punto quando arrivò il generale Groves», ricordava McMillan.[2] Groves diede un'occhiata al luogo e disse subito: «Questo posto non va bene». Poi si girò verso Oppenheimer e gli chiese se lì attorno c'era qualche altro posto che gli poteva suggerire. «Oppie propose Los Alamos, come una grande idea geniale.»

«Se si risale il canyon», disse Oppenheimer, «si arriva in cima all'altopiano, dove c'è una scuola che potrebbe essere il sito adatto.» Un po' contrariati, gli uomini risalirono sulle loro automobili e si diressero verso nord-ovest, attraversando per circa cinquanta chilometri un pianoro di lava chiamato Altopiano del Pajarito. Quando si fermarono davanti alla Los Alamos Ranch School era ormai tardo pomeriggio.[3] Attraverso la nebbiolina causata da un leggero nevischio, Oppenheimer, Groves e McMillan videro all'esterno un gruppo di studenti che, in calzoni corti, correvano attorno a un campo da gioco. Nei trecento ettari di terreno della scuola c'era l'edificio principale, la «Big House»; la Fuller Lodge, una bella residenza di campagna costruita nel 1928 con ottocento enormi tronchi d'albero; un dormitorio rustico e altri piccoli edifici. Dietro la residenza c'era un piccolo lago che i ragazzi usavano per pattinare d'inverno e per andare in canoa durante l'estate. La scuola si trovava a circa duemila metri di quota, proprio ai limiti della vegetazione arborea. A ovest si stagliavano le cime nevose delle Jemez Mountains, che arrivavano a 3600 metri. Dal grande porticato della Fuller Lodge era possibile osservare fino a una sessantina di chilometri di distanza, attraverso la valle del Rio Grande e fino alla catena montuosa del Sangre de Cristo, tanto amata da Oppenheimer, che raggiungeva i 4300 metri d'altezza. Osservato il panorama, Groves improvvisamente annunciò: «Questo è il posto adatto».[4]

In soli due giorni l'Esercito avviò la pratica per l'acquisizione della scuola e, quattro giorni più tardi, dopo un rapido viaggio a Washington, Oppenheimer tornò con McMillan ed Ernest Lawrence a visitare quello che era già stato designato come il «Sito Y».[5] Con gli stivali da cowboy, Oppenheimer portò Lawrence a fare un giro tra gli edifici della scuola. Per motivi di sicurezza, si erano presentati sotto falso nome, ma uno studente di Los Alamos, Sterling Colgate, aveva riconosciuto i due scienziati. «Improvvisamente mi resi conto che la guerra era arrivata fin qui», ricordava Colgate.[6] «Avevano caratteristiche troppo evidenti, il signor Smith e il signor Jones, uno con un cappello a calotta piatta, l'altro con un cappello normale; andavano in giro come se fossero i padroni del posto.» Colgate, che stava per finire il liceo, era appassionato di fisica, e sul suo libro di testo aveva visto le fotografie di Oppenheimer e di Lawrence. Pochi giorni dopo un'armata di bulldozer e numerose squadre di operai invasero il terreno della scuola.[7] Oppenheimer, naturalmente, conosceva Los Alamos molto bene. Per raggiungere Perro Caliente bastava una cavalcata di una sessantina di chilometri attraverso l'altopiano, e per molte estati lui e suo fratello Frank avevano esplorato le Jemez Mountains in groppa ai loro cavalli.

Oppenheimer ottenne quello che cercava – una vista spettacolare delle montagne del Sangre de Cristo – mentre il generale Groves ebbe a disposizione un sito talmente isolato che per raggiungerlo occorreva percorrere una lunga e tortuosa strada di pietrisco, e che disponeva di un'unica linea telefonica. Nei tre mesi che seguirono, squadre di operai costruirono semplici baracche con tetti di legno o di metallo. Fabbricati simili vennero edificati per ospitare disadorni laboratori di chimica e di fisica. Il tutto fu dipinto con il caratteristico colore verde dell'Esercito.

Oppenheimer sembrava non rendersi conto del caos totale che era sceso su Los Alamos, anche se molti anni più tardi confessò: «Sono responsabile per aver rovinato un posto bellissimo».[8] Troppo impegnato a reclutare gli scienziati di cui aveva bisogno per il progetto, non aveva tempo per occuparsi dei compiti amministrativi associati alla costruzione della piccola città. John Manley, un fisico sperimentale che Oppie aveva scelto come uno dei suoi assistenti, aveva seri dubbi sul sito. Manley era appena arrivato da Chicago, dove il 2 dicembre 1942 il fisico Enrico Fermi, emigrato negli USA dall'Italia, era alla guida del gruppo che per la prima volta aveva realizzato una reazione nucleare a catena controllata. Chicago era una grande città, sede di un'importante università, di biblioteche di livello mondiale e di un vasto gruppo di ingegneri, operai specializzati, soffiatori di vetro e altri tecnici. A Los Alamos non c'era nulla. «Quello che cercavamo di fare», scrisse Manley, «era costruire un nuovo laboratorio nella terra selvaggia del Nuovo Messico senza alcuno strumento iniziale se si eccettua la biblioteca con i libri di Horatio Alger* o gli altri libri destinati ai ragazzi della Ranch School, e gli zaini che usavano nelle loro gite a cavallo, tutte cose che non ci potevano fornire molto aiuto nella costruzione di macchine per produrre neutroni.»[9] Manley pensava che, se Oppenheimer fosse stato un fisico sperimentale, avrebbe saputo che «la fisica sperimentale è per il novanta per cento un lavoro quasi da idraulico», e non avrebbe mai accettato di utilizzare un laboratorio costruito in quel modo.

La logistica era terribilmente complicata. Oppenheimer e il gruppo iniziale di scienziati decisero di arrivare a Los Alamos verso la metà del marzo 1943. Robert assicurò Hans Bethe che per quella data sarebbe già stata avviata una comunità, organizzata e guidata da un amministratore.[10] Sarebbero stati realizzati appartamenti per scapoli e case per famiglie con una, due o tre camere da letto. In tutte le case ci sarebbe stata l'elettricità, ma per ragioni di sicurezza non ci sarebbero stati i telefoni. Le cucine sarebbero state dotate di stufe a legna e di scalda-acqua, nonché di caminetto e frigorifero. In caso di lavori casalinghi pesanti, sarebbe stata disponibile della manodopera. Inoltre sarebbero state avviate una scuola per i bambini, una biblioteca, una lavanderia, un ospedale e la raccolta della spazzatura. Un ufficio dell'Esercito avrebbe organizzato un negozio per la comunità e anche l'ufficio postale. Infine, un addetto al tempo libero si sarebbe occupato dell'organizzazione di passeggiate e di gite nelle montagne vicine. Oppie promise anche che ci sarebbe stato un locale per birre, bibite e spuntini, una mensa per le persone non sposate e un locale da sogno in cui le coppie sposate avrebbero potuto cenare.

Per quel che riguardava i laboratori, fu ordinato il trasporto di due generatori Van de Graaff dal Michigan, di un ciclotrone da Harvard e di una macchina di Cockcroft-Walton dall'Università dell'Illinois. Tutti questi apparecchi erano essenziali. I generatori Van de Graaff sarebbero stati usati per eseguire misure fisiche di base. La macchina di Cockroft-Walton, il primo acceleratore di particelle, era necessaria per condurre esperimenti in cui diversi elementi chimici venivano trasformati artificialmente in altri elementi.

La costruzione di Los Alamos, il reclutamento degli scienziati, e la

---

* Horatio Alger (1832-1899) scrittore americano di grande successo, soprattutto con i suoi libri per ragazzi, tutti centrati sul successo sociale ed economico raggiunto dai ragazzi di strada protagonisti delle storie. [*n.d.t.*]

raccolta di tutte le apparecchiature necessarie per il primo laboratorio per armi atomiche del mondo, richiedevano un amministratore meticoloso e paziente. Agli inizi del 1943 Oppenheimer non aveva nessuna di queste caratteristiche. Non aveva mai diretto nulla di più importante dei suoi seminari per gli studenti di dottorato. Nel 1938 aveva avuto la responsabilità di seguire quindici dottorandi; ora doveva dirigere il lavoro di cento tra scienziati e tecnici, che presto sarebbero diventati migliaia. Nessuno dei suoi colleghi pensava che avesse il temperamento adatto a questo lavoro. «Quando l'ho conosciuto, prima del 1940, era qualcosa di simile a un eccentrico, un professore davvero eccentrico», ricordava Robert Wilson, un giovane fisico sperimentale che allora stava studiando con Ernest Lawrence.[11] «Non era certo quel tipo di persona che avresti pensato fosse adatto a fare l'amministratore.» Nel dicembre 1942 James Conant scrisse a Groves che lui e Vannevar Bush «si stavano chiedendo se fosse stato davvero trovato l'uomo adatto a fare il direttore».[12]

Anche John Manley aveva seri dubbi sul suo lavoro come assistente di Oppie. «Ogni tanto ero colpito dalla sua evidente erudizione», ricordava Manley, «ma anche dal suo scarso interesse per le cose concrete».[13] Manley era particolarmente preoccupato per l'organizzazione del laboratorio. «Non ricordo per quanto tempo avevo insistito con Oppie per disporre di un piano organizzativo che stabilisse chi era responsabile per questo e chi per quello». Oppenheimer aveva ignorato le sue richieste fino a che, in un giorno del marzo 1943, Manley salì all'ultimo piano di LeConte Hall a Berkeley ed entrò senza bussare nell'ufficio di Oppenheimer. Quando Oppenheimer alzò gli occhi e se lo vide lì di fronte capì subito che cosa voleva. Prese un pezzo di carta, lo gettò sulla scrivania e disse: «Ecco il suo dannato piano organizzativo». All'interno del laboratorio, Oppenheimer aveva previsto quattro grandi divisioni: fisica sperimentale, fisica teorica, chimica e metallurgia e, infine, approvvigionamento. I direttori dei diversi gruppi all'interno di ciascuna divisione dovevano riferire ai capidivisione, e questi riferire a Oppenheimer. Era solo l'inizio.

Ad Harvard, agli inizi del 1943, Oppenheimer aveva incaricato il ventottenne Robert Wilson di occuparsi della spedizione a Los Alamos di un ciclotrone. Il 4 marzo Wilson arrivò a Los Alamos per ispezionare il fabbricato che avrebbe dovuto ospitare il ciclotrone; trovò un caos totale perché sembrava che non ci fosse né un piano, né un calendario, e nemmeno si sapeva chi avesse la responsabilità della cosa. Wilson se ne lamentò con Manley, e i due decisero che dovevano andare a parlare con

Oppenheimer. Il loro incontro a Berkeley fu un disastro: Oppenheimer s'infuriò e imprecò contro di loro. Sconcertati, Wilson e Manley se ne andarono chiedendosi se era in grado di affrontare la sfida.[14]

Quacchero per tradizione di famiglia, quando in Europa era scoppiata la guerra Wilson era un pacifista: «Fu per me davvero una sorpresa scoprire che stavo lavorando a questo orribile progetto».[15] Ma, come tutti gli altri che aveva conosciuto a Los Alamos, Wilson temeva soprattutto che i nazisti potessero vincere la guerra grazie alle armi atomiche. E, mentre in privato ancora sperava che un giorno fosse possibile dimostrare che la bomba atomica non era realizzabile, se la costruzione fosse stata invece possibile voleva esserne partecipe. Lavoratore indefesso, e mentalmente impegnato per temperamento, agli inizi Wilson si irritava profondamente a causa dell'atteggiamento arrogante di Oppenheimer. «Cominciai a provare antipatia per lui», disse più tardi. «Si comportava come un saccente, e io non posso sopportare gli sciocchi. E forse io ero uno degli sciocchi che lui non sopportava.»

Alla fine, per quanto prima di andare a Los Alamos apparisse inadatto alle sue nuove responsabilità, Oppenheimer dimostrò rapidamente la sua capacità di adattamento. Dopo parecchi mesi a Los Alamos, Wilson rimase sorpreso nel vedere il suo capo trasformarsi in un carismatico ed efficiente amministratore. Quello che un tempo era un eccentrico fisico teorico, un intellettuale di sinistra dai lunghi capelli, ora era diventato un leader di prim'ordine, superbamente organizzato. «Aveva stile e aveva classe», disse Wilson.[16] «Era davvero un uomo intelligente. E ogni volta che gli segnalavamo le sue inadeguatezze, in poco tempo le correggeva, e ovviamente conosceva molto più di noi le procedure amministrative. Qualunque fosse il nostro dubbio, il nostro problema, veniva subito placato o risolto». Nell'estate del 1943 Wilson osservò: «Quando ero con lui ero una persona più grande [...]. Divenni molto più che un tipo alla Oppenheimer, e per questo lo idolatrai [...]. Cambiai completamente».[17]

Anche durante queste prime fasi di pianificazione, Oppenheimer fu spesso incredibilmente ingenuo.[18] Nel progetto organizzativo che aveva consegnato a Manley, aveva indicato sé stesso sia come direttore dei laboratori sia come capo della divisione teorica. Ma fu subito chiaro ai suoi colleghi, e infine anche a Robert, che non c'era il tempo necessario per fare i due lavori. A capo della divisione di fisica teorica fu quindi nominato Hans Bethe. Aveva anche detto al generale Groves che pensava di aver bisogno soltanto di un piccolo numero di scienziati. Il maggiore Dudley sosteneva che Oppenheimer, la prima volta che erano andati a visitare il sito, aveva detto che pensava che per compiere il lavoro sarebbero stati sufficienti sei scienziati, assieme a un certo numero di ingegneri e tecnici. Anche se questa è molto probabilmente un'esagerazione, una cosa è certa: all'inizio Oppenheimer aveva notevolmente sottostimato le dimensioni del progetto. Il contratto di costruzione prevedeva inizialmente una spesa di 300.000 dollari, ma in un solo anno di dollari ne furono spesi ben 7 milioni e mezzo.

Nel marzo 1943, quando Los Alamos entrò in funzione, un centinaio fra scienziati, ingegneri e personale vario si riunì nella nuova comunità; in soli sei mesi divennero un migliaio, e un anno più tardi sull'altopiano vivevano ben 3500 persone.[19] Nell'estate del 1945 l'avamposto selvaggio di Oppenheimer si era trasformato in una piccola città abitata da almeno 4000 civili e 2000 militari. Vivevano in 300 edifici con appartamenti, 52 dormitori e circa 200 roulotte. La sola «Area tecnica» comprendeva 37 edifici, tra cui un impianto per la separazione del plutonio, una fonderia, una biblioteca, un auditorium e dozzine di laboratori, magazzini e uffici.

All'inizio, tra lo sgomento di quasi tutti i suoi colleghi, Oppenheimer aveva accettato la richiesta del generale Groves in base alla quale tutti gli scienziati del nuovo laboratorio dovevano essere inquadrati nell'Esercito come ufficiali. Verso la metà del gennaio 1943 Oppenheimer si recò al Presidio, una base dell'Esercito a San Francisco, per ottenere la nomina a tenente colonnello. Fece la visita medica, ma non la superò. I medici dell'Esercito segnalarono che i 58 chilogrammi di Oppenheimer erano inferiori di 5 chili rispetto al peso minimo accettato e di ben 15 chili al di sotto del peso ideale per un uomo della sua età e della sua altezza. Essi notarono anche una «infiammazione polmonare cronica», che risaliva al 1927, quando una radiografia del suo torace aveva confermato una diagnosi di tubercolosi. Oppenheimer soffriva anche per la presenza di uno «stiramento lombo-sacrale»: all'incirca ogni dieci giorni, raccontò, avvertiva un moderato dolore alla gamba sinistra. Per tutte queste ragioni, alla fine i medici militari lo ritennero «inadatto al servizio permanente effettivo». Ma poiché Groves aveva informato i medici che Oppenheimer doveva comunque entrare in servizio, gli fu chiesto di firmare una dichiarazione che attestava l'esistenza dei «difetti fisici di cui sopra»,[20] e alla fine gli fu detto che, malgrado tutto, sarebbe stato posto in servizio attivo.

Dopo la visita, Oppenheimer indossò un'uniforme da ufficiale tagliata su misura per lui. Le sue motivazioni erano complesse. Probabilmente indossare l'uniforme da colonnello sarebbe stato un segno visibile di accettazione, un segnale importante per un uomo ben conscio della sua discendenza ebraica. Ma nel 1942 indossare un'uniforme era anche un segnale di patriottismo. In tutto il paese, uomini e donne indossavano uniformi militari con un atteggiamento simbolico, come un rituale primordiale di difesa della tribù – il paese –, e l'uniforme era la sola dimostrazione visibile di questo impegno. Vi erano molte forti convinzioni nella psiche di Robert. «Mentre i suoi occhi guardavano lontano», ricordava Robert Wilson, «Oppie mi disse che questa guerra era diversa da tutte le altre guerre che erano state combattute in passato; era una guerra per difendere i principi della libertà [...]. Era convinto che l'impegno in guerra dovesse essere uno sforzo di massa per abbattere il nazismo e per rovesciare il fascismo, e parlò di un esercito del popolo e di una guerra del popolo [...]. Il suo linguaggio era cambiato ben poco. Era lo stesso tipo di linguaggio [politico], solo che ora aveva un sapore patriottico mentre prima aveva solo un sapore radicale.»[21]

Poco dopo Oppenheimer iniziò il suo giro per reclutare i fisici da portare a Los Alamos, ma ben presto si rese conto che i suoi pari si opponevano decisamente all'ipotesi di dover lavorare in condizioni di disciplina militare. Nel febbraio 1943, il suo vecchio amico Isidor Rabi e parecchi altri fisici riuscirono a convincerlo che «il laboratorio doveva essere smilitarizzato». Rabi era forse l'unico tra gli amici di Oppie che poteva fargli osservare quanto stesse davvero diventando matto. «Pensava che fosse meglio vestire l'uniforme perché eravamo in guerra; che la cosa ci avrebbe avvicinato al popolo americano, una specie di stupidaggine. So che desiderava davvero che vincessimo la guerra, ma sicuramente non avremmo potuto costruire la bomba in questo modo.» Oltre a essere «davvero saggio, era anche davvero matto».[22]

Alla fine di quel mese, Groves accettò un compromesso.[23] Durante il lavoro sperimentale in laboratorio gli scienziati sarebbero rimasti civili, ma quando fosse giunto il momento di sperimentare la bomba, tutti avrebbero dovuto indossare l'uniforme. Los Alamos sarebbe stato recintato e individuato come base dell'Esercito, ma all'interno dell'Area tecnica del laboratorio gli scienziati avrebbero dovuto riferirsi a Oppenheimer come «Direttore scientifico». L'Esercito avrebbe controllato l'accesso alla comunità, ma non avrebbe controllato lo scambio di informazioni tra gli scienziati; quella restava una responsabilità di Oppenheimer. Hans Bethe si congratulò con Oppenheimer per la sua lunga trattativa con l'Esercito e gli scrisse: «Penso che tu abbia finalmente ottenuto la laurea in grande diplomazia».[24]

Rabi ebbe un ruolo importante in questa vicenda e in molte altre questioni organizzative. «Senza Rabi», disse in seguito Bethe, «ci saremo trovati in mezzo a una grande confusione perché Oppie non voleva che ci fosse un'organizzazione.»[25] Rabi e [Lee] DuBridge [allora a capo del Radiation Laboratory (Rad Lab) del MIT] andarono da Oppie e gli dissero: «Devi capire che è essenziale che tutto sia organizzato. Il laboratorio deve essere strutturato in divisioni e le divisioni in gruppi. In caso contrario, da lì non uscirà mai nulla». Oppie rispose che accettava, ma queste per lui erano cose completamente nuove. Rabi rese Oppie più pratico, e gli disse anche che era meglio che si togliesse la divisa.

Una delle più grandi delusioni di Oppenheimer fu quella di non essere riuscito a convincere Rabi a trasferirsi a Los Alamos. Insistette a lungo, e gli offrì addirittura di associarlo alla direzione del laboratorio, ma senza alcun esito. Rabi aveva dei notevoli dubbi sull'intera questione della costruzione della bomba. «Ero decisamente contrario ai bombardamenti sin dal 1931, cioè da quando avevo visto le fotografie dei bombardamenti giapponesi sulla periferia di Shangai. Tu lanci una bomba e quella cade sia nel posto giusto sia nel posto sbagliato. A questo non si può sfuggire. Non può sfuggire l'uomo prudente, [e neppure] l'uomo onesto [...]. Durante la guerra con la Germania, noi [al Rad Lab] contribuiremo sicuramente allo sviluppo di strumenti per bombardare [...] ma la Germania è un vero nemico e questo è un argomento serio. Tuttavia il bombardamento atomico porterà sicuramente le cose un passo più avanti e questo, come non lo approvavo allora, non lo approvo adesso. Penso che sia una cosa terribile.»[26] Secondo il pensiero di Rabi, la guerra poteva essere vinta con una tecnologia un po' meno strana, il radar. «Ho riflettuto intensamente», ricordava Rabi, «e ho affrontato la questione da più punti di vista. Penso che si debba affrontare sul serio questa guerra, e rischiamo di perderla con un radar inadeguato.»[27]

Rabi aveva un motivo meno pratico ma più profondo per non unirsi all'impresa. Non voleva contribuire, disse a Oppenheimer, a far sì che «il culmine di tre secoli di fisica» fosse un'arma per la distruzione di massa. Era un'affermazione straordinaria, un'affermazione che Rabi sapeva in perfetta consonanza con le tendenze filosofiche di un uomo come Oppenheimer. Ma se Rabi stava già pensando alle conseguenze morali della bomba atomica, per una volta tanto, nel bel mezzo di quella guerra, Oppenheimer non aveva più tempo per la metafisica. Metteva da parte le obiezioni del suo amico. «Penso che se credessi come te che questo progetto sia "il culmine di tre secoli di fisica"», scrisse a Rabi, «avrei un atteggiamento differente. A mio parere, in tempo di guerra lo sviluppo di armi di grande potenzialità ha un'importanza fondamentale. Non penso che i nazisti ci consentano la possibilità di [non] portare avanti questo sviluppo.»[28] Solo una cosa era importante ora per Oppenheimer: costruire l'atomica prima che lo facessero i nazisti.

Anche se Rabi aveva rifiutato di trasferirsi a Los Alamos, Oppenheimer riuscì comunque a farlo intervenire alla prima riunione, e poi a farlo diventare uno dei rari consulenti-visitatori del progetto. Rabi divenne, come sottolineò Hans Bethe, «il paterno consulente di Oppie». «Non sono mai stato iscritto sul libro paga di Los Alamos», disse Rabi. «Mi sono sempre rifiutato. Volevo che le mie linee di comunicazione fossero libere. Non facevo parte di nessuno dei loro importanti comitati, né di nessun'altra cosa analoga: ero solo un consulente di Oppenheimer.»[29]

Rabi ebbe anche un ruolo fondamentale nel convincere sia Hans Bethe sia molti altri scienziati a trasferirsi a Los Alamos. Persuase anche Oppenheimer a scegliere Bethe come capo della divisione di fisica teorica, che definiva «il centro nevralgico del progetto.»[30] Oppenheimer si affidava ai giudizi di Rabi su tutti questi problemi, e metteva immediatamente in atto i suoi suggerimenti.

Quando, in mezzo al gruppo di fisici che lavoravano a Princeton, Rabi gli fece notare che «la morale è l'accettazione», Oppenheimer decise di chiedere all'intero gruppo dei venti scienziati di trasferirsi a Los Alamos. Questa decisione si rivelò particolarmente fortunata, perché il gruppo di Princeton comprendeva non solo Robert Wilson ma anche un brillante fisico ventiquattrenne, allegro e scanzonato: Richard Feynman. Oppenheimer aveva immediatamente riconosciuto il genio di Feynman e lo voleva a Los Alamos. Tuttavia Arline, sua moglie, stava combattendo con la tubercolosi, e Feynman disse che non voleva trasferirsi a Los Alamos senza di lei. Anche se Feynman pensava così di aver chiuso la questione, agli inizi del 1943, in un giorno d'inverno, ricevette una telefonata da Chicago. Era Oppenheimer che lo chiamava per dirgli che aveva fissato un posto per Arline in un sanatorio per malati di tubercolosi ad Albuquerque. Gli assicurò che avrebbe potuto lavorare a Los Alamos e andare a trovare Arline nei fine settimana. Feynman fu colpito dalla gentilezza di Robert e decise di accettare.[31]

Nella sua corsa ad accaparrarsi gli uomini per il lavoro sull'altopiano – «la Collina», come l'aveva subito ribattezzato – Oppenheimer fu inarrestabile. Aveva cominciato nell'autunno del 1942, ancora prima che

Los Alamos fosse stato prescelto come il «Sito Y». «Dobbiamo cominciare ora», scrisse a Manley, «con una spregiudicata politica di reclutamento di chiunque non si possa lasciare con le mani in mano.»[32] Tra i suoi primi bersagli c'era Robert Bacher, un amministratore del MIT e fisico sperimentale. Dopo mesi di continue pressioni, solo nel giugno 1943 Bacher accettò finalmente di andare a Los Alamos a dirigere la divisione di fisica sperimentale del progetto. Nella primavera precedente Oppenheimer aveva scritto a Bacher che le sue qualifiche lo rendevano «davvero unico, ed è per questo che l'ho inseguita con tanta attenzione e per così tanti mesi».[33] Oppenheimer gli aveva anche scritto che faceva affidamento «sulla sua fermezza e capacità di giudizio, qualità grazie alle quali questa difficile impresa avrebbe potuto puntare a livelli davvero alti». Bacher finalmente arrivò, ma avvisò subito che se ne sarebbe andato se gli avessero chiesto di indossare l'uniforme.

Il 16 marzo 1943 Oppie e Kitty arrivarono in treno a Santa Fe, una sonnolenta città di 20.000 abitanti. Si sistemarono a La Fonda, il miglior albergo della città, dove Oppenheimer trascorse alcuni giorni reclutando persone da inserire nell'ufficio di Santa Fe, che sarebbe servito per il collegamento con il laboratorio. In uno di quei giorni, Dorothy Scarritt McKibbin, una quarantacinquenne diplomata allo Smith College, stava aspettando nell'atrio dell'albergo di essere intervistata per un lavoro di cui ancora non sapeva niente. «Vidi arrivare un uomo che camminava con grande sussiego; indossava un impermeabile e un cappello con calotta piatta», raccontò la McKibbin.[34] «Sono il signor Bradley», si presentò Oppenheimer, e poi le chiese notizie sulla sua preparazione. Vedova da dodici anni, la McKibbin si era trasferita nel Nuovo Messico per curare un lieve caso di tubercolosi e, come Oppenheimer, si era innamorata della semplice bellezza del paesaggio. Nel 1943 la McKibbin conosceva tutte le persone che era bene conoscere nella società di Santa Fe, compresi artisti e scrittori, come la poetessa Peggy Pond Church, l'acquerellista Cady Wells e l'architetto John Gaw Meem. Era anche amica della ballerina e coreografa Martha Graham, che verso la fine degli anni Trenta passava tutte le sue estati nel Nuovo Messico. Oppenheimer capì che quella donna così sofisticata, ben introdotta e sicura di sé non avrebbe potuto essere facilmente intimorita, e quando realizzò che la McKibbin conosceva Santa Fe e il suo circondario molto meglio di lui, le chiese di seguirlo in un piccolo ufficio al 109 di East Palace Avenue, in direzione del centro.

La McKibbin fu subito affascinata dalla semplicità di Oppenheimer e dai suoi modi gentili. «Capii che di qualsiasi cosa si occupasse sarebbe stato interessante lavorare con lui», ricordò poi, «quindi presi la mia decisione. Volevo lavorare con quella persona, chiunque egli fosse, perché era semplicemente grande! Non avevo mai incontrato uno come lui, dotato di un fascino che ti colpiva così rapidamente e completamente. Non sapevo cosa facesse. Pensai che anche se stava per scavare delle trincee per farci passare una nuova strada, l'avrei fatto volentieri con lui [...]. Volevo solo essere sua alleata e avere qualcosa a che fare con una persona di tale vitalità e che irraggiava così tanta forza. Era quello che desideravo.»

Anche se la McKibbin non aveva idea di quello che Oppenheimer stava facendo, ben presto divenne «la custode di Los Alamos».[35] Nel suo ufficio privo di insegne accoglieva centinaia di scienziati con le loro famiglie che erano destinati alla Collina. In certi giorni rispondeva a centinaia di telefonate e rilasciava dozzine di lasciapassare. Arrivò a conoscere tutte le persone e tutte le cose della nuova comunità, ma dovette passare un anno prima che si rendesse conto che stavano costruendo una bomba atomica. La McKibbin e Oppenheimer rimasero a lungo amici fraterni; Robert la chiamava con il suo nomignolo, «Dink», e capì subito che poteva fidarsi della sua capacità di giudizio e della sua abilità nel far andare avanti le cose.

Anche se aveva trentanove anni, Oppenheimer sembrava un ventenne. Aveva ancora lunghi capelli, neri e quasi lisci, anche se un po' riccioluti. «Aveva gli occhi più azzurri che abbia mai visto», raccontò la McKibbin, «di un azzurro davvero limpido.»[36] Le ricordavano il pallido colore blu-ghiaccio delle genziane, i fiori selvatici che crescevano sui pendii delle montagne del Sangre de Cristo. Gli occhi erano affascinanti. Erano grandi e rotondi, e racchiusi da pesanti ciglia e da sottili sopracciglia nere. «Guardava sempre la persona con cui parlava; dava sempre tutto quello che poteva alla persona con cui parlava.» Parlava sempre con tono lieve, e per quanto parlasse con grande erudizione su quasi tutto, poteva ancora sembrare un affascinante tipo giovanile. «Quando era colpito da qualcosa», ricordava più tardi la McKibbin, «diceva "gee", ed era davvero piacevole sentirgli dire "gee".» A Los Alamos la collezione di ammiratori di Robert crebbe in maniera esponenziale.

Verso la fine del mese, Robert, Kitty e Peter si trasferirono sulla Collina e si sistemarono nella loro nuova casa, un rustico fabbricato di pietra e legno a un solo piano, costruito nel 1929 per May Connell, la sorella del direttore della Ranch School, un'artista che aveva seguito come assistente i ragazzi della scuola. Il «Master Cottage n. 2» si trovava alla fine della «Bathtub Row»,* chiamata così con impeccabile logica perché quella, e le altre cinque case di legno costruite nel periodo della Ranch School, erano le sole case dell'altopiano a essere dotate di vasche da bagno. Sistemata in una tranquilla strada non pavimentata in mezzo alla nuova comunità, la casa degli Oppenheimer era dotata di un piccolo giardino e parzialmente difesa da una zona ricoperta da arbusti. Con due piccole camere da letto e uno studio, la casa era modesta se paragonata a quella di Eagle Hill. Poiché i dirigenti della Ranch School andavano sempre a mangiare alla mensa della scuola, nella casa non c'era la cucina, una mancanza subito risolta grazie all'insistenza di Kitty. Ma il salotto era molto piacevole, con un soffitto alto, un caminetto di mattoni e un'enorme porta a vetri che dava sul giardino. Sarebbe stata la loro casa fino alla fine del 1945.

Nel 1943, l'arrivo della primavera rappresentò un incubo inatteso per molti dei nuovi residenti.[37] Con lo sciogliersi della neve, il fango era dovunque e le scarpe di tutti vi si immergevano di continuo. In pochi giorni il fango strinse le ruote delle automobili in una morsa da sabbie mobili. In aprile, il numero degli scienziati era salito a trenta, e molti dei nuovi arrivati erano sistemati in baracche con tetti di legno sottile. Sollevando un problema di estetica, Oppenheimer aveva persuaso gli ingegneri dell'Esercito a lasciare così le case perché si adattavano meglio alla naturale configurazione del paesaggio.

Hans Bethe rimase scandalizzato da quello che vide. «Ero piuttosto sciocato», disse.[38] «Ero impressionato dall'isolamento, ed ero impressionato da quelle orribili case [...]. E chiunque poteva pensare che lo scoppio di un incendio avrebbe distrutto l'intero progetto.» Ma Bethe ammetteva anche che l'ubicazione era «davvero molto bella [...]. Con le montagne dietro di noi, il deserto di fronte, e ancora montagne sull'altro lato. Si era verso la fine dell'inverno, e in aprile sui monti c'era ancora la neve, ed era molto bello poterla guardare. Ovviamente eravamo davvero lontani da qualunque cosa, davvero lontani da tutto. Dovevamo imparare a vivere in quelle condizioni».

Quell'eccezionale scenario compensava in parte la funzionale bruttezza della città. «Guardavamo lontano, rinchiusi dentro la città da una rete d'acciaio», scrisse Bernice Brode, moglie del fisico Robert Brode, «e osservavamo le stagioni che andavano e venivano, con i

---

* La schiera delle vasche da bagno. [*n.d.t.*]

pioppi che in autunno sembravano dorati sullo sfondo oscuro sempreverde, la tormenta che sollevava la neve d'inverno, il pallido verde delle gemme in primavera e il vento secco del deserto che fischiava tra i pini durante l'estate. Era stato davvero un colpo di genio costruire la nostra strana città in cima a un altopiano, anche se molte delle persone più sensibili dicevano chiaramente che Los Alamos era una città che non avrebbero mai immaginato di vedere.»[39] Durante una visita all'Università di Chicago per reclutare scienziati, quando Oppenheimer parlò della bellezza dell'altopiano, il solitamente cortese Leo Szilard fu udito esclamare: «In un posto come quello, nessuno potrà davvero pensare. Tutti quelli che andranno là diventeranno matti».[40]

Tutti dovettero cambiare le loro abitudini di vita.[41] A Berkeley Oppenheimer aveva rifiutato di programmare le sue lezioni prima delle 11.00, per cui poteva parlare con gli studenti solo di pomeriggio; a Los Alamos era sempre in cammino verso l'Area tecnica già alle 7.30. L'Area tecnica – nota semplicemente come «T» – era circondata da un recinto alto 3 metri di filo di ferro intrecciato, che aveva in cima due strisce di filo spinato. La polizia militare a guardia dell'ingresso controllava i tesserini colorati di identificazione. Un tesserino bianco individuava un fisico o un altro scienziato che poteva circolare liberamente all'interno di «T». Ma una volta Oppenheimer pensava ad altro e si dimenticò delle fin troppo visibili guardie armate che stazionavano in ogni dove. Quel giorno aveva guidato fino alla porta principale di Los Alamos e, senza neppure rallentare, era schizzato dentro. L'incredulo poliziotto gli aveva gridato di fermarsi e poi aveva sparato un colpo alle gomme dell'automobile.[42] Oppenheimer si fermò, fece marcia indietro con l'automobile e, dopo aver chiesto scusa, ripartì. Comprensibilmente preoccupato per la sicurezza di Oppenheimer, Groves gli scrisse nel luglio 1943 chiedendogli di non guidare l'automobile per più di pochi chilometri e, come ulteriore buona misura, «di evitare di viaggiare in aereo».[43]

Come tutti quanti, Oppenheimer lavorava sei giorni alla settimana e andava a spasso la domenica. Ma anche nei giorni lavorativi in genere indossava abiti informali, tornando al suo guardaroba del Nuovo Messico con un paio di pantaloni jeans o cachi e una camicia da lavoro blu. I suoi colleghi ne seguirono l'esempio. «Non ricordo di aver mai visto un paio di scarpe lucide durante l'orario di lavoro», scrisse Bernice Brode.[44] Quando Oppie camminava verso «T», i suoi colleghi spesso gli si affiancavano e lo ascoltavano in silenzio mentre mormorava i suoi pensieri del mattino. «Era diventato la chioccia, e tutti gli altri erano i suoi pulcini», osservò uno degli abitanti di Los Alamos. «Il suo cappello a calotta piatta, la sua pipa e qualcosa nei suoi occhi gli davano un certo fascino», ricordava una ventitreenne WAC* che lavorava come centralinista.[45] «Non ebbe mai bisogno di farsi riconoscere o di parlare [...]. Avrebbe potuto richiedere la priorità assoluta per le sue telefonate, ma non lo fece mai. Non aveva davvero bisogno di essere il tipo che era.»

La sua studiata informalità gli avvicinò molti che altrimenti sarebbero stati intimiditi dalla sua presenza come direttore. Ed Doty, un giovane del Distaccamento tecnico speciale dell'Esercito, dopo la guerra scrisse ai suoi genitori che «parecchie volte il dottor Oppenheimer mi chiamava per questo o per quello [...] e ogni volta che rispondevo al telefono dicendo "Doty", la voce all'altro capo del filo diceva: "Parla Oppy"».[46] La sua informalità contrastava fortemente con i modi del generale Groves, che «chiedeva attenzione, chiedeva rispetto».[47] Del resto Oppie otteneva rispetto e attenzione senza chiederli: li otteneva «naturalmente».

Fin dagli inizi, Oppenheimer e Groves si erano accordati sul fatto che gli stipendi dei partecipanti al progetto sarebbero stati stabiliti sulla base dello stipendio ricevuto nel corso del lavoro precedente. Questa decisione portò a una notevole disparità, perché una persona abbastanza giovane che lavorava per un'industria privata era in genere pagata molto di più di un anziano professore di ruolo. Per compensare questa disparità, Oppenheimer decise che gli affitti sarebbero stati pagati in proporzione agli stipendi. Quando il giovane fisico[48] Harold Agnew chiese a Oppenheimer di spiegargli perché un idraulico poteva guadagnare quasi tre volte più di un laureato, Oppenheimer rispose che gli idraulici non potevano avere un'idea dell'importanza del laboratorio nello sforzo bellico, mentre gli scienziati l'avevano, il che, spiegò Oppenheimer, giustificava la differenza negli stipendi. Almeno gli scienziati non dovevano lavorare per i soldi. Lo stesso Oppenheimer[49] era già da sei mesi a Los Alamos quando la sua segretaria un giorno gli fece notare che non aveva ancora mai riscosso l'assegno dello stipendio.

Tutto avveniva in tempi molto lunghi. Oppenheimer incoraggiava tutti a seguire i propri orari preferiti. Non accettò che fossero installati orologi marcatempo, e una sirena venne installata solo nell'ottobre

---

* Acronimo di *Women's Army Corps*, Corpo ausiliare femminile dell'Esercito. [*n.d.t.*]

1944, quando uno degli esperti del generale Groves aveva criticato l'eccessivo lassismo durante le normali ore di lavoro. «Il lavoro era terribilmente impegnativo», ricordava Bethe.[50] Il direttore della Divisione teorica pensava che, dal punto di vista scientifico, il suo lavoro fosse «molto meno difficile delle molte cose che ho fatto in altri tempi». Ma i termini imposti erano davvero stressanti. «Avevo la sensazione, che poi divenne il mio incubo», disse Bethe, «di essere alle prese con un carro terribilmente pesante che dovevo spingere in cima a una collina.» Gli scienziati, che erano abituati a lavorare con risorse limitate e teoricamente senza limiti di tempo, dovevano ora adattarsi «a un mondo di risorse illimitate, ma con limiti di tempo molto precisi».[51]

Bethe lavorava nel quartier generale di Oppenheimer, l'Edificio T (dove «T» stava per «teorico»), una scialba struttura verde a due piani che divenne ben presto il centro spirituale della Collina. Lì vicino stava Dick Feynman, che era socievole quanto Bethe era riservato. «Per me», ricordava Bethe, «Feynman era una materializzazione di Princeton. Non sapevo nulla di lui, ma Oppenheimer sì. Sin dall'inizio era molto vivace, ma non cominciò a insultarmi che due mesi dopo il suo arrivo.»[52] Al trentasettenne Bethe faceva piacere aver vicino qualcuno che avesse voglia di chiacchierare con lui, e il venticinquenne Feynman amava molto chiacchierare. Quando i due si trovavano assieme, tutti nell'edificio potevano sentire Feynman che, urlando, diceva: «No, no, tu sei matto», oppure «Non dire balle!».[53] Poi Bethe cercava tranquillamente di spiegare perché aveva ragione. Feynman rimaneva calmo per pochi minuti e poi si scatenava di nuovo dicendo: «Ma è impossibile, tu sei matto!». Ben presto i colleghi battezzarono Feynman «La zanzara» e Bethe «La corazzata».

Una volta Bethe disse che «l'Oppenheimer di Los Alamos era molto diverso dall'Oppenheimer che avevo conosciuto prima. Su qualsiasi cosa, l'Oppenheimer di prima della guerra era piuttosto esitante, diffidente, mentre l'Oppenheimer di Los Alamos era un funzionario deciso».[54] A Bethe fu chiesto più volte di spiegare questa trasformazione. L'uomo dedito alla «scienza pura» che aveva conosciuto a Berkeley si dedicava esclusivamente a esplorare i «profondi segreti della natura». Allora Oppenheimer non era neppure lontanamente interessato a cose come le imprese industriali, anche se a Los Alamos ora dirigeva proprio un'impresa industriale. «Si trattava di un problema differente, che richiedeva un atteggiamento diverso», disse Bethe, «e lui cambiò completamente per adeguarsi al suo nuovo ruolo».

Raramente dava ordini e, come ricordava il fisico Eugene Wigner, preferiva invece dedicarsi alla comunicazione dei suoi desideri, «in modo molto semplice e molto naturale, solo con i suoi occhi, le sue mani e una pipa accesa a metà».[55] Bethe ricordava che Oppie «non ordinava mai quello che bisognava fare. Faceva emergere quello che di meglio c'era in ciascuno di noi, come un buon padrone di casa con i suoi ospiti».[56] Robert Wilson la pensava allo stesso modo. «Quando c'era lui ero più intelligente, più loquace, più intenso, più preveggente, più poetico. Per quanto in genere fossi un lettore piuttosto lento, quando mi passava una lettera mi bastava darle un'occhiata e, appena gliela restituivo, ero già pronto a discuterne minuziosamente i contenuti.»[57] Però, ripensandoci, ammetteva che in queste sensazioni c'era anche una certa quantità di «autoillusione». «Appena mi allontanavo, anche le cose chiare che erano state dette erano difficili da ricordare o da ricostruire. Non so come, ma in sua presenza si creava sempre un'atmosfera particolare. Mi sarebbe piaciuto sapere in che modo riusciva a inventare quello che voleva fosse fatto.»

La corporatura ascetica e delicata di Oppenheimer accentuava il suo potere carismatico. «Il potere della sua personalità era più forte proprio per la fragilità della sua persona», osservò John Mason Brown qualche anno più tardi.[58] «Quando parlava sembrava crescere, perché la grandezza della sua mente lo faceva accettare così intensamente che la magrezza del suo corpo veniva dimenticata.»

Aveva sempre avuto l'abilità di saper anticipare le nuove questioni che si incontravano quando si cercava di risolvere un qualunque problema di fisica teorica. Ma ora sorprendeva i suoi colleghi per la capacità quasi immediata di capire ogni aspetto della tecnologia. «Quando riceveva un rapporto, e l'ho visto molte volte», ricordava Lee DuBridge, «anche se era di quindici o venti cartelle, diceva "Bene, ci do un'occhiata e poi ne parliamo". Quindi, in pochi minuti ne scorreva le pagine e con esattezza riassumeva per tutti i punti più importanti [...]. Aveva un'incredibile capacità di assimilare rapidamente le cose [...]. Non riesco a pensare che in giro per i laboratori ci fosse qualcosa d'importante che a Oppie non fosse completamente familiare, e che non sapesse a cosa serviva.»[59] Anche quando c'era qualche disaccordo, Oppenheimer riusciva istintivamente a prevenire le argomentazioni contrarie. David Hawkins, lo studente di filosofia di Berkeley che Oppenheimer aveva scritturato come suo assistente personale, ebbe molte possibilità di osservare il suo capo in azione: «Ascoltava pazientemente una discussione sin dall'inizio, e alla fine la riassumeva, e lo faceva in modo che non ci fossero contrasti. Era una sorta di trucco magico che incuteva rispetto a tutti quanti, anche a quelli che erano superiori a lui in termini di risultati scientifici [...]».[60]

Pensava che Oppenheimer fosse in grado di accendere – ma anche di spegnere – il suo fascino personale. Tutti quelli che lo conoscevano sin dai tempi di Berkeley avevano capito che era un uomo con un notevole fascino, in grado di attrarre gli altri nella sua orbita. E quelli, come Dorothy McKibbin, che l'avevano incontrato per la prima volta nel Nuovo Messico, furono invariabilmente ansiosi di piacergli. «Ti faceva fare l'impossibile», ricordava la McKibbin.[61] Un giorno, fu chiamata da Santa Fe a Los Alamos e le fu chiesto se poteva contribuire a risolvere la crescente crisi degli alloggi, acquistando un fabbricato che si trovava lungo la strada a quindici chilometri di distanza, e trasformandolo poi in un alloggio per un centinaio di impiegati. La McKibbin resistette. «Mannaggia!» protestò, «non sarei mai dovuta andare in quell'albergo.» In quel momento la porta dell'ufficio di Oppenheimer si aprì, lui sporse la testa e disse: «Va bene Dorothy, come vuoi tu». Poi ritirò la testa e chiuse la porta. La McKibbin cambiò idea e accettò di occuparsi dell'acquisto.

«Credo che non avesse grandi scrupoli nell'usare le persone», ricordava John Manley.[62] «Se pensava che una persona gli poteva essere utile, trovava naturale poterla usare.» Ma Manley pensava anche che a molte persone, lui compreso, facesse molto piacere essere usate da Robert, poiché lo faceva con grande abilità. «Penso che avesse davvero capito che gli altri sapevano che tutto procedeva; era come un balletto, con tutti che conoscevano la loro parte e il ruolo che lui ricopriva, e in questo non c'era alcun sotterfugio.»

Ascoltava, e spesso accettava i consigli degli altri. Quando Hans Bethe suggerì che sarebbe stato utile un incontro settimanale aperto a tutti, Oppenheimer accolse immediatamente la proposta. Groves, appena seppe dell'iniziativa, cercò di bloccarla, ma Oppenheimer insistette dicendo che un libero scambio di idee tra scienziati col «tesserino bianco» era essenziale. «Le basi del nostro lavoro sono così complicate», Oppie scrisse a Enrico Fermi, «e in passato le informazioni sono state tanto frammentate, che mi sembra ci sia molto da guadagnare da discussioni tranquille e approfondite.»[63]

Il primo incontro fu fissato il 15 aprile 1943, nella biblioteca della scuola, allora ancora vuota. In piedi davanti a una piccola lavagna, Oppenheimer pronunciò poche parole formali di benvenuto e poi presentò Bob Serber, il suo ex studente, che, spiegò, avrebbe parlato agli scienziati lì riuniti, non più di una quarantina, del compito che stavano per affrontare. Serber si piazzò al centro del palco scorrendo gli appunti con il suo abituale balbettio, tra il timido e l'impacciato. «La situazione era terribile», scrisse più tardi Serber. [64] «Potevamo sentire gli operai che martellavano nell'atrio, e a un certo punto una gamba spuntò tra i pannelli di legno del soffitto: probabilmente era la gamba di un elettricista che lavorava proprio lì sopra.» Dopo pochi minuti Oppenheimer spedì John Manley a sussurrare all'orecchio di Serber di smettere di usare la parola «bomba» e di usare qualcosa di più indefinito, per esempio «aggeggio».

«Scopo del progetto», disse Serber, «è la realizzazione di un pratico ordigno militare sotto forma di bomba in cui l'energia è prodotta da una reazione a catena di neutroni veloci in uno o più materiali noti per presentare la fissione nucleare.»[65] Riassumendo quello che il gruppo di Oppenheimer aveva appreso nel corso della sessione estiva a Berkeley, Serber disse che in base ai loro calcoli una bomba atomica avrebbe probabilmente potuto produrre un'esplosione equivalente a quella di 20.000 tonnellate di tritolo. Ogni «aggeggio» di questo tipo, tuttavia, avrebbe avuto bisogno di uranio molto arricchito. Il nocciolo di uranio arricchito che era necessario, più o meno delle dimensioni di un cocomero, avrebbe avuto un peso di circa quindici chilogrammi. Avrebbero anche costruito un ordigno con il plutonio, un elemento ancora più pesante e prodotto dall'uranio-238 attraverso un processo di cattura di neutroni. La bomba al plutonio avrebbe richiesto una massa critica minore; il nocciolo di plutonio avrebbe probabilmente dovuto pesare solo cinque chili e sarebbe stato grande più o meno quanto un'arancia. Entrambi i noccioli sarebbero stati rinchiusi in un sottile guscio di uranio normale, delle dimensioni di un pallone da basket. Tutto questo avrebbe portato entrambi gli ordigni a pesare circa una tonnellata, un peso ancora adatto a un aeroplano.*

Molti degli scienziati che stavano ascoltando Serber erano già al corrente delle possibilità teoriche relative alla nuova fisica, ma la suddivisione delle competenze aveva lasciato molti di loro all'oscuro di parecchi dettagli. Pochi sapevano a quante delle domande fondamentali si fosse già risposto, almeno a grandi linee. Gli ostacoli che ancora si opponevano alla costruzione di un'arma efficace erano grandi ma non insormontabili. Per alcuni fisici[66] la costruzione di una bomba atomica era ancora incerta, ma i problemi più imponderabili rientrava-

---

* *Little Boy*, la prima bomba atomica usata in guerra che fu sganciata su Hiroshima dal bombardiere B-29 chiamato *Enola Gay*, pesava 4350 chilogrammi. [*n.d.a.*]

no nel settore della tecnologia e della progettazione. La produzione di quantità sufficienti sia di uranio-235 sia di plutonio richiedeva un grande sforzo industriale. E anche se potevano essere prodotte quantità sufficienti di materiali adatti alle bombe, nessuno era in grado di stabilire come doveva essere progettata una bomba atomica affinché la sua esplosione fosse davvero efficace. Ma anche un grande scettico come Bethe aveva capito, come più tardi confessò, «che una volta che fosse stato prodotto il plutonio, era quasi certo che una bomba atomica poteva essere costruita in fretta».[67] Per questo, l'unica novità nelle parole di Serber era il fatto che a loro era stata affidata una missione che poteva contribuire enormemente allo sforzo bellico. Solo questa notizia sollevò il morale degli ascoltatori. Il primo discorso di Serber aveva quindi trasmesso quello che voleva Oppenheimer: il senso della missione e la comprensione che loro avevano i mezzi per cambiare la storia. Ma sarebbero stati capaci di risolvere i problemi tecnici prima dei tedeschi? Potevano davvero contribuire a vincere la guerra?

Nelle due settimane successive Serber fece altre conferenze lunghe più di quattro ore, stimolando quel tipo di dialogo creativo che Oppenheimer desiderava. Tra i molti argomenti trattati, Serber affrontò brevemente il meccanismo di quello che definiva «lo scontro», ovvero il modo per unire assieme le masse di uranio o di plutonio affinché si avviasse la reazione a catena. Serber si soffermò sul metodo più ovvio – uno scontro ottenuto grazie a un'esplosione – con il quale, sparando un pezzo di uranio contro un altro pezzo di uranio-235, si sarebbe ottenuta la criticità necessaria per arrivare all'esplosione. Ma aveva anche suggerito che «i pezzi potevano essere sistemati su un anello come in questo schizzo. Se il materiale esplosivo fosse stato distribuito lungo l'anello, e poi l'anello fosse stato spezzato, i pezzi sarebbero caduti all'interno per formare una sfera».[68] L'idea di far implodere il materiale fissile gli era stata inizialmente suggerita durante l'estate del 1942 da Richard Tolman, il vecchio amico di Oppenheimer, e lui e Tolman avevano poi scritto sull'argomento un memorandum per Oppenheimer. In seguito Tolman scrisse altri due memorandum sull'implosione, e nel marzo 1943 Vannevar Bush e James Conant sollecitarono Oppenheimer ad affrontare quel progetto. A quanto si racconta, Oppenheimer rispose: «Ci sta pensando Serber». Anche se la proposta di Tolman non prevedeva una compressione del materiale solido sufficiente ad aumentarne la densità, l'idea era abbastanza ben formulata per trovar posto nelle lezioni di Serber, anche se solo come digressione. Ma quella segnalazione fu sufficiente per attirare l'interesse di un altro fisico,

Seth Neddermeyer, che chiese a Oppenheimer il permesso di analizzare le sue potenzialità. Ben presto si poteva incontrare Neddermeyer con un gruppetto di altri scienziati che studiavano gli esplosivi per l'implosione in un canyon vicino a Los Alamos.

Le conferenze di Serber durarono a lungo. Usando gli appunti di Serber, Ed Condon trascrisse le conferenze e le riassunse poi in ventiquattro pagine, che divennero un libretto mimeografato dal titolo *Il sillabario di Los Alamos*,* consegnato a tutti i nuovi scienziati che arrivavano sull'altopiano. Anche Enrico Fermi partecipò ad alcune delle conferenze di Serber, e poi disse a Oppenheimer che «era convinto che le persone che erano lì volevano davvero costruire la bomba».[69] Oppenheimer rimase colpito dalla nota di sorpresa presente nella voce di Fermi mentre pronunciava queste parole. Fermi era appena arrivato da Chicago, dove aveva trovato tra gli scienziati un'atmosfera stranamente smorzata in confronto all'entusiasmo che spesso notava tra gli uomini di Oppenheimer nel laboratorio sull'altopiano. Tutti, a Chicago, a Los Alamos come da qualsiasi altra parte, erano abbastanza convinti che, se la bomba atomica era una cosa possibile, anche i tedeschi avrebbero partecipato alla gara per costruirla. Ma, mentre a Chicago molti degli scienziati più autorevoli erano preoccupati e perfino depressi per questa consapevolezza, a Los Alamos, grazie alla personalità carismatica di Oppenheimer, questa presa di coscienza sembrava soltanto aiutare gli uomini ad andare avanti con fiducia nel loro lavoro.

Un giorno Fermi prese da parte Oppenheimer e gli suggerì un altro modo adatto a uccidere un gran numero di tedeschi. Forse, gli disse, in Germania i prodotti della fissione potrebbero essere utilizzati per avvelenare le derrate alimentari. Sembra che Oppenheimer abbia preso sul serio questa proposta. Dopo aver pregato Fermi di non parlare della cosa con nessun altro, Oppenheimer propose l'idea al generale Groves, e più tardi la discusse con Edward Teller. A quanto si racconta, Teller gli disse che era possibile estrarre lo stronzio-90 da una pila atomica. Ma nel maggio 1943 Oppenheimer decise di ritardare la messa a punto della proposta per un macabro motivo: «A questo proposito», scrisse a Fermi, «penso che non sia possibile realizzare il piano, a meno che non si possa avvelenare cibo sufficiente a uccidere almeno mezzo milione di persone; infatti non vi è dubbio che il numero delle persone effettivamente colpite, a causa della loro distribuzione non

---

* Il titolo originale è *The Los Alamos Primer*. [*n.d.t.*]

uniforme, sarebbe molto minore».[70] L'idea fu abbandonata, ma solo perché non sembrava la strada adatta ad avvelenare una percentuale abbastanza elevata della popolazione nemica.

La guerra spinse molti uomini tranquilli ad affrontare cose un tempo neppure immaginabili. Nel 1942, verso la fine di ottobre, Oppenheimer ricevette dal suo vecchio amico e collega Victor Weisskopf una lettera indicata come «segreta». Gli segnalava una novità preoccupante emersa da una lettera appena ricevuta dal fisico Wolfgang Pauli, che era allora a Princeton. Pauli gli aveva scritto che in Germania il suo antico collega e premio Nobel per la fisica Werner Heisenberg era stato appena nominato direttore del Kaiser Wilhelm Institute di Berlino, una struttura che si occupava di ricerche nucleari. Pauli aveva anche saputo che Heisenberg aveva in programma una conferenza in Svizzera. Weisskopf segnalava anche che aveva discusso della cosa con Hans Bethe, e che i due avevano deciso che era necessario far qualcosa immediatamente. «Credo», Weisskopf scrisse a Oppenheimer, «che la miglior cosa da fare in una situazione come questa sia organizzare un rapimento di Heisenberg in Svizzera. Lo farebbero anche i tedeschi se tu o Bethe andaste in Svizzera.» Weisskopf si offriva addirittura come volontario per compiere l'operazione.

Oppenheimer gli rispose subito, ringraziandolo per la sua «interessante» lettera. Disse anche che già sapeva che Heisenberg aveva programmato una visita in Svizzera e che ne aveva discusso con le «autorità idonee» di Washington. «Dubito che in futuro avrai altre informazioni sulla questione, ma volevo comunque ringraziarti e assicurarti che la cosa riceverà l'attenzione che merita.»[71] Le «autorità idonee» con le quali Oppenheimer aveva già parlato della questione erano Vannevar Bush e Leslie Groves, ai quali passò anche la lettera di Weisskopf. Ma non sostenne la proposta, anche perché se il rapimento di Heisenberg avesse avuto successo avrebbe costituito per i nazisti un segnale dell'elevata priorità che gli Alleati assegnavano alla ricerca nucleare. Comunque, Oppenheimer non poté trattenersi dal segnalare a Bush «che la progettata visita di Heisenberg in Svizzera sembra offrirci un'occasione unica».

Molto tempo dopo,[72] Groves perseguì seriamente l'idea di rapire o uccidere Heisenberg. Nel dicembre 1944 inviò in Svizzera l'agente dell'OSS* Moe Berg, un ex campione di baseball, che pedinò a lungo il fisico tedesco, ma che infine decise di non assassinarlo.

---

* Acronimo di *Office of Strategic Services*, Ufficio per i servizi strategici. [*n.d.t.*]

16. «Troppa segretezza»

> [...] *questa politica ti costringerà a fare un lavoro estremamente difficile con tre mani legate dietro la schiena* [...].
>
> Edward Condon a Oppenheimer

La prima vera crisi amministrativa della direzione del progetto si manifestò agli inizi della primavera. Con l'approvazione del generale Groves, Oppenheimer aveva scelto Edward U. Condon, suo vecchio compagno di corso a Gottinga, come direttore aggiunto. Il lavoro di Condon consisteva nel sollevare Oppenheimer da alcuni dei suoi impegni di tipo amministrativo e nel servire da collegamento con il comando dell'Esercito a Los Alamos. Di due anni più anziano di Oppenheimer, Condon era sia un brillante fisico sia un navigato direttore di laboratorio. Dopo aver ottenuto il dottorato a Berkeley nel 1926, Condon era stato scelto per un postdottorato a Gottinga e Monaco. Nel decennio successivo aveva insegnato in parecchie università, compresa Princeton, e pubblicato il primo libro di testo di meccanica quantistica in inglese. Nel 1937 aveva lasciato Princeton per diventare direttore associato della ricerca alla Westinghouse Electric Company, il più grande centro di ricerca industriale negli USA. Negli anni successivi aveva diretto le ricerche di quell'azienda nel settore della fisica nucleare e del radar a microonde. Dall'autunno del 1940 aveva lavorato a tempo pieno a progetti legati alla guerra al Radiation Laboratory del MIT, soprattutto nel settore radar. In breve, Condon era, almeno in termini di esperienza, sicuramente più qualificato di Oppenheimer per guidare il nuovo laboratorio a Los Alamos.

A differenza di Oppenheimer, Condon negli anni Trenta non aveva svolto attività politica e non era stato certamente vicino al Partito comunista. Si considerava un «liberale» del New Deal, un leale democratico che aveva votato per Franklin Roosevelt.[1] Educato in una famiglia quacchera, Condon una volta aveva detto a un amico: «Entro a far parte di qualsiasi organizzazione che si proponga nobili traguardi. Ma non chiedo mai se ci sono anche dei comunisti».[2] Idealista,[3] con un forte istinto civico-libertario, Condon era convinto che una buona scienza non poteva esistere senza un libero scambio di idee, e quindi insistette con tenacia affinché ci fossero contatti regolari tra i fisici di Los Alamos e quelli degli altri laboratori del paese. Naturalmente si attirò quasi subito le ire del generale Groves, che aveva ricevuto numerose segnalazioni di infrazione alla sicurezza dai suoi rappresentanti militari a Los Alamos. «Secondo me, la suddivisione della conoscenza», sosteneva Groves, «è il vero cuore della sicurezza.»[4]

Agli inizi dell'aprile 1943, Groves si irritò quando seppe che Oppenheimer era andato all'Università di Chicago, dove aveva discusso il programma di produzione del plutonio con il fisico Arthur Compton, direttore del Metallurgical Laboratory (Met Lab) del Progetto Manhattan. E il generale biasimava Condon per la sua evidente infrazione delle misure di sicurezza. Arrivato a Los Alamos, Groves si precipitò nell'ufficio di Oppenheimer e affrontò i due uomini. Condon sostenne le sue ragioni di fronte al generale ma, con sua grande sorpresa, si accorse che Oppenheimer non lo appoggiava. La settimana successiva Condon decise che avrebbe dato le dimissioni. Aveva stabilito di restare per tutta la durata del progetto, ma se ne andava dopo sole sei settimane.

«La cosa che più mi infastidisce è la politica della stretta sorveglianza», scrisse a Oppenheimer nella sua lettera di dimissioni.[5] «Non sono in grado di discutere la correttezza di questa scelta poiché sono completamente all'oscuro dei pericoli dello spionaggio nemico e delle possibilità di sabotaggio. Voglio soltanto sottolineare che, per me, l'eccessiva preoccupazione per la sicurezza è semplicemente scoraggiante; e mi riferisco in particolare alla discussione sulla censura delle lettere e sul controllo delle chiamate telefoniche.» Condon spiegava che «ero così frastornato che non potevo credere alle mie orecchie quando il generale Groves aveva cominciato a biasimarci [...]. Sono fermamente convinto che questa politica ti costringerà a fare un lavoro estremamente difficile con tre mani legate dietro la schiena [...]». Se lui e Oppenheimer davvero non potevano andare a trovare un uomo come Compton senza violare la sicurezza, allora «posso solo affermare che la situazione scientifica del progetto è disperata».

Condon concludeva dicendo che avrebbe potuto contribuire meglio allo sforzo bellico tornando alla Westinghouse e occupandosi di nuovo della tecnologia radar. Se ne andò addolorato e perplesso a causa dell'apparente riluttanza di Oppie a contrastare Groves. Condon non sapeva che Oppenheimer non era stato ancora autorizzato ad accedere alle informazioni riservate. Gli addetti alla sicurezza dell'Esercito stavano ancora cercando di bloccare l'autorizzazione di Oppenheimer, e lui sapeva che su questo argomento non poteva fare pressioni su Groves se voleva mantenere il suo posto.

Oppenheimer aveva investito molto nella sua relazione con Groves. Nell'autunno precedente i due uomini si erano reciprocamente presi le misure, e ciascuno dei due aveva deciso con presunzione che avrebbe potuto dominare il rapporto con l'altro. Groves era convinto che la presenza del carismatico fisico fosse essenziale per il successo del progetto. E proprio perché Oppenheimer arrivava con un carico politico di sinistra, Groves pensava che avrebbe potuto usare il passato di Oppie contro di lui. Il calcolo di Robert era altrettanto elementare. Aveva capito che avrebbe potuto ottenere il lavoro solo se Groves avesse continuato a considerarlo di gran lunga il miglior direttore disponibile. Aveva capito che la sua simpatia per i comunisti dava a Groves un certo potere su di lui, ma se fosse riuscito a dimostrare la sua indiscutibile competenza – così almeno pensava – avrebbe potuto convincere il generale a consentirgli di far funzionare il laboratorio come voleva. Oppenheimer non era in disaccordo con Condon; anche lui era convinto che norme di sicurezza troppo pesanti avrebbero represso gli scienziati. Ma era anche convinto che con il trascorrere del tempo le cose sarebbero cambiate come voleva lui. Alla fine risultava chiaro che Groves aveva bisogno dell'abilità di Oppenheimer quanto Oppenheimer aveva bisogno dell'approvazione di Groves.

Se ci si ripensa, costituivano davvero la squadra perfetta per dirigere lo sforzo necessario a battere la Germania nella corsa alla costruzione dell'arma nucleare. Mentre lo stile carismatico dell'autorità di Robert serviva ad alimentare il consenso, Groves esercitava attraverso l'intimidazione la sua autorità. «Il suo modo per fare avanzare i progetti», osservava George Kistiakowsky, un chimico di Harvard, «era essenzialmente quello di costringere i suoi subordinati a una sorta di cieca obbedienza.»[6] Robert Serber aveva l'impressione che la politica di Groves fosse «quella di essere il più sgradevole possibile con i suoi subordinati».[7] La segretaria di Oppie, Priscilla Green Duffield, ricordava sempre che il generale usava passare dietro la sua scrivania e, senza nemmeno salutare, dire qualcosa di sgradevole come «il suo viso è sporco». Il suo comportamento volgare fece di Groves il bersaglio della maggior parte delle proteste sull'altopiano, e questo ridusse le critiche contro Oppenheimer. Ma Groves evitava di comportarsi in quel modo con Oppenheimer, e questo era un segnale del prestigio di Oppenheimer nelle loro relazioni.

Robert fece tutto quello che riteneva necessario per ammansire Groves. Divenne quello che il generale voleva, un amministratore abile ed efficiente. A Berkeley la sua scrivania era sempre coperta da grandi mucchi di carte. Il dottor Louis Hempelmann, il fisico di Berkeley che andò a Los Alamos e divenne grande amico di Oppenheimer, osservò che, sull'altopiano, Robert «era un uomo con un ufficio diverso. Sulla sua scrivania non c'erano mai carte». C'era stata anche una trasformazione fisica: Oppie si era tagliato i suoi lunghi capelli riccioluti. «Aveva i capelli [così] corti e lisci», osservava Hempelmann, «che quasi non lo riconoscevo.»[8]

In realtà, quando Condon lasciò Los Alamos, la politica di separazione in compartimenti stagni imposta da Groves si interruppe. Anche se Oppenheimer aveva evitato un confronto su questo argomento, quel programma divenne quasi una finzione. Via via che il lavoro progrediva, divenne sempre più importante che tutti gli scienziati con il «tesserino bianco» potessero discutere liberamente tutte le loro idee e affrontare assieme i diversi problemi. Anche Edward Teller capì che la separazione era un ostacolo all'efficienza. Già nel marzo 1943 disse a Oppenheimer che gli aveva scritto una lettera ufficiale per affrontare «la mia vecchia ansia: troppa segretezza».[9] Ma poi confidò: «Non l'ho fatto per annoiarti ma per darti la possibilità di usare questa affermazione in qualsiasi momento tu possa vedere un vantaggio nell'utilizzarla». Ben presto Groves si accorse quanto alta fosse l'ostilità contro di lui. Capì anche che, entro certi limiti, non era possibile impedire a scienziati affermati e responsabili di comunicare tra loro. Quando Ernest Lawrence arrivò a Los Alamos per tenere un seminario a un piccolo gruppo di scienziati, prima dell'inizio Groves riunì i fisici all'esterno della sala ed elencò brevemente quello di cui in quell'occasione non era consentito parlare. Ma, solo pochi minuti dopo, Groves rimase sconcertato quando sentì Lawrence che, davanti alla lavagna, diceva: «So che il generale Groves non vorrebbe sentirmi dire questo ma [...]».[10] Ufficialmente nulla era cambiato, ma in pratica la separazione tra gli scienziati diventava sempre meno rigida.

Groves spesso imputava il venir meno della compartimentazione all'influenza che Condon aveva avuto su Oppenheimer. «All'inizio delle attività, lui [Condon] aveva provocato un grave danno a Los Alamos», testimoniò Groves nel 1954. «Non sono mai riuscito a capire se sia da attribuire al dottor Oppenheimer la responsabilità principale della rinuncia alla compartimentazione, o se invece sia da attribuire al dottor Condon.» Pensava che avere i venti o trenta scienziati più importanti che parlavano tra loro era una cosa positiva. Ma quando centinaia di persone ignoravano quella politica, la separazione diventava una farsa.

Alla fine però Groves si rese conto che a Los Alamos le regole della scienza avevano trionfato sui principi della sicurezza militare. «Anche se ho quasi sempre controllato la situazione generale», testimoniò, «in molti casi non ho potuto farlo. Per questo, quando mi accorsi che il dottor Oppenheimer non sempre si atteneva al rispetto della rigida interpretazione delle norme sulla sicurezza, e mi resi anche conto che non si comportava peggio di qualsiasi altro degli scienziati più importanti del laboratorio, compresi finalmente che quella era una scelta giusta.»[11]

Nel maggio 1943 Oppenheimer diresse un incontro in cui fu deciso che ogni martedì sera si sarebbe tenuto un dibattito aperto a tutti, e poi riuscì a persuadere Teller a organizzare quegli incontri.[12] Quando Groves lo seppe, fu «disturbato» dall'ampiezza degli scopi di quelle discussioni, ma Oppie replicò con fermezza che ormai si era «impegnato» per quei dibattiti. La sua unica concessione fu quella di accettare una riduzione del numero degli scienziati partecipanti. Sostenne anche con decisione che i suoi sottoposti dovevano essere messi in grado di scambiare informazioni con i loro colleghi di altre sedi del Progetto Manhattan. Per esempio, in giugno insistette affinché a Enrico Fermi fosse permesso di arrivare a Los Alamos dal Met Lab di Chicago. Disse a Groves che, siccome la visita di Fermi era di «altissima importanza», semplicemente non accettava di assumersi la responsabilità della cancellazione del viaggio.[13] Groves cedette e la visita di Fermi fu consentita.

Agli inizi dell'estate del 1943, Oppenheimer chiarì le sue opinioni su questo tema ad alcuni ufficiali addetti alla sicurezza del Progetto Manhattan. «Naturalmente, la mia opinione su questa dannata cosa è che le informazioni [essenziali] sulle quali stiamo lavorando sono probabilmente note a tutti gli amministratori che si preoccupano affinché si arrivi al risultato. Le informazioni su quello che stiamo facendo però non servono a niente perché sono dannatamente complicate.»[14] Il pericolo, diceva, non è quello che le informazioni tecniche sulla bomba possano arrivare in un altro paese. Il vero segreto erano «l'intensità del nostro sforzo» e le dimensioni «dell'investimento internazionale coinvolto». Se qualche altro governo avesse compreso l'entità delle risorse che l'America aveva investito nello sforzo per costruire la bomba, avrebbe tentato di copiare il progetto della bomba. Oppenheimer non pensava nemmeno che questa conoscenza «avrebbe potuto avere qualche effetto in Russia», ma «un notevole effetto avrebbe potuto averlo invece in Germania, e di questo sono convinto [...] come lo è chiunque altro».

Anche se Oppenheimer si infastidiva alle domande che gli ufficiali addetti alla sicurezza gli rivolgevano, alcuni dei suoi protetti più giovani si lamentavano delle perdite di tempo causate dalla rozza gestione militare del Progetto Manhattan. Nel marzo 1943, al tempo dell'apertura del laboratorio di Los Alamos, erano già passati quattro anni dalla scoperta della fissione, e molti dei fisici che lavoravano al progetto pensavano che la loro controparte tedesca avesse almeno due anni di vantaggio. Avvertendo un disperato senso di urgenza, erano irritati dalle misure di sicurezza dell'Esercito, dalla noiosa burocrazia e da ogni altra cosa che sembrava provocare ritardo. Quell'estate, Philip Morrison scriveva in una lettera dal Met Lab al «Caro Opje» che «la spinta che aveva accompagnato il lavoro durante l'inverno scorso sembra quasi esaurita. I rapporti tra il nostro gruppo e i contraenti sono davvero pessimi [...] il risultato è intollerabile e incompatibile con un rapido successo».[15] Una dozzina dei più giovani scienziati del laboratorio di Chicago erano così preoccupati che firmarono una lettera per il presidente Roosevelt in cui affermavano che «è nostra profonda convinzione che in questo progetto si stia perdendo troppo tempo. La direzione dell'Esercito è convenzionale e ripetitiva [...]». La rapidità era essenziale. Per di più l'Esercito non consultava «i pochi leader scientifici che sono i soli competenti in questo nuovo settore. Questo genere di politica può solo mettere in pericolo l'esistenza del nostro paese».

Tre settimane più tardi, il 21 agosto 1943, Hans Bethe ed Edward Teller scrissero a Oppenheimer della loro delusione per l'andamento del progetto. «Recenti rapporti sia della stampa sia dei servizi segreti, hanno segnalato che la Germania potrebbe essere in possesso di una nuova potente arma che si presume sarà pronta tra novembre e gennaio.»[16] Temevano che la nuova arma fosse probabilmente una «Tube-Alloys»,* il nome in codice usato dagli inglesi per indicare la bomba atomica. «Se la cosa fosse vera», scrivevano, «non è necessario soffermarsi sulle possibili conseguenze che ne deriverebbero.» Si lamentavano anche che le aziende private a cui era affidato l'incarico di produr-

---

* Leghe per tubi. [*n.d.t.*]

re l'uranio adatto alle bombe fossero in ritardo con il programma. La soluzione, concludevano, era «rendere disponibili fondi adeguati per programmi aggiuntivi, direttamente utilizzabili da quegli scienziati che avevano maggior esperienza nella varie fasi del problema».
Oppenheimer condivideva le loro preoccupazioni. Anche lui temeva di restare indietro ai tedeschi, e per questo lavorava duramente ed esortava i suoi sottoposti a fare altrettanto.

Grazie alla sua qualifica di Direttore scientifico, l'autorità di Oppenheimer a Los Alamos era quasi assoluta.[17] Per quanto formalmente dividesse la carica con un vicedirettore che era un ufficiale dell'Esercito, Oppie riferiva direttamente al generale Groves. Il primo vicedirettore, il tenente colonnello John M. Harmon, ebbe numerosi diverbi con gli scienziati, e come risultato fu sostituito nell'aprile 1943, dopo soli quattro mesi di servizio. Il suo successore, il tenente colonnello Whitney Ashbridge, comprese subito che il suo compito doveva essere quello di minimizzare gli attriti e rese felici gli scienziati. Ashbridge, che per puro caso si era diplomato proprio alla Ranch School di Los Alamos, resistette fino all'autunno del 1944, quando, sovraccaricato di lavoro ed esausto, ebbe un leggero attacco cardiaco e fu sostituito dal colonnello Gerald R. Tyler. Quindi Oppenheimer lavorò davvero in mezzo a tre colonnelli.

La sicurezza era sempre una seccatura.[18] A un certo punto il servizio di sicurezza dell'Esercito sistemò degli agenti della polizia militare nella «Bathtub Row», davanti alla casa di Oppenheimer. Gli agenti controllavano i lasciapassare di tutti, compresa Kitty, prima di consentire l'ingresso in casa. Quando usciva, Kitty spesso si dimenticava di portare con sé il lasciapassare, e faceva sempre una scenata quando non le consentivano di rientrare. Però non era del tutto infastidita dalla loro presenza: sempre pronta a cogliere le opportunità, ogni tanto usava i militari come baby-sitter per Peter. Quando il sergente che sovrintendeva al servizio si rese conto di quel che succedeva, decise di ritirare i militari.

Nell'ambito della sua intesa implicita con il generale Groves, Oppenheimer aveva concordato di nominare un comitato di tre persone a cui affidare la responsabilità della sicurezza interna. Per il compito scelse i suoi assistenti David Hawkins e John Manley, e il chimico Joe Kennedy. I tre erano responsabili della sicurezza all'interno del laboratorio (la Sezione T), che era racchiuso da una seconda rete interna di filo spinato, che i soldati e gli agenti della polizia militare non potevano superare. Il comitato per la sicurezza interna doveva occuparsi di questioni banali, per esempio accertarsi che gli scienziati avessero chiuso a chiave i loro armadietti prima di lasciare i loro uffici. Se fosse stato scoperto un documento segreto lasciato per tutta la notte su una scrivania, lo scienziato responsabile sarebbe stato costretto a controllare il laboratorio nella notte successiva per individuare un eventuale altro colpevole. Un giorno Serber ascoltò Hawkins ed Emilio Segrè che stavano discutendo. «Emilio, la notte scorsa hai lasciato sul tavolo un documento segreto», diceva Hawkins, «e stanotte il controllo tocca a te.»[19] Ma Segrè ribatteva: «Ma quel foglio era tutto sbagliato. Volevo solo confondere il nemico».

Oppenheimer lottava continuamente per proteggere i suoi sottoposti dall'apparato di sicurezza della Collina. Lui e Serber discussero molte volte in che modo si potessero «mettere in salvo» diverse persone che rischiavano di essere mandate via. «Se gli imbrogli fossero quelli che vedono loro», disse Serber a proposito degli addetti alla sicurezza, «qui non potrebbe rimanere nessuno.»[20] Infatti, nell'ottobre 1943, gli agenti della sicurezza militare suggerirono che sia Robert che Charlotte Serber fossero allontanati da Los Alamos. Con una tipica iperbole, l'FBI sosteneva che i Serber erano «completamente presi dal credo comunista e che tutti i loro colleghi erano noti radicali».

Anche se le idee di Robert Serber erano sicuramente di sinistra, non era mai stato politicamente così attivo come sua moglie. Verso la fine degli anni Trenta, Charlotte si era infatti fortemente impegnata nella raccolta di fondi a favore dei repubblicani spagnoli. Ma, ovviamente, lo stesso Oppenheimer era stato politicamente più attivo di Charlotte. La documentazione non chiarisce il perché l'Esercito sia stato scavalcato, ma probabilmente Oppie garantì personalmente la lealtà dei Serber. Un giorno il capitano Peer de Silva, l'ufficiale alla guida degli addetti alla sicurezza del laboratorio, decise di mettere a confronto i precedenti politici di Oppenheimer con quelli di Serber, solo perché Oppenheimer aveva deciso di scartarli in quanto trascurabili. «Oppenheimer mi ha spontaneamente informato che sapeva della passata partecipazione di Serber alle attività dei comunisti, e mi ha anche detto che era stato proprio Serber a confessarglielo.»[21] Oppenheimer aveva spiegato che, prima ancora di chiamarlo a Los Alamos, aveva chiesto a Serber se aveva abbandonato la sua attività politica. «Serber mi disse che l'aveva fatto, e io mi fido di lui.» Incredulo, de Silva considerò questa affermazione come una prova dell'ingenuità di Oppenheimer, e forse peggio.

Come molte delle mogli della Collina, Charlotte Serber lavorava nell'Area tecnica. E per quanto gli archivi della sicurezza del G-2 sui Serber segnalassero l'impegno di sinistra della loro famiglia, il lavoro di Charlotte come bibliotecaria scientifica l'aveva letteralmente trasformata nella custode dei più importanti segreti della Collina. Oppenheimer aveva un'enorme fiducia in lei. Sempre vestita in jeans o pantaloni sportivi, Charlotte dirigeva la biblioteca come un normale posto di ritrovo e un «centro per pettegolezzi di qualsiasi tipo».[22]

Un giorno Oppenheimer chiamò Charlotte nel suo ufficio e le disse che a Santa Fe cominciavano a circolare voci sulla scarsa segretezza nell'altopiano. Aveva suggerito a Groves che sarebbe stato saggio cercare di alimentare queste chiacchiere con qualche diversione. «Per esempio», disse Oppenheimer, «per quelli di Santa Fe noi stiamo costruendo un razzo elettrico.»[23] Spiegò anche che desiderava che i Serber e un'altra coppia frequentassero alcuni bar di Santa Fe. «Parlate. Parlate molto», diceva Oppie. «Parla come se tu avessi bevuto molto [...]. Non so darti consigli, ma racconta che stiamo costruendo un razzo elettrico.» Accompagnati da John Manley e da Priscilla Greene, Bob e Charlotte Serber andarono a Santa Fe e cercarono di diffondere il pettegolezzo. Ma nessuno se ne interessò, e il G-2 non segnalò mai delle chiacchiere sui razzi elettrici.

Richard Feynman, un incorreggibile mattacchione, aveva un sistema tutto suo per aggirare le regole della sicurezza. Quando i censori si lamentavano perché sua moglie Arline – allora in cura per la sua tubercolosi al sanatorio di Albuquerque – gli scriveva lettere in codice, e pretendevano di conoscere il codice, Feynman spiegava che non aveva la chiave per interpretarlo e che indovinare il codice era solo un gioco che faceva con sua moglie. Feynman riuscì anche a mandare in confusione il personale di sicurezza a causa di un rapido scassinamento notturno, quando nel laboratorio aprì tutte le serrature a combinazione degli armadietti che contenevano gli archivi segreti. In un'altra occasione notò un'apertura nella rete metallica che circondava Los Alamos. Decise allora di uscire dalla porta principale salutando la guardia per poi rientrare attraverso l'apertura e uscire di nuovo dalla porta principale. Ripeté il giro parecchie volte, e per questo Feynman fu quasi arrestato. I suoi scherzi entrarono a far parte delle tradizioni di Los Alamos.[24]

Le relazioni dell'Esercito con gli scienziati e le loro famiglie erano sempre mutevoli. Il generale Groves abbassò il tono. In privato, davanti ai suoi uomini, Groves definiva sempre i civili di Los Alamos come «dei bambini». Disse a uno dei suoi ufficiali: «Cercate di soddisfare queste persone imprevedibili. Non permettete che ci siano condizioni di vita, problemi di famiglia o qualsiasi altra cosa che possa deviare l'attenzione dal loro lavoro».[25] Molti dei civili dissero chiaramente che consideravano Groves «disgustoso», e anche che a loro non interessava proprio per niente quello che lui pensava.

Oppenheimer cercò di andare d'accordo con Groves, ma trovava che la maggior parte degli ufficiali del controspionaggio dell'Esercito erano ottusi e insolenti. Un giorno il capitano de Silva piombò in uno dei tradizionali incontri che si tenevano il martedì sera tra Oppenheimer e tutti i leader dei gruppi, e disse: «Devo fare un reclamo».[26] De Silva spiegò che uno scienziato era entrato nel suo ufficio per parlare e, senza chiedere il permesso, si era seduto su un angolo della sua scrivania. «Non ho apprezzato quel gesto», disse il capitano con stizza. Con gran divertimento di quelli che erano in sala, Oppenheimer replicò: «In questo laboratorio, capitano, chiunque può sedersi sulla scrivania di chiunque».

Il capitano de Silva, l'unico diplomato a West Point che era in servizio a Los Alamos, non gradiva essere preso in giro. «Sospettava davvero di tutti», ricordava David Hawkins.[27] Il fatto che Oppenheimer avesse chiamato Hawkins, un tempo iscritto al Partito comunista, a far parte del comitato di sicurezza del laboratorio, aveva contribuito ad alimentare i sospetti del capitano de Silva. Oppenheimer voleva bene ad Hawkins, e aveva un'alta stima delle sue capacità. Era anche certo che fosse un americano leale e che le sue simpatie per la sinistra – come del resto le sue – fossero di tipo riformista piuttosto che rivoluzionario.

Alcune delle restrizioni imposte dalla sicurezza irritavano profondamente tutti. Quando Edward Teller disse che i suoi sottoposti si lamentavano perché la loro posta veniva aperta, Oppie replicò amaramente: «Ma di che cosa si lamentano? Io non posso nemmeno parlare con mio fratello!». Era molto infastidito dal fatto di essere sorvegliato. «Si lamentava continuamente», ricordava Robert Wilson, «perché le sue telefonate erano controllate.»[28] A quel tempo Wilson pensava che la sua fosse «una sorta di paranoia», e solo molto più tardi si rese conto che Oppie era davvero sotto una sorveglianza totale.

Nel marzo 1943, prima ancora dell'apertura di Los Alamos, il controspionaggio dell'Esercito aveva ordinato a J. Edgar Hoover di sospendere la sorveglianza dell'FBI su Oppenheimer. A partire dal 22 marzo Hoover obbedì, ma ordinò ai suoi agenti di San Francisco di continuare a controllare le persone che erano state in contatto con Oppenheimer nel Partito comunista. In quella data l'Esercito aveva informato l'FBI che su Oppenheimer era stata organizzata una sorveglianza tecnica e fisica a tempo pieno. A molti agenti del Corpo di controspionaggio dell'Esercito (CIC*) erano stati affidati incarichi sotto copertura ancor prima che Oppenheimer arrivasse a Los Alamos. A uno di questi agenti, Andrew Walker, era stato affidato l'incarico di suo autista personale e guardia del corpo. Più tardi Walker confermò che molti agenti del CIC controllavano la posta di Oppenheimer e il suo telefono di casa.[29] Nell'ufficio di Oppie c'erano microspie.

Oppenheimer, tuttavia, stava sempre più convincendosi della necessità della sicurezza. Quello che un tempo era un distaccato professore universitario, poteva ora essere visto mentre infilava con cura un appunto segreto nel taschino per essere sicuro di non perderlo. Tentava anche di calmare gli agenti della sicurezza dell'Esercito, dando loro il tempo necessario ai controlli e soddisfacendo al meglio le loro richieste. Ma il peso del lavoro, la sensazione di essere continuamente sotto controllo e la paura del fallimento – tutto questo e anche di più – cominciarono a farsi sentire. Un giorno dell'estate del 1943, Oppenheimer confessò a Robert Bacher che era tentato di abbandonare tutto. Si sentiva braccato dalle indagini sul suo passato. Per di più, disse a Bacher, gli sforzi richiesti dal lavoro erano troppo grandi. Dopo aver ascoltato da Oppenheimer l'elenco delle sue inadeguatezze, Bacher gli disse con semplicità: «Non c'è nessun altro che possa sostituirti».[30]

Così Oppie continuò il suo lavoro. Ma una volta, nel giugno 1943, fece una cosa che, se fosse stata resa nota, avrebbe sicuramente accresciuto le preoccupazioni degli agenti del CIC. Nonostante il suo matrimonio con Kitty, tra il 1939 e il 1943 Robert aveva continuato a vedere Jean Tatlock più o meno due volte all'anno. Più tardi spiegò che «eravamo molto legati l'uno all'altro, e c'era ancora una sensibilità molto profonda che ci univa».[31] Nel 1941 lui e Jean si erano incontrati l'ultimo giorno dell'anno, e ogni tanto si incrociavano, spesso casualmente, anche nei ricevimenti a Berkeley. Ma Oppie visitò Jean anche nel suo appartamento, e nel suo ufficio all'Ospedale pediatrico in cui lavorava come psichiatra. Una volta andò a trovare Jean nella casa di suo padre, che era all'angolo con la sua stessa casa sull'Eagle Hill Drive, mentre in un'altra occasione andarono a prendere l'aperitivo al Top of the Mark, un elegante ristorante con uno dei più bei panorami di San Francisco.

---

* Acronimo di *Counter-Intelligence Corps*. [*n.d.t.*]

Non sappiamo se durante quegli anni Oppenheimer abbia o meno riavviato la sua relazione amorosa con Jean; sappiamo solo che ha continuato a vederla e che il legame emotivo tra i due non si era mai spezzato. Nel 1940, poco tempo dopo che Oppenheimer si era sposato con Kitty, Jean era andata a trovare nel suo appartamento di San Francisco la loro vecchia amica Edith Arnstein, anche lei sposata. Jean era alla finestra, con in braccio Margaret Ludmilla, la bambina di Edith, quando Edith le chiese se si era pentita di aver rifiutato di sposare Oppie. Lei rispose «Sì», e aggiunse che se l'avesse sposato probabilmente «ora non sarebbe stata così confusa».[32]

Nella primavera del 1943, quando Oppenheimer lasciò Berkeley, Jean era ormai la dottoressa Tatlock, una donna agli inizi di una gratificante carriera medica. Era psichiatra infantile[33] al Mount Zion Hospital, dove la maggior parte dei suoi pazienti erano ragazzi con disturbi mentali. Sembrava che avesse trovato una carriera adatta al suo temperamento e alla sua intelligenza.

Jean aveva detto a Oppie che «desiderava tanto» rivederlo quella primavera, prima che lui e Kitty se ne andassero a Los Alamos. Ma, non si sa per quale motivo, Oppie si rifiutò d'incontrarla. Non deve essere stato per un motivo di sicurezza, perché aveva fissato un incontro con Steve Nelson per salutarlo. Forse era stata Kitty a impedirglielo. Qualunque sia stato il motivo, egli se ne andò a Los Alamos senza salutare Jean, e si sentì colpevole per non averlo fatto. Si scrivevano, ma Jean diceva ai suoi amici che le sue lettere la sconcertavano. In molte tormentate lettere lei lo implorava perché tornasse.[34] Robert sapeva che lei andava da uno psicanalista, il dottor Siegfried Bernfeld, un allievo di Freud e suo grande amico, il direttore dei seminari che anche lui aveva frequentato regolarmente per parecchi anni. Oppenheimer sapeva che era il dottor Bernfeld l'analista che aveva in cura Jean, e anche lui sapeva che «lei era estremamente infelice».[35]

Nel giugno 1943, in occasione di un suo viaggio a Berkeley, Oppie decise di chiamare Jean e di andare a pranzo con lei. Gli agenti dello spionaggio militare controllarono accuratamente il loro incontro, e in seguito riferirono all'FBI quello che avevano visto: «Il 14 giugno 1943 Oppenheimer viaggiò con la Key Railaway da Berkeley a San Francisco [...] dove si incontrò con Jean Tatlock, che gli diede un bacio».[36] A braccetto salirono poi sulla sua automobile, una Plymouth 1935 coupé verde; lei lo portò allo Xochimilco Café, un modesto locale con bar, caffè e sala da ballo. Mangiarono e bevvero un poco e poi, alle 22.50 circa, Jean lo portò al suo appartamento all'ultimo piano del

1405 di Montgomery Street, a San Francisco. Alle 23.30 le luci si spensero, e Oppenheimer non fu più visto fino alle 8.30 del giorno successivo, quando lui e Jean Tatlock lasciarono assieme l'edificio. Il rapporto dell'FBI segnalava anche che «la relazione tra Oppenheimer e la Tatlock sembra molto stretta e intima». La sera successiva gli agenti osservarono la Tatlock che incontrava Oppenheimer nell'ufficio della United Airlines, nel centro di San Francisco: «La Tatlock arrivava a piedi e Oppenheimer le corse incontro per abbracciarla. Si salutarono con grande affetto e camminarono verso l'automobile, che era lì vicino; andarono poi a cena al Kit Carson's Grill». Dopo la cena, Jean lo portò all'aeroporto, da dove lui prese un volo per ritornare nel Nuovo Messico. Oppie non la incontrò più. Undici anni più tardi, nel corso delle audizioni, gli fu chiesto: «Siete riuscito a capire perché lei voleva vedervi?».[37] La risposta fu: «Perché era ancora innamorata di me».

I rapporti sugli incontri tra Oppenheimer e la Tatlock, di cui era nota la militanza nel Partito comunista, venivano inviati a Washington, e ben presto lei venne identificata come un possibile canale per il passaggio dei segreti atomici allo spionaggio sovietico. Il 27 agosto 1943, in un memorandum che giustificava l'inserimento di una microspia nel telefono della Tatlock, l'FBI suggeriva che lo stesso Oppenheimer «poteva usarla come intermediaria oppure usare il suo telefono per fare importanti telefonate dirette agli apparati del Comintern [...]».[38]

L'1 settembre 1943, J. Edgar Hoover, capo dell'FBI, scrisse al ministro della Giustizia che, grazie a un contatto con agenti del controspionaggio dell'ufficio investigativo del Comintern, «è stato possibile stabilire che Jean Tatlock [...] è diventata l'amante di un individuo che è al corrente di importanti informazioni segrete relative allo sforzo bellico del nostro paese».[39] Hoover sosteneva che la Tatlock era «in contatto con membri dell'apparato del Comintern nell'area di San Francisco e ci è stato riferito che, non solo ha la possibilità di farsi dare informazioni segrete dall'uomo con cui è legata, ma ha anche la possibilità di passare quelle informazioni agli agenti dello spionaggio che fanno parte dell'organizzazione». Hoover si raccomandava affinché il suo telefono fosse messo sotto controllo «allo scopo di stabilire l'identità degli agenti dello spionaggio dell'apparato del Comintern», e verso la fine dell'estate una microspia fu effettivamente installata sul telefono della Tatlock da parte dello spionaggio militare o dell'FBI.

Il 29 giugno 1943, solo due settimane dopo la notte che Oppenheimer aveva passato con la Tatlock, il colonnello Boris Pash, direttore del controspionaggio sulla West Coast, scrisse un memorandum per il Pentagono in cui si raccomandava che a Oppenheimer fosse negata l'autorizzazione all'accesso al materiale riservato e che fosse anche licenziato. Pash segnalava che era stato informato che Oppenheimer «ha probabilmente ancora legami con il Partito comunista».[40] Tutte queste affermazioni erano puramente indiziarie. Citava la visita di Oppenheimer alla Tatlock, e una chiamata telefonica fatta a Oppenheimer da David Hawkins, «un membro del partito che ha contatti sia con Bernadette Doyle che con Steve Nelson».

Pash pensava che, anche se Oppenheimer non aveva la possibilità di trasmettere informazioni scientifiche direttamente al partito, «poteva rendere queste informazioni disponibili ad altri suoi contatti che, a loro volta, avrebbero potuto fornire» conoscenze relative al Progetto Manhattan all'Unione Sovietica.[41] Pash ovviamente era convinto che la Tatlock fosse il canale più importante.[42] Aveva infatti saputo dai suoi colleghi dell'FBI che alla fine dell'agosto 1943 la Tatlock era ancora politicamente coinvolta nelle attività del Partito comunista.

Pash era sicuro che la Tatlock fosse la più importante tra i sospetti di spionaggio, e sperava che il controllo del suo telefono l'avrebbe dimostrato. Oltre a questo, Pash intendeva usare la relazione tra la Tatlock e Oppenheimer come un'arma contro di lui. Verso la fine di luglio aveva trascritto le sue convinzioni su questa faccenda in un lungo memorandum per il tenente colonnello John Lansdale, un brillante avvocato trentunenne di Cleveland che era il nuovo assistente di Groves alla sicurezza. Pash disse a Lansdale che se Oppenheimer non veniva allontanato alla svelta, sarebbe stato chiamato a Washington e direttamente accusato di «attività di spionaggio con relative ramificazioni». Era stato informato che lo spionaggio militare sapeva tutto della sua militanza nel Partito comunista, e che il governo non poteva tollerare nessun contatto di qualsiasi tipo con i suoi amici del partito. Come il generale Groves, Pash pensava che le ambizioni e l'orgoglio di Oppenheimer potessero essere utilizzati per tenerlo sotto controllo. «È opinione di questo ufficio», scrisse Pash, «che le inclinazioni personali del soggetto possano proteggere il suo futuro e la sua reputazione, e che l'elevato livello di onore che potrebbe raggiungere se il suo attuale lavoro avesse successo lo convincerà a offrire tutti i suoi sforzi per cooperare con il governo in ogni progetto che lo mantenga in carica.»[43]

Tuttavia, Lansdale aveva poi conosciuto Oppenheimer e, a differenza di Pash, lo aveva preso in simpatia e si era fidato di lui. E aveva anche capito che, mentre Oppenheimer era l'uomo chiave del progetto,

Gli Oppenheimer. Julius Oppenheimer (sopra, a sinistra) arrivò a New York dalla Germania nel 1888. Nel 1903 sposò Ella Friedman (sopra, a destra), una pittrice americana di origine tedesca nata a Baltimora. Robert, nato nel 1904, sulle ginocchia del padre (a destra).

Da ragazzino, Robert (seduto, a destra, con un amico) aveva una passione per i minerali e faceva collezione di campioni di roccia.

Ella e Robert.

«Ero un bambino mellifluo, tremendamente bravo», disse una volta Oppenheimer. «La mia vita da bambino non mi aveva preparato alle cose crudeli e amare di cui è pieno il mondo.»

Oppenheimer (a destra) a cavallo al Central Park.

Robert e suo fratello minore Frank.

Robert frequentò la Ethical Culture School dove apprese a sviluppare la sua «immaginazione etica» per poter vedere «le cose non come sono ma come dovrebbero essere».

Oppenheimer frequentò l'Università di Gottinga dove, con Max Born (a destra), ottenne il dottorato in fisica quantistica. A Gottinga conobbe i fisici Paul Dirac (al centro, a destra) ed Hendrik Kramers (sotto, a sinistra) di cui divenne amico. In seguito studiò per un breve periodo a Zurigo assieme a I.I. Rabi, H.M. Mott-Smith e Wolfgang Pauli (in basso, a destra, in barca a vela sul lago di Zurigo).

Nel 1929 Oppenheimer (sopra, a sinistra) professore al Caltech, dove aveva accettato un doppio incarico dall'Università della California a Berkeley e dove divenne ben presto un forte sostenitore della nuova fisica quantistica. «Avevo più bisogno della fisica che degli amici», confessò Robert.
Oppenheimer (sopra, a destra) tra i fisici William A. Fowler e Luis Alvarez. «Cominciai davvero come sostenitore della teoria che amavo, della quale continuavo a sapere sempre di più. Non era sempre ben compresa, ma era davvero ricca.» Robert Serber (sotto, a destra) fu uno dei suoi più brillanti studenti e poi amico per tutta la vita.

«I miei due grandi amori erano la fisica e il Nuovo Messico», scrisse Oppenheimer. «È un vero peccato che non fosse possibile unificarli.» Oppenheimer passava l'estate a Perro Caliente, la sua fattoria di 62 ettari (sopra) con vista sulle montagne del Sangre de Christo. Robert e il suo cavallo, Crisis (a destra), facevano lunghe cavalcate con il fratello Frank e altri amici, tra i quali il fisico di Berkeley Ernest Lawrence (sotto).

Oppenheimer con Enrico Fermi ed Ernest Lawrence.

Joe Weinberg, Rossi Lomanitz, David Bohm e Max Friedman erano alcuni dei seguaci di Oppie a Berkeley. «Copiavano i suoi gesti, i suoi modi, le sue intonazioni», ricordava Bob Serber.

«Nel mondo della fisica quantistica – disse Weinberg – Niels Bohr (a sinistra) era Dio, e Oppie il suo profeta.»

Jean Tatlock (sopra) fu per quattro anni la fidanzata di Oppie. Faceva parte del Partito comunista, anche se con qualche riserva. «Mi resi conto che era impossibile essere un'ardente comunista», scrisse.

Alla Scuola di medicina di Stanford, il maestro della Tatlock fu il dottor Thomas Addis (sopra, a destra). Addis convinse Oppenheimer a contribuire alla causa spagnola attraverso il Partito comunista.

Dal 1941 Oppenheimer era nella lista dei sospetti dell'FBI che dovevano essere arrestati in caso di emergenza nazionale.

Nel 1943 Haakon Chevalier (sopra, a sinistra), professore di letteratura francese a Berkeley, segnalò a Oppie un tentativo di complotto di George Eltenton (sopra, a destra), che aveva lo scopo di fornire informazioni scientifiche per appoggiare l'impegno bellico dei sovietici. Oppie alla fine riferì la cosa a un ufficiale del controspionaggio, il colonnello Boris Pash (a sinistra).

Sotto: Martin Sherwin assieme a Chevalier dopo averlo intervistato a Parigi nel 1982.

Kitty Puening crebbe a Pittsburgh. Qui la si vede a 21 anni (sopra) in calzoni da cavallerizza, nel 1936 nella fotografia del passaporto (in alto, a destra) e nel laboratorio di micologia a Berkeley (a destra). Conobbe Oppenheimer nel 1939 e si innamorò di lui, che è qui mostrato nella fotografia del suo tesserino di sicurezza del Radiation Laboratory (nella pagina a fronte, in alto).

Kitty, qui sul divano della loro casa a Los Alamos, aveva una personalità imprevedibile. «Era un tipo estremamente sensibile, intelligente e molto vitale... davvero difficile da maneggiare».

Kitty a Los Alamos soffrì di frustrazioni professionali. Lavorava nella clinica medica e si occupava delle analisi del sangue, ma dopo un anno lasciò l'incarico. Nelle riunioni sociali si limitava a fare piccoli interventi, ma come disse un amico, «Avrebbe desiderato fare grandi discorsi».

Peter Oppenheimer nacque nel maggio 1941. Sopra, mentre riceve la pappa da Robert e, sotto, mentre sorride allegramente con Kitty.

«Alle feste [Robert] era un'attrazione, e le donne lo adoravano», ricordava Dorothy McKibbin.

Oppenheimer nella sua casa a Los Alamos, assieme a Dorothy McKibbin (alla sua destra) e a Victor Weisskopf (inginocchiato).

Sotto: Hans Bethe, capo della divisione teorica a Los Alamos.

Sopra: Un seminario scientifico a Los Alamos. In prima fila (da sinistra a destra) Norris Bradbury, John Manley, Enrico Fermi e J.M.B. Kellog. Dietro di loro sono seduti Oppenheimer, Richard Feynman e Phillip Porter.

Nel 1945 Robert chiamò a Los Alamos il fratello Frank (al centro, mentre osserva un calutrone) per lavorare al «test di Trinity», il test della prima bomba atomica.

Il generale Leslie Groves (a destra, con il ministro della Guerra Henry L. Stimson) scelse Oppenheimer come direttore del Laboratorio di Los Alamos.

Oppenheimer verso la fine del 1941 mentre versa il caffè durante un giro nel Nuovo Messico meridionale, alla ricerca di un sito adatto all'esplosione del test di Trinity.

Con il suo caratteristico cappello in testa, Oppenheimer osserva l'«aggeggio» in cima alla torre del sito di Trinity, poche ore prima del test. Sotto: l'esplosione di Trinity.

Hiroshima dopo la bomba. Più del 95 per cento delle circa 225.000 persone uccise a Hiroshima e Nagasaki erano civili, soprattutto donne e bambini. All'incirca metà delle vittime morì nei mesi che seguirono l'esplosione delle bombe a causa della radioattività. Questa fotografia di una madre con bambino (a destra) fu scattata da Yosuke Yamahata a meno di ventiquattro ore dal bombardamento di Nagasaki.

i suoi rapporti politici erano preoccupanti. Poco dopo aver ricevuto le raccomandazioni di Pash, Lansdale scrisse a Groves un conciso memorandum di due pagine che riassumeva le prove. Lansdale elencava tutti i gruppi «di copertura» (come li aveva definiti l'FBI) a cui Oppie aveva partecipato negli anni precedenti, dall'Unione americana per le libertà civili [sic] al Comitato americano per la democrazia e la libertà intellettuale. Citava queste associazioni e l'amicizia con alcuni noti o sospetti comunisti come William Schneiderman, Steve Nelson, la dottoressa Hannah L. Peters – identificata da Lansdale come «l'organizzatrice della Sezione professionale del Partito comunista nella Contea di Alameda, in California» – Isaac Folkoff e alcuni amici personali come Jean Tatlock, «con la quale si presume Oppenheimer abbia una relazione illecita», e Haakon Chevalier, «che è considerato un membro del Partito comunista». Come fatto più pericoloso, Lansdale annotò che l'assistente di Steve Nelson, Bernadette Doyle, «secondo un affidabile informatore [cioè da un'intercettazione telefonica] era stata presentata a J.R. Oppenheimer e a suo fratello Frank come regolarmente iscritta al Partito comunista».

Lansdale però non aveva chiesto di licenziare Oppenheimer. Invece, nel luglio 1943, aveva avvisato Groves che «era necessario chiedere a Oppenheimer cosa realmente sapesse sul fatto che il Partito comunista [...] cercasse di avere informazioni» sul Progetto Manhattan.[44] Gli dica, scrisse Lansdale, che «sappiamo che alcuni dei traditori impegnati in questa attività sono [...]». Altri, annotava, sono ancora nascosti, e per questo motivo l'Esercito allontanerà dal progetto tutti gli individui che sembreranno seguire la linea del Partito comunista. Non ci saranno allontanamenti in massa, ma solo accurate indagini basate su evidenze sostanziali. Verso la fine Lansdale cercò di usare Oppenheimer: «Occorre fargli sapere che abbiamo esitato a coinvolgerlo in questa questione [...] a causa del suo noto interesse per il Partito comunista, per la sua partecipazione e per la sua amicizia con alcuni membri del partito». Lansdale sembrava ritenere che un approccio di questo tipo avrebbe incoraggiato Oppenheimer a fare i nomi. In breve, Lansdale stava dicendo a Groves che, se voleva affidare a Oppenheimer la carica di direttore scientifico, doveva premere su di lui affinché diventasse un informatore.

Durante i mesi e gli anni che seguirono, per tutto il periodo in cui Oppenheimer conservò l'incarico, fu tormentato dalle variazioni della strategia Pash-Lansdale. A Los Alamos gli erano stati assegnati assistenti che in realtà erano «membri del Corpo di controspionaggio particolarmente addestrati, che non servivano solo come guardie del corpo ma anche come agenti sotto copertura per questo ufficio».[45] Il suo autista e guardia del corpo, Andrew Walker, era un agente del CIC che riferiva direttamente al colonnello Pash; la sua posta veniva controllata, il suo telefono spiato, nel suo ufficio c'erano microspie. Anche dopo la guerra era sottoposto a una stretta sorveglianza fisica ed elettronica. I suoi passati legami politici venivano ripetutamente richiamati dai comitati del Congresso e dall'FBI, e gli si faceva capire – molto spesso – che era sospettato di essere un iscritto al Partito comunista.

17. «Oppenheimer sta dicendo la verità...»

Sono pronto a essere cacciato se ho fatto qualcosa di sbagliato.
Robert Oppenheimer al tenente colonnello Boris Pash

Il generale Groves concordava con le osservazioni del tenente colonnello Lansdale. Ma voleva Oppenheimer come direttore scientifico del progetto, mentre Lansdale voleva che Oppenheimer restasse sotto la sua rete di controllo. Anche se non deve sorprendere che Pash criticasse duramente questa sottile strategia, il 20 luglio 1943 Groves ordinò alla Divisione per la sicurezza del Progetto Manhattan di rilasciare a Oppenheimer l'autorizzazione all'accesso alle informazioni riservate. Osservò che quella decisione «anche se non rispettava le informazioni che avevamo ottenuto sul signor Oppenheimer, veniva presa perché lui era assolutamente essenziale per il progetto».[1] Pash non era il solo ufficiale della sicurezza che si era indignato per quella decisione. Quando il tenente colonnello Kenneth Nichols, l'aiutante di Groves, informò Oppenheimer che gli era stata concessa l'autorizzazione, gli disse anche: «Per favore, in futuro cerchi di evitare di incontrare i suoi discutibili amici, e si ricordi che tutte le volte che si allontanerà da Los Alamos sarà sempre pedinato».[2] Nichols già diffidava fortemente di Oppenheimer, non solo a causa della sua passata vicinanza con i comunisti ma perché pensava che lo scienziato mettesse a rischio la sicurezza reclutando per Los Alamos «persone discutibili». Quanto più sapeva di Oppenheimer, tanto più aumentava la sua sfiducia su di lui. Il fatto che Groves non condividesse questo sentimento, e in realtà cominciasse anche a fidarsi di Oppenheimer, irritava Nichols e contribuiva a far crescere la sua avversione per lo scienziato.

Anche se Oppenheimer non poteva essere eliminato, c'erano altre persone più vulnerabili, per esempio Rossi Lomanitz, uno dei protetti di Oppenheimer. Il 27 luglio 1943, il ventunenne fisico fu chiamato nell'ufficio di Ernest Lawrence a Berkeley e gli fu comunicato che era stato nominato direttore del gruppo del Radiation Laboratory. Però, a causa di un rapporto investigativo di Pash, solo tre giorni più tardi Lomanitz ricevette una lettera urgente dall'ufficio di leva che gli ordinava di presentarsi il giorno successivo per l'esame medico. Chiamò immediatamente Oppenheimer a Los Alamos e gli disse della cosa. La sera stessa Oppie inviò un telegramma al Pentagono, in cui diceva che «si sta commettendo un grave errore. Attualmente Lomanitz è l'unico uomo a Berkeley che può assumere questa responsabilità». Nonostante questo intervento, Lomanitz fu reclutato dall'Esercito.

Qualche giorno più tardi, Lansdale piombò nell'ufficio di Oppenheimer a Los Alamos e fece una lunga chiacchierata. Lansdale diffidò Oppenheimer dal fare ulteriori sforzi per aiutare Lomanitz, dicendo che il giovane fisico era colpevole di «operazioni che non possono essere né sottovalutate né perdonate».[3] Lansdale dichiarò che Lomanitz, anche dopo essere entrato al Rad Lab, aveva continuato le sue attività politiche. «Mi sembra assurdo», disse Oppenheimer. E spiegò che Lomanitz gli aveva promesso che se fosse stato coinvolto nel progetto della bomba si sarebbe astenuto da ogni attività politica.

Lansdale e Oppenheimer intavolarono poi una lunga discussione sul Partito comunista. Lansdale dichiarò che, come ufficiale del controspionaggio militare, non si interessava delle simpatie politiche delle persone. La sua unica preoccupazione era prevenire la trasmissione di informazioni segrete a persone non autorizzate a riceverle. Con grande sorpresa di Lansdale, Oppenheimer si disse fortemente in disaccordo, sostenendo che nel gruppo che lavorava con lui al progetto non ci poteva essere nessun membro attivo del Partito comunista. Secondo il memorandum di Lansdale sulla conversazione, Oppenheimer aveva spiegato che «c'era sempre stata la questione della lealtà condivisa». La disciplina all'interno del Partito comunista «era molto rigida e non era compatibile con una completa lealtà al progetto». Apparve chiaro a Lansdale che stava parlando solo di quelli che erano ancora iscritti al Partito comunista. Quelli che lo erano stati in passato erano un'altra cosa, e infatti sapeva con certezza che molti di essi stavano lavorando a Los Alamos.

Prima che Lansdale potesse chiedergli i loro nomi, la loro conversazione fu interrotta da qualcuno che entrò nella stanza. In seguito Lansdale ebbe la netta impressione che Oppenheimer «stesse dicendo che lui stesso era stato un membro del partito, ma che aveva definitivamente troncato i rapporti prima di occuparsi di quel lavoro».[4] L'impressione complessiva di Lansdale era che Oppenheimer «sembrava davvero sincero». Lo scienziato era «estremamente sottile nelle sue allusioni», ma anche «ansioso» di chiarire la sua posizione. Nei mesi successivi i due uomini ebbero altre occasioni per discutere sulla questione della sicurezza, ma Lansdale continuò a pensare che Oppenheimer fosse leale e devoto all'America.

Tuttavia Oppenheimer usciva sempre molto inquieto da queste conversazioni con Lansdale. Il fatto che, nonostante il suo intervento, Lomanitz fosse stato estromesso dal Rad Lab era molto seccante. Pur all'oscuro delle esatte «indiscrezioni» che avevano provocato quella decisione, Oppenheimer ipotizzò che la causa fosse il sindacato che aveva organizzato per conto della FAECT. A questo proposito si ricordò che anche George Eltenton, l'ingegnere della Shell che aveva chiesto a Chevalier di farglielo conoscere per avviare il passaggio ai sovietici delle informazioni sul progetto, era stato attivo nella FAECT. La conversazione che aveva avuto circa sei mesi prima nella sua cucina con Chevalier a proposito dell'idea di Eltenton – che aveva archiviato come ridicola – ora gli sembrava seria. Oppie pensò quindi di incontrare di nuovo Lansdale, e prese anche una decisione importante: avrebbe detto alle autorità tutto quello che sapeva delle attività di Eltenton.

In seguito il generale Groves disse all'FBI che Oppenheimer gli aveva fatto per la prima volta il nome di Eltenton più o meno all'inizio o alla metà di agosto.[5] Ma Oppenheimer non si fermò qui. Il 25 agosto 1943, durante una visita a Berkeley per discutere sull'andamento del progetto, Robert era andato nell'ufficio del tenente Lyall Johnson, l'ufficiale addetto alla sicurezza del Rad Lab. Dopo una breve discussione sul caso Lomanitz, disse a Johnson che in città c'era un uomo che lavorava alla Shell Development Corporation e che era attivo nella FAECT. Disse che il suo nome era Eltenton, e che era opportuno avviare dei controlli. Disse anche che era possibile che Eltenton avesse cercato di ottenere informazioni sulle attività del Rad Lab. Quando Oppenheimer se ne andò, aveva detto abbastanza. Il tenente Johnson chiamò immediatamente il suo superiore, il colonnello Pash, che gli disse di far tornare Oppenheimer il giorno successivo per poterlo interrogare. Durante la notte inserirono un piccolo microfono alla base del telefono sulla scrivania di Johnson e lo collegarono a un apparecchio registratore sistemato nella stanza accanto.

Il giorno successivo Oppenheimer si presentò per quello che credeva un importante interrogatorio. Quando entrò nell'ufficio di Johnson, fu sorpreso di essere presentato a Pash, che ancora non conosceva, ma la cui reputazione gli era tuttavia già nota. Quando i tre uomini si sedettero, fu subito chiaro che l'intervista sarebbe stata condotta proprio da Pash.

Pash cominciò con un dichiarato eccesso di servilismo: «È un vero

piacere [...]. Il generale Groves mi ha affidato, più o meno, almeno credo, una certa responsabilità il che, come potete vedere, è come essere un bambino comandato a distanza. Ma non voglio sottrarle molto tempo».[6]
«Ne avete tutto il diritto», replicò Oppenheimer. «Tutto il tempo che volete.»

Poco dopo, quando Pash cominciò a chiedergli della conversazione che aveva avuto con il tenente Johnson il giorno prima, Oppenheimer lo interruppe e cominciò a parlare della questione che pensava si sarebbe discussa in quell'occasione, ovvero di Rossi Lomanitz. Spiegò che non sapeva quello che avrebbe potuto dire a proposito di Rossi, ma che voleva dirgli che era stato avventato.

Pash lo interruppe e gli disse che aveva questioni ben più importanti. Dove erano gli «altri gruppi» che si interessavano al Rad Lab?

«Oh, penso che esistano davvero», replicò Oppenheimer, «ma non ho informazioni di prima mano.»

E poi continuò: «Credo che sia possibile che un uomo, il cui nome non ho mai sentito fare, e che era amico del console sovietico, abbia indirettamente segnalato, attraverso persone legate a questo progetto che facevano da intermediari, che lui poteva trasmettere, senza alcun pericolo di fuga di notizie, di scandalo o di altre cose simili, le informazioni che gli venivano fornite». Disse poi che stava riflettendo sulle possibili «indiscrezioni» da parte delle persone che frequentavano gli stessi ambienti. Avendo denunciato come un «fatto» che qualcuno al Consolato sovietico stava tentando di raccogliere informazioni sulle attività del Rad Lab, Oppenheimer andò avanti e, senza essere mai interrotto da Pash, chiarì la sua posizione personale: «Per dirla francamente, sono abbastanza d'accordo con l'idea del comandante in capo che ci sia il rischio che i russi siano informati che stiamo lavorando a questo progetto. Almeno, posso immaginare che vi siano buoni motivi per farlo, anche se non concordo con l'idea che la cosa si possa fare con l'inganno. Penso che preoccuparci di questo possa soltanto danneggiarci».

Pash – un uomo addestrato a odiare i bolscevichi – rispose a sua volta: «Mi potrebbe dare qualche informazione un po' più precisa su quali sono le informazioni che conosce? Credo capirà che questa questione [l'azione di trasmettere informazioni segrete] è per me molto importante, più o meno come l'intero progetto lo è per lei».

«Bene, posso dire», replicò Oppenheimer, «che gli *approcci* venivano sempre fatti ad altre persone, che per quello si preoccupavano, e che spesso venivano da me per discutere *proprio di quello.*» Oppenheimer aveva usato il plurale, e aveva cominciato a riflettere proprio su quegli approcci. Non era preparato a queste domande. Si aspettava infatti che gli fosse chiesto di precisare meglio la sua conversazione con il tenente Johnson a proposito di Lomanitz. Improvvisamente si era trovato di fronte a Pash, e a una serie di domande che lo rendevano ansioso, e anche troppo loquace.

I ricordi della breve conversazione con Chevalier, sei mesi prima nella sua cucina di Berkeley, erano diventati vaghi. Forse Chevalier gli aveva detto (come Eltenton riferì in seguito all'FBI) che Eltenton aveva chiesto di avvicinare tre scienziati: Lawrence e Alvarez, oltre a lui.[7] Ma forse si ricordava di parecchie altre conversazioni sulla possibilità che i sovietici avessero accesso alla nuova tecnologia degli armamenti. E perché no? Molti dei suoi amici, studenti e colleghi, erano sempre preoccupati di una possibile vittoria del fascismo in Europa. Avevano capito, del tutto correttamente, che solo l'Esercito sovietico avrebbe potuto prevenire una simile calamità. Molti dei fisici che allora lavoravano al Rad Lab non stavano facendo il militare perché erano stati convinti – in alcuni pochi casi dallo stesso Oppenheimer – che il particolare progetto in cui erano stati coinvolti avrebbe fortemente contribuito allo sforzo bellico. Questi uomini spesso mettevano in dubbio che il loro governo stesse facendo davvero tutto quello che poteva fare per aiutare quelli che stavano sopportando il maggior peso dell'aggressione fascista. Sicuramente, Oppenheimer aveva sentito molti dei suoi colleghi e dei suoi studenti che esprimevano il desiderio di alleviare il tormento dei russi, soprattutto in un'epoca in cui i sovietici erano descritti dalla stampa americana come eroici alleati.

Per questo Oppenheimer tentava di spiegare a Pash che le persone che gli avevano parlato della necessità di aiutare i sovietici si erano rivolte a lui con un atteggiamento che esprimeva «più disorientamento che cooperazione». Erano in sintonia con l'idea che fosse necessario aiutare quei loro alleati, ma anche preoccupati dall'idea che le informazioni, come aveva detto Oppenheimer, potessero essere trasmesse «con l'inganno». Oppenheimer riferì poi quello che aveva già detto a Groves e a Johnson, e cioè che George Eltenton, che lavorava alla Shell Development Corporation, doveva essere controllato. «È probabile che gli abbiano chiesto», disse Oppenheimer, «di fare il possibile per fornire informazioni.» Aggiunse poi che Eltenton aveva detto a un suo amico che conosceva anche uno degli uomini del progetto.

Quando Pash lo sollecitò a fare il nome di quelli che l'avevano avvicinato, Oppenheimer si rifiutò educatamente, sostenendo che quelle persone erano sicuramente innocenti. «Posso solo dirle una cosa», continuò Oppenheimer. «Conosco due o tre casi, e sto pensando a due delle persone che sono con me a Los Alamos, persone che sono miei vecchi amici.» Queste due persone di Los Alamos lo avevano avvicinato separatamente, ma nella stessa settimana. Un terzo uomo, impiegato al Rad Lab, era già stato trasferito, o forse era in procinto di esserlo, al «Sito X», l'impianto del Progetto Manhattan a Oak Ridge, nel Tennessee. Questi contatti non erano arrivati attraverso Eltenton ma da un'altra persona, un uomo di cui però Oppenheimer si rifiutò di fare il nome perché «penso che sarebbe un errore», disse. Spiegò anche che era sua «onesta convinzione» che quell'uomo fosse innocente. Pensava che quell'uomo avesse incontrato per caso Eltenton a un ricevimento e che Eltenton gli avesse detto: «Pensa di potermi aiutare? Si tratta di una cosa importante perché sappiamo che si sta facendo un lavoro importante, e pensiamo che sarebbe sensato farlo sapere ai nostri alleati; forse potrebbe vedere se qualcuno di quei ragazzi avesse voglia di aiutarci in questa faccenda».

Oppenheimer, dopo aver identificato questo «terzo uomo» come un membro dell'Università di Berkeley, si rifiutò testardamente di dire di più, e insistette: «Penso di aver già detto da chi [Eltenton] ha preso avvio l'iniziativa e che tutte le altre cose sono puramente accidentali [...]». Oppenheimer aveva identificato Eltenton perché lo considerava «pericoloso per il nostro paese». Ma, allo stesso tempo, non voleva fare il nome del suo amico Hoke, della cui innocenza era convinto. «Potrebbe essere un'idea sbagliata pensare a un intermediario tra Eltenton e il progetto», disse Oppenheimer a Pash, «ma penso che questa sia la situazione. Non penso di dover sostenerlo. In realtà, lo so.»

Mentre si rifiutava di fare il nome di Chevalier o di altre persone, a parte quello di Eltenton, Oppie parlava liberamente e con grandi dettagli sui vari tipi di approccio dei suoi amici. Nel tentativo di inserirli tutti in un contesto benigno, disse a Pash: «Mi lasci delineare i fondamenti. Lei sa quanto siano difficili le relazioni tra noi e il nostro alleato, e quante siano le persone che non sono amiche della Russia. Quindi l'elemento fondamentale è che non forniamo a loro le informazioni, la maggior parte delle nostre informazioni segrete, il nostro radar e così via, anche se stanno combattendo per la loro sopravvivenza e vorrebbero avere un'idea di quello che sta succedendo qui; e farlo sarebbe giusto. In altre parole, le informazioni non vengono fornite a causa delle carenze della nostra comunicazione ufficiale. Questa è la forma in cui mi è stata presentata la questione».

«Ah, capisco», rispose Pash.

«Naturalmente», si affrettò a riconoscere Oppenheimer, «il fatto è che, fino a quando non c'è una comunicazione ufficiale, che sarebbe opportuno avviare, ogni informazione è un tradimento.» Ma lo spirito dell'approccio non è certo un tradimento, continuò Oppenheimer. Aiutare i nostri alleati sovietici è «più o meno la politica del nostro governo». Le persone di cui stiamo parlando stanno semplicemente cercando di compensare i «difetti» burocratici delle comunicazioni ufficiali con i russi. Quando aveva saputo dai suoi amici che erano stati avvicinati dal contatto di Eltenton, aveva cercato di organizzare un incontro con lui. Gli amici gli avevano detto che «quell'uomo, Eltenton [...] aveva contatti molto stretti con un funzionario dell'ambasciata [sovietica] legato al consolato, che era un giovane davvero affidabile (questa è la storia) e che aveva una lunga esperienza nel settore dei microfilm, o qualcosa di simile».[8]

«Informazioni segrete.» «Tradimento.» «Microfilm.» Oppenheimer aveva usato tutte queste parole, sicuramente allarmando Pash che già pensava a lui come a un grave rischio per la sicurezza, se non addirittura come a un incallito agente comunista. Pash non sarebbe mai riuscito a capire l'uomo che sedeva davanti a lui. Anche se lui e Oppenheimer vivevano in città vicine, provenivano da due mondi diversi. L'ufficiale dei servizi segreti, in passato allenatore di football in una scuola superiore, era rimasto sorpreso che Oppenheimer fosse così tranquillo mentre parlava di attività di possibile tradimento e che, con il medesimo atteggiamento confidenziale, potesse per principio rifiutarsi di fare il nome degli uomini che considerava innocenti.

Per certi versi, durante i sei mesi trascorsi dopo la sua conversazione con Chevalier, Oppenheimer era cambiato. Los Alamos l'aveva trasformato. Ora era il direttore del laboratorio della bomba, il responsabile scientifico sulle cui spalle poggiava il successo finale del progetto. Per altri versi, però, era ancora lo stesso fisico brillante e sicuro di sé che dimostrava ogni giorno di avere opinioni fondate su una gamma di questioni sorprendentemente ampia. Aveva capito che Pash doveva portare a termine il suo compito, ma era anche sicuro che poteva stabilire da solo chi fosse un rischio per la sicurezza (Eltenton) e chi no (Chevalier). Aveva anche spiegato a Pash la sua convinzione che «la partecipazione al movimento comunista non è compatibile con il lavoro a un progetto militare segreto solo perché le due fedeltà non possono convivere [assieme]».⁹ Disse inoltre a Pash «che pensava che parecchie persone brillanti e intelligenti avevano trovato qualcosa di interessante nel movimento comunista, e il fatto che probabilmente vi avevano anche partecipato forse poteva essere una cosa positiva per il paese. Ma spero che questo non abbia a che fare con il nostro progetto bellico [...]».¹⁰

Come solo poche settimane prima aveva già detto a Lansdale, la disciplina del partito sottoponeva i suoi membri alla pressione di una duplice realtà. Come esempio aveva citato Lomanitz, del quale lui ancora apprezzava «il senso di responsabilità». Lomanitz, aveva detto, «può essere stato imprudente in circoli [intendendo il Partito comunista] che potevano metterlo in difficoltà». Non dubitava che le persone spesso si avvicinassero a Lomanitz e che «potevano avere questa sensazione se parlavano di qualcosa cercando di farlo andare avanti [...]». Per questo motivo, le cose sarebbero state più semplici per tutti se si fosse stabilito che i comunisti non potevano partecipare a progetti bellici segreti.

Incredibilmente – col senno di poi – Oppenheimer aveva ripetutamente provato a convincere Pash che quasi tutte le persone coinvolte in questi contatti erano innocenti e con buone intenzioni. «Sono quasi sicuro che nessuna delle persone di qui – forse con la sola eccezione del russo, che però sta probabilmente facendo il suo dovere verso il suo paese –, che certamente proprio nessuno sta facendo quello che non si può fare; penso che molti abbiano affrontato la questione, e l'abbiano probabilmente considerata del tutto in linea con la politica del governo, e anche sicuramente possibile perché tanto c'è sempre qualcuno al Dipartimento di stato che può impedire comunicazioni di questo tipo.» Sottolineò che gli americani stavano scambiando alcune loro informazioni con gli inglesi, e quindi era naturale che molte persone pensassero che non c'era poi una grande differenza tra quella situazione e lo scambio di analoghe informazioni con i sovietici. «Ma se questo accadesse con i nazisti, sarebbe ovviamente una cosa ben diversa», disse a Pash.

Dal punto di vista di Pash, tutto questo era offensivo e, per di più, non aveva a che fare con il tema in discussione. Eltenton e almeno un'altra persona – l'innominato membro dell'università – cercavano di raccogliere informazioni sul Progetto Manhattan, e questo era spionaggio. Tuttavia Pash ascoltò pazientemente l'esposizione che Oppenheimer gli stava facendo della sua visione del problema della sicurezza, e poi cercò di riportare di nuovo il discorso su Eltenton e l'innominato intermediario. Pash spiegò in seguito che per lui era necessario far tornare Oppenheimer sui suoi passi, e poi sollecitarlo nuovamente perché facesse altri nomi. Ma Oppenheimer disse di nuovo che stava solo cercando di «comportarsi ragionevolmente» e di «tracciare una linea di confine» tra quelli, come Eltenton, che avevano preso l'iniziativa e quelli che avevano reagito negativamente a questi approcci.

Continuarono a discutere ancora a lungo. Pash cercò di usare un po' di ironia e disse: «Io non sono ostinato (ah, ah) ma...».

«Lei è ostinato», lo interruppe Oppenheimer, «e questo è il suo difetto.»

Verso la fine della discussione, Oppenheimer tornò alle sue precedenti opinioni a proposito di quell'associazione, la FAECT. La cosa più importante che Pash doveva sapere era che «in quella organizzazione vi erano alcune cose che dovevano essere controllate». Suggerì anche che «non sarebbe stato un errore introdurre un uomo nella sezione locale di quell'associazione per vedere che cosa stava accadendo e che cosa si poteva scoprire». Pash immediatamente raccolse questo suggerimento e gli chiese se conosceva qualcuno nell'associazione che fosse disposto a fare l'informatore. Ma lui rispose di no, e che aveva solo sentito dire che «un giovane di nome [David] Fox ne era il presidente».[11]

Oppenheimer poi chiarì a Pash che, come direttore a Los Alamos, era sicuro che «tutto fosse al cento per cento in ordine [...] e penso che questa sia la verità». Poi aggiunse in tono enfatico: «Sono pronto a essere cacciato se ho fatto qualcosa di sbagliato».

Quando Pash disse che voleva andare a visitare Los Alamos, Oppenheimer scherzò: «La mia risposta è "che Dio la benedica!"».[12] Quando Oppenheimer si alzò per andarsene, il registratore colse Pash mentre diceva «Buona fortuna» e Oppenheimer che rispondeva «Molte grazie».

Era stato uno spettacolo bizzarro, ma anche disastroso. Oppenheimer aveva segnalato il pericolo dello spionaggio, identificato Eltenton come il colpevole, descritto un innominato intermediario «innocente» e raccontato persino che quella persona innocente aveva contattato parecchi altri scienziati, che però erano anch'essi innocenti. Aveva garantito a Pash che era certo del suo giudizio, e per questo non aveva fatto nomi.

Val la pena di ricordare che, all'insaputa di Oppenheimer, questa conversazione fu registrata e poi trascritta, ed entrò a far parte del suo dossier sulla sicurezza. In seguito sostenne che il suo rapporto *sugli approcci* (che fossero due o tre non è chiaro) era stato approssimativo – una «frottola» di cui peraltro non sapeva spiegare l'origine – e che quindi non poteva costituire una prova che aveva mentito a Pash, o che aveva detto a Pash la verità e poi mentito. Ma, senza saperlo, era come se avesse innescato una bomba, che sarebbe poi esplosa un decennio più tardi.

Nel periodo immediatamente successivo all'incontro tra Oppenheimer e Pash, Lansdale e Groves si resero conto che avevano tra le mani un problema serio. Il 12 settembre 1943 Lansdale si incontrò con Robert per una lunga e schietta conversazione. Avendo letto la trascrizione dell'interrogatorio di Oppenheimer, era deciso a mettere in primo piano il presunto tentativo di spionaggio. Anche lui, di nascosto, registrò la conversazione.

Lansdale cominciò con un ovvio tentativo di blandire Oppenheimer. «Vorrei dirle, senza alcuna intenzione di lusingarla [...], che lei è probabilmente l'uomo più intelligente che abbia mai avuto il piacere di incontrare.»[13] Quindi confessò che non era stato del tutto corretto durante la loro precedente conversazione, ma che ora voleva essere «del tutto franco». Lansdale spiegò poi che «già da febbraio si sapeva che parecchie persone stavano passando informazioni su questo progetto al governo sovietico». Sostenne che i sovietici conoscevano le dimensioni del progetto, sapevano dell'esistenza degli impianti di Los Alamos, Chicago e Oak Ridge, e avevano un'idea, anche se approssimativa, dei tempi necessari per svilupparlo.

Oppenheimer sembrò davvero colpito da queste notizie. «Le garantisco che non ho mai saputo niente di tutto questo», disse a Lansdale. «Sapevo di un tentativo per ottenere informazioni che è stato fatto in passato, ma non ricordo quando, anche se ho cercato di ricordare.»

La conversazione si spostò poi sul ruolo del Partito comunista, e tutti e due concordarono sul fatto di aver saputo che faceva parte delle regole del partito che chiunque partecipasse a un lavoro bellico segreto doveva dare le dimissioni dal partito. Robert confessò che anche suo fratello Frank aveva rotto i suoi legami col partito. Inoltre, diciotto mesi prima, quando aveva cominciato a lavorare al progetto, Robert aveva raccomandato a Jackie, la moglie di Frank, che la smettessero di socializzare con gli iscritti al partito. «Se poi l'abbiano fatto davvero, proprio non lo so». Confessò anche che un po' lo impensieriva che gli amici di suo fratello fossero «davvero di sinistra, ma che pensava anche che non si poteva sempre considerare un contatto certo chi veniva da quella parte».

Lansdale a sua volta gli spiegò il suo modo di affrontare l'intero problema della sicurezza. «Lei sa bene come me», disse Lansdale, «quanto sia difficile dimostrare il comunismo.» Ma a prescindere da questo, il loro obiettivo era la costruzione dell'«aggeggio», e Lansdale disse che in realtà la fede politica di una persona non aveva importanza, ma solo se quella persona non stava contribuendo al progetto. Del resto, tutti stanno rischiando la loro vita per fare quel lavoro, e «noi dobbiamo proteggere le cose [il progetto] dalla morte». Ma tutte le volte che pensavano che qualcuno fosse coinvolto nello spionaggio, dovevano decidere se perseguirlo o se limitarsi semplicemente ad allontanarlo dal progetto.

A questo punto Lansdale menzionò quello che Oppenheimer aveva detto a Pash a proposito di Eltenton, e Oppenheimer ancora una volta disse che non considerava corretto fare il nome della persona che l'aveva avvicinato. Lansdale sottolineò che Oppenheimer aveva parlato di «tre persone del progetto» che erano state contattate, e che tutte e tre avevano detto a quell'intermediario «di andare al diavolo». Oppenheimer confermò. Allora Lansdale gli chiese come poteva essere sicuro che Eltenton non avesse avvicinato altri scienziati. «Non posso esserne sicuro», rispose Oppenheimer, «perché non so nulla di questa faccenda.» Aveva capito perché Lansdale considerava importante individuare il canale attraverso il quale era avvenuto il suo approccio iniziale, ma considerava profondamente sbagliato coinvolgere quell'altra persona.

«Ho esitato a citare qualsiasi altro nome perché gli altri nomi che avrei potuto segnalare non mi sembravano persone che potevano essere colpevoli di qualcosa [...]. Si tratta di persone che non possono essere state coinvolte in nessun modo. Per questo sono fermamente convinto che si tratti di una questione del tutto casuale e non sistematica.» Si sentiva infatti «giustificato» per non aver fatto il nome dell'intermediario «a causa del mio senso del dovere».

Cambiando argomento, Lansdale chiese a Oppenheimer di fare i nomi delle persone che a Berkeley lavoravano al progetto e che lui pensava fossero – o quanto meno fossero stati – membri del Partito comunista. Oppenheimer fece alcuni nomi. Disse che durante la sua ultima visita a Berkeley aveva saputo che sia Rossi Lomanitz sia Joe Weinberg erano stati membri del partito. Pensava che fosse iscritta al partito anche una segretaria di nome Jane Muir. Per quanto riguardava Los Alamos, aggiunse, sapeva che Charlotte Serber era stata iscritta al partito. E a proposito del suo caro amico Bob Serber: «Penso che sia possibile, ma non ne sono certo».

«E per quel che riguarda Dave Hawkins?» chiese Lansdale.

«È possibile, ma non so nulla.»

«Ora, le chiedo», disse Lansdale, «anche lei è stato membro del Partito comunista?»

«No», rispose Oppenheimer.

«Lei ha probabilmente fatto parte di qualche organizzazione di facciata della West Coast», suggerì Lansdale.*

«Solo per un po'», rispose Oppenheimer con noncuranza.

«Quindi vi considerate più o meno un compagno di strada?»

«Si, proprio così», rispose Oppenheimer. «La mia partecipazione a quelle organizzazioni è stata molto intensa ma molto breve.»

Lansdale chiese anche a Oppenheimer di spiegare perché, pur avendo avuto un breve periodo di intensa vicinanza, non si era mai iscritto al partito. Oppenheimer osservò che parecchie delle persone di cui avevano parlato erano entrate nel partito a causa di «un profondo sentimento del giusto e dello sbagliato». Alcune di queste persone, aggiunse Oppenheimer, «avevano un fervore profondo», qualcosa di simile a una vocazione religiosa.

«Ma non riesco a capire», lo interruppe Lansdale. «C'è un particolare che non è chiaro in questa faccenda. Non aderivano a nessuno dei grandi ideali [...]. Forse non aderivano al marxismo, però seguivano tutte le tortuosità e le svolte di una linea che serviva solo ad appoggiare la politica estera di un altro paese.»

Oppenheimer concordò dicendo: «Questo atteggiamento renderebbe tutti non solo dei fanatici [...]. Penso che sia assolutamente impensabile [...] la mia appartenenza al Partito comunista. [Per chiarezza, questo significava che per lui un'effettiva appartenenza al Partito comunista sarebbe stata "impensabile".] Nel periodo in cui sono stato coinvolto c'erano moltissime posizioni diverse in cui credevo appassionatamente, nella correttezza e negli obbiettivi del partito [...]».

Lansdale: «Posso chiederle a che periodo si riferisce?».

Oppenheimer: «Era il tempo della guerra di Spagna, fino al patto [tra nazisti e sovietici]».

---

* Durante l'audizione sulla sicurezza del 1954, queste parole furono attribuite a Oppenheimer. [*n.d.a.*]

Lansdale: «Fino al patto. Possiamo dire che è questa l'epoca in cui lei ha rotto?».
Oppenheimer: «*Io non ho mai rotto. Non avevo nulla da rompere.* Mi sono lentamente allontanato dall'organizzazione e da questo e da quello». (Con grande enfasi.)
Quando Lansdale fece ancora pressioni affinché rivelasse i nomi, Oppenheimer replicò: «Questo mi sembra un volgare stratagemma per coinvolgere qualcuno con cui ho scommesso dollari contro noccioline che non era coinvolto».
Lansdale chiuse l'intervista con un sospiro e disse «OK, signore».[14]

Due giorni più tardi, il 14 settembre 1943, Groves e Lansdale ebbero un'altra conversazione con Oppenheimer a proposito di Eltenton. Erano assieme su un treno in viaggio tra Cheyenne e Chicago, e Lansdale scrisse poi un appunto che riassumeva la conversazione. Groves tirò fuori l'affare Eltenton, ma Oppenheimer disse che avrebbe nominato l'intermediario soltanto se glielo avessero ordinato. Un mese più tardi, Oppenheimer si rifiutò ancora una volta di fare quel nome. Ma, curiosamente, Groves accettò la posizione di Robert. La attribuì «al tipico atteggiamento da studente americano che aveva Oppenheimer, l'atteggiamento per cui c'è sempre qualcosa di moralmente sbagliato nel parlare male di un amico». Pressato dall'FBI per ulteriori informazioni sull'intero affare, Lansdale disse che sia lui che Groves «pensavano che Oppenheimer stesse dicendo la verità [...]».[15]

Molti dei subalterni di Groves non erano d'accordo con la sua fiducia in Oppenheimer. Già nel settembre 1943 Groves aveva avuto una conversazione con un altro degli ufficiali incaricati della sicurezza del Progetto Manhattan, James Murray. Irritato dal fatto che alla fine a Oppenheimer fosse stato consentito l'accesso alla segretezza, Murray sottopose un'ipotetica questione a Groves. Supponiamo che si scopra che a Los Alamos venti individui possano essere definiti comunisti e che questa realtà sia sottoposta a Oppenheimer. Come reagirebbe Oppenheimer? Groves replicò che il dottor Oppenheimer sapeva che tutti gli scienziati sono di tendenze liberali, per cui questa cosa non l'avrebbe certamente allarmato. Poi Groves raccontò a Murray una storia.

Disse che alcuni mesi prima era stato chiesto a Oppenheimer di firmare una dichiarazione per accedere alla segretezza che, tra le altre cose, prevedeva l'impegno a «essere sempre leale con gli Stati Uniti».

Oppenheimer aveva firmato l'impegno, ma prima aveva cancellato proprio quelle parole e scritto che impegnava «la sua reputazione di scienziato». Anche se personalmente giurare «lealtà» poteva sembrargli ripugnante, tuttavia Oppenheimer garantiva la sua assoluta affidabilità come scienziato. La sua era stata senz'altro un'azione arrogante, ma necessaria perché a Groves fosse chiaro che la scienza era l'unico altare davanti al quale Oppenheimer poteva pregare e al quale aveva affidato senza riserve la sua fiducia nel successo del progetto.

Groves spiegò poi a Murray che era certo che Oppenheimer avrebbe considerato ogni possibile attività sovversiva a Los Alamos come un tradimento alla sua persona. «In altre parole», disse Groves, «non si tratterebbe di un problema per la sicurezza del paese, ma piuttosto di una persona che sta lavorando contro OPP [Oppenheimer], per cercare di impedirgli di ottenere proprio quella reputazione che vuole conquistarsi grazie al raggiungimento completo degli obbiettivi del progetto.»[16] Agli occhi di Groves, le ambizioni personali di Oppenheimer garantivano la sua lealtà. Secondo gli appunti sulla conversazione raccolti da Murray, Groves gli spiegò che «la moglie di Oppenheimer sta facendo pressioni su di lui perché diventi famoso; che l'opinione di sua moglie è che [Ernest] Lawrence sia al centro dell'attenzione e che in questo settore abbia finora ricevuto tutti gli onori, mentre sarebbe toccato riceverli piuttosto al dottor OPP, poiché lei pensa che suo marito li meritasse di più […] e che questa occasione sia la più grande possibilità per il dottore di guadagnare una fama per sé stesso nella storia del mondo». Per questo motivo, concluse Groves, «si può essere certi che continuerà a essere fedele agli Stati Uniti […]».

La forte ambizione era una caratteristica in cui Groves credeva, e che rispettava. Si trattava di una caratteristica che condivideva con Oppie, e assieme avevano un unico scopo davvero eccezionale: costruire un'arma del tutto nuova che avrebbe consentito di sconfiggere il fascismo e di vincere la guerra.

Groves si considerava un buon giudice dei caratteri, e in Oppenheimer credeva di aver individuato un uomo di assoluta integrità. Per di più sapeva anche che, senza altri nomi, l'indagine condotta da FBI ed Esercito sul caso Eltenton non sarebbe arrivata a nessun risultato. Per questo, solo agli inizi del dicembre 1943, Groves decise di obbligare Oppenheimer a fare il nome dell'intermediario che lo aveva avvicinato per girargli la richiesta di Eltenton. Oppenheimer, che si era impegnato a rispondere con franchezza solo se gli veniva ordinato, fece il nome di Chevalier, anche se con riluttanza, insistendo però sul fatto che questo amico non era pericoloso, e che sicuramente non era una spia. Mettendo assieme a queste informazioni quello che Robert aveva detto a Pash il 26 agosto, il 13 dicembre il colonnello Lansdale scrisse all'FBI: «Il professor J.R. Oppenheimer ha confermato che tre partecipanti al progetto DSM [la vecchia sigla che indicava il progetto della bomba*] gli hanno detto che sarebbe stato avvicinato da un imprecisato professore dell'Università della California il quale gli avrebbe chiesto di fare dello spionaggio». Lansdale disse che, quando gli era stato ordinato di fare il nome del professore, Oppenheimer aveva identificato Chevalier come intermediario. La lettera di Lansdale non menzionava altri nomi, sia perché Oppenheimer continuava a rifiutarsi di fare il nome delle tre persone che Chevalier aveva avvicinato, sia più probabilmente perché Groves gli aveva chiesto solo il nome dell'intermediario. Questo fatto aveva tanto irritato l'FBI che due mesi più tardi, il 25 febbraio 1944, furono fatte nuove pressioni su Groves affinché convincesse Oppenheimer a rivelare il nome degli «altri scienziati» avvicinati. Groves probabilmente non ebbe difficoltà a rispondere a questa richiesta, ma l'FBI non riuscì a trovare la risposta nei suoi archivi.

In perfetto stile *Rashomon*, c'è però ancora un'altra versione di questa storia. Il 5 marzo 1944, l'agente dell'FBI William Harvey scrisse un breve memorandum intitolato *Cinrad*. «Nel marzo 1944**», riferiva Harvey, «il generale Leslie Groves ha avuto con Oppenheimer una conversazione alla fine della quale lo scienziato affermò che solo una persona era stata avvicinata da Chevalier, e che quella persona era suo fratello, Frank Oppenheimer.» In questa versione si sosteneva che Chevalier aveva avvicinato Frank – e non Robert – nell'autunno del 1941. Si affermava anche che Frank aveva subito avvisato il fratello, il quale aveva immediatamente telefonato a Chevalier e «l'aveva mandato all'inferno».[17]

Un coinvolgimento di Frank avrebbe ovviamente posto la vicenda in una luce diversa. La storia però è non soltanto problematica, ma sicuramente non corretta. Perché Chevalier avrebbe dovuto avvicinare

---

* Acronimo di *Development of Substitute Materials*, Sviluppo di materiali sostitutivi. Questo nome fu quasi immediatamente cambiato in *Manhattan Engineering District* (MED), Distretto tecnico Manhattan, che divenne poi semplicemente "Progetto Manhattan". [*n.d.t.*]
** Harvey probabilmente non conosceva la data esatta. [*n.d.a.*]

Frank, che conosceva appena, invece di Robert, che era un suo grande amico? E sembra proprio ridicolo che nell'autunno del 1941 qualcuno chiedesse a Frank informazioni su un progetto che sarebbe partito solo nell'estate del 1942, e non certo prima. Tuttavia, durante i loro interrogatori condotti simultaneamente da parte dell'FBI, sia Chevalier che Eltenton confermarono che la conversazione nella cucina di Eagle Hill era stata tra Oppenheimer e Chevalier, e che era avvenuta nell'inverno 1942-43. Inoltre, il memorandum di Harvey del 5 marzo è l'unico tra i documenti dell'epoca che menziona Frank Oppenheimer. Infatti, dopo aver cercato nei suoi archivi, l'FBI segnalava che «la fonte originaria della vicenda che coinvolge Frank Oppenheimer non è stata mai indicata negli archivi dell'agenzia».[18] Tuttavia, poiché il rapporto di Harvey era entrato a far parte del dossier dell'FBI su Oppenheimer, anche questa parte della storia acquistò una notevole importanza.*

---

* Nel corso degli anni, alcuni importanti storici come Richard Rhodes, Gregg Herken e Richard G. Hewlett e Jack M. Holl hanno sostenuto che Frank Oppenheimer sia stato in qualche modo coinvolto nella vicenda Eltenton. [*n.d.a.*]

18. «Suicidio, motivo sconosciuto»

Sono disgustata da tutto [...].
Jean Tatlock, gennaio 1944

Nell'autunno del 1943, il tenente colonnello Boris Pash aveva trascorso due mesi pieni di frustrazioni nel suo tentativo di scoprire chi aveva interpellato Oppenheimer per il passaggio di informazioni al Consolato sovietico. Lui e i suoi agenti avevano ripetutamente interrogato parecchi studenti e docenti di Berkeley, ma senza alcun risultato. Pash era stato così determinato e accanito nelle sue indagini – e così ostile nei confronti di Oppenheimer – che alla fine Groves si convinse che Pash stava sprecando il suo tempo, e anche risorse dell'Esercito, in un'indagine che non avrebbe mai portato a nulla. Era questo che, agli inizi del dicembre 1943, aveva finalmente convinto Groves a ordinare a Oppenheimer di fare il nome del suo contatto, Chevalier. Nella stessa occasione, Groves decise che il talento di Pash poteva essere utilizzato in altro modo. In novembre fu infatti nominato comandante di una missione segreta, nome in codice Alsos, che aveva il compito di stabilire lo stato del programma del regime nazista per la bomba atomica attraverso la cattura degli scienziati tedeschi. Pash venne trasferito a Londra, dove dedicò i successivi sei mesi a organizzare una squadra supersegreta di scienziati e militari che avrebbe seguito le truppe alleate in Europa. Ma anche dopo la partenza di Pash, i suoi amici dell'ufficio dell'FBI di San Francisco continuarono a controllare le telefonate di Jean Tatlock dal suo appartamento a Telegraph Hill. Nonostante il passare dei mesi, non riscontrarono nulla che potesse confermare i loro sospetti che la giovane psichiatra fosse il canale usato da Oppenheimer (o da altri) per passare informazioni ai sovietici. Ma dal quartier generale dell'FBI a Washington nessuno ordinò loro di interrompere i controlli.

Agli inizi del 1944 – poco dopo il periodo delle vacanze invernali – la Tatlock era nel pieno di uno dei suoi periodi di grande depressione. Lunedì 3 gennaio era andata a trovare nella sua casa di Berkeley il padre, John Tatlock, che l'aveva trovata «molto abbattuta». Quel giorno, prima di lasciarlo, aveva promesso che la sera dopo gli avrebbe telefonato. La sera di martedì, non avendo ricevuto la chiamata, il padre provò a telefonarle, ma Jean non rispose. John Tatlock richiamò di nuovo la figlia il mercoledì mattina e, non ricevendo risposta, decise di andare al suo appartamento a Telegraph Hill. Arrivò alle 13.00 circa e suonò al campanello, ma nessuno rispose. A quel punto il professor Tatlock, nonostante avesse settantasette anni, si arrampicò fino a una finestra.

All'interno dell'appartamento vide il corpo di Jean «riverso su una pila di cuscini in fondo alla vasca da bagno, con la testa immersa nell'acqua».[1] Non si sa per quale ragione, ma il professor Tatlock non chiamò la polizia. Invece, entrò nella casa, sollevò la figlia e la distese sul divano del salotto. Sulla tavola da pranzo trovò un breve testo che annunciava il suicidio, non firmato e scritto a matita sul retro di una busta. Ne lesse l'inizio: «Sono disgustata da tutto [...]. Da quelli che mi hanno amato, ho sempre avuto amore e coraggio. Volevo vivere e donare e invece, non so perché, sono rimasta paralizzata. Ho cercato in tutti i modi di capire, ma non ci sono riuscita [...]. Per tutta la vita credo di essermi assunta tutte le mie responsabilità, perché speravo di poter almeno eliminare le delusioni di un'anima paralizzata da un mondo così aggressivo. Poi le parole si trasformavano in un unico scarabocchio illeggibile.

Sconvolto, Tatlock cominciò a rovistare nell'appartamento. Alla fine trovò una catasta di lettere private di Jean e alcune fotografie. Tutto quello che leggeva in quelle lettere gli fece decidere di accendere il fuoco nel caminetto. Con la figlia morta sdraiata sul divano dietro di lui, bruciò metodicamente tutta la sua corrispondenza e parecchie fotografie. Passarono molte ore. La prima telefonata che fece fu a un'impresa funebre, e alla fine qualcuno dell'impresa chiamò la polizia. Alle 17.30, quando i poliziotti arrivarono assieme al sostituto procuratore, la carta stava ancora bruciacchiando nel caminetto. Tatlock disse alla polizia che le lettere e le fotografie erano appartenute a sua figlia. Erano passate quattro ore e mezza da quando aveva scoperto il suo corpo.

Il comportamento del professor Tatlock era stato, per così dire, insolito. Ma i parenti che si trovano di fronte al suicidio di una persona amata spesso si comportano in modo strano. Tuttavia il fatto che abbia cercato metodicamente in tutto l'appartamento suggerisce che forse sapeva che c'era qualcosa da cercare. Chiaramente, tutto quello che aveva letto nelle lettere di Jean l'aveva convinto a distruggerle. Non si trattava però di questioni politiche, perché Tatlock simpatizzava con molti degli ideali politici della figlia.[3] Le sue motivazioni potevano essere derivate solo da qualcosa di più personale.

Il rapporto del procuratore stabilì che la morte era avvenuta all'incirca dodici ore prima. Jean era morta in qualche momento della sera di martedì 4 gennaio 1944. Il suo stomaco conteneva «resti di cibo semisolido ingerito da poco» e un'indefinita quantità di farmaci. Nell'appartamento fu trovata una confezione con l'etichetta «Nembutal C Abbott», che conteneva ancora due pastiglie del medicinale. C'era anche un'altra confezione con l'etichetta «Codeina 0,5 g», che conteneva solo tracce di polvere bianca. La polizia trovò anche una piccola scatola con l'etichetta «Racefedrina idrocloruro Upjohn 0,03 g», che conteneva ancora undici capsule. Il Dipartimento di tossicologia condusse per conto della procura un'analisi dei contenuti dello stomaco, e trovò «derivati acidi di barbiturici, un derivato dell'acido salicilico e deboli tracce di cloralio idrato (non confermate)». La causa reale della morte era «edema polmonare acuto con conseguente congestione».[4] Quindi Jean era affogata nella sua vasca.

Nel febbraio 1944, dopo un'inchiesta formale, la giuria stabilì che la morte di Jean Tatlock era «Suicidio, motivo sconosciuto».[5] I giornali riportarono che nell'appartamento era stato trovato un conto di 732,50 dollari intestato al suo analista, il dottor Siegfried Bernfeld, una prova che «aveva parlato delle sue difficoltà con uno psicologo». In realtà, in quanto psichiatra in formazione, Jean doveva sottoporsi ad analisi e pagare lei stessa direttamente le sedute. Se i ricorrenti episodi di depressione maniacale l'avevano portata al suicidio, era una cosa tragica. Ma stando a quanto dicevano tutti gli amici, nella sua vita Jean aveva raggiunto un nuovo equilibrio. I suoi successi erano notevoli. I suoi colleghi al Mount Zion Hospital – il più importante centro di formazione di psichiatria analitica nella California del nord – la consideravano una persona di «straordinario successo» ed erano rimasti sciocchati alla notizia che si era tolta la vita.

Quando la sua amica d'infanzia Priscilla Robertson seppe della morte di Jean, le scrisse una lettera postuma nella quale cercava di capire quello che era successo. La Robertson non pensava che un «grande dolore personale» avesse spinto Jean al suicidio. «Per te che non hai mai avuto bisogno di un grande affetto, l'insaziabile brama era la creatività. E il tuo grande desiderio era solo quello di raggiungere la perfezione, non per semplice orgoglio ma per poter disporre di uno strumento adatto a servire il mondo. Quando ti sei accorta che, alla sua conclusione, la tua formazione medica non ti aveva dato tutto il potere per fare il bene come avevi sperato, quando ti sei ritrovata immersa nella piccola routine della normalità ospedaliera, e nella profonda confusione che la guerra provocava nella vita dei tuoi pazienti, una confusione molto al di là del potere dei medici di risolverla, allora ti sei rivolta, nei tuoi ultimi istanti, ancora una volta alla psicanalisi.»[6] La Robertson supponeva che forse la causa del suicidio era stata proprio questa esperienza «che purtroppo porta sempre allo sconforto introspettivo», e che solleva sempre tormenti «troppo profondi per essere superati».

La Robertson e molti altri amici non pensavano che la Tatlock dovesse combattere per fronteggiare questioni che avevano a che fare con i suoi problemi sessuali. Jackie Oppenheimer riferì in seguito che una volta Jean le aveva detto che il suo psicanalista aveva individuato in lei latenti tendenze omosessuali.[7] A quel tempo gli analisti freudiani consideravano l'omosessualità una condizione patologica che andava superata.

Qualche tempo dopo la morte di Jean, una delle sue amiche, Edith Arnstein Jenkins, fece una passeggiata con Mason Roberson, un redattore del «People's World». Roberson aveva conosciuto Jean molto bene e aveva detto alla Jenkins che gli aveva confessato di essere una lesbica. Gli aveva anche detto che nello sforzo di superare la sua attrazione per le donne «andava a letto con qualsiasi "bullo" che riusciva a trovare».[8] Questo portò la Jenkins a ricordarsi di un'occasione in cui, durante un fine settimana, una mattina era entrata nella casa di Sasha Road e aveva visto Mary Ellen Washburn e Jean Tatlock che «con un giornale in mano, fumavano sdraiate sul letto a due piazze di Mary Ellen». La cosa le aveva subito fatto pensare a una relazione lesbica. In seguito la Jenkins scrisse nelle sue memorie che «sembrava che Jean avesse bisogno di Mary Ellen»,[9] e citò la Washburn che diceva «la prima volta che ho incontrato Jean, sono stata colpita dal suo [ampio] petto e dalle sue larghe anche».

Quando seppe della morte della Tatlock, Mary Ellen Washburn aveva un buon motivo per essere sconvolta. Confidò infatti a un amico che Jean l'aveva chiamata la notte prima di morire e le aveva chiesto di andare da lei. Jean le aveva detto che si sentiva «molto depressa». Impossibilitata ad andare da lei quella notte, Mary Ellen fu comprensibilmente presa dal rimorso e si sentì colpevole.[10]

Il fatto che uno si tolga la vita diventa invariabilmente una questione imponderabile, un mistero della vita stessa. Il suicidio di Jean Tatlock provocò un profondo smarrimento in Oppenheimer. Aveva investito gran parte di sé in quella giovane donna. Aveva cercato di sposarla e, anche dopo il suo matrimonio con Kitty, era rimasto un suo amico leale in tutte le circostanze, oltre che un amante occasionale. Aveva trascorso molte ore camminando con lei e parlando dei problemi della sua depressione. E ora se ne era andata: lui aveva fallito.

Il giorno dopo la scoperta del suicidio,[11] la Washburn telefonò ai Serber a Los Alamos. Quando Serber andò a portare a Oppenheimer la cattiva notizia, si accorse che già ne era a conoscenza. «Era profondamente addolorato», ricordava Serber.[12] Poi Oppenheimer lasciò la casa e se ne andò per una delle sue lunghe e solitarie camminate tra gli abeti che circondavano Los Alamos. A causa di quello che sapeva sullo stato psicologico di Jean durante quegli anni, Oppenheimer si trovava immerso in un mare di sentimenti contrastanti. Assieme al rimpianto, alla rabbia, alla frustrazione e a una profonda amarezza, aveva sicuramente una sensazione di rimorso, e forse di colpa. Per lui Jean era diventata «un'anima paralizzata», e forse era stata proprio la sua incombente presenza nella vita di lei che aveva in qualche modo contribuito a quella paralisi.

Per motivi di amore e di pietà, era diventato un personaggio chiave della struttura psicologica di sostegno a Jean, ma poi era svanito misteriosamente nel nulla. Aveva tentato di mantenere un collegamento, ma dopo il giugno 1943 gli era diventato chiaro che non poteva continuare la sua relazione con Jean senza mettere a rischio il suo lavoro a Los Alamos. Era stato intrappolato dalle circostanze. Aveva degli obblighi verso una moglie che amava e verso un figlio. Aveva delle responsabilità di fronte ai suoi colleghi a Los Alamos. Da questo punto di vista si era comportato con ragionevolezza. Ma agli occhi di Jean tutto questo poteva apparire come un'ambizione che aveva troncato un amore. Da questo punto di vista, il caso Jean Tatlock può essere considerato il primo incidente nel corso della direzione di Oppenheimer a Los Alamos.

Nei giornali di San Francisco il suicidio della Tatlock divenne una notizia da prima pagina. Quella mattina l'ufficio dell'FBI di San Francisco mandò un telegramma a J. Edgar Hoover che conteneva un riassunto di quello che era stato pubblicato dai giornali. Il telegramma concludeva: «Nessuna azione diretta è stata intrapresa da questo ufficio a causa di una possibile pubblicità sfavorevole. Le indagini dirette saranno fatte con discrezione e cautela, ma l'ufficio ne sarà informato».[13]

Da allora, moltissimi storici e giornalisti si sono occupati del suicidio della Tatlock.[14] Secondo il procuratore, la Tatlock aveva mangiato un pasto completo poco prima della sua morte. Forse la sua intenzione era stata quella di prendere i farmaci per poi annegarsi, come aveva detto uno dei medici, perché il cibo non digerito aveva rallentato la metabolizzazione dei farmaci. Dall'autopsia non risultava che i barbiturici avessero raggiunto il fegato o altri organi vitali. Al contrario, come si è detto in precedenza, l'autopsia aveva stabilito che la causa della morte era asfissia da annegamento. Queste strane circostanze erano abbastanza sospette, ma le inquietanti informazioni contenute nell'autopsia rimandavano piuttosto al fatto che la procura aveva trovato «deboli tracce di cloralio idrato» nell'organismo. Se somministrato con alcool, il cloralio idrato è l'ingrediente attivo di quello che è comunemente chiamato «Mickey Finn», la goccia che stende. In breve, come molti hanno ipotizzato, a Jean potrebbe essere stato «dato un Mickey», per poi poterla spingere nella sua vasca.

Il rapporto del procuratore indica però che nel suo sangue non era stato trovato alcool. (Ma il procuratore aveva trovato dei danni al pancreas, il che indicava che la Tatlock era stata una forte bevitrice.) Alcuni medici esperti nei meccanismi del suicidio – che hanno letto il rapporto sull'autopsia della Tatlock – affermano che è possibile che si sia annegata da sola. Secondo questa ipotesi, la Tatlock avrebbe consumato il suo ultimo pasto assieme ad alcuni barbiturici per raggiungere la sonnolenza, e poi avrebbe preso il cloralio idrato per stordirsi mentre si immergeva nella vasca. Se la dose di cloralio idrato fosse stata abbastanza forte, la Tatlock avrebbe potuto immergere la testa nell'acqua della vasca e non avrebbe ripreso i sensi. Sarebbe quindi morta per asfissia. L'«autopsia psicologica» della Tatlock traccia il profilo di un individuo di alto livello, sofferente di «depressione tardiva». Come tutti gli psichiatri che lavorano in un ospedale, Jean aveva facile accesso a potenti sedativi, compreso il cloralio idrato. Val la pena di segnalare che un medico che stava esaminando gli incartamenti della Tatlock disse: «Se siete intelligente e volete ammazzare qualcuno, questa è la strada giusta».[15]

Alcune persone, tra le quali il fratello di Jean, il dottor Hugh Tatlock, hanno continuato a indagare sulla strana vicenda di quella morte.[16] La possibilità che lei si fosse davvero suicidata divenne molto più sospetta nel 1975, dopo che furono resi pubblici i risultati delle udienze della Commissione Church del Senato americano sulla pianificazione degli assassinî prevista dalla CIA. Una delle testimonianze più rilevanti fu ovviamente quella dell'incontenibile Boris Pash, che aveva diretto non solo le intercettazioni sul telefono di Jean ma aveva anche suggerito di interrogare Weinberg, Lomanitz, Bohm e Friedman «alla maniera russa»,[17] e poi di buttare i loro corpi in mare.

Dal 1949 al 1952 Pash era stato a capo del Settore 7 del programma della CIA (PB/7*), un'unità operativa speciale all'interno dell'Ufficio per il coordinamento della politica (OPC**), l'originario servizio clandestino della CIA. Il capo di Pash, il direttore della pianificazione delle operazioni dell'OPC, disse agli investigatori del Senato che l'unità PB/7 del colonnello Pash era responsabile di assassini e di rapimenti, oltre che di altre «operazioni speciali». Pash negò che gli fosse stato delegato il potere di assassinare, ma riconobbe che era «comprensibile» che altri membri della CIA «potessero avere l'impressione che la mia unità avesse la possibilità di pianificare queste cose».[18] Il 26 dicembre 1975 E. Howard Hunt jr., un ex funzionario della CIA, riferì al «New York Times» che verso la metà degli anni Cinquanta aveva informato i suoi superiori che Boris T. Pash era al comando di un'unità speciale responsabile degli «assassinî di agenti segreti sospetti di doppio gioco, ma anche di analoghi funzionari di basso livello [...]».

Nonostante la CIA affermasse che non vi erano documenti che provavano gli assassinî, la Commissione del senato concluse che all'unità di Pash era stata assegnata «la responsabilità di assassinî e rapimenti». Per esempio, era stato documentato che agli inizi degli anni Sessanta, quando lavorava alla Divisione dei servizi tecnici della CIA, Pash era stato coinvolto nel tentativo di progettare sigari avvelenati destinati a Fidel Castro.

Ovviamente il colonnello Borish Pash, un veterano dell'antibolscevismo che si era trasformato in ufficiale del controspionaggio, avrebbe tutte le credenziali necessarie per commettere un assassinio in un romanzo sulla guerra fredda.[19] Ma nonostante questo colorito riassunto, nessuno è stato in grado di portare delle prove che lo collegassero alla morte della Tatlock. Tuttavia, nel gennaio del 1944, Pash fu trasferito a Londra. La lettera non firmata di Jean sul suicidio suggerisce che si sia davvero suicidata – perché «anima paralizzata» – e questo è sicuramente quello che pensava Oppenheimer.

---

* Acronimo di *Program Branch 7*. [*n.d.t.*]
** Acronimo di *Office of Policy Coordination*. [*n.d.t.*]

19. «Ti piacerebbe adottarla?»

*Qui a Los Alamos ho trovato lo spirito
di Atene, di Platone, di una repubblica ideale.*
James Tuck

Los Alamos fu sempre un'anomalia. Ben pochi erano quelli oltre i cinquant'anni, e l'età media era attorno ai venticinque. «Non c'erano invalidi, né parenti acquisiti, né disoccupati, né ricchi oziosi né poveri», scrisse Bernice Brode nelle sue memorie.[1] Le patenti di tutti avevano un numero, ma nessun nome, e l'indirizzo era semplicemente P.O. Box 1663. Circondata da un filo spinato, al suo interno Los Alamos aveva trasformato se stessa in una comunità indipendente di scienziati, sponsorizzata e protetta dall'Esercito degli Stati Uniti. Ruth Marshak così ricordava il suo arrivo a Los Alamos: «Mi sentii come se un grande portone si fosse improvvisamente chiuso alle nostre spalle. Il mondo di amici e di famiglie che avevo conosciuto non mi sembrava più vero».[2]

Nel primo inverno, era il 1943-44, la neve arrivò presto e rimase a lungo. «A Pueblo solo i più vecchi si ricordavano di così tanta neve che si fosse fermata per un periodo così lungo», scrisse un abitante del luogo che vi risiedeva da molto tempo.[3] Certe mattine la temperatura scendeva ben sotto lo zero, decorando la valle con una fitta nebbia. Ma la durezza dell'inverno serviva solo a far crescere la bellezza naturale dell'altopiano, e a unire i cittadini che vi si erano trasferiti a quel nuovo strano paesaggio mistichegginante. Alcuni dei residenti a Los Alamos sciavano fino a maggio. Quando finalmente la neve si scioglieva, sulle colline infradiciate cominciavano a fiorire molte piante selvatiche. Quasi ogni giorno, sia in primavera che in estate, verso la fine del pomeriggio sulle montagne per un paio d'ore infuriavano forti temporali che raffreddavano il terreno. Stormi di azzurrini, migliarini e pipili si posavano sui pioppi verde-chiaro attorno a Los Alamos. «Imparammo a osservare la neve sui monti del Sangre de Cristo e a guardare i cervi nel Water Canyon», scrisse più tardi Phil Morrison con un lirismo che rifletteva l'attaccamento emotivo al territorio che aveva conquistato molti residenti. «Avevamo scoperto che sugli altopiani e nelle valli c'era una cultura antica e strana; c'erano i nostri vicini, il popolo dei Pueblo, ma anche le caverne del Canyon Otowi, che ci ricordavano che anche altri uomini avevano cercato l'acqua in quel terreno secco.»[4]

Los Alamos era un campo militare, ma aveva anche molte caratteristiche di una località turistica di montagna. Poco prima di arrivare,[5] Robert Wilson aveva finito di leggere *La montagna incantata* di Thomas Mann, e ogni tanto si sentiva come trasportato in quel luogo magico. Era un «periodo d'oro», disse il fisico inglese James Tuck: «Qui a Los Alamos ho trovato lo spirito di Atene, di Platone, di una repubblica ideale».[6] Era «un'isola nel cielo»[7] oppure «Shangri-la», come la soprannominarono alcuni nuovi arrivati.

In soli pochi mesi a Los Alamos si creò tra i residenti un forte senso di comunità, e molte donne diedero fiducia a Oppenheimer. Sin dagli inizi, in un sussulto di democrazia partecipativa, lui creò un Consiglio cittadino che, in seguito, fu composto da membri regolarmente eletti; anche se non aveva poteri formali, si riuniva regolarmente e aiutò Oppenheimer a confrontarsi con i bisogni della comunità. Qui si dava sfogo alle lamentele per le carenze della vita mondana: la qualità del cibo PX*, le condizioni abitative e le multe per sosta vietata. Alla fine del 1943 a Los Alamos c'era una stazione radio di bassa potenza che trasmetteva notiziari, annunci per la comunità e musica, quest'ultima tratta in parte dalla grande collezione di registrazioni di musica classica di Oppenheimer. A poco a poco fece sapere che capiva e apprezzava i sacrifici che tutti stavano facendo. Malgrado l'assenza di privacy, le spartane condizioni di vita e le ricorrenti mancanze d'acqua, di latte e anche di elettricità, Robert aveva infettato gli abitanti con il suo particolare senso di fervore giocoso. «In questa casa siete quasi tutti matti», Oppie disse un giorno a Bernice Brode.[8] «Credo che possiate andare molto d'accordo.» (I Brode vivevano in un appartamento sopra quelli di Cyril e Alice Kimball Smith e di Edward e Mici Teller.) Quando il locale gruppo teatrale[9] mise in scena *Arsenico e vecchi merletti*, la commedia di Joseph Kesselring, gli spettatori rimasero sbalorditi e affascinati nel vedere Oppenheimer, ricoperto di fari-

---

* PX sigla (da *Post exchange*) con cui si indicano genericamente gli spacci militari americani. [*n.d.t.*]

na bianca e rigido come un cadavere, trascinato sul palcoscenico e abbandonato sul pavimento accanto alle altre vittime della commedia. E quando, nell'autunno del 1943, una giovane donna, moglie del leader di un gruppo, morì improvvisamente per una misteriosa paralisi – e la comunità temeva fosse poliomielite – Oppenheimer fu il primo ad andare a trovare il marito in gramaglie.

A casa, Oppenheimer faceva il cuoco. Gli piacevano i piatti caldi esotici come il *nasi goreng*, ma i suoi piatti preferiti comprendevano bistecche, asparagi e patate, preceduti da gin e limone o martini. Il 22 aprile 1943 organizzò il primo grande ricevimento sull'altopiano per festeggiare il suo trentanovesimo compleanno. Servì ai suoi ospiti del martini molto secco e cibo raffinato, anche se le porzioni erano sempre piuttosto scarse. «L'alcool ti portava oltre i duemila metri», ricordava il dottor Louis Hempelmann, «per cui tutti, comprese le persone più sobrie come Rabi, non avevano più nessuna preoccupazione».[10] Oppie ballava il fox-trot alla sua solita maniera, all'antica, tenendo il braccio sempre sollevato. Quella notte Rabi divertì tutti quando tirò fuori il suo pettine per suonarlo come un'armonica.

Kitty non volle che le fosse attribuito il ruolo sociale di moglie del direttore. «Kitty indossava sempre i blue jeans e camicette Brooks Brothers da ragazza», ricordava uno degli amici di Los Alamos.[11] Agli inizi lavorava part-time come tecnico di laboratorio sotto la supervisione del dottor Hempelmann, il cui incarico era quello di studiare i pericoli delle radiazioni per la salute. «Era terribilmente autoritaria», ricordava lui.[12] Ogni tanto invitava fuori a pranzo dei vecchi amici di Berkeley, ma raramente ospitava in casa dei ricevimenti. Invece a Deke e Martha Parsons, i vicini di casa degli Oppenheimer, piaceva l'intrattenimento e organizzarono molti di questi eventi. Oppie incoraggiava tutti a lavorare sodo e a divertirsi molto. «Di sabato facevamo i pensionati», scrisse Bernice Brode, «la domenica andavamo a fare passeggiate, il resto della settimana lavoravamo.»

Al sabato sera, la sala era spesso gremita da danzatori *country*, con gli uomini in jeans, stivali da cowboy e camicie colorate, e le donne in abiti lunghi e ampie sottogonne. Non deve sorprendere che le residenze degli scapoli ospitassero le feste più chiassose. Simili a feste studentesche, erano alimentate da misture fatte per metà da alcool da laboratorio e per metà da succo di pompelmo, mescolati in bidoni militari da 130 litri e raffreddati con pezzi fumanti di ghiaccio secco. Spesso uno degli scienziati più giovani, Mike Michnoviicz, suonava la sua fisarmonica mentre tutti ballavano.

Talvolta alcuni fisici organizzavano dei concerti di pianoforte e violino. Per questi incontri del sabato sera Oppenheimer si vestiva a festa, indossando uno dei suoi completi di tweed. Era sempre al centro dell'attenzione. «Se si era in una grande sala», ricordava Dorothy McKibbin, «il gruppo più grande di persone si aggirava attorno a qualcosa, e se riuscivi a guardare fino a lì in mezzo vedevi Oppenheimer. Era un'attrazione delle feste, e tutte le donne lo adoravano.»[13] In un'occasione, qualcuno propose una festa a tema: *Travestitevi con un desiderio represso*. Oppie arrivò indossando il suo solito vestito, ma con un tovagliolo avvolto attorno alla manica, quasi a significare che desiderava fare il cameriere. Si trattava di una posa indubbiamente studiata per segnalare una calcolata umiltà, piuttosto che un reale desiderio di anonimato. Come direttore scientifico del più importante progetto bellico, Oppenheimer stava realmente vivendo i suoi desideri «repressi».

Alla domenica,[14] molti dei residenti andavano a fare scampagnate o picnic sulle montagne vicine, oppure affittavano i cavalli ospitati nelle ex scuderie della Ranch School. Oppenheimer aveva il suo bellissimo cavallo, Chico, un sauro di quattordici anni con il quale percorreva regolarmente il tragitto verso occidente, tra il lato orientale della città e i sentieri di montagna. Oppie faceva andare Chico «al passo» – una sorta di piccolo trotto in cui si poggia ciascuna delle zampe in un istante diverso – sui sentieri più impervi. Lungo la strada salutava tutti quelli che incontrava sventolando il suo cappello color fango con calotta piatta, e facendo qualche considerazione di sfuggita. Anche Kitty era «una bravissima cavallerizza, perfettamente educata all'europea». All'inizio montava Dixie, un cavallo ambiatore che in passato aveva anche fatto le corse ad Albuquerque, ma poi decise di montare un purosangue. Durante le passeggiate erano sempre accompagnati da una guardia armata.

La capacità di resistenza di Oppenheimer in sella a un cavallo o durante un'escursione in montagna sorprendeva invariabilmente i suoi compagni. «Appariva sempre molto fragile», ricordava il dottor Hempelmann.[15] «Era sempre straordinariamente asciutto, per natura, ma anche sorprendentemente forte». Durante l'estate del 1944 lui ed Hempelmann cavalcarono assieme sulle montagne del Sangre de Cristo fino alla sua fattoria di Perro Caliente. «Quasi mi uccise», disse Hempelmann. «Era sul suo cavallo e andava "al passo", un'andatura sicuramente adatta al percorso in salita, ma il mio cavallo doveva andare al trotto per stargli dietro. Mi sembra che il primo giorno la cavalcata sia durata per cinquanta o sessanta chilometri, e io ero quasi morto di stanchezza.» Per quanto si ammalasse raramente, Oppie soffriva di tosse da fumo, risultato della sua abitudine ai quattro o cinque pacchetti di sigarette al giorno. «Sembrava che usasse la pipa solo come intermezzo tra una sigaretta e l'altra», disse una delle sue segretarie.[16] Ogni tanto veniva colto da incontrollabili e lunghi attacchi di tosse, e qualche volta il suo viso diventava rosso, ma lui continuava a parlare anche tossendo. Proprio come aveva trasformato in cerimonia la preparazione dei martini, così Oppie fumava le sue sigarette con singolare eleganza. Mentre la maggior parte delle persone usa il dito indice per far cadere la cenere dalla punta della sigaretta, lui aveva il vezzo peculiare di far cadere la cenere dalla punta usando il suo dito mignolo. L'abitudine aveva reso così callosa la punta del suo dito, da farla sembrare annerita dal fumo.[17]

A poco a poco la vita sull'altopiano divenne confortevole, anche se non proprio sfarzosa.[18] I soldati tagliavano la legna e l'accatastavano perché fosse poi usata nelle cucine e nei caminetti di tutti gli appartamenti. Raccoglievano anche la spazzatura e la bruciavano in forni a carbone. Ogni giorno alcuni militari andavano con gli autobus al vicino villaggio di San Ildefonso a prendere delle donne indiane Pueblo che lavoravano come cameriere. Con gli stivali di pelle di daino arrotolata e gli scialli colorati, e con molti gioiellini di turchese e d'argento, le donne Pueblo divennero rapidamente delle immagini familiari in città. Ogni mattina, dopo essersi presentate all'Ufficio per i servizi domestici dell'Esercito, nei pressi della torre del serbatoio per l'acqua della città, le si poteva vedere camminare lungo le strade sporche verso le case di Los Alamos che erano state loro assegnate per mezza giornata, ed è per questo che i residenti cominciarono a chiamarle le loro donne «a mezzo servizio». L'idea, approvata da Oppenheimer e gestita dall'Esercito, era che questo servizio domestico permettesse alle mogli degli scienziati del progetto di lavorare come segretarie, assistenti di laboratorio, insegnanti o come «operatrici delle macchine da calcolo» nell'Area tecnica. Questo aiutò l'Esercito anche a mantenere al minimo la popolazione di Los Alamos e a sostenere il morale di così tante donne intelligenti ed energiche. L'assistenza domestica era assegnata soprattutto sulla base delle necessità, a seconda dell'importanza e della durata del lavoro della padrona di casa e del numero dei figli piccoli, come pure in caso di malattia. Anche se non proprio perfetta, questa sorta di socialismo militare contribuì a migliorare la vita sull'altopiano e aiutò a trasformare quel laboratorio isolato in una vera comunità impegnata ed efficiente.

Los Alamos ebbe sempre una percentuale insolitamente elevata di uomini e donne non sposati e, ovviamente, l'Esercito ebbe scarso successo nei suoi tentativi di tenere i due sessi separati. Robert Wilson, il più giovane dei leader dei gruppi del laboratorio, era presidente del Consiglio cittadino quando la polizia militare ordinò di chiudere uno dei dormitori femminili e di licenziare le donne che vi risiedevano. Un gruppo di giovani donne in lacrime, sostenute da un tenace gruppo di scapoli, si presentò al Consiglio per appellarsi contro la decisione. In seguito Wilson ricordò quello che era successo: «Sembrava che le ragazze avessero avviato una brillante attività per soddisfare i bisogni essenziali dei nostri giovani, ma a un certo prezzo. La cosa sembrò accettabile dall'Esercito almeno fino a quando l'infezione non sollevò la sua brutta testa, e questo provocò l'intervento».[19] In quel caso il Consiglio cittadino stabilì che il numero delle ragazze che facevano quel lavoro doveva essere limitato; vennero fatti controlli sanitari e il dormitorio rimase aperto.

Ogni poche settimane ai residenti sull'altopiano veniva consentito di passare un pomeriggio a Santa Fe a fare spese. Alcuni approfittavano dell'occasione per passare al bar La Fonda a bere qualcosa. Spesso Oppenheimer passava la notte nella bella casa di Dorothy McKibbin con le pareti sottili in mattoni sulla vecchia strada di Santa Fe. Nel 1936 la McKibbin aveva speso 10.000 dollari per costruire una fattoria in classico stile spagnolo su un terreno di circa mezzo ettaro appena a sud di Santa Fe. Con le sue porte intagliate alla spagnola e con i portici arrotondati, la casa sembrava fosse lì da decenni. Dorothy l'aveva arredata con antichi mobili locali e con tappeti navajo. In qualità di «custode» del progetto, aveva un lasciapassare «Q» (massimo livello), e per questo Oppenheimer usava spesso la sua casa a Santa Fe per incontri riservati. In queste occasioni alla McKibbin piaceva fare la «mamma della tana», ma faceva anche tesoro delle molte tranquille serate passate da sola con Oppenheimer, preparandogli la sua cena preferita di bistecca e asparagi, mentre lui preparava «i migliori martini che avessi mai bevuto».[20] Per Oppenheimer la casa della McKibbin era un modo per sfuggire al costante controllo a cui era sottoposto sulla Collina. «Doroty amava Robert Oppenheimer», disse più tardi David Hawkins.[21] «Lui era il suo "unico", e lei lo era per lui».

Mentre molte mogli di Los Alamos si adattarono abbastanza bene al clima duro, all'isolamento e ai ritmi dell'altopiano, Kitty si trovava sempre più a disagio. Con disperazione si domandava che cosa Los

Alamos avrebbe potuto dare a suo marito, ma essendo una donna brillante con l'ambizione di occuparsi di botanica, si considerava professionalmente frustrata. Dopo un anno trascorso ad analizzare il sangue per conto del dottor Hempelmann, abbandonò l'incarico. E si isolò anche socialmente. Quando era di buon umore, era attraente e cordiale con gli amici e gli estranei. Ma tutti si accorgevano che aveva un lato tagliente. Spesso appariva ansiosa e infelice. Alle riunioni era solita fare brevi interventi ma, come disse un amico «le sarebbe piaciuto fare grandi discorsi».[22] Joseph Rotblat, un giovane fisico polacco, la incontrava ogni tanto alle feste oppure a pranzo a casa Oppenheimer. «Sembrava sempre molto sulle sue», disse Rotblat, «una persona altezzosa.»[23]

Priscilla Greene Duffield, la segretaria di Oppenheimer, aveva una posizione ideale per osservare Kitty. «Era una persona molto appassionata, molto intelligente e molto vitale», ricordava la Duffield.[24] Ma pensava anche che Kitty fosse «molto difficile da maneggiare». Pat Sherr, una vicina di casa, moglie di un altro fisico, si sentiva imbarazzata dalla strana personalità di Kitty. «All'apparenza sembrava molto allegra, e trasudava sempre un po' di cordialità», ricordava la Sherr. «Più tardi mi resi conto che in realtà non c'era cordialità verso le altre persone, ma che quell'atteggiamento faceva parte del suo terribile bisogno di attenzione, di affetto.»

Come Robert, Kitty aveva la tendenza a ricoprire la gente di regali. Un giorno, quando la Sherr si lamentò del cattivo funzionamento della stufa a cherosene del suo appartamento, Kitty le regalò una vecchia stufa elettrica. «Voleva farmi regali e accerchiarmi completamente», disse la Sherr.[25] Altre donne osservarono invece che i suoi modi bruschi rasentavano l'insulto. Ma questo lo sostenevano perfino molti uomini, anche se Kitty sembrava preferire le compagnie maschili. «Era anche una delle poche donne che ho sentito definire da un uomo – e da un uomo davvero gentile – come una troia», ricordava la Duffield. Ma alla Duffield era anche chiaro che il suo capo faceva affidamento su Kitty, e si rivolgeva a lei per consigli su ogni genere di questione. «Di solito dava al suo giudizio un peso molto maggiore di quello che dava al giudizio di tutti gli altri a cui aveva chiesto un parere», disse.[26] Kitty non aveva mai esitato a interrompere il marito mentre parlava ma, ricordava un buon amico, «la cosa non sembrava disturbarlo».[27]

Agli inizi del 1945 Priscilla Greene Duffield ebbe un bambino, e ovviamente Oppenheimer ebbe bisogno di un'altra segretaria. Groves gli offrì di volta in volta parecchie segretarie stagionate, ma Oppenheimer le rifiutò tutte fino al giorno in cui sentì Groves che gli proponeva Anne T. Wilson, una bionda molto carina, ventiquattrenne dagli occhi blu che aveva incontrato nell'ufficio di Groves a Washington. «Lui [Oppenheimer] si era fermato[28] davanti alla mia scrivania – che era alla destra della porta del generale – e avevamo cominciato a chiacchierare», ricordava la Wilson a proposito di Oppenheimer. «Rimasi davvero esterrefatta perché faceva parte del suo favoloso carattere e della leggenda che tutte le donne rimanevano impietrite di fronte a lui.»

Lusingata, la Wilson decise di trasferirsi a Los Alamos. Tuttavia, ancora prima del suo arrivo, John Lansdale, il capo del controspionaggio di Groves, la avvicinò e le fece un'offerta. Le avrebbe dato duecento dollari ogni mese in cambio di una lettera in cui raccontasse tutto quello che in quel mese aveva potuto osservare nell'ufficio di Oppenheimer. Turbata, la Wilson rifiutò categoricamente. «Gli dissi», raccontò in seguito, «"Lansdale, da lei non mi sarei mai aspettata una proposta simile".» Groves le aveva assicurato, disse, che, una volta arrivata a Los Alamos, la sua fedeltà sarebbe stata solo per Oppenheimer. Ma, e non deve sorprendere, alla fine della guerra scoprì che era stato proprio Groves a ordinare che fosse posta sotto sorveglianza ogni volta che lasciava Los Alamos. Lui era infatti convinto che, dopo aver lavorato nell'ufficio di Oppenheimer, Anne Wilson fosse al corrente di troppe cose per poter essere lasciata senza controllo.

Dopo il suo arrivo a Los Alamos, la Wilson seppe che Oppenheimer era a letto con la varicella e la febbre a 40 °C. «Il nostro sottile e ascetico direttore»,[29] scrisse la moglie di un altro fisico, «assomiglia al ritratto di un santo del XV secolo, con gli occhi colpiti dalla febbre che sbirciano da una faccia cosparsa da macchie rosse e ricoperta da una barba disordinata.» Poco dopo essersi sistemata, la Wilson fu invitata a casa Oppenheimer per bere qualcosa. Il suo ospite le servì uno, e poi un altro, dei suoi famosi martini, e poiché lei non si era ancora abituata all'altezza del luogo, la potente miscela arrivò rapidamente al suo cervello. La Wilson si ricordava che ebbe bisogno di essere accompagnata alla sua stanza nel dormitorio femminile.

Anne Wilson era affascinata dal suo carismatico nuovo capo, e lo ammirava profondamente. Ma, come ventenne, non era romanticamente attratta da Oppenheimer, che nel 1945 era un uomo sposato con il doppio della sua età. Inoltre, Anne era una giovane bella donna, elegante e vivace, e molti sulla Collina cominciarono a spettegolare sulla nuova segretaria del direttore. Parecchie settimane dopo il suo arrivo, Anne cominciò a ricevere una singola rosa in un vaso, che le arrivava ogni tre giorni da un fioraio di Santa Fe. Le misteriose rose arrivavano anonime. «Ero davvero sconcertata, e per questo cominciai ad andare in giro con il mio abituale modo infantile ma chiedendo a tutti: "Ho un amante segreto. Chi mi sta mandando queste rose affascinanti?". Nessuno però rispondeva. Solo alla fine uno mi disse: "C'è solo una persona che lo può fare, ed è Robert". Bene, lo trovai ridicolo.»

Come accade di solito in una piccola città, ben presto cominciarono a circolare voci su una presunta storia tra Oppenheimer e la Wilson. Ma lei sostenne che non c'era proprio nulla: «Devo ricordarle[30] che ero davvero troppo giovane per apprezzare uno come lui. Forse pensavo che un quarantenne fosse troppo vecchio.» Inevitabilmente i pettegolezzi arrivarono anche a Kitty, che un giorno affrontò la Wilson e le chiese a bruciapelo se aveva delle mire su Robert. Annie rimase sbalordita. «Non credo che abbia frainteso il mio stupore», ricordava la Wilson.

Negli anni che seguirono Annie si sposò, Kitty si tranquillizzò e una lunga amicizia si sviluppò tra le due donne. Se Robert *era* attratto da Anne, l'anonima singola rosa rossa era un gesto delicato non lontano dal suo carattere. Però non era il tipo di uomo che intraprendeva conquiste sessuali. Come la stessa Wilson aveva osservato, le donne «gravitavano» attorno a Oppenheimer. «Era davvero l'uomo delle donne», disse la Wilson.[31] «Questo potevo vederlo, e più volte l'ho anche scoperto». Ma, allo stesso tempo, proprio quell'uomo era ancora attanagliato dalla timidezza, anche nel suo intimo. «Era terribilmente empatico», disse la Wilson. «Era questo, almeno credo, il segreto della sua attrattiva sulle donne. Intendo dire, che mi sembrava questo quel che potevo più o meno leggere nelle loro menti, ma molte donne me l'hanno anche detto. Le donne che a Los Alamos erano incinte erano solite dire: "L'unico che ci poteva capire era Robert". Per la gente aveva davvero "un'empatia quasi da santo".» E anche se era attratto da altre donne, rimase sempre legato al suo matrimonio. «Erano terribilmente attaccati», disse Hempelmann di Kitty e Robert.[32] «Ovunque si trovasse, la sera voleva tornare a casa. Credo che fosse orgoglioso di questo, ma penso anche che avrebbe preferito di più essere al centro di altre cose.»

La rete di sicurezza che avvolgeva Robert comprendeva ovviamente anche sua moglie. Ben presto Kitty si trovò a essere cortesemente interrogata dal colonnello Lansdale. Intervistatore abile e coinvolgente, Lansdale capì rapidamente che Kitty poteva fornirgli giudizi fondamentali su suo marito. «La sua esperienza personale non era gran che», testimoniò in seguito.[33] «Per questo motivo approfittai di tutte le occasioni possibili per parlare con la signora Oppenheimer.» Quando gli servì il primo martini, osservò con ironia che non era il tipo adatto a servire il tè. «La signora Oppenheimer mi sembrava una donna forte con forti convinzioni. Mi colpì per il tipo di persona che forse era stata, e che credo sia certamente stata, ovvero una comunista. È necessario essere una persona molto forte per essere un vero comunista.» Inoltre, durante le loro tortuose conversazioni, Lansdale capì che la lealtà più profonda di Kitty era per suo marito. Si rese anche conto che mentre lui stava elegantemente portando avanti la sua parte, lei «odiava me e qualsiasi cosa rappresentassi».

Le sconclusionate conversazioni si trasformarono in un balletto. «Come se stessimo parlando due lingue diverse», disse in seguito Lansdale, «lei cercava di capire me proprio mentre io stavo cercando di capire lei [...]. Penso che cercasse di stare sempre lontana da quello in cui credeva. La tattica che cercavo di adottare era quella di farle capire che ero una persona equilibrata, che cercavo onestamente di valutare la posizione di Oppenheimer. È solo per questo che le nostre chiacchierate duravano così a lungo.»

«Ero sicuro che fosse stata una comunista, e anche certo che le sue opinioni astratte non fossero davvero cambiate di molto [...]. Non si curava troppo di quanto sapessi su quello che aveva fatto dopo che aveva incontrato Oppenheimer, o di quanto mi riguardasse. A poco a poco mi accorsi che il suo passato o quello del marito non aveva per lei alcun significato se paragonato a lui. Mi convinsi che verso di lui aveva un attaccamento molto più forte che verso il comunismo, che il suo futuro significava più lui che il comunismo. Cercava di convincermi dell'idea che aveva della sua vita, e riuscì a farlo.»[34] Più tardi Lansdale riferì le sue conclusioni a Groves: «Il dottor Oppenheimer è la cosa più importante della sua vita [...] la sua forza di volontà potrebbe avere una notevole influenza nel tener lontano il dottor Oppenheimer da quelle che lei potrebbe considerare amicizie pericolose».[35]

All'interno del filo spinato, Kitty talvolta si sentiva come se stesse vivendo sotto un microscopio. Spesso nello spaccio dell'Esercito c'erano a disposizione cibo e altre cose, ma solo con la tessera annonaria. Al cinema-teatro si potevano vedere solo due film alla settimana e per soli 15 centesimi a proiezione. Le cure mediche erano gratuite. Erano così tante le coppie giovani che avevano bambini – nel primo anno furono registrate circa ottanta nascite, e in seguito circa dieci al mese – che il piccolo ospedale a dieci stanze era stato ribattezzato «CG», cioè «consegna gratuita».[36] Quando il generale Groves si lamentò per l'eccessivo numero di nuovi bambini, Oppenheimer osservò ironicamente che tra gli incarichi del direttore scientifico non era compreso il controllo delle nascite. E questo era anche vero per gli Oppenheimer, perché poco dopo Kitty rimase di nuovo incinta. Il 7 dicembre 1944 nel capannone dell'ospedale di Los Alamos diede alla luce una figlia, Katherine, ben presto soprannominata «Tyke».[37] Sopra il lettino fu posto un cartellino con la scritta «Oppenheimer», e per molti giorni la gente faceva la fila per dare un'occhiata alla bambina del capo.

Quattro mesi più tardi Kitty annunciò che «sarebbe andata a casa per mostrarla ai suoi genitori». Forse a causa di una depressione postparto, per l'eccesso di martini in casa Oppenheimer, o per lo stato del suo matrimonio, Kitty era sull'orlo di un collasso emotivo. «Kitty aveva cominciato a crollare, beveva troppo», ricordava Pat Sherr.[38] Kitty e Robert avevano anche problemi con l'altro figlio, che aveva due anni. Come tutti i bambini che avevano appena imparato a camminare, Peter era difficile da controllare. E, secondo la Sherr, Kitty «con lui era veramente impaziente». La Sherr, una psicologa ben preparata, sosteneva che «a Kitty mancava del tutto la comprensione intuitiva del bambino». Kitty era sempre stata imprevedibile. Sua cognata, Jackie Oppenheimer, osservava che Kitty «ogni tanto se ne andava per qualche giorno a fare acquisti ad Albuquerque, o magari nella West Coast, e lasciava i bambini nelle mani della cameriera». Però al suo ritorno Kitty portava ogni volta un enorme regalo per Peter. «Quella povera donna», disse Jackie, «si sentiva sempre in colpa e infelice.»[39]

Nell'aprile 1945 Kitty andò a Pittsburgh portando con sé Peter. Ma decise anche di lasciare la sua bambina di quattro mesi alle cure della sua amica Pat Sherr, che da poco aveva avuto un aborto. Il dottor Henry Barnett, pediatra a Los Alamos, aveva suggerito che sarebbe stato un bene per la Sherr prendersi cura di un bambino. Così «Tyke» – o Tony come la chiamarono più tardi – fu trasferita nella casa degli Sherr. Kitty e il piccolo Peter restarono lontani per tre mesi e mezzo, fino al luglio 1945. Robert, naturalmente, lavorava fino a tardi e quindi andava a trovare la sua bambina solo un paio di volte alla settimana.

La tensione che gravava su Robert in quei due anni incredibilmente intensi richiese grandi sacrifici. Dal punto di vista fisico, il sacrificio era evidente. La sua tosse era incessante e il suo peso era sceso a 52 chili, in pratica solo pelle e ossa in un uomo alto 1,90. Anche se la sua energia non venne mai meno, sembrava davvero scomparire a poco a poco, giorno dopo giorno. Il carico psicologico era, se possibile, ancora più duro, anche se meno ovvio. Robert aveva speso una vita nel tentativo di sopportare, ma anche di gestire i suoi stress mentali. Tuttavia la nascita di «Tyke» e la partenza di Kitty lo resero insolitamente vulnerabile.

«Era davvero strano», ricordava la Sherr. «Arrivava, si sedeva e chiacchierava con me, ma non mi chiedeva mai di vedere la bambina. Poteva anche darsi che pensasse che Dio sapeva dov'era, ma non mi chiese mai di vederla.»

«Alla fine un giorno gli chiesi: "Ma non vuoi vedere la tua bambina, non vuoi vedere come sta crescendo bene?" e lui mi rispose: "Ma sì, certo che sì".»

Passarono due mesi, e durante un'altra delle sue visite Robert disse alla Sherr: «Mi sembra che la tua passione per Tyke sia molto cresciuta». La Sherr gli rispose con semplicità: «Certo, io amo i bambini, e quando ti prendi cura di un bambino, che sia tuo o di un altro, quello entra a far parte della tua vita».

Ma la Sherr rimase di sasso quando poco dopo Oppenheimer le chiese: «*Ti piacerebbe adottarla?*».

«Naturalmente no», rispose lei, «ha due genitori perfettamente all'altezza.» Quando poi gli chiese perché le aveva fatto quella strana domanda, Robert replicò: «Perché io non la posso amare».

La Sherr lo rassicurò, dicendo che simili sensazioni non erano insolite per un genitore che veniva separato da un bambino, e che col tempo si sarebbe «attaccato» alla bambina.

«No, non sono un tipo che si attacca alle persone», rispose Oppenheimer. Quando la Sherr gli chiese se aveva discusso di queste cose con Kitty, Robert disse: «No, no, no. Ho fatto per la prima volta a te questa domanda perché ritengo che per questa bambina sia importante crescere in una casa dove la amano. E tu la ami davvero».

La Sherr rimase imbarazzata e sconcertata da questa conversazione. La colpiva il fatto che, a parte la stravagante domanda, lui non fosse per nulla motivato da una genuina emozione. «Avevo sempre pensato che fosse un uomo molto coscienzioso; eppure mi aveva detto una cosa simile [...]. Ora con me c'era una persona che era conscia della sua sensibilità – ma che allo stesso tempo aveva un senso di colpa per quella sensibilità – e quindi cercava per un motivo o per un'altro di riuscire a dare alla bambina quella sistemazione vantaggiosa che lui era convinto di non poterle dare.»[40]

Quando Kitty tornò finalmente a Los Alamos nel luglio 1945, come suo solito riempì di regali la Sherr. Kitty però trovò Los Alamos in uno stato di elevata tensione; gli uomini lavoravano sempre per molte ore e le loro mogli erano più isolate di prima. Cominciò allora a invitare a bere qualcosa assieme piccoli gruppi di donne. Jackie Oppenheimer, che visitò Los Alamos nel 1945, ricordava uno di questi eventi. «Tutti sapevano che non andavamo molto d'accordo», disse Jackie, «ma lei sembrava determinata a fare in modo che la gente ci vedesse assieme. In un'occasione, mi chiese di andare con lei a un cocktail: era alle quattro del pomeriggio. Quando arrivai, c'era Kitty seduta assieme a quattro o cinque altre donne – compagne di bevute – che chiacchieravano tra loro, e bevevano: non mi guardarono nemmeno. Ci rimasi molto male e non ci ritornai più.»[41]

A quell'epoca Pat Sherr non pensava che Kitty fosse un'alcolizzata. «Non beveva sempre», ricordava la Sherr.[42] «Quando arrivavano le quattro, voleva sempre il suo bicchiere e continuava così, ma non parlava farfugliando.» Per Kitty il bere divenne più avanti qualcosa di più di un'abitudine, ma secondo un suo altro grande amico, il dottor Hempelmann, «lei non beveva certo più di qualsiasi altra persona a Los Alamos».[43] L'alcool scorreva liberamente sull'altopiano, e con il passare dei mesi parecchie persone si sentirono sempre più oppresse dall'isolamento della piccola città. «All'inizio sembrava una cosa allegra», ricordava Hempelmann, «ma via via che il tempo passava tutti erano stanchi, tesi e irritabili: non era più così divertente. Ciascuno viveva assieme agli altri. Potevi svagarti con le stesse persone con cui lavoravi. E anche se un amico ti proponeva di andare fuori a pranzo, e tu non avevi nessun impegno, facevi finta di averlo e non ci andavi. Ma loro potevano scoprirlo. Se passavano davanti a casa tua potevano vedere che la tua automobile era ancora lì. Tutti sapevano tutto degli altri.»

A parte le periodiche escursioni pomeridiane a Santa Fe, una delle poche evasioni consentite a Los Alamos era andare a mangiare nella casa di mattoni della signora Edith Warner, a Otowi, sul Rio Grande – un «posto dove l'acqua faceva rumore»[44] – dopo circa trenta chilometri di strada tortuosa. Oppie aveva incontrato per la prima volta la signorina Warner mentre faceva una gita con Frank e

Jackie a Frijoles Canyon; uno dei loro cavalli era scappato e Oppie ne aveva seguito le tracce. Così arrivò alla «casa da tè» della signorina Warner. «Ci diede tè, dolce al cioccolato e chiacchiere», scrisse in seguito Oppenheimer; «fu il nostro primo indimenticabile incontro.»[45] Osservando i suoi blue jeans e gli stivali da cow boy con gli speroni, Robert pensava alla signorina Warner come a «uno snello e asciutto eroe da film western».[46]

La signorina Warner, figlia di un pastore di Philadelphia, era arrivata sull'Altopiano del Pajarito nel 1922, dopo un forte esaurimento nervoso che l'aveva colpita quando aveva trent'anni. Assieme al suo compagno, un anziano indio americano che si chiamava Atilano Montoya – noto nel villaggio come Tilano – avviò quella che lei chiamava una sala da tè per turisti davanti alla sua casa. La sua vita era estremamente semplice.[47]

Poco dopo il suo arrivo sull'altopiano, un pomeriggio Oppenheimer portò il generale Groves fino alla casa di Otowi Bridge a prendere il tè. Dopo la chiusura della Ranch School, e il razionamento della benzina imposto dal periodo bellico che scoraggiava il traffico turistico, Edith confessò tranquillamente che continuava a chiedersi come sarebbe potuta andare avanti. Dopo aver bevuto il suo tè, Groves le offrì il posto di responsabile dei servizi alimentari della Collina. Era un lavoro importante e anche ben pagato, ed Edith disse che ci avrebbe pensato. Quando uscirono, Robert accompagnò Groves alla sua automobile, ma poi tornò indietro e bussò alla porta di Edith. In piedi, con il cappello in mano e con la faccia illuminata dalla Luna, le disse: «Non accetti».[48] Poi si voltò all'improvviso e tornò alla sua automobile.

Pochi giorni più tardi Oppenheimer riapparve sulla porta della signorina Warner e le propose di organizzare ogni settimana tre piccoli pranzi serali per riunioni con non più di dieci persone. Se offriva agli scienziati qualche breve diversivo dalla vita sulla Collina, spiegò Oppie, avrebbe dato un forte contributo allo sforzo bellico. Il generale Groves aveva dato il suo consenso all'idea, e la stessa Edith la considerò come una vera manna.

«All'incirca in aprile», scrisse la signorina Warner alla fine di quell'anno, «gli X cominciarono ad arrivare una volta alla settimana da Los Alamos per cenare, e furono sempre seguiti da molti altri.»[49] Dopo aver cucinato per tutto il giorno, la Warner si dedicava alla supervisione della cena, indossando un semplice chemisier e mocassini indiani. Tutti sedevano a un lungo tavolo di legno intagliato a mano, sistemato al centro di una sala da pranzo con le pareti di mattoni imbiancati e il soffitto con travi di legno. La signorina Warner, che aveva cinquantun anni, serviva a quegli «affamati scienziati» generose porzioni di cibo fatto in casa. Mangiavano il ragù di agnello al lume di candela nei tradizionali piatti e scodelle indiani di ceramica nera, cotti a mano dalla vasaia del luogo, Maria Martinez. Alla fine i suoi ospiti si riunivano brevemente davanti al caminetto per scaldarsi prima di intraprendere il lungo viaggio di ritorno sull'altopiano. Come compenso per queste serate al lume di candela, la signorina Warner chiedeva ai suoi ospiti la somma di due dollari a testa. Sapeva solamente che quelle persone misteriose stavano lavorando «a qualche progetto molto segreto [...] a Santa Fe la chiamano una base per sottomarini, ma è un'ipotesi come un'altra».

Cenare dalla signorina Warner divenne una sorta di ricercato piacere, tanto che alcuni gruppi di cinque coppie avevano prenotazioni fisse per la stessa sera in tutte le settimane. Oppenheimer era sicuro che lui e Kitty avevano la prima scelta nel calendario di Edith, ma ben presto i Parson, i Wilson, i Bethe, i Teller, i Serber e molti altri divennero clienti regolari, mentre molte altre coppie di Los Alamos si contendevano il prestigio di un invito. Abbastanza stranamente, la calma e quieta signorina Warner aveva un rapporto particolare con la vivace e caustica moglie di Oppenheimer. «Io e Kitty ci capivamo a vicenda», disse in seguito la Warner.[50] «Lei era molto vicina a me e io a lei.»

Verso l'inizio del 1944, un giorno Oppie portò con sé il premio Nobel danese Niels Bohr e lo presentò alla signorina Warner come «il signor Nicholas Baker»[51], uno pseudonimo che di sua iniziativa Oppenheimer aveva attribuito a Bohr. Tutti chiamavano il gentile e riservato danese «zio Nick». Anche se Bohr conversava pacatamente sottovoce e incespicando con le parole, già allora la signorina Warner partecipò alla loro conversazione. Alcuni anni più tardi Bohr dimostrò la sua insolita amicizia per lei scrivendo alla sorella un biglietto «in ricordo dell'amicizia con sua sorella».[52] La signorina Warner aveva un'ammirazione quasi mistica sia per Bohr che per Oppenheimer: «Lui [Bohr] aveva un'immensa fiducia in Robert, una calma e inesauribile fonte [...]. Robert aveva il medesimo atteggiamento verso di lui».

Naturalmente Bohr non fu la sola persona memorabile che cenò alla tavola della signorina Warner. James Conant (presidente della S-1, la prima sezione dell'Ufficio per la ricerca scientifica e lo sviluppo), Arthur Compton (premio Nobel e direttore del Met Lab all'Università di Chicago) e il premio Nobel Enrico Fermi visitarono la casa a Otowi Bridge. Ma era solo la fotografia di Oppie che la signorina Warner aveva infilato nella sua specchiera di Philadelphia.[53] Phil Morrison parlava come forse avrebbe parlato Oppenheimer quando, verso la fine del 1945, scrisse alla Warner una lunga lettera per ringraziarla delle molte serate trascorse in sua compagnia. «Nel periodo della vita che stiamo per concludere, la parte più piccola non siete certo stata voi. Le serate lungo il fiume in casa vostra, alla tavola così elegantemente apparecchiata, davanti al caminetto così accuratamente progettato, ci dava un poco della sua tranquillità, ci permetteva di avere il nostro posto, ci allontanava dalle nostre verdi abitazioni provvisorie e dalle strade tortuose. Certamente non dimenticheremo [...]. E sono felice che alla fine del nostro canyon ci fosse una casa in cui lo spirito di Bohr fosse così bene compreso.»[54]

20. «Bohr era Dio, e Oppie il suo profeta»

Non avevano bisogno del mio aiuto
per costruire la bomba atomica.
Niels Bohr

La «corsa» alla bomba atomica era cominciata in modo piuttosto confuso.[1] Già nel 1939 alcuni scienziati, quasi tutti emigrati dall'Europa, erano preoccupati per la possibilità che i loro colleghi restati in Germania potessero prenderne il comando utilizzando la scoperta della fissione nucleare per scopi militari. Avvertirono il governo degli USA di questo pericolo, e il governo sostenne incontri sul tema e piccoli progetti di ricerca nucleare. Gruppi di scienziati avviarono studi e scrissero rapporti. Ma non accadde nulla fino alla primavera del 1941, più di due anni dopo la scoperta in Germania della fissione nucleare, quando Otto Frisch e Rudolph Peierls, due fisici tedeschi che lavoravano in Inghilterra, dove erano emigrati, chiarirono in che modo era possibile produrre rapidamente una bomba atomica perché potesse essere usata in guerra. Da quel momento in poi, tutti quelli che erano coinvolti nel progetto combinato americano-inglese-canadese per la bomba atomica si impegnarono al massimo per la vittoria in questa corsa micidiale. Qualsiasi considerazione sulle implicazioni postbelliche di un mondo dotato di armi nucleari rimase latente fino al dicembre 1943, quando Niels Bohr arrivò a Los Alamos.

Oppenheimer fu enormemente gratificato dall'avere Bohr al suo fianco. Il cinquantasettenne fisico danese era riuscito a lasciare Copenhagen di nascosto, a bordo di una lancia a motore, la notte del 29 settembre 1943. Arrivato incolume sulla costa svedese, si recò a Stoccolma, dove gli agenti segreti tedeschi avrebbero voluto assassinarlo. Il 5 ottobre alcuni aviatori inglesi inviati sul posto in suo soccorso, nascosero Bohr nel vano portabombe di un piccolo aereo da bombardamento *Mosquito* senza contrassegni. Quando il piccolo aereo di legno compensato raggiunse l'altezza di seimila metri, il pilota spiegò a Bohr come utilizzare la maschera a ossigeno che era all'interno del suo casco di cuoio. Ma Bohr fece fatica a capire le istruzioni – più tardi disse che il casco era troppo piccolo per la sua testa – e poco dopo svenne per mancanza di ossigeno. Tuttavia sopravvisse al viaggio e, una volta sbarcato in Scozia, disse che aveva fatto un bel pisolino.

Ad accoglierlo sulla pista c'era il suo amico e collega James Chadwick, che lo portò a Londra e lo mise al corrente del progetto anglo-americano sulla bomba. Sin dal 1939 Bohr aveva capito che la scoperta della fissione nucleare avrebbe reso possibile la costruzione di una bomba atomica, ma pensava che la tecnologia necessaria per separare l'uranio-235 avrebbe richiesto un immenso, e quindi impraticabile, sforzo industriale. Ora veniva messo al corrente del fatto che gli americani stavano utilizzando le loro grandi risorse industriali proprio a questo scopo. «A Bohr», scrisse Oppenheimer più tardi, «[tutto questo] apparve davvero fantastico.»[2]

Una settimana dopo il suo arrivo a Londra, Bohr fu raggiunto dal figlio ventunenne Aage, un promettente giovane fisico che più avanti avrebbe vinto anche lui il premio Nobel. Nelle sette settimane che seguirono, padre e figlio vennero esaurientemente informati sulle «Tube Alloys» – il nome inglese in codice del progetto della bomba. Bohr accettò di diventare consulente degli inglesi, che poi si accordarono per mandarlo in America. Agli inizi di dicembre lui e suo figlio salirono su una nave diretta a New York. Al generale Groves era sgradita l'idea della partecipazione di Bohr ma, dato il prestigio che Bohr aveva nel mondo della fisica, pur con molta riluttanza gli diede il permesso di visitare il misterioso «Sito Y» nel deserto del Nuovo Messico.

La contrarietà di Groves era stata alimentata dai rapporti del servizio segreto che segnalavano come Bohr fosse un'arma ormai scarica.[3] Il 9 ottobre 1943, il «New York Times» scriveva che il fisico danese era arrivato a Londra portando con sé «i piani per una nuova invenzione relativa alle esplosioni atomiche». Groves si infuriò, ma non c'era nulla che potesse fare se non cercare di contenere Bohr. Ma questo si dimostrò un compito impossibile: Bohr era irrefrenabile. Se in Danimarca voleva vedere il re, gli bastava camminare fino alla porta del palazzo reale, e poi bussare. E faceva più o meno le stesse cose a Washington, dove andò a trovare lord Halifax, l'ambasciatore inglese, e Felix Frankfurter, un giudice della Corte suprema, intimo amico del presidente Roosevelt. Il suo messaggio a questi uomini era chiaro: la costruzione della bomba atomica era una conclusione scontata, ma non era troppo presto per riflettere su quello che sarebbe potuto succedere dopo la sua realizzazione. La sua paura più profonda era che questo risultato potesse ispirare una pericolosa corsa agli armamenti nucleari tra l'Occidente e l'Unione Sovietica. Per evitare questo rischio,[4] insisteva, era essenziale che fosse comunicata ai russi l'esistenza del progetto, e anche che il possibile impiego della bomba non avrebbe riguardato il loro paese.

Ovviamente, questa visione scandalizzava Groves, molto preoccupato dell'arrivo di Bohr a Los Alamos, dove il troppo loquace fisico avrebbe dovuto essere isolato. Per essere certo che il suo arrivo non avrebbe messo in crisi la sicurezza, Groves accompagnò personalmente sul treno da Chicago sia Bohr che il figlio. Sul treno salì anche Richard Tolman del Caltech, il consigliere scientifico di Groves. Groves e Tolman si erano accordati per controllare a turno il visitatore danese, per essere sicuri che non si allontanasse troppo dallo scompartimento. Tuttavia, dopo un'ora passata accanto a Bohr, Tolman si allontanò esausto e disse a Groves: «Generale, non ne posso più di stare lì. Io me ne vado e lei resti lì; è lei che deve restare, perché è lei dell'Esercito».[5]

Quanto più Groves ascoltava il caratteristico «mormorio sottovoce»[6] di Bohr, tanto più cercava di interromperlo, spiegandogli l'importanza della compartimentazione. Ma era uno sforzo destinato al fallimento. Bohr aveva un'ampia visione d'insieme del Progetto Manhattan, ma anche un forte interesse per le implicazioni sociali e internazionali della scienza. E non solo allora. Più di due anni prima, nel settembre 1941, Bohr aveva incontrato il suo vecchio studente Werner Heisenberg, il fisico tedesco che era a capo del programma tedesco per la bomba atomica. Groves aveva chiesto a Bohr di esser messo al corrente di quello che sapeva sul progetto tedesco, ma di certo non voleva che ne parlasse con altri. «Credo di avergli spiegato esplicitamente per almeno dodici ore quello che non doveva dire.»

Arrivarono a Los Alamos il 30 dicembre 1943 a tarda sera, e subito Oppenheimer organizzò un piccolo ricevimento in onore di Bohr. Più tardi Groves si lamentò perché «dopo soli cinque minuti dal suo [di Bohr] arrivo stava già dicendo a tutti quello che aveva promesso di non dire».[7] La prima domanda di Bohr a Oppenheimer fu: «È davvero abbastanza grande?».[8] In altre parole, la nuova arma sarebbe stata così potente da rendere inconcepibili guerre future? Oppenheimer capì immediatamente l'importanza della domanda. Da più di un anno aveva completamente concentrato le sue energie sui dettagli amministrativi relativi all'organizzazione e al funzionamento dei nuovi laboratori; ma in poche settimane Bohr riuscì a focalizzare la sua mente sulle conseguenze postbelliche della bomba. «È per questo che sono venuto in America», disse Bohr più tardi.⁹ «Non avevano bisogno del mio aiuto per costruire la bomba atomica.»

Quella sera Bohr aveva detto a Oppenheimer che Heisenberg stava lavorando molto intensamente a un reattore a uranio che avrebbe potuto creare una reazione a catena incontrollata, e quindi produrre un'immensa esplosione. Oppenheimer convocò un incontro per il giorno successivo, l'ultimo giorno del 1943, per discutere le preoccupazioni di Bohr. All'incontro erano presenti Bohr, suo figlio Aage e alcune delle migliori menti di Los Alamos, tra cui Edward Teller, Richard Tolman, Robert Serber, Robert Bacher, Victor Weisskopf e Hans Bethe. Bohr cercò di comunicare a tutte queste persone la natura davvero straordinaria del suo incontro con Heisenberg avvenuto nel settembre 1941.

Bohr raccontò come il suo brillante ex allievo tedesco avesse ricevuto un permesso speciale dal regime nazista per partecipare a una conferenza nella Copenhagen occupata dai tedeschi. Per quanto non fosse un nazista, Heisenberg era sicuramente un tedesco fedele, e per questo aveva deciso di rimanere nella Germania nazista. Era sicuramente il più eminente tra i fisici tedeschi e, se la Germania avesse avuto un progetto per costruire la bomba, Heisenberg sarebbe stato sicuramente il più ovvio candidato alla sua direzione. Quando era arrivato a Copenhagen, era subito andato a trovare Bohr, ma quello che i due vecchi amici si erano detti divenne un enigma che dura ancora oggi. In seguito Heisenberg sostenne sempre che aveva cautamente affrontato il problema dell'uranio, e aveva tentato di far capire a quel suo vecchio amico che, anche se in linea di principio un'arma a fissione era possibile, «avrebbe richiesto un terribile sforzo tecnico che, si può solo sperare, non ci consentirà di costruirla, almeno in questa guerra».¹⁰ Disse che partecipava al progetto – ma, infastidito dal controllo dei militari, e preoccupato per la sua stessa vita, non poteva dirlo esplicitamente a nessuno – e che lui e altri fisici tedeschi cercavano di persuadere il regime nazista che non era possibile costruire un'arma in tempo utile per il suo uso in quella guerra.

Ma se questo era il messaggio di Heisenberg, Bohr non l'aveva udito. Tutto quello che il fisico danese aveva ascoltato era che il più importante fisico tedesco gli stava dicendo che l'arma a fissione era possibile e che, se costruita, sarebbe stata decisiva in quella guerra. Allarmato e arrabbiato, Bohr aveva interrotto la conversazione.

In seguito Bohr disse che non era proprio sicuro di quello che Heisenberg voleva dirgli. Alcuni anni più tardi scrisse numerosi abbozzi – come era sua abitudine – di una lettera a Heisenberg, che però non spedì mai. In tutte le versioni della lettera appare chiaro che Heisenberg aveva impressionato Bohr con la semplice citazione delle armi atomiche. Per esempio, in uno degli abbozzi, Bohr aveva scritto:

> Del resto ricordo con molta chiarezza l'impressione che mi hai fatto quando, agli inizi della conversazione, senza alcuna preparazione, mi hai detto che eri certo che la guerra, se fosse durata abbastanza a lungo, sarebbe stata decisa dalle armi atomiche. A questo non risposi nulla. Forse hai pensato che fosse una manifestazione di dubbio, e quindi l'hai collegata al fatto che negli anni precedenti ti eri dedicato quasi esclusivamente a quella questione ed eri certo che la cosa poteva essere realizzata, ma non ti eri reso conto degli sforzi che gli scienziati tedeschi avevano fatto per evitare questo sviluppo.[11]

Quello che Bohr ed Heisenberg si sono detti o non detti divenne fonte di grandi controversie. Lo stesso Oppenheimer in seguito scrisse, abbastanza cripticamente: «Bohr aveva l'impressione che quelli [Heisenberg e il suo collega Carl Friedrich von Weizsäcker] fossero arrivati non tanto per raccontare quello che sapevano, quanto per capire se Bohr sapeva qualcosa che loro non sapevano. Penso che fosse una situazione di stallo».[12]

Comunque una cosa è chiara. Dopo l'incontro, Bohr aveva una grande paura che i tedeschi potessero concludere la guerra con un'arma atomica. Nel Nuovo Messico trasmise a Oppenheimer e a tutto il gruppo degli scienziati la sua paura. Bohr non solo disse che Heisenberg gli aveva confermato l'esistenza di un progetto tedesco per la bomba, ma mostrò anche un disegno che rappresentava la bomba, dichiarando che si trattava di uno schizzo fatto proprio da Heisenberg. Un semplice sguardo convinse però tutti che lo schizzo rappresentava non già una bomba ma un reattore a uranio.[13] «Mio Dio», disse Bethe quando vide il disegno, «i tedeschi stanno cercando di buttare un reattore su Londra.»[14] Se era inquietante venire a sapere che anche i tedeschi stavano lavorando al progetto di una bomba, era tranquillizzante scoprire che il progetto che i tedeschi stavano inseguendo era assolutamente impraticabile. Dopo la discussione sull'argomento, anche Bohr si persuase che una «bomba» di quel tipo sarebbe stata un fallimento. Il giorno successivo Oppenheimer scrisse a Groves per spiegargli che una pila esplosiva a uranio era «un'arma che non poteva essere usata».[15]

Oppenheimer una volta osservò che «come ha dimostrato la storia, può capitare anche agli uomini saggi di non aver capito quello che

Bohr stava spiegando».[16] Come Bohr, anche Oppenheimer non era mai semplice o lineare. A Los Alamos talvolta sembrava che i due uomini si mimetizzassero a vicenda. «A Los Alamos Bohr era meraviglioso», scrisse più tardi Oppenheimer.[17] «Raggiunse anche un interesse tecnico davvero forte. Ma credo che la sua reale funzione, per quasi tutti noi, non sia stata certo quella tecnica.» Infatti, come spiegò Oppenheimer, per Bohr «la cosa più importante di tutte» divenne il sostenere una causa politica: il tema dell'apertura della scienza e delle relazioni internazionali, la sola speranza di prevenire la corsa agli armamenti nucleari dopo la guerra. Questo era il messaggio, e Oppenheimer era già pronto per leggerlo. Per circa due anni si era preoccupato delle complesse responsabilità amministrative. Via via che il tempo passava, diventava sempre meno un fisico teorico e sempre più un amministratore scientifico. Questa trasformazione per lui era opprimente. Così, quando Bohr arrivò sull'altopiano a parlare in termini fortemente filosofici delle implicazioni per l'umanità di quel progetto, a Oppenheimer sembrò di ringiovanire. Assicurò Groves che la presenza di Bohr sull'altopiano avrebbe fatto bene al morale di tutti. A questo proposito più tardi Oppenheimer scrisse che il lavoro «spesso appariva troppo macabro». Ben presto Bohr «riuscì a far sembrare promettente l'impresa, anche se molti erano ormai turbati da cattivi presentimenti». Parlò sprezzantemente di Hitler e sottolineò il ruolo che gli scienziati potevano avere nella sua sconfitta. «Cercavamo tutti di confidare nella sua grande speranza che il risultato sarebbe stato buono, e che in questo l'obbiettività e la cooperazione degli scienziati avrebbero avuto un ruolo determinante.»

Victor Weisskopf ricordava Bohr che gli diceva che «questa bomba può essere una cosa terribile, ma può anche essere una "Grande Speranza"».[18] Agli inizi della primavera Bohr si dedicò a mettere sulla carta le sue riflessioni, scrivendo e riscrivendo un memorandum che poi condivise con Oppenheimer. Il 2 aprile 1944 scrisse un appunto che conteneva molte intuizioni importanti. Comunque avessero funzionato le cose, aveva pensato Bohr, «è ormai evidente che siamo di fronte a uno dei più grandi trionfi della scienza e della tecnica, destinato a influenzare profondamente il futuro dell'umanità».[19] In termini molto simili, «sta per essere creata un'arma di potenza mai raggiunta che cambierà tutte le condizioni delle guerre future». Questa era la buona notizia. La cattiva notizia era altrettanto chiara e profetica: «Però, se non si arriva in un tempo adeguato al controllo degli impieghi dei nuovi materiali, ogni vantaggio temporale, anche se grande, può essere annullato da una continua minaccia alla sicurezza dell'umanità».

Nella mente di Bohr, la bomba atomica era già un fatto, e il controllo su questa minaccia per l'umanità richiedeva «un modo nuovo di affrontare il problema delle relazioni internazionali [...]». Nell'era atomica che stava arrivando, l'umanità non avrebbe potuto essere al sicuro se non fosse stata bandita la segretezza. Il «mondo aperto» immaginato da Bohr non era un sogno utopistico. Questo nuovo mondo già esisteva nella comunità multinazionale degli scienziati. In senso decisamente pragmatico, Bohr pensava che i laboratori di fisica di Copenhagen, del Cavendish e di qualsiasi altro luogo fossero i modelli adatti per questo nuovo mondo. Il controllo internazionale sull'energia atomica sarebbe stato possibile solo in un «mondo aperto» fondato sui valori della scienza. Per Bohr, era la cultura comunitaria della ricerca scientifica che produceva il progresso, la razionalità e anche la pace. «La conoscenza è per sua stessa natura alla base della civiltà», egli scrisse, «[ma] ogni allargamento dei confini della nostra conoscenza impone maggiori responsabilità agli individui e alle nazioni, perché fornisce nuove possibilità di modificare le condizioni della vita umana.» Continuava dicendo che nel mondo del dopoguerra ogni nazione avrebbe dovuto essere sicura che nessun potenziale nemico avrebbe potuto accumulare armi atomiche. Ma questo sarebbe stato possibile solo in un «mondo aperto», in cui ispettori internazionali avessero libero accesso a qualsiasi impianto militare o industriale, e informazioni complete sulle nuove scoperte scientifiche.

Alla fine Bohr concludeva[20] che un nuovo e così ampio regime di controllo internazionale avrebbe potuto essere inaugurato alla fine della guerra solo se si invitava immediatamente l'Unione Sovietica a partecipare alla pianificazione dell'energia nucleare nel dopoguerra, dopo che la bomba era diventata una realtà e dopo che la guerra era finita. Bohr pensava che la corsa alle armi atomiche dopo la fine della guerra avrebbe potuto essere evitata se Stalin fosse stato informato dell'esistenza del Progetto Manhattan, e anche rassicurato che non rappresentava alcuna minaccia per l'Unione Sovietica. Un immediato accordo tra gli alleati per il controllo internazionale dell'energia atomica nel dopoguerra era l'unica alternativa a un mondo dotato di armi nucleari. Oppenheimer concordava, e non a caso nell'agosto precedente aveva sconvolto i suoi addetti alla sicurezza quando aveva detto al colonnello Pash che aveva «pensato favorevolmente» all'idea che il presidente informasse i russi sul progetto della bomba.

Era semplice osservare l'effetto che Bohr aveva su Oppenheimer. «[Lui] aveva conosciuto Bohr molto tempo prima, ed erano personalmente molto vicini», disse Weisskopf.[21] «Bohr era l'unico che discusse davvero con Oppenheimer questi problemi politici ed etici, e probabilmente fu a quell'epoca [agli inizi del 1944] che lui cominciò a pensare seriamente a quelle cose.» Una sera di quell'inverno, mentre Oppenheimer e David Hawkins lo stavano accompagnando al suo appartamento alla Fuller Lodge, Bohr chiese gentilmente di poter misurare lo spessore del ghiaccio sull'Ashley Pond. Accettarono ma, sulla via del ritorno, il solitamente intrepido Oppenheimer si rivolse ad Hawkins ed esclamò: «Dio mio, cosa sarebbe successo se fosse scivolato? Cosa sarebbe successo se ci fosse caduto dentro? Cosa avremmo potuto fare?».[22]

Il giorno dopo Oppenheimer chiamò Hawkins nel suo ufficio, prese un incartamento dalla sua cassaforte, e gli diede da leggere una lettera che Bohr aveva scritto a Franklin Roosevelt. Oppenheimer ovviamente aveva un'ampia raccolta di documenti preziosi. Secondo Hawkins, «il risultato era stato che Roosevelt aveva capito tutto. E questo fu una grande fonte di gioia e di ottimismo [...]. È interessante. Per il resto del tempo che passammo a Los Alamos, vede, tutti noi vivevamo in questa illusione, che Roosevelt avesse davvero capito».[23]

Da tempo Bohr aveva trasformato la sua particolare «interpretazione di Copenhagen» della fisica quantistica in una visione filosofica del mondo che aveva definito «Complementarità».[24] Da sempre cercava anche di utilizzare le sue intuizioni sulla natura fisica del mondo per applicarle alle relazioni umane. Come scrisse in seguito lo storico della scienza Jeremy Bernstein: «A Bohr non piaceva che l'idea della complementarità fosse utilizzata soltanto in fisica.[25] La vedeva ovunque: istinto e ragione, libero arbitrio, amore e giustizia, e così via». E, comprensibilmente, la vedeva anche nel lavoro a Los Alamos. Tutto quello che riguardava il progetto era pieno di contraddizioni. Stavano costruendo un'arma di distruzione di massa che avrebbe sconfitto il fascismo e posto fine a tutte le guerre, ma anche reso possibile la fine della civiltà. Ovviamente Oppenheimer trovò confortante che Bohr gli dicesse che le contraddizioni della vita non erano molto diverse da quelle di una commedia, e quindi complementari.

Oppenheimer ammirava così tanto Bohr che negli anni che seguirono spesso lo prendeva a modello per comunicare con il resto dell'umanità. Non tutti avevano capito quello che Bohr intendeva dire quando parlava di «mondo aperto». E quelli che l'avevano capito erano spesso piuttosto preoccupati dall'audacia con cui Bohr proponeva la sua idea. Agli inizi della primavera del 1944 Bohr aveva ricevuto una lettera, arrivata con lungo ritardo, da uno dei suoi vecchi studenti, il fisico russo Pëtr Kapica. Scrivendo da Mosca, Kapica invitava caldamente Bohr ad andare a sistemarsi lì, «dove faremo di tutto per dare a te e alla tua famiglia un rifugio, e dove ora siamo nelle condizioni necessarie per portare avanti bene il lavoro scientifico». Kapica aggiungeva poi i saluti di molti fisici russi che Bohr conosceva, indicando esplicitamente che sarebbero stati tutti ben felici di averlo tra loro nel «lavoro scientifico».[26] Bohr pensò che questa fosse una splendida opportunità, e sperò anche che Roosevelt e Churchill lo autorizzassero ad accettare l'invito di Kapica. Come più tardi Oppenheimer spiegò ai suoi colleghi, «attraverso quegli scienziati, Bohr[27] voleva far sapere ai governanti della Russia, che erano allora i nostri alleati, che gli Stati Uniti e la Gran Bretagna avrebbero "messo a disposizione" di un mondo aperto le loro conoscenze atomiche [...] che avrebbero proposto ai russi di condividere con loro le conoscenze atomiche se avessero accettato di aprire le porte della Russia e di farne un paese aperto che partecipava a un mondo aperto».

Secondo il pensiero di Bohr, la segretezza era pericolosa. Conoscendo Kapica e altri fisici russi, Bohr li considerava perfettamente in grado di capire le implicazioni militari della fissione.[28] In effetti, dalla lettera di Kapica aveva dedotto che i sovietici già sapevano qualcosa del programma atomico inglese-americano, il che avrebbe sollevato forti sospetti solo se i russi avessero concluso che la nuova arma sarebbe stata costruita senza di loro. Molti altri fisici di Los Alamos concordavano. Robert Wilson più tardi ricordò un Oppenheimer «sfuggente» sul perché a Los Alamos lavorassero scienziati inglesi ma non scienziati russi. «Avevo l'impressione che fosse stato tracciato un confine», disse Wilson, «che prima o poi avrebbe provocato grandi rancori.»[29] Alla fine della guerra fu chiaro che Oppenheimer concordava con questa visione, ma durante la guerra era circospetto, essendo consapevole che si trovava sotto sorveglianza continua, e quindi aveva sempre rifiutato di essere trascinato in queste conversazioni. Non volle mai rispondere, oppure mormorò che non era compito degli scienziati farsi carico di questi problemi. «Non ne sono certo», disse Wilson più tardi, «ma penso che forse immaginava che lo stessi mettendo alla prova.»

Ovviamente, l'atteggiamento di Bohr non era condiviso dai generali e dai politici che avevano reclutato gli scienziati. Il generale Groves, per esempio, non aveva mai considerato i russi come dei veri alleati. Nel 1954, nel corso delle audizioni di fronte alla Commissione per la sicurezza istituita dall'AEC, disse che «già dopo un paio di settimane da quando avevo assunto l'incarico in questo progetto ero più che certo che la Russia fosse il nostro vero nemico e che il progetto fosse condotto su questa base. Non condivisi mai la convinzione diffusa in tutto il paese che la Russia fosse un alleato fedele».[30] Sui sovietici Winston Churchill aveva un'opinione simile, e quindi si sentì offeso quando seppe della corrispondenza Kapica-Bohr dallo spionaggio inglese. «Ma perché mai uno come lui [Bohr] è stato coinvolto in questo affare?» chiese Churchill a lord Cherwell, il suo consigliere scientifico.[31] Lord Cherwell gli rispose: «Credo sia opportuno che Bohr venga isolato o comunque che gli si faccia almeno capire che è davvero al limite di crimini terribili».

Nonostante i suoi incontri sia con Roosevelt che con Churchill nella primavera e nell'estate del 1944, Bohr non riuscì a persuadere i due leader che il monopolio angloamericano in materia atomica era una cosa poco lungimirante. In seguito Groves disse a Oppenheimer che considerava Bohr «una spina nel fianco di tutti quelli che avevano a che fare con lui, forse a causa della sua grande intelligenza».[32] Ironicamente, mentre svaniva la sua influenza su questi leader politici, la statura di Bohr raggiungeva nuove altezze tra i fisici di Los Alamos. Ancora una volta, Bohr era Dio, e Oppie il suo profeta.

Bohr era arrivato a Los Alamos nel dicembre 1943, preoccupato per quello che aveva saputo sulla possibilità di una bomba tedesca durante il suo colloquio con Heisenberg. Nella primavera successiva lasciò Los Alamos persuaso dai rapporti dello spionaggio che probabilmente i tedeschi non avevano un programma credibile per la bomba: «[...] a causa dell'insufficienza delle attività degli scienziati tedeschi [...]», notò, «è praticamente certo che le potenze dell'Asse non hanno ottenuto risultati sostanziali».[33] Se Bohr ne era convinto, Oppenheimer già parecchio tempo prima aveva capito che i fisici tedeschi erano molto indietro nella corsa alla costruzione della bomba. Secondo David Hawkins, alla fine del 1943 il generale Groves aveva riferito a Oppenheimer che una fonte tedesca aveva da poco segnalato che la Germania aveva abbandonato il programma per la costruzione della bomba. Groves aveva detto che era troppo presto per valutare la validità di quella segnalazione, anche perché la fonte tedesca avrebbe potuto passare delle informazioni false. Oppenheimer fece spallucce. Hawkins ricordò che lui stesso pensava che ormai era troppo tardi, «perché gli uomini di Los Alamos si erano impegnati a costruire una bomba a prescindere dai progressi dei tedeschi».[34]

21. «L'impatto dell'aggeggio sulla civiltà»

L'impressione che in quel momento avevo di Oppenheimer era che fosse un uomo angelico, sincero e onesto, che non poteva commettere errori [...]. Credevo davvero in lui.
Robert Wilson

Tutti sentivano la presenza di Oppenheimer. Sia che guidasse in giro per la collina una jeep dell'Esercito, o la sua grande Buick nera, sia che entrasse all'improvviso in uno degli uffici del laboratorio. In genere si sedeva in fondo alla stanza, fumando una sigaretta dopo l'altra e ascoltando silenziosamente la discussione. La sua semplice presenza sembrava spingere le persone a fare grandi sforzi. «Vicki» Weisskopf era meravigliato dal fatto che Oppenheimer fosse quasi sempre fisicamente presente a ogni nuovo passo avanti del progetto. «Era sempre presente nel laboratorio o nella stanza dove si stava tenendo un seminario, quando veniva misurato un nuovo effetto, quando veniva formulata una nuova idea. Non è che contribuisse con molte idee o suggerimenti; lo faceva solo qualche volta, ma la sua influenza più importante era rappresentata dalla sua continua e intensa presenza, che creava in noi tutti un senso di partecipazione diretta.»[1] Hans Bethe ricordava il giorno in cui Oppenheimer era arrivato durante un incontro su un problema di metallurgia, e aveva ascoltato un'inconcludente discussione su quale tipo di contenitore refrattario dovesse essere usato per la fusione del plutonio.[2] Dopo aver ascoltato le argomentazioni, Oppie riepilogò la discussione. Non propose direttamente una soluzione, ma poco dopo che aveva lasciato la stanza divenne chiara a tutti la risposta giusta.

Per contrasto, le visite del generale Groves erano sempre delle interruzioni, e talvolta ridicolmente distruttive. Un giorno Oppie stava accompagnando Groves all'interno di un laboratorio quando il generale appoggiò il suo notevole peso su uno dei tre tubi di gomma che trasportavano l'acqua calda in un contenitore. Come McAllister Hull riferì allo storico Charles Thorpe, «Quello [il tubo di gomma] si staccò dalla parete e una marea d'acqua appena al di sotto del punto di ebollizione invase la stanza. Se in quel momento avessi potuto vedere l'immagine di Groves avresti capito chi era».[3] Oppenheimer si voltò verso il generale infradiciato e disse scherzosamente: «Bene, abbiamo dimostrato l'incomprimibilità dell'acqua».

Qualche volta gli interventi di Oppenheimer si dimostrarono davvero essenziali per il successo del progetto. Aveva capito che l'unico vero ostacolo alla rapida costruzione di un'arma utilizzabile sarebbe stata la scarsa disponibilità di materiali fissili, e per questo si interessava sempre alle tecniche per accelerare la loro produzione. Agli inizi del 1943 il generale Groves e il suo Comitato esecutivo S-1 avevano scelto la diffusione gassosa e le tecnologie elettromagnetiche per separare l'uranio arricchito fissile per il laboratorio della bomba a Los Alamos. A quell'epoca un'altra tecnologia possibile, basata sulla diffusione termica allo stato liquido, era stata rigettata come inutilizzabile. Ma nella primavera del 1944 Oppenheimer lesse alcuni vecchi rapporti sulla diffusione termica allo stato liquido e capì che quella decisione era stata probabilmente un errore. Pensava infatti che quella tecnologia poteva rappresentare un sistema abbastanza economico per ottenere uranio parzialmente arricchito da utilizzare poi nei processi elettromagnetici. Quindi, nell'aprile 1944, scrisse al generale Groves che un impianto per la diffusione termica allo stato liquido avrebbe potuto servire come misura temporanea; l'uranio così prodotto, anche se non troppo arricchito, avrebbe potuto essere poi utilizzato nell'impianto a diffusione elettromagnetica e quindi avrebbe contribuito ad accelerare la produzione di materiale fissile. Si aspettava, scrisse, «che la produzione dell'impianto Y-12 [elettromagnetico] potesse aumentare del trenta o quaranta per cento, e che questo miglioramento avrebbe anche potuto essere maggiore, molti mesi prima della data prevista per la produzione dell'impianto K-25 [a diffusione gassosa]».[4]

Dopo aver messo da parte per circa un mese la raccomandazione di Oppie, il generale Groves decise di sperimentarla. Venne messo in funzione un impianto che nella primavera del 1945 era già in grado di produrre una discreta quantità di uranio parzialmente arricchito, e che nel luglio 1945 avrebbe garantito una quantità di materiale fissile sufficiente per una bomba.

Oppenheimer aveva anche un elevato grado di familiarità con il progetto del sistema per far esplodere l'uranio, in cui un «proiettile» di materiale fissile veniva sparato contro un «bersaglio» costituito da altro materiale fissile, in modo da creare la «criticità» necessaria e la conseguente esplosione nucleare. Ma nella primavera del 1944 si trovò di fronte a una crisi improvvisa che rischiava di bloccare l'intero sforzo compiuto per progettare la bomba al plutonio. Anche se Oppenheimer aveva autorizzato Seth Neddermeyer a condurre esperimenti mirati a mettere a punto un progetto di bomba a implosione – in cui una sfera non troppo compatta di materiale fissile sarebbe stata improvvisamente compressa per raggiungere la criticità – aveva sempre sperato che per la bomba al plutonio sarebbe stato possibile un sistema di esplosione più diretto. Tuttavia nel luglio 1944, dagli esperimenti eseguiti sulle prime piccole quantità di plutonio disponibile, era risultato chiaro che un'efficiente bomba al plutonio non avrebbe potuto essere fatta esplodere con il sistema «proiettile-bersaglio». Ogni tentativo di questo tipo avrebbe sicuramente portato a una catastrofica esplosione anticipata all'interno del «bersaglio» di plutonio.[5]

Un'altra soluzione avrebbe potuto essere quella di separare ulteriormente i vari tipi di plutonio nel tentativo di arrivare a un elemento più stabile. «Dovevamo separare i cattivi isotopi del plutonio da quelli buoni», spiegò John Manley, «ma questo avrebbe richiesto di raddoppiare tutto quello che era stato fatto per la separazione degli isotopi dell'uranio – grandi impianti anche quelli – e non c'era tempo per farlo. La scelta era quella di rinunciare a realizzare la reazione a catena prodotta dal plutonio, e anche a tutti gli investimenti in tempo e in lavoro che erano stati fatti nell'impianto di Hanford [nello stato di Washington], a meno che qualcuno non arrivasse a regalarci un modo per assemblare il plutonio in un'arma che potesse esplodere.»[6]

Il 17 luglio 1944 Oppenheimer convocò Groves, Conant, Fermi e altri a un incontro a Chicago per risolvere la crisi. Conant sostenne che dovevano limitarsi a costruire una bomba a implosione a bassa efficienza basata su una miscela di uranio e plutonio. Una bomba di questo tipo avrebbe avuto una potenza esplosiva pari soltanto a poche centinaia di tonnellate di TNT. Conant disse anche che, solo dopo aver sperimentato con successo una bomba di limitata efficienza come questa, il laboratorio avrebbe potuto proseguire nella realizzazione di una bomba più potente.

Oppenheimer rigettò questa proposta sostenendo che avrebbe provocato ritardi inaccettabili. Anche se aveva accolto con scetticismo l'idea dell'implosione quando era stata per la prima volta avanzata da Serber, adesso Oppenheimer adoperava tutto il suo potere di persuasione per sostenere che si doveva puntare sul progetto di una bomba al plutonio a implosione. Era un rischio audace e brillante. Dalla primavera del 1943, cioè da quando Seth Neddermeyer aveva deciso di affrontare personalmente il problema, erano stati fatti solo piccoli progressi. Ma nell'autunno del 1943 Oppenheimer aveva portato a Los Alamos il matematico di Princeton John von Neumann, e von Neumann aveva calcolato che l'implosione era possibile, almeno in linea teorica. E Oppenheimer era convinto che avesse ragione.

Il giorno successivo, il 18 luglio, Oppenheimer riassunse le sue conclusioni a Groves: «Abbiamo rapidamente analizzato le possibilità della separazione elettromagnetica [...]. È nostra opinione che questa tecnica sia possibile in linea di principio, ma che il tempo necessario per svilupparla non sia in nessun modo compatibile con le attuali previsioni [...]. Alla luce di questi fatti appare ragionevole rinunciare agli intensi sforzi necessari per ottenere plutonio di maggior purezza, e concentrare invece l'attenzione su metodi di assemblaggio che non richiedano una bassa intensità di neutroni per il loro successo. In questo momento il metodo al quale si deve assegnare la massima priorità è quindi il metodo dell'implosione».[7]

L'assistente di Oppenheimer, David Hawkins, più tardi spiegò: «L'implosione era l'unica vera speranza [per la bomba al plutonio], ma con i dati a disposizione non sembrava molto buona». Neddermeyer e i suoi uomini della Divisione armamenti avevano fatto progressi davvero limitati nel progetto dell'implosione. Neddermeyer, cauto e riservato, amava lavorare da solo, e metodicamente. In seguito ammise che Oppenheimer «nella primavera del 1944 era diventato terribilmente pressante nei miei confronti [...]. Penso che fosse molto arrabbiato perché mi comportavo come se stessi conducendo non una ricerca bellica ma una ricerca normale».[8] Neddermeyer era anche uno dei pochi uomini sull'altopiano che sembrava immune al fascino di Oppenheimer. A causa di questa frustrazione, sembrava che Oppenheimer stesse cominciando a perdere la sua tranquillità. «Oppenheimer mi assillava continuamente», ricordava Neddermeyer.[9] «Molta gente guardava a lui come a una fonte di saggezza e di ispirazione. Io lo rispettavo come scienziato, ma non ho mai pensato a lui in quel modo [...]. Poteva metterti in crisi e umiliarti fino a farti strisciare per terra. D'altronde io riuscivo solo a irritarlo.» Minata da questo conflitto personale, la crisi del progetto dell'implosione raggiunse l'apice verso la fine di quell'estate, quando Oppenheimer annunciò la più grande riorganizzazione del laboratorio.

Già agli inizi del 1944 Oppenheimer aveva convinto un esperto in esplosivi di Harvard, George «Kisty» Kistiakowsky, a trasferirsi a Los Alamos. Kistiakowsky era testardo e molto determinato. Inevitabilmente ebbe numerosi scontri con il suo presunto superiore, il capitano «Deke» Parsons. Né Kistiakowsky poteva andare d'accordo con Neddermeyer, che gli sembrava fin troppo indifferente nel suo modo di fare. Agli inizi del giugno 1944 Kistiakowsky scrisse a Oppenheimer un appunto in cui minacciava le dimissioni. Come risposta, Oppenheimer chiamò subito Neddermeyer e gli disse che Kistiakowsky l'avrebbe sostituito. Arrabbiato e offeso, Neddermeyer decise di andarsene. Per quanto provasse una «forte amarezza», fu però persuaso a restare a Los Alamos come consigliere tecnico superiore. Agendo con decisione, Oppenheimer annunciò questa decisione senza aver prima consultato il capitano Parsons. «Parsons era furioso», ricordava Kistiakowsky.[10] «Pensava che noi lo avessimo scavalcato, e questo per lui era un oltraggio. Capivo perfettamente quello che sentiva, ma io ero un civile, e lo era anche Oppie, e quindi non avevamo alcun obbligo di passare prima attraverso di lui.»

Parsons, irritato per quella che considerava una mancanza di rispetto verso la sua Divisione armamenti, a settembre inviò a Oppenheimer un memorandum in cui proponeva che gli fosse affidato un ampio potere sulle decisioni relative a tutti gli aspetti del progetto della bomba a implosione. Oppenheimer rifiutò la proposta, gentilmente ma fermamente: «Il tipo di autorità che mi sembra lei richieda è qualcosa che io non posso delegarle perché non ne ho il potere. In effetti, qualunque sia l'accordo che può consentirlo, non ho l'autorità per prendere decisioni che non siano condivise e approvate da scienziati qualificati del laboratorio che possano metterle in atto».[11] Come militare, Parson, capitano della marina, voleva il diritto di aggirare le discussioni tra gli scienziati. «Ha sottolineato», gli scrisse Oppenheimer, «quanto sia preoccupato per la posizione che ha nel laboratorio, che la costringe a essere coinvolto in lunghi dibattiti e discussioni al solo scopo di raggiungere un accordo dal quale possano dipendere i progressi del lavoro. Ma nulla che io possa mettere per iscritto può eliminare questa necessità.» Gli scienziati devono essere liberi di discutere, e Oppenheimer avrebbe fatto da arbitro in una disputa solo allo scopo di raggiungere un qualche tipo di consenso collettivo. «Non sto sostenendo che il laboratorio debba essere organizzato in questo modo», disse a Parsons, «ma solo che è *già* organizzato in questo modo.»

Nel bel mezzo di questa crescente crisi che riguardava la progettazione della bomba al plutonio, Isidor Rabi fece una delle sue periodiche visite a Los Alamos. Più tardi ricordò una sconfortante riunione con un gran numero dei più importanti scienziati del progetto che parlavano della necessità di trovare rapidamente un modo per portare avanti il lavoro sulla bomba al plutonio. La conversazione si spostò ben presto sul nemico: «A che punto erano gli scienziati tedeschi? Li conoscevamo tutti», ricordava Rabi.[12] «Che cosa stavano facendo? Andavamo poi di nuovo al di là delle nostre realizzazioni, analizzavamo le vicende di quello che avevamo realizzato e cercavamo di capire in che cosa avrebbero potuto essere più bravi di noi, in che cosa avrebbero potuto avere delle valutazioni migliori ed evitare questo o quell'errore [...]. Alla fine arrivammo alla conclusione che erano esattamente dove eravamo noi, o forse solo un po' più avanti. Eravamo assolutamente seri. Uno diceva che non si sapeva a che punto era arrivato il nemico. Un altro che non si poteva perdere un solo giorno, una sola settimana. E perdere un mese sarebbe stata davvero una calamità.» Così Philip Morrison riassunse quello che pensava verso la metà del 1944: «L'unico modo per perdere la guerra era il fallimento del nostro lavoro».[13]

Nonostante la riorganizzazione del progetto, verso la fine del 1944 il gruppo di Kistiakowsky non era ancora riuscito a realizzare esplosivi modellati (le cosiddette «lenti») che potessero riunire assieme, con precisione ma senza eccessiva compressione, piccole sfere di plutonio delle dimensioni di un chicco d'uva per ottenere una sfera delle dimensioni di una pallina da golf. Senza queste lenti, la bomba a implosione sembrava impossibile. Il capitano Parsons era così pessimista che andò da Oppenheimer e gli propose di abbandonare le lenti e di provare invece a creare un tipo di implosione senza lenti. Nel gennaio 1945 la questione fu argomento di una veemente discussione tra Parsons e Kistiakowsky, alla presenza di Groves e Oppenheimer. Kistiakowsky sostenne che l'implosione era impossibile da ottenere senza le lenti, e promise che i suoi uomini sarebbero ben presto riusciti a produrle. Oppenheimer lo appoggiò in questa decisione, davvero critica per il successo della bomba al plutonio.[14] Durante i mesi successivi, Kistiakowsky e il suo gruppo si impegnarono a perfezionare il progetto dell'implosione. Nel maggio 1945 Oppenheimer era ormai convinto che l'aggeggio al plutonio avrebbe funzionato.

La costruzione della bomba richiedeva più tecnica che fisica teorica. Ma Oppenheimer risultava straordinariamente adatto a spingere i suoi scienziati a superare gli ostacoli tecnici e costruttivi, così come lo era stato nello stimolare a nuove intuizioni i suoi studenti a Berkeley. «Anche senza di lui Los Alamos sarebbe arrivata al risultato», disse in seguito Hans Bethe, «ma sicuramente soltanto con uno sforzo molto più intenso, con meno entusiasmo e molto più lentamente. Comunque la si consideri, fu un'esperienza indimenticabile per tutti i membri del laboratorio. Durante la guerra ci furono anche altri laboratori che ottennero grandi risultati [...]. Ma non ho mai notato in nessuno degli altri gruppi un piacere così forte di lavorare assieme, il bisogno di ricordare i giorni passati in laboratorio, la sensazione che quello era davvero il periodo più importante della nostra vita. Che questa fosse la realtà di Los Alamos è merito soprattutto di Oppenheimer. Lui era il leader.»[15]

Nel febbraio 1944 arrivò a Los Alamos un gruppo di fisici inglesi guidati da Rudolf E. Peierls, che era nato in Germania. Oppenheimer aveva per la prima volta incontrato questo brillante ma riservato fisico teorico nel 1929, quando entrambi studiavano con Wolfgang Pauli. Peierls era emigrato dalla Germania in Inghilterra agli inizi degli anni Trenta, e nel 1940 lui e Otto R. Frisch avevano scritto il fondamentale articolo *Sulla costruzione di una superbomba*[16] che aveva convinto i governi inglese e americano che l'arma nucleare era possibile. Durante gli anni che seguirono Peierls aveva approfondito tutti gli aspetti delle Tube Alloys, il programma inglese per la bomba. Nel 1942, e ancora nel settembre 1943, il primo ministro inglese Winston Churchill aveva mandato Peierls in America per accelerare il lavoro sulla bomba. Peierls era andato a trovare Oppenheimer a Berkeley ed era rimasto «molto impressionato dalla sua capacità di affrontare le cose [...]. In quel viaggio era la prima persona che incontravo che aveva già pensato sia alla bomba sia alle implicazioni che quello che si poteva realizzare avrebbe avuto per la fisica».[17]

Peierls aveva trascorso solo due giorni e mezzo in visita a Los Alamos, ma Oppenheimer riferì a Groves che aveva ottenuto dal gruppo inglese una forte collaborazione per lo studio dell'idrodinamica dell'implosione. Un mese più tardi Peierls tornò a Los Alamos dove rimase fino alla fine della guerra. Ammirava la rapidità e la chiarezza con cui Oppenheimer riusciva a capire tutti, ma soprattutto ammirava la sua capacità «di sopportare Groves».[18]

Nella primavera del 1944, quando Peierls e il suo gruppo si stabilirono a Los Alamos, Oppenheimer decise di affidare a Peierls un incarico apparentemente attribuito a Edward Teller. Si supponeva che l'imprevedibile fisico ungherese stesse lavorando a un complicato insieme di calcoli necessari per la bomba a implosione. Ma Teller non lo stava facendo. Ossessionato dalle sfide teoriche poste da una bomba a fusione termonucleare, la «Super», Teller non si interessava della bomba a fissione. Dopo che nel giugno 1943 Oppenheimer aveva deciso che le esigenze belliche imponevano una bassa priorità per la «Super», Teller divenne sempre più riluttante. Sembrava essersi dimenticato del suo impegno a contribuire allo sforzo bellico. Sempre molto loquace, parlava continuamente della bomba a idrogeno, la bomba H. E non riusciva a controllare il suo risentimento per essere costretto a lavorare sotto la direzione di Bethe. «Non ero per niente contento di averlo come mio capo», ricordava Teller.[19] Certamente il suo risentimento era alimentato dalle critiche di Bethe. Tutte le mattine Teller proponeva una nuova idea per organizzare il lavoro per la bomba H, e ogni sera Bethe già dimostrava che quella idea era infondata.[20] Dopo un incontro particolarmente irritante con Teller, Oppenheimer disse scherzosamente a Charlie Critchfield: «Dio ci protegga dai nemici lontani e dagli ungheresi vicini».[21]

Comprensibilmente, Oppenheimer fu sempre più infastidito dal comportamento di Teller. Un giorno di quella primavera Teller abbandonò una riunione dei direttori di sezione e si rifiutò di fare alcuni calcoli di cui Bethe aveva bisogno per il suo lavoro sul progetto di implosione. Molto arrabbiato, Bethe si lamentò con Oppenheimer. «Edward è sempre in sciopero», ricordava Bethe.[22] Quando Oppenheimer gli domandò di spiegare i motivi dell'incidente, Teller alla fine chiese di essere sollevato da qualsiasi responsabilità nel lavoro per la bomba a fissione. Oppenheimer accettò la richiesta e scrisse al generale Groves che voleva sostituire Teller con Peierls: «Questi calcoli erano stati originariamente affidati alla supervisione di Teller che però secondo me, e anche secondo Bethe, è del tutto inadatto a questa responsabilità. Bethe pensa che sia necessario avere a disposizione un uomo in grado di portare avanti il programma sull'implosione».

Sentendosi offeso, Teller fece sapere che stava pensando di lasciare Los Alamos, e nessuno si sarebbe sorpreso se Oppenheimer l'avesse lasciato andare. Tutti consideravano Teller come una prima donna; Bob Serber l'aveva definito «un disastro per qualsiasi organizzazione».[23] Ma, invece di lasciarlo andare, Oppenheimer diede a Teller quello che voleva, ovvero la libertà di esplorare la fattibilità della bomba termonucleare. Una volta alla settimana Oppenheimer gli mise anche a disposizione un'ora del suo tempo prezioso solo per parlare di quello che Teller aveva in mente.

Ma neanche questo gesto straordinario diede soddisfazione a Teller, che pensava che questo suo amico era ormai diventato un «politico». I colleghi di Oppie si domandavano perché si dava tanto da fare per

Teller. Peierls considerava Teller «una sorta di selvaggio; prima sosteneva un'idea e poi diceva che era senza senso».[24] Oppenheimer era impaziente con i matti, ma era sicuro che Teller non fosse un matto. Lo tollerava perché, alla fin fine, avrebbe potuto in qualche modo contribuire al progetto. Quando, verso la fine dell'estate, organizzò un ricevimento per lord Cherwell (Frederic A. Lindemann), l'illustre rappresentante di Churchill, Oppenheimer si accorse solo in ritardo che aveva inavvertitamente dimenticato di inserire nella lista degli invitati Rudolf Peierls. Il giorno dopo si scusò con Peierls, e poi scherzò: «Sarebbe potuta andare peggio, avrebbe potuto venire Teller».[25]

Nel dicembre 1944 Oppenheimer sollecitò Rabi a fare un'altra visita a Los Alamos. «Caro Rab», scrisse, «per un po' abbiamo sperato che tu saresti tornato. Qui le crisi sono così continue che dal nostro punto di vista è difficile trovare un momento che sia meglio o peggio di un altro.»[26] Rabi aveva da poco ricevuto il premio Nobel per la fisica in riconoscimento «del suo metodo di risonanza per registrare le proprietà magnetiche dei nuclei atomici». Oppie si era congratulato con lui: «Fa piacere sapere che il premio è andato a un uomo che è uscito dalla sua adolescenza e non a uno che c'è appena entrato».

Anche se era sommerso dal lavoro amministrativo, ogni tanto Oppenheimer trovava ancora il tempo per scrivere lettere personali. Nella primavera del 1944, scrisse a una famiglia di rifugiati tedeschi che aveva aiutato a fuggire dall'Europa. Gli erano del tutto estranei, ma nel 1940 aveva dato alla famiglia Meyers – una madre e quattro figli – una somma di denaro sufficiente per pagare le spese per arrivare negli Stati Uniti. Quattro anni più tardi i Meyers avevano restituito i soldi a Oppenheimer e gli avevano anche detto che erano diventati cittadini americani. Egli rispose che apprezzava il loro «orgoglio» per la nuova patria e li ringraziava per la restituzione dei soldi: «Spero che non sia stata una cosa troppo onerosa per voi [...]»;[27] e poi offriva di dar loro ancora dei soldi in caso di bisogno. (Qualche anno più tardi uno dei figli Meyers gli scrisse in segno di gratitudine: «Nel 1940 ci avete portato tutti qui e avete salvato le nostre vite».) Per Oppenheimer il salvataggio dei Meyers dal contagio nazista era importante sotto molti aspetti. In primo luogo era un indiscutibile allargamento del suo attivismo antifascista, e questo era un bene. In secondo luogo, anche se si trattava solo di un piccolo atto di generosità, era comunque un modo profondo e piacevole per ricordare i motivi del suo coinvolgimento nella corsa alla costruzione di un'orribile arma.

E la corsa continuava. L'attivismo senza sosta faceva parte del suo carattere, o almeno così pensava Freeman Dyson, un giovane fisico che conobbe e ammirò Oppenheimer solo dopo la guerra. Ma Dyson considerava anche come una tragica debolezza l'irrequietezza di Oppenheimer: «L'attivismo lo portò al suo supremo risultato, il successo della missione a Los Alamos, ma senza la possibilità di un momento di quiete o di riflessione».

«Solo un uomo si soffermava a pensare», scrisse Dyson.[28] «Quell'uomo era Joseph Rotblat, di Liverpool [...].» Fisico polacco, Rotblat allo scoppio della guerra si trovava in Inghilterra. Era stato coinvolto da James Chadwick nel progetto inglese per la bomba, e agli inizi del 1944 si era trasferito a Los Alamos. Una sera del marzo 1944 Rotblat provò «un'impressione sgradevole». Il generale Groves era andato a cena dai Chadwick e durante le chiacchiere scherzose attorno alla tavola aveva detto: «Avrete naturalmente capito che lo scopo principale di questo progetto è quello di sottomettere i russi».[29] Rotblat rimase colpito. Non si faceva illusioni su Stalin, dopo tutto il dittatore sovietico aveva invaso la sua amata Polonia. Ma migliaia di russi morivano ogni giorno sul fronte orientale e Rotblat si sentì come tradito. «Fino ad allora avevo pensato che il nostro lavoro serviva per prevenire la vittoria dei nazisti», scrisse più avanti, «e ora venivo a sapere che l'arma che stavamo preparando era stata pensata per essere usata contro il popolo che stava facendo enormi sacrifici proprio per raggiungere quello scopo.»[30] Alla fine del 1944, sei mesi dopo che gli Alleati erano sbarcati sulle spiagge della Normandia, era diventato chiaro che la guerra in Europa sarebbe finita presto. Per Rotblat ormai non c'era motivo per continuare a lavorare a un'arma di cui non ci sarebbe stato più bisogno per battere i tedeschi.* Dopo aver salutato Oppenheimer e aver partecipato a una festa d'addio, lasciò Los Alamos l'8 dicembre 1944.

Nell'autunno del 1944 i sovietici ricevettero il primo di molti rapporti di spionaggio direttamente da Los Alamos. Le spie individuate dal controspionaggio dell'Esercito comprendevano Klaus Fuchs, un fisico tedesco con la cittadinanza inglese, e Ted Hall, un precoce e brillante diciannovenne che aveva conseguito il dottorato in fisica ad Harvard. Hall era arrivato a Los Alamos verso la fine del gennaio

---

* Nel 1995 Joseph Rotblat fu insignito del premio Nobel per la pace per il suo impegno a favore del disarmo nucleare. [*n.d.a.*]

1944, mentre Fuchs era arrivato in agosto con il gruppo inglese guidato da Rudolf Peierls.

Fuchs, nato nel 1911, era stato allevato in una famiglia di quaccheri tedeschi. Studioso e idealista, era entrato nel Partito socialista tedesco, l'SPD, mentre studiava all'Università di Lipsia, nel 1931, lo stesso anno in cui si suicidò sua madre. Nel 1932, preoccupato per la crescente forza politica dei nazisti, Fuchs ruppe con i socialisti ed entrò nel Partito comunista, che si opponeva a Hitler con maggior forza. Nel 1933 lasciò la Germania di Hitler e divenne un rifugiato politico in Inghilterra. Durante gli anni che seguirono, la sua famiglia fu decimata dal regime nazista. Un suo fratello era riuscito a fuggire in Svizzera, lasciando però la moglie e un bambino che morirono poi in un campo di concentramento. Suo padre era stato imprigionato per «attività antigovernativa»,[31] e nel 1936 sua sorella Elizabeth si era suicidata dopo che suo marito era stato arrestato e rinchiuso in un campo di concentramento. Fuchs aveva dei buoni motivi per odiare i nazisti.

Nel 1937, dopo aver ottenuto il dottorato in fisica a Bristol, Fuchs ottenne un posto di postdottorato per lavorare con Max Born, già professore di Oppenheimer, che allora stava insegnando a Edimburgo. Dopo l'inizio della guerra, Fuchs fu internato in Canada come cittadino di un paese nemico, ma Born riuscì a ottenere il suo rilascio affermando che Fuchs era «uno dei due o tre fisici teorici più dotati della nuova generazione».[32] Fuchs, assieme a migliaia di altri rifugiati tedeschi antinazisti, fu rilasciato alla fine del 1940 e gli fu consentito di tornare al suo lavoro in Inghilterra. Anche se il ministero degli Interni inglese era al corrente del suo passato comunista, nella primavera del 1941 Fuchs stava lavorando con Peierls e altri scienziati britannici al progetto Tube Alloys, altamente segreto. Nel giugno 1942 Fuchs ottenne la cittadinanza britannica, e già allora stava passando informazioni ai sovietici sul programma inglese per la bomba.

Quando Fuchs arrivò a Los Alamos, né Oppenheimer né nessun altro sospettava che fosse una spia sovietica. Nel 1950, dopo che fu arrestato, Oppie disse all'FBI che aveva sempre pensato che Fuchs fosse un cristiano democratico, e sicuramente non un uomo «politicamente fanatico». Bethe considerava Fuchs uno dei migliori uomini della sua divisione. «Se era davvero una spia», disse Bethe all'FBI, «recitava molto bene la sua parte. Lavorava giorno e notte. Era scapolo e non aveva niente di meglio da fare, e quindi diede un forte contributo al successo del progetto di Los Alamos.»[33] L'anno successivo Fuchs passò ai sovietici dettagliate informazioni scritte sui problemi e i vantaggi del progetto di una bomba a implosione rispetto al metodo a scoppio. Non sapeva che i sovietici avevano la conferma delle sue informazioni da un altro residente a Los Alamos.

Nel settembre 1944 Ted Hall stava lavorando alle prove di calibrazione necessarie per il progetto della bomba a implosione. Quando stava avviando gli esperimenti per l'implosione, Oppenheimer aveva saputo che Hall era uno dei migliori giovani tecnici dell'altopiano.[34] Hall, un giovane estremamente vivace, quell'autunno si trovava sull'orlo di un pericoloso precipizio intellettuale. Come atteggiamento era socialista, ammirava l'Unione Sovietica ma non era ancora un vero comunista, e neppure insoddisfatto o infelice per il suo lavoro o la sua posizione nella vita. Nessuno l'aveva reclutato. Ma per tutto quell'anno aveva sentito i «vecchi» scienziati – cioè trentenni o quarantenni – parlare della paura che alla fine della guerra ci fosse una corsa agli armamenti. In occasione di una cena alla Fuller Lodge, seduto allo stesso tavolo di Niels Bohr, aveva ascoltato le riflessioni del fisico danese sul «mondo aperto». Ispirato dalla sua conclusione che, dopo la guerra, un monopolio nucleare degli USA avrebbe rischiato di portare a un'altra guerra, nell'ottobre 1944 Hall decise di agire: «[...] mi ero convinto che un monopolio americano sarebbe stato pericoloso e che bisognava prevenirlo. Non ero l'unico scienziato che la pensava così».[35]

Durante un'assenza di due settimane da Los Alamos, Hall prese un treno per New York, si recò tranquillamente in un ufficio dei servizi segreti russi e consegnò a un ufficiale sovietico un rapporto scritto a mano su Los Alamos. In esso erano descritti gli scopi del laboratorio ed elencati i più importanti scienziati che lavoravano al progetto della bomba. Nei mesi che seguirono, Hall si adoperò per passare ai sovietici molte altre informazioni, comprese informazioni decisive sul progetto della bomba a implosione. Hall fu una perfetta spia «indipendente». Sapeva che cosa i russi avevano bisogno di conoscere sul progetto della bomba atomica, non aveva bisogno di niente e non si aspettava niente. Il suo solo proposito era quello di «salvare il mondo» da una guerra nucleare, che considerava inevitabile se gli Stati Uniti fossero usciti dalla guerra con il monopolio atomico.[36]

Oppenheimer non sapeva nulla dell'attività spionistica di Hall. Ma sapeva che un gruppo di circa una ventina di scienziati, alcuni dei quali leader di gruppo, aveva avviato una volta al mese una serie di incontri informali per parlare della guerra, di politica e del futuro. «Erano soliti incontrarsi alla sera», ricordava Rotblat, «in genere nella casa di qualcuno che avesse delle grandi stanze, come quella dei Teller. Le persone si incontravano per discutere il futuro dell'Europa, il futuro del mondo.»[37] Tra gli altri argomenti c'era quello dell'esclusione degli scienziati sovietici dal progetto. Secondo Rotblat, Oppenheimer aveva partecipato ad almeno uno di quegli incontri, e in seguito affermò: «Ho sempre pensato che, come sensibilità, fosse un'anima gemella perché aveva il mio stesso approccio umanitario ai problemi».

Verso la fine del 1944 numerosi scienziati di Los Alamos cominciarono a esprimere i loro crescenti dubbi etici sulla continuazione dello sviluppo dell'«aggeggio». Robert Wilson, allora a capo della divisione di fisica sperimentale del laboratorio, ebbe «discussioni davvero lunghe con Oppenheimer su come avrebbe potuto essere utilizzato».[38] C'era ancora la neve per terra quando Wilson andò da Oppenheimer e gli propose di organizzare un incontro ufficiale per discutere più a fondo la questione. «Cercò di dissuadermi da quell'idea», ricordava in seguito Wilson, «dicendo che si sarebbe creato un problema con il G-2, gli addetti alla sicurezza.»

Nonostante il suo rispetto, e perfino riverenza, per Oppenheimer, Wilson non considerava quella cosa un rischio. Pensò: «D'accordo. Ma perché? Se sei un vero pacifista, non puoi preoccuparti del rischio di essere messo in prigione o dove vogliono loro, di avere il tuo stipendio ridotto o altre orribili cose simili».[39] Quindi Wilson disse a Oppenheimer che non gli aveva nemmeno risposto sulla possibilità che ci fosse almeno una discussione aperta su un argomento che era davvero di grande importanza. Poi Wilson andò in giro per tutti i laboratori annunciando un incontro pubblico per discutere *L'impatto dell'aggeggio sulla civiltà*. Aveva scelto quel titolo perché in passato, a Princeton, «poco prima che me ne andassi, c'erano molti bigotti che parlavano dell'"impatto" di qualsiasi cosa, con discussioni in perfetto stile accademico».

Con sua grande sorpresa, Oppenheimer si presentò alla serata e ascoltò la discussione. Wilson pensava che sarebbe arrivata solo una ventina di persone, tra cui un fisico illustre come Vicki Weisskopf. L'incontro si tenne nello stesso edificio che ospitava il ciclotrone. «Mi ricordo», disse Wilson, «che in quell'edificio faceva molto freddo [...]. Comunque ci fu una discussione davvero intensa sul perché si continuasse a costruire la bomba dopo che la guerra era stata [virtualmente] vinta.»[40]

Quella non fu però l'unica occasione in cui fu messa in discussione la politica e la moralità della bomba atomica. Un giovane fisico che lavorava alle tecniche dell'implosione, Louis Rosen, ricordava un affollato incontro avvenuto di giorno nel vecchio teatro. Lo presiedeva Oppenheimer e, secondo Rosen, l'argomento chiave era «se il paese avrebbe fatto una cosa giusta utilizzando quell'arma nella vita reale degli esseri umani».[41] Apparentemente Oppenheimer sostenne che, pur essendo scienziati, non avevano un diritto maggiore di quello degli altri cittadini di far sentire la loro voce per stabilire il destino dell'aggeggio. «Era un tipo davvero eloquente e persuasivo», disse Rosen. Il chimico Joseph O. Hirschfelder ricordava un'analoga discussione che era stata fatta verso gli inizi del 1945 a Los Alamos, in una fredda sera di domenica all'interno di una piccola casetta di legno nel bel mezzo di un temporale. In quell'occasione Oppenheimer,[42] con la sua solita eloquenza, aveva sostenuto che, anche se avesse costretto tutti a vivere in una continua paura, la bomba avrebbe posto fine a tutte le guerre. Questa speranza, che riprendeva le parole di Bohr, riuscì a persuadere molti degli scienziati che erano lì riuniti.

Non furono conservate registrazioni ufficiali di queste delicate discussioni. Quindi hanno la meglio i ricordi. Il resoconto di Robert Wilson è il più vivido, e tutti quelli che conobbero Wilson lo considerarono sempre un uomo di assoluta integrità. Victor Weisskopf più tardi ricordava di aver avuto varie volte discussioni politiche a proposito della bomba con Willy Higinbotham, Robert Wilson, Hans Bethe, David Hawkins, Phil Morrison, William Woodward e altri ancora. Weisskopf ricordava che l'attesa fine della guerra in Europa «ci avrebbe costretto a pensare di più sul futuro del mondo dopo la guerra».[43] Agli inizi si incontravano nei loro appartamenti e si ponevano domande del tipo: «Che cosa offrirà al mondo questa terribile arma? Stiamo facendo qualcosa di buono o qualcosa di cattivo? Davvero non dobbiamo preoccuparci per come sarà utilizzata?». Ma a poco a poco queste discussioni informali si trasformarono in incontri ufficiali. «Cercammo di organizzare gli incontri in alcune delle sale di lettura», disse Weisskopf, «ma subito incontrammo opposizione. Oppenheimer era contrario. Diceva che quello non era un nostro compito, che era un compito dei politici, e quindi non dovevamo occuparcene.» Weisskopf ricordava un incontro del marzo

1945, a cui presenziava una quarantina di scienziati, per discutere «della bomba atomica nella politica mondiale». Ancora una volta Oppenheimer tentò di scoraggiare la gente a intervenire. «Pensava che non fossimo coinvolti nella questione dell'uso della bomba [...].» Ma, al contrario del ricordo di Wilson, Weisskopf più tardi scrisse che «l'idea di andarmene non mi passò mai per la mente».[44]

Wilson pensava che una decisione di Oppenheimer di non partecipare alle discussioni avrebbe avuto un riflesso negativo su di lui. «Lo sai, tu sei il direttore, quasi un generale. Quindi ogni tanto devi essere in prima linea, davanti alle tue truppe, e ogni tanto devi essere dietro di loro. Comunque, lui veniva e usava argomenti così persuasivi che convinceva anche me.»[45] Wilson cercava di farsi convincere. Ora che appariva evidente che l'aggeggio non sarebbe stato usato contro i tedeschi, lui e molti altri nella sala erano pieni di dubbi ma non di risposte. «Penso che stessimo sfidando i nazisti», disse Wilson, «ma certamente non i giapponesi.» Nessuno pensava che i giapponesi avessero un programma per la costruzione della bomba.

Quando Oppenheimer salì sul palco e cominciò a parlare con la sua voce delicata, tutti si misero ad ascoltarlo in assoluto silenzio.[46] Wilson ricordava che Oppenheimer «dominava» la discussione. Il suo assunto principale si basava sulla necessità di un'«apertura», come aveva sostenuto Bohr. La guerra, sosteneva, non può finire senza che il mondo sappia di questa terribile nuova arma. Il cattivo risultato si avrebbe solo se l'aggeggio restasse un segreto militare. Se questo accadesse, una nuova guerra verrebbe quasi sicuramente combattuta con armi atomiche. Dobbiamo andare avanti, spiegò, fino al momento in cui l'aggeggio potrà essere sperimentato.[47] Sottolineò che era stabilito che le nuove Nazioni Unite tenessero la loro seduta inaugurale nell'aprile 1945 e che era importante che i delegati prendessero le loro decisioni sul mondo del dopoguerra sapendo che il genere umano aveva creato queste armi di distruzione di massa.

«Pensavo che fosse un ottimo argomento», disse Wilson.[48] Per un certo periodo, Bohr e lo stesso Oppenheimer avevano parlato sul modo in cui l'aggeggio avrebbe potuto cambiare il mondo. Gli scienziati si rendevano conto che l'aggeggio avrebbe costretto a una ridefinizione della nozione di sovranità nazionale. Avevano fiducia in Franklin Roosevelt ed erano certi che sarebbe andato alle Nazioni Unite proprio per esporre questo problema. Come osservò Wilson: «Ci sarebbero state delle aree in cui non sarebbe più esistita alcuna sovranità, perché la sovranità sarebbe stata delle Nazioni Unite. Sapevamo che questo sarebbe potuto accadere solo alla fine della guerra, e quindi era una promessa che dovevamo mantenere. E questo è il motivo per cui ho continuato a lavorare a quel progetto».

Oppenheimer aveva avuto la meglio, senza sorprese per nessuno, utilizzando l'argomento che la guerra non poteva finire senza che il mondo conoscesse il terribile segreto di Los Alamos. Fu un momento determinante per tutti. La logica – la logica di Bohr – era particolarmente convincente per gli scienziati che avevano ascoltato Oppenheimer. Ma il merito era anche di quel carismatico uomo che stava in piedi davanti a loro. Così Wilson ricordava quel momento: «L'impressione che in quel momento avevo di Oppenheimer era che fosse un uomo angelico, sincero e onesto, che non poteva commettere errori [...]. Credevo davvero in lui».[49]

22. «Ora siamo tutti figli di puttana»

Roosevelt era un grande architetto, speriamo che Truman sia un buon carpentiere.
Robert Oppenheimer

Un giovedì sera, il 12 aprile 1945 – due anni dopo l'apertura del laboratorio – si diffuse la notizia dell'improvvisa morte di Franklin Roosevelt. Il lavoro venne sospeso e Oppenheimer chiese a tutti di riunirsi attorno all'asta della bandiera, nei pressi dell'edificio dell'amministrazione, per l'annuncio ufficiale. Fissò poi per la domenica una funzione commemorativa. «Quella domenica mattina una fitta neve aveva ricoperto l'altopiano», scrisse più tardi Phil Morrison.[1] «Durante la notte la neve aveva ricoperto il grezzo tessuto della città, attutito le sue attività e unificato il panorama con un biancore soffuso sul quale brillava un sole splendente che creava ombre azzurre su ogni parete. Non c'era bisogno di vestirsi a lutto, ma farlo sembrava riconoscere qualcosa di cui avevamo bisogno, un gesto di consolazione. Tutti arrivarono in teatro, dove Opje parlò con grande tranquillità per due o tre minuti dal suo cuore ai nostri cuori.»

Oppenheimer aveva abbozzato un elogio di tre brevi paragrafi. «Abbiamo vissuto in anni di grande malvagità», disse, «e di grande paura.»[2] E durante questo periodo Franklin Roosevelt è stato «in un senso antico e inalterato, la nostra guida». Con la sua classica abitudine, Oppenheimer fece riferimento alla *Bhagavadgītā*: «L'uomo è una creatura la cui essenza è la fede. Quello che è la sua fede, è lui». Roosevelt aveva ispirato milioni di persone in tutto il mondo a credere che i terribili sacrifici di quella guerra avrebbero portato «a un mondo più adatto come dimora per gli uomini». Per questo motivo, concluse Oppenheimer, «dobbiamo dedicare noi stessi alla speranza che quel lavoro non sia finito con la sua morte».

Oppenheimer coltivava ancora la speranza che Roosevelt e i suoi uomini avessero imparato da Bohr che la formidabile nuova arma che stavano costruendo avrebbe richiesto una nuova, radicale apertura.

«Bene», disse in seguito a David Hawkins, «Roosevelt era un grande architetto, speriamo che Truman sia un buon carpentiere.»[3]

Quando Truman entrò alla Casa Bianca, la guerra in Europa era praticamente vinta. Ma la guerra nel Pacifico stava entrando nel suo periodo più cruento. Nella notte tra il 9 e il 10 marzo 1945, ben 334 aerei B-29 sganciarono su Tokyo tonnellate di petrolio gelificato – napalm – e di potente esplosivo. Scoppiarono tempeste di fuoco che si stima uccisero circa 100.000 persone e distrussero circa quaranta chilometri quadrati di città.[4] I bombardamenti continuarono, e nel luglio 1945 tutte e cinque le principali città del Giappone erano state rase al suolo, mentre centinaia di migliaia di cittadini giapponesi erano stati uccisi. Si trattava di una guerra totale, di un attacco mirato alla distruzione di una nazione, e non solo dei suoi obbiettivi militari.

I bombardamenti non erano segreti. Tutti gli americani leggevano delle incursioni sui loro giornali. Le persone più attente capivano che i bombardamenti strategici delle città sollevavano profonde questioni etiche. «Ricordo che il signor Stimson [il ministro della Guerra]», osservava più tardi Oppenheimer, «mi diceva che anche lui era convinto che quelle cose fossero spaventose, ma che nessuno protestava contro le incursioni che stavamo facendo in Giappone, e che nel caso di Tokyo avevano portato alla perdita di così tante vite umane. Non diceva che i bombardamenti aerei non dovevano essere fatti, ma pensava che vi fosse qualcosa di sbagliato in un paese dove nessuno si chiedeva il perché di quei bombardamenti [...].»[5]

Il 30 aprile 1945 Adolf Hitler si suicidò, e otto giorni più tardi la Germania si arrese. Quando Emilio Segrè lo seppe, la sua prima reazione fu: «Siamo arrivati troppo tardi».[6] Come quasi tutti a Los Alamos, Segrè pensava che la disfatta di Hitler era l'unico motivo che giustificava la costruzione dell'«aggeggio». «Ora che la bomba non può essere usata contro i nazisti, i dubbi aumentano», scrisse nelle sue memorie. «Questi dubbi, anche se non si trovano nei documenti ufficiali, furono sollevati in molte discussioni private.»

Al Met Lab dell'Università di Chicago, Leo Szilard era sconvolto. Questo fisico peripatetico sapeva bene quello che stava accadendo. Le bombe atomiche sarebbero state pronte di lì a poco, e temeva che sarebbero state usate sulle città giapponesi. Dopo essere stato il primo ad aver sollecitato il presidente Roosevelt perché avviasse un programma per la costruzione della bomba atomica, ora aveva fatto ripetuti tentativi per prevenirne l'uso. Per prima cosa aveva scritto un memorandum per il presidente Roosevelt – introdotto da un'altra lettera di Einstein – in cui metteva in guardia il presidente sul fatto che «una "dimostrazione" della nostra bomba atomica ci avrebbe precipitato»[7] in una corsa agli armamenti con i sovietici. Poi, quando Roosevelt morì prima che potesse incontrarlo, Szilard tentò di avere un appuntamento per incontrare il nuovo presidente, Harry Truman, il 25 maggio. Nel frattempo decise di scrivere a Oppenheimer, mettendolo in guardia «che se la corsa alla produzione delle bombe atomiche fosse diventata inevitabile, non ci si può aspettare che per questo paese le prospettive siano buone». In mancanza di una chiara politica che tenda a evitare una corsa agli armamenti di questo tipo, scrisse Szilard, «dubito che sia saggio mostrare le nostre carte usando le bombe atomiche contro il Giappone». Aveva ascoltato quelli che proponevano di usare la bomba, e pensava che i loro argomenti «non erano abbastanza fondati per vincere i miei dubbi». Oppie non gli rispose.

Il 25 maggio, Szilard e due suoi colleghi – Walter Bartky dell'Università di Chicago e Harold Urey della Columbia University – arrivarono alla Casa Bianca, dove seppero che Truman aveva affidato l'incontro a James F. Byrnes, che stava per essere nominato segretario di stato. Disciplinatamente, si diressero verso la casa di Byrnes a Spartanburg, nella Carolina del sud, per un incontro che si conclude, per così dire, senza risultati. Quando Szilard cercò di spiegare che l'uso della bomba contro il Giappone rischiava di trasformare l'Unione Sovietica in una potenza atomica, Byrnes lo interruppe: «Il generale Groves mi ha detto che in Russia non c'è uranio».[8] Non è vero, replicò Szilard, l'Unione Sovietica è piena di uranio.

Quindi Byrnes sostenne che l'uso della bomba atomica in Giappone avrebbe aiutato a persuadere la Russia a ritirare le sue truppe dall'Europa orientale alla fine della guerra. Szilard rimase «allibito che si potesse pensare che l'uso della bomba avrebbe reso la Russia più maneggevole». «Bene», disse Byrnes, «lei viene dall'Ungheria e credo che non voglia che la Russia rimanga in Ungheria per sempre.» Questa frase servì solo a far infuriare Szilard, che più tardi scrisse: «Ero talmente irritato [...] stavamo avviando una corsa agli armamenti tra America e Russia che sarebbe finita solo con la distruzione di entrambi i paesi. In una situazione di quel tipo non mi interessava proprio quello che sarebbe successo in Ungheria». Szilard se ne andò molto di malumore. «Non mi ero mai sentito così depresso», scrisse, «come quando lasciammo la casa di Byrnes e andammo a piedi alla stazione.»

Tornato a Washington, Szilard fece un altro tentativo per impedire l'uso della bomba. Il 30 maggio, avendo saputo che Oppenheimer era nella capitale per un incontro con il ministro della Guerra Stimson, telefonò all'ufficio del generale Groves e fissò un appuntamento per vedere Oppenheimer quella mattina. Oppenheimer considerava Szilard uno scocciatore, ma decise che doveva incontrarlo.

«La bomba atomica è una sciocchezza», disse Oppenheimer dopo aver ascoltato le ragioni di Szilard.

«Ma che cosa intendi dire?» chiese Szilard.

«È semplice», replicò Oppenheimer, «che si tratta soltanto di un'arma che non ha importanza militare. Potrà fare un grande botto – davvero un grande botto – ma non è un'arma che possa essere utile in guerra.» Nella stessa occasione Oppenheimer disse a Szilard che se si fosse presa la decisione di usare l'arma, riteneva che fosse importante farlo sapere ai russi con anticipo. Ma Szilard disse che limitarsi ad avvertire Stalin della nuova arma non sarebbe servito a evitare una corsa agli armamenti dopo la guerra.

«D'accordo», continuò Oppenheimer, «ma non credi che se non diciamo ai russi quello che vogliamo fare, e poi usiamo la bomba in Giappone, i russi lo capiranno?»

«Lo capiranno fin troppo bene», replicò Szilard.

Ancora una volta Szilard lasciò l'incontro avvilito, rendendosi conto che anche quello, il suo terzo tentativo di fermare la bomba, era fallito. Nelle settimane successive lavorò febbrilmente per realizzare una documentazione pubblica che avrebbe dimostrato che almeno una minoranza degli scienziati coinvolti nel Progetto Manhattan si erano opposti all'uso della bomba su obbiettivi civili.

Il giorno successivo, il 31 maggio, Oppenheimer partecipò a un decisivo incontro al cosiddetto «Comitato ad interim» di Stimson, un gruppo di funzionari governativi creato appositamente per dare il loro parere al ministro della Guerra sul futuro della politica atomica. Tra i membri del comitato vi erano Stimson, il Sottosegretario alla marina Ralph A. Bard, il dottor Vannevar Bush, James F. Byrnes, William L. Clayton, il dottor Karl T. Compton, il dottor James Conant e George L. Harrison, un assistente di Stimson. Erano presenti quattro scienziati, che erano stati invitati a partecipare al comitato come consulenti scientifici: Oppenheimer, Enrico Fermi, Arthur Compton ed Ernest Lawrence. Quel giorno erano presenti anche il generale George C. Marshall, il generale Groves e due altri assistenti di Stimson, Harvey H. Bundy e Arthur Page.

Stimson aveva stabilito l'ordine del giorno e non vi aveva incluso una decisione sull'ipotesi che la bomba potesse essere usata contro il Giappone. Era più o meno una conclusione scontata. Quasi per sottolineare questo punto, Stimson cominciò l'incontro con un'ampia spiegazione delle sue responsabilità verso il presidente sulle questioni militari. A nessuno poteva sfuggire la conclusione che le decisioni sugli usi militari della bomba sarebbero state prese soltanto dalla Casa Bianca, senza che gli scienziati che avevano passato gli ultimi due anni a costruire la bomba avessero la possibilità di dire la loro. Ma Stimson era un uomo prudente, che aveva prestato grande attenzione a tutte le discussioni relative alle implicazioni degli armamenti nucleari. Oppenheimer e gli altri scienziati si sentirono quindi rassicurati quando lo udirono affermare che lui e gli altri membri del Comitato ad interim non consideravano la bomba «semplicemente come una nuova arma, ma come un mutamento rivoluzionario dei rapporti tra l'uomo e l'universo». La bomba atomica avrebbe potuto diventare «una sorta di Frankenstein che avrebbe potuto divorarci tutti», oppure avrebbe potuto assicurare una pace globale. In entrambi i casi, quello che importava era «allontanarsi il più possibile dalle necessità dell'attuale guerra».[9]

Stimson spostò poi rapidamente la discussione sugli sviluppi futuri degli armamenti atomici. Oppenheimer riferì che entro tre anni sarebbe stato possibile produrre delle bombe con una potenza esplosiva da 10 a 100 milioni di tonnellate di TNT. Lawrence si intromise raccomandando «che fosse accumulata una ragionevole scorta di bombe e di altro materiale»; se Washington voleva che il paese «restasse in piedi», era necessario spendere altro denaro nella moltiplicazione degli impianti nucleari. Gli appunti ufficiali sull'incontro riportano che sin dall'inizio Stimson aveva dichiarato che tutti concordavano con la proposta di Lawrence di accumulare scorte di bombe e di realizzare nuovi impianti industriali. Ma poi gli appunti cominciano a rivelare l'apparente ambivalenza di Oppenheimer. Egli osservò che il Progetto Manhattan aveva semplicemente «colto il frutto di una ricerca più antica». Raccomandò poi a Stimson che, visto che la guerra era finita, fosse consentito a molti scienziati di tornare alle loro università e ai loro laboratori, «per evitare che il lavoro fatto durante il periodo bellico diventasse sterile».

A differenza di Lawrence, Oppenheimer non voleva che dopo la guerra il Progetto Manhattan continuasse a dominare la ricerca scientifica. Anche se nel corso dell'incontro aveva usato il suo caratteristico tono tranquillo, le parole di Oppenheimer apparvero persuasive a molte persone che erano nella sala. Vannevar Bush lo interruppe per dire che «concordava con il dottor Oppenheimer che solo una parte dell'attuale staff dovesse essere trattenuta, e che dovesse essere consentito a tutti gli altri di dedicarsi a ricerche più ampie e più libere». Compton e Fermi – ma non Lawrence – dissero che erano d'accordo. Anche se non si era soffermato esplicitamente su quel punto, Oppenheimer aveva sollevato la questione di un diverso riposizionamento del lavoro del laboratorio della bomba dopo la guerra.

Quando Stimson chiese informazioni sulle potenzialità non militari del progetto, Oppenheimer dominò nuovamente la discussione. Sottolineò che fino a quel momento la loro «preoccupazione principale era stata quella di far finire la guerra». Ma era evidente, disse, che una «conoscenza fondamentale» della fisica atomica si era ormai «sparsa per tutto il mondo» e che quindi sarebbe stato opportuno per gli Stati Uniti garantire un «libero scambio di informazioni» sulle possibilità di sviluppo degli impieghi pacifici dell'atomo. Riprendendo il tema della sua discussione con Szilard del giorno prima, Oppenheimer disse: «Se proponiamo uno scambio di informazioni prima che la bomba sia effettivamente usata, la nostra posizione morale sarà notevolmente rafforzata».

Prendendo spunto da questa affermazione, Stimson cominciò a parlare delle prospettive di «una politica per l'autocontrollo». Riferì della possibilità che fosse creata un'organizzazione internazionale che «garantisse una completa libertà scientifica». Forse nel mondo postbellico la bomba avrebbe potuto essere controllata da «un corpo di controllo internazionale», armato e con diritto di fare ispezioni. Mentre nella sala gli scienziati annuivano, il fino allora silenzioso generale Marshall improvvisamente mise in guardia gli astanti dal porre troppa fiducia nell'efficacia di qualsiasi meccanismo ispettivo. La Russia rappresentava ovviamente la «preoccupazione più importante».

La reputazione di Marshall era tale che ben pochi osavano sfidare i suoi giudizi. Ma Oppenheimer aveva avuto un ispiratore – Bohr – e ora, tranquillamente ma risolutamente, tentò di far cambiare opinione al riverito generale. Che cosa si sapeva, chiese, di quello che i russi stavano facendo nel campo degli armamenti atomici? Ma espresse comunque «la speranza che la comunanza di interessi tra gli scienziati avrebbe aiutato a trovare una soluzione». Sottolineò che «la Russia è sempre stata amica della scienza» e che forse sarebbe stato opportuno fare un tentativo per aprire una discussione con i russi, spiegando quello che avevamo realizzato «ma senza fornire alcun dettaglio sul nostro sforzo produttivo».

«Possiamo dire che il paese si è fortemente impegnato in questo progetto», disse, «ed esprimere la speranza che sia possibile avviare con loro una cooperazione in questo settore.»[10] Oppenheimer concluse dicendo che «sperava fortemente che su questa questione non ci fossero pregiudizi contro i russi».

Abbastanza sorprendentemente, le affermazioni di Oppenheimer spinsero Marshall a fare una dettagliata difesa dei russi. Le relazioni tra Mosca e Washington erano sempre state segnate, disse, da una lunga storia di accuse e controaccuse. Ma «la maggior parte di queste affermazioni si erano sempre dimostrate infondate». Sulla questione della bomba atomica, Marshall disse che «certamente non c'era pericolo che i russi, se fossero stati a conoscenza del progetto, avrebbero passato le loro informazioni ai giapponesi». Per quanto lontano dall'opportunità di far conoscere i segreti della bomba ai russi, Marshall «sollevò la questione se fosse consigliabile invitare due importanti scienziati russi a presenziare all'esperimento».

Oppenheimer fu molto contento di ascoltare queste parole che provenivano dalla più importante autorità militare del paese. Ma rimase molto deluso nell'ascoltare James Byrnes, il rappresentante personale di Truman nel Comitato ad interim, sostenere vigorosamente che, se accadeva una cosa di quel genere, c'era il pericolo che Stalin chiedesse di partecipare al progetto per l'atomica. Anche tra le righe del pur secco e misurato rapporto ufficiale, un attento lettore può intravedere i contrasti. Vannevar Bush sottolineava che anche gli inglesi «non hanno in corso nessun progetto simile al nostro», e che i russi avrebbero dovuto fare una lunga strada per arrivare al progetto, se non si fornivano loro i dati tecnici necessari per la costruzione della bomba. In quel momento Oppenheimer e gli altri scienziati presenti nella sala si resero conto che informazioni di quel tipo non sarebbero rimaste segrete molto a lungo. Inevitabilmente, la fisica della bomba atomica sarebbe stata presto nota a molti scienziati.

Ma Byrnes aveva ormai cominciato a pensare alla bomba come a un'arma diplomatica nelle mani degli americani. Rifiutando immediatamente le opinioni di Oppenheimer e di Marshall, il segretario di stato in pectore sostenne la tesi di Lawrence, insistendo che dovevano «andare avanti il più rapidamente possibile nella produzione [dell'atomica] e nella ricerca per essere sicuri di avere il predominio, e nello stesso tempo fare tutti gli sforzi possibili per migliorare le nostre relazioni politiche con la Russia». Gli appunti segnalano che «tutti i presenti concordavano genericamente» con la visione di Byrnes. Fu allora che

Oppenheimer – e sicuramente qualche altra persona presente – comprese che non sarebbe stato possibile «conservare il vantaggio» nel settore atomico senza coinvolgere la Russia in una corsa agli armamenti con gli Stati Uniti. Questa profonda contraddizione fu nascosta da Arthur Compton, che sottolineò l'importanza di mantenere la superiorità americana attraverso la «libertà di ricerca», ma raggiungendo anche un «compromesso cooperativo» con la Russia. Con questa ambigua conclusione, alle 13.15 il comitato si aggiornò per un pranzo di un'ora.

Dopo il pranzo, qualcuno sollevò la questione dell'impiego della bomba sul Giappone. Non ci sono note al proposito, ma nel rapporto formale dell'incontro la discussione risulta focalizzata sui possibili effetti dell'incombente bombardamento. Stimson, sempre attento alle implicazioni politiche di qualsiasi decisione, modificò l'ordine del giorno per permettere che la discussione proseguisse. Qualcuno disse che una bomba atomica non avrebbe avuto conseguenze maggiori di quelle dei massicci bombardamenti che erano stati effettuati sulle città giapponesi quella stessa primavera. Oppenheimer sembrava concordare su questo, ma aggiunse che «gli effetti visivi di un bombardamento atomico sarebbero stati tremendi. Sarebbe stato infatti accompagnato da un'intensa luminosità, che potrebbe arrivare fino a una quota di 3500 o addirittura di 7000 metri. I neutroni prodotti dall'esplosione sarebbero stati un pericolo per tutti gli esseri viventi nel raggio di almeno un chilometro».

Vennero esaminati «vari tipi di bersaglio e gli effetti che potevano essere prodotti», e poi Stimson riassunse quello che sembrava il concorde parere di tutti: «[...] non dobbiamo dare alcun avvertimento ai giapponesi; non dobbiamo concentrarci su un'area civile, ma dobbiamo riuscire a dare una profonda impressione psicologica al maggior numero possibile di abitanti». Stimson disse che concordava con il suggerimento di James Conant «che il bersaglio più adatto sarebbe stato un importante impianto bellico con un gran numero di lavoratori, possibilmente circondato dalle case dei lavoratori stessi». Così, con questo delicato eufemismo, il rettore della Harvard University aveva deciso che il bersaglio della prima bomba atomica fossero i civili.

Oppenheimer non manifestò il suo disaccordo sulla scelta del bersaglio. Invece pare che abbia avviato una discussione sul modo in cui parecchi di questi bombardamenti potevano essere eseguiti simultaneamente. Egli pensava che «fossero possibili» bombardamenti atomici multipli. Il generale Groves si oppose a questa idea, e poi cominciò a lamentare che il programma era stato «tormentato sin dall'avvio dalla presenza di alcuni scienziati di dubbia discrezione e di incerta lealtà». Groves pensava a Leo Szilard, del cui tentativo di incontrare Truman per cercare di persuaderlo a non usare la bomba aveva saputo da poco. Dopo i commenti di Groves, gli appunti segnalano che ci fu un «accordo» affinché, dopo che la bomba fosse stata usata, questi scienziati fossero allontanati dal programma. Sembra che Oppenheimer abbia dato il suo assenso a questa purga, anche se con il silenzio.

Alla fine qualcuno – molto probabilmente uno degli scienziati – chiese che cosa gli scienziati avrebbero potuto raccontare ai loro colleghi a proposito delle decisioni del Comitato ad interim. Fu concordato che i quattro scienziati presenti sarebbero stati «completamente liberi di raccontare ai loro amici»[11] che avevano partecipato alla riunione di un comitato creato dal ministro della Guerra e che avevano avuto «completa libertà di presentare le loro opinioni su tutti gli aspetti della questione». Con questa decisione, l'incontro si chiuse alle 16.45.

Nel corso della discussione, Oppenheimer aveva avuto una posizione piuttosto ambigua. Aveva proposto con forza l'idea di Bohr che i russi avrebbero presto saputo del pericolo della nuova arma. E su questo aveva anche persuaso il generale Marshall, almeno fino a che Byrnes non era riuscito ad accantonare quell'idea. D'altra parte, aveva evidentemente pensato che fosse prudente rimanere in silenzio quando il generale Groves aveva reso chiara la sua intenzione di cacciare gli scienziati dissidenti come Szilard. E Oppenheimer non aveva nemmeno offerto un'alternativa, a parte una semplice critica, all'eufemistica definizione di Conant del bersaglio «militare» proposto, «un importante impianto bellico, con un gran numero di lavoratori, possibilmente circondato dalle case dei lavoratori stessi». Per quanto avesse chiaramente esposto alcune delle idee di Bohr sulla necessità dell'apertura, alla fine non era riuscito a ottenere nulla e aveva dovuto accettare tutto. I sovietici non sarebbero stati adeguatamente informati sul Progetto Manhattan, e la bomba sarebbe stata usata su una città giapponese senza preavviso.

Tuttavia un gruppo di scienziati di Chicago, stimolati da Szilard, aveva creato un comitato informale sulle implicazioni politiche e sociali della bomba. Agli inizi del giugno 1945, alcuni membri del comitato prepararono un documento di dodici pagine che divenne noto come *Rapporto Franck*, dal nome del presidente del comitato, il premio Nobel James Franck. Il documento concludeva che un attacco atomico a sorpresa contro il Giappone era inaccettabile da qualsiasi punto di vista. «Può essere molto difficile persuadere il mondo che, a un paese in grado di produrre e poi di usare all'improvviso un'arma insolita come le bombe a razzo [tedesche] ma un milione di volte più distruttiva, occorra dar fiducia quando proclama il desiderio che queste armi vengano proibite da un accordo internazionale.»[12] I firmatari raccomandavano che si progettasse una dimostrazione della nuova arma davanti a rappresentanti delle Nazioni Unite, per esempio in un luogo disabitato o su un'isola deserta. Franck ricevette una risposta da Washington in cui lo si informava, ma era un falso, che Stimson non era in città. Il *Rapporto Franck* non fu nemmeno mostrato a Truman; se ne impadronì l'Esercito e fu secretato.

Al contrario della gente di Chicago, gli scienziati di Los Alamos, che lavoravano febbrilmente per sperimentare al più presto possibile un modello di bomba a implosione al plutonio, avevano poco tempo per pensare come o quando il loro «aggeggio» doveva essere usato in Giappone. Ma pensavano anche che potevano fidarsi di Oppenheimer. Come osservò il biofisico Eugene Rabinowitch del Met Lab, uno dei sette firmatari del *Rapporto Franck*, gli scienziati di Los Alamos condividevano la certezza «che si poteva far affidamento su Oppenheimer perché fosse fatta la cosa giusta».[13]

Un giorno Oppenheimer chiamò Robert Wilson nel suo ufficio e gli raccontò che era un consulente del Comitato ad interim che doveva consigliare Stimson su come doveva essere usata la bomba. Chiese a Wilson di dirgli che cosa ne pensava. «Mi diede un po' di tempo per pensarci [...]. Quando tornai gli dissi che pensavo che non dovesse essere usata, e che i giapponesi dovevano essere in qualche modo preavvisati.» Wilson sottolineò anche che in poche settimane avrebbero potuto sperimentare la bomba. Perché non chiedere ai giapponesi di inviare una delegazione di osservatori per assistere all'esperimento?

«D'accordo», replicò Oppenheimer, «ma se questo non fosse possibile?»

«Ripensai alla cosa», ricordava Wilson, «e, con freddezza, gli dissi "Allora possiamo ammazzarli tutti".» Dopo appena un secondo, Wilson – che era un pacifista – rimpianse di aver detto «una cosa così violenta».

Wilson era soddisfatto da quello che aveva ascoltato, ma anche dispiaciuto che le sue affermazioni non avessero modificato l'atteggiamento di Oppenheimer. «Non aveva motivo di parlare per primo con me di quella faccenda», disse Wilson.[14] «Ma chiaramente aveva bisogno di qualche consiglio da qualcuno, e aveva scelto me: ero molto orgoglioso per questo.»

Oppenheimer parlò anche con Phil Morrison, il suo vecchio studente e, dopo il suo trasferimento dal Met Lab a Los Alamos, uno dei suoi amici più intimi. Morrison ricordava la sua partecipazione nella primavera del 1945 a un incontro del «Comitato del bersaglio» voluto da Groves. Due di questi incontri avevano avuto luogo nell'ufficio di Oppenheimer il 10 e 11 maggio, e gli appunti ufficiali riportano che i partecipanti si erano accordati sul fatto che il bersaglio per la bomba doveva essere situato «in una grande zona urbana con almeno cinque chilometri di diametro».[15] Avevano anche parlato della possibilità di colpire il palazzo dell'imperatore nel centro di Tokyo. Morrison, che era lì come esperto tecnico, si ricordava di aver parlato a favore di un qualche tipo di avviso formale per i giapponesi, nel caso una dimostrazione fosse stata impossibile: «Pensavo che sarebbe bastata anche una semplice segnalazione».[16] Ma quando suggerì questa idea, anche l'ipotesi di una segnalazione fu immediatamente scartata da un ufficiale dell'Esercito non identificato. «Se diamo l'allarme, loro ci seguiranno e poi ci colpiranno», disse l'ufficiale bocciando l'idea. «È molto semplice per lei dirlo, ma non è per niente facile per me accettarlo.» Ma la posizione di Morrison non ebbe sostegno da parte di Oppenheimer.

«In sostanza», egli ricordò molto più tardi, «stavo attraversando davvero un brutto periodo. Venivo escluso da ogni reale possibilità di critica [...]. Mi resi conto che ormai avevo una ben scarsa influenza su quello che poteva accadere.» La ricostruzione di Morrison fu confermata da David Hawkins, che era anche lui nella stanza. «Morrison interpretava le preoccupazioni di molti di noi», scrisse Hawkins. «Disse che proponeva che fosse inviato un avviso ai giapponesi [...] in modo che fosse loro consentita un'evacuazione. L'ufficiale che sedeva di fronte a lui – il nome mi è ignoto o non me lo ricordo – parlò con violenza contro la proposta, dicendo qualcosa come "Lancerebbero contro di noi qualsiasi cosa avessero a disposizione, e io potrei essere su quell'aereo".»

Verso la metà di giugno, Oppenheimer partecipò a un incontro a Los Alamos del Gruppo scientifico – lui, Lawrence, Arthur Compton ed Enrico Fermi – per discutere le loro raccomandazioni finali al Comitato ad interim. I quattro scienziati ebbero una discussione a ruota libera sul *Rapporto Franck*, che Compton aveva riassunto per loro. Di particolare interesse fu la richiesta in esso contenuta di una dimostrazione, non letale ma drammatica, della potenza della bomba atomica. Oppenheimer fu ambivalente: «Esposi le mie ansietà[17] e le mie motivazioni [...] contro il lancio [della bomba] [...] ma poi non le appoggiai», scrisse in seguito.

Il 16 giugno 1945, Oppenheimer firmò un breve memorandum che riassumeva le raccomandazioni del Gruppo scientifico «sull'uso immediato delle armi nucleari». Indirizzato a Stimson, era un documento tiepido. Per prima cosa i membri del gruppo raccomandavano che, prima dell'impiego della bomba, Washington informasse Inghilterra, Russia, Francia e Cina dell'esistenza dell'arma atomica e «sollecitasse suggerimenti su come rendere possibile una cooperazione per fare in modo che il suo sviluppo contribuisse a migliorare le relazioni internazionali». Come secondo punto, il gruppo segnalava che non c'era mai stata unanimità tra tutti i loro colleghi scienziati su come usare per la prima volta quest'arma. Alcuni degli uomini che avevano contribuito a costruirla avevano proposto come alternativa una dimostrazione dell'«aggeggio». Quelli che avevano suggerito una semplice dimostrazione tecnica intendevano bandire l'uso delle armi atomiche, e avevano il timore «che se avessimo usato ora la bomba sarebbero state pregiudicate le nostre posizioni in negoziati futuri». Per quanto Oppenheimer sapesse certamente che molti dei suoi colleghi a Los Alamos e al Met Lab di Chicago erano favorevoli a una dimostrazione di questo tipo, ora si era spostato dalla parte di quelli che «enfatizzavano la possibilità di salvare molte vite americane grazie a un impiego militare immediato [...]».

Perché? Abbastanza stranamente, il suo ragionamento riprendeva nella loro essenza le idee di Bohr, così come le riprendevano le persone favorevoli alla dimostrazione. Si era convinto che l'impiego militare della bomba in quella guerra avrebbe potuto rendere impossibile qualsiasi altra guerra. Oppenheimer spiegò che alcuni dei suoi colleghi credevano davvero che l'impiego della bomba in quella guerra avrebbe «migliorato le prospettive internazionali, poiché erano più preoccupati della prevenzione di altre guerre che dell'eliminazione di quella specifica arma. Ci eravamo trovati più vicini in queste ultime riflessioni; non proponevamo una dimostrazione tecnica che portasse alla fine della guerra, ma non vedevamo un'alternativa accettabile a un diretto impiego militare».

Pur avendo offerto questo chiaro ed esplicito avallo all'«uso militare», il gruppo non giunse a nessuna conclusione su cosa doveva essere definito come «uso militare». Come in seguito Compton disse a Groves: «Tra i membri del gruppo non c'era un accordo sufficiente per definire come o in quali condizioni doveva essere fatto quell'uso».[18] Oppenheimer terminò il suo memorandum con una curiosa negazione: «È chiaro che noi, come uomini di scienza, non abbiamo diritti di proprietà [...] né ci attribuiamo particolari competenze nella soluzione dei problemi politici, sociali e militari che si presenteranno con l'avvento del potere atomico». Si trattava di una conclusione piuttosto strana, che Oppenheimer avrebbe ben presto abbandonato.

C'erano molte cose che Oppenheimer non conosceva. Come ricordò in seguito: «Non sapevamo assolutamente nulla della situazione militare in Giappone. Non sapevamo se potevamo spingerli ad arrendersi con altri mezzi o se un'invasione era davvero inevitabile. Ma in fondo alle nostre menti c'era la convinzione che l'invasione sarebbe stata inevitabile, perché così ci avevano detto».[19] Tra l'altro non sapeva che il controspionaggio militare a Washington aveva intercettato e decodificato dei messaggi provenienti dal Giappone che segnalavano che il governo giapponese aveva ormai capito che la guerra era perduta e che quindi sembrava disposto ad accettare la proposta di arrendersi.

Per esempio, il 28 maggio il sottosegretario alla Guerra John J. McCloy sollecitò Stimson a raccomandare che l'espressione «resa incondizionata»[20] fosse eliminata dalle richieste americane al Giappone. Basandosi sulla lettura dei molti messaggi giapponesi intercettati (nome in codice «Magic»), McCloy e molti altri ufficiali di alto grado avevano capito che alcuni membri chiave del governo di Tokyo stavano cercando di trovare un modo per far finire la guerra, certamente nei termini richiesti da Washington. Lo stesso giorno, Joseph C. Grew, che aveva allora la funzione di segretario di stato, ebbe un lungo incontro con il presidente Truman e gli riferì essenzialmente le stesse cose. Qualunque fossero i loro altri obbiettivi, i membri del governo giapponese ponevano una condizione immodificabile, come Allen Dulles, allora agente dell'OSS in Svizzera, riferì a McCloy: «Vogliono conservare il loro imperatore e la costituzione, perché temono che altrimenti arrendersi significherebbe soltanto il collasso di qualsiasi ordine e di qualsiasi disciplina».[21]

Il 18 giugno, il capo dello staff di Truman, l'ammiraglio William D. Leahy, scrisse sul suo diario: «La mia opinione in questo momento è che sia possibile trattare la resa del Giappone in termini accettabili dai giapponesi stessi [...]».[22] Lo stesso giorno McCloy disse al presidente Truman che pensava che la situazione militare dei giapponesi fosse così disperata che era inutile porsi «la domanda se avevamo bisogno che la Russia ci aiutasse a sconfiggere il Giappone».[23] Arrivò anche a dire a Truman che, prima che fosse presa una decisione definitiva sull'invasione delle isole giapponesi, oppure sull'impiego della bomba atomica, dovevano essere fatti dei passi politici per essere certi di una resa incondizionata del Giappone. Ai giapponesi, disse, deve essere assicurato che «sarà loro permesso di conservare l'imperatore e la forma di governo che essi sceglieranno». Inoltre, egli disse, «i giapponesi dovranno anche essere informati che noi abbiamo a disposizione armi di terribile potenza distruttiva che potrebbero essere usate contro di loro se non accetteranno di arrendersi».

Secondo McCloy, Truman sembrava accettare questi suggerimenti.[24] La superiorità militare americana era tale che il 17 luglio scriveva sul suo diario: «Questo *è* il momento adatto per inviare un ultimatum ai giapponesi. Probabilmente ci consentirebbe di giungere a quello che potrebbe avvenire subito dopo: la conclusione con successo della guerra».[25]

Il generale Dwight D. Eisenhover, quando nel corso della conferenza di Potsdam in luglio fu informato dell'esistenza della bomba atomica, disse a Stimson che pensava che ormai non fosse più necessaria perché «i giapponesi sono pronti ad arrendersi e non è opportuno colpirli con quella cosa orribile».[26] Alla fine sembra che anche il presidente Truman fosse convinto che i giapponesi erano molto vicini alla capitolazione. Scrivendo a mano sul suo diario privato, il 18 luglio 1945 il presidente si riferiva alla recente intercettazione di un testo che citava un messaggio inviato dall'imperatore giapponese a Mosca come un «telegramma dell'imperatore giapponese che chiedeva la pace».[27] Il messaggio diceva: «Il solo ostacolo alla pace è una resa incondizionata [...]». Truman aveva ottenuto da Stalin la promessa che l'Unione Sovietica avrebbe dichiarato guerra al Giappone il 15 agosto – un evento che lui e molti dei suoi consiglieri militari pensavano sarebbe stato decisivo. «Lui [Stalin] entrerà in guerra contro il Giappone il 15 agosto», scrisse Truman nel suo diario il 17 luglio. «La fine del Giappone si avrà in quel momento.»

Truman e gli uomini che erano attorno a lui sapevano che l'inizio di un'invasione delle isole giapponesi non poteva essere fissato prima dell'1 novembre 1945, al più presto. E quasi tutti i consiglieri del presidente pensavano che la guerra si sarebbe conclusa prima di quella data. Sarebbe sicuramente finita a causa dello shock provocato dalla dichiarazione di guerra dell'Unione Sovietica, o magari avrebbe potuto concludersi grazie a un tipo di apertura politica ai giapponesi che era stato pensato da Grew, McCloy, Leahy e molti altri: un chiarimento delle condizioni di resa che specificasse che il Giappone poteva mantenere il suo imperatore. Ma Truman – e il suo consigliere più vicino, il segretario di stato James F. Byrnes – avevano deciso che l'arrivo della bomba atomica avrebbe dato loro un'altra possibilità. Come Byrnes spiegò in seguito, «[...] nella mia mente era sempre presente la convinzione che era importante concludere la guerra prima che vi fosse stata coinvolta anche la Russia».[28]

Per riassumere in breve le considerazioni sulla fine della guerra – una mossa di Byrnes che si opponeva ai fondamenti della politica del paese – la guerra poteva terminare prima del 15 agosto solo grazie all'impiego della nuova arma. Per questo, il 18 luglio Truman scriveva sul suo diario: «Credo che il Giappone verrà piegato prima che intervenga la Russia».[29] Alla fine, il 3 agosto, Walter Brown, un assistente particolare del segretario Byrnes, scrisse sul suo diario: «Il presidente, Leahy e JFB [Byrnes] concordano sul fatto che i giapponesi vogliono la pace.[30] (Leahy aveva ricevuto un altro rapporto dal Pacifico.) Il presidente è preoccupato perché la pace è stata chiesta attraverso la Russia anziché attraverso un altro paese, per esempio la Svezia».

Isolato a Los Alamos,[31] Oppenheimer non era al corrente delle intercettazioni «Magic» raccolte dal controspionaggio, non sapeva dell'intenso dibattito che aveva coinvolto importanti personalità di Washington sui termini della resa, e non aveva alcuna idea sul fatto che il presidente e il segretario di stato stessero pensando che la bomba atomica avrebbe permesso loro di concludere la guerra senza alcuna precisazione sui termini della resa incondizionata e senza l'intervento dei sovietici.

Nessuno potrebbe essere certo della reazione di Oppenheimer se avesse saputo che, all'epoca del bombardamento di Hiroshima, il presidente *sapeva* che i giapponesi «volevano la pace», e che per far finire la guerra in agosto l'impiego delle bombe atomiche sulle città era un'opzione piuttosto che una necessità. Ma sappiamo che dopo la guerra cominciò a pensare che era stato imbrogliato, e che questo pensiero gli servì per ricordare che da allora in poi per lui era un dovere essere scettico su qualsiasi cosa dicessero i funzionari governativi.

Due settimane dopo Oppenheimer scrisse il memorandum del 16 giugno che riassumeva le opinioni del Gruppo scientifico. Edward Teller arrivò da lui con la copia di una petizione che stava circolando per i laboratori del Progetto Manhattan. Scritto da Leo Szilard, il documento raccomandava al presidente Truman di non usare le armi atomiche in Giappone senza una dichiarazione pubblica delle condizioni di resa; «[...] gli Stati Uniti non ricorreranno all'uso della bomba atomica in questa guerra fino a che le condizioni imposte al Giappone non saranno rese pubbliche in dettaglio, e i giapponesi, pur conoscendo le condizioni, si saranno rifiutati di accettarle [...]».[32] Nelle settimane successive, la petizione di Szilard fu controfirmata da 155 scienziati del Progetto Manhattan. Una contropetizione ottenne solo due firme. Il 12 luglio, in un'indagine riservata condotta dall'Esercito tra 150 scienziati del progetto, il 72 per cento si espresse a favore di una dimostrazione della potenza della bomba e contro il suo uso bellico senza che prima ci fosse un avvertimento. Nonostante questo, Oppenheimer si irritò molto quando Teller gli mostrò la petizione di Szilard. Secondo quanto disse Teller, Oppie cominciò a denigrare Szilard e i suoi seguaci: «Ma che cosa credono di sapere della psicologia dei giapponesi? Come possono stabilire il modo per far finire la guerra?». Si trattava di giudizi più adatti a essere espressi da uomini come Stimson o il generale Marshall. «La nostra conversazione fu breve», scrisse Teller nelle sue memorie. «Aveva parlato molto duramente contro i miei amici più cari, e la sua impazienza e la sua violenza mi avevano colpito. Ma accettai quasi subito la sua decisione [...].»

Nelle sue memorie Teller sostiene[33] che nel 1945 pensava che l'uso della bomba senza una dimostrazione o un avviso «sarebbe stato di incerta opportunità e di scarsa rettitudine». Ma la sua vera risposta a Szilard, datata 2 luglio 1945, mostra che era arrivato a una conclusione del tutto opposta: «Non sono del tutto convinto dalle tue obiezioni [all'immediato uso militare della bomba]», scrisse Teller. L'aggeggio era sicuramente un'arma «terribile», ma Teller pensava che l'unica speranza per l'umanità era quella di «convincere tutti che la prossima guerra sarebbe stata fatale. Per questo, usarlo in questa guerra sarebbe la cosa migliore da fare». In nessun punto Teller precisava se pensasse a una dimostrazione o alla necessità di un avvertimento. «Il guaio è che abbiamo messo a punto questo terribile ordigno», Teller scrisse a Szilard, «ma non possiamo assumerci la responsabilità di poter dire la nostra su come debba essere usato.»

Ovviamente, questa era una delle questioni che Oppenheimer aveva sottoposto a Stimson nel suo memorandum del 16 giugno. Era convinto che nulla di più doveva essere fatto dalla comunità degli scienziati.[34] Egli disse a Ralph Lapp ed Edward Creutz, due fisici di Los

Alamos che avevano fatto circolare la petizione di Szilard, che «poiché alle persone che sono qui è stata data un'occasione di pronunciare, attraverso di lui, la loro opinione sulla questione in esame, il metodo proposto [la petizione] era semplicemente ridondante e probabilmente non molto soddisfacente».[35] Oppie sapeva essere persuasivo. Creutz lo spiegò a Szilard, facendo un po' di apologia: «A causa del suo [di Oppenheimer] modo molto franco ma non perentorio di affrontare la situazione, ho deciso di accettare il suo suggerimento». Oppenheimer non voleva che la petizione fosse spedita a Washington; voleva invece che passasse attraverso i normali canali dell'Esercito, ma sarebbe arrivata troppo tardi.

Oppie informò Groves della petizione di Szilard, usando un modo dispregiativo: «Questa nota [di Szilard a Creutz] è un ulteriore incidente nello sviluppo che, a quanto so, voi avete seguito con interesse».[36] L'aiutante di Groves, il colonnello Nichols, chiamò Groves quello stesso giorno; nel corso della loro discussione sulla petizione di Szilard, «Nichols chiese perché non ci sbarazziamo di quel fastidio [Szilard] e il generale rispose che in quel momento era impossibile farlo». Groves aveva capito che cacciare o arrestare Szilard avrebbe provocato una rivolta tra gli altri scienziati. Ma, infastidito quanto Oppenheimer dalle azioni di Szilard, Groves era certo che i problemi potevano essere tranquillamente messi da parte almeno fino a che la bomba non fosse pronta.

Sull'altopiano l'estate del 1945 fu insolitamente calda e secca. Oppenheimer spinse gli uomini dell'Area tecnica a lavorare più a lungo; tutti sembravano ai limiti della sopportazione. Perfino la signorina Warner, per quanto fosse isolata nel fondo della valle, notò un cambiamento. «Sulla Collina c'era tensione e maggiore attività [...].[37] Le esplosioni sull'altopiano sembravano aumentare, ma poi cessavano.» Aveva osservato anche molto più traffico sulla strada che portava a sud, verso Alamogordo.

Inizialmente, il generale Groves si era opposto a un test sulla bomba a implosione, sostenendo che il plutonio era così scarso che non se ne poteva sprecare neppure mezzo chilo. Oppenheimer però lo convinse che era assolutamente necessario un test vero e proprio a causa «dell'incompletezza delle nostre conoscenze».[38] Senza un test, disse a Groves, «la pianificazione dell'uso dell'aggeggio contro il territorio nemico sarebbe avvenuta sostanzialmente alla cieca».[39]

Più di un anno prima, nella primavera del 1944, Oppenheimer aveva speso tre giorni e tre notti andando avanti e indietro su un grosso autocarro dell'Esercito attraverso il terreno arido e le secche valli del Nuovo Messico meridionale, alla ricerca di un qualche luogo deserto in cui la bomba potesse essere sperimentata con sicurezza. Ad accompagnarlo c'erano Kenneth Bainsbridge, un fisico sperimentale di Harvard, e parecchi ufficiali dell'Esercito, compreso l'addetto alla sicurezza di Los Alamos, il capitano Peer de Silva. Di notte gli uomini dormivano in brandine sul camion per evitare i serpenti. In seguito de Silva si ricordava di Oppenheimer infilato in un sacco a pelo che guardava le stelle e ricordava i suoi giorni da studente a Gottinga. Per Oppenheimer era davvero una rara opportunità godersi quel deserto spartano che tanto amava. Dopo parecchie spedizioni, Bainsbridge finalmente scelse un sito desertico a circa cento chilometri a nord-ovest di Alamogordo. Gli spagnoli avevano battezzato quella zona Jornada del Muerto, *Il viaggio del morto*.

Qui l'Esercito isolò[40] un'area di trenta per quaranta chilometri circa, allontanò alcuni allevatori dalle loro grandi proprietà e cominciò a costruire sui prati un laboratorio e solidi bunker dai quali fosse possibile osservare la prima esplosione di una bomba atomica. Oppenheimer chiamò il sito del test «Trinity», anche se alcuni anni più tardi non era sicuro del motivo per cui aveva scelto quel nome. Ricordava vagamente che aveva avuto in mente una poesia di John Donne* che si apriva con il verso «Sfascia il mio cuore, Dio in tre persone! [...]».[41] Ma questo fa pensare che il nome potesse averlo ancora una volta tratto dalla *Bhagavadgītā*; dopo tutto anche l'induismo ha la sua Trinità, con Brahma, il creatore, Visnu, il difensore, e Shiva, il distruttore.

Costretti a lavorare così a lungo, tutti erano stanchi. Groves incitava alla velocità, non alla perfezione. Philip Morrison raccontava che «un giorno, verso il 10 di agosto, ci venne imposto un misterioso termine ultimo che noi, che avevamo il compito tecnico di mettere a punto la bomba, dovevamo rispettare a qualsiasi prezzo in termini di rischio, di costi o di buona politica dello sviluppo». (Ci si aspettava che Stalin sarebbe intervenuto nella guerra del Pacifico non più tardi del 15 agosto.) Oppenheimer ricordava: «Avevo suggerito al generale Groves alcuni cambiamenti nel progetto della bomba che avrebbero reso più efficiente l'uso del materiale [...]. Li rifiutò dicendo che mettevano a rischio una rapida

---

* John Donne, *Sonetti sacri*, n. XIV. [*n.d.t.*]

disponibilità di queste bombe». Il programma di Groves si basava sul previsto incontro che il presidente Truman avrebbe avuto con Stalin e Churchill a Potsdam a metà luglio. In seguito, durante le sue audizioni davanti alla Commissione per la sicurezza, Oppenheimer testimoniò: «Penso che fossimo sottoposti a un'incredibile pressione affinché tutto fosse fatto prima dell'incontro di Potsdam, e Groves e io litigammo per un paio di giorni».[42] Groves voleva che in mano a Truman ci fosse una bomba già sperimentata e utilizzabile prima che l'incontro si concludesse. Già in primavera Oppenheimer aveva concordato nel fissare come scadenza il 4 luglio, ma ben presto quella data si dimostrò non realistica. Alla fine di giugno,[43] dopo altre pressioni da parte di Groves, Oppenheimer disse ai suoi che ora puntavano al 16 luglio, un lunedì.

Oppenheimer aveva affidato a Ken Bainsbridge la supervisione dei preparativi per il sito di Trinity, ma aveva anche mandato suo fratello Frank a fare l'assistente principale di Bainsbridge. Con grande piacere di Robert,[44] Frank era arrivato a Los Alamos verso la fine di maggio, lasciando a Berkeley con Jackie la figlia di cinque anni, Judith, e Michael, il figlio di tre anni. Frank aveva trascorso i primi anni della guerra lavorando con Lawrence al Radiation Laboratory. Il controspionaggio militare e l'FBI l'avevano tenuto sotto stretto controllo, ma sembrava che avesse seguito i consigli di Lawrence e avesse abbandonato tutte le attività politiche.[45]

Frank iniziò a vivere nel campeggio del sito di Trinity verso la fine del maggio 1945. Le condizioni erano davvero spartane, per così dire. Gli uomini dormivano in tende e lavoravano faticosamente a una temperatura di circa 40 °C. Via via che la data prescelta si avvicinava, Frank pensava che fosse prudente prepararsi a un disastro. «Passammo parecchi giorni a individuare possibili vie di fuga attraverso il deserto», ricordava, «e a preparare piccole mappe perché tutti potessero fuggire.»[46]

La sera dell'11 luglio 1945 Robert tornò a casa e salutò Kitty. Le disse che se il test avesse avuto successo, le avrebbe mandato un messaggio con su scritto: «Puoi cambiare le lenzuola».[47] Per augurarle buona fortuna lei gli regalò un quadrifoglio che aveva appena colto in giardino.

Due giorni prima del previsto test, Oppenheimer arrivò all'Hilton Hotel nella vicina Albuquerque. Assieme a lui c'erano Vannevar Bush, James Conant e altri ufficiali dell'S-1 che erano arrivati in volo da Washington per partecipare al test. «Erano tutti molto nervosi», ricordava il chimico Joseph O. Hirschfelder. Come se la gente non fosse già abbastanza ansiosa, uno degli ultimi test sugli esplosivi a implosione (senza il nucleo di plutonio) aveva appena segnalato che la bomba avrebbe potuto essere un vero bidone. Tutti cominciarono a far domande a Kistiakowsky. «Oppenheimer era diventato così nervoso», ricordava Kistiakowsky, «che io gli proposi di scommettere dieci dollari contro un mese del mio stipendio che la nostra carica a implosione avrebbe funzionato.»[48] Quella sera, in un tentativo di smorzare la tensione, Oppie recitò per Bush una stanza della *Gītā* che aveva tradotto dal sanscrito.

In battaglia, nella foresta, nei precipizi della montagna
nel buio sul grande mare, in mezzo a frecce e giavellotti,
nel sonno, nella confusione, nelle profondità della vergogna,
le gesta eroiche dell'uomo vennero sempre prima per difenderlo.

Quella notte Robert dormì solo quattro ore; il generale Thomas Farrell, l'assistente di Groves, che cercava di dormire su un divano nella stanza vicina, lo sentì tossire fastidiosamente per metà della notte. Robert confessò che quella domenica, il 15 luglio, era esausto e ancora depresso per le notizie del giorno precedente. Ma mentre stava facendo colazione nella sala mensa del Campo base, ricevette una telefonata da Bethe che lo informava che l'esperimento di prova dell'implosione era fallito solo a causa di un'interruzione nel circuito elettrico. Quindi non c'erano motivi, disse Bethe, per temere che il progetto di Kistiakowsky non potesse funzionare davvero. Sollevato, Oppenheimer rivolse allora la sua attenzione al tempo. Quel mattino il cielo sopra Trinity era chiaro, ma il meteorologo, Jack Hubbard, gli disse che il vento attorno al sito si sarebbe rafforzato. Parlando al telefono con Groves poco dopo il suo arrivo in aereo dalla California per il test, Oppie lo mise in guardia: «Il tempo è capriccioso».[49]

Verso sera, mentre un temporale si avvicinava, Oppie andò in macchina alla torre di Trinity per dare un'ultima occhiata al suo «aggeggio». Solo, salì sulla torre e ispezionò la sua creatura, una brutta sfera di metallo costellata dalle spine dei detonatori. Tutto sembrava a posto e, dopo aver dato un'occhiata al paesaggio, discese dalla torre, risalì in macchina e guidò fino al Ranch McDonald, dove gli ultimi uomini che avevano preparato l'aggeggio stavano impacchettando le loro attrezzature. Si stava preparando un violento temporale. Tornato al Campo base, Oppie parlò con Cyril Smith, uno dei suoi più esperti metallurgisti. Oppenheimer condusse gran parte della conversazione, scherzando simpaticamente sulla famiglia e sulla vita nell'altopiano. A un certo punto la conversazione si fece abbastanza filosofica. Osservando l'orizzonte che si oscurava, Oppie mormorò: «Chissà perché le montagne hanno sempre ispirato il nostro lavoro».[50] Smith pensò che quello era un momento di calma: appena prima dell'arrivo della tempesta.

Per diminuire la tensione,[51] alcuni scienziati organizzarono un tavolo di scommesse con un dollaro a puntata per indovinare le dimensioni dell'esplosione. Teller, come al solito, puntò molto in alto, scommettendo il suo dollaro su 45.000 tonnellate di TNT; Oppenheimer invece puntò in basso, soltanto 3000 tonnellate. Rabi puntò il suo denaro su 20.000 tonnellate, mentre Fermi spaventò alcuni militari dicendo che era meglio scommettere sulla possibilità che la bomba incendiasse o meno l'atmosfera.

Quella notte, i pochi scienziati che cercavano di dormire almeno per un po' furono disturbati da un rumore straordinario. Come ricordava Frank Oppenheimer: «Tutte le rane della zona[52] si erano riunite in un piccolo stagno vicino al campo, e copularono gracchiando per tutta la notte». Oppenheimer nella sala mensa del Campo base, un po' frastornato, sorseggiava il caffè e accendeva una sigaretta dopo l'altra, fumandole nervosamente fino in fondo. A un certo punto tirò fuori un libro di Baudelaire e si sedette tranquillo a leggere poesie. Ma proprio allora il temporale cominciò a tempestare il tetto sottile con intensi scrosci di pioggia. Poiché all'esterno i fulmini lampeggiavano nel buio, temendo che il vento potesse riempire tutto di pioggia radioattiva, Fermi si disse favorevole a rimandare l'esperimento. «Potrebbe essere una catastrofe», disse a Oppenheimer.[53]

Al contrario, il meteorologo capo di Oppenheimer, Hubbard, lo assicurò che il temporale si sarebbe allontanato prima dell'alba. Hubbard consigliò solo di ritardare l'ora dell'esplosione, spostandola dalle 4.00 alle 5.00. Un agitato Groves attraversò la sala mensa. Groves non apprezzava Hubbard e lo considerava «chiaramente confuso e pessimo suggeritore»;[54] si era spinto così lontano da portare con sé un meteorologo dell'Aeronautica militare. Non fidandosi delle assicurazioni di Hubbard, anche in quell'occasione il generale si oppose fortemente a qualsiasi posticipo. A un certo punto prese Oppenheimer da parte e gli elencò tutte le ragioni per cui il test doveva andare in porto. Entrambi sapevano che tutti erano così stanchi che qualsiasi posticipo avrebbe significato ritardare il test di almeno due o tre giorni. Preoccupato che qualcuno tra i più cauti scienziati riuscisse a convincere Oppenheimer a posticipare il test, Groves lo portò con sé a dieci chilometri di distanza, al centro di controllo a South Shelter, a poco meno di dieci chilometri dal sito di Trinity.[55]

Alle 2.30 l'intera zona del test era spazzata da un vento a cinquanta chilometri all'ora e da forti scrosci di tuoni e pioggia. Ancora una volta Jack Hubbard e il suo piccolo gruppo di meteorologi predissero che la tempesta stava avviandosi alla fine. All'esterno del bunker di South Shelter, Oppenheimer e Groves camminavano lentamente guardando ogni pochi minuti il cielo per vedere se riuscivano a osservare un mutamento del tempo. Verso le 3.00 tornarono dentro il bunker e cominciarono a parlare. Nessuno dei due poteva tollerare un ritardo. «Se noi posticipiamo», disse Oppenheimer, «non riuscirò mai a convincere la mia gente a riprovarci.»[56] Groves era ancora più risoluto a imporre il test. Alla fine annunciarono la loro decisione. Lo scoppio sarebbe avvenuto alle 5.30, e si auguravano che tutto andasse per il meglio. Un'ora più tardi il cielo cominciò a schiarirsi e il vento cessò. Alle 5.10 la voce di Sam Allison, il fisico di Chicago, risuonò attraverso un altoparlante al di fuori del centro di controllo: «Mancano venti minuti al punto zero».

Richard Feynman si trovava a trenta chilometri dal sito di Trinity, e aveva in mano un paio di occhiali scuri. Pensò che attraverso quelle lenti non sarebbe riuscito a vedere nulla, e quindi decise di entrare nella cabina di un camion che era orientata verso Alamogordo. Il parabrezza avrebbe protetto i suoi occhi dai pericolosi raggi ultravioletti, e lui sarebbe riuscito a vedere davvero il lampo. Ma anche in quelle condizioni quando vide il lampo istintivamente si abbassò. Quando guardò di nuovo fuori, vide una luce bianca che diventava gialla e poi arancione: «Una grande sfera gialla, con un centro straordinariamente brillante, divenne una sfera arancione che cominciò a salire e a muoversi a spirale lasciando un po' di nero ai bordi, fino a che non divenne una grande sfera di fumo con lampi che uscivano all'esterno, il calore».[57] Dopo un minuto e mezzo dall'esplosione Feynman udì finalmente un enorme boato, seguito dal rimbombare dei tuoni creati dall'uomo.

James Conant si aspettava un lampo di luce abbastanza rapido. Ma quell'immensa luce bianca che aveva invaso il cielo gli aveva per un momento fatto pensare che «qualcosa è andato male» e che «tutto il mondo sarebbe andato in fiamme».[58]

Anche Bob Serber era lontano trenta chilometri, sdraiato con la faccia a terra e con una maschera di vetro da saldatore davanti agli occhi. «Naturalmente», scrisse in seguito, «nell'attesa il mio braccio si era stancato e avevo abbassato il vetro per qualche secondo proprio nel momento in cui la bomba esplodeva: rimasi completamente accecato dal lampo.» Trenta secondi più tardi, quando la sua vista tornò alla normalità, vide una brillante colonna violetta che saliva a 8000 o 9000 metri. «A trenta chilometri di distanza sentivo il suo calore sul mio viso.»[59]

Joe Hirschfelder, il chimico incaricato di misurare la ricaduta radioattiva dell'esplosione, in seguito descrisse così quel momento: «Improvvisamente la notte si trasformò in giorno, ed era terribilmente splendente, mentre il freddo si trasformava in caldo; mentre si alzava in cielo, la sfera di fuoco pian piano passò dal bianco al giallo al rosso; dopo circa cinque secondi tornò il buio, ma con il cielo e l'aria riempiti da un bagliore purpureo; mi venne da pensare che fossimo nel bel mezzo di un'aurora boreale [...]. Restammo lì preoccupati che l'onda d'urto sollevasse un mucchio di terra dal deserto e ce la scaricasse addosso».[60]

Frank Oppenheimer era vicino al fratello quando l'aggeggio esplose.[61] Per quanto fosse sdraiato a terra «arrivò la luce del primo lampo e rimbalzò dal terreno attraversando le nostre palpebre. Quando guardammo per la prima volta in alto, potevamo vedere una sfera di fuoco, e quasi immediatamente dopo una misteriosa nube oscillante. Era molto brillante e tutta rossa».[62] Frank pensò che «forse stava per essere spinta su quest'area, pronta ad avvolgerci». Non si aspettava che il calore del lampo fosse così intenso. In pochissimo tempo il fragore dell'esplosione rimbalzò avanti e indietro sulle montagne lontane. «Ma io pensavo che la cosa più terribile», ricordava Frank, «fosse quella nube purpurea e brillante, nera per la polvere radioattiva, inquietante, che non si sapeva se si sarebbe allontanata oppure si sarebbe diretta verso di noi.»

Anche Oppenheimer era sdraiato con la faccia verso terra, appena all'esterno del bunker di controllo situato a dieci chilometri a sud del punto zero. Quando il conto alla rovescia aveva raggiunto i meno due minuti, aveva mormorato: «Signore, queste cose sono dure da sopportare».[63] Un generale dell'Esercito lo controllava da vicino sin da quando era iniziato il conto alla rovescia: «Il dottor Oppenheimer [...] era sempre più teso via via che passavano i secondi. Quasi non respirava [...]. Negli ultimi secondi guardava diritto davanti a sé ma poi, quando l'annunciatore disse "Ora!", e arrivò quella tremenda vampata di luce, seguita immediatamente dal profondo boato dell'esplosione, il suo viso si rasserenò con un'espressione di grande sollievo».[64]

Naturalmente non sappiamo cosa attraversò la mente di Oppenheimer in quel fatidico momento. Suo fratello disse: «Penso che abbia semplicemente detto: "Ha funzionato"».⁶⁵

Poco dopo Rabi colse da lontano lo sguardo di Oppenheimer. Qualcosa che si accordava con il suo modo di essere, con la non facile sopportazione di un uomo sottoposto al suo destino, rese Rabi un po' più agitato: «Non mi dimenticherò mai il suo modo di camminare; non mi dimenticherò il modo con cui salì sulla macchina [...] era una camminata alla *Mezzogiorno di fuoco*... quel modo di incedere. L'aveva fatto».⁶⁶

Più tardi in quella mattina, quando William L. Laurence, il giornalista del «New York Times» scelto da Groves per raccontare l'evento, lo avvicinò per ottenere un commento, Oppenheimer descrisse le sue emozioni in termini banali, almeno stando a quanto si dice. L'effetto dell'esplosione, disse a Laurence, fu «terrificante» e «non del tutto liberatorio». Dopo un momento di pausa, aggiunse che «molti ragazzi non potranno crescere fino a che dovranno affidare la loro vita a quella cosa».⁶⁷

In seguito Oppenheimer disse che quando vide quella misteriosa nuvola a forma di fungo che si alzava nel cielo al di sopra del punto zero, gli tornarono in mente i versi della *Gītā*. In un documentario della televisione NBC del 1965, ricordava: «Avevamo capito che il mondo⁶⁸ non sarebbe più stato lo stesso. Poche persone ridevano, poche persone piangevano. Ma molte persone erano in silenzio. Mi erano tornati alla mente alcuni versi della *Bhagavadgītā*, con Visnu che cercava di convincere il principe a fare il suo dovere; per far colpo su di lui, assunse la sua forma a molte braccia e disse: "Sono diventato Morte, il distruttore del mondo". Penso che tutti stessero pensando a questo, in un modo o nell'altro». Uno degli amici di Robert, Abraham Pais, una volta aveva detto che la citazione suonava come una delle solite «esagerazioni sacerdotali»* di Oppie.⁶⁹

Qualunque cosa abbia attraversato la mente di Oppenheimer, è certo che gli uomini attorno a lui provarono semplicemente euforia. Così

---

* Laurence, il giornalista del «New York Times», in seguito disse che non sarebbe mai riuscito a dimenticare «l'impatto sconvolgente» delle parole di Oppenheimer. Ma, curiosamente, non utilizzò la citazione della *Gītā* nei suoi articoli del 1945 sul «Times», né nel suo libro del 1947 *Dawn over Zero: The Story of the Atomic Bomb*. In un articolo del 1948 sul settimanale del «Times» veniva usata la citazione, e lo stesso Laurence la inserì nel suo libro del 1959 *Men and Atoms*. Ma Laurence potrebbe averla ripresa dal libro di Robert Jungk del 1958, *Brighter Than a Thousand Suns*. [*n.d.a.*]

Laurence descrisse il loro atteggiamento in una delle sue corrispondenze: «Il Grande Scoppio arrivò circa cento secondi dopo il Grande Lampo, il primo urlo di un nuovo mondo appena nato. Portava con sé il silenzioso e immobile profilo della vita, dandole la voce. Un intenso grido solcava l'aria. Il piccolo gruppo di persone che fino ad allora erano rimaste lì cominciarono a girare sul terreno come fossero piante del deserto trascinate in una danza».[70] La danza durò pochi secondi e poi gli uomini cominciarono a stringersi la mano. «Si scambiavano pacche sulle spalle, sorridevano come bambini felici», raccontava Laurence. Kistiakowsky, che era stato buttato a terra dallo scoppio, mise il suo braccio sulle spalle di Oppie e allegramente gli chiese i suoi dieci dollari. Oppie tirò fuori il suo portafoglio vuoto e disse a Kisty che doveva aspettare.[71] (Più tardi, tornati a Los Alamos, Oppie organizzò una specie di cerimonia per la consegna a Kistiakowsky di un biglietto da dieci dollari con il suo autografo.)

Quando Oppenheimer lasciò il centro di controllo, si voltò per stringere la mano a Ken Bainsbridge, che lo guardò negli occhi e disse scherzosamente: «Ora siamo tutti figli di puttana».[72] Tornato al Campo base, Oppie bevve un brandy con suo fratello e il generale Farrell. Poi, a quanto riferisce uno storico, telefonò a Los Alamos e chiese alla sua segretaria di trasmettere un messaggio a Kitty: «Dille che può cambiare le lenzuola».[73]

QUARTA PARTE

Einstein e Robert Oppenheimer.

23. «Quel povero piccolo popolo»

Soltanto a un passo dalla disperazione.
Robert Oppenheimer

Al ritorno, sembrava che a Los Alamos ci fosse una festa. Con la sua solita esuberanza, Richard Feynman si era seduto sul cofano di una jeep e suonava il bongo. «Mi ricordo di un uomo, Bob Wilson, che era seduto lì vicino, con l'aria depressa», scrisse in seguito Feynman. «Ma su che cosa ti stai arrovellando?» gli domandò Feynman. «Quello che abbiamo fatto è una cosa terribile», rispose Wilson. «Ma se tu sei uno di quelli che l'hanno fatta partire!» disse Feynman, ricordando che a Princeton era stato proprio Wilson ad averlo reclutato per portarlo a Los Alamos. «Sei tu che ci hai portati qua dentro.»

A parte Wilson, l'euforia era quello che tutti si aspettavano. Tutti quelli che erano andati a Los Alamos l'avevano fatto per una buona ragione. Tutti avevano lavorato duramente per portare a termine un compito difficile. Il lavoro aveva dato soddisfazione, e la favolosa conclusione ad Alamogordo aveva contagiato tutti con un'irresistibile eccitazione. E in questo entusiasmo erano stati trascinati anche quelli con la mente aperta, come Feynman, che però in seguito affermò: «Ormai avevamo smesso di pensare, avevamo proprio smesso». Bob Wilson era sembrato a Feynman «l'unico che in quel momento stava ancora pensando alla cosa».

Ma Feynman si sbagliava. Anche Oppenheimer ci stava pensando. Nei giorni che seguirono il test di Trinity, il suo stato d'animo cominciò a cambiare. Tutti a Los Alamos si erano liberati dalle lunghe ore trascorse nei laboratori. Tutti sapevano che dopo Trinity l'aggeggio sarebbe diventato una bomba, e che le bombe sarebbero state controllate dai militari. Anne Wilson, la segretaria di Oppenheimer, ricordava una serie di incontri con gli ufficiali dell'Aeronautica militare: «Stavano scegliendo i bersagli».[1] Oppenheimer era al corrente dei nomi delle città giapponesi comprese nella lista dei potenziali bersagli, e questa conoscenza lo costringeva a riflettere. «Durante quelle due settimane, Robert divenne molto silenzioso e pensieroso», ricordava la Wilson, «in parte perché sapeva quello che stava per accadere, e in parte perché sapeva quello che avrebbe significato.»

Un giorno, poco dopo il test di Trinity, Oppenheimer spaventò la Wilson con un'osservazione triste e afflitta. «Aveva cominciato davvero a pensar male», disse la Wilson. «Non avevo mai visto nessuno abbattuto come lui. Di solito usciva dalla sua casa e camminava verso l'Area tecnica, mentre io uscivo dal quartiere dei dormitori, e spesso ci incontravamo in qualche punto lungo la strada. Quella mattina soffiava nella sua pipa e diceva: "Quel povero piccolo popolo, quel povero piccolo popolo", riferendosi ai giapponesi.» Lo diceva con aria rassegnata, e con sconcertante consapevolezza.

Tuttavia, in quella settimana Oppenheimer stava lavorando duramente per essere certo che la bomba esplodesse con efficienza su quel «povero piccolo popolo». La sera del 23 luglio 1945 incontrò il generale Thomas Farrell e il suo aiutante, il tenente colonnello John F. Moynahan, due anziani ufficiali a cui era stato affidato il compito di controllare il trasporto in volo della bomba dall'isola di Tinian verso Hiroshima. Era una notte chiara, fresca e stellata. Camminando nervosamente per il suo ufficio, fumando senza sosta, Oppenheimer cercava di essere certo che avessero capito bene le sue precise istruzioni per lanciare la bomba sul bersaglio. Il tenente colonnello Moynahan, che in precedenza era stato un giornalista, in un libretto del 1946 pubblicò un vivace resoconto della serata: «"Non sganciate la bomba attraverso le nuvole, e nemmeno se il cielo è nuvoloso" [disse Oppenheimer]. Era pieno di enfasi, teso, ed erano i suoi nervi a parlare. "Dovete poter vedere il bersaglio. Non si può bombardare con il radar, dev'essere lanciata a vista." Passi lunghi, poi i piedi che ruotavano, un'altra sigaretta. "Naturalmente non è un problema se si decide che debba essere lanciata con il radar, ma è meglio che sia un lancio a vista." Ancora passi. "Se viene lanciata di notte ci deve essere la luna; sarebbe meglio. Naturalmente, non deve essere lanciata in mezzo alla pioggia o alla nebbia [...]. Cercate di non farla esplodere troppo in alto. La quota che è stata fissata è quella giusta. Fate in modo che non sia al di sopra [più alta] perché in tal caso il bersaglio non subirebbe troppi danni"».[2]

Le bombe atomiche, la cui esistenza era stata realizzata da Oppenheimer, stavano per essere usate. Ma era riuscito a convincersi che stavano per essere usate in un modo che non avrebbe scatenato una corsa agli armamenti con i sovietici. Poco dopo il test di Trinity, si era sentito sollevato quando aveva sentito dire da Vannevar Bush che il Comitato ad interim aveva accettato all'unanimità la sua raccomandazione affinché i russi fossero chiaramente informati della bomba e perché fosse impedito il suo impiego contro il Giappone. Immaginava che il momento più adatto per una franca discussione si sarebbe potuto trovare a Potsdam, dove il presidente Truman doveva incontrare Churchill e Stalin. Ma in seguito rimase inorridito quando venne a sapere che cosa era realmente accaduto nel corso di quell'ultima Conferenza a tre. Invece di una discussione aperta e franca sulla natura della bomba, Truman si era limitato a fare un riferimento evasivo e criptico: «Il 24 luglio», scrisse Truman nelle sue memorie, «ho segnalato informalmente a Stalin che disponevamo di una nuova bomba di insolita capacità distruttiva. Ma il premier russo non ha mostrato un interesse particolare. Tutto quello che ha detto è che gli faceva piacere saperlo e che sperava che "ne avremmo fatto buon uso contro i giapponesi".» Questo sembra davvero ben poco rispetto a quello che Oppenheimer si attendeva. Come scrisse in seguito la storica Alice Kimball Smith, «quello che realmente accadde a Potsdam fu una vera farsa [...]».[3]

Il 6 agosto 1945, esattamente alle 8.14, un aereo B-29, battezzato *Enola Gay* in onore della mamma del pilota Paul Tibbets, sganciò sopra Hiroshima una bomba a uranio, del tipo mai sperimentato. Quel giorno John Manley era a Washington, e aspettava ansiosamente notizie. Oppenheimer l'aveva mandato là con un incarico preciso: riferirgli del bombardamento. Dopo un ritardo di cinque ore nelle comunicazioni dall'aereo, Manley alla fine ricevette per telescrivente un messaggio dal capitano Parsons – che era l'ufficiale «dell'arma» a bordo dell'*Enola Gay* – in cui si diceva che «gli effetti visibili sono maggiori di quelli del test nel Nuovo Messico».[4] Ma proprio quando Manley stava per chiamare Oppenheimer a Los Alamos, Groves lo fermò. Nessuno aveva il permesso di diffondere informazioni sul bombardamento atomico fino a che il presidente non l'avesse annunciato di persona. Frustrato, di notte Manley andò a fare una passeggiata in Lafayette Park, di fronte alla Casa Bianca. Molto presto, la mattina successiva seppe che Truman avrebbe fatto l'annuncio alle 11.00. Manley alla fine ebbe il permesso di chiamare Oppie al telefono proprio nel momento in cui il messaggio alla nazione del presidente veniva trasmesso per radio. Anche se si erano accordati per usare un codice per scambiarsi le informazioni per telefono, le prime parole di Oppenheimer per Manley furono: «Ma per quale motivo mi è venuto in mente di mandarti a Washington?».

Lo stesso giorno, alle 14.00, il generale Groves da Washington telefonò a Oppenheimer a Los Alamos. Groves era in vena di congratulazioni. «Sono orgoglioso di lei e di tutti i suoi collaboratori», disse Groves.[5]

«È andato tutto bene?» chiese Oppie.

«Pare sia stato un tremendo scoppio [...].»

«Tutti sono abbastanza contenti per questo», disse Oppie, «e anch'io le faccio le mie più sentite congratulazioni. Abbiamo fatto assieme una lunga strada.»

«Sì», replicò Groves, «è stata davvero una lunga strada, ma penso che una delle migliori cose che io abbia mai fatto sia stata quella di aver scelto il direttore di Los Alamos.»

«Bene», replicò Oppenheimer con un po' di diffidenza, «ma su questo ho i miei dubbi, generale Groves.»

Groves replicò: «Certo. Ma lei sa che in nessun momento ho avuto i suoi stessi dubbi».

In quello stesso giorno, ma più tardi, la notizia venne trasmessa dal sistema pubblico di altoparlanti di Los Alamos. «Attenzione, prego. Attenzione, prego.[6] Una delle nostre unità è stata sganciata con successo in Giappone.» Quando ascoltò la notizia, Frank Oppenheimer si trovava nel corridoio proprio davanti all'ufficio del fratello. La sua prima reazione fu: «Grazie a Dio, non è stato inutile». Ma, ricordava, pochi secondi dopo «fui immediatamente sconvolto dall'orrore per tutta quella gente che era stata uccisa».

Un soldato, Ed Doty, raccontò la scena in una lettera ai suoi genitori scritta il giorno dopo: «Queste ultime 24 ore sono state davvero eccitanti.[7] Tutti erano agitatissimi e si presentavano molto più eccitati di quanto io abbia mai potuto vedere prima in questa marea di persone [...]. La gente arrivava dai corridoi degli edifici e si muoveva confusamente come la moltitudine in Times Square a New York. Tutti cercavano una radio». Quella sera un sacco di gente si riunì nell'auditorio. Uno dei fisici più giovani, Sam Cohen, si ricordava di un pubblico entusiasta che batteva i piedi mentre aspettava l'arrivo di Oppenheimer. Tutti si attendevano che arrivasse sul palcoscenico, come al solito, da un'ala dell'auditorio. Ma Oppenheimer decise di fare un'entrata più solenne, passando dal retro e camminando poi lungo il corridoio centrale. Una volta arrivato sul palcoscenico, ricordava Cohen, strinse i pugni e poi li sollevò davanti al viso, come fanno i pugili. Cohen ricordava Oppenheimer che diceva al pubblico entusiasta che era «troppo presto per stabilire quale risultato poteva aver avuto il bombardamento, ma che era certo che i giapponesi non l'avevano apprezzato».[8] Il pubblico applaudì e poi manifestò la sua approvazione quando Oppie disse che era «orgoglioso» per quello che loro avevano fatto. Stando al racconto di Cohen, «il suo [di Oppenheimer] unico rammarico era di non aver sviluppato la bomba in tempo utile per poterla utilizzare contro i tedeschi. E questo scatenò un vero pandemonio».

Era come se fosse stato chiamato a recitare una scena in un teatro, un ruolo per il quale non era sicuramente adatto. Gli scienziati non hanno intenzione di trasformarsi in generali conquistatori. Eppure era soltanto un uomo e provava semplicemente l'emozione del successo; aveva acchiappato un metaforico anello d'oro ed era felice di poterlo sventolare in aria. Il pubblico si aspettava anche di vederlo elettrizzato e trionfante. Ma quel momento era già passato.

Per alcuni di quelli che pochi giorni prima avevano visto ad Alamogordo la luce accecante e il vento travolgente dell'esplosione, le notizie arrivate dal Pacifico erano quasi una delusione. Era come se Alamogordo avesse esaurito la loro capacità di meravigliarsi. Altri erano semplicemente incuriositi dalle notizie. Phil Morrison aveva ascoltato le notizie a Tinian, dove era andato ad aiutare a preparare la bomba e a caricarla sull'*Enola Gay*. «Quella sera noi che venivamo da Los Alamos organizzammo una festa», ricordava Morrison.[9] «Era la guerra e la vittoria nella guerra, e noi avevamo il diritto di celebrarla. Ma mi ricordo che ero seduto [...] sul bordo di una branda [...] e che pensavo a quello che poteva esserci dall'altra parte, a quello che stava succedendo quella notte a Hiroshima.»

In seguito Alice Kimball Smith insisteva nel sostenere che «certamente nessuno [a Los Alamos] aveva celebrato Hiroshima».[10] Ma poi ammetteva che «alcune persone» avevano cercato di organizzare una festa nel dormitorio maschile. Ma era stato solo un «memorabile fiasco. La gente o ne era stata lontana o se n'era andata in fretta». La Smith, naturalmente, si riferiva solo agli scienziati, che pareva avessero una reazione decisamente discreta – e diversa – rispetto a quella del personale militare. Doty scrisse a casa: «C'era un sacco di feste, ed ero stato invitato a tre di quelle. Cercai di andare a una sola [...] ma finii per andare a tutte e tre». Riferiva che la gente «era felice, davvero felice. Si ascoltava la radio, si ballava e poi si ascoltava di nuovo la radio [...] e ridevamo e ridevamo per tutto quello che veniva detto». Oppenheimer partecipò a una festa, ma quando se ne andò vide un fisico chiaramente stravolto che vomitava in un cespuglio. Quella visione gli servì a capire che il rendiconto era cominciato.

Robert Wilson era rimasto sbigottito dalle notizie da Hiroshima. Non aveva mai voluto che la bomba venisse utilizzata, e credeva di avere buoni motivi per pensare che così sarebbe stato. In gennaio Oppenheimer l'aveva persuaso a continuare il suo lavoro, ma unicamente perché della bomba era prevista solo una dimostrazione. E Oppenheimer, sapeva, aveva partecipato alle decisioni del Comitato ad interim. Razionalmente, aveva capito che Oppenheimer non era nella posizione adatta per poter fare nessuna promessa certa: quella decisione era riservata ai generali, al ministro della Guerra Stimson e, alla fine, al presidente. Ma era tuttavia convinto che si era abusato della sua buona fede. «Mi sentii tradito», scrisse Wilson nel 1958, «quando la bomba fu fatta esplodere sul Giappone senza che ci fosse stato un avvertimento per i giapponesi o una qualche dimostrazione pacifica della sua potenza.»[11]

La moglie di Wilson, Jane, stava facendo una visita a San Francisco quando ascoltò le notizie su Hiroshima. Tornata di corsa a Los Alamos, cercò di rallegrare il marito con sorrisi gratificanti, ma solo perché l'aveva trovato «veramente depresso». E poi, tre giorni più tardi, un'altra bomba devastò Nagasaki. «La gente se ne andava in giro dicendo sciocchezze che servissero a nascondere l'evento, e così via»,[12] Jane Wilson ricordava, «ma lui non voleva unirsi a loro, era di pessimo umore e infelice.» Bob Wilson raccontò: «Ricordo che ero proprio maldisposto [...] amareggiato [...] fino al punto che pensai che avrei desiderato – capite – vomitare».

Ma Wilson non era solo. «Via via che i giorni passavano», scrisse Alice Kimball Smith, la moglie del metallurgista di Los Alamos Cyril Smith, «il disgusto cresceva, portando con sé – anche per quelli che pensavano che porre fine alla guerra giustificasse il bombardamento – un'intensa percezione personale della realtà del male.»[13] Comprensibilmente, dopo Hiroshima, molte persone sull'altopiano avevano provato almeno un momento di euforia. Ma dopo le notizie su Nagasaki, osservò Charlotte Serber, un palpabile senso di sconforto si insediò nel laboratorio. Ben presto si sparse la voce che «Oppie afferma che la bomba atomica è un'arma così terribile che una guerra è ora impossibile». Il 9 agosto un informatore dell'FBI segnalava che Oppie era un «uomo distrutto e nervoso».[14]

L'8 agosto 1945, come Stalin aveva promesso a Roosevelt durante la conferenza di Yalta, e a Potsdam aveva confermato a Truman, l'Unione

Sovietica dichiarò guerra al Giappone. Era un evento devastante per i falchi consiglieri dell'imperatore, che avevano sempre sostenuto che l'Unione Sovietica avrebbe contribuito ad aiutare il Giappone a ottenere condizioni di resa più lievi di quelle previste dalla dottrina americana «della resa incondizionata».[15] Due giorni più tardi – il giorno dopo che Nagasaki era stata devastata dalla bomba al plutonio – il governo giapponese inviò un'offerta di resa, con una sola condizione: che fosse garantito lo status dell'imperatore. Il giorno dopo, gli Alleati concordarono nel modificare i termini della resa incondizionata, precisando che l'autorità dell'imperatore a governare sarebbe stata «soggetta al Comando supremo delle potenze alleate [...]». Il 14 agosto, Radio Tokyo annunciò che il governo aveva accettato quella precisazione, e quindi si arrendeva. La guerra era finita, e dopo poche settimane giornalisti e storici cominciarono a discutere se senza la bomba sarebbe finita in condizioni analoghe e nel medesimo tempo.

Nel fine settimana dopo il bombardamento di Nagasaki, Ernest Lawrence arrivò a Los Alamos. Trovò Oppenheimer stanco, di cattivo umore e attanagliato dal dubbio su quello che era successo. I due vecchi amici si trovarono a discutere della bomba. Anche se si ricordava che era stato Lawrence a suggerire la dimostrazione, mentre era stato lui a rigettare la proposta, Oppie provocò Lawrence con una pungente osservazione sul perché ci si prendeva cura solo dei ricchi e potenti. Lawrence cercò di rassicurare il suo vecchio amico che, proprio perché la bomba era così terribile, non avrebbe dovuto mai più essere usata.[16]

Abbastanza tranquillizzato, in quel fine settimana Oppenheimer trascorse la maggior parte del suo tempo a scrivere un rapporto finale per Stimson a nome del Gruppo scientifico. Le sue conclusioni erano pessimistiche: «[...] è nostra ferma opinione che sia impossibile trovare contromisure militari che siano sufficientemente efficaci per prevenire la diffusione delle armi atomiche».[17] In futuro, questi strumenti, già oggi fortemente distruttivi, potevano diventare solo più grandi e più letali. Solo tre giorni dopo la vittoria dell'America, Oppenheimer stava dicendo a Stimson e al presidente che la nazione non aveva difese contro queste nuove armi: «Non solo non siamo in grado di tracciare un programma che garantisca a questo paese un'egemonia nel settore delle armi atomiche per i prossimi decenni; ma non siamo neppure in grado di assicurare che questa egemonia, se raggiunta, riesca a proteggerci da una terribile distruzione [...]. Pensiamo che la sicurezza di questo paese – a differenza della sua capacità di infliggere danni a una potenza nemica – non risieda interamente o in primo luogo nelle sue capacità scientifiche o tecniche. La sicurezza può essere fondata solo realizzando l'impossibilità di guerre future».

Nel corso di quella settimana portò personalmente la lettera a Washington, dove incontrò Vannevar Bush e George Harrison, l'assistente di Stimson al ministero della Guerra. «Non era il momento adatto», raccontò a Lawrence alla fine di agosto, «era troppo presto per far chiarezza.» Aveva cercato di spiegare l'inutilità della fiducia degli scienziati su ogni ulteriore lavoro sulla bomba atomica. Pensava che la bomba dovesse essere messa al bando, «proprio come i gas asfissianti alla fine dell'altra guerra». Ma nessuna delle persone che aveva incontrato a Washington gli aveva offerto alcun sostegno. «Da tutte le diverse conversazioni che ho avuto, ho ricevuto la netta impressione che a Potsdam le cose erano andate molto male, e che in pratica non era stato fatto nessun progresso per coinvolgere i russi nella collaborazione o nel controllo.»

In realtà, dubitava addirittura che fosse stato fatto un qualche serio sforzo in questa direzione. Prima di lasciare Washington, Oppie aveva saputo con tristezza che il presidente aveva proibito la diffusione di qualsiasi altra notizia sulla bomba atomica, e che il segretario di stato Byrnes, dopo aver letto la lettera di Oppie a Truman, aveva detto che nell'attuale situazione internazionale «non c'erano alternative allo spingere avanti il programma MED [Manhattan Engineer District] a tutto vapore». Oppie tornò in Nuovo Messico ancora più depresso di quando era partito.[18]

Qualche giorno più tardi, Robert e Kitty andarono da soli a Perro Caliente, la loro casetta vicina a Los Pinos, dove passarono una settimana tentando di trarre le conseguenze da quei due ultimi anni, incredibilmente intensi. Era la prima volta che negli ultimi tre anni stavano davvero soli. Robert colse l'occasione per rileggere alcune delle lettere personali che aveva ricevuto, e per rispondere alle lettere di alcuni vecchi amici, molti dei quali avevano saputo dai giornali, e solo da poco, quello che aveva fatto durante la guerra. Scrisse al suo vecchio insegnante Herbert Smith: «Avrà capito che questa impresa non è stata realizzata senza contrattempi; oggi pesano su di noi, così come su di noi pesa il futuro che, anche se presenta segnali di grandi promesse, è soltanto a un passo dalla disperazione».[19] Qualcosa di simile scrisse anche a Frederick Bernheim, suo compagno di stanza ad Harvard: «Ora siamo nella nostra casetta, a un'ardente ma non troppo fiduciosa ricerca della serenità [...]. Ma mi sembra che davanti a noi ci siano soltanto grandi guai».

Il 7 agosto Haakon Chevalier gli aveva scritto un biglietto di congratulazioni: «Caro Opje, oggi sei probabilmente l'uomo più famoso del mondo [...]».[20] Oppie gli rispose il 27 agosto con una lettera di tre pagine scritta a mano. In seguito Chevalier la descrisse come piena «di quell'affetto e di quella intimità informale che era sempre esistita tra di noi». A proposito della bomba, Oppie scrisse a Chevalier: «Quella cosa è stata fatta, Haakon. È stata messa apertamente a disposizione del grande pubblico proprio nel momento in cui in tutto il mondo gli uomini volevano la pace come mai prima, erano interessati come mai prima alla tecnologia e al modo di vita, al pensiero e all'idea che nessun uomo è un'isola». Ma non era per nulla sollevato da questa giustificazione. «Gli eventi sono stati pesanti a causa delle incomprensioni, e anche molto più difficili di quanto avrebbero potuto essere, poiché avevamo la possibilità di ricostruire il mondo e di riportarlo nelle condizioni che volevamo.»[21]

Oppenheimer rifletté a lungo prima di dare le dimissioni da direttore scientifico. Alla fine di agosto seppe che Harvard, Princeton e la Columbia University gli offrivano un incarico, ma il suo istinto lo spingeva verso la California. «Sentivo che quello era il mio posto, e che forse non avrei mai dovuto allontanarmene», scrisse al suo amico James Conant, rettore ad Harvard.[22] Due suoi vecchi amici al Caltech, Dick Tolman e Charlie Lauritsen, lo invitarono ad andare a lavorare a tempo pieno a Pasadena. Ma, incredibilmente, l'offerta ufficiale del Caltech venne ritardata perché il rettore, Robert Millikan, aveva sollevato obiezioni.[23] Oppenheimer, scrisse a Tolman, non è mai stato un buon docente, i suoi contributi originali alla fisica teorica sono probabilmente un po' fuori moda, e forse il Caltech ha già abbastanza ebrei nelle sue facoltà. Ma poi Tolman e altri persuasero Millikan a cambiare opinione, e l'offerta venne inviata a Oppenheimer il 31 agosto.

In quel periodo Oppenheimer era stato anche invitato a tornare a Berkeley, in quella che pensava fosse la sua vera casa. Ma tuttavia esitava ancora. Aveva detto a Lawrence che «si era trovato in contrasto» con il rettore Robert G. Sproul e con Monroe Deutsch, il preside della facoltà. Inoltre, le sue relazioni con il direttore del dipartimento di fisica, Raymond Byrge, erano così tese che Oppie disse a Lawrence che secondo lui Byrge doveva essere sostituito. Lawrence, irritato da quella che considerava un'altezzosa esibizione di arroganza, replicò che se Oppie la pensava in quel modo era meglio che non tornasse a Berkeley.

Oppenheimer scrisse a Lawrence una nota giustificativa: «Ho davvero fatto confusione, e non ho una posizione chiara a proposito della nostra discussione su Berkeley».[24] Oppie ricordava al suo vecchio amico «quanto molto di più di un derelitto sono sempre stato rispetto a te. Ma questa è una parte di me che non posso modificare, perché non me ne vergogno». Non aveva deciso cosa fare, ma si prese una pausa a causa della «reazione di Lawrence, molto dura e molto negativa».

Anche se «Oppenheimer» era diventato un nome familiare in tutto il mondo, l'uomo che aveva definito sé stesso «derelitto» stava cadendo in depressione. Quando tornarono a Los Alamos, Kitty disse alla sua amica Jean Bacher: «Non puoi immaginare quanto sia stato terribile; Robert era completamente fuori di sé». La Bacher rimase colpita dallo stato emotivo di Kitty. «Era davvero preoccupata per quello che stava per accadere [a causa] della sua [di Robert] terribile reazione.»

L'enormità di quello che era accaduto a Hiroshima e Nagasaki l'aveva colpito profondamente. «Kitty non sempre riusciva a condividere le sue emozioni», disse la Bacher.[25] «Ma mi disse solo che non riusciva a capire perché rimaneva lì.» Naturalmente Robert aveva condiviso la sua sofferenza anche con altri. Secondo la sua compagna di scuola alla Ethical Culture School, Jane Didisheim, Robert le aveva scritto una lettera poco dopo la fine della guerra «che dimostrava in modo molto chiaro e triste il suo disappunto e il suo dolore».

Molte altre persone sulla Collina avevano avuto analoghe reazioni emotive, soprattutto dopo che in ottobre Bob Serber e Phil Morrison erano tornati da un viaggio a Hiroshima e Nagasaki con il primo gruppo di osservatori scientifici. Fino ad allora le persone si riunivano nelle loro case per cercare di capire che cosa era successo. «Ma Phil fu l'unico che mi fece davvero capire che cosa era successo», ricordava Jean Bacher.[26] «Aveva una lingua magica ed era davvero bravo a raccontare. Ero completamente distrutta. Tornai a casa ma non riuscii a dormire. Mi rigirai tutta la notte: era stato un duro colpo.»

Morrison era atterrato a Hiroshima solo trentun giorni dopo che l'*Enola Gay* aveva lasciato cadere il suo carico micidiale. «In pratica, tutti quelli che erano per la strada in un paio di chilometri attorno al punto dell'esplosione erano stati completamente spazzati via dal calore liberato dalla bomba», disse Morrison.[27] «L'enorme calore aveva bruciato rapidamente e sorprendentemente tutto. Loro [i giapponesi] ci raccontarono di persone alle quali erano stati strappati i vestiti e la cui pelle era stata ustionata a strisce [...]. C'erano molti che si consideravano fortunati perché erano usciti strisciando dalle rovine delle loro case solo leggermente feriti. Ma sarebbero comunque morti. Sarebbero morti qualche giorno o qualche settimana dopo a causa di raggi simili a quelli del radio che erano stati emessi in grande quantità al momento dell'esplosione.»

Serber descrisse come a Nagasaki si era accorto che tutti i pali del telefono erano anneriti dal fuoco dalla parte rivolta verso l'esplosione. Aveva camminato lungo una linea di questi pali bruciacchiati per circa tre chilometri dal punto zero. «A un certo momento», raccontò Serber, «vidi un cavallo che pascolava. Da una parte il suo pelo era completamente bruciato, dall'altra era perfettamente normale.»[28] Quando Serber, con un po' di leggerezza, osservò che comunque sembrava che il cavallo «pascolasse tranquillamente», Oppenheimer «mi rimproverò perché stavo dando l'impressione che la bomba era stata un'arma benevola».

A Los Alamos Morrison fece una relazione ufficiale su quello che aveva visto, ma riassunse anche la sua relazione per una stazione radio locale di Albuquerque: «Siamo andati lentamente in giro per Hiroshima e non riuscivamo a credere a quello che vedevamo. In basso c'era il terreno piatto sul quale una volta c'era la città, rosso bruciato [...]. Ma per una lunga notte la città non era stata visitata da centinaia di aeroplani. Un solo bombardiere e una sola bomba, nello stesso tempo che sarebbe stato necessario a una pallottola per colpire la città, avevano trasformato una città di trecentomila abitanti in una pira di fuoco. Questa era la cosa nuova».[29]

La signorina Edith Warner seppe le notizie su Hiroshima da Kitty, che un giorno andò da lei a prendere della verdura fresca: «Adesso avevo capito molte cose», la Warner annotò in seguito.[30] Parecchi fisici si sentirono in dovere di andare a trovarla nella sua casa di Otowi Bridge per spiegare chi erano alla gentile signorina Warner. Perfino Morrison le scrisse per esprimere la sua speranza che «ovunque, le persone intelligenti e di buona volontà capissero e condividessero la nostra sensazione di difficoltà». Avendo contribuito a costruire la bomba, Morrison e molti altri fisici di idee affini ora pensavano che l'unica strada sensata da percorrere fosse l'avvio di un controllo internazionale su tutte le questioni nucleari. «Gli scienziati sanno», la Warner scrisse in una sua lettera di auguri del Natale del 1945, «che non possono abbandonare i laboratori lasciando l'energia atomica nelle mani delle forze armate o degli uomini di stato.»

Oppenheimer sapeva che in qualche senso fondamentale il Progetto Manhattan si era concluso proprio come Rabi aveva temuto si concludesse: «il risultato di tre secoli di fisica» era un'arma di distruzione di massa. Ed essendo andata così, pensava, il progetto aveva impoverito la fisica, e non solo in senso metafisico; ben presto cominciò a screditarlo come risultato scientifico. «Abbiamo circondato questo albero, che era carico di frutti maturi», disse Oppenheimer a un comitato del Senato verso la fine del 1945, «l'abbiamo scosso e sono saltati fuori il radar e le bombe atomiche.[31] Lo spirito [del tempo di guerra] era lo sfruttamento frenetico e quasi implacabile della conoscenza.» La guerra aveva avuto «un importante effetto sulla fisica», disse. «In pratica l'ha fermata.» Ben presto arrivò a pensare che durante la guerra «forse avremmo dovuto realizzare una cessazione completa dell'attività professionale nel campo della fisica, anche nel suo insegnamento, sia qui che [in] ogni altro paese». Ma la guerra era servita anche a concentrare l'attenzione sulla scienza. Come scrisse in seguito Victor Weisskopf: «La guerra aveva reso evidente il più spietato degli argomenti: era la scienza ad avere la più immediata e diretta importanza per tutti. E questo aveva cambiato le caratteristiche della fisica».[32]

A mezzogiorno di venerdì 21 settembre 1945, Oppenheimer andò a salutare Henry Stimson. Era l'ultimo giorno di Stimson come ministro della Guerra ma anche il suo settantottesimo compleanno. Oppenheimer sapeva che quella sera Stimson aveva in programma di partecipare a un ricevimento alla Casa Bianca in cui avrebbe sostenuto, «ma un po' troppo in ritardo» pensava Oppenheimer, la necessità di «un approccio aperto all'atomo».[33] Secondo il suo diario, Stimson si limitò però a dire al presidente Truman che «era necessario proporre subito alla Russia la possibilità di condividere la bomba, ma solo con una contropartita».

Robert apprezzava molto e si fidava del vecchio signore. Era molto dispiaciuto nel vederlo lasciare il suo incarico proprio in quel momento critico, con un dibattito su come gestire la bomba atomica nell'era postbellica che stava appena iniziando. In quell'occasione Oppenheimer lo ragguagliò brevemente ancora una volta su alcuni aspetti tecnici della bomba, e Stimson gli chiese di accompagnarlo dal barbiere del Pentagono dove si doveva tagliare i sottili capelli grigi. Quando fu il momento di andarsene, Stimson si alzò dalla poltrona del barbiere, strinse la mano a Oppenheimer e gli disse: «Ora è tutto nelle sue mani».[34]

24. «Sento il sangue sulle mie mani»

Quando le bombe atomiche si saranno aggiunte come nuove armi agli arsenali di un mondo in guerra, o agli arsenali di paesi che stanno preparandosi alla guerra, allora il genere umano maledirà i nomi di Los Alamos e di Hiroshima.
Robert Oppenheimer, 16 ottobre 1945

Ora Robert Oppenheimer era una celebrità, e il suo nome era noto a milioni di americani. Fotografie con i suoi lineamenti ben marcati spiccavano sui giornali e sulle copertine delle riviste in tutto il paese. I risultati da lui ottenuti erano diventati il sinonimo dei risultati dell'intera scienza. *Tanto di cappello all'uomo della ricerca*, era il titolo di un editoriale del «Milwaukee Journal».[1] Mai più, scriveva il «St. Louis Post-Dispatch», «agli esploratori scientifici americani [...] si potrà rifiutare qualsiasi cosa di cui abbiano bisogno per le loro imprese». Dobbiamo ammirare il loro «glorioso risultato», diceva lo «Scientific Monthly», perché «i moderni Prometei hanno di nuovo lasciato l'Olimpo e portato all'uomo i veri fulmini di Zeus». Il settimanale «Life» osservava che ora i fisici parevano indossare «la tunica di Superman».

A Oppenheimer non dispiaceva essere adulato. Era come se avesse passato i precedenti due anni e mezzo in cima all'altopiano allenandosi per il suo nuovo ruolo. Si era trasformato in uno scienziato-statista, e in un'icona. Anche le sue pose, il fumo della pipa e il sempre presente cappello a calotta piatta, divennero riconoscibili in tutto il mondo.

Ben presto cominciò a render pubbliche le sue riflessioni. «Abbiamo costruito una cosa, la bomba più terribile», disse in una conferenza dell'American Philosophical Society, «che ha alterato all'improvviso e profondamente la natura del mondo [...] un'entità che rispetto a tutti i valori del mondo abbiamo trasformato in una cosa tremenda. E facendo questo [...] abbiamo di nuovo sollevato la questione se la scienza sia una cosa buona per l'uomo [...].»[2] Il «padre» della bomba atomica spiegava che quella, per definizione, era un'arma di terrore e di aggressione, e che era semplice da realizzare. Un giorno, questa combinazione avrebbe potuto dimostrarsi letale per l'intera civiltà. «Le bombe atomiche, anche per quel poco che sappiamo oggi», disse, «possono diventare [...] armamenti semplici e alla portata di qualsiasi popolo che le voglia costruire. Il modello per l'uso delle armi atomiche è stato presentato a Hiroshima.» La bomba di Hiroshima, disse, era stata usata «contro un nemico ormai sconfitto [...] ma è un'arma offensiva, e gli elementi di sorpresa e di terrore sono a essa intrinseci come lo sono i nuclei fissili».

Molti dei suoi amici erano stupiti dalla sua abilità oratoria, spesso estemporanea, piena di eloquenza ed eleganza. Un giorno Harold Cherniss era presente quando Oppie parlò a una riunione di studenti all'Università della California a Berkeley. Erano un migliaio, stipati nella palestra maschile per ascoltare il famoso scienziato. Cherniss, però, era preoccupato perché «pensavo che non fosse adatto a parlare in pubblico».[3] Dopo esser stato introdotto dal rettore Sproul, Oppenheimer si alzò e parlò a braccio per tre quarti d'ora. Cherniss rimase sbalordito da quello che ascoltò: «Dal momento in cui iniziò a parlare, e fino alla fine, non si sentì neanche un mormorio. Era il risultato della sua magia». Naturalmente Cherniss pensava che il suo amico forse parlava troppo efficacemente per il suo proprio bene. «Una capacità di parlare in pubblico come questa è una sorta di veleno, ed è molto pericolosa per chi ce l'ha.» Un simile talento può portare un uomo a pensare che la sua lingua vellutata sia un'efficace arma politica.

Per tutto quell'autunno, Oppenheimer viaggiò tra Los Alamos e Washington, cercando di utilizzare la sua improvvisa celebrità per influenzare personalità governative di alto livello. In pratica parlò per conto di tutti gli scienziati non militari di Los Alamos. Il 30 agosto 1945, circa cinquecento di loro si erano riuniti nell'auditorium dell'altopiano e si erano accordati per creare una nuova organizzazione, l'Associazione degli scienziati di Los Alamos (ALAS*). Pochi giorni dopo, Hans Bethe, Edward Teller, Frank Oppenheimer, Robert Christy e altri avevano scritto una dura dichiarazione sui pericoli di una corsa agli armamenti, sull'impossibilità di qualsiasi difesa contro le bombe atomiche nelle guerre future e sulla necessità di un

---

* Acronimo di *Association of Los Alamos Scientists*. [*n.d.t.*]

controllo internazionale. A Oppenheimer fu chiesto di appoggiare presso il ministero della Guerra il «Documento», come era stato chiamato. Tutti speravano che quella dichiarazione arrivasse rapidamente sui giornali.

Il 9 settembre, Oppenheimer spedì il rapporto a George Harrison, l'assistente di Stimson.[4] Nella sua lettera di accompagnamento, segnalava che il «Documento» era circolato tra più di trecento scienziati, e che solo tre avevano rifiutato di firmarlo. Oppie scrisse anche che, pur non avendo in alcun modo partecipato alla sua stesura, il «Documento» rifletteva senz'altro anche la sua visione personale, e si augurava che il ministero della Guerra approvasse la sua pubblicazione. Harrison telefonò subito a Oppie per dirgli che Stimson ne voleva altre copie per farle circolare tra i membri del governo. Ma Harrison aggiunse anche che il ministero della Guerra non desiderava che fosse divulgato, almeno per ora.

Delusi per questo ritardo, gli scienziati dell'ALAS cominciarono a premere su Oppenheimer perché facesse qualcosa. Pur riconoscendo che lui stesso era rimasto deluso, Oppenheimer pensava che probabilmente l'amministrazione aveva le sue buone ragioni, e quindi invitò i suoi amici ad avere pazienza. Il 18 settembre volò a Washington, e due giorni più tardi telefonò per dire che «la situazione sembrava piuttosto buona».[5] Il «Documento» era stato fatto circolare, e pensava che l'amministrazione Truman stesse cercando di prendere la decisione giusta. Tuttavia, già alla fine del mese l'amministrazione decise di secretarlo. Gli scienziati dell'ALAS rimasero sconcertati quando seppero che il loro fidato emissario aveva cambiato idea, e ora contribuiva a sopprimere il documento. Per alcuni dei suoi colleghi era ormai chiaro che quanto più Oppenheimer restava a Washington, tanto più diventava arrendevole.

Oppenheimer però sostenne che aveva cambiato posizione per un buon motivo. Agli scienziati di Los Alamos spiegò che, poiché l'amministrazione Truman stava per proporre delle norme di legge sull'energia atomica, era sicuramente desiderabile un dibattito pubblico che in qualche modo riprendesse il «famoso documento», ma che si doveva aspettare, e solo per motivi di cortesia, fino a che il presidente Truman non avesse pronunciato il suo discorso sull'energia atomica davanti al Congresso. A Los Alamos l'appello di Oppenheimer fu oggetto di un forte dibattito, ma il leader dell'ALAS, William «Willy» Higinbotham, sostenne che «la soppressione del documento è soltanto una questione di opportunità politica, le cui motivazioni non siamo in grado di conoscere e di valutare».[6] Tuttavia come ALAS «abbiamo una rappresenta-

tività, e quindi dobbiamo sapere quello che sta succedendo e conoscere personalmente le persone coinvolte, questo è il problema, Oppie».
Fu subito approvata all'unanimità una mozione in cui si diceva «che Willy aveva detto a Oppie che eravamo tutti con lui».

In realtà Oppenheimer stava facendo del suo meglio per riflettere sul coinvolgimento che sulla questione avrebbero avuto in futuro gli scienziati che lo seguivano. Verso la fine di settembre disse al sottosegretario di stato Dean Acheson che la maggior parte degli scienziati del Progetto Manhattan sarebbe stata molto riluttante a lavorare ancora sulle bombe, «e non soltanto sulla "Super", ma su qualsiasi bomba».[7] Disse che dopo Hiroshima e la fine della guerra, quel lavoro sarebbe stato considerato «in contrasto con i principi del loro cuore e del loro spirito». Lui era uno scienziato e non «un fabbricante d'armi», disse sprezzantemente a un giornalista.[8] Però non tutti gli scienziati la pensavano così. Edward Teller continuava a promuovere la «Super» a tutti quelli che avevano la pazienza di ascoltarlo. Quando Teller chiese a Oppenheimer di darsi da fare perché la ricerca sulla superbomba continuasse, Oppie tagliò corto: «Non voglio averci nulla a che fare».[9] Fu una reazione che Teller non avrebbe mai dimenticato, né perdonato.

Il 3 ottobre 1945, quando il presidente Truman rese pubblico il suo messaggio al Congresso, all'inizio molti scienziati si sentirono rassicurati. Scritto da Herbert Marks, un giovane avvocato che lavorava per Acheson, il messaggio raccomandava al Congresso di creare una commissione per l'energia atomica con il potere di regolare l'intera attività industriale. Anche se nessuno a Washington era venuto a saperlo, Oppenheimer aveva aiutato Marks a scrivere il messaggio.[10] Non era quindi sorprendente che riflettesse il senso di urgenza che Oppenheimer sentiva rispetto sia ai pericoli sia ai potenziali benefici dell'energia atomica. La liberazione dell'energia atomica, disse Truman, «rappresenta una nuova forza troppo rivoluzionaria per considerarla in un contesto di vecchie idee». Il tempo era la questione fondamentale. «Le speranze della civiltà», avvertiva Truman, «puntano ad accordi internazionali che, se possibile, portino alla rinuncia dell'impiego e dello sviluppo delle bombe atomiche [...].»[11] Oppenheimer pensava di aver ottenuto dal presidente la promessa di puntare all'abolizione delle armi atomiche.

Ma se Oppenheimer si era dato da fare per influenzare quell'importante messaggio, non aveva la possibilità di controllare le norme di legge che furono proposte il giorno successivo dal senatore Edwin C. Johnson del Colorado e da Andrew J. May, membro del Congresso e rappresentante del Kentucky. Il disegno di legge May-Johnson esprimeva una politica che contrastava fortemente con il tono del discorso del presidente. Molti scienziati lo lessero come una vittoria dei militari. Per prima cosa la legge proponeva severe misure di detenzione e pesanti sanzioni per qualsiasi violazione della sicurezza. Anche se i suoi colleghi non ne capirono i motivi, Oppenheimer dichiarò il suo sostegno al disegno di legge May-Johnson. Il 7 ottobre era tornato a Los Alamos e aveva sollecitato i membri del Comitato esecutivo dell'ALAS a sostenere la legge. Ed ebbe successo, inequivocabile segnale del suo ancora formidabile potere di persuasione. La sua razionalità era semplice. Il tempo ne era l'essenza, e ogni proposta che fosse rapidamente diventata legge per il controllo degli aspetti locali dell'energia atomica avrebbe aperto la strada a un ulteriore passo avanti: un accordo internazionale per la messa al bando delle armi nucleari. A Washington, Oppie era rapidamente diventato un personaggio, un sostenitore dell'amministrazione, cooperativo e motivato, guidato dalla speranza e sostenuto dall'ingenuità.

Ma quando gli scienziati lessero la bozza del disegno di legge, si allarmarono. La May-Johnson proponeva infatti di accentrare tutti i poteri sull'energia atomica nelle mani di una commissione di nove membri nominati dal presidente. E ai militari sarebbe stato consentito di farne parte. Gli scienziati avrebbero rischiato condanne superiori ai dieci anni, anche per le più piccole violazioni della segretezza. Ma, come nel 1943, quando inizialmente si era tentato di inquadrare gli scienziati di Los Alamos nell'Esercito, i dettagli e le conseguenze che disturbavano i suoi colleghi non allarmavano Oppenheimer. Sulla base dell'esperienza fatta durante la guerra, pensava che avrebbe lavorato con Groves e il ministero della Guerra. Ma altri non ne erano certi. Leo Szilard era furioso, e si stava impegnando perché la legge non fosse approvata.[12] Un fisico di Chicago, Herbert L. Anderson, scrisse a un collega di Los Alamos per confessargli che la sua fiducia in Oppenheimer, Lawrence e Fermi era stata scossa. «Credo che questi rispettabili uomini siano stati imbrogliati, poiché non hanno mai avuto la possibilità di controllare la legge.»[13] In effetti Oppie aveva convinto sia Lawrence che Fermi ad appoggiare la May-Johnson prima ancora che avessero letto il documento nei dettagli. Ben presto entrambi ritirarono il loro appoggio.

Il 17 ottobre 1945, nella sua testimonianza di fronte al Senato, Oppenheimer ammise che le dichiarazioni che aveva preparato erano state scritte «molto prima» di aver letto davvero la legge: «Non conosco molto del disegno di legge Johnson [...] e con quella legge è possibile fare quasi tutto».[14] Sapeva solo che delle persone per bene come Henry Stimson, James Conant e Vannevar Bush avevano contribuito a ispirare la legge, e che «se loro apprezzavano la filosofia di quel disegno di legge», quello per lui era sufficiente. Il problema era trovare nove persone adatte, alle quali potessero essere «serenamente» affidati i poteri previsti per la commissione. Quando gli fu chiesto un giudizio sulla possibilità di permettere a dei militari di far parte della commissione, Oppenheimer rispose: «Penso che il problema non sia se un uomo indossi o meno una divisa, ma di che uomo si tratti. Non riesco a pensare a una persona dell'amministrazione con cui abbia più confidenza che con il generale [George C.] Marshall».

Szilard, che non intervenne, considerò la testimonianza di Oppenheimer «un capolavoro [...] Aveva parlato in un modo che aveva fatto pensare ai parlamentari presenti che fosse favorevole al disegno di legge, mentre i fisici presenti pensavano tutti che fosse contrario».[15] «PM»,* un giornale di New York schierato a sinistra, scrisse che Oppenheimer aveva lanciato un «attacco indiretto» al disegno di legge.[16]

Frank Oppenheimer la pensava come il fratello. Come attivista dell'ALAS, Frank credeva che fosse arrivato il momento di aprirsi al pubblico e di cercare di convincere i cittadini della necessità di un controllo internazionale. «[Robert] diceva che non c'era tempo da perdere», ricordava Frank, «era stato negli ambienti di Washington, sapeva che tutto si stava muovendo: pensava che si dovessero cambiare le cose dall'interno.»[17] Forse Robert si era esposto a un rischio calcolato cercando di usare il suo prestigio e i suoi contatti per persuadere l'amministrazione Truman a compiere un grande passo in avanti a favore del controllo internazionale, ma non si era assolutamente preoccupato se questo sarebbe avvenuto sotto un regime atomico che fosse civile o militare. Oppure semplicemente non voleva fare personalmente pressioni politiche che avrebbero potuto condurre l'amministrazione a definirlo come un intruso, un «provocatore». Nel primo atto dell'Era atomica voleva restare al centro del palcoscenico.

---

* Quotidiano indipendente nato nel 1940 come alternativa di sinistra ai giornali conservatori di New York. La sigla si riferisce probabilmente a «picture magazine», dato che fu uno dei primi quotidiani a usare la fotografia e anche il colore. Chiuse le pubblicazioni nel 1948. [*n.d.t.*]

Ma tutto questo era troppo per Robert Wilson, che riscrisse il «Documento» dell'ALAS che era stato accantonato e lo spedì al «New York Times»: fu immediatamente pubblicato in prima pagina. «Quella spedizione fu considerata una seria violazione alla sicurezza», scrisse in seguito Wilson.[18] «Per me fu invece una dichiarazione di indipendenza dai nostri leader a Los Alamos, anche se non avevo smesso di ammirarli e di stimarli. Ma la lezione che avevamo appreso era che il Migliore e il Brillante, se messi in una posizione di potere, erano spesso trascinati da altre considerazioni e non era più il caso di fare affidamento su di loro.»

Quando l'opposizione alla May-Johnson crebbe anche fra gli scienziati al di fuori di Los Alamos, i membri dell'ALAS cominciarono ad avere un'altra preoccupazione. Victor Weisskopf disse ai suoi colleghi del Comitato esecutivo dell'ALAS che «i suggerimenti di Oppenheimer dovevano [essere] analizzati in maniera più critica».[19] Entro il mese, l'ALAS arrivò alla rottura con Oppenheimer e avviò una mobilitazione contro quella legge.[20] A Washington Willy Higinbotham ricevette un messaggio con le istruzioni per avviare una campagna contro la legge. Szilard e altri scienziati testimoniarono contro quella legge, e questa straordinaria campagna di pressione ben presto occupò le prime pagine di quotidiani e periodici in tutto il paese. Era una ribellione, ed ebbe successo.

Con grande sorpresa di molti ambienti di Washington, l'energica pressione degli scienziati segnò la sconfitta del disegno di legge May-Johnson. Al suo posto un giovane senatore del Connecticut, Brien McMahon, propose un nuovo disegno di legge che affidava il controllo sulla politica dell'energia nucleare a una commissione composta esclusivamente da civili: la Commissione per l'energia atomica (AEC). Ma l'1 agosto 1946, quando l'Atomic Energy Act venne firmato dal presidente Truman, il testo della legge era stato così modificato che molti membri del movimento degli «scienziati atomici» capirono che la loro era stata una vittoria di Pirro. La legge includeva, per esempio, disposizioni che sottoponevano gli scienziati che lavoravano nel settore della fisica nucleare a un regime di sicurezza molto più drastico di quello che avevano sperimentato a Los Alamos. Ma mentre molti dei suoi colleghi, compreso suo fratello, erano rimasti perplessi per il sostegno iniziale dato da Oppie al disegno di legge May-Johnson, nessuno si scagliò contro di lui per molto tempo. La sua ambivalenza sull'intera questione era stata giustificata. Anche se non era riuscito a contrastare il programma del Pentagono, aveva tuttavia capito che il vero problema che aveva importanza era un reale controllo internazionale sulla costruzione delle bombe atomiche.

Nel corso del dibattito che si svolgeva al Congresso, Oppenheimer aveva ufficialmente dato le dimissioni da direttore di Los Alamos. Il 16 ottobre 1945, nel corso di una cerimonia organizzata per festeggiare l'avvenimento, migliaia di persone, in pratica tutti gli abitanti dell'altopiano, si erano riunite per dire addio al loro quarantunenne leader. Dorothy McKibbin aveva brevemente ringraziato Oppie poco prima che iniziasse a fare il suo discorso di addio. Non si era preparato appunti, e la McKibbin notò che «i suoi occhi erano puntati altrove, nello stesso modo in cui apparivano quando era immerso in pensieri profondi. Poco dopo capii che in quei brevi momenti Robert stava preparando il suo discorso di addio».[21] Pochi minuti più tardi, mentre sedeva sul podio sotto il brillante sole del Nuovo Messico, Oppenheimer si alzò per ricevere dalle mani del generale Groves la pergamena con il Certificato di apprezzamento. Parlando con voce bassa e quieta, espresse la speranza che negli anni seguenti tutti quelli che avevano avuto a che fare con l'attività del laboratorio sarebbero stati in grado di guardare con orgoglio ai risultati ottenuti. Ma con una misurata osservazione ammonì: «*Oggi quell'orgoglio deve essere attenuato da una profonda preoccupazione. Quando le bombe atomiche si saranno aggiunte come nuove armi agli arsenali di un mondo in guerra, o agli arsenali delle nazioni che stanno preparandosi alla guerra, allora il genere umano maledirà i nomi di Los Alamos e di Hiroshima*».[22]

E poi proseguì: «I popoli di questo mondo devono unirsi, oppure periranno. Questa guerra, che tanto ha devastato la Terra, ha scritto queste parole. La bomba atomica le ha pronunciate affinché tutti gli uomini le comprendessero. Altri uomini hanno detto le stesse parole, in altri tempi, in altre guerre, a proposito di altre armi. Ma non sono stati ascoltati. Ci sono alcuni, ingannati da un falso senso della storia, che pensano che esse non avranno successo neanche oggi. Ma noi non vogliamo credere a loro. A causa del nostro lavoro siamo impegnati e ci impegneremo perché, di fronte a questo pericolo comune, il mondo si unisca nell'onestà e nell'altruismo».

Sulla Collina le sue parole rassicurarono molti dei presenti: nonostante l'ambiguo sostegno dato al disegno di legge May-Johnson, lui era ancora uno di loro. «Quel giorno era uno di noi», scrisse uno degli abitanti di Los Alamos.[23] «Parlava a noi, ma anche per noi.»

Quel mattino, seduto sul podio accanto a lui, c'era Robert G.

Sproul, il rettore dell'Università della California a Berkeley. Colpito dal brillante linguaggio di Oppenheimer, in seguito Sproul rimase turbato dalle parole che si erano scambiati in privato durante i discorsi. Sproul era arrivato con l'intenzione di convincere Oppenheimer a tornare a Berkeley, anche se sapeva che Oppie era disamorato. Il 29 settembre il fisico gli aveva scritto per comunicargli che era incerto su cosa fare del suo futuro. Parecchie altre istituzioni gli avevano offerto importanti incarichi universitari, con stipendi da due a tre volte maggiori di quello che aveva ricevuto a Berkeley. E, nonostante i suoi lunghi anni trascorsi a Berkeley, Oppie disse che sentiva «un certo calo di fiducia da parte dell'università per quelle che in passato erano state inevitabilmente considerate delle mie indelicatezze». Con «indelicatezze» Oppenheimer si riferiva al fastidio espresso da Sproul di fronte all'Unione degli insegnanti e a proposito delle sue attività politiche. Sarebbe stato un errore, scrisse a Sproul, tornare a Berkeley se l'università e il dipartimento di fisica davvero non lo volevano. E «a me sembrerebbe sbagliato[24] tornare con uno stipendio così basso rispetto a quello che mi è stato offerto da altre istituzioni».

Sproul, uomo rigido e conservatore, aveva sempre considerato Oppenheimer fastidioso, e quindi aveva esitato quando Lawrence gli aveva proposto di offrire a Oppie un salario doppio. Lawrence sosteneva che «quanto paghiamo il professor Oppenheimer non significa davvero nulla perché, se lui sarà qui, il governo ci metterà a disposizione forti somme, e quindi il salario sarà insignificante».[25] Anche se riluttante, Sproul aveva accettato. Ma ora, proprio nel momento in cui i due uomini erano seduti sul palco e parlavano della questione, Oppenheimer aveva respinto l'offerta di Sproul ripetendo in sostanza quello che aveva scritto nella sua lettera. Si preoccupava che i suoi colleghi del dipartimento di fisica e lo stesso Sproul non fossero entusiasti del suo ritorno «a causa del suo difficile temperamento e scarso discernimento». Poi informò bruscamente Sproul che aveva deciso di andare a insegnare al Caltech; ma nonostante questo, chiese a Sproul un'estensione ufficiale della sua aspettativa – in modo che rimanesse aperta la porta per un eventuale ritorno a Berkeley in un periodo successivo. Anche se era ovviamente seccato dal tenore di questa conversazione, Sproul si sentì costretto ad accettare la richiesta di Oppie.

Il comportamento di Oppenheimer suggerisce che egli non fosse sicuro del suo passo successivo, ed è certo che questo ne sia il vero senso. Una parte di lui cercava di ricreare gli anni felici trascorsi a Berkeley. Ma era anche attratto da nuove ambizioni, certamente più adatte alla statura che aveva raggiunto dopo la guerra. Aveva provvisoriamente risolto questo problema rifiutando le offerte di Harvard e della Columbia a favore di quella del Caltech. Voleva rimanere in California, e proprio per questo teneva aperta la possibilità di tornare a Berkeley. Però, in quel periodo, aveva passato molti giorni faticosi andando e tornando da Washington a bordo di aerei.

Già il 18 ottobre, appena un giorno dopo la cerimonia di premiazione a Los Alamos, Oppenheimer tornò a Washington per tenere una conferenza allo Statler Hotel. Alla presenza di una mezza dozzina di senatori, Oppenheimer delineò con parole semplici i pericoli che la bomba atomica poneva di fronte al paese. Ad ascoltarlo c'era anche Henry A. Wallace, già vicepresidente durante il terzo mandato di Roosevelt (1941-1945) e ora ministro per il Commercio nell'amministrazione Truman. Approfittando dell'occasione, Oppenheimer si avvicinò a Wallace e disse che gli avrebbe fatto molto piacere potergli parlare in privato. Wallace lo invitò a fare una passeggiata la mattina seguente.

Camminando con l'ex vicepresidente per il centro di Washington verso il ministero del Commercio, Oppie espose le sue profonde ansietà sulla bomba. Sottolineò rapidamente i pericoli inerenti alle politiche dell'amministrazione. Successivamente Wallace scrisse sul suo diario: «Non mi era mai capitato di vedere un uomo così nervoso come Oppenheimer. Sembrava convinto che la distruzione dell'intera razza umana fosse imminente». Oppie si era lamentato amaramente che il segretario di stato Byrnes «pensasse che potevamo usare la bomba come una pistola per fare tutto quello che volevamo nella diplomazia internazionale». Oppenheimer insisteva che ciò non avrebbe funzionato. «Disse che i russi erano un popolo forte e avevano buoni fisici e abbondanti risorse. Sarebbero stati costretti ad abbassare i loro standard di vita per farlo, ma avrebbero impegnato tutto quello che avevano per realizzare il più presto possibile quante più bombe atomiche potevano. Pensava che la cattiva gestione della questione a Potsdam aveva aperto la strada alla possibile strage di decine o forse di centinaia di milioni di persone innocenti.»

Oppenheimer ammise con Wallace che già nella primavera precedente, molto prima del test di Trinity, gran parte degli scienziati che lavoravano con lui erano «molto preoccupati» dall'eventualità di una guerra con la Russia. Aveva pensato che l'amministrazione Roosevelt avrebbe preparato un piano per comunicare con i sovietici a proposito della bomba. Questo non era successo, sospettava, perché gli inglesi avevano sollevato obiezioni. Per di più pensava che Stimson avesse una visione un po' troppo da «statista» dell'intera materia; e faceva riferimento, approvandolo, al memorandum dell'11 settembre del ministro della Guerra al presidente Truman in cui, disse, «si chiedeva di passare alla Russia [...] tanto le conoscenze industriali quanto le informazioni scientifiche». A questo punto Wallace lo interruppe per dire che il punto di vista di Stimson sulla questione non era mai stato presentato a una riunione del governo. Ovviamente turbato nel sentire questa notizia, Oppenheimer disse che i suoi scienziati nel Nuovo Messico erano completamente avviliti «[...] perché tutti ormai pensano solo alle implicazioni sociali ed economiche della bomba».

A un certo punto Oppie chiese a Wallace se poteva adoperarsi per fargli avere un incontro con il presidente. Wallace gli suggerì di provare a chiedere un appuntamento attraverso il nuovo ministro della Guerra, Robert P. Patterson. A questo punto i due uomini si salutarono, e Wallace in seguito scrisse sul suo diario: «Il senso di colpa degli scienziati che hanno lavorato alla bomba atomica è la cosa più incredibile che abbia mai visto».[26]

Sei giorni dopo, alle 10.30 del 25 ottobre 1945, Oppenheimer fu fatto entrare nello Studio Ovale della Casa Bianca. Il presidente Truman era ovviamente curioso di incontrare il celebre fisico, di cui conosceva la fama di figura eloquente e carismatica. Dopo la presentazione fatta da Patterson, l'unica altra persona presente nella stanza, i tre uomini si sedettero. Truman aprì la conversazione chiedendo aiuto a Oppenheimer affinché il Congresso approvasse il disegno di legge May-Johnson, che affidava all'Esercito il controllo permanente dell'energia atomica. «La prima cosa è definire il problema nazionale», disse Truman, «poi passare a quello internazionale.»[27] Oppenheimer lasciò passare un lungo e imbarazzato silenzio e poi disse, un po' esitante: «Forse sarebbe meglio definire prima il problema internazionale». Naturalmente intendeva dire che il primo imperativo era quello di bloccare la diffusione di queste armi, creando dei controlli internazionali su tutta la tecnologia atomica. A un certo punto della conversazione, Truman improvvisamente gli chiese di valutare il tempo necessario ai russi per sviluppare la propria bomba atomica. Quando Oppie rispose che non poteva saperlo, Truman disse con sicurezza che lui aveva la risposta: «Mai».

Per Oppenheimer questa stupidaggine era una prova dei limiti di Truman. La «incapacità di capire dimostrata da Truman lo aveva profondamente colpito», ricordava Willie Higinbotham.[28] Come

Truman, un uomo che compensava la sua insicurezza con ben calcolati ritardi nelle decisioni, Oppenheimer sembrava terribilmente esitante, oscuro – e tetro. Alla fine, avendo compreso che il presidente non riusciva a capire la profonda urgenza del suo messaggio, Oppenheimer si torse nervosamente le mani e pronunciò un'altra di quelle sue deplorevoli osservazioni, che erano tipiche di quando si sentiva sotto pressione. «Signor presidente», disse tranquillamente, «sento il sangue sulle mie mani.»[29]

Questa affermazione irritò Truman. Più tardi Robert informò David Lilienthal: «Gli ho detto che c'era del sangue sulle mie mani, perché potesse riflettere sulla questione». Ma col passar degli anni Truman imbellettò la vicenda. Secondo una versione, replicò: «Non si preoccupi, vedrà che tutto andrà via». Secondo un'altra versione, prese il suo fazzoletto dal taschino e lo offrì a Oppenheimer dicendo: «Tenga, vuol pulirsi le mani?».

Un imbarazzato silenzio seguì questo scambio, e poi Truman diede il segnale che l'incontro si era concluso. I due uomini si strinsero la mano, e si racconta che Truman abbia detto: «Non si preoccupi, lavoreremo ancora un po' e lei ci aiuterà».

Poco dopo il presidente fu udito mormorare: «Il sangue sulle sue mani, dannazione, sulle mani non ha nemmeno la metà del sangue che io ho sulle mie. Non può andare in giro a lamentarsi di questo». In seguito disse a Dean Acheson: «Non voglio mai più vedere quel figlio di puttana in questo ufficio». Nel maggio 1946 l'incontro era ancora vivido nella sua mente, quando scrisse ad Acheson e descrisse Oppenheimer come quello «scienziato piagnone» che era arrivato «nel mio ufficio cinque o sei mesi fa e aveva passato la maggior parte del tempo torcendosi le mani e dicendomi che lì sopra c'era del sangue a causa della scoperta dell'energia atomica».

In questa importante occasione, la compostezza e il potere di persuasione del solitamente affascinante e controllato Oppenheimer l'avevano abbandonato. La sua abitudine ad affidarsi alla spontaneità funzionava bene quando era a suo agio; ma, ancora una volta, quando era sotto pressione finiva col dire cose di cui si sarebbe profondamente dispiaciuto, e che gli avrebbero provocato serie conseguenze. In quell'occasione aveva avuto la possibilità di imporsi all'uomo che avrebbe potuto aiutarlo a far tornare il genio nucleare nella bottiglia, ma aveva completamente fallito nel trarre vantaggio da questa opportunità. Come osservò Harold Cherniss, la sua notevole scioltezza era davvero pericolosa: un'arma a doppio taglio. Era spesso un efficiente strumento di persuasione, ma poteva anche servire per compromettere il duro lavoro di ricerca e preparazione. Era una forma di arroganza intellettuale, che periodicamente lo portava a comportarsi in modo sbagliato o insensato, un tallone d'Achille che avrebbe portato a conseguenze devastanti. Per di più, poteva fornire ai suoi nemici politici l'opportunità di distruggerlo.

Curiosamente, questa non era né la prima né l'ultima volta in cui Oppenheimer si opponeva a qualcuno che occupava una posizione autorevole. Molte volte durante la sua vita aveva dimostrato di essere capace della massima attenzione; era paziente, cortese e tenero verso i suoi studenti, a meno che non gli ponessero domande chiaramente sciocche. Ma con le persone autorevoli, era spesso impaziente ed esplicito fino ai limiti della maleducazione. In questa occasione, la grande incomprensione di Truman e il suo scarso interesse per le implicazioni delle armi atomiche avevano stimolato Oppenheimer a dire qualcosa con cui non aveva pensato potesse inimicarsi il presidente.

Le relazioni tra Truman e gli scienziati non furono mai a un buon livello. Il presidente considerava molti di loro come uomini dalla mente ristretta che cercavano di scavalcarlo. «Era un uomo privo di immaginazione», disse Isidor Rabi.[30] E gli scienziati non erano certo i soli ad avere questa opinione. Anche un navigato avvocato di Wall Street come John J. McCloy, che per un breve periodo aveva servito Truman come sottosegretario alla Guerra, scrisse nel suo diario che il presidente era «un uomo semplice, incline a prendere decisioni rapidamente e senza approfondimenti, forse troppo rapidamente, un perfetto americano».[31] Non era un grande presidente, «non era famoso per nulla [...] non aveva nulla di un Lincoln, ma era un uomo istintivo, comune, affabile». Persone assai differenti come McCloy, Rabi e Oppenheimer erano concordi nel pensare che le intuizioni di Truman, in particolare nel campo della diplomazia atomica, non fossero né ponderate né solide, e purtroppo del tutto inadatte alla sfida a cui si trovavano di fronte sia il paese che tutto il mondo.

Sull'altopiano, nessuno considerava Oppenheimer uno «scienziato pasticcione». Il 2 novembre 1945, in una serata umida e fredda, l'ex direttore era tornato sulla Collina. Ancora una volta il teatro di Los Alamos era pieno di gente che voleva ascoltare quanto Oppie aveva da dire su quello che aveva definito «il punto in cui eravamo».[32] Cominciò col confessare che «non sapeva molto delle pratiche politiche». Ma quello non era importante, perché avevano a che fare con argomenti che parlavano direttamente agli scienziati. Quello che era accaduto, disse, ci ha costretti «a riconsiderare le relazioni tra la scienza e il senso comune».

Parlò per un'ora – per la maggior parte a braccio – e i suoi ascoltatori furono affascinati. Qualche anno più tardi, quelli che l'avevano ascoltato dicevano ancora: «Mi ricordo quel discorso di Oppie [...]».[33] Ricordavano quella notte in parte perché aveva spiegato così bene l'intreccio delle emozioni che tutti sentivano a proposito della bomba. Quello che avevano fatto non era molto di più di una «necessità organica». Se tu eri uno scienziato, disse, «potevi solo pensare che era una buona cosa scoprire come funziona il mondo [...] che era una buona cosa dare a tutto il genere umano il maggior potere possibile per controllare il mondo, e di trattare con lui in perfetto accordo con le sue prospettive e i suoi valori». Inoltre vi era «la sensazione che probabilmente non vi sarebbe stato nessun altro posto nel mondo, al di fuori degli Stati Uniti, in cui lo sviluppo delle armi atomiche avrebbe avuto le maggiori possibilità di condurre a una soluzione ragionevole, e le minori possibilità di portare a un disastro». Tuttavia Oppenheimer disse che, in quanto scienziati, non sarebbero sfuggiti alla responsabilità di una «seria crisi». Molti, disse, «cercheranno di uscirne». Penseranno che «si tratta soltanto di un'altra arma». Ma gli scienziati ne sanno di più. «Penso che per noi si tratti di accettare questa come una crisi davvero seria, di capire che queste armi atomiche che abbiamo cominciato a costruire sono veramente terribili, che potranno provocare un cambiamento, che non sono una semplice modificazione dell'esistente [...].»

«Vedo chiaramente che le guerre sono cambiate. Mi è chiaro che se queste prime bombe – come quella che è stata sganciata su Nagasaki – hanno potuto distruggere venticinque chilometri quadrati, allora sono davvero una cosa straordinaria. Ma è chiaro che se tutti vorranno disporne, avranno una forte diffusione.» Come risultato di questo notevole cambiamento, la vera natura della guerra era cambiata. Ora il vantaggio sarebbe rimasto all'aggressore, e non a chi si difende. Ma se la guerra è diventata intollerabile, allora i veri mutamenti «radicali» devono essere fatti nelle relazioni tra le nazioni, «non solo nello spirito, non solo nelle leggi, ma anche nelle idee e nella comprensione». L'unica cosa «che andava messa in chiaro», disse, era «la necessità di un grande cambiamento degli animi».

La crisi richiedeva una storica trasformazione delle attitudini e dei comportamenti internazionali, e pensava che potessero fungere da guida le esperienze della scienza moderna. Pensava che la scienza potesse mettere a disposizione quella che chiamava una «soluzione ad interim». Per prima cosa le maggiori potenze dovevano creare una «Commissione congiunta per l'energia atomica» che disponesse di poteri «non soggetti al controllo dei Capi di stato» e che avesse lo scopo di avviare le applicazioni pacifiche dell'energia atomica. Come seconda cosa, dovevano essere creati meccanismi concreti per garantire lo scambio di scienziati, «per essere del tutto certi che la fraternità tra gli scienziati si rafforzi». Infine: «Voglio dire che non si dovrebbe continuare a costruire bombe». Non sapeva se queste erano delle buone proposte, ma per lui costituivano solo un punto di partenza. «So che molti dei miei amici qui presenti hanno la mia medesima opinione. Mi riferisco in particolare a Bohr [...].»[34]

Anche se Bohr e molti altri scienziati approvavano, tutti sapevano che erano soltanto una piccola minoranza in quel grande paese. In seguito, nelle sue osservazioni, Oppie ammise che era rimasto «preoccupato» dalle numerose «dichiarazioni ufficiali» caratterizzate dalla «insistente sottolineatura della responsabilità unilaterale nella gestione delle armi atomiche». Agli inizi di quella settimana, il presidente Truman aveva fatto un discorso bellicoso al Central Park di New York, in occasione della Giornata della marina, in cui sembrava gongolare per la potenza militare dell'America. La bomba atomica, aveva detto Truman, sarebbe stata conservata dagli Stati Uniti come un «patrimonio sacro» per il resto del mondo, e «non daremo la nostra approvazione a qualsiasi compromesso con il male».[35] Oppenheimer disse che non aveva apprezzato il tono trionfalistico di Truman: «Se affronti il problema e dici: "Sappiamo quello che è giusto e vogliamo usare la bomba atomica per persuaderti ad andare d'accordo con noi", allora sei in una posizione davvero debole e non avrai successo [...] finirai per trovarti costretto a usare le armi per prevenire un disastro». Oppie disse ai suoi ascoltatori che non aveva intenzione di discutere dei motivi e degli scopi del presidente, ma «noi siamo 140 milioni, e sulla Terra vivono due miliardi di persone». Tuttavia, anche se gli americani più fiduciosi potevano immaginare che la loro visione e le loro idee avrebbero vinto, l'assoluto «rifiuto della visione e delle idee degli altri popoli non poteva costituire la base per un accordo di qualsiasi genere».

Quella sera nessuno lasciò l'auditorium indifferente. Oppie aveva parlato alle coscienze, affrontando molti dei dubbi, delle paure e delle speranze che avevano tutti quelli che lo ascoltavano. Le sue parole sarebbero risuonate nei decenni successivi. Il mondo che aveva descritto era tanto semplice e tanto complicato quanto il mondo quantistico dell'atomo. Aveva cominciato con semplicità ma, come il migliore dei politici, aveva anche detto una verità essenziale che andava al cuore dell'argomento. Il mondo era cambiato, ma gli americani volevano affrontarlo unilateralmente a loro rischio e pericolo.

Pochi giorni dopo, Robert, Kitty e i loro due bambini, Peter e Toni, salirono sulla Cadillac di famiglia e andarono a Pasadena. Kitty era particolarmente sollevata di lasciarsi Los Alamos alle spalle. E lo era anche Robert. Qui, sul suo amato altopiano, aveva ottenuto qualcosa di unico negli annali della scienza. Aveva trasformato il mondo e ne era stato trasformato. Ma non poteva non sentire un senso di minacciosa ambivalenza.

Poco dopo il suo arrivo al Caltech, Robert ricevette una lettera dalla signorina che occupava la piccola casa all'Otowi Bridge. La lettera di Edit Warner si apriva con «Caro Sig. Opp.».[36] Qualcuno le aveva dato una copia del suo discorso di addio. «Leggendo il testo, mi venne quasi da pensare che lei stesse passeggiando nella mia cucina, parlando un po' a sé stesso e un po' a me», scriveva. «E allora mi sono convinta di quello che avevo pensato molte altre volte: che lei aveva, anche se forse in minor misura, le stesse qualità che emanavano dal signor Baker [cioè da Niels Bohr]. In questi ultimi mesi mi è sembrato che lei fosse una potenza così poco conosciuta come l'energia atomica [...]. Con grande fiducia, penso a voi come al suono del fiume che sale dal canyon, e mi auguro che le necessità del mondo raggiungano anche questo luogo tranquillo.»

25. «Possono distruggere New York»

Penso che la fisica e l'insegnamento della fisica, che sono la mia vita, siano oggi irrilevanti.
Robert Oppenheimer

L'influenza che ora Oppenheimer aveva a Washington attirò l'attenzione di J. Edgar Hoover. Quell'autunno il direttore dell'FBI cominciò a far circolare informazioni dispregiative sui legami tra il fisico e i comunisti. Il 15 novembre 1945, Hoover spedì un riassunto di tre pagine dell'incartamento dell'FBI su Oppenheimer sia alla Casa Bianca che al segretario di stato. Hoover segnalava che funzionari del Partito comunista di San Francisco erano stati intercettati mentre si riferivano a Oppenheimer come a una persona «regolarmente iscritta» al partito. «Dopo l'impiego della bomba atomica», scrisse Hoover, «vari comunisti della California, che conoscevano Oppenheimer prima che gli fosse affidato il progetto, avevano manifestato interesse nel ristabilire i loro vecchi contatti.»[1]

Le informazioni di Hoover erano problematiche. Era certamente vero che l'FBI aveva intercettato alcuni comunisti della California che si riferivano a Oppenheimer come a un iscritto al partito. Ma questo non doveva sorprendere perché, accanto ai molti membri del partito che, prima della guerra, supponevano che Oppenheimer avesse idee simili alle loro, c'erano anche quelli che non l'avevano conosciuto prima della guerra, ma a cui faceva ovviamente piacere affermare che il famoso fisico della «bomba atomica» era uno dei loro. Così, appena quattro giorni dopo il bombardamento di Hiroshima, in una registrazione dell'FBI un funzionario del Partito comunista, David Adelson, osservava: «Non è una bella cosa che Oppenheimer abbia raggiunto questa fama?».[2] Un altro attivista, Paul Pinsky, replicava: «Certo, ma possiamo dire che è un iscritto?». Adelson rise e disse: «Oppenheimer è quel tipo che inizialmente mi scaricò. Ti ricordi quella riunione?». Pinsky replicò: «Certo»; e Adelson: «Non appena lo faranno circondare dalla Gestapo, andrò a raggiungerlo e a mettere un segnale su di lui.

Quel tipo è ora così importante che nessuno lo può toccare, ma deve venir fuori ed esprimere le sue idee».

Chiaramente Adelson e Pinsky pensavano che Oppenheimer fosse ancora favorevole alle loro idee politiche. Ma era davvero un compagno? Anche l'FBI riconosceva che la domanda di Pinsky – «Possiamo dire che è un iscritto?» – «sembra lasciare qualche dubbio sull'attuale appartenenza del soggetto [Oppenheimer] al partito».[3]

In maniera analoga, l'1 novembre 1945, l'FBI aveva intercettato una conversazione tra i membri del Comitato esecutivo del North Oakland Club, un gruppo del Partito comunista della Contea di Alameda. Una funzionaria del partito, Katrina Sandow, affermava che Oppenheimer era iscritto al Partito comunista. Un altro funzionario del partito, Jack Manley, si vantava perché lui e Steve Nelson erano «molto vicini a Oppenheimer», che definivano «uno dei nostri».[4] Manley disse che l'Unione Sovietica aveva delle grandi riserve di uranio e che era «davvero folle» pensare che l'America potesse conservare il monopolio sulle nuove armi. In maniera significativa, sosteneva che Oppenheimer aveva «parlato con noi di quelle cose in grande dettaglio» due o tre anni prima. Manley disse anche che conosceva altri scienziati del Rad Lab che stavano lavorando a una bomba ancora più potente di quelle sganciate sul Giappone. Con molta ingenuità affermò che aveva intenzione di realizzare «un diagramma semplificato della bomba e di farlo pubblicare su tutti i giornali locali [...] in modo che la gente potesse conoscerla».

La Casa Bianca e il Dipartimento di stato non utilizzarono le registrazioni di Hoover. Ma Hoover spinse i suoi agenti a continuare. Verso la fine del 1945, l'FBI installò una microspia nella casa di Frank Oppenheimer, appena fuori Berkeley. L'1 gennaio 1946, nel corso della festa di Capodanno, l'FBI intercettò Oppie, che era andato a trovare il fratello, mentre parlava con Pinsky e Adelson. Cercavano di persuaderlo a fare una conferenza sulla bomba atomica a un raduno che stavano organizzando, ma Oppie gentilmente si rifiutò (mentre Frank accettò). Adelson e Pinsky non erano sorpresi. Avevano parlato del fisico con un altro funzionario del partito, Barney Young, il quale aveva detto loro che il partito aveva tentato di comunicare con Oppenheimer, ma che il fisico «non aveva fatto nulla per mantenere i contatti».[5] Un vecchio amico di Oppie, Steve Nelson, segretario del partito a Oakland, aveva tentato più volte di riallacciare la loro amicizia, ma Oppie non aveva risposto.

Steve Nelson non riuscì più a incontrare Oppenheimer. Altri funzionari lo consideravano ai margini del partito. Ma anche Haakon Chevalier sapeva che Oppenheimer non si era mai sottoposto alla disciplina di partito. Allora come ora, aveva sempre seguito «una linea individualistica». Questo aveva reso difficile per tutti, eccettuato ovviamente lo stesso Oppenheimer, sapere esattamente che tipo di relazioni aveva con il Partito comunista, e che cosa il partito significava per lui. L'FBI non fu mai in grado di provare l'appartenenza di Oppenheimer al partito. Ma nel corso dei successivi otto anni, Hoover e i suoi agenti riuscirono a produrre su Oppenheimer circa mille pagine all'anno di appunti, rapporti di sorveglianza e trascrizioni di nastri, il tutto al solo scopo di gettare discredito su quel pensatore troppo «individualista». L'8 maggio 1946, una microspia fu installata sul telefono della casa degli Oppenheimer a Eagle Hill.[6]

Hoover diresse personalmente l'indagine ed ebbe ben pochi scrupoli. Già nel marzo 1946 l'FBI aveva usato un prete cattolico per tentare di trasformare Anne Wilson, che era stata segretaria di Oppie a Los Alamos, in un'informatrice. Padre John O'Brien, un prete di Baltimora, disse che conosceva la Wilson come «una giovane cattolica» e pensava di poterla convincere a cooperare con l'FBI «allo scopo di fornire informazioni relative ai contatti e alle attività di Oppenheimer, con particolare riferimento alla possibile diffusione da parte sua di segreti sulla bomba atomica». Hoover si disse d'accordo con quel tentativo, appuntando sul memorandum relativo: «OK, se padre O'Brien manterrà il segreto».[7]

O'Brien chiese «informazioni denigratorie su Oppenheimer che potessero servire ad avviare un "po' di pettegolezzo" con la ragazza». Il suo interlocutore all'FBI gli disse che quella non poteva essere una tattica soddisfacente, almeno finché non avesse sondato la Wilson. Il prete incontrò la Wilson la sera del 26 marzo 1946; la mattina seguente telefonò all'FBI dicendo che «non era purtroppo possibile persuadere la ragazza a cooperare sulla sola base della sua religiosità e del suo patriottismo [...]». Leale e risoluta, la Wilson aveva detto al prete che aveva «piena fiducia nella rettitudine di Oppenheimer». Per quanto conoscesse quell'alto sacerdote biondo e di bell'aspetto, un tempo suo insegnante al liceo e grande amico di famiglia, la Wilson si rifiutò di dare a padre O'Brien qualsiasi informazione. «Espresse anche risentimento per il fatto che le agenzie per la sicurezza» stessero controllando Oppenheimer. La Wilson disse che Oppenheimer le aveva detto che l'FBI lo stava sorvegliando, e lei pensava «che quello fosse un oltraggio».

Oppie era irritato dalla sorveglianza. Un giorno a Berkeley stava parlando con il suo vecchio studente Joe Weinberg quando all'improvviso aveva indicato una targhetta di ottone su una parete e aveva chiesto: «Cosa diavolo è quello?».[8] Weinberg aveva tentato di spiegargli che l'università aveva eliminato il vecchio sistema di interfono e aveva chiuso i buchi nelle pareti con quelle lastrine di ottone. Ma Oppenheimer l'aveva interrotto e gli aveva detto: «Quello è ed è sempre stato un sistema per nascondere i microfoni», e poi aveva abbandonato la stanza sbattendo la porta.

Naturalmente, Oppenheimer non era l'unico bersaglio di Hoover. Nella primavera del 1946, il capo dell'FBI stava conducendo indagini su funzionari di alto livello dell'amministrazione Truman e spargendo stravaganti informazioni. Basandosi sulle cosiddette «fonti affidabili»,[9] mise in dubbio la lealtà di numerosi funzionari coinvolti nella politica dell'energia atomica, compresi John McCloy, Herbert Marks, Edward U. Condon e perfino Dean Acheson.

Le indagini condotte nel 1946 da Hoover su Oppenheimer e su altri membri dell'amministrazione Truman furono il preludio della politica dell'anticomunismo, ovvero dell'uso di accuse come «comunista», «simpatizzante comunista» o «compagno di strada» per costringere al silenzio o eliminare un avversario politico. Non si trattava in effetti di una tattica nuova: accuse di quel tipo si erano già dimostrate letali a livello statale verso la fine degli anni Trenta. Ma con la crescente spaccatura tra Stati Uniti e Unione Sovietica, era più facile accentrare l'attenzione sulla necessità di proteggere i «segreti atomici» di stato; e da quella necessità emergeva l'esigenza di mettere sotto stretta sorveglianza chiunque avesse a che fare con le ricerche nucleari. Hoover sospettava di tutti quelli che sulle questioni nucleari deviavano dalle posizioni più conservatrici; e nessuno tra coloro che lavoravano sulle politiche dell'energia atomica gli era più sospetto di Robert.

Durante la freddissima settimana natalizia del 1945, a tarda sera Oppenheimer andò a trovare Isidor Rabi nel suo appartamento di New York a Riverside Drive. Mentre dalle finestre del salotto di Rabi osservavano il tramonto, i due vecchi amici videro lastre di ghiaccio screziate di giallo e di rosa che ondeggiavano sulle acque dell'Hudson. Poco dopo i due uomini si sedettero nell'oscurità ormai diffusa, fumando le loro pipe e parlando dei pericoli di una corsa agli armamenti atomici. In seguito Rabi sostenne che lui aveva «creato» l'idea del controllo internazionale, e che Oppenheimer ne era diventato il «venditore». Oppenheimer naturalmente già rifletteva sulle medesime questioni sin dai tempi delle sue conversazioni con Bohr a Los Alamos. Ma potrebbe essere stata proprio quella conversazione serale a ispirare a Oppie la trasformazione di quelle idee in un piano concreto. «Quando era venuto a trovarmi», ricordava Rabi, «abbiamo discusso di due cose: quella [la bomba] doveva essere tenuta sotto controllo internazionale, perché se fosse stata solo sotto un controllo nazionale avrebbe condotto alla rivalità; [secondo] noi confidavamo anche nell'energia nucleare, che avrebbe consentito la continuazione dell'età industriale.»[10] Rabi e Oppenheimer proposero quindi la creazione di un'autorità atomica internazionale che avrebbe avuto una reale importanza perché avrebbe potuto controllare sia la bomba sia gli usi pacifici dell'energia atomica. I potenziali proliferatori avrebbero rischiato di subire pesanti penalità, per esempio la chiusura dei loro impianti energetici se fossero stati scoperti a realizzare armi atomiche.

Quattro settimane più tardi, verso la fine del gennaio 1946, Oppenheimer si sentì rincuorato quando seppe che i negoziati avviati parecchi mesi prima avevano portato Unione Sovietica, Stati Uniti e altri paesi a un accordo per la creazione di una Commissione per l'energia atomica nell'ambito delle Nazioni Unite.[11] Nell'occasione, il presidente Truman aveva incaricato uno speciale comitato di formulare una proposta concreta per il controllo internazionale delle armi atomiche. Dean Acheson era il presidente del comitato, che tra gli altri membri comprendeva personaggi di primo piano della politica estera americana come l'ex sottosegretario alla Guerra John McCloy, Vannevar Bush, James Conant e il generale Leslie Groves. Quando Acheson confessò a Herbert Marks, il suo assistente personale, di non saper nulla dell'energia atomica, Marks gli suggerì di creare un Gruppo di consulenti. Giovane, brillante e socievole avvocato, Marks in precedenza aveva lavorato per David Lilienthal, il presidente della Tennessee Valley Authority, e quindi suggerì che Lilienthal avrebbe potuto aiutare alla stesura di un piano coerente. Per quanto non fosse uno scienziato, Lilienthal, un liberale del New Deal, era un amministratore con grande esperienza che aveva lavorato con centinaia di ingegneri e tecnici. Avrebbe garantito la serietà delle loro decisioni. Accettò subito la presidenza del gruppo dei consulenti, a costituire il quale furono designate altre quattro persone: Chester I. Barnard, presidente della Bell Telephone Company del New Jersey, il dottor Charles A. Thomas, vicepresidente della Monsanto Chemical Company, Harry A. Winne, vicepresidente della General Electric Company, e Oppenheimer.

Oppenheimer fu felice di questi sviluppi. Qui, finalmente, avrebbe avuto la possibilità di indirizzare al meglio i principali problemi associati al controllo della bomba atomica. In quell'inverno, il comitato di Acheson e il suo Gruppo di consulenti si incontrarono alcune volte per mettere a punto un piano preliminare. Naturalmente, essendo l'unico fisico, Oppenheimer dominava le discussioni, e aveva fatto colpo su quegli uomini intelligenti grazie alla sua chiarezza e alla sua lungimiranza. Voleva l'unanimità ed era determinato a ottenerla. Sin dall'avvio, aveva affascinato Lilienthal.

Si erano incontrati per la prima volta allo Shoreham Hotel di Washington, nella stanza di Oppenheimer. «Continuava a camminare avanti e indietro», annotò in seguito Lilienthal nel suo diario, «intercalando buffi "hugh" tra le affermazioni o le frasi mentre camminava per la stanza, guardando il pavimento, un comportamento davvero strano. Molto eloquente [...] lo trovai anche simpatico, e me ne andai molto impressionato dai suoi lampi di genio, ma anche piuttosto turbato da quell'incessante flusso di parole.»[12] Più avanti, dopo aver trascorso molto tempo in sua compagnia, Lilienthal disse con grande entusiasmo che «lui aveva bisogno di vivere una vita intera solo per sapere che il genere umano era stato capace di produrre una creatura di quel tipo [...]».

Il generale Groves aveva osservato Oppie che adoperava il suo fascino sulle persone, ma in quel momento pensava che il fisico esagerasse: «Tutti si inchinavano. Lilienthal era così affascinato che avrebbe consultato Oppenheimer sulla cravatta da mettersi al mattino».[13] «Jack» McCloy era quasi altrettanto incantato: aveva già incontrato Oppenheimer durante la guerra, e ancora pensava a lui come a un uomo di grande cultura, che aveva «una mente delicata, quasi musicale», ed era un intellettuale dal «grande fascino».[14]

«Tutti i partecipanti, credo», scrisse in seguito Acheson nelle sue memorie, «concordavano sul fatto che la mente più stimolante e creativa tra noi fosse Robert Oppenheimer. In quella funzione era per questo anche molto costruttivo e conciliante. Robert sapeva essere polemico, graffiante e, se necessario, pedante, ma non si manifestò nessuno di questi problemi.»[15]

Acheson ammirava la rapida arguzia di Oppenheimer, la sua capacità di capire, ma anche la sua lingua tagliente. Prima dell'inizio delle loro riunioni, Oppenheimer era ospite nella casa di Acheson nel sobborgo di Georgetown. Dopo i cocktail e il pranzo, si metteva davanti a una piccola lavagna, e, gesso in mano, spiegava al suo ospite e a McCloy la complessità dell'atomo. Come aiuto visivo, tracciava piccole figure per rappresentare elettroni, neutroni e protoni che si inseguivano l'uno con l'altro, e che in genere si univano in maniera imprevedibile. «Le nostre confuse domande sembravano affliggerlo», scrisse più avanti Acheson.[16] «Alla fine posava il gesso con pacato sconforto, dicendo "È un caso disperato! Mi sono convinto che voi due pensiate che neutroni ed elettroni siano *davvero* dei piccoli uomini!".»

Agli inizi del marzo 1946 il Gruppo dei consulenti ricevette la bozza di un rapporto di circa 34.000 parole, scritto da Oppenheimer e rivisto da Marks e Lilienthal. A metà marzo, in dieci giorni, ebbero quattro incontri di una giornata completa a Washington, a Dumbarton Oaks, un imponente palazzo di Georgetown decorato con iconografia bizantina. Dalle pareti, alte quasi tre piani, pendevano magnifici arazzi; in un angolo un fascio di luce illuminava *L'annunciazione*, un quadro di El Greco. Un gatto bizantino, scolpito in avorio, stava accovacciato dietro un vetro. Verso la fine delle loro decisioni, Acheson, Oppenheimer e gli altri lessero a turno ad alta voce le diverse sezioni del rapporto. Alla fine, Acheson diede un'occhiata attorno, si tolse gli occhiali e disse: «Bene. Questo è un documento eccellente e profondo».[17]

Oppenheimer aveva convinto i suoi amici membri del comitato a sottoscrivere un piano drammatico e comprensivo. Le mezze misure, aveva detto, non sono sufficienti. Un semplice accordo internazionale che metta al bando le armi atomiche non sarebbe stato sufficiente almeno fino a quando le popolazioni di tutto il mondo non avessero la certezza che sarebbe stato rispettato. E non sarebbe bastato neppure un regime di ispezioni internazionali. Sarebbero stati necessari più di trecento ispettori solo per controllare l'impianto di diffusione di Oak Ridge. E a cosa sarebbe servito un regime di ispezioni in quei paesi che dichiaravano di utilizzare l'energia atomica solo per applicazioni pacifiche? Come aveva spiegato Oppenheimer, sarebbe stato molto difficile per gli ispettori scoprire l'eventuale impiego dell'uranio arricchito o del plutonio degli impianti nucleari civili per scopi militari. Lo sfruttamento pacifico dell'energia atomica era inestricabilmente legato alle capacità tecniche necessarie a produrre la bomba.

Dopo aver definito il dilemma, Oppenheimer era di nuovo tornato a sostenere che la soluzione era possibile solo utilizzando l'evidente diffusione in tutto il mondo della scienza moderna. Propose un'agenzia internazionale che potesse monopolizzare tutti gli aspetti dell'energia atomica, e distribuire le sue potenzialità come incentivo ai singoli paesi. Un'agenzia di questo tipo avrebbe potuto sia controllare la tecnologia sia svilupparla per scopi strettamente civili. Oppenheimer pensava che, a lungo andare, «senza un governo mondiale non si sarebbe potuta avere una pace permanente, e senza pace prima o poi ci sarebbe stata una guerra atomica».[18] Il governo mondiale non era ovviamente una prospettiva immediata, e per questo Oppenheimer sosteneva che nel settore dell'energia atomica tutti i paesi dovevano accordarsi su una «rinuncia parziale» alla sovranità. Con questa decisione, la proposta Autorità per lo sviluppo atomico avrebbe avuto l'assoluta proprietà di tutte le miniere di uranio, degli impianti per l'energia atomica e dei laboratori. A nessun paese sarebbe stato permesso di costruire bombe, ma in tutti i paesi sarebbe stato consentito agli scienziati di sfruttare l'atomo per scopi pacifici. In un discorso tenuto agli inizi di aprile, così aveva spiegato il concetto: «Quello che qui proponiamo è solo una rinuncia parziale, sufficiente, ma appena sufficiente, perché un'Autorità per lo sviluppo atomico cominci a funzionare, a esercitare le sue funzioni di sviluppo, applicazione e controllo, per proteggere il mondo contro l'impiego delle armi atomiche e per aiutarlo a sfruttare i benefici dell'energia atomica».

Una trasparenza completa e totale avrebbe reso impossibile per qualsiasi paese organizzare le enormi risorse industriali, tecniche e materiali necessarie a costruire in segreto una bomba atomica. Oppenheimer aveva capito che non era più necessario inventare la bomba: il segreto era ormai stato svelato. Ma era possibile costruire un sistema così trasparente che il mondo civilizzato avrebbe potuto avere almeno un ampio controllo sulla possibilità che un paese ribelle tentasse di costruire la bomba.

Su un punto, però, la visione politica di Oppenheimer appannava il suo giudizio scientifico. Aveva anche suggerito che i materiali fissili dovevano essere permanentemente «denaturati» oppure contaminati, e in questo modo resi inutilizzabili per la costruzione delle bombe. Ma come alla fine divenne chiaro, qualunque processo in grado di denaturare uranio o plutonio poteva essere utilizzato al contrario. «Oppenheimer pasticciò ulteriormente la cosa», disse Rabi, «suggerendo che l'uranio doveva essere avvelenato, o denaturato, il che era folle [...] un errore davvero grossolano che però non gli ho mai rinfacciato.»[19]

Il senso di urgenza che tutti cominciavano a condividere, era riflesso nell'approvazione del piano da parte di manager come Charles Thomas della Monsanto e dell'avvocato repubblicano di Wall Street John McCloy. Herbert Marks più tardi osservò: «Solo qualcosa di drastico come la bomba atomica poteva portare Thomas ad accettare che le miniere fossero internazionalizzate. Non va dimenticato che lui era vicepresidente di un'azienda da centoventi milioni di dollari».[20]

Poco tempo dopo, il rapporto di Oppenheimer – che divenne poi noto come Rapporto Acheson-Lilienthal – fu presentato alla Casa Bianca.[21] Oppenheimer era soddisfatto: ora sicuramente il presidente avrebbe capito l'urgente necessità di controllare l'atomo.

Il suo ottimismo era però mal riposto. Anche se il segretario di stato Byrnes aveva cercato di far credere di essere stato «favorevolmente impressionato»,[22] in realtà era rimasto sconvolto dall'ampia gamma delle raccomandazioni del rapporto. Il giorno successivo persuase Truman ad affidare al finanziere di Wall Street Bernard Baruch, a lungo suo [di Byrnes] socio in affari, la «trasmissione» della proposta alle Nazioni Unite. Acheson rimase inorridito. Lilienthal scrisse nel suo diario: «L'altra notte, quando ho saputo della cosa, ero disgustato [...]. Avevamo bisogno di un uomo che fosse giovane, forte e non frivolo, e occorreva che i russi non pensassero che doveva solo servire a metterli in un angolo, senza preoccuparsi realmente della cooperazione internazionale. Baruch non ha nessuna di queste qualità».[23] Quando Oppenheimer seppe a chi era stata affidata la cosa, disse al suo amico di Los Alamos Willie Higinbotham, allora presidente dell'appena creata Federazione degli scienziati atomici: «Abbiamo perso».[24]

In privato, Baruch aveva già espresso «grandi riserve» sulle raccomandazioni contenute nel rapporto Acheson-Lilienthal. Per avere consigli, si rivolse a due banchieri conservatori, Ferdinand Eberstadt e John Hancock (un socio anziano alla Lehman Brothers) e a Fred Searls jr., un ingegnere minerario e suo amico personale. Per puro caso, sia Baruch che il segretario di stato Byrnes erano membri del consiglio di amministrazione, ma anche azionisti, della Newmont Mining Corporation, una grande azienda mineraria che puntava molto sulle miniere di uranio. Searls era amministratore delegato della Newmont. Non deve quindi sorprendere che fossero preoccupati dall'idea che la proprietà delle miniere potesse essere trasferita a un'Autorità internazionale per lo sviluppo atomico. Nessuno di questi uomini poteva pensare seriamente a un'internazionalizzazione dell'industria nucleare allora emergente. E anche se avrebbero potuto essere costruite altre bombe atomiche, Baruch era convinto che quella americana sarebbe stata la «bomba vincente».[25]

Il prestigio di Oppenheimer era così penetrante che, anche quando Baruch era pronto a svuotare il rapporto Acheson-Lilienthal, aveva fatto un tentativo per reclutare Oppenheimer come consigliere scientifico. Agli inizi dell'aprile 1946 si erano incontrati a New York per discutere la possibilità di lavorare assieme. Dal punto di vista di Oppie, l'incontro fu un completo disastro. Messo sotto pressione, fu costretto ad ammettere che il suo piano non era del tutto compatibile con la filosofia del governo sovietico. Tuttavia insistette sul fatto che la posizione americana «avrebbe dovuto portare a una proposta onorevole, e quindi a trovare i motivi per arrivare alla cooperazione». Baruch e i suoi consiglieri avevano deciso che le proposte del rapporto Acheson-Lilienthal dovevano essere modificate in parecchi aspetti fondamentali: le Nazioni Unite dovevano autorizzare gli Stati Uniti a mantenere una scorta di armi atomiche con funzioni di deterrenza; la proposta Autorità per lo sviluppo atomico non avrebbe avuto il controllo delle miniere di uranio; e infine l'Autorità non avrebbe nemmeno avuto il potere di veto sugli sviluppi dell'energia atomica. Queste modifiche portarono Oppenheimer a concludere che Baruch pensava che il suo compito fosse quello di preparare «il popolo americano a un rifiuto da parte della Russia».

Alla fine Baruch accompagnò Oppenheimer all'ascensore e cercò di rassicurarlo: «Non si preoccupi per questi miei amici.[26] Hancock è senz'altro "di destra" ma [con un po' di fatica] riuscirò di certo a controllarlo. Searls è furbo come pochi, ma vede i Rossi sotto ogni letto».

Non c'è bisogno di dire che questo incontro con Baruch non fu rassicurante. Oppenheimer se ne andò convinto che il vecchio signore fosse un matto. Disse a Rabi che «disprezzava Baruch».[27] Poco dopo disse a Baruch che aveva deciso di non accettare la nomina a consigliere scientifico. Rabi pensò che questo fosse un errore. «Fece qualcosa che è difficile da dimenticare: rifiutò di far parte dei consulenti. Così al suo posto entrò quel povero vecchio di Richard Tolman.» Tolman, in cattiva salute, non aveva né la forza né la personalità per contrastare un tipo come Baruch. A proposito di Oppenheimer, Baruch disse a Lilienthal: «Tutto male con quel giovane [Oppenheimer]. Solo grandi promesse. Ma non vuol cooperare. Rimpiangerà questa sua posizione».[28]

Baruch aveva ragione, e Oppenheimer ebbe dei ripensamenti a proposito della sua decisione.[29] Poche ore dopo aver rifiutato l'incarico, telefonò a Jim Conant e gli confessò che pensava di aver commesso una fesseria. Poteva fargli cambiare idea? Conant gli rispose che ormai era troppo tardi, e che Baruch aveva perso la fiducia in lui.

Nelle settimane successive, Oppenheimer, Acheson e Lilienthal cercarono di fare tutto il possibile perché rimanesse in vita il piano Acheson-Lilienthal, premendo sui burocrati e sui media. Per tutta risposta Baruch si limitò a dire ad Acheson che era «imbarazzato» per averlo scavalcato. Sperando di poterlo ancora influenzare, Acheson concordò un incontro collettivo alla Blair House, nella Pennsylvania Avenue, nel pomeriggio di venerdì 17 maggio 1946.

Ma mentre Acheson lavorava per contenere il genio atomico, altri stavano lavorando per contenere, se non per distruggere, Oppenheimer. In quella stessa settimana Hoover aveva sollecitato i suoi agenti a intensificare la sorveglianza su di lui. Per quanto non avesse neanche una minima prova, ora Hoover suggeriva la possibilità che Oppenheimer intendesse trasferirsi in Unione Sovietica. Essendo convinto che Oppenheimer era un simpatizzante dei sovietici, il direttore dell'FBI pensava che «per loro sarebbe stato molto più utile come consulente nella costruzione degli impianti atomici che come semplice informatore dagli Stati Uniti». Quindi disse ai suoi agenti di «controllarne strettamente le attività e i contatti».[30]

Una settimana dopo questa riunione al vertice, durante una telefonata a Kitty, Oppenheimer le disse che l'incontro era stato «un tentativo di bloccare quel vecchio signore [Baruch] [...]. Non è stata una situazione felice».[31] Poi aggiunse: «Da loro non ho ottenuto nulla, ma se fossi riuscito a influire sulla sua [di Baruch] [...]. coscienza, sarebbe già un buon risultato. Non vale la pena di fare nient'altro». Kitty lo sollecitò a chiarire con sé stesso «quello che quei vecchi volevano». Oppie si disse d'accordo, e poi, avendo sentito il suono di un click, come se un operatore muovesse un mazzo di chiavi avanti e indietro, chiese a Kitty: «Sei ancora lì? Che cosa è stato?». Kitty rispose: «Ma è l'FBI, caro». Oppie disse: «Cosa, l'FBI?». Poi cominciò a scherzare: «Quello dell'FBI dev'essere rimasto sconcertato». Kitty ridacchiò, e poi ripresero la conversazione.

Kitty aveva visto giusto. Due giorni prima, l'FBI aveva messo sotto controllo il telefono della casa degli Oppenheimer a Berkeley (e Hoover aveva passato la trascrizione di questa conversazione al segretario di stato Byrnes perché «potrebbe essere interessante per lei e per il presidente»[32]). Hoover aveva anche ordinato ai suoi agenti di pedinare Oppenheimer in tutti i suoi viaggi per il paese.

Non si sa se i commenti dispregiativi di Oppenheimer siano arrivati anche a Baruch, ma l'incontro alla Blair House non era andato bene. Baruch aveva detto chiaramente che lui e i suoi collaboratori avrebbero completamente rigettato la nozione della proprietà internazionale delle miniere di uranio. Nel corso della riunione era stata poi vivacemente discussa la questione delle «penalità». Perché, chiese Baruch, non sono previste punizioni per chi viola l'accordo? Come sarebbe stato trattato un paese che fosse stato scoperto a costruire armi atomiche? Baruch pensava che dovesse essere costituita una riserva di bombe atomiche che potessero essere automaticamente usate contro qualsiasi paese che fosse stato scoperto a violare gli accordi. Definiva questa proposta una «punizione meritata». Herb Marks disse che un provvedimento di quel tipo era in completo contrasto con lo spirito del piano Acheson-Lilienthal. Inoltre Marks sottolineò che al paese che tradiva sarebbe occorso non meno di un anno per preparare armi atomiche, il che avrebbe dato alla comunità internazionale il tempo sufficiente per intervenire. Lo stesso Acheson aveva cercato di spiegare in tono tranquillo che già loro avevano discusso a lungo la questione, e che avevano concluso che «se una delle grandi potenze violava il trattato, o cercava una prova di forza, allora qualunque fossero le affermazioni o i provvedimenti inseriti nel trattato, era evidente che l'organizzazione internazionale aveva fallito [...]».[33]

Tuttavia Baruch insistette affermando che una legge senza penalità era inutile.[34] Rigettando l'opinione di molti scienziati, decise che i sovietici non sarebbero stati in grado di costruire delle bombe atomiche per almeno due decenni. Se è così, argomentava, non c'è nessun motivo urgente per rinunciare così presto al monopolio americano. Di conseguenza, il piano che doveva essere sottoposto alle Nazioni Unite doveva modificare sostanzialmente – in realtà essenzialmente alterare – le proposte del documento Acheson-Lilienthal. I sovietici dovevano conservare il loro diritto di veto nel Consiglio di Sicurezza su qualsiasi azione della nuova autorità atomica; ogni nazione che violasse l'accordo avrebbe dovuto essere immediatamente sottoposta a un attacco con armi atomiche; prima che potessero accedere a qualsiasi segreto collegato agli usi pacifici dell'energia atomica, i sovietici avrebbero dovuto sottoporre a controlli le loro riserve di uranio.

Acheson e McCloy avevano obiettato con forza che queste cose servivano solo a ridare un'inutile enfasi ai provvedimenti punitivi. Questo, assieme alla situazione a cui chiaramente Baruch puntava, cioè mantenere per almeno alcuni anni il monopolio americano sulle armi atomiche, avrebbero fatto fallire il piano. Condizioni di questo tipo non sarebbero mai state accettate dai sovietici, soprattutto in un periodo in cui gli americani avrebbero continuato a costruire e a sperimentare armi atomiche. Quello che Baruch proponeva non era un controllo cooperativo sull'energia nucleare, ma un patto atomico che aveva l'obiettivo di prolungare il monopolio degli Stati Uniti. McCloy rabbiosamente insistette che quelle condizioni non davano nessuna sicurezza, e che sarebbe stato «presuntuoso» proporre provvedimenti punitivi così rigidi e automatici. Il giorno seguente, il giudice della Corte Suprema Felix Frankfurter scrisse a McCloy: «Ho sentito che c'è stata una vera corrida e che tu sei rimasto così disgustato dai gentiluomini dell'altra sponda che ti sei limitato a sputacchiare "polvere per aria"».³⁵

Mentre il repubblicano John McCloy era soltanto arrabbiato, l'irritazione di Oppenheimer si trasformò in depressione. Scrisse a Lilienthal che tutto quello che poteva dire era che sentiva «ancora un forte peso nel cuore».³⁶ Dimostrando ancora una volta la sua perspicacia politica, Oppenheimer predisse, proprio come sarebbe poi accaduto, lo svolgersi dell'intero processo. «L'intenzione degli americani sarebbe stata quella di prender tempo e di non chiudere la cosa in fretta; questo porterebbe a un rapporto 10 contro 2 [nel Consiglio di Sicurezza], ma la Russia eserciterebbe il suo veto e si rifiuterebbe di proseguire. In questo modo avremmo ottenuto una dimostrazione delle intenzioni bellicose della Russia, il che si inserirebbe perfettamente nei piani di quel crescente numero di persone che vorrebbero portare il paese sul piede di guerra, dapprima sul piano psicologico e poi sul piano reale. Con l'Esercito a dirigere la ricerca nel paese; i Rossi tormentati; tutte le organizzazioni dei lavoratori, la CIO in primo luogo, accusate di comunismo e quindi di tradimento ecc. [...].»³⁷ Mentre parlava, Oppenheimer aveva continuato a camminare avanti e indietro col suo solito stile frenetico. Lilienthal in seguito scrisse sul suo diario che «parlava proprio come se avesse il cuore spezzato».

Oppie disse a Lilienthal che a San Francisco aveva parlato con uno scienziato sovietico, un consigliere tecnico del ministro degli Esteri russo, Andrei Gromyko, il quale aveva sottolineato come la proposta di Baruch puntasse solo a conservare il monopolio atomico americano. «La proposta americana», aveva detto, «è stata formulata per permettere agli Stati Uniti di mantenere la sua bomba e i suoi impianti quasi indefinitamente – per trent'anni, per cinquant'anni, per tutto il tempo necessario – e per stabilire contemporaneamente che l'uranio della Russia, ma anche la possibilità di utilizzarlo, devono essere sottoposti a verifica e controllo da parte dell'ADA* [l'Autorità internazionale per lo sviluppo atomico].»³⁸

---

* Acronimo di *Atomic Development Authorithy*. [*n.d.t.*]

L'11 giugno 1946, l'FBI intercettò Oppenheimer che parlava con Lilienthal a proposito della proposta di Baruch sulla «punizione meritata». «Mi sembra una cosa infernale», diceva a Lilienthal.[39]

«Sì, è davvero una brutta cosa», rispose Lilienthal. «Anche a breve, porterà con sé tutte [...].»

«Porterà tutti i guai possibili», lo interruppe Oppenheimer. «Ma di questo non se ne rendono conto e non se ne renderanno mai conto. Pensano solo di non vivere in un mondo giusto.»

«Sono vissuti in un mondo irreale», concordò Lilienthal, «fatto di cifre e di statistiche e di accordi, ma io non posso capirli e loro non riescono a capire noi.»

Due giorni dopo Oppenheimer espose le sue opinioni in un lungo articolo sul «New York Times Magazine» che spiegava il piano per realizzare un'Autorità internazionale per lo sviluppo atomico in un linguaggio adatto al grande pubblico.

> Avevamo proposto che *nel campo dell'energia atomica* ci dovesse essere un governo mondiale. Cioè che *in quel campo* ci dovesse essere una rinuncia alla sovranità. Che in quel campo non ci fosse un potere legale di veto. Che in quel campo ci fosse una legge internazionale. Come sarebbe stato possibile in un mondo di nazioni sovrane? Vi sono soltanto due modi in cui questo è sempre possibile. Il primo è la conquista, che distrugge la sovranità. L'altro è la parziale rinuncia a quella sovranità. Quello che viene qui proposto è una rinuncia parziale di questo tipo, sufficiente – ma non molto più che sufficiente – affinché sia possibile creare un'Autorità internazionale per lo sviluppo atomico; che eserciti le sue funzioni di sviluppo, utilizzo e controllo; che consenta al mondo di vivere e di crescere, ma anche di proteggerlo contro l'uso delle bombe atomiche e di garantirgli i benefici dello sfruttamento dell'energia atomica.[40]

All'inizio dell'estate, Oppenheimer incontrò il suo vecchio studente Joe Weinberg, allora insegnante di fisica a Berkeley. Quando Weinberg gli chiese: «Cosa dobbiamo fare se questi sforzi per il controllo internazionale dovessero fallire?».[41] Oppie guardò fuori della finestra e rispose: «Dobbiamo goderci il panorama, almeno finché c'è ancora».

Il 14 giugno 1946 Baruch presentò il suo piano alle Nazioni Unite, proclamando, con toni drammatici e linguaggio biblico, che stava offrendo al mondo una scelta tra «la vita e la morte».[42] Come avevano previsto Oppenheimer e tutti gli altri che erano stati coinvolti nell'originario piano Acheson-Lilienthal, la proposta di Baruch fu immediatamente rifiutata dai sovietici. Come alternativa, i diplomatici di Mosca proposero un semplice trattato che metteva al bando la produzione e l'uso delle armi atomiche. Quella proposta, disse Oppenheimer a Kitty in una telefonata il giorno successivo, «non era poi così cattiva». Nessuno poteva sorprendersi per le obiezioni dei sovietici alle disposizioni sul veto della proposta Baruch. Ancora, Oppie disse a sua moglie che Baruch continuava a lamentarsi pesantemente per quella grande delusione, mentre «sapeva benissimo che quella che aveva fatto era una proposta davvero folle».[43]

Tuttavia, come Oppenheimer aveva previsto, l'amministrazione Truman rigettò immediatamente la proposta dei sovietici. I negoziati continuarono in maniera saltuaria per molti mesi, ma senza alcun risultato. La prima opportunità per avviare un onesto sforzo al fine di prevenire una corsa senza controllo alle armi nucleari era andata perduta. Furono necessari la paura per la crisi dei missili a Cuba nel 1962, e il forte avvicinamento con i sovietici che la seguì, perché l'amministrazione americana proponesse, negli anni Settanta, un accordo serio e accettabile per il controllo degli armamenti. Ma a quell'epoca erano ormai state costruite decine di migliaia di testate nucleari per missili. Oppenheimer e molti dei suoi colleghi criticarono sempre Baruch per l'occasione perduta. Più tardi Acheson osservò duramente: «Era una delle sue [di Baruch] balle e lui la sventolava [...]. Rovinò tutto molto bene».[44] Rabi fu altrettanto brusco: «È davvero una grande scemenza che sia andata in questo modo».

Nel corso degli anni, le critiche alla proposta fatta nel 1946 da Oppenheimer sul controllo internazionale sono state incentrate sulla sua ingenuità politica. Stalin, osservavano, non avrebbe mai accettato delle ispezioni. Ma già Oppenheimer aveva capito questo punto. «Non posso sostenere», scrisse molti anni più tardi, «e credo che nessuno possa sostenere, che azioni condotte in tempo utile seguendo le linee proposte da Bohr avrebbero cambiato il corso della storia. Non c'è nulla che io sappia sul comportamento di Stalin che possa dare un solo filo di speranza in questo senso. Ma Bohr aveva compreso che un'azione di questo tipo avrebbe creato un cambiamento nella situazione. Non aveva mai detto, eccetto una volta per scherzo, che si trattava di "un accordo sperimentale", perché questo era proprio il modello che aveva in mente. Penso che se avessimo agito in questo senso, saggiamente e chiaramente e discretamente secondo la sua visione, ci saremmo potuti liberare del nostro davvero miserevole senso di onnipotenza, e delle delusioni sull'efficacia della segretezza, indirizzando la nostra società verso una più serena visione di una vita futura, degna e meritevole.»[45]

Più avanti in quell'estate, Lilienthal andò a trovare Oppenheimer nella sua stanza d'albergo a Washington, e i due uomini parlarono fino a notte inoltrata di quello che era successo. «Lui è davvero una figura tragica», scrisse Lilienthal nel suo diario, «nonostante il suo grande potere di attrazione, e la sua mente brillante. Quando l'ho lasciato, mi ha guardato con tristezza: "Sono pronto ad andare dappertutto e a fare tutto [disse Oppie], ma sono totalmente privo di altre idee. E ora penso che la fisica e l'insegnamento della fisica, che sono la mia vita, siano oggi irrilevanti". Sono state queste ultime parole che mi hanno davvero addolorato.»[46]

L'angoscia di Oppenheimer era davvero reale e profonda. Sentiva una responsabilità personale per le conseguenze del suo lavoro a Los Alamos. Ogni giorno i titoli dei giornali mettevano in risalto la possibilità che il mondo potesse essere di nuovo sulla strada di una guerra. «Tutti gli americani sanno che se ci sarà una nuova grande guerra», scrisse l'1 giugno 1946 sul «Bulletin of the Atomic Scientists», «verranno usate le armi atomiche [...].»[47] Questo doveva significare, argomentava, che l'unico e reale obiettivo possibile era l'eliminazione della guerra. «Siamo convinti di questo perché nell'ultima guerra le due nazioni che amiamo considerare come le più illuminate e umane al mondo – la Gran Bretagna e gli Stati Uniti – hanno usato le armi atomiche contro un nemico che era già completamente sconfitto.»

Aveva fatto queste osservazioni poco prima, durante un discorso a Los Alamos, ma pubblicarle nel 1946 era una straordinaria ammissione. Meno di un anno dopo gli eventi dell'agosto 1945, l'uomo che aveva insegnato ai bombardieri come sganciare con precisione le loro bombe atomiche nel centro di due città giapponesi era arrivato alla conclusione che aveva appoggiato l'uso di armi atomiche contro «un nemico che era già completamente sconfitto». Averlo capito pesava enormemente su di lui.

Una guerra più grande non era la sola preoccupazione di Oppenheimer: era molto preoccupato anche per il terrorismo nucleare. Durante una seduta a porte chiuse del Senato gli fu chiesto «se era pensabile che tre o quattro persone potessero introdurre di nascosto a New York parti di una bomba [atomica] e far saltare in aria l'intera città». Oppenheimer rispose: «Certo, è possibile, e possono distruggere New York».[48] Subito dopo, quando un senatore preoccupato lo seguì per chiedergli: «Ma che strumento si potrebbe usare per individuare una bomba atomica nascosta da qualche parte in città?». Oppenheimer scherzosamente rispose: «Un cacciavite [per aprire tutte le borse e tutte le valigie, dappertutto]». Non c'erano difese contro il terrorismo nucleare, e pensava che non ci sarebbero mai state.

Il controllo internazionale sulle bombe, sostenne in seguito in un discorso a funzionari del ministero degli Esteri e ufficiali dell'Esercito, è «l'unico modo in cui questo paese può ottenere una sicurezza paragonabile a quella che c'era negli anni prima della guerra. [49] È il solo modo in cui possiamo vivere con dei cattivi governi, con nuove scoperte, con governi irresponsabili come quelli che potrebbero arrivare nei prossimi cento anni, senza continuare a vivere con la paura di un uso a sorpresa di queste armi».

Trentaquattro secondi dopo le 9.00 dell'1 luglio 1946, la quarta bomba atomica del mondo esplose sopra la laguna dell'atollo di Bikini, una parte delle Isole Marshall nell'Oceano Pacifico. Una flotta di navi militari abbandonate di tutte le forme e dimensioni furono affondate o esposte a radiazioni mortifere. Un gran numero di deputati, giornalisti e diplomatici di parecchi paesi, Unione Sovietica compresa, assistettero alla dimostrazione. Oppenheimer era stato uno dei molti scienziati invitati ad assistere all'evento, ma la sua assenza fece scalpore.[50]

Due mesi prima, mentre la sua frustrazione cresceva, Oppenheimer aveva deciso che non avrebbe assistito al test di Bikini. Il 3 maggio 1946 aveva scritto al presidente Truman, apparentemente per spiegare la sua decisione. La sua vera intenzione, tuttavia, era di sfidare la posizione assunta da Truman. Cominciava sottolineando le sue «preoccupazioni» che, asseriva, erano condivise «anche se non all'unanimità, in misura molto ampia» dagli altri scienziati. Quindi, con una logica devastante, demoliva la validità dell'intero esperimento. Se lo scopo del test, come si affermava, era quello di stabilire l'efficacia delle armi atomiche in una guerra navale, la risposta era molto semplice: «Se una bomba atomica cade abbastanza vicino a una nave, anche a una grande nave, la fa affondare». Si deve solo stabilire quanto vicino alla nave la bomba deve cadere, e a questo si può arrivare con calcoli matematici. I costi del test e della sua pianificazione erano stati valutati in circa cento milioni di dollari. «Con meno dell'uno per cento di quella cifra», spiegava Oppenheimer, «è possibile ottenere informazioni più utili.»

Inoltre, se si sperava che il test consentisse di ottenere dati scientifici sia sugli effetti delle radiazioni sulle apparecchiature navali, sia sugli effetti delle dosi di radiazioni sugli animali, queste informazioni si sarebbero potute ottenere anche con minori spese e con maggior precisione «mediante semplici tecniche di laboratorio». Coloro che avevano proposto il test, scrisse Oppenheimer, pensavano che «dovessimo essere preparati alla possibilità di una guerra atomica». Se questo era il vero proposito alla base del test, allora tutti avevano sicuramente capito che «l'immensa efficacia delle armi atomiche sta nel loro uso per il bombardamento delle città». In confronto, «la minuziosa valutazione del potere distruttivo delle armi atomiche sui mezzi navali appare banale». Infine – e questa è senz'altro la più feroce obiezione di Oppenheimer – metteva in discussione «l'idoneità di un test esclusivamente militare di un'arma atomica, in un'epoca in cui i nostri programmi per un'effettiva eliminazione di queste armi dagli arsenali nazionali sono appena agli inizi». (Il test di Bikini fu in pratica condotto quasi simultaneamente alla presentazione fatta da Baruch del suo piano alle Nazioni Unite.)

Oppenheimer concludeva che era rimasto nella commissione presidenziale per osservare il test di Bikini, ma che probabilmente il presidente avrebbe pensato che «non era opportuno che io fossi presente e che, dopo la conclusione del test, avrei fatto un rapporto critico» sull'intero evento. In queste circostanze, scrisse, era senz'altro meglio servire il presidente altrove.

Se Oppenheimer pensava che la sua lettera avrebbe potuto persuadere Truman a rimandare o a cancellare il test di Bikini, si sbagliava. Anziché soffermarsi sulla sostanza del suo dissenso, il presidente si ricordò del suo primo incontro con lui. Offeso per la lettera, Truman la passò all'allora segretario di stato Dean Acheson con una breve nota in cui descriveva Oppenheimer come quello «scienziato piagnone»[51] che aveva già detto di avere del sangue sulle sue mani. «Penso che con questa lettera cercasse di crearsi un alibi», fraintese Truman. In realtà la lettera di Oppie era una vera dichiarazione di indipendenza personale, e fu proprio questo, ancora una volta, ad allontanare da lui il presidente degli Stati Uniti.

26. «Oppie è stato imprudente, ma ora è affidabile»

[Oppenheimer] crede di essere Dio.
Philip Morrison

Oppenheimer era andato a insegnare fisica al Caltech, ma il suo cuore era altrove. «Tenevo un corso», disse in seguito, «ma in realtà mi era davvero oscuro che cosa stavo facendo [...]. Il piacere di insegnare era scomparso dopo il grande mutamento della guerra [...]. Avevo sempre la testa lontana e distratta perché pensavo ad altro.»[1] In effetti, né lui né Kitty presero casa a Pasadena. Kitty rimase nella casa di Berkeley sulla Eagle Hill, mentre Robert faceva il pendolare, fermandosi ogni settimana per una o due notti nel villino per gli ospiti vicino alla casa dei suoi vecchi amici, Richard e Ruth Tolman. Ma le telefonate da Washington non si fermarono mai e, via via che i mesi passavano, questa sistemazione si dimostrò inadatta. Verso la fine della primavera del 1946, nel bel mezzo del suo peripatetico girovagare tra Washington, New York e Los Alamos, Oppenheimer aveva annunciato la sua intenzione di riprendere in autunno il suo posto di insegnante a Berkeley.

Per quanto assai delusi dal fiasco morale e intellettuale del «Piano Baruch», Oppenheimer e Lilienthal continuavano a lavorare assieme. Il 23 ottobre l'FBI intercettò i due uomini mentre discutevano su chi sarebbe stato chiamato alla Commissione per l'energia atomica (AEC), che era stata creata l'1 agosto grazie all'approvazione del McMahon Act. Oppenheimer aveva detto al suo nuovo amico: «Voglio dirti una cosa che non avevo mai pensato fosse discreto dirti prima d'ora – e sono parole davvero tristi che non ti ho mai detto – che non sono mai stato così avvilito. Non posso dirti, Dave, quanto io ammiri ciò che stai facendo e come tutto questo significhi per me un cambiamento».[2]

Lilienthal lo ringraziò e osservò: «Credo che stiamo andando ancora una volta verso la conclusione di questa dannata faccenda».

Quell'autunno il presidente Truman nominò Lilienthal alla presidenza della Commissione per l'energia atomica (AEC) e, come richiesto dal Congresso, lui creò un Gruppo di consulenti scientifici (GAC*) per assistere i commissari dell'AEC. Anche se a Truman non piaceva Oppenheimer, difficilmente il «padre della bomba atomica» poteva esser lasciato fuori da un comitato come quello. Quindi, seguendo le raccomandazioni di molti consiglieri, Truman lo nominò a quell'incarico assieme a I.I. Rabi, Glenn Seaborg, Enrico Fermi, James Conant, Cyril S. Smith, Hartley Rowe (già consulente a Los Alamos), Hood Worthington (un dirigente della società Du Pont) e Lee DuBridge, che era stato da poco nominato rettore al Caltech. Truman lasciò a queste persone la scelta del loro presidente. Ma quando si diffuse una notizia falsa in cui si affermava che a presiedere il comitato era stato nominato Conant, un'irritata Kitty Oppenheimer chiese al marito perché non era stato *lui* a essere nominato alla presidenza. Robert assicurò la moglie che «quello non era il problema principale»,[3] e in effetti DuBridge e Rabi si stavano dando cautamente da fare perché l'incarico fosse affidato proprio a Oppenheimer. Agli inizi del gennaio 1947, quando il GAC si riunì per il primo incontro ufficiale, il gioco era fatto. Arrivato in ritardo a causa di una tempesta di neve, Oppenheimer seppe che i suoi colleghi l'avevano eletto all'unanimità loro presidente.

In quei giorni Oppie era rimasto deluso dalle posizioni sia dei sovietici sia degli americani. Nessuno dei due paesi sembrava disposto a prendere le misure necessarie per evitare la corsa agli armamenti nucleari. Come risultato sia dell'ampliarsi delle delusioni, sia delle nuove responsabilità, le sue prospettive cominciarono a cambiare. In gennaio Hans Bethe andò a trovarlo a Berkeley, e in parecchie e lunghe conversazioni Oppie gli confessò che aveva «investito tutto nella speranza che i russi accettassero la stesura di un piano».[4] Ma l'atteggiamento dei sovietici sembrava inflessibile; la loro proposta di mettere al bando la bomba sembrava avesse l'unico scopo di «privarci immediatamente dell'unica arma che avrebbe potuto impedire ai russi di invadere l'Europa Occidentale». Bethe concordava.

Più avanti, durante la primavera, Oppenheimer usò la sua influenza come presidente del GAC per rafforzare la posizione americana sul negoziato. Nel marzo 1947 volò a Washington, dove Acheson gli diede un'anticipazione di quella che sarebbe stata ben presto annunciata come «dottrina Truman». «Mi raccomandò di essere molto chiaro», testimoniò in seguito Oppenheimer, «perché stavamo per entrare in un pe-

* Acronimo di *General Advisory Committee*. [*n.d.t.*]

riodo di relazioni avverse con i sovietici, e qualsiasi cosa fosse stata detta nei discorsi sull'atomica occorreva tenerla bene a mente.»[5] Oppenheimer mise in pratica questo consiglio quasi immediatamente; poco dopo ebbe un incontro con Frederick Osborn, il successore di Bernard Baruch ai negoziati delle Nazioni Unite sull'energia atomica. Con grande sorpresa di Osborn, Oppenheimer gli disse che gli Stati Uniti si sarebbero ritirati dalle trattative delle Nazioni Unite.[6] Con i sovietici, disse, non ci sarebbe mai stato un accordo per un piano utilizzabile.

L'atteggiamento di Oppenheimer verso l'Unione Sovietica non stava seguendo l'andamento generale della nascente guerra fredda. Ma, per sua stessa ammissione, già durante la guerra aveva cominciato ad allontanarsi dal suo entusiasmo internazionalista di sinistra. Era stato anche colpito da un discorso che Stalin aveva fatto il 9 febbraio 1946. Oppenheimer – come del resto molti osservatori in Occidente – l'avevano identificato come una riflessione sulla paura che avevano i sovietici di «essere accerchiati e quindi della necessità di tenere alta la guardia, e di riarmarsi».[7] Inoltre era rimasto deluso da quello che aveva saputo sullo spionaggio fatto dai sovietici durante la guerra. Secondo un informatore dell'FBI – identificato come «T-1», un amministratore del campus di Berkeley – nel 1946 Oppenheimer era tornato «terribilmente depresso»[8] dopo aver partecipato a una riunione a Washington. T-1 segnalava anche che un funzionario governativo non identificato «aveva raccontato a Oppenheimer "la nuda verità" sulla cospirazione comunista, e che a seguito di questo Oppenheimer era rimasto profondamente deluso dal comunismo».

La notizia che Oppenheimer aveva ricevuto si riferiva a uno scandalo di spionaggio avvenuto in Canada, provocato dalla defezione di Igor Gouzenko, un addetto al codice segreto sovietico, che aveva portato all'arresto di Alan Nunn May, un fisico inglese che lavorava a Montreal e che faceva la spia per i sovietici. Oppenheimer fu davvero scosso da questa evidente «volontà di tradire» da parte di un collega scienziato, e più avanti in quello stesso anno, quando l'FBI arrivò per intervistarlo sull'affare Chevalier, «commentò che spesso i comunisti in vari paesi al di fuori dell'Unione Sovietica potevano trovarsi in situazioni in cui, coscienti o no, avrebbero agito come spie dell'Unione Sovietica».[9] Non riusciva «a conciliare la volontà di tradire usata da loro [i sovietici] nelle relazioni internazionali con gli elevati propositi e gli scopi democratici riconosciuti ai sovietici dai comunisti locali [americani]».

Il fallimento del piano Baruch peggiorò le cose. Il sogno di un controllo internazionale avrebbe dovuto aspettare un mutamento delle circostanze geopolitiche. Ora Oppenheimer aveva capito che le differenze ideologiche tra gli Stati Uniti e l'Unione Sovietica non avrebbero potuto essere appianate in breve tempo. «Ormai è chiaro», disse nel settembre 1947 di fronte a un pubblico composto da ufficiali dell'Esercito e da funzionari del ministero degli Esteri, «che proposte di questo tipo [di controllo internazionale] richiedono delle vere rinunce, anche per gli Stati Uniti. Tra le altre, richiedono di rinunciare più o meno definitivamente a ogni speranza che gli Stati Uniti possano vivere in relativo isolamento rispetto al resto del mondo.»[10]

Sapeva che i diplomatici di molti altri paesi erano rimasti «con gli occhi sbarrati» di fronte alla natura generica della sua proposta di controllo internazionale. Si trattava infatti di una richiesta di sacrifici radicali e di una rinuncia, sia pure parziale, alla sovranità. Ora aveva capito che i sacrifici richiesti all'Unione Sovietica avevano un altro ordine di grandezza. Con un'analisi penetrante notava: «Il sistema di controllo [internazionale] che abbiamo proposto risulta essere in forte contraddizione con l'attuale sistema del potere statale in Russia. Il sostegno ideologico a questo potere, ovvero la convinzione che un conflitto tra la Russia e il mondo capitalistico sia inevitabile, potrebbe essere sconfitto solo grazie a una cooperazione intensa e stretta come quella da noi proposta per il controllo dell'energia atomica. Quello che chiediamo ai russi è di arrivare a una vera rinuncia e a un capovolgimento delle basi del loro potere statale [...]».

Era consapevole che i sovietici non desideravano «fare questo grande salto».[11] Non nutriva nemmeno grandi speranze sulla possibilità che, in un lontano futuro, potessero essere attivati controlli internazionali. Per questo, anche se con riluttanza, aveva deciso che gli Stati Uniti dovevano dotarsi di armi. Era così arrivato a concludere – anche se con notevole rammarico – che il principale compito della Commissione per l'energia atomica doveva essere quello di «fornire armi atomiche, buone armi atomiche e molte armi atomiche». Dopo aver sostenuto nel 1946 la necessità di un controllo internazionale e di un'apertura, nel 1947 Oppenheimer cominciava ad accettare l'idea di una posizione difensiva sostenuta da un gran numero di armi nucleari.

Sotto tutti i punti di vista Oppenheimer era ormai un membro di rilievo della classe dirigente americana.[12] Le sue credenziali comprendevano la presidenza del Comitato generale di consulenza dell'AEC, l'altamente desiderabile «Q», ovvero l'autorizzazione all'accesso alla massima segretezza (dei segreti atomici), la presidenza dell'American Physical Society e la partecipazione al Consiglio accademico della Harvard University. Come consigliere ad Harvard, Oppenheimer venne a contatto con uomini importanti come il poeta Archibald MacLeish, il giudice Charles Wyzanski jr. e Joseph Alsop. In una calda giornata piena di sole agli inizi del giugno 1947, Harvard attribuì a Oppenheimer una laurea ad honorem. Durante la cerimonia di premiazione, udì il suo amico generale George C. Marshall svelare un piano dell'amministrazione Truman che prevedeva lo stanziamento di miliardi di dollari per il riassetto economico dell'Europa: il piano ben presto noto come Piano Marshall.

Oppenheimer e MacLeish divennero molto amici. Il poeta cominciò a spedirgli dei sonetti, e si scrivevano spesso. Lui e Robert condividevano gli stessi valori liberali, valori che avevano cominciato a pensare fossero condivisi dai comunisti a sinistra e dai radicali a destra. Nell'agosto 1949 MacLeish pubblicò sulla rivista «Atlantic Monthly» *La conquista dell'America*, un saggio straordinariamente amaro in cui attaccava la discesa postbellica del paese in un'atmosfera di distopia, un'utopia al rovescio. Per quanto l'America fosse la più potente nazione al mondo, il popolo americano sembrava attratto da una cattiva compulsione a definire sé stesso attraverso la minaccia sovietica. In questo modo, concludeva ironicamente MacLeish, l'America sarebbe stata conquistata dai sovietici, che in quel momento stavano dettando il comportamento degli americani. «Qualunque cosa facciano i russi, noi la facciamo al contrario», scrisse MacLeish.[13] Criticava duramente la tirannia sovietica, ma lamentava il fatto che così tanti americani fossero pronti a sacrificare le loro libertà civili in nome dell'anticomunismo.

MacLeish chiese a Oppenheimer cosa pensava del suo saggio. La risposta di Robert rivelava l'evoluzione della sua visione politica. Riteneva che la descrizione di MacLeish dell'«attuale stato delle cose» fosse perfetta. Ma era rimasto turbato dalla sua ricetta: «sostenere la rivoluzione personale di ciascun individuo». Questa familiare esortazione all'individualismo, in perfetto stile jeffersoniano, sembrava in qualche modo inadeguata e certamente non nuova. «L'uomo è nello stesso momento un fine e uno strumento», scrisse Oppenheimer. A MacLeish ricordava anche il «ruolo importante che la cultura e la società hanno nella definizione dei valori umani, della salvezza e della liberazione dell'uomo». Pertanto: «Credo che quello di cui c'è bisogno sia qualcosa di più sottile dell'emancipazione dell'individuo dalla società; qualcosa che coinvolga, con una consapevolezza che i centocinquant'anni trascorsi hanno progressivamente reso più acuta, la fondamentale dipendenza dell'uomo dai suoi simili».

Robert raccontò poi a MacLeish della sua passeggiata notturna nella neve con Niels Bohr agli inizi di quell'anno, durante la quale il danese gli aveva esposto la sua filosofia basata sull'apertura e la complementarità. Pensava che Bohr avesse fornito «una nuova comprensione delle relazioni tra individuo e società, senza le quali non si sarebbe mai riusciti a dare delle efficaci risposte né al comunismo né al vecchiume né alla nostra confusione».[14] MacLeish apprezzò la lettera di Robert: «È stato un gesto davvero straordinario scrivermi una lettera così lunga. La questione che affronti è veramente il punto centrale dell'intera questione».

Alcuni dei suoi amici di sinistra non erano del tutto sicuri su come giudicare questa trasformazione, ma quelli che avevano sempre pensato a Oppenheimer come a un democratico del Fronte popolare, non avevano motivo per ritenere che la sua posizione politica fosse cambiata. Piuttosto, erano cambiate le cose: dopo la vittoria contro il fascismo (salvo che nella Spagna di Franco), e con la fine della grande depressione, il Partito comunista non aveva più il potere di attrazione che aveva avuto in passato sugli intellettuali politicamente attivi. Per i suoi amici liberali non comunisti come Robert Wilson, Hans Bethe e I.I. Rabi, Oppie era sempre lo stesso uomo, con le stesse motivazioni.

Significativamente, la trasformazione di Frank Oppenheimer fu meno improvvisa.[15] Per quanto non fosse più un comunista, non pensava che l'Unione Sovietica minacciasse davvero l'America. Su questo argomento i due fratelli ebbero la maggior parte delle loro discussioni più serie. Robert disse al fratello che pensava che «i russi fossero pronti a marciare se si dava loro un'opportunità».[16] Ora sosteneva la linea dura di Truman verso i sovietici, e quando Frank cercava di esprimere il suo punto di vista, «Robert diceva che sapeva cose che non poteva riferire, ma che l'avevano convinto che non ci si poteva aspettare che i russi cooperassero».

Nel loro primo incontro dopo la guerra, anche Haakon Chevalier aveva notato un mutamento nell'atteggiamento di Oppie. Una volta, nel maggio 1946, Oppie e Kitty erano andati a trovare gli Chevalier nella loro nuova casa di fronte all'oceano, a Stinson Beach. Oppie aveva chiaramente fatto capire che le sue simpatie politiche erano cambiate e, almeno dal punto di vista di Haakon, che si erano spostate «molto a destra». Chevalier ricordava di essere rimasto molto colpito per alcune cose «davvero non complementari» che aveva ascoltato sul

Partito comunista americano e sull'Unione Sovietica. «Haakon», disse Oppenheimer, «Haakon, dammi retta, sono serio, ho buone ragioni per crederlo, anche se non posso dirti perché, ma ti assicuro che ho avuto motivi reali per cambiare la mia opinione sulla Russia. Loro non sono quello che tu pensi che siano. Non puoi mantenere la tua fiducia, la tua cieca fede, nelle politiche dell'URSS.»[17]

Per di più Chevalier continuava ad ascoltare sul suo vecchio amico cose che confermavano la sua osservazione. Una sera a New York Chevalier incontrò per strada Phil Morrison, e parlarono di tutto quello che era successo dalla fine della guerra in poi. Chevalier considerava Morrison come un ex compagno. Ma sapeva anche che prima della guerra Morrison era stato uno degli amici più vicini a Oppenheimer, e uno dei fisici più importanti tra quelli che l'avevano seguito a Los Alamos.

«Che mi dici di Oppie?» domandò Chevalier.[18]

«Sarà difficile che lo frequenti ancora», rispose Morrison. «Non parliamo più il medesimo linguaggio [...]. Ora lui si muove in un ambiente diverso.» Morrison raccontò poi di una conversazione che aveva avuto con Oppenheimer, e di Oppie che continuava a far riferimento a «George». Alla fine Morrison lo interruppe per chiedergli chi era quel «George». «Tu certo capisci», disse Morrison a Chevalier, «che per me il generale [George C.] Marshall è il generale Marshall, o il segretario di stato, non "George". Questo è significativo [...].» Oppenheimer era cambiato, disse Morrison: «Crede di essere Dio».

Dopo che nella primavera del 1943 aveva incontrato per l'ultima volta Oppenheimer, Chevalier aveva patito numerose delusioni. I suoi tentativi per ottenere un lavoro connesso alla guerra erano falliti nel gennaio 1944, quando il governo gli rifiutò il permesso di accesso alla sicurezza per un lavoro all'Ufficio informazioni sulla guerra (OWI*). Il dossier dell'FBI su di lui conteneva affermazioni «incredibili», raccontò un amico che lavorava all'OWI: «Però abbastanza ovvie per noi che lo conoscevamo».[19] Bloccato da queste informazioni, Chevalier si era fermato a New York dove aveva trovato impieghi occasionali come traduttore e scrittore di articoli per settimanali. Nella primavera del 1945 era tornato al suo incarico di insegnamento a Berkeley. Ma poco dopo la fine della guerra, era stato reclutato dal ministero della Guerra come traduttore al Tribunale di Norimberga sui crimini di guerra.

---

* Acronimo di *Office of War Informations*. [*n.d.t.*]

Era andato in Europa nell'ottobre 1945 ed era tornato in California solo nel maggio 1946. Ma a Berkeley gli avevano annullato l'incarico. Sconvolto da questo blocco alla sua carriera accademica, Chevalier decise di lavorare a tempo pieno a un romanzo che aveva sotto contratto con l'editore Alfred A. Knopf.

Il 26 giugno 1946, circa sei settimane dopo il suo primo incontro con Oppenheimer, Chevalier era in casa a lavorare al suo romanzo quando due agenti dell'FBI bussarono alla sua porta e gli ordinarono di accompagnarli al loro ufficio nel centro di San Francisco.[20] Nello stesso giorno d'estate, all'incirca alla stessa ora, agenti dell'FBI si presentarono anche nella casa di George Eltenton e l'obbligarono ad accompagnarli nell'ufficio dell'FBI a Oakland. Chevalier ed Eltenton furono interrogati contemporaneamente ma separatamente per circa sei ore. Durante gli interrogatori successivi, divenne chiaro a entrambi che gli agenti volevano conoscere i contenuti delle conversazioni che avevano avuto su Oppenheimer agli inizi dell'inverno del 1943.

Sebbene nessuno dei due sapesse dell'interrogatorio dell'altro, entrambi raccontarono storie molto simili. Eltenton riconobbe che in qualche momento, verso la fine del 1942, quando i sovietici stavano contenendo a stento l'aggressione nazista, l'aveva avvicinato Peter Ivanov, del Consolato sovietico, e gli aveva detto che avrebbe avuto piacere di conoscere Ernest Lawrence e Robert Oppenheimer, e un'altra persona che Eltenton non ricordava bene, ma che gli sembrava si chiamasse Alvarez. Eltenton gli aveva risposto che conosceva solo Oppenheimer, e non molto bene, ma disse anche che aveva un amico che lo conosceva bene. Il russo gli chiese quindi se il suo amico poteva chiedere a Oppenheimer se era disposto a scambiare informazioni con gli scienziati sovietici. Eltenton disse che si sarebbe informato da Chevalier, e che gli avrebbe detto che questo amico russo gli aveva assicurato che quelle informazioni «sarebbero state trasmesse con grande sicurezza attraverso i suoi canali che si basavano sulle riproduzioni fotografiche [...]».[21] In quell'occasione, Eltenton confermò all'FBI che pochi giorni più tardi Chevalier «mi era arrivato in casa e mi aveva detto che non c'era alcuna possibilità di ottenere una qualsiasi informazione e che a Oppenheimer quella cosa non piaceva». Inoltre Eltenton negò di aver contattato altre persone.

Chevalier confermò all'FBI gli elementi principali della testimonianza di Eltenton. Ma, con sua sorpresa, gli agenti dell'FBI fecero ripetutamente pressioni per sapere dei contatti con altri tre scienziati. Chevalier negò però di aver avuto contatti con altre persone, a parte Oppenheimer. Dopo quasi otto ore di interrogatorio, Chevalier accettò, anche se con riluttanza, di firmare una deposizione: «Dichiaro che in base alla mia attuale conoscenza e alla mia memoria non ho mai avvicinato nessuno, eccettuato Oppenheimer, per richiedere informazioni relative ai lavori del laboratorio sulle radiazioni».[22] Poi puntualizzò con precisione: «Posso aver sostenuto l'opportunità di ottenere queste informazioni per la Russia con molte persone incontrate per caso. Ma sono certo di non aver fatto proposte specifiche a nessun altro». Più tardi scrisse nelle sue memorie che se ne andò chiedendosi in che modo l'FBI era venuto a conoscenza delle sue conversazioni con Eltenton e con Oppenheimer. Non riusciva però a capire perché pensassero che avesse avvicinato tre scienziati.

Poco tempo dopo, nel luglio o nell'agosto 1946, Chevalier ed Eltenton si incontrarono per caso all'ora di pranzo nella casa di un amico comune a Berkeley.[23] Era la prima volta che si vedevano dal 1943. Chevalier gli raccontò del suo incontro in giugno con l'FBI. Confrontando le date si accorsero che erano stati interrogati nello stesso giorno. Come mai, si chiesero meravigliati, l'FBI si stava preoccupando di quella loro conversazione?

Parecchie settimane più tardi, Oppenheimer invitò gli Chevalier a un ricevimento a Eagle Hill. Arrivarono in anticipo, come era stato loro chiesto, perché i vecchi amici avessero la possibilità di vedersi prima dell'arrivo degli altri ospiti. Secondo quanto racconta Chevalier nelle sue memorie, quando accennò alla storia del suo recente incontro con l'FBI, «il viso di Opje[24] all'improvviso si oscurò».

«Andiamo fuori», disse Robert. Hoke pensò che l'amico credeva che la sua casa fosse spiata. Camminarono nel giardino dietro la casa fino a un angolo della staccionata che chiudeva la proprietà. Quando si fermarono, Chevalier diede un dettagliato resoconto del suo interrogatorio. «Ovviamente Opje era molto turbato», scrisse Chevalier nel 1965. «Mi tempestò continuamente con una serie di domande.» Quando Chevalier aveva spiegato che era stato riluttante a riferire all'FBI la sua conversazione con Eltenton, Oppenheimer gli aveva assicurato che era la miglior cosa che aveva potuto fare. «Sono io che devo riferire quella conversazione, lo sai», disse Oppenheimer.

«Sì», rispose Chevalier, anche se si chiedeva se era davvero necessario. «Ma che dire su quei supposti contatti con tre scienziati, e sui supposti tentativi ripetuti di ottenere informazioni segrete?»

Secondo il resoconto di Chevalier, Oppenheimer non rispose a questa domanda.

Mentre nel suo giardino di Eagle Hill cercava di ricostruire quello che aveva detto a Pash nel 1943, Oppenheimer era sempre più agitato. Chevalier disse che appariva «estremamente nervoso e teso».

A un certo punto Kitty chiamò: «Caro, gli ospiti stanno arrivando e penso che sia meglio che rientrate». Lui rispose bruscamente, dicendo che sarebbero rientrati di lì a poco. Ma continuò a passeggiare e chiese a Chevalier di raccontare di nuovo la vicenda. I minuti però passavano e Kitty uscì per la seconda volta, chiedendo loro di rientrare perché gli ospiti stavano arrivando davvero. E quando Oppie replicò bruscamente, Kitty insistette. «Allora, con mio grande sgomento», scrisse Chevalier, «Opje si lasciò andare a un fiume di male parole, lanciando a Kitty un sacco di insulti e dicendole di occuparsi dei suoi maledetti affari e di andare... al diavolo.»[25]

Mai Chevalier aveva visto il suo amico comportarsi così male. Eppure anche così, sembrava riluttante a interrompere la sua conversazione con Chevalier. «Era evidente che qualcosa lo preoccupava», scrisse Chevalier, «ma non c'era alcun indizio di che cosa fosse.»

Poco dopo questa inquietante conversazione con Chevalier, il 5 settembre 1946 degli agenti dell'FBI fecero una visita nell'ufficio di Oppenheimer a Berkeley. Senza stupirlo minimamente, gli dissero che volevano interrogarlo sulla sua conversazione con Chevalier del 1943. Gentile come sempre, Oppenheimer spiegò che Chevalier l'aveva informato della proposta di Eltenton e che lui l'aveva rifiutata immediatamente. Si ricordava di aver detto a Chevalier che «fare una cosa simile sarebbe un tradimento, o qualcosa di analogo».[26] Negò che Chevalier cercasse di ottenere informazioni sul progetto della bomba. A ulteriori domande, rispose «che a causa del tempo trascorso dall'evento non ricordava con precisione le parole usate da lui e da Chevalier durante la loro conversazione, e ogni sforzo da parte sua per ricostruire i loro discorsi sarebbe stato inutile, e alla fine ricordava solo di aver usato con Chevalier parole come "tradimento" o "traditore"».

Quando gli agenti dell'FBI fecero pressioni per conoscere gli altri tre contatti con scienziati coinvolti nel Progetto Manhattan, disse che quella parte della storia se l'era «inventata» allo scopo di proteggere l'identità di Chevalier. «Oppenheimer affermò che già in un precedente rapporto su questa questione al MED [Manhattan Engineer District] aveva tentato di proteggere l'identità di Chevalier. Nello sforzo per farlo "aveva escogitato una storia completamente inventata", che più tardi aveva descritto come un "complicato intreccio di frottole", nella quale aveva sostenuto che tre fisici coinvolti nel progetto, ma non identificati, erano stati avvicinati da Eltenton per ottenere informazioni.»

Cosa aveva spinto Oppenheimer a raccontare questa storia? Perché aveva ammesso di aver mentito su una cosa detta nel 1943? Una giustificazione ovvia di questa versione era che si trattava della verità; era stato preso dal panico quando era stato affrontato da Pash nel 1943, e aveva abbellito il suo racconto con tre scienziati di fantasia per sottolineare la loro importanza e per allontanare l'attenzione da sé stesso. Un'altra spiegazione è che durante la sua conversazione in giardino con Chevalier aveva capito che il suo amico non aveva avvicinato altri tre scienziati, come aveva inizialmente pensato. Eltenton del resto aveva segnalato a Chevalier come interlocutori possibili Oppenheimer, Lawrence e, forse, Alvarez, rendendo del tutto plausibile che Chevalier avesse riferito questo a Oppenheimer nel corso della loro conversazione in cucina. Un'altra possibilità è che avesse dato una qualche versione della verità nel 1943, ma che ora fosse spinto a modificare la sua storia per proteggere sia Chevalier sia i tre scienziati non nominati. Nel corso delle audizioni sulla sicurezza del 1954 i suoi nemici sostennero che questa era la verità, anche se appare la meno plausibile di tutte le spiegazioni. Da molto tempo sapeva di Chevalier, e Lawrence e Alvarez non avevano certo bisogno della sua protezione. L'unica persona che ora aveva bisogno di protezione era proprio Robert Oppenheimer, e ammettere di fronte all'FBI nel 1946 di aver mentito al controspionaggio militare nel 1943 non era certo il miglior modo di proteggere sé stesso, a meno che quella non *fosse davvero* la verità. Tutte queste spiegazioni – e molte altre – furono riproposte, ma anche contestate, otto anni più tardi, durante le audizioni di Robert sulla sicurezza. Le contraddizioni in queste due storie furono devastanti.

Più avanti nel corso del 1946, Lewis Strauss, uno dei membri nominati da Truman nella nuova Commissione per l'energia atomica, volò a San Francisco e fu accolto all'aeroporto da Ernest Lawrence e da Oppenheimer. Dopo aver discusso delle attività dell'AEC, Strauss prese da parte Oppenheimer e gli disse che aveva altre cose da discutere con lui. In precedenza, Strauss aveva incontrato Oppenheimer solo una volta, verso la fine della guerra. Camminando sulla strada asfaltata, Strauss raccontò che era uno degli amministratori dell'Institute for Advanced Study di Princeton, nel New Jersey. In quel momento era presidente del gruppo degli amministratori, e stava cercando un nuovo direttore per l'Istituto. Il nome di Oppenheimer era in cima a una lista di cinque candidati, e ora gli amministratori, disse Strauss, l'avevano autorizzato a offrirgli il posto. Oppenheimer espresse il suo interesse, ma disse che aveva bisogno di un po' di tempo per pensarci su.[27]

Circa un mese più tardi, agli inizi del gennaio 1947, Oppenheimer volò a Washington e durante una lunga colazione Strauss gli ripropose l'incarico. Più avanti, in quello stesso giorno, Oppenheimer telefonò a Kitty e le disse che, anche se ancora non ci aveva pensato abbastanza, considerava l'idea «piuttosto buona». Strauss, disse, «aveva davvero delle idee brillanti» su quello che Oppenheimer avrebbe potuto fare all'Istituto, anche se non erano idee troppo realistiche. Oppie osservò che là «non c'era nessuno scienziato che lavorasse su qualche questione scientifica», ma che pensava che «presto sarebbe cambiato tutto».[28]

L'Istituto era molto famoso come casa e rifugio intellettuale di Albert Einstein. Quando Strauss aveva fatto pressione su Einstein perché descrivesse il tipo ideale di uomo per il ruolo di direttore, lui gli aveva risposto: «Certo, posso darle una buona idea. Deve cercare un uomo davvero tranquillo che non disturbi la gente quando sta cercando di pensare».[29] Da parte sua, Oppenheimer non aveva mai pensato che fosse un posto adatto all'insegnamento. Dopo aver visitato l'Istituto per la prima volta nel 1934, aveva scritto ironicamente a suo fratello: «Princeton è una gabbia di matti: i suoi solipsistici luminari brillano in desolazioni separate & impotenti».[30] Ma ora vedeva le cose in un'altra maniera. «Voglio pensarci su e farmi qualche idea per un lavoro decente», disse a Kitty, «ma è una cosa che si può fare con semplicità.» Comunque le assicurò che se si fossero trasferiti a Princeton avrebbero conservato la loro casa a Eagle Hill per trascorrere l'estate a Berkeley. Inoltre era stanco dei lunghi andirivieni con Washington. «Per me è impossibile vivere come ho vissuto quest'ultimo inverno, in aeroplano.»[31] Solo in quell'anno aveva fatto quindici viaggi attraverso il continente, tra Washington e la California.

Ancora indeciso, Oppenheimer chiese consiglio a uno dei suoi nuovi amici a Washington, il giudice della Corte Suprema Felix Frankfurter, che in passato aveva fatto parte degli amministratori dell'Istituto. Frankfurter sconsigliò Oppenheimer dicendo: «Non avrà tempo per il suo lavoro creativo. Perché invece non va ad Harvard?».[32] Quando Oppie si risentì per questo suggerimento, dicendo che sapeva perché non poteva andare ad Harvard, Frankfurter gli suggerì di rivolgersi a un altro amico che conosceva bene Princeton; quest'altra persona mise in guardia Oppenheimer: «Princeton è un luogo davvero strano, ma se uno ha qualche idea su cosa fare lì, è un bel posto». Oppenheimer era propenso ad accettare questa nuova sfida. Era adatta al suo talento di amministratore, prometteva di lasciargli molto tempo per seguire le sue responsabilità di consulente governativo, e come collocazione era perfetta – brevi viaggi in treno sia per Washington che per New York. Ma prese ancora tempo per pensarci su, finché, secondo un testimone, gli Oppenheimer, mentre ascoltavano la radio nella loro automobile, appresero la notizia che Robert Oppenheimer era stato nominato direttore dell'Institute for Advanced Study. «Bene», disse Robert a Kitty, «credo che si debba proprio andare a sistemarci lì.»[33]

In un editoriale, il «New York Herald Tribune» applaudiva alla nomina perché «manifestamente adatta»: «Il suo nome è J. Robert Oppenheimer, ma i suoi amici lo chiamano "Oppy"».[34] L'editorialista del «Tribune» si diede molto da fare con gli elogi, descrivendolo come un «uomo notevole», uno «scienziato tra gli scienziati», un «uomo pratico» con una «vena di arguzia». Uno degli amministratori dell'Istituto, John F. Fulton, pranzò con Robert e Kitty nella loro casa, e in seguito raccolse le sue impressioni sul nuovo direttore nel suo diario: «Come aspetto fisico appare snello con lineamenti poco marcati, ma ha uno sguardo penetrante e imperturbabile, e una rapidità nelle battute che gli dà una grande forza, e che immediatamente gli fa avere rispetto in qualsiasi compagnia. Ha soltanto quarantatré anni, e nonostante il suo impegno nella fisica atomica ha imparato il latino e il greco, conosce bene la storia e colleziona quadri. Nel complesso è una combinazione davvero straordinaria di scienza e umanesimo».[35]

Tuttavia Lewis Strauss era seccato che Oppenheimer avesse avuto bisogno di così tanto tempo per decidersi.[36] Strauss, un milionario che si era fatto da solo, dopo il liceo aveva cominciato a lavorare come commesso viaggiatore che vendeva scarpe. Nel 1917, ad appena ventun anni, aveva trovato per caso lavoro come assistente di Herbert Hoover, un ingegnere che si stava avviando alla carriera politica con la reputazione di essere un Teddy Roosevelt repubblicano «progressista». A quel tempo, Hoover stava occupandosi del programma di sostegno alimentare per i profughi della guerra in Europa, un programma voluto dal presidente Woodrow Wilson. Lavorando assieme a un altro protetto da Hoover, Harvey Bundy, un giovane e brillante avvocato dell'alta borghesia di Boston, Strauss aveva usato l'importante incarico di cui era stato investito come trampolino per farsi conoscere a Wall Street. Dopo la guerra, Hoover aiutò Strauss a ottenere una posizione di rilievo a New York nella banca di investimenti di Kuhn e Loeb. Grande lavoratore e molto ossequioso, ben presto Strauss si sposò con Alice Hanauer, la figlia di uno dei Kuhn soci di Loeb. Nel 1929 lui stesso divenne socio, incassando più di un milione di dollari in un anno. Superarono il crollo del 1929 abbastanza incolumi. Durante gli anni Trenta divenne un feroce nemico del New Deal, ma nove mesi prima di Pearl Harbor riuscì a persuadere l'amministrazione Roosevelt di affidargli un incarico all'Ufficio approvvigionamento del ministero della Marina. In seguito fu assistente speciale del ministro della Marina James Forrestal, e alla fine della guerra ricevette la carica onoraria di contrammiraglio. Nel 1945 Strauss aveva usato i suoi legami con Wall Street e Washington per costruirsi una posizione di rilievo nella classe dirigente dell'America dopo la seconda guerra mondiale. Nei due decenni successivi, avrebbe esercitato un'influenza negativa sulla vita di Oppenheimer.

La prima impressione che Oppenheimer ebbe di Strauss si può ricavare da un'intercettazione dell'FBI: «Per quanto riguarda Strauss, lo conosco appena [...]. Non ha una grande cultura ma non ostacola le cose».[37] Lilienthal aveva detto a Oppie che pensava che Strauss fosse «un uomo dall'intelligenza vivace, totalmente conservatore, ma apparentemente non troppo male». Entrambe le valutazioni sottostimavano Strauss. Era ambizioso a livelli patologici, tenace e straordinariamente permaloso, qualità che ne facevano un avversario particolarmente pericoloso nelle lotte burocratiche. Uno dei suoi amici che era commissario all'AEC, una volta disse di lui: «Se sei in disaccordo con Strauss su una questione qualsiasi, per prima cosa pensa che tu sia pazzo. Ma se continui a non essere d'accordo con lui, conclude che devi essere quanto meno un traditore».[38] La rivista «Fortune» una volta l'aveva descritto come un uomo con una «faccia da gufo», le cui critiche facevano pensare a un individuo «suscettibile, intellettualmente arrogante e violento negli scontri». Per anni Strauss fu presidente del Tempio Emanu-El di Manhattan, per ironia della sorte la stessa sinagoga riformata che Felix Adler aveva abbandonato nel 1876 per fondare la Ethical Culture Society. Orgoglioso per entrambe le sue eredità, ebraica e sudista, Strauss insisteva argutamente a pronunciare il suo cognome «Straws». Assai rigoroso riguardo ai propri errori, ricordava anche i più irrilevanti, e li registrava meticolosamente in una sequenza di appunti senza fine, ciascuno dei quali era intitolato «memorandum per l'archivio». Come scrissero i fratelli Alsop, era un uomo con un «disperato bisogno di sussiego».

Kitty accettò con piacere la decisione del marito di trasferirsi a Est. In un'intercettazione dell'FBI si ascolta lei che dice a un venditore: «Non durerà a lungo, solo 15 o 20 anni».[39] Oppie le aveva detto che la loro nuova casa di Princeton, la Olden Manor, aveva dieci camere da letto, cinque stanze da bagno e un «bel giardino».[40] Non deve sorprendere che i colleghi di Oppenheimer a Berkeley fossero dispiaciuti. Il preside del dipartimento di fisica descrisse la sua partenza come «la più grande delusione mai sofferta dal dipartimento».[41] Ernest Lawrence si sentì offeso quando seppe da un notiziario alla radio che Oppenheimer se ne andava. Invece, gli amici della East Coast erano ovviamente molto contenti. Isidor Rabi gli scrisse: «Sono davvero felice che tu stia per arrivare [...]. Per te è un vera rottura con il passato, e il momento adatto per farlo».[42] La sua vecchia amica e antica padrona di casa, Mary Ellen Washburn, organizzò per lui una festa di addio.[43]

Oppie stava lasciando molti vecchi amici, e un'amante. Aveva sempre dato importanza alla sua amicizia con la dottoressa Ruth Tolman. Durante la guerra aveva lavorato a stretto contatto con il marito di Ruth, Richard, che era stato consigliere scientifico del generale Groves a Washington. Era stato soprattutto Richard che dopo la guerra l'aveva consigliato di riprendere il suo ruolo d'insegnante al Caltech. Oppenheimer considerava i Tolman tra i suoi amici più cari. Li aveva incontrati per la prima volta nella primavera del 1928 a Pasadena, e li aveva sempre ammirati entrambi. «Era davvero molto rispettato», disse Oppenheimer di Richard Tolman alcuni anni più tardi. «Il suo buon senso e gli ampi interessi, ampi in fisica e ampi su tutto, il suo senso civico, una moglie estremamente intelligente e molto amabile, tutto questo ne faceva una dolce isola nella California meridionale [...] un'amicizia che crebbe e diventò davvero stretta.»[44] Nel 1954 Oppenheimer testimoniò che Richard Tolman era stato «un mio amico molto stretto e molto caro».[45] Frank Oppenheimer più tardi disse: «Robert amava i Tolman, specialmente Ruth».[46]

In qualche momento durante la guerra – o forse poco dopo che era tornato da Los Alamos – tra Oppie e Ruth Tolman iniziò una relazione. Psicologa clinica, Ruth era di quasi undici anni più anziana di Robert. Ma era una donna elegante e attraente. Un altro amico, lo psicologo Jerome Bruner, l'aveva definita «una perfetta confidente, una donna piena di giudizio [...] che dava un senso di personalità a ogni cosa che toccava». Nata nell'Indiana, Ruth Sherman si era laureata nel 1917 all'Università della California. Nel 1924 aveva sposato Richard Chase Tolman e continuato i suoi studi di psicologia. Richard era allora uno stimato chimico e fisico matematico; era anche più anziano di lei di dodici anni. Poiché la coppia non aveva avuto figli, gli amici pensavano che fossero «totalmente fatti l'uno per l'altro».[47] Ruth aveva stimolato l'interesse di Richard per la psicologia e, in particolare, per le implicazioni sociali della scienza.

Oppenheimer condivideva con Ruth il fascino per la psichiatria. Per il suo dottorato, Ruth aveva studiato le differenze psicologiche tra due gruppi di criminali adulti. Verso la fine degli anni Trenta aveva lavorato come consulente psicologica anziana al Dipartimento di affidamento della Contea di Los Angeles. E durante la guerra era stata psicologa clinica all'Ufficio studi strategici.[48] Dall'inizio del 1946 lavorava come psicologa clinica anziana all'amministrazione reduci.

Donna in carriera, la dottoressa Ruth Tolman aveva un'intelligenza formidabile. Ma per altri versi era anche una calda, gentile e attenta osservatrice della condizione umana. Sembrava aver intuito alcuni aspetti del carattere di Oppie che non erano visibili agli altri: «Ti ricordi come ci sentivamo sempre miserabili, tutti e due, quando dovevamo guardare indietro a più di due settimane prima?».[49]

Quando, nell'estate del 1947, Oppenheimer si stava preparando a trasferirsi a Princeton, scrisse una lettera a Ruth dalle sue vacanze a Los Pinos per lamentare di sentirsi «stanco» e di essere «spaventato» dal futuro. Ruth rispose: «Il mio cuore trabocca delle molte molte cose che vorrei dirti. Come te, mi fa piacere ricevere lettere. Come te, non riesco ad accettare del tutto il fatto che le visite mensili non ricominceranno, ora che le anomalie dell'estate sono finite. Da Richard non ho avuto molte notizie su di te, e quindi mi rimane l'impressione che tu sia ancora affaticato».[50] Lo invitava ad andare a farle visita a Detroit mentre era in quella città a seguire una conferenza, e se non poteva, magari a Pasadena: «Vieni da noi quando puoi, Robert. La casetta per gli ospiti c'è sempre, ed è tutta per te».

Poche delle lettere di Oppenheimer a Ruth Tolman sono disponibili; molte sono andate distrutte dopo la sua morte. Ma le loro lettere d'amore dispiegano tenerezza e vicinanza profonde. «Ripenso alla meravigliosa settimana che hai trascorso qui», scriveva lei in una lettera non datata, «con il mio cuore pieno di gioia, caro. È stata indimenticabile. Ti devo gratitudine anche per un'altra giornata. Frattanto sappi dell'amore e della tenerezza che ti mando.»[51] In un'altra occasione, gli scrisse dei suoi progetti per passare assieme il fine settimana; prometteva che gli avrebbe mandato il suo piano e sperava «che sarebbero andati al mare per una giornata».[52] Scriveva che aveva da poco percorso «un lungo tratto di spiaggia dove cinguettavano piovanelli e gabbiani. Oh Robert, Robert. Presto potrò vederti. Tu e io sappiamo come sarà». In seguito, dopo questa visita pianificata sulla spiaggia, Oppenheimer scrisse: «Ruth, cuore mio [...] ti scrivo per celebrare quel bel giorno che abbiamo passato assieme e che ha significato così tanto per me. Sapevo che ti avrei trovata piena di coraggio e di saggezza, ma una cosa è saperlo e un'altra è poterlo vedere da vicino [...]. Sono stato così felice di vederti».[53] E firmava la lettera: «Amore mio, Ruth, per sempre».

Kitty era certamente al corrente della lunga amicizia di Robert per i Tolman. Sapeva che nel suo viaggio mensile a Pasadena per insegnare al Caltech si fermava nella loro casetta per gli ospiti. Robert spesso invitava i Tolman, e qualche volta anche i Bacher, nel suo favorito ristorante messicano, e spesso Kitty gli telefonava da Berkeley. «Credo che Kitty si sarebbe fortemente risentita se qualche altra persona fosse stata coinvolta in una relazione con Robert», ricordava Jean Bacher.[54] Ma anche se Kitty era possessiva per natura, non vi sono indicazioni che abbia mai saputo della relazione.

Verso la metà di agosto 1948, nella notte di un sabato, Richard Tolman ebbe improvvisamente un attacco di cuore durante una festa che lui e Ruth avevano organizzato nella loro casa. Il dottor Stewart Harrison, il precedente marito di Kitty, fu chiamato sul posto, e in mezz'ora fece portare Richard in ospedale per un controllo. Tre settimane dopo Richard morì. Ruth era distrutta; aveva amato profondamente il marito per ventiquattro anni. Ma alcuni dei suoi amici usarono la tragedia per calunniare Robert. Ernest Lawrence, il cui atteggiamento nei confronti di Robert era ormai diventato di aperta ostilità, ipotizzò che l'attacco di cuore di Richard fosse una conseguenza della scoperta della relazione tra Robert e sua moglie. Qualche tempo dopo Lawrence disse a Lewis Strauss che «Il dottor Oppenheimer aveva saputo della sua [di Lawrence] disapprovazione parecchi anni prima, quando aveva sedotto la moglie del professor Tolman al Caltech».[55] Lawrence affermava che «quella era una relazione ben nota, che era durata parecchio tempo prima che fosse scoperta dal dottor Tolman, che era morto perché gli aveva spezzato il cuore».

Ruth e Robert continuarono a vedersi anche dopo la morte di Richard. Quattro anni più tardi, dopo uno dei loro incontri, Ruth scrisse a Robert: «Mi ricorderò sempre delle due fantastiche sedie sul molo, con l'acqua e le luci e gli aerei che ci passavano sopra. Spero che avrai immaginato quello che non ho osato ricordare – che quello era l'anniversario – quattro anni – della morte di Richard, e che il ricordo di quei tragici giorni dell'agosto 1948, ma anche quello di molti altri giorni più felici è stato sconvolgente per me. Ti sono davvero grata per essere stato con me quella notte».[56] In un'altra lettera senza data, Ruth scriveva: «Caro Robert, il tempo prezioso passato con te la settimana scorsa e la settimana precedente continua ad attraversare la mia mente, avanti e indietro, mi rende felice ma mi riempie anche di nostalgia, e ne vorrei ancora. Ti sono grata per quello, caro, e come ben sai, desiderosa di averne ancora, tanto». Suggeriva anche una data per il loro prossimo incontro: «Cosa penseresti se ti dicessi che devi vedere qualcuno all'UCLA e che noi potremmo stare assieme per tutto il giorno [e] tornare per una festa quella sera? [...]. Pensaci su». Ovviamente, Ruth e Robert si amavano, ma nessuno dei due voleva che la loro relazione distruggesse i loro matrimoni. Per tutti quegli anni, Ruth si adoperò per mantenere relazioni amichevoli con Kitty e con i figli degli Oppenheimer. Era soltanto una delle vecchie amiche di famiglia, e una confidente speciale di Robert.

Prima di accettare l'incarico a Princeton, Robert aveva segnalato a Strauss che «ci sono molte informazioni dispregiative su di me».[57] Fino ad allora, Strauss aveva ignorato gli avvertimenti. Ma, come era previsto dall'appena approvato McMahon Act, l'FBI stava rivedendo le autorizzazioni alla sicurezza di tutti i membri della Commissione per l'energia atomica, e tutti i commissari erano stati invitati a leggere l'incartamento su Oppenheimer. Come osservò un aiutante di J. Edgar Hoover, questo dava all'ufficio l'opportunità «di condurre un'indagine ampia e approfondita su quanto Oppenheimer fosse stato discreto o cauto [...]».[58] Gli agenti vennero mandati a pedinare Oppenheimer e a intervistare molti dei suoi conoscenti, compresi Robert Sproul ed Ernest Lawrence. Tutti testimoniarono la sua lealtà. Sproul riferì a un agente dell'FBI che Oppenheimer gli aveva detto che «era imbarazzato e si vergognava» per il suo passato di sinistra. Lawrence disse che Oppie «è stato imprudente ma ora è affidabile».

Nonostante queste testimonianze sull'affidabilità di Oppenheimer, Strauss e gli altri commissari dell'AEC seppero ben presto dall'FBI che il controllo sulla sicurezza per Oppenheimer era soltanto una normale operazione. Verso la fine del febbraio 1947, Hoover inviò alla Casa Bianca un riassunto di dodici pagine del dossier su Oppenheimer, mettendo in evidenza il legame del fisico con i comunisti. Sabato 8 marzo 1947 questo rapporto fu inviato anche all'AEC, e poco dopo

Strauss chiamò nel suo ufficio Joseph Volpe, consulente generale dell'AEC. Volpe si accorse che Strauss era «visibilmente scosso» da quello che aveva letto. I due uomini studiarono il rapporto e alla fine Strauss si voltò verso Volpe e disse: «Joe, che ne pensi?».[59]

«Il fatto che qualcuno abbia raccolto tutta questa roba in questo rapporto», rispose Volpe, «e dica queste cose sul più alto consigliere civile della Commissione per l'energia atomica, crea senz'altro un terribile problema. Lo sfondo è pessimo. Ma il suo scopo dovrebbe essere quello di stabilire se quest'uomo è un rischio per la sicurezza *ora*; e se si eccettua la storia dell'incidente Chevalier, qui non ho trovato nulla che dica come vanno le cose.»

Il lunedì successivo i commissari dell'AEC si incontrarono per discutere la questione. Tutti avevano capito che togliere a Oppenheimer l'accesso alla segretezza avrebbe avuto serie conseguenze politiche. James Conant e Vannevar Bush riferirono ai commissari che tutte quelle accuse dell'FBI erano già state rese note e rigettate molti anni prima. Sapevano anche che se l'AEC avesse approvato l'accesso alla segretezza per Oppenheimer, l'FBI l'avrebbe dovuto accettare. Il 25 marzo Lilienthal andò a trovare il capo dell'FBI. Hoover era ancora seccato perché Oppenheimer non era stato in grado di riferire in breve della sua conversazione con Chevalier. Tuttavia, anche se con riluttanza, conveniva sul fatto che Oppenheimer «in passato poteva esser stato vicino ai comunisti, ma che [c'erano] indicazioni che in seguito [si era] decisamente allontanato da quella posizione».[60] Hoover disse poi che gli addetti alla sicurezza dell'AEC pensavano che questa evidenza non fosse sufficiente per negare a Oppenheimer l'accesso alla segretezza, e che in seguito non avrebbe più sollevato la questione. In realtà pensava che fosse conveniente che la questione della sicurezza di Oppenheimer fosse una responsabilità burocratica dell'AEC, il che lasciava libera l'FBI di continuare le sue indagini. Tuttavia Hoover sapeva che quella di Frank Oppenheimer era tutta un'altra questione; l'FBI, disse, non avrebbe approvato il rinnovo dell'accesso di Frank alla segretezza.

In seguito Strauss disse a Oppenheimer che aveva esaminato l'incartamento dell'FBI su di lui «con grande attenzione»[61] e che non aveva trovato nulla che fosse in contrasto con la sua nomina a direttore dell'Institute for Advanced Study. Naturalmente ci volle molto tempo perché i commissari dell'AEC dessero il permesso per l'accesso alla segretezza; infatti soltanto l'11 agosto 1947 la commissione dell'AEC approvò ufficialmente il permesso «Q» di massima sicurezza. Il voto fu unanime; anche Strauss, il commissario più conservatore, votò a favore.

Oppenheimer aveva superato il suo primo esame dopo la guerra, ma aveva buone ragioni per pensare che era ancora un uomo sotto stretta sorveglianza. Anche se aveva detto a Lilienthal che avrebbe lasciato cadere la questione, Hoover continuava. Nell'aprile 1947, un mese dopo che i commissari dell'AEC avevano deciso di concedere a Oppenheimer l'autorizzazione all'accesso alla segretezza, Hoover inoltrò nuove informazioni «che confermavano specificamente il fatto che i fratelli Oppenheimer avevano partecipato alle attività del Partito comunista a San Francisco sin dal 1942».[62] Queste nuove informazioni erano arrivate da un'effrazione condotta dall'FBI negli uffici del Partito comunista a San Francisco, effrazione che aveva consentito di ottenere copie delle registrazioni dei versamenti al partito.

In un tentativo di riportare a galla il caso, Hoover sollecitò i suoi agenti a cercare altri materiali compromettenti di qualsiasi tipo. Nell'autunno del 1947, per esempio, l'ufficio di San Francisco dell'FBI inviò a Hoover e al suo assistente D.M. Ladd un rapporto confidenziale che conteneva materiale pruriginoso su presunte attività sessuali di Oppenheimer e di alcuni dei suoi amici più stretti. Hoover fu informato che un «individuo molto affidabile», un impiegato non nominato dell'Università della California, si era prestato volontariamente come regolare «informatore confidenziale di questo ufficio». Questa fonte non identificata sosteneva che aveva conosciuto molti degli amici di Oppenheimer a Berkeley sin dal 1927. L'informatore dell'FBI descriveva uno di questi amici, una donna sposata, come «una persona ossessionata dal sesso» con l'inclinazione a gusti bohémien e affermava che «tutti nel campus sapevano che [quella coppia] era coinvolta nello scambio di marito e moglie con un altro membro della facoltà e con sua moglie [...]». Come se questa notizia non fosse abbastanza piccante, Hoover era stato informato che, tra le sue molte attività, questa donna aveva partecipato a una festa di facoltà nel 1935, si era ubriacata e poi si era dileguata con uno studente di matematica, Harvey Hall. A mo' di poscritto, la fonte dell'FBI segnalava che, al tempo di questa storia, Hall viveva con Robert Oppenheimer e diceva anche che era «noto a tutti» che, prima del suo matrimonio nel 1940, Oppenheimer «aveva avuto tendenze omosessuali» e che «aveva avuto una relazione con Hall».[63]

In realtà, Oppenheimer non aveva mai condiviso la sua stanza con Hall, e non c'era prova evidente che Oppenheimer avesse interrotto la sua vita sociale eterosessuale per avviare una relazione con un uomo. La fonte dell'FBI aveva definito queste scappatelle sessuali, probabilmente a ragione, come dei «pettegolezzi». Tuttavia questo non aveva impedito a Hoover di inserire in qualcuno dei numerosi rapporti su Oppenheimer presenti nell'archivio dell'FBI le notizie scandalistiche sull'ipotetico «affare» di Oppenheimer con Hall. Questi rapporti furono probabilmente letti da Strauss e da molti altri importanti uomini politici di Washington e anche se questi materiali stuzzicarono molti ufficiali, certamente convinsero molti altri che le informazioni trasmesse su Oppenheimer erano tutt'altro che affidabili. Per esempio, Lilienthal la pensava così,[64] e sosteneva che l'anonima fonte altro non poteva essere che un ragazzino di dodici anni e che alla fine la maggior parte di quelle storie nocive non era altro che un pettegolezzo malizioso proveniente da fonti che risalivano a prima della guerra, molte delle quali evidentemente non conoscevano Oppenheimer di persona. Era questa un'accurata valutazione della maggior parte delle informazioni offensive contenute nel dossier dell'FBI su Oppenheimer, ma trascurava l'effetto dannoso del crescente peso che queste informazioni, fino ad allora sottovalutate, avrebbero potuto avere su tutti quei potenziali lettori che non si trovavano in particolare sintonia con Oppenheimer.

27. «Un albergo per intellettuali»

> *Nessuna volgarità, nessun umorismo, nessuna esagerazione*
> *può completamente cancellare la cruda realtà:*
> *i fisici hanno conosciuto il peccato*
> *e di questa consapevolezza non potranno mai liberarsi.*
> Robert Oppenheimer

Gli Oppenheimer arrivarono a Princeton verso la metà del luglio 1947, durante un'insolita estate calda e umida.[1] La nuova posizione di Oppenheimer, la nomina a direttore di un Istituto che da quasi quindici anni era il santuario di Albert Einstein, gli avrebbe dato sia un notevole prestigio sia un facile accesso a un numero crescente di comitati collegati alla politica nucleare che lavoravano per il governo. L'Istituto gli pagava un generoso stipendio di 20.000 dollari all'anno, e gli dava anche in uso gratuito la casa del direttore, Olden Manor, compreso un cuoco fisso e un addetto alla manutenzione sia della casa sia del vasto giardino. L'Istituto gli lasciava anche ampia libertà di andare dove e quando voleva. Avrebbe assunto formalmente la sua nuova responsabilità solo a ottobre, e non avrebbe presieduto il suo primo consiglio di facoltà fino a dicembre. Lui e Kitty – e i loro due bambini, Peter di sei anni e Toni di tre – avevano quindi a disposizione alcuni mesi per abituarsi al nuovo ambiente. Robert aveva da poco compiuto quarantatré anni.

Kitty si innamorò subito di Olden Manor, una casa irregolare a tre piani, di tipo coloniale, bianca e circondata da quasi cento ettari di prati verdi e boschi rigogliosi. Dietro la casa c'erano un fienile e un recinto per il bestiame. Robert e Kitty si comprarono due cavalli, che chiamarono Topper e Step-up.

Alcune parti della Olden Manor risalivano a prima del 1696, quando gli Olden, una delle prime famiglie di pionieri che erano arrivate a Princeton, cominciarono le loro attività agricole in quel luogo. La parte della casa volta a oriente era stata costruita nel 1720, ed era servita come ospedale da campo per le truppe del generale Washington durante la battaglia di Princeton, agli inizi del 1777. Diverse generazioni di Olden avevano aggiunto nuove parti alla struttura, che agli inizi del XIX secolo aveva raggiunto le diciotto stanze. La famiglia aveva occupato la proprietà fino agli anni Trenta, quando l'aveva venduta all'Istituto. Dipinta di bianco brillante sia dentro che fuori, la casa aveva un'atmosfera luminosa e ampia. Un alto atrio centrale tagliava l'intera struttura, correndo dalla porta d'ingresso fino a una porta ad arco che, sul retro, dava su una terrazza di ardesia. Un'elegante sala da pranzo era collegata a una cucina in stile campagnolo a forma di L. In salotto, la luce del sole entrava da otto finestre. A metà dell'atrio c'era un secondo salotto, più piccolo, chiamato stanza della musica. A un passo dalla stanza della musica c'era una biblioteca dominata da un massiccio caminetto in mattoni. Quando gli Oppenheimer entrarono nella casa, scoprirono che quasi tutte le stanze erano arredate con scaffali per libri. Robert li eliminò quasi tutti,[2] lasciando solo una parete della biblioteca coperta da uno scaffale che andava dal pavimento al soffitto. Dappertutto, i pavimenti in legno di quercia scricchiolavano leggermente. Nei piani superiori la casa era piena di vecchi angoli e di crepe, di armadi nascosti, e sul retro una rampa di scale portava in cucina. Un pannello con numerosi cicalini permetteva di chiamare il cuoco o la cameriera da quasi tutte le stanze della casa.

Poco dopo il loro arrivo,[3] Robert costruì sul retro della casa un'ampia serra, vicina all'ala dove era situata la cucina. Era il suo regalo a Kitty per il compleanno, e la arricchì con una dozzina di varietà di orchidee. La casa era circondata da alcuni ettari di giardino, compresa un'aiuola molto ben curata e piena di fiori, racchiusa da quattro pareti di roccia, le fondamenta di un antico granaio. Kitty, abile botanica, amava far giardinaggio, e negli anni divenne quella che un amico avrebbe definito «un'artista nell'antica magia di costruire giardini».[4]

«Quando siamo arrivati lì per la prima volta», Oppenheimer raccontò in seguito a un giornalista, «pensai che non avrei mai potuto usare una casa così grande, ma ora che ci abbiamo vissuto mi sono reso conto che aveva un gradevole livello di trasandatezza, il che a me piace molto».[5] Robert scelse uno dei dipinti di Vincent Van Gogh ricevuti in regalo dal padre, *Campo recintato con sole nascente* (Saint-Rémy, 1889), e lo appese in salotto, sopra il caminetto bianco.[6] Appesero un Derain[7] nella sala da pranzo e un Vuillard nella stanza della musica. Anche se la casa era arredata confortevolmente, non ebbe mai l'aspetto un po' disordinato di casa vissuta. Kitty teneva tutto in ordine. L'austero studio di Oppie,⁸ con le sue bianche pareti prive di quadri, ricordò a uno dei vecchi amici la loro casa di Los Alamos.

Dalla terrazza sul retro di Olden Manor, Oppenheimer poteva guardare verso sud al di sopra di grandi prati. A non più di quattrocento metri stava Fuld Hall, un fabbricato di mattoni rossi di quattro piani che aveva due ali e un'imponente guglia simile a quella di una chiesa. Costruita nel 1939 con una spesa di 520.000 dollari, ospitava modeste sale per le attività degli studiosi, una biblioteca con librerie in legno e un'elegante sala comune dotata di divani imbottiti e rivestiti di cuoio marrone. In cima, al quarto piano, c'erano una caffetteria e una sala riunioni. Nel 1947 Einstein usava uno studio d'angolo, la Stanza 225, al secondo piano; Niels Bohr e Paul Dirac lavoravano in due stanze contigue al terzo piano. L'ufficio di Oppenheimer,⁹ la Stanza 113, era al pian terreno e gli consentiva la vista dei prati e dei boschi. Il suo predecessore, l'inglese Frank Aydelotte, uno studioso di letteratura elisabettiana, aveva messo alle pareti delle stampe di Oxford, forse per combattere la nostalgia. Oppenheimer le fece sparire[10] e le sostituì con una grande lavagna che copriva tutta la parete. Aveva ereditato due segretarie, la signora Eleanor Leary, che in precedenza aveva lavorato con il giudice Felix Frankfurter, e la signora Katharine Russell, un'efficiente giovane donna sulla ventina. Appena fuori dal suo ufficio stava un «mostruoso armadio blindato»,[11] pieno dei documenti classificati necessari per il suo lavoro di presidente del Gruppo di consulenti scientifici (GAC) dell'AEC. Guardie armate stavano davanti all'armadio blindato ventiquattro ore su ventiquattro.

I visitatori che arrivavano alla Fuld Hall vedevano un uomo «risplendente nel suo potere».[12] Quando il telefono suonava, la segretaria batteva alla sua porta e annunciava: «Dottor Oppenheimer, c'è in linea il generale [George C.] Marshall». I suoi colleghi potevano vedere chiaramente che quel genere di chiamate telefoniche lo «elettrizzavano». Evidentemente godeva del ruolo che la storia gli aveva assegnato, e si dava da fare per recitare bene la parte. Mentre la maggior parte degli studiosi che erano membri fissi all'Istituto andavano in giro con vestiti sportivi – Einstein amava molto i maglioni sgualciti – Oppenheimer indossava frequentemente abiti costosi di lana inglese, tagliati a mano da Langrocks, il sarto locale che lavorava per l'alta società di Princeton. (Ma una volta andò a una festa con un giaccone «che sembrava fosse stato divorato dai topi».)[13] Mentre molti studiosi giravano per Princeton in bicicletta, Oppie guidava una favolosa Cadillac blu decappottabile.[14] Mentre una volta portava i capelli lunghi e folti, ora li aveva «corti come un monaco, aderenti alla testa».[15] A quarantatré anni, appariva delicato, perfino fragile. Ma in realtà era molto forte ed energico. «Era assai magro, nervoso, agitato»,[16] ricordava Freeman Dyson. «Continuava a muoversi avanti e indietro; non riusciva a star seduto per più di cinque secondi; ti dava l'impressione di una persona tremendamente a disagio. E fumava in continuazione.»

Princeton era un mondo lontano dall'atmosfera bohémienne, libera e liberale di Berkeley e San Francisco, per non parlare dello stile di vita e dell'ambiente di Los Alamos. Nel 1947 Princeton, una città suburbana di 25.000 abitanti, aveva un solo semaforo, all'angolo tra le strade Nassau e Witherspoon, e nessun mezzo di trasporto pubblico, con l'eccezione di «Dinky», un tram che a quell'epoca portava ogni giorno un centinaio di pendolari fino alla stazione ferroviaria della Princeton Junction. Da qui banchieri, avvocati e agenti di borsa in abiti gessati salivano sul treno che li avrebbe portati a Manhattan in cinquanta minuti. A differenza di molte piccole città americane, Princeton possedeva una storia solenne e un senso elitario di sé. Ma, come una volta aveva osservato uno dei suoi antichi residenti, era «una città di carattere, ma senza anima».[17]

L'ambizione di Robert era quella di trasformare l'Istituto in un vivace centro internazionale di cultura interdisciplinare. L'Istituto era stato fondato nel 1930 da Louis Bamberger e da sua sorella, Julie Carrie Fuld, attraverso una donazione iniziale di 5 milioni di dollari fatta tramite una fondazione appena creata. Bamberger e la sorella avevano venduto la proprietà di famiglia, il grande magazzino Bamberger, alla R.H. Macy & Co. nel 1929, poco prima della grande crisi economica, per l'apprezzabile somma di 11 milioni di dollari in contanti. Affascinato dall'idea di creare un'istituzione per l'insegnamento superiore, Bamberger reclutò Abraham Flexner, un educatore e funzionario della fondazione, come primo direttore dell'istituto. Flexner promise che l'istituto non sarebbe stato né un'università tradizionale, né un centro di ricerca: «Deve essere visto come una sorta di cuneo tra le due cose: una piccola università in cui si possano trovare sia una quantità limitata di insegnamento, sia una quantità libera di ricerca». Flexner disse ai Bamberger che la sua intenzione era di creare l'istituto prendendo a modello quei rifugi intellettuali europei come l'All Souls College di Oxford o il Collège de France di Parigi, o come Gottinga, l'*alma mater* tedesca di Oppenheimer. Sarebbe diventato, disse, «il Paradiso degli studiosi».

Nel 1933 Flexner creò la fama dell'Istituto reclutando Einstein con un salario annuo di 15.000 dollari.[18] Altri studiosi venivano pagati con altrettanto generosi stipendi. Flexner cercava le persone migliori, e cercava di assicurarsi che nessuno dei suoi studiosi fosse tentato di far crescere le proprie entrate «scrivendo libri di testo non necessari o dedicandosi ad altri lavori inutili».[19] Ci sarebbero stati «non obblighi, solo opportunità». Durante gli anni Trenta, Flexner riuscì a reclutare menti brillanti, per lo più matematici come John von Neumann, Kurt Gödel, Hermann Weyl, Deane Montgomery, Boris Podolsky, Oswald Veblen, James Alexander e Nathan Rosen. Flexner sosteneva «l'utilità della conoscenza inutile». Ma negli anni Quaranta l'Istituto rischiava di avere la fama di viziare le menti brillanti e di lasciare per sempre inutilizzato il loro potenziale. Uno scienziato lo descriveva come «quel posto magnifico dove la scienza fiorisce ma non dà mai frutti».

Oppenheimer era intenzionato a cambiare tutto questo. Nel campo della fisica teorica, quello a lui più vicino, sperava di fare per l'Istituto quello che aveva fatto a Berkeley negli anni Trenta, cioè trasformarlo in un centro di fisica teorica di classe mondiale. Sapeva che la guerra aveva costretto a sospendere l'impegno in molti lavori originali. Ma le cose stavano rapidamente cambiando. «Oggi», aveva detto nell'autunno del 1947 davanti a un pubblico del MIT, «a solo due anni dalla fine delle ostilità, la fisica è in forte espansione.»[20]

Agli inizi dell'aprile 1947, Abraham Pais, un brillante giovane fisico che era all'Istituto con una borsa di studio, ricevette una telefonata da Berkeley, California. Molto sorpreso, Pais si sentì dire: «Qui parla Robert Oppenheimer. Ho appena accettato la direzione dell'Institute for Advanced Study, e spero davvero che lei riesca a fermarsi lì anche l'anno prossimo, in modo che si possa cominciare a costruire qualcosa in fisica teorica».[21] Lusingato, Pais scartò immediatamente l'idea di andare in Danimarca da Bohr e accettò la proposta. Sarebbe rimasto all'Istituto per i successivi sedici anni, diventando anche uno dei confidenti più vicini a Oppenheimer.

Pais ebbe ben presto la fortuna di poter vedere Oppenheimer in azione. Per tre giorni, nel giugno 1947, ventitré dei più importanti fisici teorici del paese si riunirono al Ram's Head Inn, un albergo molto esclusivo a Shelter Island, all'estremità orientale di Long Island. Oppenheimer aveva assunto la guida nell'organizzazione della conferenza. Tra gli altri aveva invitato Hans Bethe, I.I. Rabi, Richard Feynman, Victor Weisskopf, Edward Teller, George Uhlenbeck, Julian Schwinger, David Bohm, Robert Marshak, Willis Lamb ed Hendrik Kramers per discutere «I fondamenti della meccanica quantistica». Con la fine della guerra, i fisici teorici potevano finalmente spostare la loro attenzione di nuovo sulle questioni fondamentali. Uno degli studenti di dottorato di Oppenheimer, Willis Lamb, fece il primo importante intervento della conferenza, presentando quello che sarebbe stato ben presto conosciuto come «lo spostamento di Lamb», e sarebbe poi diventato un elemento chiave della nuova teoria dell'elettrodinamica quantistica. (Lamb avrebbe poi ricevuto il premio Nobel nel 1955 proprio per il suo lavoro su questo argomento.) In maniera analoga, Rabi fece un intervento pionieristico sulla risonanza magnetica nucleare.

Anche se ufficialmente la conferenza era presieduta da Karl Darrow, segretario della American Physical Society, Oppenheimer la dominava. «Quando iniziò la conferenza», Darrow annotò nel suo diario, «l'ascendente di Oppenheimer divenne più evidente: l'analisi (spesso caustica) di quasi tutti gli argomenti, un inglese magnifico mai intriso da esitazioni o da ricerca di parole (non avevo mai sentito usare "catarsi" in un discorso [di fisica], o l'ingegnoso termine "mesonifero" che è probabilmente un'invenzione di Oppenheimer), un brillante umorismo, osservazioni ricorrenti sul fatto che questa o quell'idea (comprese alcune delle sue) era certamente sbagliata, e l'attenzione con cui ascoltava.» In modo analogo, Pais rimase colpito dallo «stile sacerdotale» di Oppenheimer quando parlava in pubblico. «Era come se stesse preparandosi a iniziare il suo pubblico sui divini misteri della Natura.»

Nel terzo e ultimo giorno, Oppenheimer condusse una discussione sul comportamento paradossale dei mesoni, un argomento che aveva esplorato con Robert Serber prima della guerra. In seguito Pais ricordava la prestazione «magistrale» di Oppenheimer, le sue interruzioni nei momenti più adatti con domande fondamentali, i riassunti delle discussioni e gli stimoli forniti per pensare ad altre soluzioni. «Durante quella discussione», scrisse in seguito Pais, «ero seduto accanto a Marshak,[22] e ricordo ancora che all'improvviso divenne tutto rosso in viso. Si alzò e disse "Forse ci sono due tipi di mesoni. Un tipo viene prodotto in gran numero, e poi si disintegra in un tipo diverso che viene assorbito molto lentamente".» Secondo Pais, fu in questo modo che Oppenheimer fece da ostetrico all'innovativa ipotesi di Marshak sull'esistenza di due mesoni, un passo avanti che in seguito fece vincere nel 1950 il premio Nobel al fisico inglese Cecil F. Powell. La conferenza di Shelter Island aiutò anche Feynman e Schwinger nello sviluppo della «teoria della rinormalizzazione»,[23] un modo nuovo ed elegante per calcolare le interazioni tra un elettrone e un campo elettromagnetico. Ancora una volta, anche se Oppenheimer non è stato l'autore di queste scoperte, molti dei suoi colleghi lo consideravano un loro grande sostenitore.

Non tutti però applaudivano le prestazioni di Oppenheimer. David Bohm ricordava che lui pensava che Oppenheimer parlasse troppo. «Era davvero fluente nel parlare», disse Bohm, «ma dietro quello che diceva non c'era poi molto per sostenere ciò che aveva detto». Bohm pensava che il suo maestro avesse cominciato a perdere la sua capacità di intuizione, forse semplicemente perché per parecchi anni non aveva fatto nulla di rilievo in fisica. «A lui [Oppenheimer] non interessava quello che stavo facendo in fisica», ricordava Bohm. «Io mi occupavo di cose fondamentali, ma lui pensava che si dovesse lavorare utilizzando le teorie esistenti, sfruttandole e tentando di elaborare le loro conseguenze.» Agli inizi del loro legame, Bohm aveva avuto un grande rispetto per Oppenheimer. Ma col passar del tempo si trovò più in sintonia con un altro amico che aveva lavorato con Oppenheimer, Milton Plesset, che aveva espresso l'opinione che Oppie «era incapace di autentica originalità, anche se era molto bravo a comprendere le idee degli altri e a intuirne le implicazioni».

Quando lasciò Shelter Island, Oppenheimer noleggiò un idrovolante privato per volare a Boston, dove ad Harvard gli sarebbe stata assegnata una laurea ad honorem. Victor Weisskopf e parecchi altri fisici diretti a Cambridge accettarono il suo invito a unirsi a lui sull'aereo. Verso la metà del viaggio, l'aereo entrò in una tempesta e il pilota decise di atterrare in una base della Marina militare a New London, nel Connecticut. Agli aerei civili era proibito di usare quell'aerodromo, e mentre si avvicinavano al molo il pilota vide un ufficiale di marina arrabbiato che urlava contro di loro. Oppenheimer disse al pilota: «Lasci fare a me».[24] Quando uscì dall'aereo annunciò: «Il mio nome è Oppenheimer». L'ufficiale di marina rimase a bocca aperta e poi chiese: «Ma lei è proprio *quell'*Oppenheimer?». Senza perdere un colpo Oppie replicò: «Io sono *un* Oppenheimer». Sorpreso di essere di fronte al famoso fisico, l'ufficiale cambiò atteggiamento e si affrettò a servire a Oppenheimer e ai suoi amici tè e biscotti, e poi li fece accompagnare a Boston con un autobus della marina.

Il fisico più famoso degli Stati Uniti non stava però occupandosi molto di fisica, nonostante il fatto che Oppenheimer fosse riuscito a persuadere gli amministratori dell'Istituto a dargli la nomina sia a direttore che a «professore di fisica»,²⁵ un doppio incarico mai dato a nessuno prima di lui. Nell'autunno del 1946 Oppie aveva trovato il tempo per scrivere con Hans Bethe un articolo sulla diffusione deli elettroni, pubblicato sulla «Physical Review». Quell'anno entrò nell'elenco dei papabili al premio Nobel per la fisica, ma il comitato Nobel evidentemente esitava ad assegnare il premio a uno scienziato il cui nome era così strettamente associato a quelli di Hiroshima e Nagasaki. Nei successivi quattro anni, pubblicò altri tre brevi articoli di fisica e un articolo di biofisica. Ma dopo il 1950 non pubblicò nessun altro articolo scientifico. «Non aveva *Sitzfleisch*»,²⁶ disse Murray Gell-Mann, un fisico ospite dell'Istituto nel 1951. «Non aveva perseveranza, quella che i tedeschi chiamano *Sitzfleisch*, "carne seduta", quella che c'è quando ci si siede su una sedia. Per quanto ricordo, non ha mai scritto un articolo lungo o fatto un calcolo complesso, niente di questo genere. Non aveva la pazienza necessaria per farlo; il suo lavoro consisteva in piccole intuizioni, anche se tutte molto brillanti. Però ispirava altre persone a far le cose, e la sua influenza era fantastica.»

A Los Alamos aveva coordinato migliaia di persone e speso milioni di dollari; ora dirigeva un'istituzione con appena un centinaio di persone e un bilancio di 825.000 dollari. Los Alamos dipendeva completamente dal Governo federale, mentre l'amministrazione dell'Istituto proibiva specificamente al direttore di chiedere fondi federali. L'Istituto era un singolare centro indipendente.²⁷ Non aveva relazioni ufficiali nemmeno con il suo vicino più prossimo, l'Università di Princeton. Ma nel 1948 circa 180 studiosi vennero affiliati a una delle due «scuole», Matematica o Studi storici. L'Istituto non aveva laboratori, non aveva né ciclotroni né apparecchi più complicati delle semplici lavagne. Non venivano tenuti corsi, e non c'erano studenti, solo studiosi. La maggior parte erano matematici, alcuni erano fisici e c'era anche qualche economista e qualche umanista. Di fatto l'Istituto era così sbilanciato verso la matematica che molti arrivarono a pensare che l'arrivo di Oppenheimer segnalasse la decisione dell'amministrazione che da allora in poi l'Istituto si sarebbe dedicato a matematica e fisica, e a nient'altro.

In effetti l'attività iniziale di Oppenheimer faceva pensare che la sua unica priorità fosse la trasformazione dell'Istituto nel più importante centro di fisica teorica. Aveva portato con sé come membri temporanei cinque ricercatori in fisica di Berkeley. Dopo aver convinto Pais a fermarsi, aveva reclutato un altro promettente giovane fisico inglese, Freeman Dyson, come membro permanente dell'Istituto. Aveva persuaso Niels Bohr, Paul Dirac, Wolfgang Pauli, Hideki Yukawa, George Uhlenbeck, George Placzek, Sin-Itiro Tomonaga e parecchi altri giovani fisici a trascorrere estati o anni sabbatici all'Istituto. Nel 1949 aveva reclutato Chen Ning Yang, un brillante ventisettenne che nel 1957 avrebbe vinto il premio Nobel per la fisica assieme a T.D. Lee, un altro fisico cinese che Oppenheimer aveva portato all'Istituto. «Questo è un posto fantastico»,[28] scrisse Pais nel suo diario nel febbraio 1948. «Bohr viene nel mio studio per parlare, guardo fuori dalla finestra e vedo Einstein che passeggia con uno dei suoi assistenti. Due stanze più in là c'è Dirac. Al piano di sotto c'è Oppenheimer...» Una concentrazione di talenti scientifici come nessun'altra al mondo... eccetto, ovviamente, Los Alamos.

Nel giugno 1946, molto prima dell'arrivo di Oppenheimer all'Istituto, Johnny von Neumann aveva cominciato a costruire un calcolatore ad alta velocità nel locale delle caldaie nel seminterrato della Fuld Hall. Nulla di così pratico era mai esistito nell'Istituto. E nulla di così costoso. Gli amministratori avevano dato inizialmente a von Neuman 100.000 dollari per l'avvio dei lavori. In seguito, e con un mutamento abbastanza raro nella politica dell'Istituto, gli era stato consentito di ricevere finanziamenti aggiuntivi dalla Radio Corporation of America (RCA), dall'Esercito, dall'Ufficio per la ricerca navale e dalla Commissione per l'energia atomica. Nel 1947 un piccolo edificio di mattoni fu costruito a poche centinaia di metri dalla Fuld Hall per ospitare il calcolatore ideato da von Neumann.

L'idea di costruire una macchina era piuttosto controversa tra gli studiosi, che credevano che il loro lavoro fosse soltanto quello di pensare. «Non c'era mai stato nulla che avesse avuto bisogno di una macchina da calcolo»,[29] si lamentava uno dei matematici, Deane Montgomery. Anche Oppenheimer era indeciso sul calcolatore di von Neumann. Come molti altri, pensava che l'Istituto non dovesse trasformarsi in un laboratorio finanziato dalle autorità militari. Ma si trattava di una questione diversa. Von Neumann stava costruendo una macchina che avrebbe rivoluzionato la ricerca. E per questo appoggiò il progetto. Von Neumann accettò di non brevettare la sua macchina, che ben presto sarebbe diventata il modello per intere generazioni di calcolatori commerciali.

Oppenheimer e von Neumann presentarono ufficialmente il calcolatore dell'Istituto nel giugno 1952. A quell'epoca[30] era il più veloce cervello elettronico del mondo, e la sua esistenza avviò la rivoluzione dei calcolatori che esplose verso la fine del XX secolo. Ma verso la fine degli anni Cinquanta, quando la macchina fu superata da calcolatori migliori e più veloci, i membri permanenti dell'Istituto si riunirono nel salotto di Oppenheimer e votarono la chiusura totale ai progetti di calcolatori. Approvarono anche una mozione contro la possibilità di realizzare altre apparecchiature simili nelle cantine dell'Istituto.

Nel 1948 Oppenheimer reclutò lo studioso classico Harold F. Cherniss, un vecchio amico di Berkeley che era anche l'esperto di Platone e di Aristotele più insigne del paese. Lo stesso anno persuase gli amministratori a costituire un «Fondo del direttore» di 120.000 dollari che gli consentisse di scegliere personalmente gli studiosi da portare all'Istituto per brevi periodi. Usando questo denaro a sua discrezione, portò all'Istituto Francis Fergusson, un suo amico d'infanzia. Fergusson utilizzò il suo periodo di studio per scrivere il libro *L'idea del teatro*. Su suggerimento di Ruth Tolman, Oppie creò un comitato di consulenti per discutere sull'insegnamento della psicologia. Una o due volte all'anno Ruth arrivava all'Istituto assieme al cognato Edward Tolman, a George Miller, Paul Meehl, Ernest Hilgard e Jerome Bruner. (Ed Tolman e Hilgard, assieme a Oppenheimer, avevano frequentato il gruppo di studio di Siegfried Bernfeld, che si incontrava a San Francisco una volta al mese nel periodo 1938-1942). Riuniti nell'ufficio di Oppenheimer, questi eminenti psicologi lo aggiornavano sulle «questioni più importanti» del loro settore, e così «lo inserivano nel quadro». Ben presto Oppenheimer si incontrò spesso con Miller, Bruner e David Levy, un noto psicologo infantile. Oppenheimer amava conversare sulle questioni psicologiche. Bruner lo considerava «brillante, abbastanza divagante nei suoi interessi, eccessivamente intollerante, pronto a seguire ovunque qualsiasi argomento, straordinariamente amabile... Diceva la sua su quasi tutto, ma in psicologia e filosofia della fisica era irresistibile».[31]

Dopo non molto tempo arrivarono all'Istituto altri umanisti.[32] Tra questi l'archeologo Homer Thompson, il poeta T.S. Eliot, lo storico Arnold Toynbee, il sociologo Isaiah Berlin e, più avanti, il diplomatico e storico George F. Kennan. Oppenheimer aveva sempre ammirato *La terra desolata* di Eliot, e fu deliziato quando il poeta nel 1948 accettò di andare all'Istituto per un semestre. Ma la cosa non funzionò. La presenza di un poeta non fu apprezzata dai matematici dell'Istituto, molti dei quali snobbarono Eliot, anche dopo che, proprio in quell'anno, aveva ottenuto il premio Nobel per la letteratura. Peraltro, Eliot se ne stette per i fatti suoi, e passò molto più tempo all'università che all'Istituto. Oppenheimer ne rimase deluso. «Avevo invitato Eliot», disse a Freeman Dyson, «con la speranza che producesse un altro capolavoro, e invece l'unica cosa che ha fatto qui è stato lavorare a *Cocktail Party*, la cosa più brutta che abbia mai scritto.»[33]

Tuttavia Oppenheimer era fermamente convinto della necessità che l'Istituto continuasse a essere la casa sia della scienza sia della cultura umanistica.[34] Nelle sue conferenze sull'Istituto, Oppenheimer sosteneva con enfasi che la scienza aveva bisogno della cultura umanistica per comprendere meglio la sua stessa natura e le sue conseguenze. Solo pochi dei matematici più anziani residenti all'Istituto erano d'accordo con lui, ma il loro sostegno era fondamentale. Johnny von Neumann era interessato alla storia dell'antica Roma tanto quanto lo era alla sua materia. Altri condividevano l'interesse di Oppenheimer per la poesia. Sperava di poter fare dell'Istituto un rifugio per scienziati, scienziati sociali e umanisti interessati a una comprensione interdisciplinare dell'intera condizione umana. Gli sembrava un'opportunità irresistibile, una possibilità di unire assieme due mondi, la scienza e la cultura umanistica, che l'avevano coinvolto in uguale misura quando era giovane. In questo senso, Princeton sarebbe stata l'antitesi di Los Alamos, e forse anche un antidoto psicologico a quella vicenda.

L'Istituto era idilliaco e confortevole quanto Los Alamos era stato spartano. Soprattutto per i suoi membri a vita, era un mondo platonico. «La caratteristica di questo posto», disse una volta Oppenheimer, «è che non si richiedono scuse per non aver fatto nulla, per non aver fatto un buon lavoro.»[35] Per gli estranei, l'Istituto poteva talvolta sembrare un asilo pastorale per eccentrici garantiti. Kurt Gödel, il famoso logico, era un recluso timido e tormentato. Il suo unico vero amico era Einstein, e i due uomini erano spesso visti camminare assieme verso la città. Tra varie crisi di grave depressione paranoica – convinto che il suo cibo potesse essere avvelenato, soffriva di malnutrizione cronica – Gödel passò molti anni tentando di risolvere il problema del continuo, un enigma matematico che coinvolgeva questioni di infinito. Non riuscì mai a trovare una risposta. Incoraggiato da Einstein, si occupò anche di relatività generale, e nel 1949 pubblicò un articolo che descriveva un «universo rotante» in cui era teoricamente possibile «viaggiare in ogni regione del passato, del presente e del futuro, e tornare indietro».[36] Durante i molti dei decenni passati all'Istituto, era una sorta di fantasma solitario, vestito con un logoro soprabito invernale, che scarabocchiava brevi parole in tedesco sulle pagine di un taccuino.

Dirac era quasi altrettanto strano. Quando era ragazzo, suo padre gli aveva detto che gli avrebbe parlato solo in francese. In questo modo, pensava, suo figlio avrebbe ben presto imparato un'altra lingua. «Poiché mi ero accorto che non ero in grado di esprimermi in francese», spiegava Dirac, «era meglio per me stare zitto che parlare in inglese. Per questo allora stavo zitto.»[37] Con indosso dei lunghi stivali di gomma, lo si vedeva spesso aprirsi un passaggio nei boschi vicini con un'accetta. Era questa la sua forma di esercizio ricreativo, e negli anni trascorsi all'Istituto divenne quasi una sorta di passatempo. Dirac sembrava capire solo le cose esposte in maniera semplice, e per questo era spesso esasperante. Un giornalista lo chiamò un giorno per chiedergli informazioni su una conferenza che avrebbe dovuto tenere a New York. Da tempo Oppenheimer aveva deciso che gli studiosi non dovevano essere distratti dall'apparecchio telefonico nel loro studio, e quindi Dirac aveva ricevuto la chiamata a un telefono nel corridoio. Quando il giornalista disse che avrebbe voluto una copia del testo della conferenza, Dirac abbandonò la cornetta e andò nell'ufficio di Jeremy Bernstein per chiedere un consiglio: temeva, disse, di essere frainteso. Abraham Pais, che era per caso presente nella stanza, gli suggerì di scrivere sulla copia del testo: «Da non pubblicare in nessuna forma». Dirac rimuginò per parecchi minuti in completo silenzio questo semplice suggerimento. Alla fine disse: «Ma aggiungere "in nessuna forma" non è ridondante?».[38]

Anche von Neumann era abbastanza insolito.[39] Come Oppenheimer, era plurilingue e interessato al cattolicesimo. Ma amava anche organizzare grandi feste, restando alzato fino a notte fonda. E, come Teller, era ferocemente antisovietico. Una sera, durante una festa, quando la conversazione si era trasformata in una discussione sull'avvio della guerra fredda, von Neumann disse con franchezza quello che gli sembrava ovvio: gli Stati Uniti dovevano lanciare una guerra preventiva e con il loro arsenale atomico distruggere l'Unione Sovietica. «Penso che un conflitto USA-URSS», scrisse nel 1951 a Lewis Strauss, «condurrà molto probabilmente a uno scontro armato "totale", e che è quindi essenziale disporre della maggior quantità possibile di armi.»[40] Oppie rimase inorridito da queste opinioni, ma non espresse considerazioni politiche per non influenzare negativamente eventuali decisioni sulla sua permanenza all'Istituto.

Gli studiosi di molte discipline diverse rimanevano sempre sorpresi di fronte alla vastità degli interessi di Oppenheimer. Un giorno un dirigente del Commonwealth Fund, Lansing V. Hammond, chiese a Oppenheimer un consiglio su come collocare nelle università americane una sessantina di giovani dottorandi inglesi. Gli argomenti variavano dalle arti liberali alle scienze dure. Hammond, studioso di letteratura inglese, sperava di avere i consigli di Oppenheimer per i pochi tra i suoi candidati che si occupavano di matematica o di fisica. Poco dopo essere entrato nel suo ufficio, Hammond rimase sorpreso quando sentì Oppenheimer che gli diceva: «Lei ha ricevuto il suo dottorato a Yale sulla letteratura inglese del XVIII secolo, l'epoca di Johnson; il suo supervisore era Tinker o Potter?».[41] In soli dieci minuti Hammond ebbe tutte le informazioni necessarie per collocare i suoi dottorandi in fisica in università americane valide. Quando si alzò per andarsene, pensando di aver rubato del tempo prezioso a un direttore così impegnato, Oppenheimer lo fermò e gli disse: «Se ha ancora qualche minuto a disposizione, posso darle qualche indicazione per la collocazione dei suoi dottorandi in altri campi [...]». Nell'ora successiva, Oppenheimer parlò a lungo dei pregi e dei difetti di diverse scuole di specializzazione sparse per il paese. «Uhm... musica tradizionale americana, Roy Harris è la persona adatta per questo [...]. Psicologia sociale... le suggerisco di provare a Vanderbilt; poca affluenza, lì avrà la miglior opportunità di trovare quello che cerca [...]. Il suo settore, la letteratura inglese del XVIII secolo: Yale è la scelta più ovvia, ma non scarti a priori Bate o Harvard.» Hammond non aveva mai sentito parlare di Bate. Se ne andò pieno di entusiasmo. «Prima di quella volta», scrisse in seguito, «non mi era mai capitato di parlare con un uomo simile.»

Le relazioni tra Oppenheimer e i più famosi residenti nell'Istituto erano sempre incerte: «Eravamo colleghi stretti», scrisse in seguito a proposito di Einstein, «e anche un po' amici».[42] Ma pensava a Einstein come a un santo patrono vivente della fisica, non come a un fisico al lavoro. (All'Istituto qualcuno sospettava che fosse stato Oppenheimer la fonte dell'affermazione, apparsa sulla rivista «Time», «Einstein è un punto di riferimento, non un faro».)[43] Nei confronti di Oppenheimer Einstein nutriva un'ambivalenza analoga. Nel 1945, quando Oppenheimer era stato inizialmente segnalato come candidato per un posto fisso di docente all'Istituto, Einstein e il matematico Hermann Weyl scrissero un appunto per la facoltà raccomandando di assumere il fisico teorico Wolfgang Pauli al posto di Oppenheimer.[44] A quell'epoca Einstein conosceva molto bene Pauli, mentre aveva conosciuto Oppenheimer solo di passaggio. Per ironia del caso, nel 1934 Weyl aveva tentato invano di far arrivare Oppenheimer all'Istituto; ma Oppenheimer aveva rifiutato decisamente dicendo: «Penso di essere assolutamente inutile in quel luogo».[45] Naturalmente, le credenziali di Oppenheimer come fisico non potevano certo misurarsi con quelle di Pauli: «Certamente Oppenheimer non ha dato alla fisica contributi di natura fondamentale come il principio di esclusione di Pauli e lo studio dello spin dell'elettrone [...]».[46] Einstein e Weyl ammettevano che Oppenheimer aveva «creato la più grande scuola di fisica teorica del paese». Ma dopo aver segnalato che tutti i suoi studenti l'apprezzavano come docente, avvertivano: «Può essere che per molti aspetti sia un po' troppo dominante e [che] i suoi studenti tendano a essere soltanto delle edizioni ridotte di Oppenheimer». Sulla base di queste osservazioni, nel 1945 l'Istituto offrì l'incarico a Pauli, che lo accettò.

Einstein alla fine acquisì un seppur riluttante rispetto per il nuovo direttore, che descrisse come «un uomo con capacità insolite e un'educazione multiforme».[47] Ma quello che ammirava in Oppenheimer era l'uomo, non la sua fisica. Comunque Einstein non considerò mai Oppenheimer come uno dei suoi amici più stretti, «in parte forse perché le nostre opinioni scientifiche sono quasi diametralmente opposte», dichiarò. Già negli anni Trenta Oppenheimer una volta aveva definito Einstein «un vero citrullo»[48] per il suo ostinato rifiuto ad accettare la teoria quantistica. Tutti i giovani fisici che Oppenheimer aveva portato a Princeton aderivano completamente alla visione quantistica di Bohr, ed erano scarsamente interessati alle questioni che Einstein sollevava per sfidare la visione quantistica del mondo. Non riuscivano a spiegarsi perché quel grand'uomo lavorasse incessantemente all'elaborazione di una «teoria del campo unificato» in grado di sostituire quelle che considerava le inconsistenze della teoria quantistica. Anche se lavorava praticamente da solo, era abbastanza soddisfatto perché difendeva «il buon Dio contro l'ipotesi che giocasse continuamente ai dadi»[49] – questa la sua sommaria critica al principio di indeterminazione di Heisenberg, uno dei fondamenti della fisica quantistica. E non si preoccupava perché molti dei suoi colleghi di Princeton, lui stesso sosteneva, «mi vedono come un eretico e un reazionario che, ed è la verità, è sopravvissuto a sé stesso».[50]

Oppenheimer ammirava profondamente la «straordinaria originalità»[51] dell'uomo che aveva formulato la teoria generale della relatività, «quella singolare unione di geometria e gravitazione». Ma pensava anche che Einstein «avesse utilizzato in quella originalità importanti elementi della tradizione», ed era profondamente convinto che, in seguito, fosse stata proprio quella «tradizione» a ingannare Einstein. Con «dispiacere» di Oppenheimer, Einstein dedicò i suoi anni di Princeton a cercare di dimostrare che la teoria dei quanti era viziata da contraddizioni significative. «Nessuno può essere stato più ingegnoso», scrisse Oppenheimer, «nell'immaginare esempi inattesi e intelligenti; ma è risultato che le contraddizioni non erano lì, e spesso la loro soluzione ha potuto essere trovata proprio nei vecchi lavori di Einstein.» Quello che aveva portato Einstein ad avversare la teoria quantistica era la questione dell'indeterminazione. Ed era stato proprio il suo lavoro sulla relatività che aveva ispirato alcune delle intuizioni di Bohr. Oppenheimer sottolineava questo fatto con grande ironia: «Aveva combattuto con Bohr in modo nobile e furioso, e aveva combattuto con una teoria che aveva ispirato ma che aveva odiato. Ma non era la prima volta che una cosa di questo tipo accadeva nella scienza».

Queste dispute non impedivano però a Oppenheimer di godere della compagnia di Einstein. Una sera, agli inizi del 1948, intrattenne David Lilienthal ed Einstein a Olden Manor. Lilienthal era seduto accanto a Einstein e «lo osservava mentre ascoltava (serio e attento, ma in certi momenti ridacchiando e con grinze attorno ai suoi occhi) Robert Oppenheimer che descriveva le bellezze della fisica e i neutrini come "quelle creature"».[52] A Robert piaceva ancora molto fare regali generosi. Conoscendo la passione di Einstein per la musica classica, e sapendo che la sua radio non poteva ricevere le trasmissioni da New York dei concerti alla Carnegie Hall, Oppenheimer fece in modo che venisse installata un'antenna sul tetto della modesta casa di Einstein al 112 di Mercer Street.[53] Il lavoro fu fatto senza che Einstein ne fosse informato e in seguito, in occasione del suo compleanno, Robert si presentò alla sua porta con in dono una nuova radio, e gli disse che potevano ascoltare il concerto in programma quella sera. Einstein ne fu deliziato.

Nel 1949 Bohr era in visita a Princeton, e accettò di contribuire con un saggio a un libro che celebrava l'opera di Einstein in occasione del suo settantesimo compleanno. Lui ed Einstein erano felici della reciproca compagnia ma, come Oppenheimer, Bohr non riusciva a capire perché la teoria dei quanti fosse così odiata da Einstein. Quando lesse i manoscritti per il suo *Festschrift*, Einstein notò che i saggi contenevano sia commenti critici sia espressioni di apprezzamento. «Questo non è un libro per celebrare il mio compleanno», disse, «ma piuttosto un vero atto d'accusa.»[54] Nel giorno del suo compleanno, il 14 marzo, un pubblico di 250 eminenti studiosi si riunì nell'auditorium di Princeton per ascoltare Oppenheimer, I.I. Rabi, Eugene Wigner ed Hermann Weyl che celebravano le sue lodi. Per quanto i suoi colleghi potessero essere in disaccordo con il vecchio uomo, l'atmosfera era carica di elettricità in attesa che Einstein entrasse nella sala. Dopo un momento di improvviso silenzio, tutti si alzarono in piedi per applaudire l'uomo che consideravano il più grande fisico del XX secolo.

Come fisici, Oppenheimer ed Einstein non andavano d'accordo, ma come umanisti erano alleati. In un momento della storia in cui la professione scientifica stava per essere comprata all'ingrosso da una rete di sicurezza nazionale per la guerra fredda, da laboratori per le armi e da università sempre più dipendenti dai contratti militari, Oppenheimer aveva scelto un'altra strada. Sebbene fosse stato «presente alla creazione» di questa militarizzazione della scienza, Oppenheimer si era allontanato da Los Alamos, ed Einstein lo stimava per i suoi ripetuti tentativi di usare la sua influenza per frenare la corsa agli armamenti. Nello stesso tempo sapeva però che Oppenheimer usava con cautela la sua influenza. Nella primavera del 1947 Einstein rimase sconcertato quando Oppenheimer rifiutò il suo invito a parlare a una cena pubblica dell'appena costituito Comitato di emergenza degli scienziati atomici. Oppenheimer spiegò che si sentiva «impreparato per fare in quel momento un discorso pubblico sull'energia atomica, e senza alcuna certezza che il risultato del discorso avrebbe potuto portare nella direzione che tutti desideriamo».[55]

Il vecchio scienziato ovviamente non riusciva a capire perché Oppenheimer sembrasse così tanto desideroso di conservare il suo accesso alla classe dirigente di Washington. Era una cosa che a Einstein non interessava. Non aveva mai neppure immaginato di chiedere al governo che gli fosse assegnato il nullaosta per l'accesso alla segretezza. Istintivamente Einstein detestava incontrare politici, militari o autorità in genere. Come osservava Oppenheimer, «non apprezzava quelle conversazioni educate e naturali con uomini di stato e uomini di potere [...]».[56] E mentre Oppie sembrava apprezzare la fama, e l'opportunità di mescolarla con il potere, Einstein era sempre imbarazzato di fronte alle adulazioni. Una sera del marzo 1950, in occasione del settantunesimo compleanno di Einstein, Oppenheimer andò a trovarlo nella sua casa di Mercer Street. «Lei sa», osservò Einstein, «che quando a un uomo una volta nella vita è consentito di fare qualcosa di importante, la sua vita dopo diventa un po' strana.»[57] Oppenheimer capì esattamente quello che intendeva dire, molto più di quanto avrebbero potuto capirlo altri.

Come a Los Alamos, Oppenheimer era ancora straordinariamente persuasivo. Pais ricorda un incontro con un anziano studioso che stava uscendo dallo studio di Oppie. «Mi è appena capitato qualcosa di strano», disse il professore.[58] «Sono andato a trovare Oppenheimer per parlargli di una certa questione sulla quale avevo delle opinioni precise. Ora che l'ho lasciato mi sono accorto che concordo con il punto di vista opposto.»

Oppenheimer tentò di esercitare i medesimi poteri carismatici sul Consiglio di amministrazione dell'Istituto, ma con risultati mediocri. Verso la fine degli anni Quaranta, il Consiglio era spesso in una situazione di stallo a causa dei contrasti tra le fazioni liberale e conservatrice. Era dominato dal suo vicepresidente, Lewis Strauss. Molti dei consiglieri tendevano ad affidarsi alle sue decisioni, in parte perché era il solo membro del Consiglio con notevole ricchezza. Nello stesso tempo, alcuni dei consiglieri più liberali erano scoraggiati dal suo super-conservatorismo. Uno dei consiglieri si lamentò che il consiglio non aveva bisogno di «un repubblicano alla Hoover che pensa come nel secolo scorso».[59] Per quanto Oppenheimer avesse incontrato solo brevemente Strauss prima di arrivare a Princeton, era perfettamente al corrente delle opinioni politiche di Strauss e anche che sarebbe stata una cosa inopportuna un'eventuale sua nomina a presidente del Consiglio di amministrazione.

Le relazioni personali tra Oppenheimer e Strauss furono all'inizio corrette e cordiali. Ma fu proprio in quei primi anni che vennero sparsi i semi di una terribile faida. Durante le sue visite a Princeton, Strauss si tratteneva spesso a cena a Olden Manor; dopo una di quelle cene, regalò a Robert e Kitty una cassetta di vino pregiato. Ma era chiaro a tutti che entrambi quegli uomini erano bramosi di potere e volevano esercitarlo contro tutti gli altri. Un giorno Abraham Pais era davanti alla Fuld Hall quando un elicottero atterrò sul vasto terreno che separava l'Istituto da Olden Manor. Ne scese Strauss. «Rimasi colpito da quell'apparizione», scrisse in seguito Pais, «garbata se non furba, ed ebbi una reazione istintiva: Stai attento a quello che c'è dietro questo comportamento amichevole.»[60]

Oppenheimer ben presto si rese conto che Strauss ambiva a essere qualcosa di simile a un «coamministratore». Nel 1948 aveva detto a Oppenheimer che stava pensando di acquistare la casa di un antico membro della facoltà situata ai piedi dell'Istituto. Come chiaro segnale, Oppenheimer anticipò la cosa convincendo l'Istituto ad acquistare la casa in questione e ad affittarla a un altro studioso. Apparentemente Strauss raccolse il messaggio. Come risulta dalle note storiche ufficiali dell'Istituto mai rese pubbliche, «L'episodio segna la fine apparente del periodo in cui Strauss sperava di ottenere in breve tempo il governo dell'Istituto».[61] Ma stabilì anche una tensione perenne e una diffidenza reciproca che si estese molto al di là dell'Istituto. Nonostante questo contrattempo, Strauss esercitò la sua influenza sull'Istituto grazie alla sua stretta alleanza con Herbert Maas, il presidente del Consiglio di amministrazione, e il professore di matematica Oswald Veblen, l'unico accademico che fosse anche consigliere.

Strauss fu spesso seccato dalle importanti decisioni politiche che ogni tanto Oppenheimer prendeva senza chiedere prima l'approvazione degli amministratori. Verso la fine del 1950 Strauss bloccò temporaneamente la chiamata fatta da Oppenheimer di uno studioso di medioevalistica, Ernst H. Kantorowicz, perché lo studioso si era rifiutato di firmare il giuramento di lealtà del Consiglio dei reggenti della California. Strauss tornò sulla sua decisione solo quando divenne chiaro che il suo era l'unico voto contrario. Quando il Congresso approvò la norma che richiedeva il nullaosta dell'FBI per l'accesso alla sicurezza per tutti gli scienziati che ricevevano finanziamenti dall'AEC, Oppenheimer immediatamente scrisse una lettera infuriata all'AEC. L'Istituto, scrisse, non può più accettare questi finanziamenti perché le indagini necessarie per l'accesso alla sicurezza violano le «sue tradizioni». Solo un mese più tardi Oppenheimer informò gli amministratori della sua azione. Secondo gli appunti dell'incontro, alcuni amministratori espressero il timore che quell'azione del direttore potesse coinvolgere l'Istituto in una «controversia politica»,[62] in particolare con l'FBI. A Oppenheimer fu richiesto di consultare, in futuro, il Consiglio di amministrazione prima di prendere decisioni analoghe.

Nella primavera del 1948 Oppenheimer rilasciò un'intervista a un giornalista del «New York Times» in cui parlò liberamente sulla sua visione dell'Istituto. Disse che voleva invitare molti più studiosi – anche non accademici con esperienza negli affari o in politica – per visite a breve termine, di un semestre o di un anno. «Oppenheimer progetta di avere meno membri a vita», riferiva il «Times».[63] E poi il giornalista dava la sua disinvolta descrizione del lavoro di Oppenheimer: «Supponete di avere a vostra disposizione una dotazione di fondi pari a 21.000.000 dollari... Supponete che possiate usare questi fondi per invitare come vostri ospiti stipendiati i più importanti studiosi del mondo, scienziati e artisti creativi: il vostro poeta preferito, l'autore del libro che vi ha interessato così tanto, il fisico europeo con cui avreste piacere di riflettere attorno ad alcune speculazioni sulla natura dell'universo. Questo è proprio quell'organizzazione che Oppenheimer ama. Lui può concedersi il lusso di qualsiasi interesse o curiosità [...]».

Naturalmente, alcuni dei membri a vita dell'Istituto sobbalzarono di fronte a queste parole. Altri rimasero offesi di fronte alla scoperta che il loro direttore voleva far funzionare l'Istituto secondo i suoi capricci intellettuali. Oppenheimer commise un'altra indiscrezione nel 1948 quando disse scherzosamente al settimanale «Time» che, mentre l'Istituto era un posto in cui le persone potevano «star sedute e pensare», si poteva soltanto essere certi che stavano sedute. Arrivò perfino a dire che l'Istituto aveva «qualcosa come l'atmosfera di un monastero medievale». Alla fine inavvertitamente ferì la sensibilità dei membri permanenti sostenendo che la caratteristica migliore dell'Istituto era il suo essere «un albergo per intellettuali».[64] Il «Time» descrive l'Istituto come «un posto in cui i pensatori di passaggio potevano fermarsi, riposarsi e rinfrescarsi prima di continuare il loro viaggio». In seguito il corpo docente fece sapere a Oppenheimer che era loro «opinione molto convinta» che una pubblicità di quel tipo era «indesiderabile».[65]

I grandi piani di Oppenheimer per l'Istituto incontrarono spesso resistenza, in particolare da parte dei matematici, che all'inizio avevano pensato che li avrebbe favoriti con ulteriori chiamate e con una parte maggiore del bilancio dell'Istituto. Le motivazioni potevano diventare straordinariamente meschine. «L'Istituto è un Paradiso interessante», osservava la sua perspicace segretaria, Verna Hobson.[66] «Ma in una società ideale, quando tu elimini tutti gli attriti quotidiani, gli attriti che si creano per prendere il loro posto sono molto più crudeli.» Gli scontri si ebbero soprattutto sulle chiamate. In una occasione, Oppenheimer stava presiedendo un incontro quando Oswald Veblen entrò e disse che voleva ascoltare la discussione. Oppenheimer gli disse che non poteva assistere, e quando il matematico si rifiutò di uscire, interruppe l'incontro e lo trasferì in un'altra stanza. «Sembravano due bambini che litigavano», ricordava la Hobson.

Spesso Veblen creava difficoltà a Oppenheimer. Come amministratore, aveva sempre avuto una grande influenza politica all'interno dell'Istituto. Infatti, molti dei matematici si aspettavano che Veblen sarebbe stato nominato direttore. Invece, come disse uno dei professori dell'Istituto, «[...] fu portato qui quell'arrampicatore di Oppenheimer [...]».[67] Von Neumann si era fortemente opposto alla scelta di

Oppenheimer come direttore: «Il talento di Oppenheimer è indiscutibile», aveva scritto a Strauss, ma nutro «forti dubbi sull'opportunità di nominarlo direttore.» Von Neumann e molti altri matematici erano favorevoli a «sostituire il direttore con un comitato di accademici, con una presidenza a rotazione per uno o due anni». Invece ebbero proprio quello che non volevano: un direttore fortemente motivato, con un programma vasto e complicato.

All'Istituto, Oppie mostrava la stessa pazienza e la stessa energia che avevano caratterizzato la sua direzione a Los Alamos. Ma, secondo Dyson, le sue relazioni con i matematici erano «disastrose».[68] La scuola matematica dell'Istituto era sempre stata di primo piano, e Oppenheimer tentò di non interferire mai con i loro affari. Infatti, durante il suo primo anno[69] come direttore, accettò un aumento del sessanta per cento del numero di membri che arrivavano per la Scuola di matematica. Ma, invece di ricambiare, i matematici si opposero invariabilmente a molte delle sue chiamate in settori non matematici. Frustrato e arrabbiato, Oppenheimer una volta definì Deane Montgomery, un matematico trentottenne, «il più arrogante e testardo figlio di puttana che abbia mai incontrato».[70]

Emozioni trattenute nel profondo, che portavano ad accessi d'ira. «Lui [Oppenheimer] cercava di umiliare i matematici»,[71] disse André Weil (1906-1998), il grande matematico tedesco che passò decenni nell'Istituto. «Oppenheimer era una personalità completamente frustrata, e il suo divertimento preferito era quello di far litigare le persone tra loro. L'ho visto fare. Amava avere gente dell'Istituto che litigava. Era frustrato soprattutto perché voleva essere Niels Bohr o Albert Einstein, e sapeva che non era possibile.» Weil era uno dei tipici personaggi pieni di sé che Oppenheimer aveva incontrato all'Istituto. Non erano come quei giovani uomini che aveva con facilità capeggiato a Los Alamos grazie alla forza della sua personalità. Weil era arrogante, sferzante ed esigente. Provava un piacere quasi infantile nell'intimidire gli altri, ed era furioso perché non riusciva a intimidire Oppenheimer.

La politica degli accademici può essere notoriamente trascurabile, ma Oppenheimer dovette confrontarsi con parecchi paradossi peculiari dell'Istituto.[72] Per la natura stessa della loro disciplina, invariabilmente i matematici danno il meglio del loro lavoro di intuizione attorno ai vent'anni o agli inizi dei trenta, mentre gli storici o altri scienziati sociali hanno spesso bisogno di molti anni di studi preparatori prima di diventare capaci di genuino lavoro creativo. Così, l'Istituto poteva facilmente identificare e reclutare brillanti e giovani matematici, ma difficilmente invitava uno storico che non fosse ben stagionato. E mentre i giovani matematici potevano leggere e farsi un'opinione sul lavoro di uno storico, nessuno storico poteva fare altrettanto per quel che riguardava un possibile candidato alla Scuola di matematica. E proprio qui stavano i più fastidiosi paradossi. Poiché i matematici arrivano alla natura delle cose molto prima degli altri, e poiché non avevano compiti di insegnamento, sulla mezza età molti di loro si dedicavano ad altre cose. Se non vengono distratti, inevitabilmente i matematici trasformano ogni riunione in una controversia. Al contrario, i non matematici, essendo più anziani e di fronte ai primi anni produttivi delle loro carriere, hanno scarso interesse o poco tempo disponibile per intrighi accademici di questo tipo. Ma, sfortunatamente per i matematici, la presenza di Oppenheimer li costrinse a confrontarsi con un direttore che, per quanto fosse un fisico, era determinato a bilanciare la cultura scientifica dell'Istituto con le scienze umane e le scienze sociali. Con loro disdoro, reclutò psicologi, critici letterari e anche poeti.

Ogni tanto Oppenheimer, logorato da questi intrighi territoriali, scaricava le sue frustrazioni su quelli vicini a lui. Quando Oppenheimer scoprì che Freeman Dyson spettegolava senza discrezione sull'imminente chiamata di un altro fisico, Dyson si trovò immediatamente convocato nell'ufficio di Oppie. «Mi mise letteralmente al tappeto», ricordava Dyson.[73] «Non l'avevo mai visto così furioso. Era cattivo. Mi sentii come un verme; mi convinse che avevo davvero tradito tutta la fiducia che aveva riposto in me [...]. Era proprio così. Voleva che le cose andassero a modo suo. L'Istituto era il suo piccolo impero personale.»

A Princeton l'aspra avversione a Oppenheimer, che era stata così raramente osservata a Los Alamos, qualche volta si manifestò con una ferocia che sbigottì persino i suoi amici più stretti. Naturalmente, per la maggior parte del tempo Robert affascinava le persone con le sue maniere spiritose e gentili. Ma qualche volta sembrava incapace di trattenere la sua forte arroganza. Abraham Pais ricordava parecchie occasioni in cui inutili commenti caustici di Oppenheimer costringevano giovani studiosi a rifugiarsi nel suo studio singhiozzando.[74]

Rari erano i conferenzieri che riuscivano a evitare gli interventi di Oppenheimer, ma una volta ci riuscì Res Jost in modo memorabile. Un giorno Jost, un fisico-matematico svizzero, stava tenendo un seminario quando Oppenheimer lo interruppe per chiedergli se poteva spiegargli una cosa con ulteriori dettagli. Jost lo guardò e disse «Sì», ma poi proseguì il suo discorso. Oppenheimer lo fermò e disse: «Le avevo chiesto se poteva spiegarmi quella cosa».[75] Questa volta Jost rispose: «No». Quando Oppenheimer gli chiese perché, Jost replicò: «Perché non capirebbe la mia spiegazione e solleverebbe altre questioni, fino a occupare tutta la mia ora». Robert sedette in silenzio per tutto il resto della lezione di Jost.

Senza mai fermarsi, brillante ed emotivamente distaccato, Oppenheimer rimaneva sempre un enigma per tutti quelli che lo osservavano da vicino. Pais, che lo osservava quasi tutti i giorni all'Istituto, lo considerava una straordinaria persona riservata, «non portato a mostrare i suoi sentimenti». Anche se molto raramente, ogni tanto si apriva una finestra che rivelava l'intensità delle sue emozioni. Una sera Pais andò al Garden Theater di Princeton a vedere *La grande illusione*, il capolavoro di Jean Renoir del 1937, un classico film contro la guerra che trattava di fratellanza, classe sociale e tradimento tra i soldati durante la prima guerra mondiale. Quando le luci si riaccesero, Pais vide Robert e Kitty seduti qualche fila più indietro e si accorse che Oppenheimer stava piangendo.

In un'altra occasione, nel 1949, Pais aveva invitato Robert e Kitty a una festa nel suo piccolo appartamento a Dickinson Street. Durante la serata a Pais venne l'ispirazione di prendere la sua chitarra e invitò tutti a sedersi sul pavimento e a cantare qualche canzone popolare. Robert acconsentì, ma Pais si accorse che lo fece con «un'aria di superbia che indicava chiaramente che pensava che per lui essere coinvolto in quella situazione era un'assurdità».[76] Poi, dopo che il gruppo aveva cantato per un po', Pais dette un'occhiata a Robert e «fu colpito vedendo che il suo atteggiamento di superiorità era svanito; seduto al suo posto, ora appariva come un uomo sensibile, desideroso di semplice cameratismo».

All'Istituto, il ritmo della vita era sereno e tranquillo; tutti i pomeriggi tra le tre e le quattro il tè veniva servito nella Sala comune del primo piano della Fuld Hall. «Prendere il tè serviva a spiegare l'uno all'altro quello che non avevamo capito», disse una volta Oppenheimer.[77] Due o anche tre volte alla settimana Oppenheimer ospitava un vivace seminario, in genere di fisica ma spesso anche di altre discipline. «La maniera migliore di trasmettere informazioni», spiegava, «è quella di legarle a una persona.»[78] Idealmente lo scambio di idee richiede qualche fuoco d'artificio. «I giovani fisici», osservò il dottor Walter W. Stewart, un economista dell'Istituto, «sono senza dubbio il gruppo più chiassoso, più turbolento, più attivo e più aperto intellettualmente che ci sia qui [...]. Pochi giorni fa ho chiesto a uno di loro, che stava uscendo da un seminario affollato, "Com'è andata?". Mi ha risposto: "Meravigliosamente. Tutto quello che sapevamo sulla fisica la settimana scorsa non è più vero!"»[79]

Ogni tanto, però, oratori illustri trovavano snervante essere sottoposti a quello che sarebbe poi stato definito il «trattamento Oppenheimer». Dyson descrisse questa esperienza in una lettera ai suoi genitori in Inghilterra. «Ho avuto modo di osservare abbastanza attentamente il suo comportamento durante i seminari. Se qualcuno sta dicendo, a beneficio del resto degli ascoltatori, cose che lui già conosce, non può resistere a sollecitarlo a dire qualcosa d'altro; quando invece qualcuno sta dicendo cose che ancora non conosce o che subito condivide, interrompe prima ancora che il punto sia completamente spiegato con critiche acute ma talvolta devastanti [...] per tutto il tempo si muove nervosamente attorno, non smette mai di fumare, e penso che la sua impazienza sia molto al di là della sua capacità di controllarsi.»[80] Molti erano infastiditi da un'altra delle sue manie: batteva le punte delle dita sui suoi denti anteriori, continuamente.

Un giorno dell'autunno del 1950, Oppenheimer organizzò un incontro con Harold W. Lewis perché facesse una presentazione dell'articolo sulla produzione multipla dei mesoni che lui, Lewis e S.A. Wouthuysen, avevano pubblicato sulla «Physical Review». L'articolo si basava su uno degli ultimi suoi impegni nel settore della ricerca che risaliva a poco prima della sua nomina a direttore dell'Istituto, e Oppenheimer era comprensibilmente ansioso che ci fosse una seria discussione su quel lavoro. Invece i fisici intervenuti cambiarono subito argomento e cominciarono a discutere di *Kugelblitz*, ovvero delle «sfere di fuoco», un fenomeno non chiarito in cui talvolta i lampi assumevano la forma di una sfera. Mentre discutevano su che cosa avrebbe potuto spiegare quell'evento, Oppenheimer cominciò ad agitarsi con furia. Alla fine si alzò e uscì borbottando «Palle di fuoco, palle di fuoco!».[81]

Dyson ricordava che nel corso di una lezione in cui aveva apprezzato il recente lavoro di Dick Feynman sull'elettrodinamica quantistica, Oppenheimer «era come se mi avesse buttato addosso una tonnellata di mattoni».[82] In seguito però andò a trovare Dyson e gli chiese scusa per il suo comportamento. A quell'epoca Oppenheimer pensava che la proposta di Feynman – avanzata con il massimo dell'intuizione e il minimo dei calcoli matematici – fosse fondamentalmente sbagliata, e semplicemente non voleva ascoltare la difesa di Dyson. Oppenheimer cominciò a modificare la sua opinione solo dopo che Hans Bethe arrivò dalla Cornell University a fare una lezione a sostegno delle teorie di Feynman. Quando Dyson fece un'altra lezione, Oppenheimer rimase stranamente in silenzio; ma in seguito Dyson trovò nella sua casella delle lettere un biglietto molto breve: «*Nolo contendere*. R. O.». Quando Oppenheimer era presente, Dyson provava un mucchio di emozioni. Bethe gli aveva detto che era importante che studiasse con Oppenheimer perché era «molto più profondo».[83] Ma Dyson rimase deluso da Oppenheimer come fisico: Oppie non sembrava aver più tempo per il lavoro duro, il calcolo, il compito principale del fisico teorico. «Poteva anche essere stato profondo», ricordava Dyson, «ma ormai non sapeva cosa davvero stesse accadendo!» E spesso era anche perplesso da Oppenheimer come uomo, dalla sua strana mescolanza di distacco filosofico e di ambizione di guida. Considerava Oppie come il tipo di persona la cui tentazione principale era quella di «battere il Demonio e salvare l'umanità».[84]

Dyson considerava Oppenheimer colpevole di «pretenziosità». Talvolta non riusciva semplicemente a capire affermazioni di Oppenheimer degne dell'oracolo di Delfi e questo gli faceva pensare che l'«incomprensibilità fosse stata confusa con la profondità».[85] Comunque, nonostante tutto questo, Dyson fu sempre attratto da Oppenheimer.

Agli inizi del 1948 la rivista «Time» pubblicò un breve articolo che parlava di un saggio che Oppenheimer aveva da poco pubblicato sulla «Technology Review». «Il senso di rimorso che hanno gli scienziati», scriveva il «Time», «è stato ammesso con franchezza la settimana scorsa» dal dottor J. Robert Oppenheimer.[86] L'articolo citava il capo del Laboratorio di Los Alamos durante la guerra che diceva: «Nessuna volgarità, nessun umorismo, nessuna esagerazione può completamente cancellare la cruda realtà: i fisici hanno conosciuto il peccato, e di questa consapevolezza non potranno mai liberarsi».

Oppenheimer forse aveva capito che parole come queste, soprattutto se dette da lui, avrebbero innescato una controversia. Anche Isidor Rabi, un amico stretto, pensava che quelle parole fossero mal scelte: «Che robaccia, non avevamo mai parlato di quella cosa in quel modo. Si sentiva in peccato, bene, ma non sapeva che cos'era».[87] L'incidente portò Rabi a dire del suo amico che «era troppo pieno di scienze umane». Rabi conosceva Oppenheimer troppo bene per essere arrabbiato con lui, e sapeva che la principale debolezza del suo amico era «la tendenza a vedere il lato mistico delle cose». Un vecchio professore di Oppenheimer ad Harvard, Percy Bridgman, disse a un giornalista:

«Gli scienziati non possono essere responsabili per il solo fatto che esistono [...]. Se qualcuno può avere il senso del peccato, è Dio. Qui è lui che fa le cose».[88]

Naturalmente Oppenheimer non era l'unico scienziato che aveva questa convinzione. In quell'anno, il suo antico tutor a Cambridge, Patrick M.S. Blackett (quello dell'affare della «mela avvelenata»), aveva pubblicato *Conseguenze politiche e militari dell'energia atomica*,* la prima forte critica alla decisione di usare la bomba in Giappone. Nell'agosto 1945, sosteneva Blackett, i giapponesi erano virtualmente sconfitti; la bomba in realtà fu usata per impedire una condivisione con i sovietici dell'occupazione del Giappone nel dopoguerra. «Si può solo immaginare», scriveva Blackett, «la fretta con la quale le due bombe – le sole due bombe esistenti – sono state trasportate attraverso il Pacifico per essere poi sganciate su Hiroshima e Nagasaki appena in tempo, ma solo appena, per essere certi che il Governo giapponese si arrendesse solo alle forze americane.»[89] I bombardamenti atomici «non sono stati tanto l'ultima azione militare della seconda guerra mondiale», concludeva, «quanto la prima grande operazione della guerra fredda diplomatica che si sta ora avviando con la Russia».

Blackett suggeriva che molti americani erano consapevoli che la diplomazia atomica era stata un fattore e che questo aveva prodotto «un intenso conflitto psicologico profondo nella mente di molti inglesi e americani che conoscevano, o sospettavano, molti dei fatti reali. Questo conflitto era particolarmente intenso nella mente degli stessi scienziati atomici, che sentivano giustamente una profonda responsabilità nel vedere il loro brillante lavoro scientifico usato in quel modo». Naturalmente Blackett stava descrivendo il tormento che attanagliava il suo vecchio studente. Citava anche il discorso che Oppenheimer aveva fatto l'1 giugno 1946 al MIT, nel corso del quale aveva chiaramente detto che gli Stati Uniti «avevano usato le bombe atomiche contro un nemico che era già stato sconfitto».

Il libro di Blackett creò fermento quando l'anno successivo fu pubblicato in America. Rabi l'attaccò sulle pagine dell'«Atlantic Monthly»: «Il lamento su Hiroshima non trova eco in Giappone».[90] Insisteva sul fatto che la città era un «bersaglio legittimo». Ma, significativamente, Oppenheimer non criticò mai le tesi di Blackett e alla fine di quell'anno si congratulò caldamente con il suo vecchio tutor quando

---

* P.M.S. Blackett, *Conseguenze politiche e militari dell'energia atomica*, Einaudi, Torino 1949. [*n.d.t.*]

gli fu assegnato il premio Nobel per la fisica. Inoltre, quando qualche anno dopo Blackett pubblicò un altro libro che criticava la decisione degli americani di usare la bomba, *Le armi atomiche e i rapporti tra Est e Ovest*,* Oppenheimer gli scrisse che, anche se riteneva che alcuni punti non fossero «del tutto corretti», concordava tuttavia con la «tesi principale».

Quella primavera,[91] una nuova rivista mensile, «Physics Today», recava sulla copertina del numero inaugurale una fotografia in bianco e nero del cappello a calotta piatta di Oppie appeso a una pipa di metallo e non c'era bisogno di didascalia per identificare il proprietario di quel famoso *chapeau*. A parte Einstein, nel paese Oppenheimer era senza dubbio lo scienziato più conosciuto e questo proprio in un periodo in cui lui era considerato un modello di saggezza. I suoi consigli erano ansiosamente e ripetutamente richiesti dal governo e la sua influenza sembrava talvolta eccessiva. «Desiderava essere in buoni rapporti con i generali di Washington», osservava Dyson, «e nello stesso tempo essere il salvatore dell'umanità.»[92]

---

* P.M.S. Blackett, *Le armi atomiche e i rapporti tra Est e Ovest*, Einaudi, Torino 1961. [*n.d.t.*]

28. «Non riusciva a capire perché l'aveva fatto»

> *Mi disse che in quel momento gli erano saltati i nervi [...]*
> *Lui ha questa tendenza: quando le cose pesano troppo,*
> *spesso fa delle mosse senza senso.*
> David Bohm

Nell'autunno del 1948, Robert ritornò in Europa, dove era stato per l'ultima volta diciannove anni prima. A quell'epoca era un giovane fisico promettente da cui ci si aspettavano grandi risultati. In occasione di questo ritorno era certamente il più noto fisico della sua generazione, il fondatore della più importante scuola di fisica teorica in America e il «padre della bomba atomica». Il suo itinerario lo portò a Parigi, Copenhagen, Londra e Bruxelles, e in tutte quelle città o tenne discorsi o partecipò a conferenze di fisica. Quando era giovane era arrivato all'età dell'intellettualità studiando a Gottinga, Zurigo e Leida, e aveva accelerato ansiosamente il viaggio. Ma alla fine di settembre aveva scritto al fratello che era rimasto deluso da quello che aveva trovato. «Per me l'*Europa reise*»,[1] disse a Frank, «è come essere tornato nei tempi antichi, solo un po' di tempo per l'inventario [...]. Le conferenze di fisica sono andate bene, dappertutto – Copenhagen, Inghilterra, Parigi e anche qui [Bruxelles], c'è una frase "vedi, siamo al di là delle cose" [...].» Questo portava Robert a concludere, quasi con nostalgia, «Per tutto questo sono ormai convinto che è soprattutto in America che si dovrà decidere in quale mondo saremo costretti a vivere».

Robert tornava poi all'argomento più importante della sua lettera: sollecitare Frank a cercare «l'assistenza, l'appoggio e i consigli di un bravo avvocato». In quell'estate, il Comitato per le attività antiamericane (HUAC) aveva avviato delle udienze, e Robert era preoccupato per suo fratello e forse anche per sé stesso. «È stato un errore», scrisse a Frank, «non aver seguito con attenzione tutto quello che è accaduto al [J. Parnell] Thomas Committee [...]. Anche la vicenda di Hiss mi sembra un segnale minaccioso.»

In agosto Whittaker Chambers, redattore del settimanale «Time» ed ex comunista, aveva dichiarato di fronte all'HUAC che Alger Hiss, un avvocato del New Deal e in passato alto funzionario del Dipartimento di stato, era stato membro di una cellula nascosta del Partito comunista a Washington.

Le accuse di Chambers a Hiss divennero ben presto il punto centrale della tesi sostenuta dai repubblicani secondo la quale i sostenitori del New Deal di Roosevelt avevano permesso ai comunisti di inserirsi di nascosto nel cuore del sistema della politica estera americana. Nel settembre 1948 Hiss fece causa per diffamazione a Chambers, ma alla fine di quell'anno Hiss fu accusato di falso.

Oppenheimer aveva ragione nel pensare che il caso Hiss fosse un «segnale minaccioso». Se l'HUAC riusciva a far cadere uno con la statura di Hiss, chissà cosa avrebbe potuto fare il comitato a suo fratello, la cui militanza nel Partito comunista era ben nota. Robert sapeva che già nel marzo 1947 il «Washington Times Herald» aveva pubblicato un'inchiesta in cui si accusava Frank di essere un membro del partito. Stupidamente, Frank aveva negato che quella storia fosse vera. Senza essere più esplicito, Robert aveva osservato che Frank «ci aveva pensato molto in quegli ultimi anni [...]». E in questo contesto suggeriva gentilmente a Frank di affidarsi a un avvocato, soprattutto a un buon avvocato. Aveva bisogno di qualcuno che conoscesse «le strade giuste a Washington, nel Congresso [...] e soprattutto nei giornali. Perché dunque non ti rivolgi a Herb Marks, che probabilmente ha tutte queste caratteristiche?». Robert sperava che suo fratello non fosse coinvolto nella caccia alle streghe dell'HUAC, ma evidentemente Frank non era preparato al problema.

Allora trentaseienne, Frank Oppenheimer era agli inizi di una carriera gratificante. Prima all'Università di Rochester e ora all'Università del Minnesota, stava facendo ricerche sperimentali innovative nella fisica delle particelle elementari. Nel 1949 era considerato dai suoi amici fisici come uno dei migliori ricercatori sperimentali del paese, noto per i suoi studi sulle particelle ad alta energia (raggi cosmici) alle alte quote. Agli inizi di quell'anno era andato ai Caraibi su un aereo da trasporto della Marina militare, l'*USS Saipan*, dal quale lui e la sua squadra avevano lanciato una serie di palloni riempiti con elio che trasportavano speciali contenitori metallici che racchiudevano una camera a nebbia e cumuli di lastre ricoperte di emulsione fotografica. Progettati per salire a quote estremamente elevate, i palloni trasportavano le lastre fotografiche che servivano a registrare le tracce dei nuclei pesanti; i dati così raccolti suggerivano che l'origine dei raggi cosmici fosse da ricercare nelle esplosioni stellari. Dopo la loro discesa, i contenitori di metallo venivano recuperati, spesso dallo stesso Frank, che a Cuba era andato alla ricerca di uno di questi contenitori attraverso la giungla della Sierra Maestra, e che, trionfante, trovò poi appeso tra i rami di un albero di mogano. Ma quando un altro contenitore scomparve in mare, Frank scrisse in tono melodrammatico che gli «si era spezzato»[2] il cuore. In effetti amava molto queste avventure, che allietavano il suo lavoro. Se durante il 1945 aveva seguito Robert nel suo percorso, ora Frank stava seguendo una strada indipendente come fisico sperimentale di punta.

Preoccupato com'era per Frank, forse Robert pensava che la fama che si era conquistato avesse neutralizzato il suo passato di sinistra. Nel novembre 1948 era apparso sulla copertina della rivista «Time», e un articolo tracciava un lusinghiero profilo della sua vita e della sua carriera. I redattori del «Time» raccontavano a milioni di americani che Oppenheimer, il padre fondatore dell'era atomica, era «un vero eroe contemporaneo».[3] Quando era stato intervistato dai giornalisti del «Time» non aveva cercato di nascondere la sua esperienza radicale. Aveva tranquillamente spiegato che fino al 1936 era stato «sicuramente una delle persone meno politicizzate al mondo [...]». Ma poi aveva detto che la vista di giovani fisici «crollati» perché senza lavoro, e la notizia che i suoi parenti in Germania erano dovuti fuggire dal regime nazista, gli avevano aperto gli occhi. «Aprii gli occhi e compresi che la politica faceva parte della vita. Divenni un vero uomo di sinistra, sono entrato nell'Unione degli insegnanti e ho avuto un sacco di amici comunisti. Era quello che molte persone facevano all'università o nei licei. Forse questo non piacerà al Comitato Thomas [HUAC], ma non me ne vergogno; mi vergogno di più per il mio ritardo. Gran parte del quale ora mi appare come una cosa completamente senza senso, ma che probabilmente è stata una parte del percorso necessario a diventare un vero uomo. Se non fossi passato per quell'antica ma indispensabile educazione, non sarei riuscito a fare quello che ho fatto a Los Alamos.»[4]

Poco dopo che quell'articolo era stato pubblicato dal «Time», Herb Marks, grande amico e in alcune occasioni avvocato di Oppie, gli scrisse per congratularsi con lui per quello che considerava un articolo «molto buono».[5] In quello che con molta probabilità costituiva un riferimento alle osservazioni di Oppie a proposito del suo passato di sinistra, Marks commentava: «Quell'accenno al "prenoviziato" era superbo».

Robert rispose: «L'unica cosa che desideravo fosse chiara era proprio quel punto che hai ripreso, in cui vedevo una possibilità, a lungo sollecitata, ma mai prima possibile». La moglie di Herb, Anne Wilson (già segretaria di Oppie), si preoccupò che l'articolo del «Time» potesse attirare critiche. Lo stesso Oppenheimer non era del tutto sicuro di quello che sarebbe successo. «Ho sofferto per quell'articolo», scrisse a Herb, «soprattutto nella prima settimana, o poco più, ma poi ho pensato ironicamente che per me rappresentava una buona cosa.»

Oppenheimer forse aveva sperato di essere immunizzato contro gli investigatori del Congresso, ma nella primavera del 1949 l'HUAC avviò una vasta indagine sullo spionaggio atomico al Rad Lab di Berkeley. Non solo Frank, ma anche lo stesso Robert erano potenziali obbiettivi. A quattro vecchi studenti di Oppenheimer – David Bohm, Rossi Lomanitz, Max Friedman e Joseph Weinberg – fu notificata una citazione con l'invito a testimoniare. Gli investigatori dell'HUAC sapevano che nel 1943 Weinberg era stato intercettato mentre parlava con Steve Nelson della bomba atomica. Ma mentre questa prova sembrava dimostrare un coinvolgimento di Weinberg nello spionaggio atomico, il consiglio dell'HUAC sapeva che un'intercettazione raccolta senza autorizzazione non aveva validità davanti a una Corte. Il 26 aprile 1949 l'HUAC costrinse Weinberg a un faccia a faccia con Steve Nelson, durante il quale Weinberg negò risolutamente di averlo mai incontrato. Gli avvocati dell'HUAC sapevano che Weinberg aveva dichiarato il falso, ma provarlo avrebbe richiesto troppo tempo. Pensarono quindi di risolvere il caso attraverso le testimonianze di Bohm, Friedman e Lomanitz.

Non era certo che Bohm avrebbe testimoniato e, se fosse stato costretto, non era certo che avrebbe testimoniato sui suoi amici. Einstein lo sollecitava a rifiutarsi di testimoniare, anche se un rifiuto poteva fargli rischiare la prigione. «Devi rifiutarti per sempre»,[6] gli disse lo scienziato. Bohm pensò che non era necessario far ricorso al quinto emendamento; era convinto che essere iscritto al Partito comunista non fosse illegale, e che pertanto non c'era nulla che potesse incriminarlo. Il suo istinto lo portava ad accettare di testimoniare sulle sue attività politiche ma di rifiutarsi di testimoniare su quelle di altre persone. Avendo saputo che Lomanitz aveva ricevuto un'analoga citazione, Bohm contattò il suo vecchio amico, che a quell'epoca insegnava a Nashville. Dalla fine della guerra, Lomanitz stava passando un brutto periodo; ogni volta che trovava un lavoro decente, l'FBI informava il suo datore di lavoro che Lomanitz era un comunista e lui veniva licenziato. Il suo futuro gli sembrava particolarmente cupo, ma trovò i soldi per andare da Bohm a Princeton.

Poco dopo il suo arrivo, i due vecchi amici stavano camminando lungo Nassau Street quando Oppenheimer uscì dal negozio di un barbiere. Da anni Robert non vedeva Lomanitz, ma erano rimasti in contatto. Nell'autunno del 1945 aveva scritto a Lomanitz: «Caro Rossi, mi ha fatto molto piacere ricevere la tua lunga lettera, anche se davvero triste. Quando torni negli Stati Uniti e hai tempo per farlo, per favore vieni a trovarmi [...]. Sono tempi duri, duri soprattutto per te, ma non ti abbattere, non potranno durare a lungo. Tanti cari saluti di tutto cuore. Opje».[7] Dopo aver scambiato i saluti con Oppie, Bohm e Lomanitz raccontarono della loro spiacevole situazione. Secondo il racconto di Lomanitz, Oppenheimer cominciò ad agitarsi e all'improvviso esclamò: «Oh mio Dio, tutto è perduto. Nel Comitato per le attività antiamericane c'è un uomo dell'FBI».[8] Lomanitz pensò che quella era «paranoia».

Ma Oppenheimer aveva tutte le ragioni per essere preoccupato.[9] Anche lui era stato raggiunto da una notifica con l'invito a testimoniare di fronte all'HUAC, e gli era capitato di scoprire che uno dei membri del comitato, Harold Velde, rappresentante dell'Illinois al Congresso, era stato in passato un agente dell'FBI, e durante gli anni della guerra aveva lavorato a Berkeley per controllare il Rad Lab.

In seguito Oppenheimer descrisse l'incontro con i suoi vecchi studenti come una semplice conversazione di un paio di minuti. Disse che li aveva semplicemente consigliati di «dire la verità» e che loro avevano risposto: «Non abbiamo intenzione di mentire».[10] Poco tempo dopo, Bohm fece la sua deposizione davanti all'HUAC, prima in maggio e poi di nuovo in giugno. Su suggerimento del suo avvocato, Clifford Durr, leggendario sostenitore delle libertà civili, si rifiutò di cooperare, citando sia il primo che il quinto emendamento. In quell'occasione l'Università di Princeton, dove allora stava insegnando, approvò un documento in suo sostegno.

Il 7 giugno 1949 toccò a Oppenheimer presentarsi a una sessione operativa a porte chiuse dell'HUAC. Sei membri del Congresso erano presenti per interrogarlo, compreso l'ambizioso Richard M. Nixon (R-Cal.*). Formalmente Oppenheimer si presentava di fronte al Comitato nel suo ruolo di presidente del Gruppo di consulenti scientifici dell'AEC. Ma i duri membri del Congresso non erano lì solo per fargli

---

* Repubblicano, rappresentante dello stato di California. [*n.d.t.*]

domande sulla politica delle armi nucleari: volevano notizie sullo spionaggio atomico. Per quanto fosse preoccupato, non voleva dar l'impressione di essere sulla difensiva, per cui decise di presentarsi senza un avvocato. Però portò con sé Joseph Volpe, e spiegò brevemente che era uno dei membri del Consiglio generale dell'AEC. Nelle successive due ore Oppenheimer fu cooperativo e disponibile.

Il consiglio dell'HUAC dichiarò innanzitutto che il Comitato non avrebbe cercato di metterlo in imbarazzo. Ma la prima vera domanda fu: «Lei era al corrente, oppure no, del fatto che alcuni scienziati del Radiation Laboratory avevano creato una cellula comunista?». Oppenheimer negò qualsiasi conoscenza su quella faccenda. Quindi gli fu chiesto di parlare sulle attività politiche e sulle opinioni dei suoi ex studenti. Negò di aver saputo prima della guerra che Weinberg fosse un comunista. «Dopo la guerra era a Berkeley», disse poi Oppenheimer, «e aveva espresso opinioni che non erano certo in linea con quelle di un comunista.»

Il consiglio dell'HUAC chiese poi a Oppenheimer notizie su un altro dei suoi ex studenti, il dottor Bernard Peters. Le sue risposte riflettono la sua immutabile ingenuità. Probabilmente pensava che, poiché stava testimoniando in una sessione operativa, le sue affermazioni non sarebbero state rese pubbliche. Un consigliere dell'HUAC chiese a Oppenheimer se era vero che lui una volta aveva detto agli addetti alla sicurezza del Progetto Manhattan che Peters era «un uomo pericoloso e davvero rosso».[11] Oppenheimer ammise che aveva detto più o meno quello al capitano Peer de Silva, l'addetto alla sicurezza a Los Alamos. Richiesto di approfondire la cosa, Oppenheimer spiegò che Peters era stato un membro del Partito comunista tedesco e che si era impegnato in scontri di piazza con i nazisti. In seguito era stato internato in un campo di concentramento dal quale era riuscito miracolosamente a fuggire grazie alla sua «astuzia». Dichiarò anche spontaneamente che quando Peters era arrivato in California, aveva «violentemente accusato» il Partito comunista locale perché «non si era abbastanza dedicato ad abbattere il governo [degli USA] con la forza e la violenza». Quando gli fu chiesto come mai sapeva che Peters era stato iscritto al Partito comunista tedesco, Oppenheimer rispose: «Me l'ha detto lui, assieme a tante altre cose».

Sembra che Oppenheimer fosse infastidito a proposito di Peters. In maggio, solo un mese prima, mentre stava partecipando a una conferenza dell'American Physical Society, il suo vecchio amico Samuel Goudsmit gli aveva chiesto notizie di Peters. Nella sua posizione di consulente dell'AEC, ogni tanto Goudsmit riesaminava questioni sulla sicurezza. Poco tempo prima Peters aveva chiesto a Goudsmit se doveva essere preoccupato e così Goudsmit aveva controllato il suo incartamento sulla sicurezza e aveva letto la dichiarazione di Oppenheimer a de Silva del 1943, in cui aveva detto che Peters era «pericoloso». Quando Goudsmit aveva chiesto a Oppenheimer se aveva ancora la medesima opinione su Peters, Oppenheimer l'aveva sorpreso rispondendo: «Ma guardalo bene. Puoi forse sostenere che mi sono sbagliato?».[12]

Oppenheimer fu interrogato anche su altri amici. Quando gli fu chiesto se il suo vecchio amico Haakon Chevalier era un comunista, rispose che «era il miglior esempio di moderato salottiero», ma che non sapeva se fosse o meno un membro del partito. A proposito dell'«affare Chevalier», Oppenheimer ripeté la stessa storia che aveva raccontato nel 1946 all'FBI, e cioè quello che un confuso e imbarazzato Chevalier gli aveva raccontato dell'idea di Eltenton di «passare informazioni al governo sovietico»; come risposta lui aveva pesantemente e «in termini violenti detto che non si lasciasse confondere e che la smettesse di avere contatti con quella persona». Chevalier, disse Oppenheimer, non sapeva nulla della bomba atomica prima che esplodesse a Hiroshima. Il comitato non chiese nulla di specifico sul contatto con gli altri tre scienziati – la versione della storia che aveva raccontato a Pash nel 1943 – ma lui negò che altre persone l'avessero contattato per avere informazioni sulla bomba atomica.

Riguardo a un altro dei suoi ex studenti, Oppenheimer confermò in breve che Rossi Lomanitz era stato allontanato dal Rad Lab e arruolato nell'Esercito a causa di «un'incredibile indiscrezione». Riconobbe anche che Joe Weinberg era un amico di Lomanitz e che un altro studente di fisica, il dottor Irving David Fox, aveva contribuito all'organizzazione di un'associazione sindacale all'interno del Rad Lab. Quando gli fu chiesto di Kenneth May confermò che May era «un comunista dichiarato».

Oppenheimer aveva tentato con tutte le sue forze di essere compiacente. Quando poteva, aveva fatto i nomi. Ma quando fu interrogato sulla passata militanza del fratello nel partito, Robert replicò: «Signor presidente, risponderò alle domande che mi verranno poste. Ma la prego di non avanzare queste domande su mio fratello. Se sono importanti per voi, posso rispondere. Risponderò, se mi viene richiesto, ma la prego di non pormi queste domande».

In segno di straordinaria deferenza, il consiglio dell'HUAC ritirò la domanda. Dopo l'aggiornamento della seduta, il membro del Congresso Nixon disse che era rimasto «tremendamente impressionato»[13] da Oppenheimer e che era «molto felice che occupasse una posizione importante nel nostro programma». Joe Volpe era rimasto sorpreso dalla freddezza di comportamento di Oppenheimer. «Sembrava che Robert si fosse preparato per affascinare i membri del Congresso e sollevarli dalle loro sedie.»[14] In seguito, tutti e sei i membri del Congresso presenti alla seduta dell'HUAC andarono a stringere la mano del famoso scienziato. Per questo non deve sorprendere che Robert continuasse a credere che la sua notorietà costituisse uno scudo protettivo.

Oppenheimer uscì indenne dalle udienze, ma i suoi ex studenti non furono altrettanto fortunati. Il giorno dopo la testimonianza di Oppenheimer, Bernard Peters trascorse una ventina di minuti davanti al Comitato: una pura formalità. Peters negò di esser stato membro del Partito comunista sia in Germania sia negli Stati Uniti, e negò anche che lo fosse stata sua moglie, la dottoressa Hannah Peters, e di aver conosciuto Steve Nelson.[15]

Peters se ne andò domandandosi che cosa Oppenheimer avesse detto al Comitato il giorno prima e così, durante il suo viaggio di ritorno a Rochester, decise di far tappa a Princeton per incontrare il suo maestro. Oppie scherzò dicendo: «Dio suggeriva le loro domande, e per questo non ho detto nulla di male».[16] Tuttavia una settimana più tardi la testimonianza data da Oppenheimer a porte chiuse fu passata sottobanco al «Rochester Times-Union». Il titolo strillava: *Il dottor Oppenheimer una volta ha definito Peters "davvero rosso"*.[17] I colleghi di Peters all'Università di Rochester lessero che il loro collega era fuggito da Dachau grazie alla sua «astuzia» e che una volta aveva criticato il Partito comunista perché non aveva fatto abbastanza sforzi per avviare una rivoluzione in America.

Peters capì immediatamente che il suo lavoro era a rischio.[18] Solo l'anno prima, era stata fatta trapelare un'analoga testimonianza di fronte all'HUAC, e quando il «Rochester Time-Union» aveva pubblicato un articolo intitolato *Uno scienziato di R. forse indagato per spionaggio*, aveva querelato il giornale per calunnia. Da una transazione extragiudiziaria aveva ottenuto un dollaro. Ma con questa nuova vicenda Peters comprese il rischio che correva se quelle accuse saltavano fuori di nuovo. Peters smentì immediatamente le affermazioni di Oppenheimer, dichiarando al «Rochester Time-Union» che «non aveva mai detto né al dottor Oppenheimer né a nessun altro che era stato iscritto al Partito comunista perché non lo sono mai stato; ho detto invece che ammiravo molto l'energica lotta che quel partito aveva condotto contro i nazisti [...] e anche che ammiravo gli eroi che erano morti nel campo di concentramento di Dachau».[19] Peters aveva ammesso che la sua visione politica, anche quella attuale, era «non ortodossa», citando la sua forte opposizione alla discriminazione razziale e la sua fiducia «nell'importanza del socialismo». Ma non era un comunista.

Lo stesso giorno Peters scrisse una lettera a Oppenheimer, includendo il ritaglio del giornale e chiedendogli se aveva davvero detto quelle cose davanti all'HUAC. «Hai detto il vero quando hai affermato che invocavo una "azione diretta" contro le dittature fasciste. Ma tu conosci una qualche occasione in cui io abbia invocato un'azione di questo genere in un paese dove la maggior parte della popolazione sostiene un governo che è stato scelto in piena libertà?»[20] Chiedeva anche: «Dove hai raccolto quella storia drammatica degli scontri di piazza ai quali avrei partecipato? Mi sarebbe piaciuto esserci». Peters era stato abbastanza offeso da chiedere al suo avvocato se c'erano motivi sufficienti «per accusare Robert di calunnia».[21]

Cinque giorni più tardi, il 20 giugno, Oppenheimer telefonò all'avvocato di Peters, Sol Linowitz, e trasmise un messaggio per Hannah Peters. Voleva far sapere a Bernard che era «rimasto molto turbato»[22] da quell'articolo, e anche che l'articolo non riportava correttamente quello che aveva detto davanti al Comitato. Robert disse anche che era ansioso di parlare con Bernard.

In breve sequenza Oppenheimer seppe da suo fratello Frank, da Hans Bethe e da Victor Weisskopf, che tutti erano rimasti tristemente sorpresi nel vedere Oppie che attaccava in quel modo un amico. Sia Weisskopf che Bethe gli scrissero che non riuscivano a capire come fosse venuto a sapere quelle cose su Peters – come precisò Weisskopf – e lo sollecitavano a «chiarire quello che aveva detto e a fare tutto il possibile per prevenire il licenziamento di Peters [...]».[23] Bethe gli scrisse: «Ricordo che mi hai parlato dei Peters in termini molto cordiali, e che sicuramente li consideravi degli amici. Come hai potuto pensare che la sua fuga da Dachau fosse una dimostrazione della sua tendenza "all'azione diretta" invece che una semplice misura di autodifesa contro un pericolo mortale?».[24]

Edward Condon, amico di Oppie sin dai tempi di Gottinga, e poi suo vice a Los Alamos per un breve periodo, era arrabbiato e «sbalordito al di là di ogni possibile immaginazione».[25] Ora direttore dell'U.S. Bureau of Standards, anche Condon era stato un occasionale bersaglio degli attacchi alla sinistra che provenivano dal Campidoglio. Il 23 giugno 1949 aveva scritto a sua moglie Emilie: «Sono convinto che Robert Oppenheimer stia perdendo la testa [...]. [Se] Oppie è davvero squilibrato, a causa della sua posizione la cosa può avere conseguenze molto gravi, in particolare per il fatto di essere stato l'ispiratore del rapporto Acheson-Lilienthal sul controllo internazionale dell'energia atomica [...]. [Se] avrà un crollo sarà certamente una grande tragedia. Spero soltanto che non trascini con sé nel crollo tante altre persone. Peters dice che la testimonianza di Oppie su di lui è piena di emerite bugie, anche su cose di cui Oppie sapeva la verità».

Condon disse a sua moglie che aveva saputo dalla gente di Princeton che «nelle ultime settimane Oppie era in uno stato di tensione molto alta [...] che appariva in forte stato di stress per la paura di essere attaccato lui stesso. Naturalmente sapeva che c'erano più prove delle attività di sinistra in cui era coinvolto di quelle che aveva rivelato a proposito di altre persone di Berkeley [...]. Sembrava che tentasse di acquistare l'immunità personale dagli attacchi sviando gli informatori [...]».[26]

Lo sconfortato Condon scrisse poi a Oppie una lettera pungente. «Ho perso gran parte del mio sonno cercando di spiegarmi perché hai parlato in quel modo di un uomo che conosci da tanto tempo, e che sai che è sia un buon fisico sia un buon cittadino. Uno è tentato di immaginare che tu sia così folle da pensare di poter acquisire l'immunità per te stesso sviando gli informatori. Spero che questo non sia vero. Sai molto bene che quando quella gente deciderà di andare a spulciare il tuo incartamento e di renderlo pubblico, le "rivelazioni" che sono state fatte finora appariranno davvero addomesticate.»[27]

Pochi giorni dopo, Frank Oppenheimer suggerì a Peters di incontrare suo fratello, che era in visita a Berkeley. In seguito Peters descrisse l'incontro in una lettera a Weisskopf. «La mia conversazione con Robert è stata pessima. All'inizio si rifiutò di dirmi cosa c'era di vero o di falso in quell'articolo.»[28] Quando Peters insistette per sapere la verità, Oppenheimer confermò il resoconto del giornale sulla sua testimonianza. «Disse che era stato un terribile errore», scrisse Peters. Oppie tentò di spiegare che non era preparato a rispondere a quelle domande e che solo ora, vedendo le sue parole stampate, aveva realizzato che quello che aveva detto era così dannoso. Quando Peters gli chiese perché l'aveva ingannato quando si erano incontrati a Princeton, Oppenheimer «divenne tutto rosso» e disse che non sapeva spiegarselo. Peters insistette che Oppie l'aveva frainteso. Mentre Peters confermò che aveva davvero preso parte alle manifestazioni comuniste in Germania, giurò di non esser mai stato iscritto al partito.

Oppie accettò di scrivere una lettera al direttore del giornale di Rochester per precisare la sua testimonianza di fronte all'HUAC. Nella lettera, pubblicata il 6 luglio 1949, Oppenheimer spiegava che il dottor Peters gli aveva recentemente fornito «un'eloquente smentita» del fatto di essere stato membro del Partito comunista o di aver invocato un violento rovesciamento del governo degli USA. «Credo in questa affermazione»,[29] scriveva Oppenheimer. Passava poi a fare un'energica difesa della libertà di parola. «Le opinioni politiche, anche se radicali o liberamente espresse, non possono escludere uno scienziato da una brillante carriera scientifica [...].»

Peters considerò la lettera come «un esempio neppur troppo brillante di discorso ambiguo»,[30] ma tuttavia la utilizzò per salvare il suo lavoro all'Università di Rochester.[31] Ben presto però si accorse che senza possibilità di accesso alle ricerche secretate e ai progetti di ricerca governativi la sua carriera in America era avviata a una brutta fine. Verso la fine del 1949, quando espresse la sua intenzione di recarsi in India, il Dipartimento di stato gli rifiutò il rilascio del passaporto. L'anno successivo il Dipartimento di stato tornò sulla sua decisione e Peters accettò una posizione di docente al Tata Institute of Fundamental Research di Bombay. Ma nel 1955, dopo che il Dipartimento di stato si rifiutò di rinnovargli il passaporto, Peters decise di riprendere la cittadinanza tedesca. Nel 1959 lui e Hannah si trasferirono all'istituto di Niels Bohr a Copenhagen, dove trascorsero il resto della loro carriera.

Peters è da ritenersi fortunato rispetto a Bohm e Lomanitz. Poco più di un anno più tardi, vennero entrambi accusati di oltraggio al Congresso; il 4 dicembre 1950, dopo che Bohm fu arrestato (e rilasciato dietro cauzione di 1500 dollari), Princeton lo sospese da tutti i suoi incarichi di insegnamento e gli impedì anche di metter piede nel campus. Sei mesi più tardi, fu processato e prosciolto. Tuttavia Princeton decise di non rinnovare a Bohm il contratto di insegnamento che scadeva a giugno.

Il destino di Lomanitz fu anche peggiore.[32] Dopo la sua testimonianza di fronte all'HUAC, fu licenziato dalla Fisk University, e da allora trascorse due anni come manovale a giornata, incatramando tetti, trasportando sacchi e potando alberi. Nel giugno 1951 fu accusato di oltraggio al Congresso. Anche dopo il suo proscioglimento, l'unico lavoro che riuscì a trovare fu quello di addetto alla manutenzione delle linee ferroviarie a 1,35 dollari all'ora. Non riuscì a ottenere un altro incarico di insegnamento fino al 1959. Notevole è il fatto che Lomanitz non sembrò mai provare risentimento nei confronti di Oppenheimer. Non lo accusò mai per quello che l'FBI e la cultura politica di quell'epoca gli avevano fatto. Ma ancora una volta vi fu una lunga incomprensione. Un tempo Lomanitz considerava Oppenheimer «quasi un dio» e non aveva mai pensato che «potesse fare del male». Ma qualche anno più tardi avrebbe detto che aveva cominciato a provare di persona «quanto sia triste la debolezza umana [...]».[33]

Anche se quello che Oppenheimer aveva fatto per proteggere i suoi ex studenti era davvero poco, ogni tanto si comportava come se fosse davvero preoccupato da qualsiasi collegamento con loro. La loro vicinanza rappresentava un legame con il suo passato politico, e quindi un rischio per il suo futuro. Era chiaramente preoccupato. Dopo che Bohm aveva perso il suo incarico a Princeton, Einstein propose che fosse chiamato all'Institute for Advanced Study per lavorare come suo assistente. Il grande uomo era ancora interessato a una revisione della teoria dei quanti, e aveva sentito dire che «se qualcuno può farla, quello può essere solo Bohm».[34] Ma Oppenheimer pose il suo veto a quell'idea; Bohm avrebbe rappresentato una pesante responsabilità politica per l'Istituto. Per di più, a quanto si dice, ordinò a Eleanor Leary di tener lontano Bohm. In seguito infatti qualcuno udì la Leary che diceva ai dipendenti dell'Istituto: «David Bohm non può vedere Oppenheimer. Lui non vuole vederlo».

Come questione di opportunità, Oppenheimer aveva tutte le ragioni per tenersi lontano da Bohm. Del resto, quando Bohm seppe della possibilità di andare a insegnare in Brasile, Oppenheimer gli scrisse una brillante lettera di raccomandazione. Bohm trascorse il resto della sua carriera all'estero, prima in Brasile, poi in Israele e finalmente in Inghilterra. Agli inizi aveva profondamente ammirato Oppenheimer, e anche se col passare degli anni questo sentimento si era forse trasformato in una sorta di ambivalenza, non considerò mai Oppie responsabile della sua messa al bando negli USA. «Penso che abbia agito per il mio bene tutte le volte che poteva farlo»,[35] disse Bohm.

Bohm sapeva che Oppenheimer era sottoposto a grande tensione. Poco dopo le notizie diffuse dalla stampa sulla sua testimonianza contro Peters di fronte all'HUAC, Bohm ebbe una conversazione sincera con Oppie. Gli chiese perché aveva raccontato quelle cose sul loro amico. «Mi disse», ricordava Bohm, «che in quel momento gli erano saltati i nervi. Che in qualche modo la cosa era troppo per lui [...]. Non ricordo esattamente le sue parole, ma questo era il loro senso. Lui ha questa tendenza: quando le cose pesano troppo, spesso fa delle mosse senza senso. Mi disse che non riusciva a capire perché l'aveva fatto.»[36] Naturalmente questo era accaduto anche prima – nella sua intervista con Pash nel 1943 e nel suo incontro con Truman nel 1945 – e sarebbe accaduto ancora durante le sue audizioni sulla sicurezza nel 1954. Ma, come Bernard Peters aveva segnalato a Weisskopf, «Lui [Oppenheimer] è ovviamente spaventato dai pericoli delle udienze, anche se questa è a malapena una spiegazione [...]. Penso piuttosto che sia una triste esperienza vedere un uomo che consideravo davvero superiore, in quello stato di disperazione morale».[37]

Solo sei giorni dopo la sua testimonianza di fronte all'HUAC agli inizi del giugno 1949, Oppenheimer tornò in Campidoglio per testimoniare in un'udienza a porte aperte di fronte al Comitato congiunto sull'energia atomica. L'argomento in questione era l'esportazione di radioisotopi da utilizzare per scopi di ricerca in laboratori esteri. Con una decisione controversa finita quattro a uno, i commissari dell'AEC avevano approvato l'esportazione. L'unico commissario contrario, Lewis Strauss, era convinto che queste esportazioni fossero pericolose perché, pensava, i radioisotopi avrebbero potuto essere dirottati ed essere usati in applicazioni militari dell'energia atomica. Poco dopo, in un tentativo di rovesciare la decisione dell'AEC, durante un'udienza di fronte al Comitato congiunto sull'energia atomica, Strauss aveva fatto un intervento pubblico contro l'esportazione.

Così, quando Oppenheimer entrò nella sala riunioni della sede del Senato, fu messo al corrente delle preoccupazioni di Strauss. Ma non le condivise, e disse abbastanza chiaramente che considerava folli quelle preoccupazioni. «Nessuno può costringermi a dire», testimoniò, «che non si possono usare questi isotopi per l'energia atomica. Per l'energia atomica puoi usare una paletta, e in effetti si può. Per l'energia atomica puoi usare una bottiglia di birra, e in effetti si può.» A questo punto tra il pubblico ci furono mormorii e risate. Quel giorno un giovane giornalista, Philip Stern, si trovava per caso nella sala delle udienze.[38] Stern non aveva idea di quale fosse il bersaglio del sarcasmo, ma «era evidente che Oppenheimer stava trasformando qualcuno in un pazzo».

Invece Joe Volpe sapeva perfettamente chi stava per essere trasformato in pazzo. Seduto vicino a Oppenheimer al tavolo dei testimoni, si voltò per dare un'occhiata a Lewis Strauss e non fu sorpreso di vedere la faccia del commissario dell'AEC diventare paonazza per la rabbia. Altre risate accolsero la successiva affermazione di Oppenheimer: «La mia personale valutazione dell'importanza degli isotopi nel suo senso più ampio è che essi siano molto meno importanti delle apparecchiature elettroniche, ma un po' più importanti, diciamo così, delle vitamine, più o meno a metà strada».

Alla fine Oppenheimer chiese con noncuranza a Volpe: «Allora Joe, che ne pensi?».[39] L'avvocato gli rispose con un certo disagio: «Troppo bene, Robert. Davvero troppo bene». Oppenheimer probabilmente non pensava di aver umiliato Strauss al di là di quello che considerava un piccolo disaccordo politico. Ma per Oppie il sussiego arrivava facilmente, troppo facilmente, sottolineavano molti amici; faceva parte del suo repertorio da aula scolastica. «Robert arriva a considerare gli uomini maturi come scolaretti», disse un amico. «Ma può arrivare a considerare dei giganti come scarafaggi.» Solo che Strauss non era uno studente; era un uomo potente e forte, molto vendicativo e facilmente irritabile. Quel giorno lasciò la sala riunioni molto arrabbiato. «Mi ricordo chiaramente», disse Gordon Dean, un altro dei commissari dell'AEC, «il terribile aspetto della faccia di Strauss.» Molti anni più tardi David Lilienthal ricordava vividamente: «C'era un atteggiamento di avversione così profonda che di solito è davvero difficile osservare sulla faccia di un uomo».

I rapporti tra Oppenheimer e Strauss erano stati in costante declino sin dagli inizi del 1948, quando Oppie aveva dimostrato chiaramente che avrebbe resistito ai tentativi di Strauss di interferire nella sua direzione dell'Institute of Advanced Study. Già prima di questa udienza avevano avuto parecchi altri contrasti su questioni legate all'AEC. Ma ora Oppenheimer si era creato un pericoloso nemico che era potente e che aveva molta influenza in tutti i campi della vita professionale di Robert.

Dopo le loro contrastanti deposizioni davanti al Comitato congiunto, uno dei consiglieri di amministrazione dell'Istituto, il dottor John Fulton, disse che si aspettava che Strauss desse le dimissioni dal Consiglio di amministrazione. «Non credo che Robert Oppenheimer possa sentirsi a suo agio come direttore dell'Institute for Advanced Study»,[40] scrisse Fulton a un altro consigliere, «fino a che il signor Strauss continuerà a far parte del nostro consiglio». Ma Strauss poteva contare su alleati che poco tempo prima avevano appoggiato la sua elezione a presidente del Consiglio di amministrazione dell'Istituto, e aveva anche reso evidente che non aveva nessuna intenzione di dimettersi almeno fino a che conservava «il coraggio [...] di essere diverso dal dottor Oppenheimer sulle questioni scientifiche».[41] Strauss era furioso, e sarebbe rimasto furioso fino a che non avesse saldato il conto.

Appena il giorno dopo, il 14 giugno 1949, Frank Oppenheimer comparve come testimone davanti all'HUAC. Due anni prima aveva negato a un giornalista di esser mai stato iscritto al Partito comunista. Non aveva deciso di mentire a proposito della sua militanza nel partito, ma una sera tardi un giornalista del «Washington Times-Herald» l'aveva chiamato e gli aveva detto che stava concludendo per il suo giornale un articolo che sarebbe uscito l'indomani. Dopo avergli letto il testo al telefono, il giornalista gli aveva chiesto un veloce commento. «L'articolo è pieno di affermazioni false di ogni genere», disse Frank.[42] «L'appartenenza al partito prima della guerra era la sola cosa vera. Ma mi chiesero una dichiarazione, e io mi limitai a dire che il tutto era falso, il che fu una cosa stupida da parte mia. Sarebbe stato meglio che non avessi detto nulla.» Quando l'articolo fu pubblicato, i responsabili dell'Università del Minnesota fecero pressioni su Frank perché mettesse per iscritto la smentita. Preoccupato per il suo lavoro, Frank preparò per il suo avvocato un appunto in cui affermava di non aver mai fatto parte del Partito comunista.

Ma ora, dopo averne parlato con Jackie, Frank decise che doveva dire la verità. Quella mattina testimoniò sotto giuramento che lui e Jackie erano stati membri del Partito comunista per circa tre anni e mezzo, dagli inizi del 1937 fino alla fine del 1940 o agli inizi del 1941. Disse anche che durante quegli anni il suo pseudonimo nel partito era stato «Frank Folsom». Su suggerimento del suo avvocato, Clifford Durr, rifiutò di testimoniare sulle opinioni politiche di altre persone. «Non posso parlare dei miei amici», disse.[43] Più volte i consiglieri dell'HUAC e vari membri del Congresso fecero pressioni perché facesse i nomi. Quando Velde – il membro del Congresso che era stato agente dell'FBI – gli chiese ripetutamente di formulare in modo diverso le ragioni per cui si rifiutava di rispondere alle loro domande, Frank disse che non voleva parlare dell'appartenenza politica dei suoi amici «perché tutti quelli che ho conosciuto durante la mia vita erano persone rispettabili e con oneste intenzioni. Non c'è stata alcuna occasione in cui abbiano pensato, discusso o detto cose che fossero in contrasto con i propositi della Costituzione o delle leggi degli Stati Uniti». In netto contrasto con suo fratello, Frank non mutò posizione; non avrebbe fatto nessun nome.

Lui e Jackie trovarono surreale l'intera faccenda. Jackie non aveva perso la sua legittima rabbia. Mentre era seduta nell'anticamera della sede del comitato in attesa di testimoniare, aveva guardato fuori dalla finestra ed era rimasta sorpresa dal contrasto tra i palazzi di marmo governativi sulla collina del Campidoglio, circondati da prati ben curati, e le schiere di case fatiscenti occupate dalla popolazione nera della città. I ragazzini erano a piedi scalzi e vestiti di stracci. «Tutti sembravano rachitici e molti malnutriti. Tutti giocavano soltanto con la robaccia che avevano trovato per strada. Quando ho visto quel triste spettacolo guardando fuori dalla finestra, mi sono sentita combattuta per quello che il Comitato stava cercando di farmi passare, e sempre più furiosa per il fatto di essere stata convocata solo perché qualcuno potesse interrogarmi per sapere se ero antiamericana.»[44]

In seguito Frank disse ai giornalisti che si erano iscritti al partito nel 1937 «alla ricerca di una risposta al problema della disoccupazione e della povertà nel più ricco e più produttivo paese del mondo». Ma avevano lasciato il partito nel 1940, abbastanza delusi. Non era a conoscenza, disse, di casi di spionaggio atomico, né a Los Alamos né al Rad Lab di Berkeley. «Non sapevo nulla delle attività dei comunisti; nessuno mi ha mai avvicinato per avere informazioni e io non ne ho mai date; ho lavorato molto duramente e credo di aver fornito un notevole contributo al progetto.»[45] All'incirca un'ora più tardi, Frank seppe dai giornalisti che l'Università del Minnesota aveva accettato le sue dimissioni da professore associato di fisica. Due anni prima aveva mentito e, dal punto di vista dell'università, questa era una ragione sufficiente per la sua uscita dalla vita accademica. Mancavano appena tre mesi alla sua nomina a professore ordinario, ma in un incontro finale con il rettore dell'università era apparso chiaro che per lui tutto era finito. Frank era uscito in lacrime dallo studio del rettore.

Frank era distrutto. Le reali conseguenze di quello che gli era accaduto lo colpirono solo quando tentò di tornare a Berkeley. Ingenuamente, aveva pensato che Lawrence avrebbe potuto dargli un rifugio, ed era rimasto sconvolto quando Ernest si era rifiutato di aiutarlo.

Caro Lawrence,
ma cosa è successo? Trenta mesi fa mi hai abbracciato e mi hai augurato tutto il bene possibile. Mi hai detto di tornare e di lavorare come volevo. Ora mi dici che non sono più benvenuto. Che cosa è cambiato, tu o io? Ho forse tradito il mio paese o il tuo laboratorio? Ovviamente no. Io non ho fatto nulla [...]. Tu non gradisci la mia posizione politica, ma tu non ne hai mai avuto una [...] e per questo penso che devi aver perso la testa fino al punto per cui chiunque è in disaccordo con te su una cosa qualsiasi non può essere più tollerato [...]. Sono davvero stupito e addolorato a causa del tuo comportamento.[46]
Sinceramente,
Frank

Un anno prima Frank e Jackie avevano acquistato una fattoria di trecento ettari vicino a Pagosa Spring, nella parte alta dei monti del Colorado. Pensavano di usarla come casa per le vacanze. Nell'autunno del 1949, tra la sorpresa di molti dei loro amici, si ritirarono in questo esilio spartano. «Nessuno mi ha offerto un lavoro», Frank scrisse a Bernard Peters, «e quindi alla fine abbiamo deciso di passare l'inverno qui. Dio mio, ma è bello. Penso solamente che, se ci sei stato bene, restarci acquista un certo senso.»[47] La fattoria si trovava a un'altitudine di 2600 metri e gli inverni erano intollerabilmente freddi. «Jackie si sedeva alla finestra con il binocolo», ricordava Philip Morrison, «e osservava le mucche che stavano per partorire nella neve. Doveva precipitarsi fuori per evitare che il vitellino finisse congelato appena nato.»[48]

Per tutto il decennio successivo, il simpatico e brillante fratello minore di Robert Oppenheimer sbarcò il lunario lavorando nella sua fattoria. Si trovavano a trenta chilometri dalla città più vicina. Forse per ricordargli la sua situazione, periodicamente arrivavano agenti dell'FBI per interrogare i loro vicini. Ogni tanto andavano anche nella fattoria degli Oppenheimer e chiedevano a Frank di parlare di altri membri del Partito comunista. Una volta un agente gli disse esplicitamente: «Non le farebbe piacere avere di nuovo un lavoro in università? Lo può avere, basta che cooperi con noi».[49] Come al solito Frank li allontanò. Nel 1950 Frank scrisse: «Finalmente, dopo tutti questi anni, mi sono reso conto del fatto che l'FBI non fa più indagini su di me, un'attività con cui cercavano di avvelenare l'ambiente in cui vivo. Cercavano di punirmi perché ero stato di sinistra, aizzando contro di me amici, vicini e colleghi, e facendoli tutti sospettare di me».[50]

Robert andava in visita alla fattoria quasi tutte le estati. E mentre Frank gli aveva raccontato della sua situazione, Robert era rattristato dal pensiero che suo fratello facesse quel tipo di vita. «Pensavo come un fattore», disse Frank, «ed ero davvero un fattore. Ma lui non poteva credere che io fossi davvero un fattore, ed era molto ansioso perché potessi tornare nel mondo accademico, anche se non c'era nulla che lui potesse fare per questo.»[51] L'anno seguente[52] Frank ricevette interessanti offerte di incarichi per insegnare fisica in Brasile, Messico, India e Inghilterra, ma il Dipartimento di stato si oppose risolutamente al rilascio del passaporto. Dopo pochi anni Frank si vide costretto a vendere uno dei suoi Van Gogh – *Primi passi* (*da Millet*) – a 40.000 dollari.

Nella sua frustrazione per il destino del fratello, Robert parlò con Felix Frankfurter, uno dei giudici della Corte Suprema, con Grenville Clark, uno dei sovrintendenti di Harvard, e con altri esperti di questioni legali per sapere che cosa l'Istituto avrebbe potuto fare per organizzare una critica da parte degli intellettuali ai programmi di lealtà e sicurezza previsti dall'amministrazione Truman, che sostenevano quel genere di trattamento a cui erano stati sottoposti Frank e gli studenti di Oppenheimer. Disse a Clark che pensava che le disposizioni dell'Atto presidenziale di lealtà, le procedure dell'AEC per l'accesso alla sicurezza e le indagini dell'HUAC «in molti singoli casi portano tutte a ingiustificate privazioni e hanno come risultato la revoca della libertà di ricerca, di opinione e di parola».[53] Poco dopo Oppenheimer chiese al dottor Max Radin, suo vecchio amico e decano della Scuola di diritto di Berkeley, di venire all'Istituto per l'anno accademico 1949-1950 e di scrivere un saggio sulla controversia a proposito del giuramento di lealtà in California.

Durante quegli anni, Oppenheimer era certo che i suoi telefoni erano spiati. Un giorno del 1948, un collega di Los Alamos, Ralph Lapp, andò nell'ufficio di Oppie a Princeton per discutere il suo (di Lapp) lavoro didattico sul tema del controllo degli armamenti. Lapp aveva appena cominciato quando Oppenheimer improvvisamente si alzò e lo spinse fuori, sussurrandogli: «Anche le pareti hanno orecchie».[54] Era consapevole di essere osservato. «Era sempre conscio di essere seguito»,[55] ricordava il dottor Louis Hempelmann, il suo amico fisico fin dai tempi di Los Alamos, che ora frequentava spesso Olden Manor. «Ci dava la sensazione che pensasse che le persone lo stavano davvero seguendo.»

I suoi telefoni erano sotto controllo a Los Alamos, e la sua casa di Berkeley era stata spiata dall'FBI nel periodo 1946-1947. Quando si trasferì a Princeton, l'ufficio dell'FBI di Newark, nel New Jersey, ricevette l'ordine di controllare le sue attività, ma fu anche presa la decisione che la sorveglianza elettronica non era giustificata. Tuttavia furono fatti tutti gli sforzi possibili «per sviluppare fonti confidenziali e discrete vicine a Oppenheimer». Nel 1949 l'FBI aveva reclutato almeno un informatore confidenziale, una donna al corrente delle attività di Oppenheimer, sia sociali che accademiche.[56] Nella primavera del 1949 l'ufficio di Newark informò J. Edgar Hoover che «non sono state ottenute o approfondite ulteriori informazioni relative al dottor Oppenheimer che provino la sua slealtà».[57] Alcuni anni dopo Oppenheimer disse ironicamente che «il governo aveva speso più soldi per spiare il mio telefono che per pagare il mio stipendio a Los Alamos».

29. «Sono sicura che è perché lei scaricava tutto su di lui»

Le relazioni familiari erano davvero terribili.
Ma da Robert non l'avresti mai saputo.
Priscilla Duffield

Mentre Frank e Jackie si davano da fare per trasformare la loro proprietà terriera in Colorado in un efficiente allevamento di bovini, Robert presiedeva il suo feudo intellettuale a Princeton. Il compito di direttore non assorbiva tutta la sua energia. Dedicava circa un terzo del suo tempo agli affari dell'Istituto, un terzo alla fisica o ad altre attività intellettuali e un terzo ai viaggi, alle conferenze e agli incontri riservati a Washington.[1] Un giorno il suo vecchio amico Harold Cherniss lo stuzzicò: «Caro Robert, per te è arrivato il momento di abbandonare la vita politica e di tornare alla fisica».[2] Quando Robert rimase silenzioso, come se stesse valutando il suo consiglio, Cherniss insistette: «Sei come quello che tiene la tigre per la coda?». A questa battuta Robert alla fine rispose: «Sì».

Spesso era un sollievo essere in viaggio, lontano da Princeton e da sua moglie. Ai lettori di «Life», «Time» e altre riviste a grande diffusione, la vita della famiglia Oppenheimer sembrava idilliaca. Le fotografie mostravano un papà che fumava la pipa mentre leggeva un libro ai suoi due ragazzi, alle sue spalle c'era la sua graziosa moglie, mentre Buddy, il pastore tedesco, era sdraiato ai suoi piedi. «È molto affettuoso», scrisse un giornalista in un articolo di copertina del settimanale «Life», «con sua moglie e i suoi figli (che crescono bene e sono molto legati a lui), e assai garbato con tutti [...].»[3] Secondo «Life», Oppenheimer tornava a casa ogni sera verso le 18.30 per giocare con i bambini. Ogni domenica portavano in giro Peter e Toni per i prati alla ricerca di quadrifogli. «La signora Oppenheimer, che ha anche lei un modo di fare molto semplice, impedisce ai figli di riempire la casa di quadrifogli facendo loro mangiare sul posto tutti quelli che trovano.»[4]

Ma quelli che conoscevano davvero gli Oppenheimer sapevano che la vita a Olden Manor era difficile. «Le relazioni familiari erano davve-

ro terribili», disse Priscilla Duffield, la sua segretaria ai tempi di Los Alamos e che ora era una vicina a Princeton.[5] «Ma da Robert non l'avresti mai saputo.»
La vita di casa Oppenheimer era dolorosamente complicata. Robert si era appoggiato a Kitty per gran parte della sua vita. «Era la più importante confidente e consigliera di Robert», disse Verna Hobson. «Scaricava tutto su di lei [...]. Si appoggiava a lei in maniera smisurata.» Alla sera lui portava a casa qualche lavoro dell'Istituto, e lei spesso veniva coinvolta nelle sue decisioni. «Lei lo amava molto, e anche lui l'amava molto», insisteva la Hobson. Ma lei e altri amici stretti di Princeton sapevano che Kitty aveva una forza inarrestabile che coinvolgeva chiunque era vicino a lei. «Era una persona davvero strana; un misto di furia e tristezza, intelligenza e arguzia. Era in uno stato di attività continua. Era tutto il tempo in tensione.»

La Hobson era arrivata a conoscere sia Robert che Kitty come ben pochi altri erano riusciti a fare. Lei e suo marito, Wilder Hobson, avevano incontrato gli Oppenheimer a una cena per il Capodanno del 1952 organizzata da un loro comune amico, il romanziere John O'Hara. Poco dopo la Hobson aveva cominciato a lavorare per Robert, ed era rimasta con lui per i successivi tredici anni. «Era straordinario nel convincere la gente a lavorare per lui, e poiché anche Kitty chiedeva molto alle sue segretarie, era come lavorare contemporaneamente per due capi, il che portava inevitabilmente a entrare nelle loro vite e a restare in casa loro per metà del tempo.»[6]

Kitty, un tipo piuttosto abitudinario, ogni lunedì sera accoglieva a Olden Manor una riunione di donne; chiacchieravano sedute tutte assieme, e alcune bevevano per tutta la sera. Kitty ne parlava come del suo «Club». La moglie di un fisico di Princeton aveva definito queste donne di Kitty come «un branco di uccelli dalle ali spezzate [...]. Attorno a lei Kitty aveva un cerchio di donne infelici, quasi tutte più o meno alcoliste».[7] A Los Alamos Kitty beveva una normale quantità di martini. Ma ora ogni tanto il bere la portava in situazioni orrende. La Hobson, che beveva sempre in misura moderata, ricordava: «Ogni tanto poteva bere fino al punto di cascare per terra e non capire più nulla. Qualche volta perdeva i sensi. Ma l'ho vista tante volte tirarsi su da sola, anche quando ti sembrava impossibile che ci riuscisse».[8]

Pat Sherr, un'amica di Kitty sin dai tempi di Los Alamos – la donna che si era presa cura di Toni quando aveva appena tre mesi – era una delle sue regolari compagne di bevute. Gli Sherr si erano trasferiti a Princeton nel 1946 e, poco dopo che gli Oppenheimer erano arrivati a Olden

Manor, Kitty aveva preso l'abitudine di piombare in casa di Pat due o tre volte alla settimana. Chiaramente Kitty si sentiva sola. «Poteva arrivare anche alle undici del mattino», ricordava la Sherr, «ma non se ne andava fino alle quattro del pomeriggio», dopo aver bevuto un bel po' di scotch.[9] Ma quando un giorno Pat le disse che non poteva permettersi di rimpiazzare continuamente il liquore, Kitty replicò: «Oh, ma quanto sono sciocca; ti porterò la mia bottiglia e me la metterai da parte».

Le amicizie di Kitty erano nel contempo intense ed effimere. Si attaccava a chiunque, e apriva la propria anima raccontando un fiume di cose intime. La Sherr l'aveva osservato di persona molte volte. Raccontava a tutti i nuovi amici assolutamente tutto di sé stessa, compresa la sua vita sessuale. «Non sto scherzando, parlava davvero di queste cose per tutto il tempo», ricordava la Sherr.[10] Lei era stata una grande amica, e aveva sempre saputo di esserlo. Ma, inevitabilmente, a un certo punto la loro amicizia si ruppe, e lei fu denigrata pubblicamente. «Kitty aveva una certa tendenza a ferire la gente», disse la Hobson.

Kitty era sempre stata incline agli incidenti, e il bere contribuì a una lunga serie di questi episodi. A Princeton aveva regolarmente dei piccoli incidenti d'auto. Quasi tutte le notti si addormentava a letto mentre fumava. Le sue lenzuola era piene di buchi di sigaretta. Una notte si svegliò atterrita perché la stanza era in fiamme; ma spense subito le fiamme grazie a un estintore che lei o Robert avevano saggiamente messo in camera da letto. Stranamente, in queste vicende Robert interveniva di rado. Preferiva reagire alle tendenze autodistruttive della moglie con lo stoicismo della rassegnazione. «Conosceva le abitudini di Kitty», osservava Frank Oppenheimer, «ma non voleva ammetterle, di nuovo forse perché non voleva riconoscere il suo fallimento.»[11]

Una volta, mentre Abraham Pais stava parlando con Oppenheimer nel suo ufficio, i due uomini videro Kitty che arrivava da Olden Manor camminando, chiaramente alticcia, sul tappeto erboso. Quando si avvicinò alla porta del suo ufficio, Robert si voltò verso Pais e gli disse: «Non te ne andare».[12] Era in momenti come questi, scrisse Pais in seguito, «che ero addolorato per lui». Nonostante la sua pietà per Robert, Pais non riusciva a capire perché il suo amico tollerasse una donna come quella. «A prescindere del tutto dal suo bere», scrisse Pais, «consideravo Kitty come la più spregevole donna che abbia mai conosciuto, soprattutto a causa della sua crudeltà.»

La Hobson conosceva le passate debolezze di Kitty, e aveva capito perché Robert l'amava. L'accettava per quello che era, e sapeva che non avrebbe mai potuto cambiare realmente i suoi modi. Robert una volta aveva confessato alla Hobson che, prima ancora di Princeton, aveva consultato uno psichiatra a proposito di Kitty. In una confidenza straordinaria, le disse che gli era stato consigliato di ricoverarla in un istituto per la salute mentale, almeno per un certo periodo. Ma lui non aveva voluto farlo. Voleva invece aver vicino Kitty come «medico, nutrice e psichiatra».[13] Disse alla Hobson che aveva preso questa decisione «in piena consapevolezza, e che ne accettava tutte le conseguenze».

Freeman Dyson aveva fatto osservazioni analoghe. «Robert amava Kitty per come lei era, e non aveva neppure tentato di cambiarle il modo di vita, così come non aveva mai tentato di cambiare il suo [...]. Voglio dire che lo stesso Oppenheimer era certamente e completamente dipendente da lei, che era davvero la roccia sulla quale lui si appoggiava. Penso che lui abbia tentato di trattarla come un caso clinico, e magari anche tentato di riorganizzare la sua vita, ma penso però che questo fosse al di là del suo carattere, e anche al di là del carattere di entrambi.»[14] Un altro amico di Princeton, il giornalista Robert Strunsky, concordava: «Lui era leale con lei, come tutti dovrebbero esserlo. Voleva proteggerla da quasi tutto [...]. Si irritava con chiunque la criticasse».[15]

Robert doveva aver intuito che il bere di Kitty era il sintomo di un dramma profondo, e aveva anche capito che era una pena presente da sempre. Non tentò mai di farla smettere di bere, e nemmeno interruppe il rituale comune del cocktail serale. I suoi martini erano forti, e li beveva con grande piacere. A differenza di Kitty, assaporava i suoi alcolici compostamente e lentamente. Pais, che considerava il momento del cocktail come «una barbara usanza»,[16] riconosceva tuttavia che Robert «reggeva sempre molto bene i suoi alcolici». Ma nonostante tutto, il fatto che Robert continuasse a bere assieme a una moglie chiaramente alcolista non passò sotto silenzio. «Lui serviva i più freddi e deliziosi martini», raccontò la Sherr. «Oppie faceva ubriacare tutti in piena coscienza.» Robert mescolava personalmente il gin con una piccola goccia di vermouth e poi versava il miscuglio in bicchieri a calice che tirava fuori dal freezer. Olden Manor era stata ribattezzata «Bourbon Manor» da uno dei professori dell'università.

Ad alcuni la passività di Robert di fronte al bere eccessivo di Kitty appariva strana. Qualunque cosa avesse fatto a lui o a sé stessa, lui rimase quello che era per tutta la vita. Un altro vecchio amico di Los Alamos, il dottor Louis Hempelmann, ammirava la devozione di Robert verso la moglie. Louis ed Elinor Hempelmann andavano a trovare gli Oppenheimer due o tre volte all'anno, ed erano convinti di conoscere bene la famiglia. Robert non gli chiese mai un consiglio professionale su Kitty, ma con grande calma e con grande realismo descrisse a Hempelmann la situazione. «Con lei si comportava quasi come un santo», ricordava Hempelmann.[17] «Era sempre in sintonia con lei e non si irritava mai. Era completamente pazzo di lei. Era un marito meraviglioso.»

Tuttavia, in un'occasione Robert fu costretto a intervenire.[18] Kitty non solo aveva bevuto; aveva anche preso delle pillole per combattere l'insonnia. Una notte aveva sbadatamente preso una dose eccessiva ed era stata ricoverata d'urgenza all'ospedale di Princeton. Il giorno dopo, Oppenheimer chiese alla sua segretaria di comprargli una cassetta con la serratura. In futuro, disse, Kitty non potrà più prendere le sue pillole senza chiedermele. La cosa durò per un po' di tempo, ma poi fu messa da parte. Alcuni anni più tardi Robert Serber insisteva dicendo che «Kitty aveva sempre bevuto come una persona normale».[19] Pensava che il comportamento di Kitty si potesse spiegare come una persistente condizione di scarsa salute: «Kitty soffriva di pancreatite [...] era costretta a prendere sedativi molto forti, e questo la faceva apparire come un'ubriaca. Me ne sono accorto spesso quando ero con gli Oppenheimer». Serber disse anche che Kitty, oberata da un pesante ruolo sociale, cercava di «resistere il più a lungo possibile, e poi prendeva un Demerol per superare anche la serata, e per questo appariva ubriaca. Ma non lo era per nulla».

La fonte dell'infelicità di Kitty aveva senza dubbio radici nella sua psiche. Ma le pressioni a cui era sottoposta nel suo ruolo di «moglie del direttore» non le servivano certo da aiuto. Nei ricevimenti ufficiali, quando come ospite doveva stare in piedi e salutare lunghe file di persone, spesso chiedeva a Pat Sherr di stare accanto a lei. Quando la Sherr le aveva chiesto perché lo desiderasse, Kitty rispose: «Ho bisogno di te al mio fianco perché così, quando sto per cadere, mi sostieni».[20] La Sherr comprese che la sua amica era «molto nervosa e insicura di sé». Kitty poteva intimidire quelli che non la conoscevano bene, e certe volte poteva sembrare perfettamente a posto. Ma era solo una commedia. La Sherr sapeva che, quando le veniva chiesto di fare qualcosa, Kitty «si spaventava davvero a morte».

In quanto donna stravagante e libera di spirito, per Kitty era quasi impossibile abituarsi a Princeton, una piccola città ma con un ambiente da alta società. Un collega di Abraham Pais una volta disse di Princeton: «Se vivi da solo, diventi pazzo; invece, se sei sposato, sarà tua moglie a diventar pazza».[21] Princeton fece diventar pazza Kitty.

Gli Oppenheimer non fecero nulla per adattarsi alla società di Princeton. «La gente lasciava sempre i suoi biglietti da visita, ma loro non ricambiavano», ricordava Mildred Goldberger.[22] «Non si interessarono mai a quella parte di Princeton che, secondo la nostra esperienza, era la parte migliore.» In effetti, i Goldberger svilupparono una profonda antipatia per gli Oppenheimer. Mildred pensava che Kitty fosse davvero una donna «qualsiasi», piena di «inutile malanimo».[23] Suo marito, il fisico Marvin Goldberger, che in seguito divenne rettore al Caltech, vedeva Robert come «una persona straordinariamente arrogante e con cui era molto difficile stare assieme. Era davvero caustico e altezzoso [...]. Kitty era semplicemente impossibile».

A Princeton Kitty era come una tigre in gabbia. Se venivano invitati a cena dagli Oppenheimer, i princetoniani sapevano per esperienza che non potevano contare su nulla di sostanzioso da mangiare; la qualità della cena era strettamente legata all'umore di Kitty. Gli ospiti venivano accolti da Robert con in mano una brocca del suo potente martini. «Ci si sedeva in cucina», ricordava Jackie Oppenheimer, «a chiacchierare e a bere, ma con niente da mangiare. Poi, verso le dieci, Kitty metteva in una padella qualche uovo e un po' di peperoncino e, dopo aver bevuto così tanto, era tutto quello che potevamo mangiare.»[24] Tuttavia né Robert né Kitty sembravano mai affamati. Una sera d'estate Pais fu invitato a cena e, dopo il solito martini, Kitty servì una terrina di zuppa di patate e porri. La zuppa era davvero deliziosa, e Robert e Kitty «si abbandonarono a uno scambio di idee piuttosto stravagante sulla sua qualità superba».[25] Pais disse a sé stesso: «Bene, ora vediamo come continua la cena». Ma non arrivò altro cibo e, dopo un cortese intervallo, un affamato Pais si scusò gentilmente e guidò fino a Princeton, dove andò a mangiare due hamburger.

Pur nella sua infelicità, per Kitty il matrimonio era tutto. Era totalmente dipendente da Robert. Aveva provato con forza a occupare il ruolo di brava donna di casa, «girandogli attorno, sempre a sua disposizione e cercando di assicurarsi che tutto per lui andasse bene».[26] Una sera, durante una festa, mentre Robert era in un angolo del loro salotto che parlava con un gruppo di persone, Kitty all'improvviso si lasciò sfuggire di bocca un «Ti amo!». Chiaramente imbarazzato, Oppenheimer si limitò a scuotere la testa. «Era evidente», ricordava Pat Sherr, «che lui non era molto felice; in quel momento non poteva tubare con lei. Ma a lei piaceva fare queste cose all'improvviso».

La Sherr aveva conosciuto gli Oppenheimer sin dal periodo di Los Alamos, e durante i loro primi anni a Princeton fu probabilmente la migliore amica di Kitty. Sembra che Kitty abbia raccontato alla Sherr del suo matrimonio. «Lei l'adorava», disse la Sherr, «e su questo non c'era dubbio.» Ma secondo il rigido punto di vista della Sherr, per Robert era diverso. «Sono sicura che non l'avrebbe mai sposata se non fosse rimasta incinta [...]. Non credo che ricambiasse il suo amore, e penso che non sarebbe stato in grado di ricambiare qualsiasi altro amore.» Al contrario, Verna Hobson sosteneva sempre che Robert amava Kitty. «Penso che si appoggiasse totalmente a lei», disse la Hobson.[27] «Lui non le dava mai ascolto, ma rispettava la sua capacità politica e intellettuale.» La Hobson tendeva a vedere il matrimonio attraverso gli occhi di Robert. Sia la Sherr che la Hobson ammettevano che il problema fosse quello di due temperamenti contrastanti. Kitty era estrema nelle sue passioni, mentre Robert sembrava essere sorprendentemente distaccato. Era Kitty quella che aveva bisogno di esprimere le sue emozioni o la sua rabbia; ma Robert non rispondeva, e si limitava a far sì che tutte le emozioni di lei si perdessero nel vuoto. «Sono sicura che è perché lei scaricava tutto su di lui», disse la Hobson.

Kitty aveva detto alla Sherr che, anche se nel corso della sua vita era andata a letto con molti uomini, non era mai stata sleale con Robert.[28] Naturalmente, lo stesso non era vero per Robert. Anche se probabilmente all'oscuro della sua vicenda con Ruth Tolman, Kitty era tuttavia assai gelosa delle attenzioni di Robert. Un'altra amica di Los Alamos, Jean Bacher, pensava che Kitty fosse sempre piena di risentimento nei confronti di qualsiasi donna che potesse essere attratta da Robert.[29] La Hobson raccontava che lo stesso Robert un giorno le aveva confidato che gran parte dei problemi di Kitty derivavano «dalla [sua] insana gelosia, e dal fatto che non poteva accettare quello che lui apprezzava o biasimava perché lui era sotto la luce dei fari [...] e lei lo invidiava».[30]

Kitty aveva anche confidato alla Sherr che «Oppie non ha il senso del divertimento e del gioco». Secondo Kitty, lui era «troppo fastidioso». Kitty aveva certamente ragione a considerarlo freddo e distaccato in maniera esasperante. Viveva la sua vita emotiva in maniera introspettiva. Erano ai due poli opposti. Ma questa era sempre stata la fonte della loro attrazione reciproca. Anche se la loro convivenza era poco più di una calda partecipazione, dopo un decennio di matrimonio – e due figli – gli Oppenheimer avevano sviluppato un legame di mutua dipendenza.

Subito dopo essere arrivata a Princeton, la Sherr fu invitata a Olden Manor per un picnic. Dopo pranzo, una delle cameriere alzò dal suo lettino Toni, che allora aveva tre anni. La Sherr non aveva più visto la piccola – che una volta Oppie le aveva chiesto se voleva adottare – dai giorni in cui a Los Alamos aveva vissuto con lei per tre mesi. «Era una bambina veramente incantevole», disse la Sherr.[31] «Aveva gli zigomi alti come Kitty, e gli occhi e i capelli neri come lei, ma aveva anche qualcosa di Oppie.» La Sherr osservò Toni che trotterellava verso Robert e poi si arrampicava sulle sue ginocchia: «Le fece appoggiare la testa sul suo petto e la avvolse tra le sue braccia. Mi guardava e scuoteva la testa». Con le lacrime agli occhi, la Sherr aveva capito cosa voleva dirle. «Mi stava mandando un messaggio: avevo ragione, l'amava davvero molto.»

Ma a qualcuno sembrava anche che nelle loro vite fosse rimasta ben poca energia per il compito di genitori. «Credo che essere figlio di Robert e Kitty Oppenheimer», disse Robert Strunsky, un loro vicino a Princeton, «significhi portarsi addosso uno dei più pesanti handicap del mondo.»[32] «All'apparenza», disse la Sherr, «lui era molto dolce con i bambini. Non l'ho mai visto perdere la pazienza.»[33] Ma con il passare degli anni il suo parere su Oppenheimer cambiò profondamente. La Sherr osservò che Peter, che aveva sei anni, era quieto ed estremamente timido, e che per aiutarlo a socializzare aveva suggerito a Kitty di portarlo da uno psichiatra infantile. Ma dopo aver discusso con Robert a proposito di questo suggerimento, Kitty le aveva detto che lui non aveva alcuna fiducia nell'idea di sottoporre il suo giovane figlio a un terapista, un'esperienza a cui lo stesso Oppenheimer era stato sottoposto e che detestava. Questa cosa irritò la Sherr, che capì che l'atteggiamento di Oppenheimer era quello di un padre «che non poteva avere un figlio che avesse bisogno di aiuto».[34] E alla fine concludeva anche che «non lo apprezzavo come essere umano [...]. Quanto più venivo a conoscenza delle cose, tanto più provavo avversione per lui, perché ero ormai arrivata a concludere che era un padre terribile».

Ma questo era un giudizio troppo severo. Sia Robert che Kitty avevano provato a mettersi in comunicazione col figlio. Quando Peter aveva sei o sette anni, un giorno Kitty lo aveva aiutato a costruire un giocattolo elettrico, una tavoletta quadrata piena di lampadine, cicalini, fusibili e interruttori. Peter aveva battezzato quel gioco il suo «marchingegno», e due anni dopo gli piaceva ancora giocarci. Una sera del 1949, David Lilienthal era in visita dagli Oppenheimer e osservava Kitty, seduta sul pavimento con Peter, che cercava pazientemente di far funzionare il «marchingegno». Dopo circa un'ora, quando lei si alzò e andò in cucina per preparare la cena, Robert, «con un'aria di amore molto paterno per Peter, si alzò dal divano per prendere posto proprio dove Kitty era stata fino a quel momento alle prese con quell'intrico di fili».[35] Quando Robert si sedette per terra, con la sigaretta che penzolava dalla bocca, e cominciò ad armeggiare con i fili, Peter corse in cucina e chiese ad alta voce a

Kitty: «Mamma, è giusto lasciare che papà lavori con il mio "marchingegno"?». Tutti si misero a ridere nel sentire che veniva messa in dubbio la capacità dell'uomo che aveva diretto la costruzione di quel decisivo «aggeggio» di trafficare con il giocattolo elettrico del figlio.

A parte questi momenti di affettuosità familiare, Robert era probabilmente troppo occupato per essere un padre davvero premuroso. Freeman Dyson una volta gli chiese se non era una cosa difficile per Peter e Toni avere come padre una «figura così problematica».[36] Robert rispose con la sua solita leggerezza: «Oh, per loro va bene tutto. Non hanno immaginazione». A proposito del suo amico, Dyson in seguito osservò che era un uomo capace di «rapidi e imprevedibili spostamenti tra calore e freddezza nel suo atteggiamento verso tutte le persone che erano vicine a lui». E questo era difficile per i bambini. «A un estraneo come me»,[37] osservava più avanti Pais, «la vita della famiglia Oppenheimer appariva come l'inferno in Terra. La cosa peggiore di tutte era che i due figli ne avevano inevitabilmente sofferto.»

Nonostante il «marchingegno» e altre condiscendenze, Kitty e Peter non legarono mai, e le loro relazioni furono spesso litigiose. Robert era convinto che il problema fosse Kitty. «Robert pensava», disse la Hobson, «che nel loro innamoramento fortemente passionale Peter fosse arrivato troppo presto, e che per questo Kitty gliene voleva.»[38] Quando aveva circa undici anni, Peter cominciò a essere un po' troppo grasso e Kitty non smetteva mai di rinfacciargli il suo peso. In casa non c'era mai troppo da mangiare, ma Kitty sottopose Peter a una dieta molto stretta. Madre e figlio litigavano spesso. «Quando se ne occupava, riusciva a rendere la vita di Peter ancora più triste», disse la Hobson. E la Sherr concordava: «Kitty era molto, molto impaziente con lui; non riusciva davvero a capire i bambini».[39] Robert assisteva passivamente e, se pressato, invariabilmente si schierava dalla parte di Kitty. «Lui [Robert] era davvero premuroso», ricordava il dottor Hempelmann.[40] «Non imponeva disciplina ai suoi figli; era Kitty che doveva pensare a tutto.»

Da tutti i punti di vista, Peter era un normale bambino allegro e rumoroso.[41] Quando era piccolo, come molti bambini, era stato chiassoso, attivo, e nel complesso difficile da gestire. Ma Kitty aveva interpretato il suo comportamento come anormale. Una volta disse a Bob Serber che le sue relazioni con Peter erano state buone fino a che il ragazzo non aveva compiuto sette anni, ma che poi erano improvvisamente cambiate, e lei non sapeva spiegarsi il perché. A Peter piacevano molto le costruzioni; come suo zio Frank, con le sue piccole mani riusciva a fare delle costruzioni bellissime, separando le cose e poi rimettendole assieme. Ma a scuola non aveva mai brillato, e questo Kitty lo trovava intollerabile. «Peter era un bambino terribilmente sensibile», disse Harold Cherniss, «e a scuola passava dei momenti davvero duri [...] [ma questo] non aveva nulla a che fare con la sua abilità.» In risposta agli assilli di Kitty, Peter si chiudeva in sé stesso. Serber ricordava che quando Peter aveva cinque o sei anni «sembrava che avesse un grande bisogno di affetto».[42] Ma da adolescente era ormai un tipo serio. «Se entravi nella cucina degli Oppenheimer», disse Serber, «Peter era lì come un'ombra [...] cercando di non farsi notare, proprio quello che voleva essere Peter.»

Kitty trattava la figlia in modo molto diverso. «Il suo attaccamento a Toni», ricordava la Hobson, «era molto profondo, anche se sembrava soltanto affetto e ammirazione [...]. A Toni dava soltanto bontà e felicità, mentre con Peter si comportava in modo semplicemente orribile.»[43] Da giovane Toni sembrava sempre serena e affidabile. «Da quando aveva sei o sette anni», osservava la Hobson, «gli altri della famiglia pensavano che fosse sensibile e forte, e questo li incoraggiava [...]. Ma Toni era l'unica che non si sarebbe preoccupata per questo.»

Verso la fine del 1951 a Toni, che allora aveva sette anni, fu diagnosticato un leggero caso di poliomielite, e i medici consigliarono agli Oppenheimer di tenerla in un luogo caldo e umido. Quel Natale affittarono una barca a vela lunga ventiquattro metri, il *Comanche*, e passarono due settimane veleggiando attorno a St. Croix, nelle Virgin Island. Il *Comanche* era guidato dal suo proprietario, Ted Dale, un uomo caloroso e servizievole che si conquistò rapidamente l'affetto di Robert. Dale andava a vela verso St. John, un piccolo gioiello di isola con bianche spiagge intatte e acque turchesi. Gettata l'ancora a Trunk Bay, scendevano a terra e andavano a esplorare l'isola. Affascinato, Robert scrisse una lettera a Ruth Tolman descrivendole St. John. Ruth gli rispose: «È vero. Le acque calde, i pesci lucenti, il lieve vento che soffia sono sempre benvenuti e ristorano».[44] St. John lasciò una grande impressione sugli Oppenheimer. Toni si riprese dal suo attacco di poliomielite, e qualche anno più tardi ritornarono su quell'amato piccolo paradiso e ne fecero la loro dimora permanente.

Se qualche volta Kitty rendeva straziante la vita di famiglia, il riserbo e il distacco di Robert aiutavano a tenerla assieme. Aveva scelto con coscienza di continuare il suo matrimonio e, per essere giusto con Kitty, era perfettamente in grado di sopportare il suo comportamento come lei desiderava. Kitty aveva una volontà di ferro, che avesse bevuto o no. Un giorno in cui nella casa dei Dyson c'era stata un'improvvisa lite, Kitty era arrivata in blue jeans correndo e con le mani ancora sporche della terra del giardino. «Per noi era un forte sostegno, come lo era per Robert», ricordava Freeman Dyson.⁴⁵ «Per molti versi era la più forte dei due, e in un certo senso la più solida. Non potevi davvero pensare che fosse lei l'unica ad aver bisogno di aiuto. Certo, di tanto in tanto era ubriaca, ma non ho mai pensato che fosse un'alcolista incapace di controllarsi.»

Così, se Kitty aveva dei nemici, aveva anche degli amici. «Con voi ci siamo sempre divertiti così tanto, e ci è sempre piaciuto stare in casa vostra», scrisse Elinor Hempelmann dopo una delle loro frequenti visite in casa Oppenheimer.⁴⁶ Quando «Deke» e Martha Parsons, amici degli Oppenheimer dai tempi di Los Alamos, visitavano Olden Manor, Kitty li tratteneva per graditissimi picnic, servendo uova, caviale e formaggio su toast di segale, e offrendo da bere champagne. Parson, un ufficiale di marina conservatore – sarebbe poi diventato ammiraglio – faceva tesoro delle sue sconclusionate conversazioni filosofiche con gli Oppenheimer. «Caro Oppy», scrisse dopo una di queste visite nel settembre 1950, «per noi, come sempre, il weekend con te e Kitty è stato l'evento di stagione. In quell'atmosfera, i nostri piccoli guai, ma anche i problemi del mondo, ci sembrano sempre più vicini alla soluzione.»⁴⁷

Mentre Kitty, se voleva, poteva essere offensiva, riusciva anche a essere affascinante e discreta. Aveva uno sbarazzino senso dell'umorismo. Una sera, mentre dopo la cena stava salutando gli ospiti, osservò la grossa mole di Charley Taft e disse: «Mi fa molto piacere che tu non assomigli a tuo fratello [il senatore Robert Taft, molto magro]».⁴⁸ Robert sollevò le mani protestando, e disse: «Ma Kitty!». Dopo di che lei disse, facendo ridere tutti: «Ho detto la stessa cosa ad Allen Dulles». Come Robert, Kitty era sempre in grado di occupare la scena. Anche se spesso si trattava solo di episodi di istrionismo, Kitty aveva avuto anche il tempo di fare rappresentazioni raffinate in cui lei e Robert costituivano un'aggraziata coppia intellettuale.

«Ci fu un pranzo molto diverso», scrisse Ursula Niebuhr, la moglie del dottor Reinhold Niebuhr che aveva lavorato per un anno all'Istituto con una borsa di studio. «Quel pranzo era in casa Oppenheimer, in un bel giorno di primavera, e Kitty aveva riempito la casa di narcisi.» Furono ospiti anche George Kennan e sua moglie. «Robert era al meglio del suo fascino e della sua ospitalità.» Dopo il pranzo, si sistemarono con gli ospiti per prendere il caffè nella zona inferiore del salotto. Durante la conversazione che seguì, Robert scoprì che Kennan non conosceva George Herbert, un poeta inglese del XVII secolo. Herbert era uno dei poeti favoriti di Oppie, e così tirò fuori dalla sua biblioteca una vecchia e raffinata antologia e, «col suo gradevole tono», cominciò a leggere ad alta voce una poesia di Herbert intitolata *La puleggia*, il cui tema è l'insoddisfazione dell'uomo, una caratteristica che secondo Oppenheimer portava all'errore.

Quando Dio in principio creò l'uomo,
tenendo accanto a sé una coppa di grazie [...]

La poesia si concludeva con questi versi:

Si tenga pure, dunque, tutto il resto,
ma lo tenga in dolente irrequietezza;
sia ricco e stanco, in modo che alla fine
se non lo guida la bontà, la stanchezza
*lo getti sul mio petto.**

---

* George Herbert (1593-1633). Qui il termine «puleggia» ha per Herbert il senso metaforico di «spinta», «incitamento». Da G. Herbert, *Corona di lode*, a cura di Maura Del Serra, Editrice Le Lettere, Firenze 1993. [*n.d.t.*]

30. «Non disse mai qual era la sua opinione»

Il nostro monopolio atomico è come una torta gelata che si scioglie al sole [...].
Robert Oppenheimer,
«Time», 8 novembre 1948

Il 29 agosto 1949 l'Unione Sovietica fece esplodere segretamente una bomba atomica in un sito isolato per esperimenti nel Kazahstan. Nove giorni dopo, mentre volava sul Pacifico settentrionale, un aereo americano B-29 dotato di apparecchiature per l'analisi dell'atmosfera raccolse segnali di radioattività sugli speciali filtri di carta progettati specificamente per rilevare le esplosioni di quel tipo. Il 9 settembre la notizia fu comunicata a funzionari di alto rango dell'amministrazione Truman. Nessuno voleva crederci, e anche Truman espresse il suo scetticismo. Per risolvere la questione, fu concordato che un gruppo di esperti analizzasse le prove. Significativamente, il ministero della Difesa decise che doveva essere Vannevar Bush a presiedere il gruppo. Quando fu interpellato, Bush disse che sarebbe stato molto più ragionevole che fosse il dottor Oppenheimer a presiedere un gruppo tecnico di quel genere.[1] Ma un generale dell'Aeronautica militare disse a Bush che come presidente preferivano lui.

Bush accettò, ma volle essere sicuro che Oppenheimer facesse parte del gruppo. Quando Bush lo chiamò per raccontargli le novità, Oppenheimer era appena ritornato da Perro Caliente. La mattina del 19 settembre il gruppo di esperti si riunì per cinque ore. Anche se Bush presiedeva la riunione, fu Oppenheimer a coordinare la maggior parte della discussione. All'ora di pranzo tutti ormai concordavano sul fatto che l'evidenza era inoppugnabile: «Joe-1» era davvero un esperimento condotto con una bomba atomica che, per di più, era molto simile alla bomba al plutonio del Progetto Manhattan.

Il giorno seguente Lilienthal riferì al presidente Truman le conclusioni del gruppo di esperti, e lo scongiurò di rendere immediatamente pubblica la notizia. Lilienthal annotò nel suo diario che «utilizzò tutti gli argomenti di cui disponeva, ma non riuscì a fare progressi».² Truman esitava, affermando che non era ancora certo che i sovietici avessero davvero la bomba. Disse a Lilienthal che avrebbe tenuto nascosta la notizia ancora per qualche giorno, e che ci avrebbe riflettuto su. Quando Oppenheimer lo seppe, rimase incredulo e sconcertato; si era persa l'opportunità, disse a Lilienthal, di prendere l'iniziativa.

Alla fine, tre giorni più tardi, un ancora dubbioso Truman annunciò con riluttanza che in Unione Sovietica c'era stata un'esplosione atomica; ma si rifiutò di dire con chiarezza che si trattava di una bomba. Sconvolto, Edward Teller chiamò Oppenheimer e gli chiese: «E ora che facciamo?». Oppenheimer rispose laconicamente: «Non perdiamo la calma».³

In seguito, quell'autunno Oppenheimer disse pacato a un giornalista del settimanale «Life»: «L'"Operazione Joe" è soltanto il verificarsi di un'aspettativa».⁴ Non aveva mai pensato che il monopolio americano potesse durare molto a lungo. Un anno prima aveva detto al settimanale «Time»: «Il nostro monopolio atomico è come una torta gelata che si scioglie al sole [...]».⁵ Ora sperava che l'esistenza della bomba sovietica riuscisse a persuadere Truman a cambiare strada, e a rinnovare gli sforzi fatti nel 1946 per realizzare il controllo internazionale su tutta la tecnologia nucleare. Ma temeva anche che l'amministrazione⁶ reagisse in modo eccessivo; da qualche parte aveva sentito addirittura parlare di guerra preventiva. David Lilienthal aveva trovato il suo amico «turbato, teso», molto nervoso. Aveva detto a Lilienthal: «Questa volta non possiamo fallire; deve essere la fine dell'assillo della segretezza».⁷

Oppenheimer pensava che l'ossessione dell'amministrazione Truman per la segretezza fosse tanto irrazionale quanto controproducente. Per tutto l'anno lui e Lilienthal avevano tentato di spingere il presidente e i suoi consiglieri verso una maggiore apertura sulle questioni nucleari. Ora che i sovietici avevano la bomba, pensavano, un'eccessiva segretezza non avrebbe più avuto razionalità alcuna. A un incontro del Gruppo dei consulenti scientifici dell'AEC, Oppenheimer aveva espresso la speranza che il risultato ottenuto dai sovietici avrebbe spinto gli Stati Uniti ad adottare una «politica più razionale sulla segretezza».⁸

Poco dopo che Oppenheimer aveva messo in guardia sui rischi di qualsiasi reazione drastica, in Campidoglio i politici cominciarono a parlare di misure per contrastare i risultati dei sovietici. Dopo pochi giorni Truman approvò una proposta dei capi di stato maggiore volta ad aumentare la produzione di armi nucleari. La riserva americana di armi atomiche⁹ – che nel giugno 1948 era di circa cinquanta bombe –

sarebbe rapidamente salita a circa trecento bombe entro il giugno 1950. Ma questo era solo l'inizio. Il commissario dell'AEC Lewis Strauss fece circolare un memorandum in cui si affermava che la superiorità militare degli Stati Uniti sull'Unione Sovietica sarebbe inevitabilmente diminuita; prendendo a prestito il linguaggio dei fisici, Strauss suggeriva che l'America doveva riguadagnare il suo assoluto vantaggio con un «salto quantico» in tecnologia.[10] La nazione aveva bisogno di un programma di urgenza per sviluppare la «Super», la bomba termonucleare.

Truman non aveva mai saputo della possibilità di realizzare la superbomba fino all'ottobre 1949.[11] Ma una volta venuto a conoscenza di quella possibilità, il presidente ne rimase affascinato. Oppenheimer invece era sempre stato scettico. «Non sono sicuro che quella cosa miserevole possa funzionare»,[12] scrisse a Conant, «e nemmeno che possa essere trasportata su un bersaglio se non con un carro da buoi», un riferimento questo alla possibilità che la nuova bomba fosse troppo grande per essere trasportata da un aereo. Profondamente disturbato dalle implicazioni di una bomba migliaia di volte più distruttiva della bomba atomica, sperava che la «Super» si dimostrasse tecnicamente non realizzabile. Molto più terribile della bomba atomica (a fissione), la «superbomba» (a fusione) avrebbe sicuramente peggiorato la corsa agli armamenti nucleari. Il meccanismo della fusione riproduceva le reazioni che avvenivano all'interno del Sole, e questo significava che non c'erano limiti fisici alle esplosioni prodotte dalla fusione.[13] Era possibile realizzare esplosioni sempre più grandi semplicemente usando quantità sempre maggiori di idrogeno pesante. Carico di superbombe, un solo aereo avrebbe potuto uccidere milioni di persone in pochi minuti. Era troppo potente per qualsiasi bersaglio militare conosciuto; era un'arma per l'assassinio indiscriminato di massa. La possibilità di un'arma di questo tipo faceva orrore a Oppenheimer, mentre stimolava l'immaginazione di molti generali dell'Aeronautica militare, dei loro sostenitori nel Congresso e degli scienziati che sostenevano l'ambizione di Edward Teller di costruire la superbomba.

Agli inizi del settembre 1945, Oppenheimer aveva scritto un rapporto segreto per conto di uno speciale Comitato di consulenti scientifici costituito da lui stesso, Arthur Compton, Ernest Lawrence ed Enrico Fermi. Il rapporto segnalava che «nel momento attuale, nessuno sforzo di questo genere [sulla superbomba o bomba H] può essere messo a frutto [...]».[14] Naturalmente, la possibilità che un'arma di quel tipo potesse essere sviluppata «non doveva essere dimenticata».

Ma non era una questione urgente. Ufficialmente, Oppenheimer non sollevava questioni etiche. Ma Compton – parlando a nome suo e di Oppenheimer, Lawrence e Fermi – scrisse a Henry Wallace e spiegò: «Noi pensiamo che questo sviluppo [la bomba H] non deve essere avviato, soprattutto *perché noi preferiamo essere sconfitti piuttosto che ottenere una vittoria grazie a un enorme disastro umano che sarebbe prodotto dal suo impiego*». (corsivo aggiunto)

Nei quattro anni che seguirono, molte cose cambiarono. Le relazioni con l'Unione Sovietica si deteriorarono, le armi nucleari apparvero come il punto di appoggio per l'avvio della politica di contenimento americana, e l'arsenale nucleare degli USA arrivò a contenere oltre cento bombe atomiche, sempre più numerose e più grandi. La domanda all'ordine del giorno era ovvia: se costruita, che effetto poteva avere quella nuova arma gigantesca sulla sicurezza della nazione americana?

Il 9 ottobre 1949, Oppenheimer andò a Cambridge, nel Massachusetts, per partecipare a una riunione del Consiglio di amministrazione della Harvard University, nel quale era entrato a far parte in primavera. Era ospite nella casa dei Conant in Quincy Street, e lui e il rettore di Harvard ebbero «una lunga e difficile discussione che, ahimè, non aveva nulla a che fare con Harvard».[15] I due amici sapevano che verso la fine del mese avrebbero dovuto lottare duramente a proposito del parere sulla superbomba che dovevano dare nel corso dell'incontro del Gruppo dei consulenti scientifici dell'AEC. Era quindi naturale che confrontassero le loro preoccupazioni, e fu probabilmente in questa occasione che Conant disse a Oppenheimer che la bomba all'idrogeno avrebbero potuto costruirla, ma solo «passando sopra il suo corpo».[16] Conant era scandalizzato dal fatto che in un paese civile si potesse soltanto prendere in considerazione l'impiego di una simile arma orribile e assassina; pensava infatti che non fosse altro che uno strumento per il genocidio.

In seguito, nello stesso mese, il 21 ottobre, dopo essere stato brevemente informato sullo stato della ricerca termonucleare, Oppie si mise a sedere e scrisse «zio Jim»* a grandi lettere. Riconobbe che quando avevano finito di parlare: «Io ero portato a pensare che anche la superbomba poteva essere importante». Dal punto di vista tecnico pensava ancora che la superbomba «non fosse molto diversa da come era quando ne avevamo parlato più di sette anni fa: una bomba di cui era-

---

* Il modo scherzoso con cui Oppenheimer si riferiva a Conant. [*n.d.t.*]

no ignoti il progetto, i costi, la realizzabilità e l'importanza militare».
L'unica cosa che era cambiata in quei sette anni erano le opinioni nel paese. Sottolineava il fatto che erano al lavoro due esperti sostenitori, cioè Ernest Lawrence ed Edward Teller. Da tempo il progetto stava molto a cuore a Teller; e Lawrence si era convinto che «l'Operazione Joe [l'esplosione atomica sovietica] serviva soprattutto a farci capire che i russi si sarebbero ben presto dedicati alla superbomba, e che era quindi necessario realizzarla prima di loro».

Oppenheimer e tutti gli altri membri del gruppo erano convinti che i problemi tecnici associati alla costruzione della bomba H erano ancora formidabili. Ma lui e Conant erano anche profondamente turbati dalle implicazioni politiche della superbomba. «Quello che mi preoccupa», scrisse Oppenheimer a Conant, «è il fatto che questa cosa sembra aver catturato l'immaginazione sia dei membri del Congresso che dei militari, quasi fosse *la risposta* al problema posto dal progresso fatto dai russi [nelle armi atomiche]. Credo che sarebbe una follia opporsi allo studio di questa bomba. Abbiamo sempre riconosciuto che andava fatta, e ora deve essere fatta [...]. *Ma un impegno nella costruzione come l'unico modo per salvare il paese e la pace mi sembra pieno di rischi.*»[17]

Dopo aver ricordato che i capi di stato maggiore avevano già deciso di chiedere al presidente un programma di urgenza per la bomba H, Oppie si preoccupava perché «anche l'andamento delle opinioni tra i fisici competenti mostra segni di cambiamento».[18] Anche Hans Bethe, scrisse, stava pensando di tornare a Los Alamos per lavorare a tempo pieno alla superbomba.

In realtà Bethe era indeciso, e sarebbe arrivato proprio quella sera a Princeton. Arrivava con Edward Teller, che stava andando in giro per il paese reclutando fisici da portare di nuovo a Los Alamos. Secondo Teller, Bethe aveva sempre detto che sarebbe tornato. Bethe però contestava quest'affermazione, sostenendo che prima doveva andare a Princeton per farsi consigliare da Oppie. Invece, trovò Oppenheimer «tanto indeciso[19] quanto turbato su quello che era opportuno fare, e non ebbi da lui quel consiglio che speravo di avere».

Anche se Oppenheimer rivelava ben poco delle sue opinioni sulla superbomba, disse però a Bethe e a Teller che Conant si opponeva al programma di urgenza. Ma poiché Teller era ormai certo che Oppenheimer si sarebbe opposto alla bomba, se ne andò da Princeton ben lieto che Oppenheimer non avesse preso posizione. Per questo, sperava anche che Bethe ora sarebbe andato con lui a Los Alamos. Ma alla fine di quella settimana Bethe discusse della bomba H con il suo amico Victor Weisskopf, che sostenne che una guerra combattuta con bombe termonucleari sarebbe stata un suicidio. «Ci trovammo d'accordo», disse Bethe, «che dopo una guerra di quel tipo, anche se l'avessimo vinta, il mondo non sarebbe più stato... il mondo che volevamo difendere. Avremmo perso le cose per cui avevamo combattuto. Fu una conversazione davvero molto lunga, e molto difficile per tutti e due.»[20] Pochi giorni dopo Bethe telefonò a Teller e gli annunciò la sua decisione. «Ci rimase molto male», ricordava Bethe, «mentre io ero molto sollevato.» Ancora una volta, nonostante il ruolo cruciale di Weisskopf, Teller era convinto che fosse stato Oppenheimer il responsabile del voltafaccia di Bethe.

Nello stesso periodo, Oppenheimer aveva avviato le sue difficili conversazioni, angosciose per l'argomento, nonostante le sue perplessità scientifiche, politiche e morali. Preso dalle responsabilità del suo ruolo di presidente del Gruppo dei consulenti scientifici, fece un deciso sforzo per frenare il suo istinto e le sue inclinazioni. Cercò di assumere la modalità di semplice ascoltatore. Ma Conant non si pose alcun freno. Dopo aver ricevuto la lettera di Oppenheimer del 21 ottobre, diede una risposta netta. Disse a Oppie, probabilmente durante una telefonata, che se la superbomba fosse arrivata davanti al Gruppo dei consulenti scientifici «sicuramente lui si sarebbe opposto a quella follia».[21]

Alle due del pomeriggio di venerdì 28 ottobre 1949, Oppenheimer arrivò al diciottesimo incontro (dal gennaio 1947) del Gruppo dei consulenti scientifici, nella sala delle riunioni dell'AEC nella Constitution Avenue.[22] Nei tre giorni che seguirono, Isidor Rabi, Enrico Fermi, James Conant, Oliver Buckley (presidente dei Bell Telephone Laboratories), Lee DuBridge, Hartley Rowe (uno dei direttori della United Fruit Company) e Cyril Smith ascoltarono consulenti come George Kennan e il generale Omar Bradley, e un'approfondita discussione sui vantaggi della superbomba. Ad alcune delle sessioni dell'incontro parteciparono anche i commissari dell'AEC Lewis Strauss, Gordon Dean e David Lilienthal. Tutti i presenti capirono che c'erano dei segnali che l'amministrazione Truman stesse preparandosi a fare qualcosa di pesante e concreto in risposta al successo dei sovietici. Il giorno dopo Lilienthal annotò nel suo diario che Ernest Lawrence e altri sostenitori della superbomba «potevano essere descritti soltanto come persone che sbavavano per il progetto e che sono "assetate di sangue"».[23] Per quegli uomini, scrisse, «non c'era altro a cui pensare [...]». Poco prima che iniziasse l'incontro del gruppo, Oppenheimer aveva tirato fuori una lettera che aveva ricevuto dal chimico Glenn Seaborg, l'unico membro del gruppo che quel giorno era assente. Nel 1954 chi criticava Oppenheimer sosteneva che non aveva condiviso il punto di vista di Seaborg, ma uno dei membri del Gruppo dei consulenti scientifici, Cyril Smith, ricordava che prima dell'inizio dell'incontro Oppenheimer aveva mostrato la lettera a tutti. Anche se con un po' di riluttanza, Seaborg era arrivato a pensare che il paese doveva sviluppare la bomba H. «Anche se mi preoccupano le prospettive che il grande sforzo per questo risultato aprirà al nostro paese», scrisse, «devo confessare che non sono stato capace di arrivare alla conclusione che non dobbiamo impegnarci [...]. Devo ascoltare qualche buona ragione prima di avere sufficiente coraggio per raccomandare che non si vada avanti su questa strada.»[24]

Oppenheimer aveva deciso di non esprimere il proprio punto di vista fino a che tutti non avessero parlato. «Non disse mai qual era la sua opinione», ricordava DuBridge.[25] «Eravamo tutti attorno al tavolo, ognuno diceva la sua opinione, ed erano tutte negative.» Lilienthal ascoltò Conant, «che appariva quasi traslucido, grigio»,[26] borbottare: «Costruiremo Frankenstein», quasi non fosse una follia costruirne un altro. Rabi in seguito ricordava che per tutta la discussione durante il weekend «Oppenheimer aveva seguito le indicazioni di Conant».[27] Secondo Dean, le «implicazioni morali vennero discusse a lungo». La sera di sabato Lilienthal scrisse sul suo diario che Conant argomentava «duramente contro quella [la bomba H] su basi morali».[28] Quando Buckley suggerì che non c'erano differenze morali tra la bomba atomica e la superbomba, annotò Lilienthal, «Conant non fu d'accordo: anche nelle questioni morali c'erano gradazioni diverse». E quando Strauss ricordò che la decisione finale sarebbe stata presa a Washington e non certo con un voto popolare, Conant replicò «ma anche una decisione di quel tipo dipende dalla posizione del paese sulle questioni morali». Conant chiese anche: «Possiamo togliere il segreto, cioè aprire una discussione pubblica sulla questione [...]?».

Rabi, previdente, osservò che Washington avrebbe senza dubbio deciso di andare avanti con il progetto, e che l'unica questione che rimaneva aperta era «chi avrebbe voluto partecipare».[29] Durante la seduta del sabato, durata tutto il giorno, Fermi inizialmente aveva suggerito che «prima di farlo, occorreva esplorarne le possibilità»,[30] ma che esplorare la fattibilità della superbomba non «escludeva la domanda: la si può usare?». Lilienthal si era convinto: la superbomba «non darà contributi alla difesa comune, e potrà solo farci male, trasformando le prospettive dell'altra corsa – quella verso la pace – in prospettive sicuramente meno buone di quelle che sono ora».

La domenica mattina emerse un consenso tra tutti gli otto membri del GAC presenti. Su basi scientifiche, tecniche e morali, si sarebbero opposti a un programma d'urgenza per sviluppare la superbomba. Rabi e Fermi precisarono la loro opposizione alla bomba – che definirono «una cosa diabolica sotto tutti i punti di vista» – e proposero che l'America «invitasse tutti i paesi del mondo a unirsi nella solenne promessa» di non costruirla. Oppenheimer giocherellò sulla firma a questa precisazione di Rabi-Fermi, ma, alla fine, sia lui che la maggioranza dei componenti del GAC furono concordi nel dare parere contrario al programma di urgenza per la costruzione della bomba H, nella convinzione che una bomba di quel tipo non era necessaria come deterrente e nemmeno utile alla sicurezza dell'America.

Mentre Oppenheimer aveva fornito anche un argomento pragmatico sul problema «se fare la superbomba sarebbe stato più economico o più costoso della bomba a fissione», il rapporto del gruppo sosteneva chiaramente che le politiche delle armi nucleari non potevano più essere stabilite in un vuoto morale. Convinto che il lavoro scientifico e tecnico sulla superbomba consentisse, al massimo, un cinquanta per cento di possibilità che quell'arma fosse realizzata, il Gruppo dei consulenti scientifici aveva per prima cosa messo in chiaro che un programma d'urgenza per costruirla avrebbe compromesso la sicurezza dell'America.

Ma limitare la questione a considerazioni tecniche e politiche era, nella loro visione condivisa, non solo una mancanza di responsabilità, ma un rifiuto del proprio dovere. Dopo tutto, loro costituivano l'élite dei veterani del Progetto Manhattan, gli uomini che avevano fornito l'intelligenza scientifica necessaria per la creazione della bomba atomica, e che si erano impegnati in quel lavoro con entusiasmo patriottico. Avevano seguito le indicazioni di un governo che aveva deciso di usare la nuova arma nella guerra. Oppenheimer si era impegnato per contenere scienziati come Leo Szilard e Robert Wilson, che avevano sollevato obiezioni morali al suo uso contro il Giappone. Ma quegli argomenti avevano trovato spazio nel contesto di una guerra totale, in un'epoca in cui la bomba atomica era qualcosa di completamente nuovo, e loro avevano scarsa esperienza nel campo della politica governativa.

Nel 1949, però, le circostanze erano completamente differenti. L'America non era in guerra, la corsa agli armamenti nucleari, dopo il successo dei sovietici, aveva preso un andamento nuovo e pericoloso e il Gruppo dei consulenti scientifici era costituito dagli scienziati atomici più informati ed esperti in America. Erano tutti d'accordo sul fatto che su armi che potevano spazzar via la vita dalla Terra non si poteva discutere nel vuoto della politica militare. Le considerazioni morali erano rilevanti quanto le valutazioni tecniche.

«L'uso di questa bomba porterà alla distruzione di innumerevoli vite umane», scrisse Oppenheimer.[31] «Non è un'arma che può essere usata soltanto per distruggere istallazioni destinate a scopi militari o paramilitari. Quindi il suo eventuale impiego trascina la politica dello sterminio delle popolazioni civili molto più in là della stessa bomba atomica.»

Semplicemente, Oppenheimer temeva che la superbomba fosse troppo potente ovvero, per dirla in altro modo, che qualsiasi legittimo bersaglio militare fosse «troppo piccolo»[32] per un'arma termonucleare. Se la bomba di Hiroshima aveva un potere esplosivo pari a 15.000 tonnellate di TNT, una bomba termonucleare – una volta dimostrata la possibilità di costruirla – avrebbe potuto avere un potere esplosivo pari a 100 milioni di tonnellate di TNT. La superbomba sarebbe stata troppo grande anche per distruggere una città, poiché avrebbe potuto spazzar via da 500 a 2500 chilometri quadrati, e forse anche di più. E il rapporto del gruppo così concludeva: «La superbomba può diventare l'arma per il genocidio». Anche se non era mai stata usata, il semplice fatto che gli Stati Uniti avessero nei loro arsenali simili armi avrebbe alla fine messo in pericolo la loro sicurezza. «L'esistenza di un'arma di questo tipo nei nostri arsenali», affermava il rapporto della maggioranza del GAC, «potrebbe avere degli effetti di grande portata sull'opinione pubblica mondiale.» Le persone ragionevoli potevano concludere che l'America si stava preparando allo scontro finale. «Per questo pensiamo che, una volta nelle nostre mani, l'effetto psicologico che avrebbe quest'arma sarebbe in contrasto con i nostri interessi.»

Come Conant, Rabi e gli altri, Oppenheimer sperava che la superbomba «non fosse mai prodotta», e che la decisione di non costruirla avrebbe riaperto i negoziati con i russi per il controllo degli armamenti. «Noi pensiamo che la superbomba non debba mai essere prodotta», scrisse Oppenheimer a nome della maggioranza. «Se fosse dimostrata l'impossibilità di costruire quest'arma, per il genere umano sarebbe molto meglio [...].»

Come McGeorge Bundy notò in seguito, gli autori del documento del GAC stavano in larga misura anticipando la questione dei trattati per il controllo degli armamenti che vennero finalmente negoziati negli anni Settanta. Ma che cosa sarebbe successo se la proposta non fosse stata accettata? Che cosa sarebbe successo se fossero stati i sovietici a realizzare per primi la superbomba? In quel caso i sovietici avrebbero dovuto testare la bomba – le bombe H non potevano essere sviluppate senza essere sperimentate – e un test di quel tipo sarebbe stato sicuramente rilevato. «Per quanto riguarda la questione della possibilità che i russi riescano a sviluppare quest'arma, possiamo rispondere che realizzarla noi non costituirebbe un deterrente per loro. Se loro usassero l'arma contro di noi, una risposta con la nostra ampia riserva di bombe atomiche sarebbe altrettanto efficace dell'uso di una superbomba.»[33]

In effetti, anche se la superbomba[34] non era un'arma militarmente utile – perché non c'erano obiettivi abbastanza grandi – Oppenheimer e il documento del GAC sostenevano che dal punto di vista militare era più economico e più utile accelerare la produzione di materiale fissile per realizzare bombe atomiche più piccole per uso tattico. Accanto a un concentramento di forze militari convenzionali nell'Europa occidentale, queste armi atomiche «da combattimento» avrebbero garantito all'Occidente un deterrente molto più efficace e credibile contro qualsiasi possibile forza d'invasione sovietica. Si trattava della prima seria proposta di «contenimento nucleare», un concetto strategico che proponeva la realizzazione di un arsenale nucleare concepito per scopi specifici piuttosto che per ammassare bombe in una irrazionale corsa all'accumulo.

Oppenheimer era compiaciuto della conclusione delle decisioni del GAC. Però Katherine Russell, la sua segretaria personale, non era altrettanto sicura. Dopo aver battuto a macchina il rapporto finale del GAC, aveva previsto: «Questo gli causerà un sacco di problemi».[35] Tuttavia Oppenheimer fu gratificato nell'apprendere che il 9 novembre 1949 i commissari dell'AEC avevano approvato con tre voti contro due le raccomandazioni del GAC. Contro il programma d'urgenza per la superbomba avevano votato i commissari Lilienthal, Pike e Smyth; i commissari Strauss e Dean avevano votato a favore.

Ingenuamente, Oppenheimer pensava che la battaglia contro la superbomba era stata vinta. Ma ben presto apparve evidente che Teller, Strauss e altri sostenitori della bomba a idrogeno stavano preparando una controffensiva. Il senatore Brien McMahon disse a Teller che il rapporto del GAC «l'aveva disgustato». McMahon cominciava a pensare che la guerra contro i sovietici fosse ormai «inevitabile». Disse a uno sconvolto Lilienthal che pensava che gli Stati Uniti dovevano «spazzarli via dalla faccia della Terra, subito, prima che loro facciano lo stesso con noi [...]».[36] L'ammiraglio Sidney Souers mise in guardia sul fatto che «non c'era differenza tra costruirla [la bomba H] o aspettare che i sovietici ce ne buttino una addosso senza avvisarci». A Washington, molti altri alti funzionari ebbero analoghe reazioni apocalittiche. Il dibattito sulla superbomba aveva ormai cristallizzato l'isteria che stava alla base della guerra fredda, e diviso a tutti i livelli gli uomini politici in due settori permanentemente opposti: quelli che erano favorevoli alla corsa agli armamenti e quelli che volevano invece il loro controllo.

Per rispondere alle forti pressioni, il presidente Truman chiese al presidente dell'AEC Lilienthal, al ministro della Difesa Louis Johnson e al segretario di stato Dean Acheson di studiare ancora una volta la questione e di arrivare a una conclusione finale. Naturalmente Lilienthal continuava a opporsi allo sviluppo della superbomba, mentre Johnson era favorevole. Solo Acheson era indeciso ma, uomo con acute intuizioni politiche, sapeva bene cosa voleva la Casa Bianca. Dopo esser stato messo al corrente da Oppenheimer sulla questione della bomba H, il segretario di stato rielaborò la dettagliata esposizione fatta da Oppie nel rapporto del GAC in termini semplicistici. «Ho ascoltato più attentamente che potevo», disse a un collega, «ma non ho capito quello che "Oppie" stava cercando di dirmi. Come si può persuadere un avversario paranoico a disarmare limitandosi semplicemente a "dare l'esempio"?»[37]

L'ovvio scetticismo di Acheson portò Oppenheimer a capire quanto pochi fossero i possibili alleati all'interno dell'amministrazione. L'unico sicuro alleato era George Kennan, che in quell'autunno si stava preparando a dare le dimissioni dal suo incarico di direttore del Gruppo per la pianificazione politica al Dipartimento di stato. Anche se in passato Acheson aveva tenuto in gran conto i consigli di Kennan, ora i due uomini raramente concordavano sugli argomenti politici importanti. Colui che aveva costruito la politica americana di contenimento era ora deluso dal modo in cui quella politica era stata militarizzata. La sua delusione fu completa quando l'amministrazione Truman, per reazione all'intransigenza sovietica, ruppe i suoi accordi con l'URSS e creò un governo indipendente nella Germania Occidentale.[38] Per questo, frustrato e isolato, nel settembre 1949 Kennan annunciò la sua intenzione di abbandonare l'incarico nel governo.

Kennan aveva incontrato per la prima volta Oppenheimer nel 1946 a una conferenza al War College.[39] «Era vestito con il solito abito marrone e con i pantaloni troppo larghi», raccontava Kennan.⁴⁰ «Sembrava più un dottorando in fisica che un uomo così importante. Si muoveva avanti e indietro sul palco e parlava senza appunti; se ben ricordo, parlò per 40 o 45 minuti con una scrupolosità e una lucidità così sorprendenti che nessuno ebbe bisogno di far domande.»

Nel periodo 1949-50 Kennan e Oppenheimer svilupparono una forte amicizia basata sul rispetto e sulla stima reciproca. Oppie aveva invitato Kennan a Princeton per partecipare a un seminario riservato sulle armi nucleari. Kennan aveva anche avuto lunghe conversazioni con lui sulla questione dell'accesso all'uranio di Inghilterra e Canada. «Portava tutte le cose a un livello molto elevato», ricordava Kennan a proposito di quegli incontri.⁴¹ «Era un uomo che attivava rapidamente le sue facoltà intellettuali, accuratamente e con grandi intuizioni. [In quegli incontri] nessuno voleva dedicarsi a banalità o ad altro, ma lui dava il meglio della sua intelligenza.»

Nel bel mezzo delle discussioni sulla superbomba, Kennan andò ancora una volta a Princeton, dove arrivò il 16 novembre 1949. Lui e Oppenheimer parlarono a lungo «sullo stato attuale del problema atomico».⁴² Oppie trovò quella visita «rincuorante». Considerava il punto di vista di Kennan «gradevole» e «non dogmatico». A quell'epoca Kennan stava suggerendo che, in risposta alla bomba sovietica, il presidente proponesse una moratoria sulla costruzione della superbomba. «Per me», scrisse Oppenheimer a Kennan il giorno dopo, «il suggerimento che hai dato è più che ragionevole [...].» Però metteva anche in guardia Kennan perché «nell'attuale clima di opinioni» non sembra proprio che a Washington ci siano così tante persone per le quali la nozione di difesa «abbia raggiunto quel tipo di qualità forte e assoluta». Come misura di quanto fosse cresciuta la sua sensibilità politica, Oppenheimer mise in guardia Kennan: «Dobbiamo essere preparati ad affrontare e a superare le argomentazioni con le quali sosterranno che le tue proposte sono troppo pericolose».

Dopo aver ricevuto questi avvertimenti, Kennan si sedette e provò a immaginare un possibile intervento del presidente che annunciava la decisione di non costruire la bomba H «in quel momento». In un eloquente linguaggio che rifletteva sostanzialmente l'analisi fatta dal GAC sulla questione, Kennan elencò in breve tre motivi per non lavorare a una bomba di «potenza distruttiva praticamente illimitata». Per prima cosa, «non ha senso pensare che quella bomba abbia un impiego soltanto militare».⁴³ Come seconda cosa, «non si può pensare che quella bomba ci garantisca una sicurezza assoluta [...]», anche perché l'attuale arsenale atomico del paese ha una potenza più che sufficiente per dissuadere da qualsiasi tipo di attacco. Come terzo punto, «avviarci su un percorso simile sicuramente non impedirebbe ad altri di fare lo stesso [...]». Anzi, la costruzione della superbomba avrebbe sicuramente convinto altri paesi a costruirla anche loro.

Il discorso non fu mai fatto ma, nelle sei settimane successive, Kennan concretizzò queste idee in un rapporto formale di diciotto pagine che riesaminava l'intero problema delle armi nucleari. Mostrò una prima bozza del rapporto a Oppenheimer che lo definì «davvero ammirevole».[44] Questo scritto profetico, anche se meno conosciuto del famoso saggio apparso nel 1947 su «Foreign Affairs» che proponeva la politica del contenimento, è uno dei documenti più importanti degli inizi della guerra fredda. Lo stesso Kennan in seguito lo definì «uno dei più importanti, se non il più importante, tra tutti i documenti che ho scritto durante i miei impegni governativi». Sapendo quanto controverso sarebbe potuto risultare, il 20 gennaio 1950 Kennan lo spedì ad Acheson sotto forma di «documento personale».

Il documento – *Memorandum. Il controllo internazionale dell'energia atomica* – era una sfida ai presupposti che stavano alla base delle opinioni dell'amministrazione Truman sia sulla bomba che sull'Unione Sovietica. Adottando il punto di vista di Oppenheimer, Kennan sosteneva che la bomba atomica era pericolosa proprio perché veniva erroneamente considerata come una semplice panacea per intimidire i sovietici. Riecheggiando Oppie, aveva scritto che il «popolo dei militari» si era impadronito della superbomba per farne la risposta al raggiungimento della bomba atomica da parte della Russia: «Temo che la bomba atomica, con la sua promessa piuttosto vaga e assai pericolosa di risultati "decisivi" [...] di soluzioni semplici a problemi umani profondi, ci impedirà di comprendere cose che sono importanti ai fini di una politica chiara e corretta, e ci porterà verso un uso improprio e uno spreco delle forze del nostro paese».[45]

Kennan chiedeva ad Acheson di non sostenere la costruzione di un'arma di distruzione di massa ancora più terribile – la superbomba – senza aver prima tentato di negoziare con i sovietici un accordo completo sul controllo degli armamenti, come già aveva suggerito Oppenheimer. Anche se questo non fosse stato fatto, Kennan sosteneva che gli Stati Uniti non dovevano fare della bomba atomica il punto centrale della loro difesa. Invece, i funzionari americani dovevano far capire ai sovietici che noi consideriamo gli armamenti atomici «come qualcosa di superfluo per la nostra posizione militare, come qualcosa che siamo stati costretti a realizzare per garantirci contro la possibilità che fossero utilizzati dai nostri avversari».[46] Un numero anche piccolo di queste armi, scrisse, sarebbe stato sufficiente a dissuadere l'Unione Sovietica dall'uso della bomba contro l'Occidente.

A questo punto il memorandum di Kennan seguiva la logica delle raccomandazioni fatte dal GAC il 30 ottobre 1949. Ma Kennan vi aggiunse anche un'altra idea che Oppenheimer aveva da poco preso in considerazione. Anziché affidarsi a un'ampia riserva di bombe atomiche, Washington doveva aumentare massicciamente le sue armi convenzionali, soprattutto nell'Europa occidentale. I sovietici, aveva detto, devono capire che l'Occidente è pronto a schierare nell'Europa occidentale truppe e armamenti convenzionali sufficienti a scoraggiare qualsiasi possibilità d'invasione. Una deterrenza convenzionale di questo tipo avrebbe poi consentito a Washington di impegnarsi in una politica di «no all'uso per primi» delle armi nucleari. L'America, sosteneva, deve «muoversi il più rapidamente possibile verso la loro [delle armi atomiche] rimozione dagli arsenali nazionali, senza insistere sulla necessità di un profondo cambiamento del sistema sovietico».[47]

Kennan considerava il regime di Stalin come una tirannia oppressiva, ma non pensava che Stalin fosse un temerario. Il dittatore sovietico era sicuramente deciso a difendere il suo impero interno, ma questo non significava che volesse lanciarsi in una guerra di aggressione contro i paesi alleati dell'Occidente, una guerra che avrebbe inevitabilmente indebolito la stabilità del suo stesso regime. Stalin aveva capito che una guerra contro l'Occidente avrebbe portato l'Unione Sovietica alla rovina. «Sono fortemente convinto», disse in seguito Kennan, «che loro siano più che stufi di guerre, e che Stalin non desideri un'altra guerra, ancora più grave.»[48]

In breve, Kennan pensava che negli anni 1945-49 non era stato il monopolio atomico americano ma considerazioni strategiche a sconsigliare ai sovietici l'invasione dell'Europa occidentale. Ora che i sovietici avevano anche loro la bomba atomica, Kennan sosteneva che per gli Stati Uniti non aveva senso lanciarsi in una vertiginosa corsa agli armamenti atomici. Come Oppenheimer, pensava che alla fine la bomba sarebbe stata un'arma suicida, e quindi senza alcun possibile impiego militare, e anche pericolosa. Per di più Kennan era convinto che l'Unione Sovietica fosse politicamente ed economicamente il più debole tra i due avversari, e che a lungo andare l'America sarebbe riuscita ad aver ragione del sistema sovietico con i mezzi diplomatici e con «l'impiego giudizioso della nostra forza come deterrente a un conflitto mondiale [...]».[49]

Il «documento personale» di diciotto pagine di Kennan avrebbe potuto benissimo essere scritto assieme a Oppenheimer, visto che rifletteva molti dei punti di vista di Robert. Tuttavia sia lui che Kennan interpretarono la pessima accoglienza di quel rapporto come un barometro che precipitando segnalava l'avvicinarsi di violente tempeste politiche. Infatti, quando circolò nel Dipartimento di stato, il memorandum di Kennan fu tranquillamente e assolutamente respinto da *tutti* quelli che l'avevano letto. Un giorno Acheson chiamò Kennan nel suo ufficio e gli disse: «George, se continui a sostenere la tua opinione su questo argomento, è meglio che tu dia le dimissioni dal ministero degli Esteri; poi ti vesti da monaco, prendi una ciotola, vai all'angolo della strada e ripeti "La fine del mondo è vicina", "La fine del mondo è vicina"».[50] Acheson non si era nemmeno preso il disturbo di mostrare il documento al presidente Truman. A questo punto Oppenheimer aveva più che capito da che parte stava soffiando il vento. Edward Teller aveva vinto. Ma anche in queste condizioni Oppie sperava che gli ostacoli tecnici alla progettazione di un ordigno termonucleare si sarebbero dimostrati insuperabili. Si racconta che abbia detto: «Lasciamo che Teller e [John] Wheeler vadano avanti. Lasciamo che perdano la faccia».[51] Il 29 gennaio 1950 Oppenheimer incontrò Teller a una conferenza dell'American Physical Society a New York e gli disse che pensava che Truman avrebbe respinto il loro parere contrario alla superbomba. Teller gli chiese se in tal caso sarebbe tornato a Los Alamos per lavorare alla superbomba. «No di certo», rispose sgarbatamente Oppie.[52]

Il giorno dopo, mentre si trovava a Washington per un incontro del GAC, decise di andare a un incontro speciale del Comitato congiunto per l'energia atomica, convocato dal senatore Brien McMahon per discutere della superbomba. Oppenheimer sapeva che McMahon stava facendo forti pressioni sul presidente perché fosse approvato un programma d'urgenza per la superbomba, e sapeva anche che il suo punto di vista sarebbe stato accolto male. Ma lo sostenne comunque, dicendo a McMahon e agli altri parlamentari: «Ritengo che sarebbe stata una vigliaccheria non venire qui e lasciare a voi il compito di risolvere questioni di cui pensate che noi abbiamo dimenticato l'importanza».[53] Il suo comportamento fu di cortese rassegnazione. Alla richiesta su che cosa poteva accadere se la Russia arrivasse alla superbomba e gli Stati Uniti no, rispose: «Se i russi avranno la bomba e noi no, saremo in cattive acque. Ma se i russi avranno la bomba e noi anche, saremo ancora in cattive acque». Il problema, spiegò, era che «andando avanti da soli su questa strada, faremo l'unica cosa che servirà ad accelerare e a garantire il suo [della superbomba] sviluppo». Quando un membro del Congresso gli chiese se una guerra combattuta con bombe all'idrogeno poteva rendere la Terra inadatta al genere umano, Oppie interloquì: «Pestifera, intende dire?». Disse poi che in realtà lui era più preoccupato per la «sopravvivenza morale» del genere umano. Spiegò la sua posizione con un'aria di assoluta ragionevolezza, ma anche se nessuno dei presenti mise in discussione i suoi ragionamenti, se ne andò convinto di non aver cambiato l'opinione di nessuno.

Il giorno seguente, il 31 gennaio 1950, Lilienthal, Acheson e il ministro della Difesa Louis Johnson attraversarono la strada per andare dal vecchio edificio del Dipartimento di stato alla Casa Bianca per discutere sulla superbomba con il presidente. Lilienthal si opponeva ancora con forza a un programma d'urgenza. In privato Acheson condivideva molte delle obiezioni di Lilienthal, ma pensava che fattori politici interni avrebbero spinto Truman ad andare avanti col programma d'urgenza: «La popolazione americana semplicemente non tollererebbe una politica dilatoria della ricerca nucleare in una materia così vitale [...]».[54] Johnson concordò e disse a Lilienthal: «Dobbiamo proteggere il presidente».[55] Si era arrivati a questo. Gli argomenti reali legati alla sicurezza nazionale erano diventati irrilevanti grazie alle semplificazioni imposte dalla politica interna.

Tuttavia concordarono che Lilienthal aveva il permesso di esporre la sua tesi. Ma quando furono nello Studio Ovale, e Lilienthal aveva appena iniziato la sua presentazione, Truman lo interruppe chiedendo: «Ma i russi possono costruirla?».[56] Quando tutti annuirono, Truman disse: «In questo caso non abbiamo scelta. Dobbiamo andare avanti». Lilienthal annotò nel suo diario che Truman «chiaramente aveva deciso quello che si doveva fare ancora prima che entrassimo nella stanza». Alcuni mesi prima Lilienthal aveva messo in guardia Truman sul fatto che i demagoghi del Congresso avrebbero tentato di forzare la sua mano sulla superbomba. «Non mi faccio convincere facilmente», aveva risposto Truman. Uscendo dalla Casa Bianca, Lilienthal guardava il suo orologio. Il presidente che non si lasciava facilmente convincere gli aveva dato esattamente sette minuti. Era come aver detto «"No" a uno schiacciasassi», annotò Lilienthal.[57]

Quella sera, in un discorso alla radio che era stato senza dubbio preparato da tempo, il presidente Truman annunciò un programma per stabilire la «fattibilità tecnica di un'arma termonucleare». Nello stesso tempo ordinò un riesame generale dei piani strategici del paese. Questo portò a un documento politico supersegreto, il cosiddetto NSC-68,* realizzato per la maggior parte dal successore di Kennan come direttore del Gruppo per la pianificazione politica del Dipartimento di stato, Paul Nitze. Nitze, sostenitore di un grande arsenale nucleare, pensava all'Unione Sovietica come a una potenza determinata a conquistare il mondo. Chiedeva «un aumento rapido e sostenuto della forza politica, economica e militare del mondo libero». Circolato nell'aprile 1950, il documento NSC-68 rifiutava esplicitamente la proposta di Kennan di prendere in considerazione la politica del «no all'uso per primi» delle bombe nucleari. Al contrario, un grande arsenale di armi nucleari sarebbe stato alla base della strategia difensiva degli Stati Uniti. Senza contare che, in questo modo, Truman autorizzava anche un programma industriale che avrebbe aumentato di molto le capacità del paese nella costruzione di armi nucleari di tutti i tipi.

Alla fine di quel decennio, in America le riserve di armi nucleari erano passate da circa 300 bombe a quasi 18.000.[58] Nei cinque decenni successivi, gli Stati Uniti avrebbero prodotto oltre 70.000 bombe nucleari e speso la sbalorditiva cifra di 5500 miliardi di dollari nei programmi per gli armamenti nucleari. In retrospettiva appare chiaro – ma appariva già chiaro a quell'epoca – che le decisioni sulla bomba H furono un punto di svolta nella vertiginosa corsa agli armamenti della guerra fredda. Come Oppenheimer, Kennan era assolutamente «disgustato». I.I. Rabi era offeso. «Non perdonerò mai Truman», disse.[59]

Dopo il suo brevissimo incontro con Truman, David Lilienthal disse a Oppenheimer che il presidente aveva anche chiesto che tutti gli scienziati coinvolti nella questione evitassero di parlarne in pubblico: «Era come se partecipassi a una cerimonia funebre, soprattutto quando mi accorsi che eravamo tutti come imbavagliati».[60] Estremamente deluso, Oppenheimer pensò di abbandonare la sua posizione nel GAC. Acheson, temendo che Oppenheimer e Conant sfruttassero il loro ascendente sulla popolazione americana, arrivò al punto di dire al rettore di Harvard: «Per amor del cielo, non ribaltate il tavolo».[61]

Conant disse a Oppenheimer che Acheson l'aveva avvertito che un dibattito pubblico sarebbe stato «contrario agli interessi della nazione». Quindi, ancora una volta, Oppenheimer rientrò nel suo ruolo di

---

* Acronimo di *National Security Council*, documento n. 68. [*n.d.t.*]

cittadino leale. Come testimoniò in seguito, in quel momento non si sentiva pronto a dare le dimissioni e a «promuovere un dibattito su un argomento che ormai era stato chiuso».[62] Conant scrisse a un amico che lui e Oppenheimer «non le davano [le dimissioni] (o almeno io non le darò) perché non vogliamo far nulla che possa portare a pensare che noi non siamo dei buoni soldati [...]».[63] Con il senno di poi rimpianse questa decisione, perché si convinse che tutti e due avrebbero dovuto dare immediatamente le dimissioni.

Quanto differente e migliore sarebbe stata anche la vita di Oppenheimer se avesse fatto questo passo! Ma non lo fece e, come Conant, ancora una volta Oppenheimer si allineò. Tuttavia non poteva nascondere il disprezzo per tutto quanto l'aveva costretto a prendere quella decisione. Proprio la sera dell'annuncio di Truman, Oppenheimer si sentì obbligato a partecipare alla festa per il quarantaquattresimo compleanno di Strauss al Shoream Hotel. Avendo visto Oppenheimer solo in un angolo, un giornalista gli si avvicinò e gli disse: «Non mi sembra molto allegro».[64] Come risposta Oppenheimer mormorò: «Questa è la peste di Tebe». Quando Strauss si decise a presentare suo figlio e sua nuora al famoso fisico, Oppenheimer tese bruscamente la mano senza guardarli e poi si girò senza dire una parola. Naturalmente, Strauss andò in bestia.

Le decisioni sulla bomba a idrogeno vennero prese a porte chiuse, senza dibattito pubblico e, pensava Oppenheimer, senza una seria valutazione delle sue conseguenze. La segretezza era diventata il sostegno di politiche meschine, e così Oppenheimer si decise a parlare contro la segretezza. Il 12 febbraio 1950, Strauss si infuriò quando vide Oppenheimer nella prima puntata della trasmissione televisiva domenicale di Eleanor Roosevelt, mentre criticava apertamente il modo in cui era stata presa la decisione sulla bomba a idrogeno. «Si tratta di cose tecnicamente complesse», disse Oppenheimer al pubblico televisivo, «ma che toccano profondamente anche i nostri principi morali. È un grave rischio per noi che queste decisioni vengano prese sulla base di fatti che vengono mantenuti segreti.»[65] Per Strauss questi commenti indicavano un'aperta sfida al presidente, e si assicurò che la Casa Bianca avesse ricevuto la trascrizione delle parole di Oppenheimer.

Più avanti in quell'estate, sul «Bulletin of the Atomic Scientists», Oppenheimer ripeté che «quelle decisioni erano state prese sulla base di fatti tenuti segreti».[66] Questo, pensava, non era necessario né saggio: «I fatti rilevanti possono essere di scarso aiuto contro un nemico; però sono indispensabili per capire le questioni politiche». Nell'amministrazione nessuno concordava; la tendenza era verso una maggiore segretezza.

Per quasi cinque anni Oppenheimer aveva tentato di usare il suo prestigio e la sua posizione di scienziato famoso per contrastare dall'interno la crescente pressione a favore della sicurezza nazionale. I suoi vecchi amici schierati a sinistra, uomini come Phil Morrison, Bob Serber e anche suo fratello, l'avevano avvisato che si trattava di un inutile rischio. Aveva fallito nel 1946, quando il piano Acheson-Lilienthal per il controllo internazionale sulle armi atomiche era stato boicottato dal presidente Truman attraverso la nomina di Bernard Baruch. E ora aveva fallito ancora una volta quando aveva cercato di persuadere il presidente e i membri della sua amministrazione a evitare quello che Conant aveva descritto ad Acheson come «un affare completamente marcio».[67] Ora l'amministrazione sosteneva un programma per costruire una bomba mille volte più letale della bomba sganciata a Hiroshima. Ancora una volta Oppenheimer non doveva «ribaltare il tavolo». Sarebbe rimasto uno del gruppo, anche se sempre più esplicito e sempre più sospetto.

31. «Brutte parole su Oppie»

> *Anche se appare assolutamente disgustoso, questo è solo un alito di vento contro la roccaforte della tua grande reputazione nella vita americana.*
>
> David Lilienthal a Robert Oppenheimer, 10 maggio 1950

Nel periodo immediatamente successivo a quello che in seguito definì «il nostro più importante e mal gestito incontro con la superbomba»,[1] Oppenheimer si ritirò a Princeton, profondamente deluso. Quella primavera George Kennan gli scrisse: «Probabilmente non sai quanto hai contribuito ad allargare la mia coscienza».[2] Il dibattito sulla superbomba aveva portato a una forte alleanza tra questi due formidabili intellettuali, il cui istinto e la cui sensibilità convergevano nell'opposizione a una strategia di difesa basata sulla minaccia di una guerra nucleare.

«Quello che è ben chiaro alla mia mente quando ripenso a quei giorni», ricordava Kennan, «era la nostra insistenza sull'importanza dell'apertura.»[3] Oppenheimer sosteneva che nascondere le informazioni sulla bomba avrebbe aumentato il pericolo dell'incomprensione. Kennan ricordava così l'argomentazione di Oppie: «È necessario avere la più franca discussione possibile con loro [i sovietici] sui problemi futuri e sull'uso della bomba». Kennan concordava con Oppenheimer sul fatto che le bombe nucleari erano di per sé un male, e che potevano portare solo al genocidio. «Era necessario che in quel momento risultasse chiaro a tutti che quella era un'arma con la quale nessuno avrebbe potuto vincere [...]. Anche l'idea stessa che con lo sviluppo di queste bombe si potesse ottenere qualcosa di positivo mi sembrava irragionevole sin dall'inizio.»

A livello personale, Kennan fu per sempre grato a Oppenheimer per averlo portato all'Istituto a iniziare una nuova carriera di illustre studioso e storico. «Io, che devo alla tua fiducia e al tuo incoraggiamento la grande opportunità che ho avuto di far di me stesso uno studioso, pur non iniziando certo da giovane, ho con te un debito speciale e personale di riconoscenza.»[4] Anche l'arrivo di Kennan all'Istituto suscitò molte controversie; alcuni contestavano le credenziali della sua carriera di semplice funzionario del ministero degli Esteri, che non aveva pubblicato nulla che neppure lontanamente fosse possibile definire «di cultura». Johnny von Neumann votò contro la chiamata, e scrisse a Oppenheimer che Kennan «non è, per ora, uno storico»[5] e che finora non ha prodotto un qualsiasi studio di «carattere eccezionale». Molti dei matematici dell'Istituto, capitanati come al solito da Oswald Veblen, si opposero sulla base del fatto che Kennan era semplicemente un amico politico di Oppie e non un accademico. «Avevano antipatia per Kennan», ricordava Freeman Dyson, «e colsero la sua nomina come un'altra occasione per attaccare Robert.»[6] Ma Oppenheimer, che aveva sviluppato una grande stima per l'intelligenza di Kennan, spinse il Consiglio di amministrazione ad approvarne la nomina, dichiarando che lo stipendio di 15.000 dollari sarebbe stato pagato con i fondi che erano stati stanziati per la direzione.

Kennan trascorse a Princeton diciotto mesi prima di andarsene, con molta riluttanza, nella primavera del 1952, quando Truman e Acheson fecero forti pressioni su di lui perché andasse a Mosca come ambasciatore degli Stati Uniti. Ma meno di sei mesi dopo[7] scrisse a Robert che pensava che il suo incarico a Mosca sarebbe stato breve. Infatti, dopo appena dieci giorni, la sua carriera di ambasciatore si chiuse perché aveva detto a un giornalista che la vita nella Russia sovietica gli ricordava il periodo che aveva trascorso nella Germania nazista. Ovviamente, i sovietici dichiararono Kennan «persona non gradita». In seguito, dopo la vittoria di Dwight Eisenhower alle elezioni presidenziali, divenne chiaro che i repubblicani che avevano assunto gli incarichi governativi, e che promuovevano l'avvicendamento delle cariche, avevano scarso interesse per il sostenitore del «contenimento». Nel marzo 1953 Kennan scrisse a Oppenheimer per dirgli che aveva appena incontrato il segretario di stato John Foster Dulles che l'aveva informato che «in quel momento nella compagine governativa non vedeva alcuna "nicchia"[8] in cui sistemarlo [...] a causa del "contenimento", la macchia che mi porto dietro». Per questo Kennan rassegnò immediatamente le sue dimissioni e tornò a Princeton, la «camera di decompressione per gli studiosi» di Oppie. Se si eccettua un incarico abbastanza lungo di ambasciatore in Iugoslavia agli inizi degli anni Sessanta, Kennan trascorse a Princeton tutto il resto della sua vita. Fu l'amico più vicino e più devoto di Oppenheimer e, secondo lui, Robert aveva creato «un posto dove il lavoro della mente poteva procedere nella sua forma più elevata: piacevolmente, generosamente e con la più raffinata scrupolosità e severità».

La bomba H non fu l'unica questione in cui Oppenheimer si trovò a opporre resistenza contro la costruzione degli armamenti durante la guerra fredda. Nel 1949 aveva provato un senso di sconforto per l'impossibilità di fare progressi nel disarmo nucleare in un futuro non troppo lontano. Credeva ancora nella visione di Bohr che nell'era nucleare un'apertura totale fosse l'unica speranza per il genere umano. Ma le questioni che erano sorte agli inizi della guerra fredda gli avevano fatto capire che alle Nazioni Unite i negoziati per il controllo delle armi nucleari erano ormai bloccati. Oppenheimer tuttavia tentò di usare la sua influenza per smorzare le crescenti aspettative del governo e dell'opinione pubblica su tutte le vicende nucleari. Quell'estate, la stampa segnalava che lui aveva detto: «pensare all'energia nucleare per far funzionare aerei e navi da battaglia è soltanto una sciocchezza».[9] Nell'ambito del Gruppo dei consulenti scientifici (GAC), Oppenheimer e altri scienziati criticavano il Progetto Lexington dell'Aeronautica militare, un programma che prevedeva lo sviluppo di aerei da bombardamento a propulsione nucleare. Aveva anche parlato a proposito dei potenziali pericoli inerenti agli impianti nucleari per usi civili. Con queste affermazioni non poteva certo ingraziarsi coloro che, per difendere la classe dirigente o l'industria dell'energia, cercavano di favorire lo sviluppo delle tecnologie basate sul nucleare.

Tuttavia le esperienze fatte dal GAC nei contatti con gli alti ufficiali, avevano fatto sì che tutti i suoi membri fossero sempre più dubbiosi sulla pianificazione delle armi atomiche fatta dai militari. «Sapevo», ricordava Lee DuBridge, «che c'erano lunghe discussioni sui possibili obbiettivi in Unione Sovietica, e su quante [bombe] sarebbero state necessarie per distruggere i principali centri industriali [...]. In quell'epoca, noi pensavamo che cinquanta bombe sarebbero state sufficienti per eliminare le cose essenziali dall'Unione Sovietica.»[10] DuBridge aveva sempre ritenuto che questa fosse un'ottima stima. Con il passare del tempo, i rappresentanti del Pentagono cominciarono però a trovare pretesti per arrivare a cifre più alte. Ricordava DuBridge: «Di fronte a questi pretesti di solito ci veniva da sorridere, perché ci sembrava sempre che cercassero di trovare obiettivi per qualsiasi numero [di bombe] si potesse disporre nei due o tre anni successivi. Regolavano gli obiettivi che volevano colpire sulle quantità raggiunte dalla produzione».

Le presentazioni di Oppenheimer agli incontri del GAC erano in genere impeccabilmente obiettive. Raramente mostrava una qualunque emozione. Un'eccezione si ebbe quando il contrammiraglio Hyman Rickover ragguagliò brevemente il comitato sulla fretta che la Marina aveva di sviluppare sottomarini a propulsione nucleare. Rickover lamentò che l'AEC non stava lavorando abbastanza intensamente sullo sviluppo dei reattori. Sfidò Oppenheimer chiedendo se aveva aspettato fino a che non «disponesse di tutti i fatti» prima di costruire la bomba atomica.[11] Sorpreso, Oppenheimer gli diede una delle sue classiche occhiate e disse di sì. Per quanto l'ammiraglio fosse notoriamente autoritario, Oppenheimer restò sulle sue fino a che Rickover non se ne andò. Poi si alzò e andò fino al punto della tavola in cui Rickover aveva lasciato un piccolo modello in legno di un sottomarino. Con la mano attorno allo scafo, lo sollevò con calma e poi in silenzio se ne andò.[12]

Oppenheimer stava allargando il cerchio dei suoi nemici politici. Come il suo vecchio amico Harold Cherniss aveva osservato anni prima, le osservazioni di Oppie erano talvolta «davvero crudeli».[13] Era spesso gentile e premuroso con i sottoposti, ma poteva essere molto tagliente con i colleghi.

Lewis Strauss continuava a essere il più pericoloso nemico politico di Oppenheimer. Non si era dimenticato del modo in cui Oppenheimer aveva ridicolizzato le sue raccomandazioni durante un'udienza davanti al Congresso nell'estate precedente. «Questi per me non sono giorni felici», scrisse Strauss a un amico nel luglio 1949.[14] Avendo ripetutamente dissentito all'interno dell'AEC su varie questioni, Strauss stava sulla difensiva. Con in mente Oppenheimer e i suoi amici, in privato si lamentava in quanto «ai loro occhi sono colpevole di "lesa maestà" perché ho avuto la sfrontatezza di essere in disaccordo con i miei colleghi». Pensava che i grandi amici di Oppenheimer, Herbert Marks e Anne Wilson Marks, stessero spargendo voci «per far sapere a tutti che sono un "isolazionista" [...]».[15] Quando un amico osservò che molte persone erano convinte che fosse «un grave errore per chiunque dissentire dal dottor Oppenheimer su questioni scientifiche»,[16] Strauss scrisse per i suoi archivi un memorandum sul «tema dell'onniscienza» in cui segnalava che Oppenheimer una volta aveva proposto di «denaturare» l'uranio, un processo del quale era stata successivamente dimostrata l'impossibilità.

Strauss si era anche convinto che Oppenheimer stesse intenzionalmente tentando di rallentare il lavoro sulla bomba termonucleare. Pensava a Oppenheimer come a «un generale che non vuole combattere. Ma la vittoria non si può aspettare».[17] Già nel 1951, pur non essendo più commissario all'AEC, Strauss andò dal presidente Gordon Dean e, leggendo un memorandum che aveva scritto con cura, accusò Oppenheimer di «sabotare il progetto». Disse anche che occorreva fare «qualcosa di radicale», lasciando chiaramente intendere che Oppenheimer doveva essere allontanato. Poi, come se volesse sottrarsi ai rischi politici dell'attacco allo scienziato, Strauss concluse teatralmente l'incontro gettando il memorandum tra le fiamme del caminetto di Dean. Che ne fosse conscio oppure no, era un gesto metaforico: la sicurezza del paese richiedeva che l'ascendente di Oppenheimer fosse ridotto in cenere.

Ancora nell'autunno del 1949, proprio quando il dibattito interno sulla superbomba si stava scaldando, a Strauss furono passate informazioni riservatissime che accrebbero ulteriormente i suoi sospetti su Oppenheimer. Verso la metà di ottobre, l'FBI lo informò che alcuni messaggi sovietici intercettati e decrittati segnalavano la presenza a Los Alamos di una loro spia. Sembrava che le trascrizioni coinvolgessero un fisico inglese, Klaus Fuchs, che era arrivato a Los Alamos nel 1944 come membro della Missione scientifica britannica. Nelle settimane successive, Strauss e altri personaggi vennero a sapere che Fuchs aveva ampio accesso a informazioni riservate relative alla bomba atomica e alla superbomba.

Mentre l'FBI e gli inglesi indagavano su Fuchs, Strauss iniziò la sua indagine su Oppenheimer. Telefonò al generale Groves e, facendo riferimento alle informazioni su Oppenheimer dell'archivio dell'FBI, chiese notizie sulla vicenda Chevalier. In risposta, Groves scrisse a Strauss due lunghe lettere cercando di spiegargli cosa era successo nel 1943, e perché aveva accettato la spiegazione che Oppenheimer aveva dato delle attività di Chevalier. Nella sua prima lettera sosteneva con enfasi la sua convinzione che Oppenheimer fosse un americano leale. Nella seconda cercava di spiegare la complessità della vicenda Chevalier.

Groves spiegava anche che non pensava che il comportamento di Oppenheimer in quella vicenda potesse dimostrare la sua colpevolezza. «È importante ricordare», scrisse a Strauss, «che se avessimo immediatamente rimosso dai loro incarichi tutte le persone che in passato avevano avuto contatti con amici che erano simpatizzanti comunisti, o che in un momento o in un altro avevano guardato con simpatia alla Russia, avremmo perduto molti dei nostri scienziati più brillanti.»[18]

Trovando insoddisfacente la difesa di Oppenheimer fatta da Groves, Strauss continuò la ricerca di informazioni in grado di incriminarlo. Agli inizi di dicembre entrò in contatto con il colonnello Kenneth Nichols, già aiutante di Groves, che detestava Oppenheimer. In seguito Nichols sarebbe diventato uno degli assistenti e dei confidenti di Strauss, e continuò a esserlo per parecchi anni. I due uomini si unirono nella loro ostilità a Oppenheimer. Molto contento, Nichols diede a Strauss la copia di una lettera che Arthur Compton aveva scritto a Henry Wallace nel settembre 1945 e in cui – presumibilmente parlando anche a nome di Oppenheimer, Lawrence e Fermi – aveva dichiarato che loro avrebbero «preferito una disfatta in guerra»[19] piuttosto che una vittoria ottenuta mediante l'uso di un'arma da genocidio come la superbomba. Questa affermazione fece arrabbiare Strauss, che vide nella lettera di Compton un'ulteriore prova del pericoloso ascendente di Oppenheimer. Il fatto che la lettera fosse stata scritta da Compton, e che fosse chiaro che Lawrence e Fermi erano d'accordo con quella tesi, per Strauss non era rilevante.

La sera dell'1 febbraio 1950,[20] il giorno dopo l'approvazione del progetto per la superbomba da parte di Truman, Strauss ricevette una telefonata da J. Edgar Hoover. Il capo dell'FBI lo informava che Fuchs aveva appena confessato di essere una spia. Per quanto Oppenheimer non avesse niente a che fare con l'arrivo di Fuchs a Los Alamos, Strauss pensò di utilizzare il fatto che l'attività spionistica di Fuchs si fosse svolta sotto i suoi occhi. Il giorno successivo scrisse a Truman che il caso Fuchs «rafforza la correttezza della vostra decisione [sulla superbomba]».[21] Secondo il modo di pensare di Strauss, il caso Fuchs giustificava anche la sua ossessione per la sicurezza e la sua opposizione a condividere le tecnologie nucleari e le ricerche sugli isotopi con gli inglesi o con qualunque altro. E, sia per Strauss che per Hoover, le rivelazioni di Fuchs richiedevano anche un nuovo controllo dei trascorsi a sinistra di Oppenheimer.

Il giorno che Oppenheimer seppe della confessione di Fuchs era per caso a pranzo a New York con Annie Wilson Marks nel famoso Oyster Bar della Grand Central Station. «Hai sentito le notizie su Fuchs?» aveva chiesto alla sua antica segretaria.[22] Loro concordavano sul fatto che a Los Alamos Fuchs era sempre apparso come una persona quieta, solitaria e perfino patetica. «Robert sembrava sbalordito da quella notizia», ricordava la Wilson. D'altra parte sospettava che le conoscenze di Fuchs sulla superbomba non andassero più in là di un modello da «carro da buoi», tutt'altro che praticabile. Nella stessa settimana disse al suo collega all'Istituto Abraham Pais che sperava che Fuchs avesse passato ai russi tutto quello che sapeva sulla superbomba, perché così «sarebbero rimasti indietro parecchi anni».[23]

Pochi giorni dopo che la confessione di Fuchs era diventata di dominio pubblico, Oppenheimer testimoniò nel corso di una sessione esecutiva del Comitato congiunto per l'energia atomica. Interrogato specificamente per la prima volta sulle sue associazioni politiche negli anni Trenta, Oppenheimer spiegò con calma che aveva ingenuamente pensato che i comunisti possedessero alcune risposte ai problemi di un paese che si trovava immerso nella grande depressione. Mentre i suoi studenti avevano difficoltà a trovare lavoro, all'estero Hitler era una minaccia. Anche se non aveva mai fatto parte del Partito comunista, Oppenheimer disse spontaneamente che aveva mantenuto la sua amicizia con alcuni comunisti durante gli anni della guerra. Tuttavia a poco a poco si era reso conto che «nel Partito comunista [...] c'era una mancanza di sincerità e di onestà».[24] Disse anche che alla fine della guerra era diventato «un deciso anticomunista, e che le sue antiche simpatie per la causa comunista gli avevano fornito l'immunità necessaria contro ulteriori infezioni». Criticò anche con durezza il comunismo per la sua «disonestà ideologica» e per le sue forti «componenti di segretezza e dogmatismo».

In seguito, un giovane membro dello staff del Comitato congiunto, William Liscum Borden, scrisse a Oppenheimer una lettera in cui lo ringraziava educatamente per il suo intervento: «Penso [...] che sia stato opportuno che lei si sia presentato di fronte al Comitato e ritengo che quanto ha detto ci abbia fatto molto bene».[25]

Borden, un prodotto della scuola privata di St. Albans e poi della Yale Law School, era brillante, energico, ma ossessionato dalla minaccia sovietica. Durante la guerra, mentre stava pilotando un bombardiere B-24 nel corso una missione notturna, davanti a lui sfrecciò lampeggiando un razzo V-2 lanciato verso Londra. «Sembrava una meteora», scrisse in seguito Borden.[26] «Riversò una miriade di scintille rosse passando così velocemente davanti a noi che il nostro aereo mi appariva fermo. Da quel momento fui certo che era solo una questione di tempo prima che i razzi rendessero possibile un attacco diretto contro gli Stati Uniti attraverso l'oceano.» Nel 1946 aveva scritto *Non ci sarà più* *tempo*,* un libro fortemente allarmistico sul rischio futuro di «una Pearl Harbor nucleare». Borden prevedeva che in un prossimo futuro gli avversari dell'America avrebbero avuto a disposizione un gran numero di razzi intercontinentali dotati di bombe atomiche. A Yale, Borden e altri colleghi acquistarono uno spazio pubblicitario su un giornale dal quale sollecitarono il presidente Truman a lanciare un ultimatum nucleare all'Unione Sovietica: *Che sia Stalin a decidere: guerra atomica o pace atomica*. Dopo aver visto quella pubblicità incendiaria, il senatore Brien McMahon decise di nominare il ventottenne Borden suo assistente nel Comitato congiunto per l'energia atomica. «Borden era come un qualsiasi altro cane, ma abbaiava più forte e un po' più intensamente degli altri», scrisse il fisico di Princeton John Wheeler che lo incontrò nel 1952.[27] «Da qualunque parte guardasse, vedeva complotti per rallentare o bloccare lo sviluppo degli armamenti negli Stati Uniti.»

Borden aveva conosciuto per la prima volta Oppenheimer nell'aprile 1949 a un incontro del GAC, durante il quale lo aveva ascoltato silenziosamente mentre gettava discredito sul Progetto Lexington, la proposta dell'Aeronautica militare per costruire bombardieri a propulsione nucleare. Anche se non c'erano sufficienti dati contrastanti, Oppie aveva criticato anche il piano dell'AEC per portare avanti un programma per impianti nucleari per scopi civili: «È un'impresa tecnica molto pericolosa».[28] Per nulla convinto, Borden se ne andò pensando che Oppenheimer era un «leader nato, ma anche un manipolatore».

Tuttavia, sulla scia della confessione di Fuchs, Borden cominciò a pensare che Oppenheimer fosse molto più pericoloso di un semplice «manipolatore». Non deve certo sorprendere che i suoi sospetti fossero incoraggiati da Lewis Strauss. Entro il 1949 Strauss e Borden cominciarono a darsi del tu e, anche dopo aver lasciato l'AEC, Strauss continuò a coltivare l'amicizia con il direttore del Comitato del Senato per la supervisione delle attività dell'AEC.[29] Ben presto si resero conto che avevano opinioni simili sull'ascendente di Oppenheimer.

Il 6 febbraio 1950, quando il direttore dell'FBI Hoover testimoniò davanti al Comitato congiunto, Borden era presente. Ufficialmente Hoover era arrivato per parlare al Comitato del caso Fuchs, ma in realtà parlò molto a lungo di Oppenheimer. Nel Comitato quel gior-

---

* W.L. Borden, *Non ci sarà più tempo*, Longanesi, Milano 1948. [*n.d.t.*]

no erano presenti il senatore McMahon e il membro del Congresso Henry «Scoop» Jackson (D-Wash.*).

Nel collegio elettorale di Scoop Jackson, nello stato di Washington, si trovavano gli impianti nucleari di Hanford. Lui era sulla linea dura contro i comunisti e anche un forte sostenitore delle armi nucleari. Aveva incontrato Oppenheimer nell'autunno precedente durante il dibattito sulla superbomba, e poi l'aveva invitato a pranzo al Carlton Hotel di Washington. Nel corso del pranzo aveva ascoltato con incredulità il fisico mentre sosteneva che la costruzione della bomba H sarebbe servita solo ad alimentare una corsa agli armamenti e avrebbe reso l'America meno sicura. «Penso che avesse un complesso di colpa a causa del suo ruolo nel Progetto Manhattan», dirà poi Jackson qualche anno più tardi.[30]

Ora, per la prima volta, Jackson e McMahon seppero da Hoover dell'incontro tra Haakon Chevalier e Oppenheimer nel 1943, durante il quale Chevalier aveva suggerito che forse c'erano informazioni scientifiche che in tempo di guerra era opportuno condividere con gli alleati sovietici.[31] Hoover aveva riferito che Oppenheimer aveva rifiutato la proposta, ma alla mente sospettosa di Borden l'incidente appariva ancora significativo. Cominciò a pensare che l'opposizione di Oppenheimer alla superbomba fosse motivata da una nefasta lealtà alla causa comunista.

Un mese più tardi Edward Teller disse a Borden che alla fine della guerra Oppenheimer aveva cercato di chiudere Los Alamos. Sosteneva che Oppie avesse detto: «Restituiamolo agli indiani». Come ha documentato la storica Priscilla J. McMillan, Teller favoriva l'ostilità di Borden nei confronti Oppenheimer. Pare che Teller facesse di tutto per incontrare Borden «ogni volta che veniva a Washington».[32] Nella loro fitta corrispondenza lusingava il giovane e «instillava in lui il dubbio ripetendogli spesso che il programma termonucleare era in ritardo e che la colpa era di Oppenheimer».[33] Borden aveva anche saputo che un addetto alla sicurezza di Los Alamos era convinto che Oppenheimer fosse stato un «comunista filosofico». Infine venne anche a sapere che Kitty Oppenheimer era stata sposata con un comunista che aveva combattuto in Spagna, dove era morto.

Borden, McMahon e Jackson inorridirono quando seppero che Oppenheimer aveva da poco iniziato a usare la sua influenza per bloccare le armi nucleari tattiche. All'Aeronautica militare e ai suoi alleati nel

---

* Democratico, rappresentante dello stato di Washington. [*n.d.t.*]

Congresso, l'iniziativa di Oppenheimer appariva come un evidente sforzo per colpire il ruolo dominante del Comando strategico dell'aeronautica (SAC). Jackson e i suoi colleghi erano convinti che la capacità del SAC di scatenare un attacco atomico devastante fosse per gli Stati Uniti l'arma vincente. «Finora», disse Jackson durante un discorso, «la nostra superiorità atomica ha tenuto il Cremlino in scacco [...]. Restare indietro nella competizione per gli armamenti atomici sarebbe un suicidio per il paese. L'esplosione avvenuta in Russia significa che Stalin ha scommesso tutto sull'energia atomica. È dunque il tempo giusto per andare avanti.»[34] Jackson pensava che nell'era atomica l'America dovesse avere una totale e assoluta superiorità su qualsiasi potenziale nemico. Quindi, se era possibile costruire la bomba a idrogeno, l'America doveva essere la prima a costruirla. Il suo biografo, Robert Kaufman, scrisse che «non aveva mai dimenticato la figura di quel bravo ma ingenuo scienziato che discettava contro la costruzione della bomba H».*[35]

Come si è accennato, mentre politici quali il membro del Congresso Jackson consideravano Oppenheimer ingenuo e dotato di scarsa capacità di giudizio, Borden cominciava a sospettare che fosse molto peggio. Il 10 maggio 1950 Borden lesse sulla prima pagina del «Washington Post» che Paul e Sylvia Crouch, in passato membri del Partito comunista, avevano testimoniato che una volta Oppenheimer aveva ospitato un convegno del partito nella sua casa di Berkeley. Nella loro testimonianza di fronte al Comitato per le attività antiamericane del Senato della California, i Crouch avevano dichiarato che nel luglio 1941 Kenneth May li aveva portati fino alla casa di Oppenheimer al 10 di Kenilworth Court. Hitler aveva da poco invaso l'Unione Sovietica e, in qualità di presidente della sezione del Partito comunista della Contea di Alameda, Paul Crouch era stato incaricato di spiegare la nuova posizione del partito nei confronti della guerra. Erano presenti venti o venticinque persone. Sylvia Crouch aveva descritto quel supposto incontro nella casa di Oppenheimer come la «riunione di un importante gruppo comunista

---

* Le tesi di Jackson influenzarono anche i neoconservatori che nel 2003 formularono la dottrina di Bush sulla guerra preventiva. Richard Perle, che tra il 1969 e il 1979 era stato il principale consigliere di Jackson per la politica estera, disse a Kaufman: «Il suo [di Jackson] entusiasmo per la costruzione di un sistema di difesa missilistica, il suo scetticismo per la distensione e per il Trattato per la limitazione degli armamenti strategici (SALT), tutto derivava dalla sua esperienza precedente e dalla lezione che ne aveva tratto. Se si fossero ascoltati gli scienziati che si opponevano alla bomba a idrogeno, Stalin ne avrebbe ottenuto il monopolio e noi saremmo finiti nei guai». [*n.d.a.*]

conosciuto come sezione speciale, un gruppo così importante che la sua esistenza era addirittura mantenuta segreta ai normali iscritti».[36] Solo più tardi aveva identificato il loro ospite come Oppenheimer, quando nel 1949 l'aveva visto in un cinegiornale. I Crouch dichiararono anche che, dopo che l'FBI aveva mostrato loro delle fotografie, tra i partecipanti a quell'incontro avevano identificato David Bohm, George Eltenton e Joseph Weinberg. Sylvia aveva identificato Weinberg come «lo scienziato X», l'individuo accusato dal Comitato per le attività antiamericane (HUAC) come la persona che durante la guerra passava i segreti sulla bomba atomica alle spie comuniste. I giornali della California sbandieravano queste dichiarazioni come «notizie bomba». Paul Crouch veniva descritto come il «Whittaker Chambers della West Coast»,[37] con riferimento al famoso redattore del settimanale «Time» ed ex comunista la cui testimonianza aveva portato, il 21 gennaio 1950, alla condanna per falsa testimonianza di Alger Hiss.

Oppenheimer rese immediatamente pubblica una dichiarazione scritta in cui confutava tutte quelle dichiarazioni. «Non sono mai stato iscritto al Partito comunista. Non ho mai ospitato nessun gruppo di persone di quel tipo in casa mia o in nessun altro posto.»[38] Disse che non aveva mai sentito il nome «Crouch». Ma poi disse anche: «Non ho mai nascosto il fatto che una volta conoscevo molte persone che appartenevano a circoli di sinistra o che facevano parte di varie organizzazioni di sinistra. Ma il governo conosce tutti i dettagli di questa faccenda sin dagli inizi del mio lavoro al progetto per la bomba atomica». Queste smentite furono ampiamente riportate dalla stampa e sembrò che la cosa fosse messa a tacere. Gli amici gli offrirono il loro sostegno. Avendo letto quella «brutta cosa» sui giornali della California, David Lilienthal scrisse a Oppenheimer a proposito della testimonianza dei Crouch: «Anche se appare assolutamente disgustoso, questo è solo un alito di vento contro la roccaforte della tua grande reputazione nella vita americana».[39]

Tuttavia Lilienthal stava sottostimando l'effetto di questa testimonianza sulle menti meno solidali. William Borden scrisse un memorandum in cui affermava di aver trovato le testimonianze dei Crouch «del tutto credibili».[40] Paul e Sylvia Crouch erano stati a lungo interrogati dall'FBI alcune settimane prima della loro testimonianza del maggio 1950 in California. A quell'epoca erano informatori stipendiati, registrati sul libro paga del ministero della Giustizia, e testimoniavano regolarmente in tutto il paese contro presunti comunisti nel corso di indagini sulla sicurezza.

Figlio di un predicatore battista della Carolina del nord, Paul Crouch si era iscritto al Partito comunista nel 1925. Nello stesso anno, arruolato come soldato semplice nell'Esercito americano, aveva scritto una lettera ai funzionari del partito millantando «la costituzione di un'Associazione Esperanto come base per l'attività rivoluzionaria». L'Esercito aveva intercettato la lettera e aveva concluso che stava organizzando una cellula comunista a Schofield Barracks, nelle Hawaii. Giudicato dalla Corte marziale con l'accusa «di fomentare la rivoluzione», Crouch fu condannato addirittura a quarant'anni di prigione. Durante il processo aveva dichiarato che «è mia abitudine scrivere lettere ai miei amici, ma anche a persone immaginarie, certe volte ai monarchi e ad altre persone straniere, in cui pongo anche me stesso in una posizione immaginaria».[41]

Curiosamente, dopo aver trascorso ad Alcatraz appena tre dei quarant'anni a cui era stato condannato, Crouch venne graziato dal presidente Calvin Coolidge.[42] Non è chiaro se questo era il risultato della sua trasformazione in agente segreto che faceva il doppio gioco, come potrebbe suggerire il suo comportamento successivo, o semplicemente un incredibile caso fortunato. Ma, fino alla sua liberazione, il Partito comunista l'aveva dichiarato un «eroe proletario». Per un breve periodo aveva lavorato assieme a Wittaker Chambers come assistente di redazione al «Daily Worker». In seguito, nel 1928, il partito l'aveva mandato a Mosca dove, come dichiarò in seguito, aveva tenuto lezioni alla Scuola Lenin ed era stato premiato con la carica onoraria di colonnello dell'Armata rossa. Aveva anche affermato che si era incontrato con il comandante in capo dell'Esercito sovietico, il generale M.N. Tuchačevskij, che gli aveva fornito i piani «che aveva formulato per facilitare le infiltrazioni nelle forze armate americane».[43] In realtà, i suoi ospiti sovietici trovarono il suo comportamento così dissennato che ben presto lo invitarono a far le valigie. Tuttavia, quando tornò in America, il Partito comunista lo mandò nel suo nativo Sud a fare un giro di discorsi in cui tesseva le lodi dello stato socialista e del compagno Stalin. Ambientatosi in Florida, trovò lavoro come giornalista e organizzatore nel Partito comunista.

Inesplicabilmente, un giorno forzò il picchetto degli scioperanti e lavorò come crumiro in un giornale di Miami; quando i suoi compagni scoprirono quello che aveva fatto, Crouch scappò in California dove, nel 1941, divenne segretario del Partito comunista della Contea di Alameda. Si dimostrò però un compagno impopolare e un dirigente incapace. «Passava gran parte del suo tempo bevendo da solo nei bar», scrisse Steve Nelson.⁴⁴ Nel dicembre 1941 o, al più tardi, nel gennaio 1942 – quando lui propose delle attività che potevano portare alla violenza nelle strade – i membri locali del partito ne chiesero le dimissioni. Si era trasformato da agente che faceva il doppio gioco in agente provocatore? Può darsi, ma in ogni caso a questo punto la sua carriera nel partito era arrivata alla fine, e verso la fine degli anni Quaranta lui e sua moglie fecero una transizione davvero fluida, riemergendo come spie professioniste contro i loro vecchi compagni. Nel 1950 Crouch era il «consulente» meglio trattato nel libro paga del ministero della Giustizia, e nei due anni successivi avrebbe incassato ben 9675 dollari.

Nonostante questa bizzarra carriera, all'inizio Paul Crouch era apparso come un testimone credibile contro Oppenheimer. Crouch era stato abile nel descrivere la disposizione interna della casa di Oppenheimer a Kenilworth Court. Aveva detto all'FBI che l'uomo che in seguito aveva identificato come Oppenheimer gli aveva posto molte domande, e che alla fine dell'incontro lui e Oppenheimer avevano parlato in privato per dieci minuti. Secondo Crouch, mentre lui e Kenneth May stavano tornando a casa in macchina, May gli aveva detto che «aveva parlato con uno dei più importanti scienziati del paese».⁴⁵ La storia di Crouch conteneva abbastanza dettagli da sembrare plausibile e molto dannosa.

D'altra parte Oppenheimer aveva un alibi che dimostrava che non poteva aver ospitato la riunione del Partito comunista descritta dai Crouch. Interrogato da agenti dell'FBI il 29 aprile e il 2 maggio 1950, aveva spiegato che lui e Kitty erano nella loro fattoria di Perro Caliente nel Nuovo Messico, a 1900 chilometri da Berkeley. Era l'estate in cui lui e Kitty erano andati nel Nuovo Messico affidando il loro figlio Peter, nato da poco, alle cure degli Chevalier. Oppenheimer in seguito portò le prove che il 24 luglio 1941 aveva ricevuto un calcio da un cavallo e che il giorno successivo era andato all'ospedale di Santa Fe a fare una radiografia.⁴⁶ In quei giorni Hans Bethe era andato a trovarlo e si ricordava perfettamente dell'incidente. Due giorni più tardi, il 26 luglio, scrisse una lettera datata «Cowles [N.M.]». Infine, c'era anche la documentazione di uno scontro avvenuto il 28 luglio tra l'automobile di Oppenheimer – con alla guida Kitty – e un autocarro della New Mexico Fish and Game sulla strada per Pecos. Tutto questo dimostrava che Oppenheimer era stato con continuità nel Nuovo Messico almeno dal 12 luglio e fino all'11 o al 13 agosto. Crouch poteva essersi sbagliato,⁴⁷ aver fantasticato o aver mentito a proposito della sua dichiarazione di aver incontrato Robert a una riunione del partito verso la fine di luglio a Kenilworth Court.

Col passar del tempo, Crouch dimostrò di essere un informatore del tutto inaffidabile.[48] Nel 1953, Armand Scala, lavoratore delle aerolinee e sindacalista, vinse 5000 dollari in una causa per diffamazione contro i giornali del gruppo Hearst che avevano pubblicato una delle più stravaganti affermazioni di Crouch. Crouch fu anche la fonte per alcune delle più offensive accuse del senatore Joseph McCarthy, come quella che i comunisti impiegati nel Dipartimento di stato avevano sottratto dei passaporti in bianco che avevano poi passato ad agenti dei servizi segreti sovietici. In seguito, una testimonianza di Crouch[49] screditò un procedimento molto importante del ministero della Giustizia contro alcuni esponenti di rilievo del Partito comunista, tanto che la Corte suprema fu costretta a rigettare la causa.

Alla fine le bugie e gli atteggiamenti teatrali di Crouch si rivoltarono contro di lui.[50] Durante un processo contro alcuni comunisti di Philadelphia, quando i famosi giornalisti Joseph e Stewart Alsop, che pubblicavano i loro articoli su molte testate,* accusarono Crouch di falso, Herbert Brownell, ministro della Giustizia nell'amministrazione Eisenhower, annunciò con riluttanza che avrebbe «indagato» su Crouch. Come risposta, Crouch querelò i fratelli Alsop chiedendo un rimborso pari a un milione di dollari, e avvisò Brownell che «se la mia reputazione verrà distrutta, almeno 31 esponenti comunisti avvieranno nuovi processi [...]».[51] Poi telefonò a J. Edgar Hoover per chiedergli di indagare sull'affidabilità degli assistenti di Brownell. Questi fatti portarono il «New York Times» ad affermare che alcune delle sue fonti a Washington «non riuscivano a capire perché il ministero della Giustizia continuasse a far affidamento sul signor Crouch». Alla fine del 1954 Crouch si trasferì alle Hawaii dove cercò di scrivere un libro di memorie intitolato *Vittima delle calunnie rosse*. Il libro non fu mai pubblicato e Crouch morì prima che la sua querela per diffamazione contro gli Alsop arrivasse in tribunale.

---

* L'espressione originale inglese *syndacated columnist* o *syndacated journalist*, che individua i giornalisti che pubblicano i loro editoriali o i loro articoli contemporaneamente su molte testate, non ha equivalente italiano. I fratelli Alsop, Joseph (1910-1989) e Stewart (1914-1974), noti per le loro simpatie di sinistra, sono considerati tra i più importanti giornalisti americani del XX secolo. [*n.d.a.*]

Tuttavia William Liscum Borden pensava ancora che Crouch fosse affidabile. Infatti, se Crouch aveva detto la verità, l'Oppenheimer enigmatico si trasformava nell'Oppenheimer simpatizzante comunista. Nel giugno 1951 Borden inviò uno dei suoi aiutanti, J. Kenneth Mansfield, a parlare con Oppenheimer. A proposito della rapida crescita dell'arsenale nucleare americano, Mansfield trovò che Oppenheimer era «straordinariamente ambivalente».[52] Oppenheimer aveva spiegato che pensava che le armi nucleari strategiche – quelle destinate a «distruggere le città» – avevano un solo scopo: dissuadere i sovietici dall'attaccare gli Stati Uniti. Raddoppiare il loro numero, come aveva proposto l'amministrazione Truman, non avrebbe rafforzato la deterrenza.

Le testate nucleari tattiche erano una cosa diversa, aveva spiegato Oppenheimer. Nel 1946, in una lettera al presidente Truman, si era espresso contro queste armi. Ma nel 1949, dopo l'esplosione della bomba atomica sovietica, Oppenheimer e i suoi colleghi del GAC avevano sollecitato l'amministrazione Truman a costruire, come alternativa alla superbomba, un numero maggiore di queste armi «da combattimento». Come Oppenheimer aveva detto a Mansfield, l'utilità militare di un arsenale nucleare dipendeva «più dalla bontà del nostro programma bellico, e dalla nostra capacità di realizzarlo, che dal numero delle bombe disponibili».[53] A quell'epoca le truppe americane erano coinvolte in una vera guerra nella penisola coreana. Oppenheimer non aveva proposto l'uso di bombe atomiche in Corea, ma aveva sostenuto che esisteva «l'ovvia necessità» di piccole armi nucleari tattiche che potessero essere usate sul campo di battaglia. «Solo quando la bomba atomica verrà riconosciuta utile per entrare a far parte integrante delle operazioni militari», scrisse nel febbraio 1951 sul «Bulletin of the Atomic Scientists», «sarà davvero di grande aiuto nelle operazioni belliche.»

«Ne ho ricavato l'impressione», disse Mansfield a Borden, «che Oppenheimer consideri la guerra [contro l'Unione Sovietica] come impensabile, un gioco che non vale la candela.»[54]

Penso che si arresti di proposito prima di aver capito davvero le conseguenze della sua politica di temperanza e moderazione. Ho anche il sospetto che la sua mente pignola consideri l'intera nozione del bombardamento strategico essenzialmente rozza e maldestra. Per lui sarebbe come usare la mazza invece del bisturi del chirurgo; non richiede grande immaginazione o raffinatezza. Collegando questa posizione con la sua sensibilità morale e con la varietà di opinioni presenti tra gli scienziati, aggiungendo la sua profonda convinzione che in Russia la popolazione sia essenzialmente vittima di un governo tirannico [...], unendo anche la sua avversione per l'uccisione di civili – diviene forse più comprensibile il suo sforzo spesso reiterato sull'importanza dello sviluppo degli impieghi tattici.

Il memorandum di Mansfield del giugno 1951 coglie con molta precisione lo spirito e la logica del modo di pensare di Oppenheimer. Ma Borden sembrava ormai convinto dell'impossibilità che i suggerimenti di Oppenheimer in campo politico fossero spiegabili in termini logici. Pensava che fossero al lavoro altre influenze oscure, e ben presto si accorse che erano in molti a condividere le sue opinioni. Più avanti in quell'estate, Borden e Strauss si incontrarono per discutere i loro sospetti su Oppenheimer. Strauss «dedicò gran parte della conversazione a esprimere le sue preoccupazioni e le sue paure su Oppenheimer», in pratica un riassunto dei suoi incontri con lui.[55] Parlò a lungo anche delle dichiarazioni di Crouch sull'ospitalità data da Oppenheimer a una riunione segreta del Partito comunista.

Nonostante tutte le evidenze contrarie, entrambi gli uomini credevano alla storia narrata da Crouch; erano ormai fermamente convinti della slealtà di Oppenheimer. Tuttavia, anche se con riluttanza, furono costretti a concludere che la storia non poteva essere confermata, nemmeno utilizzando le intercettazioni. Strauss disse a Borden: «Ora loro [Oppenheimer e i suoi accoliti] stanno molto attenti quando parlano al telefono poiché il "barbiere" [il soprannome che Strauss aveva affibbiato a Joe Volpe] si trova in una posizione in cui può sapere tutto dei possibili controlli telefonici e può far circolare queste informazioni». Pensavano anche che gli amici di Oppenheimer nella comunità scientifica l'avrebbero sempre protetto, e che Oppenheimer ormai sembrava essersi accorto di essere sotto controllo. «Ho sottolineato [a Strauss]», annotò Borden in un appunto personale, che anche altri funzionari [presumibilmente dell'FBI] hanno la nostra medesima «sensazione di assoluta frustrazione sulla possibilità di una qualsiasi conclusione certa».

Nella loro tendenza a vedere cospirazioni, sia Borden che Strauss consideravano il sostegno di Oppenheimer alle atomiche tattiche come un espediente per bloccare la superbomba. In effetti Borden si era convinto che negli anni 1950-1952 Oppenheimer aveva usato tutta la sua influenza contro la prosecuzione dello sviluppo della superbomba, anche dopo che nel giugno 1951 era ormai chiaro che Stanislaw Ulam ed Edward Teller avevano risolto i problemi tecnici del progetto. A loro non sembrava rilevante che Oppie avesse definito il progetto «tecnicamente semplice», e ne avesse formalmente accettato lo sviluppo.[56] Lui e i suoi colleghi del GAC avevano ripetutamente rigettato la proposta di Teller di costruire un secondo laboratorio per gli armamenti specificamente dedicato alla superbomba, e questo per Strauss e Borden costituiva una prova sufficiente che l'opposizione di Oppenheimer continuava. Ma Oppie e i suoi colleghi del GAC avevano i loro buoni motivi. Infatti pensavano che la divisione dei talenti scientifici americani tra due diversi laboratori per gli armamenti avrebbe ostacolato il progetto scientifico anziché farlo avanzare.

Quello stesso anno Teller era andato all'FBI con un lungo elenco di accuse contro Oppenheimer. Il motivo generale delle sue accuse era il fatto che Oppenheimer aveva «ritardato o tentato di ritardare o addirittura di impedire lo sviluppo della bomba H».[57] Interrogato a Los Alamos, Teller fece del suo meglio per diffamare Oppenheimer con molte insinuazioni, dicendo all'FBI che «un sacco di gente pensa che Oppenheimer si sia opposto allo sviluppo della bomba H in base a "ordini provenienti da Mosca"». Per coprire sé stesso, disse poi che non pensava che Oppie fosse «sleale». Al contrario, attribuiva il comportamento di Oppenheimer a un difetto della sua personalità: «Oppenheimer è davvero una persona complicata, ma un uomo eccezionale. Quando era giovane deve essere stato colpito da qualche tipo di disturbo fisico o mentale che può averlo influenzato in maniera permanente. Ha grandi ambizioni in campo scientifico ma è consapevole di non essere quel grande fisico che gli piacerebbe essere». Per concludere, Teller disse che *«avrebbe fatto tutto il possibile»* per far sì che si interrompesse il lavoro che Oppenheimer stava facendo per il governo.[58]

Teller non era il solo sostenitore della bomba H che tentava disperatamente di eliminare l'influenza di Oppenheimer. Nel settembre 1951, David Tressel Griggs, un professore di geofisica all'UCLA, venne nominato a capo dei consulenti scientifici dell'Aeronautica militare. Consulente della RAND, nel 1946 Griggs aveva saputo delle voci che circolavano sulla fedeltà di Oppenheimer e ora il suo capo, il ministro dell'Aeronautica militare Thomas K. Finletter, gli disse che aveva «seri dubbi riguardo alla lealtà del dottor Oppenheimer».[59] Né Finletter né Griggs avevano nuove informazioni, ma i due uomini ritenevano che i loro sospetti fossero confermati da «un insieme di attività, che coinvolgono tutte il dottor Oppenheimer».

Da parte sua, Oppenheimer metteva in discussione il buonsenso dei vertici dell'Aeronautica militare. Era inorridito dai loro progetti assassini. Nel 1951 gli era stato mostrato il piano strategico di guerra dell'Aeronautica, e l'aveva sconvolto scoprire che prevedeva la distruzione senza limiti delle città sovietiche. Era un piano bellico di genocidio criminale. «La cosa più dannata che abbia mai visto», disse in seguito a Freeman Dyson.[60]

Nel 1951, poche settimane dopo aver iniziato a lavorare per Finletter, Griggs portò una delegazione dell'Aeronautica a Pasadena per un incontro con un gruppo di scienziati del Caltech. Presieduto dal rettore del Caltech, Lee DuBridge, a quel gruppo era stato chiesto di preparare un rapporto a elevata segretezza – battezzato Progetto Vista – sul ruolo che le armi nucleari potevano avere nel caso di un'invasione delle armate sovietiche nei territori dell'Europa occidentale. Griggs e molti ufficiali dell'Aeronautica militare erano preoccupati dalle voci che sostenevano che il Progetto Vista fosse contrario ai bombardamenti strategici. A quanto si diceva, gli autori del Progetto Vista suggerivano di «riportare i combattimenti sul campo di battaglia» dando la priorità alle piccole armi nucleari tattiche anziché alle bombe termonucleari destinate a distruggere le città.

Il Capitolo cinque del rapporto sosteneva anche che le bombe termonucleari non dovevano essere usate in battaglia per scopi tattici di combattimento e suggerivano che questo avrebbe potuto essere utile agli interessi degli Stati Uniti, se Washington avesse pubblicamente proclamato la politica del «no all'uso per primi» delle armi nucleari.[61] Quel capitolo raccomandava anche che al SAC arrivasse solo un terzo delle preziose riserve di materiale fissile del paese. La parte restante doveva essere affidata all'Esercito per la costruzione di armi tattiche da usare in battaglia. Griggs era furioso per queste raccomandazioni e non fu sorpreso quando seppe che la stesura del Capitolo cinque era da attribuirsi soprattutto a Robert Oppenheimer.

Oppenheimer non aveva mai fatto parte del gruppo del Progetto Vista. Ma DuBridge lo aveva coinvolto nelle decisioni perché aiutasse a chiarire le loro conclusioni. Come al solito, Oppie passò due giorni a leggere i materiali prodotti dal gruppo e poi scrisse velocemente quello che sarebbe diventato il controverso, ma del tutto logico, Capitolo cinque. Temendo il potere persuasivo di Oppenheimer, Griggs e i suoi colleghi dell'Aeronautica militare fecero tutto il possibile per affossare il rapporto. Però non ebbero molto successo. Poco prima del Natale del 1951, DuBridge, Oppenheimer e lo scienziato del Caltech Charles C. Lauritsen arrivarono a Parigi per mettere al corrente il Comandante supremo della NATO, il generale Dwight D. Eisenhower, delle conclusioni del Progetto Vista. Riuscirono a convincere Eisenhower, non a caso un militare dell'Esercito, su quello che poche armi nucleari tattiche avrebbero potuto fare contro le divisioni sovietiche. Oppenheimer era convinto che quell'incontro era stato un «vero successo».[62] Quando Finletter seppe del viaggio, «andò su tutte le furie».[63] L'Aeronautica militare non voleva che Eisenhower venisse a conoscenza delle tesi di Oppenheimer, soprattutto perché sostenevano la richiesta dell'Esercito di disporre di una maggior quantità dei fondi destinati alle armi atomiche. Anche Lewis Strauss era furioso, e in seguito scrisse al senatore Bourke Hickenlooper dello Iowa, un conservatore membro del Comitato congiunto per l'energia atomica, che «da quando l'anno scorso Oppenheimer e DuBridge hanno incontrato il generale Eisenhower a Parigi, sono molto preoccupato dalla possibilità che la loro visita sia stata soprattutto dedicata al suo indottrinamento, grazie al loro atteggiamento plausibile ma pretestuoso sulla situazione dell'energia atomica».[64] Anche il Capo di stato maggiore dell'Aeronautica,[65] il generale Hoyt S. Vanderberg, era così preoccupato per l'influenza di Oppenheimer che eliminò di nascosto il nome dello scienziato dall'elenco redatto dall'Aeronautica militare delle persone a cui era consentito l'accesso alle informazioni supersegrete.

La preferenza di Oppenheimer per le armi nucleari tattiche come antidoto alla guerra del genocidio aveva però anche conseguenze impreviste. Mentre «riportava i combattimenti sul campo di battaglia», rendeva anche più plausibile l'uso effettivo delle armi nucleari.[66] Nel 1946 Oppenheimer aveva segnalato che le armi atomiche «non sono armi politiche, ma [...] sono comunque l'espressione suprema del concetto di guerra totale».[67] Tuttavia, nel 1951, aveva scritto sul rapporto del Progetto Vista: «È chiaro che [le armi atomiche tattiche] possono essere usate solo come appendici in attività belliche che abbiano anche altre componenti, e il cui scopo primario sia una vittoria militare. Non sono armi primarie per la vittoria totale o per diffondere il terrore, ma armi che vanno usate per fornire alle forze combattenti un appoggio che altrimenti potrebbe loro mancare». Che potessero anche servire come espediente per far scattare una trappola, che poteva portare a uno scambio di armi nucleari sempre più potenti, era una possibilità che Oppenheimer aveva trascurato nel suo disperato tentativo di impedire all'Aeronautica di pianificare uno scontro finale nascondendolo sotto una strategia bellica apparentemente razionale.

Griggs e Finletter erano stati ulteriormente infastiditi dall'influsso di Oppenheimer su un'altra analisi della strategia nucleare, lo studio del

Lincoln Study Group condotto nell'estate del 1952, un rapporto riservato realizzato dal MIT sui modi per rafforzare la difesa aerea del paese contro un eventuale attacco nucleare. L'Aeronautica – dominata com'era dal Comando strategico – temeva che tutti gli investimenti per la difesa aerea avrebbero sottratto risorse alle possibilità di risposta del SAC. E proprio questo era quello che proponeva il Lincoln Study Group: trasformare «il grosso della flotta dei B-47 del Comando strategico dell'aeronautica» in «intercettori a lungo raggio, dotati di missili guidati a raggio intermedio».[68] Oppenheimer dava una ragionevole priorità alla difesa aerea, ma gli ufficiali del SAC – tutti piloti di bombardieri – consideravano quella scelta puro disfattismo.

Alla fine del 1952, Finletter e altri ufficiali dell'Aeronautica rimasero inorriditi quando seppero che qualcuno aveva passato ai fratelli Alsop il riassunto del rapporto del Lincoln Study Group. Certo che il colpevole fosse Oppenheimer, «Finletter divenne furioso per la collusione tra Oppenheimer e i fratelli Alsop».[69]

Nella primavera precedente, Griggs aveva sostenuto di fronte a Rabi che Oppenheimer e il GAC stavano bloccando lo sviluppo della superbomba. Rabi aveva difeso con forza il suo amico e consigliato a Griggs di leggere le bozze delle delibere del GAC; solo quelle, sosteneva, potevano fargli capire con quanta delicatezza Oppenheimer presiedesse quegli incontri. Propose anche di organizzare un incontro tra i due antagonisti a Princeton. Griggs accettò.

Il 23 maggio 1952, alle 15.30, Griggs entrò nell'ufficio di Oppenheimer a Princeton e si sedette in attesa di quello che immaginava sarebbe stato un tentativo di comprensione reciproca. Invece Oppenheimer tirò immediatamente fuori una copia del rapporto del GAC dell'ottobre 1949, con le controverse raccomandazioni contro lo sviluppo della bomba H. Fu come se avesse sventolato un segnale di pericolo. Probabilmente Oppie usò il suo notevole fascino per rassicurare il burocrate suo avversario, ma non riuscì ad aiutare sé stesso. Vedeva in Griggs solo un altro stupido desideroso di potere, uno scienziato mediocre che si era schierato dalla parte dei generali e di un fisico ambizioso, Edward Teller. Non aveva nessuna intenzione di umiliarsi per difendere sé stesso di fronte a una persona del genere, e la loro conversazione divenne ben presto molto tesa. Quando Griggs chiese a Oppenheimer se era lui che aveva messo in giro la storia secondo la quale il ministro Finletter aveva dichiarato che anche con poche bombe H gli Stati Uniti avrebbero potuto dominare il mondo,

Oppenheimer perse quel poco di pazienza che a quel punto gli era ancora rimasta. Guardando fisso Griggs disse che non solo aveva sentito quella storia ma che, per di più, era certo che fosse vera. Quando Griggs sottolineò che era venuto in quella stanza proprio per quello, e che Finletter non aveva mai detto quelle cose, Oppie replicò che le aveva ascoltate da una fonte più che affidabile e che le aveva ascoltate di persona.

Archiviata la questione della calunnia, Oppenheimer chiese poi a Griggs se lo considerava «filorusso o semplicemente confuso».[70] Griggs rispose che gli sarebbe piaciuto poter rispondere a quella domanda. Oppenheimer chiese se avessero mai trovato difetti nella sua lealtà. Griggs rispose che aveva più volte sentito mettere in discussione la lealtà di Oppenheimer, e che aveva anche discusso del rischio che lui costituiva per la sicurezza sia con il ministro Finletter che con il Capo di stato maggiore dell'aeronautica Hoyt Vandenberg. A questo punto Oppenheimer disse a Griggs che era «un paranoico».

Griggs se ne andò furioso, e convinto ancor più di prima che Oppenheimer fosse pericoloso. In seguito diede a Finletter un resoconto dell'incontro «solo per lui». Da parte sua, Oppenheimer pensava ingenuamente che Griggs fosse troppo irrilevante per costituire un pericolo. Quasi per peggiorare questo errore, poche settimane dopo Oppenheimer ripeté la sua prestazione di Princeton a un pranzo con lo stesso Finletter. Gli assistenti del ministro dell'Aeronautica pensavano che fosse arrivato il momento perché i due uomini si incontrassero e confrontassero le rispettive opinioni. Ma, dopo aver testimoniato in Campidoglio, Oppenheimer arrivò in ritardo e poi rimase impietrito per tutto il pranzo mentre Finletter – un raffinato avvocato di Wall Street – tentava ripetutamente di smuoverlo. Non avendo fatto nessuno sforzo per nascondere il suo disprezzo, Oppenheimer era stato «incredibilmente villano».[71] Aveva cominciato a odiare tutti gli uomini dell'Aeronautica e il loro desiderio di costruire sempre più bombe al solo scopo di uccidere milioni e milioni di persone. Secondo lui erano così pericolosi e così moralmente ottusi che erano quasi benvenuti come nemici politici. Poche settimane dopo, Finletter e i suoi uomini dissero al Comitato congiunto per l'energia atomica che «se [Oppenheimer] si comportava da sovversivo» la questione era aperta.[72]

Le accuse di Finletter contro Oppenheimer erano una conseguenza dei limiti estremi a cui erano stati portati tutti quelli che erano coinvolti nel dibattito sul nucleare. Neppure Oppenheimer era riuscito a sottrarsi a questo contagio. Nel giugno 1951 aveva tenuto un discorso non ufficiale di fronte al Comitato sul rischio attuale (di cui era membro), un gruppo privato che aveva lo scopo di far pressioni sul governo perché aumentasse gli armamenti convenzionali. Parlando senza appunti, si soffermò sulla difesa più adatta per l'Europa occidentale, una difesa che avrebbe potuto «lasciare l'Europa libera, non distrutta [dalle bombe atomiche]». «Nelle trattative con i russi», concluse, «noi dobbiamo fronteggiare un popolo barbaro e arretrato che difficilmente è fedele ai suoi governanti. Alla fine la nostra politica più importante deve essere quella di "sbarazzarsi di questa cosa atomica come arma".»[73]

Per valutare quanto le sue convinzioni si fossero modificate, vale la pena ricordare che nel 1952 Oppenheimer fu udito mentre ragionava ad alta voce sulla possibilità di una guerra preventiva, un'idea che aveva aborrito solo tre anni prima. Naturalmente, non la invocò mai, ma in parecchie occasioni mise sul tappeto la sua possibilità. Nel gennaio 1952, Oppenheimer ebbe una discussione con i fratelli Alsop, e Joe Alsop notò che «la posizione di Oppie, per dirla chiaramente, era un qualcosa di dannatamente incentrato sulla guerra preventiva; solo in quel modo sarebbe stato possibile impedire a un potenziale nemico di disporre dei mezzi per la nostra sicura distruzione».[74]

Nel febbraio 1953 Oppenheimer fece una conferenza al Consiglio per le relazioni con l'estero, e qualcuno gli chiese se la nozione di guerra preventiva aveva qualche senso nella situazione attuale. Rispose: «Penso di sì. L'impressione generale che ho è che gli Stati Uniti potranno fisicamente sopravvivere, anche se danneggiati, che potranno fisicamente sopravvivere a una guerra che non solo parta adesso, ma che non duri troppo a lungo [...]. Questo non significa che la consideri una buona idea. Penso che fino a quando non si guarda una tigre negli occhi si rischia di entrare in mezzo ai pericoli, il che è proprio quello che rischia di accadere».[75]

Dal 1952 Oppenheimer era genericamente in disaccordo con Washington. Il presidente Truman aveva così spesso ignorato i suoi suggerimenti che ora lui stava facendo dei passi per allontanarsi dal mondo dei politici. Agli inizi di maggio aveva pranzato al Cosmos Club di Washington con James Conant e Lee DuBridge. I tre amici commiserarono e sparlarono dei loro soggiorni a Washington. In seguito Conant annotò sul suo diario: «Alcuni dei "ragazzi" di qui hanno tirato fuori l'ascia contro tre di noi nel GAC dell'AEC. Abbiamo preteso di mettere sotto i nostri piedi la bomba H. Brutte parole su

Oppie!».[76] In giugno, stanchi di aver avuto a che fare per oltre un decennio con «un brutto affare che ora sta per diventare davvero brutto», e consci che c'era una trama nascosta per allontanarli dal GAC, tutti e tre presentarono le loro dimissioni dal Gruppo dei consulenti. Oppenheimer scrisse al fratello che ora voleva dedicarsi interamente alla fisica. «La fisica è complicata ma meravigliosa, ed è per me molto difficile rimanere a fare da spettatore; potrò di nuovo dedicarmici tra breve, anche se non subito.»[77]

Ma non era per niente facile allontanarsi da Washington. Anche dopo le sue dimissioni dal GAC, Gordon Dean lo persuase a restare a disposizione come consulente a contratto dell'AEC. Questo estendeva automaticamente il suo permesso di accesso «Q» ai supersegreti per un altro anno. Ma non era tutto. In aprile aveva accettato l'offerta del segretario di stato Dean Acheson di entrare a far parte del Gruppo speciale di consulenti sul disarmo del Dipartimento di stato. Assieme a lui c'erano Vannevar Bush, il rettore del Dartmouth College John Sloan Dickey, il vicedirettore della CIA Allen Dulles e Joseph Johnson, presidente del Carnegie Endowment for International Peace. Come al solito, il gruppo lo elesse a presidente.

Acheson aveva anche reclutato McGeorge Bundy – allora un trentatreenne professore di scienze politiche ad Harvard – come segretario-archivista del gruppo. «Mac» Bundy era figlio di Harvey Bundy, il braccio destro di Henry Stimson, ed era impaziente di incontrare Oppenheimer. Bundy era brillante, vivace e arguto. Quando era borsista ad Harvard aveva scritto assieme a Stimson il saggio *Sul servizio attivo in pace e in guerra*. In seguito Bundy fu il ghost-writer del famoso saggio di Stimson del febbraio 1947 sul settimanale «Harper's» – *La decisione di usare la bomba atomica* –, che difendeva il bombardamento atomico di Hiroshima e Nagasaki, ed era anche al corrente di alcune delle imponderabili questioni connesse con le armi nucleari. Al loro primo incontro, Oppenheimer impiegò pochi istanti per apprezzare il precoce e giovane esponente dell'alta borghesia bostoniana. In seguito Bundy scrisse un appunto insolitamente umile al suo nuovo amico in cui diceva: «È per me molto difficile riuscire a ringraziarla abbastanza per la pazienza con cui la settimana scorsa ha avviato la mia formazione. Spero soltanto di poter essere in qualche modo abbastanza bravo per mettere a frutto i suoi sforzi».[78] Non era mai capitato che due uomini si scambiassero degli appunti scritti a mano che cominciavano con «Caro Robert» e «Caro Mac» e in cui parlavano di tutto, dai pregi del dipartimento di fisica di Harvard alla salute delle rispettive mogli. Bundy pensava che Robert fosse «meraviglioso, affascinante e complicato».

Ma Bundy molto presto capì anche le polemiche che sarebbero nate con il suo nuovo amico. In uno dei loro primi incontri, Oppenheimer e i suoi seguaci del gruppo concordarono che il loro problema principale era «la questione della sopravvivenza» in cui gli Stati Uniti e la Russia si trovavano di fronte «a un punto morto come quello dello scorpione – che può portare o non portare a una situazione di guerra senza impiegare trappole».[79] Oppenheimer sapeva che Teller e i suoi colleghi speravano di condurre un primo test sulla bomba a idrogeno verso la fine dell'autunno. Era quindi rimasto affascinato quando Vannevar Bush aveva sostenuto che, prima di fare quel passo, forse Washington e Mosca avrebbero dovuto accordarsi per una completa messa al bando della sperimentazione di qualsiasi tipo di arma termonucleare. Un trattato di quel tipo non avrebbe richiesto ispezioni poiché qualsiasi sua violazione sarebbe stata immediatamente rilevata. E senza aver condotto prima degli esperimenti, la bomba H non avrebbe potuto trasformarsi in un ordigno militare affidabile. La corsa alle armi termonucleari poteva essere fermata prima ancora del suo inizio.

Il gruppo di Oppenheimer continuò le sue discussioni in giugno nel corso di un incontro ospitato da Bundy nella sua casa di Cambridge, un edificio del XIX secolo di forma irregolare, a poca distanza da Harvard Square. Al gruppo si era aggiunto James Conant come semplice ospite. Conant provava avversione per le armi nucleari. Secondo gli appunti di Bundy, Conant si lamentava che gli «americani normali» considerassero la bomba come un'arma che poteva bloccare i sovietici, «mentre la questione più significativa era che ora e in futuro questi interventi con le bombe avrebbero potuto esser compiuti da altri negli Stati Uniti».[80] Anche senza la bomba H, pensava Conant, quasi tutte le più grandi città degli USA avrebbero potuto essere facilmente distrutte con una sola bomba atomica. Nella stanza nessuno si trovò in disaccordo.

L'ignoranza della gente era una cosa abbastanza negativa, disse Conant, ma molto peggiore era «l'atteggiamento dei massimi livelli militari americani». I nostri generali considerano queste armi quasi esclusivamente come «la loro principale speranza di vittoria nel caso di una guerra totale». Se il paese accrescerà le sue forze convenzionali, «questo permetterà agli Stati Uniti di fare a meno della sua dipendenza dalle bombe atomiche». Ma perché questo accada, disse

Conant, i generali «devono persuadersi che sul lungo periodo le armi atomiche sono un pericolo per gli Stati Uniti».

Senza alcuna sollecitazione da parte di Oppenheimer, Conant propose quello che due decenni dopo sarebbe stata definita «la politica del no all'uso per primi». Gli Stati Uniti, disse, devono «annunciare ufficialmente che non saranno i primi a usare armi atomiche in qualsiasi nuova guerra». Concordò anche con la proposta di Bush di annunciare una tacita moratoria sulla sperimentazione della bomba termonucleare. Oppenheimer approvò entrambe le idee. Le argomentazioni del gruppo a favore di una moratoria erano particolarmente convincenti. Ad Acheson fu detto:

[...] ci sembra quasi inevitabile che un test termonucleare che si concluda con successo servirà come ulteriore stimolo agli sforzi dei sovietici in questo campo. Può essere vero che il livello degli sforzi sovietici in questo campo sia già elevato, ma quando i russi sapranno che l'arma termonucleare è davvero possibile, e che noi sappiamo come costruirla, il loro lavoro potrà soltanto intensificarsi. È anche probabile che gli scienziati sovietici riescano a dedurre dal test [analizzando la ricaduta radioattiva] dati sulle dimensioni dell'arma.[81]

Oppenheimer e i suoi colleghi sapevano che il primo test di un ordigno termonucleare – nome in codice «Mike» – era previsto per quell'autunno, e che a ogni tentativo di impedirlo si sarebbe fortemente opposta l'Aeronautica militare. Anche se profondamente convinti della validità delle loro idee, non avevano alcuna possibilità di renderle pubbliche. Una stretta cortina di segretezza era stata creata attorno a tutte le questioni atomiche, e quindi non potevano parlare delle loro convinzioni senza violare il loro accesso alla segretezza. Per questo decisero ancora una volta di provare a convincere i vertici della politica estera di Washington che le attuali politiche sulle armi nucleari avrebbero condotto a una brutta fine. Ma il 9 ottobre 1952 il Consiglio per la sicurezza nazionale dell'amministrazione Truman rifiutò immediatamente la proposta di una moratoria alla sperimentazione della bomba H fatta dal gruppo di Oppenheimer. Incollerito, il ministro della Difesa Robert Lovett disse che «una simile idea deve essere immediatamente abbandonata e qualsiasi documento esistente sull'argomento deve essere distrutto».[82] Lovett, potente esponente dei vertici della politica estera, temeva che l'eventuale diffusione di notizie sull'idea della moratoria avrebbe fornito al senatore Joseph McCarthy un'occasione d'oro per mettere sotto inchiesta il Dipartimento di stato e tutti i suoi consulenti.

Tre settimane dopo, gli Stati Uniti fecero esplodere nell'Oceano Pacifico una bomba termonucleare da 10,4 megaton, che fece scomparire l'isola di Elugelab. Un Conant visibilmente depresso disse a un giornalista di «Newsweek»: «Non ho più niente a che fare con le bombe atomiche. Non ho più niente da portare a termine».[83]

Una settimana più tardi un Oppenheimer cupo si riunì con gli altri nove membri di un altro gruppo – il Comitato dei consulenti scientifici dell'Ufficio per l'organizzazione della difesa – per discutere se dovevano o meno dimettersi per protesta.[84] Molti scienziati pensavano che il test di «Mike» dimostrava chiaramente che il governo non aveva nessuna intenzione di ascoltare i loro consigli dati in qualità di esperti. Lee DuBridge, il vecchio amico di Oppie, fece circolare la bozza di una lettera di dimissioni. Alla fine, però, una timida speranza che la nuova amministrazione potesse cambiare percorso persuase tutti a mettere da parte la lettera. Si accorsero anche che alcuni erano contrari alla lettera. A un certo punto James R. Killian, rettore del MIT, si voltò verso DuBridge e disse a bassa voce: «Alcune persone dell'Aeronautica devono decidersi a controllare Oppenheimer, e noi dobbiamo sapere tutto su di lui ed essere preparati a questo».[85] DuBridge rimase sconvolto. Pensava ingenuamente che tutti considerassero Oppenheimer ancora un eroe.

Nello stesso periodo Oppenheimer aveva anche lavorato con Bundy alla stesura di un rapporto finale per il Comitato per il disarmo del Dipartimento di stato. Quel documento era stato spedito al dimissionario segretario di stato Acheson proprio quando Dwight D. Eisenhower stava arrivando alla Casa Bianca.[86] Naturalmente, in quel momento il documento era strettamente riservato e circolò solo tra pochissimi funzionari dell'amministrazione Eisenhower. Fu reso pubblico solo nel 1953, e in breve tempo creò una tempesta di controversie. Anche se il testo era stato scritto con abilità da Bundy, molte delle idee erano di Oppenheimer. Le armi nucleari avrebbero ben presto costituito un pericolo per la civiltà. In pochi anni, l'Unione Sovietica sarebbe riuscita ad avere mille bombe atomiche e «magari cinquemila pochi anni dopo». Questo avrebbe rappresentato «la possibilità di far finire la civiltà e con essa anche un gran numero di persone».

Bundy e Oppenheimer ammettevano che «uno stallo nucleare» tra l'Unione Sovietica e gli Stati Uniti si sarebbe potuto trasformare in «una strana stabilità» nella quale entrambe le parti avrebbero cercato di evitare di far uso di quelle armi suicide. Ma anche in quel caso, «un mondo così in pericolo non poteva essere calmo, e per mantenere la pace era necessario che gli uomini di stato si opponessero a decisioni avventate, non una volta ma sempre». Concludevano dicendo che «se il contesto in cui si affronta la questione degli armamenti atomici non è in qualche modo moderato, la nostra società si troverà soggetta al rischio di crescenti pericoli di ogni tipo».

Di fronte a un pericolo di questo genere, i membri del gruppo di Oppenheimer sostenevano l'idea della «sincerità». Una politica di segretezza eccessiva avrebbe reso gli americani soddisfatti ma ignoranti del rischio nucleare. Per raddrizzare la questione, la nuova amministrazione «dovrebbe render pubblica la questione del pericolo nucleare [...]».[87] Sorprendentemente, i membri del gruppo raccomandavano anche che «la rapidità e l'impatto della produzione atomica» dovevano essere fatti conoscere al pubblico «e che occorreva un'attenzione diretta al fatto che oltre un certo punto era impossibile tener lontana la minaccia sovietica semplicemente "stando avanti ai russi"».

La nozione di «sincerità» si ispirava direttamente a Niels Bohr, che aveva sempre sostenuto che la sicurezza era indissolubilmente legata all'«apertura». In questo Oppie era ancora il profeta di Bohr. Non aveva più alcuna fiducia nei colloqui sul disarmo alle Nazioni Unite, che ormai sembravano giunti a un punto morto. Ma sperava che la nuova amministrazione potesse considerare utile la «sincerità» sia per mettere in guardia gli americani sui pericoli connessi alle armi nucleari, sia per avvisare i sovietici che gli americani non avevano intenzione di usare quelle armi in un attacco preventivo. Inoltre, il Comitato per il disarmo raccomandava una comunicazione continua e diretta con i sovietici. Il Cremlino doveva essere messo al corrente delle dimensioni approssimative e della natura dell'arsenale nucleare americano, e Washington doveva favorire con forza colloqui bilaterali per ridurre quell'arsenale.

Se le raccomandazioni del comitato di Oppenheimer fossero state accettate dall'amministrazione Eisenhower nel 1953, la guerra fredda avrebbe preso una strada diversa, molto meno militarizzata. Questa tormentosa questione fu in seguito ripresa da Bundy nel suo saggio *Come si perse l'occasione per fermare la bomba H*,[88] apparso sulla «New York Review of Books» nel 1982. E per tutto il periodo che è seguito alla caduta dell'impero sovietico, i documenti degli archivi sovietici hanno costretto gli storici a ripensare alle ipotesi fondamentali sull'avvio della guerra fredda. Gli «archivi nemici», come ha scritto lo storico Melvyn Leffler, dimostrano che i sovietici «non avevano formulato piani per far diventare comunista l'Europa occidentale, per sostenere i comunisti cinesi o per iniziare la guerra in Corea».[89] Stalin non aveva un «piano generale» per la Germania, e desiderava evitare un conflitto militare con gli Stati Uniti. Alla fine della seconda guerra mondiale, Stalin aveva ridotto il suo Esercito dagli 11.356.000 uomini del maggio 1945 ai 2.874.000 del giugno 1947, il che fa pensare che nemmeno ai tempi di Stalin l'Unione Sovietica aveva la capacità e neppure l'intenzione di lanciare una guerra di aggressione. In seguito George F. Kennan scrisse che «non aveva mai creduto che quelli [i sovietici] avessero tra i loro interessi anche quello di ribaltare militarmente l'Europa occidentale, o che potessero in generale lanciare qualche attacco in quella regione, anche se non fosse esistito il cosiddetto deterrente nucleare».[90]

Stalin guidava uno stato poliziesco crudele, che però politicamente ed economicamente era uno stato totalitario in decadenza. Nel marzo 1953, quando Stalin morì, i suoi successori, Georgij Malenkov e Nikita Kruscev, avviarono un processo di destalinizzazione. Sia Malenkov che Kruscev erano anche ben consci dei pericoli inerenti alla corsa agli armamenti nucleari. Malenkov, un tecnocrate con interessi nella fisica quantistica, nel 1954 meravigliò il Politburo con un discorso in cui disse che l'uso della bomba a idrogeno in guerra «avrebbe significato la distruzione della civiltà in tutto il mondo».[91] Kruscev, un leader incostante e imprevedibile, talvolta spaventava il pubblico occidentale con la sua minacciosa retorica. Ma in realtà perseguiva un tipo di politica estera che sarebbe stato in seguito associato alla distensione, e apparso anche come un primo barlume della cosiddetta «glasnost».[92] Nel 1955 riaprì le trattative con l'Occidente sul controllo degli armamenti, e alla fine degli anni Cinquanta tagliò drasticamente i finanziamenti per la difesa dell'Unione Sovietica. Nel settembre 1953, dopo aver ricevuto il suo primo rapporto sulle armi nucleari, Kruscev ricordava: «Per molte notti non riuscii a dormire. Poi mi convinsi che non avremmo mai potuto usare quelle armi».[93]

Sarebbero stati necessari sforzi straordinari per convincere Kruscev ad appoggiare il regime di controllo radicale degli armamenti che aveva proposto il comitato di Oppenheimer. Ma l'amministrazione Eisenhower non tentò nemmeno di percorrere quella strada. Del resto non era certo un filosovietico Charles «Chip» Bohlen, il molto stimato ambasciatore americano a Mosca, che in seguito scrisse nelle sue memorie che l'incapacità di Washington di coinvolgere Malenkov in seri negoziati sulle armi atomiche e su altri argomenti di rilievo era stata un'occasione perduta.[94]

Dal 1953 la guerra fredda bloccò a Washington le opzioni politiche almeno quanto furono bloccate a Mosca, e i continui sforzi di Oppenheimer affinché qualcuno trattenesse il genio nucleare nella bottiglia – se proprio non ce lo richiudesse dentro – si scontrarono in casa con una corrente di forze poderose. Ora che il presidente era un repubblicano, queste forze decisero che era il momento che nella bottiglia fosse rinchiuso Oppenheimer, e che la bottiglia fosse buttata in mare.

32. «Lo scienziato X»

*Lui [Oppie] ha avuto abbastanza da me,
ma anch'io ho avuto abbastanza da lui.*
Joe Weinberg

Sin dalla primavera del 1950 Oppenheimer aveva buone ragioni per pensare che l'FBI, l'HUAC e il ministero della Giustizia si stessero stringendo attorno a lui. Hoover aveva detto ai suoi agenti che Oppenheimer era sospettato di falsa testimonianza, e loro avevano continuato a tenerlo sotto stretta sorveglianza. Per due volte in quella primavera, agenti dell'FBI l'avevano interrogato nel suo ufficio di Princeton. Gli agenti annotarono che, mentre si era dimostrato «del tutto disposto a collaborare», aveva anche «espresso grande preoccupazione sulla possibilità che le infondate accuse relative alla sua passata affiliazione al Partito comunista diventassero argomento di dibattito pubblico».[1] Era profondamente seccato che il suo nome fosse collegato a quello di Joe Weinberg, colui che i Crouch e l'HUAC avevano identificato come «lo scienziato X», una spia sovietica. Oppenheimer aveva incontrato Weinberg per l'ultima volta a una conferenza dell'American Physical Society nel 1949, poco prima che iniziassero i problemi di Weinberg con l'HUAC. In quell'occasione Weinberg aveva rilevato una freddezza nelle loro relazioni. «Era come se proprio in quel momento sui nostri rapporti si fosse formata una nuvola», ricordava Weinberg.[2] «La nuvola fece sì che Oppenheimer non comprese quello che stavo per fare. Probabilmente era preoccupato che le pressioni contro di me potessero in qualche modo rivolgersi anche contro di lui [...]. Era chiaro che pensava che avrei potuto dire delle cose che potevano danneggiarlo, che le conoscessi o meno, se non avevo la forza di resistere.»

Weinberg ammise che si sentiva «terrorizzato» e sconcertato da quello che gli stava capitando. Naturalmente si sentiva colpevole per aver discusso del progetto della bomba con Steve Nelson nel 1943, ma non sapeva che quella conversazione era stata registrata. Né riusciva a immaginare di poter essere accusato di spionaggio. Da poco il «Milwaukee Journal» aveva pubblicato una storia stravagante in cui si affermava che Weinberg era stato un corriere dei sovietici, e che aveva anche passato a loro un campione di uranio-235. «Dio mio», aveva pensato, «ma che collegamenti hanno potuto fare per costruire una storia simile?»[3] Per un certo periodo pensò che stesse arrivando il tracollo. «Ero disperato, mi sentivo completamente solo, abbattuto e minacciato da ogni parte. Tremavo davvero. Dio solo sa quello che avrei potuto dire se quelli [l'FBI] avessero continuato.»

Fortunatamente per Weinberg, le autorità si stavano muovendo lentamente.[4] Quella primavera un gran giurì federale a San Francisco stava valutando un'accusa di colpevolezza contro di lui. Ma il ministero della Giustizia aveva a disposizione solo prove di scarso valore. Weinberg aveva dichiarato sotto giuramento che non era mai stato iscritto al Partito comunista, e anche che non aveva mai incontrato Steve Nelson. Ma la registrazione fatta dall'FBI che riportava il contrario era illegale, quindi non ammissibile dalla Corte, e non c'erano altre prove che Weinberg fosse stato davvero iscritto al partito. Nell'aprile 1950 l'FBI aveva interrogato diciotto membri del Partito comunista nella zona di San Francisco, alcuni che lo erano ancora e altri che lo erano stati in passato, ma nessuno di loro era stato in grado di segnalare legami di Weinberg con il partito.[5] Non potendo usare la prova della registrazione, la giuria non poté quindi confermare l'accusa di colpevolezza nei confronti di Weinberg. Nonostante questo precedente, il ministero della Giustizia riunì imperterrito un secondo gran giurì nella primavera del 1952. La sola altra accusa contro Weinberg era la dichiarazione di Paul Crouch di averlo incontrato a una riunione del partito mentre parlava con Nelson. La pubblica accusa sapeva bene che la testimonianza di Crouch poteva essere inaffidabile, ma aveva anche calcolato che un dibattimento avrebbe potuto produrre qualche ulteriore prova contro Weinberg, e magari anche contro Oppenheimer. Ma in quel momento Weinberg raccolse il coraggio necessario a difendersi. «Erano dei pazzi», Weinberg disse in seguito dei suoi antagonisti.[6] «Aspettarono fino a che non fui un po' meno disperato e un po' più forte.» Interrogato dal gran giurì, si rifiutò di rispondere e sicuramente non disse nulla su Oppenheimer. «Non avevo nessuna intenzione di coinvolgere Oppie in quella faccenda», disse Weinberg. «Prima avrebbero dovuto passare sul mio corpo.»

Ma in quel periodo Oppenheimer era stato interrogato ancora una volta a proposito di quanto aveva dichiarato Crouch, e cioè sul fatto che nel luglio 1941 aveva ospitato una riunione del partito nella sua casa di Berkeley a Kenilworth Court. In questa occasione, due investigatori del Comitato giudiziario del Senato lo avevano interrogato alla presenza del suo avvocato, Herbert Marks. Ancora una volta Oppenheimer negò di aver mai conosciuto i Crouch; negò anche di aver mai incontrato Grigori Kheifets, un funzionario dello spionaggio sovietico di stanza a San Francisco, e dichiarò anche che Steve Nelson non l'aveva mai avvicinato per chiedergli informazioni sul progetto della bomba.

L'interrogatorio era stato condotto in maniera abbastanza gentile. Avendo osservato che gli investigatori del Senato prendevano accuratamente nota delle risposte, Marks intervenne per dire che voleva una copia di qualsiasi appunto della conversazione che fosse stato raccolto. Quando questa richiesta fu respinta, Marks insistette dicendo che se volevano continuare a far domande sulle faccende di Oppenheimer «noi vogliamo le trascrizioni».[7] A questo punto gli investigatori del Senato osservarono freddamente che già nella primavera precedente Oppenheimer era stato citato come testimone, e che in quella occasione l'altro avvocato di Oppenheimer, Joe Volpe, aveva suggerito che fosse interrogato in una «conversazione informale». Gli investigatori del Senato affermarono che pensavano «di stare facendo proprio quello». Con questa dichiarazione si chiuse l'interrogatorio, che era durato una ventina di minuti. Questi eventi convinsero sia Oppenheimer sia Marks che le dichiarazioni dei Crouch non erano state accantonate.

Il 20 maggio 1952, solo tre giorni prima delle accuse a Weinberg, Oppenheimer arrivò a Washington per essere sottoposto a un altro interrogatorio. I funzionari che stavano per perseguire Weinberg avevano deciso che poteva essere molto utile un confronto tra Oppenheimer e il suo accusatore. Quattro anni prima, Richard Nixon e i suoi investigatori dell'HUAC avevano attirato un fiducioso Alger Hiss in una stanza del Commodore Hotel di New York dove era stato costretto a confrontarsi con il suo accusatore Whittaker Chambers. Ora Hiss stava scontando un periodo di detenzione per aver dichiarato il falso. Forse, pensavano gli investigatori del ministero della Giustizia, la tattica di Nixon avrebbe potuto funzionare anche per Oppenheimer.

Accompagnato dai suoi avvocati, Oppenheimer andò al ministero della Giustizia per essere interrogato dai funzionari della Divisione criminale. Interrogato a proposito della supposta riunione del luglio 1941 nella sua casa di Kenilworth Court, ancora una volta smentì la storia dei Crouch e confermò che in quel periodo si trovava nel Nuovo Messico. Disse anche che aveva affermato di non aver mai conosciuto né Paul né Sylvia Crouch, e che in quel periodo «nessuna persona di quel tipo» era mai entrata in casa sua per parlare di comunismo o dell'invasione della Russia da parte dei nazisti.[8] Disse anche che aveva letto la testimonianza dei Crouch davanti al Comitato per le attività antiamericane dello stato della California (il Comitato Tenney) e che la riunione descritta da Crouch non c'era mai stata. Poi dichiarò spontaneamente che ne aveva parlato con sua moglie e anche con Kenneth May, e «che loro confermavano le sue affermazioni che non c'era mai stata una riunione di quel tipo».

A questo punto i funzionari del ministero della Giustizia si rivolsero ai legali di Oppenheimer – Herb Marks e Joe Volpe – e dissero che Paul Crouch stava aspettando nella stanza accanto. Sarebbe stato possibile, chiesero, far entrare Crouch nella sala «per vedere se riconosce il dottor Oppenheimer, e anche per vedere se il dottor Oppenheimer riconosce Crouch [...]?».[9] D'accordo con Oppenheimer, Marks e Volpe accettarono la proposta. La porta si aprì e Crouch avanzò fino a Oppenheimer, gli strinse la mano e disse: «Come sta, dottor Oppenheimer?». Poi si voltò con fare melodrammatico verso i funzionari del ministero e disse che l'uomo a cui aveva appena stretto la mano era la stessa persona nella cui casa al 10 di Kenilworth Court era stato ospite in una riunione del luglio 1941. Crouch ancora una volta disse che lui aveva fatto un intervento su *La linea che avrebbe dovuto scegliere la propaganda del Partito comunista dopo l'invasione della Russia da parte di Hitler*.

Se Oppenheimer sia stato preso alla sprovvista da questa prestazione, le registrazioni dell'FBI non lo dicono. Al contrario si limitano a segnalare che lui rispose rapidamente che non conosceva Crouch. Preparato a descrivere in grande dettaglio la riunione del luglio 1941, Crouch disse che si ricordava di Oppenheimer che gli aveva sottoposto svariate questioni alla conclusione del suo intervento, che era durato un'ora. A questo punto Oppenheimer lo interruppe per chiedergli che cosa esattamente immaginava che avesse chiesto in tutte quelle domande. Crouch rispose sostenendo che le domande di Oppenheimer riguardavano un'analisi filosofica «sulla base della dottrina marxista» del coinvolgimento della Russia nella guerra. Crouch disse: «Il dottor Oppenheimer affermò che aveva capito perché era necessario aiutare la Russia, ma si domandava perché avremmo dovuto aiutare la Gran Bretagna, che ci aveva ingannato».[10] Crouch sosteneva che Oppenheimer aveva anche chiesto se l'invasione della Russia da parte della Germania avrebbe potuto creare o meno due guerre: «una guerra imperialista Gran Bretagna-Germania» e «una guerra di popolo Russia-Germania». A questo punto Oppenheimer disse che per lui domande di quel genere «erano impossibili perché non aveva mai in nessun momento pensato o avanzato l'ipotesi di una doppia guerra».

Marks e Volpe provarono a far parlare Crouch facendogli domande sull'aspetto di Oppenheimer. Appariva più o meno lo stesso di com'era nel 1941? Crouch rispose che sembrava lo stesso. Cosa aveva da dire a proposito dei suoi capelli?, chiese uno dei due avvocati. Crouch riconobbe che i capelli di Oppenheimer forse erano un po' più corti che nel 1941, ma che non si era mai attardato a osservarli. In effetti, nel 1941 Oppenheimer aveva i capelli lunghi e una capigliatura cespugliosa, mentre nel 1952 aveva i capelli molto corti, quasi a spazzola. Ma anche questa era solo una piccola discrepanza.

Alla fin fine, Crouch aveva dimostrato che in un'udienza giudiziaria poteva essere un testimone credibile contro Oppenheimer. Aveva descritto l'aspetto interno della casa degli Oppenheimer, ed era anche apparso credibile quando aveva affermato di aver incontrato Oppenheimer nell'autunno del 1941 alla festa per l'inaugurazione della casa di Ken May. Oppenheimer aveva ammesso che si ricordava di aver ballato con una ragazza giapponese a una festa che poteva anche essere quella organizzata da May per festeggiare la sua nuova casa. Questa dichiarazione venne considerata un'importante ammissione, perché Crouch aveva anche affermato che a quella festa aveva visto Oppenheimer in intensa conversazione con Ken May, Joseph Weinberg, Steve Nelson e Clarence Hiskey, un altro studente di fisica a Berkeley.[11]

Quando alla fine Crouch lasciò la sala, Oppenheimer si rivolse ai funzionari del ministero della Giustizia e affermò ancora una volta che non si ricordava assolutamente di aver mai incontrato Crouch. A questo punto gli fu consentito di andarsene. Andò via con Marks e Volpe, e i tre uomini cominciarono a riflettere su quale poteva essere la prossima mossa del ministero della Giustizia.

Tre giorni dopo, il 23 maggio 1952, vennero a conoscenza dell'incriminazione di Weinberg, e anche del fatto che l'imputazione non faceva menzione di Crouch, di Oppenheimer e nemmeno della riunione di Kenilworth Court. In effetti gli avvocati di Oppenheimer, attraverso il presidente dell'AEC Gordon Dean, avevano fatto pressioni sul ministero della Giustizia perché la questione della riunione di Kenilworth Court fosse tolta dalle imputazioni.[12] Oppenheimer ne fu sollevato, ma solo momentaneamente.

Nell'autunno del 1952 cominciò finalmente il processo per falso contro Joe Weinberg, e quasi immediatamente Oppenheimer fu informato dal governo che avrebbe potuto essere chiamato a testimoniare. Ancora una volta Herb Marks fece diligentemente pressioni sul ministero della Giustizia perché il nome di Oppenheimer fosse tolto dall'elenco dei possibili testimoni. Tra l'altro, riuscì a convincere il presidente dell'AEC, Gordon Dean, a scrivere al presidente Truman per sollecitarlo a ordinare al ministero della Giustizia di eliminare la testimonianza di Crouch dagli atti processuali. «C'è la parola di Oppenheimer contro la parola di Crouch», scrisse Dean al presidente.[13] «Comunque vada a finire il caso Weinberg, il buon nome di Oppenheimer può esserne fortemente infangato e così sarà distrutta gran parte della sua importanza per il paese.» Già il giorno successivo Truman rispose: «Sono molto interessato al legame Weinberg-Oppenheimer. Penso come lei che Oppenheimer sia un uomo onesto. In questo periodo di linciaggio morale e di ingiustificate tattiche diffamatorie sembra che le persone per bene siano costrette a soffrire senza motivo». Truman, tuttavia, non dava indicazioni su quello che avrebbe fatto.

Agli inizi di quell'autunno, quando fu completato l'elenco delle accuse del ministero della Giustizia contro Weinberg, non si faceva alcun riferimento a Oppenheimer. Ma agli inizi di novembre, dopo l'elezione a presidente di Dwight Eisenhower, fu avviata un'attenzione più rigida sulle questioni della sicurezza. Il 18 novembre 1952 un funzionario del ministero della Giustizia chiamò al telefono Joe Volpe e gli disse: «Oppie sarà coinvolto nella questione».[14] Il «San Francisco Chronicle», assieme ad altri giornali, si soffermò sui resoconti delle registrazioni: «[...] un pubblico ministero ha oggi affermato che il dottor Joseph Weinberg ha partecipato a una riunione del Partito comunista a Berkeley, California, in una "casa che si pensa fosse allora occupata [...] dal dottor J. Robert Oppenheimer"».[15] Già il giorno successivo Oppenheimer era stato invitato dall'avvocato di Weinberg a comparire come testimone della difesa. Oppie fece sapere a Ruth Tolman di quanto la cosa lo preoccupasse, e lei gli scrisse: «Mi sembra che si tratti di cose miserevoli, Robert. Ma so anche quanto inquietanti possono essere le prospettive che aprono».[16]

Marks e Volpe erano certi che in un'udienza in cui c'era solo la parola di una persona contro la parola di un'altra poteva succedere di tutto. Se Weinberg era riconosciuto colpevole di falso, la cosa avrebbe spianato il cammino a un'analoga imputazione anche per Oppenheimer. Così, ancora una volta, Marks e Volpe si diedero da fare perché Oppenheimer non fosse coinvolto nella faccenda. In un incontro con il pubblico ministero, sostennero che «ritenevano una cosa terribile sottoporre Oppenheimer all'imbarazzo e all'afflizione [...] ed esprimevano la speranza che fosse possibile trovare una strada per evitare un affronto di questo genere a un uomo che era stato così importante per il paese [...]. Per Joe Stalin non ci sarebbe un modo migliore per giocare le sue carte che quello di creare sospetti su persone come Oppenheimer».[17]

Verso la fine di gennaio, poco dopo l'insediamento di Eisenhower, ancora una volta Volpe e Marks avvicinarono il presidente dell'AEC Dean e gli chiesero se «non ci fosse un modo semplice e meno ufficiale perché la questione potesse essere trattata a un livello più elevato».[18] Ma quando verso la fine di febbraio il processo finalmente iniziò, gli avvocati di Weinberg annunciarono che Oppenheimer sarebbe intervenuto a favore della difesa e avrebbe testimoniato che la riunione di Kenilworth Court non era mai avvenuta. Nelle sue dichiarazioni iniziali, il consiglio di difesa di Weinberg annunciò con enfasi che «questo caso sarà deciso dal fatto di credere alle parole di un criminale [Crouch] o alle parole di un noto scienziato e illustre americano [...]».[19]

Oppenheimer si era recato a Washington per essere pronto ad apparire di fronte alla corte al momento della chiamata.[20] Ma il 27 febbraio fu avvisato che probabilmente la sua testimonianza non sarebbe stata necessaria; il ministero della Giustizia aveva improvvisamente acconsentito a far cadere la parte dell'imputazione relativa alla riunione di Kenilwort Court. Interessato a proteggere la reputazione dell'AEC, Gordon Dean era riuscito a convincere il ministro della Giustizia. La sera del 27 febbraio Oppie prese il treno che lo riportava a casa e giunse in ritardo alla festa a Olden Manor in onore di Ruth Tolman, che era arrivata dalla California. Ruth si accorse che «era stremato, preoccupato e ridotto a uno straccio».[21] Ma per lo meno era riuscito a sfuggire «alle miserie di una comparsa in tribunale e cose simili».

Poiché nel seguito del procedimento era stato impossibile utilizzare la registrazione illegale della conversazione di Weinberg con Steve Nelson, le accuse erano risultate estremamente deboli.[22] Le udienze si conclusero il 5 marzo 1953 con il proscioglimento di Weinberg. Però, in un insolito stravolgimento delle norme legali, il giudice della Corte distrettuale Alexander Holtzoff disse alla giuria che «la Corte non può accettare il vostro verdetto».[23] Proseguì osservando che le testimonianze nelle udienze avevano portato alla luce «una situazione strana e preoccupante che esisteva negli anni cruciali del 1939, 1940 e 1941 nel campus di una grande università in cui era operativa una grande e attiva organizzazione comunista nascosta».*

Tuttavia Oppenheimer si sentì molto sollevato. L'intera faccenda, sperava, si era finalmente conclusa. Quando David Lilienthal aveva saputo che Oppenheimer non sarebbe stato chiamato a testimoniare, scrisse al suo vecchio amico: «Abbiamo diritto alla dignità anche quando capitano così tante cose meschine e ingiuste, come in questi giorni».[24] Per ironia della sorte, un giorno in cui Oppenheimer si trovava in Campidoglio gli capitò di entrare in ascensore e di incontrare il senatore McCarthy. «Ci guardammo l'uno con l'altro», disse in seguito Robert a un amico, «e poi io chiusi gli occhi.»[25]

Joe Weinberg, allora trentaseienne, continuò la sua vita, ma senza un lavoro. L'Università del Minnesota l'aveva licenziato due anni prima che l'HUAC l'avesse individuato come «lo scienziato X». E nonostante la sua assoluzione, il rettore dell'università annunciò che Weinberg non sarebbe stato riassunto a causa del suo rifiuto a collaborare con l'FBI.[26] Rivolgendosi un'altra volta al suo mentore, Weinberg scrisse a Oppenheimer chiedendogli una lettera di raccomandazione per un possibile impiego in un'industria ottica. Weinberg lo assicurava che «quella era l'ultima volta che l'avrebbe disturbato».[27] Anche se Oppenheimer aveva buoni motivi per pensare che l'FBI sarebbe venuta a conoscenza della cosa, come in effetti accadde, scrisse una lettera di appoggio a Weinberg, che ottenne il lavoro. Weinberg gli fu grato. Alcuni anni più tardi, quando gli fu chiesto di riflettere sui suoi rapporti con Oppenheimer rispose: «Lui ha avuto abbastanza da me, ma anch'io ho avuto abbastanza da lui».

Il caso Weinberg era stato emotivamente logorante, e anche una pesante traversia. Il 30 dicembre 1952, prima ancora che il caso fosse arrivato in tribunale, Oppenheimer era andato nell'ufficio di Lewis Strauss, dicendo che aveva una questione personale di cui parlare. I suoi legali, disse, gli avevano appena chiesto 9000 dollari per assisterlo come potenziale testimone nel caso Weinberg. Le spese per i legali erano molto al di sopra delle sue possibilità e «non sapeva come risolvere il problema».[28] Aveva quindi chiesto a Strauss se, in virtù della

---

* Il pubblico ministero del processo, William Hitz, fu altrettanto offensivo. A proposito dei membri del gran giurì che avevano prosciolto Weinberg disse: «Avevamo la prova evidente di essere alle prese con un figlio di puttana; ma la prova era illegale e non abbiamo potuto usarla». In realtà, l'evidenza della registrazione era ambigua. [*n.d.a.*]

sua carica di presidente del Consiglio di amministrazione dell'Istituto, poteva fare in modo che l'Istituto stesso si accollasse le sue spese legali. Strauss rispose fermamente che quello sarebbe stato un «errore». Quando Oppenheimer sottolineò che la Corning Glass Company pagava le spese legali del suo amico, il dottor Ed Condon, Strauss gli disse che le circostanze erano diverse. I datori di lavoro del dottor Condon, sottolineò, sapevano dei problemi di Condon con l'HUAC prima della sua assunzione. I consiglieri dell'Istituto, disse freddamente Strauss, «non avevano mai saputo» che Oppenheimer avesse problemi di questo tipo. Questo, in realtà, non era vero; nel 1947 Oppenheimer aveva informato Strauss che esisteva una documentazione sul suo passato di sinistra. Tuttavia Strauss sostenne che le spese legali erano così elevate perché i suoi avvocati lo consideravano «molto ricco e il suo stipendio sufficiente».

Oppenheimer replicò testardamente che Strauss doveva ben sapere che quello non era il suo caso, poiché la sua trattenuta fiscale veniva calcolata da un impiegato della direzione dell'Istituto sotto la supervisione dello stesso Strauss. Ma Strauss disse che no, che lui «non aveva idea di quale fosse la situazione delle sue entrate». A questo punto Oppenheimer disse che lui «non era benestante, e che assieme allo stipendio dell'Istituto poteva contare solo su una piccola rendita [...]». Disse anche che qualcuno poteva forse pensare che fosse ricco perché aveva ereditato «alcune straordinarie opere d'arte». Chiaramente indifferente, Strauss chiuse l'incontro dicendo che «per il momento» non avrebbe sollevato la questione di fronte agli amministratori. Oppenheimer se ne andò arrabbiato e umiliato; ancora una volta capì che doveva fare i conti con l'ostilità di Strauss. Decise però di aggirarlo e di presentare le sue spese legali agli amministratori dell'Istituto, nella speranza che decidessero di pagarle. Ma in seguito Strauss disse all'FBI che aveva convinto i «professori dai lunghi capelli» del consiglio a respingere la richiesta. Dalla primavera del 1953 l'inimicizia tra i due uomini divenne evidente a tutti quelli che li conoscevano.

33. «La bestia nella giungla»

> *Siamo come due scorpioni chiusi in una bottiglia; ciascuno è in grado di uccidere l'altro, ma rischiando la sua vita.*
>
> Robert Oppenheimer, 1953

Per lungo tempo Oppenheimer sentì crescere dentro di sé una vaga premonizione che nel suo futuro si stava preparando qualcosa di oscuro e di terribile.

Un giorno, verso la fine degli anni Quaranta, si era comprato una copia del breve romanzo di Henry James *La bestia nella giungla*, una storia di ossessione, egotismo tormentato e premonizioni esistenziali. «Profondamente colpito» dal racconto, Oppenheimer aveva chiamato subito Herb Marks. «Era ansioso che lo leggesse anche Herb», ricordava la sua vedova, Anne Wilson Marks.[1]

Il personaggio centrale del racconto, John Marcher, incontra per caso una donna che aveva conosciuto molti anni prima, e lei gli ricorda che le aveva confidato che era tormentato da una premonizione: «[...] Diceste che sin dalla primissima infanzia avevate avuto, nel più profondo di voi, come la sensazione di essere destinato a qualcosa di raro e di strano, prodigioso forse e terribile; qualcosa che vi avrebbe colpito, e magari sopraffatto, presto o tardi, e di cui avevate il presentimento e la certezza fin nelle ossa».

Marcher poco dopo racconta che, ovunque egli si fosse trovato, la cosa non era avvenuta, ancora: «Non è ancora capitata. Solo, vedete, non si tratta di una cosa che io debba *fare*, ch'io debba compiere nel mondo, per distinguermi e farmi ammirare. Non sono somaro *a tal punto*». Quando la donna gli chiede: «Si tratta allora di qualcosa che dovrete semplicemente subire?». Marcher risponde: «Be', diciamo attendere [...] qualcosa che devo incontrare, affrontare, che esploderà all'improvviso nella mia vita; forse distruggendo ogni ulteriore consapevolezza, forse distruggendomi; a meno che non si accontenti di alterare ogni equilibrio, colpendo alle radici tutto il mio mondo e abbandonandomi alle conseguenze, quali che siano»*.

Dopo Hiroshima, Oppenheimer aveva sempre vissuto con quella peculiare sensazione che un qualche giorno la sua «bestia nella giungla» sarebbe saltata fuori e avrebbe cambiato la sua vita. Ora, da un po' di tempo, aveva capito di essere un uomo braccato. E se c'era una «bestia nella giungla» che lo aspettava, quella era Lewis Strauss.

Il 7 febbraio 1953, circa sei settimane prima che Joe Weinberg fosse finalmente prosciolto, quindi in un momento in cui si sentiva ancora molto vulnerabile, Oppenheimer tenne un discorso a New York. Era essenzialmente una versione libera del rapporto sulla questione del disarmo che lui e Bundy avevano da poco sottoposto alla nuova amministrazione Eisenhower, e in cui sostenevano la necessità di una politica della «sincerità» sulle armi nucleari. Secondo lo storico Patrick J. McGrath, Oppenheimer tenne il discorso con il consenso di Eisenhower, anche se era sicuramente ben conscio che con quelle parole avrebbe irritato i suoi nemici politici a Washington.[2] L'uditorio era selezionato, in quanto si trattava di un incontro riservato ai membri del Consiglio per le relazioni con l'estero.[3] Proprio perché il consiglio era un luogo di raffinata élite, le sue parole sarebbero pesantemente risuonate nei circoli politici e militari di Washington. Quel giorno, tra il pubblico c'erano illustri esponenti delle alte sfere della politica estera, come il giovane banchiere David Rockefeller, l'editore del «Washington Post» Eugene Meyer, il corrispondente militare del «New York Times» Hanson Baldwin e Benjamin Buttenwieser della banca di investimenti Kuhn-Loeb. Quel pomeriggio c'era anche Lewis Strauss.

Presentato dal suo buon amico David Lilienthal, Oppie iniziò sottolineando che aveva intitolato il suo discorso *Le armi atomiche e la politica americana*.[4] Con un raffinato sorriso riconobbe che si trattava di un «titolo presuntuoso», ma si raccomandò all'indulgenza degli ascoltatori spiegando che «qualunque parola più leggera avrebbe potuto dare un'impressione di contenuti diversi da quelli che volevo comunicare».

Quindi osservò che, siccome quasi tutto quello che era associato alle armi nucleari era segreto, «devo spiegare la loro natura senza rivela-

---

* H. James, *La bestia nella giungla*, trad. di Gaetano La Pira, Garzanti, Milano 1984. [*n.d.t.*]

re nulla». Sottolineò che sin dalla fine della guerra gli Stati Uniti erano stati costretti a fare i conti con «forti evidenze dell'ostilità dei sovietici e con crescenti evidenze del loro potere». In quella guerra fredda il ruolo dell'atomo era molto semplice, e i politici americani avevano ormai deciso: «Vogliamo andare avanti. Vogliamo essere sicuri di essere più avanti del nemico».

Affrontando l'andamento di questa corsa, segnalò che i sovietici avevano realizzato tre esplosioni atomiche e stavano producendo ingenti quantitativi di materiale fissile. «Mi piacerebbe presentare l'evidenza di questi dati», disse, «ma non posso.» Ma disse che poteva rivelare la sua valutazione approssimativa della posizione dei sovietici rispetto all'America: «Penso che l'URSS sia in ritardo di almeno quattro anni rispetto a noi». In un certo senso questo sembrava rassicurante ma, dopo aver illustrato gli effetti della bomba sganciata su Hiroshima, Oppenheimer osservò che entrambi gli avversari avevano capito che queste armi potevano soltanto diventare ancor più letali. Alludendo vagamente alle tecnologie missilistiche, disse poi che gli sviluppi tecnologici avrebbero ben presto portato a sistemi di lancio «più moderni, più flessibili e più difficili da intercettare». «Tutto questo è già in corso», disse. «A questo proposito, credo che tutti dovremmo sapere – se non esattamente almeno quantitativamente e, soprattutto, da fonti autorevoli – a che punto siamo.»

I fatti erano essenziali alla comprensione, ma i fatti erano riservati. «Non posso parlarne», disse, sottolineando ancora una volta l'ostacolo della segretezza. «Tutto quello che posso dire è questo: non ho mai potuto discutere apertamente di queste prospettive con nessun gruppo di persone responsabili, scienziati o uomini di stato che fossero, né con cittadini o funzionari governativi, con nessun gruppo che potesse conoscere direttamente i fatti, che non se ne andasse con un forte senso di ansia e preoccupazione per quello che aveva saputo.» Guardando al decennio a venire, disse: «è davvero di ben scarso conforto sapere che l'Unione Sovietica è quattro anni indietro rispetto a noi [...]. L'unica cosa certa è che nemmeno ventimila bombe a nostra disposizione [...] possono rappresentare una contropartita strategica sufficiente per far fronte ad appena duemila delle loro».

Senza rivelarne lo specifico numero, Oppenheimer aveva detto che l'arsenale delle armi atomiche americane stava crescendo rapidamente. «Fin dall'inizio abbiamo sostenuto che dovevamo essere liberi di usare queste bombe; ed è noto a tutti che abbiamo pianificato come usarle. È anche noto che una delle componenti di questo piano è un rigido impegno a usarle soltanto nel caso di un iniziale, massiccio e ininterrotto assalto strategico contro il nemico.» Naturalmente questa era una versione piuttosto ridotta del piano di guerra del Comando strategico dell'aeronautica, volto a distruggere gran parte delle città russe con un assalto aereo da genocidio.

Le bombe atomiche, continuò, sono «praticamente l'unico strumento militare a cui si può pensare per impedire, diciamo così, che un forte scontro in Europa possa trasformarsi in una lunga, straziante, grande Corea».[5] E ancora, gli europei «non sanno nulla di queste bombe, di quante potranno essere, in che modo potranno essere usate e quali conseguenze avranno».

La segretezza nel settore atomico, accusò, stava portando a chiacchiere diffuse, a speculazioni e a grande ignoranza. «Non è possibile lavorare bene quando, nella segretezza e nella paura, solo poche persone li [i fatti importanti] conoscono.» L'ex presidente Harry Truman aveva da poco negato la possibilità che i sovietici stessero sviluppando un arsenale nucleare capace di danneggiare il continente americano. In maniera pungente Oppenheimer disse: «Mi ha dato molto fastidio che un ex presidente degli Stati Uniti, che era stato messo al corrente di tutto quello che sapevamo sulla capacità atomica dei sovietici, abbia potuto pubblicamente mettere in dubbio le nostre conclusioni più che evidenti». Mise in ridicolo anche un «alto ufficiale del Comando della difesa aerea» per aver detto, solo pochi mesi prima, che «era nostro compito cercare di proteggere la capacità di colpire, mentre non era nostro compito tentare di proteggere questo paese, perché un compito così grande avrebbe influito negativamente sulla nostra capacità di rappresaglia». Oppenheimer concluse che «queste follie possono manifestarsi solo quando anche gli uomini che conoscono i fatti non trovano nessun'altra persona con cui parlarne, perché i fatti sono troppo segreti per poter essere discussi, e quindi anche per poter essere davvero capiti».

Il solo rimedio, concluse Oppenheimer, era la «sincerità». Gli addetti ai lavori a Washington dovevano cominciare a rivolgersi al popolo americano per far conoscere che cosa il nemico già sapeva a proposito della corsa agli armamenti atomici.

Fu un discorso straordinariamente perspicace ma anche sfrontato. Ancora una volta Oppenheimer aveva sottolineato che gli era stato impedito di parlare di questioni essenziali, anche se, come un santone dotato di poteri speciali, aveva proseguito rivelando il segreto più importante, e cioè che nessun paese poteva aspettarsi di vincere veramente una guerra atomica. In un futuro davvero prossimo, disse, «potremo trovarci in una situazione in cui ciascuna delle due grandi potenze avrà la possibilità di metter fine alla civiltà e alla vita dell'altra, rischiando però anche la sua stessa fine».

Poi, con una gelida frase che fece rabbrividire tutti quelli che lo stavano ascoltando, tranquillamente aggiunse: «Siamo come due scorpioni chiusi in una bottiglia; ciascuno è in grado di uccidere l'altro, ma rischiando la sua vita».

È difficile immaginare un discorso più provocatorio. Dopo tutto, John Foster Dulles, il segretario di stato della nuova amministrazione era un forte sostenitore di una dottrina di difesa basata sulla rappresaglia massiccia. Ma era stato proprio il padre dell'era atomica a dichiarare che il presupposto fondamentale della politica per la difesa del paese era l'eliminazione dell'ignoranza e della follia. Il più famoso scienziato nucleare del paese stava chiedendo al governo di togliere il segreto nucleare mantenuto fino ad allora, e di discutere apertamente le conseguenze di una guerra nucleare. C'era un famoso privato cittadino, che disponeva del più elevato livello di accesso alla segretezza, che criticava proprio la segretezza che circondava i piani di guerra del paese. Quando a Washington, tra le alte sfere della sicurezza nazionale, si venne a sapere quello che Oppenheimer aveva detto, molti rimasero inorriditi. Lewis Strauss era furibondo.

Dall'altra parte, molti degli avvocati e dei banchieri che avevano ascoltato il discorso di Oppenheimer di fronte al Consiglio erano rimasti colpiti.[6] Anche il nuovo presidente degli Stati Uniti, Dwight D. Eisenhower, quando in seguito lesse il discorso, rimase colpito dal concetto di sincerità. Come ex militare, Ike aveva capito molto bene il senso dell'immagine delle due grandi potenze come «due scorpioni in una bottiglia».[7] Eisenhower aveva letto il rapporto del Consiglio per il disarmo e l'aveva trovato sensato e prudente. Molto scettico a proposito delle armi nucleari, aveva detto a uno dei suoi più importanti consiglieri alla Casa Bianca, C.D. Jackson – che era stato il braccio destro di Henry Luce nel gruppo Time-Life – che «le armi atomiche favoriscono soprattutto solo chi aggredisce per primo e *a sorpresa*. Ma questo gli Stati Uniti non lo faranno mai; e mi lasci anche dire che noi non ci lasceremo mai prendere da un'isterica paura per *nessun paese* almeno fino a che le armi atomiche non appariranno sulla scena».[8] Più avanti, durante la sua presidenza, Eisenhower fu costretto a rimproverare alcuni dei suoi consiglieri per il loro atteggiamento da falchi, osservando in modo caustico: «Non avrete mai una guerra del genere che desiderate. Non ci sarebbero abbastanza bulldozer per rimuovere i cadaveri dalle strade».[9]

Per qualche tempo sembrò che le opinioni di Oppenheimer potessero influenzare positivamente il nuovo presidente.[10] Ma Lewis Strauss, che aveva contribuito generosamente alla campagna elettorale di Eisenhower, nel gennaio 1953 fu nominato consulente del presidente per l'energia atomica; e poi, in luglio, fu chiamato a ricoprire il ruolo a cui aspirava: presidente dell'AEC, la Commissione per l'energia atomica.

Naturalmente Strauss era in violento disaccordo con l'opinione di Oppenheimer secondo la quale il pubblico doveva essere informato sulla natura dell'arsenale nucleare americano, o con l'idea che argomenti quali la strategia nucleare dovessero essere discussi pubblicamente. Era convinto che Oppenheimer non avesse altro scopo che sollevare «i sovietici dai problemi che incontravano nelle loro attività di spionaggio».[11] Ora però Strauss aveva tutte le opportunità per suscitare nella mente di Eisenhower sospetti su Oppenheimer. Il nuovo presidente in seguito ricordò che in quella primavera qualcuno – forse era stato proprio Strauss – gli aveva detto che «non bisognava fidarsi del dottor Oppenheimer».[12]

La mattina del 25 maggio 1953 Strauss si precipitò al quartier generale dell'FBI per parlare con D.M. Ladd, uno degli aiutanti di Hoover. Alle 15.30 di quel pomeriggio Strauss aveva in programma un incontro con Eisenhower. Disse a Ladd che di lì a pochi giorni Oppenheimer doveva fare una relazione al presidente e al Consiglio per la sicurezza nazionale, e che lui era «molto preoccupato dalle attività di Oppenheimer». Aveva appena saputo che era stato Oppenheimer a reclutare nel 1943 David Hawkins, un sospetto comunista, per lavorare a Los Alamos. Disse inoltre che Oppenheimer aveva annunciato che stava appoggiando la nomina all'Istituto di Felix Browder, un matematico giovane e brillante che però aveva il difetto di essere figlio di Earl Browder, in passato capo del Partito comunista in America. Affermando di aver chiesto le referenze di Browder all'Università di Boston, e avendo trovato che i dati non erano abbastanza favorevoli, Strauss aveva detto a Oppenheimer che la chiamata di Browder doveva essere prima sottoposta al voto del Consiglio di gestione. Gli amministratori avevano poi deciso con sei voti contro cinque di negare la nomina ma, ancor prima del voto, Oppenheimer aveva già affidato l'incarico a Browder. Quando Strauss gliene chiese il motivo, Oppenheimer affermò che aveva telefonato alla sua segretaria e che l'aveva informata che, in assenza di un parere contrario del consiglio, avrebbe formalizzato la nomina di Bowder. Strauss era furioso per i maneggi di Oppenheimer, condotti, pensava, al solo scopo di inserire in una posizione di favore il figlio del più famoso comunista americano.*

Alla fine Strauss disse a Ladd[13] che sospettava che Oppenheimer avesse avuto dei «contatti» con i russi nel 1942 – un riferimento all'affare Chevalier – e che «è accusato di aver ritardato i lavori per la bomba a idrogeno».[14] Sulla base di tutte queste evidenze, Strauss chiese a Ladd se l'FBI aveva qualche «obiezione» sul fatto che quel pomeriggio riferisse a Eisenhower sui precedenti di Oppenheimer. Con molta cortesia, Ladd assicurò Strauss che l'FBI non aveva obiezioni da fare; del resto, disse, l'FBI ha già passato tutte queste informazioni su Oppenheimer al ministro della Giustizia, all'AEC e ad «altre agenzie governative interessate».

L'inizio della campagna di Strauss per distruggere la reputazione di Oppenheimer può così essere datato con precisione: prese l'avvio il pomeriggio del 25 maggio 1953 in quell'incontro con il presidente. Ike avrebbe in seguito ricordato che Strauss «tornò più volte e a lungo sulla questione Oppenheimer».[15] In quell'occasione Strauss disse anche a Eisenhower che «non poteva svolgere il suo compito all'AEC se Oppenheimer continuava a essere coinvolto nelle attività dell'agenzia».[16]

Una settimana dopo l'incontro tra Strauss ed Eisenhower, Oppie aveva telefonato alla Casa Bianca e spiegato «che desiderava avere un incontro, anche breve, con il presidente, ma che non voleva attendere troppo».[17] Due giorni dopo fu introdotto nello Studio Ovale. Alla fine del breve incontro, Eisenhower lo invitò a tornare il 27 maggio per riferire al Consiglio per la sicurezza nazionale. In quell'occasione Oppenheimer, che aveva portato con sé Lee DuBridge, parlò e rispose alle domande per cinque ore di fila. Sottolineò l'importanza della sincerità e, forse ripensando al gruppo di Lilienthal del 1946, sollecitò il presidente a creare un Consiglio per il disarmo formato da cinque membri. Secondo C.D. Jackson, Oppenheimer «aveva affascinato tutti, eccetto il presidente». Ike lo ringraziò cordialmente per il suo intervento, ma lasciò che uscisse dalla sala senza nemmeno stringergli la mano e dirgli come la pensava. Forse Eisenhower stava riflettendo su

---

* Alla fine, il giudizio di Oppenheimer fu più che giustificato. Browder fece una brillante carriera, e nel 1999 il presidente Bill Clinton lo insignì della National Medal of Science, il massimo premio del paese per la scienza e la tecnologia. [*n.d.a.*]

quello che Strauss gli aveva detto soltanto due giorni prima, e cioè che non voleva presiedere l'AEC se Oppenheimer continuava a essere uno dei consulenti. Secondo il racconto di Jackson, Ike era preoccupato avendo osservato la forza con cui Oppenheimer esercitava «il suo potere quasi ipnotico sui piccoli gruppi».[18] Qualche tempo dopo, disse a Jackson che «non aveva piena fiducia» nel fisico. Il primo colpo di Strauss era andato a segno.

Perfettamente al corrente di quello che accadeva durante le visite di Oppenheimer alla Casa Bianca, Strauss decise di orchestrare una campagna pubblica contro Oppenheimer. Nei mesi successivi, le riviste «Time», «Life» e «Fortune» – tutte controllate da Henry Luce – pubblicarono articoli che erano vere e proprie bordate sia contro Oppenheimer sia contro l'influenza degli scienziati nella politica difensiva del paese. Il numero di «Fortune» del maggio 1953 conteneva un articolo anonimo intitolato *La guerra nascosta per la bomba H. La storia della lunga campagna del dottor Oppenheimer per capovolgere la strategia militare degli USA*.[19] L'autore insinuava che, grazie all'influenza di Oppenheimer, il Progetto Vista (lo studio sulla difesa aerea affidato per contratto al Caltech) si era trasformato in uno studio su un'altra questione, e cioè «sulla moralità di una strategia di rappresaglia atomica». Citando il ministro dell'Aeronautica Finletter, l'autore sottolineava che «c'era il serio problema dell'opportunità che gli scienziati tentino di risolvere da soli queste importanti questioni nazionali, tanto più che non possono assumersi la responsabilità del successo in guerra dei piani militari». Dopo aver letto l'articolo di «Fortune», David Lilienthal ne scrisse sul suo diario come «un altro articolo cattivo, ed evidentemente ispirato, che attacca Oppenheimer».[20]

Come bene l'aveva riassunto Lilienthal, scopo dell'articolo era di raccontare come Oppenheimer, Lilienthal e Conant avessero tentato di bloccare lo sviluppo della bomba H, ma «Strauss aveva vinto ecc. Da quel che ci risulta, J.R.O. [Oppenheimer] è colui che fomenta una sorta di cospirazione per distruggere l'idea che l'unità per il bombardamento strategico dell'Aeronautica militare abbia già la risposta adatta alla nostra difesa [...]». Lilienthal non lo sapeva, ma l'articolo su «Fortune» era stato scritto da uno dei direttori della rivista, Charles J.V. Murphy, che era un ufficiale dell'Aeronautica in congedo e che, per di più, aveva avuto un collaboratore inconfessato: Lewis Strauss.

Poco tempo dopo l'attacco della rivista «Fortune», Oppenheimer, Rabi e DuBridge incontrarono C.D. Jackson al Cotton Club di

Washington per discutere dell'articolo. Successivamente Jackson riferì a Luce che erano «davvero furibondi» per l'articolo, che avevano definito come «un attacco a Oppenheimer del tutto ingiustificato [...]».[21] Disse a Luce che aveva tentato di difendere la correttezza della rivista ma anche che «personalmente credo che Murphy e [James] Shepley [il direttore della redazione di Washington del settimanale «Time»] abbiano avviato un'ingiustificata crociata contro Oppenheimer [...]».

Il saggio di Oppenheimer che riprendeva il discorso sulla «sincerità» apparve il 19 giugno 1953 su «Foreign Affairs», dopo che la Casa Bianca aveva concesso il permesso per la pubblicazione. Sia il «New York Times» che il «Washington Post» parlarono dell'articolo, e citarono l'affermazione di Oppenheimer secondo la quale senza «sincerità» sarebbe stato impossibile «disporre di misure di difesa ragionevoli».[22] Affermava anche che solo il presidente «ha il potere di eliminare il rumore e le chiacchiere, costituiti in gran parte da bugie, che sono stati costruiti attorno alla questione della situazione strategica dell'atomo». *Bugie!*

Strauss, furioso, chiese immediatamente un incontro con il presidente Eisenhower. Considerava il saggio di Oppenheimer «pericoloso, e le sue proposte fatali».[23] Rimase sorpreso quando seppe che la bozza dell'articolo di Oppenheimer aveva avuto il benestare della Casa Bianca. Il presidente aveva letto il saggio e si era trovato in completo accordo con le sue argomentazioni. L'8 luglio, nel corso di una conferenza stampa, Eisenhower aveva detto che concordava con l'affermazione di Oppenheimer che era necessaria maggiore «sincerità» sulle armi nucleari. Ma Strauss si lamentò con Eisenhower sul fatto che alcuni giornalisti avrebbero utilizzato le sue affermazioni come «un sostegno completo alla recente dottrina del dottor J. Robert Oppenheiner sulla "sincerità" come sistema per favorire la diffusione di informazioni sul nostro arsenale, sulla nostra produzione di armi e sulle nostre valutazioni della capacità del nemico».

«Ma questa è davvero una cosa senza senso», rispose Eisenhower.[24] «Lei non è obbligato a leggere quello che scrive questo amico. Io sono certamente una persona più interessata alla sicurezza di quanto lo sia lei.» E poi aggiunse: «Cerchi qualcuno in grado di scrivere un pezzo per correggere quello che ha detto Oppenheimer». Abbastanza tranquillizzato, Strauss affermò che l'articolo l'avrebbe scritto lui stesso.

Il saggio di Oppenheimer apparso su «Foreign Affairs» accese un forte dibattito all'interno dell'amministrazione Eisenhower a proposito di quello che il pubblico doveva conoscere sulle armi nucleari. E questo era proprio uno degli scopi che si era prefisso Oppie. Sperava che la sua schietta descrizione dei pericoli a cui si sarebbe trovato di fronte il paese nel caso di un'incontrollata corsa agli armamenti avrebbe portato a riconsiderare l'ipotesi di affidarsi così pesantemente alle armi nucleari. La sincerità era necessaria proprio perché il pubblico doveva essere messo in guardia dal pericolo rappresentato da una corsa senza fine agli armamenti. Poiché Eisenhower e i suoi assistenti non erano d'accordo sulla questione, il presidente finì con l'arrivare a conclusioni contraddittorie. «Non voglio terrorizzare il paese», disse a Jackson dopo aver letto un suo abbozzo per un discorso sulla «sincerità».[25] Ma a Strauss disse che voleva essere chiaro sui rischi di una guerra nucleare, e che desiderava anche offrire al pubblico qualche «alternativa promettente».

Strauss non era d'accordo, ma astutamente frenò la sua lingua. Con crescente frustrazione, gli sembrava che Ike fosse affascinato da alcune delle idee di Oppenheimer, e Strauss era deciso a togliere al presidente quella sensazione ingannevole del loro valore. Agli inizi di agosto 1953 Strauss si incontrò con C.D. Jackson a un cocktail, e in seguito Jackson scrisse sul suo diario: «Sono stato davvero confortato nel ricevere direttamente da Strauss la negazione ferma e categorica di qualsiasi conflitto tra lui e Oppenheimer e di una sua riluttanza a cercare la sincerità, se si eccettua ovviamente quella sul conteggio dell'arsenale».[26] Politico furbo e accorto, Strauss aveva mentito a Jackson. Proprio in quel mese aveva collaborato segretamente con Charles Murphy di «Fortune» a un secondo saggio ancora più critico sulla richiesta di Oppenheimer della sincerità sui segreti atomici.

Anche gli eventi contribuirono ad aiutare Strauss.[27] Verso la fine di agosto i titoli di vari giornali in tutto il paese riportavano a lettere cubitali *I Rossi sperimentano la loro bomba H*. Soltanto nove mesi dopo il primo test della bomba a idrogeno in America, i sovietici erano apparentemente riusciti a uguagliare quella prodezza. Almeno questo era quello che veniva raccontato agli americani. In realtà il test sovietico non era il risultato tecnico che sembrava essere: non era né una vera bomba a idrogeno, né un'arma che poteva essere trasportata su un aeroplano. Ma la convinzione che forse i sovietici erano ormai pronti a superare l'arsenale nucleare americano diede a Strauss ulteriori armi politiche per bloccare la richiesta di sincerità fatta da Oppenheimer.

Alla fine Eisenhower trovò le sue «alternative promettenti» e le presentò in un discorso in cui proponeva il famoso programma *Atomi per la pace*. Suggeriva che gli Stati Uniti e l'Unione Sovietica dovevano fornire materiale fissile per un programma internazionale destinato allo sviluppo di impianti per la produzione di energia nucleare a scopi pacifici. Il discorso, tenuto di fronte alle Nazioni Unite l'8 dicembre 1953, all'inizio fu un successo di relazioni pubbliche, ma dai sovietici non arrivò nessuna risposta. E il presidente non fu per nulla sincero sulle armi nucleari americane. Nel discorso, infatti, non c'era alcun accenno alle dimensioni o alla natura dell'arsenale nucleare, e neppure qualsiasi altra informazione che avrebbe potuto costituire materia per un sano dibattito. Al posto della sincerità, Eisenhower dava all'America una fuggevole vittoria di pura propaganda.

Ben lontana dal condurre qualsiasi riflessione sulla strategia nucleare, nei mesi che seguirono l'amministrazione Eisenhower cominciò a tagliare le spese per le armi convenzionali mentre continuò a far crescere l'arsenale nucleare. Questa posizione sui problemi della difesa venne definita dallo stesso Eisenhower il «New Look».[28] L'amministrazione aveva accolto la strategia dell'Aeronautica e quindi intendeva basare la difesa dell'America quasi esclusivamente sulla potenza aerea. La politica della «forte rappresaglia» apparve come una posizione meschina e mortifera. Ma era anche poco lungimirante, destinata al genocidio e, una volta iniziata, anche suicida. Dean Acheson la definì «una frode, tanto nelle parole quanto nei fatti».[29] Adlai Stevenson disse chiaramente: «Dobbiamo fare da soli la triste scelta tra l'inerzia e l'olocausto termonucleare?». Il «nuovo stile» era in effetti solo vecchia politica ed esattamente il contrario di quello che Oppenheimer sperava uscisse dalla nuova amministrazione.

Lewis Strauss aveva vinto. Il regime di segretezza sul nucleare sarebbe stato mantenuto e le armi nucleari sarebbero state costruite in numeri da capogiro. Un tempo Oppenheimer pensava a Strauss come a una semplice noia, a un uomo che non era in grado di «bloccare le cose».[30] Ora però, con Washington nelle mani di un'amministrazione repubblicana, Strauss si trovava al posto di guida, e con il piede destro premeva a fondo il suo acceleratore politico.

Oppenheimer e molti tra i suoi amici erano ormai certi che Strauss stava per avviare la caccia contro di loro. In luglio, poco dopo che Strauss era stato nominato presidente dell'AEC, gli amici più stretti di Oppenheimer e il suo avvocato Herb Marks ricevettero una telefonata da un dipendente dell'AEC: «Dovete gentilmente dire al vostro amico Oppy di chiudere bene i boccaporti e di prepararsi: sta per arrivare una tempesta».[31]

«Sapevo che era preoccupato», ricordava I.I. Rabi.[32] «Lo era stato per circa un paio d'anni [...]. Stava vivendo sotto questa minaccia [...]. Sapevo che si sentiva perseguitato.» Per questo un giorno Rabi gli disse: «Robert, scrivi un articolo per il «Saturday Evening Post» in cui racconti la tua storia, i tuoi collegamenti rivoluzionari e così via, fatti pagare bene, e questo li spiazzerà definitivamente». Rabi pensava che se la storia fosse stata raccontata direttamente da Robert, e fosse apparsa su un giornale rispettabile, il pubblico avrebbe capito. Come strumento di relazioni pubbliche, un saggio che fosse una franca confessione avrebbe assicurato a Oppenheimer l'immunità contro qualsiasi ulteriore attacco politico. Ma, come ricordava Rabi, «non riuscii a convincerlo a scrivere».

Oppenheimer aveva altri piani. Agli inizi di quell'estate, Robert, Kitty e i loro due figli si imbarcarono a New York sul piroscafo *Uruguay* diretto a Rio de Janeiro. Invitato come ospite dal governo brasiliano, Oppenheimer aveva programmato di fare alcuni seminari e poi di tornare a Princeton verso metà agosto. Durante il suo soggiorno in Brasile, l'FBI e l'ambasciata degli USA controllarono tutti i suoi contatti.[33]

Mentre Oppenheimer si godeva il piacevole viaggio in Brasile, Strauss passò l'estate del 1953 lavorando febbrilmente per porre finalmente termine al suo ascendente. Il 22 giugno si era recato al quartier generale dell'FBI per un altro incontro riservato con Hoover. Ben conscio dello straordinario potere del direttore dell'FBI a Washington, Strauss cercava di far in modo che la loro «stretta e cordiale relazione» continuasse.[34] Quasi immediatamente l'«ammiraglio» Strauss spostò la conversazione su Oppenheimer. «Affermò», scrisse Hoover in un appunto, «che era al corrente del fatto che il senatore McCarthy aveva previsto un'indagine sul dottor Oppenheimer e mentre lui, l'ammiraglio, pensava che un'indagine sulle attività di Oppenheimer era più che opportuna, sperava che non si concludesse troppo in fretta.»

In effetti, il senatore del Wisconsin e il suo assistente Roy Cohn avevano incontrato Hoover già il 12 maggio. McCarthy aveva detto che voleva conoscere quali sarebbero state le reazioni di Hoover se il suo comitato del Senato avesse avviato un'indagine su Robert Oppenheimer. Hoover spiegò a Strauss che aveva tentato di sviare McCarthy. Oppenheimer, gli aveva detto, era «una figura molto controversa», ma anche molto popolare tra gli scienziati del paese. Disse anche che aveva avvisato McCarthy che una qualsiasi inchiesta pubblica su una figu-

Ernest Lawrence, Glenn Seaborg e Oppenheimer. «I moderni Prometei hanno di nuovo lasciato il Monte Olimpo e hanno portato all'uomo i veri fulmini di Giove», scrisse lo «Scientific Monthly».

«Physics Today» con in copertina il caratteristico cappello di Oppie.

La Harvard University chiamò Oppenheimer a far parte del suo consiglio di gestione (qui con James B. Conant e Vannevar Bush).

Fisico sperimentale di talento, Frank Oppenheimer (sopra) fu licenziato dall'Università del Minnesota quando si scoprì che era stato iscritto al Partito comunista. Da allora si dedicò all'allevamento dei bovini in Colorado.

Anne Wilson Marks fu la segretaria di Oppie nel 1945, e poi si sposò con Herbert Marks (sdraiato sulla plancia della barca), amico e avvocato di Robert.

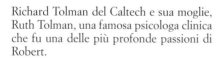

Richard Tolman del Caltech e sua moglie, Ruth Tolman, una famosa psicologa clinica che fu una delle più profonde passioni di Robert.

La rivista «Time» con Oppenheimer in copertina nel novembre 1948.

Al centro: Oppenheimer fu presidente del Gruppo dei consulenti scientifici della Commissione per l'energia atomica. Qui è ripreso durante un viaggio con James B. Conant, il generale James McCormack, Harley Rowe, John Manley, I.I. Rabi e Roger S. Warner.

In basso: Oppenheimer (ultimo a sinistra) in occasione del conferimento delle lauree ad honorem alla Harvard University, con il generale George C. Marshall, il generale Omar N. Bradley e altri insigniti del titolo.

Olden Manor a Princeton, nel New Jersey, dove gli Oppenheimer vissero dopo il 1947, quando Robert fu nominato direttore dell'Institute for Advanced Study.

Kitty, Toni e Peter all'esterno di Olden Manor.

Robert e i suoi figli nel giardino di Olden Manor.

Robert aveva lasciato la serra a Kitty perché coltivasse le sue orchidee. Ricevevano spesso gli amici. «Lui serviva i martini più freddi e deliziosi che abbia mai bevuto», raccontava Pat Sherr.

Oppenheimer con il matematico John von Neumann, in piedi davanti al primo calcolatore costruito proprio da von Neumann.

Oppenheimer all'Institute for Advanced Study a Princeton mentre parla di fisica con gli studenti. «L'Istituto era il suo piccolo impero», ricordava Freeman Dyson.

Oppenheimer assieme (da sinistra a destra) ad Hans Bethe, il senatore Brien McMahon, Eleanor Roosevelt e David Lilienthal.

Oppenheimer si oppose tenacemente al programma di costruzione della bomba a idrogeno. In un programma televisivo spiegò che «la superbomba è una questione che tocca le fondamenta della nostra moralità. È un grave pericolo per tutti noi che decisioni di questo tipo siano prese sulla base di dati coperti dal segreto».

Oppenheimer a una conferenza con il fisico Greg Breit. «Quello che non capivamo ce lo spiegavamo a vicenda.»

Nel dicembre 1953 il presidente Dwight Eisenhover ordinò di interporre una barriera fra Oppenheimer l'accesso ai segreti nucleari. Ne seguì una serie di audizioni di fronte a una Commissione d'inchiesta, orchestrata da Lewis Strauss (in alto, a destra) – presidente della Commissione per l'energia atomica – che aveva deciso di allontanare Oppenheimer dai suoi incarichi ufficiali. Oppenheimer nominò suo difensore l'avvocato Lloyd Garrison (a destra).
[*Nella vignetta: "Ma chi è stato separato, e da cosa?"*].

Il 12 aprile 1954 si aprirono le audizioni di Oppenheimer di fronte alla Commissione d'inchiesta presieduta da Gordon Gray (in alto, a destra). Solo uno dei commissari dell'AEC, Henry DeWolf Smyth (al centro, a destra), votò contro la decisione della commissione Gray di impedire a Oppenheimer l'accesso alle informazioni riservate, mentre l'altro commissario dell'AEC, Eugene Zuckert (in basso, a destra), votò assieme alla maggioranza contro Oppenheimer. Rogert Robb (in basso, a sinistra) fu il pubblico accusatore nella commissione Gray. Solo un membro della commissione Gray, Ward Evans (in alto, a sinistra) votò in difesa dei diritti di Oppenheimer. Evans definì la decisione come «una macchia sulla bandiera del nostro paese».

Toni Oppenheimer a cavallo. «Da quando aveva sei o sette anni – osservò Verna Hobson – tutta la famiglia credette in lei, sensibile e forte e affettuosa.»

Oppenheimer fu privato del nullaosta per l'accesso alle informazioni riservate, ma fu nominato direttore dell'Institute for Advanced Study. Qui è a passeggio con Kitty a Princeton.

Robert poteva «davvero mostrare il suo amore», come accadeva con suo figlio Peter.

Dopo le audizioni sulla sicurezza del 1954, Oppenheimer «fu quasi come un animale in gabbia», ha ricordato Francis Fergusson. «Si ritirò. Cominciò una vita più semplice.» Si trasferì con la famiglia a St. John, nelle Virgin Islands. In seguito si costruì una piccola villetta vicina alla spiaggia e ogni anno con la famiglia (sotto) passava molti mesi nella bellissima isola. Lui e Kitty erano esperti velisti.

Assieme al vecchio amico Niels Bohr nel 1955.

Nel 1960 Oppenheimer visitò Tokyo (sotto). In quell'occasione disse ai giornalisti: «Non posso negare di aver avuto qualcosa a che fare con il successo tecnico della bomba atomica. Ma questo non significa che io non la consideri una cosa cattiva; è che non posso considerare negativo oggi quello che ho fatto ieri».

Oppenheimer nel suo studio a Princeton.

Nell'aprile 1962 il presidente John F. Kennedy invitò Oppenheimer alla Casa Bianca. Qui mentre stringe la mano a Jackie Kennedy.

Frank Oppenheimer nel 1969 all'Exploratorium, lo *science museum* di San Francisco – che consentiva ai visitatori esperimenti *hands-on* di fisica, chimica e altre discipline – che aveva creato assieme alla moglie Jackie.

Nel 1963 il presidente Lyndon B. Johnson (sotto) consegnò a Oppenheimer (a sinistra, con Kitty e Peter) i 50.000 dollari del Premio Fermi. David Lilienthal definì l'evento «una cerimonia di espiazione per l'odio e la cattiveria che avevano colpito Oppenheimer».

Edward Teller (a destra), che aveva testimoniato contro Oppenheimer nel 1954, si avvicinò per fare le sue congratulazioni. Oppenheimer sorrise e gli strinse la mano, mentre Kitty restò con lo sguardo impassibile alle spalle del marito.

Oppenheimer chiacchiera con due visitatori fuori dalla sua villetta a St. John nell'estate del 1966. Gli era stato già diagnosticato un grave cancro alla gola.

Una pensierosa Toni all'interno della villetta. «Tutti l'adoravano, ma lei non se ne rendeva conto», ricordava June Barlas.

Toni, Inga Hiilivirta, Kitty e Doris Jadan mentre sorseggiano un cocktail a St. John in un giorno felice.

ra così importante richiedeva «una grande mole di lavoro preparatorio». McCarthy aveva detto di aver compreso il messaggio e che quindi avrebbe evitato di affrontare il caso Oppenheimer, almeno per il momento. Hoover e Strauss si trovarono d'accordo sul fatto che «quello non era un caso che poteva essere affrontato soltanto per far notizia».

«In stretta confidenza»,[35] Strauss disse poi a Hoover che Joseph Alsop, il famoso giornalista, aveva da poco inviato alla Casa Bianca una lettera di sette pagine in cui raccomandava all'amministrazione Eisenhower di far cessare le indagini di McCarthy su Oppenheimer. Strauss naturalmente sapeva che Alsop era un amico di Oppenheimer, ma voleva anche essere sicuro che Hoover avesse capito che lo scienziato poteva contare su alleati influenti. Fu un ottimo incontro tra due uomini con idee simili, e Strauss se ne andò pensando di aver stretto una forte alleanza con il potente capo dell'FBI. Il compito di sbarazzarsi di Oppenheimer era davvero troppo importante per poter essere lasciato nelle mani di quel senatore del Wisconsin, pagliaccesco e sempre a caccia di scandali. Richiedeva invece un'attenta pianificazione e manovre accurate.

Dopo aver lasciato Hoover, Strauss tornò nel suo ufficio e scrisse al senatore Robert Taft una lettera per chiedergli di fermare McCarthy nel caso avesse voluto lanciare un'inchiesta su Oppenheimer. Sarebbe stato «un grave errore», scrisse. «Per prima cosa, alcune delle prove non stanno in piedi. In secondo luogo il comitato McCarthy non è il posto giusto per un'indagine di questo tipo, e anche questo non sembra il momento adatto.»[36] Strauss voleva orchestrare una sua propria indagine.

Il 3 luglio 1953 Strauss assunse ufficialmente la carica di presidente dell'AEC. Il «New Republic» riportava che, nell'assumere la carica, si era comportato «come un ammiraglio sul ponte di una nave da guerra».[37] Quando scoprì che Gordon Dean, il presidente dimissionario dell'AEC, aveva acconsentito alla richiesta di Oppenheimer di rinnovare per un altro anno il suo contratto di consulente (gli doveva servire per far pressioni a favore di una maggior sincerità), Strauss decise di preparare le sue posizioni per il combattimento. La sua prima manovra fu quella di chiedere a Hoover che gli inviasse a mezzo di un incaricato affidabile una copia del riassunto dell'ultimo rapporto dell'FBI su Oppenheimer.[38] In quel momento l'incartamento dell'FBI su Oppenheimer raggiungeva parecchie migliaia di pagine. Nel giugno 1953 il solo riassunto era costituito da sessantanove pagine a spazio singolo. Senza indugi, Strauss cominciò a studiarlo con uno zelo degno di un inquisitore.

Durante il periodo di transizione tra Truman ed Eisenhower, Strauss si era mantenuto in contatto con William L. Borden, il giovane direttore dello staff del Comitato congiunto sull'energia atomica che condivideva con lui profondi sospetti su Oppenheimer.[39] Borden era un democratico e aveva perso il suo incarico quando i repubblicani avevano conquistato il controllo del Senato. Ancora una volta, la sua ossessione nei confronti di Oppenheimer aveva portato Borden a realizzare un rapporto di sessantacinque pagine in cui metteva in luce l'influenza di Oppenheimer a Washington. Nessun altro individuo in America, scrisse, ha mai avuto così tanti «dati precisi e dettagliati» sulla politica estera e militare del paese come questo scienziato. Dopo aver tracciato una breve ricostruzione delle attività di Oppenheimer nel periodo postbellico, Borden cercò di dare un senso alla sua quotidiana influenza sugli uomini politici di Washington.

Recentemente, durante un periodo di soli sette giorni [...] il dottor Oppenheimer ha parlato con il dottor Charles Thomas, presidente della Monsanto Chemical Corporation, sul tema dell'energia atomica a scopi industriali; il dottor Oppenheimer ha pranzato con il segretario di stato nella fattoria del Maryland di quest'ultimo, e ha discusso con lui di politica estera, prendendo spunto dall'esplosione sperimentale a Eniwetok dell'autunno del 1952; il dottor Oppenheimer si è incontrato con il ministro dell'Aeronautica per discutere, tra gli altri argomenti, l'importanza relativa dei bombardamenti strategici rispetto a quella dei bombardamenti tattici; il dottor Oppenheimer ha incontrato una delegazione di ufficiali francesi in visita negli USA, e ha discusso con loro del controllo internazionale sugli armamenti; il dottor Oppenheimer ha parlato con il presidente e ha poi incontrato i due candidati alle elezioni presidenziali del 1952, il generale Eisenhower e il governatore Stevenson; e il dottor Oppenheimer, unico tra gli americani, può esser stato messo al corrente dal dottor W.C. Penney, il direttore del laboratorio britannico per gli armamenti, equivalente al nostro Los Alamos, dei dettagli sullo sviluppo della bomba inglese [...]. È quasi universalmente riconosciuto che il dottor Oppenheimer è un uomo di grande personalità, dinamico e attraente, di straordinaria eloquenza, e che, grazie a queste qualità, rafforzate dal prestigio che gode presso gli altri scienziati, tende a dominare tutti gli incontri a cui partecipa.[40]

Nel 1952 Borden non era ancora arrivato a una conclusione definitiva, ma non poteva dimenticare che il dossier sulla sicurezza di un uomo così influente conteneva moltissime informazioni che lui considerava infamanti. Strauss, naturalmente, condivideva i sospetti di Borden, e l'aveva incoraggiato a proseguire su quella strada. Nel dicembre 1952, appena un mese dopo che Borden aveva scritto il suo rapporto investigativo, Strauss gli scrisse una lettera di quattro pagine in cui sosteneva la tesi che la bomba H avesse subito un ritardo di tre anni. Non solo Oppenheimer e il GAC avevano rallentato il lavoro sulla superbomba, ma era ormai chiaro che i russi avevano beneficiato dello spionaggio atomico. «Alla fine», disse Strauss a Borden, «penso che sarebbe estremamente imprudente decidere che ci va bene qualunque ritardo nella competizione con la Russia nel settore degli armamenti atomici.»[41] E nessuno dei due dubitava che Oppenheimer fosse il principale responsabile di questa pericolosa situazione.

Verso la fine di aprile 1953, Borden si recò nell'ufficio di Strauss per discutere con lui delle rispettive preoccupazioni a proposito di Oppenheimer. Secondo Priscilla McMillan, Borden diede a Strauss un documento misterioso, «probabilmente una lista dei sospetti di Borden su Oppenheimer».[42] Questo documento non è mai venuto alla luce, ma le loro successive azioni suggeriscono che durante quell'incontro si siano accordati su un piano – in realtà una vera e propria cospirazione – per far cessare l'ascendente di Oppenheimer. Borden avrebbe fatto il lavoro sporco mentre Strauss si sarebbe adoperato per fargli ottenere le informazioni di cui aveva bisogno.

Nelle due settimane che seguirono al loro incontro, Borden fu autorizzato a controllare il dossier su Oppenheimer in possesso dell'ufficio per la sicurezza dell'AEC. Anche dopo che il 31 maggio 1953 aveva lasciato il suo incarico governativo, Borden riuscì abilmente a trattenere l'incartamento fino al 18 agosto. Il 16 luglio Strauss parlò al telefono con Borden, che stava leggendo il dossier su Oppenheimer nell'isolamento del suo luogo di vacanze nel nord dello stato di New York. Poche ore dopo il suo ritorno, Strauss ebbe l'incartamento sulla sua scrivania. Lo trattenne per circa tre mesi e lo restituì all'ufficio per la sicurezza dell'AEC il 4 novembre. Poche ore dopo che Strauss aveva restituito il dossier, l'ufficiale incaricato della sicurezza dell'AEC, Bryan F. LaPlante, cominciò a esaminarlo attentamente. LaPlante, un assistente di Strauss, non restituì il rapporto fino all'1 dicembre.

Questa successione di andate e ritorni del dossier su Oppenheimer tra Borden, Strauss e LaPlante era stata sicuramente organizzata; non poteva essere una semplice coincidenza.[43] Chiaramente, Borden stava lavorando sotto il controllo di Strauss – e con il suo beneplacito – per costruire delle imputazioni contro Oppenheimer. Quando Borden concluse il suo lavoro e restituì l'incartamento, Strauss lo riprese, forse per controllare personalmente i dati. Quando terminò la sua analisi, ordinò a LaPlante di rivedere il rapporto per un ulteriore controllo. Così, durante i sette mesi tra l'aprile e il dicembre 1953, Lewis Strauss – con il notevole aiuto di William Borden – completò quella «grande mole di lavoro preparatorio» che lui e J. Edgar Hoover avevano concordemente ritenuto necessaria prima che fosse possibile lanciare con successo un assalto contro Oppenheimer. Avevano sviato il senatore McCarthy dall'attacco, essendo certi che era essenziale organizzare la cosa con grande attenzione. Nel luglio 1953, secondo Harold Green, l'avvocato dello staff dell'AEC, «Strauss aveva promesso a Hoover che sarebbe riuscito a eliminare Oppenheimer».[44] In questo caso appare chiaro che il presidente dell'AEC era un uomo di parola.

Verso la fine di agosto 1953, dopo il suo ritorno dal Brasile, un giorno Oppenheimer telefonò a Strauss per dirgli che sarebbe arrivato a Washington l'1 settembre, un martedì, e che voleva sapere se poteva andarlo a trovare quella mattina. Quando Strauss gli disse che era libero solo al pomeriggio, Oppenheimer rispose che in quel pomeriggio aveva un importante appuntamento alla Casa Bianca, e che quindi non poteva andare da lui. Questa notizia mise in grande agitazione Strauss, che chiamò immediatamente l'FBI e chiese che Oppenheimer fosse messo sotto stretta sorveglianza durante tutta la sua visita. «A causa dei precedenti di Oppenheimer», ricordava uno degli agenti dell'FBI, «l'ammiraglio era estremamente ansioso di sapere dove sarebbe andato quel martedì pomeriggio a Washington, e chi avrebbe visto.»[45] Hoover autorizzò la sorveglianza, e così più tardi Strauss seppe che Oppenheimer non era andato alla Casa Bianca; aveva invece passato l'intero pomeriggio in un bar dello Statler Hotel con Marquis Childs, un noto giornalista che pubblicava i suoi articoli su molti quotidiani. Sollevato dalla notizia che Oppenheimer non aveva incontrato il presidente ma si era solo accattivato un giornalista, Strauss scrisse a Hoover «sono ancora molto preoccupato dall'influenza che Oppenheimer ha sul programma per l'energia atomica; occorrerebbe affrontare la questione più apertamente, *ma spero di essere in grado in un prossimo futuro di interrompere tutti i rapporti tra l'AEC e Oppenheimer*» (corsivo aggiunto).

Agli inizi di quell'autunno, mentre Strauss e Borden preparavano le loro argomentazioni contro di lui, Oppenheimer scrisse quattro lunghi saggi sulla scienza. Agli inizi del 1953 la British Broadcasting Corporation l'aveva invitato a tenere le prestigiose *Reith Lectures*, una serie di quattro discorsi radiofonici destinati a milioni di persone in tutto il mondo. Lui e Kitty avevano previsto di fermarsi a Londra in novembre per tre settimane, e poi di andare a Parigi agli inizi di dicembre.

Quell'invito era un grande onore; in precedenza, alle *Reith Lectures* erano stati invitati tra gli altri Bertrand Russell, che aveva parlato di *Autorità e individuo* e, soltanto l'anno prima, Arnold Toynbee, che aveva parlato di un tema di grande attualità: *Il mondo e l'Occidente*.

Robert si era impegnato sul suo tema preferito, «chiarire cosa c'è di nuovo nella fisica atomica che per gli uomini sia rilevante, utile e incoraggiante conoscere».[46] Molti ascoltatori della BBC furono probabilmente travolti dalla studiata ambiguità di Oppenheimer. «La sua scintillante retorica», scrisse un critico, «conduce gli ascoltatori in uno stato di grande coinvolgimento che spesso è più simile all'ipnosi che all'attenzione.» La sua esibizione era soprattutto mistica. «Con mia grande tristezza», ammise in seguito Robert, «mi fu detto che ero stato del tutto oscuro.»[47]

La guerra fredda non rientrava nel tema, ma a un certo punto accennò brevemente alla natura del comunismo: «È solo una sorta di gioco crudele e privo di spirito che rende possibile all'attuale forma di una tirannia moderna chiamare sé stessa con un termine che esprime una fiducia nella comunità, con una parola, "comunismo", che in altre epoche evocava ricordi di villaggi e di piccole locande e di artigiani che esibivano le loro abilità, e di uomini che imparavano [rimanendo] nascosti nell'anonimato. Ma solo un'oppressione crudele può portare a credere in modo sistematico che tutte le comunità costituiscano una comunità unica; che tutte le verità siano una verità unica; che tutte le esperienze siano compatibili l'una con l'altra; che sia possibile una conoscenza totale; che tutto ciò che è potenziale possa poi diventare reale. Questo non è il destino dell'uomo; questo non è il suo cammino; costringere l'uomo a far questo non significa certo farne un'immagine divina per cui tutto si può conoscere e tutto è possibile, ma piuttosto farne un infelice prigioniero in una gabbia di ferro di un mondo morente».[48]

Anche se negli anni Trenta era stato affascinato dalle promesse comuniste, nel 1953 Oppenheimer non si faceva ormai più illusioni su quella realtà. Come Frank, in quegli anni lontani era rimasto attratto dalla prospettiva e dalla retorica della giustizia sociale promossa dal Partito comunista americano. Costruire piscine pubbliche a Pasadena, sostenere migliori condizioni di lavoro per i contadini, organizzare un sindacato degli insegnanti erano state esperienze intellettualmente ed emotivamente liberatorie. Ma molte cose erano cambiate. Ora, alla ricerca di un «nuovo mondo» diverso, stava ricostruendo a livello intellettuale gli istinti più profondi e i valori più alti a cui si era dedicato da giovane. Sicuramente, la sua richiesta di una società aperta si ricollegava alle sue preoccupazioni per gli effetti inutili e pericolosi della segretezza sulla società americana. Ma si ricollegava anche alla causa della giustizia sociale in America, un obiettivo che si era già prefisso prima di Hiroshima, prima di Los Alamos e prima di Pearl Harbor. In America il ruolo del comunismo era cambiato, ed era cambiato anche il ruolo di Robert come cittadino americano responsabile; ma i suoi valori più profondi erano rimasti inalterati. «Una società aperta, un accesso alla conoscenza che non sia limitato, un'associazione tra gli uomini per il loro progresso che non sia né pianificata né limitata», disse in una delle sue *Reith Lectures*, «sono queste le cose che possono costruire un mondo grande, complesso, sempre in crescita e in mutamento, sempre più specializzato e tecnologicamente avanzato, ma un mondo che resti tuttavia adatto alla comunità degli uomini.»[49]

Mentre erano a Londra, una sera Robert e Kitty andarono a cena con Lincoln Gordon, che era stato un compagno di scuola di Frank alla Ethical Culture School, e che Robert aveva incontrato nel 1946, quando Gordon era consulente di Bernard Baruch. Gordon non dimenticò mai le conversazioni fatte a cena quella sera. Robert era assorto e di cattivo umore, e quando Gordon cautamente menzionò la bomba atomica, Oppenheimer parlò abbastanza a lungo sulla decisione di usarla. Riconobbe che aveva approvato la decisione del Comitato ad interim, ma confessò anche che «a tutt'oggi non ho capito la necessità di Nagasaki [...]».[50] Quando disse questo, nella sua voce c'era tristezza, ma non rabbia o amarezza.

Dopo aver registrato le *Reith Lectures* a Londra, gli Oppenheimer attraversarono la Manica e arrivarono a Parigi; ma quando Kitty cercò al telefono Haakon Chevalier nel suo appartamento di Montmartre, seppe che Hoke era a Roma per una conferenza. Avendo anche saputo che sarebbe tornato dopo pochi giorni, Robert e Kitty presero un treno per Copenhagen dove furono ospiti di Bohr per tre giorni. Quando ritornarono a Parigi, anche Chevalier era tornato e insistette perché l'ultima sera del loro soggiorno andassero a cena nel suo appartamento. Fu un invito che ebbe conseguenze nefaste. Su richiesta di Strauss, gli agenti della sicurezza dell'ambasciata americana a Parigi seguirono i movimenti di Oppenheimer in città e ottennero anche dal suo albergo l'elenco di tutte le telefonate che aveva fatto. L'ambasciata di Parigi riferì che «Chevalier, che ha fama molto negativa, e che è sospettato di essere un agente sovietico, è nell'elenco dei sorvegliati della polizia francese e dei servizi di controspionaggio».[51]

Quando il 7 dicembre 1953 Chevalier e Oppenheimer si incontrarono, erano passati più di tre anni dall'ultima volta che si erano visti.[52] Il loro ultimo incontro era stato a Olden Manor nell'autunno del 1950 quando, dopo il doloroso divorzio da Barbara, Hoke era arrivato per una lunga visita in cerca di sollievo. Ma i due vecchi amici avevano continuato una intensa corrispondenza che comprendeva anche una specie di lettera di raccomandazione in cui Robert aveva scritto, su richiesta di Hoke, un riassunto di quello che aveva dichiarato davanti all'HUAC a proposito della vicenda Eltenton. La lettera non era servita per far rinnovare la posizione di Chevalier a Berkeley, ma lui gli era stato comunque molto grato. Nel novembre 1950 Chevalier si era trasferito a Parigi, viaggiando con un passaporto francese poiché il Dipartimento di stato gli aveva rifiutato il passaporto americano. A Parigi si era a poco a poco costruito una nuova vita lavorando come traduttore per le Nazioni Unite e scrivendo racconti. Quando si sposò con Carol Lansburg, una ragazza di trentadue anni nata in California, come regalo di nozze gli Oppenheimer gli inviarono un'insalatiera di legno di mogano delle Virgin Islands.

Ora per i due uomini si prospettava un nuovo, piacevole incontro. Quando Robert e Kitty arrivarono alla casa di Chevalier, al 19 di rue du Mont-Cenis, ai piedi della collina dove sorge la chiesa del Sacro Cuore, entrarono nella cabina di un vecchio ascensore e salirono fino al quarto piano. Hoke e Carol li accolsero calorosamente, e ben presto le due coppie brindarono assieme nel piccolo soggiorno circondato da librerie. Chevalier preparò uno dei suoi raffinati pranzi, che comprendeva anche una meravigliosa insalata che venne condita nell'insalatiera di mogano. Arrivati al dessert, Chevalier aprì una bottiglia di champagne, e dopo alcuni brindisi Oppie e Kitty lasciarono il loro autografo sul tappo della bottiglia.

Oppenheimer appariva rilassato, e raccontò con grande ironia le storie dei suoi incontri con illustri personalità di Washington come Dean Acheson. Parlarono brevemente anche dell'esecuzione avvenuta agli inizi dell'anno dei coniugi Julius ed Ethel Rosenberg, condannati a morte perché coinvolti in una vicenda di spionaggio atomico. Chevalier raccontò a Oppenheimer anche delle sue continue difficoltà nel lavoro come traduttore per l'UNESCO. Gli spiegò che, poiché non aveva rinunciato alla sua cittadinanza americana, questo comportava che avrebbe dovuto disporre del nullaosta per l'accesso alla sicurezza del governo degli USA. Oppenheimer gli disse che poteva avere qualche consiglio da Jeffries Wyman, un suo amico sin dai tempi di Harvard che quell'anno era a Parigi come addetto scientifico dell'ambasciata americana.[53]

Quando, poco dopo mezzanotte, gli Oppenheimer si alzarono per andarsene, improvvisamente Oppie si girò verso Hoke e disse in modo conciso: «Non sto certo pensando ai prossimi mesi».[54] Forse si era trovato di fronte a qualche segno premonitore, ma non disse nient'altro che spiegasse quella frase. Mentre stavano per andarsene, Chevalier si accorse che il suo amico non era coperto abbastanza bene e così gli regalò una sciarpa di seta italiana. Nessuno dei due uomini sospettava che la loro amicizia sarebbe stata presto messa sotto processo.

Durante il soggiorno di Oppenheimer in Europa, Borden cominciò a scrivere un breve atto d'accusa contro di lui. Il documento si basava sulle informazioni contenute nel dossier sulla sicurezza di Oppenheimer, che Strauss aveva fatto in modo che fosse trasferito a Borden dall'archivio dell'AEC. Borden era sia entusiasta dei suoi sforzi sia diligente nel tenersi in contatto con Strauss. Dopo che Borden verso la fine di maggio 1953 aveva perso il suo posto nel Comitato congiunto per l'energia nucleare, Strauss gli aveva fatto ottenere un lavoro nell'ambito del programma per il sottomarino nucleare della Westinghouse a Pittsburgh, e Borden l'aveva ringraziato con tutto il cuore per la sua «sollecitudine».[55] Dopo aver studiato per molte sere l'incartamento personale supersegreto dell'AEC su Oppenheimer, verso la metà di ottobre 1953 Borden abbozzò una lettera che poi inviò a J. Edgar Hoover il 7 novembre. Il documento riassuntivo dell'FBI che riportava la medesima informazione era lungo e complicato. Ma Borden riassunse con chiarezza in sole tre pagine e mezzo a spazio singolo le accuse contro Oppenheimer. Le sue conclusioni erano pessime. Dopo aver elencato le testimonianze sulla militanza comunista di Oppenheimer, e ripercorso la storia delle sue posizioni sugli armamenti nucleari, Borden concludeva che «è piuttosto probabile che J. Robert Oppenheimer sia un agente dell'Unione Sovietica».[56]

Non si sa con certezza quando Strauss apprese che la lettera di Borden era stata completata. Non fu informato ufficialmente della cosa fino al 27 novembre, quando Hoover trasmise la lettera a lui, al ministro della Difesa Wilson e al presidente. Ma il 9 novembre Strauss aveva scritto un appunto per i suoi archivi da cui traspare la possibilità che avesse già letto la lettera. «Mi ricordo», scrisse, «che in un rapporto dell'FBI datato 27 novembre 1945, che riguardava genericamente le attività di spionaggio sovietiche, era riportato che "verso gli inizi del dicembre 1940 la sorveglianza aveva segnalato che c'era stato un incontro segreto tra JRO e un gruppo che comprendeva Steve Nelson, Haakon Chevalier e William Schneiderman, il capo dell'organizzazione comunista in California". Questa informazione è stata probabilmente acquisita dall'attuale sorveglianza.»[57]

Il 30 novembre, poco dopo aver ricevuto ufficialmente la lettera, in un altro appunto destinato ai suoi archivi Strauss annotò che l'accusa chiave contro Oppenheimer stava nella vicenda Chevalier. «La questione più importante della faccenda è il tempo trascorso prima che "O" [Oppenheimer] riferisse di quella questione a "G" [Groves], ma è anche importante scoprire se c'è qualche ragione per sospettare che "O" avesse in qualche modo intuito che "G" era stato messo al corrente della cosa prima ancora della sua dichiarazione.»[58] Questa era ovviamente una questione interessante, ma fino ad allora non c'era alcuna prova che Groves sapesse della conversazione tra Oppie e Chevalier prima che gliene avesse dato notizia proprio Oppie – e negli archivi dell'FBI c'è la testimonianza resa da Groves al proposito –, cioè proprio la questione più interessante sollevata nel memorandum di Strauss. Che cosa dunque si stava preparando che sarebbe diventata la base per l'inchiesta contro Oppenheimer?

Nell'autunno del 1953 Washington era una città impegnata nella caccia alle streghe. Le carriere di centinaia di dipendenti pubblici si stavano avviando a una brutta fine sulla base di accuse infondate. Sembrava che nessuno, e meno di tutti il presidente, volesse mettere un freno al senatore Joseph McCarthy. Il 24 novembre 1953, il senatore del Wisconsin fece un infuocato discorso, trasmesso sia dalla radio che dalla televisione, nel corso del quale accusava l'amministrazione Eisenhower di «lamentosa e piagnucolosa arrendevolezza».[59] Il giorno successivo C.D. Jackson disse a James Reston del «New York Times» che era convinto che «McCarthy avesse dichiarato guerra al presidente». L'indomani, quando Reston usò la citazione nel suo articolo, attribuendola a un anonimo funzionario della Casa Bianca, Jackson fu duramente criticato da un assistente di Eisenhower che gli disse che chiacchiere di quel genere servivano soltanto «a rendere più difficile convincere McCarthy e i suoi alleati a votare a favore del programma presidenziale». Jackson rimase inorridito da quella che definì «una disastrosa arrendevolezza» di fronte agli attacchi di McCarthy. «Tutte le mie incerte sensazioni di infelicità», scrisse nel suo diario, «credo abbiano a che fare con la "carenza di guida" durante gli ultimi mesi, un problema che ho sempre sollevato, che ho addirittura denunciato questa settimana, e che ora davvero mi spaventa.»[60] Disse poi a Sherman Adams, il capo dello staff del presidente, che sperava «che le brillanti esibizioni di McCarthy servissero almeno ad aprire gli occhi a qualcuno dei consiglieri del presidente che pensano al senatore come a un individuo di buon cuore».[61]

In questa atmosfera velenosa, il 2 dicembre 1953 il ministro della Difesa telefonò a Eisenhower e gli chiese se aveva visto l'ultimo rapporto su Oppenheimer di J. Edgar Hoover. Ike rispose di no, e Wilson gli disse che era «il peggiore di tutti».[62] Wilson disse che Strauss gli aveva telefonato la sera prima per dirgli che «McCarthy già lo conosce e potrebbe usarlo contro di noi». Eisenhower disse che non intendeva preoccuparsi per McCarthy, ma che il caso di Oppenheimer andava sottoposto al ministro della Giustizia Herbert Brownell. Disse a Wilson che «non dobbiamo avviare un linciaggio morale [di Oppenheimer] almeno fino a che non si raggiungano prove evidenti». Wilson disse a Ike (sbagliando) che «fratello e moglie [di Oppenheimer] *sono* comunisti; questo fatto, aggiunto ai suoi passati legami, rappresenta un grave rischio nel caso di nostre difficoltà con i comunisti».

Dopo aver concluso la telefonata con Wilson – e prima ancora di leggere il documento di Hoover – Eisenhower annotò nel suo diario che il nuovo rapporto dell'FBI «contiene accuse molto gravi, alcune delle quali del tutto nuove». Spettava al ministro della Giustizia decidere se autorizzare una incriminazione, ma Ike annotò: «Ho molti dubbi che ci siano evidenze sufficienti». Nello stesso tempo decise però che andavano interrotti tutti i contatti tra Oppenheimer e i funzionari governativi. «Se queste accuse sono vere, il pericolo sta nel fatto che quest'uomo è proprio nel bel mezzo del nostro progetto atomico sin dai primissimi giorni [...]. Del resto, il dottor Oppenheimer è stato uno degli uomini che più si è adoperato affinché fossero rese pubbliche tutte le informazioni sulla questione atomica», un suggerimento che anche lui aveva approvato – ma questo Eisenhower sul suo diario si è dimenticato di scriverlo.

Già il mattino successivo Eisenhower incontrò Robert Cutler, il suo consigliere per la sicurezza nazionale, che gli suggerì di avviare immediatamente un'azione contro Oppenheimer.[63] Alle dieci di quel mattino,

Eisenhower convocò Strauss nello Studio Ovale e gli chiese se aveva letto l'ultimo rapporto dell'FBI su Oppenheimer. Ovviamente Strauss aveva letto il rapporto, e anche la lettera di Borden che l'aveva sollecitato. Dopo un'affrettata discussione, il presidente ordinò che fosse «immediatamente eretta una solida barriera tra quell'individuo [Oppenheimer] e qualsiasi informazione di carattere delicato o segreto».

Più tardi, in quello stesso giorno, Eisenhower annotò nel suo diario che «mentre leggeva in fretta le cosiddette "nuove" accuse» aveva immediatamente realizzato che «non erano niente di più che la trascrizione di una lettera scritta da un uomo di nome Borden [...]».[64] E poi valutò correttamente il contenuto: «In questa lettera ci sono ben poche evidenze nuove». Il presidente da tempo sapeva, confidò una volta, che «l'immensa mole» di quelle informazioni era stata «costantemente aggiornata e rivista per moltissimi anni e che le conclusioni finali era state sempre le stesse, ovvero che non c'erano prove sufficienti per stabilire che il dottor Oppenheimer fosse inaffidabile. Tuttavia, questo non significa che non possa essere un rischio per la sicurezza».

Eisenhower aveva capito che Oppenheimer poteva essere vittima di accuse infondate. Ma avendo già ordinato un'indagine, ora non poteva interrompere il procedimento. Una mossa del genere l'avrebbe reso vulnerabile all'accusa di McCarthy che la Casa Bianca stesse proteggendo un potenziale rischio per la sicurezza. Per questo il presidente inviò una nota formale al ministro della Giustizia in cui ordinava «di interporre una solida barriera» tra Oppenheimer e le questioni segrete.

Washington era una piccola città e quindi non deve sorprendere che proprio il giorno dopo, il 4 dicembre 1953, un vecchio amico e collega di Oppenheimer a Los Alamos, l'ammiraglio William «Deke» Parsons, venisse messo al corrente della direttiva di Eisenhower sull'«interposizione della barriera».[65] Parsons sapeva tutto dei rapporti di Oppie con la sinistra, e pensava che non avessero importanza alcuna. Qualche mese prima, in autunno, Parsons aveva scritto una lettera al «Caro Oppy» in cui aveva osservato: «Negli ultimi mesi, la caccia agli intellettuali ha davvero raggiunto il suo apice».[66] Ma ora era ricominciata di nuovo. Quella sera incontrò sua moglie, Martha, a un cocktail e lei si accorse che era «molto agitato». Dopo averle raccontato le novità, disse: «Devo cercare di fermare tutto. Ike deve sapere *davvero* che cosa sta succedendo». E quella sera a casa le disse: «Questo è il peggior errore che gli Stati Uniti possono fare!». Quando disse che aveva deciso di andare a parlare con il ministro della Marina la mattina dopo, Martha disse: «Deke, ma tu sei un ammiraglio; perché non vai direttamente dal presidente?».

«No», rispose alla moglie. «Il ministro della Marina è il mio capo: non posso scavalcarlo.»

Quella notte l'ammiraglio Parsons fu colpito da forti dolori, e il mattino successivo era così pallido che Martha lo portò immediatamente al Bethesda Naval Hospital. Morì quello stesso giorno per un attacco cardiaco, che Martha considerò sempre come il risultato delle notizie che aveva avuto su Oppie.

Proprio il 4 dicembre il presidente Eisenhower partì per un viaggio di cinque giorni nelle Bermude, e Strauss andò con lui. Quando tornarono, cinque giorni più tardi, Strauss cominciò a preparare i passi successivi dell'inchiesta governativa contro Oppenheimer. In effetti preparò diversi abbozzi di quello che avrebbe potuto dire a Oppenheimer, il cui ritorno dall'Europa a Princeton era previsto per il 13 dicembre. Il pomeriggio seguente Oppenheimer gli telefonò, e i due uomini si scambiarono spiritosaggini mondane. Quasi per caso, Strauss disse che «sarebbe stata una buona cosa»[67] se fosse andato a trovarlo entro un paio di giorni. Oppenheimer accettò, ma disse anche che non aveva molto altro da raccontare: «Non si aspetti grandi novità».

Quando succedevano queste cose, l'FBI non aveva ancora completato la sua analisi della lettera di Borden. All'inizio Hoover non l'aveva presa sul serio. Le accuse di Borden, aveva notato un agente poco dopo l'arrivo della lettera, «sono state travisate e poi riformulate con le sue parole allo scopo di farle sembrare più forti di quello che indica la realtà dei fatti».[68] Ma ora l'FBI era nei pasticci, e chiese a Strauss di poter ritardare la presentazione della accuse. Strauss telefonò a Oppenheimer e si misero d'accordo per rimandare l'incontro a lunedì 21 dicembre.

Il 18 dicembre Strauss andò nello Studio Ovale per discutere il modo in cui aveva deciso di gestire il caso Oppenheimer. Erano presenti il vicepresidente Richard Nixon, William Rogers, C.D. Jackson e Robert Cutler, consiglieri della Casa Bianca, e Allen Dulles, direttore della CIA. Eisenhower era in un'altra sala, impegnato in un incontro con i leader del Congresso. Rogers suggerì con poche parole che dovevano fare quello che Truman aveva fatto con Harry Dexter White*, e cioè

---

* Harry Dexter White (1892-1948), economista e funzionario del ministero del Tesoro, fu uno degli ideatori della Banca Mondiale e del Fondo Monetario Internazionale. Accusato di essere una spia dei sovietici, morì per un attacco cardiaco tre giorni dopo la fine delle udienze di fronte al Comitato per le attività antiamericane. [*n.d.t.*]

convocare Oppenheimer di fronte a un comitato aperto del Congresso e interrogarlo sulle informazioni negative che erano contenute nel suo dossier sulla sicurezza. Però White era morto d'infarto proprio dopo quella dura prova, e quindi Jackson e tutti gli altri si opposero immediatamente a quell'idea. Allora «Rogers sorridendo ritirò il suggerimento».[69] Erano invece attratti dall'idea di Strauss di organizzare una commissione in grado di compiere una revisione amministrativa del nullaosta per l'accesso alla segretezza di Oppenheimer. Quindi non si sarebbe trattato formalmente di un processo. Allo scienziato sarebbe stata offerta la possibilità di scelta: poteva andarsene silenziosamente oppure discutere della sospensione del suo nullaosta alla sicurezza davanti alla commissione che sarebbe stata creata da Strauss.

Alle 11.30 del 21 dicembre 1953, mentre Strauss si preparava al confronto di quel pomeriggio con Oppenheimer, rimase sorpreso quando seppe che in anticamera c'era Herbert Marks che desiderava incontrarlo. Strauss non pensò che fosse una semplice coincidenza. Perché mai l'amico e avvocato di Oppenheimer voleva vederlo proprio quel giorno? Quando Marks fu introdotto nel suo ufficio, l'avvocato gli disse che aveva urgente bisogno di parlare con lui a proposito di Oppenheimer. Strauss a questo punto lo interruppe per dirgli che quel pomeriggio doveva vedere Oppenheimer e che, essendo lui il suo avvocato, doveva aspettare fino a quell'incontro. Marks scartò subito quella proposta e disse che aveva appena saputo che il famigerato Comitato Jenner del Senato per la sicurezza interna aveva proposto di indagare su Oppenheimer. Dopo aver tirato fuori un vecchio ritaglio del «New York Times» datato 11 maggio 1950, Marks lesse un titolo – *Nixon sostiene il dottor Oppenheimer* – e disse che il vicepresidente Nixon avrebbe potuto essere molto imbarazzato se il Comitato Jenner avesse continuato a tenere Oppenheimer sotto i suoi riflettori. Leggermente perplesso, Strauss chiese con calma a Marks se questo era tutto quello che aveva da dire. Quando Marks annuì, Strauss gli chiese se Oppenheimer era al corrente di questa sua preoccupazione. Marks disse di no, e che non parlava con Oppenheimer da prima che partisse per l'Europa. Poi Marks se ne andò in fretta, lasciando Strauss con il forte sospetto che Marks avesse tentato «una raffinata forma di ricatto».[70]

Quando quel pomeriggio Oppenheimer arrivò verso le 15.00, Strauss e Kenneth D. Nichols, il direttore generale dell'AEC e in passato aiutante del generale Leslie Groves durante la guerra, lo stavano aspettando. Dopo aver brevemente parlato dell'improvvisa morte dell'ammiraglio Parson, Strauss raccontò a Oppenheimer del suo incontro di quella mattina con Herb Marks. Oppenheimer manifestò la sua sorpresa e disse che non sapeva nulla dei progetti del Comitato Jenner. Strauss passò poi ad affrontare la questione più pesante. Disse a Oppenheimer che «si trovava di fronte a un problema molto complesso relativo al mantenimento del suo nullaosta alla sicurezza». Il presidente Eisenhower aveva emanato un ordine esecutivo che chiedeva una nuova valutazione di tutti gli individui i cui dossier contenessero «informazioni negative». Quando Strauss disse che l'incartamento di Oppenheimer conteneva «un'ampia gamma di informazioni negative», Oppenheimer rispose che sapeva che il caso del suo accesso alla sicurezza sarebbe stato rivisto a tempo debito. Strauss informò poi Oppenheimer che un ex funzionario governativo (Borden) aveva scritto una lettera che metteva in discussione il suo nullaosta per l'accesso alla segretezza; per questo il presidente aveva ordinato un'immediata indagine. Fino a questo punto Oppenheimer non sembrava particolarmente sorpreso. Ma poi Strauss gli disse che il «primo passo» di questa revisione sarebbe stata l'immediata sospensione del suo nullaosta. E gli spiegò anche che l'AEC aveva preparato una lettera che elencava le accuse contro di lui. La lettera, disse ironicamente Strauss, è stata scritta ma non ancora firmata.

A Oppenheimer fu permesso di leggere la lettera e lui, dopo aver dato una scorsa ai contenuti, disse che «ci sono parecchie cose che sono false e altre che sono imprecise, ma molte sono corrette». Il tutto sembrava quindi una familiare rimasticatura di una miscela di verità, mezze verità e vere bugie.

Secondo gli appunti di Nichols relativi all'incontro, sarebbe stato Oppenheimer il primo a sollevare la possibilità di dimettersi prima di un qualsiasi controllo sulla sicurezza.[71] Tuttavia questa opzione sembra essere stata suggerita dall'osservazione di Strauss sul fatto che la lettera non era stata ancora firmata, e quindi non si trattava di un'accusa ufficiale. Pensando ad alta voce, Oppenheimer sulle prime sembrava accettare questa possibilità, ma subito osservò che se il Comitato Jenner avesse davvero aperto un'indagine su di lui, dare le dimissioni in quel momento «non sarebbe stata una buona mossa dal punto di vista delle relazioni pubbliche».

Quando Robert chiese quanto tempo aveva a disposizione per decidere, Strauss gli rispose che sarebbe stato a casa dalle ore 20.00 in poi per ricevere la sua risposta, e che comunque non avrebbe potuto rimandare la questione a un altro giorno. Quando Oppie chiese se poteva avere una copia della lettera con le accuse, Strauss disse di no, che poteva avere la lettera solo dopo aver deciso cosa fare. E quando Oppenheimer chiese se «il Campidoglio [il Congresso] era al corrente della cosa», Strauss disse che il Congresso non sapeva nulla, ma che dubitava che «una cosa simile potesse essere tenuta per sempre lontana dalla collina del Campidoglio».

Alla fine Strauss aveva Oppenheimer proprio dove voleva che fosse. Ancora una volta sembrava che Oppenheimer avesse reagito tranquillamente alle notizie, ponendo educatamente tutte le domande giuste, cercando di valutare le sue opzioni. Trentacinque minuti dopo essere entrato nell'ufficio di Strauss, Oppenheimer si alzò per andarsene e disse che sarebbe andato a consultarsi con Herb Marks. Strauss gli offrì di usare la Cadillac guidata dal suo autista e Oppenheimer – che era angosciato (ma non lo dimostrava) – stupidamente accettò.

Ma invece di andare nell'ufficio di Marks, indirizzò l'autista verso l'ufficio di Joe Volpe, l'altro avvocato che era stato consigliere dell'AEC e che assieme a Marks l'aveva assistito durante il processo a Weinberg. Poco dopo arrivò anche Marks, e i tre uomini parlarono per circa un'ora valutando le opzioni di Robert. Una microspia nascosta registrò le loro decisioni.[72] Avendo intuito che Oppenheimer si sarebbe consultato con Volpe, e per nulla preoccupato di infrangere l'inviolabilità del rapporto avvocato-cliente, Strauss aveva disposto in anticipo che nell'ufficio di Volpe fossero installate delle microspie.*

Grazie alle trascrizioni che gli furono subito consegnate, le microspie nascoste nell'ufficio di Volpe consentirono a Strauss di controllare la discussione su quello che Oppenheimer avrebbe scelto di fare: chiudere il suo contratto di consulenza o affrontare le accuse in un'udienza formale. Oppie era evidentemente indeciso e angosciato. Verso la fine del pomeriggio, Anne Wilson Marks arrivò in automobile, fece salire Robert e il marito e li trasportò nella loro casa di Georgetown. Durante il viaggio, Oppenheimer disse: «Non riesco a credere a quello che mi sta succedendo».[73] Quella stessa sera Robert prese il treno per Princeton per consultarsi con Kitty.

Strauss si aspettava una decisione di Oppenheimer per quella stes-

---

* Quello stesso pomeriggio Strauss chiamò l'FBI e ripeté la sua richiesta dell'1 dicembre a Hoover di installare delle microspie sui telefoni di Oppenheimer a Princeton, sia in casa che in ufficio. A Olden Manor le microspie furono installate alle 10.20 del Capodanno 1954. [*n.d.a.*]

sa sera, e il mattino successivo, quando non aveva ancora ricevuto la telefonata promessa, ordinò a Nichols di telefonare prima di sera a Oppenheimer.[74] Oppenheimer disse che aveva bisogno di più tempo per pensare alla cosa, ma Nichols rispose bruscamente che «non c'era più tempo a disposizione [...]» e gli diede un ultimatum di tre ore. Sembrò che Oppenheimer avesse accettato, ma un'ora dopo richiamò Nichols e gli disse che voleva tornare a Washington per dare la risposta di persona. Disse che avrebbe preso il treno della sera e che avrebbe incontrato Strauss alle 9.00 del mattino successivo.

Dopo aver affidato Peter e Toni alle cure della segretaria di Oppenheimer, Verna Hobson, Robert e Kitty salirono su un treno a Trenton e arrivarono a Washington nella tarda serata. Andarono a casa dei Marks a Georgetown e passarono la serata assieme a Marks e Volpe continuando a discutere sul modo in cui Robert avrebbe potuto rigettare le accuse.

«Era ancora in uno stato emotivamente turbato», ricordava Anne. Alla fine, dopo lunghe ore di discussione sulle possibili decisioni, i due avvocati scrissero una lettera di una pagina indirizzata al «Caro Lewis».[75] Oppenheimer aveva implicitamente affermato che Strauss gli aveva consigliato di rassegnare le dimissioni. «Mi aveva suggerito come possibile e desiderabile alternativa di chiedere la chiusura del mio contratto di consulente della Commissione, e di evitare così un'esplicita presa in considerazione delle accuse [...].» Oppenheimer disse che aveva valutato seriamente questa possibilità. «In queste circostanze», scrisse a Strauss, «acconsentire a questo tipo di azione verrebbe a significare che accetto e condivido la tesi secondo la quale non sono più adatto a servire questo governo, un governo che ho servito per quasi dodici anni. Questo non posso farlo. Se fossi davvero così indegno, difficilmente avrei potuto servire il nostro paese come l'ho a lungo servito, o diventare direttore del nostro Istituto di Princeton, o parlare in nome della nostra scienza e del nostro paese, come mi sono reso conto di aver fatto in molte occasioni.»

Alla fine della serata Robert era chiaramente stremato e demoralizzato. Dopo aver bevuto qualche bicchiere di troppo, si alzò e disse che andava a dormire nella stanza degli ospiti al piano superiore. Pochi minuti dopo, Anne, Herb e Kitty udirono un «terribile schianto»[76] e Anne fu la prima ad arrivare in cima alle scale. Ma Robert non era da nessuna parte. Dopo aver bussato alla porta del bagno e ripetuto più volte il suo nome, senza alcuna risposta, cercarono di forzare la porta.

«Non riuscivamo ad aprire la porta», disse Anne, «e neanche a ottenere una risposta da Robert.»

Era svenuto sul pavimento del bagno e il suo corpo privo di sensi aveva bloccato la porta. A poco a poco i tre riuscirono finalmente ad aprirla, spingendo di lato il corpo sfinito di Robert. Lo sollevarono e poi lo distesero su un divano, e lui riprese i sensi. «Ma si limitava a borbottare», ricordava Anne. Robert disse che aveva preso una pillola di sonnifero, di un medicinale che gli aveva dato Kitty. Anne telefonò al loro medico. «Arrivo», disse. «Ma fate in modo che non si addormenti.» Così, per circa un'ora, camminarono avanti e indietro e gli fecero bere un caffè dietro l'altro fino all'arrivo del dottore. Oppie aveva finalmente incontrato la sua «bestia nella giungla»: per lui era arrivato il giorno del giudizio.

QUINTA PARTE

Robert Oppenheimer in piedi di profilo.

34. «Sembra proprio cattiva, non è vero?»

> *Qualcuno doveva aver calunniato Joseph K.,*
> *perché senza aver fatto niente di male,*
> *una mattina fu arrestato.*
>
> Franz Kafka, *Il processo*

Poco dopo che Oppenheimer aveva detto a Strauss che non avrebbe dato le dimissioni, il direttore generale dell'AEC, Kenneth Nichols, mise in moto una straordinaria inquisizione all'americana. Nichols disse ad Harold Green, il giovane avvocato dell'AEC che proprio quel giorno stava scrivendo la bozza della lettera con le accuse contro Oppenheimer, che il fisico era «un ipocrita, un vero figlio di puttana, ma questa volta lo facciamo fuori».[1] Ripensandoci, Green osservò che quell'osservazione era un'accurata immagine di quello che sarebbe stato l'atteggiamento dell'AEC durante le audizioni.

La vigilia di Natale, due agenti dell'FBI arrivarono a Olden Manor e posero sotto sequestro gli ultimi documenti riservati di Oppenheimer. Lo stesso giorno Oppenheimer ricevette anche la lettera dell'AEC con le accuse formali, datata 23 dicembre 1953. Nichols informava Oppenheimer che ora l'AEC segnalava che «poiché un suo impegno continuativo nel lavoro della Commissione per l'energia atomica potrebbe mettere in pericolo la difesa comune e la sicurezza, e poiché questo impegno continuo è chiaramente legato agli interessi della sicurezza nazionale, questa lettera serve ad avvisarla dei passi che lei deve fare per contribuire alla soluzione di questo problema [...]».[2] Le accuse comprendevano tutti i vecchi fatti «dispregiativi» che riguardavano l'associazione di Oppenheimer con comunisti noti o sconosciuti, i suoi versamenti al Partito comunista della California, l'affare Chevalier – e «che lei è stato determinante nel persuadere altri scienziati eminenti a non lavorare al progetto della bomba a idrogeno, e che l'opposizione alla bomba a idrogeno, nella quale lei è stato il più impegnato, il più potente e il più efficace, ha definitivamente rallentato il suo sviluppo». Se si eccettua quest'ultima accusa – l'aver ritardato lo sviluppo della bomba a idrogeno – tutte le altre informazioni erano già state in precedenza controllate e considerate infondate sia dal generale Groves sia dall'AEC. Pienamente al corrente di tutto questo, nel 1943 Groves aveva ordinato all'Esercito di rilasciare a Oppenheimer il nullaosta per la sicurezza, nullaosta che era stato poi rinnovato dall'AEC nel 1947 e negli anni successivi.

L'aggiunta dell'opposizione di Oppenheimer alla costruzione della superbomba era un riflesso della potenza con cui l'isteria del maccartismo aveva ormai avvolto Washington. Mettendo sullo stesso piano il dissenso con la slealtà, si arrivava a ridefinire il ruolo dei consiglieri governativi e il vero scopo dei loro consigli. Le accuse dell'AEC non erano il tipo di imputazioni raccolte accuratamente e adatte a convincere una Corte in un processo. Si trattava piuttosto di imputazioni politiche, e Oppenheimer sarebbe stato giudicato da una Commissione d'inchiesta dell'AEC sulla sicurezza, commissione creata su misura proprio dal presidente dell'AEC, Lewis Strauss.

Uno o due giorni dopo il Natale, la segretaria di Oppenheimer era alla sua scrivania quando Robert e Kitty entrarono nel suo ufficio e chiusero la porta. Era una cosa insolita, perché Robert lasciava quasi sempre la porta aperta. «Rimasero lì dentro per molto tempo», ricordava Verna Hobson.[3] «Era chiaro che c'era qualcosa che non andava.» Quando finalmente uscirono, decisero di andare a bere qualcosa e chiesero alla Hobson di andare con loro. Più tardi, quando la Hobson tornò a casa, disse a suo marito Wilder: «Gli Oppenheimer sono in agitazione. Non so per qual motivo, ma mi piacerebbe far loro un regalo». Wilder aveva appena comprato il disco di una soprano brasiliana, e così il giorno dopo Verna andò in ufficio con il disco e lo diede a Robert dicendo: «Questo non è un regalo di Natale, e non sono andata a comprarlo per lei. Era già previsto. Si tratta di un regalo che voglio farle ora». Robert lo prese e rimase seduto con la testa abbassata e immobile per un momento, poi guardò verso di lei e disse: «Siete davvero cara».

Più tardi quel pomeriggio chiamò la Hobson nel suo ufficio e, dopo aver chiuso la porta, disse che le voleva raccontare quello che gli era capitato. Per circa un'ora e mezzo rimasero seduti mentre lui le raccontava non solo delle accuse ma anche l'intera storia della sua infanzia, della sua famiglia e della sua vita da adulto. Per la Hobson erano tutte novità. Ricordando quel pomeriggio, forse pensava che lui stesse provando a immaginare quello che avrebbe potuto decidere di dichiarare per rispondere alla lettera di accuse di Nichols. Aveva deciso che le «questioni relative alle cosiddette informazioni dispregiative [...] non possono essere interpretate con chiarezza se non nel contesto della mia vita e del mio lavoro».[4]

Nelle poche settimane successive Robert lavorò febbrilmente per preparare la sua difesa. L'AEC gli aveva dato un limite di tempo di trenta giorni per rispondere alle accuse. Per prima cosa doveva organizzare un gruppo di avvocati difensori. Così, agli inizi del gennaio 1954, si consultò con Herb Marks e Joe Volpe. Marks era fermamente convinto che il suo amico avesse bisogno di essere rappresentato da un avvocato famoso e con agganci politici. Volpe non era d'accordo, e fece pressione su Oppenheimer perché scegliesse invece un abile penalista. Per un po' pensarono che la persona adatta fosse John Lord O'Brian, un procuratore legale di New York, molto rispettato ma anche piuttosto anziano. O'Brian si era ritirato dalla professione per motivi di salute. Un altro famoso avvocato penalista, l'ottantenne John W. Davis, disse che avrebbe accettato l'incarico molto volentieri, ma solo se l'AEC avesse accettato di condurre le audizioni a New York. Ma Strauss fece in modo che questo non fosse possibile. Alla fine Oppenheimer e Marks andarono a incontrare Lloyd K. Garrison, un socio anziano dello studio legale di New York: Paul, Weiss, Rifkind, Wharton & Garrison. Oppie aveva incontrato Garrison la primavera precedente, quando l'avvocato era diventato uno dei consiglieri dell'Institute for Advanced Study, ed era affascinato dalle sue maniere gentili. La famiglia di Garrison aveva un albero genealogico illustre quanto la sua fama di avvocato. William Lloyd Garrison, uno dei suoi bisnonni, si era impegnato per l'abolizione della schiavitù, mentre suo nonno aveva lavorato come direttore letterario alla rivista «The Nation». Lo stesso Garrison era un convinto liberale, e uno dei membri del direttivo dell'Unione americana per le libertà civili. Poco dopo Capodanno, Marks e Oppenheimer andarono a trovare Garrison nella sua casa di New York per mostrargli la lettera di accuse del generale Nichols. Quando Garrison finì di leggere il documento, Robert disse: «Sembra proprio cattiva, non è vero?».[5] Garrison rispose semplicemente: «Sì».

Garrison era bendisposto. La prima cosa da fare, disse, era chiedere all'AEC di prolungare il termine di trenta giorni che era stato imposto a Oppenheimer per rispondere alle accuse. Il 18 gennaio Garrison andò a Washington e ottenne il prolungamento richiesto. Cercò anche, ma senza successo, di reclutare come consigliere principale un avvocato con esperienza di penalista. Nel medesimo tempo cominciò a lavorare con Oppenheimer alla stesura delle risposte scritte alle accuse. Via via che passavano le settimane, Garrison divenne – in mancanza di meglio – il consigliere principale di Oppenheimer. Tutti avevano capito, compreso Garrison, che la sua scarsa esperienza come penalista ne aveva fatto una scelta tutt'altro che ideale. Verso la metà di gennaio, quando apprese da Oppenheimer che aveva ingaggiato Garrison, David Lilienthal così annotò nel suo diario: «Avevo sperato che fosse un avvocato penalista con esperienza, ma le accuse contro Robert sono così deboli, davvero, che non è poi così importante che il consigliere prescelto lo sia davvero».[6]

La notizia del procedimento che incombeva su Oppenheimer ben presto cominciò a diffondersi per tutta Washington. Il 2 gennaio 1954, l'FBI intercettò Kitty che cercava senza successo di raggiungere al telefono Dean Acheson per chiedergli se sapeva «a che punto stavano le cose».[7] Pochi giorni dopo Strauss riferì all'FBI che «stava ricevendo pressioni dagli scienziati [...] perché nel procedimento per il caso Oppenheimer fosse nominata una commissione in grado di "insabbiare" la vicenda». Strauss disse all'FBI che lui «non desiderava essere coinvolto in nessuna azione di quel genere [...]». Inoltre disse che aveva capito che la selezione della commissione che avrebbe dovuto giudicare Oppenheimer «era molto importante». Vannevar Bush andò a parlare con Strauss nel suo ufficio e gli disse che le notizie della sua azione contro Oppenheimer «circolavano ormai per tutta la città».[8] Bush con molta franchezza disse anche al presidente dell'AEC che stava commettendo «una grande ingiustizia», e che se il procedimento fosse andato avanti «il risultato si sarebbe sicuramente trasformato in un attacco contro lo stesso Strauss». Strauss replicò rabbiosamente che di quelle cose lui «se ne infischiava» e che non si sarebbe mai lasciato «ricattare» da suggerimenti di quel tipo.

In seguito Strauss descriveva sé stesso come un uomo sotto assedio, ma in realtà sapeva di essere in vantaggio. L'FBI gli passava quotidianamente un riassunto dei movimenti di Oppenheimer e dei suoi incontri con gli avvocati, consentendogli così di anticipare tutte le manovre dei legali di Oppenheimer. Sapeva che il dossier dell'FBI su Oppenheimer conteneva informazioni che i suoi avvocati non avrebbero mai potuto conoscere – perché stava manovrando per essere certo che non avrebbero mai potuto ottenere il nullaosta necessario per l'accesso ai documenti secretati. Inoltre stava iniziando a scegliere i membri della commissione per le audizioni. Il 16 gennaio Garrison chiese il permesso di accesso alla segretezza per sé stesso e per Herbert Marks, in passato membro dell'ufficio legale dell'AEC.[9] Che Garrison potesse o meno ricevere il nullaosta in tempo utile per aiutarlo a preparare la causa è ancora una questione aperta. Ma lui decise che il nullaosta doveva essere rilasciato all'intero collegio di difesa, altrimenti non sarebbe servito a nulla, una decisione di cui in seguito si pentì e che cercò anche di modificare, ma inutilmente.

In seguito, verso la fine di marzo, Garrison seppe che i membri della commissione di fronte alla quale si sarebbero svolte le audizioni stavano per dedicare un'intera settimana allo studio dei dossier che raccoglievano le indagini dell'FBI su Oppenheimer. Per di più, con suo grande sgomento, Garrison seppe anche che gli avvocati «accusatori» dell'AEC sarebbero stati presenti per fornire una guida ai membri della commissione che dovevano affrontare gli argomenti dispregiativi degli incartamenti dell'FBI, e per rispondere alle loro eventuali domande. Garrison ebbe la «profonda sensazione» che, dopo una settimana di immersione in quei dossier, i membri della commissione sarebbero stati molto prevenuti nei confronti del suo cliente. Ma quando chiese di avere lo stesso privilegio, cioè di essere presente per tutta la settimana a quella riunione, la sua domanda fu immediatamente respinta. Quasi contemporaneamente, quando Garrison cercò di ottenere un nullaosta d'emergenza per l'accesso alla segretezza che gli consentisse di leggere almeno in parte il medesimo materiale, Strauss segnalò al ministero della Giustizia che «in nessuna circostanza era possibile concedere un nullaosta d'emergenza».[10] Secondo Strauss, né Oppenheimer né i suoi avvocati avevano i «diritti» di cui disponeva qualsiasi difensore in un tribunale; si trattava infatti di un'audizione di fronte a una Commissione di indagine dell'AEC sulla sicurezza, non di un normale processo, e Strauss era ormai l'arbitro che dettava le regole.

Strauss rimaneva imperterrito di fronte alla natura anticostituzionale delle manovre che aveva messo a segno per indebolire i difensori di Oppenheimer. Pur sapendolo, non si curava minimamente del fatto che le registrazioni dell'FBI erano illegali, e infatti disse a un agente «che la copertura tecnica dell'FBI su Oppenheimer a Princeton era stata molto utile all'AEC per organizzare correttamente in anticipo le manovre che avevamo previsto».[11] Questa tattica fu considerata molto offensiva da Harold Green che disse a Strauss «che l'inchiesta non sarà più paragonabile a un procedimento penale e che lui non voleva avere più nulla che fare con quella faccenda».[12] Chiese poi di essere sollevato dal suo incarico.

Un giorno che era andato a trovare i Bacher a Washington, Robert disse chiaramente ai suoi ospiti che pensava di essere continuamente sotto controllo. «Entrò nella stanza», ricordava Jean Bacher, «e, prima di fare qualsiasi altra cosa, sollevò i quadri e guardò sotto di essi per vedere dov'erano gli apparecchi di registrazione.»[13] Una sera staccò un quadro che era appeso alla parete e disse: «Eccolo qui!». La Bacher disse che i controlli «terrorizzavano» Oppenheimer.

Quando un agente dell'FBI a Newark suggerì di interrompere i controlli elettronici sulla casa degli Oppenheimer «perché avrebbero potuto infrangere l'inviolabilità dei rapporti avvocato-cliente»,[14] Hoover si rifiutò di farlo. Tuttavia la sorveglianza dell'FBI non era limitata al solo Oppenheimer. Quando gli anziani genitori di Kitty, Franz e Kate Puening, tornarono su un piroscafo da un viaggio in Europa, l'FBI fece in modo che i loro bagagli fossero accuratamente controllati dagli agenti della dogana americana, che fotografarono anche tutti i materiali scritti in possesso dei Puening. Il padre di Kitty, che era costretto su una sedia a rotelle, e la signora Puening restarono talmente sconvolti dal trattamento ricevuto che dovettero essere ricoverati in ospedale.

Strauss aveva promesso il suo schema per far cessare l'ascendente di Oppenheimer sulle faccende dell'AEC come una crociata per il futuro dell'America. Disse a un consulente generale dell'AEC, William Mitchell, che «in caso di sconfitta, il programma per l'energia atomica [...] finirà per cadere nelle mani di "gente di sinistra". Se questo accade, sarà come un'altra Pearl Harbor [...] se Oppenheimer viene assolto, allora "chiunque" sarà assolto, a prescindere dalle informazioni contro di lui».[15] Quando il futuro del paese è in gioco, ragionava Strauss, si possono ignorare le normali regole legali ed etiche. Interrompere soltanto il legame formale tra l'AEC e Oppenheimer come consulente a contratto non era sufficiente. Fino a che la reputazione del fisico non fosse definitivamente macchiata, Strauss temeva che Oppenheimer potesse usare il suo prestigio per diventare un ascoltato critico della politica dell'amministrazione Eisenhower sulle armi nucleari. Per escludere questa possibilità, andò avanti nell'orchestrazione delle audizioni di fronte a una «camera stellata»* basata su regole che garantissero l'eliminazione dell'ascendente di Oppenheimer.[16]

---

* Antica corte di giustizia (*Star Chamber*) che aveva sede a Westminster. Creata nel XIV secolo per affrontare cause che colpivano gli interessi della corona inglese, si trasformò in un tribunale vessatorio e fu abolita nel 1641. [*n.d.t.*]

Prima della fine di gennaio Strauss aveva scelto Roger Robb, un washingtoniano quarantaseienne, per promuovere la causa contro Oppenheimer. Con sette anni di esperienza accusatoria fatta come procuratore aggiunto, Robb aveva una ben meritata reputazione di pubblico ministero aggressivo e con un debole per i controinterrogatori spietati. Aveva partecipato a ventitré processi per omicidio e aveva ottenuto le condanne in molti di essi. Nel 1951, come procuratore aggiunto, aveva difeso con successo Earl Browder dall'accusa di oltraggio al Congresso. (Browder l'aveva definito un «reazionario», ma aveva apprezzato la sua abilità giuridica.[17]) Politicamente Robb era un conservatore sotto tutti i punti di vista; tra i suoi clienti c'era Fulton Lewis jr, un giornalista di destra al vetriolo che lavorava per la radio e per la carta stampata. Col passar degli anni aveva anche avviato «contatti cordiali» con l'FBI e, come ben sapeva Hoover, era sempre stato «disposto a collaborare» con i suoi agenti.[18] Robb non si era lasciato sfuggire l'occasione di ingraziarsi il direttore quando gli scrisse per congratularsi per la sua replica all'eminente sostenitore delle libertà civili Thomas Emerson, che aveva criticato l'FBI in un saggio apparso sulla «Yale Law Review». Non deve quindi sorprendere che Strauss sia riuscito a ottenere per Robb il nullaosta per l'accesso alla sicurezza in soli otto giorni.

Mentre Robb preparava le audizioni per febbraio e marzo, Strauss gli fece avere informazioni ricavate dai suoi appunti tratti dagli incartamenti su Oppenheimer, informazioni che Robb avrebbe potuto usare per mettere in dubbio le deposizioni di potenziali testimoni della difesa. «Quando testimonierà il dottor Bradbury [...] quando testimonierà il dottor Rabi [...] quando testimonierà il generale Groves [...].»[19] In ogni caso, Strauss fornì a Robb tutti i documenti che riteneva necessari per indebolire qualunque cosa che qualsiasi testimone avrebbe potuto dire in difesa di Oppenheimer. Per di più l'FBI, sempre su sollecitazione di Strauss,[20] fornì a Robb i suoi ampi rapporti delle indagini fatte su Oppenheimer, compreso un elenco del contenuto della spazzatura raccolta nella casa del fisico a Los Alamos.

Dopo aver scelto il suo pubblico ministero, Strauss cominciò a occuparsi della scelta dei giudici. Aveva bisogno di tre uomini che operassero nella Commissione d'inchiesta dell'AEC sulla sicurezza, e cercò dei candidati che sperava diventassero sospettosi sull'onestà di Oppenheimer appena avessero saputo del suo passato di sinistra. Alla fine di febbraio scelse Gordon Gray come presidente della commissione. Gray, allora rettore dell'Università della Carolina del nord, aveva ricoperto l'incarico di sottosegretario all'esercito nell'amministrazione Truman. Strauss, un suo vecchio amico, sapeva che Gray era un democratico conservatore che alle elezioni del 1952 aveva votato per Eisenhower. Aristocratico del Sud le cui ricchezze familiari provenivano dalla R.J. Reynolds Tobacco Company, Gray non sapeva nulla di quello di cui si sarebbe occupato. Sembrava convinto che l'incarico gli avrebbe sottratto al massimo un paio di settimane e che Oppenheimer sarebbe stato prosciolto. All'oscuro della grande importanza della cosa, per non parlare della personale ostilità di Strauss nei confronti di Oppenheimer, Gray ingenuamente suggerì il nome di David Lilienthal come altro membro della commissione giudicante. Si può solo immaginare la faccia di Strauss quando udì questo suggerimento.

Al posto di Lilienthal Strauss scelse Thomas Morgan, un altro democratico conservatore affidabile, presidente della Sperry Corporation. Come terzo membro del collegio giudicante Strauss scelse il dottor Ward Evans, un repubblicano conservatore le cui principali qualifiche erano la formazione scientifica – era professore emerito di chimica alla Loyola University e alla Northwestern University – e il suo imbattibile record di votazioni per rifiutare i nullaosta nella precedente commissione per le inchieste dell'AEC. Gray, Morgan ed Evans condividevano una completa ignoranza della storia di Oppenheimer come compagno di strada, ma sarebbero stati sicuramente colpiti da quello che avrebbero potuto leggere nel suo dossier sulla sicurezza. Dal punto di vista di Strauss rappresentavano dei perfetti bicchieri da riempire.

Un giorno di gennaio, mentre stava andando da Washington a New York, James Reston – il capo della redazione di Washington del «New York Times» – per puro caso salì sullo stesso aereo che aveva preso Oppenheimer. Si sedettero accanto e chiacchierarono, ma in seguito Reston scrisse sul suo taccuino che Oppie appariva «inspiegabilmente nervoso di fronte a me, e sicuramente era in preda a qualche preoccupazione».[21] Reston cominciò a fare alcune telefonate in giro per Washington chiedendo: «Che cosa c'è che non va con Oppenheimer in questi giorni?». Ben presto anche le intercettazioni telefoniche dell'FBI registrarono Reston che ripetutamente cercava di parlare con Oppie.

Oppenheimer era «profondamente irritato» che la sospensione del suo accesso alla sicurezza potesse diventare presto di dominio pubblico.[22] Quando finalmente rispose a una delle telefonate di Reston, il giornalista gli riferì delle voci che aveva raccolto sul fatto che il suo nullaosta alla sicurezza sarebbe stato sospeso e che l'AEC stava indagando su di lui.[23] Disse inoltre che queste informazioni erano state passate al senatore McCarthy da qualche funzionario governativo. Quando Oppenheimer rispose che non riteneva possibile fare un commento alla cosa, Reston disse che stava per scrivere un articolo sull'argomento. Oppenheimer rifiutò di fare commenti ma gli disse di parlare con il suo avvocato. Reston incontrò Garrison verso la fine di gennaio e i due uomini arrivarono a un accordo. Sapendo che la vicenda sarebbe prima o poi diventata pubblica, Garrison decise di consegnare a Reston una copia della lettera di accuse dell'AEC e della risposta che aveva preparato Oppenheimer. In cambio Reston accettò di non pubblicare la storia fino a che non fosse evidente che la notizia stava per esser resa pubblica.[24]

La preparazione di Oppenheimer per la sua difesa divenne un vero calvario. Passò molte giornate seduto nel suo ufficio della Fuld Hall con Garrison, Marks e altri avvocati, scrivendo le sue dichiarazioni e discutendo i punti più importanti della causa. Tutti i pomeriggi alle cinque usciva e camminava attraverso i prati fino a Olden Manor. Spesso gli avvocati andavano con lui a casa, dove continuavano a lavorare fino a tardi. «Erano giornate molto intense», ricordava la sua segretaria.[25] Tuttavia Robert appariva quasi sereno. «Appariva come se fosse convinto che lui se la sarebbe comunque cavata», raccontava Verna Hobson. «Aveva quella fantastica resistenza che spesso hanno quelli che guariscono dalla tubercolosi. Per quanto fosse incredibilmente magro, era incredibilmente robusto». Si era ormai in febbraio e la Hobson, una segretaria leale e molto prudente, non aveva ancora chiesto a suo marito che cosa stava succedendo. Ma questo la riempiva di disagio, e così un giorno chiese a Robert: «Mi dà il permesso di chiedere a Wilder qual è il problema?».[26] Oppenheimer la guardò sorpreso e disse: «Pensavo che l'avesse già fatto tanto tempo fa».

Oppenheimer lavorò «molto duramente» alla sua lettera che rispondeva alle accuse dell'AEC. La Hobson ricordava che questo avvenne attraverso «abbozzi e abbozzi e ancora abbozzi, in un faticoso tentativo di essere il più possibile chiaro e onesto. Non riesco a ricordare quante ore abbia passato nel fare quegli abbozzi». Seduto sulla sua sedia girevole di cuoio, pensava in silenzio per qualche minuto, scriveva frettolosamente qualche appunto, poi si alzava e cominciava a dettare mentre andava avanti e indietro per l'ufficio. «Arrivava a dettare con enfasi e in continuazione frasi e paragrafi per un'ora intera», ricordava la Hobson. «E proprio quando la mia mano stava per bloccarsi, mi diceva "Facciamo dieci minuti d'intervallo".» Ma poi ritornava e dettava per un'altra ora. L'altra segretaria di Robert, Kay Russell, batteva a macchina a spazio triplo i testi stenografati dalla Hobson. Dopo averli riletti e corretti, Robert li ripassava a Kay che li ribatteva. I testi passavano poi a Kitty che ne faceva la revisione. Alla fine Robert controllava ancora una volta tutte le correzioni.

Anche se Robert lavorava duramente per difendere sé stesso, lo faceva in modo quasi fatalistico. Verso la fine di gennaio era andato a Rochester, nello stato di New York, per partecipare a un'importante conferenza di fisica. Erano presenti tutte le figure familiari, compresi Teller, Fermi e Bethe. Pubblicamente Robert non accennava nemmeno al calvario che stava sopportando, ma ne parlò in segreto con Bethe, che ovviamente si era accorto che il suo vecchio amico era «molto angosciato». Oppie rivelò a Bethe la sua convinzione che stava avviandosi a perdere.[27] Anche Teller aveva saputo della sospensione del nullaosta di Oppenheimer e quindi, durante un intervallo della conferenza, andò verso di lui e disse: «Ho sentito dei tuoi guai, e mi dispiace molto».[28] Robert chiese a Teller se pensava che ci fosse stato qualcosa di «sinistro» in quello che lui (Oppenheimer) aveva fatto in quegli anni. Quando Teller disse di no, Robert tranquillamente rispose che gli avrebbe fatto molto piacere se fosse andato a ripeterlo anche ai suoi avvocati.

In una successiva visita a New York, Teller incontrò Garrison e gli spiegò che, anche se pensava che Oppenheimer avesse fatto terribili errori in molte circostanze, in particolare nelle decisioni sulla bomba H, non aveva alcun dubbio sul suo patriottismo. Garrison però intuì che i suoi sentimenti nei confronti di Oppenheimer non erano positivi: «Espresse una scarsa fiducia nella saggezza e nella capacità di giudizio di Oppenheimer, e per questo motivo riteneva che il governo avrebbe fatto bene a fare a meno di lui. Le sue convinzioni su questo argomento e la sua antipatia per Robert erano così evidenti che alla fine decisi che non l'avrei chiamato a testimoniare».[29]

Per qualche tempo Robert non era stato in contatto con suo fratello. Frank aveva detto che durante l'inverno sarebbe andato verso la East Coast, ma il lavoro in fattoria lo costrinse a rimandare il viaggio. Agli inizi del febbraio 1954 i due fratelli si parlarono al telefono, e Robert rivelò che si trovava in «un grande pasticcio».[30] Disse anche che sperava che riuscissero a incontrarsi presto, perché da quando era tornato dall'Europa aveva provato a scrivergli una lettera che «spiegasse adeguatamente il problema», ma non c'era riuscito.

Ai suoi amici Robert appariva assente e inspiegabilmente passivo. Un giorno, mentre lo ascoltava parlare con i suoi due avvocati delle strategie legali, Verna Hobson perse la pazienza e cominciò a spingere Robert. «Ero convinta che Robert non combattesse con forza sufficiente», ricordava. «Pensavo che Lloyd Garrison fosse troppo signorile. Io ero arrabbiata. Ero convinta che fosse necessario andare e combattere.»

La Hobson spesso assisteva alle discussioni tra gli avvocati e, per quel poco che riusciva a capire, si era convinta che non stessero aiutando il loro cliente. «Mi sembrava che tutta la storia non fosse altro che un'ovvia questione di non senso», ricordava.[31] Le critiche a Robert fatte a Washington «non si basavano su ragioni valide, e chiunque volesse opporsi a quelle critiche doveva usare come arma questa evidenza; la cosa da fare era respingerle, capovolgerle, attaccarle». La Hobson era «troppo spaventata» per dire quello che pensava di fronte all'intera squadra degli avvocati, «ma cominciai a sussurrarlo a lui». Alla fine Oppenheimer le chiese di uscire e, mentre si trovavano nei pressi di Olden Manor, le disse molto gentilmente: «Verna, io sto davvero combattendo con tutte le forze che ho a disposizione e nel modo che mi sembra il più adatto».

La Hobson non era la sola persona che riteneva che Garrison non fosse abbastanza aggressivo. Kitty era anche lei infelice per la direzione che aveva preso il gruppo dei legali di suo marito. Kitty era una combattente. Erano trascorsi vent'anni da quando, ancora giovane donna, si soffermava davanti ai cancelli delle fabbriche di Youngstown, nell'Ohio, per distribuire il materiale propagandistico dei comunisti. Ora, forse per la prima volta da quelle vicende, questa minaccia sembrava richiedere tutta l'energia, la tenacia e l'intelligenza di cui disponeva. Del resto anche la sua vita passata faceva parte delle accuse contro suo marito. Anche lei, probabilmente, avrebbe dovuto testimoniare. Era una minaccia anche per lei, come lo era per lui.

A mezzogiorno di un sabato, dopo aver lavorato per tutta la mattina alla sua risposta alle accuse dell'AEC, Oppenheimer uscì dal suo ufficio accompagnato dalla Hobson. «Stavo per accompagnarlo in macchina a casa sua», ricordava la Hobson.[32] Ma mentre si dirigevano al parcheggio, apparve improvvisamente Einstein e Oppenheimer si fermò a parlare con lui. La Hobson salì in macchina mentre i due uomini continuavano a parlare; poi Oppenheimer si avvicinò all'automobile e le disse: «Einstein sostiene che l'attacco contro di me è così offensivo che devo dare semplicemente le dimissioni». Forse ricordando la sua esperienza nella Germania nazista, Einstein sosteneva che Oppenheimer «non era obbligato a sottoporsi alla caccia alle streghe, perché aveva servito molto bene il suo paese; e se questa era la ricompensa che gli offriva [l'America], lui doveva voltarle le spalle». La Hobson ricordava nitidamente la reazione di Oppenheimer: «Einstein non ha capito». Einstein aveva abbandonato il suo paese quando stava per essere sommerso dal contagio nazista, e si era sempre rifiutato di rimetter piede in Germania. Ma Oppenheimer non poteva voltare le spalle al suo paese. «Amava l'America», insisteva in seguito la Hobson. «E questo amore era profondo come il suo amore per la scienza.»

Einstein camminò fino al suo ufficio alla Fuld Hall e, accennando in direzione di Oppenheimer, disse a un suo assistente: «Quello sta diventando *narr* [matto]».[33] Naturalmente Einstein non pensava che l'America fosse come la Germania nazista, e non pensava neanche che Oppenheimer la dovesse abbandonare. Ma era molto preoccupato dal maccartismo. Agli inizi del 1951 aveva scritto alla sua amica Elisabetta regina del Belgio che lì in America «le calamità che abbiamo avuto in Germania negli anni passati stanno ripresentandosi. La popolazione accetta senza resistere e si schiera con le forze del demonio».[34] Ora aveva paura che, cooperando con l'ufficio governativo per la sicurezza, Oppenheimer non solo avrebbe umiliato sé stesso ma avrebbe anche concesso una legittimazione all'intero velenoso processo.

Le intuizioni di Einstein erano nel giusto, mentre il tempo avrebbe dimostrato che Oppenheimer si sbagliava. «Oppenheimer non è zingaro come me», confidò Einstein alla sua cara amica Johanna Fantova.[35] «Sono nato con la pelle d'elefante e non c'è nulla che mi possa far male.» Pensava che Oppenheimer fosse un uomo che poteva essere facilmente ferito, ma anche intimorito.

Verso la fine di febbraio[36] – proprio quando Oppenheimer stava applicando i ritocchi finali alla sua lettera di risposta alle accuse dell'AEC – il suo vecchio amico Isidor Rabi tentò di fare da intermediario in un accordo in cui Robert avrebbe evitato completamente le audizioni. Agli inizi di quell'anno, avendo saputo che Rabi stava cercando di incontrare il presidente Eisenhower per discutere della questione, Strauss era riuscito a bloccare quel tentativo. Ora Rabi aveva proposto direttamente a Strauss che se lui e Nichols accettavano di ritirare la lettera con le accuse e di annullare la sospensione del nullaosta per l'accesso alla segretezza, Oppenheimer avrebbe immediatamente interrotto il suo impegno come consulente dell'AEC.[37] Del resto non è che l'AEC stesse usando molto del tempo di Oppenheimer: negli ultimi due anni il suo impegno di consulente aveva raggiunto soltanto sei giorni.

Il 2 marzo 1954, poco dopo questo incontro, anche Garrison e Marks si recarono nell'ufficio di Strauss e confermarono che Oppenheimer era pronto ad accettare quel tipo di compromesso. Ma Strauss, ormai sicuro di vincere, rifiutò questa soluzione come «impensabile».[38] Il regolamento dell'AEC, sosteneva Strauss, richiedeva che il caso fosse sottoposto a un'apposita commissione. Replicò anche che se Oppenheimer avesse messo per iscritto il suo desiderio di dimettersi, «l'AEC avrebbe ripreso in considerazione la questione». Si trattava di uno spiraglio davvero sottile, e più tardi nella stessa giornata Garrison e Marks tornarono a incontrare Strauss per comunicargli che avevano parlato per telefono con il loro cliente che aveva deciso «di affrontare il caso davanti alla Commissione d'inchiesta».

Come conseguenza di questa decisione, la risposta di Opppenheimer alle accuse, scritta a macchina sotto forma di autobiografia, fu spedita all'AEC il 5 marzo 1954. Era costituita da ben quarantadue pagine.[39]

Quando l'ampio gruppo degli amici di Opppenheimer nella comunità scientifica fu messo al corrente di quello che stava accadendo, molti si fecero vivi per esprimergli le loro preoccupazioni. Il 12 marzo 1954 Lee DuBridge gli telefonò da Washington e gli chiese se c'era qualcosa che poteva fare per lui. Oppenheimer amaramente osservò: «Credo che queste cose potrebbe farle solo la Casa Bianca, se ne avesse voglia, ma non penso sia propensa a muoversi [...]. Non ho certo bisogno di spiegarti che penso all'intera questione come a una dannata cosa senza senso».[40]

«È molto peggio di quanto tu pensi», replicò DuBridge. «Se fosse soltanto una cosa senza senso, potremmo sconfiggerla, ma in realtà è davvero peggio.» Robert sembrò essere d'accordo e disse che ormai era rassegnato ad affrontare quelle «forche caudine». Un altro amico, Jerrold Zacharias, gli aveva detto che «non aveva nulla da temere personalmente – davvero nulla – perché la sua posizione era troppo importante per il paese. Penso che, qualunque cosa accada, sarà per loro un inferno».[41]

Il 3 aprile Robert telefonò al suo vecchio amore, Ruth Tolman, e le raccontò che cosa stava per succedergli. Era la prima volta che si parlavano da parecchi mesi. «Stamattina è stato davvero piacevole ascoltare la tua voce», gli scrisse la Tolman in una lettera.[42] «Immagino che fossi troppo tormentato e confuso per scrivere [...]. Sei sempre nei miei pensieri, caro, e naturalmente anche nelle mie preoccupazioni

[…]. Oh Robert, Robert quante volte ci è capitato questo guaio: abbiamo perduto la forza di aiutarci proprio quando ne avremmo avuto tanto bisogno.»

Pochi giorni dopo gli Oppenheimer misero su un treno Peter e Toni e li mandarono dai loro vecchi amici di Los Alamos, gli Hempelmann. I bambini sarebbero rimasti a Rochester, nello stato di New York, per tutto il periodo delle audizioni.[43] Poco prima di partire con Kitty per Washington, Robert ricevette una lettera dal suo vecchio amico Victor Weisskopf che, avendo saputo delle sue spiacevoli traversie, gli scriveva per esprimergli sostegno e incoraggiamento: «Voglio che tu sappia che io e tutti quelli che la pensano come me sono pienamente consapevoli che tu stai combattendo la nostra stessa battaglia. Per qualche motivo il Destino ha scelto te come colui che deve sopportare il peso maggiore in questa battaglia […]. Nessun altro in questo paese può rappresentare meglio di te lo spirito e la filosofia di tutti quelli per i quali stiamo vivendo. Ti prego di pensare a noi quando sei triste […]. Ti supplico di restare quello che sei sempre stato, e mi auguro che le cose finiscano bene».[44]

Era un pensiero gentile.

35. «Credo che tutto questo sia un esempio di stupidità»

[...] pensai che il procedimento fosse stato distorto sin dall'inizio.
Allan Ecker, collegio di difesa di Oppenheimer

Lewis Strauss voleva essere sicuro che fosse avviato il procedimento di fronte alla Commissione per la sicurezza che avrebbe giudicato Oppenheimer. Innanzitutto, temeva davvero che la sua preda potesse abbandonare il paese. Mentre si adoperava perché il passaporto di Oppenheimer fosse ritirato, Strauss segnalò al ministro della Giustizia che «se decidesse di andarsene mentre le accuse dell'AEC pendono su di lui sarebbe un bel guaio».[1] Temeva anche che il senatore McCarthy potesse interferire nei suoi piani. Il 6 aprile McCarthy – rispondendo a un attacco di Edward R. Murrow, il noto conduttore di un programma giornalistico della televisione CBS – affermò che il progetto per la bomba a idrogeno americana era stato sabotato premeditatamente. Chiaramente, c'era il pericolo reale che l'imprevedibile senatore rendesse pubblico quello che sapeva sul caso Oppenheimer.

Strauss si sentì quindi sollevato quando la commissione giudicante del procedimento finalmente si riunì lunedì 12 aprile 1954 nell'edificio T-3, una struttura temporanea e fatiscente a due piani costruita sul Mall durante la guerra, nei pressi del monumento a Washington tra la 16th Street e la Constitution Avenue. L'edificio ospitava l'ufficio del direttore delle ricerche dell'AEC, ma in quell'occasione la stanza 2022 fu trasformata in una semplice aula di tribunale. A un'estremità della lunga e buia sala rettangolare i tre membri della commissione giudicante – il presidente Gordon Gray e i suoi due colleghi Ward Evans e Thomas A. Morgan – sedevano dietro un grande tavolo di mogano sul quale erano appoggiati raccoglitori neri che contenevano i documenti segreti dell'FBI. Allan Ecker, uno degli assistenti di Garrison, ricordava della grande sorpresa degli avvocati di Robert quando si accorsero che ogni membro della Commissione d'inchiesta sulla sicurezza aveva di fronte a sé uno di quei raccoglitori. «Fu il trauma della giornata», ricordava Ecker, «ma anche un trauma per il procedimento, perché la nozione classica del sistema legale è la *tabula rasa*. Di fronte al giudice non ci deve essere nulla, se si eccettua quello che viene messo davanti a lui pubblicamente, e con la possibilità che la persona che accusa o che è accusata possa replicare [...]. Loro avevano già esaminato [quei documenti] e sapevano che cosa contenevano. Noi invece non sapevamo cosa contenevano. Non potevamo averne una copia; non avevamo la possibilità di mettere in discussione qualunque documento che non fosse stato già anticipato [...]. Per questo pensai che il procedimento fosse stato distorto sin dall'inizio.»[2]

I due gruppi avversari di avvocati si sedettero l'uno di fronte all'altro, in due lunghi tavoli disposti a forma di «T».[3] Da un lato sedevano gli avvocati dell'AEC, Roger Robb e Carl Arthur Rolander jr., il vicedirettore della sicurezza dell'AEC. Di fronte sedeva il gruppo dei difensori di Oppenheimer, Lloyd Garrison, Herbert Marks, Samuel J. Silverman e Allan B. Ecker. Alla base della «T» era stata posta una sedia di legno, sulla quale si sarebbero seduti davanti ai giudici sia l'imputato sia i testimoni. Quando Oppenheimer non era chiamato a deporre, sedeva su un divano di cuoio posto contro la parete e dietro la sedia dei testimoni. Per tutto il mese successivo, Oppenheimer avrebbe trascorso sulla sedia dei testimoni qualcosa come ventisette ore e molto più tempo sul divano, struggendosi e fumando sigarette una dietro l'altra o riempiendo la stanza con il profumo del tabacco della sua pipa.

Il primo giorno Oppenheimer e i suoi avvocati erano arrivati con quasi un'ora di ritardo. Pochi giorni prima Kitty aveva avuto un altro dei suoi incidenti. Questa volta era caduta per le scale e una delle sue gambe era stata ingessata. Sostenendosi con le stampelle, si avviò lentamente verso il divano di cuoio dove sedette assieme al marito e attese che il procedimento iniziasse. Robert appariva sottomesso e quasi rassegnato al suo destino. «Organizzammo uno spettacolo davvero malridotto», ricordava Garrison.[4] «La sua [di Kitty] presenza non aggiunse molto all'andamento delle cose.» La commissione sembrava «molto irritata» per il loro ritardo, e Garrison si scusò per la lentezza. Alludendo vagamente al fatto che la stampa stava per impossessarsi della vicenda, disse che erano in ritardo perché avevano cercato di non essere presi con «le mani nel sacco».[5]

Per quasi tutta la mattinata Gray lesse ad alta voce la lettera di «imputazione» dell'AEC e la risposta di Oppenheimer. Nel corso delle successive tre settimane e mezza, Gray insistette ripetutamente sul fatto che il procedimento era «un'inchiesta» e non un processo.[6] Ma nessuno tra quelli che avevano ascoltato le accuse contenute nella lettera dell'AEC poteva pensare che Robert Oppenheimer non fosse sotto processo. I suoi presunti crimini comprendevano la partecipazione attiva a numerose organizzazioni del Partito comunista; essere «intimamente legato» a una nota comunista, la dottoressa Jean Tatlock; essere amico di altri «noti» comunisti quali il dottor Thomas Addis, Kenneth May, Steve Nelson e Isaac Folkoff; essere responsabile di aver fatto lavorare al progetto della bomba atomica dei noti comunisti quali Joseph W. Weinberg, David Bohm, Rossi Lomanitz (tutti in precedenza studenti di Oppenheimer) e David Hawkins; aver versato un contributo di 150 dollari al mese al Partito comunista di San Francisco; e, probabilmente la cosa più minacciosa, non aver riferito immediatamente la sua conversazione del 1943 con Haakon Chevalier sulla richiesta fatta da George Eltenton di poter trasmettere informazioni sul Radiation Laboratory al Consolato sovietico di San Francisco.

La lettera di risposta di Oppenheimer riconosceva la verità del suo legame con la Tatlock, con Addis e con altre persone di sinistra, ma negava che in questi legami ci fosse qualcosa di disdicevole. «Apprezzavo questo nuovo modo di stare assieme», aveva scritto a proposito di queste amicizie.[7] Ammetteva apertamente di essere stato negli anni Trenta un compagno di strada e riconosceva anche di aver dato, attraverso il Partito comunista, contributi finanziari per parecchie cause. Non ricordava di aver detto, come sosteneva invece l'accusa dell'AEC, «che probabilmente aveva partecipato a tutte le organizzazioni comuniste della West Coast». Ora sosteneva che quella citazione non era vera, e anche se una volta poteva aver detto qualcosa di simile «si trattava soltanto di un'esagerazione semischerzosa». (Per l'esattezza, queste erano le parole del colonnello John Lansdale, poste come domanda a Oppenheimer nel 1943 – «Lei ha probabilmente partecipato a tutte le organizzazioni del fronte sulla West Coast» – e quella volta lui si era limitato a rispondere «Più o meno».) Negò di essersi adoperato affinché Ernest Lawrence facesse lavorare al Radiation Laboratory i suoi vecchi studenti. Infine, per quel che riguardava l'affare Chevalier, Oppenheimer riconobbe che Chevalier gli aveva parlato del suggerimento di Eltenton: «Ma ho subito detto, e con durezza, che quella cosa mi sembrava terribilmente sbagliata. A quel punto la discussione finì. Niente nel corso della nostra lunga amicizia mi aveva portato a pensare che Chevalier stesse davvero cercando di raccogliere informazioni; ed ero anche certo che non sapeva nulla del lavoro nel quale ero impegnato». Per quanto riguardava il ritardo nel riferire quella conversazione, Oppenheimer riconobbe che avrebbe potuto parlarne immediatamente. Ma sottolineò il fatto che alla fine aveva spontaneamente fornito le informazioni su Eltenton a un addetto alla sicurezza e dubitava che quella storia sarebbe venuta a galla «senza il mio resoconto».[8]

Nel complesso, le repliche di Oppenheimer sembravano credibili. Nel contesto della sua vita, le accuse presentate contro di lui comprendevano comportamenti che, negli anni Trenta, non erano insoliti per un liberale del New Deal impegnato a sostenere e a lavorare a favore dell'uguaglianza razziale, della difesa del consumatore, dei diritti sindacali e della libertà di parola. Ma tra le accuse dell'AEC c'era un'altra affermazione che era difficile da smontare, quasi come quella relativa all'affare Chevalier. Nell'imputazione si affermava «che era stato riferito che, durante il periodo 1942-45, vari esponenti del Partito comunista, tra cui la dottoressa Hannah Peters, organizzatrice della sezione professionale del Partito comunista della Contea di Alameda, Bernadette Doyle, segretaria del Partito comunista della Contea di Alameda, Steve Nelson, David Adelson, Paul Pinsky, Jack Manley e Katrina Sandow, avevano fatto affermazioni da cui risultava che lei era allora membro del Partito comunista; che in quel periodo lei non era stato attivo nel partito; che il suo nome era stato eliminato dall'indirizzario del partito e non menzionato in alcun modo; che durante quel periodo lei aveva parlato del problema della bomba atomica con membri del partito; e che molti anni prima del 1945 lei aveva detto a Steve Nelson che l'Esercito stava lavorando alla bomba atomica».[9]

Qual era la fonte di queste specifiche accuse? Tutte quelle persone non avevano mai parlato con le autorità. Quando erano stati chiamati a deporre di fronte all'HUAC, sia Nelson che gli altri si erano sempre rifiutati di fare nomi. Ovviamente, quelle accuse si basavano sulle intercettazioni illegali dell'FBI che erano state tutte trascritte e raccolte in quei raccoglitori neri impilati sul tavolo di fronte ai giudici delle audizioni. Non ammissibili in un normale processo, queste trascrizioni prive di valore sarebbero state usate impunemente «nell'inchiesta» della commissione Gray. Tutti e tre i membri della commissione avevano letto il riassunto che l'FBI aveva fatto di quelle conversazioni vecchie di dieci anni, mentre agli avvocati di Oppenheimer era stato impedito di leggere quei testi, e quindi non erano in grado di metterne in dubbio i contenuti.

Garrison e Marks dovevano aver capito che, presentate in quel modo, le accuse di partecipazione nascosta al Partito comunista inserite nell'incriminazione rendevano impossibile preparare la difesa. Oppenheimer aveva negato quelle accuse. «La vostra lettera», aveva scritto, «riporta affermazioni fatte nel periodo 1942-45 da persone che affermano di essere funzionari del Partito comunista e che sostengono che io ero un membro occulto del partito. Non so da dove queste persone abbiano potuto ricavare le loro informazioni. Quello che so per certo è che non sono mai stato un membro del partito, né occulto né palese. Anche i nomi di alcune delle persone citate, per esempio Jack Manley e Katrina Sandow, mi sono del tutto sconosciuti. Non ricordo di aver mai incontrato Bernadette Doyle, anche se il suo nome non mi è nuovo. Pinsky e Adelson li ho incontrati per caso [...].»[10] In un tribunale normale queste prove sarebbero state inaccettabili e rigettate come semplici dicerie: terze persone che raccontano quello che altri hanno detto a proposito di un imputato. Ma in questa «inchiesta» quelli che giudicavano Oppenheimer avevano sempre creduto che l'FBI avesse registrato le voci di comunisti ben informati, e che erano sicuramente valide le loro affermazioni in base alle quali lui era un membro del partito.

Alcune delle informazioni contenute in quei raccoglitori erano state anche manipolate affinché sembrassero ancora più dannose per Oppenheimer. Le fonti di una delle imputazioni chiave erano due informatori dell'FBI, Dickson e Sylvia Hill, che si erano infiltrati nella cellula di Montclair del Partito comunista in California. Nel novembre 1945, questa squadra marito-moglie era andata nell'ufficio di San Francisco dell'FBI e aveva raccontato di un incontro del partito a cui avevano partecipato poco dopo il bombardamento di Hiroshima. Sylvia Hill aveva raccontato di aver ascoltato un funzionario del Partito comunista, Jack Manley, riferirsi a Oppenheimer come a «uno dei nostri uomini».[11] Tuttavia la signora Hill aveva poi detto che «l'affermazione di Manley relativa al soggetto [Oppenheimer] per lei non significava necessariamente che il soggetto fosse un membro effettivo del partito. In quell'occasione pensava di aver avuto l'impressione che probabilmente il soggetto non era un membro effettivo del partito, ma soltanto che la pensava come i comunisti». In questo contesto, le informazioni di Sylvia Hill non rinforzavano l'accusa dell'AEC secondo la quale dei noti comunisti erano stati intercettati mentre affermavano che Oppenheimer era un iscritto al partito. Ma tutte le sfumature di questo tipo andarono perdute quando l'FBI inserì le informazioni della Hill nel suo riassunto del dossier su Oppenheimer. Quelle che erano semplici dicerie salirono infatti al livello di informazioni «dispregiative».

Dopo aver letto i capi di imputazione e la risposta di Oppenheimer, il presidente Gray chiese all'imputato se accettava di «testimoniare sotto giuramento» in quel procedimento. Oppenheimer disse di sì e allora Gray gli recitò «Giuro di dire la verità e nient'altro che la verità», la classica formula in tutti i tribunali. L'indagine giudiziaria era cominciata. Oppenheimer si sedette sulla sedia per i testimoni e passò il resto del pomeriggio rispondendo alle domande poste con gentilezza dal suo collegio di difesa.

Il giorno successivo, martedì 13 aprile 1954, il «New York Times» fece esplodere la vicenda con un articolo in esclusiva, pubblicato in prima pagina e scritto da James Reston. Questo il titolo:

L'AEC SOSPENDE L'ACCESSO ALLA SICUREZZA DEL DOTTOR OPPENHEIMER. LO SCIENZIATO DIFENDE LA SUA POSIZIONE. IL PROCEDIMENTO È INIZIATO. L'ACCESSO ALLA SEGRETEZZA NEGATO ALL'ESPERTO DI COSE NUCLEARI – ACCUSE DI LEGAMI COI ROSSI.

Il quotidiano pubblicava i testi completi sia della lettera del generale Nichols con le accuse, sia della risposta di Oppenheimer. L'articolo di Reston venne ripreso da molti giornali sia negli Stati Uniti che all'estero. Milioni di lettori furono messi per la prima volta al corrente di intimi dettagli della vita politica e privata di Oppenheimer.

Quelle notizie ebbero l'immediato effetto di spaccare in due l'opinione pubblica. I liberali rimasero sbalorditi che un uomo così eminente potesse essere attaccato in quel modo. Drew Person, un noto giornalista liberale, così annotò nel suo diario: «Purtroppo la gente di Strauss ed Eisenhower sta diventando ingenerosa. Non riesco a immaginare una manovra più calcolata per appoggiare McCarthy, e incoraggiare la caccia alle streghe, che questo ritorno agli anni di prima della guerra e questo tentativo di cercare il passato sotto il letto di Oppenheimer per scoprire con chi parlava o chi incontrava nel 1939 o nel 1940 [...]».[12] Dall'altra parte, per i commentatori conservatori come Walter Winchell quella storia segnò un giorno memorabile. Solo due giorni prima Winchell nel suo programma televisivo della domenica aveva annunciato che il senatore McCarthy avrebbe ben presto rivelato che «un personaggio chiave dell'atomica aveva fatto pressioni perché la bomba H non fosse mai costruita».[13] Questo famoso scienziato atomico, sosteneva Winchell, era stato «un attivista del Partito comunista» e «a capo di una cellula rossa che comprendeva altri famosi scienziati atomici».

Il presidente Gray si infuriò quando lesse l'articolo di Reston. Rivolgendosi a Garrison disse: «Lei ieri ha detto che siete arrivati in ritardo perché avevate cercato di evitare di essere presi con "le mani nel sacco"».[14] Garrison spiegò che Reston sapeva della sospensione del nullaosta di Oppenheimer sin dalla metà di gennaio. Ma Gray ignorò l'obiezione e chiese ripetutamente a Garrison quando aveva dato al giornalista la copia della lettera con le accuse dell'AEC. Oppenheimer lo interruppe per dire: «Su mio suggerimento, questi documenti sono stati dati al signor Reston venerdì sera, almeno mi sembra [...]». Quest'affermazione servì solo a far aumentare la rabbia di Gray: «Così lei sapeva che, quando ieri mattina è stata fatta qui l'affermazione che voi stavate cercando di evitare di esser presi con le mani nel sacco, questi documenti [...] erano già in possesso del «New York Times»?».

«Certo che sì», rispose Oppenheimer.

Chiaramente infastidito sia da Oppenheimer che dai suoi legali, Gray li accusò per la fuga di notizie. Non sarebbe mai venuto a sapere che la sua rabbia avrebbe dovuto essere diretta a Lewis Strauss. Il presidente dell'AEC aveva già saputo tutto grazie all'intercettazione della telefonata che Reston aveva fatto a Oppenheimer; ed era stato Strauss, e non Garrison, che aveva dato al «New York Times» il permesso per la pubblicazione. Temendo che McCarthy diffondesse per primo la notizia, Strauss aveva calcolato che quello era il momento giusto perché la storia saltasse fuori, soprattutto se la colpa poteva essere attribuita ai legali di Oppenheimer. James C. Hagerty, l'addetto stampa di Eisenhower, era d'accordo. Per questo Strauss il 9 aprile telefonò all'editore del «New York Times», Arthur Hays Sulzberger, e lo liberò dall'impegno di tener nascosta la vicenda su cui si erano accordati in precedenza.[15]

Ora Strauss temeva anche il pericolo che l'intera vicenda «potesse essere giudicata dalla stampa» e che la lunghezza del procedimento potesse andare a vantaggio di Oppenheimer.[16] Quanto più durava, aveva calcolato, tanto più tempo gli alleati di Oppenheimer avrebbero avuto a disposizione per «far propaganda» all'interno della comunità scientifica. Era essenziale una decisione rapida. Un poco più avanti in quella stessa settimana mandò un appunto a Robb in cui lo sollecitava ad accelerare le audizioni.

A Princeton, qualche giorno prima, Abraham Pais aveva saputo che il «New York Times» stava per rivelare la storia. Pensando che i giornalisti avrebbero importunato Einstein per avere qualche commento, andò in macchina verso la casa del fisico in Mercer Street. Quando Pais gli spiegò il perché della sua visita, Einstein ridacchiò rumorosamente e poi disse: «Il guaio di Oppenheimer è che ama una donna che non lo ama: il governo degli Stati Uniti [...]. Il problema è molto semplice. Tutto quello che Oppenheimer deve fare è andare a Washington, dire a tutti i funzionari governativi che sono dei pazzi e poi tornarsene a casa».[17] Personalmente Pais poteva anche concordare, ma pensava che quella non fosse una dichiarazione adatta alla stampa. Per questo convinse Einstein a scrivere una semplice dichiarazione di appoggio a Oppenheimer – «Lo ammiro non solo come scienziato ma anche come grande uomo» – e di leggerla al telefono a un giornalista dell'agenzia United Press.

Il mattino di mercoledì 14 aprile, il terzo giorno delle audizioni, Oppenheimer si sedette sulla sedia dei testimoni per rispondere alle domande che Garrison gli avrebbe fatto a proposito di suo fratello Franck. Oppenheimer era molto preoccupato perché la lettera con le accuse dell'AEC conteneva un'espressione che affermava che «a proposito di quella questione, Haakon Chevalier decise di contattarla o direttamente o attraverso suo fratello, Frank Friedman Oppenheimer». Per questo, quando Garrison gli chiese se Frank era coinvolto nella proposta di Chevalier, lui rispose: «Su questo sono stato molto chiaro. Ho una memoria vivida che non m'inganna. Frank non ha mai avuto a che fare con questa faccenda. Del resto la cosa non avrebbe avuto senso, posso dirlo, perché Chevalier era un mio amico. Con questo non voglio dire che mio fratello non lo conosceva, ma che un suo intervento sarebbe stato un inutile diversivo e una cosa innaturale».[18] Quest'affermazione era perfettamente coerente, ma Strauss, Robb e Nichols erano convinti che fosse una menzogna e, senza alcuna prova, continuarono a sostenere che Oppenheimer aveva mentito alla commissione giudicante.

L'esame che Garrison aveva fatto personalmente a Oppenheimer si concluse così come era cominciato: come una semplice conferma della sua risposta alla lettera di accuse dell'AEC. La cosa era andata bene, pensavano Oppenheimer e i suoi legali. Ma non appena Robb iniziò il suo controinterrogatorio apparve chiaro che aveva a disposizione una raffinata strategia in grado di capovolgere quella buona impressione. Avendo passato quasi due mesi immerso negli archivi dell'FBI, era davvero ben preparato. «Mi era stato detto che nel controinterrogatorio di Oppenheimer non potevo soffermarmi su troppe cose», disse in seguito Robb. [19] «Non dovevo essere né troppo veloce né troppo scabroso. Così dissi "D'accordo, ma allora non deve essere controinterrogato da altri prima di me". Comunque mi sedetti e pianificai con grande cura il mio controinterrogatorio, la sequenza delle domande, il riferimento ai rapporti dell'FBI e così via, ed ero convinto che se fossi riuscito a mettere in agitazione Oppenheimer sin dall'inizio, in seguito lui sarebbe stato più portato a comunicare.»

Quel mercoledì 14 aprile fu probabilmente la giornata più umiliante nella vita di Oppenheimer. Le domande di Robb erano inarrestabili e meticolose. Era un tipo di interrogatorio a cui Oppenheimer non era mai stato sottoposto e a cui era impreparato. Robb cominciò col portare Oppenheimer ad ammettere che uno stretto collegamento con il Partito comunista era «incompatibile con il lavoro a un progetto bellico segreto». Quindi Robb gli chiese notizie di quelli che, in passato, erano stati membri del Partito comunista. Sarebbe stato corretto, chiese Robb, che persone di quel tipo lavorassero a un progetto bellico segreto?

Oppenheimer: «Stiamo parlando di adesso o di allora?».

Robb: «Cominciamo a parlare di adesso, e poi risaliremo ad allora».

Oppenheimer: «Penso che tutto dipenda dalle caratteristiche e dalla totalità dello sganciamento, ma anche dal tipo di uomo, e se è un uomo onesto».

Robb: «Era questo il suo punto di vista nel 1941, 1942 e 1943?».

Oppenheimer: «Sì, senz'altro».

Robb: «Che tipo di prova utilizzerebbe oggi, e ha utilizzato nel 1941, 1942 e 1943, per accertarsi che chi era stato in passato membro del partito non fosse più pericoloso?».

Oppenheimer: «Come ho già detto, sapevo ben poco di quelli che in passato erano stati iscritti al partito. Nel caso di mia moglie era assolutamente chiaro che non era più pericolosa. Nel caso di mio fratello avevo piena fiducia nella sua dignità e schiettezza e nella sua lealtà verso di me».

Robb: «Prendiamo suo fratello come esempio. Ci dica quale prova ha utilizzato per avere la certezza di cui ci ha parlato».

Oppenheimer: «Nel caso di un fratello non c'è bisogno di avere delle prove; almeno, io non ne ho bisogno».[20]

L'intenzione di Robb era duplice: per prima cosa cogliere Oppenheimer in contraddizione con le registrazioni trascritte alle quali sia a Robert che ai suoi avvocati era stato negato l'accesso; come seconda cosa inserire quello che Oppenheimer aveva ammesso in un contesto che potesse dimostrare, al meglio, che Oppenheimer aveva diretto Los Alamos in maniera irresponsabile, oppure, al peggio, che aveva reclutato consapevolmente e intenzionalmente dei comunisti. Lo scopo di Robb a ogni domanda era quello di umiliare il testimone, spesso facendogli semplicemente ripetere quello che aveva appena ammesso. «Dottore, noto che nella sua risposta a pagina 5 lei usa l'espressione "compagni di strada". Ma qual è la sua definizione di compagno di strada, signore?»[21]

Oppenheimer: «È una brutta espressione che ho usato a proposito di me stesso nel corso di un interrogatorio dell'FBI. Ho usato quell'espressione per indicare una persona che ha accettato in parte il programma del Partito comunista, che è incline a lavorare e a collaborare con i comunisti ma che non è mai stato iscritto al partito».

Robb: «Pensa che un compagno di strada possa essere impiegato in un progetto bellico segreto?».

Oppenheimer: «Oggi?».

Robb: «Sì, signore».

Oppenheimer: «No».

Robb: «La pensava allo stesso modo nel 1942 e 1943?».

Oppenheimer: «La mia sensibilità di allora e i miei sentimenti per molte di queste cose derivano dal fatto che una valutazione è un giudizio complessivo sul tipo di uomo con cui si ha a che fare. Oggi penso che far parte del Partito comunista o esserne un compagno di strada rivela apertamente la simpatia per il nemico. Ma durante la guerra ho pensato che questo fosse soltanto un problema che aveva a che fare con quello che piaceva alla persona, con quello che desiderava fare o non fare. Oggi i compagni di strada e gli iscritti al partito sollevano un problema, un serio problema».

Robb: «Siete sempre stato un compagno di strada?».

Oppenheimer: «Sono stato un compagno di strada».

Robb: «Quando?».

Oppenheimer: «Dalla fine del 1936 o dagli inizi del 1937, ma poi l'interesse si è affievolito, cioè dal 1939 sono stato un compagno di strada molto più distante e dopo il 1942 sempre più lontano».

Mentre si preparava alle audizioni, negli archivi dell'FBI Robb aveva trovato numerosi riferimenti all'interrogatorio fatto nel 1943 a Oppenheimer dal tenente colonnello Boris Pash.[22] I dossier indicavano che questo interrogatorio era stato registrato. «Dove sono quelle registrazioni?» aveva chiesto Robb. L'FBI recuperò in fretta i dischi «Presto» vecchi di dieci anni e Robb poté ascoltare la prima descrizione fatta da Oppenheimer dell'incontro con Chevalier. Era notevolmente diversa da quella che aveva fatto all'FBI nel 1946. Ovviamente in una di queste due occasioni Oppenheimer aveva mentito, e quindi Robb si preparò a sfruttare le contraddizioni tra le due storie. Naturalmente Oppenheimer non sospettava nemmeno che la sua conversazione con Pash fosse stata registrata. Così, quando affrontò la questione dell'incontro con Chevalier, Robb conosceva i dettagli molto meglio di quanto Oppenheimer potesse ricordare.

Robb cominciò col ricordare a Oppenheimer la breve conversazione del 25 agosto 1943 a Berkeley con il sottotenente Johnson.

Oppenheimer: «È vero. Penso di aver detto più o meno che Eltenton era un tipo preoccupante».

Robb: «Sì».

Oppenheimer: «Poi mi fu chiesto perché l'avevo detto. E io ho inventato una frottola».

Per nulla turbato da questa sorprendente ammissione, Robb si soffermò su quello che Oppenheimer aveva raccontato il giorno successivo, il 26 agosto, al tenente colonnello Boris Pash.

Robb: «Ha detto la verità a Pash su quella vicenda?».

Oppenheimer: «No».

Robb: «Gli avete mentito?».

Oppenheimer: «Sì».

Robb: «Che cosa avete detto a Pash che non era vero?».

Oppenheimer: «Che Eltenton aveva cercato di avvicinare alcuni membri del progetto – tre membri del progetto – attraverso degli intermediari».

Qualche momento dopo Robb chiese: «Avete detto a Pash che X [Chevalier] aveva avvicinato tre persone che partecipavano al progetto?».

Oppenheimer: «Non mi ricordo bene se ho detto che c'erano tre X oppure che X aveva avvicinato tre persone».

Robb: «Ma non avete detto che X aveva avvicinato tre persone?».
Oppenheimer: «Forse sì».
Robb: «Ma perché l'avete detto, dottore?».
Oppenheimer: «Perché sono uno stupido».[23]
«Un idiota?» Perché Oppenheimer aveva detto una cosa simile? Secondo Robb, Oppenheimer era molto angosciato e messo con le spalle al muro da quell'abile inquisitore che era lui, ed era vero. Finita l'udienza, a tutto vantaggio di un giornalista Robb aveva anche fatto una drammatizzazione di quel momento, affermando che Oppenheimer aveva detto quelle parole «piegato in due, torcendosi le mani, e bianco come un fazzoletto. Mi sono preoccupato. Quella sera, quando sono tornato a casa, ho detto a mia moglie: "Ho appena visto un uomo che stava distruggendo sé stesso"».[24]

La descrizione fatta da Robb era un nonsenso, una pubblicità fine a sé stessa, creata per promuovere la sua immagine nelle aule dei tribunali, ma anche la sua umanità («Mi sono preoccupato [...]»). Una misura di quanto Robb e Strauss siano riusciti a manipolare i momenti successivi alle audizioni di Oppenheimer è data dal fatto che i giornalisti e gli storici hanno accettato l'interpretazione data da Robb di quel momento, almeno finora. Ma, contrariamente a quanto aveva affermato Robb, il commento di Oppenheimer – «Perché sono uno stupido» – aveva il semplice scopo di eliminare le ambiguità che circondavano l'affare Chevalier. Stava solo cercando di mettere in chiaro che non aveva una spiegazione razionale del perché aveva detto che X (Chevalier) aveva avvicinato tre persone. Robert sapeva benissimo che tutti erano convinti che lui non fosse uno stupido. Aveva usato una frase colloquiale per criticare sé stesso nel tentativo di disarmare il suo inquisitore. Però, dopo pochi minuti, si accorse che non era riuscito a disarmare nessuno: si trovava infatti di fronte a un avversario deciso a distruggerlo.

Robb aveva appena cominciato. Oppenheimer aveva ammesso di aver mentito. Ora Robb si avviava a metterlo di fronte all'evidenza e a drammatizzare quella bugia con dettagli spiacevoli. Dopo aver tirato fuori la trascrizione dell'incontro del 26 agosto 1943 tra Oppenheimer e il tenente colonnello Pash, Robb disse: «Dottore [...] vorrei leggerle alcune frasi dalla trascrizione di quell'interrogatorio».[25] Quindi lesse una parte della trascrizione, risalente a undici anni prima, in cui Oppenheimer affermava che qualcuno al Consolato sovietico era pronto a trasmettere informazioni «senza alcun pericolo di fuga di notizie o di scandalo [...]».

Quando Robb gli chiese se ricordava di aver detto questo a Pash, Oppenheimer rispose che non poteva certo ricordarsi di aver detto quelle cose. «Negate quindi di aver detto questo?» chiese Robb. Naturalmente, avendo capito che Robb aveva la trascrizione nelle sue mani, Oppenheimer rispose: «No».

Melodrammaticamente Robb annunciò: «Dottore, per sua informazione, posso dirle che abbiamo anche una registrazione della sua voce».

«Certo», rispose Oppenheimer. Ma disse anche che era piuttosto certo che Chevalier non avesse nominato nessuno del Consolato sovietico quando gli aveva riferito della proposta di Eltenton. In realtà aveva già riferito al tenente colonnello Pash questo particolare, e aveva anche detto a Pash che c'erano stati «parecchi» – e non uno solo – tentativi di avvicinamento agli scienziati.

Robb: «Quindi gli avete detto specificamente e dettagliatamente che c'erano parecchie persone che erano state contattate?».

Oppenheimer: «Certo».

Robb: «E ora lei testimonia che quella era una bugia?».

Oppenheimer: «Certo».

Robb continuò a leggere dalla trascrizione del 1943: «Naturalmente», Oppenheimer aveva detto a Pash, «è un dato di fatto che quando si ha a che fare con una comunicazione che non dovrebbe essere fatta si tratta di un tradimento».

«Avete detto questo?» chiese Robb.

Oppenheimer: «Certo. Ho detto che non ricordo bene la conversazione, ma lo sto ammettendo».

Robb: «Lei sta pensando che in ogni caso si tratti di tradimento, non è vero?».

Oppenheimer: «Certo».

Robb ricominciò a citare dalla trascrizione: «Ma non era stato presentato con quel metodo. È un metodo per svolgere una politica che è più o meno la stessa politica del governo. La forma con cui avviene era che un'intervista di quel genere non poteva essere concordata con Eltenton, quell'uomo che aveva un contatto davvero buono con una persona dell'ambasciata che lavorava al consolato e che era un giovane davvero affidabile e che aveva una grande esperienza nei microfilm e in cose simili».

«Avete detto al tenente colonnello Pash», chiese Robb, «che vi avevano menzionato i microfilm?»

Oppenheimer: «È evidente».

Robb: «Ma era vero?».
Oppenheimer: «No».
Robb: «Allora Pash gli disse: "Bene, ora vorrei addentrarmi in un piccolo quadro sistematico. Di queste persone che ha appena menzionato, due ora lavorano con lei [a Los Alamos]. Erano state contattate direttamente da Eltenton?". Lei rispose "No". Pash allora disse: "Durante un altro incontro?"».
Oppenheimer: «Sì».
«In altre parole», riassunse Robb, «lei ha detto a Pash che X [Chevalier] ha avviato questi altri contatti, non è così?».
Oppenheimer: «Mi sembra di sì».
Robb: «Quindi non è vero?».
Oppenheimer: «Sì, è vero. Tutta la faccenda è soltanto un'invenzione, se si eccettua il nome di Eltenton».

Accortosi che il suo cliente ora era davvero sulle spine, Garrison finalmente interruppe questo straziante interrogatorio chiedendo a Gray: «Signor presidente, posso a questo punto fare solo una piccola richiesta?».

Gray: «Certo».

Garrison educatamente disse: «Non so se questo sia previsto dalle regole di una procedura di questo tipo, ma quando un avvocato legge da una trascrizione, gli avvocati della parte avversa devono poter disporre della copia della trascrizione da cui sta leggendo. Questo, ovviamente, sarebbe la norma in tutti i tribunali normali [...]».

Dopo un po' di discussione, Gray e Robb stabilirono che verso la fine della giornata un addetto alla sicurezza avrebbe deciso sulla questione della consegna del documento, dal quale Robb aveva ovviamente già ripreso le cose registrate.

L'intervento di Garrison era stato fatto molto in ritardo ed era eccessivamente premuroso, e non servì certo ad aiutare il suo cliente a uscire dalla trappola che Robb gli aveva teso.

Ben presto Robb tornò a citare la trascrizione della conversazione Pash-Oppenheimer con evidente soddisfazione. «Dottor Oppenheimer [...] non pensa di aver raccontato con grandi dettagli una storia inventata di sana pianta?»

Oppenheimer: «Credo proprio di sì».

Robb: «Ma perché si è addentrato in tanti circostanziati dettagli, se stava raccontando una frottola?».

Oppenheimer: «Credo che tutto questo sia un esempio di stupidità. Mi dispiace di non poter spiegare perché c'era il consolato, perché c'erano i microfilm, perché il progetto riguardava tre persone e perché due di loro erano a Los Alamos. Tutte queste cose mi sembrano completamente false».

Robb: «Ammetterà, anche se probabilmente no, signore, che se la storia che ha raccontato al tenente colonnello Pash fosse vera metterebbe in luce particolari molto negativi sul signor Chevalier?».

Oppenheimer: «Certo, su tutti quelli coinvolti nella vicenda».

Robb: «Lei compreso?».

Oppenheimer: «Certo».

Robb: «Ma non ha appena affermato, dottor Oppenheimer, nella sua attuale testimonianza, che lei non aveva detto nessuna bugia al tenente colonnello Pash, ma un'intera menzogna e una trama di bugie?».

Sentendosi braccato, e forse preso dal panico, Oppenheimer incautamente rispose: «Ma certo».[26]

Le domande incalzanti di Robb avevano messo Robert nell'angolo. Non ricordava la sua conversazione con Pash con quella precisione che sarebbe stata necessaria per rispondere alle domande di Robb in maniera adeguata. Per questo aveva accettato la selezionata presentazione che il suo tormentatore aveva fatto della trascrizione. Se Garrison fosse stato un esperto di aule di tribunale sarebbe già intervenuto per affermare che il suo cliente non avrebbe risposto a ulteriori domande sulla sua conversazione con Pash fino a che non avesse avuto la possibilità di rileggere la trascrizione, e avrebbe anche obbiettato sull'uso strategico da parte di Robb della trascrizione per tendere un'imboscata a Oppenheimer. Ma Garrison aveva lasciato la porta dell'interrogatorio completamente aperta, e Oppenheimer l'aveva stoicamente attraversata.

Ma Oppenheimer non aveva bisogno di arrendersi così facilmente. C'era una spiegazione per l'intricata storia che aveva raccontato a Pash che sarebbe stata meno dannosa dell'interpretazione che Robb stava manovrando per fargli accettare. Ricordare che nel 1946 Eltenton aveva detto all'FBI che Peter Ivanov, il funzionario del Consolato sovietico, all'inizio gli aveva suggerito di contattare tre scienziati che lavoravano al Rad Lab di Berkeley: Oppenheimer, Ernest Lawrence e Luis Alvarez. Eltenton conosceva solo Oppenheimer, ma non abbastanza per chiedergli di passare informazioni ai russi. Ma sembra più che ragionevole supporre che Eltenton abbia citato i tre nomi a Chevalier e che Chevalier a sua volta li abbia apertamente ripetuti a Oppenheimer, o quanto meno abbia detto che

Eltenton aveva citato altre due persone (non specificate).

Per questo, raccontando a Pash quello che sapeva delle attività di Eltenton, Oppenheimer aveva parlato di tre scienziati. Tra tutte le spiegazioni della «frottola» di Oppenheimer questa sembra aver più senso di tutte le altre, sostenuta com'è proprio dai dossier dell'FBI. Al proposito, è significativo che gli storici ufficiali dell'AEC, Richard G. Hewlett e Jack M. Holl, arrivino a una conclusione simile: «Il racconto di Oppenheimer, per quanto ambiguo, era accurato sin dall'inizio; in seguito, sfortunatamente, divenne confuso e contorto».[27]

Perché?

La spiegazione più chiara e convincente del perché Oppenheimer si presentò a Pash con questa rappresentazione complicata e confusa della sua conversazione in cucina con Chevalier, era stata data dallo stesso Oppenheimer il giorno prima della conclusione della sua audizione sulla sicurezza. Questa spiegazione non solo corrisponde ai particolari più convincenti, ma corrisponde anche al carattere di Oppenheimer, in particolare, come aveva confessato a David Bohm cinque anni prima, alla sua tendenza «a dire cose irrazionali» quando «la situazione è troppo pesante». Rispondendo alla domanda del presidente Gray come mai nel 1943, quando poteva dire la verità sulla vicenda Chevalier a Pash e Lansdale, non l'aveva fatto e stava invece raccontandola ora, Oppenheimer rispose:

La storia che ho raccontato a Pash non era una storia vera. Coinvolte nel progetto non c'erano tre persone o più. C'era solo una persona coinvolta. Ed ero io. Io ero a Los Alamos. Non c'era nessun altro coinvolto a Los Alamos. Non c'era nessuno coinvolto a Berkeley [...]. Ho affermato che Chevalier non aveva citato il Consolato sovietico. Questo è quello che ricordo. È ragionevole pensare che fossi al corrente dei legami tra Eltenton e il consolato, ma credo di non aver fatto altro che esporre la storia raccontandola con precisi dettagli, e che la cosa mi stimolò ad arricchire la storia con dettagli sempre maggiori fino a che non divenne una storia falsa. Non è facile spiegare questo. Ora, mentre lei mi chiede di fornire delle motivazioni più persuasive sul vero perché ho fatto questo, e non perché sono semplicemente un idiota, ho sempre più paura di risultare incomprensibile. Penso che la cosa sia stata sollecitata da due o tre preoccupazioni che avevo allora. Una era la preoccupazione che se c'era qualche pericolo al Radiation Laboratory, come aveva segnalato Lansdale, Eltenton era la persona più adatta a essere coinvolta, il che era una cosa preoccupante. Sia che abbia infiorettato la storia per sottolinearne la pericolosità, sia che l'abbia infiorettata per renderla più tollerabile, cioè il fatto che non abbia raccontato i semplici fatti, cioè che Chevalier mi aveva parlato di quella cosa, francamente non so spiegarmelo. Non c'era nessun'altra persona coinvolta; la conversazione con Chevalier era stata breve, e faceva parte delle cose non assolutamente casuali; ma sono convinto di aver comunicato correttamente tutte le sue sfumature e il suo significato, cioè che non volevo avere nulla a che fare con quello.²⁸

Oppie continuò a spiegare:

Posso avere raccontato [la storia] subito e posso averla raccontata con gran cura, ma per me si trattava di una questione conflittuale e mi ritrovai, almeno penso, a tentare di dare un suggerimento a delle persone intelligenti senza realizzare che, quando si vuol dare un suggerimento, è meglio raccontare tutta la storia. Quando mi fu chiesto di elaborarla, sono partito con il piede sbagliato [...]. Non ha alcun senso il fatto che lui [Chevalier] volesse incontrare un certo numero di persone del progetto per parlare con loro, invece di venire da me a parlarmene, come in realtà ha fatto. Era un intermediario inadatto, e assurdo per un compito di quel tipo [...] in cui non c'era alcuna cospirazione [...]. Quando ho parlato di Chevalier, e l'ho fatto davanti al generale Groves, gli ho anche detto che non c'erano tre persone perché l'incontro era avvenuto in casa mia, soltanto con me. Solo che quando ho fabbricato questa dannata storia era chiara la mia intenzione di non rivelare chi era stato l'intermediario.²⁹

L'altro argomento che secondo Robb era il più adatto a umiliare Robert era la sua relazione con Jean Tatlock.

«A quanto ho saputo, tra il 1939 e il 1944», chiese Robb, «la sua conoscenza con miss Tatlock era piuttosto superficiale, non è vero?»

Oppenheimer: «I nostri incontri erano rari. Ma non penso che sia giusto dire che la nostra conoscenza fosse superficiale. Eravamo molto legati l'uno all'altra e c'era ancora un sentimento profondo quando ci vedevamo».

Robb: «Può dirmi quante volte vi siete visti tra il 1939 e il 1944?».

Oppenheimer: «Ma è un periodo lungo cinque anni! Se dico dieci volte, ci indovino?».

Robb: «Quali erano le sue occasioni per vederla?».

Oppenheimer: «Naturalmente qualche volta ci vedevamo per caso, con altra gente in incontri sociali. Mi ricordo di essere andato a trovarla attorno al Capodanno del 1941».

Robb: «Dove?».

Oppenheimer: «Sono andato a casa sua o all'ospedale dove lavorava. Non ricordo con precisione. Poi siamo usciti per bere qualcosa al

Top of the Mark. Ricordo anche che è venuta più volte a trovarci nella nostra casa a Berkeley».
Robb: «A trovare lei e la signora Oppenheimer».
Oppenheimer: «Certo. Suo padre abitava a Berkeley non molto lontano da noi, proprio dietro l'angolo. Una volta sono andato a trovarla lì. Andavo a trovarla, e penso di averlo già detto prima. In giugno o luglio 1943».
Robb: «Ritengo che mi possa dire per qual motivo andava a trovarla».
Oppenheimer: «Certo».
Robb: «Perché andava a trovarla?».
Oppenheimer: «Dopo che ci eravamo lasciati, mi aveva detto che aveva un grande desiderio di incontrami. A quel tempo non riuscii ad andare. Comunque, non posso certo dire perché ci incontravamo o altro. Sentivo che desiderava incontrarmi. Stava seguendo un trattamento psichiatrico. Era estremamente infelice».
Robb: «Alla fine avete capito perché desiderava vedervi?».
Oppenheimer: «Perché era ancora innamorata di me».
Robb: «Come avete fatto ad accorgervene?».
Oppenheimer: «A casa sua».
Robb: «Dov'era la sua casa?».
Oppenheimer: «A Telegraph Hill».
Robb: «In seguito dove l'avete incontrata?».
Oppenheimer: «Mi ha accompagnato all'aeroporto, ma poi non l'ho più vista».
Robb: «Questo è accaduto nel 1943?».
Oppenheimer: «Sì».
Robb: «A quell'epoca era ancora una comunista?».
Oppenheimer: «Non ne abbiamo parlato. Ma ne dubito».
Robb: «In una delle sue risposte lei ha detto che sapeva che era stata una comunista?».
Oppenheimer: «Certo. L'ho saputo nell'autunno del 1937».
Robb: «C'è qualche motivo che le fa pensare che non fosse più comunista nel 1943?».
Oppenheimer: «No».
Robb: «Prego?».
Oppenheimer: «No, non ce ne sono, anche perché ho definito in termini generali quello che penso e credo dei suoi legami con il Partito comunista. Non so quello che stesse facendo nel 1943».
Robb: «Quindi non ha motivo per credere che non fosse una comunista, non è così?».

Oppenheimer: «No».
Robb: «Ha passato la notte con lei, non è così?».
Oppenheimer: «Sì».
Robb: «Considera questa cosa compatibile con una buona sicurezza?».
Oppenheimer: «Lo è stata, è un dato di fatto. Non una parola, non è stata una buona pratica».
Robb: «Non crede che la metta in una posizione più difficile il fatto che lei sia stata una comunista del tipo che ha descritto ora o di cui ha parlato stamattina?».
Oppenheimer: «Oh, ma lei non lo era».
Robb: «Come fate a saperlo?».
Oppenheimer: «La conoscevo bene».[30]
Dopo aver sopportato la vergogna di dover testimoniare sul suo legame con la Tatlock che ancora durava tre anni dopo il suo matrimonio con Kitty, Oppenheimer fu interrogato da Robb che voleva sapere i nomi degli amici della sua amante, e anche chi di loro era comunista e chi semplice compagno di strada. Era una domanda senza alcuna importanza per gli scopi dell'audizione, ma non era una domanda senza motivo. Si era nel 1954, all'apogeo degli anni di McCarthy, e costringere gli ex comunisti, i compagni di strada e gli attivisti di sinistra, chiamati di fronte ai comitati del Congresso, a fare dei nomi era il gioco politico preferito del maccartismo. Era un'esperienza umiliante in una cultura che disprezzava la «spia», il Giuda, e questo era lo scopo: distruggere il senso dell'integrità personale del testimone.[31]

Oppenheimer rivelò i nomi a Robb: pensava che il dottor Thomas Addis fosse molto vicino al partito, ma non sapeva se ne faceva ancora parte; Chevalier era un compagno di strada; Kenneth May, John Pitman, Aubrey Grossman ed Edith Arnstein erano comunisti. Ben conscio del carattere degradante della pratica a cui era stato sottoposto, Oppenheimer chiese sarcasticamente a Robb: «La lista è abbastanza lunga?».[32] Come capitava spesso, quei nomi erano ben conosciuti. L'incessante martellamento di Robb stava facendo sentire i suoi effetti. Stava cominciando a rispondere senza pensarci su, «come un soldato che sta combattendo, credo», ricordava in seguito a un giornalista.[33] «Accadevano o stavano per accadere così tante cose, che non c'era tempo per essere consapevole di nulla, se non della prossima mossa. Come in un incontro di pugilato, e quello era davvero pugilato. Avevo un senso davvero limitato di me stesso.»

Qualche anno più tardi Garrison avrebbe ricordato così l'atteggiamento di Oppenheimer in quei giorni tormentati: «Sin dall'inizio aveva un elevato livello di disperazione dentro di sé [...]. Penso che fossimo tutti oppressi dall'atmosfera di quei momenti, e Oppenheimer in particolare [...]».[34]

Robb dava a Strauss un rapporto quotidiano su quello che succedeva all'interno della sala riservata alle audizioni, e il presidente dell'AEC era molto compiaciuto dall'andamento che avevano preso le cose. Scrisse al presidente Eisenhower: «Mercoledì Oppenheimer è crollato e ha ammesso, sotto giuramento, di aver detto il falso [...]».[35] Anticipando allegramente la vittoria, informò Ike che «tra i componenti della commissione giudicante si è già diffusa una pessima impressione nei riguardi di Oppenheimer». Ike gli rispose con un telegramma dal suo ritiro di Augusta, in Georgia, in cui lo ringraziava per il suo «rapporto provvisorio». Informò anche Strauss che aveva bruciato il suo rapporto, probabilmente perché non desiderava lasciare alcuna prova del fatto che lui o Strauss stavano controllando in maniera non appropriata le audizioni sulla sicurezza.

La mattina di martedì 15 aprile – a quattro giorni dall'inizio delle audizioni – il generale Leslie Groves testimoniò sotto giuramento. Interrogato da Garrison, Groves apprezzò il lavoro fatto a Los Alamos da Oppenheimer durante la guerra, e quando gli fu chiesto se lo riteneva in grado di commettere volontariamente qualche atto di slealtà, disse enfaticamente: «Sarei rimasto sbalordito se l'avesse fatto [...]».[36] Quando gli fu chiesto specificamente della vicenda Chevalier, Groves affermò: «Ho ascoltato così tante versioni dell'incontro che, anche se non penso di essere stato in confusione prima, oggi comincio certamente a esserlo [...]. La mia conclusione è che quello non era un avvicinamento costruito, che il dottor Oppenheimer non sapeva di quell'approccio [...]».

Groves passò poi a spiegare che, quando aveva ascoltato per la prima volta quella storia, aveva considerato la reticenza di Robert come «il caratteristico atteggiamento dello studente americano per cui è sempre un po' scorretto parlare di un amico. Non sono mai stato sicuro che fosse vero quello che mi aveva raccontato. Ma ero sicuro di questo: mi aveva raccontato quello che riteneva essenziale, quello che serviva ad aprirmi gli occhi sui pericoli di questo specifico tentativo di entrare nel progetto; in altri termini, era preoccupato della situazione che si era creata vicino a Berkeley – credo che si trattasse dello Shell Laboratory del quale si pensava Eltenton fosse uno dei membri chiave – e pensava che potesse essere una fonte di pericolo per il progetto, e questa era la sua preoccupazione. Ho sempre avuto l'impressione che il dottor Oppenheimer cercasse di proteggere i suoi vecchi amici, *probabilmente* suo fratello. Avevo l'impressione che cercasse di proteggere suo fratello, e anche che suo fratello *poteva essere stato coinvolto* come uno degli anelli di quella catena [...]».

Il «probabilmente» affermato da Groves allargò l'insieme dei personaggi associati con l'affare Chevalier. Frank «poteva essere stato coinvolto», aveva ipotizzato Groves, sicuramente senza malizia e probabilmente senza aver compreso appieno le possibili conseguenze di questa ipotesi. Perché, se Frank *era stato* coinvolto, allora non solo Robert aveva mentito a Pash nel 1943, ma aveva anche mentito all'FBI nel 1946 e stava mentendo anche adesso, nel 1954, di fronte alla commissione giudicante. Anche se ci potevano essere circostanze attenuanti – il desiderio di Robert di proteggere il fratello più giovane, che sapeva essere innocente da qualsiasi malefatta –, la congettura di Groves incrinò ulteriormente l'affidabilità di Robert e, alla fine, nonostante l'assenza di qualsiasi evidenza che segnalasse la partecipazione di Frank, aumentava il mistero da cui era circondato l'affare Chevalier, e quindi aumentava anche l'interesse della commissione giudicante.

Tutti i tentativi di spiegare la fonte e la natura dell'incerta testimonianza di Groves che collegava Frank a Chevalier, sono riconducibili a quello che era stato registrato durante la guerra nel dossier dell'FBI su Oppenheimer. Per questo la nostra attenzione per dieci anni si è soffermata attentamente su una serie di interviste condotte dall'FBI nel dicembre 1953 nel corso dei lavori preparatori alla chiamata di Oppenheimer di fronte alla Commissione d'inchiesta sulla sicurezza dell'AEC. Gli intervistati erano John Lansdale e William Consodine, assistenti del generale Groves durante la guerra, lo stesso Groves e Corbin Allardice, il successore di William Borden come direttore del personale del Comitato congiunto del Congresso sull'energia atomica (JCAE).

Queste interviste ebbero un ruolo fondamentale nel determinare la testimonianza di Groves, perché sia Consodine che Lansdale gli avevano riferito quello che avevano detto agli agenti dell'FBI. I loro ricordi erano abbastanza sconcertanti per Groves, che per ben diversi e importanti motivi si ricordava in maniera differente quello che gli aveva detto Oppie. Per di più, le loro affermazioni di fronte all'FBI lo avevano messo in una posizione compromettente che lo costrinse ad ammettere dinanzi alla commissione che nel 1954 non poteva appoggiare il rinnovo dell'autorizzazione a Oppenheimer a lavorare con materiale riservato.

Come è già stato accennato, il primo riferimento documentato del coinvolgimento di Frank Oppenheimer nell'affare Chevalier, che appare negli archivi dell'FBI, si trova in un memorandum del 5 marzo 1944 dell'agente William Harvey. Harvey non aveva avuto direttamente informazioni sull'affare Chevalier ma, nel farne un riassunto, aveva identificato Frank come «una delle persone» avvicinate da Chevalier. Tuttavia Harvey non aveva citato alcuna evidenza per questa conclusione, una svista che dieci anni dopo avrebbe lasciato perplesso un agente di grado più elevato quando riferì a Hoover: «L'analisi dell'archivio ha segnalato l'assenza di qualsiasi informazione sul fatto che Frank Oppenheimer sia stato avvicinato perché fornisse dati relativi al progetto MED [Manhattan Engineer District] o che tali informazioni siano mai state fornite da J. Robert Oppenheimer al MED o all'FBI».[37]

Ma il 3 dicembre 1953 – parecchie settimane dopo che era stata spedita la lettera di Borden – il nome di Frank venne di nuovo portato all'attenzione dell'FBI da un altro propagatore di fandonie. Corbin Allardice, che era un impiegato dell'AEC prima di sostituire Borden all'JCAE, probabilmente stimolato dalla sua antipatia per Oppenheimer, aveva riacceso i sospetti che Frank fosse un contatto di Chevalier. Allardice aveva riferito «di essere stato informato da una fonte che lui considerava estremamente affidabile, che J. Robert Oppenheimer aveva affermato che era stato il fratello Frank Oppenheimer il suo tramite con l'apparato spionistico Eltenton-Haakon Chevalier». Allardice aveva inoltre affermato – e questo suggerisce che il suo informatore avesse una certa familiarità con il dossier dell'FBI su Oppenheimer – che pensava che questa informazione non fosse presente nei documenti che l'FBI aveva sul caso. Consigliò anche che se l'FBI voleva controllare la sua informazione riservata, avrebbe dovuto intervistare John Lansdale, a quell'epoca avvocato a Cleveland.

Lansdale fu interrogato il 16 dicembre.[38] Ma il giorno prima William Consodine, un altro degli assistenti di Groves nel periodo della guerra (amico di Allardice e quindi, molto probabilmente, il suo «affidabile» informatore), aveva parlato con un agente dell'FBI.

La sintesi dell'FBI, scritta il 18 dicembre, riporta Consodine che racconta la storia seguente.

Il giorno dopo che il generale Groves era tornato da Los Alamos, «dove aveva costretto [Oppenheimer] a identificare l'intermediario [di Eltenton]», nel suo ufficio aveva avuto un incontro con Lansdale e Consodine. Dopo aver annunciato «che Oppenheimer aveva identificato l'intermediario, il generale Groves aveva dato sia a Consodine che a Lansdale un blocchetto giallo per appunti e aveva chiesto che scrivessero tre possibili ipotesi sull'identità dell'intermediario. Lansdale aveva scritto tre nomi, che però ora Consodine non riusciva a ricordare. Consodine ha affermato che aveva scritto un solo nome, quello di Frank Oppenheimer. Di fronte a questa ipotesi il generale Groves aveva espresso sorpresa, ma aveva anche detto che era attendibile. Il generale Groves aveva poi chiesto a Consodine come aveva fatto a scegliere il nome di Frank Oppenheimer. Consodine ha detto che aveva spiegato al generale che pensava che fosse Frank Oppenheimer perché J. Robert Oppenheimer sarebbe stato sicuramente più riluttante a coinvolgere il fratello».

«Secondo Consodine, il generale Groves li aveva poi informati che era riuscito a ottenere quell'ammissione solo dopo che J. Robert Oppenheimer aveva avuto da lui la promessa che non avrebbe segnalato Frank Oppenheimer come intermediario all'FBI. Come conclusione Consodine ha affermato [...] che non aveva avuto scambi di opinione con Lansdale su questo tema ma che aveva discusso la questione per telefono con il generale Groves pochi giorni prima.»

Il 16 dicembre Lansdale raccontò all'agente dell'FBI che lo interrogava una versione diversa da quella di Consodine. Chiaramente non si ricordava del «blocchetto giallo» citato da Consodine (e non se lo ricordava nemmeno Groves). Quello che Lansdale ricordava era una sensazione che aveva ricevuto dal generale, in base alla quale, dopo che Groves aveva chiesto a Oppenheimer di rivelare i contatti di Eltenton, «Oppenheimer aveva detto a Groves che Haakon Chevalier aveva fatto un tentativo con Frank Oppenheimer». Però, concludendo, «Lansdale ha affermato che *il generale Groves era convinto che un tentativo di avvicinamento fosse stato fatto direttamente con J. Robert Oppenheimer*, anche se Lansdale era convinto che l'approccio fosse stato fatto con Frank Oppenheimer. Lansdale ha anche affermato che, per quel che sapeva, solo lui e il generale Groves erano al corrente di quella vicenda». Quando Garrison gli chiese a bruciapelo se era possibile che Groves gli avesse «detto che *pensava fosse* Frank e non che *fosse* Frank», Lansdale ammise: «Sì, è possibile».[39]

Il 21 dicembre 1953 – il giorno nel quale Oppenheimer era stato avvisato della sospensione del suo nullaosta per la segretezza – un altro agente dell'FBI aveva intervistato Groves nella sua casa di Darien, nel Connecticut.

Fino a quel momento Groves si era rifiutato di parlare con l'FBI di Oppenheimer e dell'affare Chevalier. Nel 1944 non si era nemmeno preoccupato di rispondere alle prime domande dell'FBI su questo argomento. Poi, nel giugno 1946, quando l'FBI stava per interrogare sia Chevalier che Eltenton, alcuni agenti avevano chiesto a Groves che cosa sapeva dell'affare. Groves li aveva allontanati dicendo che di quell'argomento non poteva assolutamente parlare perché la conversazione con Oppenheimer era stata «strettamente confidenziale». Groves disse anche che lui «non poteva venir meno alla parola data a "Oppie", e rivelare il nome dell'uomo che quella persona della Shell Development aveva avvicinato». Gli uomini dell'FBI replicarono che sapevano che la persona della Shell era Eltenton e che stavano per interrogarlo. In una straordinaria dimostrazione della sua perdurante lealtà verso Oppenheimer, Groves disse che lui «non intendeva confrontarsi con Eltenton su questo argomento perché la cosa sarebbe potuta arrivare all'orecchio di Oppenheimer, il quale avrebbe pensato che lui non era stato di parola». Con franchezza Groves disse agli agenti dell'FBI che «era incerto se fornire ulteriori informazioni».

Probabilmente Hoover era rimasto sorpreso nello scoprire che un generale dell'Esercito americano si rifiutava di cooperare a un'indagine dell'FBI. Infatti, il 3 giugno 1946, scrisse una lettera personale a Groves in cui gli chiedeva di rivelare quello che Oppenheimer gli aveva detto a proposito di George Eltenton. Groves rispose il 21 giugno rifiutandosi educatamente di fornire quelle informazioni perché la cosa «avrebbe danneggiato» le sue relazioni con Oppenheimer.[40] Non erano molti gli uomini che a Washington avevano il coraggio di sfidare una richiesta esplicita del direttore dell'FBI, ma nel 1946 Groves aveva grande prestigio e molta autostima.

Ma ora, nel 1953, essendo stato avvisato da Consodine e Lansdale del fatto che avevano informato l'FBI che nell'affare Eltenton-Chevalier il contatto era Frank, Groves si sentì costretto a incorporare nel suo resoconto la loro ricostruzione. Il problema era anche più complicato perché non riusciva a ricordare esattamente quello che Oppenheimer gli aveva detto nel 1943-44. Ma, spinto dai suoi antichi assistenti, Groves ora raccontò ai suoi intervistatori che verso la fine del 1943 aveva deciso di ordinare a Oppenheimer di «fare luce completa» su chi l'aveva avvicinato per avere informazioni sul progetto. Per stimolare Robert a rispondere, Groves gli aveva assicurato che non avrebbe fatto un resoconto formale dell'evento, ovvero «per dirla schiettamente, non l'avrebbe passato all'FBI». Sulla base di questa promessa, Groves riferì che Robert gli aveva detto che «Chevalier aveva tentato un avvicinamento con Frank Oppenheimer» e che Frank aveva chiesto a Robert cosa doveva fare. Secondo Groves, Robert aveva detto al fratello «che era meglio non aver nulla a che fare con Eltenton», e aveva anche parlato direttamente con Chevalier dandogli la «punizione meritata». Groves spiegò anche che «era Eltenton che voleva le informazioni e che gli intermediari [Chevalier e Frank] non avevano alcuna intenzione di fare le spie».*

Groves disse inoltre che pensava «fosse naturale e giusto per Frank Oppenheimer fare quello che aveva fatto, anche se avrebbe dovuto avvisare gli addetti alla sicurezza locali». I due fratelli Oppenheimer erano molto vicini, ed era più che naturale che il fratello più giovane – «molto turbato dalla visita» di Chevalier – avesse immediatamente contattato il fratello più anziano per metterlo al corrente della vicenda. «Lui [Groves] disse che era una violazione tecnica [di Frank] della sicurezza aver trattato la cosa in quel modo, ma che in realtà aveva fatto tutto quello che era ragionevole aspettarsi [...]. Il generale disse che era ovvio che il soggetto [Oppenheimer] desiderasse proteggere suo fratello, Chevalier e il soggetto [Robert medesimo].»

Ma poi Groves passò a «ipotizzare» se Robert avesse «inventato il ruolo di Frank al solo scopo di giustificare il suo ritardo nel riferire quell'approccio, oppure se Frank fosse stato davvero coinvolto».[41] In altre parole, mentre nel 1943 Groves aveva evidentemente detto qualcosa a proposito di Frank che aveva portato Lansdale e Consodine a immaginare che Chevalier avesse contattato Frank, ora Groves aveva seri dubbi su questo punto. La confusione di Groves sul ruolo di Frank non venne mai meno. Nel 1968 addirittura confessò a uno storico: «Naturalmente, non sono mai stato sicuro su chi fosse l'uomo che lui [Oppenheimer] stava proteggendo. Oggi *credo* che probabilmente fosse suo fratello. Lui non voleva che suo fratello fosse coinvolto».[42]

Sembra che Groves si sia convinto di due cose: primo, che

---

* Quando l'FBI interrogò Frank Oppenheimer sulla questione (29 dicembre 1953), lui negò categoricamente che Chevalier l'avesse mai avvicinato e che avesse mai parlato con suo fratello delle richieste di Eltenton. [*n.d.a.*]

Chevalier avesse avvicinato Robert per conto di Eltenton; secondo, che nel 1943 Robert avesse detto qualcosa allo scopo di fargli sapere che Frank l'aveva immediatamente avvertito di una richiesta sconveniente di Chevalier. Qualsiasi altra cosa più specifica non è passata alla storia. Dopo tutto lo stesso Groves disse: «Non sono mai stato sicuro che quello che lui [Robert] mi stava dicendo fosse vero». In una lettera precedente aveva anche scritto: «È stato sempre difficile dire quanto fosse coinvolto Frank e quanto lo fosse Robert».[43] La spiegazione più probabile del perché Lansdale e Consodine pensavano che Frank fosse il contatto di Chevalier sta nel fatto che Groves aveva raccontato loro la sua conversazione con Robert, ma senza mai chiarire i suoi dubbi sul coinvolgimento di Frank.

Nessun'altra spiegazione sembra possibile quando si leggono assieme tutte le interviste e tutti i documenti. Semplicemente, nell'«affare Chevalier» Frank non è stato né il contatto di Eltenton né quello di Chevalier. In base a tutti i riscontri disponibili – gli interrogatori fatti dall'FBI nel 1946 contemporaneamente a Chevalier e a Eltenton, le memorie non pubblicate di Barbara Chevalier, i ricordi di Kitty e di Verna Hobson, le dichiarazioni di Frank all'FBI agli inizi del gennaio 1954 e infine le dichiarazioni di Robert all'FBI nel 1946, e la sua testimonianza conclusiva – era stato Haakon che aveva avvicinato Robert.

Tuttavia, pur avendo creduto alla «storia» di Oppenheimer – e per avergli promesso che non l'avrebbe passata all'FBI – Groves si trovava ora compromesso personalmente. Lo storico Gregg Herken ha reso credibile la circostanza che sia Strauss sia J. Edgar Hoover fossero convinti di poter usare il fatto che Groves si era impegnato in una «copertura», per esercitare pressioni sul generale affinché testimoniasse contro Oppenheimer nell'imminente audizione sulla sicurezza.[44] Uno dei principali assistenti di Hoover, Alan Belmont, ha implicitamente suggerito questa ipotesi quando aveva scritto al suo capo che «appariva chiaro che Groves aveva tentato di eliminare o di non trasmettere all'FBI importanti informazioni relative ai tentativi di spionaggio. Anche adesso Groves si sta comportando con un po' di falsa timidezza nel suo atteggiamento e nelle sue ammissioni all'FBI».

Anche se era imbarazzato dalla scoperta dell'FBI, Groves non era dispiaciuto di aver promesso a Oppenheimer che non avrebbe rivelato il nome di Frank all'FBI. Per di più c'era una promessa che difendeva ancora: «Il generale disse che non pensava che avrebbe violato lo spirito della promessa fatta a Oppenheimer facendo la presente intervista di fronte a un agente, perché la questione era già nota alle autorità. Disse che voleva che questo fosse conservato nella registrazione perché era possibile che qualche amico di Oppenheimer un giorno o l'altro avrebbe potuto consultare l'archivio e pensare che "Alla fine ha infranto la sua promessa".⁴⁵ Se in un qualunque momento Groves avesse pensato, anche per un solo istante, che Oppenheimer stava davvero proteggendo una spia, l'avrebbe sicuramente rivelato all'FBI. Evidentemente aveva fiducia nella lealtà di Oppenheimer.

Ma questo non faceva parte del sistema con cui Strauss vedeva le cose. Quello che poteva essere considerato come un semplice modo per giustificarsi venne trascurato. Invece Strauss perseguì Groves e in febbraio gli chiese di andare a Washington per un altro interrogatorio. In quell'occasione Groves capì che gli sarebbe stato richiesto di testimoniare contro Oppenheimer e che, se si fosse rifiutato, sarebbe stato probabilmente accusato di partecipare alla copertura.⁴⁶

Sorprendentemente Robb evitò di seguire i ragionamenti di Groves su Frank, senza dubbio perché se l'avesse fatto avrebbe presentato Robert che stava scavando la fossa a suo fratello. Robb non rivelò né alla commissione presieduta da Gray né agli avvocati di Oppenheimer che Groves aveva promesso di non rivelare il nome di Frank all'FBI. Se l'avesse fatto avrebbe rischiato di sottrarre Robert dalla luce dei riflettori. Questa parte della storia è rimasta secretata per venticinque anni negli archivi dell'FBI.⁴⁷ Nel corso del controinterrogatorio di Robb, Groves chiarì che era ancora convinto che fosse stata corretta la sua decisione di dare a Oppenheimer nel 1943 il nullaosta per la sicurezza, ma che ora le cose erano cambiate. Quando all'improvviso Robb gli chiese: «[...] oggi darebbe il nullaosta al dottor Oppenheimer?». Groves tentennò.⁴⁸ «Prima di rispondere, penso di dover fornire la mia interpretazione di quello che è richiesto dalle Norme sull'energia atomica.» Alla lettera, disse, quelle norme specificano che l'AEC deve stabilire «che le persone che hanno accesso ai dati riservati "non devono mettere in pericolo la difesa comune o la sicurezza" [...]». Dal punto di vista di Groves, non c'erano alternative possibili. «Non è possibile dimostrare che un uomo è un pericolo», disse. «Si può solo pensare, è ovvio, che può essere un pericolo [...].» Con questi presupposti, e data la sua passata collaborazione con Oppenheimer, «sulla base di questa interpretazione, se io fossi un membro dell'AEC oggi non darei il nullaosta al dottor Oppenheimer». Questo era tutto quello che

635

Robb voleva o desiderava che il generale dicesse. Ma perché Groves aveva cambiato atteggiamento nei confronti dell'uomo che fino ad allora aveva così risolutamente difeso? Strauss lo sapeva. Aveva detto chiaramente al generale, e in maniera certamente non delicata, che lui, Strauss, era certo che ci sarebbero state gravi conseguenze per Groves se non avesse cooperato.

Il giorno successivo, venerdì 16 aprile, Robb riprese il suo controinterrogatorio di Oppenheimer. Lo torchiò con domande sulle sue relazioni con i Serber, David Bohm e Joe Weinberg, e più avanti nella giornata continuò chiedendo al fisico il perché della sua opposizione allo sviluppo della bomba a idrogeno. Dopo quasi cinque giorni completi di intenso interrogatorio, Oppenheimer era probabilmente esausto sia fisicamente che mentalmente. Ma quel giorno – il suo ultimo giorno sulla sedia dei testimoni – dimostrò ancora una volta il suo spirito tagliente. Reso accorto dall'agguato in cui era caduto, e più lucido rispetto all'argomento, era diventato anche più abile nello schivare le domande di Robb.

Robb: «Dopo la decisione del presidente del gennaio 1950, ha qualche volta espresso opposizione alla produzione della bomba a idrogeno in base a principi morali?».

Oppenheimer: «Credo di aver fatto bene a dire più volte che quella è un'arma terribile, o qualcosa di simile. Ma non ho ricordi precisi, e quindi preferirei che lei mi interrogasse sul contesto o sulla conversazione a cui lei si riferisce, o me li ricordasse».

Robb: «Perché pensa che sia stato bene fare quell'affermazione?».

Oppenheimer: «Perché ho sempre pensato che fosse un'arma terribile. Anche [immaginando] che da un punto di vista puramente tecnico fosse un impegno gradevole, piacevole e bello, ho continuato a pensare che fosse un'arma terribile».

Robb: «E l'avete detto?».

Oppenheimer: «Credo proprio di averlo detto, certo».

Robb: «Intende dire che ha un'avversione morale verso la produzione di quell'arma terribile?».

Oppenheimer: «Questo è troppo forte».

Robb: «Mi scusi?».

Oppenheimer: «Questo è troppo forte».

Robb: «Che cosa è troppo forte, l'arma o la mia espressione?».

Oppenheimer: «La sua espressione. Mi ha dato una forte preoccupazione e molta ansia».

Robb: «Ha dubbi morali sulla questione, è giusto?».
Oppenheimer: «Lasci da parte il termine "morale"».
Robb: «Ha dubbi sulla questione?».
Oppenheimer: «Ma come non si possono avere dubbi su quella cosa? Non conosco nessuno che non abbia dubbi sulla questione».[49]

Più tardi, nella stessa giornata, Robb esibì una lettera scritta da Oppenheimer a James Conant datata 21 ottobre 1949. Il documento proveniva dall'archivio personale di Oppenheimer, tutto sequestrato dall'FBI nel dicembre precedente. Indirizzata al «Caro zio Jim», la lettera lamentava che «sono all'opera due sperimentati promotori, cioè Ernest Lawrence ed Edward Teller», che spingono per mandare avanti la bomba a idrogeno. In uno scambio piuttosto teso, Robb chiese a Oppenheimer: «Non crede, dottore, che i suoi riferimenti al dottor Lawrence e al dottor Teller [...] siano un po' enfatici?».

Oppenheimer: «Il dottor Lawrence è venuto a Washington. Non ha parlato con la commissione. È venuto e ha parlato con il Comitato congiunto del Congresso e con i membri dell'organico militare. Penso che questo fatto meriti un po' di enfasi».

Robb: «Quindi concorda che i suoi riferimenti a quelle persone nella sua lettera siano enfatici?».

Oppenheimer: «No. Ho dimostrato il mio gran rispetto per loro come promotori. Non penso di dover loro delle scuse».

Robb: «Lei ha usato il termine "promotori" in un senso offensivo, non è vero?».

Oppenheimer: «Non ne ho idea».

Robb: «Se ora usa quel termine per riferirsi a Lawrence e Teller, non lo considera offensivo?».

Oppenheimer: «No».

Robb: «Lei pensa che il loro lavoro di promozione sia stato ammirevole, non è così?».

Oppenheimer: «Penso che abbiano fatto un ammirevole lavoro di promozione».[50]

Già il venerdì era chiaro a tutti che Robb e Oppenheimer si disprezzavano. «Avevo la sensazione», ricordava Robb, «che lui fosse tutto cervello, freddo come un pesce, e che avesse gli occhi blu più gelidi che abbia mai visto.»[51] Oppenheimer provava solo disgusto in presenza di Robb. Un giorno, durante un breve intervallo, ai due uomini capitò di trovarsi l'uno accanto all'altro e all'improvviso

Oppenheimer ebbe uno dei suoi accessi di tosse. Non appena Robb mostrò la sua preoccupazione, Oppenheimer lo azzittì rabbiosamente e disse qualcosa che costrinse Robb a voltargli le spalle e ad andarsene.

Tutte le sere Robb aveva un incontro riservato con Strauss per valutare l'andamento della giornata. Avevano pochi dubbi sul risultato. Strauss disse a un agente dell'FBI che «era convinto che sulla base delle testimonianze date finora, la commissione non potrà far altro che raccomandare che il nullaosta di Oppenheimer sia revocato».[52]

Gli avvocati di Oppenheimer la pensavano più o meno allo stesso modo. Per sfuggire all'assedio dei giornalisti, ora gli Oppenheimer passavano le notti a Georgetown nella casa di Randolph Paul, un avvocato socio di Garrison. Per una settimana i giornalisti non riuscirono a scoprire quel rifugio, ma gli agenti dell'FBI sorvegliavano la casa e riferirono che Oppenheimer restava alzato fino a tardi e camminava avanti e indietro per la sua stanza.[53]

Per parecchie sere Garrison e Marks trascorsero molte ore nella casa di Paul, pianificando la strategia per il giorno successivo. «L'unica cosa che avevamo a disposizione era l'energia per prepararci», disse Garrison.[54] «Dopo quelle giornate eravamo troppo stanchi per fare di più. Naturalmente Robert era quello più colpito da grandi tensioni – e anche Kitty lo era – ma Robert molto di più.»

Paul ascoltava con crescente inquietudine quello che Oppenheimer gli raccontava sugli eventi della giornata. Gli eventi facevano pensare molto di più a un processo che a un'audizione amministrativa. Per questo il 18 aprile, il giorno di Pasqua, Paul invitò a casa sua Garrison e Marks per una riunione con Joe Volpe. Dopo che furono serviti gli aperitivi, Oppenheimer si rivolse all'ex avvocato generale dell'AEC e gli disse: «Joe, mi farebbe piacere che questi amici ti descrivessero quello che sta accadendo nel corso delle audizioni». Nell'ora successiva Volpe ascoltò con crescente indignazione quello che Marks e Garrison gli raccontarono sulla tattica molto aggressiva di Robb e sull'andamento generale del calvario quotidiano di Oppie. Alla fine si voltò verso Oppenheimer e disse: «Robert, accetta di evitarlo, di lasciarlo, di non andare avanti, perché sono quasi certo che non riuscirai a vincere».[55]

Oppenheimer aveva già ascoltato questo consiglio, tra gli altri anche da Einstein. Ma questa volta gli arrivava da un esperto avvocato che aveva contribuito a scrivere le regole delle audizioni dell'AEC, e che si era convinto che sia lo spirito sia la lettera di quelle regole venivano violate scandalosamente. Nonostante ciò, Oppenheimer decise che ormai non aveva altra scelta che seguire il processo fino alla sua conclusione. Era una reazione stoica ma anche un po' passiva, non molto diversa dalla sua tranquilla accettazione di quella notte passata nella ghiacciaia del campeggio, quando da giovane ce l'avevano rinchiuso.

36. «Una manifestazione di isteria»

Sono veramente addolorato, come credo sia anche lei, per la vicenda Oppenheimer. Penso che sia qualcosa di simile a un'inchiesta sul rischio per la sicurezza di un Newton o di un Galileo.
John McCloy al presidente Dwight D. Eisenhower

Venerdì, quando Oppenheimer aveva finito di occupare la sedia dei testimoni, a Garrison fu consentito di convocare una sfilata di oltre due dozzine di testimoni a difesa per garantire il carattere e la lealtà di Oppenheimer. Tra questi vi erano Hans Bethe, George Kennan, John McCloy, Gordon Dean, Vannevar Bush e James Conant,[1] e molte altre eminenti figure del mondo della scienza, della politica e degli affari. Tra questi, uno dei più interessanti era sicuramente John Lansdale, l'ex capo della sicurezza del Progetto Manhattan e ora socio di uno studio legale di Cleveland. Il fatto che una figura chiave della sicurezza dell'Esercito durante gli anni di Los Alamos fosse stato chiamato a testimoniare dalla difesa avrebbe potuto avere un notevole peso sulla commissione giudicante. Inoltre, a differenza di Oppenheimer, Lansdale trovò immediatamente il modo di difendersi dalla tattica aggressiva di Robb. Durante il controinterrogatorio, Lansdale disse che era «assolutamente» convinto che Oppenheimer fosse un cittadino leale. E poi aggiunse: «Sono molto infastidito dalla diffusa isteria di questo periodo, e questa mi sembra proprio una manifestazione di isteria».

Robb non poteva certo lasciar passare questa affermazione, e quindi chiese: «Lei pensa che questa inchiesta sia una manifestazione di isteria?».

Lansdale: «Io penso...».

Robb: «Sì o no?».

Lansdale: «Non posso rispondere a questa domanda con un "sì" o con un "no". Se lei mi permette di seguire il mio ragionamento, se mi lascia continuare, sarò ben lieto di rispondere alla sua domanda».

Robb: «D'accordo».

Lansdale: «Penso che l'isteria verso il comunismo a cui stiamo assistendo sia estremamente dannosa». Quindi spiegò che nello stesso periodo del 1943 in cui stava occupandosi del nullaosta alla sicurezza di Oppenheimer, era stato anche alle prese con l'importante problema se affidare incarichi ufficiali nell'Esercito a dei noti comunisti che avevano combattuto il fascismo spagnolo come volontari in Spagna. Lansdale disse anche che, poiché aveva «osato fermare l'entrata in servizio» di un gruppo di quindici o venti di quei comunisti, era stato «ingiuriato» dai suoi superiori. Quella sua decisione fu però annullata dalla Casa Bianca – e Lansdale disse che biasimava Roosevelt «e quelli che stavano attorno a lui alla Casa Bianca» – per aver creato un ambiente in cui ai comunisti venivano affidati incarichi ufficiali.

Esibite in questo modo le sue credenziali anticomuniste, Lansdale passò a raccontare che «in questi giorni stiamo per raggiungere l'altra estremità del pendolo, il che secondo me è altrettanto pericoloso [...]. Sono dunque convinto che questa è una manifestazione di isteria? No. Penso che la cosa sollevi molti dubbi, e davvero molti, me lo si lasci dire. Ma penso anche che osservare rapporti che risalgono al 1940 con la stessa preoccupazione con cui si osservano analoghi rapporti di oggi sia una manifestazione di isteria».

John J. McCloy, ora presidente della Chase Manhattan Bank, concordava con Lansdale. Membro del «gabinetto privato» di Eisenhower, McCloy era anche presidente del Consiglio per le relazioni con l'estero e sedeva nel Consiglio di amministrazione della Ford Foundation e di un'altra mezza dozzina di alcune tra le più ricche aziende del paese. La mattina del 13 aprile 1954, quando McCloy lesse l'articolo di Reston sulla vicenda Oppenheimer, trovò la notizia molto «inquietante». «Non mi sarei certo arrabbiato perché andava a letto con un'amante comunista», ricordava in seguito.[2]

McCloy aveva incontrato regolarmente Oppenheimer al Consiglio per le relazioni con l'estero e non aveva alcun dubbio sulla sua lealtà, una fiducia che non aveva esitato a manifestare immediatamente a Eisenhower: «Sono veramente addolorato, come credo sia anche lei, per la vicenda Oppenheimer», scrisse al presidente.[3] «Penso che sia qualcosa di simile a un'inchiesta sul rischio per la sicurezza di un Newton o di un Galileo. Persone di quel tipo sono sempre di per sé "segrete".» Ike poco convincentemente rispose che sperava che l'«illustre» commissione giudicante scagionasse lo scienziato.

McCloy avvertiva abbastanza chiaramente tutto quello che stava succedendo, e quindi alla fine di aprile fu facilmente persuaso da Garrison – che conosceva McCloy sin dagli anni passati assieme alla Scuola di legge di Harvard – a intervenire all'udienza come testimone dell'ultima ora per la difesa. La testimonianza di McCloy provocò alcuni memorabili battibecchi quando tentò di sollevare alcuni argomenti che mettevano direttamente in dubbio la legittimità delle audizioni. Cominciò la sua difesa di Oppenheimer mettendo in discussione la definizione di sicurezza data dalla commissione: «Non riesco a capire quello che significa esattamente per voi un rischio per la sicurezza. So di essere anch'io un rischio per la sicurezza, e penso che qualsiasi individuo sia un rischio per la sicurezza [...]. Penso che questo sia un rischio per la sicurezza al contrario [...]. Possiamo essere sicuri solo se abbiamo i migliori cervelli e la più grande apertura mentale. Se l'opinione prevalente è che negli Stati Uniti gli scienziati devono lavorare sotto queste grandi restrizioni, e anche sotto questi grandi sospetti, rischiamo di non riuscire a fare il passo successivo in questo settore [quello nucleare], e penso che questo sarebbe per noi molto pericoloso».[4]

Quando Garrison gli chiese di dire la sua opinione sulla vicenda Chevalier, McCloy rispose che la commissione giudicante doveva valutare la propensione di Oppenheimer a mentire per proteggere un amico, confrontandola con la sua importanza per il paese come fisico teorico. Naturalmente, questa linea di ragionamento disturbò notevolmente la commissione poiché suggeriva che nella questione della sicurezza non esistevano valori assoluti, e che un giudizio sul valore poteva essere dato solo sulla base dei meriti di ciascun individuo – la qualcosa, in effetti, il regolamento sulla sicurezza dell'AEC affermava. Robb, nel corso del suo controinterrogatorio di McCloy, chiese con un'astuta analogia se il presidente della Chase Manhattan Bank avrebbe assunto qualcuno che per un certo periodo aveva collaborato con dei rapinatori. «No», rispose McCloy, «non mi risulta che nessuno l'abbia mai fatto.» E se un dirigente di qualche settore della Chase aveva un amico che aveva affermato che conosceva alcune persone che avevano progettato di rapinare la banca, McCloy si aspettava che il dirigente avrebbe riferito di quella conversazione? Naturalmente McCloy fu costretto a rispondere di sì.

McCloy si rese conto che questo scambio di battute aveva influito negativamente sulla vicenda di Oppie, e ancora di più quando Gray dopo poco riprese l'analogia: «Lascerebbe un incarico importante a qualcuno su cui le è venuto qualche dubbio?».

No, rispose McCloy, ma poi subito si riprese dicendo che anche se un impiegato con dubbi precedenti «conoscesse meglio di qualsiasi altro al mondo [...] la complessità delle serrature a tempo, ci penserei due volte prima di mandarlo via, perché dovrei valutare i rischi di questo allontanamento». Quando passò a parlare della mente del dottor Oppenheimer, disse: «Posso accettare una considerevole quantità di immaturità politica come risultato di questo pensiero teorico abbastanza esoterico, abbastanza indefinito, di cui credo diventeremo dipendenti dalla prossima generazione».

Scambi drammatici di questo tipo non erano usuali. La scialba stanza delle udienze all'angolo tra la 16th Street e Constitution Avenue si trasformò ben presto in un palco sul quale uno straordinario gruppo di attori affrontava temi shakespeariani. Su quale base si doveva giudicare un uomo, sui suoi legami o sulle sue azioni? Le critiche alle politiche di un governo possono essere equiparate alla slealtà verso il paese? Una democrazia può sopravvivere in un ambiente che richiede di sacrificare i legami personali alla politica dello stato? Si rende un buon servizio alla sicurezza nazionale applicando stretti controlli di conformità politica ai funzionari governativi?

Le testimonianze sul carattere di Oppenheimer contengono attestazioni eloquenti e talvolta commoventi. George Kennan fu inequivocabile. Con Oppenheimer, disse, ci troviamo di fronte a «una delle più grandi menti di questa generazione di americani».[5] Quest'uomo, suggerì, non può certo «parlare con disonestà di una questione che ha realmente impegnato la responsabile attenzione del suo intelletto [...]. Mi pare che chiedendo a Robert Oppenheimer se ha parlato [...] disonestamente vi stiate comportando come se aveste chiesto a Leonardo da Vinci se ha deformato un disegno anatomico».

Durante il controinterrogatorio, questa affermazione portò Robb a chiedere a Kennan se intendeva sostenere che per giudicare «individui di talento» fossero necessari standard particolari. Kennan: «Credo che già l'abbia fatto la Chiesa. Se la Chiesa avesse applicato a san Francesco criteri collegati solo alla sua giovinezza, a lui non sarebbe servito a nulla diventare quello che più avanti era diventato [...]. È solo il grande peccatore che diventa il grande santo e, nella vita di un governo, è solo su questo punto che si può applicare l'analogia».

Uno dei membri della commissione giudicante, il dottor Ward Evans, interpretò questo ragionamento come l'affermazione che «tutti gli individui di talento sono più o meno eccentrici».

Kennan educatamente obbiettò: «No, signore; non intendevo dire che sono degli eccentrici, ma soltanto che quando gli individui di talento arrivano a una maturità di giudizio che ne fa dei preziosi servitori pubblici, si deve essere pronti a riconoscere che la strada che hanno percorso può non essere regolare come quella seguita dalle altre persone che hanno raggiunto il medesimo livello. Infatti possono essersi mossi zigzagando in vari modi».

Con un consenso apparente, il dottor Evans rispose: «Credo che questa dichiarazione abbia una provenienza letteraria. Credo che derivi da un'idea di Addison* che disse, mi si corregga se sto sbagliando: "Le grandi intelligenze sono vicine alla follia; strettamente alleate, solo pareti sottili tracciano il loro confine"».

A questo punto il dottor Evans notò: «Il dottor Oppenheimer sta sorridendo. Lui sa se su questo ho ragione o torto. È tutto».[6]

Più tardi nella stessa giornata, il 20 aprile, sulla sedia dei testimoni dopo Kennan si sedette David Lilienthal. Kennan era uscito indenne. Ma Robb aveva preparato una trappola per il nuovo testimone. Il giorno prima Lilienthal aveva ricevuto il permesso di controllare tutte le sue carte dell'AEC per rinfrescarsi la memoria. Ma quando Robb avviò il controinterrogatorio, divenne ben presto chiaro che aveva in mano alcuni documenti che erano stati sottratti al controllo di Lilienthal. Dopo averlo indotto a raccontare i suoi ricordi sul controllo della sicurezza di Oppenheimer fatto nel 1947, Robb improvvisamente tirò fuori un memorandum che metteva in chiaro che proprio Lilienthal aveva raccomandato «la creazione di una commissione formata da esperti giuristi per fare un controllo approfondito» del caso Oppenheimer.

Robb: «In altre parole, lei nel 1947 aveva raccomandato che lo stesso passo che stiamo facendo ora fosse fatto allora?».[7]

Innervosito e arrabbiato, Lilienthal stupidamente ammise che era vero, anche se in realtà aveva suggerito qualcosa di molto diverso dal procedimento inquisitorio che era in quel momento in corso. Quando Robb cominciò a sollecitarlo implacabilmente, a un certo punto Lilienthal protestò che «[…] un modo semplice per garantire la verità e la correttezza sarebbe stato quello di consegnarmi anche questi fascicoli ieri, quando li avevo richiesti, in modo che arrivando qui avrei

---

* Joseph Addison (1672-1719), scrittore e uomo politico inglese, fondatore della famosa rivista «Spectator». [*n.d.t.*]

potuto essere un testimone migliore e raccontare con la maggior precisione possibile quello che era accaduto a quell'epoca».

A questo punto Garrison interruppe la discussione per lamentare ancora una volta che «la presentazione a sorpresa di documenti non è la via più chiara per arrivare alla verità. A me sembra più adatta a un processo penale che a un'inchiesta come dovrebbe essere questa, e mi dispiace molto che questo avvenga proprio qui».[8] Ancora una volta il presidente Gray ignorò la protesta di Garrison. E ancora una volta Garrison rimase in silenzio.

Alla fine di quella giornata davvero lunga, Lilienthal tornò a casa e annotò sul suo diario che non riusciva a dormire perché «ero troppo innervosito da quella tattica di "intrappolamento" [...] e incattivito e nauseato dall'intero spettacolo».[9]

Mentre Lilienthal usciva punito e irritato da quell'esperienza, l'inimitabile e imperturbabile Isidor Rabi uscì dalla stanza dell'audizione spavaldo e incolume. In una delle più memorabili affermazioni dell'intero procedimento, Rabi disse: «Non ho mai nascosto al signor Strauss che considero questa procedura come la più inopportuna [...]. Che la sospensione del nullaosta del dottor Oppenheimer è una cosa davvero deplorevole e che non dovrebbe essere approvata. In altre parole, lui è un semplice consulente, e se non volete consultarlo, non lo consultate: chiuso. Poiché fino adesso avete deciso di sospendere il nullaosta e andare avanti su questa strada, lui viene qui solo quando viene chiamato, e questo è tutto quello che vi serve. Per questo non mi sembra il tipo di procedura adatta per nessun tipo di indagine contro un uomo che è riuscito a realizzare quello che il dottor Oppenheimer ha realizzato. Si tratta di un record davvero positivo, così l'ho presentato a un mio amico. Noi abbiamo una bomba A e una serie completa di *questi* [... parole cancellate dal materiale secretato] e cosa volete di più, sirene? Questa è solo una conclusione spaventosa. Se alla fine di un percorso di quel genere c'è un'udienza come questa, che non può aiutare ma soltanto umiliare, mi sembra uno spettacolo davvero brutto. La penso ancora così»[10]

Durante il controinterrogatorio, Robb tentò di scuotere la fiducia di Rabi in sé stesso ponendogli un'altra ipotetica domanda sulla questione Chevalier. Se lui si fosse trovato un una circostanza simile, chiese Robb, avrebbe riferito «tutta la verità sulla vicenda, non è vero?».

Rabi: «Sono per natura una persona che dice la verità».[11]

Robb: «Non avrebbe mentito a quel proposito?».

Rabi: «Le sto dicendo quello che penso adesso. Solo il Signore sa quello che avrei fatto a quell'epoca. Questo è quello che penso ora».

Pochi istanti dopo Robb chiese: «Naturalmente, dottore, lei non conosce quello che Oppenheimer ha testimoniato davanti a questa commissione a proposito di quella vicenda, non è vero?».

Rabi: «No, non lo so».

Robb: «Quindi per dare un parere su quella vicenda, questa commissione è in una posizione migliore della sua per giudicare?».

Rabi, a cui non mancava mai la parola, glissò: «Può essere. Del resto ho una lunga esperienza di vicinanza a quest'uomo, iniziata addirittura nel 1929, cioè 25 anni fa, ed è un tipo di sentimento istintivo [al] quale io stesso do grande importanza. In altre parole, posso anche arrivare a non condividere il giudizio della Corte senza per questo mettere in dubbio la sua integrità [...]».

«Dovete prendere in considerazione l'intera storia», insistette Rabi. «Questo è il nucleo del racconto: c'è un momento drammatico, la storia di un uomo, ciò che l'ha portato ad agire, le sue azioni e che tipo di persona è stato. Questo è quello che state facendo qui: state scrivendo la vita di un uomo.»

Nel corso della testimonianza di Rabi, Oppenheimer uscì dalla stanza dell'udienza e, dopo il suo ritorno pochi minuti più tardi, il presidente Gray notò la sua presenza: «Siete tornato ora, dottor Oppenheimer».[12]

Oppenheimer replicò laconicamente: «È una delle poche cose di cui di cui sono veramente sicuro».

Rabi era sia stupito dall'atmosfera ostile della stanza delle audizioni, sia colpito dalla metamorfosi di Oppenheimer. Robert era entrato nella Stanza 2022 come uno scienziato-uomo di stato eminente, orgoglioso e sicuro di sé, mentre ora stava ricoprendo il ruolo di martire politico. «Era un tipo davvero adattabile», osservava in seguito Rabi.[13] «Quando era sulla cresta dell'onda, riusciva a essere davvero arrogante. Quando le cose gli si rivoltavano contro, gli piaceva fare la vittima. Era davvero un tipo straordinario.»

Anche se l'andamento delle audizioni appariva surreale, tuttavia era molto teatrale, talvolta pieno di grandi emozioni. Venerdì 23 aprile, il dottor Vannevar Bush fu chiamato a testimoniare e gli fu chiesto di parlare sull'opposizione di Oppenheimer, nell'estate e nell'autunno del 1952, alla sperimentazione della prima bomba a idrogeno. Bush spiegò: «Ero fermamente convinto che quel test avrebbe messo fine alla possibilità dell'unico tipo di accordo con la Russia che a quel tempo ritenevo possibile, cioè un accordo per non fare più sperimentazioni. Per un accordo di quel tipo sarebbe stato necessario l'autocontrollo perché, se fosse stato violato, la violazione sarebbe stata immediatamente scoperta. Ancora oggi penso che a quell'epoca sia stato un grave errore condurre il test».[14] La sua conclusione fu priva di compromessi: «Sono convinto che la storia dimostrerà che si trattava di un punto di svolta, che allora stavamo per entrare in quel mondo cupo nel quale ormai ci troviamo, che quelli che hanno spinto quella cosa fino alla sua conclusione senza pensare alle sue conseguenze avrebbero l'obbligo di risponderne».

Per quel che riguardava la controversia sull'opposizione di Oppenheimer a un rapido sviluppo della bomba a idrogeno, Bush disse con franchezza che a molti scienziati in tutto il paese sembrava che Oppenheimer «fosse stato messo alla gogna e spinto verso il calvario solo perché aveva avuto il coraggio di esprimere le sue oneste opinioni». Per quanto riguardava le accuse messe per iscritto contro Oppenheimer, Bush disse con tutta franchezza che si trattava di una «lettera scritta male e che la commissione giudicante avrebbe dovuto rigettarla sin dall'inizio».

A questo punto il presidente Gray osservò che, messe da parte le affermazioni a proposito della bomba a idrogeno, vi erano «questioni relative alle cosiddette informazioni dispregiative», questioni che non potevano essere considerate semplici espressioni di opinione.

«Più che giusto», disse Bush, «e il caso avrebbe dovuto [essere] aperto su quelle.»

Presidente Gray: «Ma questo non è un processo».

Bush: «Se fosse un processo, come lei può ben immaginare, non avrei detto queste cose al giudice».

Il dottor Evans: «Dottor Bush, vorrei che lei mettesse in chiaro qual è l'errore che pensa abbia fatto questa commissione. Non volevo assumermi questo compito quando me l'hanno chiesto. Ma penso di star facendo un servizio per il mio paese».

Bush: «Penso che nel momento in cui si trovò di fronte a quella lettera avrebbe dovuto rimandarla indietro, chiedendo che fosse riscritta in modo che lei potesse aver di fronte una questione chiara [...]. Credo che questa giuria o non giuria in un paese come il nostro debba per prima cosa rispondere alla domanda se un uomo può servire o no il suo paese perché ha espresso opinioni forti. Se vuol affrontare questo caso, lo affronti con me. Anch'io molte volte ho espresso forti opinioni, e voglio continuare a farlo. Certe volte sono state opinioni impopolari. Se un uomo viene messo alla gogna perché l'ha fatto, questo paese è davvero in cattive condizioni [...]. Mi perdoni, signore, se sono agitato, ma è solo la verità».

Lunedì 26 aprile Kitty Oppenheimer si sedette sulla sedia dei testimoni e parlò del suo passato di comunista. Si comportò con semplicità, rispondendo freddamente e con precisione a ogni domanda. Per quanto avesse confidato alla sua amica Pat Sherr che si sentiva molto nervosa, davanti alla Corte apparve schietta e tranquilla. Quando era giovane, Kitty era stata educata dai suoi genitori, nati in Germania, a star seduta senza muoversi, e ora stava mettendo a frutto la sua educazione per dare una dimostrazione di grande autocontrollo.[15] Quando il presidente Gray le chiese se era possibile fare una distinzione tra il comunismo sovietico e il Partito comunista americano, Kitty rispose: «Per come la vedo io, alla sua domanda ci sono due risposte. All'epoca in cui ero iscritta al Partito comunista, pensavo che fossero due cose molto diverse. L'Unione Sovietica aveva il suo Partito comunista e il nostro paese aveva il suo. Penso che il Partito comunista degli Stati Uniti si interessasse soprattutto ai problemi interni. Ora non lo credo più. Credo che oggi le due realtà si siano unite assieme e che si siano diffuse in tutto il mondo».[16]

Quando il dottor Evans le chiese se c'erano due tipi di comunista, «un comunista intellettuale e un semplice comunista ordinario», Kitty ebbe il buon senso di dire: «Posso rispondere solo di no».

«Non posso dire lo stesso», replicò il dottor Evans.

Molti dei testimoni chiamati dalla difesa di Oppenheimer erano amici stretti e alleati professionali. Ma Johnny von Neumann era diverso. Anche se avevano sempre mantenuto relazioni personali amichevoli, von Neumann e Oppenheimer erano in profondo disaccordo politico. Proprio per questo, potenzialmente von Neumann poteva essere un testimone a difesa particolarmente persuasivo. Fervido sostenitore del programma per la bomba a idrogeno, von Neumann spiegò che mentre Oppenheimer aveva cercato di persuaderlo delle sue convinzioni – e mentre lui aveva fatto lo stesso con Oppenheimer – non era in grado di sostenere che Oppenheimer avesse davvero interferito nel lavoro sulla superbomba. Quando gli fu chiesto di parlare della vicenda Chevalier, von Neumann tranquillamente affermò: «Questa cosa mi ha colpito nello stesso modo in cui mi avrebbe colpito sentire di qualcuno che ha fatto una straordinaria bravata durante l'adolescenza».[17] E quando Robb lo assillò con la solita ipotesi della menzogna del 1943 ai funzionari della sicurezza, von Neumann replicò: «Signore, non so proprio come rispondere a questa domanda. Naturalmente, spero che non l'avrei fatto [mentire]. Ma lei ora mi sta chiedendo di ipotizzare che qualcun altro abbia agito male, e mi sta chiedendo se io avrei agito allo stesso modo. Ma non è lo stesso che chiedere a qualcuno quando la finirà di picchiare sua moglie?».

A questo punto i membri della corte si inalberarono e tentarono di convincere von Neumann a rispondere a quella domanda ipotetica.

Dottor Evans: «Se qualcuno l'avesse avvicinata e le avesse detto che disponeva di un canale per trasmettere notizie segrete in Russia, sarebbe rimasto molto sorpreso per il fatto che quell'uomo aveva avvicinato proprio lei?».

Dottor von Neumann: «Dipende da che uomo era».

Dottor Evans: «Supponiamo che fosse un amico dei suoi [...]. L'avrebbe riferito immediatamente?».

Dottor von Neumann: «Dipende dal periodo. In altri termini, se accadeva prima che fossi obbligato alla segretezza, probabilmente no. Se fosse accaduto dopo l'obbligo alla segretezza, sicuramente sì [...]. Quello che sto cercando di dire è che, prima del 1941, non sapevo nemmeno cosa significasse la parola "riservato". Solo Dio può sapere se mi sarei comportato in modo intelligente in una situazione analoga. Sono sicuro di aver imparato abbastanza in fretta il significato. Però c'è stato un periodo di apprendimento in cui posso aver fatto errori, oppure avrei potuto farli [...]».

Avendo forse capito che von Neumann stava conquistando punti, Robb adottò uno dei più vecchi stratagemmi della tradizione dei pubblici accusatori: un'unica domanda nel controinterrogatorio. «Dottore», chiese, «lei non ha mai seguito un corso di formazione in psichiatria, non è vero?». Von Neumann era uno dei più brillanti matematici di quell'epoca. Conosceva Oppenheimer sia professionalmente che socialmente. Ma no, non era certo uno psichiatra, e quindi dal punto di vista non tanto acuto di Robb, von Neumann non era qualificato per giudicare il comportamento di Oppenheimer nell'affare Chevalier.

All'incirca a metà delle audizioni, Robb aveva annunciato che «a meno che la commissione non me lo ordini, non comunicherò in anticipo al dottor Garrison i nomi dei testimoni che ho deciso di convocare».[18] Garrison aveva comunicato la sua lista dei testimoni sin dall'inizio delle udienze, permettendo così a Robb di preparare domande dettagliate, spesso basate sui documenti segreti. Ma ora Robb spiegò che non poteva ricambiare la cortesia all'avversario perché: «Sarò franco sulla questione: nel caso che venga convocato un qualsiasi testimone del mondo scientifico, quello sarà assoggettato a pressioni». Forse, ma si trattava di una giustificazione troppo ovvia, e avrebbe dovuto essere contrastata fortemente da Garrison. Per prima cosa, era ovvio per tutti che sarebbe stato convocato Edward Teller, al quale poteva essere applicata inutilmente qualsiasi pressione che i suoi colleghi avessero voluto applicare. Anche Ernest Lawrence e Luis Alvarez erano possibili candidati, e la lista continuava. L'ironia di questa preoccupazione confessata dall'accusatore sta nel fatto che il produttore di questo processo-farsa, Lewis Strauss, era infaticabile nella persecuzione dei testimoni ostili.

Una settimana dopo aver testimoniato, Rabi andò da Ernest Lawrence a Oak Ridge e gli chiese cosa sarebbe andato a raccontare su Oppenheimer. Lawrence aveva accettato di testimoniare contro di lui. Era molto irritato con il suo vecchio amico. Oppie si era opposto alla bomba a idrogeno e si era anche opposto alla creazione di un secondo laboratorio per gli armamenti a Livermore. Inoltre, più recentemente, Ernest era tornato a casa da una festa scandalizzato perché gli avevano raccontato che Oppie aveva da anni una relazione con Ruth Tolman, la moglie del suo caro amico Richard. Era abbastanza arrabbiato per acconsentire alla richiesta di Strauss di testimoniare contro Oppenheimer a Washington. Ma, la sera prima della giornata prevista per la sua testimonianza, Lawrence fu colpito da un attacco di colite. Il giorno dopo chiamò Strauss per dirgli che non poteva arrivare. Certo che Lawrence stesse cercando scuse, Strauss litigò con lo scienziato e lo chiamò codardo.[19]

Lawrence non andò a testimoniare contro Oppenheimer. Ma Robb l'aveva già interrogato in precedenza ed era certo che la commissione – ma sicuramente non Garrison – aveva visto la trascrizione di quell'intervista. Ovviamente la conclusione di Lawrence secondo la quale Oppenheimer era colpevole di così tanti giudizi sbagliati che «non doveva più avere niente a che fare con le scelte politiche» non era nota agli avvocati di Oppenheimer, che non poterono quindi controbattere.[20] Questa fu sicuramente una delle violazioni delle regole dovute in un processo, che avrebbe potuto costituire la base per arrestarne il proseguimento.

A differenza di Lawrence, Edward Teller non ebbe esitazioni a testimoniare. Il 22 aprile, sei giorni prima della sua testimonianza, Teller ebbe una conversazione di un'ora con Charter Heslep, l'addetto alle relazioni pubbliche dell'AEC. Durante la conversazione, Teller espresse la sua profonda ostilità nei confronti di Oppenheimer e della «banda Oppie». Teller pensava che fosse stata finalmente trovata la strada per distruggere l'influenza di Oppenheimer. Il rapporto di Heslep a Strauss comprende il seguente paragrafo: «Poiché il caso viene affrontato sulla base della sicurezza, Teller si chiede se sia possibile escogitare un modo per "rendere più gravi le accuse" aggiungendo la documentazione sui "consigli davvero pessimi" che Oppenheimer aveva dato, risalendo fino al 1945, alla fine della guerra». Heslep aggiunse che «Teller è profondamente convinto che questa "sospensione a divinis" deve essere fatta – a prescindere da come finiranno le audizioni in corso – perché in caso contrario gli scienziati perderanno il loro entusiasmo per il programma [atomico]».

Il rapporto di Heslep a Strauss mette in evidenza tutte le motivazioni politiche che stanno dietro al caso Oppenheimer.

Teller si lamenta che il caso sia basato solo sulla sicurezza perché pensa che sia una questione insostenibile. Ha formulato in maniera complicata le sue affermazioni sulla filosofia di Oppie, se si eccettua la convinzione che non sia una persona sleale ma – anche se Teller l'ha detto abbastanza vagamente – piuttosto un «pacifista».
Teller dice che quello che è necessario [...] ma il compito è ancora più difficile, è dimostrare ai suoi amici scienziati che Oppie non è una minaccia per il programma ma semplicemente non serve più.
Teller dice che «solo l'uno per cento o anche meno» degli scienziati conosce la situazione reale e che Oppie è «politicamente» così potente nei circoli scientifici che sarà difficile «sospenderlo a divinis proprio nella sua Chiesa». (Quest'ultima frase è mia ma mi sembra adatta.)
Teller ha parlato a lungo della «banda Oppenheimer», facendo molti nomi, alcuni dei quali ha definito «uomini di Oppie» e altri come non facenti parte della «sua banda» ma soggetti alla sua influenza [...].[21]

Il 27 aprile Teller si incontrò con Roger Robb, che voleva essere certo che l'imprevedibile fisico fosse ancora deciso a testimoniare contro il suo vecchio amico. In seguito Teller sostenne che quell'incontro era avvenuto il giorno successivo, solo pochi minuti prima del giuramento, ma questo ricordo è contraddetto da una nota scritta a mano che più tardi aveva mandato a Strauss e nella quale affermava che aveva incontrato Robb la sera prima della sua testimonianza. Secondo il racconto di Teller, Robb bruscamente chiese: «Ci si deve sbarazzare di Oppenheimer?». «Sì, occorre sbarazzarsi di Oppenheimer», aveva risposto. Dopo di che Robb gli aveva passato una trascrizione e Teller aveva letto quella parte della testimonianza di Oppenheimer in cui ammetteva di aver inventato una «frottola». Sostenendo di essere rimasto sorpreso che Oppenheimer avesse così spudoratamente ammesso di aver mentito, Teller in seguito disse che aveva lasciato Robb incerto se avrebbe testimoniato che era necessario sbarazzarsi di Oppenheimer.

Il racconto di Teller di questo incidente è tutt'altro che insincero. Per oltre un decennio, era stato infastidito dall'influenza e dalla popolarità di Oppenheimer tra i suoi amici scienziati. Nel 1954 voleva disperatamente «che fosse sospeso a divinis dalla sua stessa Chiesa».[22] Quello che Robb gli aveva mostrato delle trascrizioni ancora segrete delle udienze gli rese più facile testimoniare contro Oppie.*

La mattina successiva, mentre Oppenheimer sedeva sul divano pochi passi più in là, Teller si sedette sulla sedia dei testimoni. Robb lasciò che testimoniasse a lungo sull'atteggiamento di Oppenheimer a proposito dello sviluppo della bomba H, e su altri argomenti. Infine, preoccupato che Teller potesse apparire ambivalente, Robb lo portò delicatamente a dire solo quello che era necessario.

Robb: «A questo punto, per semplificare le cose, mi lasci porre questa domanda: In tutte le cose su cui sta per testimoniare è sua intenzione suggerire che il dottor Oppenheimer sia sleale verso gli Stati Uniti?».[23]

Teller: «Non intendo suggerire niente di questo genere. So che Oppenheimer è intellettualmente molto attento e anche una persona molto complicata, e penso che sarebbe da parte mia presuntuoso e sbagliato cercare di analizzare le sue motivazioni. Ma ho sempre cre-

---

* Teller non fu l'unico testimone dell'accusa che fu preparato in questo modo da Robb. Una sera, mentre Allan Ecker, l'assistente di Garrison, stava ancora lavorando da solo nella sala delle audizioni, fu distratto da delle voci provenienti dall'atrio. «Qualcuno stava ascoltando un nastro registrato», disse Ecker a Sherwin (16 luglio 1991). Poi vide Robb e alcune persone che avrebbero in seguito testimoniato lasciare la sala. «Il signor Robb aveva fatto entrare delle persone che in seguito sarebbero venute a testimoniare, e loro avevano potuto ascoltare il nastro di un interrogatorio [l'interrogatorio fatto dal tenente colonnello Pash a Oppenheimer nell'agosto 1943].» [*n.d.a*]

duto, e credo ancora adesso, che sia leale verso gli Stati Uniti. Credo in questo, e continuerò a crederci fino a che non avrò evidenti prove del contrario».

Robb: «Ora le pongo una domanda che è il corollario della precedente. Lei pensa che il dottor Oppenheimer sia un rischio per la sicurezza, oppure no?».

Teller: «Ho visto il dottor Oppenheimer in azione moltissime volte e mi è sembrato che agisse in un modo che per me era troppo difficile da comprendere. In moltissimi casi sono stato in completo disaccordo con lui, e francamente le sue azioni mi apparivano confuse e complicate. Per questo credo che sarebbe più opportuno affidare gli interessi vitali di questo paese in mani che io possa capire meglio e quindi sulle quali fare maggior affidamento».

Nel controinterrogatorio fatto dal presidente Gray, Teller amplificò queste affermazioni dicendo: «Se si trattasse solo di saggezza e di giudizio, come è stato dimostrato dalle vicende dopo il 1945, penso che sarebbe meglio non garantirgli l'accesso alla segretezza. Ma devo dire che io stesso sono un po' incerto su questo argomento, soprattutto perché ha a che fare con una persona del prestigio e dell'influenza di Oppenheimer. Posso limitarmi a questo commento?».

Robb non aveva bisogno d'altro. Alzatosi dalla sedia dei testimoni, Teller si voltò e si diresse verso Oppenheimer, che sedeva sul divano di cuoio; gli tese la mano e gli disse: «Mi spiace».

Oppie gli strinse la mano e rispose laconicamente: «Ho ascoltato quello che hai detto, ma non ne ho capito il senso».[24]

Teller avrebbe pagato a caro prezzo quello che aveva detto. Quella stessa estate, durante una visita a Los Alamos, notò nella sala da pranzo un vecchio amico, Bob Christy. Camminando verso di lui con la mano tesa per salutarlo, Teller rimase sorpreso quando Christy si rifiutò di stringergliela e gli voltò immediatamente le spalle. Lì vicino stava un furente Rabi, che disse: «Né lui né io vogliamo stringerti la mano, Edward».[25] Sbalordito, Teller tornò nella sua stanza d'albergo e fece le valige».

Dopo la testimonianza di Teller, le audizioni si trascinarono in maniera deludente per un'altra settimana. Il 4 maggio – nella terza settimana di udienze – Kitty fu chiamata di nuovo sulla sedia dei testimoni. Il presidente Gray e il dottor Evans la spinsero ancora una volta a parlare di quando aveva rotto con il Partito comunista. Ancora una volta Kitty disse che dopo il 1936 «ho smesso del tutto di aver a che fare con il Partito comunista».[26] Poi lo scambio si trasformò in una tranquilla testimonianza.

Presidente Gray: «Potrebbe essere così gentile da dirci se i finanziamenti del dottor Oppenheimer negli anni più o meno precedenti al 1942 dimostrano che non aveva ancora smesso di aver a che fare con il Partito comunista? Non pretendo che lei risponda sì o no. Può rispondere come crede». Kitty Oppenheimer: «Lo so. Grazie. Ma non penso che la domanda sia posta correttamente».

Presidente Gray: «Ha capito quello che sto tentando di sapere?».

Kitty: «Certo. Ho capito».

Presidente Gray: «Perché allora non risponde alla domanda?».

Kitty: «Il motivo è che non apprezzo la frase "smesso di aver a che fare con il Partito comunista" [...]. Perché sono convinta che Robert non abbia mai avuto a che fare con il Partito comunista come tale. So che versava denaro a favore dei rifugiati spagnoli, e so che li versava tramite il partito».

Presidente Gray: «Quando versava denaro a Isaac Folkoff, per esempio, non era necessariamente per i rifugiati spagnoli, non è vero?».

Kitty Oppenheimer: «Penso di sì».

Presidente Gray: «Fino al 1942?».

Kitty: «Non credo fino a quell'anno...».

Quando Gray le ricordò che suo marito aveva citato quella data, rispose: «Signor Gray, Robert e io non concordiamo su tutto. Spesso lui ricorda qualcosa in modo diverso da come la ricordo io».

A questo punto uno degli avvocati di Oppenheimer tentò di inserirsi nella conversazione, ma Gray insistette nel proseguire nella sua serie di domande. Quello che voleva sapere, disse, era in quale periodo erano cessati i rapporti di suo marito con i comunisti.

Kitty Oppenheimer: «Non lo so, signor Gray. So che tra i suoi amici ce n'è uno che dice di essere comunista». (Naturalmente si riferiva a Chevalier.) Sorpreso da questa ammissione casuale, Robb intervenne: «Come ha detto?». Ma Gray andò avanti, e chiese ancora una volta della «meccanica» con la quale uno diventa «chiaramente privo di rapporti» con il Partito comunista. Kitty rispose molto assennatamente: «Credo che questo vari da persona a persona, signor Gray. Alcuni lo fanno di colpo, in quel modo, e magari ci scrivono sopra un articolo. Altri si staccano molto lentamente. Io ho lasciato il Partito comunista, ma non ho lasciato il mio passato, le amicizie, proprio così. Alcune continueranno per sempre. Incontro dei comunisti anche se ho lasciato il Partito comunista». Cominciarono ad arrivare le domande. Il dottor Evans le chiese di definire la differenza tra un comunista e un compagno di strada. Kitty rispose semplicemente: «Secondo me un comunista è un membro del Partito comunista che fa più o meno esattamente quello che gli viene chiesto».

Quando Robb le chiese notizie sul loro abbonamento al «People's World», Kitty spiegò in maniera del tutto plausibile che dubitava che si fossero mai abbonati a quel giornale.[27] «Non mi sono mai abbonata», disse Kitty. «Robert ha detto che si abbonò, ma io ne dubito. Il motivo per cui ne dubito è che sono certa che noi [in Ohio] spesso spedivamo il «Daily Worker» alle persone che volevamo interessare al Partito comunista ma che non si erano mai abbonati al giornale.»

Kitty non era arretrata di un millimetro. Nemmeno Robb era riuscito a colpirla. Calma e attenta anche alla più piccola sfumatura, era stata sicuramente una testimone migliore del marito che stava difendendo.

Il 5 maggio, il giorno conclusivo delle audizioni, quando a Oppenheimer stava per essere permesso di abbandonare per l'ultima volta la sedia dei testimoni, lui chiese di poter fare un ulteriore commento. Dopo aver sopportato quasi quattro settimane di scottanti umiliazioni, Oppenheimer recitò l'ultimo atto della strategia di pacificazione di Garrison e ringraziò i suoi torturatori: «Vi sono grato, e ho veramente apprezzato la pazienza e la considerazione che la commissione giudicante ha mostrato nei miei confronti nel corso di questa parte del procedimento».[28] Si trattava di una dichiarazione di deferenza che doveva dimostrare alla commissione di Gray che Robert Oppenheimer era una persona ragionevole e cooperativa, un membro della classe dirigente con cui si poteva lavorare e di cui ci si poteva fidare. Ma il presidente Gray non ne fu impressionato. «Molte grazie, dottor Oppenheimer», si limitò a rispondere.

La mattina successiva Garrison passò tre ore a riassumere il caso. Protestò ancora, e questa volta meno gentilmente, sul modo in cui le «audizioni» si erano trasformate in un «processo». Ricordò alla commissione giudicante che, prima ancora che le audizioni iniziassero, loro avevano passato un'intera settimana a leggere i materiali dell'FBI su Oppenheimer. «Ricordo la sensazione di crollo», disse Garrison, «che ho avuto in quel momento pensando a una settimana di immersione in quegli archivi dell'FBI che noi non avevamo avuto il privilegio di vedere [...].»[29] Ma, preoccupato di protestare troppo duramente,

Garrison immediatamente parlò d'altro. Mentre era vero, disse, che loro si erano trovati «inaspettatamente in un procedimento che ci appariva per natura ostile [...] voglio dire con tutta sincerità che riconosco e apprezzo davvero la correttezza che hanno mostrato i membri della commissione [...]».

Anche se Garrison appariva arrendevole in modo imbarazzante, era altrettanto eloquente nella sua ricostruzione. Mise in guardia la commissione giudicante dalla «illusione di poter accorciare il tempo, un'illusione che per me è terribile, e veramente, veramente fuorviante». Quello che è accaduto nel 1943 nella vicenda Chevalier deve essere giudicato in base all'atmosfera dell'epoca: «La Russia era il nostro cosiddetto alleato valoroso. Allora l'atteggiamento verso la Russia, verso le persone che avevano simpatia per la Russia, era del tutto diverso da quello che c'è oggi».[30] Per quel che riguardava il carattere di Oppenheimer e la sua integrità, Garrison ricordò alla commissione: «Con oggi sono tre settimane e mezzo che avete trascorso con un gentiluomo sul divano. Avete appreso molto su di lui. Ma su di lui ci sono ancora moltissime cose che non avete appreso, che non conoscete. Non avete passato la vita con lui».

Garrison continuò: «In questa sala c'è molto di più che il dottor Oppenheimer sotto processo [...]. Anche il governo degli Stati Uniti è qui sotto processo».[31] Con una velata allusione al maccartismo, Garrison parlò di «ansietà in tutto il paese». L'isteria anticomunista aveva così fortemente contagiato le amministrazioni Truman ed Eisenhower che l'apparato per la sicurezza si stava ora comportando «come una sorta di macchina monolitica che avrebbe portato alla distruzione di uomini di grande prestigio [...]. L'America non deve divorare i suoi figli». Con questa osservazione, che sottolineava ancora una volta che la commissione doveva «giudicare l'intero uomo», Garrison concluse la sua ricostruzione.

Il processo era finito, e la sera del 6 maggio 1954 il difensore ritornò a Princeton dove attese il giudizio della commissione.

Come Garrison aveva cercato di dimostrare, anche se tardivamente, le audizioni davanti alla commissione presieduta da Gray erano state manifestamente scorrette e vergognosamente extragiudiziali. Le responsabilità principali del procedimento ricadevano su Lewis Strauss. Ma, come presidente della commissione giudicante, Gordon Gray avrebbe potuto garantire che le audizioni fossero condotte correttamente e ragionevolmente. Tuttavia non lo fece. Anziché assumere il controllo delle audizioni per garantirne l'imparzialità, cosa che l'avrebbe portato a controllare le tattiche illecite di Robb, aveva consentito a Robb di controllare il procedimento. Ancor prima delle audizioni, Gray aveva permesso a Robb di incontrarsi con i membri della commissione per leggere con loro i documenti dell'FBI, una palese violazione delle *Procedure per l'accesso alla sicurezza*[32] stabilite nel 1950 dall'AEC. Aveva acconsentito alla richiesta di Robb che a Garrison non fosse permesso un analogo incontro; aveva approvato il rifiuto di Robb di rivelare a Garrison l'elenco dei suoi testimoni; non aveva passato alla difesa la dannosa testimonianza scritta di Lawrence; non aveva fatto nulla per far rilasciare a Garrison il nullaosta per la sicurezza. Insomma, la commissione presieduta da Gray era davvero un tribunale irregolare in cui il capo dei giudici aveva accettato il predominio dell'accusatore. Come avrebbe in seguito affermato il commissario dell'AEC Henry D. Smyth, qualunque onesta revisione legale del modo in cui le audizioni erano state condotte avrebbe sicuramente portato al suo annullamento.

37. «Una grande macchia sulla bandiera del nostro paese»

> [...] *questa è pura cattiveria. Hanno sbagliato, hanno sbagliato gravemente, e non solo a proposito di Robert, ma della concezione stessa di ciò che è necessario per essere un saggio servitore dello stato [...].*
> David Lilienthal

Oppenheimer ritornò a Olden Manor teso e irritabile. Aveva capito che le cose erano andate male, e ormai non poteva far altro che aspettare la sentenza della commissione presieduta da Gray. Pensava che ci sarebbero volute settimane per prendere la decisione conclusiva. Una microspia dell'FBI lo intercettò mentre diceva a un amico che, nonostante tutto, «sperava di non trovarsi mai più in una situazione come quella. Non credeva che il caso sarebbe andato a finire bene perché *tutti i mali del momento si sono riuniti in questa situazione*».[1] Pochi giorni dopo l'FBI riferì che Oppenheimer era «attualmente molto depresso e ha anche maltrattato sua moglie».

Mentre attendevano il giudizio della commissione, lui e Kitty passarono molte ore davanti al loro apparecchio televisivo in bianco e nero, osservando le audizioni al Senato sul conflitto tra l'Esercito e McCarthy. Questo straordinario spettacolo teatrale era iniziato il 21 aprile 1954, all'incirca verso la metà dei tormenti di Oppenheimer, e si valuta che le audizioni – che si trascinarono per tutto il mese di maggio – siano state ogni giorno seguite da circa 20 milioni di americani, che volevano tutti assistere alle frecciate che si scambiavano il senatore McCarthy e il consulente legale dell'Esercito Joseph Nye Welch, un avvocato dell'alta società di Boston. Come molti americani, Oppenheimer fu paralizzato da questo dramma televisivo in diretta; ma per lui fu soprattutto una questione personale, il doloroso ricordo della natura inquisitoria delle audizioni che erano appena terminate. Poteva forse aiutarlo il pensiero che le cose sarebbero andate meglio se fosse stato rappresentato da Welch o da qualcuno come lui?

Gordon Gray pensava che le cose fossero andate splendidamente. Il giorno dopo la fine del procedimento, dettò un memorandum privato per i suoi archivi che riassumeva così le sue reazioni iniziali: «In base a tutte le circostanze, sono al momento convinto che fino a questo punto il procedimento sia stato imparziale. Naturalmente, il motivo di questo giudizio è che al dottor Oppenheimer e ai suoi avvocati non è stato consentito di vedere alcuni documenti, come i rapporti dell'FBI e altro materiale secretato [...]».[2] Gray confessò anche che: «Sono un po' a disagio per i controinterrogatori di Robb e i suoi riferimenti frammentari e a sorpresa a quei documenti, e per le citazioni tratte dai documenti stessi». Ma alla fine se ne dette una ragione perché «la cosa non aveva danneggiato gli interessi di Oppenheimer nel corso del procedimento, visto nel suo complesso».

Dalle conversazioni informali tra Gray e i suoi amici membri della commissione giudicante risultano però alcuni dubbi su questa conclusione. Dal loro punto di vista, Oppenheimer certamente era colpevole di aver posto «la sincerità verso un individuo al di sopra della lealtà o degli obblighi verso il governo». Infatti, come Gray aveva detto a Morgan ed Evans qualche giorno prima in quella stessa settimana, il dottor Oppenheimer ha una «tendenza ripetuta a dare il suo giudizio su molte situazioni, un giudizio che va ben al di là dei giudizi meditati e ufficiali dati in molti casi da persone che per la loro responsabilità e la loro posizione sono autorizzate a dare questi giudizi». Gray citava l'affare Chevalier, la difesa di Bernard Peters da parte di Oppenheimer, il dibattito sulla bomba a idrogeno e parecchie altre posizioni di Oppenheimer sulla politica atomica. Morgan ed Evans dissero che erano d'accordo con lui e in particolare il dottor Evans commentò che «Oppenheimer era certamente colpevole di giudizi molto avventati».

Tuttavia, al suo ritorno dopo una decina di giorni di riposo, Gray rimase colpito quando seppe che il dottor Evans aveva scritto un abbozzo di dissenso in cui difendeva Oppenheimer. Gray aveva pensato che Evans fosse disposto «sin dall'inizio» a sostenere che il nullaosta alla sicurezza di Oppenheimer non doveva essere rinnovato.[3] In privato, Evans gli aveva detto che in base alla sua esperienza «quelli di cui si scoprono precedenti e interessi sovversivi sono senza eccezione quasi tutti ebrei». Con molta franchezza, Gray pensò che l'antisemitismo di Evans potesse influenzare il suo giudizio. Nel corso del mese dedicato al procedimento, Gray annotò «cresce la mia impressione che entrambi i miei colleghi abbiano davvero il medesimo punto di vista». Ma ora, dopo il suo ritorno da Chicago, scrisse: «Il dottor

Evans ha completamente capovolto il suo punto di vista». Evans disse che si era limitato a controllare le registrazioni e che aveva deciso che nelle accuse non c'era nulla di nuovo. L'FBI pensava che «qualcuno l'avesse "imbeccato"».

Strauss divenne frenetico quando seppe di questi sviluppi. Lui e Robb avevano spiato gli avvocati di Oppenheimer, avevano bloccato il tentativo di Garrison di accedere alla sicurezza, avevano teso degli agguati ai testimoni grazie ai documenti secretati, avevano influenzato il collegio giudicante con le «prove per sentito dire» dell'FBI, e ora, nonostante tutti questi sforzi tesi ad assicurare un verdetto di colpevolezza, sembrava possibile che Oppenheimer fosse prosciolto.

Temendo che Evans potesse influenzare almeno uno degli altri due membri della commissione giudicante, Strauss chiamò Robb. I due uomini concordarono che bisognava fare qualcosa e Robb, con l'approvazione di Strauss, chiamò l'FBI e chiese un intervento di Hoover. Robb disse all'agente dell'FBI C.E. Hennrich che riteneva «estremamente importante che il direttore discutesse la questione con la commissione [...]».[4] Robb disse che «temeva che sarebbe stata una tragedia se la decisione della commissione avesse preso una strada sbagliata, e che considerava la questione di estrema urgenza». Quasi nello stesso momento, Strauss era al telefono con A.H. Belmont, uno degli assistenti personali di Hoover, e lo pregava di convincere il direttore a intervenire. Disse che le cose erano «incerte» e che «anche un piccolo colpo alla bilancia avrebbe portato la commissione a commettere un grave errore».

L'agente Hennrich osservò: «Mi sembra che tutto questo si riduca a una situazione in cui Strauss e Robb, che vogliono che la commissione giudicante decida che Oppenheimer è un rischio per la sicurezza, abbiano il timore che la commissione segua un'altra strada [...]. Ho la sensazione che il direttore non andrà a incontrare la commissione».

Se fosse diventato di dominio pubblico, qualunque intervento di questo genere da parte di Hoover sarebbe stato altamente pregiudizievole, e Hoover lo sapeva benissimo. Disse ai suoi aiutanti: «Penso che per me sarebbe inopportuno discutere [il] caso Oppenheimer...». Non voleva incontrare la commissione presieduta da Gray.

Qualche anno più tardi, quando Robb si trovò a confrontarsi con un memorandum dell'FBI che documentava il suo tentativo di ottenere l'intervento di Hoover, negò di aver tentato di influenzare il giudizio della commissione attraverso il direttore dell'FBI. Disse al documentarista e storico Peter Goodchild: «Nego specificamente e categoricamente di aver mai appoggiato un incontro tra la commissione e il direttore [dell'FBI] mirato a influenzare la commissione stessa [...]. Nego anche di aver mai detto a Hennrich che consideravo questo incontro "una questione di estrema urgenza" perché, senza un incontro tra il signor Hoover e la commissione, quest'ultima avrebbe potuto esprimersi a favore di Oppenheimer». Ma la registrazione che documenta il fatto è chiara: lui stava mentendo.

Per colmo di ironia, Gray considerava l'appunto di Evans così mal scritto che chiese a Robb di riscriverlo. «Non volevo che le opinioni del "dottor Evans" fossero troppo vulnerabili», spiegò Robb.[5] «Se fosse stato così, avrebbero potuto far pensare che lui fosse poco più di un infiltrato nella commissione; mi segua, sarebbero apparse come se avessimo messo un citrullo nella commissione.»

Il 23 maggio, la commissione presieduta da Gray pronunciò il suo verdetto formale. Con due voti contro uno il collegio giudicò Oppenheimer un cittadino leale che però rappresentava un rischio per la sicurezza. Pertanto, il presidente Gray e il membro della commissione Morgan raccomandarono che il nullaosta per la sicurezza di Oppenheimer *non* fosse rinnovato. «Le considerazioni che seguono», scrissero Gray e Morgan, «sono state determinanti per la nostra conclusione.»[6]

1. Abbiamo constatato che la condotta e le relazioni continuative del dottor Oppenheimer hanno rappresentato una seria inosservanza delle norme del sistema di sicurezza.
2. Abbiamo notato una disponibilità al condizionamento che può avere serie implicazioni per l'interesse alla sicurezza del paese.
3. Abbiamo considerato il suo comportamento verso il programma per la bomba a idrogeno abbastanza inquietante, tanto da sollevare il dubbio che la sua futura partecipazione, se caratterizzata dallo stesso atteggiamento in un programma governativo collegato alla difesa nazionale, possa davvero essere in sintonia con il miglior interesse della sicurezza.
4. Abbiamo con rammarico concluso che, nel corso della sua testimonianza di fronte a questa commissione, il dottor Oppenheimer non è stato molto sincero su parecchie questioni.

Questo ragionamento era piuttosto contorto. Non si accusava Oppenheimer di aver violato qualche legge o magari qualche regola della sicurezza. Queste connessioni mettevano in evidenza una certa indefinibile inopportunità. Ai loro occhi, la sua studiata mancanza di deferenza verso l'apparato della sicurezza appariva particolarmente dannosa. «La lealtà nei confronti di un amico è una delle qualità più nobili»,[7] scrissero Gray e Morgan nel loro giudizio di maggioranza. «Tuttavia, essere leali verso un amico al di là dei ragionevoli obblighi verso il paese, e verso il sistema della sicurezza, chiaramente non è compatibile con gli interessi stessi della sicurezza.» Assieme a tutte le altre colpe, Oppenheimer aveva anche quella dell'eccesso di amicizia.

Dall'altra parte, il dissenso di Evans era invece una critica chiara e non ambigua al verdetto dei suoi colleghi della commissione. «Gran parte delle informazioni dispregiative», osservò Evans nel suo giudizio di minoranza, «erano già conosciute dal comitato quando nel 1947 al dottor Oppenheimer fu assegnato il nullaosta.»[8]

Anche se erano già al corrente dei suoi rapporti e delle sue simpatie di sinistra, gli diedero comunque il nullaosta. A causa del suo particolare talento ebbero una grande opportunità, e lui continuò a fare un ottimo lavoro. Ora che il lavoro è concluso, ci viene in pratica chiesto di indagare su di lui sulla base di quelle stesse informazioni dispregiative. Ha portato avanti il suo lavoro in modo approfondito e scrupoloso. Di fronte a questa commissione non è arrivata la più piccola traccia di notizia che indichi che il dottor Oppenheimer non è un cittadino leale di questo paese. Lui odia la Russia. Ha avuto amici comunisti, è vero. E ne ha ancora qualcuno. Tuttavia l'evidenza indica che oggi ne ha molti di meno di quelli che aveva nel 1947. Non è ingenuo come era allora. Ha maggiori capacità di giudizio; nessuno nella commissione giudicante dubita della sua lealtà – anche chi ha testimoniato contro di lui lo ha ammesso – e oggi è sicuramente un rischio minore per la sicurezza di quanto non lo fosse nel 1947, quando gli fu dato il nullaosta. Rifiutargli il nullaosta oggi in base a quello che gli consentì di riceverlo nel 1947, pur sapendo che oggi è sicuramente un rischio per la sicurezza minore di quanto lo fosse allora, è davvero una procedura difficile da adottare in un paese libero […].

Personalmente ritengo che rifiutare l'autorizzazione al dottor Oppenheimer diventerà una grande macchia sulla bandiera del nostro paese. Le sue testimonianze costituiscono una parte importante della spina dorsale del nostro paese e lo sostengono.

Comunque, che il dissenso di Evans sia stato scritto di suo pugno o rivisto da Robb, resta un documento notevole. Nei due brevi paragrafi qui riportati, vengono demoliti i punti 1, 2 e 4 delle «considerazioni», riportate più sopra, che Gray e Morgan avevano utilizzato come base per il loro verdetto. Tuttavia non affronta il punto 3, l'argomento che ha provocato questo «incidente ferroviario», come in seguito Oppenheimer usava riferirsi a questa dolorosa vicissitudine. «Abbiamo considerato il suo comportamento verso il programma per la bomba a idrogeno abbastanza inquietante...» avevano scritto Gray e Morgan.

Perché era considerato così inopportuno il suo atteggiamento nei confronti del programma per la bomba a idrogeno? Oppenheimer si era opposto a un'accelerazione del programma per lo sviluppo della bomba a idrogeno, ma su questo concordavano sette altri membri del GAC, e tutti avevano spiegato con chiarezza le loro ragioni. Quello che in realtà Gray e Morgan stavano ora dicendo era che si opponevano al giudizio di Oppenheimer, e che non volevano che le sue opinioni facessero parte dei suggerimenti al governo. Oppenheimer cercava di bloccare, e magari anche di capovolgere, la corsa agli armamenti nucleari. Cercava di incoraggiare un aperto dibattito democratico sulla possibilità che gli Stati Uniti adottassero il genocidio come primaria strategia di difesa. A prima vista, nel 1954 Gray e Morgan consideravano queste posizioni inaccettabili. Per di più, in realtà stavano affermando che non era legittimo, e nemmeno consentito, che uno scienziato esprimesse un forte dissenso su argomenti di politica militare.

Strauss era sollevato perché la commissione giudicante aveva emesso un verdetto di colpevolezza, anche se non troppo pesante, ma ora temeva la possibilità che il dissenso di Evans potesse persuadere i commissari dell'AEC a capovolgerlo. Dopo tutto, il verdetto era soltanto una raccomandazione, e quindi i commissari dell'AEC avevano la possibilità di confermarlo o di rigettarlo. Gli avvocati di Oppenheimer pensavano che si sarebbero seguite le normali procedure e che il direttore generale dell'AEC, Kenneth Nichols, si sarebbe limitato a passare ai commissari il rapporto della commissione presieduta da Gray. Ma Nichols – che considerava Oppenheimer come un «fastidioso figlio di puttana» – inviò ai commissari una lettera che era in realtà una vera e propria direttiva. La lettera di Nichols, scritta sotto la supervisione di Strauss, Charles Murphy (direttore della rivista «Fortune») e Robb, ebbe un effetto del tutto insolito sul rapporto della commissione.

La lettera di Nichols esponeva un argomento completamente nuovo sul perché non doveva essere rinnovato il nullaosta per la sicurezza di Oppenheimer. Si trattava di congetture ben lontane dal verdetto della commissione presieduta da Gray. Prendendo spunto dalla ricerca di Strauss nei dossier dell'FBI su Oppenheimer che aveva trattenuto per tre mesi nel suo ufficio, Nichols aveva per prima cosa deciso che Oppenheimer non era semplicemente un compagno di strada «dipinto di rosa». «I suoi rapporti con questi incalliti comunisti sono tali che li portano a considerarlo uno dei loro.»[9] Citando i contributi in denaro che Oppenheimer aveva versato tramite il Partito comunista, Nichols concludeva: «Le registrazioni indicano che il dottor Oppenheimer era un comunista a tutti gli effetti, anche se non aveva la tessera del partito».

Anche se il verdetto della commissione giudicante aveva enfatizzato l'opposizione di Oppenheimer all'accelerazione del programma per la costruzione della bomba H, Nichols aveva messo da parte questo argomento politicamente inopportuno delle accuse, e aveva astutamente aggiunto che non era nelle intenzioni dell'AEC discutere sul diritto di uno scienziato come il dottor Oppenheimer di esprimere la sue «oneste opinioni».

Al contrario, Nichols spostò l'enfasi sull'affare Chevalier. Ma utilizzò un'interpretazione di questa oscura vicenda completamente diversa da quella presentata dalla commissione presieduta da Gray. La commissione aveva accettato l'ammissione di Oppenheimer di aver mentito al tenente colonnello Pash nel 1943, quando aveva parlato per la prima volta dell'incidente Chevalier-Eltenton. Nichols rigettò questa conclusione e, con una manovra sorprendente e forse anche illegale, interpretò la vicenda in modo completamente nuovo. In pratica, Nichols fece a Oppenheimer un nuovo processo, ignorò l'opinione della maggioranza della commissione giudicante, e si presentò ai commissari dell'AEC con motivazioni completamente nuove per togliere a Oppenheimer il nullaosta per la sicurezza.

Dopo aver riletto la trascrizione di sedici pagine di quel fatale incontro del 26 agosto 1943 tra Oppenheimer e il tenente colonnello Pash, Nichols argomentò che «è difficile concludere che il resoconto dettagliato e circostanziato dato allora dal dottor Oppenheimer al tenente colonnello Pash fosse falso, e che sia invece vera la storia raccontata oggi dal dottor Oppenheimer». Perché, si chiedeva Nichols, Oppenheimer «avrebbe raccontato quella storia falsa e complicata al tenente colonnello Pash?». Rigettando la spiegazione più che plausibile data da Oppenheimer, cioè che aveva tentato di allontanare l'attenzione su Chevalier e sé stesso, Nichols sottolineò che Oppenheimer «non aveva dato la sua attuale versione della storia fino al 1946, solo poco dopo aver saputo da Chevalier quello che aveva raccontato all'FBI a proposito dell'affare [...]». Oscurando ai membri della commissione il fatto decisivo che l'interrogatorio dell'FBI a Eltenton – condotto simultaneamente a quello fatto dall'FBI a Chevalier – aveva confermato in maniera irrefutabile la versione dell'affare Chevalier-Oppenheimer data nel 1946, Nichols concludeva che Oppenheimer aveva mentito nel 1946 all'FBI e di nuovo nel 1954 durante le audizioni.

Nichols non aveva scoperto ulteriori fatti: si era limitato a sopprimerli. Aveva semplicemente affermato che Oppenheimer aveva mentito per proteggere il fratello, una teoria che, come abbiamo visto, era sostenuta da evidenze del tutto insufficienti. Curiosamente, la commissione presieduta da Gray non aveva fatto alcuno sforzo per ottenere una testimonianza da Frank Oppenheimer e nemmeno, su quella questione, dai due personaggi principali, Haakon Chevalier e George Eltenton. (Chevalier a quell'epoca viveva a Parigi ed Eltenton era da tempo tornato in Inghilterra, ma tutti e due avrebbero potuto essere interrogati all'estero.)

La lettera di Nichols conteneva solo un'ipotesi, un'interpretazione molto personale, che non era stata nemmeno sollevata dalla commissione giudicante. Perché stava introducendo con tanto ritardo una nuova teoria? La risposta è ovvia: sostenere che Oppenheimer aveva mentito nel 1954 di fronte alla commissione avrebbe causato un danno maggiore che sostenere che aveva mentito undici anni prima di fronte a un tenente colonnello.

Poiché è impossibile immaginare che Nichols abbia presentato questa interpretazione radicale senza l'approvazione di Strauss, è chiaro che Strauss temeva che le ambiguità presenti nelle decisioni della maggioranza, combinate con la chiarezza del dissenso di Evans, potessero portare i commissari dell'AEC a respingere il verdetto della commissione giudicante.

Gli avvocati di Oppenheimer non seppero nulla della lettera di Nichols. Garrison ne avrebbe potuto sapere qualcosa se gli fosse stata data la possibilità di presentare un'argomentazione orale di fronte ai commissari dell'AEC. Il dottor Henry D. Smyth, l'unico commissario favorevole alla richiesta di Garrison, ammonì: «Non consentire agli avvocati del dottor Oppenheimer di commentare la lettera di Nichols, farà esplodere forti critiche quando la lettera verrà resa pubblica».[10] Ma, ancora una volta, Strauss ebbe la meglio e la richiesta di Garrison fu tranquillamente respinta senza spiegazioni.

Gli avvocati di Oppenheimer per un po' sperarono che i cinque commissari dell'AEC avrebbero capovolto le raccomandazioni della commissione presieduta da Gray. Dopo tutto tra i consiglieri dell'AEC c'erano tre democratici (Henry De Wolf Smyth, Thomas Murray ed Eugene Zuckert) e solo due repubblicani (Lewis Strauss e Joseph Campbell). All'inizio, perfino Strauss temeva che finisse tre voti a due a favore di Oppenheimer, ma, in quanto presidente, si trovava in una posizione che gli consentiva di influenzare i commissari suoi amici. Conosceva bene i modi con cui il potere agiva a Washington, e non aveva scrupoli nell'offrire tangibili ricompense ai colleghi che seguivano le sue indicazioni. Fece loro generose promesse e parlò a Smyth di vantaggiose opportunità d'impiego nell'industria privata. A un certo punto Smyth si chiese se Strauss stesse cercando di comprare il suo voto.[11] Harold P. Green, l'avvocato dell'AEC che era stato incaricato di scrivere l'originaria lettera di accuse contro Oppenheimer, pensava che Strauss non accettasse compromessi. Green sapeva che Zuckert era inizialmente propenso a considerare Oppenheimer innocente. Il 19 maggio Strauss era stato infatti informato che «Gene Zuckert vedrebbe con favore la possibilità di non intervenire e di non votare sulla disposizione finale del caso sulla sicurezza».[12] Ma a un certo punto Zuckert si eclissò. Aveva deciso di lasciare il suo posto di commissario dell'AEC il 30 giugno – il giorno dopo aver sottoscritto la decisione della maggioranza contro Oppenheimer – per avviare un proprio studio legale a Washington. Green era più che certo che fosse accaduto qualcosa di imprevisto, soprattutto dopo aver saputo che poco dopo Strauss aveva affidato una discreta parte dei suoi affari legali a Zuckert. Green non lo sapeva, ma Zuckert aveva anche firmato un contratto con Strauss per lavorare come suo «consulente e consigliere personale».[13]

Alla fine di giugno Strauss aveva raccolto i voti di tutti i consiglieri salvo uno. Il solo scienziato nella commissione, il professor Smyth, aveva dichiarato esplicitamente che a Oppenheimer doveva essere restituito il nullaosta alla sicurezza. Come autore nel 1945 del *Rapporto Smyth*, una storia scientifica non segreta del Progetto Manhattan, gli erano ben noti sia Oppenheimer sia i dettagli delle norme sulla sicurezza. A livello personale non aveva particolare attenzione per Oppenheimer. Per dieci anni erano stati vicini a Princeton, e Oppenheimer l'aveva sempre considerato un uomo vanesio e pretenzioso. Comunque fossero andate le cose, Smyth non riteneva convincente il giudizio della commissione. Agli inizi di maggio lui e Strauss avevano pranzato assieme per discutere del verdetto. Alla fine del pranzo Smyth disse: «Strauss, la differenza tra te e me è che tu vedi tutte le cose o bianche o nere mentre a me tutto appare grigio».[14]

«Harry», rispose sgarbatamente Strauss, «ti raccomanderò a un buon oculista.»

Poche settimane più tardi Smyth disse a Strauss che era deciso a scrivere una nota di dissenso. Con un lungo lavoro che durava ogni sera fino a mezzanotte, Smyth lesse con fatica il rapporto della commissione giudicante e le trascrizioni delle audizioni, un pacco di carte alto più di un metro. Per farsi aiutare in questo lavoro, aveva richiesto la disponibilità di due assistenti dello staff dell'AEC. Nichols aveva avvertito uno di questi assistenti, Philip Farley, che quel lavoro era un rischio per la sua carriera, ma Farley coraggiosamente andò a lavorare comunque con Smyth. Quando il 27 giugno Smyth aveva completato l'abbozzo della sua opinione dissenziente, venne a sapere che l'opinione finale della maggioranza era stata completamente modificata e che gli toccava quindi riscrivere anche la sua.

Lunedì 28 giugno Smyth e i suoi assistenti iniziarono a scrivere alle 7.00 una dichiarazione di dissenso del tutto nuova. Avevano a disposizione solo dodici ore per rispettare il limite imposto dall'AEC alla presentazione dell'opinione finale. Durante la notte, mentre ancora lavoravano, Smyth dalla finestra vide un'automobile parcheggiata davanti al portone; dentro c'erano due uomini che osservavano la casa. Smyth pensò che qualcuno dell'AEC o dell'FBI li avesse mandati lì per intimidirlo. «Lei non sa quanto è buffo che debba sopportare tutte queste pressioni per aiutare Oppenheimer», disse più tardi nella notte a uno dei suoi assistenti.[15] «Non mi è mai stato simpatico.»

Alle dieci del mattino Farley portò l'opinione dissenziente di Smyth in centro per consegnarla all'ufficio dell'AEC, e lì rimase per essere certo che fosse copiata in toto. Nel pomeriggio il dissenso di Smyth e le opinioni della maggioranza vennero messi a disposizione della stampa. I commissari avevano votato quattro a uno che Oppenheimer era leale e quattro a uno che costituiva un rischio per la sicurezza. Nell'opinione della maggioranza non appariva nessun riferimento alla questione della bomba a idrogeno, nonostante fosse stata il tema centrale della decisione della commissione giudicante. Scritta da Strauss, la decisione della maggioranza era centrata sui «fondamentali difetti di carattere» di Oppenheimer. Il punto centrale riguardava specificamente l'affare Chevalier e i suoi passati rapporti negli anni Trenta con vari studenti che erano stati comunisti. «Gli archivi mostrano che il dottor Oppenheimer si è posto molto al di fuori delle regole che guidano gli altri. Ha deluso su questioni che gli erano state affidate con gravi responsabilità verso gli interessi nazionali. Nei suoi rapporti ha ripetutamente dimostrato un'assoluta inosservanza delle usuali e corrette norme di sicurezza.»[16]

Così, l'autorizzazione a lavorare con materiali riservati fu tolta a Oppenheimer appena un giorno prima della sua scadenza. Dopo aver letto il verdetto dei commissari dell'AEC, Lilienthal annotò nel suo diario: «Al di là delle parole, questa è pura cattiveria. Hanno sbagliato, hanno sbagliato gravemente, e non solo a proposito di Robert, ma della concezione stessa di ciò che è necessario per essere un saggio servitore dello stato [...]».[17] Einstein, disgustato, disse scherzosamente che da allora in avanti l'AEC avrebbe dovuto chiamarsi «Comitato per l'eliminazione atomica».[18]

Agli inizi di giugno, usando come scusa che la copia delle trascrizioni gli era stata rubata in treno (fu subito ritrovata nell'ufficio oggetti smarriti della Pennsylvania Station di New York), Strauss convinse i commissari suoi amici a ricevere tutte le tremila pagine dattiloscritte delle trascrizioni delle audizioni, che erano state pubblicate dal Government Printing Office. Questa decisione violava la promessa fatta dal collegio presieduto da Gray a tutti i testimoni che le loro deposizioni sarebbero rimaste riservate. Ma Strauss temeva di non riuscire a vincere la battaglia delle relazioni pubbliche, e quindi ignorò questa decisione.

Con circa 750.000 parole contenute in 993 dense pagine, *Sulla questione di J. Robert Oppenheimer* divenne ben presto un importante documento degli inizi della guerra fredda. Per essere certo che sin dall'inizio la nuova storia mettesse in imbarazzo Oppenheimer, Strauss aveva trasformato i consiglieri dell'AEC nei migliori megafoni delle testimonianze più negative per i giornalisti. Walter Winchell – il noto giornalista diffamatore di destra – premurosamente scrisse: «[...] nella sua testimonianza (che molte persone si sono perse) Oppenheimer citava il nome della sua amante (la defunta Jean Tatlock), una fanatica "camicia rossa" con la quale ha ammesso rapporti "del tipo più intimo" anche dopo il suo matrimonio [...]. Stava lavorando alla Grande Bomba, ma sapeva che questa Bambola era un membro attivo dell'apparato comunista [...]».[19]

Riviste radicalmente conservatrici come l'«American Mercury» salutavano con piacere il crollo di questo «affascinante ragazzo, per troppo tempo tra gli scienziati atomici» e accusavano i sostenitori di Oppenheimer di essere «potenziali traditori viziati».[20] Quando la decisione della commissione venne annunciata al pianterreno della Camera dei rappresentanti, erano presenti alcuni membri del Congresso che applaudirono.[21]

Tuttavia, sul lungo periodo, la strategia di Strauss ebbe l'effetto opposto; le trascrizioni rivelarono infatti il carattere inquisitorio delle audizioni e costituirono un importante esempio della corruzione delle procedure giudiziarie durante il periodo del maccartismo. Nei successivi quattro anni quelle trascrizioni avrebbero distrutto la reputazione di Strauss e la sua carriera politica.

Per ironia della sorte, il clamore che aveva circondato il processo e il suo verdetto accrebbe la fama di Oppenheimer sia in America che all'estero.[22] Mentre prima era noto soltanto come il «padre della bomba atomica», ora era diventato qualcosa di più attraente, uno scienziato-martire, come Galileo. Indignati e offesi da quella decisione, 282 scienziati di Los Alamos sottoscrissero una lettera a Strauss che difendeva Oppenheimer. In tutto il paese, oltre 1100 scienziati e accademici sottoscrissero un'altra petizione protestando contro la decisione. Come risposta, Strauss replicò che la decisione dell'AEC era stata «dura ma coerente».[23] Il giornalista radiofonico Eric Sevareid notò: «Lui [Oppenheimer] non avrà più accesso ai segreti degli archivi governativi, e presumibilmente il governo non avrà più accesso ai segreti che potrebbero essere nascosti nel suo cervello».[24]

Joe Alsop, il giornalista e amico di Oppenheimer, era indignato dalla decisione. «Con un solo atto folle e ignobile», scrisse a Gordon Gray, «lei ha cancellato tutto il debito che questo paese ha con lui.»[25] Poco dopo Joe Alsop e suo fratello Stewart pubblicarono su «Harper's» un saggio di 15.000 parole che criticava duramente Strauss per il suo «scandaloso errore giudiziario». Ispirandosi al *J'accuse!*, il pamphlet di Émile Zola sull'affare Dreyfus, gli Alsop intitolarono il loro saggio *Noi accusiamo!*[26] Con un linguaggio fiorito, argomentarono che l'AEC aveva disonorato, non già Oppenheimer bensì «il buon nome della libertà americana». Vi erano ovvie somiglianze. Sia Oppenheimer sia il capitano Dreyfus venivano da un ricco ambiente sociale ebraico, ed entrambi gli uomini erano stati costretti a subire un processo con l'accusa di slealtà. Gli Alsop preannunciarono che le conseguenze a lungo termine del caso Oppenheimer sarebbero state simili a quelle del caso Dreyfus: «Come in Francia le peggiori forze che crearono il caso Dreyfus con grande entusiasmo e arrogante sicumera, ruppero poi i loro denti e il loro potere proprio sulla loro sordida operazione, così in America analoghe forze, che hanno creato l'ambiente in cui Oppenheimer è stato giudicato, romperanno i loro denti e il loro potere proprio sul caso Oppenheimer».

Dopo che erano state pubblicate le notizie sul verdetto, John McCloy scrisse al giudice della Corte suprema Felix Frankfurter: «È una vera tragedia che un uomo che ha contribuito così tanto – più della metà dei generali decorati che conosco – alla sicurezza di questo paese, dopo tutti questi anni possa essere giudicato un rischio per la sicurezza. Capisco che l'ammiraglio [Lewis Strauss] non abbia apprezzato la mia testimonianza ma, buon Dio, che cosa si aspettava? Io ero lì quando fu presentato il grande contributo di Oppie e so che è molto più importante di quanto non si creda, ma a che scopo?».

Frankfurter cercò di rassicurare il vecchio amico scrivendogli che «hai aperto molto bene[27] la mente di molta gente alla profonda importanza del tuo "concetto di una sicurezza affermativa"». McCloy e Frankfurter concordavano sul fatto che il colpevole principale dell'intero caso doloroso era Strauss.

Al culmine dell'isteria del maccartismo, Oppenheimer ne era divenuto la vittima più importante. «Il caso fu alla fine il trionfo del maccartismo, ma senza McCarthy», ha scritto lo storico Barton J. Bernstein.[28] Il presidente Eisenhower sembrava soddisfatto del risultato, ma non sapeva nulla della tattica usata da Strauss per ottenerlo. Verso la metà di giugno, apparentemente ignaro della natura e dell'importanza della audizioni, Ike scrisse a Strauss una breve nota suggerendo che Oppenheimer fosse messo a lavorare per risolvere il problema della dissalazione dell'acqua di mare. «Penso che nessun successo scientifico di qualsiasi epoca possa eguagliarlo quanto a benefici per l'umanità [...].»[29] Strauss ignorò tranquillamente questo suggerimento.

Lewis Strauss, con l'aiuto degli amici che la pensavano come lui, era riuscito a «mandare a spasso» Oppenheimer. Le conseguenze per la società americana furono enormi. Era stato scomunicato uno scienziato. Ma ora tutti gli scienziati erano stati messi al corrente del fatto che ci sarebbero potuto essere serie conseguenze per quelli che osavano sfidare le politiche statali. Poco prima delle audizioni, il dottor Vannevar Bush, collega di Oppenheimer al MIT, aveva scritto a un amico che «va ancora discusso il problema su fino a che punto un tecnico che lavora con i militari ha il diritto di parlare pubblicamente [...]. Me ne sto sulle mie piuttosto religiosamente, ma forse troppo».[30] Per esperienza, Bush era convinto che poteva solo rovinare la sua posizione se parlava pubblicamente di decisioni interne al governo. Però, «quando un semplice cittadino vede il suo paese che si avvia su una strada che gli sembra disastrosa, ha certamente l'obbligo di parlare». Bush condivideva molte delle posizioni critiche di Oppenheimer sulla crescente dipendenza di Washington dagli armamenti nucleari. Ma, a differenza di Oppenheimer, in realtà non ne aveva mai parlato. Oppenheimer l'aveva fatto, e ora i suoi colleghi lo vedevano punito per il suo coraggio e per il suo patriottismo. La comunità scientifica rimase traumatizzata per anni. Teller venne emarginato da molti dei suoi vecchi amici. Tre anni dopo il caso, Rabi non riusciva ancora a controllare la sua rabbia verso quelli che avevano giudicato il suo amico. Avendo incontrato per caso Gene Zuckert al Place Vendôme di New York, un ristorante francese molto esclusivo, Rabi si lanciò in una sequela di insulti con la voce che saliva a toni sempre più alti. Insultò pesantemente Zuckert per la decisione che aveva preso come commissario dell'AEC sul caso Oppenheimer. Mortificato, Zuckert se ne andò in fretta e in seguito si lamentò con Strauss per il comportamento di Rabi.[31]

Lee DuBridge scrisse a Ed Condon che «probabilmente è davvero impossibile fare qualcosa per il caso Oppenheimer.[32] L'espressione "rischio per la sicurezza" ha un significato così ampio che si può partire accusando un amico di tradimento e concludere condannandolo perché ha mentito, però imponendogli la medesima pena. Supponendo che non ci sia alcun dubbio che Robert ha in qualche modo mentito, le cose non potevano andare in modo diverso perché oggi nelle menti della gente chiunque abbia mentito e sia stato anche "comunista" è chiaramente una persona che non può essere perdonata».

Per alcuni anni dopo la seconda guerra mondiale gli scienziati erano stati considerati come una nuova classe di intellettuali, membri di una pubblica confraternita politica in grado di offrire competenze, non solo come scienziati ma anche come filosofi civili. Con il licenziamento di Oppenheimer, gli scienziati si resero conto che in futuro avrebbero potuto servire lo stato solo come esperti su argomenti puramente scientifici. Come ha osservato in seguito il sociologo Daniel Bell, il calvario di Oppenheimer significava che dopo la guerra «il ruolo messianico degli scienziati»[33] era giunto al suo termine. Gli scienziati che lavoravano all'interno del sistema non potevano dissentire dalla politica del governo, come invece aveva fatto Oppenheimer scrivendo nel 1953 il suo saggio per «Foreign Affairs», e nemmeno sperare di far parte dei comitati di consulenza del governo. Il processo rappresentava quindi un mutamento importante nelle relazioni tra gli scienziati e il governo. Aveva trionfato la visione più gretta del modo in cui gli scienziati americani dovevano servire il proprio paese.

Per parecchi decenni moltissimi scienziati americani abbandonarono il mondo accademico per andare a lavorare nei laboratori di ricerca industriale delle aziende. Nel 1890 gli Stati Uniti avevano solo quattro laboratori di questo tipo, ma nel 1930 erano già oltre un migliaio, e la seconda guerra mondiale aveva accelerato questa tendenza. A Los Alamos, naturalmente, Oppenheimer era stato determinante per il processo. Ma in seguito aveva seguito una strada diversa, e a Princeton non c'era alcun laboratorio per armamenti. Sempre più preoccupato dallo sviluppo di quello che il presidente Eisenhower avrebbe poi chiamato il «complesso militare-industriale», Oppenheimer aveva tentato di usare la sua fama per mettere in discussione la crescente dipendenza della comunità scientifica dai militari. Ma nel 1954 aveva perso. Come lo storico della scienza Patrick McGrath osservò in seguito, «Scienziati e amministratori come Edward Teller, Lewis Strauss ed Ernest Lawrence, con il loro militarismo e anticomunismo totale, spinsero gli scienziati americani e le loro istituzioni verso una quasi completa e servile devozione agli interessi militari degli Stati Uniti».[34]

La sconfitta di Oppenheimer fu anche una sconfitta per il liberalismo americano. I liberali non erano sotto processo durante il caso di spionaggio dei Rosenberg. Alger Hiss era stato accusato di spergiuro, ma l'accusa nascosta era quella di spionaggio. Il caso Oppenheimer era diverso. A parte i sospetti personali di Strauss, non c'era nessuna evidenza che facesse pensare che Oppenheimer aveva svelato qualche segreto. Per di più, la commissione presieduta da Gray lo aveva scagionato da qualsiasi accusa di questo tipo. Ma, come molti personaggi che avevano partecipato al New Deal di Roosevelt, Oppenheimer in passato era stato un uomo di sinistra, sostenitore della causa del Fronte popolare, vicino a molti comunisti e anche a quel partito. Dopo essersi trasformato in un liberale deluso dall'Unione Sovietica, aveva sfruttato il prestigio personale per unirsi agli esponenti liberali della politica estera, tra i quali aveva per amici uomini come il generale George C. Marshall, Dean Acheson e McGeorge Bundy. I liberali avevano accolto Oppenheimer come uno dei loro. Quindi la sua umiliazione coinvolgeva il liberalismo, e i politici liberali avevano capito che le regole del gioco erano cambiate. Ormai, anche se non si trattava di spionaggio, anche se non veniva messa in discussione la lealtà di nessuno, era pericoloso mettere in discussione la fiducia che gli Stati Uniti riponevano sull'arsenale nucleare. Proprio per questo le audizioni di Oppenheimer costituirono un passo significativo nell'affievolirsi delle discussioni pubbliche durante i primi anni della guerra fredda.

38. «Sento ancora il calore del sangue sulle mie mani»

> *Si è ottenuto proprio quello che i suoi avversari volevano ottenere: distruggerlo.*
> I.I. Rabi

Gli Oppenheimer vennero sommersi dalle lettere: lettere di sostegno da ammiratori, lettere offensive da persone stravaganti e lettere angosciate dagli amici più vicini. Jane Wilson, la moglie del fisico della Cornell University Robert Wilson, scrisse a Kitty: «Robert e io siamo stati colpiti sin dall'inizio delle ostilità, e ogni nuovo sviluppo ci ha riempito di nausea e disgusto. Probabilmente analoghe commedie sgradevoli sono state già recitate nel corso della storia, ma non riesco a ricordarne nessuna».[1] Robert cercò di alleggerire l'intera vicenda scrivendo alla cugina Babette Oppenheimer Langsdorf: «Non vi siete annoiati nel leggere la mia storia? Io sì!».[2] Ma poi la rabbia emergeva in amari commenti del tipo: «Hanno speso più soldi per spiare il mio telefono che per pagarmi la direzione del progetto a Los Alamos».

In una conversazione telefonica con suo fratello, Robert disse che aveva saputo «da sempre che le cose si sarebbero capovolte [...]».[3] Per quanto sicuramente scoraggiato, cercava comunque di pensare al suo calvario come a una vicenda di storia. Agli inizi di luglio disse a Frank che aveva speso duemila dollari per acquistare altre copie delle trascrizioni delle audizioni «affinché gli storici e gli studiosi le possano esaminare».

Alcuni tra i suoi amici più stretti pensavano che fosse molto invecchiato negli ultimi sei mesi. «Un giorno appariva ancora tirato e stanco», disse Harold Cherniss, «un altro giorno era forte e bello come sempre.»[4] Francis Fergusson, amico di Robert sin dall'infanzia, rimase colpito dal suo aspetto. I suoi corti capelli, un tempo screziati di grigio, erano diventati grigio-argento. Aveva appena passato i cinquant'anni, ma ora, per la prima volta nella sua vita, appariva più vecchio della sua età. Robert confessò a Fergusson di essere stato «dannatamente folle» e che probabilmente aveva meritato quello che gli era capitato.[5] Non che fosse colpevole di qualcosa, solo che aveva fatto alcuni gravi errori, «come affermare di conoscere cose che non conoscevo». Fergusson pensava che il suo amico ora si fosse reso conto che «gran parte dei suoi errori più avvilenti erano dovuti alla sua vanità». «Era come un animale ferito», ricordava Fergusson.[6] «Si era ritirato, ed era tornato a un modo di vita più semplice.»

Reagendo con lo stesso tipo di stoicismo che aveva esibito all'età di quattordici anni, Oppenheimer si rifiutò di opporsi al verdetto. «Penso che sia un grave incidente», disse a un giornalista, «come il deragliamento di un treno o il crollo di un edificio. Non ha relazioni o connessioni con la mia vita. Mi è solo capitato di essere lì.» Ma sei giorni dopo il processo, quando lo scrittore John Mason Brown paragonò il suo calvario a una «secca crocifissione»,[7] Oppenheimer con un lieve sorriso rispose: «Mi creda, non è stata poi così secca. Sento ancora il calore del sangue sulle mie mani». Naturalmente, quanto più cercava di banalizzare il suo calvario – come un «grave incidente» senza «connessioni con la mia vita» – tanto più ne sentiva il peso nel suo spirito.

Robert non cadde però in una depressione profonda, né soffrì di disturbi psichici evidenti. Ma alcuni tra i suoi amici notarono dei mutamenti nell'atteggiamento. «Aveva perduto gran parte del suo spirito e della sua vivacità», disse Hans Bethe.[8] In seguito Rabi, a proposito delle audizioni sulla sicurezza, disse: «In un certo senso penso che l'abbiano quasi ucciso, spiritualmente, è ovvio. Si è ottenuto proprio quello che i suoi avversari volevano ottenere: distruggerlo». Robert Serber continuava a pensare che nel periodo che seguì alle audizioni Oppie era diventato «un uomo cattivo, e il suo spirito era stato spezzato».[9] Più avanti in quello stesso anno, quando David Lilienthal incontrò gli Oppenheimer a una festa a New York, nell'elegante casa della signora Marietta Tree, annotò nel suo diario che Kitty appariva «raggiante» e che Robert «sembrava davvero felice, come non mi ricordo di averlo mai visto».[10] Un vecchio amico come Harold Cherniss pensava «che sia Robert che Kitty avessero superato le audizioni sorprendentemente bene». Tuttavia, se Robert era cambiato, Cherniss pensava che fosse cambiato in meglio. Dopo il suo calvario, disse Cherniss, Robert ascoltava di più e mostrava «una grande comprensione per gli altri».[11]

Oppenheimer era stato distrutto, ma allo stesso tempo era stato in grado di mostrare una notevole serenità. Era riuscito a considerare quello che gli era capitato come un assurdo incidente, anche se questa insicurezza lo aveva privato di quell'energia e di quella rabbia che un uomo con un carattere diverso avrebbe potuto usare per combattere. Forse l'insicurezza era una strategia di sopravvivenza con forti radici, ma in quel caso fu raggiunta a un costo considerevole.

Per un certo periodo Oppenheimer non fu nemmeno sicuro che i commissari dell'Istituto gli avrebbero consentito di mantenere il suo incarico. Sapeva che a Strauss sarebbe piaciuto che fosse privato della carica di direttore. In luglio Strauss riferì all'FBI che era quasi certo che otto dei tredici consiglieri dell'Istituto fossero pronti a licenziare Oppenheimer, ma che aveva deciso di rimandare all'autunno il voto sulla questione in modo che non sembrasse che Strauss, come presidente, stava mettendo in atto una vendetta personale.[12] Questa decisione si dimostrò un errore di valutazione, perché il ritardo nell'azione diede ai membri delle facoltà il tempo per preparare una lettera aperta in sostegno di Oppenheimer.[13] Tutti i membri permanenti del corpo docente dell'Istituto firmarono la lettera, una sorprendente manifestazione di solidarietà per un direttore che, negli anni, aveva ferito l'orgoglio di molti. Strauss fu costretto a fermarsi, e in quello stesso autunno i commissari votarono a favore del mantenimento di Oppie come direttore. Arrabbiato e frustrato, Strauss continuò a litigare con Oppenheimer negli incontri del Consiglio. Strauss non riuscì mai ad abbandonare la sua avversione nei confronti di Oppenheimer, riempiendo i suoi archivi con appunti che ossessivamente elencavano con molti dettagli le infrazioni di Robert. «Non riesce a dire la verità», scrisse nel gennaio 1955 a proposito di una piccola discussione sul pagamento di un periodo sabbatico di un docente.[14] Col passare degli anni, scrisse appunti sempre più vendicativi contro gli amici e i difensori di Oppie. Definì Felix Frankfurter «un ingiustificato mentitore» e si divertì a far circolare voci sul fatto che le preferenze sessuali di Joe Alsop lo rendevano «vulnerabile al ricatto sovietico».*[15]

Se Oppenheimer esprimeva la tensione di quegli ultimi mesi, lo stesso stava accadendo ai suoi familiari più prossimi. Anche se Kitty aveva dato una straordinaria prova di fronte alla commissione giudicante, i suoi amici si accorgevano che ora era visibilmente angosciata.

* Nel 1957 la polizia segreta sovietica aveva presentato ad Alsop le prove fotografiche di un suo incontro omosessuale. Strauss si assicurò che la lettera che documentava l'incidente fosse conservata nella cassaforte personale del direttore della CIA Allen Dulles. [*n.d.a.*]

Una notte alle 2.00 telefonò alla sua vecchia amica Pat Sherr. «Noi eravamo in sonno profondo», ricordava la Sherr, «e lei era evidentemente molto ubriaca. Le sue parole erano quasi incomprensibili e diceva cose del tutto sconclusionate.»[16] Agli inizi di luglio, poco dopo la decisione dell'AEC di confermare la sentenza, una intercettazione telefonica illegale dell'FBI raccolse la segnalazione che Kitty era stata da poco colpita da un forte malessere non ancora diagnosticato, e che a Olden Manor stavano aspettando un medico.[17]

Toni, che aveva nove anni, sembrava riuscisse a superare tutto. Però, secondo Harold Cherniss, Peter, che di anni ne aveva tredici, «durante il calvario di Robert, a scuola aveva passato un periodo molto pesante».[18] Un giorno tornò a casa da scuola e disse a Kitty che un compagno di scuola gli aveva detto: «Tuo papà è un comunista». Da sempre bambino molto sensibile, ora Peter era diventato più reticente. Un giorno, verso gli inizi di quell'estate, dopo aver guardato alla televisione uno degli scontri tra i legali dell'Esercito e il senatore McCarthy, Peter era salito al piano di sopra e sulla lavagna che era nella sua stanza aveva scritto: «Il governo americano è scorretto quando accusa Certe Persone che io conosco di essere scorrette con lui. Fino a che questo è vero, penso che Certe Persone, e lo posso anche dire, che solo Certe Persone nel governo degli Stati Uniti devono andare all'INFERNO. Care Persone, sinceramente vostro».[19]

Comprensibilmente, Robert pensò che una lunga vacanza avrebbe fatto bene a tutti. Lui e Kitty decisero di tornare alle Virgin Islands ma, mentre stavano pianificando il viaggio, Robert disse a Kitty di non mandare un telegramma a St. Croix perché era certo che le loro comunicazioni fossero ancora sotto controllo. Temendo che le autorità potessero interferire, disse «se quella trappola non è ancora stata eliminata, facendolo corriamo un rischio».[20] Kitty trascurò il suo consiglio e inviò lo stesso un telegramma con cui prenotava la barca a vela di ventiquattro metri, il *Comanche*, di proprietà del loro amico Edward «Ted» Dale.

Il controllo tecnico dell'FBI era terminato agli inizi di giugno.[21] Ma un mese più tardi, dopo che i commissari dell'AEC avevano pronunciato il verdetto finale contro Oppenheimer, Strauss aveva fatto nuove pressioni sull'FBI perché Robert fosse posto ancora sotto sorveglianza. Illegalmente, agli inizi di luglio vennero di nuovo installate delle spie telefoniche non autorizzate, e nella stessa occasione l'FBI destinò sei agenti a tenere Oppenheimer sotto stretta sorveglianza ogni giorno dalle 7.00 a mezzanotte. Sia Strauss che Hoover temevano che potesse fuggire. Strauss aveva l'incubo che un sottomarino sovietico emergesse nelle calde acque dei Caraibi per caricare Oppenheimer e condurlo al di là della Cortina di ferro.

Perfino Oppenheimer si divertì molto leggendo in un articolo su «Newsweek» che «importanti funzionari della sicurezza hanno messo in guardia contro uno sforzo comunista per convincere il dottor Oppenheimer a fare un viaggio in Europa, per poi persuaderlo a trasformarsi in un Ponti Corvo [sic]», un riferimento a Bruno Pontecorvo, il fisico italiano che era passato ai sovietici nel 1950.[22] Le microspie dell'FBI intercettarono Herb Marks che avvisava Oppenheimer che, in quelle circostanze, era forse opportuno scrivere una lettera a J. Edgar Hoover per informarlo del suo progetto di vacanza. «La lettera», così riportava il riassunto dell'FBI della loro conversazione, «servirebbe a confutare le pazzesche chiacchiere finora circolate per sostenere che il dottor Oppenheimer potrebbe lasciare il paese, potrebbe essere rapito, potrebbe salire su un sottomarino sovietico, sta progettando una vacanza in Europa e così via.»[23] Oppenheimer inviò cortesemente una lettera a Hoover in cui lo informava del suo progetto di passare tre o quattro settimane di vacanza nelle Virgin Islands.

Il 19 luglio 1954, Robert e la sua famiglia salirono su un volo per St. Croix, e di lì andarono a St. John, un'incontaminata isola dei Caraibi, con una superficie di circa cinquanta chilometri quadrati e con non più di 800 residenti, il dieci per cento dei quali erano «continentali». Nel 1954 c'erano in genere poche barche a vela ancorate nella baia. Nell'unico villaggio dell'isola, che era anche l'unico porto commerciale, Cruz Bay, vivevano poche centinaia di abitanti, per la maggior parte discendenti dai loro antenati schiavi.[24] L'unico bar del villaggio, Mooie's, sarebbe stato costruito solo due anni dopo. L'edificio più grande, Meade's Inn, era un vistoso cottage a un piano in perfetto stile delle Indie occidentali. Asini e pavoni passeggiavano indisturbati per le strade non asfaltate.

Scesi dal traghetto, gli Oppenheimer presero come taxi una jeep che li portò per strade polverose lungo la costa settentrionale dell'isola. Cercando l'anonimato, oltrepassarono la Caneel Plantation, l'unico albergo alla moda, realizzato da Laurance S. Rockefeller, e si diressero al Trunk Bay, un alberghetto piuttosto spartano diretto dal proprietario Irva Boulon Thorpe, da tempo residente nell'isola. Non c'erano né telefoni né elettricità, e stanze solo per una dozzina di ospiti. Se cercavano un rifugio solitario erano arrivati nel posto giusto.

«Sembravano davvero in stato di crisi», ricordava Irva Claire Denham, la figlia del proprietario.[25] «Eravamo abbastanza isolati e quindi la gente non poteva raggiungerli. Stavano molto attenti a quello di cui parlavano [...]. Kitty era veramente prudente. Quando qualcuno l'avvicinava sembrava una tigre, perché ringhiava invece di parlare.» Quando Kitty era di pessimo umore spesso lanciava oggetti di ogni tipo e il mattino dopo Robert doveva andare dai Boulon e pagare abbondantemente per i danni provocati.[26] Usando Cruz Bay come porto di riferimento, gli Oppenheimer trascorsero le successive cinque settimane andando a vela con il *Comanche* nelle acque attorno a St. John e alle altre isole dell'arcipelago.

Verso il 25 agosto 1954 l'FBI si preoccupava ancora per un complotto comunista – battezzato «operazione Oppenheimer» – che avrebbe potuto portare gli Oppenheimer al di là della Cortina di ferro. «In base al piano», si legge in un rapporto dell'FBI, «Oppenheimer sarebbe innanzitutto andato in Inghilterra, di qui si sarebbe spostato in Francia e in quel paese sarebbe sparito tra le mani dei sovietici.»[27]

L'FBI si rese conto che era impossibile tenere Oppenheimer sotto sorveglianza mentre era a St. John. Solo il 29 agosto 1954, quando finalmente tornò in volo a New York, gli agenti dell'FBI lo avvicinarono e gli chiesero di andare con loro in un ufficio privato nel terminal dell'aeroporto. Oppenheimer accettò, ma insistette perché anche sua moglie fosse presente. Quando entrarono nella stanza, l'agente bruscamente chiese se nelle Virgin Islands erano stati avvicinati da agenti sovietici con la proposta di passare dall'altra parte. I russi, rispose, «sono dei dannati idioti», ma non pensava che fossero «così idioti da avvicinarlo con un'offerta di quel genere».[28] Disse anche che se mai fosse accaduta una cosa simile, l'avrebbe prontamente riferita all'FBI. Dopo questo breve interrogatorio gli Oppenheimer lasciarono l'aeroporto. Alcuni agenti seguirono la loro automobile fino a Princeton, e il giorno dopo l'FBI inserì ancora una volta una microspia nel loro telefono di casa. Incredibilmente, nel marzo 1955 l'FBI inviò un'altra squadra di agenti a St. John, ben sei mesi dopo che gli Oppenheimer erano ritornati.[29] Gli agenti andarono in giro per l'isola chiedendo ai residenti di che cosa Oppenheimer aveva parlato con quelli che aveva incontrato.

All'estero, la maggior parte delle persone aveva reagito al processo con incredulità. Gli intellettuali europei vi riconobbero un'ulteriore evidenza del fatto che gli Stati Uniti erano stati colpiti da paure irrazionali. «Come può una mente innovativa indipendente sopravvivere in un'atmosfera di questo genere?» si domandava R.H.S. Crossman sul «New Statesman and Nation», il più prestigioso settimanale liberale inglese.[30] A Parigi, quando Chevalier ricevette la copia delle trascrizioni delle audizioni – che gli era stata spedita proprio da Oppenheimer – lesse alcune parti di quel documento direttamente ad André Malraux. Tutti e due rimasero colpiti dalla strana passività di Oppenheimer di fronte a chi lo interrogava. Malraux era particolarmente turbato dal fatto che Oppenheimer avesse tranquillamente risposto alle domande sulle opinioni politiche dei suoi amici e dei suoi colleghi. Le audizioni lo avevano trasformato in un informatore. «Il guaio era», disse Malraux a Chevalier, «che lui aveva accettato sin dall'inizio le parole dei suoi accusatori [...]. Sin dall'inizio avrebbe dovuto dire "Io sono la bomba atomica!". Avrebbe dovuto mettere subito in chiaro che lui era il vero costruttore della bomba atomica, era uno scienziato e non un informatore.»[31]

Inizialmente, Oppenheimer sembrava destinato a diventare un emarginato, almeno dagli ambienti più importanti. Per circa un decennio era stato qualcosa di più di un famoso scienziato. Un tempo figura pubblica onnipresente e influente, ora era improvvisamente sparito, ancora vivo ma scomparso. Come in seguito Robert Coughlan scrisse sul settimanale «Life», «Dopo le audizioni sulla sicurezza del 1954, il suo aspetto pubblico cessò di esistere [...]. Era stato uno degli uomini più famosi del mondo, uno dei più ammirati, citati, fotografati, consultati, glorificati, quasi santificato come il favoloso e affascinante archetipo di un nuovo tipo di eroe, l'eroe della scienza e dell'intelligenza, creatore e simbolo vivente della nuova era atomica. Poi, all'improvviso, tutta la gloria se n'è andata e se n'è andato anche lui [...]».[32] Sulla stampa Teller aveva sostituito Oppenheimer nella rappresentazione dell'archetipo dell'uomo scientifico di stato. «L'esaltazione di Teller negli anni Cinquanta», scrisse Jeremy Gundel, «fu accompagnata, forse inevitabilmente, dalla diffamazione dell'uomo che era stato il suo rivale principale, J. Robert Oppenheimer.»[33]

Anche se Oppenheimer veniva messo alla porta dai circoli governativi, per i liberali diventò ben presto il simbolo di tutto quello che c'era di sbagliato nel Partito repubblicano. Quell'estate, il «Washington Post» pubblicò una serie di articoli del viceamministratore delegato del giornale, Alfred Friendly, che l'FBI giudicò «troppo sbilanciato a favore di Oppenheimer [...]».[34] In un articolo, intitolato UN PACCO DRAMMATICO: LE SORPRENDENTI TRASCRIZIONI

OPPENHEIMER, Friendly definiva le audizioni come un «dramma degno di Aristotele», «shakespeariano in quanto a ricchezza e varietà», con «allusioni allo spionaggio degne di Eric Ambler», con «una trama più intricata di quella di *Via col vento*» e «con quasi la metà dei personaggi di *Guerra e pace*».

Molti americani cominciarono a considerare Oppenheimer come uno scienziato-martire, vittima degli eccessi dell'era del maccartismo. Alla fine del 1954, in occasione della celebrazione del suo bicentenario, la Columbia University lo invitò a fare un discorso; la conferenza fu trasmessa per radio in tutto il paese. Il suo messaggio fu cupo e pessimistico. In precedenza, nelle sue *Reith Lectures*, aveva esaltato il contributo della scienza agli sforzi comunitari, ma ora si soffermò sulla solitudine degli intellettuali, contrastati dal forte vento delle emozioni popolari. «Questo è un mondo», disse, «in cui ciascuno di noi, conoscendo i propri limiti, conoscendo i mali della superficialità, è costretto ad aggrapparsi a quello che gli è più vicino, a quello che conosce, a quello che può fare, ai suoi amici, alle sue tradizioni e al suo amore, per evitare di essere trascinato nella confusione universale, di non sapere nulla e di non amare nessuno [...]. Se un uomo ci dice che vede in modo diverso da noi, o che trova bello quanto noi troviamo brutto, siamo costretti a lasciare la stanza, per la stanchezza o per la preoccupazione [...].»[35]

Pochi giorni dopo, milioni di americani assistettero all'intervista che Edward R. Murrow fece a Oppenheimer nel corso di *Guardalo ora*,* il suo show diffuso su tutta la rete televisiva nazionale. Robert non voleva partecipare allo show, e all'ultimo momento cercò di andarsene. La trasmissione di Murrow suscitava molti dubbi, ma il famoso giornalista televisivo riuscì tuttavia a convincere Oppenheimer a lasciarsi intervistare nel suo ufficio dell'Istituto.

Murrow trasformò la sua conversazione di due ore e mezzo con Oppenheimer in una trasmissione di venticinque minuti che andò in onda il 4 gennaio 1955. Oppenheimer utilizzò quell'occasione per parlare degli effetti debilitanti della segretezza. «Il problema della segretezza», disse, «è che nega persino al governo il buon senso e le risorse dell'intera comunità [...].»[36] Murrow non aveva mai sollevato direttamente la questione delle audizioni sulla sicurezza, quasi sicuramente perché Robert aveva insistito che non se ne parlasse. Tuttavia,

---

* Il titolo originale è *See It Now*. [*n.d.t.*]

chiese gentilmente a Oppenheimer se gli scienziati erano stati isolati dal governo. «Agli scienziati piacerebbe essere convocati, e anche che i loro consigli fossero ascoltati», rispose evasivamente Oppenheimer. «A tutti piace essere trattati come se conoscessero qualcosa. Suppongo che quando il governo si comporta in maniera sbagliata nel settore nel quale stai lavorando, e quando quella decisione appare vigliacca o vendicativa, o miope, oppure è mediocre [...] allora ti scoraggi e – se vuoi – puoi citare un verso di George Herbert e dire *Io me ne vado*.* Ma questa è una soluzione più umana che scientifica.» Alla domanda se la specie umana aveva ora la possibilità di distruggere sé stessa, Oppenheimer replicò: «Non del tutto. Non del tutto. Oggi è certamente possibile distruggere gran parte dell'umanità, e quindi solo un atto di fede profondo riuscirà a persuaderci che quello che resta è ancora umanità».

Poche settimane dopo la sua apparizione a *Guardalo ora*, il nome di Oppenheimer ancora una volta emerse sulla stampa nazionale, questa volta in una controversia sulla libertà accademica. Nel 1953 l'Università di Washington aveva offerto a Oppenheimer un breve incarico come professore ospite. A causa delle audizioni sulla sicurezza, Oppenheimer era stato costretto a rimandare l'impegno. Ma verso la fine del 1954 il dipartimento di fisica rinnovò l'invito, però subito disdetto dal rettore dell'università, Henry Schmitz. Quando il «Seattle Times» pubblicò la decisione di Schmitz, la notizia innescò in tutto il paese un dibattito sulla libertà accademica. Alcuni scienziati annunciarono che avrebbero cominciato a boicottare l'Università di Washington. Sul «Seattle Post-Intelligencer» apparve un editoriale a sostegno del rettore Schmitz: «Sostenere che nella decisione è coinvolta la "libertà accademica" [...] è puramente emotivo e una sciocchezza infantile». Quelli che sostenevano la presenza di Oppenheimer nel campus, insisteva il giornale, facevano «apologia del totalitarismo».[37]

Oppenheimer cercò di stare alla larga dalla contesa. Quando un giornalista gli domandò se la cancellazione del suo invito avrebbe pesato sulla libertà accademica, lui rispose: «Questo non è un problema mio». Ma quando il giornalista continuò chiedendogli se il boicottaggio degli scienziati avrebbe potuto causare qualche imbarazzo

---

* Il verso originale è *I will abroad*, ed è tratto dalla poesia *The Collar* (*Il Collare*). [*n.d.t.*]

all'università, lui rispose con chiarezza: «Mi sembra che l'università si sia già messa in imbarazzo da sola».

Questi incidenti rafforzarono la nuova immagine di Oppenheimer. La sua trasformazione pubblica da personaggio di Washington a intellettuale in esilio era completa. Tuttavia questo non significava che in privato Oppenheimer si considerasse un dissidente. E neppure che era portato a interpretare il ruolo dell'intellettuale pubblico come attivista. Lontani erano i giorni in cui organizzava raccolte di fondi per qualche buona causa, o magari si limitava a sottoscrivere una petizione. Invece, alcuni dei suoi amici lo vedevano ora stranamente passivo, perfino ossequioso, di fronte all'autorità. Il suo amico e ammiratore David Lilienthal era rimasto colpito da una conversazione che aveva avuto con Oppenheimer nel marzo 1955, meno di un anno dopo le audizioni sulla sicurezza. L'occasione era stata un incontro del consiglio della *Twentieth Century Fund*, una fondazione liberale tra i cui amministratori figuravano Lilienthal, Oppenheimer e Adolph Berle, oltre a Jim Rowe e Ben Cohen – in passato entrambi assistenti di Franklin Roosevelt – e Francis Biddle, già ministro della Giustizia nell'amministrazione Roosevelt. Dopo la conclusione dei loro impegni per la fondazione, Berle aprì la conversazione a una discussione sulla crisi allora in corso tra la Cina comunista e Formosa (Taiwan) di Chiang Kai-shek. Berle temeva che la guerra fosse imminente e che potesse anche cominciare con «piccole bombe atomiche: ma dove ci avrebbero portato?». Aggiunse anche che sapeva che alcuni generali speravano «di poter distruggere i cinesi con le bombe atomiche, prima che ne avessero di più potenti [...]». Queste affermazioni avviarono una forte discussione su quello che era necessario fare, e ben presto emerse il consenso affinché tutti sottoscrivessero una dichiarazione pubblica che mettesse in guardia il paese di fronte a qualunque azione militare precipitosa.

Ma proprio allora, con sorpresa di Lilienthal, Oppenheimer cominciò a parlare e «spiegò che non pensava di poter sottoscrivere la dichiarazione, pur condividendone lo spirito, perché la cosa avrebbe suscitato scalpore».[38] Era arrivato a gettare acqua sul fuoco della protesta contro la tendenza alla guerra dell'amministrazione Eisenhower. Dopo tutto, disse, una guerra per Formosa non era per forza di cose peggiore di una pace in circostanze qualsiasi e, se questo porterà alla guerra, un uso limitato di bombe atomiche tattiche non poteva necessariamente portare a una distruzione totale delle città. Sostenne anche che qualsiasi dichiarazione – su cui concordava ma che non voleva sottoscrivere – non avrebbe di per sé significato che «a Washington, a queste importanti questioni non era ancora stata data la necessaria, preoccupata, attenta e intelligente attenzione».

Robert aveva sempre mostrato il suo potere persuasivo con qualsiasi uditorio, e tutti alla fine dell'incontro si trovarono d'accordo sul fatto che una dichiarazione pubblica probabilmente non era opportuna. Lilienthal se ne andò riflettendo «sul perché quelli di noi – come io stesso – che si sono trovati in mezzo a terribili attacchi non riescono a sottrarsi dal conservatorismo quando si discute della posizione del nostro paese e del nostro governo; forse per timore di non essere considerati abbastanza pro-americani».

Appare ovvio che Robert fosse deciso a dimostrare che era un patriota affidabile e che i suoi critici avevano sbagliato a mettere in discussione la sua devozione al paese. Cercava di stare alla larga da qualsiasi confronto pubblico sulla politica, in particolare con coloro che avevano in qualche modo a che fare con le armi nucleari. Disapprovava quelli che si autoproclamavano esperti, per esempio il giovane Henry Kissinger che si era trasformato in uno stratega nucleare. «È del tutto senza senso», disse in privato a Lilienthal mulinando nell'aria la sua pipa spenta, «pensare che si tratti di problemi risolvibili con la teoria dei giochi o con la ricerca comportamentale!»[39] Ma in pubblico non condannò mai né Kissinger né qualsiasi altro stratega nucleare.

In quella stessa primavera Oppenheimer rifiutò un invito di Bertrand Russell a presenziare alla sessione inaugurale della Conferenza Pugwash, una riunione internazionale di scienziati organizzata dall'industriale Cyrus Eaton e da Russell, Leo Szilard e Joseph Rotblat, il fisico nato in Polonia che aveva abbandonato Los Alamos nell'autunno del 1944. Oppenheimer scrisse a Russell di essere rimasto «un po' turbato quando avevo letto i temi previsti dal programma [...]. Del resto penso che il riferimento "ai rischi che sono creati dal continuo sviluppo delle armi nucleari" esprima un giudizio avventato su dove si trovino i rischi più grandi [...]».[40] Sconcertato, Russell rispose: «Non riesco a credere che lei voglia negare che ci siano dei rischi nel continuo sviluppo delle armi nucleari».

Citando sia questo sia altri scambi di opinioni, il sociologo della scienza Charles Robert Thorpe ha sostenuto che, anche se Oppenheimer era stato «estromesso dallo stretto circolo del potere nucleare», tuttavia «il suo spirito era rimasto a sostenere la direzione fondamentale delle politiche di quel settore».[41] Agli occhi di Thorpe, Oppenheimer era tornato al suo «precedente ruolo di stratega scientifico-militare di una guerra nucleare che si poteva vincere, e di apologeta del potere che si poteva ottenere». Sembra che le cose siano andate più o meno così. Certamente Oppenheimer non desiderava sfidare attivisti politici come Russell, Rotblat, Szilard, Einstein e altri ancora che firmavano spesso petizioni di protesta contro la corsa agli armamenti guidata dagli americani. Tuttavia il suo nome era stato vistosamente assente da una delle lettere aperte di quel tipo, datata 9 luglio 1955 e firmata non solo da Russell, Rotblat ed Einstein, ma anche da suoi vecchi maestri e amici come Max Born, Linus Pauling e Percy Bridgman.[42]

Ma Oppenheimer non aveva ancora perso le sue capacità critiche; voleva solo stare per i fatti suoi, e con un pizzico in più di ambiguità dei suoi amici scienziati. Era travolto dai profondi dilemmi etici e filosofici posti dalle armi nucleari, ma a volte sembrava che Oppenheimer, come ha detto Thorpe, «fosse disposto a piangere per il mondo, ma non ad aiutare a cambiarlo».[43]

In verità, Oppenheimer aveva cercato davvero di cambiare il mondo, ma si era reso conto che gli era stato impedito di muovere le leve del potere a Washington, e ormai non aveva più quel desiderio di attivismo politico che l'aveva motivato negli anni Trenta. La sua estromissione non gli impediva di partecipare ai grandi dibattiti dell'epoca; l'aveva invece portato verso l'autocensura. Frank Oppenheimer pensava che suo fratello si sentisse enormemente frustrato perché non riusciva a trovare la strada per rientrare nei circoli ufficiali. «Penso che desiderasse ritornare in quegli ambienti», disse Frank.[44] «Non so perché, ma penso che almeno un motivo ci fosse, perché se ci sei stato almeno una volta è duro non poterci tornare.»

Tuttavia una volta parlò in pubblico di Hiroshima, e lo fece con un vago senso di rammarico. Nel giugno 1956 davanti a una classe di diplomandi della George School – c'era anche suo figlio Peter – disse che il bombardamento di Hiroshima era stato «un tragico errore».[45] Il governo americano, disse, «ha perso il senso dell'equilibrio» quando ha deciso di usare la bomba atomica sulla città giapponese. Pochi anni dopo, diede un accenno delle sue convinzioni a Max Born, il suo vecchio professore a Gottinga, che gli aveva detto esplicitamente di aver disapprovato la sua decisione di lavorare alla bomba atomica. «È una grande soddisfazione aver avuto allievi così intelligenti ed efficienti», scrisse Born nelle sue memorie, «ma avrei preferito che avessero dimostrato meno intelligenza e più buon senso.»[46] Oppenheimer scrisse a Born: «Nel corso degli anni ho notato una certa disapprovazione da parte tua per gran parte del lavoro che ho fatto. Questo atteggiamento mi è sembrato del tutto naturale perché è una sensazione che condivido».

Se Oppenheimer non desiderava entrare pubblicamente nelle discussioni che verso la metà degli anni Cinquanta agitavano i dibattiti sulle politiche nucleari dell'amministrazione Eisenhower, non aveva esitazioni a parlare su argomenti culturali e scientifici. Appena un anno dopo le audizioni sulla sicurezza pubblicò una raccolta di saggi intitolata *Energia atomica problema d'oggi*.*[47] Raccoglieva otto conferenze che aveva fatto dopo il 1946, tutte incentrate sulle relazioni tra le armi atomiche, la scienza e la cultura postbellica. Pubblicato dalla Simon & Schuster, e ampiamente recensito, il libro aveva lo scopo di presentarlo come un moderno profeta, un pensoso ed enigmatico filosofo che ragionava sul ruolo della scienza nel mondo moderno. In questi saggi si schierava a favore della «mente aperta», componente essenziale di una società realmente «aperta». Affrontava il problema di «ridurre al minimo la sicurezza», e osservava: «Ci sembra di sapere, e ci sembra continuamente di tornare a questa convinzione, che il fine di questo paese nel campo della politica estera non possa essere ottenuto in nessun modo reale o duraturo attraverso la coercizione».[48] Poi, in un implicito ammonimento verso coloro che pensavano che un'America potente e dotata di armi nucleari poteva agire unilateralmente, Oppenheimer sosteneva: «Naturalmente, il problema di far giustizia sull'implicito, l'imponderabile e l'incognito non è presente solo in politica. È sempre con noi nella scienza, è sempre con noi nelle faccende più banali degli affari personali, ed è uno dei grandi problemi nello scrivere e in tutte le forme dell'arte. Il mezzo con cui si può risolvere questo problema è talvolta definito "stile". È lo stile che completa le affermazioni con le limitazioni e con l'umiltà; è lo stile che rende possibile agire con efficacia, ma non in modo assoluto; è lo stile che, nel campo della politica estera, ci permette di trovare l'armonia tra la ricerca dei fini per noi essenziali e l'attenzione alle opinioni, alle sen-

---

* J.R. Oppenheimer, *Energia atomica problema d'oggi*, Boringhieri, Torino 1961. [*n.d.t.*]

sibilità e alle aspirazioni di coloro ai quali i problemi possono apparire sotto un'altra prospettiva; è lo stile che rappresenta il rispetto che l'azione deve pagare all'incertezza; è soprattutto attraverso lo stile che il potere deve rimandare alla ragione».

Nella primavera del 1957 Oppenheimer fu invitato dal Dipartimento di filosofia e psicologia della Harvard University a tenere le prestigiose *William James Lectures*. Il suo amico McGeorge Bundy, allora preside ad Harvard, aveva proposto l'invito che, come prevedibile, aveva suscitato parecchie controversie. Un gruppo di ex allievi capitanato da Archibald B. Roosevelt minacciò di sospendere le donazioni se a Oppenheimer fosse stato concesso di parlare. «Non vogliamo ascoltare persone che raccontano bugie», disse Roosevelt, «che vengono a fare conferenze in un luogo il cui motto è "Veritas".»[49] Il preside Bundy ascoltò le proteste, ma poi decise di fissare la prima conferenza per l'8 aprile.

Oppenheimer aveva intitolato la sua serie di conferenze pubbliche *La speranza dell'ordine*. Alla conferenza inaugurale, ben 1200 persone riempirono la più grande sala per conferenze di Harvard, il Teatro Sanders. Altre 800 persone ascoltarono la conferenza ammassate in una sala vicina. In previsione di proteste, poliziotti armati vigilavano agli ingressi. Una grande bandiera americana era appesa alla parete dietro il leggio e dava alla scena un'originale atmosfera cinematografica. Per strana coincidenza, il senatore Joe McCarthy era morto quattro giorni prima, e il suo corpo era stato esposto proprio quel pomeriggio in una camera ardente in Campidoglio. Quando Oppenheimer si avviò a parlare, esitò un momento e poi si diresse verso una lavagna sulla quale scrisse «R.I.P.».*[50] Mentre alcuni tra il pubblico bisbigliarono sorpresi dall'audacia di questa silenziosa allusione al senatore scomparso, Oppenheimer tornò al leggio con il viso impietrito e iniziò il suo discorso. Edmund Wilson ascoltò una delle conferenze e in seguito annotò le sue impressioni nel diario. Mentre il rettore di Harvard, Nathan Pusey, lo stava presentando, Oppenheimer stette in piedi sul palco «muovendo nervosamente le braccia e le gambe in un goffo movimento tipicamente ebraico. Quando però iniziò a parlare l'intero uditorio rimase immobile: non si sentiva volare una mosca. Parlò con grande tranquillità ma con argomentazioni penetranti. Era davvero straordinario per chiarezza e

---

* Acronimo di *rest in peace*; in italiano: «riposa in pace». [*n.d.t.*]

precisione, pur ispirandosi a semplici appunti, come nella sua descrizione di William James, a proposito del quale affrontò i rapporti con il fratello Henry. L'avvio della conferenza fu davvero emozionante; non fece nulla per renderlo drammatico, ma affrontò questioni terribili che erano dolorose nella mente di tutti e che sollevavano, come ha detto Elena [la moglie di Wilson], la questione di una forte responsabilità. Tutti eravamo toccati e stimolati».[51]

Ma in seguito Wilson cominciò a chiedersi se Oppenheimer era «un uomo brillante che era stato abbattuto dall'età, che non sapeva niente di più degli altri su quello che si doveva fare, che come tutti gli altri era incapace di farlo; ora la sua umiltà mi sembrava colpevole». Come molti di coloro che avevano ascoltato i discorsi di Oppenheimer, Wilson era uscito da quell'esperienza con la sensazione dell'ambiguità di un uomo fragile.

Nel suo rifugio all'Istituto, e nelle numerose conferenze che aveva tenuto in giro per tutto il paese, Oppenheimer stava costruendosi un nuovo ruolo. In passato era stato un personaggio scientifico di rilievo; ora stava diventando un distaccato ma carismatico intellettuale fuori dal giro. David Lilienthal, che lo incontrava spesso, pensava che stesse maturando. Certamente, stava invecchiando; nel 1958 la figura allampanata di Robert, una struttura vecchia di cinquantaquattro anni, si era piegata in avanti come quella di un uomo anziano. Ma Lilienthal pensava che le tracce di preoccupazione sul suo viso avevano «avviato un tipo di "successo" tranquillo. Aveva superato una delle più violente e terribili tempeste che nessun essere umano avrebbe potuto sopportare».[52]

Oppenheimer continuò a dirigere l'Istituto con abilità e sensibilità. Era molto orgoglioso della sua creazione. Come Berkeley negli anni Trenta, l'Istituto era diventato uno dei centri più importanti al mondo per la fisica teorica, e anche molto di più.

Era un rifugio per studiosi di successo, giovani e vecchi, in numerose discipline. John Nash era uno di questi giovani studiosi, un matematico brillante che aveva ottenuto un posto di ricercatore all'Istituto nel 1957.* Avendo letto l'articolo di Werner Heisenberg

---

* La storia di Nash è stata raccontata in *Il genio dei numeri*, di Sylvia Nasar [Rizzoli, Milano 1999], e poi nel film *A beautiful mind* [che in Italia ha conservato il titolo originale americano, che era anche quello del libro]. [*n.d.a.*]

del 1925 sul «principio di indeterminazione», Nash cominciò a interrogare l'ormai anziano fisico su alcune delle contraddizioni irrisolte della teoria dei quanti. Come Einstein, Nash era contrariato per i limiti imposti dalla teoria. Nell'estate del 1957, quando sollevò le sue perplessità di fronte a Oppenheimer, il direttore lasciò cadere con fastidio le sue domande. Ma Nash insistette, e ben presto anche Oppenheimer si trovò ad affrontare quel difficile argomento. Successivamente, Nash scrisse su di lui una vera apologia, pur continuando a sostenere che molti fisici sono «troppo dogmatici nei loro atteggiamenti».[53]

Quell'estate Nash se ne andò dall'Istituto, e per molti anni fu costretto a battersi contro una malattia mentale debilitante, che per un certo periodo lo costrinse al ricovero in ospedale. Oppenheimer era comprensivo con i tormenti psichici di Nash, e lo invitò a tornare all'Istituto quando venne dimesso dopo una delle sue numerose crisi con sintomi di schizofrenia. Robert aveva un'istintiva indulgenza per la fragilità della psiche umana, una piena consapevolezza della sottile linea che separa l'insania dalla genialità. Per questo, quando il medico che aveva avuto in cura Nash chiamò Oppenheimer nell'estate del 1961 per chiedergli se Nash stava bene, lui rispose: «Ma dottore, questa è una domanda a cui nessuno sulla faccia della Terra può rispondere».[54]

Oppenheimer poteva essere sfuggente in modo imbarazzante sulle complicazioni della propria vita. Quando il ventisettenne Jeremy Bernstein arrivò all'Istituto nel 1957, venne informato che il dottor Oppenheimer voleva incontrarlo subito. Quando Bernstein si presentò nell'ufficio del direttore, Oppenheimer lo salutò allegramente: «Cosa c'è di nuovo e di certo in fisica?».[55] Prima che Bernstein riuscisse a organizzare una risposta il telefono suonò e, mentre sollevava il ricevitore, Oppenheimer gli fece cenno di sedersi. Dopo aver riattaccato, si voltò verso Bernstein, un tipo che aveva appena conosciuto, e disse tranquillamente: «Era Kitty. Era di nuovo sbronza». Dopo di che, invitò il giovane fisico ad andare a Olden Manor per vedere qualcuno dei suoi «quadri».

Bernstein trascorse due anni all'Istituto e apprezzò il «fascino infinito» di Oppenheimer.[56] L'uomo riusciva a essere sia decisamente intimidatorio, sia disarmante con fascino. Un giorno, quando fu chiamato nell'ufficio di Oppenheimer per una delle sue periodiche «confessioni» al direttore, a Bernstein capitò di raccontare che stava leggendo Proust. «Mi guardò con garbo», scrisse in seguito Bernstein, «e disse che quando aveva più o meno la mia età aveva fatto un viaggio a piedi in Corsica e di notte aveva letto Proust alla luce di una torcia elettrica. Non stava vantandosi, stava soltanto condividendo qualcosa.»

Nel 1959 Oppenheimer tenne una conferenza a Rheinfelden, nella Germania occidentale, sponsorizzata da un'associazione chiamata Congresso per la libertà culturale. Lui e altri venti intellettuali di fama mondiale erano riuniti nel lussuoso Saliner Hotel, sulla riva del Reno nei pressi di Basilea, per discutere sui destini del mondo industrializzato occidentale. Al sicuro in questo ambiente appartato, Oppenheimer ruppe il suo silenzio sulle armi nucleari e parlò con insolita chiarezza del modo in cui quelle armi erano viste e valutate dalla società americana. «Che cosa potremo fare per una civiltà che ha sempre considerato l'etica come una componente essenziale della vita umana», disse, «ma che non riesce a parlare della prospettiva dell'eliminazione quasi completa della specie umana se non in termini prudenziali o di teoria dei giochi?»[57]

Oppenheimer si identificò subito con l'anticomunismo liberale di quell'associazione. Come molti che in passato si erano circondati di comunisti, Oppenheimer ora si trovava in compagnia di intellettuali impegnati a sfatare le illusioni dei «frivoli compagni di strada». Apprezzava la compagnia di quegli uomini che incontrava alla riunione annuale. Tra loro c'erano scrittori come Stephen Spender, Raymond Aron e lo storico Arthur Schlesinger jr. Lui e il direttore esecutivo dell'associazione, Nicolas Nabokov, divennero buoni amici. Nabokov, un cugino dello scrittore, era uno stimato compositore che divideva il suo tempo tra Parigi e Princeton. Era certamente al corrente che la sua associazione riceveva fondi dalla Central Intelligence Agency. E ben presto lo seppe anche Oppenheimer. «Chi non lo sa? Solo chi non lo vuole sapere! Era un finto segreto», ricordava Lawrence de Neufville, un funzionario della CIA di stanza in Germania.[58] Quando nella primavera del 1966 il «New York Times» pubblicò la notizia, assieme a Kennan, John Kenneth Galbraith e Arthur Schlesinger jr., Oppenheimer firmò una lettera all'editore difendendo l'indipendenza del Congresso per la libertà culturale e l'«integrità dei suoi membri». Ma non si preoccuparono di negare il legame con la CIA. Più avanti in quello stesso anno, Oppenheimer scrisse a Nabokov confermandogli che considerava l'associazione come una delle «grandi e benigne influenze» dell'era postbellica.

Col passare del tempo Oppenheimer divenne una celebrità internazionale sempre più importante. Si recò all'estero sempre più spesso. Nel 1958 visitò Parigi, Bruxelles, Atene e Tel Aviv. A Bruxelles lui e Kitty furono ricevuti dalla famiglia reale belga, imparentata alla lontana con Kitty. In Israele furono ospiti del primo ministro David Ben Gurion. Nel 1960 Oppenheimer visitò Tokyo, dove all'aeroporto fu accolto dai giornalisti con un fuoco di fila di domande. «Non posso negare», disse gentilmente, «di aver avuto qualcosa a che fare con il successo tecnico della bomba atomica. E certamente non posso non considerarla cattiva; è che non posso considerare negativo oggi quello che ho fatto ieri.»[59] La traduzione in giapponese di questi sentimenti carichi di ambiguità non dev'essere stata facile. L'anno successivo girò per l'America meridionale, sponsorizzato dall'Organizzazione degli Stati Americani, segnalato dai titoli della stampa locale come «El Padre de la Bomba Atomica».

Lilienthal, grande ammiratore dell'intelligenza di Oppenheimer, era rattristato da quello che vedeva nella vita familiare di Robert. Era ben visibile, disse in seguito, «una contraddizione tra la brillante mente di Oppenheimer e la sua difficile personalità [...]. Non sapeva come trattare le persone, i bambini in particolare».[60] Più avanti Lilienthal concluse duramente che Oppenheimer aveva «rovinato» la vita dei suoi figli. «Li teneva legati al guinzaglio.»[61] Crescendo, Peter era diventato un giovane timido ma molto sensibile e intelligente. Era però in pessimi rapporti con sua madre. Francis Fergusson sapeva che Robert amava suo figlio, ma si rendeva anche conto che appariva incapace di proteggere Peter dagli atteggiamenti imprevedibili di sua madre.[62] Nel 1955 Robert e Kitty decisero di iscrivere Peter, che allora aveva quattordici anni, alla George School, un elitario collegio quacchero di Newtown, in Pennsylvania, nella speranza che la lontananza riuscisse ad allentare le tensioni tra madre e figlio.

La crisi scoppiò nel 1958 quando a Robert fu offerto un posto come *visiting professor* a Parigi per un semestre. Lui e Kitty decisero di ritirare Toni, allora dodicenne, dalla scuola privata a Princeton e di portarla con loro. Ma decisero anche che Peter, allora diciassettenne, rimanesse alla George School. Robert scrisse al fratello che Peter aveva espresso il desiderio di andare a trovare Frank nella sua fattoria, e magari di cercare un lavoro estivo in una delle fattorie agroturistiche del Nuovo Messico. «Ha ancora un carattere piuttosto instabile», scrisse Robert, «e sono preoccupato perché non posso prevedere con certezza quello che capiterà in giugno.»[63]

La segretaria personale di Robert, Verna Hobson, disapprovava: «Che errore averlo lasciato qui. Lui [Peter] era estremamente sensibile. Ero molto preoccupata per questo».[64] La Hobson disse a Robert come la pensava, ma era evidente che Kitty l'aveva convinto. La Hobson considerò sempre questa decisione come il vero punto di svolta del rapporto tra Peter e il padre. «Era arrivato il momento», disse la Hobson, «in cui Robert doveva scegliere tra Peter – al quale era molto legato – e Kitty. Lei l'aveva messa in questo modo, e a causa del patto che aveva fatto con Dio o con sé stesso, lui scelse Kitty.»

39. «Era davvero un paese immaginario»

Robert era un uomo davvero semplice. Lo adoravo.
Inga Hiilivirta

Dopo esserci andati per la prima volta nel 1954, ogni anno gli Oppenheimer passavano parecchi mesi nella piccola isola di St. John nelle Virgin Islands. Circondato dalla meravigliosa, primordiale bellezza dell'isola, Robert apprezzava questo esilio autoimposto, vivendo come se fosse un paria della società. Nel testo di una poesia che aveva scritto da giovane ad Harvard, aveva modellato in St. John la «sua prigione indipendente», e ora quell'esperienza sembrava ringiovanirlo, così come nei decenni passati le vacanze estive nel Nuovo Messico l'avevano rinvigorito. Durante le loro prime visite, gli Oppenheimer tornavano nel piccolo alberghetto di Trunk Bay sulla costa settentrionale dell'isola, di proprietà di Irva Boulon. Ma nel 1957 Robert acquistò un ettaro di terreno sulla Hawksnest Bay, una bella insenatura all'estremità nordoccidentale dell'isola. Il luogo era situato proprio sotto una collinetta con in cima una roccia affiorante, chiamata ironicamente, almeno per Robert, «Collina della pace». L'insenatura era bordata da numerosissime palme inclinate sulla spiaggia bianca, mentre le acque turchesi erano piene di pesci pappagallo, pesci chirurgo azzurri, cernie e, di tanto in tanto, anche di banchi di barracuda.

Nel 1958 Robert aveva ingaggiato il famoso architetto Wallace Harrison – che aveva collaborato ai progetti di famosi edifici come il Rockefeller Center, il palazzo delle Nazioni Unite e il Lincoln Center – perché gli facesse il progetto per una villetta spartana su quella spiaggia, una sorta di versione caraibica di Perro Caliente.[1] Però il committente Robert aveva voluto che le fondazioni della villetta poggiassero in un punto sbagliato, pericolosamente vicino alla riva del mare. (Sosteneva che un asino si era mangiato il progetto del perito.) Quando finalmente fu costruita, la villetta era costituita da una grande stanza rettangolare, lunga all'incirca una ventina di metri, poggiata su una base di cemento.² All'interno della stanza c'era solamente una parete alta un metro e mezzo che divideva la zona notte dal resto della villetta. Il pavimento era rivestito da eleganti mattonelle di terracotta. Una cucina ben arredata e una piccola stanza da bagno occupavano la parte posteriore della struttura. Finestre con persiane disposte su tre lati permettevano alla luce solare di penetrare nella villetta. Ma la parte anteriore del fabbricato, affacciata sull'insenatura, era completamente aperta, all'insenatura come agli alisei, i venti caldi che soffiavano sull'isola. La casa aveva quindi solo tre pareti, ma anche un tetto sottile progettato in pendenza per proteggere la parte anteriore della struttura durante la stagione degli uragani. La chiamarono «Easter Rock»,³ come la grande roccia a forma di uovo che affiorava in cima alla «Collina della pace».

A un centinaio di metri dalla spiaggia vivevano i loro unici vicini, Robert e Nancy Gibney, che avevano venduto agli Oppenheimer la proprietà della spiaggia, anche se con riluttanza, dopo un insistente lavoro di persuasione gentile condotto da Robert.⁴ I Gibney vivevano nell'isola dal 1946, quando avevano comprato per una somma irrisoria una trentina di ettari attorno a Hawksnest Bay.⁵ In passato direttore di «The New Republic», Bob Gibney aveva ambizioni letterarie, ma quanto più viveva nell'isola, tanto meno scriveva.⁶

La moglie di Gibney, Nancy, proveniva da una ricca famiglia di Boston. Donna elegante, aveva lavorato come redattrice a «Vogue». Con tre bambini, e un limitato reddito regolare, i Gibney avevano molto terreno ma scarso denaro. Nancy Gibney aveva incontrato gli Oppenheimer per la prima volta nel 1956, durante un pranzo nell'alberghetto di Trunk Bay. «Erano arrivati vestiti come tutti i turisti», scrisse in seguito, «con magliette di cotone, calzoncini e sandali, ma non avevano nulla di umano, troppo sottili, fragili e pallidi per la vita terrena [...]. Tra i due, Kitty era la più umanoide, anche se non mostrava caratteristiche particolari, eccetto gli occhi neri. La sua voce era troppo profonda e rauca per emanare dal suo petto sottile [...].»

Dopo esser stati presentati, Kitty chiese a Nancy: «Ma non ha caldo con tutti quei capelli?». Era un'osservazione che Nancy considerò «stranamente sgarbata». Ma sin dall'inizio ebbe simpatia per Robert. Appariva «incredibile come Pinocchio, e si muoveva a scatti come una marionetta tirata da fili. Ma nel suo modo di fare non c'era nulla di legnoso: emanava calore, simpatia e cortesia, assieme al fumo della sua famosa pipa». Quando Robert educatamente chiese cosa faceva suo marito, Nancy spiegò che lavorava occasionalmente per Laurance Rockefeller al suo albergo a Caneel Bay.

«Lavora per i Rockefeller?» disse Oppenheimer soffiando nella sua pipa. E poi, abbassando la voce, disse scherzosamente: «Anch'io ho ricevuto denaro per aver fatto del male».

Nancy rimase intimorita. Non aveva mai incontrato gente così strana. Oppenheimer l'anno successivo riuscì a persuadere i Gibney a vendergli il terreno per costruire una villetta. Poi, nella primavera del 1959, quando la casetta era ancora in costruzione, Kitty scrisse a Nancy Gibney che volevano tornare a St. John in giugno, ma che non sapevano dove alloggiare. Nonostante i suoi preconcetti, la Gibney decise di offrirgli una stanza nella loro grande casa rustica vicina alla spiaggia.

Poche settimane dopo gli Oppenheimer arrivarono con la quattordicenne Toni e con Isabelle, una sua compagna di scuola. Kitty disse che le due ragazze avrebbero dormito in una tenda che si erano portati dietro. Poi disse anche che non potevano fermarsi tutta l'estate, ma che sarebbero rimasti almeno un mese. Nancy Gibney rimase sbalordita: aveva immaginato che si sarebbero fermati per pochi giorni. Cominciò così quelle che in seguito Nancy definì «sette settimane terribili, ma anche divertenti», segnate da dissensi, incomprensioni e peggio.[7]

Per dirne una, gli Oppenheimer non erano certo degli ospiti facili. Kitty stava invariabilmente alzata fino a notte fonda, spesso lamentandosi per i dolori di quelle che definiva le sue «fitte al pancreas». Che potevano solo peggiorare per le sue bevute. Sia a Kitty che a Robert «piaceva molto bere e fumare a letto». Tutte le notti i Gibney sentivano Kitty rovistare in cucina, per raccogliere il prezioso ghiaccio per i loro bicchieri. Ogni tanto Nancy Gibney veniva svegliata dai «frequenti incubi» di Robert. Insonni, gli Oppenheimer spesso non si alzavano che dopo mezzogiorno.

Una notte di agosto, Nancy fu svegliata per la terza volta dal rumore fatto da Kitty in cucina, mentre cercava il ghiaccio armata di una pila. Dopo essersi alzata per andare a vedere, alla fine Nancy esplose con rabbia: «Kitty, nessuno che beve per tutta la notte ha bisogno del ghiaccio. Torna nella tua stanza e chiudi la porta. Resta lì finché non ti uccide».

Kitty la guardò per un momento e poi la colpì più forte che poteva con la pila. Il colpo graffiò la guancia di Nancy. «L'afferrai per le spalle», scrisse in seguito la Gibney, «e la spinsi fuori verso la "loro stanza"; poi sbattei le porte e le chiusi tutte a chiave.» La mattina dopo la Gibney partì per andare a trovare sua madre a Boston, e disse ai suoi figli che sarebbe tornata solo quando «quei lunatici se ne saranno

andati». Gli Oppenheimer se ne andarono finalmente a metà agosto.
L'anno dopo tornarono nella loro villetta finalmente pronta ma, e non deve sorprendere, le loro relazioni con i Gibney non si ristabilirono. Senza mai nemmeno scambiare una parola con gli Oppenheimer, Nancy Gibney provocava continuamente Kitty piantando cartelli con scritto «Proprietà privata» dalla sua parte della spiaggia.[8] I figli dei Gibney ricordano Kitty che andava in giro per la spiaggia strappando i cartelli.

Nancy Gibney litigava con Kitty, ma aveva una vera antipatia per Robert. «Cominciai a provare un inconfessato affetto e un po' di rispetto per Kitty, anche se cercavo di non metterlo in mostra. Nei momenti peggiori era assolutamente priva di astuzie, coraggiosa come un piccolo leone, e molto leale con la sua squadra.»[9] Nonostante la sua iniziale opinione su di lui, pensava che l'ambiguo fosse Robert. L'opinione che Nancy aveva di Oppenheimer era totalmente ostile. Nel suo racconto del soggiorno di quell'estate, ricorda che il 6 agosto – a quattordici anni dal bombardamento di Hiroshima – «per i nostri ospiti fu un giorno di grande nostalgia, un giorno di sorrisi compiaciuti e di ricordi nervosi. Nessuno che in quel giorno avesse osservato Robert Oppenheimer *en famille* poteva dubitare su quali fossero le sue ore migliori [...] amava chiaramente la Bomba e l'importante ruolo che aveva avuto nella sua creazione».

Robert non alzava mai la voce. Per di più, nessuno l'aveva mai visto arrabbiato, con una sola memorabile eccezione. Parecchi anni dopo essere andati ad abitare nella loro villetta sulla spiaggia, Robert e Kitty avevano organizzato una chiassosa festa di Capodanno, e a un certo punto uno dei loro ospiti, Ivan Jadan, cominciò a cantare disordinatamente un'aria d'opera. La canzone era troppo per Bob Gibney che arrivò infuriato e urlando sulla spiaggia degli Oppenheimer. Aveva portato con sé un fucile e, probabilmente per attirare l'attenzione di tutti, aveva sparato in aria parecchi colpi. Robert si voltò verso di lui urlando ferocemente: «Gibney, guai se torni ancora a casa mia!».[10] Da allora i Gibney e gli Oppenheimer non ebbero più rapporti diretti. Litigarono sul diritto alla spiaggia e si rivolsero agli avvocati. Nell'isola la contesa divenne ben presto una leggenda.

Le opinioni dei Gibney sugli Oppenheimer non erano però condivise da altri nativi di St. John. Ivan e Doris Jadan, una pittoresca coppia che viveva nell'isola dal 1955, adoravano Robert. «Con lui non ti sentivi mai a disagio», ricordava Doris, «perché tutto derivava dalla sua grande compostezza.»[11] Nato in Russia nel 1900, Ivan Jadan era stato il tenore più importante del Teatro Bolscioi alla fine degli anni Venti e negli anni Trenta. Malgrado la sua posizione, Jadan aveva rifiutato di iscriversi al Partito comunista e nel 1941, quando ci fu l'invasione tedesca, lui e alcuni suoi amici del Bolscioi si diressero verso il fronte e si consegnarono ai tedeschi. Vennero immediatamente caricati su carri bestiame e spediti in Germania. Nel 1949 riuscì a emigrare dalla Germania occidentale agli Stati Uniti. Si sposò con Doris nel 1951 e, quando assieme visitarono St. John nel giugno 1955, Ivan annunciò: «Io mi fermo qui».

Quando conobbero gli Oppenheimer, i Jadan furono felici di sapere che i nuovi arrivati parlavano il tedesco. L'inglese di Ivan era piuttosto primitivo, e lui e Doris in genere parlavano tra loro in russo. Chiassoso e chiacchierone, Ivan poteva attaccare a cantare con il minimo pretesto. Poteva anche essere pungente; si alzava e se ne andava da tavola se si trovava in contrasto con qualcuno. Ivan era più antisovietico di qualsiasi altra persona ma, quando seppe tutto del processo a Robert, non riscontrò nulla nella sensibilità morale di Oppenheimer che non fosse profondamente giusto. Ivan raramente parlava di politica, ma con Robert affrontava l'argomento. Erano davvero una strana coppia, ma lui e Robert godevano della reciproca compagnia.

«Kitty naturalmente era qualcosa di diverso», ricordava Doris Jadan.[12] «Era disturbata. Ma loro [lei e Robert] si proteggevano sempre a vicenda, anche quando lei era fuori di sé [...]. Lei riusciva a essere perfida. Il diavolo era entrato in lei, e lei lo utilizzava.» Tuttavia Doris le voleva bene. Un giorno Kitty disse a Doris: «Sai Doris, io e te abbiamo qualcosa in comune. Siamo tutte e due sposate a due persone davvero uniche, e questa per noi è una responsabilità molto diversa da quella di tante altre donne».

Sull'isola tutti bevevano, e anche se Kitty beveva molto, spesso riusciva a essere sobria per parecchi giorni. «Non mi ricordo Kitty ubriaca, come dite voi, forse soltanto poche volte», ricordava Sabra Ericson, un'altra vicina degli Oppenheimer.[13] «Lei era la grande preoccupazione della sua vita», disse Doris Jadan, «e lo sapeva. Ma credo sapesse anche che non sarebbe passata per tutte quelle vicissitudini se non per amor suo [...]. Amava Robert. Su questo non c'era alcun dubbio. Ma era una persona complicata... Penso che per onestà verso di lui sia stata la miglior moglie che poteva essere...»[14] Quanto a Robert, «Lui la trattava con devozione totale», disse un'altra residente a St. John, Sis Frank.[15] «Non c'era nulla di strano nei suoi occhi.»

Kitty passava molte ore occupandosi senza soste del suo giardino. Per le sue orchidee, St. John era un vero paradiso. «Anche quando il giardino era privo di vita», osservava la Frank, «dopo appena una settimana tutto ricresceva a meraviglia. Era straordinaria con le orchidee.»[16] Ma era spaventata al pensiero di fermarsi alla villetta quando Kitty era lì da sola. Inevitabilmente, Kitty si lasciava andare a qualche osservazione caustica e «maliziosa» su qualcuno che non le piaceva. «Imparai a superare queste cose perché per gran parte del tempo non era in sé... Conoscevo le sue mosse. Sapevo come anticiparle. Che cosa orribile essere infelici.»

«Robert era un uomo davvero semplice», ricordava Inga Hiilivirta, una giovane e bella donna finlandese che veniva in vacanza sull'isola sin dal 1958.[17] «Lo adoravo. Pensavo che fosse una specie di santo. I suoi occhi azzurri erano meravigliosi. Ti guardava come se riuscisse a leggere quello che stavi pensando.» Lei e il marito, Immu, incontrarono gli Oppenheimer il 22 dicembre 1961 durante una festa per il Natale. Entrando nella casa sulla spiaggia di Hawksnet Bay, la venticinquenne Inga rimase colpita che un uomo così famoso vivesse in un ambiente così rustico. Ma poi si accorse che avevano anche tutte le cose necessarie per sopravvivere. Dopo averle chiesto «Gradirebbe un po' di vino?», Robert stappò invece una bottiglia di costoso champagne. Gli Oppenheimer compravano il loro champagne a casse.

Pochi giorni dopo Robert e Kitty organizzarono una festa per il Capodanno; avevano assoldato «Limejuice» Richards, un anziano nativo di colore dell'isola, per trasportare gli ospiti da Cruz Bay lungo la tortuosa e polverosa strada sulla loro Land Rover verde chiaro. Quella notte gli Oppenheimer servirono insalata con aragosta e champagne. Limejuice e la sua «banda rustica» suonarono musica calypso. Robert ballò il calypso con Inga e poi tutti fecero il bagno. «Era davvero un paese immaginario», disse Inga, «come in un sogno.» Più tardi camminarono lungo la spiaggia e Robert le indicò varie costellazioni.

Limejuice divenne il custode e il giardiniere degli Oppenheimer.[18] Quando non erano a St. John, lui poteva disporre della loro Land Rover, che usava come taxi per portare i turisti a visitare l'isola. Chiaramente Robert voleva bene al vecchio uomo e voleva aiutarlo, anche chiudendo un occhio sul fatto che usava la Land Rover per contrabbandare il rum Tortola.

Agli inizi del 1961, mentre nuotava a Maho Bay, Ivan Jadan catturò una piccola tartaruga embricata; più tardi piazzò sul tavolo da pranzo la tartaruga che si dibatteva annunciando la sua intenzione di cucinarla. Sussultando, Robert difese la vita della tartaruga, dicendo a tutti che «gli faceva tornare in mente l'orribile ricordo di quello che era capitato a tutti i piccoli animali dopo il test [di Trinity] nel Nuovo Messico».[19] Allora Ivan incise le sue iniziali sul guscio della tartaruga e poi la lasciò libera. Inga rimase colpita: «Mi fece amare Robert ancor di più».

In un'altra occasione, gli Oppenheimer erano in visita nella casa dei Jadan situata sopra Cruz Bay e stavano osservando uno splendido tramonto. Robert si alzò dalla sua sedia, si voltò verso Sis Frank e le disse: «Sis, vieni con me sul bordo della collina. Stasera ti farò vedere il raggio verde».[20] Abbastanza convinta, proprio nel momento in cui il sole scendeva al di là dell'orizzonte, Sis vide un lampo di luce verde. Robert spiegò con semplicità i principi fisici che stavano dietro quello che Sis aveva visto: osservati da St. John, gli strati dell'atmosfera funzionano come un prisma, creando per un solo istante un lampo verde. Sis rimase emozionata da quella visione, e affascinata dalla paziente spiegazione di Robert.

«Era un uomo discreto», ricordava Sabra Ericson.[21] In settembre, gli Oppenheimer spedivano tre dozzine di inviti ai loro amici sull'isola per la festa di Capodanno. Venivano persone di tutti i tipi, bianchi e neri, intellettuali e incolti. Robert non faceva distinzioni. «Loro si comportavano come dei veri esseri umani», disse la Ericson.

Gibney esclusi, la parte più gentile della natura di Robert si dispiegava ogni giorno su St. John. Ecco alcuni commenti cordiali. «Era la persona più gentile e più premurosa che abbia mai incontrato», disse John Green.[22] «Non ho mai conosciuto una persona che abbia sentito o espresso meno malanimo verso gli altri.» Molto di rado si riferiva, anche di passaggio, alle sue traversie. Ma un giorno, quando la conversazione si soffermò sulla promessa del presidente Kennedy di mandare un uomo sulla luna, qualcuno gli chiese: «Che ne pensa della possibilità di andare sulla luna?» e Robert rispose: «Interessante; conosco un po' di gente che mi piacerebbe spedire lassù».

Robert e Kitty passavano sempre più tempo sull'isola, spesso andandoci per Pasqua, per Natale e per buona parte dell'estate. Una volta, a Pasqua, invitarono ad andare con loro Francis Fergusson, un amico d'infanzia di Robert. Sfortunatamente Robert prese molto freddo e passò gran parte della settimana rannicchiato nel letto. Kitty però si comportò come una perfetta hostess e accompagnò Fergusson in lunghe passeggiate sulla spiaggia, usando la sua cultura botanica per illustrare la spettacolosa flora dell'isola. Da sempre Kitty si era impegnata ad apprezzare gli amici d'infanzia di Robert, ma questa volta Fergusson trovò un po' bizzarro il suo comportamento: «Cercava di flirtare con me», ricordava.[23] Kitty aveva la pretesa di essere una buona cuoca, questo però significava che i suoi pranzi avevano stile ma poca sostanza. Robert pescava con una nassa nella baia e loro mangiavano una gran quantità di insalata di pesce, polpi e gamberi arrostiti. Come la popolazione locale, mangiavano buccini crudi, delle conchiglie tipiche della zona che si potevano raccogliere sulla spiaggia. In una cena di Natale servirono ai loro ospiti champagne e alghe giapponesi. Robert mangiava di tutto. «Dio mio», ricordava Doris Jadan, «quell'uomo mangiava migliaia di calorie al giorno: un vero miracolo.»[24]

Raramente Peter andava a St. John.[25] Come molti giovani, preferiva le selvagge montagne del Nuovo Messico. Toni invece aveva fatto dell'isola la sua casa spirituale. «Era molto dolce», disse un anziano residente dell'isola.[26] Si comportava quasi come una nativa dell'isola, e in breve tempo acquisì un dominio quasi completo del calypso delle Indie occidentali, l'inglese creolo comune in quelle isole. Amava la musica della banda di St. John che usava tamburi ricavati da bidoni metallici. Da giovane adolescente, era «una ragazza allegra, con bei lineamenti morbidi, tristi occhi neri, capelli neri lunghi e brillanti e la cortesia un po' altezzosa di una principessa».[27] Molto schiva, odiava farsi fotografare. Disse ai suoi amici di St. John che aveva sempre odiato lo scattare dei flash delle macchine fotografiche puntate su di loro quando girava in pubblico assieme al suo famoso padre. St. John era il posto più adatto per chi, come lei, amava starsene per i fatti propri.[28]

«Toni era molto docile e molto riservata», ricordava Inga Hiilivirta, che era diventata una sua cara amica.[29] «Toni era pronta a fare qualunque cosa le si chiedeva. Si ribellava solo dopo.» Kitty era molto dipendente da lei, e spesso la trattava quasi come una cameriera chiedendole perfino di andare a prenderle le sigarette. Toni seguiva sempre quello che faceva sua madre e quindi, inevitabilmente, come tutte le ragazze della sua età, cominciò a litigare con lei. «Toni e sua madre gridavano una contro l'altra per tutto il tempo», ricordava Sis Frank.

Uno dei vicini di St. John ricordava che «Robert non prestava molta attenzione a Toni. Lei era carina con lui, ma lui non le prestava molta attenzione. Poteva essere la figlia di qualsiasi altra persona».[30]

Invece un altro vicino, Steve Edwards, pensava che Robert avesse «un profondo riguardo per sua figlia [...] si può dire che fosse molto fiero di Toni».[31] A diciassette anni Toni colpiva molta gente perché assai brillante, ma anche riservata, sensibile e gentile: una vera figlia di una vera famiglia all'antica. Per un certo periodo Alexander Jadan, il figlio di Ivan nato in Russia, la corteggiò. «Alex era pazzo per Toni», ricordava Sis Frank.[32] Ma quando Toni cominciò a mostrare un vero interesse per Alex, Robert intervenne sostenendo che Alex era troppo vecchio per lei.[33]

Come risultato della sua amicizia per i Jadan, Toni decise di studiare seriamente il russo. Linguista eccellente come suo padre, si laureò in francese, ma quando finì l'Oberlin College era in grado di parlare italiano, francese, spagnolo, tedesco e russo, lingue che poi utilizzò per mantenersi.

Robert, Kitty e Toni erano tutti esperti velisti – o «gente degli stracci», come gli isolani usavano definire quelli che preferivano le barche a vela a quelle a motore.[34] Se ne andavano in giro con la barca a vela per tre o quattro giorni di seguito. Un giorno al tramonto Robert se ne stava andando a vela da solo nel piccolo porticciolo di Cruz Bay; quando la tesa del suo vecchio cappello di paglia si abbassò sulla sua fronte, non si accorse della presenza di un'altra barca ancorata nel porto e andò a sbatterci contro, scassando la sua. Per fortuna nessuno si fece male, ma diventò subito un gioco di famiglia recitare «alza la tesa del tuo cappello quando vai a vela nel porto».[35]

Robert viveva una vita semplice, andando a vela di giorno e intrattenendo vari gruppi di amici dell'isola alla sera. La vita a Hawksnets Bay poteva essere pericolosamente primitiva. Un giorno in cui Robert era solo, una vespa lo punse su una mano proprio nel momento in cui stava versando il cherosene in una lanterna. Spaventato, lasciò cadere il recipiente che andò a fracassarsi sulle piastrelle del pavimento, mentre un pezzo dei frantumi di ceramica si infilava come una freccia nel suo piede destro. Robert riuscì a estrarre la scheggia, ma quando si diresse verso l'oceano per lavare via il sangue si rese conto che non riusciva più a muovere l'alluce. La sua piccola barca a vela era ancora armata e appoggiata sulla spiaggia, e così decise di andare a vela sino alla clinica di Cruz Bay. Quando il dottore lo visitò, scoprì che la scheggia di ceramica aveva tagliato di netto un tendine del suo piede; non più legato correttamente, il tendine si era ritirato lungo la gamba. Robert soffrì molto ma non si lamentò mentre il medico si agganciava al tendine, lo rimetteva in tensione e poi al suo posto. «Lei è fuori di testa», lo ammonì il medico.[36] «Attraversare a vela la baia... è stato fortunato a non perdere tutto il piede.»

Dopo esser stato per tutta la mattina in barca a vela o a passeggiare sulla spiaggia, Robert invitava tutti quelli che incontrava a bere qualcosa con lui. Serviva sempre i martini, ma non se ne vedevano gli effetti. «Non ho mai visto Robert ubriaco», ricordava Doris Jadan.[37] Spesso alle bevute seguiva anche il pranzo, e Robert qualche volta cominciava a recitare poesie. Parlando con fievole sussurro, recitava Keats, Shelley, Byron e qualche volta Shakespeare. Amava l'*Odissea*, e ne aveva imparato lunghi brani.[38] Era diventato il semplice re filosofo, adorato dalla sua banda di seguaci straccioni, espatriati, beatnik in esilio e gente locale. Nonostante la sua raffinata aria di essere di un altro mondo, era felice nel suo mondo isolano. A St. John il padre della bomba atomica aveva in un certo modo trovato il rifugio adatto per ripararsi dai suoi demoni interiori.

40. «Bisognava farlo il giorno dopo Trinity»

Penso che forse, signor presidente,
siano stati necessari un po' di carità e di coraggio,
da parte sua, nell'assegnarmi oggi questo premio.
Robert Oppenheimer al presidente
Lyndon Johnson, 2 dicembre 1963

Sin dagli inizi degli anni Sessanta, dopo il ritorno dei democratici alla Casa Bianca, Oppenheimer non fu più un emarginato della politica. Anche se l'amministrazione Kennedy non lo chiamò a far di nuovo parte della burocrazia governativa, i democratici liberali continuavano a considerarlo un uomo ammirevole, martirizzato dagli estremisti repubblicani. Nell'aprile 1962, McGeorge Bundy – già rettore ad Harvard e ora consigliere del presidente Kennedy per la sicurezza nazionale – fece invitare Oppenheimer a una cena alla Casa Bianca in onore di quarantanove premi Nobel. In quella serata di gala Oppie venne a contatto con molti altri personaggi famosi, come il poeta Robert Frost, l'astronauta John Glenn e lo scrittore Norman Cousins. Tutti si misero a ridere quando Kennedy disse scherzando: «Penso che questa sia la più straordinaria collezione di talenti e di conoscenza umana, che sia mai stata riunita assieme alla Casa Bianca, con la sola eccezione delle cene solitarie di Thomas Jefferson». In seguito, Glenn Seaborg, un vecchio amico di Oppenheimer sin dai giorni del GAC – e ora presidente dell'AEC – gli chiese se voleva sottoporsi a un'altra audizione perché gli fosse rinnovato il nullaosta alla sicurezza. «Mai più nella mia vita», rispose bruscamente Robert.[1]

Oppenheimer continuava a fare conferenze in pubblico, molto spesso in ambienti universitari, e in genere trattava argomenti importanti legati alla cultura e alla scienza. Poiché era stato privato di qualsiasi incarico collegato al governo, ora il suo potere come personaggio era solamente quello di intellettuale pubblico. Si presentava come umanista diffidente, che rifletteva sulla sopravvivenza dell'uomo nell'epoca delle armi di distruzione di massa. Nel 1963, quando i direttori di «Christian Century» gli chiesero di elencare alcuni dei libri che avevano dato forma alla sua visione filosofica, Oppenheimer ne elencò dieci.[2] In cima alla lista c'erano *Les fleurs du mal* di Baudelaire, poi veniva la *Bhagavadgītā*... e alla fine l'*Amleto* di Shakespeare.

Nella primavera del 1963 Oppenheimer fu informato che il presidente Kennedy aveva annunciato la sua intenzione di assegnargli il prestigioso premio Enrico Fermi, un premio di cinquantamila dollari esente da tasse e una medaglia per il servizio pubblico che aveva prestato. Tutti avevano capito che si trattava di un atto altamente simbolico di riabilitazione politica. «Disgustoso!» esclamò un senatore repubblicano a quella notizia.[3] I membri repubblicani del Comitato per le attività antiamericane fecero circolare un riassunto di quindici pagine delle accuse sulla sicurezza fatte nel 1954 contro Oppenheimer. Al contrario, il famoso conduttore televisivo della CBS Eric Severeid descriveva Oppenheimer come «lo scienziato che scrive come un poeta e parla come un profeta» e sosteneva che il premio segnava la riabilitazione di Oppenheimer come personaggio di rilievo nazionale.[4] Quando i giornalisti insistevano per conoscere le sue reazioni, lui divagava dicendo: «Guardate, non basta certo una giornata per parlare di queste cose. E non voglio urtare le persone che in questa faccenda si sono impegnate».[5] Sapeva che i suoi amici che facevano parte dell'amministrazione, McGeorge Bundy e Arthur Schlesinger jr., ne erano senza dubbio responsabili.

Edward Teller, che aveva ricevuto lo stesso premio l'anno prima, inviò immediatamente le sue congratulazioni a Oppenheimer: «Sono stato spesso tentato di dirti qualcosa. Questa è la volta che posso farlo con tranquillità e sapendo che sto facendo la cosa giusta».[6] In effetti molti fisici avevano silenziosamente lavorato perché l'amministrazione Kennedy restituisse a Oppenheimer il nullaosta per la sicurezza.[7] Volevano che per il loro vecchio amico ci fosse una vera assoluzione, non soltanto una riabilitazione simbolica. Ma Bundy pensava che il prezzo politico da pagare per un'assoluzione fosse troppo alto. Per questo, anche dopo che l'amministrazione aveva annunciato che il premio Fermi sarebbe stato assegnato a Oppenheimer, Bundy decise di valutare la risposta dei repubblicani prima di decidere che il presidente avrebbe consegnato personalmente il premio durante una cerimonia alla Casa Bianca.

Il 22 novembre 1963 Oppenheimer era seduto nel suo studio, e stava lavorando al discorso che avrebbe pronunciato il 2 dicembre alla cerimonia alla Casa Bianca per l'assegnazione del premio, quando udì bussare alla porta dell'ufficio. Era Peter che gli disse che aveva appena sentito alla radio della sua automobile che a Dallas avevano sparato al presidente Kennedy. Robert distolse lo sguardo. Proprio in quel momento Verna Hobson si precipitò nella stanza esclamando «Dio mio, ha sentito?».[8] Robert la guardò e disse: «Me l'ha appena detto Peter». Quando arrivarono altre persone, Robert si girò verso Peter e chiese a suo figlio ventiduenne se voleva bere qualcosa. Peter disse di no, e Robert si diresse verso il grande armadio di Verna, dove sapeva che c'era sempre qualche bottiglia. Ma proprio allora Peter vide suo padre che restava bloccato «con le braccia sospese ai suoi fianchi, con le mani che si aprivano e si chiudevano continuamente, mentre guardava in basso verso la piccola collezione di bottiglie di liquore». Alla fine Peter borbottò: «Meno male; non gliene va bene nessuna». Quando uscirono, passando davanti alla scrivania della sua segretaria, la Hobson udì Robert che diceva: «Ora le cose andranno subito in pezzi». Più tardi disse a Peter che «niente dopo la morte di Roosevelt, l'aveva colpito come quella notizia». Oppenheimer, come gran parte del paese, passò la settimana successiva davanti al televisore per assistere alla ricostruzione della tragedia.

Come da programma, il 2 dicembre il presidente Lyndon Johnson celebrò la cerimonia del premio Fermi. In piedi, vicino alla massiccia figura di Johnson nella Sala dell'esecutivo della Casa Bianca, Oppie appariva minuscolo. Sembrava una «statua di pietra, grigio, rigido, apparentemente senza vita, tragico nella sua tensione».[9] Per contrasto, Kitty chiaramente gioiva, mostrava «una grande felicità». David Lilienthal guardava all'intero affare come a «una cerimonia di espiazione per i peccati di odio e di cattiveria commessi contro Oppenheimer [...]». Con Peter e Toni che da lontano lo osservavano, Johnson disse brevi parole e poi consegnò a Robert la medaglia, una targa e l'assegno da cinquantamila dollari.

Nel suo discorso di accettazione, Oppenheimer ricordò che un antico presidente, Thomas Jefferson, «aveva spesso scritto dello "spirito di fraternità della scienza" [...]. Mi sembra che non sempre noi si abbia coscienza di questo spirito di fraternità della scienza. E questo non perché ci manchino vitali interessi scientifici comuni o che si intreccino assieme. Ma perché dipende soprattutto dal fatto che siamo coinvolti, assieme a molti altri uomini e donne, nella più grande impresa del nostro tempo, quella di verificare se l'uomo è in grado di difendere e di ampliare la vita, la libertà e la ricerca della felicità, e di vivere senza pensare alla guerra come al grande arbitro della storia». Poi si voltò verso Johnson e disse: «Penso che forse, signor presidente, siano stati necessari un po' di carità e di coraggio, da parte sua, nell'assegnarmi oggi questo premio. Penso che questo sia di buon auspicio per il futuro di tutti noi».[10]

Johnson rispose riferendosi gentilmente a Kitty come «quella signora che oggi condivide gli onori con lei, la signora Oppenheimer». E poi, per scherzo, mormorò: «La può osservare con in mano un assegno».

Quel giorno era presente anche Teller, e tutti si aspettavano che nell'incontro tra i due la tensione esplodesse.[11] Con Kitty in piedi dietro di lui, ma con la faccia rivolta alla parete, Oppenheimer sorrise e strinse la mano a Teller. Un inviato del settimanale «Time» immortalò quell'incontro con la sua macchina fotografica.

Poco dopo l'addolorata vedova di John F. Kennedy fece sapere che desiderava incontrare Robert nel suo appartamento privato.[12] Robert e Kitty salirono al piano superiore e furono complimentati da Jackie Kennedy. Disse che voleva che sapessero quanto il suo povero marito aveva desiderato consegnare personalmente quel premio. Più tardi, descrivendo quel momento, Robert confidò che si era sentito profondamente commosso.

Tuttavia a Washington Oppenheimer restava ancora una figura controversa. Almeno un politico repubblicano, il senatore Bourke B. Hickenlooper, aveva dichiarato pubblicamente che avrebbe boicottato la cerimonia alla Casa Bianca e, per rispondere alle critiche dei repubblicani, l'anno successivo l'amministrazione Johnson decise di ridurre a venticinquemila dollari l'importo del premio Fermi. Ovviamente Lewis Strauss rimase scottato dalla parziale riabilitazione di Robert, e scrisse una rabbiosa lettera al settimanale «Life» sostenendo che il premio a Oppenheimer «infliggeva un duro colpo al sistema della sicurezza che protegge il nostro paese [...]».[13]

Dal processo del 1954 in poi, l'avversione di Strauss verso Oppenheimer era solo cresciuta. Tutte le vecchie ferite si erano riaperte nel 1959 quando il presidente Eisenhower voleva nominare Strauss ministro del Commercio. In una delle più amare battaglie di convalida, nella quale le audizioni di Oppenheimer costituirono la questione centrale, Strauss perse di misura con 46 voti contro 49. Strauss criticò il senatore Clinton Anderson e poi il senatore John F. Kennedy, certo che si fossero lasciati convincere dalle pressioni di sostenitori di Oppenheimer come McGeorge Bundy e Arthur Schlesinger jr. Quando Kennedy aveva affermato: «Posso votare contro il presidente solo in un caso estremo», Bundy rispose: «Questo è proprio un caso estremo».[14] Poi Bundy aveva raccontato a Kennedy del pessimo comportamento di Strauss nel caso Oppenheimer. Convinto, Kennedy spostò il suo voto e Strauss perse la convalida. «Uno straordinario spettacolo. Non pensavo di vivere abbastanza per vedere la mia vendetta», telegrafò Bernice Brode a Oppie.[15] «In genere, con spirito anticristiano, ci si rallegra per tutte le sofferenze e le angosce della vittima. Ma in un periodo meraviglioso come questo, avresti potuto essere qui.» Nonostante fossero passati sette anni, Strauss credeva di vedere ancora all'opera l'influenza di Oppenheimer, e si lamentava che «i sostenitori di Oppenheimer continuano le loro azioni contro le persone che hanno espresso i loro dubbi».[16] La reciproca avversione avrebbe seguito sia Strauss sia Oppenheimer fino alla tomba.

Anche dopo che a Robert era stato assegnato il premio Fermi, il risentimento di Kitty contro Teller e altri rimase ineliminabile. In una tarda serata della primavera del 1964, lei e Robert stavano chiacchierando con David Lilienthal. Robert si era da poco ripreso da un terribile attacco di polmonite; aveva finalmente abbandonato le sigarette, ma fumava ancora la pipa. Lui e Kitty erano ormai anziani. Robert usava ancora come segno di riconoscimento il suo cappello a calotta piatta e andava in giro per Princeton con la sua Cadillac decappottabile che aveva visto giorni migliori. Quando Lilienthal ricordò che l'ultima volta che si erano visti era stato alla Casa Bianca in occasione della cerimonia per la consegna del premio Fermi, gli occhi neri di Kitty si incendiarono. «Fu una cosa orribile», scattò, «c'erano alcune cose orribili quella sera.»[17] Robert era seduto con la testa inclinata e mormorò lievemente «ma c'erano anche delle cose molto dolci». Ma un momento dopo Robert cambiò la sua «posizione gradevole, quasi rabbinica» quando sentì menzionare il nome di Teller, e i suoi occhi lampeggiarono per la rabbia. Le ferite erano «ancora aperte», annotò Lilienthal. Poi completò gli appunti sul suo diario osservando che «Lei [Kitty] si accende con un'intensità che si osserva di rado; in particolare mostra un profondo risentimento verso tutti quelli che hanno avuto una parte nelle torture a cui è stato sottoposto Robert».

Anche se era stato così fortemente impegnato in politica negli anni Trenta e Quaranta, Oppenheimer rimase praticamente isolato dai movimenti culturali e politici degli anni Sessanta. All'inizio di quel decennio, mentre molti americani scavavano rifugi antiatomici nei loro giardini, Oppenheimer non prese mai posizione contro quell'isteria.

Quando Lilienthal lo sollecitò a farlo, lui spiegò: «Non posso far nulla contro quello che sta succedendo. In ogni caso, sarei la persona meno adatta a farlo».[18] In maniera analoga, nel 1965-66, quando la guerra in Vietnam si aggravò, non disse mai nulla in pubblico, anche se in privato, quando ne discusse con Peter, era evidente il suo scetticismo sul crescente impegno dell'amministrazione in quella guerra.[19]

Nel 1964 Oppenheimer ricevette in anteprima una copia di un libro con una sorprendente nuova interpretazione della decisione di usare la bomba su Hiroshima. Usando informazioni tratte da alcuni archivi aperti da poco, come i diari dell'ex ministro della Guerra Henry L. Stimson e materiali del Dipartimento di stato collegati all'ex segretario di stato James F. Byrnes, Gar Alperovitz sosteneva che la diplomazia atomica contro l'Unione Sovietica era stato il fattore determinante della decisione del presidente Truman di usare la bomba contro un nemico che era già militarmente sconfitto. *Un asso nella manica. La diplomazia atomica americana*,* creò un'infinità di controversie. Quando Alperovitz gli chiese un commento, Oppenheimer gli scrisse che quello che aveva letto «gli era del tutto ignoto». Tuttavia puntualizzò «ma riconosco il suo Byrnes, e riconosco anche il suo Stimson».[20] Non voleva essere trascinato nelle polemiche sul libro, ma evidentemente, come era già accaduto per il libro di P.M.S. Blackett del 1948, *Conseguenze politiche e militari dell'energia atomica*, era ancora convinto che l'amministrazione Truman aveva usato l'arma atomica contro un nemico che era già stato sconfitto.

Lo stesso anno un commediografo e psichiatra tedesco, Heinar Kipphardt, scrisse il dramma *Sul caso di J. Robert Oppenheimer*.** Utilizzando ampiamente le trascrizioni delle audizioni del 1954 davanti alla Commissione per la sicurezza, il dramma di Kipphardt fu rappresentato per la prima volta dalla televisione tedesca, e poi trasformato in uno spettacolo teatrale che andò in scena a Berlino ovest, Monaco, Parigi, Milano e Basilea. Il pubblico europeo fu magnetizzato dalla raffigurazione di Oppenheimer, fermo, fragile e indifeso di fronte ai suoi accusatori, una sorta di moderno Galileo, uno scienziato-eroe perseguitato dalle autorità nella caccia alle streghe dell'America anti-

---

* G. Alperovitz, *Un asso nella manica*, Einaudi, Torino 1966. [*n.d.t.*]
** H. Kipphardt, *Sul caso di J. Robert Oppenheimer*, Einaudi, Torino 1964. [*n.d.t.*]

comunista. Molto elogiato dalla critica, il dramma vinse cinque importanti premi.

Ma quando finalmente Oppenheimer lesse il testo, rimase così disgustato che scrisse una rabbiosa lettera a Kipphardt minacciando un'azione legale. (Anche Strauss e Robb, che avevano seguito con attenzione tutte le recensioni dello spettacolo, per un breve momento pensarono di accusare di diffamazione la compagnia del Royal Shakespeare Theatre di Londra che l'aveva messo in scena, ma poi i loro legali li convinsero che non era il caso.) In particolare a Oppenheimer non era piaciuto il monologo che concludeva lo spettacolo, in cui il protagonista esprime il suo pentimento per aver costruito la bomba atomica: «Non posso fare a meno di domandarmi se non abbiamo per avventura tradito lo spirito della scienza [...]. Abbiamo fatto il lavoro del diavolo [...]».[21] Il tono melodrammatico sviliva in parte la natura del suo calvario. In breve, considerava quel testo poco drammatico proprio perché era privo di ambiguità.

Gli spettatori erano in disaccordo. Nell'ottobre 1966 fu presentata a Londra una produzione inglese, con l'attore Robert Harris nel ruolo di Oppenheimer, che ebbe un grande successo di pubblico. Un critico inglese scrisse che il dramma «costringe davvero a pensare».[22] Harris scrisse a Oppenheimer per segnalargli che «il pubblico è stato attento ed entusiasta – soprattutto i più giovani – il che ci ha sorpreso e fatto grande piacere».

In seguito Oppenheimer, anche se con riluttanza, concordò sul fatto che il melodramma poteva essere incolpato solo di qualche licenza drammatica. Apprezzò di più una produzione francese del dramma di Kipphardt perché era basata quasi esclusivamente sulle trascrizioni delle audizioni, ma anche in quel caso si lamentò perché entrambe le produzioni «avevano trasformato quella dannata farsa in una tragedia».[23] A prescindere dai suoi meriti, il testo di Kipphardt presentava Oppenheimer a una nuova generazione di spettatori europei e americani. Lo spettacolo fu finalmente presentato a New York, e poi ispirò uno sceneggiato televisivo della BBC e altri filmati che raccontavano la vita di Oppenheimer.

C'erano molti altri progetti dei media che tentavano di scavare nella vita di Oppenheimer. Nel 1965, in occasione del ventesimo anniversario del bombardamento di Hiroshima, la rete televisiva NBC mandò in onda un documentario, *La decisione di usare la bomba atomica*, commentato da Chet Huntley, che presentava i ricordi di Robert sul test di Trinity del 16 luglio e la sua citazione dalla *Bhagavadgītā*: «Ora sono diventato la morte, il distruttore del mondo». In un'altra occasione, quando in televisione un intervistatore gli chiese che cosa ne pensava della recente proposta fatta dal senatore Robert Kennedy che il presidente Johnson avviasse trattative con l'Unione Sovietica per arrestare la proliferazione delle armi nucleari, Oppenheimer soffiò in alto il fumo della sua pipa e disse: «Siamo in ritardo di vent'anni... Bisognava farlo il giorno dopo Trinity».[24]

Più o meno in questo periodo Oppenheimer venne a sapere che un giornalista che conosceva e con cui andava d'accordo, Philip M. Stern, stava lavorando a un libro sulle sue audizioni sulla sicurezza del 1954. Anche se molti amici comuni garantivano la serietà di Stern, Oppenheimer decise di non farsi intervistare. «Non sono ancora in grado di gestire l'argomento del libro con un sufficiente senso di distacco», spiegò, «e su di esso ho ancora grandi e importanti zone di ignoranza. Non riesco a pensare a una bevanda più velenosa.»[25] Pensava che Stern potesse scrivere un libro migliore «senza la mia collaborazione, i miei suggerimenti o un'implicita approvazione». Il libro di Stern, *Il caso Oppenheimer: la sicurezza alla prova*, fu pubblicato nel 1969 tra gli elogi della critica.*

Nella primavera del 1965 Oppenheimer fu gratificato dal completamento della nuova biblioteca dell'Istituto. Era stata costruita nelle adiacenze di un grande lago artificiale ed era circondata da ampi terreni erbosi; Robert la considerava come uno dei suoi lasciti. Progettata da Wallace Harrison – lo stesso architetto che gli aveva progettato la villetta sulla spiaggia di St. John – la biblioteca aveva un tetto innovativo costituito da lastre di vetro disposte ad angolo. Questo sistema garantiva di giorno la luce solare, mentre di notte l'illuminazione elettrica della libreria si diffondeva verso l'alto, e da lontano il cielo sembrava illuminato da un grande fuoco. Quando David Lilienthal elogiò la bellezza della struttura della nuova biblioteca e lo spettacolo che creava di notte, Robert «gli sorrise come un ragazzino» e disse: «La biblioteca è bella, e ben collocata. Ma è anche una dimostrazione di come non si possano anticipare nemmeno le conseguenze più ovvie. Questo ci è già capitato su scala molto maggiore a Los Alamos con la bomba. Come per il tetto

---

* Il libro di Stern è ancor oggi il più completo resoconto delle audizioni di Oppenheimer sulla sicurezza. Altri buoni resoconti sono: John Major, *The Oppenheimer Hearing*, Stein & Day, New York 1971; Barton J. Berstein, *The Oppenheimer Loyalty-Security Case Reconsidered*, «Stanford Law Review», 42, 1383-1484 (luglio 1990); Charles P. Curtis, *The Oppenheimer Case: Trial of a Security System*, Chilton, New York 1964. [*n.d.a.*]

della libreria, volevamo la luce migliore, una luce che andasse nella direzione giusta [...]. Di giorno tutto appariva meraviglioso. Ma nessuno, nessuno di noi prevedeva che la luce sarebbe arrivata e nemmeno che se ne sarebbe andata salendo in cielo».[26]

Il piacere per la nuova biblioteca compensava solo in parte i suoi continui scontri con diversi membri della Facoltà di matematica. L'insignificante politica dell'Istituto spesso provocava in lui scoppi di rabbia. «Il problema è che Robert ama le controversie», riferì uno dei membri del consiglio di amministrazione a Lewis Strauss, «e odia in assoluto le persone. Bisognerebbe chiedergli di andarsene.»[27] Strauss apprezzava queste osservazioni, ma gli mancavano ancora i voti sufficienti per far fuori Oppenheimer.

Ma poco dopo, nella primavera del 1965, Oppenheimer disse al consiglio di amministrazione che pensava fosse ormai arrivato il momento di rassegnare le dimissioni, e propose di lasciare nel giugno 1966, alla fine dell'anno accademico. Strauss era presente per ascoltare la novità. Oppenheimer segnalò tre motivi per la sua decisione. Per prima cosa, gli mancavano soltanto due anni per raggiungere i sessantacinque anni, la data obbligatoria per l'abbandono, e non c'era motivo per restare lì «ad aspettare che suonasse la campana».[28] Come secondo motivo spiegò che Kitty «soffriva di una malattia che i medici avevano diagnosticato incurabile [...]». (Nell'appunto per il suo archivio, Strauss perfidamente definì la malattia di Kitty «dipsomania», la voglia incontrollabile dell'alcool.) Robert disse che questo gli rendeva ora impossibile ricevere visitatori o membri delle facoltà. Infine, disse che le sue relazioni con alcuni membri delle facoltà, in particolare della Facoltà di matematica, erano «intollerabili e sempre peggiori».

Robert avrebbe preferito rendere pubblica la sua decisione più avanti in quell'anno, probabilmente in autunno, ma proprio la sera prima aveva a cena alcuni membri delle facoltà e Kitty aveva rivelato il segreto. Poiché la notizia rischiava di diffondersi, il consiglio preparò in fretta un comunicato stampa e la notizia apparve su tutti i giornali del paese la mattina di domenica 25 aprile 1965.

Oppenheimer aveva pochi rimpianti per l'abbandono. Ma sicuramente rimpiangeva di essere costretto a lasciare Olden Manor, la casa in cui lui e Kitty avevano vissuto per quasi vent'anni. Robert fu consolato dal fatto che i consiglieri dell'Istituto avevano approvato la costruzione di una nuova casa per lui sui terreni dell'Istituto – oppure, in alternativa, di fargli avere comunque un'altra sistemazione. Gli Oppenheimer reclutarono un architetto, Henry A. Jandel, e prepararono un modello della nuova casa, una struttura moderna di vetro e acciaio a un piano, che avrebbe dovuto essere costruita a duecento metri di distanza, lungo la strada dove c'era Olden Manor. Ma in quello che può solo essere definito come un atto di vendetta personale, Strauss usò la sua ancora considerevole influenza di consigliere per bloccare il progetto. L'8 dicembre 1965, Strauss disse ai suoi amici consiglieri che quel progetto gli aveva fatto una «pessima impressione». Sarebbe stato un «errore», dichiarò, che Oppenheimer vivesse nel campus, appena al di là di Olden Manor. Un altro consigliere, Harold K. Hochschild, lo interruppe per dire che «anche Princeton era troppo vicina».[29] In breve, Strauss riuscì a persuadere i consiglieri a ritirare la loro promessa. Il giorno dopo, quando Oppenheimer seppe della cosa, divenne «furioso». Se quella era la decisione finale del consiglio, disse, se ne sarebbe andato definitivamente da Princeton. Se Robert era comprensibilmente arrabbiato, una furiosa Kitty sfogò quell'offesa contro un altro consigliere e sua moglie, che poi raccontarono a Strauss che «ne era seguita una discussione davvero sgradevole». In tutte queste vicende Strauss riuscì sempre a tener nascoste le sue manovre, lasciando Oppenheimer solo con i suoi sospetti. Così stavano le cose in dicembre. Ma nel febbraio 1966 Oppenheimer riuscì, non si sa come, a convincere i consiglieri a capovolgere ancora una volta la loro decisione. Con disappunto di Strauss, a Oppenheimer fu permesso di costruire la casa nel posto che desiderava. La costruzione iniziò nel settembre 1966 e la casa fu completata la primavera successiva.[30] Ma non ci sarebbe mai andato ad abitare.

Nell'autunno del 1965 Oppie andò dal suo medico per una visita di controllo. Non era una cosa che faceva spesso, ma quel giorno tornò a casa e annunciò che gli era stato assegnato un certificato di sana costituzione. «Vivrò più a lungo di tutti voi», disse scherzosamente.[31] Ma solo due mesi dopo la sua tosse da fumatore peggiorò notevolmente. Quel Natale a St. John si lamentò con Sis Frank per un «terribile mal di gola» e poi scherzò: «Forse sto fumando troppo». Kitty pensò che aveva preso troppo freddo. Finalmente, nel febbraio 1966, andò da un dottore a New York. La diagnosi fu chiara e terribile. Kitty telefonò a Verna Hobson la notizia: «Robert ha un cancro», disse sottovoce.

Quarant'anni di intenso fumo di tabacco avevano fatto sentire il loro peso sulla sua gola. Quando Arthur Schlesinger jr. venne a conoscenza della «terribile notizia» gli scrisse subito: «Posso solo vagamente immaginare quanto saranno duri per te i prossimi mesi. Sei di fronte a una delle cose più tremende di quanto non lo siano molti uomini in questo terribile momento, proprio tu che hai dato a tutti noi un grande esempio di coraggio morale, determinazione e disciplina».[32]

Anche se ormai non era più un fumatore accanito, si vedeva spesso Oppenheimer tirare lunghe boccate dalla sua pipa. In marzo fu sottoposto a una penosa e inutile operazione alla laringe e poi iniziò una terapia di radiazioni al cobalto allo Sloan-Kettering Institute di New York. Agli amici raccontava del suo cancro con tranquillità. Disse a Francis Fergusson che aveva «una piccola speranza che potesse essere fermato al punto in cui era».[33] Ma già verso la fine di maggio tutti si erano accorti che «lo stava consumando».

In una bella giornata di primavera del 1966 Lilienthal era andato a Olden Manor, e in visita dagli Oppenheimer aveva incontrato Anne Marks, la segretaria di Robert a Los Alamos. Lilienthal rimase colpito dall'aspetto di Robert. «Per la prima volta Robert era "incerto sul futuro", come disse lui stesso, pallido e impaurito.»[34] Mentre passeggiavano da soli in giardino, Lilienthal chiese a Kitty come se la sarebbero cavata. Kitty si fermò, mordendosi le labbra; cosa insolita per lei, sembrava che non trovasse le parole per rispondere. Quando Lilienthal si chinò e le diede un bacio affettuoso sulla guancia, lei emise un profondo lamento e poi cominciò a gridare. Dopo poco tornò in sé, si asciugò le lacrime e disse che dovevano tornare dentro per stare assieme ad Anne e Robert. «Non mi era mai capitato di ammirare così la forza di una donna», Lilienthal annotò quella sera sul suo diario. «Robert non è soltanto suo marito, bensì il suo passato, il passato felice e quello doloroso, lui è il suo eroe e ora anche il suo grande "problema".»

Nel giugno 1966 a Princeton, durante la cerimonia di conferimento delle lauree, Robert ricevette un diploma ad honorem in cui veniva salutato come «fisico e velista, filosofo e cavaliere, linguista e cuoco, amante di vini raffinati e della migliore poesia».[35] Ma appariva esausto e spento; sofferente per attacchi di sciatica, non poteva camminare senza un bastone per sostenere la gamba.

Per quanto indebolito e chiaramente tormentato dalle sue malattie, ad alcuni sembrava che Robert crescesse in statura. Freeman Dyson osservava che «mentre declina l'energia del suo corpo, il suo spirito diventa più forte [...]. Ha accettato serenamente il suo destino; è andato avanti col suo lavoro; non si è mai lamentato; è diventato improvvisamente semplice e non cerca più di impressionare nessuno».[36] Era stato un uomo con grande talento per la drammatizzazione di sé stesso, ma ora, osservava Dyson, «era semplice, schietto e con indomito coraggio». Lilienthal notava che ogni tanto Robert appariva «forte e quasi allegro».[37] Verso la metà di luglio, il suo medico non trovò più tracce di natura maligna nella sua gola.[38] Il trattamento con le radiazioni l'aveva stremato, ma sembrava che avesse raggiunto il risultato sperato. Così, il 20 luglio, lui e Kitty tornarono ancora una volta a St. John. Gli amici sull'isola, che per un anno non l'avevano visto, dissero che sembrava «un fantasma, davvero un fantasma».[39] Lui si lamentava, ma tranquillamente, perché quando voleva andare a fare una nuotata, le acque solitamente calde attorno a St. John gli sembravano troppo fredde. Per questo faceva qualche passeggiata sulla spiaggia ed era cortese e paziente con tutti quelli che incontrava, anche con gli sconosciuti. Avendo saputo che il marito di Sis Frank, Carl, era in convalescenza dopo una seria operazione al cuore, Robert andò a trovarlo. «Robert fu molto gentile con lui», ricordava Sis, «cercava di tirarlo fuori da quel terribile trauma».

In quel periodo Robert seguiva una dieta a base di liquidi, integrata con proteine in polvere. Disse a Sis Frank: «Non puoi immaginare cosa ti darei in cambio di un sandwich con insalata di pollo».[40] Invitato a cena nella nuova casa di Immu e Inga Hiilivirta, Robert non poté mangiare le costolette di agnello e decise di accontentarsi di un bicchiere di latte. «Ero molto dispiaciuta per lui», disse Inga.

Dopo quasi cinque settimane, verso la fine di agosto lui e Kitty tornarono a Princeton. Robert si sentiva meglio. Aveva ancora la gola indolenzita, ma si sentiva più forte. Il suo medico gli esaminò ancora la gola e non trovò tracce di cancro. «In effetti, loro erano convinti che fossi guarito», scrisse Oppenheimer a un amico.[41] Dopo soli cinque giorni dal loro ritorno a Princeton, lui andò in aereo a Berkeley e per una settimana incontrò i suoi vecchi amici. Dopo il suo ritorno in settembre, si lamentò con il suo medico per i continui dolori, «ma non erano molto profondi e quindi attribuì il mio malessere alle radiazioni [...]».

Agli inizi di autunno, gli Oppenheimer furono costretti ad abbandonare la loro amata Olden Manor, dove sarebbe andato ad abitare il nuovo direttore dell'Istituto, Carl Kaysen. Robert e Kitty decisero di trasferirsi temporaneamente in una casa al 284 di Mercer Road, in precedenza abitata dal fisico C.N. Yang. Disabitata da alcuni anni, era un posto abbastanza triste. I loro vicini erano Freeman e Imme Dyson. George, il giovane figlio dei Dyson, così ricordava la sua gioventù nei terreni attorno all'Istituto, durante gli anni in cui Oppenheimer era direttore: «Lui [Oppenheimer] era davvero una presenza forte, un benevolo ma misterioso governatore del mondo in cui vivevamo».[42] Ma poi, quando Oppenheimer era diventato un vicino di casa, «a noi ragazzi ci appariva come un fantasma, privato del suo regno, che passeggiava lì attorno, molto pallido e magro».

Robert non andò a fare una nuova visita dal medico fino al 3 ottobre. «Ma quella volta», così scrisse Oppenheimer a «Nico» Nabokov, uno dei suoi amici del Congresso per la libertà culturale, «il cancro era davvero manifesto e si era allargato al palato, alla base della lingua e alla tromba di Eustachi di sinistra».[43] Non era possibile operarlo, e quindi il medico gli prescrisse un trattamento di radioterapia tre volte alla settimana, questa volta con un betatrone: «Tutti sanno che una nuova radioterapia in una gola ancora piagata non è un grande piacere. Non è il male assoluto, ma non posso essere certo del mio futuro».

Si confrontava con la prospettiva di una prossima morte con rassegnazione. Verso la metà di ottobre arrivò Lilienthal e seppe delle novità. Gli occhi di Robert, un tempo di un azzurro brillante, ora apparivano arrossati ed esprimevano dolore. «Robert Oppenheimer è arrivato all'ultimo miglio», scrisse successivamente Lilienthal nel suo diario, «e potrebbe essere molto breve [...]. Kitty ha tutto quello che le permette di nascondere le lacrime.»[44] In novembre Robert scrisse a un amico: «Ora sono quasi incapace di parlare e di mangiare».[45] Aveva sperato di poter andare a Parigi in dicembre, ma i medici insistettero perché continuasse regolarmente il trattamento di radioterapia fino a Natale. Quindi rimase nella sua casa, dove andarono a trovarlo vecchi amici come Francis Fergusson e Lilienthal. Agli inizi di dicembre arrivò anche Frank dal Colorado.[46]

Sempre agli inizi del dicembre 1966, Oppenheimer seppe dal suo vecchio studente David Bohm che questi aveva passato gran parte della sua carriera in Brasile e poi in Inghilterra. Bohm aveva scritto per dirgli che aveva visto il dramma di Kipphardt e un programma televisivo su Los Alamos in cui c'era un'intervista con lui. «Sono rimasto piuttosto turbato», scrisse Bohm, «soprattutto per quella affermazione che hai fatto, con cui denunciavi una sensazione di colpevolezza. Credo che sia uno spreco per la vita che ti rimane lasciarsi prendere da questi sensi di colpa.»[47] Poi ricordò a Oppenheimer un lavoro teatrale di Jean-Paul Sartre «in cui il protagonista è finalmente liberato dalla colpa grazie all'individuazione delle responsabilità. A mio parere, uno si sente colpevole per le azioni passate perché quelle hanno origine da quello che *era* e che ancora *è*». Bohm era convinto che le semplici sensazioni di colpevolezza fossero senza senso. «Posso capire che il tuo dilemma sia particolarmente difficile. Solo tu puoi stabilire il modo in cui ti puoi considerare responsabile per quello che è successo [...].»

Oppenheimer rispose rapidamente: «Il dramma e tutte quelle altre cose sono in circolazione da molto tempo. Quello che non ho mai fatto è esprimere dispiacere per quello che a Los Alamos ho fatto, e ho potuto fare; in effetti, in diverse e ricorrenti occasioni ho riaffermato la mia convinzione che, nonostante il buono e il cattivo, si era trattato di qualcosa di cui non provavo rammarico». E poi, con parole preparate con cura prima di spedire la lettera, scrisse: «La maggiore avversione che ancora provo per il testo di Kipphardt riguarda il monologo finale, lungo e del tutto improvvisato, che si immagina io abbia fatto e che in realtà sembra esprimere quel dispiacere. Le mie sensazioni sulla responsabilità e la colpevolezza hanno sempre a che fare con il presente, e sono così lontane in una vita che è stata più che sufficiente a occuparmi».

Oppenheimer probabilmente aveva ancora in mente questo scambio di lettere con Bohm quando Thomas B. Morgan – un giornalista del settimanale «Look» – si precipitò da lui agli inizi di dicembre per intervistarlo nel suo ufficio all'Istituto. Morgan lo trovò che dalla sua finestra osservava il colore autunnale degli alberi e il piccolo lago. Sulla parete dell'ufficio c'era ora appesa una vecchia fotografia di Kitty che saltava uno steccato con il suo cavallo. Morgan si accorse che era davvero in cattive condizioni. «Era estremamente fragile e non assomigliava più a quell'uomo alto e asciutto che ci aveva impressionato come abile cowboy. Sulla sua faccia c'erano profonde rughe. I suoi capelli erano poco più di una nebbiolina bianca. Ma poi ha tirato fuori la sua grazia.» Quando la loro conversazione passò alla filosofia Oppenheimer sottolineò la parola «responsabilità» e quando Morgan osservò che stava usando quella parola in senso quasi religioso, Oppenheimer si disse d'accordo sul fatto che fosse «un secolare accorgimento quello di usare un concetto religioso senza collegarlo necessariamente a un essere trascendente. A me qui piace usare il termine "etico". Oggi sono molto più esplicito sulle questioni etiche di quanto non lo sia mai stato prima, anche se quelle questioni per me erano molto forti quando stavo lavorando alla bomba. Ora non saprei come raccontare la mia vita senza usare per caratterizzarla alcune parole come "responsabilità", una parola che ha a che fare con scelte e azioni, e con le tensioni in cui si devono risolvere le scelte. Non sto parlando della conoscenza, ma di quello che è limitato da ciò che puoi fare [...]. Non esiste responsabilità importante senza potere. Il potere serve solo per quello che puoi fare per conto tuo, ma far crescere la conoscenza, la salute, il piacere, significa anche far crescere l'ambito in cui la responsabilità diventa concepibile».

Dopo questo soliloquio, Morgan scrisse: «Oppenheimer girò poi verso l'alto le palme delle sue mani, con le lunghe ed esili dita tese per far accogliere all'ascoltatore le sue conclusioni. "Lei e io", disse, "nessuno di noi è ricco. Ma quanto più cresce la nostra responsabilità, tanto più ci troveremo nella posizione adatta ad alleviare i più orribili tormenti delle persone che muoiono di fame"».[48]

Questo era solo un modo diverso per esprimere quello che aveva imparato quarant'anni prima leggendo Proust in Corsica: che «l'indifferenza verso qualcuno che soffre [...] è una forma di crudeltà terribile e continua».[49] Ben lontano dall'essere indifferente, Robert era più che conscio delle sofferenze che aveva causato ad altri nel corso della sua vita, anche se non aveva ancora permesso a sé stesso di piegarsi alla colpevolezza. Accettava le sue responsabilità, non aveva mai tentato di negarle. Ma dopo le audizioni sulla sicurezza, sembrava che non avesse più la capacità o le motivazioni per lottare contro la «crudeltà» dell'indifferenza. In questo senso Rabi aveva avuto ragione: «Hanno ottenuto il loro scopo. L'hanno distrutto».[50]

Il 6 gennaio 1967 il medico di Robert gli disse che contro il suo cancro la radioterapia era risultata inefficace. Il giorno dopo lui e Kitty ricevettero a pranzo parecchi amici, tra cui anche Lilienthal. Fu servito raffinato fegato d'oca, e Kitty si comportò da perfetta padrona di casa. Ma quando Lilienthal se ne stava andando, Robert lo aiutò a mettersi il cappotto e gli confidò: «Non mi sento molto allegro; ieri il medico ci ha dato cattive notizie».[51] Poi Kitty accompagnò Lilienthal fuori dalla casa e improvvisamente ruppe in singhiozzi. «La morte è vicina, e non è una novità», così Lilienthal ricordava quel pomeriggio, «ma questa è una morte che appare davvero devastante e crudele. Però Robert, almeno in mia presenza, la affronta con gli occhi del condannato, che sembrano guardare all'interno, rigidi, e che nascondono la realtà finale.»

Il 10 gennaio scrisse a sir James Chadwick, un amico dei tempi di Los Alamos, per metterlo al corrente che stava «combattendo contro un cancro alla gola [...] ma solo con successi irrilevanti».[52] Aggiungeva: «Mi ricordo delle virulente critiche di Ehrenfest sui mali del fumo. Avremmo potuto vivere in un tempo felice, ma non ci siamo riusciti, neanche con le nostre critiche così piene d'amore e di luce».

Il giorno successivo Robert convocò Verna Hobson, la sua segretaria da quattordici anni, e le consigliò gentilmente di andarsene da

Princeton. La Hobson aveva deciso di dare le dimissioni quando lui aveva lasciato la carica di direttore, ma poi era rimasta sapendo che lui era malato e che Kitty era ancora molto dipendente da lei. «Avevo capito che mi stava dicendo che sarebbe morto presto», disse la Hobson, «e che se non me ne andavo subito poi sarebbe stato molto difficile abbandonare Kitty, e che forse non l'avrei mai fatto.»[53]

Verso la metà di febbraio 1967, Robert si rese conto che la fine era vicina. «Sono pieno di dolori... sento male e parlo con difficoltà», scrisse a un amico.[54] I suoi medici avevano deciso che non si sottoponesse più alla radioterapia, e gli avevano invece prescritto un intenso programma di chemioterapia. Ma lui era costretto a restare in casa, e faceva sapere agli amici che avrebbe sempre gradito una loro visita. Nico Nabokov andò a trovarlo spesso e sollecitò altri amici a fare lo stesso.

Mercoledì 15 febbraio Robert fece il grande sforzo di partecipare a una riunione di un comitato dell'Istituto che doveva selezionare i candidati da invitare come membri ospiti l'anno successivo. Fu l'ultima volta che Freeman Dyson lo vide. Come tutti gli altri, anche Oppenheimer aveva fatto i suoi compiti a casa, leggendo le pubblicazioni dei candidati. «Riusciva a parlare solo con grande difficoltà», scrisse in seguito Dyson, «ma tuttavia ricordava con gran precisione i punti forti o deboli di tutti i candidati. Le ultime parole che gli ho udito pronunciare furono "Possiamo dire di sì a Weinstein. È bravo".»[55]

Il giorno dopo passò a trovarlo Louis Fischer.[56] Negli ultimi anni Fischer e Oppenheimer si ricambiavano amicizia e stima reciproca. Famoso giornalista giramondo, Fischer era autore di una mezza dozzina di libri, tra i quali volumi famosi come *La vita di Gandhi* (1950)* e *Vita di Stalin* (1953).** Robert amava in particolare la sua biografia di Lenin*** del 1964. Kitty aveva chiesto a Fischer di portare con sé qualche capitolo dell'ultimo libro che stava scrivendo, per distrarre Robert.

Quando Fischer suonò il campanello della porta, attese in silenzio per parecchi minuti e poi, dopo essersi arreso, si avviò per andarsene. Proprio in quel momento sentì tamburellare sui vetri di una finestra del primo piano. Guardando in alto, vide Robert che gli faceva cenno di tornare. Un momento dopo, Robert aprì la porta d'ingresso. Aveva perso gran parte del suo udito e per questo non aveva sentito il suono del campanel-

---

* L. Fischer, *La vita di Gandhi*, La Nuova Italia, Firenze 1971. [*n.d.t.*]
** L. Fischer, *Vita di Stalin*, Atlante, Roma 1952. [*n.d.t.*]
*** L. Fischer, *La vita di Lenin*, Il Saggiatore-Arnoldo Mondadori Editore, Milano 1973. [*n.d.t.*]

lo. Robert tentò con impaccio di aiutare Fischer a togliersi il cappotto, e poi i due amici si sedettero ai due lati di un tavolo spoglio. Fischer gli disse che aveva da poco parlato con Toni, che stava utilizzando la sua conoscenza del russo per fare alcune ricerche per George Kennan. Quando Robert cercò di parlare, «mormorava così a bassa voce che penso di esser riuscito a capire solo una parola su cinque».[57] Ma riuscì a comunicargli che Kitty stava riposando – aveva dormito molto male quella notte – e che in casa non c'era nessun altro.

Quando Fischer diede a Robert due capitoli del suo manoscritto, lui cominciò a leggerne alcune pagine e poi pose a Fischer alcune domande sull'origine delle sue fonti. «Da Berlino?» chiese. Fischer gli indicò una nota a fondo pagina. «A questo punto mi fece un sorriso davvero dolce», scrisse più avanti Fischer. «Appariva davvero molto magro, i suoi capelli erano radi e bianchi, le sue labbra erano secche e screpolate. Ma mentre leggeva, e anche in altri momenti, muoveva le labbra come se parlasse; ma non parlava e, rendendosi probabilmente conto che parlare avrebbe fatto una cattiva impressione, teneva le mani ossute davanti alla bocca; le unghie erano blu.»

Dopo una ventina di minuti, Fischer pensò che era il momento di andarsene. Mentre stava uscendo, vide un pacchetto di sigarette appoggiato sul secondo gradino della scala che portava al piano superiore. Tre sigarette erano cadute dal pacchetto ed erano lì accanto, sul tappeto; Fischer si chinò a raccoglierle e le infilò nel pacchetto. Quando si rialzò, Robert era al suo fianco; dopo aver cercato nelle sue tasche, tirò fuori un accendino e lo accese. Sapeva che Fischer non fumava e che ormai stava tornandosene a casa, ma quel gesto fu istintivo. Era sempre stato il primo ad accendere le sigarette degli ospiti. «Ho avuto la netta impressione», Fischer scrisse qualche giorno dopo, «che era ben conscio che la sua mente stava annebbiandosi, e probabilmente desiderava morire.» Dopo aver insistito ad aiutare Fischer con il cappotto, Robert aprì la porta e disse con voce impastata: «Torna presto».

Francis Fergusson andò a trovarlo venerdì 17 febbraio. Si accorse subito che Robert era quasi un uomo finito. Riusciva ancora a camminare, ma ormai pesava meno di cinquanta chili. Si sedettero nella sala da pranzo, ma poco dopo Fergusson si rese conto che Robert era troppo debole e che quindi era meglio andarsene. «Lo accompagnai in camera da letto e poi me ne andai. Il giorno dopo seppi che era morto.»[58]

Robert morì alle 22.40 di sabato 18 febbraio 1967 mentre dormiva. Aveva solo sessantadue anni. Kitty in seguito confidò a un amica: «La sua morte fu pietosa. Si era trasformato prima in un ragazzino, e poi in un bambino. Faceva rumore. Non potevo andare nella stanza; dovevo andare nella stanza, ma non ci riuscivo. Non riuscivo a resistere».[59] Due giorni dopo i suoi resti furono cremati.

Lewis Strauss mandò a Kitty un telegramma in cui diceva di essere rimasto «addolorato dalla notizia della morte di Robert [...]»[60]. I giornali negli Stati Uniti e all'estero pubblicarono necrologi lunghi e ammirati. Il «Times» di Londra lo descrisse come un tipico «uomo del Rinascimento».[61] David Lilienthal disse al «New York Times»: «Il mondo ha perso uno spirito nobile, un genio che aveva unito assieme poesia e scienza».[62] Edward Teller fece osservazioni meno eccessive: «Mi piace ricordare che ha fatto un lavoro magnifico e assolutamente necessario [...] di organizzazione [del laboratorio di Los Alamos]». A Mosca l'agenzia di stampa Tass segnalò la morte di un «eminente fisico americano». Il «New Yorker» lo ricordò come «un uomo di eccezionale signorilità ed eleganza, un aristocratico con uno straordinario tocco da intellettuale bohémien».[63] Il senatore Fulbright fece un discorso nell'aula del Senato e disse del fisico scomparso: «Cerchiamo di ricordare non solo quello che quel genio ha fatto per noi, ma anche quello che noi abbiamo fatto a lui».[64]

Dopo una cerimonia funebre il 25 febbraio 1967 a Princeton, Oppenheimer venne ricordato ancora una volta in primavera a Washington, con una riunione speciale dell'American Physical Society. Intervennero Isidor Rabi, Bob Serber, Victor Weisskopf e molti altri. In seguito tutti quei discorsi vennero raccolti e pubblicati in un libro, al quale Rabi scrisse un'introduzione. «In Oppenheimer», scrisse, «la grossolanità non esisteva, ed era proprio questa qualità spirituale, questa finezza espressa nei discorsi e nei modi, a stare alla base del suo carisma. Non si esprimeva mai completamente. Ma dava sempre la sensazione di aver una capacità di percezione e di comprensione che non veniva rivelata.»[65]

Kitty portò a Hawksnest Bay le ceneri del marito raccolte in un'urna, e poi, in un pomeriggio piovoso e tempestoso, lei, Toni e due amici di St. John, John Green e sua suocera, Irva Clair Denham, andarono in barca verso Carval Rock, una piccola isola di fronte alla loro casa sulla spiaggia. Arrivati in un punto tra Carval Rock, Congo Cay e Lovango Cay, John Green spense il motore. L'acqua era profonda una ventina di metri. Nessuno parlò. Invece di spargere in mare le ceneri di Robert, Kitty lasciò cadere l'urna in mare. Non si inabissò immediatamente, e così con la barca girarono attorno all'urna galleggiante e attesero in silenzio fino a che non scomparve nel mare increspato. Kitty raccontò che lei e Robert ne avevano parlato e che «era quello che lui desiderava».[66]

Epilogo. «Di Robert ce n'è uno solo»

Dopo poco più di un anno dalla morte di Robert, Kitty andò a vivere con Bob Serber, il grande amico di Robert che in passato era stato anche suo studente.[1] Quando un invitato, sbagliandosi, chiamò Serber «Robert», Kitty lo rimproverò aspramente: «Non chiamarlo Robert: di Robert ce n'è uno solo». Nel 1972 Kitty aveva acquistato una splendida barca di diciotto metri, in legno di tek, che fu battezzata *Moonraker*.[2] Il nome faceva riferimento alla vela di taglio prodiera dei grandi velieri, ma anche, scherzosamente, alle persone un po' folli.* Nel maggio 1972 Kitty riuscì a convincere Serber a fare con lei un giro attorno al mondo. Ma non andarono molto lontano. Al largo delle coste della Colombia, Kitty stava così male che Serber tornò indietro con la barca e si fermò a Panama. Kitty morì di embolia nel Gorgas Hospital di Panama City il 27 ottobre 1972.[3] Le sue ceneri furono disperse nei pressi di Carval Rock, nello stesso specchio d'acqua di St. John dove nel 1967 era stata fatta inabissare l'urna con le ceneri di Robert.

Nel 1959, dieci anni dopo la sua messa al bando, Frank Oppenheimer tornò finalmente nel mondo accademico con un incarico al dipartimento di fisica dell'Università del Colorado. Nel 1965 gli fu assegnata una prestigiosa borsa di studio Guggenheim per fare ricerca sulle camere a bolle all'University College di Londra. Quell'anno, mentre erano in Europa, lui e Jackie visitarono parecchi musei scientifici; rimasero particolarmente colpiti dal Palais de la Découverte di Parigi, che usava dei modelli per dimostrare concetti scientifici di base. Dopo il loro ritorno in America, lui e Jackie cominciarono a sviluppare progetti per un museo scientifico che consentisse ai giovani e agli adulti di fare esperimenti *«hands-on»* in fisica, chimica e in altri settori scientifici. L'idea si concretizzò, e nell'agosto 1969, grazie al finanziamento di varie fondazioni, l'*Exploratorium* di Frank e Jackie Oppenheimer aprì i battenti al pian terreno dell'appena restaurato Palace of Fine Arts di San Francisco, un monumentale palazzo per esposizioni costruito nel 1915. L'*Explorato-*

---

* In italiano la vela si chiama «uccellina», e il significato scherzoso si perde. [*n.d.t.*]

rium divenne ben preso la vetrina del «movimento per i musei partecipativi», e Frank ne divenne il carismatico direttore. Jackie e suo fratello Michael lavorarono intensamente con Frank, e il museo divenne un impegno di famiglia e, probabilmente, il museo scientifico più interessante al mondo dal punto di vista pedagogico.

Robert sarebbe stato orgoglioso di Frank. Tutto quello che i due fratelli avevano imparato nelle loro due vite dedicate alla scienza, all'arte e alla politica era presente nell'*Exploratorium*. «L'unico scopo dell'*Exploratorium*», disse Frank, «è quello di convincere i visitatori che è possibile capire il mondo che ci circonda. Penso che molte persone cerchino di capire le cose, e che quando si avvicinano al mondo fisico, si avvicinano anche al mondo sociale e a quello politico. Se aiutiamo le persone a capire le cose, sono convinto che impediremo loro di affondare.»[4] Anche se Frank aveva diretto il suo *Exploratorium* come «un benevolo despota» fino alla sua morte avvenuta nel 1985, l'aveva fatto secondo la concezione egualitaria che «quando l'intelligenza umana cesserà di essere uno strumento del potere [...] a beneficio di pochi, diventerà una fonte di potere e di piacere per tutti».

Peter Oppenheimer si era trasferito nel Nuovo Messico, e viveva a Perro Caliente nella fattoria che era stata di suo padre, affacciata sulle montagne del Sangre de Cristo. In quegli anni allevò tre figli. Dopo due divorzi, andò ad abitare a Santa Fe e lavorò come operaio e carpentiere. Peter non metteva mai in mostra i suoi legami familiari con il padre della bomba atomica, nemmeno quando andava in giro come attivista ambientale a fare propaganda porta a porta contro il pericolo rappresentato dai rifiuti nucleari immagazzinati nella regione.

Dopo la morte del padre, Toni passò brutti momenti. «Toni si considerava sempre inferiore a Kitty», ricordava Serber.[5] «Kitty gestiva completamente la sua vita, e Toni non divenne mai indipendente.» Quella madre fortemente dispotica l'aveva costretta a frequentare una scuola di specializzazione, che però lei dopo poco aveva abbandonato. Per un certo periodo aveva vissuto a New York in un piccolo appartamento, ma aveva ben pochi amici. In seguito lasciò il suo appartamento e andò a vivere in una stanza sul retro del grande appartamento di Serber sul Riverside Drive. Sfruttando la sua abilità linguistica, nel 1969 ottenne un lavoro temporaneo come traduttrice trilingue alle Nazioni Unite. «Riusciva a passare da un lingua all'altra senza alcun problema», ricordava Sabra Ericson.[6] «Ma, per un motivo o per un altro, c'era sempre qualcosa che le si metteva di traverso.» Il suo incarico richiedeva il nullaosta per l'accesso alla sicurezza. L'FBI avviò un'indagine a tutto campo e ripescò tutte le antiche accuse contro suo padre.[7] Con quella che può essere considerata come una dolorosa e ironica mazzata a un tenero virgulto, il nullaosta non le fu rilasciato.

Toni decise quindi di tornare a St. John, rassegnata a fare dell'isola la sua casa. «Fece l'errore di stabilirsi a St. John», disse Serber.[8] «Intendo dire che aveva troppe limitazioni. Non c'era nessuno con cui potesse parlare, davvero... nessuno della sua stessa età.» Dopo due matrimoni e due divorzi, Toni ebbe solo felicità passeggere. Privata dall'FBI della carriera che aveva scelto, non riuscì mai a ristabilire il suo equilibrio.

Dopo il suo secondo divorzio divenne una buona amica di June Katherine Barlas, una donna di otto anni più anziana, da poco arrivata sull'isola. Con la Barlas e gli altri, Toni raramente parlava dei suoi genitori. «Ma quando parlava di suo padre», ricordava la Barlas, «lo faceva sempre con grande amore.»[9] Spesso indossava un fermaglio per coda di cavallo che le aveva regalato Robert ed era sempre agitata quando non riusciva a ritrovarlo. Evitava di discutere sulle audizioni del 1954, e in qualche caso si limitava a dire «che quegli uomini avevano distrutto suo padre».

Ma ovviamente aveva ancora qualche problema con i suoi genitori. Per un certo periodo andò da uno psichiatra a St. Thomas, e poi disse alla sua amica Inga Hiilivirta che quell'esperienza l'aveva aiutata a capire «il suo risentimento verso i genitori per il modo in cui l'avevano trattata quando era piccola».[10] Soffriva di crisi di depressione. Un giorno, decisa ad annegarsi, se ne andò nuotando da Hawksnest Bay verso Carval Rock, dove in fondo al mare riposava l'urna con le ceneri di Robert. Nuotò a lungo diretta verso il largo e poi – come in seguito confidò a un amico – all'improvviso si sentì meglio e decise di tornare alla spiaggia.[11]

La sera di una domenica del gennaio 1977, si impiccò nella villetta sulla spiaggia che Robert si era fatto costruire a Hawksnest Bay.[12] Il suo suicidio era chiaramente premeditato. Sul suo letto Toni aveva lasciato obbligazioni per diecimila dollari e una dichiarazione con cui lasciava la casa «al popolo di St. John». Era molto apprezzata in tutta l'isola. «Tutti l'adoravano», disse la Barlas, «ma lei non lo sapeva.» In centinaia andarono al suo funerale: erano così tanti che perfino i suonatori che accompagnavano il corteo furono costretti a restare fuori dalla piccola chiesa di Cruz Bay.

La villetta a Hawksnest Bay ora non c'è più, trascinata via da un uragano, ma al suo posto c'è un centro comunitario che si affaccia su quella che è oggi chiamata la «spiaggia Oppenheimer».

«La mia lunga cavalcata con Oppie»
Nota e ringraziamenti d'autore
di Martin J. Sherwin

Robert Oppenheimer era un provetto cavaliere, e quindi non deve apparire troppo bizzarro che nell'estate del 1979 io abbia cercato di dare un nuovo significato all'erudito concetto di *Sitzfleisch* (carne seduta) iniziando in groppa a un cavallo le mie ricerche per la sua biografia. La mia avventura iniziò alla fattoria di Los Pinos, che si trova a sedici chilometri al di sopra di Cowles, nel Nuovo Messico, e dalla quale nell'estate del 1922 Oppie era partito per esplorare per la prima volta le belle montagne del Sangre de Cristo. Per decenni non ero più andato a cavallo e, per dirla francamente, la prospettiva di impegnarmi in una lunga cavalcata – realmente e metaforicamente – mi appariva scoraggiante. La mia meta, partendo da Los Pinos, dopo parecchie ore in groppa al cavallo, e dopo aver superato i tremila metri della cima della Grass Mountain, era «la fattoria di Oppenheimer», Perro Caliente, la piccola casetta in mezzo ai sessanta ettari di uno splendido versante montuoso che Oppie aveva affittato negli anni Trenta e poi acquistato nel 1947.

Durante il viaggio, Bill McSweeney, il proprietario di Los Pinos, ci fece da guida e da storico locale. Tra le molte altre cose, ci raccontò (con me c'erano mia moglie e i miei figli) della tragica morte – durante un furto con scasso nella sua casa di Santa Fe nel 1961 – di una grande amica di Oppie, Katherine Chaves Page, la precedente proprietaria della fattoria. Oppie aveva incontrato Katherine durante la sua prima visita nel Nuovo Messico, e la sua infatuazione giovanile per lei fu uno dei motivi più forti che lo spingevano a tornare spesso in quel bellissimo territorio. Dopo aver acquistato la fattoria, Oppie ogni estate affittava parecchi dei cavalli di Katherine, per sé stesso, per suo fratello più giovane Frank (e, dopo il 1940, per sua moglie Kitty), e anche per il suo codazzo di ospiti, soprattutto fisici che non avevano mai montato nulla di predisposto all'autonomia che non fosse una semplice bicicletta.

Il mio viaggio aveva due scopi. Il primo era quello di condividere in piccolo l'esperienza che Oppie aveva così spesso condiviso con i suoi amici, il piacere liberatorio di andarsene a cavallo attraverso quella maestosa terra incontaminata. Il secondo scopo era quello di parlare con suo figlio Peter, che viveva nella casetta di famiglia. Dopo averlo aiutato a montare un recinto per il bestiame, parlai per oltre un'ora con lui della sua famiglia e della sua vita. Fu un inizio memorabile.

Qualche mese dopo firmai un contratto con l'editore Alfred A. Knopf per una biografia di Robert Oppenheimer, fisico, fondatore negli anni Trenta della più famosa scuola americana di fisica teorica, già attivista politico, «padre della bomba atomica», importante consigliere governativo, direttore dell'Institute for Advanced Study, intellettuale pubblico e anche la vittima più famosa del maccartismo. Il testo sarebbe stato completato in quattro o cinque anni, così assicurai a quello che era allora il mio redattore, Angus Cameron, una delle persone a cui è dedicato questo libro.

Durante la successiva mezza dozzina di anni, viaggiai per tutto il paese, e anche all'estero, stimolato da una presentazione a un'altra presentazione, facendo molte più interviste di quelle che avevo ritenuto possibili a tutti coloro che avevano conosciuto Oppenheimer. Consultai decine e decine di archivi e biblioteche, raccolsi decine di migliaia tra lettere, memorandum e documenti governativi – diecimila pagine solo dell'FBI – e alla fine cominciai a rendermi conto che qualsiasi studio sulla persona di Robert Oppenheimer avrebbe dovuto coprire molto di più che la sola sua vita. La sua storia personale, con tutti i suoi aspetti pubblici e le diverse ramificazioni, era molto più complicata del previsto e finiva col diffondere sull'America di quei giorni molta più luce di quella che sia Angus sia io avevamo immaginato. Un segnale di questa complessità, di questa profondità e di questa più vasta risonanza – dell'ergersi dell'icona di Oppenheimer – è il fatto che, dopo la sua morte, la sua storia è nata a una nuova vita, perché libri, film, drammi, articoli e ora anche un'opera lirica (*Doctor Atomic*) hanno scolpito la sua immagine in maniera ancora più netta nelle pagine della storia dell'America e del mondo.

Venticinque anni dopo l'inizio del mio viaggio a Perro Caliente, quello che avevo scritto sulla vita di Oppenheimer mi aveva fornito una nuova comprensione delle complessità di una biografia. È stato un viaggio talvolta difficile, ma spesso anche esilarante. Cinque anni fa, poco dopo che il mio caro amico Kai Bird aveva completato *Il colore della verità*, la biografia congiunta di McGeorge e William Bundy, gli chiesi di unirsi a me. Oppenheimer era abbastanza grande per tutti e due, ed ero certo che il mio ritmo sarebbe diventato più rapido con Kai come partner. Assieme abbiamo completato quello che era diventato un viaggio davvero lungo. Tutti e due abbiamo molte persone che hanno condiviso il nostro viaggio e alimentato i sogni di questo libro. Un'altra persona che merita la dedica di *Robert Oppenheimer, il padre della bomba atomica* è il compianto Jean Mayer, rettore della Tufts University, un uomo che ammiravo profondamente. Nel 1986, in occasione della fondazione di quel centro, Mayer mi nominò direttore del Nuclear Age History and Humanities Center (NAHHC), un'organizzazione destinata allo studio dei rischi associati alla corsa agli armamenti nucleari alla quale Oppenheimer si era trovato di fronte. La storia della vita di Oppenheimer ispirò anche il progetto Global Classroom, un programma russo-americano che dal 1988 al 1992 mise in contatto studenti dell'Università di Mosca e della Tufts University per discutere della corsa agli armamenti nucleari e di altri argomenti importanti. Parecchie volte all'anno le nostre discussioni avvenivano in televisione tramite satellite, e poi erano trasmesse per radio in tutta l'Unione Sovietica e da alcune stazioni radio pubbliche negli Stati Uniti. Le idee di Oppenheimer diedero forma a molti di questi momenti importanti nell'evoluzione della *glasnost*.

Ci piace anche ringraziare due donne esperte e di talento, le nostre mogli, che abbiamo tormentato a lungo, Susan Sherwin e Susan Goldmark; anche loro hanno condiviso il nostro lungo viaggio e ci hanno aiutato a rimanere in sella. Le amiamo, le rispettiamo e le ringraziamo per quella particolare miscela di pazienza ed esasperazione che hanno espresso di fronte alla nostra ossessione per questo libro.

Dobbiamo anche ringraziare Ann Close, un'esperta redattrice della Knopf la cui pazienza sudista e l'attenzione ai dettagli più minuti ha arricchito questo libro. Ha accompagnato con grande cura un lungo manoscritto fino alla pubblicazione, seguendo un programma terribilmente stretto. Il nostro curatore, il leggendario Mel Rosenthal, stimolò la nostra attenzione, migliorò la nostra prosa e ci insegnò a non tracheggiare troppo con le modifiche. Dobbiamo ringraziamenti anche a Millicent Bennett, che ha fatto in modo che nulla andasse perduto. Stephanie Kloss ha realizzato un elegante progetto per la sopraccoperta del libro. Un ringraziamento anche all'artista di Washington Steve Frietch per aver sin dall'inizio proposto di mettere in copertina il ritratto di Oppenheimer fatto da Alfred Eisenstadt.

Dobbiamo profonda gratitudine anche a un altro meraviglioso redattore, Bobbie Bristol, che ha accudito e protetto questo libro per decenni prima di ritirarsi e di passarlo ad Ann. Ma anche con l'attenzione protettiva di Bobbie non avrebbe potuto sopravvivere per un quarto di secolo se non ci fosse stata quella seria cultura intellettuale e quel rispetto per gli autori che è una caratteristica della casa editrice Alfred A. Knopf.

Gail Ross è sia un avvocato sia un agente letterario e noi gli siamo grati per aver rinegoziato i termini di un contratto con la Knopf, che era ormai vecchio di vent'anni, e per molti pranzi che faremo a La Tomate!

Lo «scaltro» Victor Navasky è stato un amico e un mentore per noi due e merita fiducia per averci fatto conoscere più di vent'anni fa. Gli siamo grati per la sua saggezza e per la sua amicizia, e per Annie, la sua meravigliosa moglie.

Siamo riconoscenti anche a parecchi eminenti studiosi che hanno dedicato il loro tempo a leggere con gran cura le varie versioni del manoscritto. Jeremy Bernstein, anche lui un biografo di Oppenheimer, è un fisico esperto e uno scrittore che ha usato la sua grande pazienza per correggere i nostri molti errori di comprensione della fisica quantistica.

Richard Polenberg, professore di storia americana alla cattedra Goldwin Smith della Cornell University, dedicò un'estate a nostro favore leggendo meticolosamente l'intero manoscritto e condividendo con noi sia la sua conoscenza del caso Oppenheimer sulla sicurezza sia la sua raffinata sensibilità di scrittore di storia.

Anche James Hershberg, William Lanouette, Howard Morland, Zygmunt Nagorski, Robert S. Norris, Marcus Raskin, Alex Sherwin e Andrea Sherwin Ripp hanno letto tutto o in parte il manoscritto, e siamo loro grati per i giudizi e i commenti.

Col passare degli anni abbiamo beneficiato della disponibilità di formidabili studiosi quali Gregg Herken, S. S. Schweber, Priscilla McMillan, Robert Crease, e del compianto Philip Stern che ci sfidò con le sue idee e la sua conoscenza di questioni controverse relative alla vita di Oppenheimer. Due di questi raffinati storici hanno cortesemente condiviso documenti e fonti di interviste. Nancy Greenspan, la biografa di Max Born, ha generosamente condiviso i frutti delle sue ricerche. Siamo grati a Jim Hijiya per la sua dotta interpretazione del fascino che Oppenheimer provava per la *Bhagavadgītā*. Più recentemente, abbiamo scoperto il lavoro di uno storico della scienza inglese, Charles Thorpe, e lo ringraziamo per averci permesso di fare alcune citazioni della sua tesi di dottorato – una versione della quale dovrebbe essere pubblicata.

Vogliamo ringraziare anche i dottori Curtis Bristol e Floyd Galler, e lo psicanalista Sharon Alperovitz, per i loro giudizi a carattere psicologico sulla vita di Oppenheimer da giovane. Il dottor Jeffrey Kelman ci ha gentilmente aiutato a interpretare i dati dell'autopsia e altri riferimenti medici relativi alla morte della dottoressa Jean Tatlock. Il dottor Daniel Benveniste ha condiviso con noi le sue opinioni sugli studi di psicanalisi condotti da Oppenheimer con il dottor Siegfried Bernfeld. Siamo riconoscenti alla compianta Alice Kimball Smith e a Charles Weiner, la cui raccolta ottimamente annotata della corrispondenza di Oppenheimer ha ispirato molte delle nostre interpretazioni. Siamo ugualmente grati a Richard G. Hewlett e Jack Holl per l'aiuto che ci hanno fornito durante i primi passi di questo libro, e per le loro eccellenti storie ufficiali sulle vicende della Commissione per l'energia atomica.

Molti archivisti specializzati si sono prestati a farci da guida attraverso molte migliaia di pagine di documenti sia di archivi ufficiali che di raccolte private. Vogliamo in particolare ringraziare Linda Sandoval e Roger A. Meade degli archivi del Los Alamos National Laboratory; Ben Primer dell'Università di Princeton; il dottor Peter Goddard, Georgia Whidden, Christine Ferrara e Rosanna Jaffin dell'Institute for Advanced Study; John Stewart e Sheldon Stern della John F. Kennedy Presidential Library; Spencer Weart dell'American Institute of Physics; John Earl Haynes della Library of Congress; e i molti altri che ci hanno aiutato nelle biblioteche e negli archivi elencati alle pagine 731 e 732.

Questi e molti altri archivisti alla Library of Congress, ai National Archives e agli archivi di Harvard, Princeton e alla Bancroft Library dell'Università della California hanno lavorato duramente per la realizzazione della nostra storia.

Sia come cittadini americani sia come storici rendiamo omaggio a tutti quelli che hanno appoggiato e sostenuto il Freedom of Information/Privacy Act. Non solo ha consentito l'accesso di storici e giornalisti ai dossier investigativi di FBI, CIA e altri uffici governativi ma, cosa molto più importante, ha anche contribuito a rafforzare la nostra democrazia.

Nessun libro di questa portata può essere realizzato senza l'assistenza di studenti di storia giovani e dinamici. Uno scelto gruppo di studenti che collaboravano con il Nuclear Age History and Humanities Center (NAHHC) della Tufts University ha preparato cronologie, analizzato e organizzato documenti, scartabellato articoli e trascritto centinaia di ore di interviste. Susanne LaFeber Kahl e Meredith Mosier Pasciuto, entrambe laureate alla Tufts ed entrambe amministratrici molto efficienti, hanno organizzato questo lavoro e anche contribuito direttamente alle ricerche.

Uno straordinario gruppo di ricercatori e di laureati del NAHHC ha collaborato in molti altri modi. Miri Navasky, ora brillante autrice di documentari, ha passato molto tempo alla ricerca di documenti per organizzare una cronologia della vita di Kitty Oppenheimer. Jim Hershberg ha con costanza posto domande quasi inquisitorie e ha condiviso con entusiasmo i documenti che aveva raccolto per la sua autorevole biografia di James Conant. Debbie Herron Hand ha trascritto con cura le interviste. Tanya Gassel, Hans Fenstermacher, Gerry Gendlin, Yaacov Tygiel, Dan Lieberfeld e Dan Hornig ci hanno tutti dato il loro sostegno intellettuale e morale.

Peter Schwartz ha fatto gran parte del lavoro preparatorio negli archivi dell'Area della baia di San Francisco. Erin Dwyer e Cara Thomas hanno ribattuto le correzioni nella stesura finale. Anche Patrick J. Tweed, Pascal van der Pijl ed Euijin Jung ci hanno aiutato nelle ricerche per questo libro.

Molti altri amici e colleghi ci hanno sostenuto durante i lunghi anni che sono stati necessari per scrivere questa biografia.

Kai in particolare desidera ringraziare i suoi genitori, Eugene e Jerine Bird, per aver alimentato la sua passione per la storia, e suo figlio, Joshua Kodai Bird, per la pazienza che gli ha permesso di leggere a letto e ad alta voce lunghe parti del manoscritto. Ringrazia anche Joseph Albright e Marcia Kunstel; Gar Alperovitz; Eric Alterman; Scott Armstrong; Wayne Biddle; Shelly Bird; Nancy Bird e Karl Becker; Norman Birnbaum; Jim Boyce e Betsy Hartmann; Frank Browning; Avner Cohen e Karen Gold; David Corn; Michael Day; Dan Ellsberg; Phil e Jan Fenty; Thomas Ferguson; Helma Bliss Goldmark; Richard Gonzalez e Tara Siler; Neil Gordon; Mimi Harrison; Paul Hewson; Rush Holt, membro del Congresso; Brennon Jones; Michael Kazin e Beth Horowitz; Jim ed Elsie Klumpner; Lawrence Lifschultz e Rabia Ali; Richard Lingeman; Ed Long; Priscilla Johnson McMillan; Alice McSweeney; Christina e Rodrigo Macaya; Paul Magnuson e Cathy Trost; Emily Medine e Michael Schwartz (e il loro rifugio di montagna); Andrew Meier; Branco Milanovic e Michelle de Nevers; Uday Mohan; Dan Moldea; John e Rosemary Monagan (e tutti i loro amici del gruppo degli scrittori); Jacques e Val Morgan della Idle Time Books; Anna Nelson; Paula Newberg; Nancy Nickerson; Tim Noah e la compianta Marjorie Williams; Jeffery Paine; Jeff Parker; David Polazzo; Lance Potter (che ci ha suggerito l'epigrafe su Prometeo); William Prochnau e Laura Parker; Tim Rieser; Caleb Rossiter e Maya Latynski; Arthur Samuelson; Nina

Shapiro; Alix Shulman; Steve Solomon; John Tirman; Nilgun Tolek; Abigail Wiebenson; Don Wilson; Adam Zagorin ed Eleanor Zelliot.

Kai è particolarmente riconoscente a Lee Hamilton, Rosemary Lyon, Lindsay Collins, Dagne Gizaw, Janet Spikes e a tutti i loro amici del Woodrow Wilson Center per aver ascoltato le sue prolisse storie su Oppie.

Martin aggiunge i suoi ringraziamenti a tutti gli amici comuni elencati sopra e in particolare desidera ringraziare i suoi figli, Alex Sherwin e Andrea Sherwin Ripp per il loro amore e la loro perplessa disponibilità a condividere così tanti anni delle loro vite e del loro spazio vitale con un'enorme raccolta di scatole, raccoglitori d'archivio e scaffali di libri tutti destinati a «proteggere Oppie». Sua sorella Marjorie Sherwin e la sua amica Rose Walton non furono costrette a vivere con le scatole protette, ma vennero spesso in visita e non persero mai la speranza che da tutti quei bozzoli sarebbe emersa una farfalla. Che alla fine emerse davvero, e non in piccolo, grazie anche all'incoraggiamento e al sostegno di tre meravigliosi maestri che l'avevano addestrato e sostenuto durante la scuola di perfezionamento all'UCLA, e anche dopo: Keith Berwick, Richard Rosecrance e «RD».

Martin desidera anche ringraziare e riconoscere il sostegno e l'incoraggiamento intellettuale – e in molti casi anche l'ospitalità nel corso dei viaggi per le sue ricerche – ai molti vecchi amici e colleghi: il sindaco di Hiroshima, Tadoshi Akiba; Sam Ballen; Joel e Sandy Barkan; Ira e Martha Berlin (e il «The Wisconsin Magazine of History»); Richard Challener; Lawrence Cunningham; Tom e Joan Dine; Carolyn Eisenberg; Howard Ende; Hal Feiveson; Owen e Irene Fiss; Lawrence Friedman; Gary Goldstein; Ron e Mary Jean Green; Sol e Robyn Gittleman; Frank von Hippel; David e Joan Hollinger; Michele Hochman; Al e Phyllis Janklow; Mikio Kato; Nikki Keddie; Mary Kelley; Robert Kelley; Dan e Bettyann Kevles; David Kleinman; Martin e Margaret Kleinman; Barbara Kreiger; Normand e Marjorie Kurtz; Rodney Lake; Mel Leffler; Alan Lelchuck; Tom e Carol Leonard; Sandy e Cynthia Levinson; Dan Lieberfeld; Leon e Rhoda Litwack; Marlaine Lockeed; Janet Lowenthal e Jim Pines; David Lundberg; Gene Lyons; Lary ed Elaine May; David Mizner; Bob e Betty Murphy; Arnie e Sue Nachmanoff; Bruce e Donna Nelson; Arnold ed Ellen Offner; Gary e Judy Ostrower; Donald Pease; Dale Pescaia; Constantine Pleshakov; Phil Pochoda; Ethan Pollock; il compianto Leonard Rieser; Del e Joanna Ritchhardt; John Rosenberg; Michael e Leslie Rosenthal; Richard e Joan Rudders; Lars Ryden; Pavel Sarkisov; Ellen Schrecker;

Sharan Schwartzberg; Edward Segel; Ken e Judy Seslowe; Saul e Sue Singer; Rob Sokolow; Christopher Stone; Cushing e Jean Strout; Natasha Tarasova; Stephen e Francine Trachtenberg; Evgeny Velikhov; Charlie e Joanne Weiner; Dorothy White; Peter Winn e Sue Gronwald; Herbert York; Vladislav Zubok.

Durante i lunghi anni in cui questo libro era in preparazione, molti amici-studiosi ci hanno passato cortesemente documenti su Oppenheimer che avevano scoperto nel corso delle loro ricerche. Per questi atti di amicizia e di generosità desideriamo ringraziare Herbert Bix, Peter Kuznick, Lawrence Wittner e l'eminente storico polacco e ambasciatore negli Stati Uniti, Przemyslaw Grudzinski. Vogliamo anche ringraziare Peter, Charles ed Ella Oppenheimer e Brett e Dorothy Vanderford per le continue attenzioni che hanno avuto per noi nel corso delle nostre ricerche. Siamo grati a Barbara Sonnenberg per averci permesso di riprodurre alcune delle sue fotografie della famiglia Oppenheimer. Gli attuali proprietari di One Eagle Hill a Berkeley, il dottor David e Kristin Myles, ci hanno gentilmente permesso di visitare l'incantevole casa di Oppenheimer affacciata sulla baia di San Francisco.

Alle pagine 833-835 c'è anche una lunga lista di persone che abbiamo intervistato e alle quali siamo profondamente grati. Grazie per il vostro tempo, per i vostri racconti e per la pazienza che ci avete dimostrato; questo libro non avrebbe potuto essere elaborato senza il vostro aiuto.

Gli studiosi non possono però accontentarsi soltanto dei documenti, e questo libro non avrebbe potuto essere scritto senza il sostegno finanziario di numerose fondazioni. Martin è grato per il sostegno che gli è stato dato da Arthur Singer e la Alfred P. Sloan Foundation, dalla John Simon Guggenheim Foundation, da Ruth Adams e la John D. e Catherine T. MacArthur Foundation, dal National Endowment for the Humanities, dalla Tufts University e dal Jame Madison Fund della George Washington University. Kai desidera ringraziare il Woodrow Wilson International Center for Scholars; Cindy Kelly della Atomic Heritage Foundation; Ellen Bradbury-Reid, direttrice esecutiva di Recursos a Santa Fe, Nuovo Messico.

Tutti e due desideriamo ringraziare la perspicacia di Susan Goldmark e di uno dei nostri migliori amici che, indipendentemente e contemporaneamente, ci hanno suggerito il titolo per il nostro libro.

Note

I dossier sui quali abbiamo condotto le nostre ricerche – compresi quelli indicati nelle note come «Collezione Bird» e «Collezione Sherwin» – sono distribuiti in diversi archivi e biblioteche. I dettagli di questa distribuzione si possono trovare sui nostri siti web *www.HistoryHappens.net* e *www.AmericanPrometheus.org*.

Abbreviazioni

AEC – Atomic Energy Commission
AIP – American Institute of Physics (Niels Bohr Library)
APS – American Philosophical Society
Caltech – California Institute of Technology
CU – Clemson University Archives
CUL – Cornell University Library
DCL – Dartmouth College Library
DDEL – Dwight D. Eisenhower Presidential Library
ECS – Ethical Culture Society (archivi)
FBI – Federal Bureau of Investigation (sala di lettura)
FDRL – Franklin D. Roosevelt Presidential Library
FRUS – Foreign Relations of the United States, US State Department
HBSL – Harvard Business School Library
HHL – Herbert Hoover Presidential Library
HSTL – Harry S. Truman Presidential Library
HU – Harvard University (archivi)
HUAC – US House Un-American Activities Committee
IAS – Institute for Advanced Study (Princeton)
JFKL – John F. Kennedy Presidential Library
JRO – J. Robert Oppenheimer
JRO FBI File – J. Robert Oppenheimer (archivio dell'FBI, n. 100-17828)
JRO Hearing – United States Atomic Energy Commission, *In the Matter of J. Robert Oppenheimer*. Trascrizione delle audizioni di fronte al Consiglio per la sicurezza e testi dei principali documenti e lettere. Prefazione di Philip M. Stern, MIT Press, Cambridge (MA) 1971
JRO Papers – J. Robert Oppenheimer Papers, Library of Congress
LANL – Los Alamos National Laboratory (archivi)
LBJL – Lyndon B. Johnson Presidential Library
LOC – Library of Congress (sala di lettura dei manoscritti)
MED – Manhattan Engineer District
MIT – Massachusetts Institute of Technology (archivi)
NA – National Archives
NBA – Niels Bohr Archive, Copenhagen
NBL – Niels Bohr Library, American Institute of Physics
NYT – «New York Times»
PUL – Princeton University Library (Mudd Manuscript Library)
SU – Stanford University (biblioteche)
UC – Università di Chicago (archivi)

UCB – Università della California a Berkeley (Biblioteca Bancroft)
UCSDL – Università della California a San Diego (biblioteca)
UM – Università del Michigan (biblioteca)
WP – «Washington Post»
WU – Washington University (archivi)
YUL – Yale University (Biblioteca Sterling)

Prefazione

[1] E.L. Doctorow, *The State of Mind of the Union*, «The Nation», 22/3/86.

Prologo

[1] Murray Schumach, *600 at a Service for Oppenheimer*, NYT, 26/2/67.
[2] *Ibid.*
[3] «Bulletin of the Atomic Scientists», ottobre 1967.
[4] Schumach, NYT, 26/2/67; Abraham Pais, *A Tale of Two Continents: A Physicist's Life in a Turbulent World*, Princeton University Press, Princeton (NY) 1997, p. 400.
[5] Jeremy Bernstein, *Oppenheimer: Portrait of an Enigma*, Ivan R. Dee, Chicago 2004, pp. VII-XI.
[6] NYT, 20/2/67.
[7] I.I. Rabi, intervistato da Sherwin, 12/3/82, p. 11.
[8] Freeman Dyson, intervistato da Jon Else, 10/12/79, pp. 5, 9-10.

1. *«Accoglieva ogni nuova idea come bellissima»*

[1] Albero genealogico della famiglia Oppenheimer, cartella 4-24, cassetta 4, Frank Oppenheimer Papers, UCB; JRO intervistato da Kuhn, 18/11/63, APS, p. 3. Anche il terzo fratello emigrò a New York, ma dopo un breve soggiorno tornò definitivamente in Germania. Una delle tre sorelle emigrò negli Stati Uniti più o meno nello stesso periodo, ma poi tornò in Germania dove morì. Hedwig Oppenheimer Stern, la più giovane delle tre sorelle, emigrò negli Stati Uniti nel 1937 e andò ad abitare in California. (Babette Oppenheimer Langsdorf, intervistata da Alice Smith, 1/12/76, Collezione Sherwin.) Babette, figlia di Emil Oppenheimer, era più giovane di Robert di un paio d'anni. Il Censimento degli USA del 1900 registra, forse non correttamente, che Julius Oppenheimer era nato nell'agosto 1870, ed emigrato dalla Germania nel 1888; Julius registrò il suo lavoro come commesso viaggiatore. (1900 US Census, New York, NY, elenco 1102, vol. 149, numerazione 455, foglio 8, riga 27, NA.)
[2] Ella Friedman a Julius Oppenheimer, non datata, circa marzo 1903, cartella 4-10, cassetta 4, Frank Oppenheimer Papers, UCB.
[3] Dorothy McKibbin, intervistata da Jon Else, 10/12/79, p. 21. La McKibbin sta citando Katherine Chaves Page. Si veda anche Miss Frieda Altschul a JRO, 9/12/63, che descrive gli occhi di Ella.
[4] Alice Kimball Smith - Charles Weiner (a cura di), *Robert Oppenheimer: Letters and Recollections*, Stanford University Press, Stanford (CA) 1995, p. 2; ed. or. Harvard University Press, Cambridge (MA) 1980 (J. *Robert Oppenheimer: da Harvard a Hiroshima. Lettere e ricordi*, Editori Riuniti, Roma 1983) p. 2 [J. *Robert Oppenheimer: da Harvard a Hiroshima. Lettere e ricordi*]; Frank Oppenheimer, intervistato da Alice Smith, 17/3/75, p. 58.
[5] Lincoln Barnett, *J. Robert Oppenheimer*, «Life», 10/10/49.

⁶ Frank Oppenheimer, racconto orale, 9/2/73, AIP, p. 2.
⁷ Ella Friedman a Julius Oppenheimer, 10/3/03, cartella 4-10, cassetta 4, Frank Oppenheimer Papers, UCB.
⁸ FBI, fascicolo 100-9066, 10/10/41, e fascicolo 100-17828-3, che citano il certificato di nascita di Oppenheimer, n. 19763.
⁹ Frank Oppenheimer, intervistato da Alice Smith, 17/3/75, p. 34; 1920 US Census.
¹⁰ Frank Oppenheimer, intervistato da Alice Smith, 17/3/75, p. 54; Else Uhlenbeck, intervistata da Alice Smith, 20/4/76, p. 2. La cugina di Oppenheimer Babette Oppenheimer Langsdorf in seguito descrisse Ella come una «pittrice di talento» ed «esperta». (Mrs. Walter Langsdorf a Philip M. Stern, 10/7/67, Stern Papers, JFKL; George Boas ad Alice Smith, 28/11/76, corrispondenza Smith, Collezione Sherwin; Smith - Weiner (a cura di), *Robert Oppenheimer: Letters...*, p. 138.) Julius acquistò *Primi passi (da Millet)* di Van Gogh nel 1926, e Frank Oppenheimer lo ereditò nel 1935. Per la provenienza della collezione dei Van Gogh della famiglia Oppenheimer si veda *Vincent Van Gogh: The Complete Works*, un archivio dati su CD-ROM, copyright David Brooks, Barewalls Publications, Sharon (MA) 2002. Julius acquistò *Madre e figlio* di Picasso nel 1928, e Frank Oppenheimer lo vendette nel 1980 per 1.050.000 dollari (si veda Joseph Baird jr. a Frank Oppenheimer, 12/4/80, cartella 4-46, cassetta 4; Jack Tanzer a Frank Oppenheimer, 13/5/80, cartella 4-46, cassetta 4, Frank Oppenheimer Papers, UCB).
¹¹ JRO, intervistato da T.S. Kuhn, 18/11/63, p. 10. Il Censimento degli USA del 1920 elenca tre cameriere che vivevano nella casa degli Oppenheimer: Nellie Connolly, anni 87, irlandese; Henrietta Rosemund, anni 21, tedesca; Signe McSorley, anni 29, svedese (1920 Census, vol. 244, numerazione 702, foglio 13, riga 37, elenco 1202, NA).
¹² Smith - Weiner (a cura di), *Robert Oppenheimer: Letters...*, p. 34; Frank Oppenheimer, intervistato da Alice Smith, 17/3/75, p. 26.
¹³ Harold F. Cherniss, intervistato da Sherwin, 23/5/79, p. 3.
¹⁴ Francis Fergusson, intervistato da Sherwin, 8/6/79, p. 7.
¹⁵ Julius Oppenheimer a Frank Oppenheimer, 11/3/30, cartella 4-11, cassetta 4, Frank Oppenheimer Papers, UCB; Boas ad Alice Smith, 28/11/76, corrispondenza Smith, Collezione Sherwin.
¹⁶ Fergusson, intervistato da Alice Smith, 23/4/75, p. 10.
¹⁷ Peter Goodchild, *J.Robert Oppenheimer: Shatterer of Worlds*, Houghton Mifflin Co., Boston 1981, p. 11.
¹⁸ Jeremy Bernstein, *Oppenheimer: Portrait of an Enigma*, Ivan R. Dee, Chicago 2004, p. 6; Frank Oppenheimer, racconto orale, 9/2/73, p. 4, AIP.
¹⁹ Frank Oppenheimer a Denise Royal, 25/2/67, Frank Oppenheimer Papers, contenitore 4, UCB.
²⁰ Ruth Meyer Cherniss, intervistata da Alice Smith, 10/11/76; Herbert Smith, intervistato da Charles Weiner, 1/8/74, pp. 12, 16-17.
²¹ Oppenheimer potrebbe aver avuto un leggero attacco di poliomielite. Si veda Alice Smith a Frank Oppenheimer, 6/8/79, contenitore 4, Frank Oppenheimer Papers, UCB; Peter Michelmore, *The Swift Years: The Robert Oppenheimer Story*, Dodd, Mead & Co., New York 1969, p. 4.
²² JRO, intervistato da Kuhn, 18/11/63, APS, pp. 1-4; «Time», 8/11/48, p. 70.
²³ JRO, intervistato da Kuhn, 18/11/63, p. 1.
²⁴ Denise Royal, *The Story of J.Robert Oppenheimer*, St. Martin's Press, New York 1969, p. 13.
²⁵ Le citazioni in questo paragrafo sono tratte da Smith - Weiner (a cura di), *Robert Oppenheimer: Letters...*, Letters, p. 5; JRO, intervistato da Kuhn, p. 3; Babette Oppenheimer Langsdorf a Philip M. Stern, 10/7/67, Stern Papers, JFKL.
²⁶ Frank Oppenheimer, racconto orale, 9/2/73, AIP, p. 1.
²⁷ Ivi, p. 4.
²⁸ Royal, *The Story of J.Robert Oppenheimer...*, p. 16.

[29] Board of Trustees, 1912, archivi della New York Society for Ethical Culture.
[30] «Time», 11/8/48, p. 70.
[31] Richard Rhodes, *I Am Become Death...*, «American Heritage», vol. 28, n. 6 (1987), n. 6.
[32] Horace L. Friess, *Felix Adler and Ethical Culture: Memories and Studies*, Columbia University Press, New York 1981, p. 194.
[33] Stephen Birmingham, *The Rest of Us: The Rise of America's Eastern European Jews*, Little, Brown & Co., Boston 1984, pp. 29-30.
[34] Friess, *Felix Adler and Ethical Culture...*, p. 198.
[35] Benny Kraut, *From Reform Judaism to Ethical Culture: The Religious Evolution of Felix Adler*, Hebrew Union College Press, Cincinnati (OH) 1979, pp. 190, 194, 205. Questo può spiegare perché Oppenheimer non abbia mai dimostrato un interesse particolare per il sionismo.
[36] Friess, *Felix Adler and Ethical Culture...*, pp. 136, 122.
[37] Ivi, pp. 35, 100, 153, 141.
[38] Felix Adler, *Ethics Teaching and the Philosophy of Life*, «School and Home», una pubblicazione della Ethical Culture School PTA, novembre 1921, p. 3.
[39] Smith - Weiner (a cura di), *Robert Oppenheimer: Letters...*, p. 3; Frank Oppenheimer, racconto orale, 14/4/76, AIP, p. 56.
[40] Friess, *Felix Adler and Ethical Culture...*, pp. 131, 201-202.
[41] Robin Kadison Berson, *Marching to a Different Drummer: Unrecognized Heroes of American History*, Greenwood Press, Westport (CT) 1994, pp. 101-105.
[42] John Lovejoy Elliott a Julius Oppenheimer, 23/10/31, archivi della New York Society for Ethical Culture.
[43] Friess, *Felix Adler and Ethical Culture...*, p. 126; Yvonne Blumenthal Pappenheim, intervistata da Alice Smith, 16/2/76.
[44] *Ibid.*
[45] *The Course of Study in Moral Education*, Ethical Culture School, New York 1912, 1916 (pamphlet), p. 22; Kevin Borg, *Debunking a Myth: J. Robert Oppenheimer's Political Philosophy*, testo non pubblicato, University of California, Riverside 1992.
[46] «Time», 8/11/48; Royal, *The Story of J. Robert Oppenheimer...*, pp. 15-16.
[47] Herbert Smith, intervistato da Alice Smith, 9/7/75, p. 1; Royal, *The Story of J. Robert Oppenheimer...*, p. 23; Smith - Weiner (a cura di), *Robert Oppenheimer: Letters...*, p. 6; Rhodes, *I Am Become Death...*, p. 73.
[48] Smith - Weiner (a cura di), *Robert Oppenheimer: Letters...*, p. 4; *Remembering J. Robert Oppenheimer*, «The Reporter», Ethical Culture Society, 28/4/67, p. 2.
[49] Philip M. Stern - Harold P. Green, *The Oppenheimer Case: Security on Trial*, Harper & Row, New York 1969, pp. 11-12; Ruth Meyer Cherniss, intervistata da Alice Smith, 10/11/76; David Cassidy, *J.Robert Oppenheimer and the American Century*, Pi Press, Indianapolis (IN) 2004, pp. 33-46.
[50] Stern - Green, *The Oppenheimer Case...*, pp. 11-12.
[51] Harold F. Cherniss, intervistato da Sherwin, 23/5/79, p. 3.
[52] Barnett, *J. Robert Oppenheimer...*, «Life», 10/10/49.
[53] Jeanette Mirsky, intervistata da Alice Smith, 10/11/76.
[54] Herbert Smith, intervistato da Weiner, 1/8/74, p. 3; JRO, intervistato da Kuhn, 18/11/63, p. 3.
[55] Smith - Weiner (a cura di), *Robert Oppenheimer: Letters...*, p. 5.
[56] JRO, intervistato da Kuhn, 18/11/63, p. 2 (e citazioni successive).
[57] Jane Kayser, intervistata da Weiner, 4/6/75, p. 34; Smith - Weiner (a cura di), *Robert Oppenheimer: Letters...*, pp. 6-7.
[58] Francis Fergusson, intervistato da Sherwin, 8/6/79, p. 4.
[59] Michelmore, *The Swift Years...*, p. 9; Gregg Herken, *Brotherhood of the Bomb:*

The Tangled Lives and Loyalties of Robert Oppenheimer, Ernest Lawrence, and Edward Teller, Henry Holt & Co., New York 2002, p. 338, nota 55.
[60] Michelmore, *The Swift Years...*, pp. 8-9.
[61] Francis Fergusson, intervistato da Sherwin, 8/6/79, p. 6.
[62] Da bambino Oppenheimer ebbe varie malattie. All'età di sei anni gli furono asportate le tonsille e le adenoidi; nel 1916 subì un'operazione di appendicite; nel 1918 ebbe la scarlattina. J. Robert Oppenheimer, visita medica, Presidio di San Francisco, 16/1/43; cassetta 100, serie 8, MED, NA.
[63] Smith - Weiner (a cura di), *Robert Oppenheimer: Letters...*, p. 9.
[64] Jeanette Mirsky, intervistata da Alice Smith, 10/11/76; Smith - Weiner (a cura di), *Robert Oppenheimer: Letters...*, p. 61.
[65] Smith - Weiner (a cura di), *Robert Oppenheimer: Letters...*, p. 40.
[66] Ivi, p. 9.
[67] Frank Oppenheimer, intervistato da Alice Smith, 14/4/76, p. 12. Nel 1961 Katherine Chaves Page (Cavanaugh) fu uccisa a pugnalate nel suo letto durante un tentativo di furto da un giovane vicino di origini messicane (Dorothy McKibbin, intervistata da Alice Smith, 1/1/76).
[68] Herbert Smith, intervistato da Weiner, 1/8/74, p. 6.
[69] Francis Fergusson, intervistato da Sherwin, 8/6/79, p. 3, e 18/6/79, p. 8.
[70] Herbert Smith, intervistato da Weiner, 1/8/74, pp. 15-16.
[71] Ivi, pp. 6-10.
[72] Ivi, p. 1.
[73] Smith - Weiner (a cura di), *Robert Oppenheimer: Letters...*, p. 9.
[74] Ivi, p. 10.
[75] Emilio Segrè, *Enrico Fermi: Physicist*, University of Chicago Press, Chicago 1970, p. 135 (*Enrico Fermi, fisico*, Zanichelli, Bologna 1987.
[76] *Los Alamos: Beginning of an Era 1943-45*, Los Alamos National Laboratory, 1986, p. 9.
[77] Smith - Weiner (a cura di), *Robert Oppenheimer: Letters...*, p. 22 (JRO a Herbert Smith, 18/2/23).

2. «La sua separata prigione»

[1] JRO, intervistato da Kuhn, 18/11/63, p. 14; William Boyd, intervistato da Alice Smith, 21/12/75, p. 5.
[2] Robert Oppenheimer, US Army (esame fisico), 16/1/43, cassetta 100, serie 8, MED, NA.
[3] Alice Kimball Smith - Charles Weiner (a cura di), *Robert Oppenheimer: Letters and Recollections*, Stanford University Press, Stanford (CA) 1995, p. 61; ed. or. Harvard University Press, Cambridge (MA) 1980 (J. *Robert Oppenheimer: da Harvard a Hiroshima. Lettere e ricordi*, Editori Riuniti, Roma 1983).
[4] Ivi, p. 9.
[5] Peter Michelmore, *The Swift Years: The Robert Oppenheimer Story*, Dodd, Mead & Co., New York 1969, p. 15, e Jeffries Wyman, intervistata da Charles Weiner, 28/5/75, p. 14; JRO, intervistato da Kuhn, 18/11/63, p. 6.
[6] Frederick Bernheim, intervistato da Weiner, 27/10/75, pp. 7, 16.
[7] Smith - Weiner (a cura di), *Robert Oppenheimer: Letters...*, p. 33.
[8] Ivi, p. 45; William Boyd, intervistato da Alice Smith, 21/12/75, p. 4.
[9] Ivi, p. 34.
[10] Lincoln Barnett, *J. Robert Oppenheimer*, «Life», 10/10/49.
[11] Smith - Weiner (a cura di), *Robert Oppenheimer: Letters...*, p. 59.

[12] JRO, *Le jour sort de la nuit ainsi qu'une victoire*, poesia di Oppenheimer ricevuta da Francis Fergusson, Collezione Alice Smith (ora nella Collezione Sherwin).

[13] Richard Norton Smith, *The Harvard Century: The Making of a University to a Nation*, Simon & Schuster, New York 1986, p. 87; «Harvard Crimson», 13/12/24 e 17/1/23.

[14] *Liberals Take Stand Against Restriction*, «Harvard Crimson», 14/3/23.

[15] John Trumpbour (a cura di), *How Harvard Rules: Reason in the Service of Empire*, South End Press, Boston 1989, p. 384; «The Gad-fly», dicembre 1922, pubblicato dallo Student Liberal Club, Harvard University; JRO, intervistato da Kuhn, 18/11/63, p. 9; Smith - Weiner (a cura di), *Robert Oppenheimer: Letters...*, p. 15; Michelmore, *The Swift Years...*, p. 15; John Edsall, intervistato da Weiner, 16/7/75, p. 6.

[16] JRO, intervistato da Kuhn, 18/11/63, pp. 7, 9.

[17] JRO, intervistato da Kuhn, 18/11/63Ivi, p. 8; Smith - Weiner (a cura di), *Robert Oppenheimer: Letters...*, pp. 28-29.

[18] «Time», 8/11/48, p. 71.

[19] Gerald Holton, *Young Man Oppenheimer*, «Partisan Review», XLVIII (1981), p. 383; «Time», 8/11/48, p. 71. Il tempio di Segesta fu costruito attorno agli anni 430-420 a.C.

[20] William Boyd, intervistato da Alice Smith, 21/12/75, p. 7.

[21] Abraham Pais, *Niels Bohr's Times in Physics, Philosophy, and Polity*, Clarendon Press, Oxford 1991, pp. 541, 253 (*Il danese tranquillo*, Bollati Boringhieri, Torino 1993); «Time», 8/11/48, p. 71.

[22] JRO, intervistato da Kuhn, 18/11/63, pp. 5, 9.

[23] JRO, intervistato da Kuhn, 18/11/63, pp. 5, 9.

[24] Smith - Weiner (a cura di), *Robert Oppenheimer: Letters...*, p. 48.

[25] Paul Horgan, A *Certain Climate: Essays in History, Arts, and Letters*, Wesleyan University Press, Middletown (CT) 1988, p. 5.

[26] Smith - Weiner (a cura di), *Robert Oppenheimer: Letters...*, p. 54.

[27] William Boyd, intervistato da Alice Smith, 21/12/75, p. 9.

[28] Smith - Weiner (a cura di), *Robert Oppenheimer: Letters...*, pp. 60-61, 19; «Time», 8/11/48, p. 71.

[29] Ivi, p. 60.

[30] JRO, *Neophyte in London*, poesia di Oppenheimer ricevuta da Francis Fergusson, Collezione Alice Smith.

[31] JRO, *Viscount Haldome in Robbins*, poesia di Oppenheimer ricevuta da Francis Fergusson, Collezione Alice Smith. A margine di questa poesia dattiloscritta Oppenheimer ha scarabocchiato "Il mio prima poema d'amore".

[32] Smith - Weiner (a cura di), *Robert Oppenheimer: Letters...*, p. 62.

[33] Ivi, pp. 32-33.

[34] «Harvard Crimson», 18/11/24, 3/9/25.

[35] Smith - Weiner (a cura di), *Robert Oppenheimer: Letters...*, p. 60.

[36] Trascrizione di Robert Oppenheimer a Harvard, 1922-25, Collezione Alice Smith; Smith - Weiner (a cura di), *Robert Oppenheimer: Letters...*, p. 68; JRO, intervistato da Kuhn, 18/11/63, p. 10.

[37] Smith - Weiner (a cura di), *Robert Oppenheimer: Letters...*, p. 74; Michelmore, *The Swift Years...*, p. 15.

[38] JRO, intervistato da Kuhn, 18/11/63, p. 14.

[39] Smith - Weiner (a cura di), *Robert Oppenheimer: Letters...*, p. 77.

[40] Ivi, pp. 80-81.

[41] Michelmore, *The Swift Years...*, p. 14.

[42] JRO, intervistato da Kuhn, 18/11/63, p. 14.

3. «È un brutto momento»

[1] Alice Kimball Smith - Charles Weiner (a cura di), *Robert Oppenheimer: Letters and Recollections*, Stanford University Press, Stanford (CA) 1995, p. 86; ed. or. Harvard University Press, Cambridge (MA) 1980 (J. *Robert Oppenheimer: da Harvard a Hiroshima. Lettere e ricordi*, Editori Riuniti, Roma 1983).

[2] Francis Fergusson, *Account of the Adventures of Robert Oppenheimer in Europe*, testo datato 26 febbraio (anno non precisato, ma molto probabilmente febbraio 1926); allegato da Fergusson all'intervista di Alice Smith, 21/4/76, Collezione Sherwin.

[3] Fergusson, intervistato da Sherwin, 18/6/79, p. 1.

[4] Fergusson, *Account of the Adventures of Robert Oppenheimer in Europe...*

[5] John Gribbin, *Q Is for Quantum: An Encyclopedia of Particle Physics*, Simon & Schuster, New York 1998, pp. 284, 321-322 [*Q come quanto. Dizionario illustrato di fisica quantistica*, Macro Edizioni, Cesena (FO) 2004].

[6] JRO, intervistato da Kuhn, 18/11/63, p. 11.

[7] Smith - Weiner (a cura di), *Robert Oppenheimer: Letters...*, p. 89; JRO, intervistato da Kuhn, 18/11/63, p. 16.

[8] Smith - Weiner (a cura di), *Robert Oppenheimer: Letters...*, pp. 87-88.

[9] Peter Goodchild, *J.Robert Oppenheimer: Shatterer of Worlds*, Houghton Mifflin Co., Boston 1981, p. 17.

[10] Peter Michelmore, *The Swift Years: The Robert Oppenheimer Story*, Dodd, Mead & Co., New York1969, p. 17; Wyman, intervistato da Weiner, 28/5/75, p. 22.

[11] Abraham Pais, *Inward BoundInward Bound: Of Matter and Forces in the Physical World*, Oxford University Press, Oxford 1986, p. 367. Rutherford raccontò questa storia a Paul Dirac, che poi la raccontò a Pais.

[12] Fergusson, intervistato da Alice Smith, 21/4/76, p. 36.

[13] Smith - Weiner (a cura di), *Robert Oppenheimer: Letters...*, p. 88.

[14] Frederick Bernheim, intervistato da Weiner, 27/10/75, p. 20.

[15] Smith - Weiner (a cura di), *Robert Oppenheimer: Letters...*, p. 19; Herbert Smith, intervistato da Weiner, 1/8/74, p. 19.

[16] Fergusson, *Account of the adventures of Robert Oppenheimer in Europe...*

[17] *Ibid.*

[18] Fergusson, intervistato da Sherwin, 18/6/79.

[19] Alice Smith, note su Fergusson, 23/4/75, p. 4.

[20] Fergusson, intervistato da Sherwin, 18/6/79, p. 1; Fergusson, *Account of the adventures of Robert Oppenheimer in Europe...*, p. 3.

[21] Smith - Weiner (a cura di), *Robert Oppenheimer: Letters...*, p. 90.

[22] Edsall, intervistato da Weiner, 16/7/75, p. 27.

[23] Wyman, intervistato da Weiner, 28/5/75, p. 23.

[24] Fergusson, intervistato da Sherwin, 18/6/79, pp. 4-6.

[25] Herbert Smith, intervistato da Weiner, 1/8/74, p. 16.

[26] Edsall, intervistato da Weiner, 16/7/75, p. 19. Edsall in seguito disse che nel giugno 1926 Oppenheimer gli aveva raccontato la diagnosi dell'analista, ma nel ricordo di Edsall lo psichiatra in questione era a Cambridge. Edsall era rimasto stupito che un medico potesse dire a un paziente cose così crudeli. Verso la metà degli anni Venti, famosi discepoli di Freud, come il dottor Ernest Jones, dominavano la professione psichiatrica a Londra e quindi è del tutto plausibile che Jones fosse lo psichiatra che aveva in cura Oppenheimer: per suo figlio, Julius Oppenheimer sceglieva sempre il meglio. Il dottor Jones era non solo il più famoso seguace di Freud che operava in Inghilterra, ma era anche uno dei soli quattro analisti che avevano lo studio in Harley Street. Inoltre, per quanto indubbiamente fosse un devoto discepolo di Freud – e in seguito anche suo biografo – Jones era noto tra i colleghi per le sue diagnosi errate. Quindi Jones può aver sbagliato diagnosticando la *dementia praecox* a Oppenheimer. (Si veda

«International Journal of Psychoanalysis», vol. 8, parte 1, per cortesia del dottor Daniel Benveniste, e-mail a Bird 19/4/01 sugli analisti di Harley Street. Il dottor Curtis Bristol è la nostra fonte per la predisposizione del dottor Jones alle diagnosi sbagliate.)

[27] Fergusson, intervistato da Sherwin, 18/6/79, p. 2; Smith - Weiner (a cura di), *Robert Oppenheimer: Letters...*, p. 94.

[28] «Time», 8/11/48, p. 71.

[29] Fergusson, intervistato da Sherwin, 18/6/79, p. 5.

[30] Fergusson sostiene che lo psichiatra di Parigi indirizzò Robert a una prostituta di alta classe, una donna esperta nel trattare con giovani uomini sulle loro necessità sessuali. Secondo Fergusson, Robert non apprezzò molto l'idea, ma decise di conoscere la donna. «Robert non poteva avere il primo aiuto da lei», disse Fergusson. «Era una donna avanti negli anni, intelligente e con esperienza. Ma non ci fu accordo.» Fergusson, intervistato da Alice Smith, 21/4/76, p. 39; si veda anche Fergusson, intervistato da Sherwin, 18/6/79, pp. 1-4, 7.

[31] Fergusson, intervistato da Sherwin, 18/6/79, pp. 7-9; Fergusson, *Account of the Adventures of Robert Oppenheimer in Europe...* Il legame di Fergusson con la Keeley si interruppe poco dopo.

[32] Fergusson, *Account of the Adventures of Robert Oppenheimer in Europe...*

[33] Smith - Weiner (a cura di), *Robert Oppenheimer: Letters...*, p. 86.

[34] Ivi, pp. 91-98.

[35] *Ibid.*

[36] *Ibid.*

[37] Fergusson, intervistato da Sherwin, 18/6/79, pp. 7-9.

[38] Edsall, intervistato da Weiner, 16/7/75, pp. 18-20.

[39] Herbert Smith, intervistato da Weiner, 1/8/74, p. 16.

[40] *Talk of the Town*, «The New Yorker», 4/3/67.

[41] Bernheim ad Alice Smith, 3/8/76, corrispondenza di Alice Smith; Collezione Sherwin.

[42] Edsall, intervistato da Weiner, 16/7/75, pp. 26, 31.

[43] Smith - Weiner (a cura di), *Robert Oppenheimer: Letters...*, p. 95.

[44] Wyman, intervistato da Weiner, 28/5/75, pp. 21-23.

[45] *Ibid.*

[46] Edsall, intervistato da Weiner, 16/7/75, pp. 20, 27.

[47] Alice Kimball Smith e Charles Weiner hanno ipotizzato: «Forse la mela simbolizzava un articolo scientifico che conteneva un errore scoperto all'improvviso». Smith - Weiner (a cura di), *Robert Oppenheimer: Letters...*, p. 93; Denise Royal, *The Story of J. Robert Oppenheimer*, St. Martin's Press, New York 1969, p. 36; Fergusson, intervistato da Sherwin, 18/6/79, pp. 4-6; Fergusson, intervistato da Alice Smith, 23/4/75, pp. 36-37.

[48] Poi continuò spiegando a Davis perché voleva che l'evento restasse imperscrutabile. «Il motivo per cui te lo dico? Quelle audizioni sulla mia lealtà a cui il governo mi sottopose nel 1954. Le registrazioni sono state stampate in parecchie centinaia di pagine a caratteri piccoli nel 1954. Ho sentito persone che dicevano che è stato il mio grande anno, e che in quelle registrazioni c'è la storia della mia vita. Ma non è così. Non venne fuori quasi nulla di quello che era importante per me, quasi nulla di quello che significava qualcosa per me si trova in quelle registrazioni. Lo capisci, vero, e te lo sto dimostrando in questo momento. Con qualcosa di importante per me, che non è contenuto in quelle registrazioni.» Nuel Pharr Davis, *Lawrence and Oppenheimer*, Simon & Schuster, New York 1968, pp. 21-22 (*Lawrence e Oppenheimer*, Garzanti, Milano 1970).

[49] Alcuni storici, tra i quali S.S. Schweber e Abraham Pais, hanno ipotizzato che Oppenheimer potrebbe aver lottato con un'omosessualità latente. Noi pensiamo che questa ipotesi non abbia fondamento. Pais, che conosceva Oppenheimer come amico e collega, ha scritto nelle sue memorie del 1997 che agli inizi degli anni Cinquanta «era convinto che un'omosessualità forte e latente fosse un'importante componente della natura emo-

tiva di Robert». E ancora, l'amico che meglio lo conosceva in quegli anni, Francis Fergusson, affermava: «Non ho mai visto in lui nessuna tendenza omosessuale. Non penso che ne sia mai stato disturbato. A quel tempo era soltanto frustrato dalla sua incapacità di unirsi alle donne, e questa frustrazione influiva sul suo lavoro». In maniera analoga, il compagno di stanza di Robert a Harvard, Frederick Bernheim, spiegava: «Lui si sentiva davvero inadeguato con le ragazze, e provava molto fastidio se arrivavo con una ragazza [...]. Non c'era nessuna omosessualità [...]. Per quanto ne so, io non avevo attrazione sessuale per lui e lui non l'aveva per me, ma – non so perché – avevamo una sorta di mutua sensibilità che ci teneva uniti». Si veda Abraham Pais, *A Tale of Two Continents: A Physicist's Life in a Turbulent World*, Princeton University Press, Princeton (NJ) 1997 p. 241. Si veda anche S.S. Schweber, *In the Shadow of the Bomb: Bethe, Oppenheimer and the Moral Responsibility of the Scientist*, Princeton University Press, Princeton (NJ) 2000, pp. 56, 203. Per qualche diceria sulla latente omosessualità di Oppenheimer, si veda l'archivio dell'FBI su JRO, memo da V.P. Keay a Mr. Ladd, 10/11/47, in cui si ri riporta che lui ha avuto «un affare con Harvey Hall, [...] uno studente di matematica all'università, che è un individuo con tendenze omosessuali e che per un certo periodo ha vissuto con Robert Oppenheimer» (fascicolo dell'FBI sulla sicurezza, microfilm, bobina 1; su questo si veda anche Schweber, *In the Shadow of the Bomb...*, p. 203). Tuttavia, Harvey Hall non visse mai con Oppenheimer. Hall e Oppenheimer hanno collaborato a un articolo apparso sulla «Physical Review»: Haakon Chevalier, *Oppenheimer: The Story of a Friendship*, George Braziller, New York 1965, p. 12 (*Cominciò ad Hiroshima*, Comunità, Milano 1965). Fergusson, intervistato da Sherwin, 18/6/79, pp. 3-4, 7; Bernheim, intervistato da Weiner, 27/10/75, p. 16.

[50] Haakon Chevalier, intervistato da Sherwin, 29/6/82, p. 6.
[51] Royal, *The Story of J. Robert Oppenheimer...*, p. 36.
[52] JRO, intervistato da Kuhn, 18/11/63, p. 16.
[53] Smith - Weiner (a cura di), *Robert Oppenheimer: Letters...*, p. 96; JRO, intervistato da Kuhn, 18/11/63, p. 17.
[54] Smith - Weiner (a cura di), *Robert Oppenheimer: Letters...*, p. 96; Wyman, intervistato da Weiner, 28/5/75, p. 18.
[55] *Ibid.*
[56] Pais *et al.*, *Paul Dirac: The Man and His Work*, Cambridge University Press, Cambridge 1998, p. 29.
[57] Richard Rhodes, *The Making of the Atomic Bomb*, Simon & Schuster, New York 1986, pp. 53-54 (*L'invenzione della bomba atomica*, Rizzoli, Milano 1990); Wyman, intervistato da Weiner, 28/5/75, p. 30.
[58] *Ibid.*
[59] JRO, intervistato da Kuhn, 18/11/63, p. 17.
[60] JRO, intervistato da Kuhn, 18/11/63Ivi, p. 21.
[61] Pais, *Niels Bohr's Times in Physics...*, p. 495.
[62] JRO, intervistato da Kuhn, 20/11/63, pp. 1-2 (e citazioni successive).
[63] Smith - Weiner (a cura di), *Robert Oppenheimer: Letters...*, p. 97.
[64] Royal, *The Story of J. Robert Oppenheimer...*, p. 36.
[65] JRO, intervistato da Kuhn, 18/11/63, p. 21.

4. «Il lavoro è duro ma, grazie a Dio, quasi piacevole»

[1] *Talk of the Town*, «The New Yorker», 4/3/67.
[2] Abraham Pais, *The Genius of Science: A Portrait Gallery of Twentieth-Century Physicists*, Oxford University Press, Oxford 2000, pp. 32-33.
[3] John Gribbin, *Q Is for Quantum: An Encyclopedia of Particle Physics*, Simon & Schuster, New York 1998, pp. 55-57 [*Q come quanto. Dizionario illustrato di fisica*

quantistica, Macro Edizioni, Cesena (FO) 2004]; *Obituary: Prof. Max Born*, «The Times», 7/1/70.

[4] Alice Kimball Smith - Charles Weiner (a cura di), *Robert Oppenheimer: Letters and Recollections*, Stanford University Press, Stanford (CA) 1995, p. 97; ed. or. Harvard University Press, Cambridge (MA) 1980 (J. *Robert Oppenheimer: da Harvard a Hiroshima. Lettere e ricordi*, Editori Riuniti, Roma 1983).

[5] Ivi, p. 100.

[6] JRO, intervistato da Kuhn, 20/11/63, p. 5.

[7] Pais, *The Genius of Science...*, pp. 307-308.

[8] JRO, intervistato da Kuhn, 20/11/63, p. 4.

[9] Smith - Weiner, (a cura di), *Robert Oppenheimer: Letters...*, p. 100.

[10] Ivi, pp. 100-101.

[11] Abraham Pais, *Inward Bound: Of Matter and Forces in the Physical World*, Oxford University Press, New York 1986, p. 367. Pais cita una comunicazione privata di Dirac.

[12] JRO, intervistato da Kuhn, 20/11/63, p. 6.

[13] Helen C. Allison, intervistata da Alice Smith, 7/12/76. Gli Hogness seguirono Oppenheimer a Berkeley nel 1929.

[14] Max Delbrück, *In Memory of Max Born*, Delbrück Papers, 37.8, Caltech Archives, per cortesia di Nancy Greenspan.

[15] Max Born, *My Life: Recollections of a Nobel Laureate*, Charles Scribner's Sons, New York 1975, p. 229 (*Autobiografia di un fisico*, Editori Riuniti, Roma 1980); Peter Goodchild, *J. Robert Oppenheimer: Shatterer of Worlds*, Houghton Mifflin Co., Boston 1981.

[16] Born, *My Life...*, p. 234; Denise Royal, *The Story of J. Robert Oppenheimer*, St. Martin's Press, New York 1969, p. 38.

[17] Smith - Weiner, (a cura di), *Robert Oppenheimer: Letters...*, p. 102.

[18] Ivi, pp. 104-105.

[19] Peter Michelmore, *The Swift Years: The Robert Oppenheimer Story*, Dodd, Mead & Co., New York 1969, p. 20.

[20] Ivi, p. 21.

[21] Smith - Weiner, (a cura di), *Robert Oppenheimer: Letters...*, p. 104; Margaret Compton, intervistata da Alice Smith, 3/4/76.

[22] JRO, intervistato da Kuhn, 20/11/63, p. 6.

[23] Michelmore, *The Swift Years...*, p. 21; Pais, *The Genius of Science...*, p. 54.

[24] Ivi, p. 67; Luis W. Alvarez, *Alvarez: Adventures of a Physicist*, Basic Books, New York 1987, p. 87; Leo Nedelsky, intervistato da Alice Smith, 7/12/76.

[25] Smith - Weiner, (a cura di), *Robert Oppenheimer: Letters...*, p. 101; Nuel Pharr Davis, *Lawrence and Oppenheimer*, Simon & Schuster, New York 1968, p. 22 (*Lawrence e Oppenheimer*, Garzanti, Milano 1970).

[26] Thomas Powers, *Heisenberg's War: The Secret History of the German Bomb*, Alfred A. Knopf, New York 1993, pp. 84-85 (*La storia segreta dell'atomica tedesca*, Mondadori, Milano 1994); James W. Kunetka, *Oppenheimer: The Years of Risk*, Prentice-Hall, Englewood Cliffs (NJ) 1982, p. 12.

[27] La fedeltà politica di Houtermans era alla sinistra. Trascorse due anni e mezzo nelle prigioni di Stalin prima di essere rimpatriato in Germania nell'aprile del 1940. Per ulteriori notizie sull'affascinante storia di Houtermans si vedano Powers, *Heisenberg's War...*, pp. 84, 93, 103, 106-107, e David Cassidy, *The Uncertainty Principle: The Life and Science of Werner Heisenberg*, W.H. Freeman, New York 1992 (*Un'estrema solitudine. La vita e l'opera di Werner Heisenberg*, Bollati Boringhieri, Torino 1996).

[28] Helge Kragh, *Quantum Generations: A History of Physics in the Twentieth Century*, Princeton University Press, Princeton (NJ) 1999, p. 168.

[29] Gribbin, *Q Is for Quantum...*, pp. 174, 417-418.

[30] Daniel J. Kevles, *The Physicists: A History of a Scientific Community in Modern*

America, Vintage Books, New York 1971, p. 167; Albrecht Folsing, *Albert Einstein*, Viking Penguin, New York 1997, pp. 730-731. Nel 1929, Einstein precisò la sua critica spiegando che lui credeva «nella profonda verità racchiusa in quella teoria, ma pensava però che la sua limitazione alle leggi statistiche dovesse essere soltanto temporanea». Ma poco dopo indurì la sua visione, insistendo sul fatto che «non è possibile arrivare in cima alle cose con questi mezzi semiempirici». (Folsing, *Albert Einstein*..., pp. 566, 590.)
[31] Smith - Weiner (a cura di), *Robert Oppenheimer: Letters...*, p. 190 (JRO a Frank Oppenheimer, 11/1/35). Oppenheimer incontrò per la prima volta Einstein al Caltech nel 1930 (JRO a Carl Seelig, 7/9/55, JRO Papers).
[32] JRO, intervistato da Kuhn, 20/11/63, p. 7.
[33] Smith - Weiner, (a cura di), *Robert Oppenheimer: Letters...*, p. 103.
[34] Kevles, *The Physicists...*, p. 217.
[35] Schweber, *In the Shadow of the Bomb...*, p. 64.
[36] Royal, *The Story of J. Robert Oppenheimer...*, p. 42.
[37] Hans Bethe, recensione al libro di Robert Jungk, *Brighter Than a Thousand Suns: A Personal History of the Atomic Scientist*, Harcourt, Brace & Co., New York 1958 (*Gli apprendisti stregoni. Storia degli scienziati atomici*, Einaudi, Torino 1958), nel «Bulletin of the Atomic Scientists», vol. 12, pp. 426-429; Schweber, *In the Shadow of the Bomb...*, p. 100.
[38] Hans Bethe, *Ibid.*

5. «Sono Oppenheimer»

[1] Peter Michelmore, *The Swift Years: The Robert Oppenheimer Story*, Dodd, Mead & Co., New York 1969, p. 23.
[2] Alice Kimball Smith - Charles Weiner (a cura di), *Robert Oppenheimer: Letters and Recollections*, Stanford University Press, Stanford (CA) 1995, p. 108; ed. or. Harvard University Press, Cambridge (MA) 1980 (*J. Robert Oppenheimer: da Harvard a Hiroshima. Lettere e ricordi*, Editori Riuniti, Roma 1983), p. 108.
[3] Frank Oppenheimer, racconto orale, 9/2/73, AIP, p. 5.
[4] Peter Goodchild, *J. Robert Oppenheimer: Shatterer of Worlds*, Houghton Mifflin Co., Boston 1981, p. 22.
[5] Michelmore, *The Swift Years...*, p. 24.
[6] Else Uhlenbeck, intervistata da Alice Smith, 20/4/76, p. 2; Michelmore, *The Swift Years...*, pp. 24-25.
[7] Smith - Weiner (a cura di), *Robert Oppenheimer: Letters...*, p. 110; *Hound and Horn: A Harvard Miscellany*, vol. 1, n. 4 (giugno 1928), n. 4, p. 335.
[8] JRO, *Le jour sort de la nuit ainsi qu'une victoire*, poesia di Oppenheimer ricevuta da Francis Fergusson, Collezione Alice Smith.
[9] Smith - Weiner (a cura di), *Robert Oppenheimer: Letters...*, p. 113.
[10] Ivi, p. 113.
[11] «Time», 8/11/48, p. 72.
[12] Frank Oppenheimer a Denise Royal, 25/2/67, cartella 4-23, cassetta 4, Frank Oppenheimer Papers, UCB.
[13] Robert Serber - Robert P. Crease, *Peace and War: Reminiscences of a Life on the Frontiers of Science*, Columbia University Press, New York 1998, p. 38.
[14] Denise Royal, *The Story of J. Robert Oppenheimer*, St. Martin's Press, New York, 1969, p. 44; Michelmore, *The Swift Years...*, pp. 26-27; Smith - Weiner (a cura di), *Robert Oppenheimer: Letters...*, pp. 118, 126, 163-165.
[15] Frank Oppenheimer, racconto orale, 9/2/73, AIP, p. 18.

[16] JRO visita medica, Presidio di San Francisco, 16/1/43, cassetta 100, serie 8, MED, NA.
[17] Frank Oppenheimer a Denise Royal, 25/2/67, cartella 4-23, cassetta 4, Frank Oppenheimer Papers, UCB.
[18] Smith - Weiner (a cura di), *Robert Oppenheimer: Letters...*, p. 119 (citazione di un'intervista di Frank Oppenheimer alla Smith, 14/4/76); Royal, *The Story of J. Robert Oppenheimer...*, p. 50; Nuel Pharr Davis, *Lawrence and Oppenheimer*, Simon & Schuster, New York 1968, p. 24 (*Lawrence e Oppenheimer*, Garzanti, Milano 1970).
[19] JRO, intervistato da Kuhn, 20/11/63, p. 18.
[20] Nel 1933 Ehrenfest uccise il figlio, che era ritardato mentale, e poi si suicidò. John Archibald Wheeler - Kenneth Ford, *Geons, Black Holes, and Quantum Foam: A Life in Physics*, W.W. Norton, New York 1998, p. 260.
[21] Max Born a Paul Ehrenfest, 26/7/27, e 7-8 o 17/7/27, Ehrenfest letters, Archives of the History of Quantum Physics, NBL, AIP, per cortesia di Nancy Greenspan, biografa di Born.
[22] Lincoln Barnett, *J. Robert Oppenheimer*, «Life», 10/10/49.
[23] Serber - Crease, *Peace and War...*, p. 25; Rabi e al., *Oppenheimer*, Charles Scribner's Sons, New York 1969, p. 17. Secondo Peter Michelmore fu Paul Ehrenfest che diede a Robert il nome scherzoso di «Opje» (Michelmore, *The Swift Years...*, p. 37).
[24] Victor Weisskopf, *The Joy of Insight: Passions of a Physicist*, Basic Books, New York 1991, p. 85 (*Le gioie della scoperta*, Garzanti, Milano 1992).
[25] JRO, intervistato da Kuhn, 20/11/63, pp. 20-21. *Herausprügeln* significa "una sconfitta interiore" o "punizione" (per cortesia di Helma Bliss Goldmark). Una volta Ehrenfest prese in giro Oppenheimer sulle sue tendenze filosofiche, dicendogli scherzosamente: «Robert, il motivo per cui tu conosci tanto dell'etica è perché non hai carattere». (Gregg Herken, *Brotherhood of the Bomb: The Tangled Lives and Loyalties of Robert Oppenheimer, Ernest Lawrence, and Edward Teller*, Henry Holt & Co., New York 2002, p. 15).
[26] JRO lettera a James Chadwick, 10/1/67, JRO papers, cassetta 26, LOC.
[27] Smith - Weiner (a cura di), *Robert Oppenheimer: Letters...*, p. 127.
[28] JRO, intervistato da Kuhn, 20/11/63, pp. 22-23.
[29] Royal, *The Story of J. Robert Oppenheimer...*, p. 45.
[30] Ed Regis, *Who Got Einstein's Office?*, Addison-Wesley, Reading (MA) 1987, p. 195 (*Chi è seduto sulla sedia di Einstein?*, Frassinelli, Milano 1990).
[31] Michelmore, *The Swift Years...*, p. 28.
[32] Regis, *Who Got Einstein's Office?...*, p. 133.
[33] Wolfgang Pauli, *Scientific Correspondence*, vol. I, a cura di A. Hermann, Springer-Verlag, New York 1979, p. 486.
[34] Jeremy Bernstein, *Profiles: Physicist*, «The New Yorker», 13/10/75 e 20/10/75.
[35] John S. Rigden, *Rabi: Scientist and Citizen*, Harvard University Press, Cambridge (MA) 1987*i*, p. 19; Jeremy Bernstein, *Oppenheimer: Portrait of an Enigma*, Ivan R. Dee, Chicago 2004, p. 5.
[36] Rigden, *Rabi...*, pp. 228-229.
[37] Abraham Pais, *The Genius of Science: A Portrait Gallery of Twentieth-Century Physicists*, Oxford University Press, Oxford 2000, p. 276.
[38] Rabi, intervistato da Sherwin, 12/3/82, pp. 7, 12-13.
[39] Rigden, *Rabi...*, p. 214.
[40] Ivi, p. 215.
[41] Ivi, pp. 218-219.
[42] Royal, *The Story of J. Robert Oppenheimer...*, pp. 45-46 (e citazioni successive); Rabi et al., *Oppenheimer...*, p. 5.
[43] JRO, intervistato da Kuhn, 20/11/63, p. 22.
[44] Rabi et al., *Oppenheimer...*, pp. 12, 72.

⁴⁵ Brian Greene, *The Elegant Universe: Superstrings, Hidden Dimensions, and the Quest for the Ultimate Theory*, Random House, New York 1999; Vintage, 2003, p. 111 (*L'universo elegante*, Einaudi, Torino 2000).

6. «Oppie»

¹ Alice Kimball Smith - Charles Weiner (a cura di), *Robert Oppenheimer: Letters and Recollections*, Stanford University Press, Stanford (CA) 1995, pp. 126-127; ed. or. Harvard University Press, Cambridge (MA) 1980 (J. *Robert Oppenheimer: da Harvard a Hiroshima. Lettere e ricordi*, Editori Riuniti, Roma 1983).

² Venticinque anni dopo Robert avrebbe testimoniato che il dottor Roger Lewis era uno di quegli amici dai quali si era allontanato sin dai tempi della guerra perché «sentivo un senso di ostilità che ho identificato col suo essere rimasto legato al partito [comunista]». Ivi, p. 132; audizioni di JRO, p. 190.

³ Frank Oppenheimer ad Alice Smith, 16 luglio (anno non specificato), cartella 4-24, cassetta 4, Frank Oppenheimer Papers, UCB.

⁴ Denise Royal, *The Story of J. Robert Oppenheimer*, St. Martin's Press, New York 1969, p. 49.

⁵ Frank Oppenheimer, intervistato da Weiner, 9/2/73, p. 51.

⁶ Jon Else, *The Day After Trinity: J. Robert Oppenheimer and the Atomic Bomb* (documentario), Image Entertainment DVD, 1980, trascrizione e testi aggiuntivi a cura di Jon Else, pp. 5-6; Uhlenbeck, intervistato da Alice Smith, 20/4/76, p. 9; Frank Oppenheimer, intervistato da Weiner, 9/2/73, p. 52.

⁷ Frank Oppenheimer, intervistato da Weiner, 9/2/73, p. 51.

⁸ Frank Oppenheimer ad Alice Smith, 16 luglio (anno non specificato), cartella 4-24, cassetta 4, Frank Oppenheimer Papers, UCB.

⁹ JRO a Frank Oppenheimer, 12/3/30, cartella 4-12, cassetta 1, Frank Oppenheimer Papers, UCB.

¹⁰ Smith - Weiner (a cura di), *Robert Oppenheimer: Letters...*, p. 132.

¹¹ Ivi, p. 133.

¹² JRO, intervistato da Kuhn, 20/11/63, p. 29.

¹³ Royal, *The Story of J. Robert Oppenheimer...*, p. 54.

¹⁴ JRO, intervistato da Kuhn, 20/11/63, p. 30.

¹⁵ Peter Goodchild, *J. Robert Oppenheimer: Shatterer of Worlds*, Houghton Mifflin Co., Boston 1981, p. 25; Royal, *The Story of J. Robert Oppenheimer...*, p. 55.

¹⁶ *Ibid.*

¹⁷ Smith - Weiner (a cura di), *Robert Oppenheimer: Letters...*, p. 149; Leo Nedelsky, intervistato da Alice Smith, 7/12/76.

¹⁸ I.I. Rabi *et al., Oppenheimer*, Charles Scribner's Sons, New York 1969, p. 18; Royal, *The Story of J. Robert Oppenheimer...*, p. 56.

¹⁹ Harold Cherniss, intervistato da Sherwin, 23/5/79, pp. 2-3.

²⁰ Smith - Weiner (a cura di), *Robert Oppenheimer: Letters...*, p. 149.

²¹ *Ibid.*; Nedelsky, intervistato da Alice Smith, 7/12/76.

²² Lincoln Barnett, *J. Robert Oppenheimer*, "Life", 10/10/49, p. 126.

²³ Lillian Hoddeson *et altri al.* (a cura di), *The Rise of the Standard Model: A History of Particle Physics from 1964 to 1979*, Cambridge University Press, New York 1983, p. 311; Rabi *et al., Oppenheimer...*, p. 18.

²⁴ JRO, intervistato da Kuhn, 20/11/63.

²⁵ Robert Serber - Robert P. Crease, *Peace and War: Reminiscences of a Life on the Frontiers of Science*, Columbia University Press, New York 1998, p. 28.

²⁶ Herbert Childs, *An American Genius: The Life of Ernest Orlando Lawrence*, E.P. Dutton & Co., New York 1968, p. 143.

²⁷ Gregg Herken, *Brotherhood of the Bomb: The Tangled Lives and Loyalties of Robert Oppenheimer, Ernest Lawrence, and Edward Teller*, Henry Holt & Co., New York 2002, p. 51. Lawrence si ricordava anche di un altro caro amico, Robert Cooksey.
²⁸ Richard Rhodes, *The Making of the Atomic Bomb*, Simon & Schuster, New York 1986, p. 148 (*L'invenzione della bomba atomica*, Rizzoli, Milano 1990); Nuel Pharr Davis, *Lawrence and Oppenheimer*, Simon & Schuster, New York 1968, pp. 17, 30-31 (*Lawrence e Oppenheimer*, Garzanti, Milano 1970).
²⁹ Patrick J. McGrath, *Scientists, Business, and the State,1890-1960*, University of North Carolina Press, Chapel Hill (NC) 2002, pp. 36, 64.
³⁰ Gray Brechin, *Imperial San Francisco: Urban Power, Earthly Ruin*, University of California Press, Berkeley 1999, pp. 312, 354.
³¹ Nedelsky, intervistato da Alice Smith, 7/12/76.
³² JRO, intervistato da Kuhn, 20/11/63, p. 25.
³³ S.S. Schweber, *In the Shadow of the Bomb: Bethe, Oppenheimer and the Moral Responsibility of the Scientist*, Princeton University Press, Princeton (NJ) 2000, p. 66; John Gribbin, *Q Is for Quantum: An Encyclopedia of Particle Physics*, Simon & Schuster, New York 1998, pp. 266, 107 (*Q come quanto. Dizionario illustrato di fisica quantistica*, Macro Edizioni, Cesena (FO) 2004).
³⁴ Serber, intervistato da Sherwin, 9/1/82, p. 14.
³⁵ Nedelsky, intervistato da Alice Smith, 7/12/76; Schweber, *In the Shadow of the Bomb...*, p. 68.
³⁶ Ed Regis, *Who Got Einstein's Office?*, Addison-Wesley, Reading (MA) 1987, p. 147.
³⁷ Serber, intervistato da Sherwin, 9/1/82, p. 15. Willis Lamb ottenne il dottorato in fisica nel 1938 sotto la supervisione di Oppenheimer. Si veda Gribbin, *Q. Is for Quantum...*, pp. 203-204.
³⁸ Melba Phillips, intervistata da Sherwin, 15/6/79, p. 5.
³⁹ Rabi e altrit al., *Oppenheimer...*, p. 16.
⁴⁰ «Physics Review», 1/10/38.
⁴¹ «Physics Review», 1/9/39; Jeremy Bernstein, *Oppenheimer: Portrait of an Enigma*, Ivan R. Dee, Chicago 2004, p. 48.
⁴² Marcia Bartusiak, *Einstein's Unfinished Symphony*, pp. 60-61; Bernstein, *Oppenheimer...*, pp. 48-50.
⁴³ Gribbin, *Q Is for Quantum...*, pp. 45, 266.
⁴⁴ Serber, intervistato da Sherwin, 9/1/82, p. 15.
⁴⁵ Rabi et al., *Oppenheimer...*, pp. 13-17.
⁴⁶ Nedelsky, intervistato da Alice Smith, 7/12/76.
⁴⁷ Edwin Uehling, intervistato da Sherwin, 11/1/79, pp. 5-6.
⁴⁸ Smith - Weiner, *Robert Oppenheimer: Letters...*, p. 159 (JRO a Frank Oppenheimer, autunno 1932).
⁴⁹ John S. Rigden, *Rabi: Scientist and Citizen*, Harvard University Press, Cambridge, (MA) 1987, p. 7.
⁵⁰ Decenni più tardi lo stesso Oppenheimer pensava che tutte le copie degli appunti delle sue lezioni fossero andate perdute. JRO, intervistato da Kuhn, 20/11/63, p. 28; Royal, *The Story of J. Robert Oppenheimer...*, pp. 64-65. In realtà Sherwin ne ottenne una copia da Herve Voge. Verrà donata a un archivio appropriato.
⁵¹ Smith - Weiner, *Robert Oppenheimer: Letters...*, p. 135 (lettera del 14/10/29).
⁵² Ivi, p. 138.
⁵³ Ivi, pp. 172, 191; Helen Campbell Allison, corrispondenza con Alice Smith, senza data (circa 1976), note alle interviste di Alice Smith. Natalie Raymond morì nel 1975.
⁵⁴ Helen C. Allison, intervistata da Alice Smith, 7/12/76.

⁵⁵ JRO a Frank Oppenheimer, 14/10/29; Smith - Weiner, *Robert Oppenheimer: Letters...*, p. 135.
⁵⁶ *Ibid.*
⁵⁷ Cherniss, intervistato da Sherwin, 23/5/79, pp. 1-2.

7 «I ragazzi ehm ehm»

¹ David Cassidy, J. *Robert Oppenheimer and the American Century*, Pi Press, Indianapolis (IN) 2004 p. 123.
² Julius Oppenheimer a Frank Oppenheimer, 11/3/30, cartella 4-11, cassetta 4, Frank Oppenheimer Papers, UCB; Peter Michelmore, *The Swift Years: The Robert Oppenheimer Story*, Dodd, Mead & Co., New York 1969, p. 33.
³ Alice Kimball Smith - Charles Weiner (a cura di), *Robert Oppenheimer: Letters and Recollections*, Stanford University Press, Stanford (CA) 1995, p. 139 (12/3/30); ed. or. Harvard University Press, Cambridge (MA) 1980 (J. *Robert Oppenheimer: da Harvard a Hiroshima. Lettere e ricordi*, Editori Riuniti, Roma 1983), p. 139 (12/3/30).
⁴ Uehling, intervistato da Sherwin, 11/1/79, pp. 2, 9.
⁵ «San Francisco Chronicle», 14/2/34, p. 1 (e citazioni successive); Robert Serber - Robert P. Crease, *Peace and War: Reminiscences of a Life on the Frontiers of Science*, Columbia University Press, New York 1998, p. 27; Serber, intervistato da Jon Else, 15/12/79, p. 26.
⁶ Denise Royal, *The Story of J. Robert Oppenheimer*, St. Martin's Press, New York 1969, p. 63; Serber - Crease, *Peace and War...*, p. 25; Smith - Weiner (a cura di), *Robert Oppenheimer: Letters...*, pp. 149, 186; Gregg Herken, *Brotherhood of the Bomb: The Tangled Lives and Loyalties of Robert Oppenheimer, Ernest Lawrence, and Edward Teller*, Henry Holt & Co., New York 2002, p. 13; Robert Serber, intervistato da Jon Else, 15/12/79, p. 23.
⁷ Smith - Weiner (a cura di), *Robert Oppenheimer: Letters...*, p. 143 (JRO a Frank Oppenheimer, 10/8/31). Per la descrizione della casa di Shasta Road si veda Edith A. Jenkins, *Against a Field Sinister: Memoirs and Stories*, City Lights, San Francisco 1991, p. 28, e Robert Serber, intervistato da Jon Else, 15/12/79, p. 23.
⁸ Haakon Chevalier, *Oppenheimer: The Story of a Friendship*, George Braziller, New York 1965 (*Cominciò ad Hiroshima*, Comunità, Milano 1965), pp. 20-21.
⁹ I.I. Rabi et al., *Oppenheimer*, Charles Scribner's Sons, New York 1969, p. 20; John S. Rigden, *Rabi: Scientist and Citizen*, Harvard University Press, Cambridge (MA) 1987, p. 213.
¹⁰ Jeremy Bernstein, *Oppenheimer: Portrait ofan Enigma*, Ivan R. Dee, Chicago 2004, p. 62.
¹¹ Uehling, intervistato da Sherwin, 11/1/79, p. 15.
¹² Harold Cherniss, intervistato da Sherwin, 23/5/79, p. 10.
¹³ Herbert Smith, intervistato da Weiner, 1/8/74, p. 14.
¹⁴ Harold Cherniss, intervistato da Sherwin, 23/5/79, p. 8.
¹⁵ Serber - Crease, *Peace and War...*, pp. 29-31.
¹⁶ Royal, *The Story of J. Robert Oppenheimer...*, p. 63, citando Serber.
¹⁷ Uehling, intervistato da Sherwin, 11/1/79, p. 15.
¹⁸ Phillips, intervistata da Sherwin, pp. 9-11. In seguito Carlson insegnò fisica a Princeton e in parecchie altre università; nel 1955 si suicidò.
¹⁹ Rabi et al., *Oppenheimer...*, p. 19.
²⁰ Smith - Weiner (a cura di), *Robert Oppenheimer: Letters...*, p. 141.
²¹ Frank Oppenheimer a Royal, 25/2/67, cartella 4-23, cassetta 4, Frank Oppenheimer Papers, Bancroft Library.

[22] Smith - Weiner (a cura di), *Robert Oppenheimer: Letters...*, pp. 144-145 (JRO a Ernest Lawrence, 12/10/31, 16/10/31).
[23] Herbert Smith, intervistato da Weiner, 1/8/74, p. 12; Michelmore, *The Swift Years...*, p. 33; Royal, *The Story of J. Robert Oppenheimer...*, pp. 61-62.
[24] Smith - Weiner (a cura di), *Robert Oppenheimer: Letters...*, pp. 152-153 (Julius Oppenheimer a Frank Oppenheimer, 18/1/32).
[25] Uehling, intervistato da Sherwin, 11/1/79, p. 31.
[26] Cherniss, intervistato da Sherwin, 23/5/79, p. 5; Smith - Weiner (a cura di), *Robert Oppenheimer: Letters...*, pp. 143, 165; «Time», 8/11/48, p. 75.
[27] Cherniss, intervistato da Sherwin, 23/5/79, p. 11.
[28] Smith - Weiner (a cura di), *Robert Oppenheimer: Letters...*, pp. 143, 165; Royal, *The Story of J. Robert Oppenheimer...*, p. 64.
[29] Smith - Weiner (a cura di), *Robert Oppenheimer: Letters...*, p. 164; Michelmore, *The Swift Years...*, p. 39.
[30] Per un'analisi dell'influenza della *Bhagavadgītā* sugli intellettuali occidentali si veda Jeffery Paine, *Father India: How Encounters with an Ancient Culture Transformed the Modern West*, Harper Collins, New York 1998.
[31] Smith - Weiner (a cura di), *Robert Oppenheimer: Letters...*, pp. 155-156 (JRO a Frank Oppenheimer, 12/3/32).
[32] James A. Hijiya, *The Gītā of J. Robert Oppenheimer*, «Proceedings of the American Philosophical Society», 144 (giugno 2000), n. 2, pp. 161-164; Smith - Weiner (a cura di), *Robert Oppenheimer: Letters...*, p. 180.
[33] Hijiya, *The Gītā of J. Robert Oppenheimer...*, p. 146.
[34] Friess, *Felix Adler and Ethical Culture*, p. 124; Rabi et al., *Oppenheimer*, p. 4.
[35] Dobbiamo a James Hijiya il suggerimento di questa interpretazione del fascino della *Gītā* su Oppenheimer (Hijiya, *The Gītā of J. Robert Oppenheimer...*; JRO, *Flying Trapeze: Three Crises for Physicists*, Oxford University Press, London 1964, p. 54).
[36] Serber - Crease, *Peace and War...*, pp. 25-29.
[37] Archivio dell'FBI su JRO, doc. 241, p. 12, 31/1/51, declassificato nel 2001.
[38] *Ibid.*; Barton J. Bernstein, *Interpreting the Elusive Robert Serber: What Serber Says and What Serber Does Not Explicitly Say*, «Studies in History and Philosophy of Modern Physics», 32 (2001), n. 3, p. 12.
[39] *Ivi*, p. 11; Bernstein cita JRO a Ernest Lawrence, 20/7/38, cassetta 16, Lawrence Papers, UCB.
[40] Serber - Crease, *Peace and War...*, pp. 38-39.
[41] Else Uhlenbeck, intervistata da Alice Smith, 20/4/76, pp. 11-12.
[42] Audizioni di JRO, p. 8.
[43] Robert Serber, discorso di accettazione del J. Robert Oppenheimer Memorial Prize del 1972, archivio biografico, Oppenheimer Memorial Prize, AIP Archives.
[44] Archivio dell'FBI su JRO, doc. 241, p. 13, 31/1/51, declassificato nel 2001.
[45] Chevalier, *Oppenheimer...*, p. 29.
[46] Jenkins, *Against a Field Sinister...*, pp. 23, 27. Serber - Crease, *Peace and War...*, p. 43.
[47] Phillips, intervistata da Sherwin, 15/6/79, p. 1. Nel 1947, il direttore dell'FBI J. Edgar Hoover affermò che «a quanto si dice la Phillips ha distribuito pamphlet comunisti al Brooklyn College» (Hoover al ministro per il commercio Averell Harriman, 6/9/47, dossier *Arms Control*, 1947, Harriman Papers, Collezione Kai Bird). Agli inizi degli anni Cinquanta la Phillips fu sottoposta a interrogatorio davanti al Comitato McCarran. Si rifiutò di collaborare con il comitato e fu licenziata dal Brooklyn College e dal Columbia Radiation Laboratory. Nel 1987 il Brooklyn College si scusò pubblicamente.
[48] Nedelsky, intervistato da Alice Smith, 7/12/76; Smith - Weiner (a cura di), *Robert Oppenheimer: Letters...*, p. 195.

[49] Ivi, p. 173.
[50] *Obituary: prof. Max Born*, «The Times», 7/1/70.
[51] Stephen Schwartz, *From West to East: California and the Making of the American Mind*, The Free Press, New York 1998, pp. 226-246.
[52] Serber - Crease, *Peace and War...*, p. 31.
[53] Frank Oppenheimer, racconto orale, intervistato da Weiner, 9/2/73.
[54] Smith - Weiner (a cura di), *Robert Oppenheimer: Letters...*, pp. 194-195.
[55] JRO, intervistato da Kuhn, 18/11/63, p. 19.
[56] Serber - Crease, *Peace and War...*, pp. 42, 50.
[57] JRO, intervistato da Kuhn, 20/11/63, p. 31; Smith - Weiner (a cura di), *Robert Oppenheimer: Letters...*, pp. 181, 190. Il matematico Hermann Weyl aveva offerto a Oppenheimer di andare a lavorare all'Institute for Advanced Study.

8. «Nel 1936 i miei interessi cominciarono a cambiare»

[1] Edith A. Jenkins, *Against a Field Sinister: Memoirs and Stories*, City Lights, San Francisco 1991, p. 23; audizioni di JRO, p. 8.
[2] Priscilla Robertson, *Promessa*, lettera di sette pagine non datata (circa gennaio 1944) indirizzata alla defunta Jean Tatlock, Collezione Sherwin. Edith Jenkins racconta che la Tatlock aveva gli occhi azzurri (p. 28), ma il certificato di morte della Tatlock li descrive color nocciola. Michelmore li descrive «verdi e luminosi» (Peter Michelmore, *The Swift Years: The Robert Oppenheimer Story*, Dodd, Mead & Co., New York 1969, p. 47).
[3] Ufficio del procuratore della città e della contea di San Francisco, rapporto del procuratore su Jean Tatlock, 6/1/44; memo segreto dell'FBI, «Oggetto: Jean Tatlock», 29/6/43, fascicolo A, RG 326, appunto 62, cassetta 1, NA.
[4] Jenkins, *Against a Field Sinister...*, p. 28.
[5] Ivi, p. 21; Michelmore, *The Swift Years...*, p. 52.
[6] Haakon Chevalier, *Oppenheimer: The Story of a Friendship*, George Braziller, New York 1965, p. 13 (*Cominciò ad Hiroshima*, Comunità, Milano 1965); Nuel Pharr Davis, che è una fonte non sempre affidabile, sostiene che il professor Tatlock «non aveva simpatia per gli ebrei». Cita anche la signora Tatlock che afferma: «Mi tocca sopportare un marito fascista e una figlia radicale» (Davis, *Lawrence and Oppenheimer*, Simon & Schuster, New York 1968, p. 82 – *Lawrence e Oppenheimer*, Garzanti, Milano 1970). Tuttavia, nel 1938 il professor Tatlock si unì a Oppenheimer, Chevalier e ad altri professori di Berkeley nella raccolta di 1500 dollari a favore della sezione di East Bay dell'Ufficio medico per il sostegno alla democrazia spagnola, un atto abbastanza insolito per un fascista o un conservatore («People's Daily World», 29/1/38, p. 3).
[7] Jenkins, *Against a Field Sinister...*, p. 24.
[8] *Ibid.*, p. 26.
[9] Robertson, «*Promessa*».
[10] *Ibid.*
[11] *Ibid.*
[12] I suoi scarsi risultati di quell'anno probabilmente sono dovuti al tempo che lei dedicava al partito. Ebbe il voto massimo in psicologia ma molti voti bassi nei corsi propedeutici di medicina. (Università della California, Berkeley, Graduate School transcript, 1935-36; Jean Tatlock a Priscilla Robertson, non datata, circa 15/7/35.)
[13] La sezione di Berkeley del Partito comunista solitamente attaccava chiunque tra i suoi iscritti si sottoponesse ad analisi. Frances Behrend Burch, un amico degli Chevalier, entrò nel partito nel 1942 e contemporaneamente cominciò a frequentare Donald MacFarlane, un analista freudiano e buon amico degli Oppenheimer. Quando

i funzionari del partito seppero che si sottoponeva ad analisi, tentarono di persuaderlo a interrompere le sedute. (Kent Mastores - Constance Rowell Mastores, e-mail a Kai Bird, 6/5/04. Constance è la figlia di Burch.)

[14] Tatlock alla Robertson, circa 15/7/35.

[15] Denise Royal, *The Story of J. Robert Oppenheimer*, St. Martin's Press, New York 1969, p. 69.

[16] Jenkins, *Against a Field Sinister...*, p. 22.

[17] *Ibid.*

[18] Serber, intervistato da Sherwin, 9/1/82, pp. 9-10. Si veda anche Robert Serber - Robert P. Crease, *Peace and War: Reminiscences of a Life on the Frontiers of Science*, Columbia University Press, New York 1998 p. 46.

[19] Haakon Chevalier, intervistato da Sherwin, 9/5/80.

[20] Audizioni di JRO, p. 8.

[21] Avram Yedidia a Sherwin, 14/2/80.

[22] Harvey Klehr, *The Heyday of American Communism: The Depression Decade*, Basic Books, New York 1984, pp. 270, 413 (e citazione successiva); Ellen Schrecker, *Many Are the Crimes: McCarthyism in America*, Little, Brown & Co., Boston 1998, p. 15; Edward L. Barrett jr., *The Tenney Committee: Legislative Investigation of Subversive Activities in California*, Cornell University Press, Ithaca (NY) 1951, p. 1; «The Nation», 12/9/34, citato in Dorothy Healey, *Dorothy Healey Remembers*, Oxford University Press, New York 1990, pp. 40, 59; Steve Nelson et al., *American Radical*, University of Pittsburgh Press, Pittsburgh (PA) 1981, p. 262.

[23] Audizioni di JRO, p. 8.

[24] La frase «aprire la porta» è tratta dal primo abbozzo della lettera con la sua descrizione autobiografica per le audizioni del 1954. Eliminò la frase nella versione finale. Si veda Peter Goodchild, *J. Robert Oppenheimer: Shatterer of Worlds*, Houghton Mifflin Co., Boston 1981, p. 233.

[25] *Il dottor Peters risponde a Oppenheimer*, «Rochester Times Union», 15/6/49; audizioni di fronte all'HUAC, 8/7/49, p. 9, Bernard Peters Papers, NBA. Peters testimoniò: «Fui rinchiuso in una prigione di Monaco e poi fui rilasciato». Peters testimoniò anche che in quel periodo né lui né sua moglie Hannah erano membri del Partito comunista.

[26] Bernard Peters, *Report of a Prisoner at the Concentration Camp at Dachau, Near Munich*, scritto da Peters nel 1943 a New York; Peters, *War Crimes*, 11/5/45, Peters Papers, NBA.

[27] S.S. Schweber, *In the Shadow of the Bomb: Bethe, Oppenheimer and the Moral Responsibility of the Scientist*, Princeton University Press, Princeton (NJ) 2000, p. 120.

[28] *Ibid.*, pp. 120, 220.

[29] Hannah Peters alla signora Ruth B. Shipley, capo della Divisione passaporti, Dipartimento di stato, 28/8/51, Peters Papers, NBA. Nell'appello contro il rifiuto della Shipley a rilasciarle il passaporto, la Peters negò categoricamente di essere mai stata iscritta al Partito comunista. Disse che era stata membro del Comitato dei rifugiati antifascisti.

[30] JRO ai redattori del «Rochester Democrat and Chronicle», 30/6/49, Peters Papers, NBA. Nel settembre 1943, Oppenheimer disse al colonnello Lansdale e al generale Groves che pensava che Hannah Peters fosse iscritta al Partito comunista; Gregg Herken, *Brotherhood of the Bomb: The Tangled Lives and Loyalties of Robert Oppenheimer, Ernest Lawrence, and Edward Teller*, Henry Holt & Co., New York 2002, p. 111; archivio dell'FBI su JRO, memo 28/4/54, documento 1320; si veda anche il rapporto AEC su JRO («Rochester Times Union», 7/7/54, cartella 11, Bernard Peters Papers, NBA).

[31] Philip M. Stern - Harold P. Green, *The Oppenheimer Case: Security on Trial*, Harper & Row, New York 1969, p. 19.

³² Cherniss, intervistato da Sherwin, 23/5/79, p. 5.
³³ L'annotazione sul diario di Chevalier è datata 20/7/37, ma il suo amico «E.» riferisce che Oppenheimer aveva letto *Il Capitale* l'estate precedente. Si veda Chevalier, *Oppenheimer...*, p. 16; Steve Nelson ha riferito la stessa storia: Steve Nelson *et al.*, *American Radical*, University of Pittsburgh Press, Pittsburgh (PA) 1981 p. 269.
³⁴ Dossier dell'FBI su Haakon Chevalier (100-18564), parte 1 di 2, rapporto di base, pp. 2, 16.
³⁵ Larken Bradley, *Stinson Grand Dame Barbara Chevalier Dies*, «Point Reyes Light», 24/7/03.
³⁶ Haakon Chevalier, *Oppenheimer...*, p. 30; «diario» di Barbara Chevalier, 8/8/81, per cortesia di Gregg Herken, www.brotherhoodofthebomb.com.
³⁷ Jenkins, *Against a Field Sinister...*, p. 25.
³⁸ Chevalier, *Oppenheimer...*, pp. 8-9.
³⁹ Ivi, p. 8; Axel Madsen, *Malraux: A Biography*, William Morrow & Co., New York 1976, p. 195.
⁴⁰ Robert A. Rosenstone, *Crusade of the Left: The Lincoln Battalion in the Spanish Civil War*, Pegasus, New York 1969, p. VII; Schrecker, *Many Are the Crimes...*, p. 15.
⁴¹ Chevalier, *Oppenheimer...*, p. 16.
⁴² Audizioni di JRO, p. 156; memo al direttore dell'FBI, 17/1/58, relativo a un testo scritto dalla signora Fred Airy, precedentemente Helen A. Lichens, intitolato *Term Report: Teachers' Union of Berkeley and Oakland, Spring 1936*. La signora Airy spiegava all'FBI che aveva scritto quel testo mentre era studentessa a Berkeley nel 1936. Nel corso delle ricerche per realizzare il testo aveva partecipato a molte riunioni sindacali e intervistato diversi organizzatori.
⁴³ Chevalier, *Oppenheimer...*, pp. 16-19, 21-22 (e citazioni successive).
⁴⁴ Michelmore, *The Swift Years...*, p. 49.
⁴⁵ Audizioni di JRO, pp. 155, 191. Quando nel 1950 l'FBI interrogò Oppenheimer a proposito del dottor Addis, Oppenheimer rifiutò di parlare del dottore sostenendo che «ormai era morto e non poteva difendersi dall'accusa di "essere stato molto vicino al Partito comunista"». In seguito la vedova di Addis disse a Linus Pauling che non desiderava che le passate opinioni politiche del marito fossero discusse in un saggio commemorativo per la National Academy of Sciences, perché lei e i suoi due figli «temevano per la propria sicurezza». Kevin V. Lemley - Linus Pauling, *Thomas Addis*, «Biographical Memoirs», 63 (1994), National Academy of Sciences Washington (DC), p. 3.
⁴⁶ Richard M. Lippman a Linus Pauling, 1/2/55, Addis Memorial Committee, cassetta 60, Linus Pauling Papers, Oregon State University.
⁴⁷ Lemley - Pauling, *Thomas Addis...*, p. 6.
⁴⁸ *Ibid.*, p. 5; si veda anche una e-mail del dottor Frank Boulton a Kai Bird, 27/4/04, e il sito web di Herken, www.brotherhoodofthebomb.com (note finali per il capitolo 2, nota 33).
⁴⁹ Frank Boulton, *Thomas Addis (1881-1949): Scottish Pioneer in Haemophilia Research*, «Journal of the Royal College of Physicians of Edinburgh», 2003, n. 33, pp. 135-142; Lemley - Pauling, *Thomas Addis...*, p. 28.
⁵⁰ Herbert Romerstein - Eric Breindel, *The Venona Secrets: Exposing Soviet Espionage and America's Traitors*, Regnery, Washington (DC) 2000, pp. 265-266. Romerstein e Breindel citano gli archivi del Comintern, Mosca, Fondo 515, Opis 1, Delo 3875. Citano anche un rapporto dell'FBI del 1944 che descrive Addis come «attivo in 27 organizzazioni comuniste nell'area della baia di San Francisco durante gli ultimi dieci anni». Addis: rapporto su San Francisco, 17/5/44, sect. 4, Federazione degli architetti, degli ingegneri, dei chimici e dei tecnici (FAECT), fascicolo n. 61-723, FBI.
⁵¹ Lippman a Pauling, 1/2/55, con allegato un abbozzo di un saggio in memoria di

Addis, Addis Memorial Committee, cassetta 60, Pauling Papers, Oregon State University. Lemley - Pauling, *Thomas Addis...*, p. 29.
[52] Pauling a Donald Tresidder (rettore della Stanford University), cassetta 77, Pauling Papers; Horace Gray a Pauling, 5/4/57, Addis Memorial Committee, cassetta 60, Linus Pauling Papers, Oregon State University.
[53] Audizioni di JRO, p. 1004.
[54] Frank Weymouth (preside del Dipartimento di fisiologia, Stanford University) all'Addis Memorial Committee, cassetta 60, Linus Pauling Papers, Oregon State University.
[55] Thomas Addis, lettera indirizzata a «Caro amico», settembre 1940, corrispondenza di Addis con Pauling, 1040-1042, cassetta 59, Pauling Papers, Oregon State University. Tra gli altri sostenitori vi sono Helen Keller, Dorothy Parker, George Seldes e Donald Ogden Stewart.
[56] *Ibid.*; Boulton, *Thomas Addis (1881-1949)...*, p. 24.
[57] Audizioni di JRO, pp. 183, 185, 9.
[58] Secondo il Bureau of Labor Statistics' Consumer Price Index Adjuster, nel 1938 un dollaro aveva un potere d'acquisto pari a 12,42 dollari del 2001.
[59] Audizioni di JRO, pp. 5, 9, 157; Stern - Green, *The Oppenheimer Case...*, p. 22.
[60] Nelson, intervistato da Sherwin, 17/6/81, p. 14; Nelson et al., *American Radical...*, p. 258; dossier dell'FBI su Haakon Chevalier (100-18564), parte 1 di 2, SF 61-439, p. 37.
[61] Audizioni di JRO, p. 9.
[62] *Ibid.*, p. 157; Stern - Green, *The Oppenheimer Case...*, p. 22.
[63] Le donazioni di Oppenheimer andavano all'Ufficio medico per l'aiuto alla democrazia spagnola (si veda «Daily People's World», 29/1/38, p. 3, citato nel rapporto di base dell'FBI su Oppenheimer, 17/2/47). Il comitato per la raccolta di fondi dell'Università di Berkeley comprendeva Oppenheimer, Chevalier, Rudolph Schevill, Robert Brady, G.C. Cook, Frank Oppenheimer, John S.P. Tatlock, A.G. Brodeur, R.D. Calkins, H.G. Eddy, E. Gudde, W.M. Hart, S.C. Morley, G.R. Hoyes, A. Perstein, M.I. Rose, F.M. Russell, L.B. Simpson, P.S. Taylor, A. Torres-Rioseco, R. Tryon e T.K. Whipple.
[64] «Daily People's World», 26/4/38; «ACLU News», vol. IV, n. 1, San Francisco, gennaio 1939, p. 4; audizioni di JRO, p. 3.
[65] Chevalier, intervistato da Sherwin, 29/6/82, p. 3.
[66] Chevalier, *Oppenheimer...*, pp. 32-33; Chevalier, intervistato da Sherwin, 29/6/82, p. 4. Nella primavera del 1939 Oppenheimer fu direttore della Sezione 349 dell'Educational Policy Committee. Arthur Brodeur ne era presidente e tra gli altri direttori c'erano Chevalier e Philip Morrison (Joseph E. Fontrose, segretario della Sezione 349 a Irvin R. Kuenzli, 27/4/39, riprodotto dalla raccolta degli archivi del Labor and Urban Affairs, Wayne State University, per cortesia di John Cortesi).
[67] Jenkins, *Against a Field Sinister...*, p. 22.
[68] Alice Kimball Smith - Charles Weiner (a cura di), *Robert Oppenheimer: Letters and Recollections*, Stanford University Press, Stanford (CA), 1995, p. 202; ed. or. Harvard University Press, Cambridge (MA) 1980 (J. *Robert Oppenheimer: da Harvard a Hiroshima. Lettere e ricordi*, Editori Riuniti, Roma 1983).
[69] Petteri Pietikainen, *Dynamic Psychology, Utopia, and Escape from History: The Case of C. G. Jung*, «Utopian Studies», 12, (1/1/01), n. 1, p. 41.
[70] Siegfried Bernfeld Papers, *Psychoanalytic Committee-San Francisco*, cassetta 9, LOC, contiene la lista dei partecipanti e vari argomenti discussi dal comitato.
[71] Gerald Holton, *Young Man Oppenheimer*, «Partisan Review», XLVIII (1981), p. 385.
[72] Siegfried Bernfeld Papers, *Psychoanalytic Committee-San Francisco*, cassetta 9, LOC; Robert S. Wallerstein, intervista telefonica, 19/3/01; si veda anche Daniel Benveniste, *Siegfried Bernfeld in San Francisco*, saggio non pubblicato, 20/5/93, e l'in-

tervista di Benveniste con Nathan Adler, per cortesia del dottor Benveniste. Bernfeld stava analizzando Wolff e probabilmente altri membri del gruppo, il che solleva la questione se anche Oppenheimer si sia sottoposto ad analisi con Bernfeld. Anche se il nome di Oppenheimer non appare nell'elenco parziale dei pazienti dello psichiatra, Bernfeld in seguito disse ad Adler che uno dei suoi pazienti era un fisico di Berkeley che aveva avuto un ruolo importante nel progetto del ciclotrone.

73 Rabi et al., *Oppenheimer*, Charles Scribner's Sons, New York 1969, p. 5.

74 Siegfried Bernfeld Papers, *Psychoanalytic Committee-San Francisco*, cassetta 9, LOC; intervista telefonica al dottor Wallerstein, 19/3/01. Wallerstein disse che sapeva che Oppenheimer era «profondamente interessato» alla psicoanalisi e che per questo motivo frequentava regolarmente i seminari del dottor Bernfeld; Stanley Goodman, uno studente del dottor Bernfeld, e-mail, 20/3/01; Ernest Jones, *The Life and Work of Sigmund Freud*, Basic Books, New York 1957, vol. 3, p. 344 (*Vita e opere di Freud*, Il Saggiatore, Milano 1962); Reuben Fine, *A History of Psychoanalysis*, Columbia University Press, New York 1979, p. 108 (*Storia della psicoanalisi*, Boringhieri, Torino 1982)p. 108.

75 Herbert Childs, *An American Genius: The Life of Ernest Orlando Lawrence*, E.P. Dutton & Co., New York 1968, pp. 266-267.

9. «[Frank] lo ritagliò e poi lo spedì»

1 J. Edgar Hoover al presidente, memo dell'FBI, 28/2/47, archivio dell'FBI su JRO.

2 Audizioni di JRO, p. 8.

3 Frank Oppenheimer, intervistato da Alice Smith, 17/3/75, p. 37.

4 Leona Marshall Libby, *The Uranium People*, Crane, Russak & Co., New York 1979, p. 106.

5 Gregg Herken, *Brotherhood of the Bomb: The Tangled Lives and Loyalties of Robert Oppenheimer, Ernest Lawrence, and Edward Teller*, Henry Holt & Co., New York 2002, p. 54; la fonte di Herken è una lettera di Clifford Duff a Frank Oppenheimer, 10/12/69, cartella Duff, cassetta 1, Frank Oppenheimer Papers, UCB.

6 Alice Kimball Smith - Charles Weiner (a cura di), *Robert Oppenheimer: Letters and Recollections*, Stanford University Press, Stanford (CA), 1995, p. 95; ed. or. Harvard University Press, Cambridge (MA) 1980 (J. *Robert Oppenheimer: da Harvard a Hiroshima. Lettere e ricordi*, Editori Riuniti, Roma 1983).

7 William L. Marbury ad Allen Weinstein, 11/3/75, James Conant Papers, HU, per cortesia di James Hershberg.

8 Smith - Weiner (a cura di), *Robert Oppenheimer: Letters...*, p. 147. Roger Lewis, amico di Frank, lo persuase ad andare alla Johns Hopkins anziché a Harvard. Si veda Frank Oppenheimer, intervistato da Alice Smith, 17/3/75, p. 10.

9 Smith - Weiner (a cura di), *Robert Oppenheimer: Letters...*, p. 155.

10 Ivi, p. 163.

11 Ivi, pp. 169-170.

12 Frank Oppenheimer, intervistato da Alice Smith, 17/3/75, p. 15.

13 Paul Preuss, *On the Blacklist*, «Science», giugno 1983, p. 35.

14 Frank Oppenheimer, racconto orale, fatto a Judith R. Goodstein, 16/11/84, p. 12, Caltech Archives.

15 Frank Oppenheimer, racconto orale, 9/2/73, AIP, pp. 38, 40.

16 Fascicolo di base dell'FBI su Frank Friedman Oppenheimer, 23/7/47, da D.M. Ladd al direttore.

17 Robert Serber, intervistato da Sherwin, 11/3/82, p. 11.

18 Frank Oppenheimer ad Alice Smith, 16 luglio (senza anno), cartella 4-24, cassetta 4, Frank Oppenheimer Papers, UCB.

[19] Peter Michelmore, *The Swift Years: The Robert Oppenheimer Story*, Dodd, Mead & Co., New York 1969, p. 47; Peter Goodchild, J. *Robert Oppenheimer: Shatterer of Worlds*, Houghton Mifflin Co., Boston 1981, p. 34.

[20] Frank Oppenheimer ad Alice Smith, 16 luglio (senza anno), cartella 4-24, cassetta 4, Frank Oppenheimer Papers, UCB.

[21] Hans «Lefty» Stern, intervistato da Kai Bird, 4/3/04; Frank Oppenheimer, racconto orale a Goodstein, 16/11/84, p. 32, Caltech Archives.

[23] *Ibid.*; William L. Marbury, *In the Catbird Seat*, Maryland Historical Society, Baltimore 1988, p. 107.

[24] Frank Oppenheimer, racconto orale a Weiner, 9/2/73, p. 46, AIP.

[25] Testimonianza di Frank Oppenheimer, 14/6/49, *Hearings Regarding Communist Infiltration of Radiation Laboratory and Atomic Bomb Project at the University of California, Berkeley*, HUAC, p. 365; rapporto dell'FBI, 20/8/47, che cita un articolo del 12/7/47 del «Minneapolis Star». Nel 1938 il numero del rapporto era 60439 e nel 1939 era 1001.

[26] Frank Oppenheimer a Denise Royal, 25/2/67, cartella 4-23, cassetta 4, Frank Oppenheimer Papers, UCB.

[27] Frank Oppenheimer, intervistato da Sherwin, 12/3/78; Frank Oppenheimer, racconto orale, intervistato da Goodstein, 16/11/84, Caltech Archives, pp. 14-15. Testimonianza di Jackie Oppenheimer, 14/6/49, *Hearings Regarding Communist Infiltration of Radiation Laboratory and Atomic Bomb Project at the University of California, Berkeley*, HUAC, p. 377.

[28] Testimonianza di Jackie Oppenheimer, 14/6/49; Frank Oppenheimer, racconto orale, intervistato da Goodstein, 16/11/84, p. 15.

[29] Frank Oppenheimer, racconto orale, intervistato da Weiner, 9/2/73, AIP, p. 46.

[30] Frank Oppenheimer, intervistato da Sherwin, 3/12/78.

[31] Michelmore, *The Swift Years...*, p. 115.

[32] Memo riassuntivo dell'FBI su Frank Oppenheimer, 23/7/47, p. 2; audizioni di JRO, pp. 101-102.

[33] Frank Oppenheimer, intervistato da Sherwin, 3/12/78.

[34] Memo riassuntivo dell'FBI su Frank Oppenheimer, 23/7/47, p. 3.

[35] Audizioni di JRO, p. 102.

[36] *Ivi*, pp. 186-187.

[37] Memo riassuntivo dell'FBI su Frank Oppenheimer, 23/7/47, pp. 3-4.

[38] JRO, intervistato da John Lansdale, 12/9/43; audizioni di JRO, pp. 871-886.

[39] Jessica Mitford, *A Fine Old Conflict*, Alfred A. Knopf, New York 1977, p. 67.

[40] Harvey Klehr, *The Heyday of American Communism: The Depression Decade*, Basic Books, New York 1984, p. 413.

[41] Haakon Chevalier, intervistato da Sherwin, 29/6/82, pp. 3, 4, 6, 7; si veda anche Chevalier, *Oppenheimer...*, p. 19. Molti anni dopo il divorzio, Barbara Chevalier annotò nelle sue memorie non pubblicate che Opje e Haakon avevano «frequentato assieme una sezione segreta del Partito comunista. C'erano solo sei o otto membri, tra cui un dottore e un ricco uomo d'affari (forse)». Barbara affermava che aveva deciso spontaneamente di non cercare di ricordare i nomi delle persone coinvolte. (Manoscritto di Barbara Chevalier, 8/8/81, per cortesia di Gregg Herken.)

[42] Nato in Russia nel 1905, Schneiderman arrivò negli Stati Uniti quando aveva tre anni. Nel 1939 i procuratori governativi tentarono di revocargli la cittadinanza e di espellerlo. Il caso era ancora aperto al tempo del suo incontro con Oppenheimer; nel 1943 la Corte Suprema confermò a Schneiderman la cittadinanza. (Klehr, *The Heyday of American Communism...*, p. 484.)

[43] Rapporto dell'FBI, 19/5/41, documento 2, e messaggio dell'FBI per telescrivente, 16/10/53, dall'ufficio di San Francisco al direttore dell'FBI, dossier dell'FBI su Haakon Chevalier, parte 1 di 2. Il messaggio riporta che all'arrivo di Schneiderman e Folkoff,

«parcheggiate vicine alla casa di Chevalier furono osservate automobili intestate a [bianco] e a J. Robert Oppenheimer».
⁴⁴ N.J.L. Piper al direttore dell'FBI, 28/3/41, archivio dell'FBI su JRO, sect. 1, doc. 1.
⁴⁵ Rapporto dell'FBI, 18/6/54, di Joe R. Craig, unito a «Citazioni da 97-1 (C-14)». Il documento unito non è datato ma, giudicando dal contesto delle citazioni, deve essere stato scritto dopo l'agosto 1941, quando Oppenheimer si trasferì nella sua casa di One Eagle Hill, a Berkeley. Oppenheimer aveva incontrato Helen Pell a causa delle loro attività congiunte a favore del Comitato per gli aiuti alla democrazia spagnola. (La Pell era anche una buona amica di Steve Nelson; si veda Nelson, intervistato da Sherwin, p. 13.) Il dottor Addis, naturalmente, era amico di Jean Tatlock ed era l'uomo che aveva inizialmente passato le donazioni di Oppenheimer a favore della repubblica spagnola al Partito comunista. Alexander Kaun era un professore a Berkeley che per un certo periodo aveva affittato la sua casa a Oppenheimer. Nel 1943 Oppenheimer disse al tenente colonnello Lansdale che sapeva che Kaun era un membro dell'American Soviet Council, ma che non sapeva se era membro del partito (audizioni di JRO, p. 877). George Andersen era identificato come il «procuratore ufficiale del Partito comunista» a San Francisco. Aubrey Grossman e Richard Gladstein erano i procuratori del leader sindacale Harry Bridges.
⁴⁶ Si veda la testimonianza di Philip Morrison, 7-8/5/53, *Subversive Influence in the Educational Process*, 83rd US Congress, Senate Committee on the Judiciary, parte 9, pp. 899-919.
⁴⁷ Morrison, intervistato da Sherwin, 21/6/02.
⁴⁸ Haakon Chevalier, intervistato da Sherwin, 29/6/82, pp. 6-7, e 15/7/82, p. 5 (e citazioni successive).
⁴⁹ Nelson, intervistato da Sherwin, 17/6/81, p. 14.
⁵⁰ Ivi, p. 22.
⁵¹ Gordon Griffiths, *Venturing Outside the Ivory Tower: The Political Autobiography of a College Professor*, testo non pubblicato, LOC. Griffiths ha prodotto due diverse versioni di questo testo; il più breve, senza titolo, cita Oppenheimer come membro della sezione chiusa. Il nome di Oppenheimer non appare invece nella versione più lunga. Probabilmente, quando Griffiths cominciò a far circolare il testo per una possibile pubblicazione, un amico lo persuase a non rivelare il nome di Oppenheimer. Queste citazioni sono state riprese dalla versione breve, p. 26.
⁵² Gordon Griffiths, *Venturing Outside the Ivory Tower*, testo non pubblicato, versione breve, LOC, p. 26; rapporto dell'FBI di un'intervista con Kenneth O. May, 5/3/54, archivio dell'FBI su JRO.
⁵³ Kenneth May, lettera confidenziale al dottor Lawrence M. Gould, presidente del Carleton College, 25/9/50, Carleton College Archives, per cortesia dell'archivista del college Eric Hilleman. May scrisse un articolo su «New Masses» intitolato *Why My Father Disinherited Me*. David Hawkins, intervistato da Sherwin, 5/6/82, p. 15.
⁵⁴ Rapporto dell'FBI sull'intervista con Kenneth May, 5/3/54. May lasciò il partito durante la guerra. Nel 1946 ottenne finalmente il dottorato in matematica, e più avanti in quello stesso anno entrò al Dipartimento di matematica del Carleton College, a Northfield (MN). Interviste fatte da Byrd con John Dyer-Bennett, compagno di stanza di May a Berkeley, e con Miriam May, la sua terza moglie, 15/5/01.

10. «Con sempre maggior certezza»

¹ Alice Kimball Smith - Charles Weiner (a cura di), *Robert Oppenheimer: Letters and Recollections*, Stanford University Press, Stanford (CA) 1995, p. 211; ed. or. Harvard University Press, Cambridge (MA) 1980 (J. *Robert Oppenheimer: da Harvard a Hiroshima. Lettere e ricordi*, Editori Riuniti, Roma 1983).

[2] Maurice Isserman, *Which Side Were You On? The American Communist Party During the Second World War*, Wesleyan University Press, Middletown (CT) 1982, pp. 32-54.

[3] «The Nation» ristampò questa lettera aperta (Stephen Schwartz, *From West to East: California and the Making of the American Mind*, The Free Press, New York 1998, p. 290).

[4] Haakon Chevalier, *Oppenheimer: The Story of a Friendship*, George Braziller, New York 1965 pp. 31-32 (*Cominciò ad Hiroshima*, Comunità, Milano 1965). Nel suo romanzo del 1959, *The Man Who Would Be God*, G.P. Putnam's Sons, New York 1959 (*L'uomo che volle essere Dio*, Lerici, Milano 1961, 1965), Chevalier descrive l'uomo che impersona Oppenheimer che difende il patto tra Hitler e Stalin con queste parole: «"Anche nelle peggiori situazioni", disse a bassa voce, "c'è sempre una mossa giusta, e ce ne sono molte di sbagliate. Poiché le potenze occidentali hanno violato i loro impegni con la Cecoslovacchia a Monaco, la situazione della Russia si è fatta molto pericolosa. Questa è sicuramente un'ottima mossa. Poiché è l'unica mossa che sventa la possibilità di un attacco unitario contro l'Unione Sovietica da parte della Germania e di una coalizione di nazioni occidentali – Francia e Inghilterra, con il sostegno dell'America […] Il patto non è un'alleanza con la Germania. è una messa in quarantena della Germania contro qualsiasi combinazione possibile con l'Occidente […] Questo è il modo migliore per spiegarlo"». (Chevalier, *The Man Who Would Be God...*, pp. 21-22).

[5] Numerosi storici hanno dato scarsa fiducia a questo argomento (si veda Alexander Werth, *Russia At War, 1941-1945*, Carroll & Graf, New York 1964, pp. 3-39 (*La Russia in guerra, 1941-1945*, Mondadori, Milano 1966), e Peter Calvocoressi - Guy Wint, *Total War: The Story of World War II*, Pantheon Books, New York 1972 (*Storia della seconda guerra mondiale*, Rizzoli, Milano 1980), p. 82.

[6] Chevalier, *Oppenheimer...*, p. 33 (e citazioni successive).

[7] Isserman, *Which Side Were You On?...*, pp. 38, 42. Nel 1941, l'appena creato Fact-Finding Committee on Un-American Activities – presieduto dal senatore della California Jack B. Tenney – avviò audizioni per indagare sulle accuse che la Lega degli scrittori americani fosse in effetti un'associazione comunista (si veda Edward L. Barrett jr., *The Tenney Committee: Legislative Investigation of Subversive Activities in California*, Cornell University Press, Ithaca (NY) 1951 p. 125).

[8] Gregg Herken, *Brotherhood of the Bomb: The Tangled Lives and Loyalties of Robert Oppenheimer, Ernest Lawrence, and Edward Teller*, Henry Holt & Co., New York 2002 p. 31; Chevalier, intervistato da Sherwin, 29/6/82, pp. 6-7; Chevalier, *Oppenheimer...*, pp. 35-36.

[9] Gordon Griffiths, *Venturing Outside the Ivory Tower*, testo non pubblicato, versione breve, LOC, pp. 27-28.

[10] I pamphlet attirarono l'attenzione del rettore dell'università, Robert G. Sproul, che li inserì tra le sue carte ufficiali in una cartella intitolata *Communists, 1940*. Durante un'intervista, Chevalier mostrò alcune copie dei pamphlet a Sherwin che ne registrò alcune parti in un registratore a nastro (Chevalier, intervistato da Sherwin, 15/7/82).

[11] Chevalier, intervistato da Sherwin, 15/7/82.

[12] *Report to Our Colleagues: II*, 6/4/40, *Communism*, Ufficio del rettore (Robert Sproul). 1940, UCB.

[13] *Ibid*.

[14] JRO a Edwin e Ruth Uehling, 17/5/41; Smith - Weiner (a cura di), *Robert Oppenheimer: Letters...*, p. 217.

[15] Ivi, p. 216. In questo periodo non risultano registrazioni di interrogatori di JRO da parte di nessuna commissione investigativa, per cui è probabile che non sia mai stato convocato.

[16] Martin D. Kamen, intervistato da Sherwin, 18/1/79, p. 27.

[17] Chevalier, intervistato da Sherwin, 15/7/82. «Daily Worker», 28/4/38. A favore di questa dichiarazione, Chevalier aveva raccolto l'adesione di circa centocinquanta im-

portanti intellettuali, tra cui Nelson Algren, Dashiell Hammett, Lillian Hellman, Dorothy Parker e Malcolm Cowley.

[18] Durante la seconda guerra mondiale Weissberg stava per essere portato in un campo di concentramento in Polonia. Riuscì a saltar fuori da un camion e a fuggire nei boschi, divenendo poi attivo nella Resistenza polacca. (Victor Weisskopf, intervistato da Sherwin, 3/23/79, p. 5).

[19] Peter Michelmore, *The Swift Years: The Robert Oppenheimer Story*, Dodd, Mead & Co., New York 1969, pp. 57-58.

[20] Audizioni di JRO, p. 10.

[21] Victor Weisskopf, *The Joy of Insight: Passions of a Physicist*, Basic Books, New York 1991, p. 115 (*Le gioie della scoperta*, Garzanti, Milano 1992).

[22] Weisskopf, intervistato da Sherwin, 23/3/79, pp. 3-7.

[23] Ivi, p. 10.

[24] Edith Arnstein Jenkins, *Against a Field Sinister: Memoirs and Stories*, City Lights, San Francisco 1991, p. 27. Edith scelse come suo pseudonimo per il partito il nome della madre di Mary Shelley, Mary Wollstonecraft. Raccontò che non c'era «nessun iscritto al partito» con il proprio nome: «Era troppo pericoloso». Dal 1936 al 1938, la Arnstein era la segretaria ufficiale e l'addetta alla raccolta delle quote per la sezione chiusa del partito a Berkeley, ma abbandonò il suo posto nel 1938 quando lasciò la Scuola di legge. Raccontò che la sezione professionale del Partito comunista a Berkeley era costituita da parecchie unità, ciascuna con circa otto partecipanti. In seguito disse anche che certamente Oppenheimer non era membro della sua unità chiusa, anche se non poteva confermarlo per gli anni successivi al 1938. La Jenkins ricordava anche che una volta Oppenheimer aveva versato una piccola quota come contributo alla Lega dei giovani comunisti (Edith Arnstein Jenkins, intervistata da Herken, 9/5/02; Jenkins, intervistata da Bird, 25/7/02).

[25] S.S. Schweber, *In the Shadow of the Bomb: Bethe, Oppenheimer and the Moral Responsibility of the Scientist*, Princeton University Press, Princeton (NJ) 2000, p. 108; Bloch a Rabi, 2/11/38, cassetta 1 (corrispondenza generale), Bloch Papers, SU.

[26] Herbert Childs, *An American Genius: The Life of Ernest Orlando Lawrence*, E.P. Dutton & Co., New York 1968, p. 307.

[27] Schweber, *In the Shadow of the Bomb...*, p. 108.

[28] Jeremy Bernstein, *Hans Bethe: Prophet of Energy*, Basic Books, New York 1980, p. 65 (*Hans Bethe, il profeta dell'energia*, Garzanti, Milano 1983).

[29] Chevalier, intervistato da Sherwin, 29/6/82, p. 10; Chevalier, *Oppenheimer...*, p. 46.

[30] Ivi, p. 187.

[31] Chevalier, *The Man Who Would Be God...*, pp. 14-15.

[32] Ivi, pp. 88-89.

[33] «Time», 2/11/59, p. 94.

[34] Chevalier a JRO, 23/7/64, e JRO a Chevalier, 7/8/64, cartella «Chevalier, Haakon Riferimenti al caso», cassetta 200, JRO Papers, LOC.

[35] Chevalier, *Oppenheimer...*, pp. 19, 46.

[36] John Earl Haynes - Harvey Klehr, *In Denial: Historians, Communism and Espionage*, Encounter Books, San Francisco 2003, p. 39. John Haynes in seguito scrisse: «Oppenheimer, naturalmente, sarebbe stato considerato da qualsiasi funzionario del partito come un alleato molto importante. Inoltre, non dipendeva dal partito per gli aspetti organizzativi. Era molto importante per il partito, anche se il partito non era ben valutato da Oppenheimer, se si eccettuano la sua fiducia negli scopi e negli obiettivi e i legami personali o fraterni che aveva sviluppato con altri nel movimento. Nessun esperto leader del partito avrebbe potuto imporre "disciplina" a un tipo come Oppenheimer; invece di dare ordini, preferiva persuadere, convincere, indurre, chiedere educatamente e anche pregare se necessario». (John Haynes, e-mail a Gregg Herken, 26/4/04, per cortesia di Herken).

[37] Come disse uno degli informatori dell'FBI, «anche se Oppenheimer può non essere stato membro del Partito comunista, lo sforzo fatto per fargli accettare la filosofia del partito e per assicurare il suo sostegno agli scopi dei comunisti era considerato dai comunisti stessi come un successo». Questo informatore dell'FBI era Louis Gibarti, un comunista nato in Ungheria che dal 1923 al 1938 era stato agente del Comintern. Gibarti, il cui vero nome era Laszlo Dobos, lasciò il partito nel 1938 e poi lavorò come giornalista. Non ci sono prove che Gibarti abbia mai conosciuto Oppenheimer, così come non ci sono prove per le sue ipotesi citate sopra. Nel 1950 divenne un informatore dell'FBI (J. Edgar Hoover a Lewis Strauss, 25/6/54, archivio dell'FBI su JRO, sect. 44, doc. 1800).

11. «Sto per sposarmi con una tua amica, Steve»

[1] JRO al generale maggior K.D. Nichols, 4/3/54.
[2] Peter Michelmore, *The Swift Years: The Robert Oppenheimer Story*, Dodd, Mead & Co., New York 1969, p. 49.
[3] Peter Goodchild, *J. Robert Oppenheimer: Shatterer of Worlds*, Houghton Mifflin Co., Boston 1981, p. 35.
[4] Chevalier, intervistato da Sherwin, 29/6/82, p. 9; Haakon Chevalier, *Oppenheimer: The Story of a Friendship*, George Braziller, New York 1965, p. 30 (*Cominciò ad Hiroshima*, Comunità, Milano 1965); Gregg Herken, *Brotherhood of the Bomb: The Tangled Lives and Loyalties of Robert Oppenheimer, Ernest Lawrence, and Edward Teller*, Henry Holt & Co., New York 2002, p. 345.
[5] Serber, intervistato da Sherwin, 9/1/82, p. 10. È interessante segnalare che Sandra Dyer-Bennett era più vecchia di Robert di circa dieci anni. Era la madre del musicista folk Richard Dyer-Bennett, nato nel 1913.
[6] Serber, intervistato da Sherwin, 9/1/82 (e citazioni successive); Peter Goodchild, *J. Robert Oppenheimer: Shatterer of Worlds*, Houghton Mifflin Co., Boston 1981, p. 39; Chevalier, intervistato da Sherwin, 29/6/82, p. 9; Chevalier, *Oppenheimer*, p. 31; Michelmore, *The Swift Years*, p. 63; JRO a Niels Bohr, 2/11/49, cassetta 21, JRO Papers.
[7] Robert Serber, intervistato da Sherwin, 11/3/82.
[8] Fascicolo dell'FBI su Katherine Oppenheimer (100-309633-2), memo dell'FBI, 7/8/51.
[9] Serber, intervistato da Jon Else, 15/12/79, p. 9.
[10] www.swisscastles.ch/Vaud/chateau/blonay.html.
[11] Wilhelm Keitel, *Mein Leben*, pp. 19-20. Le memorie di Keitel scritte in tedesco descrivono la nobile discendenza dei suoi nonni, Bodewin Vissering e Johanna Blonay. (Parti di queste memorie sono state pubblicate in inglese, tradotte da David Irving, *The Memoirs of Field-Marshal Keitel*, New York, Stein and Day, 1966. Ma questa versione esclude parecchio materiale sui precedenti della famiglia di Keitel.) Per il temporaneo legame di Keitel con Kaethe Vissering si vedano le audizioni di JRO, p. 277.
[12] Serber, intervistato da Sherwin, 11/3/82, p. 13.
[13] Pat Sherr, intervistata da Sherwin, 20/2/79, p. 10; Serber, intervistato da Sherwin, 11/3/82, p. 14.
[14] Goodchild, *J. Robert Oppenheimer...*, p. 37.
[15] Sherr, intervistata da Sherwin, 20/2/79, p. 10.
[16] Audizioni di JRO, p. 571; Goodchild, *J. Robert Oppenheimer...*, p. 38.
[17] Steve Nelson, intervistato da Sherwin, 17/6/81, p. 39.
[18] Robert A. Karl, *Green Anti-Fascists: Dartmouth Men and the Spanish Civil War*, ricerca del Darmouth College non pubblicata, 21/9/00, p. 42, DCL.
[19] *Ibid*.
[20] Karl, *Green Anti-Fascists...*, pp. 43-44; Hugh Thomas, *The Spanish Civil War*,

Harper & Brothers, New York 1961 p. 473 (*Storia della guerra civile spagnola*, Einaudi, Torino 1963); Marion Merriman - Warren Lerude, *American Commander in Spain: Robert Hale Merriam and the Abraham Lincoln Brigade*, University of Nevada Press, Reno (NV) 1986, p. 124. Per le origini ebraiche di Dallet si veda Margaret Nelson, intervistata da Sherwin, 17/6/81, p. 34, e *Dartmouth Alumni*, dicembre 1937, fascicolo Dallet, DCL.

[21] Peer de Silva, testo non pubblicato, p. 2, per cortesia di Gregg Herken; «Daily Worker», 27/10/37; Quinto rapporto del Fact-Finding Committee on Un-American Activities della California, 1949, p. 553.

[22] Michelmore, *The Swift Years*..., p. 61; Goodchild, J. *Robert Oppenheimer*..., p. 38.

[23] Steve Nelson, intervistato da Sherwin, 17/6/81, p. 4.

[24] Sherr, intervistata da Sherwin, 20/2/79, p. 25; audizioni di JRO, p. 572; Goodchild, J. *Robert Oppenheimer*..., p. 38.

[25] Steve Nelson, intervistato da Sherwin, 17/6/81, pp. 3, 6.

[26] Joe Dallet, *Letters from Spain*, Workers Library Publishers, New York 1938, pp. 56-57; Dallet a Kitty Dallet, 9/4/37, 22/4/37 e 25/7/37, pubblicate in Cary Nelson - Jefferson Hendricks (a cura di), *Madrid 1937: Letters of the Abraham Lincoln Brigade from the Spanish Civil War*, Routledge, New York 1996, pp. 71-74, 77-78.

[27] Margaret Nelson, intervistata da Sherwin, 17/6/81, p. 28. La Nelson ha letto questa lettera incidendola sul registratore a nastro di Sherwin.

[28] Dallet, *Letters from Spain*..., p. 45.

[29] Sandor Voros, *American Commissar*, Chilton Company, Philadelphia 1961, pp. 338-340.

[30] Merriman - Lerude, *American Commander in Spain*..., pp. 124-125. FBI doc. 263; FBI doc. 49, 9/10/37, raccolti in Harvey Klehr - John Earl Haynes - Fridrikh Igorevich Firsov, *The Secret World of American Communism*, Yale University Press, New Haven (CT) 1995 pp. 184-186; Stephen Schwartz, *From West to East: California and the Making of the American Mind*, The Free Press, New York 1998, p. 360; Peter Carroll, *The Odyssey of the Abraham Lincoln Brigade: Americans in the Spanish Civil War*, Stanford University Press, Stanford (CA) 1994, pp. 164-165.

[31] Voros, *American Commissar*..., p. 342. Vincent Brome, *The International Brigades: Spain, 1936-1939*, William Morrow & Co., New York 1966, p. 225. «Nell'attacco abbiamo perso parecchi uomini in gamba», scrisse Bob Merriam a sua moglie il 16/10/37, «tra cui anche Joe Dallet»; Merriman - Lerude, *American Commander in Spain*..., p. 175; FBI doc. 158, p. 3; Robert A. Rosenstone, *Crusade of the Left: The Lincoln Battalion in the Spanish Civil War*, Pegasus, New York 1969, pp. 234-236.

[32] Steve Nelson, intervistato da Sherwin, 17/6/81, pp. 8-9; Nelson et al., *American Radical*, University of Pittsburgh Press, Pittsburgh (PA) 1981, pp. 232-233; audizioni di JRO, p. 574. FBI doc. 284, p. 5.

[33] Allen Guttmann, *The Wound in the Heart: America and the Spanish Civil War*, New York 1962, p. 142; «Daily Worker», 27/10/37.

[34] Memo dell'FBI 6/5/52, fascicolo dell'FBI su Katherine Oppenheimer (100-309633). Kitty incontrò Browder solo una volta, quando andò a Youngstown, nell'Ohio, per vedere Joe Dallet; pranzarono assieme (memo dell'FBI su Katherine Oppenheimer, 23/4/52, archivio dell'FBI su JRO, sect. 12).

[35] Margaret Nelson, intervistata da Sherwin, 17/6/81, p. 32; Sherr, intervistata da Sherwin, 20/2/79, p. 10.

[36] Jean Bacher, intervistata da Sherwin, 29/3/83, p. 4; Goodchild, J. *Robert Oppenheimer*..., p. 39; archivio dell'FBI su JRO, doc. 108, p. 4.

[37] Audizioni di JRO, p. 574. Kitty fu iscritta all'UCLA dal settembre 1939 al giugno 1940 e abitava a Los Angeles al 553 di Coronado Street.

[38] Louis Hempelmann, intervistato da Sherwin, 10/8/79, p. 26.

[39] Robert Serber - Robert P. Crease, *Peace and War: Reminiscences of a Life on the Fron-*

tiers of Science, Columbia University Press, New York 1998, pp. 59-60. Anche Frank e Jackie Oppenheimer quell'estate passarono un po' di tempo nella fattoria, portando con loro l'undicenne Hans «Lefty» Stern, il figlio dei loro cugini, Alfred e Lotte Stern.

[40] Archivio dell'FBI su JRO, doc. 154, p. 7.

[41] Serber - Crease, *Peace and War...*, p 60.

[42] Steve Nelson, intervistato da Sherwin, 17/6/81, p. 12; Nelson *et al.*, *American Radical...*, p. 268.

[43] Gregg Herken, *Brotherhood of the Bomb: The Tangled Lives and Loyalties of Robert Oppenheimer, Ernest Lawrence, and Edward Teller*, Henry Holt & Co., New York 2002, p. 52.

[44] D.M. Ladd al direttore dell'FBI, 11/8/47, archivio dell'FBI su JRO, doc. 159, p. 7. Ladd sta citando Nelson, probabilmente da una registrazione del 7/8/45.

[45] Kitty Oppenheimer a Margaret Nelson, non datata, circa 29/11/40, citata da Margaret Nelson, intervistata da Sherwin, 17/6/81, p. 30.

[46] Herken, *Brotherhood of the Bomb...*, p. 56.

[47] Margaret Nelson, intervistata da Sherwin, 17/6/81, p. 31; Steve Nelson *et al.*, *American Radical...*, p. 268.

[48] Sabra Ericson, intervistata da Sherwin, 13/1/82.

[49] Frank e Jackie Oppenheimer, intervistati da Sherwin, 3/12/78 (e citazioni successive); Goodchild, J. *Robert Oppenheimer...*, pp. 39-40; Serber, intervistato da Sherwin, 11/3/82, p. 15; Chevalier, intervistato da Sherwin, 29/6/82, p. 2.

[50] Michelmore, *The Swift Years...*, p. 65.

[51] «Time», 8/11/48, p. 76.

[52] Margaret Nelson, intervistata da Sherwin, 17/6/81, p. 33.

[53] Alice Kimball Smith - Charles Weiner (a cura di), *Robert Oppenheimer: Letters and Recollections*, Stanford University Press, Stanford (CA) 1995, p. 215; ed. or. Harvard University Press, Cambridge (MA) 1980 (J. *Robert Oppenheimer: da Harvard a Hiroshima. Lettere e ricordi*, Editori Riuniti, Roma 1983); Edsall, intervistato da Weiner, 16/7/75, p. 40.

[54] Sherr, intervistata da Sherwin, 20/2/79, p. 11.

[55] Chevalier, *Oppenheimer...*, p. 42.

[56] Ruth Meyer Cherniss, intervistata da Alice Smith, 10/11/76; Harold Cherniss, intervistato da Alice Smith, 21/4/76, p. 20.

[57] Philip M. Stern - Harold P. Green, *The Oppenheimer Case: Security on Trial*, Harper & Row, New York 1969, pp. 33-34. Dorothy McKibbin ha trovato la registrazione ospedaliera di una radiografia, datata 25 luglio (memo dell'FBI, 18/11/52, p. 46, archivio dell'FBI su JRO, serie 14; FBI doc. 327, pp. 17-18); Michelmore, *The Swift Years...*, p. 65; Goodchild, J. *Robert Oppenheimer...*, p. 40; audizioni di JRO, p. 336.

[58] Si veda la corrispondenza del luglio 1941 nella cassetta 232, cartella «Real Estate», JRO Papers.

[59] Bird e Sherwin visitarono la casa il 23/4/04; Chevalier, *Oppenheimer...*, p. 43.

12. «Stavamo spingendo il New Deal a sinistra»

[1] Luis W. Alvarez, *Alvarez: Adventures of a Physicist*, Basic Books, New York 1987, pp. 75-76 (e citazioni successive).

[2] Alice Kimball Smith - Charles Weiner (a cura di), *Robert Oppenheimer: Letters and Recollections*, Stanford University Press, Stanford (CA) 1995, pp. 207-208; ed. or. Harvard University Press, Cambridge (MA) 1980 (J. *Robert Oppenheimer: da Harvard a Hiroshima. Lettere e ricordi*, Editori Riuniti, Roma 1983). Richard Rhodes suggerisce credibilmente che questa lettera sia stata scritta il 4/2/39 e non il 28/1/39, come hanno ipotizzato Smith e Weiner: Richard Rhodes, *The Making of the Atomic Bomb*, Simon &

Schuster, New York 1986 p. 812, nota 274 (*L'invenzione della bomba atomica*, Rizzoli, Milano 1990).
[3] Smith - Weiner (a cura di), *Letters...*, p. 209. Anche Oppenheimer scrisse una lettera a Serber a proposito della scoperta della fissione. «La notizia è appena arrivata a Berkeley e lui me l'ha passata. Proprio quel giorno stavo facendo un seminario sull'argomento... Penso anche che nella prima lettera lui accennasse alla possibilità di costruire una bomba»: Jon Else, *The Day After Trinity: J. Robert Oppenheimer and the Atomic Bomb* (documentario), Image Entertainment DVD, 1980, trascrizione e testi aggiuntivi a cura di Jon Else, p. 12. Serber in seguito distrusse tutte le lettere di Oppenheimer (Serber, intervistato da Sherwin, 11/3/82, p. 21).
[4] Joseph Weinberg, intervistato da Sherwin, 23/8/79, pp. 4-5.
[5] Rhodes, *The Making of the Atomic Bomb...*, p. 275.
[6] Weinberg, intervistato da Sherwin, 23/8/79, p. 10.
[7] Ivi, pp. 6, 15-16.
[8] Ivi, p. 13.
[9] Ivi, p. 8.
[10] Ed Geurjoy, *Oppenheimer as a Teacher of Physics and Ph.D. Advisor*, discorso fatto durante una conferenza alla Atomic Heritage Foundation, Los Alamos, 26/6/04.
[11] Joseph Weinberg, intervistato da Sherwin, 23/8/79, p. 15 (e citazioni successive).
[12] Ellen Schrecker, *No Ivory Tower: McCarthyism and the Universities*, Oxford University Press, New York 1986, p. 133.
[13] Hawkins, intervistato da Sherwin, 5/6/82, p. 14. Hawkins disse che Weinberg era nel suo gruppo del partito a Berkeley: «Per un certo periodo, mi sembra di sì».
[14] Schrecker, *No Ivory Tower...*, pp. 149, 41; Hawkins, intervistato da Sherwin, 5/6/82, p. 16.
[15] Bohm, intervistato da Sherwin, 15/6/79, p. 5.
[16] Weinberg, citato in F. David Peat, *Infinite Potential: The Life and Times of David Bohm*, Helix Books, Addison-Wesley, Reading (MA) 1997, p. 60.
[17] Bohm, intervistato da Sherwin, 15/6/79, p. 17.
[18] Schrecker, *No Ivory Tower...*, pp. 38, 47, 49, 56.
[19] Hawkins, intervistato da Sherwin, 5/6/82, p. 6.
[20] Ivi, p. 14.
[21] Ivi, p. 12.
[22] Ivi, p. 15.
[23] Kamen e Ruben fecero la scoperta del carbonio-14 nel 1940. Ma fu un altro chimico, Willard Libby, che vinse nel 1960 il premio Nobel per la chimica per aver sviluppato la tecnica di datazione che utilizzava il carbonio (Martin D. Kamen, *Radiant Science, Dark Politics: A Memoir of the Nuclear Age*, University of California Press, Berkeley 1985, pp. 131-132).
[24] Kamen, intervistato da Sherwin, 18/1/79, p. 20.
[25] Ivi, pp. 2, 6.
[26] Ivi, pp. 6-7.
[27] Herve Voge, intervistato da Sherwin, 23/3/83, p. 19.
[28] Audizioni di JRO, pp. 131, 135.
[29] Herbert Childs, *An American Genius: The Life of Ernest Orlando Lawrence*, E.P. Dutton & Co., New York 1968, p. 319. Oppenheimer in seguito testimoniò che in quell'incontro avevano discusso se fosse una buona idea quella di creare una sezione dell'Associazione dei lavoratori scientifici. «Decidemmo di no, e ricordo che anch'io ero contrario» (Audizioni di JRO, pp. 131, 135).
[30] Kamen, intervistato da Sherwin, 18/1/79, pp. 24-28; Kamen, *Radiant Science, Dark Politics...*, pp. 184-186. Kamen alla fine perse il suo posto al Rad Lab soprattutto a causa di una serie di equivoci che portarono le autorità a pensare che agisse come una spia per i sovietici. Le false accuse lo perseguitarono per parecchi anni; nel 1951 il se-

natore Bourke B. Hickenlooper accusò Kamen di essere una «spia atomica». Depresso e tormentato, Kamen tentò il suicidio; guarito, decise di citare in giudizio il «Chicago Tribune» per calunnia. Infine, Kamen vinse la causa e fu risarcito con 7500 dollari (ivi, pp. 248, 288).
[31] Rossi Lomanitz, intervistato da Sherwin, 11/7/79, parte 2, p. 2.
[32] Max Friedman, intervistato da Sherwin, 14/1/82. Friedman in seguito cambiò il suo nome in Ken Max Manfred.
[33] Peat, *Infinite Potential...*, pp. 62-63. Nel 1947 un documento del Fact-Finding Committee on Un-American Activities della California conteneva un lungo rapporto di R.E. Combs «che sosteneva che la Federazione degli architetti, degli ingegneri, dei chimici e dei tecnici (FAECT) era stata usata come strumento dallo spionaggio comunista in collegamento con le ricerche atomiche nel Radiation Laboratory dell'Università della California (Edward L. jr. Barrett, *The Tenney Committee: Legislative Investigation of Subversive Activities in California*, Cornell University Press, Ithaca (NY) 1951, pp. 54-55).
[34] Smith - Weiner (a cura di), *Letters...*, pp. 222-223.
[35] Audizioni di JRO, p. 11.
[36] JRO a Ernest Lawrence, 11/11/41, Smith - Weiner (a cura di), *Letters...*, p. 220.
[37] Smith - Weiner, *Letters...*, pp. 217-218; Schrecker, *No Ivory Tower...*, pp. 76-83.
[38] Smith - Weiner, *Letters...*, pp. 218-219.
[39] Kamen, intervistato da Sherwin, 18/1/79, p. 21.
[40] Audizioni di JRO, p. 9.

13. «Il coordinatore della rottura rapida»

[1] Martin J. Sherwin, *A World Destroyed: Hiroshima and Its Legacies*, Stanford University Press, Stanford (CA) 2003³, p. 27.
[2] Ivi, pp. 36-37.
[3] Gregg Herken, *Brotherhood of the Bomb: The Tangled Lives and Loyalties of Robert Oppenheimer, Ernest Lawrence, and Edward Teller*, Henry Holt & Co., New York 2002, p. 51.
[4] Alice Kimball Smith - Charles Weiner (a cura di), *Robert Oppenheimer: Letters and Recollections*, Stanford University Press, Stanford (CA) 1995, pp. 226-227; ed. or. Harvard University Press, Cambridge (MA) 1980 (J. *Robert Oppenheimer: da Harvard a Hiroshima. Lettere e ricordi*, Editori Riuniti, Roma 1983).
[5] Serber, intervistato da Sherwin, 9/1/82, p. 20.
[6] Weinberg, intervistato da Sherwin, 23/8/79, parte 3, p. 17.
[7] Jeremy Bernstein, *Hans Bethe: Prophet of Energy*, Basic Books, New York 1980, pp. 65, 78 (*Hans Bethe, il profeta dell'energia*, Garzanti, Milano 1983).
[8] Richard Rhodes, *The Making of the Atomic Bomb*, Simon & Schuster, New York 1986 p. 420 (*L'invenzione della bomba atomica*, Rizzoli, Milano 1990).
[9] Richard G. Hewlett - Oscar E. Anderson jr., *The New World, 1939-1946*, vol. 1, *A History of the United States Atomic Energy Commission*, Pennsylvania State University Press, University Park (PA) 1962, p. 104.
[10] JRO a John Manley, 14/7/42, cassetta 50, JRO Papers.
[11] Rhodes, *The Making of the Atomic Bomb...*, p. 418.
[12] Arthur H. Compton, *Atomic Quest*, Oxford University Press, New York 1956, p. 127.
[13] Edward Teller ha un ricordo diverso di questo incidente: «La questione dell'incendio dell'atmosfera, se mai fu menzionata, non venne discussa in nessun dettaglio nel corso di quella conferenza estiva. Non era tra gli argomenti» (Edward Teller - Judith Shoolery, *Memoirs: A Twentieth-Century Journey in Science and Politics*, Perseus Publishing, Cambridge (MA) 2001, p. 160).
[14] Rhodes, *The Making of the Atomic Bomb...*, pp. 418-421.

[15] Teller - Shoolery, *Memoirs...*, p. 161.
[16] Compton, *Atomic Quest...*, p. 126.
[17] Herken, *Brotherhood of the Bomb...*, p. 349, nota 26 (appunto di una conversazione, 18/8/42, cassetta 1, JRO, AEC, gruppo di documentazione 326, NA).
[18] Vincent C. Jones, *Manhattan: The Army and the Atomic Bomb*, Center of Military History, United States Army, Washington (DC) 1985, pp. 70-71.
[19] James Hershberg, *James B. Conant: Harvard to Hiroshima and the Making of the Nuclear Age*, Alfred A. Knopf, New York 1993, pp. 165-166; Peter Goodchild, *J. Robert Oppenheimer: Shatterer of Worlds*, Houghton Mifflin Co., Boston 1981, p. 49.
[20] Leslie M. Groves, *Now It Can Be Told: The Story of the Manhattan Project*, Harper, New York 1962; Da Capo Press, 1983, p. 4.
[21] Herbert Smith, intervistato da Weiner, 1/8/74, p. 7.
[22] Kenneth D. Nichols, *The Road to Trinity*, William Morrow and Co., New York 1987, p. 108; Goodchild, *J. Robert Oppenheimer...*, pp. 56-57.
[23] Robert S. Norris, *Racing for the Bomb: General Leslie R.. Groves, the Manhattan Project's Indispensable Man*, Steerforth Press, South Royalton (VT) 2002, pp. 179-183; Robert Serber, *The Los Alamos Primer*, University of California Press, Berkeley 1992, p. XXXII.
[24] Norris, *Racing for the Bomb...*, pp. 240-242 (e citazioni successive); Rhodes, *The Making of the Atomic Bomb...*, p. 449.
[25] Audizioni di JRO, p. 12; Lillian Hoddeson et al., *Critical Assembly*, Cambridge University Press, New York 1993, p. 56.
[26] Norris, *Racing for the Bomb...*, p. 241.
[27] Groves, *Now It Can Be Told...*, p. 63.
[28] In seguito Hans Bethe affermò che Ernest Lawrence avrebbe voluto che fosse nominato direttore a Los Alamos Edwin McMillan, suo collega al Rad Lab. «Groves, molto giudiziosamente, decise che il direttore doveva essere Oppenheimer», così Bethe disse a Jeremy Bernstein (Bernstein, *Hans Bethe...*, p. 79).
[29] Groves a Victor Weisskopf, marzo 1967, cartella Weisskopf, cassetta 6, RG 200, NA, Leslie Groves Papers, per cortesia di Robert S. Norris.
[30] Herken, *Brotherhood of the Bomb...*, p. 71.
[31] Charles Thorpe - Steven Shapin, *Who Was J. Robert Oppenheimer?*, «Social Studies of Science», agosto 2000, p. 564; Jeremy Bernstein, *Experiencing Science*, Basic Books, New York 1978, p. 97 (*Uomini e macchine intelligenti*, Adelphi, Milano 1990; traduzione parziale).
[32] *Ibid*.
[33] Jon Else, *The Day After Trinity: J. Robert Oppenheimer and the Atomic Bomb* (documentario), Image Entertainment DVD, 1980, trascrizione e testi aggiuntivi a cura di Jon Else, p. 11.
[34] JRO ad Hans Bethe, 19/10/42, cartella Bethe, cassetta 20, JRO Papers.
[35] John McTernan, intervista telefonica con Bird, 19/6/02.
[36] Bohm, intervistato da Sherwin, 15/6/79, p. 15.
[37] Betty Friedan, *Life So Far: A Memoir*, Simon & Schuster, New York 2000, pp. 57-60.
[38] Ivi, p. 60; Friedan, intervistata da Bird, 24/1/01.
[39] Lomanitz, intervistato da Sherwin, 11/7/79, parte 1, p. 17.
[40] Lomanitz, intervistato da Sherwin, 11/7/79, parte 2, p. 5. Per una discussione sul perché un «secondo fronte» non venne aperto nel 1943, si veda John Grigg, *1943: The Victory That Never Was*, Eyre Methuen, London 1980.
[41] Lomanitz, intervistato da Sherwin, 11/7/79.
[42] Steve Nelson et al., *American Radical*, University of Pittsburgh Press, Pittsburgh (PA) 1981, pp. 268-269.
[43] Trascrizione Steve Nelson-Joseph Weinberg, 29/3/43, appunto 8, cassetta 100, RG 77, MED, NA, College Park, MD.

⁴⁴ Recensione anonima a Boris T. Pash, *The Alsos Mission*, Award House, New York 1969, in «Intelligence in Recent Public Literature», inverno 1971. L'autore di questa recensione afferma di essere un grande amico di Pash.
⁴⁵ Herken, *Brotherhood of the Bomb...*, pp. 96-98. Poco dopo aver registrato la conversazione di Nelson con «Joe», l'FBI seguì un incontro di Nelson con Peter Ivanov, il viceconsole sovietico a San Francisco. Furono visti parlare davanti al St. Francis Hospital e poi qualche giorno dopo un diplomatico sovietico di Washington andò a trovare Nelson nella sua casa e lo pagò con dieci biglietti di taglio ignoto. Come risultato, J. Edgar Hoover in persona scrisse una lettera ad Harry Hopkins alla Casa Bianca segnalando che Nelson stava cercando di infiltrare membri del partito comunista nelle «industrie impegnate in produzioni belliche segrete»: Rapporto sullo spionaggio atomico (i casi Nelson-Weinberg e Hiskey-Adams), 29/9/49, HUAC, pp. 4-5; J. Edgar Hoover ad Harry Hopkins, 7/5/43, ristampato in Benson e Warner, *Venona*, p. 49. Hoover sostenne che questa operazione avvenne il 10/4/43. John Earl Haynes - Harvey Klehr, *Venona: Decoding Soviet Espionage in America*, Yale University Press, New Haven (CT) 1999, pp. 325-326.
⁴⁶ Audizioni di JRO, pp. 811-812.
⁴⁷ Herken, *Brotherhood of the Bomb...*, p. 106.
⁴⁸ Archivio dell'FBI su JRO, doc. 100-17828-51, 18/3/46. Secondo l'FBI, nel maggio 1943, John V. Murra, un veterano della Abraham Lincoln Brigade, arrivò a San Francisco e contattò Bernadette Doyle. È riportato che Murra disse alla Doyle che voleva essere presentato alla signora Oppenheimer. Presumibilmente, Murra aveva conosciuto Joe Dallet in Spagna. Come risposta, la Doyle suggerì di contattare il Joint Anti-Fascist Committee dell'Università della California a Berkeley. In base ai documenti dell'FBI, la Doyle ha affermato che Robert Oppenheimer era un membro del partito ma che il suo nome doveva essere eliminato da qualsiasi elenco di indirizzi che fosse in possesso di Murra, e che non doveva essere menzionato in alcun modo. Non ci sono indicazioni che Murra abbia incontrato Kitty, allora già a Los Alamos. Questa storia può essere considerata una conferma del fatto che alcuni membri del Partito comunista pensavano che Oppenheimer fosse un compagno di strada, ma non un iscritto al partito.
⁴⁹ F. David Peat, *Infinite Potential: The Life and Times of David Bohm*, Helix Books, Addison-Wesley, Reading (MA) 1997, p. 64.
⁵⁰ Friedman, intervistato da Sherwin, 14/1/82.
⁵¹ Nel 1949, Irving David Fox – allora assistente di fisica a Berkeley – fu convocato per testimoniare di fronte all'HUAC. Rifiutò di fare i nomi e poi fu convocato dinanzi agli amministratori dell'università affinché spiegasse le sue convinzioni politiche. Fox dichiarò con franchezza che, anche se partecipava a qualche incontro organizzato dai comunisti, non si era mai iscritto al partito. Fox fu comunque licenziato, misura che creò una furiosa controversia sul giuramento di lealtà a Berkeley durata per parecchi anni (Griffiths, *Venturing Outside the Ivory Tower*, testo non pubblicato, versione breve, LOC, pp. 18-19).
⁵² Joseph Albright - Marcia Kunstel, *Bombshell: The Secret Story of America's Unknown Atomic Spy Conspiracy*, Times Books, New York 1997, p. 106.
⁵³ Steve Nelson, intervistato da Sherwin, 17/6/81, p. 17; Steve Nelson et al., University of Pittsburgh Press, Pittsburgh (PA) 1981, p. 269.

14. «L'affare Chevalier»

¹ Haakon Chevalier, *Oppenheimer: The Story of a Friendship*, George Braziller, New York 1965, p. 55 (*Cominciò ad Hiroshima*, Comunità, Milano 1965); Chevalier disse che Kitty non era entrata nella cucina mentre lui e Oppenheimer discutevano della proposta di Eltenton (Chevalier, intervistato da Sherwin, 29/6/82, p. 2).
² Audizioni di JRO, p. 130.

³ Verna Hobson, intervistata da Sherwin, 31/7/79, p. 22. La Hobson, segretaria di Oppenheimer all'Institute for Advanced Study e amica di Kitty, osservò che la parola «tradimento» sembrava «più appropriata a Kitty che a Robert».

⁴ «Diario» di Barbara Chevalier, 8/8/81, 19/2/83 e 14/7/84, per cortesia di Gregg Herken, *www.brotherhoodofthebomb.com*.

⁵ Audizioni di JRO, p. 135.

⁶ Il 27/8/43 Oppenheimer disse al colonnello Pash che Eltenton era «certamente molto orientato a sinistra, qualunque fossero le sue affiliazioni» (audizioni di JRO, p. 846). Peraltro non c'è nessuna sicura evidenza che Eltenton fosse un membro del Partito comunista, anche se Priscilla McMillan in *The Ruin of J. Robert Oppenheimer and the Birth of the Modern Arms Race* (Viking, New York 2005) afferma che lo era; si veda il cap. 18. Herve Voge pensava che la moglie di Eltenton, Dolly, «fosse più radicale di quanto non fosse lui» (Voge, intervistato da Sherwin, 23/3/83, p. 9). Nel 1998, Dolly pubblicò da sola un libro di memorie, *Laughter in Leningrad* (Biddle Ltd., London 1998), sui loro cinque anni passati a Leningrado. Mentre lavorava all'Istituto di chimica-fisica di Leningrado, Eltenton era diventato amico di molti scienziati russi, tra cui Yuli Borisovich Khariton, un fisico nucleare che in seguito contribuì allo sviluppo della prima bomba atomica a idrogeno dell'Unione Sovietica.

⁷ Dossier dell'FBI su Haakon Chevalier, parte 1 di 2, SF 61-439, p. 33; John Earl Haynes - Harvey Klehr, *Venona: Decoding Soviet Espionage in America*, Yale University Press, New Haven (CT) 1999, p. 233.

⁸ FBI (Newark) riassunto dei fatti, 12/2/54, pp. 19-22 (deposizioni firmate di Eltenton e Chevalier, 26/6/46), contenuto nell'archivio dell'FBI su JRO, doc. 786 (e cit. successive).

⁹ Curiosamente, Eltenton mantenne la sua amicizia con Chevalier, e partecipò anche alla festa per il suo ottantesimo compleanno che si tenne a Berkeley, a cui era presente anche Frank Oppenheimer (Gregg Herken, *Brotherhood of the Bomb: The Tangled Lives and Loyalties of Robert Oppenheimer, Ernest Lawrence, and Edward Teller*, Henry Holt & Co., New York 2002, p. 333). Sherwin contattò Eltenton a Londra agli inizi degli anni Ottanta, ma lui rifiutò di farsi intervistare.

¹⁰ Voge, intervistato da Sherwin, 23/3/83, p. 3.

¹¹ Ivi, p. 18. Voge, leggendo, registrò parte di questo documento dell'FBI sul registratore a nastro di Sherwin.

¹² Ivi, pp. 4, 8. Gli storici John Earl Haynes e Harvey Klehr affermano chiaramente che Eltenton era un «comunista nascosto», ma non offrono nessuna prova in merito, a parte un rapporto dell'FBI sul fatto che abbia incontrato in parecchie occasioni il funzionario del consolato russo Peter Ivanov (Haynes - Klehr, *Venona...*, p. 329). Voge disse che dubitava che Eltenton fosse un comunista, ma che la cosa «era concepibile» (ivi, p. 10). Il figlio di Eltenton, Mike, in seguito scrisse: «Per quel che mi risulta, nessuno dei miei genitori è mai stato iscritto al Partito comunista, anche se su parecchie questioni le loro opinioni erano molto vicine alla linea del partito» (Eltenton, *Laughter in Leningrad...*, p. XII).

15. «Era diventato un vero patriota»

¹ Alice Kimball Smith - Charles Weiner (a cura di), *Robert Oppenheimer: Letters and Recollections*, Stanford University Press, Stanford (CA) 1995, p. 236; ed. or. Harvard University Press, Cambridge (MA) 1980 (J. *Robert Oppenheimer: da Harvard a Hiroshima. Lettere e ricordi*, Editori Riuniti, Roma 1983).

² Generale John H. Dudley, *Ranch School to Secret City*, lettura pubblica, 13/3/75, in Lawrence Badash *et al.* (a cura di), *Reminiscences of Los Alamos, 1943-45*, D. Reidel Publishing Company, Dordrecht (Olanda) 1980; Robert S. Norris, *Racing for the Bomb: General Leslie R. Groves, the Manhattan Project's Indispensable Man*, Steerforth Press, South Royalton (VT) 2002, pp. 243-244; William Lawren, *The General and the*

Bomb: A Biography of General Leslie R. Groves, Director of the Manhattan Project, Dodd, Mead & Co., New York 1988, p. 99; Marjorie Bell Chambers - Linda K. Aldrich, *Los Alamos, New Mexico: A Survey to 1949*, Los Alamos Historical Society, monografia 1, Los Alamos (NM) 1999, p. 27; John D. Wirth - Linda Harvey Aldrich, *Los Alamos: The Ranch School Years, 1917-1943*, University of New Mexico Press, Albuquerque (NM) 2003, p. 155.

[3] Fondata nel 1917, la Los Alamos Ranch School reclutò non più di quarantaquattro ragazzi di famiglie benestanti nell'est e li sottopose a una vita faticosa. Tra gli alunni vi erano un Colgate (dei prodotti Colgate), un Burroughs (delle macchine addizionatrici Burroughs), un Hilton (degli hotel Hilton) e un Douglas (degli aerei Douglas). Ogni ragazzo aveva un proprio cavallo ed era responsabile del suo mantenimento. Gore Vidal, che frequentò la scuola per un anno nel 1939-40, scrisse in seguito che «a Los Alamos la lettura veniva scoraggiata per favorire il rafforzamento fisico»: Gore Vidal, *Palimpsest: A Memoir*, Random House, New York 1995, pp. 80-81 (*Palinsesto/Gore Vidal*, Fazi, Roma 2000).

[4] John H. Manley, *A New Laboratory Is Born*, testo non pubblicato, p. 13, Collezione Sherwin; Edwin McMillan, *Early Days of Los Alamos*, testo non pubblicato, p. 7, Collezione Sherwin; Dudley, *Ranch School to Secret City*, in Badash et al. (a cura di), *Reminiscences of Los Alamos...* Si veda anche Leslie Groves a Victor Weisskopf, marzo 1967, cartella Weisskopf, cassetta 6, RG 200, Papers of Leslie Groves, per cortesia di Robert S. Norris.

[5] La Los Alamos Ranch School probabilmente sarebbe stata chiusa anche se Oppenheimer non l'avesse scelta come sede del nuovo laboratorio. Si veda la descrizione di Fred Kaplan della scuola nel suo libro biografico *Gore Vidal* (Doubleday, New York 1999) pp. 99-112.

[6] Sterling Colgate, intervistato da Jon Else, 12/11/79, pp. 2-3; Peggy Pond Church, *The House at Otowi Bridge: The Story of Edith Warner and Los Alamos*, University of New Mexico Press, Albuquerque (NM) 1959, p. 84.

[7] McMillan, *Early Days of Los Alamos...*, p. 8.

[8] Wirth - Aldrich, *Los Alamos...*, p. VIII. JRO disse questa frase al nonno di Wirth nel 1955.

[9] Manley, *A New Laboratory Is Born...*, p. 18.

[10] Smith - Weiner (a cura di), *Robert Oppenheimer: Letters...*, pp. 244-245; JRO ad Hans e Rose Bethe, 28/12/42.

[11] Raymond T. Birge, *History of the Physics Department*, vol. 4, testo non pubblicato, UCB, p. XIV; Robert R. Wilson, intervistato da Owen Gingrich, 23/4/82, p. 3.

[12] James Hershberg, *James B. Conant: Harvard to Hiroshima and the Making of the Nuclear Age*, Alfred A. Knopf, New York 1993, p. 167.

[13] Manley, intervistato da Sherwin, 9/1/85, p. 23; Manley, *A New Laboratory Is Born...*, p. 21.

[14] Robert R. Wilson, *A Recruit for Los Alamos*, «Bulletin of the Atomic Scientists», marzo 1975, p. 45; Peter Goodchild, *J. Robert Oppenheimer: Shatterer of Worlds*, Houghton Mifflin Co., Boston 1981, p. 72.

[15] Mary Palevsky, *Atomic Fragments: A Daughter's Questions*, University of California Press, Berkeley (CA) 2000, pp. 128-129.

[16] Robert R. Wilson, intervistato da Gingrich, 23/4/82, p. 4.

[17] Palevsky, *Atomic Fragments...*, pp. 134-135; Wilson, intervistato da Gingrich, 23/4/82, p. 4, Collezione Sherwin.

[18] Dudley, *Ranch School to Secret City*, in Badash et al. (a cura di), *Reminiscences of Los Alamos...*, Collezione Sherwin.

[19] Per motivi di sicurezza, la popolazione totale di Los Alamos era considerata un dato altamente segreto; nessun censimento fu fatto fino all'aprile 1946. Fonti differenti riportano cifre diverse. Si veda Charles Robert Thorpe - Steven Shapin, *Who Was J.*

Robert Oppenheimer?, «Social Studies of Science», agosto 2000, p. 585; James W. Kunetka, *City of Fire: Los Alamos and the Birth of the Atomic Age, 1943-1945*, Prentice-Hall, Englewood Cliffs (NJ) 1978, pp. 89, 130. Secondo Kunetka la «popolazione scientifica» di Los Alamos era di 4000 persone (ivi, p. 65). Secondo la *Manhattan District History* (1991) di Edith C. Truslow, alla fine del 1944 Los Alamos aveva una popolazione di 5675 persone. L'autrice segnala poi un forte incremento nel 1945, fino a un totale di 8200 persone. Norris riporta cifre simili (*Racing for the Bomb...*, p. 246).

[20] Visita medica di JRO, Presidio di San Francisco, 16/1/43, casetta 100, serie 8, MED, NA; Gregg Herken, *Brotherhood of the Bomb: The Tangled Lives and Loyalties of Robert Oppenheimer, Ernest Lawrence, and Edward Teller*, Henry Holt & Co., New York 2002, p. 75. Questa registrazione di dati medici segnala che Oppenheimer era alto 1,90, pesava 57,60 chili e aveva un torace di 71 centimetri. La pressione sanguigna era regolare, 128/78, così come la vista, 10/10, e l'udito era perfetto, ma gli mancavano cinque denti. Oppenheimer disse ai medici dell'esercito che non ricordava di aver mai sofferto di disturbi mentali.

[21] Jane Wilson (a cura di), *All in Our Time*, «Bulletin of the Atomic Scientists», Chicago 1974, p. 147; Leona Marshall Libby, *The Uranium People*, Crane, Russak & Co., New York 1979, p. 197; Wilson, *A Recruit for Los Alamos...*, pp. 42-43.

[22] Rabi, intervistato da Sherwin, 12/3/82, p. 11.

[23] Smith - Weiner (a cura di), *Robert Oppenheimer: Letters...*, pp. 247-249.

[24] Hans Bethe a JRO, 3/3/43, cartella Bethe, cassetta 20, JRO Papers, LOC.

[25] John S. Rigden, *Rabi: Scientist and Citizen*, Harvard University Press, Cambridge (MA) 1987, p. 149.

[26] Ivi, p. 152.

[27] Richard Rhodes, *The Making of the Atomic Bomb*, Simon & Schuster, New York 1986, p. 452 (*L'invenzione della bomba atomica*, Rizzoli, Milano 1990).

[28] Smith - Weiner (a cura di), *Robert Oppenheimer: Letters...*, p. 250.

[29] Rigden, *Rabi...*, p. 146.

[30] JRO a Rabi, 26/2/43; Rabi a JRO, 8/3/43, e Rabi a JRO, *Suggestions for Interim Organization and Procedure*, 10/2/43, cartella Rabi, cassetta 59, JRO Papers.

[31] James Gleick, *Genius: The Life and Science of Richard Feynman*, Vintage, New York 1992, p. 159 (*Genio. La vita e la scienza di Richard Feynman*, Garzanti, Milano 1994).

[32] JRO a John H. Manley, 12/10/42, cassetta 50, cartella Manley, JRO Papers.

[33] JRO a Robert Bacher, memo, 28/4/43, cassetta 18, cartella Bacher, JRO Papers.

[34] La McKibbin era anche una vecchia amica di Luvie Pearson, moglie di Drew Pearson, un famoso giornalista che pubblicava i suoi articoli su parecchie testate: Nancy C. Steeper, *Gatekeeper to Los Alamos: The Story of Dorothy Scarritt McKibbin*, Los Alamos Historical Society, Los Alamos (NM) 2003, p. 73 della bozza del manoscritto.

[35] Dorothy McKibbin, intervistata da Jon Else, 10/12/79, p. 2, Collezione Sherwin; Peggy Corbett, *Oppie's Vitality Swayed Santa Fe*, cartella McKibbin, JRO Papers; Steeper, *Gatekeeper to Los Alamos...*, p. 3.

[36] McKibbin, intervistata da Jon Else, 10/12/79, pp. 21-23.

[37] Bernice Brode, *Tales of Los Alamos: Life on the Mesa, 1943-1945*, Los Alamos Historical Society, Los Alamos (NM) 1997, p. 8.

[38] Bethe, intervistato da Jon Else, 13/7/79, p. 7.

[39] Brode, *Tales of Los Alamos...*, p. 15.

[40] Nuel Pharr Davis, *Lawrence and Oppenheimer*, Simon & Schuster, New York 1968, p. 163 (*Lawrence e Oppenheimer*, Garzanti, Milano 1970).

[41] Brode, *Tales of Los Alamos...*, p. 37.

[42] Elsie McMillan, *Outside the Inner Fence*, in Badash *et al.* (a cura di), *Reminiscences of Los Alamos...*, p. 41.

[43] Leslie Groves a JRO, 29/7/43, cartella Groves, cassetta 36, JRO Papers.

[44] Brode, *Tales of Los Alamos...*, p. 33.
[45] Eleanor Stone Roensch, *Life Within Limits*, Los Alamos Historical Society, Los Alamos (NM) 1993 p. 32 (il numero del telefono di Oppie era 146).
[46] Ed Doty ai suoi genitori, 7/8/45 (Los Alamos Historical Museum), citato da Thorpe - Shapin, *Who Was J. Robert Oppenheimer?...*, p. 575.
[47] Roensch, *Life Within Limits...*, p. 32.
[48] Kunetka, *City of Fire...*, p. 59; Brode, *Tales of Los Alamos...*, p. 37.
[49] McKibbin, intervistata da Jon Else, 10/12/79, p. 19.
[50] Bethe, intervistato da Jon Else, 13/7/79, p. 7.
[51] Thorpe - Shapin, *Who Was J. Robert Oppenheimer?...*, p. 546; si veda anche Charles Thorpe, *J. Robert Oppenheimer and the Transformation of the Scientific Vocation*, tesi, pp. 302-303.
[52] Jeremy Bernstein, *Hans Bethe: Prophet of Energy*, Basic Books, New York 1980, p. 60 (*Hans Bethe, il profeta dell'energia*, Garzanti, Milano 1983).
[53] Badash et al. (a cura di), *Reminiscences of Los Alamos...*, p. 109; Gleick, *Genius...*, p. 165.
[54] Bethe, intervistato da Jon Else, 13/7/79, p. 9.
[55] Eugene Wigner, *The Recollections of Eugene P. Wigner as Told to Andrew Szanton*, Plenum Press, New York 1992, p. 245.
[56] Hans Bethe, *Oppenheimer: Where He Was There Was Always Life and Excitement*, «Science», vol. 155, 1967, p. 1082.
[57] Robert R. Wilson, *A Recruit for Los Alamos*, «Bulletin of the Atomic Scientists», marzo 1975, p. 45.
[58] John Mason Brown, *Through These Men: Some Aspects of Our Passing History*, Harper & Brothers, New York 1956, p. 286.
[59] Lee DuBridge, intervistato da Sherwin, 30/3/83, p. 11.
[60] Thorpe - Shapin, *Who Was J. Robert Oppenheimer?...*, p. 574.
[61] McKibbin, intervistata da Jon Else, 10/12/79, pp. 21-23.
[62] Manley, intervistato da Sherwin, 9/1/85, p. 24; Smith - Weiner (a cura di), *Robert Oppenheimer: Letters...*, p. 263; Manley, intervistato da Alice Smith, 30/12/75, pp. 10-11.
[63] JRO a Enrico Fermi, 11/3/43, cassetta 33, Fermi, JRO Papers.
[64] Robert Serber - Robert P. Crease, *Peace and War: Reminiscences of a Life on the Frontiers of Science*, Columbia University Press, New York 1998, p. 80.
[65] Robert Serber, *The Los Alamos Primer*, University of California Press, Berkeley 1992, p. 1.
[66] Rhodes, *The Making of the Atomic Bomb...*, p. 460.
[67] Bethe, intervistato da Jon Else, 13/7/79, p. 1.
[68] Serber, *The Los Alamos Primer...*, pp. XXXII, 59; Rhodes, *The Making of the Atomic Bomb...*, p. 466.
[69] Davis, *Lawrence and Oppenheimer...*, p. 182.
[70] Barton J. Bernstein, *Oppenheimer and the Radioactive-Poison Plan*, «Technology Review», maggio-giugno 1985, pp. 14-17; Rhodes, *The Making of the Atomic Bomb...*, p. 511; JRO a Fermi, 25/5/43, cassetta 33, JRO Papers.
[71] JRO a Weisskopf, 29/10/42, cassetta 77, cartella Weisskopf, JRO Papers; Martin J. Sherwin, *A World Destroyed: Hiroshima and Its Legacies*, Stanford University Press, Stanford (CA) 2003³, p. 50; ed. or. *A World Destroyed: The Atomic Bomb and the Grand Alliance*, Alfred A. Knopf, New York 1975.
[72] Norris, *Racing for the Bomb...*, p. 292. Si veda anche Nicholas Dawidoff, *The Catcher Was a Spy: The Mysterious Life of Moe Berg*, Pantheon, New York 1994, pp. 192-194.

16. «Troppa segretezza»

[1] Edward Condon a Raymond Birge, 9/1/67, cassetta 27, cartella Condon, JRO Papers; Jessica Wang, *Edward Condon and the Cold War Politics of Loyalty*, «Physics Today», dicembre 2001.
[2] John Archibald Wheeler - Kenneth Ford, *Geons, Black Holes, and Quantum Foam: A Life in Physics*, W.W. Norton, New York 1998, p. 113.
[3] In soli pochi anni, il Comitato per le attività antiamericane (HUAC) avrebbe segnalato Condon come «uno degli anelli più deboli» nella sicurezza atomica («New York Sun», 5/3/48, *Law to Dig Out Condon's Files May Be Asked*, cassetta 27, cartella Condon, JRO Papers).
[4] Charles Robert Thorpe - Steven Shapin, *Who Was J. Robert Oppenheimer?*, «Social Studies of Science», agosto 2000, p. 562.
[5] Edward Condon a JRO, aprile 1943, ristampata in Leslie M. Groves, *Now It Can Be Told: The Story of the Manhattan Project*, Harper, New York 1962; Da Capo Press, 1983, pp. 429-432.
[6] Charles Thorpe, *J. Robert Oppenheimer and the Transformation of the Scientific Vocation*, tesi, p. 251.
[7] Robert Serber - Robert P. Crease, *Peace and War: Reminiscences of a Life on the Frontiers of Science*, Columbia University Press, New York 1998, p. 73; Robert S. Norris, *Racing for the Bomb: General Leslie R. Groves, the Manhattan Project's Indispensable Man*, Steerforth Press, South Royalton (VT) 2002, p. 243. Norris racconta che Groves «trattava Oppenheimer delicatamente, come fosse uno strumento raffinato che doveva suonare bene [...] Alcuni uomini, se trattati troppo duramente, si possono spezzare».
[8] Hempelmann, intervistato da Sherwin, 10/8/79, pp. 26, 27.
[9] Teller a JRO, 6/3/43, cassetta 71, Teller, JRO Papers.
[10] Audizioni di JRO, p. 166.
[11] Ivi, p. 166.
[12] Thorpe, *J. Robert Oppenheimer and the Transformation of the Scientific Vocation...*, p. 229.
[13] Ivi, pp. 233-234.
[14] Archivio dell'FBI su JRO, doc. 159, D.M. Ladd al direttore dell'FBI, 11/8/47. Ladd cita un'affermazione fatta da Oppenheimer al colonnello Boris Pash il 26/8/43. Si vedano le audizioni di JRO, p. 849.
[15] Morrison a JRO, 29/7/43, con allegata una lettera a Roosevelt, 29/7/43, cassetta 51, JRO Papers; Martin J. Sherwin, *A World Destroyed: Hiroshima and Its Legacies*, Stanford University Press, Stanford (CA) 2003³, p. 52 e cap. 2; ed. or. *A World Destroyed: The Atomic Bomb and the Grand Alliance*, Alfred A. Knopf, New York 1975.
[16] Bethe e Teller a JRO, memo, 21/8/43, cassetta 20, Bethe, JRO Papers.
[17] Norris, *Racing for the Bomb...*, pp. 245-246.
[18] Bernice Brode, *Tales of Los Alamos: Life on the Mesa, 1943-1945*, Los Alamos Historical Society, Los Alamos (NM) 1997, p. 16.
[19] Serber - Crease, *Peace and War...*, p. 80.
[20] Serber, intervistato da Sherwin, 9/1/82, p. 19.
[21] Peer de Silva, intervistato dall'FBI, 24/4/54, RG 326, appunto 62, cassetta 2, fascicolo C (rapporto dell'FBI), NA.
[22] Jane S. Wilson - Charlotte Serber (a cura di), *Standing By and Making Do: Women of Wartime Los Alamos*, Los Alamos Historical Society, Los Alamos (NM) 1988, pp. 65, 70.
[23] JRO a Groves, 30/4/43, Groves, cassetta 36, JRO Papers; Wilson - Serber (a cura di), *Standing By and Making Do...*, p. 62; Serber - Crease, *Peace and War...*, p. 79; Jon

Else, *The Day After Trinity: J. Robert Oppenheimer and the Atomic Bomb* (documentario), Image Entertainment DVD, 1980, trascrizione e testi aggiuntivi a cura di Jon Else.

[24] Richard P. Feynman, *Los Alamos from Below*, in Badash et al. (a cura di), *Reminiscences of Los Alamos, 1943-45*, D. Reidel Publishing Company, Dordrecht (Olanda) 1980, pp. 105-132, 79; James Gleick, *Genius: The Life and Science of Richard Feynman*, Vintage, New York 1992, pp. 187-189 (*Genio. La vita e la scienza di Richard Feynman*, Garzanti, Milano 1994).

[25] James W. Kunetka, *City of Fire: Los Alamos and the Birth of the Atomic Age, 1943-1945*, Prentice-Hall, Englewood Cliffs (NJ) 1978, p. 71; Thorpe J. *Robert Oppenheimer and the Transformation of the Scientific Vocation...*, pp. 201, 249.

[26] Hawkins, intervistato da Sherwin, 5/6/82, p. 19.

[27] Ivi, p. 18.

[28] Robert R. Wilson, *A Recruit for Los Alamos*, «Bulletin of the Atomic Scientists», marzo 1975, p. 43.

[29] G.C. Burton a Ladd, memo dell'FBI, 18/3/43; J. Edgar Hoover all'ufficio dell'FBI di San Francisco, 22/3/43; risposta: rapporto del generale Strong secondo il quale l'esercito ora ha una sorveglianza tecnica e fisica a tempo pieno su Oppenheimer; si veda anche Peter Goodchild, *J. Robert Oppenheimer: Shatterer of Worlds*, Houghton Mifflin Co., Boston 1981, p. 87, per il rapporto di Andrew Walker.

[30] Thomas Powers, *Heisenberg's War: The Secret History of the German Bomb*, Alfred A. Knopf, New York 1993, p. 216 (*La storia segreta dell'atomica tedesca*, Mondadori, Milano 1994); Alice Kimball Smith - Charles Weiner (a cura di), *Robert Oppenheimer: Letters and Recollections*, Stanford University Press, Stanford (CA) 1995, p. 261; ed. or. Harvard University Press, Cambridge (MA) 1980 (*J. Robert Oppenheimer: da Harvard a Hiroshima. Lettere e ricordi*, Editori Riuniti, Roma 1983).

[31] Audizioni di JRO, pp. 153-154; una sera che Bob Serber stava guidando verso casa vide Oppie e Jean che camminavano lì attorno, in profonda conversazione. «Mi sorprese che la incontrasse ancora», disse Serber. «E poco tempo dopo, Kitty mi disse che sapeva tutto di quella faccenda, che Robert le aveva detto che Jean era depressa e che lui cercava di capire quello che poteva fare.» In seguito Serber seppe che Jean telefonava a Oppie «non molto spesso, ma parecchie volte... quando era disperata» (Robert Serber, intervistato da Sherwin, 9/1/82, p. 11).

[32] Ferventi attivisti del Partito comunista, gli Jenkins avevano chiamato la loro bambina Margaret Ludmilla Jenkins in onore di Ludmilla Pavlichenko, l'esperta fuciliera che si diceva avesse ucciso centottanta nazisti durante l'assedio di Stalingrado (si veda Edith A. Jenkins, *Against a Field Sinister: Memoirs and Stories*, City Lights, San Francisco 1991, pp. 30-31).

[33] *Directory of Physicians and Surgeons, Naturopaths, Drugless Practitioners, Chiropodists, Midwives*, 3/3/42 e 3/3/43, pubblicato dal Board of Medical Examiners dello stato della California. L'elenco riporta la dottoressa Jean Tatlock come laureata nel 1941 alla Scuola di medicina della Stanford University.

[34] Peter Michelmore, *The Swift Years: The Robert Oppenheimer Story*, Dodd, Mead & Co., New York 1969, p. 89. Michelmore non fornisce riferimenti o citazioni, e nessuna di queste lettere è mai stata ritrovata.

[35] Audizioni di JRO, p. 154.

[36] Memo segreto dell'FBI, «Oggetto: Jean Tatlock», 29/6/43, fascicolo A, RG 326, appunto 62, cassetta 1; si trova anche nella registrazione AEC PSB delle audizioni di JRO, cassetta 1, NA. Si veda anche Richard Rhodes, *The Making of the Atomic Bomb*, Simon & Schuster, New York 1986, p. 571 (*L'invenzione della bomba atomica*, Rizzoli, Milano 1990); audizioni di JRO, p. 154. Gli agenti dello spionaggio militare controllarono l'appartamento ormai buio almeno fino all'una di notte. Ma secondo un'altra versione avrebbero potuto controllare di nascosto la coppia per via elettronica. La pre-

sunta trascrizione riferisce che Oppenheimer e la Tatlock parlarono a lungo in salotto prima di andarsene a letto. Si veda Peter Goodchild, *J. Robert Oppenheimer: Shatterer of Worlds*, Houghton Mifflin Co., Boston 1981, p. 90. Goodchild cita, senza nominarle, due fonti che sostengono di aver visto una trascrizione che segnalava che l'FBI aveva tentato di inserire una microspia nell'appartamento della Tatlock. Nessuna di queste trascrizioni è stata desecretata.

[37] Audizioni di JRO, p. 154.

[38] Memo dell'FBI per E.A. Tamm (assistente di Hoover), 27/8/43, 101-6005-8, fascicolo dell'FBI su Jean Tatlock, 100-190625-308.

[39] Un documento dell'FBI ottenuto grazie al Freedom of Information Act rivela che una microspia era stata inserita sul telefono di casa della Tatlock il 10/9/43 (radiogramma dell'FBI NR 070305, 10/9/43). Ma il fascicolo dell'FBI sulla Tatlock contiene schede con registrazioni telefoniche datate agosto 1943, il che suggerisce che probabilmente il controspionaggio dell'esercito aveva già avviato da tempo la sorveglianza telefonica (fascicolo dell'FBI su Jean Tatlock, FOIA n. 0960747-000/190-HQ-1279913, San Francisco (SF 100-18382). Vi sono schede con registrazioni di alcune delle sue telefonate (dozzine di pagine sono ancora secretate). Possiamo quindi conoscere poco della vicenda. Per esempio, il 25/8/43, una donna non identificata, che sembra appartenesse alla marina, chiama Jean da New York. Jean le dice che andrà a Washington in aereo l'11 settembre per una vacanza (Fascicolo dell'FBI su Jean Tatlock, FOIA n. 0960747-000/190-HQ-1279913, SF 100-18382; Hoover, *Memorandum for the Attorney General*, 1/9/43, FBI doc. 100-203581574, trovato nel fascicolo dell'FBI su Jean Tatlock; Hawkins, intervistato da Sherwin, 5/6/82.)

[40] Archivio dell'FBI su JRO, doc. 51, 18/3/46; archivio dell'FBI su JRO, doc. 1320, 28/4/54.

[41] Colonnello Boris Pash al tenente colonnello Lansdale, memo su JRO, 29/6/43, ristampato nelle audizioni di JRO, pp. 821-822.

[42] Memo confidenziale dell'FBI SF 101-126, p. 4. Naturalmente l'FBI sapeva che il 29/10/42 la Tatlock era ancora abbonata al «People's World». L'FBI sospettava anche che altre due persone che vivevano in piccoli appartamenti della casa della Tatlock fossero strettamente legati al Partito comunista. Emil Geist era abbonato al «People's World». Un altro vicino, David Thompson, fu identificato come direttore della propaganda della sezione di North Beach del Partito comunista (memo segreto dell'FBI, «Oggetto: Jean Tatlock», 29/6/43, fascicolo A, RG 326, appunto 62, cassetta 1, NA).

[43] Memo di Pash a Lansdale su JRO, 29/6/43, ristampato nelle audizioni di JRO, pp. 821-822.

[44] Lansdale al generale Groves, 6/7/43, RG 77, appunto 8, cassetta 100, NA.

[45] Pash a Lansdale, memo su JRO, 29/6/43, ristampato nelle audizioni di JRO, pp. 821-822.

17. «Oppenheimer sta dicendo la verità...»

[1] Philip M. Stern - Harold P. Green, *The Oppenheimer Case: Security on Trial*, Harper & Row, New York 1969, p. 49.

[2] Kenneth D. Nichols, *The Road to Trinity*, William Morrow and Co., New York 1987, p. 154; Richard G. Hewlett - Jack M. Holl, *Atoms for Peace and War, 1953-1961: Eisenhower and the Atomic Energy Commission*, University of California Press, Berkeley (CA) 1989, p. 102.

[3] Audizioni di JRO, p. 276.

[4] Ibid. (Lansdale a Groves, memo, 12/8/43).

[5] L'FBI, dall'ufficio di Newark al direttore, 22/12/53, doc. 565, p. 2, archivio dell'FBI su JRO.

⁶ Audizioni di JRO, pp. 845-848 (intervista Pash-Oppenheimer, 25/8/43, e citazioni successive da Pash e Oppenheimer).
⁷ Hewlett - Holl, *Atoms for Peace and War...*, p. 97.
⁸ Audizioni di JRO, pp. 845-848.
⁹ Ivi, p. 847.
¹⁰ *Ibid.*
¹¹ Ivi, p. 852.
¹² Ivi, p. 853.
¹³ Ivi, pp. 871-886.
¹⁴ *Ibid.*
¹⁵ Ivi, p. 167; A. H. Belmont a D. M. Ladd, memo di sintesi dell'FBI, p. 5, 29/12/53, archivio dell'FBI su JRO.
¹⁶ Memo per l'archivio, 10/9/43, conversazione tra James Murray, ufficiale investigativo, DSM project, Berkeley, e il generale Groves, fascicolo Groves, Lewis L. Strauss Papers, HHL. Questo memo fu passato da Teeple a Murray nel settembre 1954. Poi Teeple lo passò a Strauss.
¹⁷ Belmont a Ladd, memo di sintesi dell'FBI, p. 5, 29/12/53, archivio dell'FBI su JRO; dossier dell'FBI su Haakon Chevalier, parte 1 di 2, doc. 110, memo al direttore, 3/2/54, p. 3.
¹⁸ Belmont a Ladd, memo di sintesi dell'FBI, p. 7, 29/12/53, archivio dell'FBI su JRO.

18. «Suicidio, motivo sconosciuto»

¹ Ufficio del procuratore della città e della contea di San Francisco, Dipartimento di necroscopia, CO-44-63, 6/1/44, ore 9.30.
² "San Francisco Chronicle", 7/1/44, p. 9; «San Francisco Examiner», 6/1/44, prima pagina; «San Francisco Examiner», 7/1/44, p. 3. Peter Michelmore, *The Swift Years: The Robert Oppenheimer Story*, Dodd, Mead & Co., New York 1969, p. 50. La nota che segnala la decisione del suicidio non è stata conservata nell'archivio medico di San Francisco che indagò sulla morte della Tatlock. Nessun appunto scritto è stato tratto da quella nota.
³ Peter Goodchild riferisce che John Tatlock era ben noto a Berkeley per le sue opinioni di destra (Peter Goodchild, *J. Robert Oppenheimer: Shatterer of Worlds*, Houghton Mifflin Co., Boston 1981, p. 31). Secondo Phil Morrison, questo è sbagliato. Si veda anche il documento rissuntivo dell'FBI: Richard Combs: *Extract from Memorandum on Communist Activities, Los Angeles, Calif.*, 15 Oct. 38.
⁴ Rapporto del Dipartimento di necroscopia, 6/1/44, Ufficio del procuratore della città e della contea di San Francisco, CO-44-63; rapporto del Dipartimento di patologia, CO-44-63; rapporto del Dipartimento di tossicologia, caso n. 63; 13/1/44, Certificato di morte, 8/1/44; Registro del procuratore, registrazione della morte di Jean Tatlock.
⁵ «San Francisco Chronicle», 7/1/44, p. 9. Il dottor Siegfried Bernfeld fu inserito nel registro del procuratore come testimone nella «registrazione della morte» di Jean Tatlock. Accanto al suo nome sono scarabocchiate le parole «15 chiamate in nov.», che forse indicano che in novembre lei si era sottoposta a quindici sedute di analisi.
⁶ Priscilla Robertson, lettera non datata, circa 1944, «Promessa», p. 28, Collezione Sherwin.
⁷ Goodchild, *J. Robert Oppenheimer...*, p. 35.
⁸ Edith Jenkins, intervistata da Herken, 9/5/02. La bisessualità della Tatlock fu confermata da Mildred Stewart e Dorothy Baker, due letterate della California che scrissero un testo sulla comunità lesbica (Mildred Stewart, racconto orale, p. 34, Special Collections, SU).

⁹ Edith A. Jenkins, *Against a Field Sinister: Memoirs and Stories*, City Lights, San Francisco 1991, p. 28. Hilda Stern Hein – la nipote della zia di Oppenheimer, Hedwig Stern – in seguito disse che sapeva che la Washburn e la Tatlock erano «più che amiche» (Hans «Lefty» Stern, intervista telefonica con Bird, 4/3/04).

¹⁰ Edith Jenkins, intervistata da Herken, 9/5/02; Barbara Chevalier, intervistata da Herken, 29/5/02. Chevalier disse che era stata la Washburn a raccontargli questa storia.

¹¹ Il capitano Peer de Silva, l'addetto alla sicurezza di Los Alamos, il cui compito era quello di conoscere tutto della vita personale di Oppenheimer, in seguito sostenne di essere stato il primo a dargli questa notizia. Robert si mise a piangere, scrisse de Silva. (Peer de Silva, testo non pubblicato, p. 5.) Il testo di de Silva contiene molte affermazioni non corrette, per esempio il fatto che la Tatlock era diventata l'amante di Steve Nelson o che aveva lavorato in un reparto di ambulanze durante la guerra civile in Spagna. Afferma anche erroneamente che la Tatlock si tagliò la gola nella vasca. De Silva descrive la reazione di Oppenheimer alla morte della Tatlock in un'intervista all'FBI nel febbraio 1954. Nel suo testo non pubblicato, scrive «Lui [Robert] successivamente perse la sua profonda emozione per Jean, e disse che non c'era nessuno con cui poteva parlare». Quello in cui de Silva credeva era una «sincera emozione»; Oppenheimer gli aveva confessato che era stato «profondamente devoto» alla Tatlock e aveva confermato «una stretta e intima vicinanza con lei prima del suo matrimonio e fino al momento della sua morte». De Silva non è un osservatore affidabile, e non è credibile che Oppenheimer si sia confidato con lui (intervista dell'FBI a Peer de Silva, 24/2/54, RG 326, appunto 62, casetta 2, fascicolo C [rapporto FBI], NA.)

¹² Robert Serber, intervistato da Sherwin, 9/1/82, p. 11. Michelmore, *The Swift Years...*, p. 50; Robert Serber - Robert P. Crease, *Peace and War: Reminiscences of a Life on the Frontiers of Science*, Columbia University Press, New York 1998, p. 86.

¹³ Messaggio confidenziale per telescrivente dell'FBI da San Francisco al direttore, data censurata, 100203581-1421, Fascicoli dell'FBI su Jean Tatlock 100-18382-1 e 100-190625-20.

¹⁴ Stephen Schwartz, *From West to East: California and the Making of the American Mind*, The Free Press, New York 1998, p. 380; si veda anche il rapporto privato di indagine di Keith Patterson, della Josiah Thompson Investigations, a Stephen Rivele, 12/7/91, relativo a un'indagine sulla morte della Tatlock.

¹⁵ Dottor Jerome Motto, intervistato da Bird, 14/3/01 e 3/2/01. Il dottor Kelman suggerisce che si potrebbe stabilire se la Tatlock è stata uccisa solo se il procuratore avesse riportato gli esatti livelli del cloralio idrato nel suo sangue. Se questi livelli fossero troppo bassi – in altre parole se fossero stati dati in misura adatta a stordirla sotto forma di un «Mickey Finn» – allora qualcuno avrebbe potuto spingere la sua testa nell'acqua. Ma il certificato di morte riporta semplicemente «deboli tracce di cloralio idrato». Probabilmente «una debole traccia» può indicare che non c'è stato suicidio. Ma se è così, significa forse che la sua nota sul suicidio è un falso? Sfortunatamente le registrazioni della breve inchiesta formale sulla morte della Tatlock non sembra siano state conservate.

¹⁶ Il dottor Hugh Tatlock presentò il Freedom of Information Act richiesto dall'FBI per avere informazioni su sua sorella (Hugh Tatlock, intervistato da Sherwin, febbraio 2001). L'FBI consegnò circa ottanta pagine di materiale abbondantemente censurato, ma parecchi documenti suggeriscono che la «sorveglianza tecnica» sulla linea telefonica di Jean Tatlock sia iniziata il 10/9/43.

¹⁷ Gregg Herken, *Brotherhood of the Bomb: The Tangled Lives and Loyalties of Robert Oppenheimer, Ernest Lawrence, and Edward Teller*, Henry Holt & Co., New York 2002, p. 106.

¹⁸ Rapporto finale del Church Committee, libro IV, pp. 128-129; William R. Corson, *The Armies of Ignorance: The Rise of the American Intelligence Empire*, Dial, New York 1977, pp. 362-364; Warren Hinckle - William W. Turner, *The Fish Is Red: The Story of the Secret War Against Castro*, Harper Collins, New York 1981, p. 29.

¹⁹ Dopo la guerra, il colonnello Pash fu decorato per aver guidato la supersegreta missione Alsos, un gruppo che rapì dozzine dei più importanti scienziati tedeschi e si appropriò di 70.000 tonnellate di uranio dell'Asse tra il 1944 e il 1945 (Christopher Simpson, *Blowback: America's Recruitment of Nazis and Its Effect on the Cold War*, Weidenfeld & Nicolson, New York 1988, pp. 152-153).

19. «Ti piacerebbe adottarla?»

[1] Bernice Brode, *Tales of Los Alamos: Life on the Mesa, 1943-1945*, Los Alamos Historical Society, Los Alamos (NM) 1997, p. 13.
[2] Charles Thorpe, *J. Robert Oppenheimer and the Transformation of the Scientific Vocation*, tesi, p. 188.
[3] Peggy Pond Church, *The House at Otowi Bridge: The Story of Edith Warner and Los Alamos*, University of New Mexico Press, Albuquerque (NM) 1959, p. 126.
[4] Ivi, p. 98.
[5] Robert R. Wilson, *A Recruit for Los Alamos*, «Bulletin of the Atomic Scientists», marzo 1975, p. 41.
[6] Charles Robert Thorpe - Steven Shapin, *Who Was J. Robert Oppenheimer?*, «Social Studies of Science», agosto 2000, p. 547.
[7] Thorpe, *J. Robert Oppenheimer and the Transformation of the Scientific Vocation...*, p. 182; Jane S. Wilson - Charlotte Serber (a cura di), *Standing By and Making Do: Women of Wartime Los Alamos*, Los Alamos Historical Society, Los Alamos (NM) 1988, p. 5.
[8] Brode, *Tales of Los Alamos...*, p. 39.
[9] Alice Kimball Smith - Charles Weiner, (a cura di), *Robert Oppenheimer: Letters and Recollections*, Stanford University Press, Stanford (CA) 1995, p. 265; ed. or. Harvard University Press, Cambridge (MA) 1980 (*J. Robert Oppenheimer: da Harvard a Hiroshima. Lettere e ricordi*, Editori Riuniti, Roma 1983); Brode, *Tales of Los Alamos...*, pp. 72, 23.
[10] Louis Hempelmann, intervistato da Sherwin, 10/8/79, p. 29.
[11] Anne Wilson Marks, intervistata da Bird, 5/3/02.
[12] Hempelmann, intervistato da Sherwin, 10/8/79, pp. 8, 24.
[13] Brode, *Tales of Los Alamos...*, pp. 72, 23; Hempelmann, intervistato da Sherwin, 10/8/79, p. 30; Dorothy McKibbin, intervistata da Jon Else, 10/12/79, p. 22.
[14] Hempelmann, intervistato da Sherwin, 10/8/79, p. 10; Brode, *Tales of Los Alamos...*, pp. 56, 88-93; McKibbin, intervistata da Jon Else, 10/12/79, p. 20; John D. Wirth - Linda Harvey Aldrich, *Los Alamos: The Ranch School Years, 1917-1943*, University of New Mexico Press, Albuquerque (NM) 2003, p. 261.
[15] Hempelmann, intervistato da Sherwin, 10/8/79, p. 22.
[16] Marks, intervistata da Bird, 5/3/02.
[17] Peer de Silva, testo non pubblicato, p. 1, per cortesia di Gregg Herken.
[18] Brode, *Tales of Los Alamos...*, pp. 28, 33, 51-52.
[19] Robert R. Wilson, *A Recruit for Los Alamos*, «Bulletin of the Atomic Scientists», marzo 1975, p. 47.
[20] Nancy Cook Steeper, *Gatekeeper to Los Alamos: The Story of Dorothy Scarritt McKibbin*, Los Alamos Historical Society, Los Alamos (NM) 2003, p. 83.
[21] Steeper, *Gatekeeper to Los Alamos...*, pp. 60, 83. La Steeper cita la sua intervista del 1999 con David Hawkins e scrive delle «molte serate tranquille passate da Robert nella casa di Dorothy, un'oasi serena in confronto all'orribile accampamento di Los Alamos, e una tregua nell'urgenza e nell'inarrestabile sforzo per costruire la bomba. Che conforto deve essere stata per lui Dorothy e quanto si deve essere goduto la sua amicizia!» (ivi, p. 125).

[22] Pat Sherr, intervistata da Sherwin, 20/2/79.
[23] Joseph Rotblat, intervistato da Sherwin, 16/10/89, p. 8.
[24] Peter Goodchild, J. *Robert Oppenheimer: Shatterer of Worlds*, Houghton Mifflin Co., Boston 1981, p. 127.
[25] Sherr, intervistata da Sherwin, 20/2/79.
[26] Goodchild, *J.Robert Oppenheimer...*, p. 127.
[27] Hempelmann, intervistato da Sherwin, 10/8/79, p. 18.
[28] Marks, intervistato da Bird, 5/3/02.
[29] Wilson - Serber (a cura di), *Standing By and Making Do...*, p. 50.
[30] Marks, intervistata da Bird, 14/3/02.
[31] Marks, intervistata da Bird, 5/3/02.
[32] Hempelmann, intervistato da Sherwin, 10/8/79, p. 25.
[33] Audizioni di JRO, p. 266; Goodchild, *J.Robert Oppenheimer...*, p. 88.
[34] Nuel Pharr Davis, *Lawrence and Oppenheimer*, Simon & Schuster, New York 1968, p. 156 (*Lawrence e Oppenheimer*, Garzanti, Milano 1970).
[35] Goodchild, *J.Robert Oppenheimer...*, p. 90.
[36] Nel giugno 1944 a Los Alamos un quinto di tutte le donne sposate erano incinte. Thorpe, *J. Robert Oppenheimer and the Transformation of the Scientific Vocation...*, p. 276; Wilson - Serber (a cura di), *Standing By and Making Do...*, p. 92; Robert Serber - Robert P. Crease, *Peace and War...*, p. 83.
[37] Brode, *Tales of Los Alamos...*, p. 22.
[38] Sherr, intervistata da Sherwin, 20/2/79.
[39] Frank e Jackie Oppenheimer, intervistati da Sherwin 3/12/78; Goodchild, *J.Robert Oppenheimer...*, p. 128.
[40] Pat Sherr, intervistata da Sherwin, 20/2/79. Il marito di Pat, Rubby Sherr, ha confermato che sua moglie si prese cura di Toni Oppenheimer (Rubby Sherr, e-mail a Bird, 11/7/04).
[41] Jackie Oppenheimer, intervistata da Sherwin 3/12/78; Goodchild, *J. Robert Oppenheimer...*, p. 128.
[42] Pat Sherr, intervistata da Sherwin, 20/2/79, p. 4.
[43] Hempelmann, intervistato da Sherwin, 10/8/79, pp. 11, 20.
[44] Steeper, *Gatekeeper to Los Alamos...*, p. 34.
[45] JRO alla signora Fermor S. Church, 21/11/58, cassetta 76, JRO Papers.
[46] Church, *The House at Otowi Bridge...*, p. 86.
[47] Ronald A. Pettitt, *Los Alamos Before the Dawn*, Pajarito Publications, Los Alamos (NM) 1972; Church, *The House at Otowi Bridge...*, pp. 12, 86; Peggy Pond Church, *Bones Incandescent: The Pajarito Journals of Peggy Pond Church*, Texas Tech University Press, Lubbock (TX) 2001, p. 30.
[48] Dorothy McKibbin ad Alice Smith, 17/10/75, corrispondenza della Smith, Collezione Sherwin; Smith - Weiner (a cura di), *Robert Oppenheimer: Letters...*, p. 280; intervista alla McKibbin, 1/1/76.
[49] Church, *The House at Otowi Bridge...*, pp. 123-124.
[50] Peter Miller a JRO, 27/4/51, cassetta 76, JRO Papers.
[51] JRO a Groves, 2/11/43, cartella Groves, cassetta 36, JRO Papers.
[52] Church, *The House at Otowi Bridge...*, pp. 95-98; Peter Miller a JRO, 27/4/51, cassetta 76, JRO Papers. Miller citava le parole della Warner su Bohr e Oppenheimer sul suo letto di morte.
[53] Church, *The House at Otowi Bridge...*, p. 130; Brode, *Tales of Los Alamos...*, pp. 120-127.
[54] Church, *The House at Otowi Bridge...*, pp. 98-99, 130. Nella sua lettera per il Natale del 1945, la signorina Warner scrisse: «Non ho mai saputo quello che stavano facendo qui sopra, anche se credo che agli inizi ho sospettato che fosse una ricerca atomica».

20. «Bohr era Dio, e Oppie il suo profeta»

[1] Richard Rhodes, *The Making of the Atomic Bomb*, Simon & Schuster, New York 1986, pp. 523-524 (*L'invenzione della bomba atomica*, Rizzoli, Milano 1990); Martin J. Sherwin, *A World Destroyed: Hiroshima and Its Legacies*, Stanford University Press, Stanford (CA) 2003[3], p. 106; ed. or. *A World Destroyed: The Atomic Bomb and the Grand Alliance*, Alfred A. Knopf, New York 1975.

[2] JRO, *Niels Bohr and Atomic Weapons*, «New York Review of Books», 12/17/64; Thomas Powers, *Heisenberg's War: The Secret History of the German Bomb*, Alfred A. Knopf, New York 1993, pp. 237-238 (*La storia segreta dell'atomica tedesca*, Mondadori, Milano 1994).

[3] Ivi, pp. 239-240.

[4] Sherwin, *A World Destroyed...*, pp. 90-114.

[5] Powers, *Heisenberg's War...*, p. 247.

[6] Robert S. Norris, *Racing for the Bomb: General Leslie R. Groves, the Manhattan Project's Indispensable Man*, Steerforth Press, South Royalton (VT) 2002, p. 252.

[7] Audizioni di JRO, p. 166.

[8] JRO, *Niels Bohr and Atomic Weapons*, «New York Review of Books», 17/12/64.

[9] Sherwin, *A World Destroyed...*, p. 91.

[10] Robert Jungk, *Brighter Than a Thousand Suns: A Personal History of the Atomic Scientist*, Harcourt, Brace & Co., New York 1958, p. 103 (*Gli apprendisti stregoni. Storia degli scienziati atomici*, Einaudi, Torino 1958); Powers, *Heisenberg's War...*, p. 253.

[11] Si vedano la pubblicazione avvenuta nel febbraio 2002 delle lettere di Bohr da parte del Niels Bohr Institute, doc. 10 e il sito web del Niels Bohr Archive: www.nba.nbi.dk; si veda anche *Copenhagen*, il dramma di Michael Frayn (*Copenhagen*, Sironi, Milano 2003), e Powers, *What Bohr Remembered*, «New York Review of Books», 28/3/2002.

[12] JRO, *Niels Bohr and Atomic Weapons*, «New York Review of Books», 17/12/64. Si veda anche Powers, *Heisenberg's War...*, pp. 120-128; David Cassidy, *The Uncertainty Principle: The Life and Science of Werner Heisenberg*, W. H. Freeman, New York 1992 (*Un'estrema solitudine. La vita e l'opera di Werner Heisenberg*, Bollati Boringhieri, Torino 1996); Jungk, *Brighter Than a Thousand Suns...*, pp. 102-104.

[13] Robert Serber - Robert P. Crease, *Peace and War: Reminiscences of a Life on the Frontiers of Science*, Columbia University Press, New York 1998, p. 86. Lo schizzo era stato probabilmente fatto dallo stesso Bohr e rappresentava quello che Heisenberg gli aveva mostrato. Da allora è scomparso.

[14] Powers, *Heisenberg's War...*, p. 253.

[15] Ivi, p. 254; JRO a Groves, 1/1/44, MED RG 77E 5, cassetta 64, 337.

[16] JRO, *Niels Bohr and Atomic Weapons*, «New York Review of Books», 17/12/64.

[17] JRO a Groves, 17/1/44, cartella Groves, cassetta 36, JRO Papers; JRO, *Three Lectures on Niels Bohr and His Times: Part III, The Atomic Nucleus*, Pegram Lecture, agosto 1963, cassetta 247, JRO Papers; JRO, *Niels Bohr and Atomic Weapons*, «New York Review of Books», 17/12/64 (e citazioni successive).

[18] Victor Weisskopf, intervistato da Sherwin, 21/4/82.

[19] Bohr, *Confidential comments on the project of exploiting the latest discoveries in atomic physics for industry and warfare*, 2/4/44, cassetta 34, cartella Frankfurter-Bohr, JRO Papers.

[20] Sherwin, *A World Destroyed...*, pp. 93-96; Peter Goodchild, *J. Robert Oppenheimer: Shatterer of Worlds*, Houghton Mifflin Co., Boston 1981, p. 92. Si veda anche Margaret Gowing, *Britain and Atomic Energy, 1939-1945*, St. Martin's Press, New York 1964.

[21] Weisskopf, intervistato da Sherwin, 21/4/82.

²² Powers, *Heisenberg's War...*, p. 255.
²³ Mary Palevsky, *Atomic Fragments: A Daughter's Questions*, University of California Press, Berkeley (CA) 2000, p. 117. Qualche anno più tardi, Oppenheimer disse agli amici che avrebbe voluto scrivere un testo teatrale per immaginare come sarebbero andate le cose se Roosevelt fosse stato ancora vivo alla fine della guerra.
²⁴ John Gribbin, *Q Is for Quantum: An Encyclopedia of Particle Physics*, Simon & Schuster, New York 1998, pp. 85, 88 (*Q come quanto. Dizionario illustrato di fisica quantistica*, Macro Edizioni, Cesena (FO) 2004).
²⁵ Jeremy Bernstein, *Cranks, Quarks, and the Cosmos*, Harper Collins, New York 1993, p. 44.
²⁶ Pëtr Kapica a Bohr, 28/10/43, cassetta 34, cartella Frankfurter-Bohr, JRO Papers.
²⁷ David Lilienthal, *The Journals of David E. Lilienthal*, vol. 2, *The Atomic Energy Years, 1945-1950*, Harper & Row, New York 1964, p. 456 (annotazione del 3/2/49).
²⁸ Sherwin, *A World Destroyed...*, p. 106.
²⁹ Palevsky, *Atomic Fragments...*, p. 134; Robert Wilson, intervistato da Owen Gingrich, 23/4/82, p. 5 (Collezione Sherwin); Robert Wilson, *Niels Bohr and the Young Scientists*, «Bulletin of the Atomic Scientists», agosto 1985, p. 25.
³⁰ Audizioni di JRO, p. 173.
³¹ Sherwin, *A World Destroyed...*, pp. 107-110. Bohr si incontrò con Churchill verso la metà di maggio 1944 e con Roosevelt il 26/8/44. L'incontro con Churchill fu breve e deludente. «Non parlavamo nemmeno lo stesso linguaggio», disse in seguito Bohr. Al contrario, Bohr uscì dal suo incontro con Roosevelt con la netta impressione che il presidente concordasse davvero con le sue opinioni.
³² Groves a JRO, 7/12/64, cartella Groves, cassetta 36, JRO Papers.
³³ Bohr, *Confidential comments on the project of exploiting the latest discoveries in atomic physics for industry and warfare*, 2/4/44, cassetta 34, cartella Frankfurter-Bohr, JRO Papers.
³⁴ Powers, *Heisenberg's War...*, p. 257.

21. «L'impatto dell'aggeggio sulla civiltà»

¹ Charles Robert Thorpe - Steven Shapin, *Who Was J. Robert Oppenheimer?*, "Social Studies of Science", agosto 2000, p. 573.
² Hans Bethe, *Oppenheimer: Where He Was There Was Always Life and Excitement*, «Science», vol. 155, 1967, p. 1082.
³ McAllister Hull, intervistato da Charles Thorpe, 16/1/98, in Charles Thorpe, *J. Robert Oppenheimer and the Transformation of the Scientific Vocation*, tesi, p. 250.
⁴ Vincent C. Jones, *Manhattan: The Army and the Atomic Bomb*, Center of Military History, United States Army, Washington (DC) 1985, pp. 176, 182; Richard G. Hewlett - Oscar E. Anderson jr., *The New World, 1939-1946*, vol. 1, *A History of the United States Atomic Energy Commission*, Pennsylvania State University Press, University Park (PA) 1962, p. 168.
⁵ Jones, *Manhattan: The Army and the Atomic Bomb...*, p. 509.
⁶ Hoddeson et al., *Critical Assembly*, Cambridge University Press, New York 1993, p. 242.
⁷ Ivi, pp. 241-243.
⁸ Nuel Pharr Davis, *Lawrence and Oppenheimer*, Simon & Schuster, New York 1968, p. 219 (*Lawrence e Oppenheimer*, Garzanti, Milano 1970).
⁹ Peter Goodchild, *J. Robert Oppenheimer: Shatterer of Worlds*, Houghton Mifflin Co., Boston 1981, p. 116.
¹⁰ Thorpe, *J. Robert Oppenheimer and the Transformation of the Scientific Vocation...*, p. 326; Goodchild, *J.Robert Oppenheimer...*, p. 118.

[11] Thorpe, *J. Robert Oppenheimer and the Transformation of the Scientific Vocation...*, pp. 263-264.
[12] John S. Rigden, *Rabi: Scientist and Citizen*, Harvard University Press, Cambridge (MA) 1987, pp. 154-155.
[13] Studs Terkel, *The Good War: An Oral History of World War Two*, Hamish Hamilton, London 1985, p. 510.
[14] George B. Kistiakowsky, *Reminiscences of Wartime Los Alamos*, in Lawrence Badash et al. (a cura di), *Reminiscences of Los Alamos, 1943-45*, D. Reidel Publishing Company, Dordrecht (Olanda) 1980, p. 54; Jones, *Manhattan: The Army and the Atomic Bomb...*, p. 510.
[15] Alice Kimball Smith - Charles Weiner (a cura di), *Robert Oppenheimer: Letters and Recollections*, Stanford University Press, Stanford (CA) 1995, p. 264; ed. or. Harvard University Press, Cambridge (MA) 1980 (*J. Robert Oppenheimer: da Harvard a Hiroshima. Lettere e ricordi*, Editori Riuniti, Roma 1983).
[16] Martin J. Sherwin, *A World Destroyed: Hiroshima and Its Legacies*, Stanford University Press, Stanford (CA) 2003^3, p. 34; ed. or. *A World Destroyed: The Atomic Bomb and the Grand Alliance*, Alfred A. Knopf, New York 1975.
[17] Sir Rudolf Peierls, intervistato da Sherwin, 6/6/79, p. 12, e 5/3/79.
[18] Peierls, intervistato da Sherwin, 6/6/79, pp. 6, 10.
[19] Edward Teller - Judith Shoolery, *Memoirs: A Twentieth-Century Journey in Science and Politics*, Perseus Publishing, Cambridge (MA) 2001, pp. 85, 176-177.
[20] Robert Serber, *The Los Alamos Primer*, University of California Press, Berkeley 1992, p. XXXI.
[21] Teller - Shoolery, *Memoirs...*, p. 222.
[22] JRO a Groves, 1/5/44, MED, gruppo di registrazione 77, cassetta 201, cartella Rudolf Peierls; si veda anche Gregg Herken, *Brotherhood of the Bomb: The Tangled Lives and Loyalties of Robert Oppenheimer, Ernest Lawrence, and Edward Teller*, Henry Holt & Co., New York 2002, p. 86, e Goodchild, *J. Robert Oppenheimer...*, p. 105. Nelle sue memorie Teller fornisce un resoconto leggermente diverso del perché se ne andò da questo incontro, sostenendo che Oppenheimer gli aveva ordinato sgarbatamente di parlare di un problema legato alla Super che Teller non era ancora in grado di affrontare (si veda Teller - Shoolery, *Memoirs...*, p. 193). Si veda anche Thorpe, *J. Robert Oppenheimer and the Transformation of the Scientific Vocation...*, p. 255.
[23] Serber, *The Los Alamos Primer...*, p. XXX. Peierls, intervistato da Sherwin, 6/6/79, p. 14.
[24] *Ibid.*
[25] Peierls, intervistato da Sherwin, 5/3/79, p. 1.
[26] JRO a Rabi, 19/12/44, cassetta 59, Rabi, JRO Papers; Rigden, *Rabi...*, p. 168.
[27] Smith - Weiner (a cura di), *Robert Oppenheimer: Letters...*, pp. 273-274.
[28] Palevsky, *Atomic Fragments...*, p. 173; *From Eros to Gaia*, Pantheon, New York 1992, p. 256 (*Da Eros a Gaia*, Rizzoli, Milano 1993).
[29] Rotblat, intervistato da Sherwin, 16/10/89. Sconcertato, Rotblat aveva riferito la conversazione che era stata fatta a tavola a una sola persona, l'amico fisico Martin Deutsch.
[30] Rotblat, intervistato da Sherwin, 16/10/89, p. 16; Joseph Albright - Marcia Kunstel, *Bombshell: The Secret Story of America's Unknown Atomic Spy Conspiracy*, Times Books, New York 1997, p. 101.
[31] Ted Morgan, *Reds: McCarthyism in Twentieth-Century America*, Random House, New York 2003, p. 278.
[32] Robert Chadwell Williams, *Klaus Fuchs: Atomic Spy*, Harvard University Press, Cambridge (MA) 1987, p. 32.
[33] *Ivi*, p. 76.
[34] Albright - Kunstel, *Bombshell...*, pp. 62, 119.

[35] Ivi, p. 90.
[36] Ted Hall, intervistato da Sherwin; Joan Hall, *A Memoir of Ted Hall*, consultabile su *www.historyhappens.net*. La traduzione italiana del testo di Joan Hall si può trovare in Stefania Maurizi, *Una bomba, dieci storie*, Bruno Mondadori, Milano 2004.
[37] Albright - Kunstel, *Bombshell...*, pp. 86-87. In seguito Rotblat si rivoltò contro Oppenheimer. «A poco a poco cominciai a conoscere le cose», disse Rotblat. «Mi sembrava che questa non fosse la strada che, secondo me, un eroe avrebbe dovuto percorrere. A poco a poco divenne un antieroe. Per esempio, il fatto che aveva accettato che la bomba potesse essere usata sulle città. Avrebbe dovuto dire di no. E a quel tempo aveva abbastanza potere per far prevalere la sua voce.» Palevsky, *Atomic Fragments...*, p. 171.
[38] Ivi, pp. 135-136; Wilson raccontò la stessa storia a Owen Gingrich (Robert Wilson, intervistato da Gingrich, 23/4/82, p. 6, Collezione Sherwin).
[39] Robert Wilson, intervistato da Gingrich, 23/4/82, p. 6; si veda anche Robert Wilson, *Niels Bohr and the Young Scientists*, «Bulletin of the Atomic Scientists», agosto 1985, p. 25, e Robert Wilson, *The Conscience of a Physicist*, in Richard Lewis - Jane Wilson (a cura di), *Alamogordo Plus Twenty-five Years*, Viking Press, New York 1971, pp. 67-76.
[40] Robert Wilson, intervistato da Gingrich, 23/4/82, p. 6. Wilson disse a Jon Else che pensava che all'incontro avessero partecipato da trenta a cinquanta persone: Else, Jon, *The Day After Trinity: J. Robert Oppenheimer and the Atomic Bomb* (documentario), Image Entertainment DVD, 1980, trascrizione e testi aggiuntivi a cura di Jon Else, p. 37.
[41] Louis Rosen, intervistato da Sherwin, 9/1/85, p. 1.
[42] Badash et al. (a cura di), *Reminiscences of Los Alamos...*, p. 70.
[43] Weisskopf, intervistato da Sherwin, 21/4/82, p. 5.
[44] Weisskopf, *The Joy of Insight: Passions of a Physicist*, Basic Books, New York 1991, pp. 145-147 (*Le gioie della scoperta*, Garzanti, Milano 1992). Anche Robert Wilson descrive questo incontro in termini simili in una recensione del 1958 al libro di Robert Jungk, *Brighter Than a Thousand Suns: A Personal History of the Atomic Scientist*, Harcourt, Brace & Co., New York 1958 (*Gli apprendisti stregoni. Storia degli scienziati atomici*, Einaudi, Torino 1958). Ma in questo caso, la prima occasione in cui raccontava questa storia, Wilson scrisse che l'incontro era avvenuto nel 1944, e non nel 1945 (Robert Wilson, *Robert Jungk's Lively but Debatable History of the Scientists Who Made the Atomic Bomb*, «Scientific American», dicembre 1958, p. 146). Si veda anche Alice Kimball Smith, *A Peril and a Hope: The Scientists' Movement in America: 1945-1947*, MIT Press, Cambridge (MA) 1965, p. 61. Un altro fisico educato a Harvard, Roy Glauber, ricordava l'incontro organizzato da Wilson per discutere l'impatto dell'aggeggio (si veda Albright - Kunstel, *Bombshell...*, p. 87).
[45] Palevsky, *Atomic Fragments...*, pp. 135-136.
[46] Robert Wilson, intervistato da Gingrich, 23/4/82, p. 7.
[47] Jon Else, *The Day After Trinity...*, p. 37.
[48] Palevsky, *Atomic Fragments...*, pp. 136-137.
[49] Ivi, p. 138.

22. «Ora siamo tutti figli di puttana»

[1] Alice Kimball Smith - Charles Weiner (a cura di), *Robert Oppenheimer: Letters and Recollections*, Stanford University Press, Stanford (CA) 1995, p. 287; ed. or. Harvard University Press, Cambridge (MA) 1980 (J. *Robert Oppenheimer: da Harvard a Hiroshima. Lettere e ricordi*, Editori Riuniti, Roma 1983).
[2] Ivi, p. 288.

[3] Mary Palevsky, *Atomic Fragments: A Daughter's Questions*, University of California Press, Berkeley (CA) 2000, p. 116.

[4] Mark Selden, *The Logic of Mass Destruction*, in Kai Bird - Lawrence Lifschultz (a cura di), *Hiroshima's Shadow: Writings on the Denial of History and the Smithsonian Controversy*, Pamphleteer's Press, Stony Creek (CT) 1998, pp. 55-57.

[5] Len Giovannitti - Fred Freed, *The Decision to Drop the Bomb*, Methuen & Co., London 1967², p. 36. Gli autori intervistarono Oppenheimer. Alcuni americani criticarono i bombardamenti. Si veda *Commonweal*, 22/6/45 e 24/8/45.

[6] Emilio Segrè, *A Mind Always in Motion: The Autobiography of Emilio Segrè*, University of California Press, Berkeley 1993, p. 200 (*Autobiografia di un fisico. Emilio Segrè*, Il Mulino, Bologna 1995).

[7] William Lanouette - Bela Szilard, *Genius in the Shadows: A Biography of Leo Szilard, the Man Behind the Bomb*, Charles Scribner's Sons, New York 1992, pp. 261-262 (e citazioni successive); Leo Szilard a JRO, 16/5/45, cartella Szilard, cassetta 70, JRO Papers.

[8] Lanouette- Szilard, *Genius in the Shadows...*, pp. 266-267 (e citazioni successive).

[9] Appunti dall'incontro dell'Interim Committee, 31/5/45, in Martin J. Sherwin, *A World Destroyed: Hiroshima and Its Legacies*, Stanford University Press, Stanford (CA) 2003³, pp. 299-301 (appendici); anche pp. 202-210; ed. or. *A World Destroyed: The Atomic Bomb and the Grand Alliance*, Alfred A. Knopf, New York 1975.

[10] *Ibid.*

[11] Sherwin, *A World Destroyed...*, pp. 295-304 (Appendice L, Note dell'incontro dell'Interim Committee, 31/5/45); Giovannitti - Freed, *The Decision to Drop the Bomb...*, pp. 102-105.

[12] Alice Kimball Smith, *A Peril and a Hope: The Scientists' Movement in America: 1945-1947*, MIT Press, Cambridge (MA) 1965, p. 25; Sherwin, *A World Destroyed...*, p. 211. *The Political Implications of Atomic Weapons* (Rapporto Frank), pp. 323-332 (Appendice S).

[13] Giovannitti - Freed, *The Decision to Drop the Bomb...*, p. 115.

[14] Palevsky, *Atomic Fragments...*, p. 142; Jon Else, *The Day After Trinity: J. Robert Oppenheimer and the Atomic Bomb* (documentario), Image Entertainment DVD, 1980, trascrizione e testi aggiuntivi a cura di Jon Else, p. 20.

[15] Sherwin, *A World Destroyed...*, pp. 229-230; Charles Thorpe, *J. Robert Oppenheimer and the Transformation of the Scientific Vocation*, tesi, p. 344. Thorpe cita il memo del maggiore J.A. Deny e del dottor N. F. Ramsey per il generale L. R. Groves, *Summary of Target Committee Meetings on 10 and 11 May 1945*, citato anche in Jones, *Manhattan: The Army and the Atomic Bomb...*, pp. 529-530.

[16] Palevsky, *Atomic Fragments...*, pp. 84, 252 (e citazioni successive); Robert S. Norris, *Racing for the Bomb: General Leslie R. Groves, the Manhattan Project's Indispensable Man*, Steerforth Press, South Royalton (VT) 2002, pp. 382-383.

[17] Smith, *A Peril and a Hope...*, p. 50; Peter Goodchild, *J. Robert Oppenheimer: Shatterer of Worlds*, Houghton Mifflin Co., Boston 1981, p. 143.

[18] Gar Alperovitz, *The Decision to Use the Atomic Bomb*, Alfred A. Knopf, New York 1995, p. 189.

[19] Audizioni di JRO, p. 34.

[20] Dopo l'incontro con il presidente Truman, Grew scrisse sul suo diario il 28/5/45: «Il maggior ostacolo a una resa incondizionata dei giapponesi è la loro paura che la cosa possa portare all'eliminazione o a una rimozione permanente del loro imperatore». Joseph C. Grew, *Turbulent Era: A Diplomatic Record of Forty Years*, vol. 2, Houghton Mifflin, Boston 1952, pp. 1428-1434; Sherwin, *A World Destroyed...*, p. 225; Alperovitz, *The Decision to Use the Atomic Bomb...*, pp. 48, 66, 479, 537, 712, 753.

[21] Allen Dulles, prefazione al pamphlet di Per Jacobsson *The Per Jacobsson Mediation*, Balse Centre for Economic and Financial Research, ser. C, n. 4, circa 1967; in un fascico-

lo in Allen Dulles Papers, cassetta 22, cartella John J. McCloy 1945, Princeton University.
²² Diario di William D. Leahy, 18/6/45, William D. Leahy Papers, LOC, ristampato in Bird - Lifschultz (a cura di), *Hiroshima's Shadow...*, p. 515.
²³ Walter Mills (a cura di), *The Forrestal Diaries*, Viking Press, New York 1951, p. 70; *Extracts from Minutes of Meeting Held at the White House 18 June 1945*, in Sherwin, *A World Destroyed...*, pp. 355-363 (Appendice W).
²⁴ Diario di James V. Forrestal, 8/3/47, fascicoli della Segreteria del presidente, HSTL, ristampati in Bird - Lifschultz (a cura di), *Hiroshima's Shadow...*, p. 537.
²⁵ Diario di John J. McCloy, 16-17/7/45, DY cassetta 1, cartella 18, John J. McCloy, Papers, Amherst College.
²⁶ *Ike on Ike*, «Newsweek», 11/11/63, p. 107. Alcuni storici mettono in discussione la posizione di Eisenhower. Si veda Norris, *Racing for the Bomb...*, pp. 531-532; Barton J. Bernstein, *Understanding the Atomic Bomb and the Japanese Surrender: Missed Opportunities, Little-Known Near Disasters, and Modern Memory*, «Diplomatic History», 19 (1995), n. 2.
²⁷ Harry S. Truman, *Off the Record: The Private Papers of Harry S. Truman*, a cura di Robert H. Ferrell, Penguin, New York 1982, p. 53; Sherwin, *A World Destroyed...*, p. 235.
²⁸ James F. Byrnes, intervistato da Fred Freed per la televisione NBC, circa 1964, trascrizioni inserite nelle Herbert Feis Papers, cassetta 79, LOC. A Postdam il 29/7/45, l'ambasciatore Joseph E. Davies annotò nel suo diario: «Byrnes era disgustato dall'ostinazione di Molotov, e disse "La situazione del Nuovo Messico (la bomba atomica) ci ha dato un grande potere che, in ultima analisi, possiamo controllare"». (Diario di Joseph E. Davies, 29/7/45, fascicolo Chron, cassetta 19, Davies Papers, LOC).
²⁹ Truman, *Off the Record...*, pp. 53-54.
³⁰ Diario di Walter Brown, 3/8/45, Collezioni speciali, Robert Muldrow Cooper Library, CU, ristampato in Bird - Lifschultz (a cura di), *Hiroshima's Shadow...*, p. 546.
³¹ Sul dibattito sulla bomba a Washington nell'estate del 1945 si vedano i documenti ristampati in Bird - Lifschultz (a cura di), *Hiroshima's Shadow...*, pp. 501-550. Per una diversa prospettiva sulla questione se i giapponesi fossero pronti ad arrendersi, si veda Richard Frank, *Downfall: The End of the Imperial Japanese Empire* (Random House, New York 1999); Herbert Bix, *Hirohito and the Making of Modern Japan* (Harper Collins, New York 2000); e Barton J. Bernstein, *The Alarming Japanese Buildup on Southern Kyushu*, «Pacific Historical Review», novembre 1999.
³² Bird - Lifschultz (a cura di), *Hiroshima's Shadow...*, pp. 553-554, 558.
³³ Teller a Szilard, 2/7/45, cartella Teller, cassetta 71, JRO Papers; Edward Teller - Judith Shoolery, *Memoirs: A Twentieth-Century Journey in Science and Politics*, Perseus Publishing, Cambridge (MA) 2001, pp. 205-207.
³⁴ Smith, *A Peril and a Hope...*, pp. 53, 63.
³⁵ Szilard a JRO, 16/5/45 e 10/7/45 (e citazioni successive); Edward Creutz a Szilard, 13/7/45, cartella Szilard, cassetta 70, JRO Papers.
³⁶ Szilard Papers 21/235; NND-730039, NA 201 E Creutz; diario di Groves, 17/7/45, NA, per cortesia di William Lanouette. Sia Szilard sia Lapp confermarono nelle interviste che Oppenheimer decise che la petizione «non poteva circolare» (Smith, *A Peril and a Hope...*, p. 55).
³⁷ Peggy Pond Church, *The House at Otowi Bridge: The Story of Edith Warner and Los Alamos*, University of New Mexico Press, Albuquerque (NM) 1959, p. 129.
³⁸ Norris, *Racing for the Bomb...*, p. 395.
³⁹ Jones, *Manhattan: The Army and the Atomic Bomb...*, p. 511.
⁴⁰ Peer de Silva, testo non pubblicato, p. 12; Richard Rhodes, *The Making of the Atomic Bomb*, p. 652, Simon & Schuster, New York 1986 (*L'invenzione della bomba atomica*, Rizzoli, Milano 1990).
⁴¹ JRO a Groves, 20/10/62, cassetta 36, JRO Papers; James A. Hijiya, *The Gītā of J.*

Robert Oppenheimer, «Proceedings of the American Philosophical Society», 144 (giugno 2000), n. 2, pp. 161-164; Ferenc Morton Szasz, *The Day the Sun Rose Twice: The Story of the Trinity Site Nuclear Explosion, July 16, 1945*, University of New Mexico Press, Albuquerque (NM) 1984, p. 41; Norris, *Racing for the Bomb...*, p. 397.
[42] Audizioni di JRO, p. 31.
[43] Norris, *Racing for the Bomb...*, pp. 399-400; Morrison, *Blackett's Analysis of the Issues*, "Bulletin of the Atomic Scientists", febbraio 1949, p. 40.
[44] Else, *The Day After Trinity...*, p. 7.
[45] Nel giugno 1944, mentre Frank lavorava a Oak Ridge, nel Tennessee, nell'impianto per la separazione dell'uranio, Jackie gli scrisse poco dopo lo sbarco degli Alleati in Francia: «Bene, bene, il D-Day è arrivato. Penso che sia una cosa meravigliosa... Ma, come tu avevi previsto, e io più o meno [illeggibile], la battaglia contro la Russia (propaganda) è già partita... è una cosa pericolosa». Per Jackie questo era «puro, genuino fascismo americano» (Jackie Oppenheimer a Frank Oppenheimer, senza data, circa giugno 1944, cartella 4-13, cassetta 4, Frank Oppenheimer Papers, UCB).
[46] Frank Oppenheimer, intervistato da Weiner, 9/2/73, p. 56.
[47] Goodchild, *J.Robert Oppenheimer...*, p. 151.
[48] George Kistiakowsky, *Trinity: A Reminiscence*, «Bulletin of the Atomic Scientists», giugno 1980, p. 21.
[49] Lansing Lamont, *Day of Trinity*, Atheneum, New York 1985, p. 184.
[50] Ivi, p. 193.
[51] Else, *The Day After Trinity...*, p. 12.
[52] Frank Oppenheimer, intervistato da Weiner, 9/2/73, p. 57.
[53] Lamont, *Day of Trinity...*, p. 210; Else, *The Day After Trinity...*, p. 12.
[54] Szasz, *The Day the Sun Rose Twice...*, p. 73.
[55] Norris, *Racing for the Bomb...*, pp. 403-404; Lamont, *Day of Trinity...*, p. 210.
[56] Lamont, *Day of Trinity...*, pp. 212, 220.
[57] Richard Feynman, *«Surely You're Joking, Mr. Feynman!»*, Norton, New York 1985, p. 134 (*"Sta scherzando, Mr. Feynman!"*, Zanichelli, Bologna 1988).
[58] James Hershberg, *James B. Conant: Harvard to Hiroshima and the Making of the Nuclear Age*, Alfred A. Knopf, New York 1993, p. 232.
[59] Robert Serber - Robert P. Crease, *Peace and War: Reminiscences of a Life on the Frontiers of Science*, Columbia University Press, New York 1998, pp. 91-93.
[60] Lawrence Badash *et al.* (a cura di), *Reminiscences of Los Alamos, 1943-45*, D. Reidel Publishing Company, Dordrecht (Olanda) 1980, pp. 76-77.
[61] Else, *The Day After Trinity...*, p. 47.
[62] Frank Oppenheimer, intervistato da Weiner, 9/2/73, AIP, p. 56; Else, *The Day After Trinity...*, p. 14.
[63] Lamont, *Day of Trinity...*, p. 226.
[64] Generale Thomas Farrell, *Memorandum for the Secretary of War*, 18/7/45, ristampato in Leslie M. Groves, *Now It Can Be Told: The Story of the Manhattan Project*, Harper, New York 1962; Da Capo Press, 1983, pp. 436-437; NYT, 7/8/45, p. 5; Hijiya, *The Gītā of J. Robert Oppenheimer...*, p. 165.
[65] Else, *The Day After Trinity...*, pp. 15-16.
[66] Nuel Pharr Davis, *Lawrence and Oppenheimer*, Simon & Schuster, New York 1968, p. 242 (*Lawrence e Oppenheimer*, Garzanti, Milano 1970); Else, *The Day After Trinity...*, p. 50; Frank Oppenheimer, intervistato da Jon Else, 1980; Szasz, *The Day the Sun Rose Twice...*, p. 89.
[67] William L. Laurence, NYT, 27/9/45, p. 7.
[68] Else, *The Day After Trinity...*, pp. 79-80. Alcuni studiosi di sanscrito suggeriscono che una migliore traduzione di questo verso sarebbe: «Sono diventato il tempo, il distruttore dei mondi».

[69] Abraham Pais, *The Genius of Science: A Portrait Gallery of Twentieth-Century Physicists*, Oxford University Press, Oxford 2000, p. 273.
[70] Smith, *A Peril and a Hope...*, p. 76; NYT, 26/9/45, pp. 1, 16.
[71] Lamont, *Day of Trinity...*, p. 237; Kistiakowsky, *Trinity: A Reminiscence*, "Bulletin of the Atomic Scientists", giugno 1980, p. 21.
[72] Molti anni più tardi, Oppenheimer ricordava l'osservazione di Bainsbridge e disse a David Lilienthal che era d'accordo con lui: «Penso che sia proprio la verità». (David E. Lilienthal, *The Journals of David E. Lilienthal*, vol. 6, *Creativity and Conflict, 1964-1967*, Harper & Row, New York 1976, p. 89, annotazione del 13/2/65).
[73] Lamont, *Day of Trinity...*, pp. 242-243; Anne Wilson, la sua segretaria, disse che lei non si ricordava di questa comunicazione (Anne Wilson Marks, intervistata telefonicamente da Bird, 22/5/02). Mentre Richard Feynman aveva preso il suo bongo e lo batteva con euforia, in seguito disse di quel momento: «Devi smettere di pensare, sai, devi proprio smettere». Robert Wilson, che non era euforico, aveva detto a Feynman: «Abbiamo fatto una cosa terribile». (Feynman, *«Surely You're Joking, Mr. Feynman!»...*, pp. 135-136.)

23. «Quel povero piccolo popolo»

[1] Anne Wilson Marks, intervistata da Bird, 5/3/02.
[2] Tenente colonnello John F. Moynahan, *Atomic Diary*, Barton Publishing Co., Newark (NJ) 1946, p. 15. I bombardieri seguirono le istruzioni di Oppenheimer, sganciando la bomba a vista sul centro di Hiroshima. Invece Nagasaki fu bombardata «sostanzialmente con il radar» a causa della forte nuvolosità e anche perché il bombardiere aveva ormai poco carburante (si veda Norman Ramsey a JRO, datata «dopo il 20 agosto 1945», cassetta 60, JRO Papers).
[3] Alice Kimball Smith, *A Peril and a Hope: The Scientists' Movement in America: 1945-1947*, MIT Press, Cambridge (MA) 1965, p. 53; James Hershberg, *James B. Conant: Harvard to Hiroshima and the Making of the Nuclear Age*, Alfred A. Knopf, New York 1993, p. 230.
[4] Manley, *A New Laboratory Is Born*, in Lawrence Badash et al. (a cura di), *Reminiscences of Los Alamos, 1943-45*, D. Reidel Publishing Company, Dordrecht (Olanda) 1980, p. 37.
[5] Groves e JRO, trascrizione di una conversazione telefonica, 6/8/45, RG 77, appunto 5, fascicoli MED, 201 Groves, cassetta 86, corrispondenza del generale 1942-45, fascicolo delle conversazioni telefoniche.
[6] Else, Jon, *The Day After Trinity: J. Robert Oppenheimer and the Atomic Bomb* (documentario), Image Entertainment DVD, 1980, trascrizione e testi aggiuntivi a cura di Jon Else, p. 58.
[7] Ed Doty ai genitori, 7/8/45, Los Alamos Historical Museum.
[8] Sam Cohen, *The Truth About the Neutron Bomb*, William Morrow, New York 1983, p. 22; James A. Hijiya, *The Gītā of J. Robert Oppenheimer*, «Proceedings of the American Philosophical Society», 144 (giugno 2000), n. 2, p. 155. Hijiya cita Cohen che sosteneva che Oppenheimer aveva unito le mani chiuse come fanno i pugili, ma questo dettaglio non si trova nel libro di Cohen. Tuttavia si trova in William Lawren, *The General and the Bomb: A Biography of General Leslie R. Groves, Director of the Manhattan Project*, Dodd, Mead & Co., New York 1988, p. 250.
[9] Conversazione alla radio di Phil Morrison, serie ALAS per l'emittente KOB (Albuquerque), n. 3, Federation of American Scientists (FAS), XXII, p. 2. *The Atom Bomb Scientists Report Number Three: Death of Hiroshima*, p. 1, Collezione speciale, UC.
[10] Ed Doty ai genitori, 7/8/45, Los Alamos Historical Museum (e citazioni successive); Smith, *A Peril and a Hope...*, p. 77. La Smith scrive solo che Oppenheimer vide

un «giovane leader del gruppo che vomitava tra i cespugli». Thomas Powers identifica il giovane leader con Robert Wilson: *Heisenberg's War: The Secret History of the German Bomb*, Alfred A. Knopf, New York 1993, p. 462 (*La storia segreta dell'atomica tedesca*, Mondadori, Milano 1994). Si veda anche Else, *The Day After Trinity*...

[11] Robert Wilson, *Robert Jungk's Lively but Debatable History*, «Scientific American», dicembre 1958, p. 146; Mary Palevsky, *Atomic Fragments: A Daughter's Questions*, University of California Press, Berkeley (CA) 2000, pp. 140-141.

[12] Else, *The Day After Trinity*..., pp. 59-60; Palevsky, *Atomic Fragments*..., p. 141.

[13] Smith, *A Peril and a Hope*..., p. 77; Robert Serber - Robert P. Crease, *Peace and War: Reminiscences of a Life on the Frontiers of Science*, Columbia University Press, New York 1998, p. 142.

[14] Gregg Herken, *Brotherhood of the Bomb: The Tangled Lives and Loyalties of Robert Oppenheimer, Ernest Lawrence, and Edward Teller*, Henry Holt & Co., New York 2002, p. 139; memo dell'FBI, 18/4/52, sect. 12, archivio dell'FBI su JRO.

[15] Hershberg, *James B. Conant*..., pp. 279-304; Gar Alperovitz, *The Decision to Use the Atomic Bomb*, Alfred A. Knopf, New York 1995, pp. 417-420; si vedano anche Barton J. Bernstein, *Seizing the Contested Terrain of Early Nuclear History: Stimson, Conant, and Their Allies Explain the Decision to Use the Atomic Bomb*, "Diplomatic History", 17 (inverno 1993); Uday Mohan e Sanho Tree, *The Construction of Conventional Wisdom*, oltre ai saggi di Norman Cousins, Reinhold Niebuhr, Felix Morley, David Lawrence, Lewis Mumford, Mary McCarthy, e altre vecchie critiche al bombardamento, ristampati in Kai Bird - Lawrence Lifschultz (a cura di), *Hiroshima's Shadow: Writings on the Denial of History and the Smithsonian Controversy*, Pamphleteer's Press, Stony Creek (CT) 1998, pp. 141-197, 237-316.

[16] Herbert Childs, *An American Genius: The Life of Ernest Orlando Lawrence*, E.P. Dutton & Co., New York 1968, p. 366; Herken, *Brotherhood of the Bomb*..., p. 140.

[17] Alice Kimball Smith - Charles Weiner (a cura di), *Robert Oppenheimer: Letters and Recollections*, Stanford University Press, Stanford (CA) 1995, pp. 293-294; ed. or. Harvard University Press, Cambridge (MA) 1980 (J. *Robert Oppenheimer: da Harvard a Hiroshima. Lettere e ricordi*, Editori Riuniti, Roma 1983); JRO a Stimson, 17/8/45.

[18] Ivi, pp. 300-301; JRO a Ernest Lawrence, 30/8/45.

[19] Ivi, pp. 297-298; JRO a Herbert Smith, 26/8/45; JRO a Frederick Bernheim, 27/8/45.

[20] Haakon Chevalier, *Oppenheimer: The Story of a Friendship*, George Braziller, New York 1965, p. XI (*Cominciò ad Hiroshima*, Comunità, Milano 1965).

[21] Else, *The Day After Trinity*..., p. 65; JRO a Haakon Chevalier, 27/8/45; Else, *The Day After Trinity*..., fascicoli supplementari; Herken, *Brotherhood of the Bomb*..., p. 142.

[22] JRO a Conant, 29/9/45, JRO Papers.

[23] Smith - Weiner (a cura di), *Robert Oppenheimer: Letters*..., p. 300.

[24] Ivi, pp. 301-302.

[25] Jean Bacher, intervistata da Sherwin, 5/11/87, pp. 3-4. La citazione della Didisheim si trova in una lettera di Herbert Smith a Frank Oppenheimer, 19/9/73, cartella 4-23, cassetta 4, Frank Oppenheimer Papers, UCB.

[26] Bacher, intervistata da Sherwin, 5/11/87, p. 2.

[27] Una trascrizione della conversazione di Phil Morrison alla radio si può trovare nella serie dell'ALAS per l'emittente KOB (Albuquerque), n. 3, Federation of American Scientists (FAS), XXII, p. 2. *The Atom Bomb Scientists Report Number Three: Death of Hiroshima*, p. 5, Collezione speciale, UC.

[28] Robert Serber - Robert P. Crease, *Peace and War*..., p. 129.

[29] Smith, *A Peril and a Hope*..., p. 115.

[30] Peggy Pond Church, *The House at Otowi Bridge: The Story of Edith Warner and Los Alamos*, University of New Mexico Press, Albuquerque (NM) 1959, pp. 130-131;

Peggy Pond Church, *Bones Incandescent: The Pajarito Journals of Peggy Pond Church*, Texas Tech University Press, Lubbock (TX) 2001, p. 38.
[31] Michael A. Day, *Oppenheimer on the Nature of Science*, "Centaurus", 43 (2001), p. 79; "Time", 8/11/48.
[32] Weisskopf, *Note on physics in the postwar years*, dicembre 1962, cassetta 21, «JRO e Niels Bohr», JRO Papers.
[33] JRO, *Three Lectures on Niels Bohr and His Times*, Pegram Lectures, Brookhaven National Laboratory, agosto 1963, p. 16, inserite in Louis Fischer Papers, cassetta 9, cartella 3, PUL. Diario di Henry Stimson, 21/9/45, p. 3, YUL.
[34] *Ibid.*

24. «Sento il sangue sulle mie mani»

[1] Paul Boyer, *By Bomb's Early Light: American Thought and Culture at the Dawn of the Atomic Age*, University of North Carolina Press, Chapel Hill (NC) 1994, pp. 266-267 (e citazioni successive); Abraham Pais, *The Genius of Science: A Portrait Gallery of Twentieth-Century Physicists*, Oxford University Press, Oxford 2000, p. 274.
[2] JRO, *Atomic Weapons*, «Proceedings of the American Philosophical Society», gennaio 1946. Oppenheimer fece questa conferenza a Philadelphia il 16/11/45, con il titolo *Atomic Weapons and the Crisis in Science*: è inserita nella cartella 168.1, Lee DuBridge Papers, per cortesia di James Hershberg.
[3] Cherniss, intervistato da Sherwin, 23/5/79, p. 11.
[4] Alice Kimball Smith - Charles Weiner (a cura di), *Robert Oppenheimer: Letters and Recollections*, Stanford University Press, Stanford (CA) 1995, p. 304; ed. or. Harvard University Press, Cambridge (MA) 1980 (J. *Robert Oppenheimer: da Harvard a Hiroshima. Lettere e ricordi*, Editori Riuniti, Roma 1983); JRO ad Harrison, 9/9/45.
[5] Alice Kimball Smith, *A Peril and a Hope: The Scientists' Movement in America: 1945-1947*, MIT Press, Cambridge (MA) 1965, pp. 116-117.
[6] Ivi, p. 120.
[7] Gregg Herken, *Brotherhood of the Bomb: The Tangled Lives and Loyalties of Robert Oppenheimer, Ernest Lawrence, and Edward Teller*, Henry Holt & Co., New York 2002, p. 150.
[8] Lincoln Barnett, *J. Robert Oppenheimer*, «Life», 10/10/49.
[9] Edward Teller e Allen Brown, *The Legacy of Hiroshima*, Doubleday, New York 1962, p. 23 (*L'eredità di Hiroshima*, Tamburini, Milano 1965).
[10] Diario di Henry Wallace, 19/10/45, ristampato in John Morton Blum (a cura di), *The Price of Vision: The Diary of Henry A. Wallace, 1942-1946*, Houghton Mifflin, Boston 1973, p. 497.
[11] Harry S. Truman, *Memoirs by Harry S. Truman*, vol. 1, *Year of Decisions*, Doubleday & Co., Garden City (NY) 1955, vol. 1, p. 532.
[12] William Lanouette - Bela Szilard, *Genius in the Shadows: A Biography of Leo Szilard, the Man Behind the Bomb*, Charles Scribner's Sons, New York 1992, p. 286.
[13] Smith, *A Peril and a Hope...*, p. 167; Richard G. Hewlett e Oscar E. jr. Anderson, *The New World, 1939-1946*, vol. 1, *A History of the United States Atomic Energy Commission*, Pennsylvania State University Press, University Park (PA) 1962, p. 432.
[14] Smith, *A Peril and a Hope...*, p. 153; Charles Robert Thorpe, *J. Robert Oppenheimer and the Transformation of the Scientific Vocation*, tesi di laurea, UC-San Diego, 2001, pp. 401-402.
[15] Lanouette - Szilard, *Genius in the Shadows...*, p. 293.
[16] Smith, *A Peril and a Hope...*, p. 154.
[17] Jon Else, *The Day After Trinity: J. Robert Oppenheimer and the Atomic Bomb* (documentario), Image Entertainment DVD, 1980, trascrizione e testi aggiuntivi a cura di

Jon Else, p. 68; Peter Goodchild, *J. Robert Oppenheimer: Shatterer of Worlds*, Houghton Mifflin Co., Boston 1981, p. 178.

[18] Thorpe, *J. Robert Oppenheimer and the Transformation of the Scientific Vocation...*, pp. 395-396; Robert Wilson, *Hiroshima: The Scientists' Social and Political Reaction*, «Proceedings of the American Philosophical Society», settembre 1996, p. 351.

[19] Thorpe, *J. Robert Oppenheimer and the Transformation of the Scientific Vocation...*, p. 409.

[20] Smith, *A Peril and a Hope...*, pp. 197-200.

[21] Nancy Cook Steeper, *Gatekeeper to Los Alamos: The Story of Dorothy Scarritt McKibbin*, Los Alamos Historical Society, Los Alamos (NM) 2003, p. 111.

[22] Smith - Weine (a cura di), *Robert Oppenheimer: Letters...*, pp. 310-311.

[23] Eleanor Jette, *Inside Box 1663*, Los Alamos Historical Society, Los Alamos (NM) 1977, p. 123.

[24] Smith - Weine (a cura di), *Robert Oppenheimer: Letters...*, p. 306.

[25] Herken, *Brotherhood of the Bomb...*, p. 149.

[26] Diario di Henry Wallace, 19/10/45, ristampato in Blum (a cura di), *The Price of Vision...*, pp. 493-497. Per ulteriori notizie sulla diplomazia atomica di Byrnes si veda Gar Alperovitz, *The Decision to Use the Atomic Bomb*, Alfred A. Knopf, New York 1995, p. 429.

[27] Murray Kempton, *The Ambivalence of J. Robert Oppenheimer*, «Esquire», dicembre 1983, ristampato in Murray Kempton, *Rebellions, Perversities, and Main Events*, Times Books, New York 1994, p. 121. Kempton fissa erroneamente questa conversazione nel 1946. Un'altra versione di questa storia si trova in Nuel Pharr Davis, *Lawrence and Oppenheimer*, Simon & Schuster, New York 1968, p. 260 (*Lawrence e Oppenheimer*, Garzanti, Milano 1970). Davis non fornisce né date né citazioni ma, in base all'elenco degli appuntamenti del presidente Truman, Oppenheimer si incontrò con il presidente in sole quattro occasioni: 25/10/45, 29/4/48, 6/4/49 e 27/6/52.

[28] Davis, *Lawrence and Oppenheimer...*, p. 261.

[29] Truman a Dean Acheson, memo, 5/7/46, cassetta 201 PSF, HSTL (e citazioni successive). Si veda anche Merle Miller, *Plain Speaking: An Oral Biography of Harry S. Truman*, G.P. Putnam's Sons, New York 1973, p. 228, e Boyer, *By Bomb's Early Light...*, p. 193. Per Boyer, anche Dean Acheson era presente nella stanza, ma l'elenco degli appuntamenti del presidente Truman segnala soltanto la presenza di Robert Patterson, Oppenheimer e Truman (fascicoli di Matthew J. Connelly, Presidential Appointment Calendar, 25/10/45, HSTL). Herken, *Brotherhood of the Bomb...*, p. 150. Herken cita Davis, *Lawrence and Oppenheimer...*, p. 258; Peter Michelmore, *The Swift Years: The Robert Oppenheimer Story*, Dodd, Mead & Co., New York 1969, pp. 121-122 e David E. Lilienthal, *The Journals of David E. Lilienthal*, vol. 2, *The Atomic Energy Years, 1945-1950*, Harper & Row, New York 1964, p. 118.

[30] Rabi, intervistato da Sherwin, 12/3/82, p. 9.

[31] Diario di John J. McCloy, 20/7/45, DY cassetta 1, cartella 18, McCloy Papers, Amherst College.

[32] Smith - Weiner (a cura di), *Robert Oppenheimer: Letters...*, pp. 315-325.

[33] Ivi, p. 315.

[34] Ivi, pp. 315-325.

[35] Truman, *Memoirs...*, vol. 1, p. 537.

[36] Smith - Weiner (a cura di), *Robert Oppenheimer: Letters...*, pp. 325-326.

25. «Possono distruggere New York»

[1] Archivio dell'FBI su JRO, sect. 1, doc. 20, memo di Hoover a Byrnes, 15/11/45, e memo di Hoover al generale Harry H. Vaughan, assistente militare del presidente, 15/11/45.

² Archivio dell'FBI su JRO, sect. 4, doc. 108, p. 9.

³ Gregg Herken, *Brotherhood of the Bomb: The Tangled Lives and Loyalties of Robert Oppenheimer, Ernest Lawrence, and Edward Teller*, Henry Holt & Co., New York 2002, p. 160; si veda anche il sito web di Herken *www.brotherhoodofthebomb.com*; Menke, memo dell'FBI sul fascicolo, 14/3/47, cassetta 2, JRO/AEC.

⁴ Archivio dell'FBI su JRO, doc. 51 (18/3/46, p. 6) 3 doc. 159 (Ladd al direttore dell'FBI, 11/8/47, p. 7).

⁵ Archivio dell'FBI su JRO, doc. 134, *Julius Robert Oppenheimer: Background*, 28/1/47, p. 7.

⁶ Memo al direttore dell'FBI, 23/5/47, archivio dell'FBI su JRO, serie 6. Hoover aveva autorizzato anche la «sorveglianza microfonica».

⁷ Dopo aver ricevuto questa notizia, Hoover bloccò ulteriori contatti con la Wilson (archivio dell'FBI su JRO, sect. 1, doc. 25, 26/3/46); Anne Wilson Marks, intervista telefonica con Bird, 21/10/02.

⁸ Joseph Weinberg, intervistato da Sherwin, 23/8/79, p. 17.

⁹ Hoover a George E. Allen, 29/5/46, PSF cassetta 167, cartella: FBI Atomic Bomb, HSTL; Kai Bird, *The Chairman: John J. McCloy and the Making of the American Establishment*, Simon & Schuster, New York 1992, p. 281.

¹⁰ Rabi, intervistato da Sherwin, 12/3/82, pp. 2-5; John S. Rigden, *Rabi: Scientist and Citizen*, Harvard University Press, Cambridge (MA) 1987, pp. 196-197.

¹¹ Richard G. Hewlett - Oscar E. jr. Anderson, *The New World, 1939-1946*, vol. 1, *A History of the United States Atomic Energy Commission*, Pennsylvania State University Press, University Park (PA) 1962, p. 532.

¹² David E. Lilienthal, *The Journals of David E. Lilienthal*, vol. 2, *The Atomic Energy Years, 1945-1950*, Harper & Row, New York 1964, p. 13; Lilienthal a Herb Marks, 14/1/48, lettere di Lilienthal a JRO, cassetta 46, JRO Papers.

¹³ Peter Goodchild, *J. Robert Oppenheimer: Shatterer of Worlds*, Houghton Mifflin Co., Boston 1981, p. 178.

¹⁴ Bird, *The Chairman...*, p. 277.

¹⁵ Dean Acheson, *Present at the Creation: My Years in the State Department*, Norton, New York 1969, p. 153.

¹⁶ *Ibid.*; si vedano anche le audizioni di JRO, pp. 37-40.

¹⁷ Joseph I. Lieberman, *The Scorpion and the Tarantula: The Struggle to Control Atomic Weapons, 1945-1949*, Houghton Mifflin, New York 1970, p. 255.

¹⁸ JRO, *Atomic Explosives*. Cartella: United Nations, AEC, cassetta 52, Bernard Baruch Papers, PUL.

¹⁹ Rabi, intervistato da Sherwin, 12/3/82, p. 6; Herken, *Brotherhood of the Bomb...*, p. 164.

²⁰ Lieberman, *The Scorpion and the Tarantula...*, p. 246.

²¹ Rapporto sul Controllo internazionale dell'energia atomica preparato per il Comitato sull'energia atomica del segretario di Stato da un gruppo di consulenti: Chester I. Barnard, Dr. J.R. Oppenheimer, Dr. Charles A. Thomas, Harry A. Winne, David E. Lilienthal (presidente), Washington (DC), 16/3/46.

²² James F. Byrnes, *Speaking Frankly*, Harper & Brothers, New York 1947 p. 269 (*Carte in tavola*, Garzanti, Milano 1948). Per i legami di affari tra Byrnes e Baruch si veda Philip H. jr. Burch, *Elites in American History*, vol. 3, *The New Deal to the Carter Administration*, Holmes & Meier, New York 1980, vol. 3, pp. 60, 62; si veda anche David Robertson, *Sly and Able: A Political Biography of James F. Byrnes*, Norton, New York 1994, p. 118, per una descrizione della stretta amicizia tra Byrnes e Baruch.

²³ Lilienthal, *The Journals of David E. Lilienthal*, vol. 2, *The Atomic Energy Years...*, p. 30; Bird, *The Chairman...*, p. 279.

²⁴ Herken, *Brotherhood of the Bomb...*, p. 165. Oppenheimer a proposito dell'incontro con Baruch disse in seguito: «Quello per me era il giorno della speranza, ma non il

giorno in cui potevo dirlo pubblicamente». Vedi Nuel Pharr Davis, *Lawrence and Oppenheimer*, Simon & Schuster, New York 1968, p. 260 (*Lawrence e Oppenheimer*, Garzanti, Milano 1970).

[25] Gregg Herken, *The Winning Weapon: The Atomic Bomb in the Cold War, 1945-1950*, Alfred A. Knopf, New York 1980, p. 366. Herken cita anche una lettera di Fred Searls a Byrnes, 17/1/48 (cartella Searls, manoscritti Byrnes), per dimostrare che Searls voleva che Byrnes aiutasse a proteggere lo status fiscale della Newmont Corporation. La Newmont Mining Corporation era stata fondata nel 1921 dal «colonnello» William Boyce Thompson, un amico e compagno d'affari di Baruch: Bernard Baruch, *Baruch: My Own Story*, Henry Holt & Co., New York 1957, p. 238 (*La mia storia*, Longanesi, Milano 1957). Si veda anche James S. Allen, *Atomic Imperialism*, International Publishers, New York 1952, p. 108. Il fatto che Fred Searls fosse a capo della Newmont Mining Corporation è citato in Bernard Baruch, *The Public Years*, Holt, Rinehart & Winston, New York 1960, p. 363. Searls aveva anche lavorato come assistente di Byrnes durante la guerra.

[26] Lieberman, *The Scorpion and the Tarantula...*, p. 273.

[27] Rabi, intervistato da Sherwin, 12/3/82, p. 6.

[28] Lilienthal, *The Journals of David E. Lilienthal*, vol. 2, *The Atomic Energy Years...*, p. 70 (annotazione del 24/7/46).

[29] James Hershberg, *James B. Conant: Harvard to Hiroshima and the Making of the Nuclear Age*, Alfred A. Knopf, New York 1993, p. 270.

[30] Hoover all'ufficio dell'FBI di Los Angeles, archivio dell'FBI su JRO, sect. 1, doc. 23, 13/3/46.

[31] Ufficio dell'FBI di San Francisco, memo dell'FBI a Hoover, 14/5/46, relativo all'intercettazione della telefonata di Robert con Kitty del 10/5/46 (archivio dell'FBI su JRO, doc. 45 e 46). Quasi un anno dopo la microspia dell'FBI era ancora attiva e Kitty lo sapeva. Il 25/3/47 disse infatti a un amico: «Stai attento riguardo a ciò che dici al telefono». Quando le chiese il perché, lei replicò: «C'è l'FBI, lo sai!» (Archivio dell'FBI su JRO, doc. 148, 25/3/47).

[32] Messaggio per telescrivente dell'FBI al direttore, 8/5/46, archivio dell'FBI su JRO, doc. 33.

[33] Hewlett - Anderson, *The New World...*, vol. 1, pp. 562-566.

[34] Bird, *The Chairman...*, p. 281.

[35] Ivi, p. 282.

[36] JRO a Lilienthal, 24/5/46, Lilienthal Papers, citato in Lieberman, *The Scorpion and the Tarantula...*, pp. 284-285.

[37] Lilienthal, *The Journals of David E. Lilienthal*, vol. 2, *The Atomic Energy Years...*, p. 70 (annotazione del 24/7/46).

[38] Ivi, pp. 69-70 (annotazione del 24/7/46).

[39] Estratto da una registrazione dell'FBI, 11/6/46, Lewis Strauss Papers, HHL.

[40] JRO, *The Atom Bomb as a Great Force for Peace*, «New York Times Magazine», 9/6/46.

[41] Weinberg, intervistato da Sherwin, 23/8/79, p. 25.

[42] Hewlett - Anderson, *The New World...*, p. 590.

[43] Registrazione dell'FBI di una conversazione telefonica tra Kitty e Robert Oppenheimer, 20/6/46, archivio dell'FBI su JRO, doc. 68.

[44] Racconto orale di Dean Acheson, senza data, PPF, HSTL; Bird, *The Chairman...*, p. 282; Goodchild, *J.Robert Oppenheimer...*, p. 181.

[45] JRO, *Three Lectures on Niels Bohr and His Times*, Pegram Lectures, Brookhaven National Laboratory, agosto 1963, p. 15, Louis Fischer Papers, cassetta 9, fascicolo 3, PUL.

[46] Lilienthal, *The Journals of David E. Lilienthal*, vol. 2, *The Atomic Energy Years...*, p. 69 (annotazione del 24/7/46).

[47] JRO, *The International Control of Atomic Energy*, «Bulletin of the Atomic Scientists», 1/6/46.

⁴⁸ Bird e Sherwin, *The First Line Against Terrorism*, WP, 12/12/01; si veda anche John von Neumann a Lewis Strauss, 18/10/47, Strauss Papers, HHL; Gregg Herken, *Counsels of War*, Alfred A. Knopf, New York 1985, p. 179. Si veda anche Herken, *Brotherhood of the Bomb...*, capitolo 18, nota 92 (solo nella versione web), in cui Herken riferisce che il progetto per indagare sui pericoli del terrorismo nucleare aveva il nome in codice «Cyclops». Cita un messaggio di Matteson a Stassen, 8/9/55, cassetta 16, USSD; Panofsky intervistato da Herken (1993). Pochi anni più tardi, Oppenheimer convinse la Commissione per l'energia atomica ad affidare a due fisici, Robert Hofstadter e Wolfgang Panofsky, la stesura di un rapporto sul problema. Il rapporto supersegreto che ne risultò, raccomandava l'installazione di rivelatori di radiazioni in tutti i porti e gli aeroporti. Per un certo periodo questo fu fatto solo negli aeroporti più importanti. Il rapporto Hofstadter-Panofsky, noto nei servizi segreti come «Rapporto del cacciavite», è ancora secretato.

⁴⁹ Discorso di JRO, *Atomic Energy as a Contemporary Problem*, 17/9/47, ristampato in JRO, *The Open Mind*, Simon & Schuster, New York 1955, p. 25 (*Energia atomica problema d'oggi*, Boringhieri, Torino 1961).

⁵⁰ Il generale Groves diede istruzioni affinché Oppenheimer potesse essere invitato ad assistere al test di Bikini, ma gli fosse proibito di valutare i risultati (Herken, *The Winning Weapon...*, p. 224). Si veda anche *Radio Bikini* (film documentario).

⁵¹ Memo di Truman ad Acheson, 7/5/46, cartella «Atomic Tests», PSF Box 201, HSTL (per cortesia dell'archivista Dennis E. Bilger).

26. «Oppie è stato imprudente, ma ora è affidabile»

¹ Audizioni di JRO, p. 35; JRO, intervistato da Kuhn, 18/11/63, p. 32.
² Archivio dell'FBI su JRO, doc. 102, trascrizione telefonica, 23/10/46.
³ James Hershberg, *James B. Conant: Harvard to Hiroshima and the Making of the Nuclear Age*, Alfred A. Knopf, New York 1993, p. 308; conversazione telefonica tra Kitty e Robert Oppenheimer, memo dell'FBI, 14/12/46; doc. 120, archivio dell'FBI su JRO; Richard G. Hewlett - Francis Duncan, *Atomic Shield, 1947-1952*, vol. 2, *A History of the United States Atomic Energy Commission*, Pennsylvania State University Press, University Park (PA) 1969, pp. 15-16.
⁴ Audizioni di JRO, p. 327.
⁵ Ivi, p. 41. L'affermazione di Acheson su JRO rende chiaro che la dottrina Truman era la mossa di apertura del governo americano nell'emergente guerra fredda.
⁶ Hewlett - Duncan, *Atomic Shield...*, vol. 2, p. 268. Si veda anche James G. Hershberg, *The Jig Was Up: J. Robert Oppenheimer and the International Control of Atomic Energy, 1947-49*, articolo presentato in occasione della Oppenheimer Centennial Conference, Berkeley, 22-24 aprile 2004.
⁷ Audizioni di JRO, p. 40.
⁸ Keith G. Teeter, memo dell'FBI per l'archivio, 3/3/54, SF 100-3132.
⁹ Archivio dell'FBI su JRO, doc. 159, Ladd al direttore, 11/8/47, p. 13.
¹⁰ JRO, *The Open Mind*, Simon & Schuster, New York 1955, pp. 26-27 (*Energia atomica problema d'oggi*, Boringhieri, Torino 1961). Si veda anche Charles Robert Thorpe, *J. Robert Oppenheimer and the Transformation of the Scientific Vocation*, tesi di laurea, UC-San Diego, 2001, pp. 446-447.
¹¹ Audizioni di JRO, p. 69.
¹² Joseph Alsop a JRO, 29/7/48, cartella Alsop, cassetta 15, JRO Papers.
¹³ Scott Donaldson, *Archibald MacLeish: An American Life*, Houghton Mifflin, Boston 1992, p. 400.
¹⁴ JRO a MacLeish, 27/9/49; MacLeish a JRO, 6/10/49; JRO a MacLeish, 14/2/49. Tutte nella cartella MacLeish, cassetta 49, JRO Papers.

¹⁵ Nel febbraio 1947 due funzionari del Partito comunista incontrarono Frank nella sua casa e passarono due ore cercando di convincerlo a ricominciare a versare i suoi contributi al partito. Se ne andarono a mani vuote e l'FBI in seguito seppe da un informatore che uno dei due funzionari disse: «Penso che abbiamo perso almeno 10.000 dollari». Archivio dell'FBI su JRO, doc. 149, 23/4/47.

¹⁶ Frank Oppenheimer, intervistato da Sherwin, 3/12/78.

¹⁷ Haakon Chevalier, *Oppenheimer: The Story of a Friendship*, George Braziller, New York 1965, pp. 69, 74 (*Cominciò ad Hiroshima*, Comunità, Milano 1965); diario di Barbara Chevalier, 14/7/84, note raccolte da Gregg Herken. Si veda il sito web di Herken, *www.brotherhoodofthebomb.com*. Una intercettazione dell'FBI segnala che Chevalier telefonò a Kitty Oppenheimer il 3/6/46 per confermare che sarebbe andato a trovarli la sera successiva (archivio dell'FBI su JRO, sect. 2, doc. 56, 3/6/46). Questo suggerisce che Chevalier abbia incontrato Oppenheimer non due ma tre volte, tra la primavera e l'estate del 1946: maggio 1946 a Stinson Beach; 4 giugno 1946 a Eagle Hill; in un giorno imprecisato tra il 26/6/46 (il giorno dell'interrogatorio di Chevalier da parte dell'FBI) e il 5/9/46 (il giorno dell'interrogatorio di Oppenheimer da parte dell'FBI). Per di più, Kitty decise di passare il weekend del 22-23 giugno nella casa degli Chevalier. Ma in seguito spostò la sua visita nel weekend successivo (memo 21/6/46).

¹⁸ Chevalier sostiene che il giorno dopo abbozzò la trama del suo romanzo del 1959, *The Man Who Would Be God*, G.P. Putnam's Sons, New York 1959 (*L'uomo che volle essere Dio*, Lerici, Milano 1961, 1965). Si veda Chevalier, *Oppenheimer...*, pp. 79-80 (e citazioni successive).

¹⁹ Chevalier, *Oppenheimer...*, p. 58.

²⁰ Rapporto di base dell'FBI su JRO, 17/2/47, p. 10; Peter Goodchild, *J. Robert Oppenheimer: Shatterer of Worlds*, Houghton Mifflin Co., Boston 1981, p. 70.

²¹ Riassunto dei fatti dell'FBI (Newark), 19-22. Eltenton e Chevalier firmarono le loro dichiarazioni il 26/6/46, documento 786, archivio dell'FBI su JRO.

²² Chevalier, dichiarazione giurata per l'FBI, 26/6/46, dossier dell'FBI su Chevalier, parte 1, ascoltato da Sherwin anche da un nastro registrato durante l'intervista con Chevalier, 15/7/82, pp. 10-11.

²³ Chevalier, *Oppenheimer...*, p. 68.

²⁴ Ivi, pp. 69-70; audizioni di JRO, p. 209.

²⁵ Chevalier, *Oppenheimer...*, pp. 69-70.

²⁶ Archivio dell'FBI su JRO, sect. 12, doc. 287, 18/4/52, *Allegation of Espionage Activity on the Part of George Charles Eltenton*, p. 20 (desecretato nel 1996).

²⁷ Lewis L. Strauss, *Men and Decisions*, Doubleday, Garden City (NY) 1962, p. 271.

²⁸ Archivio dell'FBI su JRO, sect. 1, 29/1/47 e 2/2/47, riassunti delle telefonate intercettate tra Kitty e Robert Oppenheimer.

²⁹ Strauss, *Men and Decisions...*, p. 271.

³⁰ Alice Kimball Smith - Charles Weiner (a cura di), *Robert Oppenheimer: Letters and Recollections*, Stanford University Press, Stanford (CA) 1995, p. 190; ed. or. Harvard University Press, Cambridge (MA) 1980 (*J. Robert Oppenheimer: da Harvard a Hiroshima. Lettere e ricordi*, Editori Riuniti, Roma 1983).

³¹ Lincoln Barnett, *J. Robert Oppenheimer*, «Life», 10/10/49.

³² Archivio dell'FBI su JRO, sect. 1, 29/1/47 e 2/2/47, riassunti delle telefonate intercettate tra Kitty e Robert Oppenheimer.

³³ Peter Michelmore, *The Swift Years: The Robert Oppenheimer Story*, Dodd, Mead & Co., New York 1969, p. 142.

³⁴ «New York Herald Tribune», 19/4/47.

³⁵ Beatrice M. Stern, *A History of the Institute for Advanced Study, 1930-1950*, p. 613, testo non pubblicato, IAS Archives.

³⁶ Richard Pfau, *No Sacrifice Too Great: The Life of Lewis L. Strauss*, University

Press of Virginia, Charlottesville (VA) 1985, p. 93; Strauss, *Men and Decisions...*, pp. 7, 84.

[37] Archivio dell'FBI su JRO, sect. 3, doc. 103, intercettazione dell'FBI delle telefonate di JRO con David Lilienthal e Robert Bacher, 23-24/10/46.

[38] Joseph Alsop - Stewart Alsop, *We Accuse: The Story of the Miscarriage of American Justice in the Case of Robert Oppenheimer*, Simon & Schuster, New York 1954, p. 19; Duncan Norton-Taylor, *The Controversial Mr. Strauss*, «Fortune», gennaio 1955; John Mason Brown, *Through These Men: Some Aspects of Our Passing History*, Harper & Brothers, New York 1956, p. 275.

[39] Gregg Herken, *Brotherhood of the Bomb: The Tangled Lives and Loyalties of Robert Oppenheimer, Ernest Lawrence, and Edward Teller*, Henry Holt & Co., New York 2002, p. 174; archivio dell'FBI su JRO, 9/5/47.

[40] Archivio dell'FBI su JRO, sect. 6, 7/5/47, contenuto nel riassunto di un'intercettazione telefonica, 27/5/47.

[41] Archivio dell'FBI su JRO, sect. 6, ritaglio di giornale, 28/4/47.

[42] Rabi a JRO, senza data, pomeriggio di domenica, circa aprile 1947, corrispondenza di Rabi, cassetta 59, JRO Papers.

[43] Archivio dell'FBI su JRO, sect. 6, trascrizione di una telefonata, 27/2/47.

[44] JRO, intervistato da Kuhn, 20/11/63, p. 19.

[45] Audizioni di JRO, p. 957.

[46] Frank Oppenheimer, intervistato da Sherwin, 3/12/78.

[47] Jerome Seymour Bruner, *In Search of Mind*, Harper & Row, New York 1983, pp. 236-238 (*Alla ricerca della mente*, Armando, Roma 1984); John R. Kirkwood - Oliver R. Wolff - P.S. Epstein, *Richard Chase Tolman, 1881-1948*, National Academy of Sciences of the United States of America, Biographical Memoirs, vol. 27, Washington (DC), National Academy of Sciences, 1952, pp. 143-144.

[48] *Who Was Who in America*, vol. 3, 1951-1960 (A.N. Marquis Co., Chicago 1966), p. 857.

[49] Ruth Tolman a JRO, 16/4/49, cartella Ruth Tolman, cassetta 72, JRO Papers.

[50] Ruth Tolman a JRO, 24/8/47, cartella Ruth Tolman, cassetta 72, JRO Papers.

[51] Ruth Tolman a JRO, 1 agosto (1947?), cartella Ruth Tolman, cassetta 72, JRO Papers.

[52] Ruth Tolman a JRO, non datata (novembre 1948?), giovedì notte, Pasadena, cartella Ruth Tolman, cassetta 72, JRO Papers.

[53] JRO a Ruth Tolman, 18/11/48, cartella Ruth Tolman, cassetta 72, JRO Papers.

[54] Jean Bacher, intervistata da Sherwin, 29/3/83. Quando Sherwin le chiese notizie sulle chiacchiere che circolavano sulla relazione tra la Tolman e Oppenheimer, la Bacher si agitò e insistette: «In quella relazione non c'era alcun interesse sessuale, ma solo sostegno reciproco». Poi disse che ulteriori domande su quell'argomento avrebbero fatto concludere l'intervista.

[55] Memorandum per gli archivi di Lewis L. Strauss, 9/12/57, cassetta 67, Strauss Papers, HHL. La segretaria di Strauss, Virginia Walker, disse allo storico Barton J. Bernstein che il suo capo era rimasto turbato quando aveva saputo della relazione tra Oppenheimer e la Tolman (Walker, intervistata da Barton Bernstein, 7/11/02). Bernstein riferisce anche di un'intervista con James Douglas, un funzionario di una compagnia aerea che sosteneva di essere andato una mattina durante la guerra nella casa dei Tolman e di avere incontrato Oppenheimer e Ruth Tolman da soli, tutti e due in pigiama. Si veda anche Herken, *Brotherhood of the Bomb...*, pp. 290, 404; Herken cita un'intervista fatta nel 1997 alla moglie di Lawrence, Molly, che ricordava il marito che era tornato arrabbiato da un cocktail party in casa di Gloria Gartz, una vicina e psicologa che conosceva Ruth Tolman. Probabilmente, durante questo party, precedente alle audizioni di Oppenheimer del 1954, la Gartz raccontò a Lawrence della relazione. Quando Herken chiese a Molly se Richard Tolman era ancora vivo al momento della relazione, Molly rispose: «Stando a quel che so io, lo era».

[56] Ruth Tolman a JRO, senza data, giovedì (primavera 1949?), cartella Ruth Tolman, cassetta 72, JRO Papers. Le carte di Ruth Tolman vennero distrutte su sua richiesta dopo la sua morte (Alice Smith a Beatrice Stern, 14/12/76, corrispondenza della Smith, Collezione Sherwin). Un amico di Ruth in seguito disse che era stata proprio Ruth a distruggere le lettere di Robert. Dottor Milton Pleoset, intervistato da Sherwin, 28/3/83, p. 11. Pleoset ricordò: «Lei era molto legata a Oppenheimer».
[57] Audizioni di JRO, p. 27.
[58] Barton J. Bernstein, *The Oppenheimer Loyalty-Security Case Reconsidered*, «Stanford Law Review», luglio 1990, p. 1399 (e citazioni successive).
[59] Philip M. Stern - Harold P. Green, *The Oppenheimer Case: Security on Trial*, Harper & Row, New York 1969, p. 104.
[60] Ivi, pp. 104-105; Barton J. Bernstein, *The Oppenheimer Loyalty-Security Case Reconsidered*, «Stanford Law Review», luglio 1990, p. 1399; Herken, *Brotherhood of the Bomb...*, p. 179.
[61] Stern - Green, *The Oppenheimer Case...*, p. 104.
[62] L'FBI a Lilienthal, archivio dell'FBI su JRO, doc. 149, 23/4/47; si veda anche Herken, *Brotherhood of the Bomb...*, p. 179.
[63] Archivio dell'FBI su JRO, doc. 165, 30/10/47, dall'ufficio dell'FBI di San Francisco al direttore dell'FBI, desecretato il 28/6/96. La storia «estremamente dispregiativa» su Hall e Oppenheimer fu riproposta tale e quale in un altro memo dell'FBI a Ladd il 10/11/47. S.S. Schweber cita questo documento dell'FBI nel suo libro *In the Shadow of the Bomb: Bethe, Oppenheimer and the Moral Responsibility of the Scientist*, Princeton University Press, Princeton (NJ) 2000, p. 203.
[64] Herken, *Brotherhood of the Bomb...*, pp. 179, 377.

27. «Un albergo per intellettuali»

[1] Ed. Regis, *Who Got Einstein's Office?*, Addison-Wesley, Reading (MA) 1987, p. 138 (*Chi è seduto sulla sedia di Einstein?*, Frassinelli, Milano 1990); Peter Michelmore, *The Swift Years: The Robert Oppenheimer Story*, Dodd, Mead & Co., New York 1969s, p. 141.
[2] Anne Wilson Marks a Kai Bird, 11/5/02.
[3] «Time», 8/11/48, p. 76.
[4] David E. Lilienthal, *The Journals of David E. Lilienthal*, vol. 6, *Creativity and Conflict, 1964-1967*, Harper & Row, New York 1976, p. 130.
[5] Thomas B. Morgan, *A Visit with J. Robert Oppenheimer*, «Look», 1/4/58, p. 35.
[6] Oppenheimer aveva acquistato nel 1965 questo quadro per 350.000 dollari; venti anni più tardi fu venduto da Sotheby's a un collezionista privato per 9 milioni di dollari.
[7] John Mason Brown, *Through These Men: Some Aspects of Our Passing History*, Harper & Brothers, New York 1956, p. 286.
[8] Hempelmann, intervistato da Sherwin, 10/8/79, pp. 16-17.
[9] Abraham Pais, *A Tale of Two Continents: A Physicist's Life in a Turbulent World*, Princeton University Press, Princeton (NJ) 1997, p. 198.
[10] Regis, *Who Got Einstein's Office?...*, p. 139.
[11] Freeman Dyson, intervistato da Sherwin, 16/2/84, p. 8; Pais, *A Tale of Two Continents...*, p. 240. Nel 1953 tutti i documenti segreti furono trasferiti in un locale del seminterrato. Ma l'AEC continuò a spendere 18.755 dollari all'anno per pagare cinque guardie che garantivano la sicurezza ventiquattr'ore su ventiquattro (memo di F.J. McCarthy jr. a Strauss, 7/7/53, Strauss Papers, HHL).
[12] Pais, *A Tale of Two Continents...*, p. 241.
[13] Jeremy Bernstein, e-mail a Sherwin, aprile 2004.
[14] Jeremy Bernstein, *The Merely Personal: Observations on Science and Scientists*, Ivan

R. Dee, Chicago 2001, p. 164; Jeremy Bernstein, *The Life It Brings: One Physicist's Beginnings*, Penguin Books, New York 1987, p. 100; Pais, *A Tale of Two Continents...*, p. 255.
[15] David E. Lilienthal, *The Journals of David E. Lilienthal*, vol. 3, *Venturesome Years, 1950-1955*, Harper & Row, New York 1966, p. 173 (annotazione del 6/6/51).
[16] Freeman Dyson, intervistato da Jon Else, 10/12/79, p. 9.
[17] Pais, *A Tale of Two Continents...*, p. 322.
[18] Ivi, p. 196.
[19] Regis, *Who Got Einstein's Office?...*, pp. 26-27 (e citazioni successive); Abraham Flexner, «Harper's», ottobre 1939; Pais, *A Tale of Two Continents...*, pp. 194-196, 223.
[20] JRO, *Physics in the Contemporary World*, Second Annual Arthur Dehon Little Memorial Lecture al MIT, 25/11/47, p. 7.
[21] Pais, *A Tale of Two Continents...*, pp. 224, 230, 221 (e citazioni successive). Pais cita una nota del diario di K.K. Darrow del 3/6/47, in archivio alla NBL.
[22] Pais, *A Tale of Two Continents...*, pp. 232, 234.
[23] Victor Weisskopf, *The Joy of Insight: Passions of a Physicist*, Basic Books, New York 1991, p. 171 (*Le gioie della scoperta*, Garzanti, Milano 1992).
[24] Ivi, p. 167.
[25] Regis, *Who Got Einstein's Office?...*, p. 140.
[26] Ivi, p. 147.
[27] Philip M. Stern, *A History of the Institute for Advanced Study, 1930-1950*, p. 642. Questo testo di Stern fu commissionato da Oppenheimer nel 1964, ma non fu mai pubblicato (IAS Archives).
[28] Pais, *A Tale of Two Continents...*, pp. 248-249.
[29] Regis, *Who Got Einstein's Office?...*, p. 113.
[30] La macchina di von Neumann è ora esposta allo Smithsonian Museum.
[31] Jerome Seymour Bruner, *In Search of Mind*, Harper & Row, New York 1983, pp. 44, 111, 238 (*Alla ricerca della mente*, Armando, Roma 1984); JRO, *Report of the Director, 1948-53*, IAS, 1953, p. 25. Molto più tardi Oppenheimer usò i fondi del direttore per far arrivare all'Istituto il linguista Noam Chomsky nel 1958-59.
[32] JRO, *Report of the Director, 1948-53*, IAS, 1953; Pais, *A Tale of Two Continents...*, pp. 235-238.
[33] Freeman Dyson, *Disturbing the Universe*, Harper Collins, New York 1979, p. 72 (*Turbare l'universo*, Boringhieri, Torino 1981); Stern, *A History of the Institute for Advanced Study, 1930-1950...*
[34] Harold Cherniss, intervistato da Sherwin, 23/5/79, p. 20.
[35] Regis, *Who Got Einstein's Office?...*, p. 280.
[36] Ivi, pp. 62-63.
[37] Ivi, p. 193.
[38] Bernstein, *The Merely Personal...*, p. 155.
[39] Pais, *A Tale of Two Continents...*, p. 207.
[40] Fred Kaplan, *The Wizards of Armageddon*, Simon & Schuster, New York 1983, p. 63.
[41] Lansing V. Hammond, *A Meeting with Robert Oppenheimer*, scritto nell'ottobre 1979, per cortesia di Freeman Dyson (e citazioni successive).
[42] JRO, *On Albert Einstein*, «New York Review of Books», 17/3/66.
[43] «Time», 8/11/48, p. 70.
[44] Regis, *Who Got Einstein's Office?...*, p. 135.
[45] Alice Kimball Smith - Charles Weiner (a cura di), *Robert Oppenheimer: Letters and Recollections*, Stanford University Press, Stanford (CA) 1995, p. 190; ed. or. Harvard University Press, Cambridge (MA) 1980 (*J. Robert Oppenheimer: da Harvard a Hiroshima. Lettere e ricordi*, Editori Riuniti, Roma 1983).
[46] Regis, *Who Got Einstein's Office?...*, p. 136.
[47] Albrecht Folsing, *Albert Einstein*, Viking Penguin, New York 1997, p. 734.
[48] Smith - Weiner (a cura di), *Robert Oppenheimer: Letters ...*, p. 190.

[49] Folsing, *Albert Einstein...*, p. 730.
[50] Ivi, p. 735.
[51] JRO, *On Albert Einstein*, «New York Review of Books», 17/3/66 (e citazioni successive).
[52] David E. Lilienthal, *The Journals of David E. Lilienthal*, vol. 2, *The Atomic Energy Years, 1945-1950*, Harper & Row, New York 1964, p. 298.
[53] Georgia Whidden, intervistata da Bird, 25/4/03.
[54] Denis Brian, *Einstein: A Life*. John Wiley & Sons, New York 1996, p. 376.
[55] JRO a Einstein, senza data (risposta alla lettera di Einstein del 15/4/47), JRO Papers.
[56] Ronald W. Clark, *Einstein: The Life and Times*, Harper Collins, Avon Books, New York 1984^2, p. 719 (*Einstein. La vita pubblica e privata del più grande scienziato del nostro tempo*, Rizzoli, Milano 1976).
[57] JRO, *On Albert Einstein*, «New York Review of Books», 17/3/66.
[58] Pais, *A Tale of Two Continents...*, p. 240.
[59] Philip M. Stern, *A History of the Institute for Advanced Study, 1930-1950*, pp. 613-614, testo non pubblicato, IAS Archives.
[60] Pais, *A Tale of Two Continents...*, p. 327.
[61] Stern, *A History of the Institute for Advanced Study...*, pp. 672-673, 688.
[62] Ivi, pp. 679-680, 691.
[63] Harry M. Davis, *The Man Who Built the A-Bomb*, «New York Times Magazine», 18/4/48, p. 20.
[64] *The Eternal Apprentice*, «Time», 8/11/48, p. 70.
[65] Stern, *A History of the Institute for Advanced Study...*, p. 651.
[66] Verna Hobson, intervistata da Sherwin, 31/7/79, p. 14.
[67] John von Neumann a Lewis Strauss, 4/5/46, Strauss Papers, HHL. Anche il direttore e fondatore dell'Istituto, il dottor Abraham Flexner, si oppose duramente alla scelta di Oppenheimer fatta da Strauss: Lewis L. Strauss, *Men and Decisions*, Doubleday, Garden City (NY) 1962, p. 271.
[68] Freeman Dyson, intervistato da Sherwin, 16/2/84, p. 18.
[69] Stern, *A History of the Institute for Advanced Study...*, p. 654.
[70] Regis, *Who Got Einstein's Office?...*, pp. 151.
[71] Ivi, p. 152.
[72] Stern, *A History of the Institute for Advanced Study...*, pp. 667-669.
[73] Dyson, intervistato da Sherwin, 16/2/84, p. 17.
[74] Pais, *A Tale of Two Continents...*, p. 240.
[75] Jeremy Bernstein, *Oppenheimer: Portrait of an Enigma*, Ivan R. Dee, Chicago 2004, pp. 184-185.
[76] Pais, *A Tale of Two Continents...*, p. 241.
[77] John Archibald Wheeler - Kenneth Ford, *Geons, Black Holes, and Quantum Foam: A Life in Physics*, W.W. Norton, New York 1998, p. 25.
[78] «Time», 8/11/48, p. 81.
[79] Barnett, *J. Robert Oppenheimer...*
[80] Dyson, *Disturbing the Universe...*, p. 73; John Manley, intervistato da Sherwin, 9/1/85, p. 27.
[81] Murray Gell-Mann, *The Quark and the Jaguar: Adventures in the Simple and the Complex*, W. H. Freeman & Co., New York 1994, p. 287 (*Il quark e il giaguaro*, Bollati Boringhieri, Torino 1996).
[82] Dyson, *Disturbing the Universe...*, pp. 55, 73-74.
[83] Dyson, intervistato da Sherwin, 16/2/84, p. 3.
[84] Dyson, *Disturbing the Universe...*, p. 80.
[85] Dyson, intervistato da Sherwin, 16/2/84, p. 5.
[86] «Time», 23/2/48, p. 94.
[87] Rabi, intervistato da Sherwin, 12/3/82, p. 11.

[88] Barnett, *J. Robert Oppenheimer*...
[89] P.M.S. Blackett, *Fear, War, and the Bomb: Military and Political Consequences of Atomic Energy*, McGraw-Hill, New York 1949², pp. 135, 139-140 (*Conseguenze politiche e militari dell'energia atomica*, Einaudi, Torino 1949) (e citazioni successive di Blackett).
[90] Charles Robert Thorpe, *J. Robert Oppenheimer and the Transformation of the Scientific Vocation*, tesi di laurea, UC-San Diego, 2001, pp. 433-435. Philip Morrison scrisse una recensione molto favorevole al libro di Blackett nel numero di febbraio 1949 del «Bulletin of the Atomic Scientists». JRO a Blackett, telegramma, 6/11/48; JRO a Blackett, 14/12/56, JRO Papers.
[91] «Physics Today», 1, (maggio 1948), n. 1.
[92] Dyson, *Disturbing the Universe*..., p. 87.

28. «Non riusciva a capire perché l'aveva fatto»

[1] JRO a Frank Oppenheimer, 28/9/48, collezione Alice Smith, Collezione Sherwin.
[2] Preuss, *On the Blacklist*, «Science», giugno 1983, p. 33.
[3] «Time», 8/11/48, p. 70; la foto di copertina del «Time» mostrava Oppenheimer in piedi davanti a una lavagna piena di formule matematiche; Freeman Dyson, *Disturbing the Universe*, Harper Collins, New York 1979, p. 74 (*Turbare l'universo*, Boringhieri, Torino 1981).
[4] «Time», 8/11/48, p. 76.
[5] Herbert Marks a JRO, 12/11/48; JRO a Marks, 18/11/48, cassetta 49, JRO Papers.
[6] F. David Peat, *Infinite Potential: The Life and Times of David Bohm*, Helix Books, Addison-Wesley, Reading (MA) 1997, p. 92.
[7] JRO a Lomanitz, 30/10/45, Collezione Sherwin.
[8] Lomanitz, intervistato da Sherwin, 11/7/79. Lomanitz scrisse a Peter Michelmore che Oppenheimer «sembrava molto preoccupato» (Lomanitz a Michelmore, 21/5/68, Collezione Sherwin).
[9] Walter Goodman, *The Committee*, Farrar, Straus & Giroux, New York 1968, pp. 239, 273. Anche il capo degli investigatori dell'HUAC, Louis Russell, era stato in passato un agente dell'FBI.
[10] Audizioni di JRO, p. 151.
[11] Audizioni di fronte all'HUAC, 7/6/49, Registrazioni dell'US House of Representatives, RG 233 HUAC Executive Session Transcripts, cassetta 9, cartella JRO, pp. 8-9, 21.
[12] Philip M. Stern - Harold P. Green, *The Oppenheimer Case: Security on Trial*, Harper & Row, New York 1969, pp. 124-125.
[13] Audizioni di fronte all'HUAC, 7/6/49, Registrazioni dell'US House of Representatives, RG 233 HUAC Executive Session transcripts, cassetta 9, cartella JRO, Robert Oppenheimer, p. 42.
[14] Stern - Green, *The Oppenheimer Case*..., p. 120.
[15] Audizioni di fronte all'HUAC, 8/6/49, pp. 1-9, Bernard Peters Papers, NBA.
[16] Fascicolo dell'FBI 100-205953, rapporto a Buffalo, New York, 5/3/54, da Charles F. Ahern, Collezione Sherwin. L'FBI ricavò questa citazione il 23/6/49 intercettando una lettera tra Ed Condon e sua moglie Emilie («New York Herald Tribune», 20/4/54). Ma subito Peters replicò: «Ma cosa vuoi dire? Che se Dio non ha guidato le loro domande, avresti potuto dire qualcosa di sgradevole su di me?» (note e domande di Stern per Harold Green, Philip Stern Papers, JFKL).
[17] Stern - Green, *The Oppenheimer Case*..., p. 125; «Rochester Times Union», 15/6/49.
[18] Sol Linowitz, un avvocato che fu in seguito alto funzionario nell'amministrazione Carter, rappresentava Peters. Si veda Linowitz a Peters, 29/11/48, e i documenti legali allegati, Peters Papers, NBAC.

¹⁹ «Rochester Times-Union», 15/6/49; sembra che Peters sia stato arrestato in base a un mandato della polizia segreta di Monaco emanato il 13/5/33 e basato sul sospetto di attività comuniste illegali. Un altro mandato, datato 14/10/33, lo accusava di attività comuniste e gli impediva di svolgere ulteriori studi universitari («Rochester Times-Union», 8/7/54, contenuto nella cartella 11, Peters Papers, NBAC). Peters era ebreo e i nazisti erano già al potere, il che suggerisce di prendere con cautela queste accuse.

²⁰ Bernard Peters a JRO, 15/6/49, Peters Papers, NBAC.

²¹ Bernard Peters ad Hannah Peters, 26/6/49, Bernard Peters Papers, NBAC.

²² Archivio dell'FBI su JRO, sect. 7, doc. 175, 5/7/49, p. 18. L'FBI sta citando una conversazione telefonica di Oppenheimer datata 20/6/49. Si veda anche Hannah Peters a Bernard Peters, 20/6/49, Bernard Peters Papers, NBAC.

²³ Audizioni di JRO, p. 212; S.S. Schweber, *In the Shadow of the Bomb: Bethe, Oppenheimer and the Moral Responsibility of the Scientist*, Princeton University Press, Princeton (NJ) 2000, pp. 123-127.

²⁴ Hans Bethe a JRO, 26/6/49, Peters Papers, NBAC.

²⁵ La lettera di Condon a sua moglie fu intercettata dall'FBI, e nel 1954 fu data ai giornali. Si veda il «New York Herald Tribune», 20/4/54.

²⁶ Paul Martin, *Oppenheimer Testimony on Dr. Peters Draws Charges of Immunity Buying*, «Rochester Times-Union», 9/7/54, cartella 11, Peters Papers, NBAC.

²⁷ Stern - Green, *The Oppenheimer Case...*, p. 126. «La cosa che più mi ha terrificato», disse in seguito Condon, «fu che lui [Oppenheimer], un giovane ebreo, poco dopo che sei milioni di ebrei erano stati eliminati – e questo era un suo protetto personale, anche lui un giovane ebreo – disse a quel furfantesco comitato: "Non sono sicuro di quanto ci si possa fidare di Peters, poiché ha fatto ricorso all'astuzia per fuggire da Dachau"» (si veda Charles Robert Thorpe, *J. Robert Oppenheimer and the Transformation of the Scientific Vocation*, tesi di laurea, UC-San Diego, 2001, p. 486).

²⁸ Schweber, *In the Shadow of the Bomb...*, p. 127 (*e citazioni successive*); Schweber cita Peters, lettera a Victor Weisskopf, 21/7/49, cartella 42, cassetta 3, Weisskopf Papers, MIT.

²⁹ Audizioni di JRO, p. 214.

³⁰ Schweber, *In the Shadow of the Bomb...*, p. 127.

³¹ L'Università di Rochester fu molto decisa nel suo appoggio al dottor Peters e sovvenzionò il suo viaggio in India nel 1950 e l'anno successivo lo nominò professore associato (Donald W. Gilbert, rettore, a Bernard Peters, 29/5/51, cartella 13, Peters Papers, NBAC.)

³² Lomanitz, intervistato da Sherwin, 11/7/79.

³³ Lomanitz a Peter Michelmore, 21/5/68, Collezione Sherwin.

³⁴ Peat, *Infinite Potential...*, pp. 104, 337; Peat cita un articolo di giornale, *After 40 Years, Professor Bohm Re-emerges*, di H.K. Fleming, «Baltimore Sun», aprile 1990.

³⁵ Bohm, intervistato da Sherwin, 15/6/79.

³⁶ *Ibid.*

³⁷ Schweber, *In the Shadow of the Bomb...*, p. 127. Schweber cita la lettera di Peters a Victor Weisskopf, 21/7/49, cartella 42, cassetta 3, Weisskopf Papers, MIT.

³⁸ Nel 1969 Philip Stern avrebbe scritto un brillante libro sulle audizioni sulla sicurezza di Oppenheimer del 1954 (si veda Stern - Green, *The Oppenheimer Case...*, p. 131).

³⁹ Stern - Green, *The Oppenheimer Case...*, pp. 129-131(e citazioni successive); Gregg Herken, *Brotherhood of the Bomb: The Tangled Lives and Loyalties of Robert Oppenheimer, Ernest Lawrence, and Edward Teller*, Henry Holt & Co., New York 2002, pp. 196-197.

⁴⁰ John F. Fulton a Herbert H. Maas, 1/8/49, citato in Beatrice M. Stern, *A History of the Institute for Advanced Study, 1930-1950*, p. 676, testo non pubblicato, IAS Archives.

⁴¹ Strauss, memo per il suo archivio, 30/9/49, LLS Papers, HHL. Nel settembre 1953, Strauss seppe che la richiesta degli isotopi era stata fatta dai militari norvegesi per conto di Ivan Th. Rosenquist, in seguito licenziato dai norvegesi perché comunista. Sentendosi vendicato, Strauss annotò questo fatto in un memo non datato per il suo archivio, Strauss Papers, HHL.

⁴² Frank Oppenheimer, intervistato da Weiner, 9/2/73, p. 72.
⁴³ Testimonianza di Frank Oppenheimer 14/6/49, *Hearings Regarding Communist Infiltration of Radiation Laboratory and Atomic Bomb Project at the University of California, Berkeley*, HUAC, pp. 355-373.
⁴⁴ Frank Oppenheimer, memo non datato, cartella 3-37, cassetta 4, Frank Oppenheimer Papers, UCB.
⁴⁵ Frank Oppenheimer, intervistato da Weiner, 21/5/73, p. 2.
⁴⁶ Frank Oppenheimer a Ernest Lawrence, non datata, circa 1949, cartella 4-34, cassetta 4, Frank Oppenheimer Papers, UCB. È possibile che Frank Oppenheimer non abbia mai spedito questa lettera.
⁴⁷ Frank Oppenheimer a Bernard Peters, non datata, autunno 1949, Peters Papers, NBAC. A Frank era stato offerto un lavoro al Tata Institute di Bombay, in India, ma il Dipartimento di Stato gli negò il passaporto (Ed Condon a Bernard Peters, 27/12/49, cartella 12, Peters Papers, NBAC).
⁴⁸ Preuss, *On the Blacklist*, «Science», giugno 1983, p. 37.
⁴⁹ Frank Oppenheimer, intervistato da Weiner, 9/2/73, p. 73.
⁵⁰ Frank Oppenheimer, *The Tail That Wags the Dog*, testo non pubblicato, cartella 4-39, cassetta 4, Frank Oppenheimer Papers, UCB; Paul Preuss, *On the Blacklist*, «Science», giugno 1983, p. 34.
⁵¹ Frank Oppenheimer, intervistato da Weiner, 21/5/73, pp. 11-12.
⁵² JRO ad Harold C. Urey, cassetta 74, JRO Papers.
⁵³ JRO a Grenville Clark, 17/5/49, Grenville Clark Papers, sect. 13, cassetta 17, DCL.
⁵⁴ Stern - Green, *The Oppenheimer Case...*, p. 113.
⁵⁵ Hempelmann, intervistato da Sherwin, 10/8/79, p. 20.
⁵⁶ Archivio dell'FBI su JRO, 100-17828, doc. 162, 24/10/47; memo dell'FBI a Hoover, 13/4/49, archivio dell'FBI su JRO, 100-17828, doc. 173.
⁵⁷ Archivio dell'FBI su JRO, 100-17828, sect. 6, doc. 156, 27/6/47, e doc. 176, 13/4/49.

29. «*Sono sicura che è perché lei scaricava tutto su di lui*»

¹ Verna Hobson, intervistata da Sherwin, 31/7/79, p. 15.
² Peter Michelmore, *The Swift Years: The Robert Oppenheimer Story*, Dodd, Mead & Co., New York 1969, p. 143.
³ Lincoln Barnett, *J. Robert Oppenheimer*, «Life», 10/10/49.
⁴ Richard Rhodes, *Dark Sun: The Making of the Hydrogen Bomb*, Simon & Schuster, New York 1995, p. 309; «Life», 29, (1947) n. XII, p. 58.
⁵ Priscilla Duffield, intervistata da Alice Smith, 2/1/76, p. 11 (MIT Oral History Laboratory).
⁶ Verna Hobson, intervistata da Sherwin, 31/7/79, pp. 3-4, 8, 18.
⁷ Mildred Goldberger, intervistata da Sherwin, 3/3/83, pp. 5, 13.
⁸ Verna Hobson, intervistata da Sherwin, 31/7/79, p. 3.
⁹ Pat Sherr, intervistata da Sherwin, 20/2/79, p. 15.
¹⁰ Ivi, p. 25.
¹¹ Peter Goodchild, *J. Robert Oppenheimer: Shatterer of Worlds*, Houghton Mifflin Co., Boston 1981, p. 272.
¹² Abraham Pais, *A Tale of Two Continents: A Physicist's Life in a Turbulent World*, Princeton University Press, Princeton (NJ) 1997, pp. 242-243.
¹³ Verna Hobson, intervistata da Sherwin, 31/7/79, p. 19.
¹⁴ Dyson, intervistato da Sherwin, 16/2/84, p. 16.
¹⁵ Robert Strunsky, intervistato da Sherwin, 26/4/79, p. 11.
¹⁶ Sherr, intervistata da Sherwin, 20/2/79, p. 18; Pais, *A Tale of Two Continents...*, p. 242.

[17] Hempelmann, intervistato da Sherwin, 10/8/79, pp. 12-13.
[18] Verna Hobson, intervistata da Sherwin, 31/7/79, p. 18.
[19] Robert Serber, intervistato da Sherwin, 11/3/82, p. 16. La spiegazione di Serber è un po' fuorviante. Propriamente, l'alcolismo è la causa primaria degli attacchi di pancreatite. Secondo il dottor Hempelmann, Kitty aveva sviluppato una pancreatite verso la fine degli anni Cinquanta. I medici le avevano prescritto dei forti antidolorifici che però non dovevano essere assunti insieme all'alcool.
[20] Sherr, intervistata da Sherwin, 20/2/79, p. 14.
[21] Pais, A Tale of Two Continents..., p. 322.
[22] Mildred Goldberger, intervistata da Sherwin, 3/3/83, pp. 9-10.
[23] Ivi, pp. 5, 16; Marvin Goldberger, intervistato da Sherwin, 28/3/83, p. 3.
[24] Goodchild, J. Robert Oppenheimer..., p. 272.
[25] Pais, A Tale of Two Continents..., p. 242.
[26] Sherr, intervistata da Sherwin, 20/2/79, pp. 25-26.
[27] Verna Hobson, intervistata da Sherwin, 31/7/79, p. 19. In realtà la Hobson non vide mai Kitty che tirava qualcosa contro Robert, ma vide arrivare Robert in ufficio con delle abrasioni, che diventarono sempre più numerose con il passare degli anni.
[28] Sherr, intervistata da Sherwin, 20/2/79, p. 25.
[29] Jean Bacher, intervistata da Sherwin, 29/3/83, p. 1.
[30] Verna Hobson, intervistata da Sherwin, 31/7/79, p. 6.
[31] Sherr, intervistata da Sherwin, 20/2/79, p. 12.
[32] Strunsky, intervistato da Sherwin, 26/4/79, p. 11.
[33] Sherr, intervistata da Sherwin, 20/2/79, p. 17.
[34] Ivi, pp. 16-17.
[35] David E. Lilienthal, *The Journals of David E. Lilienthal*, vol. 2, *The Atomic Energy Years, 1945-1950*, Harper & Row, New York 1964, p. 456 (annotazione del 3/2/49).
[36] Freeman Dyson, *Disturbing the Universe*, Harper Collins, New York 1979, p. 79 (*Turbare l'universo*, Boringhieri, Torino 1981).
[37] Pais, A Tale of Two Continents..., p. 243.
[38] Verna Hobson, intervistata da Sherwin, 31/7/79, p. 18.
[39] Sherr, intervistata da Sherwin, 20/2/79.
[40] Hempelmann, intervistato da Sherwin, 10/8/79, p. 19.
[41] Ivi, p. 14.
[42] Robert Serber, intervistato da Sherwin, 11/3/82, p. 20.
[43] Verna Hobson, intervistata da Sherwin, 31/7/79, p. 18.
[44] Ruth Tolman a JRO, 15/1/52, cassetta 72, JRO Papers.
[45] Freeman Dyson ad Alice Smith, 1/6/82, corrispondenza di Alice Smith, Collezione Sherwin; Dyson, intervistato da Sherwin, 16/2/84, p. 15.
[46] Elinor Hempelmann a Kitty Oppenheimer, non datata circa 1949-50, JRO Papers.
[47] Al Christman, *Target Hiroshima: Deke Parson and the Creation of the Atomic Bomb*, Naval Institute Press, Annapolis (MD) 1998, p. 242.
[48] David E. Lilienthal, *The Journals of David E. Lilienthal*, vol. 3, *Venturesome Years, 1950-1955*, Harper & Row, New York 1966, pp. 381-382 (annnotazione del 28/3/53).

30. «Non disse mai qual era la sua opinione»

[1] Audizioni di JRO, p. 910.
[2] Lilienthal a JRO, 23/9/49, cassetta 46, JRO Papers; David E. Lilienthal, *The Journals of David E. Lilienthal*, vol. 2, *The Atomic Energy Years, 1945-1950*, Harper & Row, New York 1964, pp. 571-572. Richard G. Hewlett - Francis Duncan, *Atomic Shield, 1947-1952*, vol. 2, *A History of the United States Atomic Energy Commission*, Pennsylvania State University Press, University Park (PA) 1969, p. 367.

[3] Edward Teller - Judith Shoolery, *Memoirs: A Twentieth-Century Journey in Science and Politics*, Perseus Publishing, Cambridge (MA) 2001, p. 279.

[4] Lincoln Barnett, *J. Robert Oppenheimer*, «Life», 10/10/49, p. 121.

[5] «Time», 8/11/48, p. 80.

[6] Più o meno in quei giorni Einstein scrisse all'astronomo di Harvard Harlow Shapley, «Ora sono sicuro che le persone al potere a Washington stanno sistematicamente spingendo verso una guerra preventiva» (William L. Shirer, *Twentieth-Century Journey: A Native's Return, 1945-1988*, Little, Brown & Co., Boston 1990, p. 131).

[7] Lilienthal a JRO, 23/9/49, cassetta 46, JRO Papers (Lilienthal cita Oppenheimer in questa lettera). Si veda anche David E. Lilienthal, *The Journals of David E. Lilienthal*, vol. 2, *The Atomic Energy Years, 1945-1950*, Harper & Row, New York 1964, pp. 570, 572.

[8] Hewlett - Duncan, *Atomic Shield...*, vol. 2, p. 368.

[9] Melvyn P. Leffler, *A Preponderance of Power: National Security, the Truman Administration, and the Cold War*, Stanford University Press, Stanford (CA) 1992, p. 324.

[10] Strauss ai commissari dell'AEC Lilienthal, Pike, Smyth e Dean, memo 5/10/49, memorandum per l'archivio, 1949-1950, cassetta 39, Strauss Papers, HHL; McGeorge Bundy, *Danger and Survival: Choices About the Bomb in the First Fifty Years*, Random House, New York 1988, p. 204; Hewlett - Duncan, *Atomic Shield...*, vol. 2, p. 373; Herbert York, *The Advisors: Oppenheimer, Teller, and the Superbomb*, Stanford University Press, Stanford (CA) 1976, 1989, pp. 41-56.

[11] McGeorge Bundy, *Danger and Survival...*, p. 201; Gregg Herken, *Brotherhood of the Bomb: The Tangled Lives and Loyalties of Robert Oppenheimer, Ernest Lawrence, and Edward Teller*, Henry Holt & Co., New York 2002, p. 204.

[12] JRO a James Conant, 21/10/49, ristampato nelle audizioni di JRO, p. 242.

[13] Hewlett e Duncan, *Atomic Shield...*, vol. 2, p. 383.

[14] Barton J. Bernstein, *Four Physicists and the Bomb*, «Historical Studies in the Physical Sciences», 18 (1988), n. 2, pp. 243-244 (corsivo nostro). Si veda anche Bernstein e Galison, *In Any Light: Scientists and the Decision to Build the Superbomb, 1952-1954*, «Historical Studies in the Physical Sciences», 19 (1989) n. 2, pp. 267-347.

[15] James Hershberg, *James B. Conant: Harvard to Hiroshima and the Making of the Nuclear Age*, Alfred A. Knopf, New York 1993, pp. 470-471.

[16] *Ibid.*

[17] Audizioni di JRO, pp. 242-243; Herken, *Brotherhood of the Bomb...*, p. 204.

[18] Audizioni di JRO, p. 242 (JRO a James Conant, 21/10/49).

[19] Audizioni di JRO, p. 328.

[20] Richard Rhodes, *Dark Sun: The Making of the Hydrogen Bomb*, Simon & Schuster, New York 1995, p. 393.

[21] Audizioni di JRO, p. 76.

[22] Hershberg, *James B. Conant...*, p. 473.

[23] Lilienthal, *The Journals of David E. Lilienthal*, vol. 2, *The Atomic Energy Years...*, p. 582 (annotazione del 30/10/49); si veda anche Hewlett - Duncan, *Atomic Shield...*, vol. 2, pp. 381-385.

[24] Rhodes, *Dark Sun...*, p. 395. Rabi pensava che Seaborg avrebbe potuto cambiare la sua posizione se fosse stato presente. «Se fosse stato qui», disse Rabi, «e avesse insistito nella sua opposizione, sarei rimasto molto stupito» (Rabi, intervistato da Sherwin, 12/3/82, p. 8). Si veda anche Herken, *Brotherhood of the Bomb...*, p. 384.

[25] Lee DuBridge, intervistato da Sherwin, 30/3/83, p. 21; si veda anche la testimonianza di DuBridge durante le audizioni di JRO, p. 518.

[26] Lilienthal, *The Journals of David E. Lilienthal*, vol. 2, *The Atomic Energy Years...*, p. 581.

[27] Hershberg, *James B. Conant...*, p. 478.

[28] Lilienthal, *The Journals of David E. Lilienthal*, vol. 2, *The Atomic Energy Years...*,

pp. 580-583; S.S. Schweber, *In the Shadow of the Bomb: Bethe, Oppenheimer and the Moral Responsibility of the Scientist*, Princeton University Press, Princeton (NJ) 2000, p. 158; Hershberg, *James B. Conant...*, p. 474.

[29] Schweber, *In the Shadow of the Bomb...*, p. 158.

[30] Lilienthal, *The Journals of David E. Lilienthal*, vol. 2, *The Atomic Energy Years...*, p. 582.

[31] *The GAC Report of October 30, 1949*, ristampato in Herbert York, *The Advisors: Oppenheimer, Teller, and the Superbomb*, Stanford University Press, Stanford (CA) 1976, 1989, pp. 155-162; Bernstein, *Four Physicists and the Bomb...*, p. 258.

[32] Audizioni di JRO, p. 236; Hershberg, *James B. Conant...*, pp. 467-468.

[33] *The GAC Report of October 30, 1949*, ristampato in York, *The Advisors...*, pp. 155-162.

[34] York, *The Advisors...*, p. 160; Bundy, *Danger and Survival...*, pp. 214-219.

[35] Peter Michelmore, *The Swift Years: The Robert Oppenheimer Story*, Dodd, Mead & Co., New York 1969, p. 173.

[36] Lilienthal, *The Journals of David E. Lilienthal*, vol. 2, *The Atomic Energy Years...*, pp. 584-585; York, *The Advisors...*, p. 60.

[37] Gordon R. Arneson, *The Decision to Drop the Bomb*, trascrizione di un'intervista fatta alla NBC News film, 1/3/86, per cortesia di Nancy Arneson, parte 1, p. 13; Rhodes, *Dark Sun...*, p. 405; Hershberg, *James B. Conant...*, p. 481.

[38] Si veda Carolyn Eisenberg, *Drawing the Line: The American Decision to Divide Germany, 1944-1949*, Cambridge University Press, New York 1996; Kai Bird, *Stalin Didn't Do It*, «The Nation», 16/12/96.

[39] David Mayers, *George Kennan and the Dilemmas of US Foreign Policy*, Oxford University Press, New York 1988, p. 241.

[40] George Kennan, intervistato da Sherwin, 3/5/79.

[41] Ivi, p. 3.

[42] JRO a Kennan, 17/11/49, cassetta 43, JRO Papers.

[43] Abbozzo di un discorso senza titolo, con le iniziali «GFKennan», 18/11/49, cassetta 43, JRO Papers.

[44] JRO a Kennan, 3/1/50, cassetta 43, JRO Papers.

[45] Mayers, *George Kennan and the Dilemmas of US Foreign Policy...*, pp. 307-308; FRUS 1950, vol. 1, pp. 22-44, George Kennan, *Memoirs, 1925-1950*, p. 355; George Kennan, *Memorandum: International Control of Atomic Energy*, 20/1/50.

[46] Walter L. Hixson, *George F. Kennan: Cold War Iconoclast*, Columbia University Press, New York 1989, p. 92.

[47] *Ibid.*

[48] Kennan, intervistato da Sherwin, 3/5/79, p. 13.

[49] Mayers, *George Kennan and the Dilemmas of US Foreign Policy...*, p. 308. Ripensandoci, Kennan disse: «La nostra posizione di fronte ai russi avrebbe dovuto essere: Guardate qui, fino a che non ci sarà un accordo sui controlli internazionali, noi continueremo ad accumulare queste bombe – una piccola quantità – perché a nessuno venga la tentazione di usarle contro di noi; ma noi critichiamo la loro stessa esistenza; siamo ansiosi di giungere a un accordo che regoli completamente la questione, e non vogliamo basare su di esse né la nostra difesa, né la nostra diplomazia» (Kennan, intervistato da Sherwin, 3/5/79, p. 10).

[50] Gordon R. Arneson, *The Decision to Drop the Bomb*, trascrizione di un'intervista fatta alla NBC News film, 1/3/86, per cortesia di Nancy Arneson, parte 2, p. 2.

[51] John Archibald Wheeler - Kenneth Ford, *Geons, Black Holes, and Quantum Foam: A Life in Physics*, W.W. Norton, New York 1998, p. 200.

[52] Teller - Shoolery, *Memoirs...*, p. 289.

[53] Trascrizione di un incontro esecutivo, JCAE 30/1/50, doc. 1447, RG 128, per cortesia di Gregg Herken. Si veda anche Herken, *Brotherhood of the Bomb...*, p. 216.

⁵⁴ Dean Acheson, *Present at the Creation: My Years in the State Department*, Norton, New York 1969, p. 349.
⁵⁵ Patrick J. McGrath, *Scientists, Business, and the State,1890-1960*, University of North Carolina Press, Chapel Hill (NC) 2002, p. 124.
⁵⁶ Lilienthal, *The Journals of David E. Lilienthal*, vol. 2, *The Atomic Energy Years...*, pp. 594, 601 (annotazione del 7/11/49).
⁵⁷ Ivi, pp. 630-633 (annotazione del 31/1/50).
⁵⁸ David Alan Rosenberg, *The Origins of Overkill: Nuclear Weapons and American Strategy, 1945-60*, «International Security», (primavera 1983) n. 7, p. 23; Stephen Schwartz, Introduzione a Schwartz, Stephen I. (a cura di), *Atomic Audit: The Cost and Consequences of U.S. Nuclear Weapons Since 1940*, Brookings Institution Press, Washington (DC) 1998, pp. 3, 33.
⁵⁹ Rhodes, *Dark Sun...*, p. 408. Il «segreto» della bomba H non poteva durare a lungo. Come scrisse in seguito Hans Bethe, «naturalmente in una lunga corsa questo segreto avrebbe potuto essere scoperto da qualsiasi paese che ci provasse seriamente» (Bethe a Philip M. Stern, 3/7/69, Stern Papers, JFKL).
⁶⁰ Lilienthal, *The Journals of David E. Lilienthal*, vol. 2, *The Atomic Energy Years...*, p. 633.
⁶¹ Hershberg, *James B. Conant...*, p. 481.
⁶² Audizioni di JRO, p. 898.
⁶³ Hershberg, *James B. Conant...*, p. 482 (Conant a William L. Marbury, 30/6/54).
⁶⁴ Peter Goodchild, *J. Robert Oppenheimer: Shatterer of Worlds*, Houghton Mifflin Co., Boston 1981, p. 204; Richard Pfau, *No Sacrifice Too Great: The Life of Lewis L. Strauss*, University Press of Virginia, Charlottesville (VA) 1985, p. 123. Pfau cita un'intervista con Strauss su questo incidente.
⁶⁵ Lewis Strauss all'ammiraglio Sidney Souers alla Casa Bianca, 16/2/50, cartella «H-bomb», AEC series, cassetta 39, Strauss Papers, HHL.
⁶⁶ «Bulletin of the Atomic Scientists», luglio 1950, p. 75.
⁶⁷ Acheson, *Present at the Creation...*, p. 346.

31. «Brutte parole su Oppie»

¹ Nuel Pharr Davis, *Lawrence and Oppenheimer*, Simon & Schuster, New York 1968, p. 316 (*Lawrence e Oppenheimer*, Garzanti, Milano 1970).
² Kennan a JRO, 5/6/50, cassetta 43, JRO Papers.
³ Kennan, intervistato da Sherwin, 3/5/79, pp. 4, 6.
⁴ Kennan a JRO, 26/6/66, cassetta 43, JRO Papers.
⁵ John Von Neumann a JRO, 1/11/55, Strauss Papers, HHL.
⁶ Freeman Dyson, intervistato da Sherwin, 16/2/84, p. 19; Harold Cherniss, intervistato da Sherwin, 23/5/79, p. 14. Philip M. Stern, *A History of the Institute for Advanced Study, 1930-1950*, p. 683, testo non pubblicato, IAS archives.
⁷ Kennan a Barklie Henry, 9/9/52, cassetta 43, JRO Papers (Kennan aveva chiesto a Henry di passare una copia di questa lettera a Oppenheimer); Kennan a JRO, 14/10/52, cassetta 43, JRO Papers.
⁸ Walter L. Hixson, *George F. Kennan: Cold War Iconoclast*, Columbia University Press, New York 1989, p. 117.
⁹ Philip M. Stern - Harold P. Green, *The Oppenheimer Case: Security on Trial*, Harper & Row, New York 1969, p. 133.
¹⁰ DuBridge, intervistato da Sherwin, 30/3/83, p. 16.
¹¹ Norman Polmar - Thomas B. Allen, *Rickover: Controversy and Genius*, Simon & Schuster, New York 1982, p. 138.

[12] John Manley, intervistato da Alice Smith, 30/12/75, p. 12; Gregg Herken, *Brotherhood of the Bomb: The Tangled Lives and Loyalties of Robert Oppenheimer, Ernest Lawrence, and Edward Teller*, Henry Holt & Co., New York 2002, p. 195.
[13] Cherniss, intervistato da Sherwin, 23/5/79, p. 3.
[14] Strauss a William T. Golden (assistente di Strauss all'AEC), 21/7/49, Strauss Papers, HHL.
[15] Strauss a Golden, 15/9/49, Strauss Papers, HHL.
[6] Strauss, memo per l'archivio, 1949-1950, cassetta 39, Strauss Papers, HHL.
[17] Richard Pfau, *No Sacrifice Too Great: The Life of Lewis L. Strauss*, University Press of Virginia, Charlottesville (VA) 1985, p. 132; Barton J. Bernstein, *The Oppenheimer Loyalty-Security Case Reconsidered*, «Stanford Law Review», luglio 1990, p. 1414; Patrick J. McGrath, *Scientists, Business, and the State, 1890-1960*, University of North Carolina Press, Chapel Hill (NC) 2002, p. 146.
[18] Leslie Groves a Strauss, 20/10/49 e 4/11/49, Strauss Papers, HHL.
[19] Strauss a Kenneth Nichols, 3/12/49, Strauss Papers, HHL.
[20] Strauss, memo per l'archivio, 1/2/50, cassetta 39, Strauss papers, HHL.
[21] Robert Chadwell Williams, *Klaus Fuchs: Atomic Spy*, Harvard University Press, Cambridge (MA) 1987, pp. 116, 137.
[22] Anne Wilson Marks, intervistata da Bird, 5/3/02.
[23] Abraham Pais, *A Tale of Two Continents: A Physicist's Life in a Turbulent World*, Princeton University Press, Princeton (NJ) 1997, p. 258.
[24] Bernstein, *The Oppenheimer Loyalty-Security Case Reconsidered...*, p. 1408.
[25] *Ibid*.
[26] Gregg Herken, *Counsels of War*, Alfred A. Knopf, New York 1985, pp. 10-14; Herken, *Brotherhood of the Bomb...*, p. 194.
[27] John Archibald Wheeler - Kenneth Ford, *Geons, Black Holes, and Quantum Foam: A Life in Physics*, W.W. Norton, New York 1998, p. 284.
[28] Herken, *Brotherhood of the Bomb...*, p. 195.
[29] Si veda la corrispondenza di Lewis Strauss con William L. Borden, 4/2/49, 24/2/49, 10/12/52, 11/10/54 e 3/2/58, e altre lettere: William L. Borden, cassetta 10, AEC series.
[30] William W. Prochnau - Richard W. Larsen, *A Certain Democrat: Senator Henry M. Jackson, A Political Biography*, Prentice-Hall, Inc., Englewood Cliffs (NJ) 1972, p. 114.
[31] Bernstein, *The Oppenheimer LoyaltySecurity Case Reconsidered...*, pp. 1409-1410 (e citazioni successive).
[32] Priscilla McMillan, *The Ruin of J. Robert Oppenheimer and the Birth of the Modern Arms Race*, Viking, New York 2005, p. 175.
[33] Ivi, pp. 154-155.
[34] Robert G. Kaufman, *Henry M. Jackson: A Life in Politics*, University of Washington Press, Seattle 2000, p. 55.
[35] Ivi, p. 56.
[36] Stern - Green, *The Oppenheimer Case...*, p. 164; memo dell'FBI, 18/8/50, pp. 18-20, sect. 10, archivio dell'FBI su JRO.
[37] Ritagli di giornale dal «San Francisco News», «San Francisco Call-Bulletin» e «Oakland Tribune», 9/5/50, contenuti nell'archivio dell'FBI su JRO, sect. 8. Per ulteriori notizie sul caso Hiss, si veda Sam Tanenhaus, *Whittaker Chambers: A Biography*, Random House, New York 1997; Allen Weinstein, *Perjury: The Hiss-Chambers Case*, Alfred A. Knopf, New York 1978; Alger Hiss, *Recollections of a Life*, Henry Holt, New York 1988; Victor Navasky, *The Case Not Proved Against Alger Hiss*, «The Nation», 8/4/78; John Lowenthal, *Venona and Alger Hiss*, «Intelligence and National Security», 15 (2000) n. 3; e Tony Hiss, *The View from Alger's Window: A Son's Memoir*, «The New York Observer», 7/6/99.
[38] Affermazione di JRO, 21.45, 9/5/50, archivio dell'FBI su JRO, sect. 8.

[39] Lilienthal a JRO, 10/5/50, cassetta 46, JRO Papers.
[40] Borden, memo per l'archivio, 13/8/51, JCAE records, doc. 3464, citato in Barton J. Bernstein, *The Oppenheimer Loyalty-Security Case Reconsidered*, «Stanford Law Review», luglio 1990, pp. 1409-1411.
[41] Victor Navasky, *Naming Names*, Viking Press, New York 1980, p. 14.
[42] Memo: Herbert Marks, 1/12/50, sect. 44, doc. 1817, archivio dell'FBI su JRO.
[43] «Oakland Tribune», 9/5/50; Navasky, *Naming Names...*, p. 14. Il maresciallo Tuchăevskij fu ucciso il 12/6/37 durante una delle prime purghe di Stalin.
[44] Cedric Belfrage, *The American Inquisition, 1945-1960*, Bobbs-Merrill Co., Indianapolis e New York 1973, pp. 16, 168; Steve Nelson et al., *American Radical*, University of Pittsburgh Press, Pittsburgh (PA) 1981, p. 332. Fred J. Cook, *The FBI Nobody Knows*, Macmillan Co., New York 1964, p. 388; Joseph e Stewart Alsop, WP, 4/7/54. Crouch testimoniò contro Harry Bridges, il famoso leader sindacale che era stato accusato di falso. Nel corso del processo tenutosi nel 1949-50, gli avvocati di Bridges presentarono le prove dei falsi di Crouch (Charles P. Larrowe, *Harry Bridges: The Rise and Fall of Radical Labor in the U S*, Independent Publications Group, New York 1977, pp. 311, 322).
[45] Memo dell'FBI, 18/4/50 (interrogatorio di Paul Crouch), archivio dell'FBI su JRO, sect. 8; si veda anche Paul Crouch; memorie non pubblicate, capitolo 29, Crouch Papers, Hoover War Institute Archives, Stanford, CA, per cortesia di Andrew Meier.
[46] Dorothy McKibbin trovò la registrazione ospedaliera di una radiografia datata 25 luglio (memo dell'FBI, 18/11/52, p. 46, archivio dell'FBI su JRO, sect. 14).
[47] Herken, *Brotherhood of the Bomb...*, p. 231. Herken ipotizza che Oppenheimer potrebbe aver avuto qualche buon motivo per fare un viaggio di 3500 chilometri dal suo ranch a Berkeley e ritorno tra venerdì 25 luglio e il pomeriggio di lunedì 28 luglio, quando Kitty ebbe l'incidente con la macchina. Anche oggi il viaggio richiederebbe sicuramente oltre diciotto ore di guida in entrambe le direzioni. Nel 1941 un viaggio di quel tipo avrebbe richiesto un tempo molto più lungo. Dorothy McKibbin ha trovato alcuni conti di una drogheria di Santa Fe intestati agli Oppenheimer per i giorni 12, 14, 25, 28 e 29 luglio 1941, il che indica che gli Oppenheimer non avevano lasciato il Nuovo Messico nella seconda metà di luglio (memo dell'FBI, 18/11/52, archivio dell'FBI su JRO, sect. 14, p. 45). Inoltre in quel periodo Oppenheimer stava trattando per acquistare una casa a One Eagle Hill, a Berkeley. Il 26/7/41 Oppenheimer firmò una lettera spedita da Cowles, Nuovo Messico, all'agente immobiliare Robinson in cui gli diceva: «Per quanto riguarda l'arredamento, penso che andrà bene tutto quello che c'è già in casa». Questo indica che non si atteneva alla richiesta del proprietario di incontrarlo il 26 o 27 luglio per discutere dell'arredamento. Oppie diceva anche: «C'è la possibilità che si ritorni a Berkeley prima di quanto previsto, magari tra una settimana... Se non sente nulla da noi entro mercoledì, vuol dire che arriveremo solo il 13 agosto». Alla fine, l'11/8/41, la Title Insurance Co. ricevette un assegno di 22.163,87 dollari come pagamento per la casa di Eagle Hill. Kitty risulta «firmataria dell'assegno» (archivio dell'FBI su JRO, sect. 44, doc. 1805, 25/6/54).
[48] Fred J. Cook, *The Nightmare Decade: The Life and Times of Senator Joe McCarthy*, Random House, New York 1971, p. 388; Belfrage, *The American Inquisition...*, pp. 208, 221-222.
[49] Robert Justin Goldstein, *Political Repression in Modern America*, Schenkman Publishing Co., Cambridge (MA) 1978, p. 348; Navasky, *Naming Names...*, p. 14.
[50] Quando Crouch definì comunisti il ben noto avvocato, e in passato commissario dell'FCC, Clifford Durr e sua moglie, Virginia (cognata del giudice Hugo Black), Virginia rispose che Crouch era un «cane rognoso e bugiardo». In seguito descrisse Crouch come «un Kleenex usato da buttar via, un rottame di uomo che nessuno cercò di scusare anche quando cercò di distruggerci». Clifford Durr, generalmente dai modi gentili, si infuriò talmente per quello che Crouch aveva detto di sua moglie che una volta cercò di dargli un pugno sul naso. Navasky, *Naming Names...*, p. 14.
[51] Belfrage, *The American Inquisition, 1945-1960...*, pp. 227-228; Edwin M. Yoder

jr., *Joe Alsop's Cold War: A Study of Journalistic Influence and Intrigue*, University of North Carolina Press, Chapel Hill (NC) 1995, p. 129.

[52] Barton J. Bernstein, *The Oppenheimer Loyalty-Security Case Reconsidered*, «Stanford Law Review», luglio 1990, p. 1415.

[53] *Ibid.*

[54] *Ibid.*

[55] Estratto dal memo scritto da Borden per lo staff dell'JCAE, relativo alle conversazioni con il commissario Strauss, 13/8/51, Philip M. Stern Papers, JFKL. Si veda anche Bernstein, *The Oppenheimer Loyalty-Security Case Reconsidered...*, pp. 1413-1414.

[56] Wheeler - Ford, *Geons, Black Holes, and Quantum Foam...*, p. 222.

[57] Memo dell'FBI, Albuquerque, 15/5/52, desecretato il 9/9/85 e il 23/10/96, archivio dell'FBI su JRO.

[58] Edward Teller, intervistato dall'FBI, rapporto fatto ad Albuquerque, 15/5/52, nove pagine, desecretato il 23/10/96, archivio dell'FBI su JRO.

[59] Audizioni di JRO, p. 749.

[60] Freeman Dyson, *Weapons and Hope*, Harper & Row, New York 1984, p. 137 (*Armi e speranza*, Boringhieri, Torino 1984).

[61] Stern - Green, *The Oppenheimer Case...*, pp. 182-185.

[62] Ruth Tolman a JRO, 15/1/52, cassetta 72, JRO Papers. In un precedente abbozzo del capitolo 5, Oppenheimer introduceva l'argomento etico che le armi tattiche potevano sostituire le armi strategiche, ma questo passaggio fu probabilmente eliminato (Herken, *Counsels of War...*, p. 67).

[63] Stern - Green, *The Oppenheimer Case...*, p. 185.

[64] Lewis Strauss al senatore Bourke Hickenlooper, 19/9/52, «H-bomb», AEC series, cassetta 39, Strauss Papers, HHL.

[65] William L. Borden, memo al presidente dell'JCAE, 3/11/52, p. 2, cassetta 41, JCAE, n. DCXXXV, RG 128, NA.

[66] Oppenheimer aveva ragione a considerare le bombe a idrogeno da dieci e venti megaton trasportate da aerei da bombardamento sia come armi da genocidio che armi senza uso militare. Ma non aveva intuito che, in soli pochi anni, i progressi tecnici avrebbero consentito di costruire bombe a idrogeno abbastanza piccole da poter essere montate su missili balistici intercontinentali o in proiettili di artiglieria (Herbert York, e-mail a Howard Morland, 5/3/03).

[67] Charles Robert Thorpe, *J. Robert Oppenheimer and the Transformation of the Scientific Vocation*, tesi di laurea, UC-San Diego, 2001, pp. 450-451.

[68] Steven Leonard Newman, *The Oppenheimer Case: A Reconsideration of the Role of the Defense Department and National Security*, tesi, New York University, febbraio 1977, p. 48.

[69] Ivi, p. 53. La fonte di Newman è una lettera inviatagli dal colonnello Charles J.V. Murphy, 17/9/74. Murphy era stato l'autore dell'attacco a JRO apparso sulla rivista «Fortune».

[70] Stern - Green, *The Oppenheimer Case...*, pp. 190-191.

[71] Ivi, pp. 191-192.

[72] Herken, *Brotherhood of the Bomb...*, p. 253.

[73] William L. Clayton Papers, 7/6/51, p. X, HSTL; si veda anche *A Statement on the Mutual Security Program*, aprile 1952, Committee on the Present Danger, Averell Harriman Papers, Collezione Bird.

[74] Stewart Alsop a Martin Sommers, 1/2/52, cartella «"Sat. Evening Post" Jan.-Nov. 1952», cassetta 27, Alsop Papers, LOC. Yoder, *Joe Alsop's Cold War...*, p. 121; audizioni di JRO, p. 470.

[75] *Meeting for Dr. J. Robert Oppenheimer*, 17/2/53, p. 28, Council on Foreign Relations Archives.

[76] James Hershberg, *James B. Conant: Harvard to Hiroshima and the Making of the Nuclear Age*, Alfred A. Knopf, New York 1993, p. 600.

[77] Herken, *Brotherhood of the Bomb...*, p. 251; JRO a Frank Oppenheimer, 12/7/52, cartella «Weinberg Perjury Trial, 1953», cassetta 237, JRO Papers.

[78] Kai Bird, *The Color of Truth: McGeorge Bundy and William Bundy, Brothers in Arms*, Simon & Schuster, New York 1992, p. 113; corrispondenza di Bundy, cassetta 122, JRO Papers.

[79] Appunti, incontro del 16-18/5/ 52, Panel of Consultants on Arms and Policy, Princeton, cassetta 191, JRO Papers; Bird, *The Color of Truth...*, p. 113.

[80] Hershberg, *James B. Conant...*, pp. 602-604, 902; Bird, *The Color of Truth...*, p. 114.

[81] David Holloway, *Stalin and the Bomb: The Soviet Union and Atomic Energy, 1939-1956*, Yale University Press, New Haven (CT) 1994, p. 311.

[82] Hershberg, *James B. Conant...*, p. 605; appunti dell'incontro, NSC, 10/9/52, FRUS 1952-54, vol. 2, pp. 1034-1035.

[83] Hershberg, *James B. Conant...*, p. 605.

[84] Herken, *Brotherhood of the Bomb...*, p. 257.

[85] Lee DuBridge, intervistato da Sherwin, 30/3/83, p. 23.

[86] Mac Bundy publicò la versione desecretata di questo rapporto su «International Security» (autunno 1982) con il titolo *Early Thoughts on Controlling the Nuclear Arms Race*. Si veda anche il saggio di Bundy *The Missed Chance to Stop the H-Bomb*, «New York Review of Books», 13/5/82, p. 16.

[87] Bird, *The Color of Truth...*, p. 115.

[88] McGeorge Bundy, *The Missed Chance to Stop the H-Bomb*, «New York Review of Books», 13/5/82, p. 16.

[89] Melvyn Leffler, *Inside Enemy Archives: The Cold War Re-Opened*, «Foreign Affairs», estate 1996.

[90] Kai Bird, *Stalin Didn't Do It*, «The Nation», 16/12/96, p. 26; Gar Alperovitz e Kai Bird, *The Centrality of the Bomb*, «Foreign Policy», primavera 1994, p. 17. Si vedano anche Arnold A. Offner, *Another Such Victory: President Truman and the Cold War, 1945-1953*, Stanford University Press, Stanford (CA) 2002, e Carolyn Eisenberg, *Drawing the Line: The American Decision to Divide Germany, 1944-1949*, Cambridge University Press, New York 1996.

[91] Vladislav Zubok - Constantine Pleshakov, *Inside the Kremlin's Cold War: From Stalin to Khrushchev*, Harvard University Press, Cambridge (MA) 1996, pp. 166-168.

[92] David S. Painter, *The Cold War: An International History*, Routledge, London e New York 1999, p. 41.

[93] Holloway, *Stalin and the Bomb...*, pp. 340-345, 370; William Taubman, *Khrushchev: The Man and His Era*, Norton, New York 2000, p. XIX.

[94] Charles E. Bohlen, *Witness to History: 1929-1969*, Norton, New York 1973, pp. 371-372.

32. «Lo scienziato X»

[1] JRO, intervistato dall'FBI, 3/5/50, sect. 8, archivio dell'FBI su JRO.

[2] Joseph Weinberg, intervistato da Sherwin, 23/8/79, pp. 20-21.

[3] Ivi, p. 22.

[4] J. Edgar Hoover, memo dell'FBI, 8/5/50, archivio dell'FBI su JRO, sect. 8.

[5] A.H. Belmont a D.M. Ladd, memo dell'FBI, 14/4/50, archivio dell'FBI su JRO.

[6] Weinberg, intervistato da Sherwin, 23/8/79, pp. 22, 30.

[7] Trascrizione di una conversazione tra Oppenheimer, Marks, Arens e Connors, 13/12/51, cassetta 237, JRO Papers.

[8] Keith G. Teeter, memo dell'FBI, 18/11/52; 20/5/52, intervista di JRO e di Crouch, archivio dell'FBI su JRO, sect. 14, p. 3. Oppenheimer disse spontaneamente che aveva un vago ricordo che qualcuno, forse Ken May, gli aveva chiesto il permesso di usare la

sua casa per «un incontro fra giovani». Ma non si ricordava se aveva dato questo permesso e nemmeno dove viveva al momento della richiesta.

[9] *Ibid.* Il memo dell'FBI afferma che Crouch non era stato avvisato della presenza di Oppenheimer. Secondo Crouch, lui non aveva mai più visto Oppenheimer dopo il loro incontro nel luglio 1941. Ma a prescindere da questo, chiunque leggesse i giornali avrebbe visto le fotografie di Oppenheimer.

[10] *Ibid.*

[11] L'FBI in seguito seppe che Hiskey era stato impiegato fino al 28/8/41 dalla TVA a Knoxville, TN; le registrazioni della TVA segnalano che Hiskey non aveva lasciato Knoxville fino alla fine di agosto (A.H. Belmont a D.M. Ladd, memo dell'FBI, 10/7/52, desecretato il 22/7/96, archivio dell'FBI su JRO).

[12] Estratti dal diario di Gordon Dean, dal 16/5/52 al 25/2/53, History Division, Department of Energy.

[13] Dean a Truman, 25/8/52, e Truman a Dean, 26/8/52, cartella D, fascicolo generale PSF, box 117, HSTL.

[14] Diario di Gordon Dean, 18/11/52, History Division, Department of Energy.

[15] Barton J. Bernstein, *The Oppenheimer Loyalty-Security Case Reconsidered*, «Stanford Law Review», luglio 1990, p. 1426; «San Francisco Chronicle», 2/12/52.

[16] Ruth Tolman a JRO, 2/1/53, cassetta 72, JRO Papers.

[17] Bernstein, *The Oppenheimer Loyalty-Security Case Reconsidered...*, p. 1426.

[18] Ivi, pp. 1426-1427.

[19] Diario di Gordon Dean, 25/2/53.

[20] Estratto di sentenza penale, US District Court for the District of Columbia, azione n. 829-52, azione *United States* v. *Joseph W. Weinberg*.

[21] Ruth Tolman a JRO, domenica, 1/3/53, cassetta 72, JRO Papers.

[22] Dichiarazione di Joseph A. Fanelli, *United States* v. *Joseph W. Weinberg*, azione n. 829-52, U.S. District Court for the District of Columbia, registrata il 4/11/52.

[23] NYT, 6/3/53, p. 14.

[24] Lilienthal a JRO, 1/3/53, cassetta 46, JRO Papers, LOC, citatata in Bernstein, *The Oppenheimer Loyalty-Security Case Reconsidered...*, p. 1427.

[25] Sis Frank, intervistata da Sherwin, 18/1/82, p. 5.

[26] NYT, 6/3/53.

[27] JRO a Bernard Spero, 27/4/53, cassetta 237, JRO Papers; Weinberg, intervistato da Sherwin, 23/8/79, p. 25. Weinberg raccontò che il suo potenziale datore di lavoro gli aveva detto che avrebbe avuto bisogno di una presentazione per essere assunto e che avrebbe accettato una lettera di Robert Oppenheimer.

[28] Lewis Strauss, memo per l'archivio, 6/1/53, cassetta 66, Strauss Papers, HHL (e citazioni successive). Alla fine le spese legali di Oppenheimer collegate al caso Weinberg furono di 14.780 dollari (Katherine Russell a Strauss, 28/4/53, HHL). Sul rifiuto del consiglio di pagare le spese legali di Oppenheimer si veda A.H. Belmont a D.M. Ladd, memo dell'FBI, 19/6/53, sect. 14, archivio dell'FBI su JRO.

33. «La bestia nella giungla»

[1] Anne Wilson Marks a Bird, 11/5/02.

[2] Richard G. Hewlett - Jack M. Holl, *Atoms for Peace and War, 1953-1961: Eisenhower and the Atomic Energy Commission*, University of California Press, Berkeley (CA) 1989, p. 44; Patrick J. McGrath, *Scientists, Business, and the State, 1890-1960*, University of North Carolina Press, Chapel Hill (NC) 2002, p. 155.

[3] *Meeting for Dr. J. Robert Oppenheimer*, 17/2/53, Council on Foreign Relations Archives.

[4] *Armaments and American Policy: A Report of a Panel of Consultants on Disarma-*

ment of the Department of State, gennaio 1953, supersegreto, desecretato il 10/3/82, White House Office of Special Assistant for National Security Affairs, NSC series, Policy Papers subseries, cartella Disarmament, cassetta 2, DDEL (*e citazioni successive*).

[5] «Noi possiamo assomigliare»: JRO, *Atomic Weapons and American Policy*, discorso al Council on Foreign Relations, 17/2/53, ristampato in JRO, *The Open Mind*, Simon & Schuster, New York 1955, pp. 61-77 (*Energia atomica problema d'oggi*, Boringhieri, Torino 1961) (e citazioni successive). Oppenheimer può aver preso a prestito l'espressione «due scorpioni chiusi in una bottiglia» da un discorso che Vannevar Bush aveva fatto a Princeton. Si veda McGrath, *Scientists, Business, and the State, 1890-1960...*, p. 151.

[6] In seguito, quella sera Oppenheimer cenò da solo con Lilienthal, che considerava il suo discorso molto eloquente (David E. Lilienthal, *The Journals of David E. Lilienthal*, vol. 3, *Venturesome Years, 1950-1955*, Harper & Row, New York 1966, p. 370).

[7] Una copia del discorso di Oppenheimer, datata marzo 1953, fu spedita a C.D. Jackson. Fu pubblicata su «Foreign Affairs» nel luglio 1953 (JRO, *A Note on Atomic Weapons and American Policy*, cartella Atomic Energy, cassetta 1, C.D. Jackson Papers, DDEL).

[8] Eisenhower a C.D. Jackson, 31/12/53, DDE diary, fascicolo Ann Whitman, dicembre 1953, cartella (1), cassetta 4, DDEL.

[9] Gregg Herken, *Counsels of War*, Alfred A. Knopf, New York 1985, p. 116.

[10] Stephen E. Ambrose, *Eisenhower: The President, 1952-1969*, George Allen & Unwin, London 1984, p. 132. Si veda anche *Chronology: Candor-Wheaties*, 30/9/54, fascicolo Ann Whitman, cartella Atoms for Peace, cassetta 5, DDEL.

[11] Lewis L. Strauss, *Men and Decisions*, Doubleday, Garden City (NY) 1962, p. 356. Eisenhower il 9/3/53 nominò Strauss suo «assistente speciale» sulle questioni dell'energia atomica. Nel luglio 1953 Strauss divenne presidente dell'AEC.

[12] Diario di Eisenhower, 21/2/53, fascicolo Ann Whitman, cassetta 4, cartella Oct.-Dec. 1953, DDEL. Eisenhower annotava: «Quando per la prima volta sono arrivato in questo ufficio, un individuo (non mi ricordo chi fosse) affermò che secondo lui il dottor Oppenheimer non era affidabile. Chiunque fosse – probabilmente l'ammiraglio Strauss – in seguito mi disse che aveva fatto bene a non cambiare quell'opinione».

[13] JRO a Strauss, 18/5/53, memo su Felix Browder; Strauss a JRO, 12/5/53, JRO correspondence, IAS Archives. Browder insegnò a Princeton, Yale, all'Università di Chicago e alla Rutgers University. In seguito vinse sia un prestigioso Guggenheim Fellowship sia uno Sloan Fellowship e fu anche eletto presidente della American Mathematical Society.

[14] D.M. Ladd a Hoover, 25/5/53, sect. 14, archivio dell'FBI su JRO.

[15] Steven Leonard Newman, *The Oppenheimer Case: A Reconsideration of the Role of the Defense Department and National Security*, tesi, New York University, febbraio 1977, capitolo 4, nota 127. Newman riporta una citazione di Eisenhower in una lettera di Philip Stern al generale. Robert E. Schulz, 21/7/67, cassetta 1, Stern Papers, JFKL.

[16] Ladd a Hoover, 25/5/53, sect. 14, archivio dell'FBI su JRO, 100-17828.

[17] Newman, *The Oppenheimer Case...*, capitolo 2, note 18, 21, 24.

[18] Ivi, capitolo 4, nota 165. Newman sta citando Jackson, memo a Henry Luce, 12/10/54, cassetta 66, Jackson Papers, DDEL.

[19] Herken, *Counsels of War...*, p. 69.

[20] Lilienthal, *The Journals of David E. Lilienthal*, vol. 3, *Venturesome Years...*, pp. 390-391; Philip M. Stern - Harold P. Green, *The Oppenheimer Case: Security on Trial*, Harper & Row, New York 1969, p. 203; Gregg Herken, *Brotherhood of the Bomb: The Tangled Lives and Loyalties of Robert Oppenheimer, Ernest Lawrence, and Edward Teller*, Henry Holt & Co., New York 2002, p. 263.

[21] Newman, *The Oppenheimer Case...*, capitolo 4, nota 69.

[22] Ivi, capitolo 2, nota 30 (Newman sta citando Gertrude Samuels, *A Plea for Candor About the Atom*, «New York Times Magazine», 21/6/53, pp. 8, 21); Hewlett - Holl, *Atoms for Peace and War...*, p. 53.

[23] Richard Pfau, *No Sacrifice Too Great: The Life of Lewis L. Strauss*, University Press of Virginia, Charlottesville (VA) 1985, p. 145.
[24] Lewis Strauss, *Memorandum of Conversation with the President*, 22/7/53, Strauss Papers, memo dell'AEC ai commissari, cassetta 66, HHL.
[25] Ambrose, *Eisenhower...*, p. 133.
[26] Diario di Jackson, 4/8/53, cassetta 56, log 1953 (2), Jackson Papers, DDEL; Hewlett - Holl, *Atoms for Peace and War...*, p. 57.
[27] Hewlett - Holl, *Atoms for Peace and War...*, pp. 58-59.
[28] Ambrose, *Eisenhower...*, p. 171; Strauss, *Men and Decisions...*, pp. 356-362.
[29] Newman, *The Oppenheimer Case...*, capitolo 2, nota 102.
[30] Archivio dell'FBI su JRO, sect. 3, doc. 103, registrazione dell'FBI delle telefonate di JRO con David Lilienthal e Robert Bacher, 23-24/10/46.
[31] Stern - Green, *The Oppenheimer Case...*, p. 208.
[32] Rabi, intervistato da Sherwin, 12/3/82, p. 13.
[33] Hoover all'addetto legale di Rio de Janeiro, 18/6/53, sect. 14, archivio dell'FBI su JRO, doc. 348.
[34] Hoover a Tolson e a Ladd, memo, 24/6/53, archivio dell'FBI su JRO.
[35] *Ibid.*; Hoover a Tolson, Ladd, Belmont e Nichols, memo, 19/5/53, sect. 14, archivio dell'FBI su JRO.
[36] Strauss cancellò la parola *molte* e la sostituì con *alcune*. Lewis Strauss al senatore Robert Taft, bozza di lettera, 22/6/53, cartella Taft, Strauss Papers, HHL.
[37] Roland Sawyer, *The Power of Admiral Strauss*, «New Republic», 31/5/54, p. 14.
[38] Belmont a Ladd, memo, 5/6/53, sect. 14, archivio dell'FBI su JRO, 100-17828; riassunto dell'archivio dell'FBI su Oppenheimer, 25/6/53, sect. 14. Strauss, memo per il generale Robert Cutler e C.D. Jackson, 17/12/53, Strauss Papers, HHL.
[39] Hewlett - Holl, *Atoms for Peace and War...*, p. 45.
[40] William L. Borden, memo al presidente dell'JCAE, 3/11/52, pp. 8-9, cassetta 41, JCAE, n. DCXXXV, RG 128, NA.
[41] Strauss a Borden, 10/12/52, William Borden, cassetta 10, AEC series, NA. Per una discussione sugli altri effetti della persecuzione di Borden contro Oppenheimer, si veda Priscilla McMillan, *The Ruin of J. Robert Oppenheimer and the Birth of the Modern Arms Race*, Viking, New York 2005, capitolo 15.
[42] Ivi, p. 172.
[43] La copertina del dossier su Oppenheimer registra i nomi e le date dei precedenti utilizzatori dell'archivio. Si veda il memo di John A. Waters sul dossier, 14/5/53 e la lettera di Gordon Dean al ministro della Giustizia, 20/5/53, fascicoli AEC. Come ha scritto Jack Holl, «Borden ha sempre dichiarato pubblicamente che lui agiva da solo e senza consultare nulla... In privato disse in seguito a un funzionario della Commissione che aveva discusso il caso con "un individuo che era molto al corrente del programma atomico", di cui preferiva non fare il nome, e il cui nome non è mai stato rivelato». Quell'individuo era sicuramente Lewis Strauss. Jack A. Holl, *In the Matter of J. Robert Oppenheimer: Origins of the Government's Security Case*, articolo del dicembre 1975 presentato all'American Historical Association, pp. 7-8. Si veda anche Hewlett - Holl, *Atoms for Peace and War...*, pp. 45-47, 63. Per i numerosi incontri tra Strauss e Borden, si veda anche McMillan, *The Ruin of J. Robert Oppenheimer...*, capitolo 15.
[44] Harold P. Green, *The Oppenheimer Case: A Study in the Abuse of Law*, «Bulletin of the Atomic Scientists», settembre 1977, p. 57.
[45] Belmont a Ladd, memo, 10/9/53, archivio dell'FBI su JRO, sect. 14.
[46] Peter Goodchild, *J. Robert Oppenheimer: Shatterer of Worlds*, Houghton Mifflin Co., Boston 1981, pp. 219-220.
[47] Peter Michelmore, *The Swift Years: The Oppenheimer Story*, Dodd, Mead & Co., New York 1969, pp. 199-200.
[48] Reith Lectures, 1953, cassette 276-278, JRO Papers, LOC.

⁴⁹ Michelmore, *The Swift Years...*, pp. 202-203.
⁵⁰ Lincoln Gordon, intervista telefonica di Bird, 18/5/04. A quel tempo Gordon lavorava all'ambasciata USA a Londra. In seguito divenne ambasciatore USA in Brasile.
⁵¹ Telegramma segreto dall'ambasciata USA di Parigi al direttore dell'FBI, 15/2/54, archivio dell'FBI su JRO, doc. 797, desecretato 11/7/01.
⁵² Secondo Chevalier, aveva incontrato Oppenheimer due o tre volte nell'autunno del 1946, cinque o sei volte nel 1947, quattro o cinque volte nel 1949, due volte in settembre e ottobre 1950 e ancora una volta nel dicembre 1953 (Chevalier a Philip Stern, 15/6/68, Stern Papers, JFKL).
⁵³ Stern - Green, *The Oppenheimer Case...*, pp. 213-214. In seguito Chevalier si incontrò con Wyman, che tentò informalmente di dargli alcuni buoni consigli su quello che doveva fare a proposito della sua cittadinanza americana. Ma Chevalier non cercò mai di riavere il passaporto USA. Agli inizi del 1954, gli fu «negato qualsiasi tipo di lavoro all'UNESCO a causa del suo rifiuto di osservare l'ordine esecutivo U.S. 10422». Emesso il 9/1/53, questo ordine esecutivo richiedeva che gli impiegati americani delle Nazioni Unite si sottoponessero alle indagini sulla sicurezza (dossier dell'FBI su Chevalier, 100-18564, parte 2, doc. datato 17/3/54).
⁵⁴ Haakon Chevalier, *Oppenheimer: The Story of a Friendship*, George Braziller, New York 1965, pp. 86-87 (*Cominciò ad Hiroshima*, Comunità, Milano 1965). Il mattino successivo, Chevalier accompagnò Oppie e Kitty a incontrare lo scrittore francese André Malraux.
⁵⁵ Borden a Strauss, 19/11/52, cartella Lewis Strauss, cassetta 52, AEC, JCAE Papers, NA.
⁵⁶ Audizioni di JRO, pp. 837-838.
⁵⁷ Strauss, *Memorandum for Oppenheimer File*, 9/11/53, Strauss Papers, HHL.
⁵⁸ Memo di Lewis L. Strauss, 30/11/53; Barton J. Bernstein, *The Oppenheimer Loyalty-Security Case Reconsidered*, «Stanford Law Review», luglio 1990, p. 1442.
⁵⁹ Thomas C. Reeves, *The Life and Times of Joe McCarthy: A Biography*, Stein & Day, New York 1982, p. 530.
⁶⁰ Diario di C.D. Jackson, 27/11/53, log 1953 (2), cassetta 56, DDEL. In seguito, nel corso di un incontro dello staff della Casa Bianca, Jackson disse che «questa scenetta delle tre scimmiette non sta funzionando e non potrà funzionare, e che calmare McCarthy nel tentativo di garantirsi i suoi 7 voti per il programma legislativo di quest'anno è una pessima tattica, una debole strategia e ... a meno che il presidente non intervenga presto per occuparsi della questione, i repubblicani non avranno nemmeno un programma, né un 1954, né un 1956».
⁶¹ C.D. Jackson a Sherman Adams, 25/11/53, cartella Sherman Adams, cassetta 23, C.D. Jackson Papers, DDEL.
⁶² Eisenhower, conversazione telefonica, 2/12/53, cartella delle telefonate luglio-dicembre. 1953 (1), cassetta 5, DDE Diary Series, fascicolo Ann Whitman, DDEL.
⁶³ Pfau, *No Sacrifice Too Great...*, p. 151; Strauss, *Men and Decisions...*, p. 267.
⁶⁴ Diario di Eisenhower, 2/12/53 e 3/12/53, Oct.-Dec. 1953, cassetta 4, fascicolo Ann Whitman, DDEL.
⁶⁵ Eisenhower, *Memorandum for the Attorney General*, 3/12/53, Strauss Papers, HHL.
⁶⁶ Al Christman, *Target Hiroshima: Deke Parson and the Creation of the Atomic Bomb*, Naval Institute Press, Annapolis (MD) 1998, pp. 249-250; Denise Royal, *The Story of J. Robert Oppenheimer*, St. Martin's Press, New York 1969, p. 155.
⁶⁷ Registrazione di una conversazione telefonica (JRO che chiama Strauss), 15.05, 14/12/53, Strauss Papers, HHL.
⁶⁸ Belmont a Ladd, memo dell'FBI, 19/11/53, doc. 549, archivio dell'FBI su JRO, citato in Bernstein, *The Oppenheimer Loyalty-Security Case Reconsidered...*, p. 1440.
⁶⁹ Diario di C.D. Jackson, 18/12/53, log 1953 (2), cassetta 56, JRO.
⁷⁰ Strauss, memo per l'archivio, 21/12/53, 22/12/53, cassetta 66, Strauss Papers, HHL.

⁷¹ Kenneth D. Nichols, memo confidenziale, 21/12/53, Strauss Papers, HHL; memo dell'FBI a Belmont, 21/12/53, archivio dell'FBI su JRO, sect. 16, doc. 512.
⁷² Stern - Green, *The Oppenheimer Case...*, p. 234; Stuart H. Loory, *Oppenheimer Wiretapping Is Disclosed*, WP, 28/12/75.
⁷³ Stern - Green, *The Oppenheimer Case...*, p. 235.
⁷⁴ Archivio dell'FBI su JRO, sect. 16, doc. 574-575, Belmont, memo a Ladd, 22/12/53.
⁷⁵ JRO a Strauss, 22/122/53, Strauss Papers, HHL.
⁷⁶ Anne Marks, intervistata da Bird, 14/3/02.

34. «Sembra proprio cattiva, non è vero?»

¹ Barton J. Bernstein, *The Oppenheimer Loyalty-Security Case Reconsidered*, «Stanford Law Review», luglio 1990, p. 1449.
² Audizioni di JRO, pp. 3, 6.
³ Verna Hobson, intervistata da Sherwin, 31/7/79, p. 4.
⁴ Audizioni di JRO, p. 7.
⁵ Philip M. Stern - Harold P. Green, *The Oppenheimer Case: Security on Trial*, Harper & Row, New York 1969, p. 520.
⁶ David E. Lilienthal, *The Journals of David E. Lilienthal*, vol. 3, *Venturesome Years, 1950-1955*, Harper & Row, New York 1966, p. 462.
⁷ Belmont a Ladd, memo dell'FBI, 7/1/54, sect. 17, doc. 605, archivio dell'FBI su JRO.
⁸ Belmont a Ladd, memo dell'FBI, 15/1/54, sect. 18, archivio dell'FBI su JRO.
⁹ Strauss a Hoover, 18/1/54, Strauss Papers, HHL.
¹⁰ Stern - Green, *The Oppenheimer Case...*, p. 257; Strauss, memo per l'archivio, 1/29/54, Strauss Papers, HHL.
¹¹ Peter Goodchild, *J. Robert Oppenheimer: Shatterer of Worlds*, Houghton Mifflin Co., Boston 1981, p. 227.
¹² Strauss, memo per l'archivio, 15/2/62, cartella Harold Green, 1957-1976, cassetta 36, Strauss Papers, HHL. Strauss ebbe questa notizia da Green, che gli disse che Herbert Marks gli aveva parlato delle microspie di quel periodo.
¹³ Bacher, intervistata da Sherwin, 29/3/83.
¹⁴ Telegramma dell'FBI, 17/3/54, sect. 24, doc. 1024, archivio dell'FBI su JRO.
¹⁵ Belmont a Ladd, memo dell'FBI, 26/1/54, sect. 19, doc. 704, archivio dell'FBI su JRO. Non tutti gli storici concordano sul fatto che Strauss sia stato intransigente nella persecuzione di Oppenheimer. Per una visione leggermente diversa si veda Bernstein, *The Oppenheimer Loyalty-Security Case Reconsidered...*, p. 1385.
¹⁶ Charles Robert Thorpe, *J. Robert Oppenheimer and the Transformation of the Scientific Vocation*, tesi di laurea, UC-San Diego, 2001, p. 562.
¹⁷ Stern - Green, *The Oppenheimer Case...*, p. 242; Goodchild, *J. Robert Oppenheimer...*, p. 230.
¹⁸ Belmont a Ladd, memo dell'FBI, 29/1/54, archivio dell'FBI su JRO, sect. 19, doc. 716.
¹⁹ Strauss a Robb, 23/2/54, Strauss Papers, HHL; Belmont a Ladd, memo dell'FBI, 25/2/54, sect. 21, doc. 824, archivio dell'FBI su JRO.
²⁰ Richard G. Hewlett - Jack M. Holl, *Atoms for Peace and War, 1953-1961: Eisenhower and the Atomic Energy Commission*, University of California Press, Berkeley (CA) 1989, p. 86.
²¹ James Reston, *Deadline: A Memoir*, Random House, New York 1991, pp. 221-226; Richard Polenberg (a cura di), *In the Matter of J. Robert Oppenheimer: The Security Clearance Hearing*, Cornell University Press, Ithaca (NY) 2002, p. XXVII.
²² L'FBI a Lewis Strauss, 2/2/54, sect. 19, doc. 741, archivio dell'FBI su JRO (desecretato nel 1997).

²³ Riassunto dell'FBI per il 29/1/54, sect. 19, doc. 720, archivio dell'FBI su JRO.
²⁴ Stern - Green, *The Oppenheimer Case...*, p. 531.
²⁵ Verna Hobson, intervistata da Sherwin, 31/7/79, p. 8.
²⁶ Ivi, p. 5.
²⁷ Jeremy Bernstein, *Oppenheimer: Portrait of an Enigma*, Ivan R. Dee, Chicago 2004, p. 96; Bernstein cita un'intervista telefonica a Bethe.
²⁸ Robert Coughlan, *The Tangled Drama and Private Hells of Two Famous Scientists*, «Life», 13/12/63; Edward Teller - Judith Shoolery, *Memoirs: A Twentieth-Century Journey in Science and Politics*, Perseus Publishing, Cambridge (MA) 2001, p. 373.
²⁹ Stern - Green, *The Oppenheimer Case...*, p. 516.
³⁰ Riassunto dell'FBI di un'intercettazione del 6/2/54, sect. 19, doc. 760, archivio dell'FBI su JRO.
³¹ Verna Hobson, intervistata da Sherwin, 31/7/79, p. 5.
³² Ivi, p. 10; Hobson, recensione a *In the Matter of J. Robert Oppenheimer*, dramma di Heinar Kipphardt, «Princeton History», n. 1, 1971, pp. 95-97.
³³ Seymour Melman raccontò questa storia a Marcus Raskin. Melman l'aveva ascoltata da Bruria Kaufmann, assistente di Einstein.
³⁴ Alice Calaprice (a cura di), *The Expanded Quotable Einstein*, Princeton University Press, Princeton (NJ) 2000, p. 55 (A. Einstein, *Pensieri di un uomo curioso*, Mondadori, Milano 1999).
³⁵ NYT, 24/4/04; Gerald Holton, *Einstein, History, and Other Passions*, American Institute of Physics Press, Woodbury (NY) 1995, pp. 218-220 (*La lezione di Einstein: in difesa della scienza*, Feltrinelli, Milano 1997).
³⁶ Belmont a Ladd, memo dell'FBI, 15/1/54, sect. 18, archivio dell'FBI su JRO.
³⁷ Thorpe, *J. Robert Oppenheimer and the Transformation of the Scientific Vocation...*, p. 496.
³⁸ Belmont a Boardman, memo dell'FBI, 4/3/54, sect. 21, doc. 844, archivio dell'FBI su JRO. Gregg Herken, *Brotherhood of the Bomb: The Tangled Lives and Loyalties of Robert Oppenheimer, Ernest Lawrence, and Edward Teller*, Henry Holt & Co., New York 2002, p. 281.
³⁹ Stern - Green, *The Oppenheimer Case...*, p. 253.
⁴⁰ Intercettazione dell'FBI, 12/3/54, sect. 24, doc. 1037, archivio dell'FBI su JRO.
⁴¹ Jerrold Zacharias a JRO, 6/4/54, Philip M. Stern Papers, JFKL.
⁴² Ruth Tolman a JRO, 3/4/54, cartella Ruth Tolman, cassetta 72, JRO Papers.
⁴³ Louis Hempelmann, intervistato da Sherwin, 10/8/79, p. 11.
⁴⁴ Stern - Green, *The Oppenheimer Case...*, p. 258.

35. «*Credo che tutto questo sia un esempio di stupidità*»

¹ Belmont a Boardman, memo dell'FBI, 2/3/54 e 1/3/54, conversazione telefonica tra Strauss e Rogers, sect. 21, doc. 834, archivio dell'FBI su JRO.
² Ecker intervistato da Sherwin, 16/7/91, p. 7.
³ Richard Rhodes, *Dark Sun: The Making of the Hydrogen Bomb*, Simon & Schuster, New York 1995, p. 543; Gregg Herken, *Brotherhood of the Bomb: The Tangled Lives and Loyalties of Robert Oppenheimer, Ernest Lawrence, and Edward Teller*, Henry Holt & Co., New York 2002, p. 286; Peter Goodchild, *J. Robert Oppenheimer: Shatterer of Worlds*, Houghton Mifflin Co., Boston 1981, p. 236; Philip M. Stern - Harold P. Green, *The Oppenheimer Case: Security on Trial*, Harper & Row, New York 1969, pp. 260, 268; Richard Polenberg (a cura di), *In the Matter of J. Robert Oppenheimer: The Security Clearance Hearing*, Cornell University Press, Ithaca (NY) 2002, p. XXIX.
⁴ Goodchild, *J. Robert Oppenheimer...*, p. 237.
⁵ Audizioni di JRO, p. 53.

⁶ Polenberg (a cura di), *In the Matter of J. Robert Oppenheimer...*, p. 29. La versione rivista e abbreviata delle trascrizioni delle audizioni di Oppenheimer fatta da Polenberg è ottima, ma abbiamo preferito citare la trascrizione completa pubblicata dalla MIT Press.
⁷ Audizioni di JRO, pp. 8 e 876.
⁸ Ivi, p. 14.
⁹ Ivi, p. 5.
¹⁰ Ivi, pp. 10-11.
¹¹ Keith Teeter, memo dell'FBI, 24/3/54, sect. 24, doc. 980, archivio dell'FBI su JRO.
¹² Drew Pearson, *Diaries 1949-1959*, p. 303.
¹³ Estratto dalla trasmissione televisiva di Walter Winchell, 11/4/54, Strauss Papers, HHL.
¹⁴ Audizioni di JRO, pp. 53-55.
¹⁵ Memo per l'archivio, 9/4/54, Strauss Papers, HHL; Richard G. Hewlett - Jack M. Holl, *Atoms for Peace and War, 1953-1961: Eisenhower and the Atomic Energy Commission*, University of California Press, Berkeley (CA) 1989, pp. 89, 91.
¹⁶ Barton J. Bernstein, *The Oppenheimer Loyalty-Security Case Reconsidered*, «Stanford Law Review», luglio 1990, p. 1463; Strauss a Roger Robb, memo 16/4/54, Strauss Papers, HHL.
¹⁷ Abraham Pais, *A Tale of Two Continents: A Physicist's Life in a Turbulent World*, Princeton University Press, Princeton (NJ) 1997, p. 326; Robert Serber - Robert P. Crease, *Peace and War: Reminiscences of a Life on the Frontiers of Science*, Columbia University Press, New York 1998, pp. 183-184.
¹⁸ Audizioni di JRO, p. 103.
¹⁹ Goodchild, *J. Robert Oppenheimer...*, p. 231.
²⁰ Audizioni di JRO, p. 111.
²¹ Ivi, pp. 113-114 (e citazioni successive).
²² Goodchild, *J. Robert Oppenheimer...*, p. 231; Herken, *Brotherhood of the Bomb...*, p. 287.
²³ Audizioni di JRO, p. 137.
²⁴ Stern - Green, *The Oppenheimer Case...*, p. 283; Robert Coughlan, *The Tangled Drama and Private Hells of Two Famous Scientists*, «Life», 13/12/63, p. 102.
²⁵ Audizioni di JRO, p. 144.
²⁶ Ivi, pp. 146-149.
²⁷ Hewlett - Holl, *Atoms for Peace and War...*, p. 96.
²⁸ Audizioni di JRO, p. 888.
²⁹ Audizioni di JRO, pp. 888-889.
³⁰ Audizioni di JRO, pp. 153-154.
³¹ Victor Navasky, *Naming Names*, Viking Press, New York 1980, p. 322.
³² Audizioni di JRO, p. 155.
³³ Coughlan, *The Tangled Drama and Private Hells of Two Famous Scientists...*
³⁴ Goodchild, *J. Robert Oppenheimer...*, p. 228.
³⁵ Strauss al presidente Eisenhower, 16/4/54; Eisenhower a Strauss, telegramma, 19/4/54, Strauss Papers, cartella Eisenhower, cassetta 26D, AEC series, HHL.
³⁶ Audizioni di JRO, p. 167; Polenberg (a cura di), *In the Matter of J. Robert Oppenheimer...*, pp. 77-78.
³⁷ Memo dell'FBI a Hoover, 23/12/53, sect. 16, doc. 563, archivio dell'FBI su JRO.
³⁸ Herken, *Brotherhood of the Bomb...*, p. 400, nota 47.
³⁹ Audizioni di JRO, p. 265.
⁴⁰ Hoover a Groves, 13/6/46, e Groves a Hoover, 21/6/46, RG 77 (MED files) appunto 8, cassetta 100, NA.
⁴¹ Memo dell'FBI a Hoover, 22/12/53, sect. 16, doc. 557, 565, archivio dell'FBI su JRO.
⁴² Leslie Groves, racconto orale, intervistato da Raymond Henle, 9/8/68, p. 17, HHL.

⁴³ Groves a Strauss, 20/10/49 e 4/11/49, cassetta 75, Strauss Papers, HHL.
⁴⁴ Herken, *Brotherhood of the Bomb...*, p. 280. Lo storico Barton J. Bernstein non concorda con la ricostruzione di Herken. Si veda Barton J. Bernstein, *Reconsidering the Atomic General: Leslie R.. Groves*, «The Journal of Military History», luglio 2003, p. 899.
⁴⁵ Memo dell'FBI a Hoover, 22/12/53, sect. 16, doc. 565, archivio dell'FBI su JRO.
⁴⁶ Herken, *Brotherhood of the Bomb...*, p. 281.
⁴⁷ Hewlett - Holl, *Atoms for Peace and War...*, p. 98.
⁴⁸ Polenberg (a cura di), *In the Matter of J. Robert Oppenheimer...*, pp. 80-81.
⁴⁹ Audizioni di JRO, p. 229.
⁵⁰ Polenberg (a cura di), *In the Matter of J. Robert Oppenheimer...*, pp. 107-108.
⁵¹ Goodchild, *J. Robert Oppenheimer...*, pp. 248-249.
⁵² Polenberg (a cura di), *In the Matter of J. Robert Oppenheimer...*, p. XXV. Belmont a Boardman, 17/4/54, archivio dell'FBI su JRO.
⁵³ Stern - Green, *The Oppenheimer Case...*, p. 303; Herken, *Brotherhood of the Bomb...*, p. 288.
⁵⁴ Goodchild, *J. Robert Oppenheimer...*, p. 249.
⁵⁵ Stern - Green, *The Oppenheimer Case...*, pp. 303-304; Goodchild, *J. Robert Oppenheimer...*, p. 244.

36. «Una manifestazione di isteria»

¹ A quell'epoca Conant lavorava nell'amministrazione Eisenhower come alto commissario per la Germania Occidentale, e il segretario di Stato John Foster Dulles cercò di persuaderlo a non testimoniare. Conant rifiutò l'invito e annotò nel suo diario: «Gli ho detto che non posso non testimoniare alle audizioni di Oppenheimer. Mi ha risposto che questo potrebbe mettere in gioco la mia utilità per il governo» (Diario di James Conant, 19/4/54, citato in Bernstein, *The Oppenheimer Loyalty-Security Case Reconsidered*, «Stanford Law Review», luglio 1990, p. 1459).
² John J. McCloy, intervistato da Bird, 10/7/86.
³ Kai Bird, *The Chairman: John J. McCloy and the Making of the American Establishment*, Simon & Schuster, New York 1992, p. 423 (e citazioni successive); McCloy a Eisenhower, 16/4/54 e 23/4/54, DDEL.
⁴ Bird, *The Chairman...*, pp. 424-425.
⁵ Audizioni di JRO, p. 357; Richard Polenberg (a cura di), *In the Matter of J. Robert Oppenheimer: The Security Clearance Hearing*, Cornell University Press, Ithaca (NY) 2002, pp. 140-141.
⁶ Audizioni di JRO, p. 372; Polenberg (a cura di), *In the Matter of J. Robert Oppenheimer...*, pp. 147-148.
⁷ Polenberg (a cura di), *In the Matter of J. Robert Oppenheimer...*, pp. 162-163.
⁸ Audizioni di JRO, pp. 419-420; Polenberg (a cura di), *In the Matter of J. Robert Oppenheimer...*, p. 165.
⁹ Polenberg (a cura di), *In the Matter of J. Robert Oppenheimer...*, p. 156.
¹⁰ Audizioni di JRO, p. 468.
¹¹ Ivi, pp. 469-470 (e citazioni successive); Polenberg (a cura di), *In the Matter of J. Robert Oppenheimer...*, pp. 178-179.
¹² Polenberg (a cura di), *In the Matter of J. Robert Oppenheimer...*, p. 173.
¹³ Jeremy Bernstein, *Oppenheimer: Portrait of an Enigma*, Ivan R. Dee, Chicago 2004, p. 62.
¹⁴ Audizioni di JRO, pp. 560-567 (e citazioni successive).
¹⁵ Verna Hobson, intervistata da Sherwin, 31/7/79, p. 18.
¹⁶ Audizioni di JRO, p. 576.

¹⁷ Audizioni di JRO, pp. 643-656 (e citazioni successive); Polenberg (a cura di), *In the Matter of J. Robert Oppenheimer...*, pp. 231-237.
¹⁸ Polenberg (a cura di), *In the Matter of J. Robert Oppenheimer...*, p. 196.
¹⁹ Gregg Herken, *Brotherhood of the Bomb: The Tangled Lives and Loyalties of Robert Oppenheimer, Ernest Lawrence, and Edward Teller*, Henry Holt & Co., New York 2002, p. 291 (Herken sta citando l'intervista di Childs con Luis Alvarez, cassetta 1, Childs Papers).
²⁰ Richard G. Hewlett - Jack M. Holl, *Atoms for Peace and War, 1953-1961: Eisenhower and the Atomic Energy Commission*, University of California Press, Berkeley (CA) 1989, p. 87.
²¹ Charter Heslep a Lewis Strauss, memo 3/5/54, cartella Teller, AEC Series, cassetta 111, Strauss papers, HHL.
²² Edward Teller - Judith Shoolery, *Memoirs: A Twentieth-Century Journey in Science and Politics*, Perseus Publishing, Cambridge (MA) 2001, pp. 374-381; Hewlett - Holl, *Atoms for Peace and War...*, p. 93; Herken, *Brotherhood of the Bomb...*, pp. 292-293.
²³ Audizioni di JRO, pp. 710, 726 (e citazioni successive).
²⁴ Peter Goodchild, *J. Robert Oppenheimer: Shatterer of Worlds*, Houghton Mifflin Co., Boston 1981, pp. 254-255.
²⁵ Ivi, p. 286; Herken, *Brotherhood of the Bomb...*, p. 298.
²⁶ Audizioni di JRO, pp. 915-918 (e citazioni successive).
²⁷ Ivi, p. 919.
²⁸ Ivi, p. 961.
²⁹ Ivi, pp. 971-972; Polenberg (a cura di), *In the Matter of J. Robert Oppenheimer...*, p. 347.
³⁰ Audizioni di JRO, pp. 971-992; Polenberg (a cura di), *In the Matter of J. Robert Oppenheimer...*, p. 351.
³¹ Polenberg (a cura di), *In the Matter of J. Robert Oppenheimer...*, pp. 351-352.
³² US AEC, Security Clearance Procedures, Code of Federal Regulations, titolo 10, cap. 1, paragrafo 4, adottate il 12/9/50, *Federal Register*, 19/9/50, p. 6243, citate in Steven Leonard Newman, *The Oppenheimer Case: A Reconsideration of the Role of the Defense Department and National Security*, tesi, New York University, febbraio 1977, capitolo 5, nota 60; Priscilla McMillan, *The Ruin of J. Robert Oppenheimer and the Birth of the Modern Arms Race*, Viking, New York 2005, capitolo 21.

37. «Una grande macchia sulla bandiera del nostro paese»

¹ Richard Polenberg (a cura di), *In the Matter of J. Robert Oppenheimer: The Security Clearance Hearing*, Cornell University Press, Ithaca (NY) 2002, p. XV; riassunto delle intercettazioni dell'FBI del 7/5/54 e del 12/5/54, doc. 1548, archivio dell'FBI su JRO.
² Memorandum per il fascicolo di Gordon Gray, «Caso Oppenheimer», 7/5/54, cartella Oppenheimer Correspondence Dictation, cassetta 4, Gordon Gray Papers, DDEL (e citazioni successive).
³ *Ibid.*
⁴ C.E. Hennrich a Belmont, memo dell'FBI, 20/5/54, doc. 1690, archivio dell'FBI su JRO; Peter Goodchild, *J. Robert Oppenheimer: Shatterer of Worlds*, Houghton Mifflin Co., Boston 1981, pp. 259-261.
⁵ Goodchild, *J. Robert Oppenheimer...*, p. 261.
⁶ Audizioni di JRO, p. 1019.
⁷ Polenberg (a cura di), *In the Matter of J. Robert Oppenheimer...*, p. 361.
⁸ Ivi, p. 1020; Polenberg (a cura di), *In the Matter of J. Robert Oppenheimer...*, p. 365.
⁹ Polenberg (a cura di), *In the Matter of J. Robert Oppenheimer...*, p. 372.
¹⁰ Richard G. Hewlett - Jack M. Holl, *Atoms for Peace and War, 1953-1961: Eisen-

hower and the Atomic Energy Commission, University of California Press, Berkeley (CA) 1989, p. 103.

[11] Goodchild, J. Robert Oppenheimer..., p. 265.

[12] Nota manoscritta da McKay Dunkin, 19/5/54, cartella Zuckert, Strauss Papers, HHL; Harold P. Green, intervistato da Barton J. Bernstein, 1984 (Bernstein, intervista telefonica con Bird, 13/2/04). Si veda anche Barton J. Bernstein, *The Oppenheimer Loyalty-Security Case Reconsidered*, «Stanford Law Review», p. 1477. Zuckert in seguito disse: «Ho avuto un periodo difficile sotto Lewis Strauss». Definì le audizioni di Oppenheimer un «combattimento fra cani... Non fu certo un anno piacevole. Mi considero ancora un amico di Lewis, ma non è divertente» (Eugene Zuckert, racconto orale in un'intervista, 27/9/71, HSTL). Si veda anche Philip H. jr. Burch, *Elites in American History, The New Deal to the Carter Administration*, Holmes & Meier, New York 1980, vol. 2, p. 178.

[13] Nel maggio 1959 Strauss confermò a Smyth che «il signor Zuckert ha firmato un contratto con me, come mio personale consigliere e consulente, che inizierà al termine del suo attuale lavoro» (Cartella Conferma LLS, serie 3, cassetta 2, Smyth Papers, American Philosophical Society, Philadelphia, citata da Herken, note al capitolo 18, nota 16: si veda in *www.brotherhoodofthebomb.com*). Si veda anche Priscilla McMillan, *The Ruin of J. Robert Oppenheimer and the Birth of the Modern Arms Race*, Viking, New York 2005, postludio.

[14] Strauss, memo per l'archivio, 4/5/54, «Memos for the Record, 1954», cassetta 66, Strauss Papers, HHL.

[15] Goodchild, *J. Robert Oppenheimer...*, pp. 264-265.

[16] Audizioni di JRO, p. 1050.

[17] David E. Lilenthal, *The Journals of David E. Lilienthal*, vol. 3, *Venturesome Years, 1950-1955*, Harper & Row, New York 1966, p. 528.

[18] NYT, 24/4/04.

[19] Walter Winchell, 7/6/54, «New York Mirror»; memo dell'FBI, 8/6/54, sect. 40, doc. 1691, archivio dell'FBI su JRO.

[20] Charles Robert Thorpe, *J. Robert Oppenheimer and the Transformation of the Scientific Vocation*, tesi di laurea, UC-San Diego, 2001, p. 587.

[21] Eric Sevareid, *Small Sounds in the Night: A Collection of Capsule Commentaries on the American Scene*, Alfred A. Knopf, New York 1956, p. 224.

[22] Per esempio, si veda *Le Risque de Sécurité*, «Le Monde», 8/6/54, p. 1.

[23] «Noi firmatari...», 7/6/54, petizione all'AEC, doc. 1804, sect. 44, archivio dell'FBI su JRO; «New York Post», 10/7/54. Hewlett - Holl, *Atoms for Peace and War...*, p. 111. La decisione creò una forte controversia che portò il ministro della Giustizia Herbert Brownell a chiedere gentilmente al suo assistente Warren Burger di riascoltare la registrazione. Il futuro presidente della Suprema Corte lo fece e poi riferì che era arrivato «alla personale conclusione che, se si fosse in guerra, Oppenheimer dovrebbe essere impiccato» (memo di Strauss per l'archivio, 27/3/69; Warren Burger a Strauss, 14/5/69, Strauss Papers, HHL).

[24] Sevareid, *Small Sounds in the Night...*, p. 223.

[25] Joe Alsop a Gordon Gray, 2/6/54, cartella Corrispondenza mista, 1951-57, cassetta 1, Gordon Gray Papers, DDEL.

[26] Joseph Alsop - Stewart Alsop, *We Accuse: The Story of the Miscarriage of American Justice in the Case of Robert Oppenheimer*, Simon & Schuster, New York 1954, p. 59; Merry, *Taking on the World...*, pp. 262-263.

[27] Kai Bird, *The Chairman: John J. McCloy and the Making of the American Establishment*, Simon & Schuster, New York 1992, p. 425.

[28] Bernstein, *The Oppenheimer Loyalty-Security Case Reconsidered...*, p. 1388.

[29] Eisenhower a Strauss, 16/6/54, diari di Ann Whitman, DDE, giugno 1954, cartella (1), cassetta 7, DDEL.

[30] Patrick J. McGrath, *Scientists, Business, and the State, 1890-1960*, University of North Carolina Press, Chapel Hill (NC) 2002, p. 167.

[31] Strauss, memo per l'archivio, 5/12/57, cassetta 67, Strauss Papers, HHL.
[32] Thorpe, J. *Robert Oppenheimer and the Transformation of the Scientific Vocation...*, p. 588.
[33] Daniel Bell, *The Coming of Post-Industrial Society: A Venture in Social Forecasting*, Basic Books, New York 1973, p. 400; Thorpe, J. *Robert Oppenheimer and the Transformation of the Scientific Vocation...*, p. 551.
[34] Stephen E. Ambrose, *Eisenhower: The President, 1952-1969*, George Allen & Unwin, London 1984, p. 612; McGrath, *Scientists, Business, and the State...*, 1890-1960, p. 4.

38. «Sento ancora il calore del sangue sulle mie máni»

[1] Jane Wilson a Kitty Oppenheimer, 20/6/54, cartella Robert Wilson, cassetta 78, JRO Papers.
[2] Babette Oppenheimer Langsdorf a Philip Stern, 10/7/67, Stern Papers, JFKL.
[3] FBI «Riassunto dell'8 luglio 1954», sect. 45, doc. 1858, archivio dell'FBI su JRO.
[4] Harold Cherniss, intervistato da Alice Smith, 21/4/76, p. 24.
[5] Francis Fergusson, intervistato da Sherwin, 23/6/79, pp. 6-8.
[6] *Ibid.*
[7] John Mason Brown, *Through These Men: Some Aspects of Our Passing History*, Harper & Brothers, New York 1956, p. 288.
[8] Jon Else, *The Day After Trinity: J. Robert Oppenheimer and the Atomic Bomb* (documentario), Image Entertainment DVD, 1980, trascrizione e testi aggiuntivi a cura di Jon Else, p. 76, Collezione Sherwin.
[9] Robert Serber - Robert P. Crease, *Peace and War: Reminiscences of a Life on the Frontiers of Science*, Columbia University Press, New York 1998, p. 183.
[10] David E. Lilienthal, *The Journals of David E. Lilienthal*, vol. 3, *Venturesome Years, 1950-1955*, Harper & Row, New York 1966, p. 594 (annotazione del 24/12/54).
[11] Harold Cherniss, intervistato da Alice Smith, 4/21/76, p. 23.
[12] Roach a Belmont, memo dell'FBI, 14/7/54, sect. 46, doc. 1866, archivio dell'FBI su JRO.
[13] Harold Cherniss, il vecchio amico di Oppenheimer, ebbe un ruolo importante nell'organizzare la petizione. Dopo aver parlato con alcuni amministratori, Cherniss si rese conto che il lavoro di Oppie era in forse (Cherniss, intervistato da Sherwin, 23/5/79, p. 16).
[14] Strauss, memo per l'archivio, 5/1/55, Strauss Papers, HHL.
[15] Strauss, memo per l'archivio, 7/5/68 e 12/5/67, Strauss Papers, HHL; Robert W. Merry, *Taking on the World: Joseph and Stewart Alsop - Guardians of the American Century*, Viking Press, New York 1996, pp. 360-363; Edwin M. Yoder jr., *Joe Alsop's Cold War: A Study of Journalistic Influence and Intrigue*, University of North Carolina Press, Chapel Hill (NC) 1995, pp. 153-155.
[16] Shen, intervistato da Sherwin, p. 24.
[17] Hoover, lettera, 15/7/54, sect. 46, doc. 1869, archivio dell'FBI su JRO.
[18] Harold Cherniss, intervistato da Alice Smith, 21/4/76, p. 19; Philip M. Stern - Harold P. Green, *The Oppenheimer Case: Security on Trial*, Harper & Row, New York 1969, p. 393.
[19] Peter scrisse queste parole il 9/6/54 (l'ortografia è stata corretta); Brown, *Through These Men...*, p. 228.
[20] Memo dell'FBI, 14/7/54, sect. 46, doc. 1888, archivio dell'FBI su JRO.
[21] Ufficio dell'FBI del Newark, memo a Hoover, 13/7/54, sect. 46, doc. 1880, archivio dell'FBI su JRO.
[22] Riassunto dell'FBI sulla sorveglianza, 15/7/54, sect. 46, doc. 1893, archivio dell'FBI su JRO.

²³ JRO a Hoover, 15/7/54, doc. 1891; riassunto dell'FBI sulla sorveglianza, 17/7/54, 1899, sect. 46, archivio dell'FBI su JRO.
²⁴ Susan Barry, *Sis Frank*, in *St. John People*, pp. 89-90.
²⁵ Irva Clair Denham, intervistata da Sherwin, 20/2/82, p. 4.
²⁶ Inga Hiilivirta, intervistata da Sherwin, 16/1/82, p. 19.
²⁷ Archivio dell'FBI su JRO, sect. 49, 23/8/54 e 25/8/54.
²⁸ Archivio dell'FBI su JRO, 30/8/54, sect. 49, docs. 1981, 2002.
²⁹ Lilienthal, *The Journals of David E. Lilienthal*, vol. 3, *Venturesome Years...*, p. 615. Lilienthal aveva visitato St. John quella primavera e saputo della visita dell'FBI da Ralph Boulon, comproprietario dell'albergo di Trunk Bay.
³⁰ Ferenc M. Szasz, *Great Britain and the Saga of J. Robert Oppenheimer*, *War in History*, vol. 2, n. 3 (1995), p. 327; «News Statesman and Nation», 23/10/54, p. 525. Anche la stampa francese reagì in modo critico. L'8 giugno 1954 l'editoriale di «Le Monde» sosteneva: «L'ossessione della sicurezza sta per portare gli Stati Uniti verso una crisi mentale e morale di prim'ordine. Li sta spingendo a forgiare le catene di quello stesso totalitarismo che loro dovrebbero combattere. Nessuno vuole rischiare l'accusa di essere morbido con il comunismo. E le idee del senatore McCarthy sono circolate di nascosto fino a imporsi sulla maggioranza».
³¹ Haakon Chevalier, *Oppenheimer: The Story of a Friendship*, George Braziller, New York 1965, p. 116 (*Cominciò ad Hiroshima*, Comunità, Milano 1965).
³² Robert Coughlan, *The Equivocal Hero of Science: Robert Oppenheimer*, «Life», febbraio 1967, p. 34; si veda anche Charles Robert Thorpe, *J. Robert Oppenheimer and the Transformation of the Scientific Vocation*, tesi di laurea, UC-San Diego, 2001, p. 572.
³³ Jeremy Gundel, *Heroes and Villains: Cold War Images of Oppenheimer and Teller in Mainstream American Magazines* (luglio 1992), Occasional Paper 92-1, Nuclear Age History and Humanities Center, Tufts University, p. 56.
³⁴ W.A. Branigan a Belmont, memo dell'FBI, 27/7/54, sect. 47, doc. 1912, archivio dell'FBI su JRO; WP, 25/7/54.
³⁵ Thorpe, *J. Robert Oppenheimer and the Transformation of the Scientific Vocation...*, p. 608; JRO, *The Open Mind*, Simon & Schuster, New York 1955, pp. 144-145 (*Energia atomica problema d'oggi*, Boringhieri, Torino 1961).
³⁶ *See It Now*, trascrizione, 4/1/55, CBS News Documentary Library, New York City.
³⁷ Thorpe, *J. Robert Oppenheimer and the Transformation of the Scientific Vocation...*, pp. 581-584 (e citazioni successive); Jane A. Sanders, *The University of Washington and the Controversy Over J. Robert Oppenheimer*, «Pacific Northwest Quarterly», gennaio 1979, pp. 8-19.
³⁸ Lilienthal, *The Journals of David E. Lilienthal*, vol. 3, *Venturesome Years...*, pp. 618-619.
³⁹ David E. Lilienthal, *The Journals of David E. Lilienthal*, vol. 5, *The Harvest Years, 1959-1963*, Harper & Row, New York 1971, p. 156.
⁴⁰ Bertrand Russell a JRO, 8/2/57; JRO a Russell, 18/2/57; Russell a JRO, 11/3/57, cassetta 62, JRO Papers; William Lanouette - Bela Szilard, *Genius in the Shadows: A Biography of Leo Szilard, the Man Behind the Bomb*, Charles Scribner's Sons, New York 1992, p. 369.
⁴¹ Charles Robert Thorpe, *J. Robert Oppenheimer and the Transformation of the Scientific Vocation*, tesi di laurea, UC-San Diego, 2001, pp. 619-620.
⁴² Max Born et al., *The Peril of Universal Death*, 9/7/55, Kai Bird - Lawrence Lifschultz (a cura di), *Hiroshima's Shadow: Writings on the Denial of History and the Smithsonian Controversy*, Pamphleteer's Press, Stony Creek (CT) 1998, pp. 485-487.
⁴³ Thorpe, *J. Robert Oppenheimer and the Transformation of the Scientific Vocation...*, pp. 617-618.
⁴⁴ Else, *The Day After Trinity...*, p. 76.
⁴⁵ *A-Bomb Use Questioned*, 9/6/56, United Press International.
⁴⁶ Max Born, *My Life and My Views*, Scribner, New York 1968, p. 110; JRO a

Born, 16/4/64, per cortesia di Nancy Greenspan.
[47] JRO, *The Open Mind...*, pp. 50-51.
[48] Ivi, p. 54.
[49] «New York Herald Tribune», 26/3/56; Kai Bird, *The Color of Truth: McGeorge Bundy and William Bundy, Brothers in Arms*, Simon & Schuster, New York 1992, p. 147. Il professor Morton White del Dipartimento di filosofia confermò l'invito. White, intervistato da Sherwin, 27/10/04.
[50] *Requiescat*, «Harvard Magazine», maggio-giugno 2004.
[51] Edmund Wilson, *The Fifties: From the Notebooks and Diaries of the Period*, a cura di Leon Edel, Farrar, Straus & Giroux, New York 1986, pp. 411-412. Jeremy Bernstein, *Oppenheimer: Portrait of an Enigma*, Ivan R. Dee, Chicago 2004, p. 174.
[52] David E. Lilienthal, *The Journals of David E. Lilienthal*, vol. 4, *The Road to Change, 1955-1959*, Harper & Row, New York 1969, p. 259.
[53] Sylvia Nasar, *A Beautiful Mind*, Simon & Schuster, New York 1998, pp. 220-221 (*Il genio dei numeri*, Rizzoli, Milano 1999).
[54] Ivi, pp. 221, 294. Nash tornò all'Istituto con Oppenheimer nel 1961-62 e 1963-64.
[55] Bernstein, *Oppenheimer...*, pp. 187-188.
[56] Ivi, p. 189; memo di Jeremy Bernstein a Sherwin, aprile 2004.
[57] Peter Coleman, *The Liberal Conspiracy: The Congress for Cultural Freedom and the Struggle for the Mind of Postwar Europe*, The Free Press, New York 1989, pp. 120-121.
[58] Frances Stonor Saunders, *The Cultural Cold War: The CIA and the World of Arts and Letters*, The New Press, New York 2000, pp. 378-379, 394-395 (*La guerra fredda culturale. La CIA e il mondo delle lettere e delle arti*, Fazi, Roma 2004); NYT, 9/5/66; Coleman, *The Liberal Conspiracy...*, pp. 177, 297.
[59] Peter Michelmore, *The Swift Years: The Robert Oppenheimer Story*, Dodd, Mead & Co., New York 1969, pp. 241-242. Per gli articoli dei giornali giapponesi sulla visita di Oppenheimer ringraziamo Mikio Kato dell'International House di Tokyo.
[60] Lilienthal, intervistato da Sherwin, 17/10/78.
[61] *Ibid*.
[62] Francis Fergusson, intervistato da Sherwin, 7/7/79, p. 10.
[63] JRO a Frank Oppenheimer, 2/4/58, Collezione Alice Smith.
[64] Verna Hobson, intervistata da Sherwin, 31/7/79; Francis Fergusson, intervistato da Sherwin, 7/7/79, p. 8.

39. «Era davvero un paese immaginario»

[1] Nancy Gibney, *Finding Out Different*, in *St. John People: Stories about St. John Residents by St. John Residents*, American Paradise Publishing, St. John (VI) 1993, p. 151
[2] Sabra Ericson, intervistata da Sherwin, 13/1/82, p. 6; Francis Fergusson, intervistato da Sherwin, 7/7/79, p. 1.
[3] Sis Frank, intervistata da Sherwin, 18/1/82, p. 1.
[4] All'inizio Nancy Gibney aveva venduto circa mezzo ettaro di terreno a una coppia di St. Louis, che poi lo vendette a Oppenheimer. Un anno più tardi, Oppenheimer persuase i Gibneys a vendergli un altro mezzo ettaro (Eleanor Gibney, intervistata da Bird, 27/3/01).
[5] Ericson, intervistato da Sherwin, 13/1/82, p. 6.
[6] Ivi, p. 7; Irva Claire Denham, intervistata da Sherwin, 20/2/82, p. 20.
[7] Gibney, *Finding Out Different*, in *St. John People...*, pp. 153-155 (e citazioni precedenti e successive).
[8] Ed Gibney, intervistato da Bird, 26/3/01.
[9] Gibney, *Finding Out Different*, in *St. John People...*, pp. 150-167.
[10] Doris e Ivan Jadan, intervistati da Sherwin, 18/1/82, p. 14; Inga Hiilivirta, intervista-

ta da Sherwin, 16/1/82, p. 8; Ericson, intervistato da Sherwin, 13/1/82, p. 8. La lite si chiuse solo dopo la morte di Robert e di Kitty. Toni pensava che la cosa fosse ridicola, e così un giorno andò con Sabra Ericson a visitare Nancy Gibney per sistemare la questione.
[11] Doris Jadan, intervistata da Sherwin, 18/1/82, pp. 1-4. Ivan Jadan non lasciò mai l'isola e morì nel 1995.
[12] Doris Jadan, intervistata da Sherwin, 18/1/82, p. 3.
[13] Ericson, intervistato da Sherwin, 13/1/82, pp. 14, 19.
[14] Doris Jadan, intervistata da Sherwin, 18/1/82, p. 6.
[15] Sis Frank, interviststa da Sherwin, 18/1/82, p. 7.
[16] Sis Frank, intervistata da Sherwin, 18/1/82, pp. 2, 8.
[17] Hiilivirta, intervistata da Sherwin, 16/1/82, pp. 3-5 (e citazioni successive); Hiilivirta, intervistata da Bird, 26/3/01.
[18] Hiilivirta, intervistata da Sherwin, 16/1/82, p. 4.
[19] Ivi, p. 5.
[20] Sis Frank, intervistata da Sherwin, 18/1/82, p. 2.
[21] Ericson, intervistato da Sherwin, 13/1/82, pp. 14-15.
[22] John Green, intervistato da Sherwin, 20/2/82, p. 15.
[23] Francis Fergusson, intervistato da Sherwin, 7/7/79, p. 2.
[24] Fiona e William St. Clair, intervistati da Sherwin, 17/2/82, p. 9; Hiilivirta, intervistata da Sherwin, 16/1/82, p. 4; Doris Jadan, intervistata da Sherwin, 18/1/82, p. 4.
[25] John Green, intervistato da Sherwin, 20/2/82, p. 21.
[26] Hiilivirta, intervistata da Bird, 26/3/01.
[27] Gibney, *Finding Out Different*, in *St. John People...*, p. 157.
[28] Hiilivirta, intervistata da Sherwin, 16/1/82, p. 17.
[29] Ivi, p. 2. Sis Frank, intervistata da Sherwin, 18/1/82, p. 5; Ericson, intervistato da Sherwin, 13/1/82, p. 9.
[30] Ericson, intervistato da Sherwin, 13/1/82, p. 11.
[31] Steve Edwards, intervistato da Sherwin, 18/1/82, p. 4.
[32] Sis Frank, intervistata da Sherwin, 18/1/82, p. 7.
[33] Hiilivirta, intervistata da Sherwin, 16/1/82, pp. 1-2.
[34] John Green, intervistato da Sherwin, 20/2/82, p. 12.
[35] Betty Dale, intervistata da Sherwin, 21/1/82, pp. 2-3.
[36] Peter Michelmore, *The Swift Years: The Robert Oppenheimer Story*, Dodd, Mead & Co., New York 1969, p. 240.
[37] Doris Jadan, interviststa da Sherwin, 18/1/82, p. 8.
[38] Ericson, intervistato da Sherwin, 13/1/82, p. 14.

40. «*Bisognava farlo il giorno dopo Trinity*»

[1] Glenn T. Seaborg, *A Chemist in the White House*, American Chemical Society, Washington (DC) 1998, p. 106; Peter Goodchild, *J. Robert Oppenheimer: Shatterer of Worlds*, Houghton Mifflin Co., Boston 1981, p. 275.
[2] Charles Robert Thorpe, *J. Robert Oppenheimer and the Transformation of the Scientific Vocation*, tesi di laurea, UC-San Diego, 2001, p. 593.
[3] *Dr. J. Robert Oppenheimer*, 26/6/63, cartella 2 del fascicolo Oppenheimer, HUAC, RG 233, NA.
[4] Ferenc M. Szasz, *Great Britain and the Saga of J. Robert Oppenheimer*, *War in History*, 2 (1995), n. 3, p. 329.
[5] Peter Michelmore, *The Swift Years: The Robert Oppenheimer Story*, Dodd, Mead & Co., New York 1969, p. 247-248.
[6] Ivi, p. 248; Teller nelle sue memorie sostiene di aver proposto il nome di Oppenheimer per il premio Fermi del 1963 (Edward Teller - Judith Shoolery, *Memoirs: A*

Twentieth-Century Journey in Science and Politics, Perseus Publishing, Cambridge (MA) 2001, p. 465).

[7] NYT, 22/11/63; Gregg Herken, *Cardinal Choices: Presidential Science Advising from the Atomic Bomb to SDI*, Oxford University Press, New York 1992, pp. 307-308.

[8] Peter Oppenheimer, e-mail a Bird, 7/9/04; Michelmore, *The Swift Years...*, p. 249.

[9] David E. Lilienthal, *The Journals of David E. Lilienthal*, vol. 5, *The Harvest Years, 1959-1963*, Harper & Row, New York 1971, p. 529.

[10] Comunicato stampa della Casa Bianca, «Osservazioni del presidente Johnson, di Seaborg e di Oppenheimer», 2/12/63, Philip M. Stern Papers, JFKL; Seaborg, *A Chemist in the White House...*, p. 186; Lilienthal, *The Journals of David E. Lilienthal*, vol. 5, *The Harvest Years...*, p. 530.

[11] Goodchild, *J. Robert Oppenheimer...*, pp. 276-277.

[12] David Pines, intervistato da Bird, 26/6/04.

[13] Gregg Herken, *Brotherhood of the Bomb: The Tangled Lives and Loyalties of Robert Oppenheimer, Ernest Lawrence, and Edward Teller*, Henry Holt & Co., New York 2002, p. 331.

[14] Kai Bird, *The Color of Truth: McGeorge Bundy and William Bundy, Brothers in Arms*, Simon & Schuster, New York 1992, p. 151.

[15] Herken, *Brotherhood of the Bomb...*, p. 330.

[16] Strauss, memo per l'archivio, 21/1/66, Strauss Papers, HHL.

[17] David E. Lilienthal, *The Journals of David E. Lilienthal*, vol. 6, *Creativity and Conflict, 1964-1967*, Harper & Row, New York 1976, p. 22.

[18] David E. Lilienthal, *The Journals of David E. Lilienthal*, vol. 5, *The Harvest Years, 1959-1963*, Harper & Row, New York 1971, p. 275.

[19] Peter Oppenheimer, e-mail a Bird, 10/9/04.

[20] JRO a Gar Alperovitz, 4/11/64, per cortesia di Alperovitz; Gar Alperovitz, *The Decision to Use the Atomic Bomb*, Alfred A. Knopf, New York 1995, p. 574.

[21] Heinar Kipphardt, *In the Matter of J. Robert Oppenheimer*, Hill and Wang, New York 1968, pp. 126-127 (*Sul caso di J. Robert Oppenheimer*, Einaudi, Torino 1964).

[22] Szasz, *Great Britain and the Saga of J. Robert Oppenheimer...*, p. 330.

[23] Ivi, p. 329.

[24] Jon Else, *The Day After Trinity: J. Robert Oppenheimer and the Atomic Bomb* (documentario), Image Entertainment DVD, 1980, trascrizione e testi aggiuntivi a cura di Jon Else, p. 77, Collezione Sherwin.

[25] JRO al dottor Jerome Wiesner, 6/6/66, Stern Papers, JFKL.

[26] Lilienthal, *The Journals of David E. Lilienthal*, vol. 6, *Creativity and Conflict...*, p. 173.

[27] Strauss, memo per l'archivio, 22/4/63, Strauss Papers, HHL.

[28] Ivi, 29/4/65, Strauss Papers, HHL.

[29] Ivi, 14/12/65, Strauss Papers, HHL.

[30] Georgia Whidden (IAS), e-mail a Bird, 24/2/04.

[31] Sis Frank, intervistata da Sherwin, 18/1/82, p. 3 (e citazioni successive); Verna Hobson, intervistata da Sherwin, 31/7/79, p. 26.

[32] Arthur Schlesinger jr. a JRO, 21/2/66, cassetta 65, JRO Papers.

[33] Francis Fergusson, intervistato da Sherwin, 23/6/79, p. 10.

[34] Lilienthal, *The Journals of David E. Lilienthal*, vol. 6, *Creativity and Conflict...*, p. 255.

[35] Abraham Pais, *A Tale of Two Continents: A Physicist's Life in a Turbulent World*, Princeton University Press, Princeton (NJ) 1997, p. 399; Goodchild, *J. Robert Oppenheimer...*, p. 279; Michelmore, *The Swift Years...*, p. 253.

[36] Dyson, intervistato da Jon Else, 10/12/79, p. 4; Freeman Dyson, *Disturbing the Universe*, Harper Collins, New York 1979, p. 81 (*Turbare l'universo*, Boringhieri, Torino 1981).

[37] Lilienthal, *The Journals of David E. Lilienthal*, vol. 6, *Creativity and Conflict...*, p. 234.

[38] JRO a Nicolas Nabokov, telegramma, 11/7/66, cartella Nabokov, box 52, JRO Papers.
[39] Sabra Ericson, intervistata da Sherwin, 13/1/82, pp. 16, 21; Sis Frank, intervistata da Sherwin, 18/1/82, p. 4.
[40] Hiilivirta, intervistata da Sherwin, 16/1/82, pp. 9, 12.
[41] JRO a Nicolas Nabokov, 28/10/66, cartella Nabokov, cassetta 52, JRO Papers.
[42] George Dyson, e-mail a Bird, 23/5/03.
[43] JRO a Nicolas Nabokov, 28/10/66, cartella Nabokov, cassetta 52, JRO Papers.
[44] Lilienthal, *The Journals of David E. Lilienthal*, vol. 6, *Creativity and Conflict...*, pp. 299-300.
[45] Michelmore, *The Swift Years...*, p. 254.
[46] Agenda 1966, cassetta 13, JRO Papers.
[47] David Bohm a JRO, 29/11/66 (e citazioni successive); JRO a Bohm, bozza di lettera, 2/12/66; e JRO a Bohm, 5/12/66, fascicolo Bohm, cassetta 20, JRO Papers.
[48] Thorpe, J. *Robert Oppenheimer and the Transformation of the Scientific Vocation...*, pp. 629-630; Thomas B. Morgan, *With Oppenheimer, on an Autumn Day*, «Look», 27/12/66, pp. 61-63.
[49] Haakon Chevalier, *Oppenheimer: The Story of a Friendship*, George Braziller, New York 1965, pp. 34-35 (*Cominciò ad Hiroshima*, Comunità, Milano 1965).
[50] Else, *The Day After Trinity...*
[51] Lilienthal, *The Journals of David E. Lilienthal*, vol. 6, *Creativity and Conflict...*, p. 348.
[52] JRO lettera a James Chadwick, 10/1/67, cassetta 26, JRO Papers.
[53] Verna Hobson, intervistata da Sherwin, 31/7/79, p. 10.
[54] Michelmore, *The Swift Years...*, p. 254.
[55] Dyson, *Disturbing the Universe...*, p. 81. Marvin Weinstein era un fisico che aveva studiato alla Columbia University e che poi passò gli anni dal 1967 al 1969 all'Istituto.
[56] Louis Fischer a Michael Josselson, 25/2/67, cartella 3a, cassetta 5, Fischer Papers, PUL, per cortesia di George Dyson.
[57] *Ibid.* (e citazioni successive).
[58] Francis Fergusson, intervistato da Sherwin, 7/7/79, p. 19, e 23/6/79, p. 10. Certificato di morte di JRO, n. 08006, State Department of Health di New Jersey; Dyson, *Disturbing the Universe...*, p. 81; Sabra Ericson, intervistata da Sherwin, 13/1/82, p. 20. Secondo il dottor Stanley Bauer, direttore del reparto di patologia dell'ospedale di Princeton, il rapporto dell'autopsia di Oppenheimer indica che il suo fegato mostrava segni di necrosi dovuti a una sostanza tossica esterna, probabilmente collegata alla chemioterapia. Sembra anche che il trattamento con le radiazioni avesse completamente eliminato il cancro alla gola, nel qual caso la morte sarebbe dovuta proprio alla chemioterapia.
[60] Strauss a Kitty Oppenheimer, telegramma, 20/2/67, Strauss Papers, HHL.
[61] Szasz, *Great Britain and the Saga of J. Robert Oppenheimer...*
[62] NYT, 20/2/67.
[63] *Talk of the Town*, «The New Yorker», 4/3/67.
[64] Registrazione del Congresso, 19/2/67.
[65] I.I. Rabi *et al.*, *Oppenheimer*, Charles Scribner's Sons, New York 1969, p. 8.
[66] John e Irva Green, e Irva Claire Denham, intervistati da Sherwin, 20/2/82, pp. 1-2.

Epilogo. «*Di Robert ce n'è uno solo*»

[1] Charlotte Serber si suicidò nel 1967.
[2] Robert Serber - Robert P. Crease, *Peace and War: Reminiscences of a Life on the Frontiers of Science*, Columbia University Press, New York 1998, pp. 218-219.

[3] Robert Serber - Robert P. Crease, *Peace and War: Reminiscences of a Life on the Frontiers of Science*, Columbia University Press, New York 1998, p. 221; Abraham Pais, *The Genius of Science: A Portrait Gallery of Twentieth-Century Physicists*, Oxford University Press, Oxford 2000, p. 285.

[4] Hilde Hein, *The Exploratorium: The Museum as Laboratory*, Smithsonian Books, Washington (DC) 1991, pp. IX-X, XIV-XV, 14-21.

[5] Robert Serber, intervistato da Sherwin, 11/3/82, p. 20.

[6] Sabra Ericson, intervistata da Sherwin, 13/1/82, p. 9.

[7] Lettera a Newark, 22/12/69, sect. 59, archivio dell'FBI su JRO (desecretato il 23/6/99).

[8] Serber, intervistato da Sherwin, 11/3/82, p. 18; June Barlas, intervistata da Sherwin, 19/1/82, pp. 1-7.

[9] June Barlas intervistata da Sherwin, 19/1/82, p. 1; Ellen Chances intervistata da Sherwin, 10/5/79.

[10] Inga Hiilivirta intervistata da Sherwin, 16/1/82, p. 20.

[11] Ed Gibney intervistato da Bird, 26/3/01.

[12] June Barlas intervistata da Sherwin, 19/1/82, p. 5; Fiona St. Clair intervistata da Sherwin, 17/2/82, p. 4; Sabra Ericson intervistata da Sherwin, 13/1/82, p. 12.

Bibliografia

Libri

Acheson, Dean, *Present at the Creation: My Years in the State Department*, Norton, New York 1969.
Albright, Joseph - Marcia Kunstel, *Bombshell: The Secret Story of America's Unknown Atomic Spy Conspiracy*, Times Books, New York 1997.
Allen, James S., *Atomic Imperialism*, International Publishers, New York 1952.
Alperovitz, Gar, *Atomic Diplomacy: Hiroshima and Potsdam: The Use of the Atomic Bomb and the American Confrontation with Soviet Power*, Simon & Schuster, New York 1965 (*Un asso nella manica. La diplomazia atomica americana*, Einaudi, Torino 1966).
—, *The Decision to Use the Atomic Bomb*, Alfred A. Knopf, New York 1995.
Ambrose, Stephen E., *Eisenhower: The President, 1952-1969*, George Allen & Unwin, London 1984.
Alsop, Joseph - Alsop, Stewart, *We Accuse: The Story of the Miscarriage of American Justice in the Case of Robert Oppenheimer*, Simon & Schuster, New York 1954.
Alvarez, Luis W., *Alvarez: Adventures of a Physicist*, Basic Books, New York 1987.
Barrett, Edward L. jr., *The Tenney Committee: Legislative Investigation of Subversive Activities in California*, Cornell University Press, Ithaca (NY) 1951.
Badash, Lawrence et al. (a cura di), *Reminiscences of Los Alamos, 1943-45*, D. Reidel Publishing Company, Dordrecht (Olanda) 1980.
Bartusiak, Marcia, *Einstein's Unfinished Symphony: Listening to the Sounds of Space-Time*, Berkeley Books, New York 2000.
Baruch, Bernard, *Baruch: My Own Story*, Henry Holt & Co., New York 1957 (*La mia storia*, Longanesi, Milano 1957).
—, *The Public Years*, Holt, Rinehart & Winston, New York 1960.
Belfrage, Cedric, *The American Inquisition, 1945-1960*, Bobbs-Merrill Co., Indianapolis e New York 1973.
Bell, Daniel, *The Coming of Post-Industrial Society: A Venture in Social Forecasting*, Basic Books, New York 1973.
Benson, Robert Louis - Michael Warner, *Venona: Soviet Espionage and the American Response, 1939-1957*, National Security Agency e Central Intelligence Agency, Washington (DC) 1996.
Bernstein, Barton J. (a cura di), *The Atomic Bomb: The Critical Issues*, Little, Brown & Co., Boston 1976.
Bernstein, Jeremy, *Experiencing Science*, Basic Books, New York 1978 (*Uomini e macchine intelligenti*, Adelphi, Milano 1990; traduzione parziale).
—, *Hans Bethe: Prophet of Energy*, Basic Books, New York 1980 (*Hans Bethe, il profeta dell'energia*, Garzanti, Milano 1983).
—, *Quantum Profiles*, Princeton University Press, Princeton (NJ) 1991.
—, *The Merely Personal: Observations on Science and Scientists*, Ivan R. Dee, Chicago 2001.
—, *The Life It Brings: One Physicist's Beginnings*, Penguin Books, New York 1987.
—, *Oppenheimer: Portrait of an Enigma*, Ivan R. Dee, Chicago 2004.
Berson, Robin Kadison, *Marching to a Different Drummer: Unrecognized Heroes of American History*, Greenwood Press, Westport (CT) 1994.

Bird, Kai, *The Chairman: John J. McCloy and the Making of the American Establishment*, Simon & Schuster, New York 1992.
—, *The Color of Truth: McGeorge Bundy and William Bundy, Brothers in Arms*, Simon & Schuster, New York 1992.
Bird, Kai - Lifschultz, Lawrence (a cura di), *Hiroshima's Shadow: Writings on the Denial of History and the Smithsonian Controversy*, Pamphleteer's Press, Stony Creek (CT) 1998. Birmingham, Stephen, *Our Crowd*, Future Books, New York 1967.
—, *The Rest of Us: The Rise of America's Eastern European Jews*, Little, Brown & Co., Boston 1984.
Blackett, P.M.S., *Fear, War, and the Bomb: Military and Political Consequences of Atomic Energy*, McGraw-Hill, New York 1948, 1949 (*Conseguenze politiche e militari dell'energia atomica*, Einaudi, Torino 1949).
Blum, John Morton (a cura di), *The Price of Vision: The Diary of Henry A. Wallace, 1942-1946*, Houghton Mifflin, Boston 1973.
Bohlen, Charles E., *Witness to History: 1929-1969*, Norton, New York 1973.
Born, Max, *My Life: Recollections of a Nobel Laureate*, Charles Scribner's Sons, New York 1975 (*Autobiografia di un fisico*, Editori Riuniti, Roma 1980).
Boyer, Paul, *By Bomb's Early Light: American Thought and Culture at the Dawn of the Atomic Age*, University of North Carolina Press, Chapel Hill (NC) 1994 (Pantheon, 1985).
Brechin, Gray, *Imperial San Francisco: Urban Power, Earthly Ruin*, University of California Press, Berkeley 1999.
Brian, Denis, *Einstein: A Life*. John Wiley & Sons, New York 1996.
Brode, Bernice, *Tales of Los Alamos: Life on the Mesa, 1943-1945*, Los Alamos Historical Society, Los Alamos (NM) 1997.
Brome, Vincent, *The International Brigades: Spain, 1936-1939*, William Morrow & Co., New York 1966.
Brown, John Mason, *Through These Men: Some Aspects of Our Passing History*, Harper & Brothers, New York 1956.
Bruner, Jerome Seymour, *In Search of Mind*, Harper & Row, New York 1983 (*Alla ricerca della mente*, Armando, Roma 1984).
Bundy, McGeorge, *Danger and Survival: Choices About the Bomb in the First Fifty Years*, Random House, New York 1988.
Burch, Philip H. jr., *Elites in American History*, vol. 3, *The New Deal to the Carter Administration*, Holmes & Meier, New York 1980.
Bush, Vannevar, *Pieces of the Action*, William Morrow & Co., New York 1970.
Byrnes, James F., *Speaking Frankly*, Harper & Brothers, New York1947 (*Carte in tavola*, Garzanti, Milano 1948).
Calaprice, Alice (a cura di), *The Expanded Quotable Einstein*, Princeton University Press, Princeton (NJ) 2000 (A. Einstein, *Pensieri di un uomo curioso*, Mondadori, Milano 1999).
Calvocoressi, Peter – Wint, Guy, *Total War: The Story of World War II*, Pantheon Books, New York 1972 (*Storia della seconda guerra mondiale*, Rizzoli, Milano 1980).
Carroll, Peter N., *The Odyssey of the Abraham Lincoln Brigade: Americans in the Spanish Civil War*, Stanford University Press, Stanford (CA) 1994.
Cassidy, David, *J. Robert Oppenheimer and the American Century*, Pi Press, Indianapolis (IN) 2004.
—, *Uncertainty: The Life and Science of Werner Heisenberg*, W. H. Freeman, New York 1992 (*Un'estrema solitudine. La vita e l'opera di Werner Heisenberg*, Bollati Boringhieri, Torino 1996).
Chambers, Marjorie Bell - Aldrich, Linda K., *Los Alamos, New Mexico: A Survey to 1949*, Los Alamos Historical Society, monografia 1, Los Alamos (NM) 1999.

Chevalier, Haakon, *The Man Who Would Be God*, G.P. Putnam's Sons, New York 1959 (*L'uomo che volle essere Dio*, Lerici, Milano 1961, 1965).

—, *Oppenheimer: The Story of a Friendship*, George Braziller, New York 1965 (*Cominciò ad Hiroshima*, Comunità, Milano 1965).

Childs, Herbert, *An American Genius: The Life of Ernest Orlando Lawrence*, E.P. Dutton & Co., New York 1968.

Christman, Al, *Target Hiroshima: Deke Parson and the Creation of the Atomic Bomb*, Naval Institute Press, Annapolis (MD) 1998.

Church, Peggy Pond, *Bones Incandescent: The Pajarito Journals of Peggy Pond Church*, Texas Tech University Press, Lubbock (TX) 2001.

—, *The House at Otowi Bridge: The Story of Edith Warner and Los Alamos*, University of New Mexico Press, Albuquerque (NM) 1959.

Clark, Ronald W., *Einstein: The Life and Times*, Harper Collins, Avon Books, New York 1971, 1984 (*Einstein. La vita pubblica e privata del più grande scienziato del nostro tempo*, Rizzoli, Milano 1976).

Cohen, Sam, *The Truth About the Neutron Bomb*, William Morrow, New York 1983.

Coleman, Peter, *The Liberal Conspiracy: The Congress for Cultural Freedom and the Struggle for the Mind of Postwar Europe*, The Free Press, New York 1989.

Compton, Arthur H., *Atomic Quest*, Oxford University Press, New York 1956. Cook, Fred J., *The FBI Nobody Knows*, Macmillan Co., New York 1964.

—, *The Nightmare Decade: The Life and Times of Senator Joe McCarthy*, Random House, New York 1971.

Corson, William R., *The Armies of Ignorance: The Rise of the American Intelligence Empire*, Dial, New York 1977.

Crease, Robert P. - Mann, Charles C., *The Second Creation: Makers of the Revolution in 20th Century Physics*, Macmillan Co., New York 1986 (*Alla ricerca dell'uno. L'unificazione delle forze della natura*, Mondadori, Milano 1987).

Curtis, Charles P., *The Oppenheimer Case: The Trial of a Security System*, Simon & Schuster, New York 1955.

Dallet, Joe, *Letters from Spain*, Workers Library Publishers, New York 1938.

Davis, Nuel Pharr, *Lawrence and Oppenheimer*, Simon & Schuster, New York 1968 (*Lawrence e Oppenheimer*, Garzanti, Milano 1970).

Dawidoff, Nicholas, *The Catcher Was a Spy: The Mysterious Life of Moe Berg*, Pantheon, New York 1994.

Dean, Gordon E., *Forging the Atomic Shield: Excerpts from the Office Diary of Gordon E. Dean*, a cura di Roger M. Anders, University of North Carolina Press, Chapel Hill (NC) 1987.

Donaldson, Scott, *Archibald MacLeish: An American Life*, Houghton Mifflin, Boston 1992. Dyson, Freeman, *Disturbing the Universe*, Harper Collins, New York 1979 (*Turbare l'universo*, Boringhieri, Torino 1981).

—, *From Eros to Gaia*, Pantheon, New York 1992 (*Da Eros a Gaia*, Rizzoli, Milano 1993).

—, *Weapons and Hope*, Harper & Row, New York 1984 (*Armi e speranza*, Boringhieri, Torino 1984).

Eisenberg, Carolyn, *Drawing the Line: The American Decision to Divide Germany, 1944-1949*, Cambridge University Press, New York 1996.

Else, Jon, *The Day After Trinity: J. Robert Oppenheimer and the Atomic Bomb* (documentario), Image Entertainment DVD, 1980, trascrizione e testi aggiuntivi, a cura di Jon Else.

Eltenton, Dorothea, *Laughter in Leningrad: An English Family in Russia, 1933-1938*, Biddle Ltd., London 1998.

Feynman, Richard, *"Surely You're Joking, Mr. Feynman!"*, Norton, New York 1985 (*"Sta scherzando, Mr. Feynman!"*, Zanichelli, Bologna 1988).

Fine, Reuben, *A History of Psychoanalysis*, Columbia University Press, New York 1979 (*Storia della psicoanalisi*, Boringhieri, Torino 1982).
Fölsing, Albrecht, *Albert Einstein*, Viking Penguin, New York 1997.
Foreign Relations of the United States (FRUS), 1950, vol 1.
Friedan, Betty, *Life So Far: A Memoir*, Simon & Schuster, New York 2000.
Friess, Horace L., *Felix Adler and Ethical Culture: Memories and Studies*, Columbia University Press, New York 1981.
Gell-Mann, Murray, *The Quark and the Jaguar: Adventures in the Simple and the Complex*, W. H. Freeman & Co., New York 1994 (*Il quark e il giaguaro*, Bollati Boringhieri, Torino 1996).
Gilpin, Robert, *American Scientists and Nuclear Weapons Policy*, Princeton University Press, Princeton (NJ) 1962.
Giovannitti, Len - Freed, Fred, *The Decision to Drop the Bomb*, Methuen & Co., London 1965, 1967.
Gleick, James, *Genius: The Life and Science of Richard Feynman*, Vintage, New York 1992 (*Genio. La vita e la scienza di Richard Feynman*, Garzanti, Milano 1994).
Goldstein, Robert Justin, *Political Repression in Modern America*, Schenkman Publishing Co., Cambridge (MA) 1978.
Goodchild, Peter, *J. Robert Oppenheimer: Shatterer of Worlds*, Houghton Mifflin Co., Boston 1981.
Goodman, Walter, *The Committee*, Farrar, Straus & Giroux, New York 1968.
Gowing, Margaret, *Britain and Atomic Energy, 1939-1945*, St. Martin's Press, New York 1964.
Greene, Brian, *The Elegant Universe: Superstrings, Hidden Dimensions, and the Quest for the Ultimate Theory*, Random House, New York 1999; Vintage, 2003 (*L'universo elegante*, Einaudi, Torino 2000).
Grew, Joseph C., *Turbulent Era: A Diplomatic Record of Forty Years*, vol. 2, Houghton Mifflin, Boston 1952.
Gribbin, John, *Q Is for Quantum: An Encyclopedia of Particle Physics*, Simon & Schuster, New York 1998 (*Q come quanto. Dizionario illustrato di fisica quantistica*, Macro Edizioni, Cesena (FO) 2004).
Grigg, John, *1943: The Victory That Never Was*, Eyre Methuen, London 1980.
Groves, Leslie M., *Now It Can Be Told: The Story of the Manhattan Project*, Harper, New York 1962; Da Capo Press, 1983.
Guttmann, Allen, *The Wound in the Heart: America and the Spanish Civil War*, New York 1962.
Haynes, John Earl - Klehr, Harvey, *In Denial: Historians, Communism and Espionage*, Encounter Books, San Francisco 2003.
—, *Venona: Decoding Soviet Espionage in America*, Yale University Press, New Haven (CT) 1999.
Healey, Dorothy, *Dorothy Healey Remembers*, Oxford University Press, New York 1990.
Hein, Hilde, *The Exploratorium: The Museum as Laboratory*, Smithsonian Books, Washington (DC) 1991.
Herken, Gregg, *Brotherhood of the Bomb: The Tangled Lives and Loyalties of Robert Oppenheimer, Ernest Lawrence, and Edward Teller*, Henry Holt & Co., New York 2002.
—, *Cardinal Choices: Presidential Science Advising from the Atomic Bomb to SDI*, Oxford University Press, New York 1992.
—, *Counsels of War*, Alfred A. Knopf, New York 1985.
—, *The Winning Weapon: The Atomic Bomb in the Cold War, 1945-1950*, Alfred A. Knopf, New York 1980.
Hershberg, James, *James B. Conant: Harvard to Hiroshima and the Making of the Nuclear Age*, Alfred A. Knopf, New York 1993.

Hewlett, Richard G. - Anderson, Oscar E. jr., *The New World, 1939-1946*, vol. 1, *A History of the United States Atomic Energy Commission*, Pennsylvania State University Press, University Park (PA) 1962.
Hewlett, Richard G. - Duncan, Francis, *Atomic Shield, 1947-1952*, vol. 2, *A History of the United States Atomic Energy Commission*, Pennsylvania State University Press, University Park (PA) 1969.
Hewlett, Richard G. - Holl, Jack M., *Atoms for Peace and War, 1953-1961: Eisenhower and the Atomic Energy Commission*, University of California Press, Berkeley (CA) 1989.
Hinckle, Warren - Turner, William W., *The Fish Is Red: The Story of the Secret War Against Castro*, Harper Collins, New York 1981.
Hixson, Walter L., *George F. Kennan: Cold War Iconoclast*, Columbia University Press, New York 1989.
Hoddeson, Lillian et al. (a cura di), *The Rise of the Standard Model: A History of Particle Physics from 1964 to 1979*, Cambridge University Press, New York 1983.
Hoddeson, Lillian et al., *Critical Assembly*, Cambridge University Press, New York 1993.
Hollinger, David A., *Science, Jews, and Secular Culture*, Princeton University Press, Princeton (NJ) 1996.
Holloway, David, *Stalin and the Bomb: The Soviet Union and Atomic Energy, 1939-1956*, Yale University Press, New Haven (CT)1994.
Holton, Gerald, *Einstein, History, and Other Passions*, American Institute of Physics Press, Woodbury (NY) 1995 (*La lezione di Einstein: in difesa della scienza*, Feltrinelli, Milano 1997).
Horgan, Paul, *A Certain Climate: Essays in History, Arts, and Letters*, Wesleyan University Press, Middletown (CT) 1988.
Isserman, Maurice, *Which Side Were You On? The American Communist Party During the Second World War*, Wesleyan University Press, Middletown (CT) 1982.
James, Henry, *The Beast in the Jungle and Other Stories*, Dover Publications, New York 1992 (*La bestia nella giungla e altri racconti*, Garzanti, Milano, 1984).
Jenkins, Edith A., *Against a Field Sinister: Memoirs and Stories*, City Lights, San Francisco 1991.
Jette, Eleanor, *Inside Box 1663*, Los Alamos Historical Society, Los Alamos (NM) 1977.
Jones, Ernest, *The Life and Work of Sigmund Freud*, Basic Books, New York 1957 (*Vita e opere di Freud*, Il Saggiatore, Milano 1962).
Jones, Vincent C., *Manhattan: The Army and the Atomic Bomb*, Center of Military History, United States Army, Washington (DC) 1985.
Jungk, Robert, *Brighter Than a Thousand Suns: A Personal History of the Atomic Scientist*, Harcourt, Brace & Co., New York 1958 (*Gli apprendisti stregoni. Storia degli scienziati atomici*, Einaudi, Torino 1958).
Kamen, Martin D., *Radiant Science, Dark Politics: A Memoir of the Nuclear Age*, University of California Press, Berkeley 1985.
Kaplan, Fred, *Gore Vidal*, Doubleday, New York 1999.
—, *The Wizards of Armageddon*, Simon & Schuster, New York 1983.
Kaufman, Robert G., *Henry M. Jackson: A Life in Politics*, University of Washington Press, Seattle 2000.
Keitel, Wilhelm, *Mein Leben. Pflichterfullung bis zum Untergang. Hitler's Generalfeldmarschall and Chef des Oberkommandos der Wehrmacht in Selbstzeugnissen*, Quintessenz Verlags, Berlin 1998.
Kempton, Murray, *Rebellions, Perversities, and Main Events*, Times Books, New York 1994.
Kevles, Daniel J., *The Physicists: A History of a Scientific Community in Modern America*, Vintage Books, New York 1971.

Kipphardt, Heinar, *In the Matter of J. Robert Oppenheimer*, Hill and Wang, New York 1968 (*Sul caso di J. Robert Oppenheimer*, Einaudi, Torino 1964).
Klehr, Harvey, *The Heyday of American Communism: The Depression Decade*, Basic Books, New York 1984.
Klehr, Harvey et al., *The Secret World of American Communism*, Yale University Press, New Haven (CT) 1995.
Kragh, Helge, *Quantum Generations: A History of Physics in the Twentieth Century*, Princeton University Press, Princeton (NJ) 1999.
Kraut, Benny, *From Reform Judaism to Ethical Culture: The Religious Evolution of Felix Adler*, Hebrew Union College Press, Cincinnati (OH) 1979.
Kunetka, James W., *City of Fire: Los Alamos and the Birth of the Atomic Age, 1943-1945*, Prentice-Hall, Englewood Cliffs (NJ) 1978.
—, *Oppenheimer: The Years of Risk*, Prentice-Hall, Englewood Cliffs (NJ) 1982.
Kuznick, Peter, *Beyond the Laboratory: Scientists as Political Activists in 1930s America*, University of Chicago Press, Chicago 1987.
Lamont, Lansing, *Day of Trinity*, Atheneum, New York 1985.
Lanouette, William - Bela Szilard, *Genius in the Shadows: A Biography of Leo Szilard, the Man Behind the Bomb*, Charles Scribner's Sons, New York 1992.
Larrowe, Charles P., *Harry Bridges: The Rise and Fall of Radical Labor in the US*, Independent Publications Group, New York 1977.
Lawren, William, *The General and the Bomb: A Biography of General Leslie R. Groves, Director of the Manhattan Project*, Dodd, Mead & Co., New York 1988.
Leffler, Melvyn P., *A Preponderance of Power: National Security, the Truman Administration, and the Cold War*, Stanford University Press, Stanford (CA) 1992.
Lewis, Richard - Wilson, Jane (a cura di), *Alamogordo Plus Twenty-five Years*, Viking Press, New York 1971.
Libby, Leona Marshall, *The Uranium People*, Crane, Russak & Co., New York 1979.
Lieberman, Joseph I., *The Scorpion and the Tarantula: The Struggle to Control Atomic Weapons, 1945-1949*, Houghton Mifflin, New York 1970.
Lilienthal, David E., *The Journals of David E. Lilienthal*, vol. 2, *The Atomic Energy Years, 1945-1950*, Harper & Row, New York 1964.
—, *The Journals of David E. Lilienthal*, vol. 3, *Venturesome Years, 1950-1955*, Harper & Row, New York 1966.
—, *The Journals of David E. Lilienthal*, vol. 4, *The Road to Change, 1955-1959*, Harper & Row, New York 1969.
—, *The Journals of David E. Lilienthal*, vol. 5, *The Harvest Years, 1959-1963*, Harper & Row, New York 1971.
—, *The Journals of David E. Lilienthal*, vol. 6, *Creativity and Conflict, 1964-1967*, Harper & Row, New York 1976.
Madsen, Axel, *Malraux: A Biography*, William Morrow & Co., New York 1976.
Marbury, William L., *In the Catbird Seat*, Maryland Historical Society, Baltimore 1988.
Mayers, David, *George Kennan and the Dilemmas of US Foreign Policy*, Oxford University Press, New York 1988.
McGrath, Patrick J., *Scientists, Business, and the State, 1890-1960*, University of North Carolina Press, Chapel Hill (NC) 2002.
McMillan, Priscilla J., *The Ruin of J. Robert Oppenheimer and the Birth of the Modern Arms Race*, Viking, New York 2005.
Merriman, Marion - Lerude, Warren, *American Commander in Spain: Robert Hale Merriam and the Abraham Lincoln Brigade*, University of Nevada Press, Reno (NV) 1986.
Merry, Robert W., *Taking on the World: Joseph and Stewart Alsop - Guardians of the American Century*, Viking Press, New York 1996.
Michelmore, Peter, *The Swift Years: The Robert Oppenheimer Story*, Dodd, Mead & Co., New York 1969.

Miller, Merle, *Plain Speaking: An Oral Biography of Harry S. Truman*, G.P. Putnam's Sons, New York 1973.
Mills, Walter (a cura di), *The Forrestal Diaries*, Viking Press, New York 1951.
Mitford, Jessica, *A Fine Old Conflict*, Alfred A. Knopf, New York 1977.
Morgan, Ted, *Reds: McCarthyism in Twentieth-Century America*, Random House, New York 2003.
Moynahan, John F., *Atomic Diary*, Barton Publishing Co., Newark (NJ) 1946.
Nasar, Sylvia, *A Beautiful Mind*, Simon & Schuster, New York 1998 (*Il genio dei numeri*, Rizzoli, Milano 1999).
Navasky, Victor, *Naming Names*, Viking Press, New York 1980.
Nelson, Cary - Hendricks, Jefferson (a cura di), *Madrid 1937: Letters of the Abraham Lincoln Brigade from the Spanish Civil War*, Routledge, New York 1996.
Nelson, Steve et al., *Steve Nelson: American Radical*, University of Pittsburgh Press, Pittsburgh (PA) 1981.
Nichols, Kenneth D., *The Road to Trinity*, William Morrow and Co., New York 1987.
Norris, Robert S., *Racing for the Bomb: General Leslie R. Groves, the Manhattan Project's Indispensable Man*, Steerforth Press, South Royalton (VT) 2002.
Offner, Arnold, *Another Such Victory: President Truman and the Cold War, 1945-1953*. Stanford University Press, Stanford (CA) 2002.
Oppenheimer, J. Robert, *The Flying Trapeze: Three Crises for Physicists*, Oxford University Press, London 1964.
—, *The Open Mind*, Simon & Schuster, New York 1955 (*Energia atomica problema d'oggi*, Boringhieri, Torino 1961).
Paine, Jeffery, *Father India: How Encounters with an Ancient Culture Transformed the Modern West*, Harper Collins, New York 1998.
Painter, David S., *The Cold War: An International History*, Routledge, London e New York 1999.
Pais, Abraham, *The Genius of Science: A Portrait Gallery of Twentieth-Century Physicists*, Oxford University Press, Oxford 2000.
—, *Inward Bound: Of Matter and Forces in the Physical World*, Oxford University Press, New York 1986.
—, *Niels Bohr's Times in Physics, Philosophy, and Polity*, Clarendon Press, Oxford 1991 (*Il danese tranquillo*, Bollati Boringhieri, Torino 1993).
—, *A Tale of Two Continents: A Physicist's Life in a Turbulent World*, Princeton University Press, Princeton (NJ) 1997.
Pais, Abraham et al., *Shatterer of Worlds: A Life of J. Robert Oppenheimer*, Oxford University Press, New York 2005.
—, *Paul Dirac: The Man and His Work*, Cambridge University Press, Cambridge 1998.
Palevsky, Mary, *Atomic Fragments: A Daughter's Questions*, University of California Press, Berkeley (CA) 2000.
Pash, Boris T., *The Alsos Mission*, Award House, New York 1969.
Pearson, Drew, *Diaries 1949-1959*, a cura di Tyler Abell, Holt, Rinehart & Winston, New York 1974.
Peat, F. David, *Infinite Potential: The Life and Times of David Bohm*, Helix Books, Addison-Wesley, Reading (MA) 1997.
Pettitt, Ronald A., *Los Alamos Before the Dawn*, Pajarito Publications, Los Alamos (NM) 1972.
Pfau, Richard, *No Sacrifice Too Great: The Life of Lewis L. Strauss*, University Press of Virginia, Charlottesville (VA)1985.
Polenberg, Richard (a cura di), *In the Matter of J. Robert Oppenheimer: The Security Clearance Hearing*, Cornell University Press, Ithaca (NY) 2002.
Polmar, Norman - Allen, Thomas B., *Rickover: Controversy and Genius*, Simon & Schuster, New York 1982.

Powers, Thomas, *Heisenberg's War: The Secret History of the German Bomb*, Alfred A. Knopf, New York 1993 (*La storia segreta dell'atomica tedesca*, Mondadori, Milano 1994).
Prochnau, William W. - Larsen Richard W., *A Certain Democrat: Senator Henry M. Jackson, A Political Biography*, Prentice-Hall, Inc., Englewood Cliffs (NJ) 1972.
Rabi, I.I. et al., *Oppenheimer*, Charles Scribner's Sons, New York 1969.
Reeves, Thomas C., *The Life and Times of Joe McCarthy: A Biography*, Stein & Day, New York 1982.
Regis, Ed., *Who Got Einstein's Office?*, Addison-Wesley, Reading (MA) 1987 (*Chi è seduto sulla sedia di Einstein?*, Frassinelli, Milano 1990).
Reston, James, *Deadline: A Memoir*, Random House, New York 1991.
Rhodes, Richard, *Dark Sun: The Making of the Hydrogen Bomb*, Simon & Schuster, New York 1995.
—, *The Making of the Atomic Bomb*, Simon & Schuster, New York 1986 (*L'invenzione della bomba atomica*, Rizzoli, Milano 1990).
Rigden, John S., *Rabi: Scientist and Citizen*, Harvard University Press, Cambridge (MA) 1987.
Robertson, David, *Sly and Able: A Political Biography of James F. Byrnes*, Norton, New York 1994.
Roensch, Eleanor Stone, *Life Within Limits*, Los Alamos Historical Society, Los Alamos (NM) 1993.
Romerstein, Herbert - Breindel, Eric, *The Venona Secrets: Exposing Soviet Espionage and America's Traitors*, Regnery, Washington (DC) 2000.
Rosenstone, Robert A., *Crusade of the Left: The Lincoln Battalion in the Spanish Civil War*, Pegasus, New York 1969.
Royal, Denise, *The Story of J. Robert Oppenheimer*, St. Martin's Press, New York 1969.
Saunders, Frances Stonor, *The Cultural Cold War: The CIA and the World of Arts and Letters*, The New Press, New York 2000 (*La guerra fredda culturale. La CIA e il mondo delle lettere e delle arti*, Fazi, Roma 2004).
Schrecker, Ellen, *Many Are the Crimes: McCarthyism in America*, Little, Brown & Co., Boston 1998.
—, *No Ivory Tower: McCarthyism and the Universities*, Oxford University Press, New York 1986.
Schwartz, Stephen I. (a cura di), *Atomic Audit: The Cost and Consequences of U.S. Nuclear Weapons Since 1940*, Brookings Institution Press, Washington (DC) 1998.
Schwartz, Stephen, *From West to East: California and the Making of the American Mind*, The Free Press, New York 1998.
Schweber, S.S., *In the Shadow of the Bomb: Bethe, Oppenheimer and the Moral Responsibility of the Scientist*, Princeton University Press, Princeton (NJ) 2000.
Seaborg, Glenn T., *A Chemist in the White House*, American Chemical Society, Washington (DC) 1998.
Segrè, Emilio. *Enrico Fermi: Physicist*, University of Chicago Press, Chicago 1970 (*Enrico Fermi, fisico*, Zanichelli, Bologna 1987).
—, *A Mind Always in Motion: The Autobiography of Emilio Segrè*, University of California Press, Berkeley 1993 (*Autobiografia di un fisico. Emilio Segrè*, Il Mulino, Bologna 1995).
Serber, Robert, *The Los Alamos Primer*, University of California Press, Berkeley 1992.
Serber, Robert - Crease, Robert P., *Peace and War: Reminiscences of a Life on the Frontiers of Science*, Columbia University Press, New York 1998.
Sevareid, Eric, *Small Sounds in the Night: A Collection of Capsule Commentaries on the American Scene*, Alfred A. Knopf, New York 1956.
Sherwin, Martin J., *A World Destroyed: Hiroshima and Its Legacies*, Stanford University Press, Stanford (CA) 2003³; ed. or. *A World Destroyed: The Atomic Bomb and the Grand Alliance*, Alfred A. Knopf, New York 1975.

Shirer, William L., *Twentieth-Century Journey: A Native's Return, 1945-1988*, Little, Brown & Co., Boston 1990.

Simpson, Christopher, *Blowback: America's Recruitment of Nazis and Its Effect on the Cold War*, Weidenfeld & Nicolson, New York 1988.

Singer, Gerald (a cura di), *Tales of St. John and the Caribbean*, Sombrero Publishing Co., St. John (VI) 2001.

Smith, Alice Kimball, *A Peril and a Hope: The Scientists' Movement in America: 1945-1947*, MIT Press, Cambridge (MA) 1965.

Smith, Alice Kimball - Weiner, Charles (a cura di), *Robert Oppenheimer: Letters and Recollections*, Stanford University Press, Stanford (CA) 1995; ed. or. Harvard University Press, Cambridge (MA) 1980 (J. *Robert Oppenheimer: da Harvard a Hiroshima. Lettere e ricordi*, Editori Riuniti, Roma 1983).

Smith, Richard Norton, *The Harvard Century: The Making of a University to a Nation*, Simon & Schuster, New York 1986.

—, *St. John People: Stories About St. John Residents by St. John Residents*, American Paradise Publishing, St. John (VI) 1993.

Steeper, Nancy Cook, *Gatekeeper to Los Alamos: The Story of Dorothy Scarritt McKibbin*, Los Alamos Historical Society, Los Alamos (NM) 2003.

Stern, Philip M. - Green, Harold P., *The Oppenheimer Case: Security on Trial*, Harper & Row, New York 1969.

Strauss, Lewis L., *Men and Decisions*, Doubleday, Garden City (NY) 1962.

Szasz, Ferenc Morton, *The Day the Sun Rose Twice: The Story of the Trinity Site Nuclear Explosion, July 16, 1945*, University of New Mexico Press, Albuquerque (NM) 1984.

Tanenhaus, Sam, *Whittaker Chambers: A Biography*, Random House, New York 1997.

Taubman, William, *Khrushchev: The Man and His Era*, Norton, New York 2000.

Teller, Edward - Brown, Allen, *The Legacy of Hiroshima*, Doubleday, New York 1962 (*L'eredità di Hiroshima*, Tamburini, Milano 1965).

Teller, Edward - Shoolery, Judith, *Memoirs: A Twentieth-Century Journey in Science and Politics*, Perseus Publishing, Cambridge (MA) 2001.

Terkel, Studs, *The Good War: An Oral History of World War Two*, Hamish Hamilton, London 1985.

Thomas, Hugh, *The Spanish Civil War*, Harper & Brothers, New York 1961 (*Storia della guerra civile spagnola*, Einaudi, Torino 1963).

Truman, Harry S., *Memoirs by Harry S. Truman*, vol. 1, *Year of Decisions*, Doubleday & Co., Garden City (NY) 1955.

—, *Off the Record: The Private Papers of Harry S. Truman*, a cura di Robert H. Ferrell, Penguin, New York 1982.

Trumpbour, John (a cura di), *How Harvard Rules: Reason in the Service of Empire*, South End Press, Boston 1989.

United States Atomic Energy Commission, *In the Matter of J. Robert Oppenheimer: Transcript of Hearing Before Personnel Security Board and Texts of Principal Documents and Letters*, Prefazione di Philip M. Stern, MIT Press, Cambridge (MA) 1971 (citate nelle note finali come «audizioni di JRO»).

Vidal, Gore, *Palimpsest: A Memoir*, Random House, New York 1995 (*Palinstesto/Gore Vidal*, Fazi, Roma 2000).

Voros, Sandor, *American Commissar*, Chilton Company, Philadelphia 1961.

Wang, Jessica, *American Science in an Age of Anxiety: Scientists, Anticommunism, and the Cold War*, University of North Carolina Press, Chapel Hill 1999.

Weisskopf, Victor, *The Joy of Insight: Passions of a Physicist*, Basic Books, New York 1991 (*Le gioie della scoperta*, Garzanti, Milano 1992).

Werth, Alexander, *Russia at War, 1941-1945*, Carroll & Graf, New York 1964 (*La Russia in guerra, 1941-1945*, Mondadori, Milano 1966).

Wheeler, John Archibald - Ford, Kenneth, *Geons, Black Holes, and Quantum Foam: A Life in Physics*, W.W. Norton, New York 1998.
Weinstein, Allen, *Perjury: The Hiss-Chambers Case*, Alfred A. Knopf, New York 1978.
Weinstein, Allen – Vassiliev, Alexander, *The Haunted Wood: Soviet Espionage in America - The Stalin Era*, Random House, New York 1999.
Wigner, Eugene, *The Recollections of Eugene P. Wigner as Told to Andrew Szanton*, Plenum Press, New York 1992.
Williams, Robert Chadwell, *Klaus Fuchs: Atomic Spy*, Harvard University Press, Cambridge (MA) 1987.
Wilson, Edmund, *The Fifties: From the Notebooks and Diaries of the Period*, a cura di Leon Edel, Farrar, Straus & Giroux, New York 1986.
Wilson, Jane S., *All in Our Time*, "Bulletin of the Atomic Scientists", Chicago 1974.
Wilson, Jane S. - Serber, Charlotte (a cura di), *Standing By and Making Do: Women of Wartime Los Alamos*, Los Alamos Historical Society, Los Alamos (NM) 1988.
Wirth, John D. - Aldrich, Linda Harvey, *Los Alamos: The Ranch School Years, 1917-1943*, University of New Mexico Press, Albuquerque (NM) 2003.
Ybarra, Michael J., *Washington Gone Crazy: Senator Pat McCarran and the Great American Communist Hunt*, Steerforth Press, Hanover (NH) 2004.
Yoder, Edwin M. jr., *Joe Alsop's Cold War: A Study of Journalistic Influence and Intrigue*, University of North Carolina Press, Chapel Hill (NC)1995.
York, Herbert, *The Advisors: Oppenheimer, Teller, and the Superbomb*, Stanford University Press, Stanford (CA) 1976, 1989.
Zubok, Vladislav - Pleshakov, Constantine, *Inside the Kremlin's Cold War: From Stalin to Khrushchev*, Harvard University Press, Cambridge (MA) 1996.

Articoli e tesi di laurea

Alperovitz, Gar - Kai Bird. *The Centrality of the Bomb*, «Foreign Policy», primavera 1994.
Barnett, Lincoln, *J. Robert Oppenheimer*, «Life», 10/10/49.
Bernstein, Barton J., *Eclipsed by Hiroshima and Nagasaki: Early Thinking about Tactical Nuclear Weapons*, «International Security», 15 (primavera 1991).
—, *Four Physicists and the Bomb: The Early Years, 1945-1950*, «Historical Studies in Physical Sciences», 18 (1988), n. 2.
—, *Interpreting the Elusive Robert Serber: What Serber Says and What Serber Does Not Explicitly Say*, «Studies in History and Philosophy of Modern Physics», 32 (2001), n. 3.
—, *In the Matter of J. Robert Oppenheimer*, «Historical Studies in the Physical Sciences», 12, parte 2 (1982).
—, *The Oppenheimer Loyalty-Security Case Reconsidered*, «Stanford Law Review», luglio 1990.
—, *Oppenheimer and the Radioactive-Poison Plan*, «Technology Review», maggio-giugno 1985.
—, *Reconsidering the Atomic General: Leslie R. Groves*, «The Journal of Military History», luglio 2003.
—, *Seizing the Contested Terrain of Early Nuclear History: Stimson, Conant, and Their Allies Explain the Decision to Use the Atomic Bomb*, «Diplomatic History», 17 (inverno 1993).
Bernstein, Jeremy, *Profiles: Physicist*, «The New Yorker», 13/10/75 e 20/10/75.
Birge, Raymond T., *History of the Physics Department*, 4 (1932-1942), testo non pubblicato, University of California, Berkeley.
Boulton, Frank, *Thomas Addis (1881-1949): Scottish Pioneer in Haemophilia Research*, «Journal of the Royal College of Physicians of Edinburgh», 2003, n. 33.

Bundy, McGeorge, *Early Thoughts on Controlling the Nuclear Arms Race*. «International Security», autunno 1982.
—, *The Missed Chance to Stop the H-Bomb*, «New York Review of Books», 13/5/82.
Coughlan, Robert, *The Tangled Drama and Private Hells of Two Famous Scientists*, «Life», 13/12/63.
—, *The Equivocal Hero of Science: Robert Oppenheimer*, «Life», febbraio 1967.
Davis, Harry M., *The Man Who Built the A-Bomb*, «New York Times Magazine», 18/4/48.
Day, Michael A., *Oppenheimer on the Nature of Science*, «Centaurus», 43 (2001).
The Eternal Apprentice, «Time», 8/11/48.
Galison, Peter - Bernstein, Barton J., *In Any Light: Scientists and the Decision to Build the Superbomb, 1952-54*, «Historical Studies in Physical Sciences», 19 (1989).
Gibney, Nancy, *Finding Out Different*, in *St. John People: Stories about St. John Residents by St. John Residents*, American Paradise Publishing, St. John (VI) 1993.
Green, Harold P., *The Oppenheimer Case: A Study in the Abuse of Law*, «Bulletin of the Atomic Scientists», settembre 1977.
Gundel, Jeremy, *Heroes and Villains: Cold War Images of Oppenheimer and Teller in Mainstream American Magazines*, luglio 1992, Occasional Paper 92-1, Nuclear Age History and Humanities Center, Tufts University.
Hershberg, James G., *The Jig Was Up: J. Robert Oppenheimer and the International Control of Atomic Energy, 1947-49*, articolo presentato alla conferenza per il centenario di Oppenheimer, Berkeley (CA) 22-24/4/04.
Hijiya, James A., *The Gītā of J. Robert Oppenheimer*, «Proceedings of the American Philosophical Society», 144 (giugno 2000), n. 2.
Holton, Gerald, *Young Man Oppenheimer*, «Partisan Review», XLVIII (1981).
Kempton, Murray, *The Ambivalence of J. Robert Oppenheimer*, «Esquire», dicembre 1983.
Leffler, Melvyn, *Inside Enemy Archives: The Cold War Re-Opened*, «Foreign Affairs", estate 1996
Lemley, Kevin V. - Pauling, Linus, *Thomas Addis*, «Biographical Memoirs», 63 (1994), National Academy of Sciences Washington (DC).
Morgan, Thomas B., *A Visit with J. Robert Oppenheimer*, «Look», 1/4/58.
—, *With Oppenheimer, on an Autumn Day: A Thoughtful Man Talks Searchingly About Science, Ethics, and Nuclear War on a Quiet Afternoon During a Bad Time*, «Look», 27/12/66.
Newman, Steven Leonard, *The Oppenheimer Case: A Reconsideration of the Role of the Defense Department and National Security*, tesi di laurea, New York University, febbraio 1977.
Oppenheimer, Robert, *Niels Bohr and Atomic Weapons*, «New York Review of Books», 17/12/64.
—, *On Albert Einstein*, «New York Review of Books», 17/3/66.
Preuss, Paul, *On the Blacklist*, «Science», giugno 1983.
Rhodes, Richard, *I Am Become Death...*, «American Heritage», 28 (1987), n. 6.
Rosenberg, David Alan, *The Origins of Overkill: Nuclear Weapons and American Strategy, 1945-60*, «International Security», primavera 1983, n. 7.
Sanders, Jane A., *The University of Washington and the Controversy Over J. Robert Oppenheimer*, «Pacific Northwest Quarterly», gennaio 1979.
Stern, Beatrice M., *A History of the Institute for Advanced Study, 1930-1950*, testo non pubblicato, archivio dell'Institute for Advanced Studies.
Szasz, Ferenc M., *Great Britain and the Saga of J. Robert Oppenheimer*, «War in History», 2 (1995), n. 3.
Thorpe, Charles Robert, *J. Robert Oppenheimer and the Transformation of the Scientific Vocation*, tesi di laurea, UC-San Diego, 2001.

Thorpe, Charles Robert – Shapin, Steven, *Who Was J. Robert Oppenheimer?*, "Social Studies of Science", agosto 2000.
Trilling, Diana, *The Oppenheimer Case: A Reading of the Testimony*, "Partisan Review", novembre-dicembre 1954.
Wilson, Robert, *Hiroshima: The Scientists' Social and Political Reaction*, "Proceedings of the American Philosophical Society", settembre 1996.

Collezioni di manoscritti

Acheson, Dean (YUL)
Barnard, Chester (biblioteca della Harvard Business School)
Baruch, Bernard (PUL) Bethe, Hans (CUL) Bohr, Niels (AIP)
Bush, Vannevar (LC e MIT)
Byrnes, James F. (CU)
Clark, Grenville (Dartmouth College)
Clayton, William (HSTL)
Clifford, Clark (HSTL)
Committee to Frame a World Constitution (Universitàà di Chicago)
Compton, Arthur (Washington University)
Compton, Karl (MIT) Conant, James B. (HU) DuBridge, Lee (Caltech)
Dulles, John Foster (PUL e DDEL)
Eisenhower, Dwight D., Raccolta delle carte del presidente (DDEL)
Federation of Atomic Scientists e numerose collezioni collegate di manoscritti, per esempio quelle degli Atomic Scientists of Chicago, le carte di Fermi e di Hutchins (Universitàà di Chicago)
Forrestal, James (PUL)
Frankfurter, Felix (LC e Harvard Law School)
Groves, Leslie, Record Group (RG) 200, National Archives (NA)
Harriman, Averell (LC e archivio personale di Kai Bird)
Lamont, Lansing (HSTL) Lawrence, E.O. (UCB) Lilienthal, David (PUL) Lippmann, Walter (YUL)
McCloy, John J. (archivi dell'Amherst College)
Niebuhr, Reinhold (LC)
Oppenheimer, J. Robert (LOC e IAS)
Osborn, Frederick (HSTL) Patterson, Robert (LC)
Peters, Bernard (archivi di Niels Bohr, Copenhagen)
Roosevelt, Franklin D., Raccolta delle carte del presidente (Roosevelt Library)
Stimson, Henry L. (YUL) Strauss, Lewis L. (HHL) Szilard, Leo (UCSDL) Tolman, Richard (Caltech)
Truman, Harry S., Raccolta delle carte del presidente (HSTL)
Universitàà del Michigan, Registrazioni delle scuole estive di fisica teorica negli anni Trenta
Urey, Harold (UCSDL)
Wilson, Carroll (MIT)

Raccolte di documenti governativi

Atomic Energy Commission, National Archives
Manhattan Engineering District, Harrison-Bundy files, RG 77, NA
National Defense Research Council e Office of Scientific Research and Development, RG 227, NA

Federal Bureau of Investigation, registrazioni su J. Robert Oppenheimer, FBI Headquarters, Washington, DC (nomi dei dossier: J. Robert Oppenheimer, Katherine Oppenheimer, Frank Oppenheimer, Haakon Chevalier e Klaus Fuchs)
Los Alamos National Laboratory Archives, numerosi dossier
Ministero della Difesa, dossier, RG 330, NA
Ministero della Guerra, dossier, RG 107, NA
Joint Committee on Atomic Energy, RG 128, NA
Special Committee on Atomic Energy, RG 46, NA
Dipartimento di stato, dossier dell'AEC e registrazioni dell'assistente speciale del segretario di stato per le questioni dell'energia atomica, RG 50, NA

Interviste

Le interviste qui elencate sono state condotte da Martin Sherwin (MS), Kai Bird (KB), Jon Else (JE), Alice Kimball Smith (AS) e Charles Weiner (CW). Le trascrizioni delle interviste condotte da Sherwin e Bird sono in possesso degli autori. Le interviste di Jon Else sono state condotte per essere usate nel suo film-documentario del 1980, *The Day After Trinity*, e gli siamo grati per averci dato il permesso di citarle. Le interviste della Smith e di Weiner sono state condotte in concomitanza con la loro curatela della raccolta delle lettere di Oppenheimer, *Robert Oppenheimer: Letters and Recollections*. Mentre la Smith e Weiner ci hanno gentilmente concesso le copie di queste interviste perché fossero usate in questa biografia, molte delle trascrizioni delle loro interviste si possono trovare nei fascicoli dell'Oral History Program del MIT a Cambridge (MA).

Anderson, Carl, 31/3/83 (MS)
Bacher, Jean, 29/3/83 (MS)
Bacher, Robert, 29/3/83 (MS)
Barlas, June, 19/1/82 (MS); 28/3/01 (KB)
Bernheim, Frederic, 27/10/75 (CW)
Bethe, Hans, 13/7/79 (JE); 5/5/82 (MS)
Bohm, David, 15/6/79 (MS)
Boyd, William, 21/12/75 (AS)
Bradbury, Norris, 10/1/85 (MS)
Bundy, McGeorge, 2-3/12/92 (KB)
Chance, Ellen, 10/5/79 (MS)
Cherniss, Harold F., 21/4/76 (AS); 23/5/79 (MS); 10/11/76 (AS)
Chevalier, Haakon, 29/6/82, 15/7/82 (MS)
Chevalier, Haakon jr., 9/3/02 (MS)
Christy, Robert, 30/3/83 (MS)
Colgate, Sterling, 12/11/79 (JE)
Compton, Margaret, 3/4/76 (AS)
Crane, Horace Richard, 8/4/83 (MS)
Dale, Betty, 21/1/82 (MS)
Denham, Irva Claire, 20/1/82 (MS)
Denham, John, 20/1/82 (MS)
DeWire, John, 5/5/82 (MS)
DuBridge, Lee, 30/3/83 (MS)
Duffield, Priscilla Greene, 2/1/76 (AS)
Dyer-Bennett, John, 15/5/01 (KB, intervista telefonica)
Dyson, Freeman, 10/12/79 (JE); 16/2/84 (MS)
Ecker, Allan, 16/7/91 (MS)

Edsall, John, 16/7/75 (CW)
Edwards, Steve, 18/1/82 (MS)
Ericson, Sabra, 13/1/82 (MS)
Fergusson, Francis, 23/4/75, 21/4/76 (AS); 8/6/79, 18/6/79, 23/6/79, 7/7/79 (MS)
Fontenrose, Joseph, 25/3/83 (MS)
Fowler, William A., 29/3/83 (MS)
Frank, Sis, 18/1/82 (MS)
Freier, Phyllis, 5/3/83 (MS)
Friedan, Betty, 24/1/01 (KB)
Friedlander, Gerhart, 30/4/02 (MS)
Garrison, Lloyd, 31/1/84 (KB)
Geurjoy, Edward, 26/6/04 (KB)
Gibney, Ed, 26/3/01 (KB)
Gibney, Eleanor, 27/3/01 (KB)
Green, John e Irva, 20/2/82 (MS)
Goldberger, Marvin, 28/3/83 (MS)
Goldberger, Mildred, 3/3/83 (MS)
Gordon, Lincoln, 18/5/04 (KB, intervista telefonica)
Hammel, Edward, 9/1/85 (MS)
Hawkins, David, 5/6/82 (MS)
Hempelmann, Louis, 10/8/79 (MS)
Hein, Hilde Stern, 11/3/04 (KB)
Hiilivirta, Inga, 16/1/82 (MS); 26/3/01 (KB)
Hobson, Verna, 31/7/79 (MS)
Horgan, Paul, 3/3/76 (AS)
Jadan, Doris e Ivan, 18/1/82, 26/3/01 (MS); 28/3/01 (KB)
Jenkins, Edith Arnstein, 9/5/02 (intervista di Gregg Herken); 25/7/02 (KB, intervista telefonica)
Kamen, Martin D., 18/1/79 (MS)
Kayser, Jane Didisheim, 4/6/75 (CW)
Kelman, dr. Jeffrey, 3/2/01 (KB)
Kennan, George F., 3/5/79 (MS)
Langsdorf, Babette Oppenheimer, 1/12/76 (AS)
Lilienthal, David E., 14/10/78 (MS)
Lomanitz, Rossi, 11/7/79 (MS)
Manfred, Ken Max (Friedman), 14/1/82 (MS)
Manley, John, 9/1/85 (MS)
Mark, J. Carson, 19/12/79 (JE)
Marks, Anne Wilson, 5/3/02, 14/3/02, 9/5/02 (KB)
Marquit, Irwin, 6/3/83 (MS)
McCloy, John J., 10/7/86 (KB)
McKibbin, Dorothy, 1/1/76 (AS); 20/7/79, 10/12/79 (JE)
Motto, dr. Jerome, 14/3/01 (KB, intervista telefonica)
Mirsky, Jeanette, 10/11/76 (AS)
Morrison, Philip, 21/6/02 (MS); 17/10/02 (KB, intervista telefonica)
Nedelsky, Leo, 7/12/76 (AS)
Nelson, Steve e Margaret, 17/6/81 (MS)
Nier, Alfred, 5/3/83 (MS)
Oppenheimer, J. Robert, 18/11/63 (intervista di T. S. Kuhn), AIP, APS
Oppenheimer, Frank, 9/2/73 (CW); 17/3/75, 14/4/76 (AS); 3/12/78 (MS)
Oppenheimer, Peter, 7/79 (MS); 23-24/9/04 (KB)
Peierls, sir Rudolph, 5-6/6/79 (MS)
Phillips, Melba, 15/6/79 (MS)

Pines, David, 26/6/04 (KB)
Plesset, Milton, 28/3/83 (MS)
Pollak, Inez, 20/4/76 (AS)
Purcell, Edward, 5/3/79 (MS)
Rabi, I.I., 12/3/82 (MS)
Rosen, Louis, 9/1/85 (MS)
Rotblat, Joseph, 16/10/89 (MS)
St. Clair, Fiona e William, 17/2/82 (MS)
Serber, Robert, 11/3/82 (MS); 15/12/79 (JE)
Sherr, Patricia, 20/2/79 (MS)
Silverman, Albert, 9/8/79 (MS)
Silverman, Judge Samuel, 16/7/91 (MS)
Smith, Alice Kimball, 26/4/82 (MS)
Smith, Herbert, 1/8/74 (CW); 9/7/75 (AS)
Stern, Hans, 4/3/04 (KB, intervista telefonica)
Stratchel, John, 19/3/80 (MS)
Strunsky, Robert, 26/4/79 (MS)
Smyth, Henry DeWolf, 5/3/79 (MS)
Tatlock, Hugh, 2/01 (MS)
Teller, Edward, 18/1/76 (MS)
Uehling, Edwin e Ruth, 11/1/79 (MS)
Uhlenbeck, Else, 20/4/76 (AS)
Ulam, Stanislaw L., 19/7/79 (MS)
Ulam, Stanislaw e Françoise, 15/1/80 (JE)
Voge, Hervey, 23/3/83 (MS)
Wallerstein, dr. Robert S., 19/3/01 (KB, intervista telefonica)
Weinberg, Joseph, 11/8/79; 23/8/79 (MS)
Weisskopf, Victor, 23/3/79; 21/4/82 (MS)
Whidden, Georgia, 25/4/03 (KB)
Wilson, Robert, 23/4/82 (intervista di Owen Gingrich)
Wyman, Jeffries, 28/5/75 (CW)
Yedidia, Avram, 14/2/80 (MS)
Zorn, Jans, 8/4/83 (MS)

Indice analitico

Acheson, Dean 398, 406, 414-417, 419, 421, 422, 425, 428, 430, 516, 518, 520-522, 524, 526, 547, 549, 550, 573, 581, 598, 672, 784, 787
Acheson-Lilienthal, rapporto 13, 419, 420, 422, 424, 485, 524
Adams, Sherman 584
Addis, Charles 153
Addis, Thomas 147, 153-155, 172, 611, 627, 749, 753
Adelson, David 216, 411, 412, 612, 613
Adler, Felix 31-36, 38, 129, 442
Adler, Nathan 158, 751
Adler, Samuel 31
Aeronautica militare 10, 375, 383, 506, 508, 527, 532, 533, 541-544, 549, 570
Agnew, Harold 265
Alexander, James 454
Allard, Louis 53
Allardice, Corbin 629, 630
Alleanza dei lavoratori 166
Allison, Samuel K. 119, 376
Alperovitz, Gar 707, 728
Alsop, Joseph 433, 442, 538, 544, 546, 575, 669, 675
Alsop, Stewart 442, 538, 544, 546, 669
Alsos, missione 305, 772
Alvarez, Luis W. 206, 245, 246, 293, 439, 623, 650
American Medical Association 154
«American Mercury» 668
American Philosophical Society 395
American Physical Society 77, 161, 185, 432, 455, 481, 520, 554, 719
American Soviet Council 753
Amici del popolo cinese 9, 156
Amministrazione Eisenhower 538, 550-552, 564, 572, 573, 575, 583, 600, 682, 685, 811
Amministrazione Johnson 705
Amministrazione Kennedy 702, 703
Amministrazione Roosevelt 181, 218, 223, 404, 442, 682
Amministrazione Truman 397, 400, 404, 414, 425, 433, 493, 506, 507, 511, 516, 518, 539, 549, 602, 707
Amministrazione Wilson 35

Andersen, George R. 172, 753
Anderson, Carl 114
Anderson, Clinton 705
Anderson, Herbert L. 399
antimateria 114
antisemitismo 20, 32-33, 101, 136, 659
Apollodoro di Atene 7
armamenti nucleari 20, 330, 333, 359, 430, 508, 513, 522, 552, 582, 663, 670, 725
Armi atomiche e i rapporti tra Est e Ovest, Le (Blackett) 475
Armi atomiche e la politica americana, Le (Oppenheimer) 564
Arnstein, Edith, vedi Jenkins, Edith Arnstein
Aron, Raymond 689
Artisti in uniforme (Eastman) 142
Ashbridge, Whitney 279
Asso nella manica, Un. La diplomazia atomica americana (Alperovitz) 707
Associazione degli scienziati di Los Alamos (ALAS) 396-397, 399, 400-401
Associazione dei lavoratori scientifici (Association of Scientific Workers) 759
Associazione per l'assistenza ai rifugiati spagnoli 153
«Atlantic Monthly» 433, 474
Atomi per la pace 573
Atomic Energy Act (1946) 401
Auerbach, Matilda 38
Autorità e individuo (Russell) 579
Autorità per lo sviluppo atomico 418, 420
Aydelotte, Frank 452

Bacher, Jean 392, 445, 600, 789
Bacher, Robert 261, 283, 331
Bainsbridge, Kenneth 372-373, 379, 781
Baker, Dorothy 770
Baker, Selma 193
Balanchine, George 18
Baldwin, Hanson 564
Baldwin, Roger 36
Bamberger, Louis 453
Barbusse, Henri 150

836

Bard, Ralph A. 358
Barère, George 30
Barlas, June Katherine 722
Barnard, Chester I. 415, 785
Barnett, Henry 322
Bartky, Walter 357
Baruch, Bernard 419-425, 428, 431, 524, 580, 785, 786
Battaglione McKenzie-Papineau 197
Baudelaire, Charles Pierre 95, 375, 703
Bauer, Stanley 819
Becquerel, Henri 23
Bell, Daniel 671
Belmont, Alan 634, 660
Ben Gurion, David 690
Berg, Moe 272
Berija, Lavrentij 236
Berkeley Radiation Laboratory 112, 206, 216-218, 234, 237-239, 246, 247, 259, 273, 289, 373, 481, 611, 624, 760
Berle, Adolph 682
Berlin, Isaiah 459
Bernfeld, Siegfried 157-159, 284, 307, 459, 727, 751, 770
Bernfeld, Suzanne 157
Bernheim, Frederick 47-49, 54, 57, 62, 63, 69, 70, 390, 739
Bernstein, Barton J. 670, 789, 811
Bernstein, Jeremy 116, 185, 335, 461, 688, 726
Bestia nella giungla, La (James) 9, 10, 563, 564, 591
Bethe, Hans 17, 18, 87, 89, 132, 185, 204, 222, 224-227, 231, 232, 254, 256, 258-260, 263, 266-268, 270, 272, 278, 326, 331, 332, 339, 345, 346, 349, 352, 374, 396, 430, 434, 454, 457, 473, 484, 510, 511, 537, 604, 640, 674, 761, 799
Bhagavadgītā 127, 189, 355, 372, 378, 703, 708, 726
Biblioteca (Apollodoro) 7
Biddle, Francis 682
Birge, Raymond 136
Blackett, Patrick M.S. 62, 65, 66, 70, 71, 474, 475, 707, 793
Bloch, Felix 103, 166, 184, 224
Boas, George 27
Bohlen, Charles «Chip» 552
Bohm, David 212-214, 217, 232, 238, 239, 311, 454, 456, 476, 479, 480, 486, 487, 535, 611, 624, 636, 714, 715
Bohr, Aage 329, 331
Bohr, Niels 52, 61, 74, 75, 78, 83, 87, 88, 97, 99, 100, 114, 208-210, 223, 326-337, 350, 352-355, 360, 363, 366, 409, 410, 415, 425, 434, 452, 454, 458, 463, 464, 469, 486, 527, 551, 580, 774, 775
Borden, William Liscum 531-535, 539-541, 576-578, 582, 585-586, 588, 629-630, 802, 806
Born, Max 75, 78, 81-82, 86-90, 98, 100, 134, 162, 349, 684-685, 726
Bosley, Ruth Walsworth 149
Boudin, Leonard 131
Boulon, Irva 677, 692
Boulon, Ralph 815
Boyd, William Clouser 48-49, 57
Bradley, Omar 511
Brady, James, 108, 750
Bransten, Louise 153
Breit, Gregory 207
Bridges, Harry 135, 153, 753, 801
Bridgman, Percy 51-52, 57-58, 83, 473, 684
Brigata Abraham Lincoln 155, 197
Briggs, Lyman C. 223
British Broadcasting Corporation (BBC TV) 579, 708
Brode, Bernice 263-264, 312-314, 706
Brode, Robert 263
Brodeur, Arthur 175, 750
Browder, Earl 171, 198-199, 568, 601
Browder, Felix 568
Brown, John Mason 267, 674
Brown, Walter 369
Brownell, Herbert 538-584, 813
Bruner, Jerome 443, 459
buchi neri 116, 117
Buckley, Oliver 511
«Bulletin of the Atomic Scientists» 426, 523, 539
Bundy, Harvey H. 228, 358, 441, 547
Bundy, McGeorge 514, 547-548, 550-551, 672, 686, 702-703, 705-706
Burch, Frances Behrend 747
Burger, Warren 813
Bush, George W. 534
Bush, Vannevar 223-224, 228, 255, 270, 272, 358, 360, 361, 373, 385, 390-400, 415, 447, 506, 547-548, 598, 640, 646, 670, 805
Byrnes, James 357, 358, 361, 363, 369, 390, 404, 419, 421, 707, 785, 786

Caen, Estelle 135, 191, 215
Caen, Herbert 191

California Institute of Technology (Caltech) 91, 94, 97, 108, 117, 125-126, 135-136, 163, 166-167, 203, 206, 391, 403-404, 410, 429-430, 443, 445, 499, 542, 570, 741
California, Università della (Berkeley) 11, 94, 97, 107, 112, 143, 146, 160, 167-169, 174, 182-183, 200, 236, 303, 396, 403, 443, 448, 727, 762
Cambridge Philosophical Society 81
Camera dei rappresentanti 668
Camp Koenig 37, 44
Campbell, Helen 119
Campbell, Joseph 666
Capi di stato maggiore 507, 510
Capitale, Il (Marx) 33, 148-149, 749
Cario, famiglia 79, 80-81, 84
Carlson, J. Franklin 125, 745
Carlton, Lee Thurston 247
Case, Clifford 18
Caso Oppenheimer: la sicurezza alla prova, Il (Stern) 709
Castro, Fidel 311
Cavendish Laboratory 59, 61, 73, 86, 135-136, 162, 334
CBS 609, 703
Central Intelligence Agency (CIA) 310-311, 547, 586, 675, 689, 727
Chadwick, James 62, 73, 329, 348, 716
Chambers, Whittaker 477, 535-536, 556
Chaves, Amado 43
Chaves, Katherine, *vedi* Page Katherine
Chen Ning Yang 458
Cherniss, Harold F. 27, 109, 120, 124, 127, 148, 396, 406, 459, 494, 503, 528, 673-674, 676, 814
Cherwell, Lord (Frederic A. Lindemann) 337, 347
Chevalier, Barbara Ethel Lansburgh 205, 243, 634, 752
Chevalier, Carol Lansburgh 581
Chevalier, Haakon 72, 133, 148-153, 155-156, 160, 169, 171-176, 178-181, 183, 185-189, 191, 202, 241-247, 287, 291, 293-295, 303-305, 391, 413, 434-439, 447, 482, 529, 533, 580-583, 611, 616, 619-625, 627, 629-634, 654, 664, 665, 679, 747, 749, 750, 752, 754, 762, 763, 788, 807
Chevalier-Skolnikoff, Suzanne 149
Chiang Kai-shek 682
Chicago, Università di 264, 274, 327, 356, 357, 805

Childs, Marquis 578
«Christian Century» 703
Christy, Robert 396, 653
Churchill, Winston 336-337, 345, 347, 373, 385, 775
Cina 366, 682
Cinrad (memorandum dell'FBI) 303
City College di New York 220
Clark, Grenville 492
Clayton, William L. 358
Clinton, Bill 569
Club degli studenti liberali 50
Club giornalistico del lunedì sera 122
Club mineralogico di New York 29
Cocktail Party, The (Eliot) 460
Cohen, Ben 682
Cohen, Sam 386
Cohn, Roy 574
Colgate, Sterling 253
Columbia University 102, 357, 391, 680
Comando strategico dell'aeronautica (SAC) 533, 544, 566
Combs, R.E. 760
Come si perse l'occasione per fermare la bomba H (Bundy) 551
Comitato ad interim (*Interim Committee*) 358, 359, 361, 363-365, 385, 388, 580
Comitato americano per gli aiuti alla Spagna 154
Comitato congiunto per i rifugiati antifascisti 216
Comitato congiunto sull'energia atomica 488, 489, 520, 531-532, 543, 545, 576, 582, 629
«Comitato del bersaglio» 365
Comitato di emergenza degli scienziati atomici 465
Comitato Jenner 587, 588
Comitato legislativo congiunto per il controllo del Sistema educativo pubblico 219
Comitato MAUD 223
Comitato McCarran 746
Comitato per l'uranio 219, 223
Comitato per la politica militare 231
Comitato per le attività antiamericane (*House Committee on Un American Activities*, HUAC) 156, 476, 480, 534-535, 557, 586, 703, 767
Comitato S-1 223, 228
Comitato sul rischio attuale 546
Commissione Church 310
Commissione per l'energia atomica (AEC)

838

9, 18, 109, 398, 401, 415, 429, 432, 439, 446-447, 458, 568, 595, 727, 787
Commonwealth Fund 461
complesso militare-industriale 672
Compton, Arthur 274, 326, 358, 362, 365, 508, 530
Compton, Karl T. 80, 83, 358
Comunismo sovietico: una nuova civiltà?, Il (Webb e Webb) 148
Conant, James B. 218-219, 224, 227-228, 255, 270, 326, 341, 358, 362-363, 373, 376, 391, 400, 415, 420, 430, 447, 508-512, 514, 522-524, 546, 548-550, 570, 637, 640, 728, 811
Condizione umana, La (Malraux) 150
Condon, Edward U. 83, 86-87, 271, 273-277, 414, 484-485, 562, 671, 767, 793-794
Condon, Emilie 83, 793
Conferenza Pugwash 683
Congresso delle organizzazioni industriali (CIO) 180, 194, 218, 423
Congresso internazionale di fisiologia 153
Congresso per la libertà culturale 689, 714
Connell, Mary 262
Connolly, Nellie 26, 733
Conquista dell'America, La (MacLeish) 433
Conseguenze politiche e militari dell'energia atomica (Blackett) 474, 707
Consiglio nazionale delle relazioni sul lavoro 232
Consiglio nazionale per le ricerche 91, 110
Consiglio per la sicurezza nazionale 549, 568-569
Consodine, William 629-634
contenimento, politica del 19, 509, 515-516, 518, 526
Coolidge, Calvin 536
Corea, guerra di 552
Corpo di controspionaggio dell'Esercito (*Army Center-Intelligence Corps*, CIC) 283, 288
Corsica 70-72, 94, 203, 689, 716
Corson, Dale 212
Corte suprema 329, 423, 440, 492, 538, 669, 752
Coudert, F.R. jr. 219
Coughlan, Robert 679
Cousins, Norman 702

Creutz, Edward 370, 371
Critchfield, Charles 346
Crocker, William H. 113
Crossman, R.H.S. 679
Crouch, Paul 188, 534-540, 555, 557-560, 801, 803-804
Crouch, Sylvia 534, 535, 557
Cuba, crisi dei missili 425
Cummings, E.E. 95
Curie, Marie 23
Curie, Pierre 23
Cutler, Robert 584, 586

«Daily Worker» 183, 194, 536, 655
Dale, Ted 503, 676
Dalí, Salvador 204
Dallet, Joe 193-199, 202, 757, 762
Dancoff, Sydney M. 208, 212
Darrow, Karl 455
Darwin, Charles 31
Davies, Joseph E. 779
Davis, John W. 597
Davis, Nuel Pharr 71, 738, 747, 784
de Neufville, Lawrence 689
de Silva, Peer 280, 282, 372, 481, 482, 771
Dean, Gordon 489, 511, 529, 547, 558-560, 575, 640, 806
Decisione di usare la bomba atomica, La (NBC) 708
Decisione di usare la bomba atomica, La (Stimson) 547
Decker, Caroline 149
Demoni, I (Dostoevskij) 65
Denham, Irva Claire 678, 719
Deutsch, Martin 776
Deutsch, Monroe 391
Dewey, John 33
Didisheim, Jane 39, 63, 392, 782
Dies, Martin 181
Dipartimento di stato 296, 412, 477, 486, 492, 516, 520-522, 538, 547, 550, 581, 707, 795
Dirac, Paul 73-75, 78, 81, 84, 86-87, 91, 107, 113-115, 130, 162, 452, 458, 460-461, 737, 740
distensione 534, 552
Doctorow, E.L. 13
«Documento» 397, 401
Dostoevskij, Fedor 63, 65, 70
dottrina Truman 430, 787
Doty, Ed 265, 386, 387
Douglas, James 789
Doyle, Bernadette 286-287, 612-613, 762

839

Dreyfus, Alfred 20, 669
DuBois, W.E.B. 32
DuBridge, Lee 259, 267, 430, 511-512, 527, 542-543, 546, 550, 569, 570, 607, 671
Dudley, John H. 251, 252
Duffield, Priscilla Green 275, 318, 494-495
Dulles, Allen 367, 504, 547, 586, 675
Dulles, John Foster 526, 567, 811
Durr, Clifford 480, 490, 801
Durr, Virginia 801
Dyer-Bennett, Sandra 753, 756
Dyson, Freeman 20, 348, 453, 457, 460, 469-470, 472-473, 475, 497, 502, 504, 526, 542, 712-713, 717
Dyson, George 713

Eastman, Max 142
Eaton, Cyrus 683
Eberstadt, Ferdinand 419
Ecker, Allan B. 609-610, 652
Edsall, John 51, 69-71, 203, 737
Edwards, Steve 700
Ehrenfest, Paul 86, 97-100, 209, 716, 742
Einstein, Albert 17, 23, 74, 86-87, 99, 116, 126, 144, 222-223, 357, 440, 450, 452, 454, 458, 460, 462-465, 469, 475, 479, 487, 605, 606, 616, 638, 668, 684, 688, 741, 797
Einstein, Margot 17
Eisenhower, Dwight D. 17, 526, 538, 542, 543, 550-552, 559, 560, 564, 567-569, 571-573, 575, 576, 583-586, 588, 600, 602, 606, 614, 615, 628, 640, 641, 656, 670, 672, 682, 685, 705, 779, 805
Elettricità e magnetismo (Jeans) 47
Eliot, Charles W. 50
Eliot, George 37
Eliot, Thomas S. 49, 65, 128, 459
Elisabetta (regina del Belgio) 606
Elliott, John Lovejoy 34-36
Elsasser, Walter 132
Else, Jon 743, 759, 777
Eltenton, Dorothea (Dolly) 244, 248, 763
Eltenton, George C. 216, 241-247, 291, 293-297, 299, 301-302, 304, 436-439, 482, 535, 581, 611, 612, 619, 621-624, 629, 631-634, 664-665, 762, 763, 788
Emerson, Thomas 601
emissione di campo, teoria dell' 104
Energia atomica problema d'oggi (Oppenheimer) 685

Engels, Friedrich 165
Enola Gay 269, 385, 387, 392
Ericson, Sabra 696, 698, 721, 817
Erikson, Erik 158
esclusione, principio di 100, 351, 463
Ethical Culture School 11, 31, 34-35, 39-41, 45, 47, 53, 61, 63-64, 66, 92, 105, 120, 129-130, 145, 164, 392, 580
Ethical Culture Society 23, 31, 33-34, 36, 44, 129, 442
Evans, Ward 14, 602, 609, 643-644, 647-649, 653, 655, 659-663, 665
Exploratorium 720-721

Fantova, Johanna 606
Farley, Philip 667
Farrell, Thomas 374, 379, 384
Federal Bureau of Investigation (FBI) 10, 13, 131, 133, 148, 154, 167-172, 176-177, 200-202, 228, 234-236, 238, 245-248, 280, 282, 284-288, 291, 293, 301-305, 309, 349, 373, 388, 411-414, 421, 424, 429, 431, 435-439, 442-443, 446-449, 467, 479-480, 482, 487, 490, 492-493, 529, 530, 532, 535, 537, 540-541, 554-555, 557, 561-562, 568, 569, 574-575, 578, 582-586, 589, 595, 598-602, 609, 612-613, 617- 619, 623-624, 629-634, 635, 637-638, 655, 657-660, 663-665, 667, 675-679, 721-722, 724, 727, 739, 749, 752, 756, 762, 763, 769, 771, 786, 788
Federazione americana del lavoro (*American Federation of Labor*, AFL) 34, 151
Federazione degli architetti, ingegneri, chimici e tecnici (FAECT) 216, 244, 749, 760
Federazione degli scienziati atomici 419
Fergusson, Francis 27, 39, 40-43, 47, 54, 56, 60-71, 77, 80, 459, 673-674, 690, 698-699, 712, 714, 718, 738-739
Fermi, Enrico 78, 227, 253, 268, 271, 277, 327, 341, 358, 360, 365, 375, 399, 430, 508-509, 511-513, 530, 604, 703
Feynman, Arline 260, 281
Feynman, Richard 104, 260, 281, 376, 383, 454, 781
Fieldston School 34
Fine della povertà in California (*End Poverty in California*, EPIC) 145
Finletter, Thomas K. 541, 542-545

Fischer, Louis 717-718
fissione nucleare 78, 269, 328-329
Flexner, Abraham 453-454, 792
Folkoff, Isaac «Pop» 155, 171-172, 287, 611, 654, 752
Folsom, Frank, *vedi* Oppenheimer, Frank
«Foreign Affairs» 518, 571, 671, 805
Forrestal, James 442
«Fortune» 442, 570, 572, 663, 802
Fowler, Ralph 114
Fowler, William «Willie» 165, 178, 182, 206
Fox, Irving David 217, 297, 482, 762
France, Anatole 149
Francia 20, 70, 95, 150, 154, 174, 185, 192-193, 195, 213, 366, 669, 678, 754, 780
Franck, James 78, 84-85, 89, 134, 363, 364
Franco, Francisco 150, 240, 434
Frank, Carl 713
Frank, Sis 696, 698-700, 711, 713
Frankfurter, Felix 329, 423, 440, 452, 492, 669-670, 675
Freud, Sigmund 53, 142-143, 157-158, 189, 284, 737
Friedan, Betty 232-233
Friedman, Max 212, 217-218, 232, 238-240, 311, 479
Friendly, Alfred 679-680
Frisch, Otto 223, 328, 345
Frost, Robert 702
Fuchs, Klaus 348-350, 529-532
Fulbright, J. William 719
Fuld, Julie Carrie 453
Fulton, John F. 441, 489
Furry, Wendell 102, 109
fusione nucleare 508

Galbraith, John Kenneth 689
Galilei, Galileo 20, 46, 640, 669
Garrison, Lloyd K. 597-599, 603-607, 610, 613, 615-616, 622-623, 628, 631, 638, 640, 642, 645, 649, 650, 655-657, 660, 665
Gartz, Gloria 789
Gates, John 195, 199
Geist, Emil 769
Gell-Mann, Murray 457
General Electric 219, 415
Genio dei numeri, Il (Nasar) 687
Germania 11, 18, 29, 31-32, 35, 36, 41, 79, 85, 88, 90-93, 101, 134, 145-147, 150, 157, 164-165, 178, 185, 192-193, 197, 218, 223, 239, 259, 271-272, 275, 278, 328, 331, 338, 345, 349, 356, 478, 483, 486, 516, 526, 552, 558, 605, 606, 648, 689, 696, 732, 740, 754, 811
Geurjoy, Ed 211
Giappone 356, 357, 358-359, 362-364, 367-370, 385-386, 388-389, 412, 474, 513
Gibarti, Louis 756
Gibbon, Edward 49
Gibney, Nancy 693-695, 816-817
Gibney, Robert 693, 695
Gide, André 85, 150
«giovedì del sangue» 135
giudaismo riformista americano 31
Gladstein, I. Richard 172, 753
Glenn, John 702
Gödel, Kurt 454, 460
Goldberger, Marvin 499
Goldberger, Mildred 499
Gompers, Samuel 34, 50
Goodchild, Peter 660
Göppert, Maria 81
Gordon, Lincoln 580
Gottinga, Università di 75
Goudsmit, Samuel 92, 481, 482
Gouzenko, Igor 431
Gran Bretagna 336, 426, 557
Grande depressione 11, 124, 145-146, 165, 305, 434, 531
Grande illusione, La (film) 471
Gray, Gordon 601-602, 609-610, 614-615, 622, 624, 642, 645-648, 653-665, 668-669, 672
Gray, Horace 154
Green, Harold P. 578, 595, 599, 666
Green, Irva Denham 17
Green, John 698, 719
Greene, Priscilla 281
Grew, Joseph C. 367, 369, 778
Griffiths, Gordon 174-176, 179, 753
Griffiths, Mary 174
Griggs, David Tressel 541-545
Gromyko, Andrej 423
Grossman, Aubrey 146, 172, 627, 753
Groves, Leslie R. 18, 229-232, 236-237, 252-253, 255-258, 264-266, 268, 271-277, 279, 281-282, 286-287, 289, 291-293, 298, 301-303, 305, 318-319, 321-322, 325, 329-330, 332-333, 337-342, 344-346, 348, 357-358, 362-363, 365,

371-376, 378, 385, 386, 399, 402, 415-416, 443, 529-530, 583, 587, 596, 601, 625, 628-636, 748, 761, 767, 770, 787
Gruppo di consulenti scientifici (*General Advisory Committee*, GAC) 430, 452, 480
Gruppo speciale di consulenti sul disarmo 547
Guardalo ora (See It Now) 680, 681
Guerra civile spagnola 150, 155, 169, 175, 195, 201, 221
Guerra fredda 11, 13, 19, 311, 431, 461, 465, 474, 516, 518, 522, 527, 551-553, 565, 579, 668, 672, 787
Guerra nascosta per la bomba H, La («Fortune») 570
Gundel, Jeremy 679

Hagerty, James C. 615
Hahn, Otto 78, 206
Halifax, Lord 329
Hall, Gus 195, 199
Hall, Harvey 448-449, 739
Hall, Ted 348-350
Hammond, Lansing V. 461-462
Hancock, John 419-420
Harmon, John M. 279
«Harper's» 547, 669
Harris, Robert 708
Harris, Roy 462
Harrison, George L. 358, 390, 397
Harrison, Richard Stewart 199, 200-201
Harrison, Stewart 445
Harrison, Wallace 692, 709
«Harvard Crimson» 48, 50
Harvard University 218, 362, 433, 509, 686
Harvey, Hugh 247
Harvey, William 303-304, 630
Hawkins, David 214-215, 267, 279-280, 282, 286, 300, 317, 335, 337-338, 342, 352, 356, 365, 568, 611, 759, 772
Haynes, John Earl 188, 727, 755, 763
Hearst, William Randolph 113
Heisenberg, Werner 61, 73, 75, 78, 82, 86-88, 99, 107, 272, 330-332, 337, 463, 687, 774
Hellman, Lillian 149, 755
Hemingway, Ernest 124, 189
Hempelmann, Elinor 497, 504
Hempelmann, Louis 276, 314-315, 318, 320, 324, 493, 497-498, 502, 608, 796

Hennrich, C.E. 660-661
Herbert, George 504-505
Herken, Gregg 304, 634, 726, 751, 786-787, 789, 801
Heslep, Charter 651
Hewlett, Richard G. 304, 624, 727
Hickenlooper, Bourke 543, 705, 760
Hiroshima, bombardamento di 9, 269, 369, 384-385, 387, 388, 392-393, 395-396, 398, 402, 411, 457, 474, 482, 514, 524, 547, 564-565, 580, 613, 684, 695, 707-708, 729
Higinbotham, Willy 352, 397, 401, 405, 419
Hiilivirta, Immu 713
Hiilivirta, Irva 692, 697, 699, 713, 722
Hijiya, James 130, 726, 746, 781
Hildebrand, Joel 216
Hilgard, Ernest 158, 216, 459
Hill, Dickson 613
Hill, Sylvia 613, 614
Hirschfelder, Joseph O. 352, 373, 377
Hiskey, Clarence 558
Hiss, Alger 476, 477, 535, 556, 672
Hitler, Adolf 36, 88, 116, 134, 142, 147, 150, 157, 165, 179, 184-185, 228, 240, 333, 349, 356, 531, 534, 557, 754
Hitz, William 561
Hobson, Verna 243, 468, 495-497, 500, 502-503, 590, 596, 603-606, 634, 691, 704, 711, 716-717, 763, 796
Hobson, Wilder 495, 596, 603
Hochschild, Harold K. 711
Hoffman, Ann 191
Hofstadter, Robert 787
Hogness, Thorfin e Phoebe 81, 740
Holl, Jack M. 304, 624, 727, 806
Holton, Gerald 158
Holtzoff, Alexander 560
Hoover, Herbert 441
Hoover, J. Edgar 10, 127, 282, 285, 309, 411-414, 421, 446-449, 493, 530, 532-533, 538, 554, 568, 574-575, 578, 582, 584, 586, 589, 600-601, 630, 632, 634, 660-661, 676-677, 746, 762, 785
Hopkins, Harry 762
Horgan, Paul 27, 42, 47, 53, 56, 58
Horgan, Rosemary 42
Hornig, Donald F. 18, 728
Houtermans, Friedrich Georg 85, 93, 740
Hubbard, Jack 374, 375-376
Hudson Guild 36

Hunt, E. Howard jr. 311
Huntley, Chet 708

Idea del teatro, L' (Fergusson) 459
«Il cane da caccia» 49, 93
«Il tafano» 51
Impero austroungarico 35
indeterminazione, principio di 78, 86, 107, 463, 464, 688
Institute for Advanced Study 17, 19, 69, 137, 439, 441, 447, 454, 487, 489, 597, 724, 727, 747, 763
intercettazioni «Magic» 367, 369
Io me ne vado (Herbert) 681
Istituto di fisica teorica (Gottinga) 75
Istituto e Società psicoanalitica di San Francisco 159
Istituto russo-americano 244
Italia 65, 147, 150, 151, 163, 174, 192, 197, 253, 687, 717
Ivanov, Peter 244-245, 246-247, 436, 623, 762-763

J'accuse! (Zola) 669
Jackson, C.D. 567, 569-572, 583-587, 807
Jackson, Henry «Scoop» 533-534
Jadan, Alexander 700
Jadan, Doris 695-696, 699, 701
Jadan, Ivan 695-698
James, Henry 9, 563, 564
James, William 686-687
Jandel, Henry A. 710
Jeans, James Hopwood 47
Jefferson, Thomas 32, 702, 704
Jenkins, Edith Arnstein 144, 146, 157, 184, 284, 308, 627, 755
«Joe-1», test dell'atomica sovietica («Operazione Joe») 506
Johnson, Edwin C. 399
Johnson, Joseph 547
Johnson, Louis 516, 521
Johnson, Lyall 291-293, 619
Johnson, Lyndon B. 18, 702, 704-705, 709, 818
Jones, Ernest 157, 737-738
Jordan, Ernst Pascual 78, 86-87
Jost, Res 470-471

Kacharova (studentessa) 109
Kafka, Franz 595
Kamen, Martin D. 183, 215-217, 220-221, 759-760

Kantorowicz, Ernst H. 467
Kapica Club 73
Kapica, Pëtr 73, 336
Kaufman, Robert 534
Kaun, Alexander 172, 753
Kaysen, Carl 713
Keeley, Frances 61, 67-68, 738
Keitel, Wilhelm 192, 756
Kemble, Edwin 82, 89-90
Kennan, George F. 19, 459, 504, 511, 516-520, 522, 525-526, 552, 640, 643-644, 689, 718, 798-799
Kennedy, Jackie 705
Kennedy, Joe 279
Kennedy, John F. 698, 702-706, 727
Kennedy, Robert 709
Khariton, Yuli Borisovich 763
Kheifets, Grigory 236, 556
Killian, James R. 550
Kipphardt, Heinar 707, 708, 714, 715, 809
Kissinger, Henry 683
Kistiakowsky, George 275, 342-344, 374, 379
Klehr, Harvey 188, 763
Klock, Augustus 39
Konopinski, Emil 224
Kramers, Hendrik A. 125, 454
Kruscev, Nikita 552

Ladd, D.M. 448, 568, 569
Lagrange, Joseph-Louis 90
Lamb, Willis E. jr. 115, 454-455, 744
Lambert, Rudy 146
Langsdorf, Babette Oppenheimer 673, 732-733
Lansdale, John 286-287, 289-291, 296, 298-301, 303, 319, 321, 611, 624, 629-634, 640-641, 748, 753
LaPlante, Bryan F. 577, 578
Lapp, Ralph 370, 493, 779
Laurence, William L. 378-379
Lauritsen, Charles Christian 97, 135-136, 163, 178, 191, 391, 542
Lawrence, Ernest Orlando 111-113, 118, 122, 126, 131-132, 136, 159, 161, 167, 185, 206, 208, 215, 217-219, 221, 224, 230-231, 239, 245-246, 252, 253, 255, 276, 289, 293, 302, 358-361, 365, 373, 389-392, 399, 403, 436, 439, 443, 445-446, 491, 508-511, 530, 611, 623, 637, 650-651, 657, 672, 761, 789
Lawrence, Molly 111, 789

Lawrence, Robert 111
Leahy, William D. 367, 369
Leary, Eleonor 452, 487
Lee, T.D. 458
Leffler, Melvin 552, 729
Lega degli scrittori americani 179, 244, 754
Lega dei giovani comunisti 164, 173, 194, 238, 755
Lehmann, Lloyd 238
Leida, Università di 75, 78, 97
Lenin, V.L. 148, 165, 235, 717
Leof, Jenny 131
Leof, Morris V. 131
Lettere dalla Spagna 199
Levy, David 459
Lewis, Fulton jr. 601
Lewis, Harold W. 472
Lewis, John L. 181
Lewis, Roger 105, 132, 743, 751
Libby, Leona Marshall 161
Libby, Willard 759
Lichens, Helen Airy 749
«Life» 9, 395, 494, 507, 567, 570, 679, 705
Lilienthal, David 406, 415-417, 419-420, 423-424, 426, 429, 442, 447-449, 464, 489, 501, 506-507, 511-512, 515-516, 521, 522, 525, 535, 561, 564, 569-570, 598, 602, 644-645, 658, 668, 674, 682-683, 687, 690, 704, 706, 709, 712-714, 716, 719, 781, 805, 815
Linowitz, Sol 484, 794
Little Boy 269
Littlewood, J.E. 52
Loeb, Leonard 135
Lomanitz 212-213, 217-218, 232-233, 237-240, 289-293, 296, 299, 311, 479, 480, 482, 486-487, 611
«Look» 715
Lorelei 27
Los Alamos 10, 11, 17-18, 45, 236, 239-240, 252-262, 264-266, 268, 271, 273-274, 276, 277- 284, 287, 289-290, 294-295, 297-298, 300-302, 309, 312-314, 316-317, 319-320, 322, 324-326, 328, 330-331, 333, 335-338, 340, 342-352, 354, 356, 364-366, 369, 370, 372-373, 379, 383, 385-389, 392-393, 395-397, 399, 401-402, 404, 407, 410, 413, 415, 419, 426, 429, 430, 435, 443, 452-453, 457-458, 460, 465-466, 469-470, 473, 478, 481, 484, 491, 493, 495, 497, 499-500, 504, 510, 520, 529-530, 533, 541, 568, 576, 580, 585, 601, 608, 618, 622, 623-624, 628, 631, 640, 653, 669, 672-673, 683, 709, 712, 714-716, 719, 728, 763, 766, 772, 774
Los Alamos Ranch School 765
Lovett, Robert 549
Lowell, A. Lawrence 50
Lowie, Robert 158
Luce, Henry 567, 570, 571
Luck, Harold 247
Lusitania 35
Luten, Daniel 247

Maas, Herbert 467
Macfarlane, Donald 158
Macfarlane, Jean 158
MacLeish, Archibald 433-434
Malenkov, Georgij 552- 553
Malina, Frank K. 166
Malraux, André 150-151, 679, 808
Manley, John 253, 255, 268-269, 279, 281, 341, 386
Mann, Thomas 313
Mansfield, Katherine 47
Mansfield, J. Kenneth 539
Marks, Anne Wilson 10, 528-530, 563, 712
Marks, Herbert 10, 398, 414-415, 418, 422, 477-478, 528, 556-557, 558-560, 563, 573, 587-590, 597, 599, 610, 638, 677
Marshak, Robert 454, 455
Marshak, Ruth 312
Marshall, George C. 224, 358, 360-361, 363, 370, 400, 433, 435, 452, 672
Marshall, Leona Libby 161
Martin, Ian 105
Martinez, Maria 326
Marx, Karl 31, 33, 143, 148, 165, 188, 235
May, Alan Nunn 431
May, Andrew J. 399
May, Kennet 146, 176-177, 482, 534, 537, 557-558, 611, 627, 754, 804
McCarthy, Joseph 538, 549, 561, 574-575, 578, 583-585, 603, 609, 614-615, 627, 658, 670, 676, 686, 808, 816
McCloy, John J. 17, 367-369, 407, 414-415, 418, 422-423, 640-643, 669-670
McMahon Act 429, 446
McMahon, Brien 401, 515, 520, 532-533
McMillan, Edwin 17, 131, 251, 252, 762

McMillan, Priscilla 533, 577, 727, 764
Meccanica analitica (Lagrange) 90
Meehl, Paul 459
Memorandum. Il controllo internazionale dell'energia atomica (Kennan) 518
Merkulov, Vselovod 236
Metallurgical Laboratory (Met Lab) 274
Meyer, Eugene 564
Meyer, Ruth 120
Meyers, famiglia 347
Michigan, Università del 125, 130
Michnoviicz, Mike 314
Middlemarch (Eliot) 37
«Mike», test termonucleare 549, 550
Miller, George 459
Millikan, Robert A. 73, 391
«Milwaukee Journal» 395, 555
Ministero della Difesa 506
Ministero della Giustizia 535, 537-538, 554-560, 599, 609
Ministero della Guerra 218, 228, 236, 390, 397, 399, 435
Mirsky, Jeanette 38, 42
Mitchell, William 600
Mitford, Jessica 170, 171
Mondo e l'Occidente, Il (Toynbee) 579
Montagna incantata, La (Mann) 313
Montgomery, Deane 454, 458, 469
Montoya, Atilano 325
Morgan, Thomas B. 602, 609, 659, 661-663, 715-716
Morrell, Ottoline 65
Morrison, Philip 147, 173, 179, 208, 210, 212-214, 239, 278, 312, 327, 344, 352, 355, 365, 372, 387, 392-393, 429, 435, 492, 524, 751, 771, 794
Moskowitz, Henry 34
Moynahan, John F. 384
Muir, Jane 299
Murphy, Charles J.V. 570-572, 663, 803
Murra, John V. 763
Murray, James 301-302, 771
Murray, Thomas 665
Murrow, Edward R. 609, 680
Museo americano di storia naturale 38
Mussolini, Benito 142, 150, 163
Muste, A.J. 50

Nabokov, Nicholas 18, 689, 714, 717
Nagasaki, bombardamento di 9, 388-389, 392-393, 408, 457, 474, 547, 580, 782
Nasar, Sylvia 687
Nash, John 687-688, 817

«Nature» 122, 246
Nazioni Unite 353-354, 364, 415, 419-420, 422, 424, 428, 431, 527, 551, 573, 581, 692, 722, 808
NBC 378, 708, 780
Neddermeyer, Seth 271, 341, 342-343
Nedelsky, Leo 109, 117, 125, 134
Nedelsky, Wenonah 163
Nelson, Josie 202
Nelson, Margaret 198-199, 201-203
Nelson, Steve 155, 173, 174, 195-196, 198, 201-202, 214, 233, 234-240, 284, 286, 287, 412, 479, 483, 537, 554-556, 558, 560, 583, 611-612, 750, 754, 763, 772
New Deal 113, 146, 151, 165-166, 169-170, 180, 185, 206, 214, 229, 273, 415, 442, 477, 612, 672
«New Look» 573
«New Republic» 149, 575, 693
«New Statesman» 679
«New York Herald Tribune» 441
«New York Review of Books» 551
«New York Times» 220, 311, 329, 378, 401, 467, 538, 564, 571, 583, 587, 602, 614, 615, 616, 689
«New York Times Magazine» 424
«New Yorker» 719
Newman, Daisy 35
Newmark, Helen 129
Newmont Mining Company 419, 787
«Newsweek» 550, 677
Newton, Alberta 38
Neylan, John Francis 113
Nichols, Kenneth D. 229 230, 289, 371, 530, 587-588, 590, 595, 597, 606, 614, 616, 663-665, 667
Niebuhr, Reinhold 504
Niebuhr, Ursula 504
Nitze, Paul 18, 522
Nixon, Richard M. 480, 483, 556, 586-587
NKVD (polizia politica sovietica) 236
Noi accusiamo! (Alsop e Alsop) 669
Non ci sarà più tempo (Borden) 532
Norimberga, Tribunale di 435
North Oakland Club 412
Note sulla teoria dell'interazione tra campo e materia (Oppenheimer) 99
NSC-68 522

O'Brian, John Lord 597
O'Brien, John 413

845

O'Hara, John 18, 495
Odets, Clifford 131
Olden Manor 443, 450, 452, 464, 466, 493-497, 500, 504, 560, 581, 589, 595, 603, 605, 658, 676, 688, 710-713
Olson, Culbert L. 145, 146
Oppenheimer, Benjamin Pinhas 24, 29, 31
Oppenheimer, Ella Friedman 25-31, 40-41, 63, 64-65, 67, 92, 105, 121, 126, 160, 730, 732-733
Oppenheimer, Emil 24, 732
Oppenheimer, Frank Friedman 18, 27, 30, 40, 42, 58, 70, 77, 92, 94-97, 105-107, 118-121, 123, 126-129, 131-132, 135-136, 158-161, 163-168, 214-215, 236, 253, 287, 298, 303-304, 324, 373, 375, 377, 386, 396, 400, 412, 434, 443, 447, 476-479, 484-485, 490-494, 496, 502, 579, 580, 604, 616, 629-635, 665, 673, 684, 690, 714, 720-721, 723, 733, 751, 758, 763, 780, 782, 787
Oppenheimer, Jacquenette «Jackie» Quann 163, 164-167, 202, 298, 308, 322, 324, 373, 490, 492, 494, 499, 720, 721, 758, 780
Oppenheimer, Judith 373
Oppenheimer, Julius 24-32, 36-37, 40, 41, 63, 66, 92, 105, 119, 121, 124, 126-127, 157, 160, 732-733, 737
Oppenheimer, Katherine «Toni» 18, 322-323, 410, 450, 494-495, 500-503, 590, 608, 676, 690, 694, 699-700, 704, 718-719, 721-722, 773, 817
Oppenheimer, Katherine Puening «Kitty» 11, 18, 191-205, 212, 225, 240, 242-243, 261-263, 279, 283-284, 309, 314-315, 317-318, 321-324, 326, 373, 379, 390, 392-393, 410, 421, 425, 429-430, 434, 438, 440-441, 443, 445-446, 450-451, 466, 471, 495-504, 533, 537, 574, 579, 580-581, 589-591, 596, 598, 600, 604-605, 608, 610, 627, 634, 638, 648, 653, 654-655, 658, 673-676, 678, 688, 690-691, 693-700, 704-706, 710-721, 723, 728, 757, 762-763, 768, 786, 788, 796, 801, 807, 817
Oppenheimer, Lewis Frank 28
Oppenheimer, Michael 373, 721
Oppenheimer, Peter 18, 204-205, 262, 279, 322, 410, 450, 494, 501-503, 537, 590, 608, 676, 684, 690-691, 699, 704, 707, 721, 724

Oppenheimer-Phillips, processo 115
Oppenheimer-Volkoff, limite di 116
Oppenheimer. Storia di un'amicizia (Chevalier) 151, 188, 242
Osborn, Frederick 431

Pacific Union Club 113
Page, Arthur 358
Page, Katherine Chaves 42, 44, 58, 95-96, 106, 132, 200, 723, 732, 735
Page, Winthrop 43
Pais, Abraham 98, 378, 454-455, 457-458, 461, 466, 470-471, 496, 497-499, 502, 531, 616, 737-738
Panofsky, Wolfgang 787
Parsons, Deke 314, 343-344, 385, 504, 585-586
Parsons, Martha 314, 504, 585-586
Partito comunista sovietico 183, 648
Partito comunista tedesco 349, 481
Partito comunista, a Berkeley 143, 168, 174, 176, 213, 233, 299, 559, 747, 755
Partito comunista, a San Francisco 155, 411, 448, 611, 753
Partito comunista, in California 146, 164, 170-171, 179, 181, 595, 613
Partito comunista, negli USA 146, 171, 188-189, 194-195, 198-199, 212, 236-238, 282, 287, 290, 296, 298, 434-435, 531, 536, 538, 554, 568, 579, 615, 618, 648, 752, 756, 762-763, 768-769, 787
Partito comunista, nella Contea di Alameda 133, 216, 287, 412, 534, 536, 612
Partito democratico 135, 164
Partito repubblicano 679
Pash, Boris T. 236-238, 285-287, 289, 291-299, 303, 305, 310-311, 334, 438-439, 482, 488, 619-621, 622-624, 629, 652, 664, 762-763, 767, 772
Patterson, Robert P. 405, 784
Paul, Randolph 638
Pauley, Edwin 113
Pauli, Wolfgang 78, 82, 86, 88, 98-100, 103, 107, 114, 117, 125, 158, 272, 345, 458, 462-463
Pauling, Linus 108, 136, 153-154, 208, 684, 749
Pearl Harbor, attacco a 213, 221, 442, 580
Pearson, Drew 765
Pearson, Luvie 765

Peierls, Rudolph E. 223, 328, 345-347, 349
Pell, Helen 172, 753
Penney, W.C. 576
«People's World» 146, 155, 165, 308, 655, 769
Pepper, Stephen 158
Perle, Richard 534
Perro Caliente 96, 105, 107, 119, 123, 131-132, 163-164, 200, 204, 253, 315, 390, 506, 537, 692, 721, 723-724
Peters, Bernard 146-148, 213, 217, 481-488, 492, 659, 748, 793, 794
Peters, Hannah 146-148, 287, 612, 748
Phillips, Melba 115, 122-123, 125, 131, 134-135, 746
«Physical Review» 73, 77, 122, 207, 210, 457, 472, 739
«Physics Today» 475
Piano Marshall 433
Pierce, George Washington 51
Pike, Sumner T. 515
Pinsky, Paul 411-412, 612-613
Pitman, John 146, 627
Placzek, George 132, 183-184, 458
Planck, Max 23, 48, 77
Plesset, Milton 456
«PM» 400
Podolsky, Boris 454
Politburo 552
Pollak, Inez 64, 65
Polonia 116, 178, 348, 683, 755
Pontecorvo, Bruno 677
Potsdam, Conferenza di (1945) 368, 373, 385, 388, 390, 404
Powell, Cecil F. 62, 455
premio Enrico Fermi 703-706, 818
prima guerra mondiale 27, 34-35, 134, 192, 237, 471
Princeton, Università di 10, 18, 80, 273, 391, 457, 480
Principia Mathematica (Whitehead e Russel) 52
Processo, Il (Kafka) 595
Progetto Lexington 527, 532
Progetto Manhattan 18, 78, 230, 236-237, 239, 251, 274, 277-278, 286-287, 289, 294, 296, 301, 303, 330, 334, 358-359, 363, 370, 393, 398, 438, 481, 506, 513, 533, 640, 666
Progetto Vista 542-543, 570
Proust, Marcel 72, 94, 688-689, 716
Puening, Franz 192, 600

Puening, Kaethe Vissering 192, 600
Puleggia, La (Herbert) 505
Pusey, Nathan 686

quanti, teoria dei 61, 78, 81, 87-88, 94, 210, 464, 487, 688

Rabi, Isidor I. 17, 20, 91, 100-103, 124, 128-130, 158, 184, 231, 232, 258-260, 314, 343-344, 347, 375, 378, 393, 407, 414-415, 418, 420, 425, 430, 434, 443, 454-455, 465, 473-474, 511-514, 522, 544, 570, 574, 601, 606, 645, 646, 650, 653, 671, 673-674, 716, 719, 797
Racconto delle avventure di Robert Oppenheimer in Europa (Fergusson) 63
Radin, Max 493
Radio Corporation of America 458
Radio Tokyo 389
Ramseyer, Frank 193
Ranch School 45, 252, 254, 262-263, 279, 315, 325, 764
Rapporto ai nostri colleghi 179, 181
Rapporto Franck 363-365
Rapporto Smyth 666
rappresaglia massiccia, politica della 567
Raymond, Natalie 119, 744
Reith Lectures 579-580, 680
relatività, teoria della 23, 78, 86, 99, 116, 463
Renoir, Jean 471
Renoir, Pierre-Auguste 26
Requiem Canticles (Stravinsky) 18
resa incondizionata, politica della 367, 369, 389, 778
Resner, Herbert 172
Reston, James 583, 602-603, 614-615, 641
Rhodes, Richard 304, 758
Ricerca del tempo perduto, Alla (Proust) 72
Richards, «Limejuice» 697
Rickover, Hyman 528
Riefenstahl, Charlotte 84-85, 91-92
rinormalizzazione, teoria della 455
Robb, Roger 601, 610, 616-623, 625-628, 635-638, 640, 642-646, 649-653, 654-655, 657, 659-663, 708
Roberson, Mason 308
Robertson, Priscilla 142-143, 307, 308
«Rochester Times-Union» 483
Rockefeller Foundation 692, 694

Rockefeller, David 564
Rockefeller, Laurance S. 677, 693
Rogers, William 586, 587
Roisman, Jean 131
Rolander, Carl Arthur 610
Roosevelt, Archibald B. 686
Roosevelt, Eleonor 523
Roosevelt, Franklin D. 165, 170, 181-182, 184, 219, 222-223, 226, 273, 278, 329, 335-337, 353, 355, 356-357, 388, 404, 442, 477, 641, 672, 682, 704, 775
Roosevelt, Theodore 23, 156
Rosen, Louis 352
Rosen, Nathan 454
Rosenberg, Ethel 581
Rosenberg, Julius 581
Rosenquist, Ivan Th. 794
Rotblat, Joseph 318, 348, 351, 683, 684, 776-777
Rothfeld, Sigmund 24
Rothfeld, Solomon 24
Rowe, Hartley 430, 511
Rowe, Jim 682
Ruben, Sam 215, 759
Russell, Bertrand 65, 579, 683-684
Russell, Katharine 452, 515, 604
Rutherford, Ernest 57-59, 62, 74, 75, 81, 737
Ryder, Arthur W. 127, 129

Sacco, Nicola 194
Salter, William 34
«San Francisco Chronicle» 123, 191, 206, 559
Sandow, Katrina 412, 612-613
Sartre, Jean-Paul 714
«Saturday Evening Post» 574
Scala, Armand 538
Schlesinger, Arthur jr. 18, 689, 703, 705, 711
Schmitz, Henry 681
Schneiderman, William 171, 287, 583, 752
Schrödinger, Erwin 73, 75, 78, 82, 107
Schweber, S.S. 726, 738, 790
Schwinger, Julian 17, 454, 455
«Scientific Monthly» 7, 395
Scuola del lavoratore 33-34
Seaborg 109, 430, 512, 702, 797, 818
Searls, Fred jr. 419-420, 786
«Seattle Post-Intelligencer» 681
«Seattle Times» 681
seconda guerra mondiale 116, 178, 237, 248, 442, 474, 552, 671-672, 755
Segrè, Emilio 45, 280, 356
Seligman, Joseph 32
Senato USA 14, 310-311, 394, 399, 426, 488, 556, 574, 576, 658, 719
Serber, Charlotte Leof 131, 132, 136, 200, 224, 280-281, 300, 388, 819
Serber, Frances Leof 131
Serber, Robert 17, 104, 109-110, 115-117, 124, 130-133, 135-136, 141, 144, 163, 190, 191-192, 200-201, 203, 224-225, 230, 268-271, 275, 280-281, 309, 326, 331, 341, 346, 376, 392-393, 455, 498, 502-503, 524, 636, 674, 719-722, 759, 768, 796
Sevareid, Eric 669
Shakespeare, William 28, 47, 142, 241, 701, 703
Shell Development Company 216
Shepley, James 571
Sherr, Pat 193, 318, 322-324, 495-502, 648, 676
Sherwin, Martin 71, 128, 171-173, 189, 247, 652, 723
Shipley, Ruth B. 748
Sillabario di Los Alamos, Il 271
Silverman, Samuel J. 610
Sinclair, Upton 135
sionismo 33, 734
«Sito X» 294
«Sito Y», *vedi* Los Alamos 252, 261, 329
Smith, Al 164
Smith, Alice Kimball 35, 71, 313, 385, 387, 388, 727
Smith, Cyril 374, 375, 430, 511, 512
Smith, Herbert Winslow 28, 38-39, 41-45, 49-50, 53, 55-56, 58, 65-66, 68-69, 126, 390
Smyth, Henry De Wolf 18, 515, 657, 665-667, 813
Snyder, Hartland 116, 117, 208, 210
Sole sorge ancora, Il (Hemingway) 124
Somervell, Brehon B. 228-229
Souers, Sidney 516
Southside Club 171
«Soviet Russia Today» 178
Spagna 152, 154-155, 196-198, 201, 234, 300, 434, 533, 641, 762, 771
Spencer, Anna Garlin 34
Spender, Stephen 18, 689
Speranza dell'ordine, La (Oppenheimer) 686
spostamento di Lamb 115, 455

Sproul, Robert Gordon 112-113, 391, 396, 403, 446, 754
St. John (Virgin Island) 17, 503, 677-678, 692, 694-699, 701, 709, 711, 713, 719-720, 722, 815
«St. Louis Post-Dispatch» 395
Stabilità dei nuclei stellari di neutroni, La (Oppenheimer e Serber) 116
Stalin 183-184, 334, 348, 358, 361, 368, 372-373, 385, 388, 425, 431, 519, 534, 536, 552, 740, 754, 801
Stanza enorme, La (Cummings) 95
Stati stazionari dei campi scalari e vettoriali (Weinberg e Snyder) 210
Steffens, Lincoln 50, 149
Stern, Alfred 157
Stern, Hedwig Oppenheimer 157, 732
Stern, J.H. 24
Stern, Philip M. 488, 709, 726, 794, 805
Steuben, John 199
Stevenson, Adlai 573, 576
Stewart, Mildred 770
Stewart, Walter W. 471
Stimson, Henry L. 218, 224, 228, 356, 358-360, 362, 364, 366-368, 370, 388-390, 394, 397, 400, 405, 547, 707
Stone, I.F. 131
Storia della decadenza e caduta dell'impero romano (Gibbon) 49
Strassmann, Fritz 206
Strategic Arms Limitation Talks (SALT) 534
Stratton, S.W. 87
Strauss, Lewis 9, 10, 12, 439, 440-442, 445-447, 449, 461, 466, 467, 469, 488-489, 508, 511-512, 515, 523, 528-530, 532, 540-541, 543, 561, 562, 564, 567-578, 580, 582-583, 589-590, 595-602, 606-607, 609, 614-616, 620, 628, 634-636, 638, 645, 650-652, 656, 660, 663, 665-672, 675-676, 705-706, 708, 710-711, 719, 770, 789, 792, 794, 799, 802, 805-806, 813
Stravinskij, Igor 18
Strunsky, Robert 497, 501
Sui nuclei compatti di neutroni (Oppenheimer e Volkoff) 116
Sul caso di J. Robert Oppenheimer (Kipphardt) 707
Sul servizio attivo in pace e in guerra (Stimson e Bundy) 547
Sulla contrazione gravitazionale continua (Oppenheimer e Snyder) 116

Sulla costruzione di una superbomba (Peierls e Frisch) 345
Sulla questione di J. Robert Oppenheimer (In the Matter of J. Robert Oppenheimer, AEC*)* 12, 668
Sulla teoria degli elettroni e protoni (Oppenheimer) 113
Sulla teoria quantistica del problema dei due corpi (Oppenheimer) 81
Sulla teoria quantistica delle bande di vibrazione-rotazione (Oppenheimer) 81
Sulla teoria quantistica delle molecole (Born e Oppenheimer) 88
Sulzberger, Arthur Hays 615
Suus (Susanna) 98
Szilard, Leo 222, 264, 356, 357, 358, 360, 363, 370-371, 399-401, 513, 683-684, 779

Taft, Charley 504
Taft, Robert 504, 575
Taiwan 682
Tatlock, Hugh 310
Tatlock, Jean 133, 141-144, 146-148, 152-153, 156-159, 176, 184, 189, 190-192, 232, 283-287, 305-307, 309-311, 611, 625, 627, 668, 727, 747, 753, 768-771
Tatlock, John S.P. 141, 305, 306, 747
«Technology Review» 473
Teller, Edward 117, 224-228, 271, 276-278, 282, 313, 326, 331, 345-347, 351, 369-370, 375, 396, 398, 454, 461, 507, 508, 510-511, 515, 520, 533, 540-541, 544, 548, 604, 637, 650-653, 671-672, 679, 703, 705-706, 719, 760, 776
Teller, Mici 313
Tempo del disprezzo, Il (Malraux) 150
Tenney, Jack B. 754
Teoria dell'atomo e conoscenza umana (Bohr) 210
Teoria dinamica dei gas (Jeans) 47
Terra desolata, La (Eliot) 49, 459
terrorismo nucleare 13, 14, 426-427, 787
test di Trinity 383-384, 404, 708
«The Nation» 35, 145, 149, 597
Thomas, Charles A. 415, 418, 576
Thomas, J. Parnell 476
Thompson, David 769
Thompson, Homer 459
Thompson, William Boyce 786
Thomson, J.J. 59, 61
Thorne, Kip 117

Thorpe, Charles 340, 683-684, 726
Thorpe, Irva Boulon 677
Tibbets, Paul 385
«Time» 9, 187, 378, 462, 467-468, 473, 477-479, 494, 506-507, 535, 570-571, 705
«Times» 378, 719
Tolman, Edward 156, 158
Tolman, Richard 108, 115, 136, 156, 270, 331, 420, 429, 443, 444-445, 650, 789
Tolman, Ruth 121, 136, 167, 429, 443-445, 459, 500, 503, 559-560, 607, 650, 789, 790
Tomonaga, Sin-itiro 458
Toynbee, Arnold 459, 579
Tree, Marietta 674
Trimethy 40, 57, 92
Truman, Harry S. 355-357, 361, 363-364, 367-370, 373, 385, 388, 390, 394, 397, 398, 400-401, 404, 405-407, 409, 415, 419, 427, 428-430, 433-434, 439, 488, 506-508, 516, 520-524, 526, 530, 532, 539, 546, 559, 566, 576, 586, 707, 778, 784, 787
Tsien, Hsue-Shen 166
Tsung, Dao Lee 17
«Tube Alloys», progetto 329, 345, 349
Tuchačevskij, Michajl 536
Tuck, James 312, 313
Twentieth Century Fund 682
Tyler, Gerald R. 279

Uehling, Edwin 118, 122, 124, 136, 182
Uehling, Ruth 126, 136, 182
Ufficio medico americano per il sostegno alla democrazia spagnola 747, 750, 753
Ufficio medico spagnolo 150
Ufficio nazionale per le libertà civili 34
Ufficio per l'organizzazione della difesa 550
Ufficio per la ricerca navale 458
Ufficio per la ricerca scientifica e lo sviluppo (OSRD) 223, 326
Uhlenbeck, Else 92, 106, 132
Uhlenbeck, George Eugene 78-80, 92, 132, 207, 454, 458
Ulam, Stanislaw 540
Ullstein, famiglia 79
Ungheria 78, 357, 756
Unione americana per le libertà civili (ACLU) 35, 156, 170, 172, 287, 597
Unione degli insegnanti 149, 151, 156, 167, 175, 176, 187, 214, 220, 239, 403, 478
Unione dei consumatori 149, 156, 167
Unione Sovietica 12, 19, 150, 153, 167, 178, 183, 185, 187, 213, 237, 248, 286, 330, 334, 350, 357, 368, 389, 412, 414-415, 421, 427, 431-432, 434, 435, 461, 506-507, 509, 518-519, 522, 527, 532, 534, 539, 550, 552, 565, 573, 582, 648, 672, 707, 709, 725, 754, 763
Uomo che volle essere Dio, L' (Chevalier) 186
uranio 41, 206, 208, 219, 222-223, 226, 230, 236, 269-270, 331, 332, 340-341, 357, 385, 412, 417
Urey, Harold 357
Uso dell'uranio per la bomba, L' 223
USS Saipan 477

Van Vleck, John H. 224
Vandenberg, Hoyt 545
Vanzetti, Bartolomeo 194
Vassiliev, Alexander 236
Veblen, Oswald 454, 467, 468, 526
Velde, Harold 480, 490
Vidal, Gore 764
Vietnam, guerra in 707
Villard, Oswald Garrison 35
Vita segreta di Salvador Dalí, La (Dalì) 204
Vittima delle calunnie rosse (Crouch) 538
Voge, Herve 216, 246-248, 744, 763
Volkoff, George 116
Volpe, Joseph 447, 481, 483, 488-540, 556-560, 589-590, 597, 638
von Neumann, John 78, 342, 454, 458, 460-461, 468-469, 526, 648-649, 791

Walker, Andrew 283, 288
Walker, Virginia 789
Wallace, Henry A. 224, 404-405, 509, 530
Warner, Edith 324-327, 371, 393, 410, 773
Washburn, John 133
Washburn, Mary Ellen 133, 141, 144, 308-309, 443, 771
«Washington Post» 534, 564, 571, 679
«Washington Times-Herald» 490
Washington, Booker T. 32
Washington, Università di 229, 681
Webb, Sidney e Beatrice 148
Weil, André 469

Weimar, Repubblica di 79
Weinbaum, Sidney 166
Weinberg, Joseph 207-214, 218, 225, 232, 234, 238-240, 299, 311, 414, 424, 479, 481-482, 535, 554-556, 558-561, 564, 589, 611, 636, 759, 804
Weinstein, Marvin 717, 819
Weissberg, Alex 183, 755
Weisskopf, Victor 132, 178, 183-184, 272, 331, 333, 335, 339, 351, 352, 353, 394, 401, 454, 456, 484-485, 488, 511, 608, 719
Weizsäcker, Carl Friedrich von 332
Welch, Joseph Nye 658
Wellhausen, Felix 31
«Western Worker» 143
Weyl, Hermann 454, 462, 463, 465, 747
Wheeler, John 117, 520, 532
White, Harry Dexter 586, 587
Whitehead, Alfred North 52, 53
Wigner, Eugene 17, 78, 267, 465
William James Lectures 686
Wilson Anne, *vedi* Marks, Anne Wilson
Williamson, John 199
Wilson, Edmund 149, 686, 687
Wilson, Jane 388, 673
Wilson, Robert 113, 251, 255-256, 258, 260, 267, 282, 313, 317, 336-337, 339, 351-354, 364, 383, 388, 401, 434, 513, 584, 673, 777, 781
Wilson, Woodrow 153, 441, 729-730
Winchell, Walter 614-615, 668
Winne, Harry A. 415
Wolff, Ernst 158, 751
Woodward, William 352
Worthington, Hood 430
Wouthuysen, S.A. 472
Wyman, Jeffries 47, 54, 62, 66, 69-71, 74, 582, 807
Wyzanski, Charles jr. 433

«Yale Law Review» 601
Yalta, Conferenza di 388
Yang, C.N. 713
Yeats, W.B. 128
Yedidia, Avram 145
Young, Barney 412
Young, Rebecca 118
Yukawa, Hideki 20, 458

Zacharias, Jerrold 607
Zola, Emile 669
Zuckert, Eugene 665-666, 671, 813

Fonti delle illustrazioni

Un vivo ringraziamento a tutte le persone e le istituzioni qui elencate per averci concesso il permesso di riprodurre le illustrazioni che appaiono nel testo, come indicato più avanti.

American Institute of Physics, Emilio Segrè Visual Archives (AIP)
AP/Wide World Photos (AP)
The Bancroft Library, University of California, Berkeley (Bancroft)
Collezione Bird-Sherwin (BS)
Joe Bukowski (Bukowski)
"Bulletin of the Atomic Scientists", per cortesia AIP, Emilio Segrè Visual Archives (AIP-BAS), per cortesia degli archivi del California Institute of Technology (Caltech)
Alfred Eisenstadt/Time & Life Pictures/Getty Images (Eisenstadt)
Ernest Orlando Lawrence Berkeley National Laboratory, per cortesia AIP Emilio Segrè Visual Archives, "Physics Today" Collection (AIP-PTC)
Nancy Rodger © Exploratorium, www.exploratorium.edu
Federal Bureau of Investigation (FBI)
Per cortesia degli archivi della Harvard University (Harvard)
Herblock © 1950 The Washington Post Co., da *Herblock's Here and Now* (Simon & Schuster, 1955) (Herblock)
Inga Hiilivirta (Hiilivirta)
J. Robert Oppenheimer Memorial Committee Photographs (JROMC)
Yousuf Karsh/Retna Ltd. (Karsh)
Lawrence Berkeley National Lab (Berkeley)
Los Alamos National Laboratory Archives (LANL)
Anne Wilson Marks (Marks)
National Academy of Sciences (NAS)
National Archives (NA)
Niels Bohr Archive, per cortesia AIP Emilio Segrè Visual Archives (Bohr)
Per cortesia degli archivi della Northwestern University (Northwestern)
Alan W. Richards, Princeton, N.J., per cortesia AIP Emilio Segrè Visual Archives (Richards) Barbara Sonnenberg (Sonnenberg)
Ulli Steltzer (Steltzer)
Hugh Tatlock (Tatlock)
Time & Life Pictures/Getty Images (Getty)
United Press International, per cortesia AIP Emilio Segrè Visual Archives, "Physics Today" Collection (UPI)
Per cortesia degli archivi della University of North Carolina (UNC)
Herve Voge (Voge)
R.V.C. Whitehead/J. Robert Oppenheimer Memorial Committee (Whitehead)
Yosuke Yamahata, Nagasaki, 10 agosto 1945, National Archives. © Shogo Yamahata/ per cortesia: IDG Films. Fotografie restaurate da TX Unlimited (Yamahata)

Primo inserto fotografico
pag. 1: Julius con JRO bambino, JROMC; ritratto di Ella, Sonnenberg; ritratto di Julius, Sonnenberg. *pag. 2*: JRO mentre gioca, JROMC; Ella e JRO, LANL; JRO con il mento appoggiato alla mano, JROMC. *pag. 3*: JRO a cavallo, JROMC; JRO da giovane, AIP; JRO ragazzo con il fratello Frank, AIP. *pag. 4*: Paul Dirac, NA; Max Born, NA;

JRO con Kramers, AIP; JRO e altri su una barca, AIP. *pag. 5*: Fowler, JRO e Alvarez, AIP; JRO nel cortile del Caltech, Caltech; Serber alla lavagna, Berkeley. *pag. 6*: Lawrence con JRO appoggiato all'automobile, AIP; JRO con il cavallo, LANL; gli autori a Perro Caliente, BS. *pag. 7*: JRO con Fermi e Lawrence, Berkeley; Joe Weinberg, Lomanitz, Bohm e Friedman, NA; Niels Bohr, AP. *pag. 8*: Jean Tatlock camera frontale, Tatlock; Dr. Thomas Addis, NAS; documento dell'FBI, FBI. *pag. 9*: Hoke Chevalier, Johan Hagemeyer Portrait Collection, Bancroft; George Eltenton, Voge; Col. Boris Pash, NA; Martin Sherwin con Chevalier, BS. *pag. 10*: Kitty in calzoni da cavallerizza, BS; fotografia del passaporto di Kitty, BS; Kitty in laboratorio, BS. *pag. 11*: lasciapassare per il laboratorio di JRO, BS, Kitty che fuma sul divano, JROMC; Kitty sorridente, JROMC. *pag. 12*: Kitty e Peter, JROMC; JRO che imbocca il piccolo Peter, JROMC. *pag. 13*: JRO a un party a Los Alamos, LANL; Dorothy McGibbin, JRO e Victor Weisskopf, LANL. *pag. 14*: JRO e altri a una conferenza, LANL; ritratto di Hans Bethe, NA; Frank Oppenheimer che ispeziona uno strumento, Berkeley; Groves con Stimson, NA. *pag. 15*: JRO mentre versa il caffè, AIP; JRO in controluce, LANL; l'esplosione del Trinity test, LANL. *pag. 16*: panorama di Hiroshima dopo il bombardamento, NA; madre e figlio sopravvissuti a Nagasaki, Yamahata.

Secondo inserto fotografico
pag. 17: JRO e altri davanti a un quadro di controllo, AIP-PTC; copertina di "Physics Today", UPI; JRO, Conant e Vannevar Bush in smoking, Harvard. *pag. 18*: Frank Oppenheimer in laboratorio, NA; Frank e una mucca, AP; Anne Wilson Marks in barca, Marks; Richard e Ruth Tolman, BS. *pag. 19*: copertina di "Time", Getty; JRO e altri davanti a un aereo, LANL; JRO e altri ad Harvard, Harvard. *pag. 20*: Olden Manor, BS; Kitty, Toni e Peter all'esterno di Olden Manor, Whitehead; *pag. 21*: JRO, Toni e Peter sul prato, Sonnenberg. Kitty nella serra, con JRO, Toni e Peter, Eisenstadt. *pag. 22*: JRO e Von Neumann a Princeton, Richards; JRO durante una lezione, Eisenstadt. *pag. 23*: JRO con Eleanor Roosevelt e altri, Getty; ritratto di JRO, NA; JRO con Greg Breit, NA. *pag. 24*: vignetta di Herblock, Herblock; ritratto di Lewis Strauss, NA; JRO che passeggia fumando, Getty. *pag. 25*: Ward Evans, Northwestern; Gordon Gray, UNC; Henry DeWolf Smyth, NA; Eugene Zuchert, NA; Roger Robb, Getty. *pag. 26*: Toni a cavallo, BS; Kitty e JRO, BS; Peter in giacca e cravatta, JROMC. *pag. 27*: Kitty in barca a vela, BS; JRO in barca a vela, BS; la famiglia Oppenheimer sulla spiaggia, JROMC. *pag. 28*: Niels Bohr e JRO seduti sul divano, Bohr; Kitty e JRO in Giappone, JROMC. *pag. 29*: Oppie mentre fuma la pipa, Steltzer; JRO e Jackie Kennedy, Getty; Frank Oppenheimer nell'Exploratorium, Exploratorium. *pag. 30*: JRO con Kitty mentre riceve il premio Fermi, JROMC; JRO con Lyndon B. Johnson, Berkeley; JRO mentre stringe la mano a Teller, Getty. *pag. 31*: JRO nella sua casa sulla spiaggia, Bukowski; Toni appoggiata alla parete, BS; Toni, Inga, Kitty e Doris sul dondolo, Hiilivirta. *pag. 32*: ritratto di JRO, Steltzer.

Inizio della prima parte: JRO da giovane, AIP-BAS.
Inizio della seconda parte: JRO alla lavagna, JROMC.
Inizio della terza parte: JRO e Groves al sito di Trinity, AP.
Inizio della quarta parte: Einstein e JRO, Eisenstadt.
Inizio della quinta parte: JRO in piedi di profilo, Karsh.

Indice

Prefazione 9
Prologo 17

PRIMA PARTE

1. «Accoglieva ogni nuova idea come bellissima» 23
2. «La sua separata prigione» 46
3. «È un brutto momento» 60
4. «Il lavoro è duro ma, grazie a Dio, quasi piacevole» 77
5. «Sono Oppenheimer» 91
6. «Oppie» 105
7. «I ragazzi ehm ehm» 121

SECONDA PARTE

8. «Nel 1936 i miei interessi cominciarono a cambiare» 141
9. «[Frank] lo ritagliò e poi lo spedì» 160
10. «Con sempre maggior certezza» 178
11. «Sto per sposarmi con una tua amica, Steve» 190
12. «Stavamo spingendo il New Deal a sinistra» 206
13. «Il coordinatore della rottura rapida» 222
14. «L'affare Chevalier» 241

TERZA PARTE

15. «Era diventato un vero patriota» 251
16. «Troppa segretezza» 273
17. «Oppenheimer sta dicendo la verità…» 289
18. «Suicidio, motivo sconosciuto» 305
19. «Ti piacerebbe adottarla?» 312
20. «Bohr era Dio, e Oppie il suo profeta» 328
21. «L'impatto dell'aggeggio sulla civiltà» 339
22. «Ora siamo tutti figli di puttana» 355

QUARTA PARTE

23. «Quel povero piccolo popolo» 383
24. «Sento il sangue sulle mie mani» 395
25. «Possono distruggere New York» 411
26. «Oppie è stato imprudente, ma ora è affidabile» 429
27. «Un albergo per intellettuali» 450
28. «Non riusciva a capire perché l'aveva fatto» 476
29. «Sono sicura che è perché lei scaricava tutto su di lui» 494
30. «Non disse mai qual era la sua opinione» 506
31. «Brutte parole su Oppie» 525
32. «Lo scienziato X» 554
33. «La bestia nella giungla» 563

QUARTA PARTE

34. «Sembra proprio cattiva, non è vero?» 595
35. «Credo che tutto questo sia un esempio di stupidità» 609
36. «Una manifestazione di isteria» 640
37. «Una grande macchia sulla bandiera del nostro paese» 658
38. «Sento ancora il calore del sangue sulle mie mani» 673
39. «Era davvero un paese immaginario» 692
40. «Bisognava farlo il giorno dopo Trinity» 702

Epilogo. «Di Robert ce n'è uno solo» 720

«La mia lunga cavalcata con Oppie». Nota e
   ringraziamenti d'autore *di Martin J. Sherwin* 723
Note 731
Bibliografia 821
Indice analitico 836
Fonti delle illustrazioni 852

Finito di stampare nel mese di giugno 2023
da Grafica Veneta s.p.a., Trebaseleghe (PD)

Questo libro è stampato col sole

Azienda carbon-free